公路桥涵设计手册

悬 索 桥

（第2版）

孟凡超　主　编

王仁贵　徐国平　副主编

郑明珠　周世忠　彭宝华　主　审

人民交通出版社

北京

内 容 提 要

本书为《公路桥涵设计手册 悬索桥》第 2 版，全书在总结世界范围内的大跨度悬索桥，特别是我国近年来建成的大跨度悬索桥丰富经验的基础上，系统地对悬索桥的特点、总体设计、总体静力结构计算、索塔设计、锚碇设计、鞍座设计、缆索系统设计、加劲梁设计、桥面系设计、附属工程设计、结构防护与耐久性设计、景观设计、抗风设计、抗震设计、监测、控制及养护、关键技术与专题研究工作要点、实桥示例等进行总结，力求全面准确地反映当前悬索桥建设的最新成果，为广大桥梁工作者提供一本极具价值的工具书。

本书主要供桥梁设计、科研等专业技术人员使用，亦可供桥梁施工、养护管理人员以及大专院校相关专业师生参考使用。

图书在版编目（CIP）数据

公路桥涵设计手册. 悬索桥 / 孟凡超主编. — 2 版.
北京 ：人民交通出版社股份有限公司, 2025. 6.
ISBN 978-7-114-19784-0

Ⅰ. U448.142.5-62

中国国家版本馆 CIP 数据核字第 20246B89N5 号

Gonglu Qiaohan Sheji Shouce Xuansuoqiao

书　　名：公路桥涵设计手册　悬索桥（第 2 版）
著 作 者：孟凡超
责任编辑：曲　乐　高鸿剑
责任校对：赵媛媛　魏佳宁　刘　璇
责任印制：张　凯
出版发行：人民交通出版社
地　　址：（100011）北京市朝阳区安定门外外馆斜街 3 号
网　　址：http://www.ccpcl.com.cn
销售电话：（010）85285857
总 经 销：人民交通出版社发行部
经　　销：各地新华书店
印　　刷：北京市密东印刷有限公司
开　　本：787 × 1092　1/16
印　　张：57.75
字　　数：1498 千
版　　次：2011 年 6 月　第 1 版
　　　　　2025 年 6 月　第 2 版
印　　次：2025 年 6 月　第 2 版　第 1 次印刷　总第 2 次印刷
书　　号：ISBN 978-7-114-19784-0
定　　价：299.00 元

《公路桥涵设计手册　悬索桥》（第2版）

编审委员会

编审组顾问：周海涛

主　　　编：孟凡超

副　主　编：王仁贵　徐国平

主　　　审：郑明珠　周世忠　彭宝华

主要编写人员：吴伟胜　肖汝诚　刘　谦　廖海黎
王梓夫　刘明虎　刘晓东　张　克
周山水　陈晓东　蔡景旺　魏乐永
林道锦　颜智法　侯　康　林　昱
查雅平

《公路桥涵设计手册》编审委员会

《公路桥涵设计手册》主要编写单位

中交公路规划设计院有限公司
中交第二公路勘察设计研究院有限公司
湖北省交通规划设计院股份有限公司
四川省公路规划勘察设计研究院有限公司
河北省交通规划设计研究院有限公司
安徽省交通规划设计研究总院股份有限公司
浙江数智交院科技股份有限公司
中交路桥技术有限公司
安徽省公路管理局
长安大学
同济大学
重庆交通大学
西南交通大学
厦门高格桥梁景观设计研究中心

出版说明

Publisher's Note

改革开放以来，随着我国经济建设的快速发展，公路交通作为经济发展的“先行官”得到政府的高度重视，公路桥梁建设事业更是发展迅猛，成绩斐然。20 世纪 90 年代初，为了及时总结公路桥梁设计经验，指导桥梁设计工作，在原交通部公路司的领导与支持下，人民交通出版社组织我国桥梁界专家学者，编写出版了我国第一套《公路桥涵设计手册》，包括《基本资料》《墩台与基础》《拱桥》《梁桥》《涵洞》《桥位设计》《桥梁附属构造与支座》7 个分册。该系列手册全面系统地总结了我国几十年来积累的公路桥梁设计经验，对于推进桥梁设计理论与技术的发展起到了重要的作用。

1998 年亚洲金融危机之后，国家加大对公路交通建设的投入，高速公路“五纵七横”规划全面实施，公路桥梁建设进入了前所未有的黄金时期。在此期间，我国桥梁工作者不断探索，勇于创新，自主设计，建成了一大批跨越大江大河甚至跨越海湾的、具有世界先进水平的大型桥梁，特别是东海大桥、杭州湾跨海大桥、苏通大桥、西堠门大桥等特大桥梁的修建，更是具有里程碑的意义。截至 2024 年底，我国已相继建成了胶州湾大桥、港珠澳大桥、南沙大桥、南京江心洲长江大桥、舟岱大桥、深中大桥、宁扬长江大桥等一批世界级桥梁，同时还有张靖皋长江大桥、常泰长江大桥、南京新生圩长江大桥（仙新路过江通道）、狮子洋大桥、燕矶长江大桥、六横公路大桥（一期）等一大批超大跨度桥梁正在建设。我国公路桥梁总数已达到 107.93 万座，累计 9528.82 万延米，其中，公路特大桥数量达到 10239 座，总长达到 1873 余万延米，拥有多项桥梁跨径的世界纪录。

大量的工程实践与关键技术攻关，使得我国桥梁建造技术与管理水平有了质的飞跃，我国桥梁建设水平已步入世界先进行列，正在由桥梁大国走向桥梁强国。在众多特大型桥梁的建设过程中，设计理念不断更新，新工艺、新技术、新材料、新设备得到推广应用，建造关键技术取得重大突破。无论是设计、施工还是工程管理，都积累了一大批宝贵的经验，代表了我国桥梁领域日益提高的科技水平与自主创新能力，凝聚着建桥人的智慧。对这些经验进行认真而系统地总结，使其形成技术积累，形成我们国家桥梁建造具有自主知识产权的核心技术，更好地指导日后蓬勃开展的桥梁建设实践，意义重大。为此，自2005年起，在凤懋润总工、郑皆连院士的倡议下，人民交通出版社决定在原有的《公路桥涵设计手册》基础上修订编写新版《公路桥涵设计手册》。修编该系列手册的目的就是要全面系统地总结我国公路桥涵最新设计经验，充分反映当前我国桥梁设计的技术水平，吸收国外桥梁设计的最新理念与技术，力求具有一定的前瞻性，使之成为桥梁设计工作者案头不可或缺的实用工具书。

新版《公路桥涵设计手册》共10个分册，包括《桥梁总体设计》《桥位设计》《墩台与基础》《梁桥》《拱桥》《斜拉桥》《悬索桥》《桥梁附属构造物》《预应力技术及材料设备》《涵洞》，字数总计在1000万左右。该系列手册自2005年开始编写并适时修订，中交公路规划设计院有限公司、中交第二公路勘察设计研究院有限公司、湖北省交通规划设计院股份有限公司、四川省公路规划勘察设计研究院有限公司、安徽省交通规划设计研究总院股份有限公司、河北省交通规划设计研究院有限公司等多家交通行业一流设计单位和长安大学等高等院校分别担任各分册的主编单位，总体上代表了我国桥梁设计的最高水平。谢邦珠、刘效尧、孟凡超、廖朝华、顾安邦、高冬光、王仁贵、崔冰等一批桥梁大师、专家为本系列手册的出版尽心尽力、精益求精，确保了手册的编审质量，也为《公路桥涵设计手册》编写成我国桥梁设计领域最高水平的权威之作提供了重要保证。

对于桥梁设计者来说，通过学习和利用手册中的新方法、新技术和结构方面的创新，通过对典型设计案例的学习，能提高设计质量与效率，优化设计，降低成本，从而为业主和国家带来巨大的社会经济效益。对于那些刚刚走上设计岗位的年轻工程师，此手册更是指导其开展设计工作的良师益友。

在未来相当长的一段时期内，随着交通强国和国家综合立体交通网的建设推进，我国仍将有一大批重大桥梁要规划建设，而《公路桥涵设计手册》的及时修订再版，无疑将对今后我国的桥梁建设提供有力的技术支持。

《公路桥涵设计手册》在编写和修订过程中，得到了交通运输部领导及各个参编、参审单位领导的大力支持，在此一并表示诚挚的谢意！

前 言
PREFACE

悬索桥的跨越能力是所有桥型中最大的，21 世纪以前，1000m 以上跨径的桥梁几乎全是悬索桥。悬索桥虽是最古老的桥型之一，有着悠久的历史，但直到 20 世纪初，由于钢缆材料技术的进步，大跨径悬索桥才逐步兴起。20 世纪 30 年代，美国的乔治 · 华盛顿大桥（1931 年 10 月启用）和金门大桥（1937 年 5 月启用）的主跨都已超过了千米大关，分别达到了 1067m 和 1280m。20 世纪 50—60 年代，英国工程师率先在抗风结构领域取得重大进展，采用钢箱梁加劲结构，于 1966 年首次采用钢箱梁为加劲梁建成了塞文桥，主跨达 988m；1981 年，同样使用钢箱梁为加劲梁的亨伯桥建成通车，主跨达 1410m。日本于 1998 年建成了明石海峡大桥，为主跨 1991m 钢桁梁悬索桥。从此，悬索桥的发展进入现代悬索桥时代。

随着我国交通事业的迅猛发展，跨越大江、大河、海湾的特大型桥梁越来越多，作为跨越能力最大、受力性能好、轻盈美观的现代大跨径悬索桥，随之引起我国桥梁界的重视，从此开始书写我国现代悬索桥建设的新篇章。1995 年底广东汕头海湾大桥建成，该桥为主跨 452m 的预应力混凝土加劲梁悬索桥，由此揭开了我国现代长大悬索桥建设的序幕。1996 年 8 月湖北西陵长江大桥建成，为主跨 900m 全焊钢箱梁悬索桥；1997 年 5 月香港青马大桥建成，为主跨 1377m 的桁架加劲梁外包钢板封闭做成风嘴和中间透空的公铁两用悬索桥；1997 年 6 月广东虎门大桥建成，为主跨 888m 六车道钢箱梁悬索桥；1999 年 9 月江苏江阴大桥建成，这是中国内地首座主跨超千米的特大型桥梁，为主跨 1385m 的钢箱梁悬索桥；1999 年 12 月厦门海沧大桥建成，这是我国首座三跨连续全飘浮钢箱梁悬索桥，跨径组成为 230m + 648m + 230m；2001 年 9 月湖北宜昌长江公路大桥建成，为主跨 960m 的钢箱梁悬索桥；2005 年 5 月江苏润扬大桥建成，为主跨 1490m 钢箱梁悬索桥；2007 年 12 月湖北阳逻大桥建成，为主跨 1280m 的钢箱梁悬索桥；2008 年 12 月广东黄埔大桥建成，为主跨 1108m 的钢箱梁悬索桥；2009 年 12 月贵州坝陵河大桥建成，为主跨 1088m 的钢桁梁悬索桥；2009 年 12 月浙江西堠门大桥建成，为主跨 1650m 的双跨钢箱梁悬索桥；2012 年建成通车主跨 2 × 1080m 的江苏泰州大桥、主跨 1176m 的湖南矮寨大桥和主跨 1418m 三跨连续钢箱梁悬索桥的江苏南京栖霞山长江大桥；2013 年安徽马鞍山长江大桥建成，为主跨 1080m 三跨悬索桥等。目前我国正在建设的大型悬索桥有：主跨 2300m 的张靖皋长江大桥、主跨 2180m 的狮子洋大桥、主跨 1768m 的六横双屿门大桥、主跨 1760m 的南京新生圩长江大桥（仙新路过江通道）、主跨 1860m 的燕矶长江大桥等。这些悬索桥的桥型各具特色，技术上各有创新，建设中所取得的成就，显著提高了我国现代长大悬索桥的技术水平，使我国的悬索桥建设水平跻身于世界先进行列。

本书以手册的形式，在总结世界范围内的大跨径悬索桥，特别是在我国近十年来建成的大跨径悬索桥丰富经验的基础上，系统地对悬索桥的特点、总体设计、总体静力结构计算、索塔设计、锚碇设计、鞍座设计、缆索系统设计、加劲梁设计、桥面系设计、附属工程设计、结构防护与耐久性设计、景观设计、抗风设计、抗震设计、监测、控制及养护、关键技术与专题研究工作要点、实桥示例等进行总结，力求概念准确、理论清晰、结构体系完整、工程实例系统，为广大桥梁工作者提供一本极具价值的工具书。

全书由孟凡超设计大师任主编，由王仁贵设计大师、徐国平教授级高工任副主编，由郑明珠、周世忠和彭宝华三位教授级高工主审。

本书在编写过程中，中交公路规划设计院有限公司、西南交通大学、同济大学、厦门高格桥梁景观设计研究中心、人民交通出版社等单位的专家和领导给予了大力支持，谨在此一并表示诚挚的感谢！

由于水平有限，错误之处在所难免，敬请读者批评指正！来函请寄：北京市东城区朝阳门内大街 296 号《公路桥涵设计手册　悬索桥》（第 2 版）编写组收，邮编：100010，电话 010-57057993。

编　者

2024 年 8 月

目　　录

CONTENTS

第一章　概论 ……………………………………………………………………1

第一节　名词术语及符号 ……………………………………………………1
第二节　悬索桥特点 …………………………………………………………4
第三节　悬索桥分类及适用范围 ……………………………………………10
第四节　悬索桥发展简况 ……………………………………………………11
第五节　大跨径悬索桥设计的主要内容及流程 ……………………………17

第二章　总体设计 ……………………………………………………………22

第一节　目的与原则 …………………………………………………………22
第二节　主要内容 ……………………………………………………………23
第三节　总体布置 ……………………………………………………………29
第四节　技术进步及创新设计 ………………………………………………31
第五节　主要设计参数与选择 ………………………………………………34
第六节　抗风与抗震概念设计 ………………………………………………41
第七节　主要施工方案概念设计 ……………………………………………42

第三章　总体静力与动力结构分析 …………………………………………51

第一节　目的与原则 …………………………………………………………51
第二节　总体静力分析估算 …………………………………………………52
第三节　计算机总体静力分析 ………………………………………………67
第四节　总体动力分析估算 …………………………………………………88
第五节　计算机总体动力分析 ………………………………………………96
第六节　优化设计 ……………………………………………………………99
第七节　计算示例 ……………………………………………………………100

第四章　索塔设计 ……140

第一节　功能与原则 ……140
第二节　主要类型与选择 ……144
第三节　受力特点 ……153
第四节　主要设计参数与选择 ……154
第五节　结构组成和构造 ……161
第六节　主要材料与选择 ……174
第七节　结构分析计算 ……176
第八节　主要施工方案与选择 ……190

第五章　锚碇设计 ……212

第一节　功能与原则 ……212
第二节　主要类型与选择 ……216
第三节　受力特点 ……239
第四节　主要设计参数与选择 ……240
第五节　结构组成和构造 ……246
第六节　主要材料与选择 ……267
第七节　结构分析计算 ……268
第八节　主要施工方案与选择 ……281

第六章　鞍座设计 ……310

第一节　鞍座功能与设计 ……310
第二节　主要类型与选择 ……313
第三节　受力特点 ……321
第四节　主要设计参数与选择 ……324
第五节　主索鞍结构组成和构造 ……331
第六节　散索鞍结构组成和构造 ……335
第七节　转索鞍结构组成和构造 ……337
第八节　散索套结构组成和构造 ……338
第九节　主要材料与选择 ……339
第十节　结构分析计算 ……342
第十一节　索鞍构件的制造加工与架设施工 ……351

第七章　缆索系统设计 ……360

第一节　功能与原则 ……360

第二节 受力特点 ……362
第三节 主要类型与选择 ……363
第四节 主要设计参数与选择 ……367
第五节 结构组成和构造 ……371
第六节 主要材料 ……383
第七节 猫道设计 ……387
第八节 结构分析计算 ……388
第九节 主要施工方案与选择 ……396

第八章 加劲梁设计 ……413

第一节 功能与原则 ……413
第二节 主要类型与选择 ……414
第三节 受力特点 ……422
第四节 主要设计参数与选择 ……429
第五节 结构组成和构造 ……430
第六节 主要材料与选择 ……444
第七节 结构分析计算 ……445
第八节 主要施工方案 ……449

第九章 桥面系设计 ……459

第一节 功能与原则 ……459
第二节 桥面布置与桥面系组成 ……459
第三节 桥面护栏及路缘石 ……461
第四节 桥面铺装 ……467
第五节 桥面排水 ……476
第六节 伸缩缝 ……478
第七节 桥面照明 ……482

第十章 附属工程设计 ……486

第一节 功能与原则 ……486
第二节 附属工程组成 ……486
第三节 加劲梁检查车 ……487
第四节 加劲梁支座与约束装置 ……488
第五节 过桥管线 ……496
第六节 避雷设施 ……497

第七节 通航标志及航空警示 ……499
第八节 索塔附属工程 ……503
第九节 锚碇附属工程 ……507
第十节 主缆附属工程 ……509
第十一节 供电及其他 ……509

第十一章 结构防护与耐久性 ……512

第一节 结构防护设计的必要性 ……512
第二节 索塔与锚碇防护设计 ……521
第三节 索鞍防护设计 ……529
第四节 缆索系统防护设计 ……532
第五节 加劲梁防护设计 ……536
第六节 抗火防护设计 ……546

第十二章 景观艺术设计 ……555

第一节 目的与原则 ……555
第二节 基本思路与方法 ……557
第三节 主要内容与流程 ……558
第四节 建筑造型 ……559
第五节 桥面系 ……564
第六节 桥型与环境 ……564
第七节 夜景照明 ……564
第八节 色彩涂装 ……566
第九节 景观艺术设计示例 ……567

第十三章 抗风设计 ……584

第一节 目的与原则 ……584
第二节 抗风设计的内容 ……584
第三节 设计风参数 ……590
第四节 结构动力特性计算分析 ……593
第五节 抗风性能估算 ……595
第六节 抗风控制措施 ……601
第七节 风洞试验 ……607
第八节 抗风性能计算理论与方法 ……610
第九节 抗风性能评价 ……626

第十节　抗风性能研究示例 ······627

第十四章　抗震设计 ······644

第一节　目的与原则 ······644
第二节　地震动参数的描述 ······645
第三节　抗震设计方法及其沿革 ······648
第四节　地震对悬索桥的作用特点及抗震设计过程 ······652
第五节　抗震设计水准与参数的确定 ······653
第六节　地震反应谱分析法 ······656
第七节　时程反应分析法 ······658
第八节　地震荷载的组合 ······666
第九节　悬索桥抗震分析的动力模式 ······667
第十节　计算示例一 ······669
第十一节　计算示例二 ······682
第十二节　提高悬索桥抗震性能的措施 ······698

第十五章　监测、控制及养护 ······700

第一节　目的与原则 ······700
第二节　施工监控 ······702
第三节　运营期间结构健康监测系统 ······710
第四节　养护 ······718

第十六章　关键技术与专题研究工作要点 ······733

第一节　目的与原则 ······733
第二节　关键技术的主要范围 ······733
第三节　关键技术的解决方法 ······734
第四节　专题研究的主要内容 ······735
第五节　专题研究的实施方法 ······739

第十七章　实桥示例 ······740

第一节　单跨双铰悬索桥——江阴大桥 ······740
第二节　双跨双铰悬索桥——西堠门大桥 ······755
第三节　三跨连续钢箱梁悬索桥——海沧大桥 ······765
第四节　南沙大桥 ······788
第五节　杨泗港长江大桥 ······803

第六节　泰州大桥 ……815
第七节　深中大桥 ……835
第八节　张靖皋长江大桥 ……842
第九节　土耳其1915恰纳卡莱大桥 ……865

附录一　基础资料与地质勘察工作要点 ……881

一、目的与原则 ……881
二、基础资料主要内容 ……881
三、基础资料收集方法 ……882
四、地质勘察主要内容 ……883
五、勘察工作基本方法 ……884

附录二　国内外主要悬索桥 ……886

一、国内外主要悬索桥集锦 ……886
二、国内外主要悬索桥一览表 ……899

参考文献 ……903

第一章

概　　论

第一节　名词术语及符号

一、术语

1. 悬索桥

利用主缆及吊索作为加劲梁的悬挂体系，将荷载作用传递到索塔、锚碇的桥梁。

2. 索塔

用以支承主缆并将荷载通过基础传递给地基的结构。

3. 锚碇

锚固主缆索股，承受主缆拉力，支承于地基上或嵌（锚）固于岩体中的结构。

4. 锚固系统

将主缆索股与锚碇连接的结构。

5. 锚跨

位于散索鞍和锚固系统之间的主缆结构部分。

6. 加劲梁

提供桥面并直接承受汽车荷载的梁体结构。

7. 主缆

以索塔及支墩为支承、两端锚固于锚碇，并通过吊索悬挂加劲梁的缆索结构。

8. 索股

由高强度钢丝预制组成的平行钢丝束股或由空中纺线法现场曳拉单根钢丝组成的钢丝束股，统称索股。

9. 吊索

连接主缆与加劲梁的构件。

10. 锚头

用于预制索股两端与锚固系统连接的构件或用于吊索两端与加劲梁及主缆索夹连接的构件。

11. 索夹

紧箍主缆并连接主缆与吊索的构件。

12. 鞍座

为主缆提供支承并使主缆平顺地改变方向的构件。

13. 散索鞍

为主缆提供支承，并控制主缆索股扩散方向的构件。

14. 散索套

主缆从边跨进入锚跨，主缆中心线方向基本不变时，为满足主缆索股锚固空间及受力的需要，用来控制预制主缆索股扩散方向的铸钢或锻钢构件。

15. 锚靴

采用空中纺线法施工的悬索桥中用以连接主缆索股与锚固系统的构件。

16. 预制平行索股法（PPWS 法）

将工厂化预制的平行高强度钢丝组成的索股运至工地安装的施工方法。

17. 空中纺线法（AS 法）

利用牵引机械往复曳拉钢丝，在现场制作平行钢丝索股的施工方法。

二、符号

1. 几何特征

（1）长度及厚度

l_{sae}——钢丝在锚杯内的锚固长度；

l_{sc}——锚杯内铸体材料的有效长度；

l_c——索夹长度；

l_k——索夹螺杆握距；

l_{sa}——鞍槽拉杆中心处鞍槽侧壁的弧长；

l_e——散索鞍摆轴、滚轴的有效接触长度；

s_{cb}——索夹螺杆轴向间距；

H——鞍槽内中央列索股总高度；

h——骑跨式索夹承索槽槽深；

h_{ss}——鞍座槽路中索股高度；

t_c——索夹壁厚；

t_{sm}——铸体材料有效长度内的锚杯平均壁厚；

b——鞍座槽路宽度；

δ——骑跨式索夹承索槽槽壁根部厚度；

Δ_{tc}——骑跨式索夹承索槽下的壁厚增厚；

Δ_{wr}——主缆钢丝直径的允许正偏差。

（2）直径、半径

d_w——主缆钢丝直径；

d_d——主缆的设计直径；

d_c——主缆在索夹处的设计直径、索夹内孔的设计直径；

d_h——钢丝绳吊索公称直径；

d_{cb}——索夹螺杆的有效直径；

d_{sr}——滚轴式散索鞍的滚轴直径；

r_{hb}——钢丝绳吊索在索夹上的弯曲半径；

r_e——销接式索夹吊耳板与索夹壁间的过渡圆弧半径；

r_v——鞍座承缆槽底部立面圆弧半径；
r_h——散索鞍承缆槽侧壁的平面圆弧半径；
r_{sb}——摆轴式散索鞍的摆轴断面圆弧半径；
r_c——骑跨式索夹承索槽内圆弧半径。

（3）角度

θ_{tm}——设计恒载的中跨缆力对应的主缆中跨切线角；
θ_{ts}——设计恒载的边跨缆力对应的主缆边跨切线角；
θ_{sa}——散索鞍处计算缆力对应的主缆锚跨切线角；
θ_{ss}——散索鞍处计算缆力对应的主缆边跨切线角；
θ——钢桁梁腹杆与弦杆的夹角；
α_s——主缆在鞍槽上的包角；
α_c——骑跨式索夹承索槽在索夹上的包角；
β_c——骑跨式索夹承索槽张开角；
β_s——索股锚头的锚杯内锥面母线与轴线的夹角；
φ——索夹在主缆上的安装倾角；
φ_{sc}——锚杯内铸体上压力线与锚杯内锥面母线的夹角。

2. 力学特征

（1）应力

σ——材料计算应力；
σ_b——主缆钢丝公称抗拉强度；
σ_{ycb}——索夹螺杆材料的屈服强度；
σ_{yc}——索夹材料的屈服强度；
σ_j——散索鞍摆轴、滚轴的接触应力；
σ_t——索股锚头、锚杯的环向应力；
$[\sigma_j]$——材料容许接触应力；
E——钢材材料的弹性模量。

（2）力

F_c——单根主缆的拉力；
F_{ct}——主缆紧边拉力；
F_{cl}——主缆松边拉力；
F_{cm}——设计恒载的中跨缆力；
F_{cs}——设计恒载的边跨缆力；
F_{fc}——索夹抗滑摩阻力；
F_{sp}——加劲梁架设期间主索鞍的顶推力；
F_t——锚杯的环向拉力；
$f_h(h)$——鞍槽内最高索股顶至计算高度处（h）的侧向压力；
f_H——主索鞍鞍槽内高度 H 范围中主缆索股的总侧向力；
f_{HS}——散索鞍鞍槽内高度 H 范围中主缆索股的总侧向力；
f_{sr}——主缆各列索股的向心压力；

f_V——鞍槽内中央列索股单位体积竖向力；

G_s——索鞍重力；

M_{fH}——由侧压力 f_H 产生的总弯矩；

N_c——主缆上索夹的下滑力；

N_h——吊索拉力；

N_s——索股拉力；

N_{sb}——鞍槽拉杆单根拉力；

N_{tra}——鞍槽拉杆拉力；

P_{tot}——索夹上螺杆总设计夹紧力；

P_b——索夹上单根螺杆的安装夹紧力；

P_b^c——索夹上单根螺杆的设计夹紧力；

R——散索鞍摆轴、滚轴上的总荷载；

υ——单根钢丝与合金在单位面积上的附着力。

3. 其他

（1）计算系数

K——安全系数；

K_a——锚碇抗滑稳定安全系数；

K_c^c——主缆应力验算安全系数；

K_{fc}——索夹的抗滑安全系数；

k——索夹紧固压力分布不均匀系数；

μ——摩擦因数；

V——主缆的设计空隙率；

V_c——主缆在索夹内的设计空隙率；

V_s——主缆在鞍槽内的设计空隙率。

（2）数量

n——各列索股股数；

n_s——单根主缆中索股总股数；

n_{sc}——鞍槽内中央列索股股数；

n_{sb}——鞍槽拉杆根数；

n_{ws}——每根索股的钢丝根数；

n_{wt}——鞍座槽路内单排钢丝数量；

n_{cb}——索夹上安装的螺杆总根数；

n_{sr}——滚轴式散索鞍的滚轴根数；

n_{tot}——单根主缆中钢丝总根数。

第二节　悬索桥特点

悬索桥是指以悬索为主要承重结构的桥，主要构件是：主缆、索塔、锚碇、吊索、加劲梁及桥面。其受力特征是：作用在桥面上的荷载由吊索传至主缆，再传至索塔和锚碇，传力途径明确。

悬索桥构造简单，受力明确；跨径越大，相比其他桥型桥梁的单位造价越低，竞争力越强。目前，全世界跨径大于1000m的桥大部分是悬索桥，就是这个原因。悬索桥结构及构件简单、轻便和易于标准化；构件容易运输，便于用悬吊法拼装，受地形、航道和季节的影响相对较小；现代悬索桥的主缆用高强钢丝束制成，这种钢丝束的容许应力高，对承重结构没有任何削弱；建筑高度小，易于加固和改建。但这种结构比较柔，受荷载作用后，变形较大，受风的影响也较大。这些特点表明，悬索桥的自重较轻，在刚度满足使用要求的情况下，能充分显示出其优越性。

本节从结构体系、结构受力、结构构造、施工工艺及桥梁景观等方面详细阐述悬索桥的特点。

一、结构体系特点

悬索桥根据结构体系分类，可分为单跨双铰体系、双跨双铰体系、双跨连续体系、三跨双铰体系、三跨连续体系、多跨连续体系、多跨多铰体系、自锚式体系。

单跨双铰体系悬索桥常用于高山峡谷地区或索塔已达岸边，采用桥墩支撑边跨的梁体结构更为经济（如江阴大桥），或者道路的接线受到限制，使得平曲线布置不得不进入大桥边跨（如日本来岛海峡三桥）的情况。就结构特性而言，单跨双铰体系悬索桥由于边跨主缆未悬吊加劲梁，故矢度小，对于悬索桥的整体刚度有明显的提高。如果锚碇位置受到限制，使边跨过小，导致边跨主缆倾角增大，拉力增加，此时边跨主缆需要增加相应的背索以抵抗中跨主缆的拉力，也可采用主缆缆力自平衡体系实现结构受力合理。

双跨双铰体系/双跨连续体系悬索桥常用于只有一岸的边跨地面较高或不适合于设桥墩的情况，即一个边跨与主跨的加劲梁是悬吊的，另一边跨的梁体是由桥墩支撑的形式（如西堠门大桥、香港青马大桥、南沙大桥、张靖皋长江大桥南航道桥），结构整体受力介于单跨双铰体系悬索桥和三跨双铰体系/三跨连续体系悬索桥之间。

三跨双铰体系/三跨连续体系悬索桥是目前国际工程实例中应用较多的桥型，世界上大跨径悬索桥大多采用这种形式，三跨双铰体系/三跨连续体系悬索桥不仅结构受力特征较为合理，同时其流畅对称的建筑造型也更符合人们的审美观点。三跨双铰体系与三跨连续体系的主要区别在于加劲梁是否连续，三跨连续体系除在索塔附近增加特殊吊索或弹性支座外，车辆在桥面行驶更为舒适、流畅，同时可以省去索塔处伸缩缝，减小加劲梁梁端转角变形以及跨中的挠度（包括竖向和横向挠度），但连续加劲梁和非连续双铰加劲梁在其他方面相比有以下缺点：

（1）索塔附近增加特殊吊索或弹性支座。

（2）中间支点（索塔处）附近产生较大的弯矩。

（3）加劲梁的制造和架设误差以及塔墩的不均匀沉降对加劲梁应力有一定的影响。

多跨连续体系悬索桥由于结构柔性大，固有振动频率较低，同时，为了提高悬索桥的整体刚度，必须增大中间索塔的纵向刚度和主缆的矢跨比。在两跨不对称荷载作用下，塔顶将会承受不平衡水平力，造成塔根巨大的纵向弯矩，而且可能造成主缆在鞍座内滑移影响到桥面平顺；同样不平衡水平力在索塔刚度不大时，塔顶水平位移过大也会影响到桥面平顺，索塔的刚度和水平力与塔顶位移有直接的关系。目前我国已建成的泰州大桥、马鞍山长江大桥均为主跨2×1080m的三塔悬索桥，中塔采用强度高、受力性能较好、刚度适中的钢塔，以期满足三塔悬索桥的受力要求；瓯江北口大桥为主跨2×880m的三塔悬索桥，中塔则采用刚度较大的纵向 A 形混凝土塔，为满足主缆在中塔索鞍处的抗滑移要求，索鞍处增加了摩擦板的特殊构造，使得抗滑移摩擦因数不小于 0.3。

自锚式体系悬索桥是相对于地锚式悬索桥而言的桥型，即没有采用锚碇将荷载产生的拉力传至大地达到全桥的受力平衡，而是把主缆直接锚固在边跨的加劲梁端，主缆的水平力由加劲梁提供的轴压力自相平衡。为了承受主缆拉力，加劲梁必须是连续梁，不需要另外设置锚碇，自锚式体系悬索桥的加劲梁要先于主缆安装施工，会给施工带来一定的困难，且经济性较差，对于航运繁忙的水域适用性稍差。由于主缆锚固形式、先梁后缆的施工方法及加劲梁承受主缆水平力等特点，自锚式体系悬索桥仅适用于较小跨径的悬索桥。同时，自锚式体系悬索桥常常适用在土质不良的河段上建桥，或为了避免影响景观或河流冲刷、涌潮等因素不允许修建大体积锚碇（或桥台）的情况。

二、结构受力特点

悬索桥的主要受力构件是锚碇、索塔、缆索系统及加劲梁等。

加劲梁的主要功能是提供桥面和防止桥面发生过大的挠曲变形和扭曲变形。加劲梁直接承受桥面荷载。

吊索是将活载和加劲梁（包括桥面系）的恒载通过索夹传递到主缆的构件。吊索的上端与索夹相连，下端与加劲梁相连。

索夹位于每根吊索和主缆的连接节点上，实际是主缆和吊索的连接件。索夹以套箍的形式紧箍在主缆上，在主缆上夹紧后产生一定的摩阻力来抵抗向下滑移，从而固定了吊索与主缆的节点位置。索夹同时也是固定主缆外形的主要构造。

主缆是通过塔顶鞍座悬挂在索塔上并锚固于两端锚固体中的柔性承重构件，主缆本身又通过索夹和吊索承受活载和加劲梁（包括桥面系）的恒载，除此之外，吊索还承担部分横向风荷载，并将它直接传递到塔顶。

索塔是支撑主缆的重要构件。悬索桥的活载和恒载（包括桥面系、加劲梁、吊索、索夹、主缆、主索鞍及附属结构等重量）通过索塔传递到下部基础。

锚碇是将主缆的拉力传递给地基的构件，通常使用重力式锚碇和隧道式锚碇。重力式锚碇依靠巨大的自重来抵抗主缆的竖向分力，水平分力则由锚固体与地基之间的摩阻力（包括侧壁）或嵌固阻力来抵抗。隧道式锚碇则直接将主缆中的拉力传递给岩洞周壁。

三、结构构造特点

悬索桥主要由锚碇、索塔、缆索系统、加劲梁及附属结构五大部分构成。缆索系统包括主缆、索夹、吊索、主索鞍、散索鞍（散索套）等。附属结构包括索塔附属工程、锚碇附属工程、加劲梁附属工程、缆索附属工程及其他附属工程。索塔附属工程包括爬梯、电梯、塔内照明及排水系统；锚碇附属工程包括检修通道、照明系统、除湿系统及排水系统；加劲梁附属工程包括检查车、支座与约束装置；缆索附属工程包括主缆检修道、主缆防护设施等；其他附属工程包括过桥管线、避雷设施、通航标志和航空警示及供电系统等。

1. 锚碇

锚碇可分为重力式锚碇、隧道式锚碇和岩锚，锚碇的一般形式示意图如图 1-2-1 所示。主缆在进入锚室或隧道之前必须先经过散索鞍或散索套，将原来捆紧的主缆截面散开，以索股为单元，逐股锚固。散索鞍座一般位于主缆进入前锚室前部，具有使主缆转向和分散索股的作用。如果主缆在进入散索鞍或隧道之前不需要转向，则可采用散索套代替，散索套内表面曲线应适应主缆从捆紧状态逐渐变化到分散状态。

锚碇一般包括锚碇基础、锚体、锚固系统和附属设施等。自锚式悬索桥的主缆锚固于加劲梁上，仅有锚固系统，没有锚碇基础，锚体属于加劲梁的一部分。

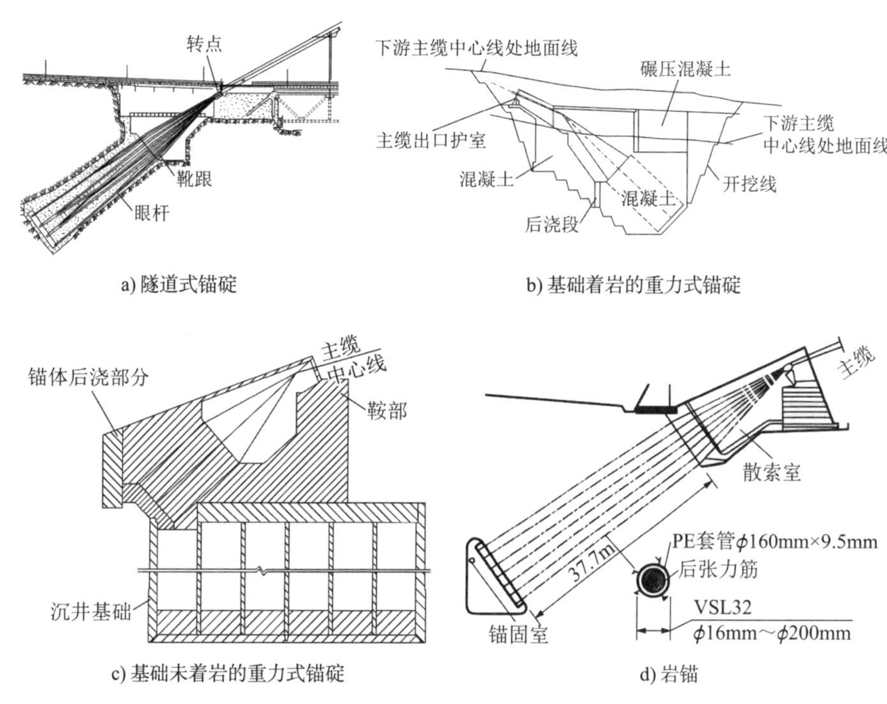

图 1-2-1　锚碇一般形式示意图

（1）锚碇基础

地锚式悬索桥的重力式锚碇基础形式一般由锚址的地形、工程地质条件、水文地质条件决定，通常有沉井基础、地下连续墙基础、明挖岩石基础、扩大基础等形式。

（2）锚体

锚体一般为大体积混凝土结构，是主缆的固定装置，一般分为散索鞍支墩、锚块、后浇段和前、后锚室的侧墙与顶板等。

（3）锚固系统

锚固系统是主缆与锚碇的连接构造，也是主缆的传力系统。一般根据主缆索股相对于锚块的锚固位置分为前锚式与后锚式锚固系统。如图 1-2-2 所示，前锚式锚固系统就是将索股锚头摆在锚块的前面锚固，然后再由锚固系统将缆力传递到锚块中。与之相反，如果将索股穿过锚块，在锚块后面锚固则称之为后锚式锚固系统。前锚式锚固系统相较于后锚式锚固系统，除具有主缆锚固作业容易和检修保养方便的优点外，尚有无须用粗套管削弱锚块混凝土的缺点，故在现代悬索桥的设计中，大多是采用前锚式锚固系统。

锚固系统分为三大类：型钢支架锚固系统、分布传力钢板结构锚固系统、预应力锚固系统。

型钢支架锚固系统由前后锚固梁、张拉杆和强大的型钢支架组成。其传力途径为：主缆索股→锚头梁→前锚梁→张拉杆→后锚梁→锚块→锚碇基础→地基。型钢支架锚固系统的优点是：整体定位，便于调整误差，制作加工工厂化，混凝土浇筑方便；缺点是用钢量大，组拼时间长，锚块体积大。

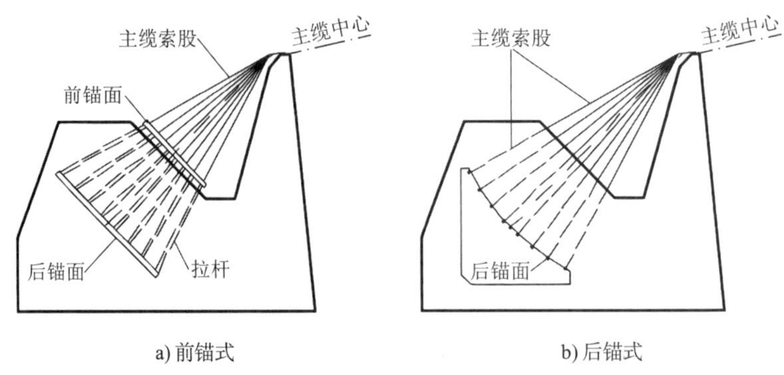

a) 前锚式　　b) 后锚式

图 1-2-2　锚固系统一般形式示意图

分布传力钢板结构锚固系统主要由索股连接构造、钢拉杆、锚固板、承压板四部分组成。其传力途径为：索股连接构造→钢拉杆→传剪器群→后锚梁，并由传剪器群传递主缆拉力。锚固板为宽度较大的钢板，其上布置传剪器群，正常使用情况下主缆拉力主要由锚固板及传剪器群承担，是主要的传力结构；承压板由承压钢板及其加劲肋组成，作为安全储备。

预应力锚固系统由拉杆、索股锚固连接器和预应力锚固体系组成。其传力途径为：主缆索股→拉杆→索股锚固连接器→锚块→锚碇基础→地基。预应力锚固系统的优点是用钢量少，支架简单，管道架设精度要求不高，可以减小锚块尺寸；缺点是锚固系统的安全度取决于预应力锚具的可靠度，预应力锚块部分的高强度等级混凝土增加了施工难度。预应力锚固系统因其设置灵活、适应性强、经济快捷等优点，日益受到桥梁设计者的青睐。

2. 索塔

根据材料分类，索塔可分为混凝土索塔、钢索塔及钢-混凝土组合索塔形式。混凝土索塔的塔柱及横梁宜采用空心截面形式，钢索塔的塔柱及横梁可采用单室或多室箱形、十字形、T 形等截面形式。塔柱两侧壁沿高度方向每隔 10～15m 宜设置通风孔。

根据纵向结构受力形式分类，索塔可分为刚性塔、柔性塔及摇柱塔。刚性塔纵向水平位移相对较小，可做成单柱形状，也可做成 A 字形状。刚性塔一般用于多塔悬索桥，特别是位于中间的索塔，通过提高索塔的纵向刚度来控制其塔顶的纵向水平位移，从而提高悬索桥的整体刚度。柔性塔是相对于刚性塔而言的形式，塔顶纵向水平位移相对较大，适用于双塔悬索桥，水平力由锚碇承受。柔性塔一般采用塔柱下端做成固结的单柱形式。摇柱塔为下端做成铰接的单柱形式，适用于跨径较小的悬索桥。

根据横向结构形式分类，索塔可分为刚构式索塔、桁架式索塔及混合式索塔。刚构式索塔是具有单层或多层横梁的门架式结构，在外观上明快简洁，既能适应钢索塔，又能用于混凝土索塔。桁架式索塔是在两根塔柱之间，除了有水平的横梁之外，还具有若干组交叉的斜杆形成桁架式结构，在横向受力方面较为有利，但交叉斜杆的施工对混凝土索塔有较大的困难，因而它较适用于钢索塔。混合式索塔是刚构式和桁架式的组合，一般在桥面以上不设交叉斜杆，以便在景观上可以保留刚构式的明快简洁，而桥面以下设置少量交叉斜杆以改善索塔的受力和经济性，它适用于钢索塔。另还有单缆的独柱式索塔，如青岛胶州湾大桥；倒 V 形或菱形索塔，如韩国永宗大桥。

3. 主缆

主缆一般由具有强度高、弹性模量大、耐腐蚀等性能的高强度镀锌钢丝及镀锌钢丝绳组成。钢丝绳主缆多用于中、小跨悬索桥，可分为钢绞线绳和螺旋钢丝绳（Spiral Rope，SPR）、封闭式钢绞线索（Locked Coil Rope，LCR）。平行索股主缆主要用于大跨径悬索桥，根据制作方法可分为空中纺线法平行索股主缆（Air Spinning Method，AS 法）和预制平行索股法平行索股主缆（Prefabricated Parallel Wire Strands method，PPWS 法）两种。钢丝绳主缆一般用于 400m 以下跨径的悬索桥，而平行索股主缆可用于所有跨径的悬索桥。

4. 吊索

吊索是用平行钢丝束或钢丝绳连接主缆和加劲梁的构件。它通过索夹把加劲梁悬挂于主缆上。吊索顺桥向布置形式一般有竖直布置和斜向布置两种。大部分的悬索桥吊索采用竖直布置形式。吊索斜向布置使得吊索可承受拉压力，应力变化幅度大，现已基本不再采用。吊索与主缆的连接方式可分为骑跨式和销接式。吊索与加劲梁的连接方式以传力直接可靠、方便检修和不易积水为原则，常见的有锚头承压式和销接式。

5. 索夹

索夹是紧箍主缆索股并连接主缆与吊索的构件。主缆和吊索的连接一般采用具有一定刚性的索夹把主缆箍紧，使主缆在受拉时，产生收缩变形时也不致滑动。索夹可分为有吊索索夹和无吊索索夹。有吊索索夹可分为骑跨式和销接式索夹。骑跨式索夹一般采用左右对合的两个半块，索夹夹体上根据需要设置承索凹槽，钢丝绳吊索骑跨于承索凹槽上，将来自加劲梁的力传给主缆。销接式索夹一般采用上下对合的两半结构，其下部伸出吊耳，通过销将吊索锚头连接。无吊索索夹可分为锥形封闭和普通封闭索夹。由于主缆在进入塔顶主索鞍、锚碇散索鞍时直径有较大的变化，锥形封闭索夹能适应这种变化，将主缆夹紧，也能为进入鞍罩的主缆护套提供支撑位置，将主缆封闭。普通封闭索夹仅仅用于紧箍主缆。

6. 鞍座

鞍座是悬索桥的重要构件之一，是为主缆提供支撑并使其线形平顺地改变方向的永久性受力构件。

根据采用材料及成型方法的不同，鞍座可设计为全铸式、铸焊组合式及全焊式。根据传力方式的不同，鞍座可设计为肋传力结构或外壳传力结构。

鞍座按所在位置分类可分为主索鞍、散索鞍、副索鞍和散索套。悬索桥通过鞍座向索塔、过渡墩和散索鞍支墩传递主缆的竖向压力，鞍座内的承缆槽弧形面使主缆达到平顺过渡的目的，并形成悬索桥特有的简洁、柔韧而优美的主缆线形。鞍座在成桥前必须与塔顶锁定，不能产生相对位移。

主索鞍的主要构成可以划分为四部分：由鞍头和鞍身构成的鞍体，上、下承板，索鞍底座格栅，以及附属装置（顶推滑动摩擦副及导向装置、限位装置等）。根据吊装需要，主索鞍可设计为整体式或分体式，其鞍体与底座间并可采用滚轴式或滑动式等不同的移动摩擦副。

散索鞍的主要构成也可以划分为四部分：由鞍头和鞍身构成的鞍体，散索鞍的移动副（摆轴或滚轴组件），散索鞍底座和底板，以及附属装置。散索鞍可采用摆轴式、滚轴式或滑动式等不同类型的移动副。

鞍座的承缆槽应按主缆索股的排列方式及数量设置隔板，隔板宜沿高度方向分层，可沿长度方向分块。

7. 加劲梁

加劲梁结构形式有：钢箱梁、钢桁梁、钢-混凝土组合梁、混凝土箱梁或混凝土板梁等。加劲梁主要有简支体系和连续体系两种。

四、施工工艺特点

悬索桥的施工主要包括锚碇、索塔、主缆、索夹、吊索和加劲梁等的施工和安装。

根据悬索桥的构造特点，施工主要分以下五步进行：

第一步，施工索塔、锚碇的基础，同时加工制造上部结构施工所需构件，为上部施工做好准备。

第二步，施工塔柱和锚体，包括鞍座、锚碇钢框架安装等施工。

第三步，缆索系统安装架设，包括主索鞍、散索鞍安装，先导索过江，牵引系统架设，猫道架设，主缆索股预制、架设、紧缆，索夹、吊索安装等。

第四步，加劲梁节段的吊装架设，包括整体化焊接或栓接等。

第五步，桥面系及附属工程的施工，内容包括伸缩缝、桥面铺装、护栏、灯柱、检查车、防腐涂装等。

五、桥梁景观特点

悬索桥的缆索系统悬垂于蓝天碧水之间，构成纤柔轻巧的曲线元素。吊索细长，长短适度，排列有序，远看似有若无，透视效果极佳，行车途中视觉所及宛如两架巨型竖琴，伴随滚滚车流奏出欢乐的乐章。悬索桥的行车道凌空飘浮于碧波之上，虚悬飞架在青山之间，犹如长虹卧波。索塔则是悬索桥艺术魅力的重要象征，高耸的塔柱直入云天，给人一种雄伟、恢弘的感觉；挺拔的风姿、高昂的塔冠所构成的紧张感和动态美，足以诱发诗人和艺术家的灵感和激情，促成境界的升华；置于深海巨浪中的承台和基础，蕴藏着坚强有力、牢不可摧的气势。

综上所述，可以把悬索桥特有的美学特征归纳为：

（1）流畅优美、纤柔轻巧，生动活泼、阴阳相生、明暗相间，隐含了极富心理感召力的曲线主旋律。

（2）虚实相容、简洁明亮，起伏协调、排列有序，表现出连续反复、节奏优美的主韵律。

（3）凌空飘浮、虚悬惊险，碧波飞渡、气势磅礴，体现了柔中济刚、轻巧飘逸的总体造型。

第三节　悬索桥分类及适用范围

一、悬索桥分类

1. 根据桥跨数量分类

根据桥跨数量分类，悬索桥可分为单跨悬索桥、双跨悬索桥、三跨悬索桥及多跨悬索桥。

2. 根据索塔数量分类

悬索桥的索塔数量主要根据桥址地形、桥下船舶通航要求、河势及水深与跨越要求等确定，同时还需考虑施工条件及经济性、景观等因素。一般可分为独塔悬索桥、双塔悬索桥及多塔悬索桥。

3. 根据结构体系分类

悬索桥的结构体系一般根据环境条件、结构形式、受力变形等要求确定，一般可分为单跨双铰体系、双跨双铰体系、双跨连续体系、三跨双铰体系、三跨连续体系、多跨连续体系、自锚式体系等。

4. 根据加劲梁形式分类

悬索桥按加劲梁形式可分为钢箱梁悬索桥、钢桁梁（包括单层桥面和双层桥面）悬索桥、钢混组合梁悬索桥、薄壁预应力混凝土箱梁悬索桥等。

5. 根据主缆锚固形式分类

悬索桥根据主缆锚固形式可分为自锚式悬索桥和地锚式悬索桥，地锚式悬索桥又根据锚碇的类型不同分为重力式锚碇悬索桥、隧道式锚碇悬索桥。

6. 根据索塔材料分类

悬索桥根据索塔使用材料可分为钢索塔悬索桥、混凝土索塔悬索桥及钢-混凝土组合索塔悬索桥。

二、悬索桥适用范围

1. 跨越能力

如果桥址两岸地质和地形条件可以设置锚碇，地形及水文条件适合于一跨跨越，采用悬索桥可能合适。若是需要多跨，可以采用两座悬索桥串联，如日本南备赞濑户桥与北备赞濑户桥，或采用多塔悬索桥。

若跨径大于 1000m，相比斜拉桥，无论在经济上还是施工安全性方面，悬索桥都是有竞争力的方案。若跨径为 600～1000m，在一定的条件下，悬索桥方案与斜拉桥方案相比也有一定的竞争力。

2. 地形条件

在地形条件方面，桥址两岸具备良好的地形和地质条件，适于设置锚碇，地形和水文条件适合于用一跨跨越，此时悬索桥具有桥型优势。若河流中间分布有岛礁，也可考虑采用多座悬索桥串联或多塔悬索桥跨越。当周围环境优美，具有较高景观要求时，采用悬索桥可获得更好的桥梁景观效果。

3. 水文、气象条件

当水文条件比较恶劣、台风频袭、施工条件受到限制时，可考虑采用大跨径悬索桥一跨跨越，从而降低施工风险。

4. 地质条件

悬索桥最适宜的地质条件是两岸有裸露的基岩可以利用，或基岩岩性较好且埋深较浅。悬索桥不太适宜在软弱覆盖层很厚且压缩性较大的地层条件下建设。

5. 桥下净空及建筑限高

桥下通航净空尺度较大（通航净宽大于 400m，通航净高大于50m），索塔又有航空限高（小于 200m）要求时，相比于斜拉桥，采用同等跨径的悬索桥可降低索塔的建筑高度，这类情况适合采用悬索桥。

第四节　悬索桥发展简况

悬索桥的历史是古老的，原始社会就有用拉索支承梁修桥的实例，比如早期热带原始人类利用森林中的藤、竹、树茎做成悬式桥以渡小溪，使用的悬索有竖直的、斜拉的，还有两者混合的，这就是悬索桥的雏形。

一、国外悬索桥发展

自 1741 年英国首次出现铁链悬索桥以来，这一古老桥型便开始了其现代演变之旅。随着工业革命的浪潮，悬索桥的建造技术得到了飞速发展。从 1801 年现代悬索桥大师詹姆斯・芬莱建雅各布涧悬索桥开始至 1883 年布鲁克林桥建成，现代悬索桥的前期历史逐渐展开。

英国最有代表性的悬索桥，是特尔福德 1826 年建成的跨径为 174m 的梅奈海峡大桥。大桥设计之初，特尔福德进行了试验尝试，认为设计容许应力不宜超过极限抗拉强度的三分之一。

在法国，1823 年，维纳尔在研究报告中考虑了悬索桥的动力作用，并得出“悬索桥的稳定性随桥的重量与跨长而增加”的结论。这一年，法国开始大量修建悬索桥，其中最具代表性的为 1834 年建成的弗赖堡桥，跨径为 265m。

里昂的机械工塞昆和拉梅首先用优质锻铁丝代替链条，并在俄国跨丰塔卡河建成第一座法国式悬索桥。1844 年，俄国克培捷和索布科在圣彼得堡建成涅瓦河悬索桥，塔在河中，将桥分为两跨共计 114.5m。

1883 年在纽约建成的布鲁克林桥，系前期悬索桥的典范，主跨达 488m，当时被称为世界工程第八奇迹。

国外悬索桥后期可概括自布鲁克林桥建成迄今。这期间，悬索桥的跨径、规模和建桥材料、技术都有很大发展。一般来说，国外悬索桥发展后期，大致可划分为以下三类。

1. 美国式悬索桥

1883 年，建于纽约的布鲁克林桥，跨径为 284m + 488m + 284m = 1056m，它是美国首座较大跨径的现代悬索桥。因为此桥除具有现代悬索桥的缆索体系之外，还配有若干加强用的斜拉索，所以严格地说它不是一座纯粹的悬索桥，而是混合体系的缆索承重桥。

20 世纪 30 年代是美国修建大跨径悬索桥最兴旺的时期，最具代表性的是 1937 年建成的金门大桥，其主跨为 1280m，曾保持世界最大跨径纪录达 27 年之久。但 1940 年华盛顿州建成的主跨 853m 塔科马海峡大桥，其下承式钢板梁在 19m/s 的风速下扭断坠毁，震惊世界。

到 20 世纪 50 年代，美国克服了悬索桥的抗风问题，再度致力于修建大跨径悬索桥，并加固了一些抗风能力差的旧塔。

此后，许多国家所修建的大跨径悬索桥基本上都受美国式悬索桥的影响，在风格上是一致的，如委内瑞拉于 1967 年建成的主跨为 712m 的安果斯都拉桥，加拿大于 1968 年修建的跨径为 1156m（234m + 688m + 234m）的新魁北克桥，以及扎伊尔共和国（现为刚果民主共和国）于 1982 年建成的主跨为 520m 的马塔迪桥等。

美国悬索桥有如下特点：

（1）绝大部分悬索桥为三跨地锚式悬索桥。

（2）索塔采用铆接或栓接的钢塔。

（3）主缆都采用空中纺线法制造架设。

（4）桥面上下游侧各有一竖直的索平面，每侧吊索采用竖直的 2 股骑跨式，相应索夹左右分开，用高强螺栓紧固。

（5）鞍座采用大型铸钢件。

（6）加劲梁是非连续的钢桁梁，适应双层桥面，并在索塔处有伸缩缝。

（7）桥面板采用钢筋混凝土构件。

美国于 2003 年建成的卡金斯桥，为跨径 1056m（147m + 728m + 181m）的三跨连续钢箱梁悬索桥，不仅采用混凝土塔，而且还采用了钢箱梁作为加劲梁，接近欧洲式悬索桥。

2. 欧洲式悬索桥

法国于 1959 年建成主跨为 608m 的坦卡维尔桥，具有许多新特点：首先是它采用连续钢桁加劲梁，塔墩处不设伸缩缝；其次是将主缆与加劲梁在主跨跨中固接；另外还采用混凝土索塔以节省钢材。上述新桥型的优点是：加劲梁连续后可大幅度减少挠度、边梁端点的转角和伸缩量等变形数值；在主跨跨中将主缆与加劲梁固接后，也可减小非对称荷载作用下加劲梁的挠度。

英国于1964年和1966年先后在苏格兰和布里斯托尔建成跨径分别为(408m + 1006m + 408m）和 1598m（305m + 988m + 305m）的福斯公路大桥和塞文桥。其中福斯公路大桥比较接近美国式悬索桥，但它也有些非美国式悬索桥的特点：首先，它的钢索塔是用具有加劲肋条的大型钢板焊接而成，这样可以减少用钢量；其次，桥面不是钢筋混凝土板，而是钢正交异性板，可以减轻恒载。而塞文桥的建成是悬索桥发展中向前的一个突破，也是英国式悬索桥的开始。首先，此桥采用扁平柔细、截面具有良好抗风性能的扁平流线型钢箱梁来代替美国式悬索桥中的高大桁式加劲梁；其次是此桥采用斜吊索，目的是提高阻尼。扁平流线型箱梁的构思无疑是一种进步，至今已被广泛采用，但塞文桥的斜吊后来出现了严重的疲劳损坏。

葡萄牙首都里斯本于 1966 年建成的萨拉扎桥（又名 4 月 25 日桥），其跨径为 1979m（483m + 1013m + 483m）。此桥分为两期，初期开放上层桥面四车道公路，后期再开放下层桥面双线铁路。1966—1999 年，双线铁路开通，并将公路拓宽为六车道；1999 年改建后，上层为六车道公路，下层为双线铁路。在改建加固中，萨拉扎桥左右各增加了一根辅助主缆成为四主缆的桥，下层桁架更换为钢箱梁，加铺钢轨和加宽公路路面。全部改建工程实施过程中没有封闭交通。

1970 年，丹麦建成跨径为 1080m（240m + 600m + 240m）的小贝尔特桥，此桥为继塞文桥之后第二座采用扁平流线型钢箱梁的悬索桥。此桥在设计时进行了桁梁与箱梁的比选，结果钢箱梁方案造价便宜 15%，同时地表是较好的黏土层，锚碇做成 10m 浅埋并带有 10.4°倾角斜置的平板式重力锚。

土耳其于 1973 年建成主跨为 1074m 的博斯普鲁斯海峡一桥，它的主要设计构思与塞文桥相同，但边跨的加劲梁不是悬吊于主缆，而是支承在若干小边墩之上。而于 1988 年建成的博斯普鲁斯海峡二桥吊索改为竖直吊索。

1981 年，英国又建成了当时第一大跨径的亨伯桥，此桥也是采用扁平流线型钢箱梁和斜吊索，索塔为混凝土结构。

另外，于 1993 年 11 月开工、1997 年底开通的瑞典霍加库斯腾桥，主桥跨径为 1800m（310m + 1210m + 280m），其加劲梁为宽 22m、高 4m 的单室钢箱梁。于 1991 年开工、1998 年开通的丹麦大贝尔特桥，主桥跨径为 2694m（535m + 1624m + 535m），其加劲梁为 31m、高 4m，隔板为桁架的钢箱梁。该桥的锚碇采用三角形空腹构架式的重力锚，由于通透而显得轻巧，具有良好的景观效果。该重力锚基础是巨型浅埋沉井，搁置在碎石压浆混凝土锯齿块加固的地基上。

2023 年，土耳其建成主跨为 2023m 的 1915 恰纳卡莱大桥，是目前已建成的世界最大跨径悬索桥，其加劲梁采用分体式钢箱梁，索塔采用钢塔，塔基采用设置基础。

欧洲式悬索桥的主要特点是：

（1）索塔采用焊接钢结构或钢筋混凝土结构。

（2）早期曾采用铰接斜吊索，博斯普鲁斯海峡二桥开始改回到竖直吊索。

（3）吊索采用销接式，相当于索夹分上下两半，用高强螺栓紧固。

（4）有采用主缆与加劲梁在主跨跨中固接的形式。

（5）加劲梁采用连续的扁平流线型钢箱梁。

（6）钢结构用焊接代替铆接和栓接。

（7）钢桥桥面采用沥青混合料铺装。

3. 日本式悬索桥

日本悬索桥的发展主要是通过本（州）-四（国）联络线的修建开始的，本-四联络三线中有 22 座大桥，其中 11 座是悬索桥。在本-四联络线修建之前，日本有跨径为（178m + 712m + 178m）的关门桥等三座桥的实践，20 世纪 80—90 年代，本-四联络线项目陆续建成跨径为 1270m（250m + 770m + 250m）的大鸣门桥、跨径为 1722m（423m + 876m + 423m）的下津井桥、跨径为 1538m（274m + 990m + 274m）的北备赞濑户大桥、跨径为 1648m（274m + 1100m + 274m）的南备赞濑户大桥。1998 年建成的明石海峡大桥，跨径为3911m（960m + 1991m + 960m），是一座超世界跨径纪录的特大跨悬索桥，受到全世界的瞩目。该桥建造时面临大风、浪高、潮高和基岩等困难，设计人员进行了抗风、抗震、抗疲劳和铁道冲击、转角、伸缩量等各种研究。

日本在修建上述悬索桥的构思方面，受美国模式的影响较多。在本-四联络线中的悬索桥之所以采用桁式加劲梁，主要考虑其有公路、铁路两用桥，采用桁梁易于布置成双层桥面，使公路汽车、铁路列车分层通过。但对于英国式悬索桥，日本也做过些尝试的实践，它们的加劲梁都采用钢箱梁，如 1988 年建成跨径为 1380m（330m + 720m + 330m）的白鸟大桥等。特别是 1999 年建成的来岛海峡大桥是本-四联络线中南线尾道至今治跨来岛海峡的重要工程。来岛海峡大桥是来岛海峡一桥、来岛海峡二桥、来岛海峡三桥串联而成的多跨悬索桥，它们共用锚碇基础，全长 4205m。来岛海峡一桥是三跨悬索桥，跨径为 960m（50m + 140m + 600m + 170m）；来岛海峡二桥是双跨悬索桥，跨径为 1515m（250m + 1020m + 245m）；来岛海峡三桥是单跨悬索桥，跨径为 1570m，桥跨布置为 260m + 1030m + 280m。来岛海峡大桥分别跨越来岛海峡东、中、西三水道，后两者是国际航道。来岛海峡大桥为钢沉井基础钢塔、扁平流线型钢箱梁和重力式锚碇基础，只有今治岸采用隧道锚。日本在 21 世纪初建成的跨径为 800m 的芸滩桥和跨径为 540m 的丰岛桥也都采用扁平流线型钢箱梁。特别是 2009 年建成的丰岛桥，百米高的钢塔一次制作，用浮式起重机吊装而成，主缆首次用 ϕ7mm 钢丝 AS 法架设。

由于工业的发达和技术的发展，日本式悬索桥也有其自己的特点，如：

（1）索塔采用钢结构，主要采用节段焊接，高强螺栓拼装节段。

（2）主缆的制造和架设基本上用 PPWS 法代替了 AS 法。

（3）吊索沿袭美国流派的竖直 4 股骑跨式。

（4）鞍座采用铸焊混合方式。

（5）采用大跨径公路、铁路两用悬索桥，以缓冲梁来解决铁路对桥面伸缩量和转角方面的要求。

（6）采用连续桁梁，在塔墩处没有伸缩缝。

（7）采用正交异性板代替预应力钢筋混凝土板。

从国外悬索桥的发展过程来看，是人们不断地与自然界作斗争、不断地发现问题、不断地改进和发展的过程。1847—1849 年，美国修建跨俄亥俄河跨径达 308m 的惠林悬索桥，是当时最大跨径的桥，但在 1854 年 5 月 17 日被大风所毁。罗勃林对此事故详细研究，对悬索桥设计作了许多重要贡献。他认为：惠林悬索桥系运动量所毁，运动量来自静载和自重，悬索桥被风吹得左右摇摆，引起剧烈振动。为此他提出了应加三角形结构物并使之固定，以控制振动，推动了悬索桥发展。到了 1940 年，塔科马海峡大桥的坠毁使世界悬索桥建设发展停滞了十年。建桥人引进了飞机的抗风稳定性理念，进行了风洞试验，做了大量的研究工作，十年后重建塔科马海峡大桥。人们认识到风是悬索桥最大的危害者，必须提高抗风能力。到了 1997 年丹麦大贝尔特桥在箱梁安装和桥面铺装的最后阶段，发现在 4～12m/s 的中等风速下，箱梁发生了低频竖向振动，虽不至毁桥，但使行车体验很不舒适并且使人感到恐慌。这样的事在十年后中国的悬索桥上也曾发生过。经过大尺度的节段风洞试验，采用底部增加导流板予以解决。从抗风稳定的角度出发，有丰富的采用钢桁梁作为加劲梁工程经验的美国和日本，到 20 世纪末也开始转向采用扁平流线型钢箱梁作为加劲梁。世界上最大跨径 3300m 的墨西拿海峡大桥设计方案，加劲梁总宽 52.4m 再加两面各 4m 宽悬臂板，加劲梁为三个流线型钢箱梁，加 8.25m 宽的中间空隙以便气流顺畅通过，这也是抗风稳定性研究的结果。总之，抗风稳定性对悬索桥来说是首要解决的问题。同样在不断探索中，主缆由铁链组成发展到用优质锻铁，到钢丝绳、镀锌高强钢丝，现在已发展到 ϕ7mm 的镀锌高强钢丝。像这样的例子还有很多，不再一一列举。

20 世纪末以来韩国也建造了几座跨海大桥，它们是于 1995 年建成的永宗大桥，于 2012 年建成的李舜臣大桥，跨径为 2260m（357.5m + 1545m + 357.5m），加劲梁为双箱结构；于 2014 年建成的蔚山大桥，主跨跨径 1150m。

二、我国悬索桥发展

我国悬索桥发源甚早，已有 3000 余年历史，居世界前列。在我国四川省境内，远在公元前 250 年就有李冰所建的人行"笮桥"；汉宣帝甘露四年建成长百米铁索桥，比英国在 1741 年始建的铁链悬索桥要早 1800 多年。建于汉代的还有云南澜沧江兰津（霁虹）桥，为并列铁索桥，桥跨原称 80m（实地勘测 57.3m），桥长 113.4m，宽 4.1m，桥板与斜缆已无。四川岷江都江堰珠浦（安澜）桥，建于唐、宋代，最大跨径 60m，全长 330m，宽 3m，木板面。

1858 年以后修建的悬索桥开始按力学理论作静力分析计算，其次以钢索代替铁链，设高塔和加劲梁，改缆顶面上承为缆底面下承，提高了载重量和稳定性，可供汽车等车辆通行。第一座公路悬索桥是湖南能滩吊桥，建于 1938 年，跨径为 80m，宽 4.5m，无加劲梁，两侧设风缆，可通行 10t 车。在 20 世纪 90 年代以前，我国虽然修建了几十座悬索桥，但跨径小、宽度窄、荷载标准低。其中较著名的有于 1969 年建成的重庆嘉陵江朝阳桥，是一座跨径为 186m、宽 9m、钢-混凝土结合梁的双链式悬索桥。这种形式虽然刚度大，能消除 S 形竖向变形，但构造复杂，外观差。于 1984 年建成的西藏达孜桥跨径为 500m，一侧的塔架和鞍座设在山上，故桥面长度仅 415m，主缆垂跨比为 1/15，并用斜拉索来增加桥梁整体刚度，由于桥面为单车道，加劲梁为敞口式全焊加劲桁架，桥的宽跨比很小，需要在河滩上设地锚和横向抗风索增加稳定性。于1987年建成的大连北大桥，采用跨径132m、宽12m的钢桁加劲梁。

目前，我国已建成和即将修建几十座特大跨径悬索桥。第一座是汕头海湾大桥，由于岩盘良好，采用预应力混凝土加劲梁悬索桥，跨径为760m（154m + 452m + 154m），1995年建成后为此类悬索桥世界第一，是国内第一座大跨径现代悬索桥。1996年建成的主跨900m的西陵长江大桥，首次实现一跨跨越长江，也是我国自主设计、施工建成的第一座全焊钢箱梁悬索桥。该桥是三峡工程的配套项目，要求可通过总重78t的重型车队。加劲梁节段制造时用了倒装法，将节段的板单元组装整体后翻身180°，消除仰焊缝。1997年建成的主跨888m的虎门大桥，是我国自主建造的第一座现代化六车道高速公路钢箱梁悬索桥，其中西岸锚碇施工中采用地下连续墙作为防水结构来浇筑嵌岩重力锚。1997年建成的主跨1377m的香港青马大桥，是世界上最大跨径的公铁两用悬索桥，加劲梁为钢桁梁结构并用不锈钢板外包了风嘴，设有中央通风孔，有效提高了桥梁抗风稳定性。1999年建成的主跨1385m的江阴大桥，是我国又一座超千米跨径的特大桥，北锚碇基础采用支撑在紧密砂层上的巨型沉井，为我国第一个不以岩体为基础的锚碇。1999年底，主桥跨径为1108m（230m + 648m + 230m）的海沧大桥建成，是我国首座三跨连续漂浮式钢箱梁悬索桥。2005年建成的主跨为1490m的润扬大桥，两岸覆盖层较深，基础是分别用地下连续墙和排桩冻结法作为围护结构的着岩重力式锚碇基础，在跨中设置了刚性中央扣连接主缆和加劲梁。2007年建成的主跨为1280m的阳逻大桥，锚碇采用了内径70m的圆形地下连续墙作为围护结构，外圈还有自凝灰浆挡水帷幕，确保了防洪要求很高的荆江大堤安全。2009年底建成的西堠门大桥是当时国内跨径最大的悬索桥，主跨为1650m，地处强台风区，加劲梁为分体式钢箱梁，全宽36m，中间开槽宽6m，能满足抗风稳定性要求。2009年底建成的主跨1088m的贵州坝陵河大桥、主跨900m的四渡河大桥和主跨为1176m的矮寨大桥都为高山峡谷的山区桥梁，由于运输条件很差，都采用了以桁架为加劲梁的结构。于2012年、2013年分别建成的主跨为2×1080m的泰州大桥和马鞍山长江大桥都是千米级三塔两跨悬索桥，其中施工关键在于选择索塔有适当的刚度和牢固的基础，泰州大桥采用了当时最大规模的深水沉井。2012年建成的南京栖霞山长江大桥是一座跨径为2476m（576.2m + 1418m + 481.8m）的三跨弹性支撑连续悬索桥，南锚碇为在国内首次采用“∞”形地下连续墙为围护结构的着岩重力式锚碇。2019年建成的南沙大桥包含主跨1200m的大沙水道桥和主跨1688m的坭洲水道桥。2019年建成的杨泗港长江大桥是目前已建成最大跨径双层道路悬索桥，主跨1700m，上层为双向六车道城市快速路，下层为双向六车道城市主干路。2022年建成的五峰山长江大桥是公铁两用双层钢桁梁悬索桥，主跨1092m，上层为双向八车道高速公路，下层为四线高速铁路。2024年建成的主跨1666m的深中大桥，是国内首次采用水中锚碇的悬索桥，采用筑岛后施工地下连续墙为围护结构的着岩重力式锚碇。我国目前正处于超大跨径悬索桥建设的高峰期，目前在建的悬索桥还有：主跨1760m的南京新生圩长江大桥；主跨2300m的张靖皋长江大桥南航道桥，建成后将创造“最大跨径悬索桥、最高悬索桥索塔、最长高强度主缆、最大地下连续墙锚碇基础、最大连续长度钢箱梁、最大位移量伸缩装置”6项世界之最；主跨2180m的狮子洋大桥，是在建的最大跨径双层公路钢桁梁悬索桥等。

此外，我国不少城市建造了自锚式悬索桥，造型美观，成为城市的标志性建筑物。自锚式悬索桥不需要修建锚碇，可以适用于软土地基，如杭州江东大桥和广州佛山平胜大桥。但是自锚式悬索桥存在用钢量大、施工烦琐、临时结构用钢量大和造价高等缺点。

第五节　大跨径悬索桥设计的主要内容及流程

一、前期研究阶段

大跨径悬索桥的前期研究阶段一般分为规划阶段和可行性研究阶段。

规划阶段主要是国家或地方政府的主管部门根据发展规划制定的路网规划，并根据当地经济发展水平和交通需求情况提出通道建设的大致计划。

可行性研究阶段一般又分为预可行性研究阶段（也称立项阶段）和工程可行性研究阶段。预可行性研究阶段主要通过大量的社会经济调查研究和实地踏勘，结合桥位所在地区的社会经济发展现状与规划，提出项目建设的必要性和紧迫性，并根据初步查明的建设条件，提出可能的宏观建设方案，粗略估算工程费用，进行粗略的国民经济评价，编制项目的预可行性研究报告和项目建议书，上报国家有关主管部门审批立项。工程可行性研究阶段是在预可行性研究的基础上，根据项目影响区路网现状与规划，结合项目功能，提出可能的桥位方案，对各桥位方案的气象、水文、工程地质、通航、地质构造、建材等条件进行系统研究；同时通过交通起止点调查（又称 OD 调查）或交通量调查，结合项目影响区社会经济发展现状与规划，对项目特征年的交通量进行预测，确定项目建设的技术标准；根据自然条件、功能、技术标准等提出可能的工程方案和环境保护要求，估算工程的投资规模和国民经济效益，经技术经济的综合比较后，提出推荐桥位方案和工程的建设规模、建设期安排。

二、勘察设计阶段

勘察设计阶段主要包括初步设计阶段、施工图设计阶段。

1. 初步设计阶段

1）设计依据

（1）工程项目可行性研究报告及批复意见。

（2）设计合同文件（包括合同书、投标书、中标通知书、合同条款及补充合同书等）。

（3）基础资料（初测、初勘、河工模型试验成果及有关专题成果等资料）。

（4）现行技术规范、规程、标准、规定等。

（5）国家或地方的政策、法规等。

（6）各级审查会专家意见、上级批文及建设方提供的有关资料。

2）主要工作内容

（1）根据工程项目可行性研究报告批复的桥位和建设方要求进行路线方案设计，基本确定路线走向和桥轴线。

（2）基本查明工程项目沿线地质、水文、气象、地震等情况。

（3）桥型方案拟订、设计及方案比选；初步设计应选择两个以上方案进行同深度的工作进行比较，并提出推荐方案。

① 根据建设条件和使用功能拟订桥型方案。

② 对各桥型方案进行结构设计和结构分析。

③ 桥梁景观设计。

④ 研究各桥型方案的施工方案、施工工艺和施工流程等。

⑤ 在建设方领导下，组织实施各专题研究工作。

⑥ 根据各专题研究成果调整工程方案。

⑦ 进行关键技术研究，编制桥型方案中间成果，并向建设方或专家汇报。

⑧ 根据建设方意见或专家意见完善设计方案，绘制初步设计图纸。

⑨ 计算主要工程数量，编制初步设计概算。

（4）引桥及接线工程设计。

（5）交通工程及沿线设施初步设计。

① 与两岸接线设计单位或建设方协调，基本确定交通工程及沿线设施位置、类型和主要尺寸。

② 基本确定大桥交通安全设施方案。

③ 基本确定大桥运营管理体制。

④ 基本确定桥梁健康监测系统。

（6）环境保护内容。

① 基本确定环境保护内容。

② 基本确定采取的环保措施与对策。

（7）建筑材料。

① 阐明大桥建筑材料来源。

② 确定大桥建筑材料运输情况。

（8）工程用地与拆迁。

① 基本确定征地面积。

② 基本确定拆迁量。

（9）试验与科研项目。

（10）施工组织设计方案。

① 施工场地选择与布置。

② 基本确定主要结构的施工方案。

③ 初步确定主要施工机具设备。

④ 施工进度计划及工期安排。

（11）主要工程数量。

① 各分项工程主要工程数量。

② 全桥主要工程数量汇总。

（12）编制初步设计概算。

① 全桥设计总概算汇总。

② 各分项工程概算编制。

（13）航道设计和桥涵标、航标设计，防雷设计，防撞方案设计，完成初步设计文件，配合完成初步设计评审。

（14）根据设计复核报告、评审意见，完善初步设计文件，配合建设方完成初步设计报批工作。

3）设计文件编排

大跨径悬索桥的初步设计一般包括大桥总体设计、主桥方案设计、引桥方案设计、接线设计、交通工程及沿线设施设计、环境保护设计、景观设计、施工方案设计、其他工程设计等。根据交通运输部发布的《公路工程特殊结构桥梁项目设计文件编制办法》（交公路发〔2015〕69号）的要求，初步设计文件一般包括：

第一篇 总体设计

第一册 总说明

第二册 附图

第二篇 主桥

第三篇 引桥

第四篇 接线

第五篇 交通工程及沿线设施

第六篇 环境保护

第七篇 景观艺术

第八篇 其他工程

第九篇 结构耐久性

第十篇 施工方案

第十一篇 桥梁安全风险评估

第十二篇 运营期结构安全监测

第十三篇 设计概算

附件

4）主要工作流程

大跨径悬索桥初步设计主要工作流程如图1-5-1所示。

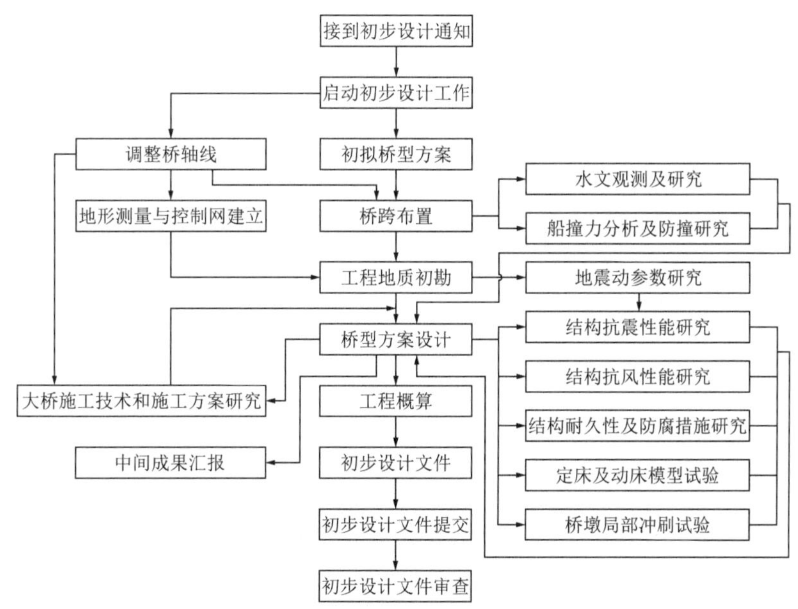

图1-5-1 大跨径悬索桥初步设计主要工作流程图

2. 施工图设计阶段

1）设计依据

（1）初步设计文件及批复意见。

（2）设计合同文件（包括投标函、中标通知书、合同书、合同条款、补充合同书等）。

（3）基础资料（定测、详勘、风洞模型试验成果等资料）。

（4）现行技术规范、规程、标准、规定等。

（5）国家或地方的政策、法规等。

（6）各级审查会专家意见、上级批文及建设方提供的有关资料。

2）主要工作内容

（1）确定路线走向和核定桥轴线。

（2）查明沿线地质、水文、气象、地震等情况。

（3）确定桥型方案。

① 根据建设条件和使用功能确定桥型方案。

② 对确定的桥型方案进行结构设计和结构分析。

③ 桥梁景观设计。

④ 研究桥型方案的施工方案、施工工艺和施工流程等。

⑤ 在建设方领导下，组织实施各专题研究工作。

⑥ 根据各专题研究成果调整结构构造设计。

⑦ 结合关键技术研究成果，采取切实可行的技术措施（包括耐久性和防撞措施）。

⑧ 绘制详细的施工图设计图纸。

⑨ 计算主要工程数量，编制预算，并配合施工招标，提供所需图纸与工程量清单。

（4）引桥及接线工程设计。

（5）交通工程及沿线设施设计。

① 与两岸接线设计单位或建设方协调，确定交通工程及沿线设施位置、类型和主要尺寸。

② 确定大桥交通安全设施方案。

③ 确定大桥运营管理体制。

④ 确定桥梁健康监测系统。

（6）环境保护。

① 确定环境保护内容。

② 确定采取的环保措施与对策。

（7）组织实施有关试验与科研项目。

（8）主要工程数量。

① 各分项工程主要工程数量。

② 全桥主要工程数量汇总。

（9）编制工程预算。

（10）形成施工图设计文件，配合建设方完成施工图设计审查工作。

（11）根据设计复核报告、评审意见和批复意见，完善施工图设计文件。

3）主要工作流程

大跨径悬索桥施工图设计主要工作流程如图1-5-2所示；对于特殊大桥，还可能在初步设计之后施工图设计阶段前增加技术设计阶段。

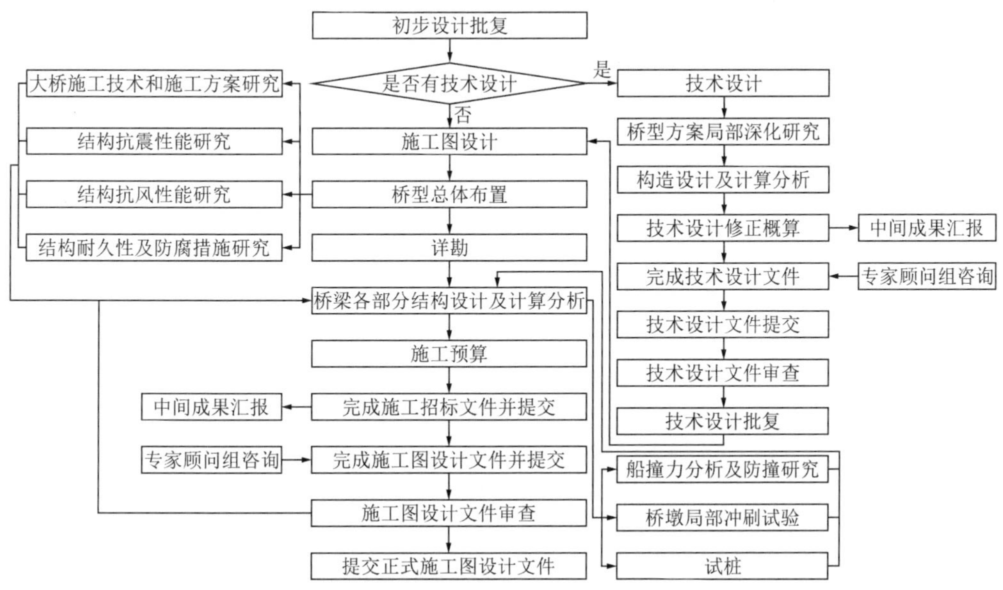

图 1-5-2　大跨径悬索桥施工图设计主要工作流程图

三、施工配合及后期技术服务

（1）施工单位进场后设计单位应及时进行设计交底，并派设计代表长驻施工现场全过程配合施工。

（2）设计代表应参加工地例会，解决施工中出现的技术问题，做好建设方和施工单位的技术参谋，提供长期的技术支持和服务。

（3）根据工程需要，进行变更设计。

第二章

总 体 设 计

第一节 目的与原则

一、设计目的

总体设计是桥梁设计最重要的工作之一，对于大跨径悬索桥而言更是如此。因为大跨径悬索桥主跨的大小、主缆的矢跨比、锚碇和索塔的位置，都将直接影响到大桥的技术难度和经济合理性。

总体设计的目的：贯彻“绿色低碳”的发展理念以及“六个坚持，六个树立”的勘察设计理念，根据桥址处的地形、地质、水文、河势、通航、气象等条件，考虑结构受力的合理性、施工技术难易程度及施工技术水平、桥梁景观、维修养护方便程度等，确定经济合理、协调美观的桥梁总体布置，实现“安全、耐久、适用、环保、经济和美观”的目标。

悬索桥的总体设计与一般桥梁的总体设计类似，需要确定设计标准、设计规范或专用规范、主要技术指标，确定设计指导思想、设计原则、总体布局的构思（包括平纵横设计、桥梁结构体系、桥梁景观设计、锚碇选型、索塔选型、缆索系统及加劲梁的选型等）。

二、设计原则

总体设计的原则：遵循国家法律、法规和现行标准、规范，贯彻“安全、耐久、适用、环保、经济和美观”的技术方针。“安全”即设计与施工技术要紧密结合，要求分析研究工程施工可行性，要采用先进的、成熟的、安全的施工技术，通过工厂化、标准化、装配化施工工艺，确保建设过程安全；“耐久”即视工程质量为生命，通过科技创新，采用新材料、新设备、新工艺，以设计建造安全、牢固、耐久的工程为宗旨；“适用”即桥梁设计紧密结合地形、地质、水文、河势、通航、气象等现场建设条件，提出最为适应桥区建设条件的桥型方案、结构方案及施工方案；“环保”即设计要立足长远，更加合理和有效地利用资源，并尽量使资源能再生或重复利用，实现低碳目标，通过工厂化、标准化、装配化的施工工艺降低对环境的干扰；“经济”即在确保结构安全和使用功能的基础上，尽量降低建设期及运营期的成本，达到全生命周期经济效益最优；“美观”即桥梁设计适应当地社会环境与人文环境，注重桥梁造型与当地环境和谐统一。

三、设计条件

大跨径悬索桥一般通过可行性研究得到建设采用的技术标准、桥位和桥型方案、建设工期安排和工程规模，在进入勘察设计阶段后，首先要通过地形测量得到桥梁轴线的纵断面图和带状地形资料，然后通过工程地质勘察得到工程地质纵断面图和各地质钻孔的柱状图及各地层的物理力学参数，再针对水文、气象、通航、模型试验等专题研究获得各项悬索桥设计的基本特征参数，结合可行性研究成果，即具备了悬索桥的设计基本条件，可以开展悬索桥的各项设计工作。

第二节　主 要 内 容

悬索桥设计的主要内容包括外业调查与工程勘测、总体设计、各分项工程搭接设计、主要结构构造设计、结构造型与景观设计、主要施工方案设计、结构受力分析、关键技术与专题研究、附属工程总体布置等内容。

一、外业调查与工程勘测

悬索桥设计需进行系统的外业调查和详尽的工程勘测，为设计提供第一手的基础资料，也为桥型方案的最终确定提供依据。

外业调查一般包括桥址区域社会经济概况、交通量及其构成、路网现状与规划、港口码头现状与规划、渡口和锚地分布、航道现状与规划、岸线资源利用与开发、防洪要求、水文条件、河势演变、气象条件、建筑材料分布情况、地形地貌、控制地物、工程地质、矿物分布、地震构造、不良地质构造情况、航空限高、区域人文社会背景等。

在一般外业调查的基础上，及时进行内业整理并提炼出控制大桥设计的主要建设条件，有针对性地开展专题研究，探明各控制条件的主要技术参数和要素，以便悬索桥设计时采取有针对性的结构与构造措施。主要技术参数和要素包括如下几方面。

（1）桥位选择原则是否得以充分体现：①是否河势稳定；②是否有良好的地质条件供基础使用；③是否满足路网及桥梁功能要求；④是否满足通航及防洪要求；⑤是否满足环保要求；⑥是否满足结构耐久性要求；⑦是否满足因地制宜与经济合理性要求等。

（2）确定的主要技术标准是否恰当，包括：①道路等级；②设计速度；③车道数和桥面宽度；④设计荷载等级（包括船舶撞击荷载）；⑤设计风速；⑥设计温度；⑦地震基本烈度及地震动参数；⑧航空限高及桥下通航水位与通航净空标准；⑨冰、雪、雨、盐雾等指标；⑩水流速度、涌潮、潮差、冲刷、波浪等。

（3）是否存在桥梁实施的难度与风险，有无解决的有效措施等。工程勘察是大桥设计的一项重要工作，特别是锚碇和索塔位置的工程地质情况及空间地层分布与不良地质现象是控制基础规模、基础形式和埋置深度的关键。因此，对于悬索桥锚碇及索塔基础区域的工程地质勘察，不仅要探明地层岩性及各地层的分布情况，还需要揭示水文地质情况和地质构造情况，并需要结合基础形式、基础受力、基础变位及基础施工工艺进行有针对性的布孔和勘察，提供结构空间受力分析和变形所需要的各种地层的物理力学参数，包括地震动参数的测定。

二、建设条件分析

建设条件是悬索桥设计的基础，主要包括：气象、水文、地形、工程地质、水文地质、地质构造、通航、防洪、环境保护、文物等方面，具体阐述见附录一。

三、主要技术标准

主要执行工程可行性研究批复的技术标准，包括公路等级、车道数量与布置、设计速度、桥下通航净空尺度、航空限高、设计风速、设计基准期、地震基本烈度、防洪标准、相应的路线线形指标等。

四、桥跨布置

本章主要以三跨对称悬索桥的标准形式为对象，介绍其总体布置需考虑的结构特性要点：边中跨比、矢跨比、宽跨比、高跨比。

具体内容详见本章第五节。

五、结构体系选择

根据结构体系特点，悬索桥可分为单跨双铰体系、双跨双铰体系、双跨连续体系、三跨双铰体系、三跨连续体系、多跨连续体系、自锚式体系。

具体内容详见本章第三节内容。

六、优化设计

根据悬索桥总体结构受力特点，结合各主要构件间的相互作用关系，寻找出整个结构各项指标共同作用下的最优综合目标，并用全生命周期成本的理念对各部分结构进行优化。例如成桥主缆的矢跨比越大，主缆的缆力就越小，主缆和锚碇就越经济，但结构的整体刚度就越小，加劲梁的受力就越不利；又如加劲梁连续长度越长，行车就越舒适，但伸缩缝的规格就越大，造价也就越高等。优化设计就是要通过对各种影响因素综合考虑，实现结构性能、工程技术与工程经济的最优目标。

七、各分项工程结构形式确定

悬索桥的分项工程比较多，一般包括锚碇、索塔、缆索系统、索鞍、加劲梁等。

1. 锚碇

锚碇是悬索桥所特有的分项工程，也是悬索桥下部结构的重要部件，主要功能是锚固悬索桥的主缆，与索塔和主缆一起构成悬索桥的整体受力体系。

锚碇的受力机理与索塔不同，索塔以承受竖直力为主，而锚碇是以抵抗水平力为主，因此，锚碇必须坐落于可靠的地基上。锚碇基础从施工阶段到使用阶段对地基的作用工况是从均匀受压到后倾偏心受压再到前倾偏心受压。设计不仅要满足施工过程的短期受力工况，更重要的是要满足成桥后的永久受力工况。基于上述锚碇受力机理的分析，锚碇最好是整体坐落于工程地质条件较好的地基上。若处于软土地基上，则应尽量减少作用于锚碇结构上的水平力，如尽量减小上部结构的重量、适当增大主缆矢跨比、适当增大主缆进入锚碇的角度等，同时可适当加大基础埋深，以争取更大的土体抗力和自身抗力，还可以采取分期浇筑混凝土的方法减小倾覆力矩，减少前、后趾地基应力差和不均匀沉降。

当桥位处基岩分布合适时，可采用隧道锚；当桥位处为松散土质或锚碇位于水中时，只能采用重力式锚碇。根据地质情况，锚碇基础可以是水中基础或陆上基础。根据锚位处的地质条件采用不同的基础形式，主要有沉井基础、扩大基础、地下连续墙基础、群桩基础等。

2. 索塔

索塔也是悬索桥下部结构的重要部件，是用以支承主缆并将荷载通过基础传递给地基的结构。索塔同样需要坐落在可靠的地基上，要求不均匀沉降尽量小，并控制在容许范围内。索塔基础形式应根据地形、地貌、工程地质、水文条件确定，并根据地质条件及结构受力要求合理选择基底持力层。索塔基础可分为群桩基础、扩大基础、沉井等形式。索塔设计除应满足结构强度、刚度、稳定性等的要求外，还应考虑经济合理、方便施工、造型美观及耐久性等要求。索塔的高度应根据主缆垂度、加劲梁高度及线形、通航净高及航空限高等确定。桥面处索塔塔柱间净宽应留有适当的安全防护距离。

索塔形式的选择主要依据受力要求、景观及总体结构布置，特别是主缆布置等确定。常用的索塔为单层框架式，当索塔较高时，可设几道横梁，形成多层框架式索塔。有时为了增加索塔的横向刚度，在两塔柱间增设斜杆形成桁架式索塔。桁架式索塔在风力和地震力作用下引起的横桥向塔顶水平位移最小。塔柱的截面可采用实心矩形截面，但为了减轻自重，一般情况多采用箱形截面。

3. 缆索系统

缆索系统是悬索桥的主要承重部件，是悬索桥的“生命线”，一般包括主缆、索夹、吊索及附属设施等。

（1）主缆

悬索桥的主缆布置形式一般是采用两根平行的主缆。迄今世界上已建成的只有三座悬索桥——美国的韦拉扎诺海峡大桥、乔治·华盛顿桥和葡萄牙的萨拉扎桥，是全桥设有 4 根平行的主缆。即使采用 4 根主缆，也是在桥面左右两侧各集中布置两根主缆，而非将 4 根主缆作均匀布置（4 根主缆的横向间距相等）。我国湖北的燕矶长江大桥为主跨 1860m 钢桁梁悬索桥，采用不同垂跨比的 4 根主缆布置形式，索塔高度受航空限高限制，内主缆跨中垂度 142.445m，垂跨比 1/13.058；外主缆跨中区段降至桥面之下，跨中垂度 153.345m，垂跨比 1/12.130。

主缆是由若干通长的钢丝绳或平行钢丝组成。扭转式钢丝绳、钢绞线钢丝绳在受拉时，每股钢丝绳均要产生非弹性变形，使弹性模量降低，适用于中、小跨径的悬索桥。为了减小钢束直径和提高弹性模量，常采用平行钢丝组成，适用于大跨径悬索桥。

有时为了约束主缆在纵桥向的位移，减小非对称荷载作用下的挠度值，提高纵向位移的复原力，减小正常情况下活载引起的振动以及风荷载和地震荷载引起的纵向位移量，在主跨跨中位置将主缆与加劲梁采用中央扣进行连接或直接固接。

（2）索夹

对于中、小跨径的悬索桥，由于索股数量不多，常排列成六边形截面，可以采用六边形索夹。对于大跨径悬索桥，主缆常采用圆形截面的平行钢丝，索夹也采用圆形索夹。对于大跨径悬索桥，主缆的直径较大，能保证吊索的弯曲半径，可选择采用骑跨式索夹，而销接式索夹的适用范围比骑跨式索夹更大。

（3）吊索

吊索有斜吊索和竖直吊索两种。斜吊索的设计构思是要提高悬索桥整体振动时的结构阻尼值，斜吊索与竖直吊索相比，索力较大，可以提高振动能量的衰减率，但是斜吊索在抗疲劳强度方面不如竖直吊索。因此，目前悬索桥已很少采用斜吊索的形式。

4. 加劲梁

加劲梁多采用钢箱梁或钢桁梁，中小跨径悬索桥加劲梁也可采用钢混组合梁、混凝土箱梁或混凝土板梁等。加劲梁的截面形式和几何尺寸，决定了风荷载对桥梁的作用。常用的加劲梁有：钢板梁、钢桁梁、扁平流线型钢箱梁。

混凝土板梁因抗风性能差，仅适用于中、小跨径的悬索桥；钢桁梁更适用于铁路悬索桥或公铁两用悬索桥，用钢量相对较多；扁平流线型钢箱加劲梁常用于公路悬索桥，用钢量相对较省，由于恒载的减轻，悬吊系统（主缆、吊索、鞍座和索夹）及索塔、锚碇的受力负担均有所降低，为全桥节省了工程数量，降低了工程造价。扁平流线型钢箱梁的抗风性能较好，风的阻力系数仅为钢桁梁的 1/4～1/2。扁平流线型钢箱加劲梁的优良抗风稳定性和显著的经济性，被中国桥梁工程师所青睐。钢桁梁、扁平流线型钢箱梁截面特点对比见表 2-2-1。

加劲梁截面形式的比较　　表 2-2-1

项目	钢桁梁	扁平流线型钢箱梁
抗风性能	具有良好的综合抗风性能，通过风洞试验可选择理想的截面外形	具有良好的综合抗风性能，通过风洞试验可选择理想的截面外形
建筑高度	建筑高度较高，适合上、下层双层交通	建筑高度较低
结构构造	结构组件多，构造较复杂，但单个构件轻而小，常用于交通困难的山区桥梁	构造简单明确，整体抗弯、抗扭刚度好，但构件庞大，不适用于山区桥梁
用钢量	用钢量大，自重大	用钢量小，自重轻
施工条件	由于构件多，制造安装较繁琐	制造安装较简单
维护条件	维护涂装等工作量大	箱内除湿、维护涂装等工作简化
外观	一般	流线型较美观

薄壁预应力混凝土箱梁重量太大，对包括缆索体系在内的全桥的耗料、造价、工期等方面都不是适宜的选择。在主跨 200m 以上的悬索桥中不采用预应力混凝土箱梁作为加劲梁是明智的。当然也有个别采用薄壁预应力混凝土箱梁作为悬索桥加劲梁的案例（如我国主跨 452m 的汕头海湾大桥、主跨 465m 的云南永善月亮湾大桥），但大跨悬索桥多采用钢桁加劲梁或钢箱加劲梁。

八、各分项工程搭接设计

1. 结构体系

结构体系的搭接包括悬索桥的约束体系与索塔处是否设置竖向支座、是否设置阻尼限位装置、是否设置横向抗风支座；加劲梁是否采用多跨吊或多跨连续，多跨连续加劲梁在梁端约束方式；是否采用自锚式体系等。

2. 主缆与锚碇

主缆与锚碇的搭接包括散索点高程、主缆进入角度、散索角度、是否采用散索套、散索的长度、散索鞍的形式、采用前锚式还是后锚式、是否是完全散开方式、索股的锚固方式等。

3. 主缆与索塔

主缆与索塔的搭接包括主缆的矢度、索塔的高度、主鞍的形式、主鞍的预偏量及顶推次数、边中跨主缆索股数量是否相同等。

4. 主缆与索夹

主缆与索夹的搭接包括空缆线形与成桥线形、索夹成桥时的位置、主缆的直径（包括空隙率）、主缆的防护方案、有无吊索等。

5. 索夹与吊索

索夹与吊索的搭接包括索夹的长度、构造尺寸、索夹的形式、索夹受力后的变形量及转动角度、吊索的长度等。

6. 吊索与加劲梁

吊索与加劲梁的搭接包括吊索的锚固方式、吊索的长度、吊索的位置、加劲梁的变形量等。

7. 加劲梁与索塔

加劲梁与索塔的搭接包括索塔处加劲梁的约束情况、加劲梁的断面形式、加劲梁的架设方式等。

8. 加劲梁与锚碇

加劲梁与锚碇的搭接包括加劲梁在锚碇处的约束情况、加劲梁与锚碇的高程关系等。

总之，悬索桥各分项工程之间的搭接关系非常紧密，只有在细部构造设计之前就将各部分的搭接关系和界面确定好，并在各部分设计之中关注相互之间的变化，保持动态的搭接，才能优质高效地完成大桥的设计任务。

九、景观设计

桥梁景观设计是我国经济持续高速发展条件下对桥梁环境品质提出的新的要求，实质是物质文明的高度发展所引发的精神追求，也充分体现人们对美好生活的向往。一座好的大桥可以成为一个城市的标志，通过它来体现地域文化，展示时代风貌。

桥梁景观设计包括总体线形设计、造型设计、平面布局设计、结构各部分比例、色彩设计、装饰设计等部分。通过造型元素的运用、历史文化的表达、建筑美学的体现等的设计创作，力求使桥梁功能、美学、文化、技术等实现高度统一。

桥梁景观要求与自然环境与人文环境和谐协调，即符合周围地形地貌、尊重人文背景、保护原生自然景观等。

大桥景观设计包括对全桥结构造型、色彩、各部分结构的美学元素构成、不同结构间的过渡、桥面系以及景观照明等进行系统的设计，使大桥不仅气势恢弘、造型优美，而且与周围环境协调和谐。

悬索桥的景观主要由主缆线形和索塔的造型构成，桥梁结构的总体比例是影响大桥景观的重要因素之一。很显然，要设计出整体美观及结构受力合理的悬索桥，比例的选择极为重要，其要点如下：

（1）边跨跨径应小于主跨跨径的一半，甚至可为 0.2。边中跨径的比率越小，整体刚度越好，同时主跨更引人注目。

（2）桥下空间应呈扁平形式，所以桥面离水面越高，跨径应越长。

（3）加劲梁应选择比例合适的空气动力性能好的扁平流线型横断面，使远远看去所悬吊的桥面轻巧而纤柔。

（4）悬索桥的锚碇不要过于庞大，但是仍需显示该锚碇稳固、强劲。

（5）索塔可以是粗壮的。古老的悬索桥都采用粗壮的圬工索塔，也增强了稳固悬挂的优美效果。近代悬索桥多采用钢索塔或钢筋混凝土索塔，从整体效果上考虑，不应太强调索塔的纤细度，而应从多种结构形式方案中选择。一般来说，结构简洁、没有多余的横向支撑的门式或刚构式索塔较好。对于宽桥，当索塔在桥面以上的高度小于桥宽的 1.5 倍时，最好采用塔柱间不设任何横梁的柱式索塔。

悬索桥在进行总体设计时要考虑的结构要点有边中跨比、矢跨比、宽跨比、加劲梁的高宽比与高跨比、加劲梁的支撑体系等。

十、主要施工步骤

根据悬索桥的构造特点，施工分四步进行。

第一步，施工索塔、锚碇基础，同时，加工制造上部施工所需构件，为上部施工作准备。

第二步，施工塔柱与锚体，包括鞍座、锚碇钢框架安装等施工。

第三步，主缆系统安装架设，其中包括牵引系统、猫道的架设、主缆索股预制、架设、紧缆、索夹、吊索安装等。

第四步，钢箱加劲梁节段的吊装架设，包括整体化焊接等。

悬索桥施工顺序如图 2-2-1 所示。

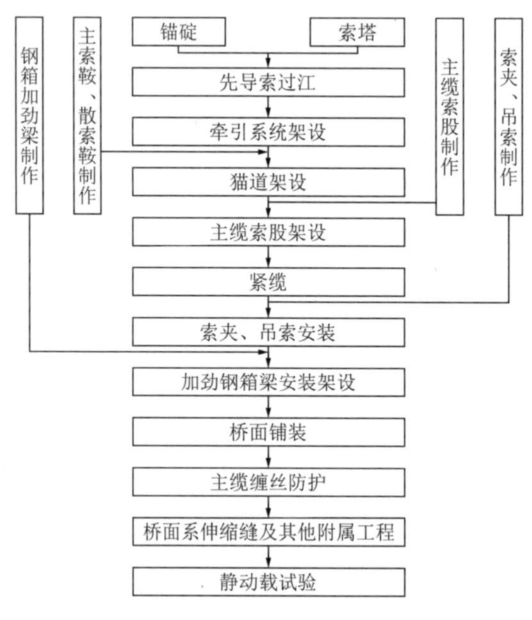

图 2-2-1　悬索桥施工顺序图

十一、结构受力分析

悬索桥的结构受力分析包括结构静力分析，结构动力分析，结构局部受力分析，各构件强度、刚度、稳定性分析等。

结构总体静力分析包括在恒载、活载、温升、温降、塔底变位、锚碇沉降及水平位移和横向风载等作用下，计算悬索桥各构件的内力、变形及稳定性，还包括锚碇基础的抗滑移、抗倾覆稳定性分析及索塔的纵向与横向结构分析。

结构动力分析包括结构动力特性的计算、结构抗风性能分析与抗风措施的分析、结构抗震性能分析与抗震措施分析等。

结构局部受力分析包括鞍座、锚固系统、塔冠、索夹、锚箱、加劲梁、桥面系等关键构件或关键部位的结构受力分析，以确保其安全性。

各构件的强度、刚度、稳定性分析是在结构总体静力分析的基础上，对各构件按规范进行的分析。

十二、关键技术与专题研究

悬索桥应根据桥位的实际情况结合结构受力需要开展关键技术研究和专题研究，为大桥建设正确决策提供依据。

悬索桥的关键技术主要包括桥梁结构边界约束条件的确定、大型锚碇结构形式的确定、索塔结构形式的确定、缆索系统形式的确定与控制、加劲梁结构体系的确定等。

根据悬索桥桥型特点，需针对桥位处的自然条件和功能要求开展相关的专题研究，主要涵盖气象、水文、工程地质、结构抗裂、结构防护、结构抗风、结构抗震、关键结构构造、通航及船舶撞击力、施工工艺与施工控制等方面，同时还需进行成桥荷载试验和成桥安全监测。

十三、附属工程总体布置

悬索桥附属工程设计除索塔、锚碇内附属构造设计外，还包括主缆检修道、加劲梁检查车、加劲梁支座与约束装置、伸缩缝、过桥管线、避雷设施、通航标志、航空警示及供电系统等。索塔附属工程包括爬梯、电梯、塔内照明及排水系统；锚碇附属工程包括检修通道、照明系统、除湿系统及排水系统。

加劲梁检查车分箱内、箱外检查车两种。箱内检查车一般设置两台，箱外检查车主跨跨中设置两台，边跨各一台。

第三节　总体布置

一、平、纵、横断面设计

悬索桥的总体布置与一般桥梁类似，平面、纵断面线形设计和横断面设计是总体布置的重要内容之一。

悬索桥本身造型优美，其平面、纵断面线形设计要力求平面顺畅、纵坡均衡，在视觉上保持线形的连续性，尽量避免长直线和小偏角，使驾驶员在心理和生理上有安全感和舒适感，并与沿线环境相协调。

影响大桥平面线形的因素较多，在总体设计时不仅要考虑总体路段线形指标要求，更重要的是适应桥址环境、控制地物、特殊地形和水域流态分布与航迹线分布，经过多方案比较，选择线形优美又能充分与水域流态和航迹线吻合的平面线形。

大桥纵断面线形的影响因素也很多，不仅受到最大纵坡、最小坡长、最大坡长等路线设计指标控制，还受桥下通航、通行的净空高度及桥头软土路基段的填土高度限制。有时还有跨越特殊地物的要求，大桥纵断面线形设计时要在满足上述要求的同时，使大桥纵断面线形错落有致。

在考虑平面线形设计、纵断面线形设计、横断面设计和桥跨总体布置的同时，需要注重桥梁景观设计和日后运营养护管理。

二、桥跨布置

悬索桥的总体布置需确定桥梁分跨、主跨与边跨的跨径，索塔、锚碇的位置与结构形式，确定主跨的矢跨比、主缆横向间距、主缆至桥面的最小距离、结构体系，以及桥面高程与成桥线形等，这些是大桥总体设计的核心，也是大桥设计工作的关键。总体布置不仅应使悬索桥根据桥址处地形、地质、水文、河势、通航等条件及结构受力合理性综合确定分跨布置，同时应充分重视桥梁美学设计及与环境的协调，而且要选择恰当的矢跨比和索塔的高度，使全桥造型优美，各分项工程之间搭接顺畅、比例协调。

悬索桥的桥跨布置主要受桥位处地形、地貌和工程地质与水文地质条件所制约。首先应根据功能要求确定主跨跨径，即索塔的位置，其次是根据两岸地形和工程地质条件选择锚碇位置，基本确定桥跨布置。地质条件对结构稳定和工程量有很大的影响，索塔和锚碇都应选在地质条件较好的位置。

基本确定桥跨布置后，再视结构受力合理性和经济性确定悬索桥的其他参数。悬索桥主缆垂跨比一般为 1/12～1/9，自锚式悬索桥可增大垂跨比。悬索桥加劲梁可采用单跨、双跨、三跨及多跨等布置方式，其支承方式可采用简支或连续体系。悬索桥吊索间距的确定应综合考虑用材的经济性、加劲梁运输架设条件及吊索运营中各种不利受力情况等因素。主缆跨中可采用中央扣构造。地震作用影响较大时，宜采用柔性中央扣构造。主缆跨中与加劲梁间的最小竖向净距，应满足加劲梁安装时施工机械对净空的要求。悬索桥加劲梁的结构及断面形式应满足抗风设计要求。

悬索桥应考虑结构布置的合理形式：①在总体设计时尽量采用对称布置的结构形式；②索塔（桥墩）、锚碇基础不可建在可液化土层或有溶洞的岩石上，宜避开软弱土层，建在稳固地基上；③上部结构形式及构造应能适应由于地震地面动力引起的较大位移；④特大跨径悬索桥在方案研究阶段，应对索塔与加劲梁、加劲梁与锚碇、主缆与索塔顶和主跨中央扣等边界连接处作结构抗震优化设计比较。

三、结构体系确定

悬索桥各结构体系的受力特点详见第一章第二节。

悬索桥的结构体系主要是确定加劲梁的支承约束体系，早年建设的三跨悬索桥的加劲梁多数是非连续的，即为三跨双铰体系悬索桥。三跨双铰体系悬索桥在结构受力方面是比较合理的，但该结构体系的梁端伸缩量、跨中挠度和梁端转角均较大，给行车舒适性带来影响。为了适应有铁路通过的悬索桥或对行车舒适性要求较高的高速公路桥梁，减小桥面变形（包括梁端转角变形、伸缩量和跨中挠度）显得十分重要，这使得多跨连续体系悬索桥应运而生。20 世纪 90 年代建设的中国厦门海沧大桥、丹麦大贝尔特桥、瑞典高海岸桥均采用了三跨连续体系悬索桥方案，我国建设的南京栖霞山长江大桥、秀山大桥、深中大桥，以及国外建设的土耳其伊兹米特海峡大桥、1915 恰纳卡莱大桥等均采用了三跨连续体系悬索桥方案。也有因地形或线形限制而采用双跨连续体系悬索桥方案，如我国香港青马大桥、舟山西堠门大桥、广州南沙大桥坭洲水道桥、张靖皋长江大桥南航道桥。

悬索桥结构体系的确定需要综合大桥的使用功能、建设条件、工程规模和经济合理性等确定，并与相应的支承约束措施和构造措施相配套，以满足刚度要求，即不计冲击力的汽车荷载引起的加劲梁最大竖向挠度值不宜大于跨径的 1/250，风荷载引起的加劲梁最大横向位移不宜大于跨径的 1/150。

四、约束边界条件布置

悬索桥的约束边界条件布置主要有：加劲梁在索塔处竖向支承约束（主要是竖向支座或竖向液压装置）、横向支承约束（主要为横向抗风支座）、纵向位移约束（主要是阻尼限位装置或刚性限位挡块等）；加劲梁在中跨跨中处的变形约束装置（主要是主缆中央扣或交叉斜吊索等）；多跨加劲梁在锚碇处竖向支承约束（主要是竖向支座或竖向液压装置）、横向支承约束（主要为横向抗风支座、刚性限位挡块或横向阻尼器）、纵向位移约束（主要是阻尼限位装置或刚性限位挡块等）。

第四节　技术进步及创新设计

一、理念创新

大跨径悬索桥设计，应坚持“以人为本，树立全面、协调、可持续的科学发展观”的设计理念，通过灵活性和创新性设计，实现“安全”“环境优美”“资源节约”“质量优良”“系统最优”的目标。以工程建设、养护和维护管理的综合效益最优为目标，将工程质量和全生命周期成本的理念贯穿于工程规划、勘察、设计、施工、养护、运营管理全过程。在设计阶段一并考虑工程建设后的养护、维修和管理问题，力求实现总资源消耗最小的目的，不能以增加后期维护成本为代价降低初期建设成本。

（1）总体设计与桥梁景观和运营管理有机结合

大桥总体设计在考虑平纵断面线形设计、桥跨总体布置的同时，注重桥梁景观设计和日后运营养护管理。

大桥总体设计，不仅应使悬索桥分跨布置满足桥址处地形、地质、水文、河势、通航等条件及结构受力合理性的综合要求，同时应充分重视桥梁美学设计及与环境的协调，而且要选择恰当的矢跨比和索塔的高度，使全桥造型优美，各分项工程之间搭接顺畅、比例协调。

由于悬索桥通常跨径大、技术难度大、造价高、工期长，因此，在设计阶段就必须考虑日后的运营养护、交通组织、抢险救灾、紧急救援、桥梁监控等问题，并从构造上考虑日后各构件的养护通道，为日后运营管理创造良好的条件。

（2）桥型方案设计与建设环境和施工工艺有机结合

悬索桥桥位处一般自然条件复杂，受特殊的水文、气象、工程地质条件制约，要最大限度地结合大桥桥位处的自然条件特点选择适应性好的施工工艺，以降低工程实施的风险和工程造价；有针对性地采用大型化、工厂化、机械化、标准化的总体设计理念，以提高工程质量，确保大桥建设得以安全顺利开展。

（3）结构设计与耐久性设计有机结合

悬索桥的分项工程多，上部结构多为钢结构，下部结构及基础多为大体积混凝土结构。钢结构的防护和大体积混凝土结构的防温度裂缝就是结构设计的重点内容。大桥混凝土结构耐久性设计应从材质本身的性能出发，以提高混凝土材料的品质为根本，并辅以外加涂层、涂层钢筋、阴极保护等辅助措施，本着“结构设计是结构耐久性的灵魂”，结构设计要做到“可检、可换、可强、可补、可控”，同时贯彻“结构施工是结构耐久性的基础，运营养护是结构耐久性的保障”的理念。

二、体系创新

悬索桥的体系创新包括结构体系和支承约束体系两方面的创新。

在结构体系创新方面，悬索桥的体系创新主要有以下几个方面的研究：一是三跨连续体系，着重解决因多跨连续带来的加劲梁受力不均、边跨短吊索疲劳破坏、索塔附近加劲梁受力及变形大等技术难题，以实现提高结构的舒适性和提升桥梁的品质，如南京栖霞山长江大桥采用三跨连续弹性支撑体系，在索塔处设置弹性支座。二是三塔及以上的悬索桥，需要重点研究中间索塔的方案，是采用刚性索塔的设计构思还是采用柔性索塔的设计构思，两种不同的设计构思导致中间索塔的设计方案完全不同，相应各相关部分的构造和方案也各有不同，如泰州大桥、马鞍山长江大桥均采用了柔性中塔的设计方案，而瓯江北口大桥则采用了刚性中塔的设计方案。三是针对一些特殊的建设条件，采用特殊的结构体系，如云南绿汁江大桥（主跨 780m），其取消一侧索塔，将主缆通过集主索鞍和散索鞍一体的复合式索鞍直接锚于山体岩层上，将传统双塔单跨体系改为单塔单跨体系。四是针对超大跨径结构，通过优化受力，如张靖皋长江大桥南航道桥主跨 2300m，南边跨 1220m，北边跨 660m，呈现超大主跨、超大边跨、非对称布跨的特点，其在汽车活载、温度作用下在索塔处产生较大的不平衡水平力，进而产生较大的索塔及塔基的弯矩，需要控制索塔及基础规模，该桥首次采用主缆自平衡结构体系，采用自行走滚轴式主索鞍结构，实现温度、汽车荷载等常遇荷载作用下，两侧主缆水平分力和索鞍滚动摩擦力三者自平衡，水平力即为量值极小的滚动摩擦力，较好地释放了非对称超长边跨带来的塔顶巨大不平衡水平力，有效改善了索塔受力情况，减小了基础规模。

在支承约束体系方面，悬索桥的体系创新主要是通过引进最新的材料、设备和工艺，采用性能优越、可靠的阻尼器或支承约束产品（包括支座、主索鞍和散索鞍等），以期增强结构适应不同外在荷载作用的能力。

三、构造创新

构造创新的目的是通过对悬索桥主要分项工程的构造进行创新设计，以使结构受力更为合理、施工难度得以降低、施工风险得到控制或是减少工程数量，以达到加快施工进度、节省工程造价的目的。

悬索桥构造创新包括索塔、锚碇、缆索系统、加劲梁的构造创新等。

索塔的构造创新包括根据桥址的特殊建设条件对索塔基础和塔身两部分的构造创新。常规索塔结构主要有混凝土塔、钢塔或钢-混凝土组合塔（底部为混凝土塔，顶部为钢塔），国内以混凝土塔居多，国外以钢塔居多。近年来我国在钢-混凝土组合塔方面取得了一些创新性进展，如张靖皋长江大桥南航道桥索塔首次采用钢箱-钢管约束混凝土组合索塔结构，由钢箱和四根直径 3.6m 的钢管混凝土柱组合而成，具有轻量化、高承压、高延性、气动外形可塑、制造难度低、功效高等特点。狮子洋大桥索塔则采用了钢壳混凝土组合索塔结构，钢壳与混凝土通过纵横双向钢筋混凝土剪力榫结合协同受力，索塔混凝土强度等级达到 C80，索塔亦可采用工厂化、装配化的施工工艺。索塔基础方面国内大部分悬索桥采用钻孔灌注桩群桩基础，目前最大桩径可达 6.3m（西堠门公铁两用大桥），国外深水基础则也有采用沉箱基础。

锚碇的构造创新包括锚碇基础和锚体两部分。锚碇基础往往工程量巨大，造价昂贵，特别软土地基上的锚碇更是如此。如润扬大桥的南北锚碇均位于软土地基上，北锚基础采用矩形地下连续墙的构造，并取得了成功。再如海沧大桥锚碇采用了基底设置倒坡、浅埋箱形基础和三角形框架式锚体结构，使扩大基础在极软岩地基上修建成为现实，仅此一项构造创新就减少挖方 70000m^3，节约混凝土 33000m^3，节省造价 4700 万元。张靖皋长江大桥处于长江中下游软弱土地基，其南锚距离大堤净距仅 46m，该桥首次采用了支护转结构复合地下连续墙基础，外围双层地下连续墙 + 填芯形成复合结构保证了整体性和基坑开挖安全，基础分隔仓进行水下开挖、水下封底，降低基坑开挖的风险，通过深层地基加固处理，大幅降低基础开挖深度及施工风险，地下连续墙槽段采用刚性接头保证基础整体性，既为围护结构也是永久受力结构，可较好适应现场的建设条件。

缆索系统构造创新产生的效益则更为明显。主缆是悬索桥的生命线，且均由高强度平行钢丝组成。如张靖皋长江大桥南航道桥主缆采用 251 股索股，单索股采用 127 丝ϕ5.60mm 钢丝，标准强度为 2200MPa，与传统 1860MPa 主缆钢丝相比节约钢丝用量 20%以上，主缆直径降低，减小了施工难度。如狮子洋大桥采用了轻量化的主索鞍结构，较传统索鞍节省钢材约 30%。再如润扬大桥的主缆防护构造一改通常在主缆表面敷涂一层锌粉膏防护腻子，外面用镀锌软钢丝缠包，再在缠绕钢丝的外表面进行防护涂装的方案，而采用 S 形缠绕钢丝，使缠绕钢丝之间环环相扣，大大增加了主缆缠绕钢丝的密封性能，在其外表再进行重防腐涂装，最后通过向主缆内部通干燥空气，使主缆内部保持较低的相对湿度，从而确保主缆的使用寿命。而张靖皋长江大桥则采用了传统索夹式送风系统与主缆中央纵向管道送风相结合的方案，以期达到主缆内部均匀送风的目的。

加劲梁的构造创新主要体现对纵隔板、横隔板形式的创新和改进加劲梁或桥面系构造以增加其抗风稳定性等方面，如西堠门大桥即做成左右两个能适应抗风性能的流线型桥面系，利用较宽的中央分隔带透风解决风动颤振稳定问题。

总之，通过构造创新，悬索桥的结构会更加合理，从而改善结构受力状况、降低施工难度、缩短施工工期及节省工程造价。因此应大力提倡构造创新，推动桥梁技术水平的快速发展，使我国尽快实现由桥梁大国向桥梁强国的迈进。

四、材料创新

悬索桥通常跨径较大，技术含量高，造价高昂，要使其实现新的跨越，必须提高材料性能。如高性能混凝土、强度更高的高强钢丝、综合性能更好的优质钢材等的研发就显得非常重要。材料创新往往会带来结构形式的革命，也是推动桥梁技术向前发展的动力。

五、工法创新

工法创新往往使复杂的问题变得简单，使困难的事情变得容易，使危险的工作变得安全，使昂贵的东西变得便宜。在悬索桥的建设中，分项工程众多，工序繁杂，环境又很恶劣，因此，更需要通过工艺创新来获得工效、降低风险、提升质量、节省造价。如润扬大桥的南锚基础采用了冷冻排桩新工艺，使长江边大型深基础明挖施工成为现实。如张靖皋长江大桥南航道桥钢管约束混凝土索塔，一次性浇筑高约 40m 的钢管混凝土，提高索塔架设工效。如西堠门大桥主缆施工的先导索过海就使用了直升机曳拉的新工艺，不仅快捷，而且安全。再如矮寨大桥上部结构架设采用了轨索滑移法架设，改空中悬拼为岸边场地拼装，解决了深大峡谷悬索桥上部结构安装难题。

第五节 主要设计参数与选择

一、总体参数

悬索桥在总体设计时要考虑的参数有：边中跨比、矢跨比、宽跨比（加劲梁宽度与跨径之比）、高跨比（加劲梁高度与跨径之比）、加劲梁的支撑体系等。

1. 边中跨比

边中跨比是指边跨跨径与中跨跨径之比。边中跨比一般受具体桥位处的地形与地质条件制约，其取值一般为0.3～0.5。对于单跨悬索桥，边中跨比一般为0.2～0.35。

2. 矢跨比

悬索桥的矢跨比是指主缆在主跨内的矢度与主跨跨径的比值，是悬索桥极为重要的技术参数。一般地锚式悬索桥取值为1/12～1/9，自锚式悬索桥要大一些，可达1/5。

3. 宽跨比

宽跨比是指桥梁上部结构的梁宽与主跨跨径的比值，一般取值在1/60～1/40之间。

4. 高跨比

高跨比是指加劲梁高与主跨跨径的比值，一般取值为1/500～1/80。

5. 加劲梁的支撑体系

加劲梁的支撑体系主要有单跨双铰、双跨双铰、双跨连续、三跨双铰、三跨连续及多跨连续体系。为了进一步减少跨中挠度和加劲梁伸缩量，主跨跨中可将主缆和加劲梁直接固接，其固接方法分两种：中间刚性索夹（刚性中央扣）和中间短斜索（柔性中央扣）。中央扣的受力原理是主缆中的不平衡纵向力由加劲梁来承担，可以减少非对称荷载作用下的挠度值，提高纵向位移的复原力，减少正常情况下活载引起的振动以及风荷载和地震荷载引起的纵向位移。另一种固接方法为在索塔处设置挡块＋阻尼器。

二、锚碇参数

1. 重力锚

（1）地基承载力安全系数

地基承载力安全系数即地基竖向极限承载力与容许承载力的比值。

（2）基底摩擦系数

基底摩擦系数即基础底面与地基岩土之间的静摩擦系数。

（3）整体抗滑动稳定安全系数

$$K_h = \frac{H_u}{H} \geqslant 2 \tag{2-5-1}$$

式中：K_h——整体抗滑动稳定安全系数；

H_u——平行于滑动面的所有抵抗力之和；

H——平行于滑动面的所有滑动力之和。

（4）整体抗倾覆稳定安全系数

整体抗倾覆稳定安全系数一般有两种计算方法。

第一种：

$$K_q = \frac{e}{\rho} \leqslant 1 \tag{2-5-2}$$

式中：K_q——整体抗倾覆稳定安全系数；

e——基底以上外力合力作用点对基底重心轴的偏心距；

ρ——基底底面核心半径。

第二种：

$$K_q = \frac{M_u}{M} \geqslant 2 \tag{2-5-3}$$

式中：K_q——整体抗倾覆稳定安全系数；

M_u——相对于基础前趾点的抗倾力矩；

M——相对于基础前趾点的倾覆力矩。

（5）沉降及变位指标

沉降及变位指标主要指基底地基沉降及锚体的结构变形导致的理论散索点在竖向及水平向的位移值，取值视结构承受能力确定。

（6）锚块斜截面抗剪强度指标

对滑动的验算结果为：抗滑安全系数$K > 1.5$。

对剪应力的验算结果为：剪应力$\tau < [\tau]$。

2. 隧道锚

（1）主要构造尺寸

隧道锚主要构造尺寸包括锚塞体长度、横断面尺寸、散索长度等。锚塞体长度是指锚塞体沿主缆轴线方向的长度，即主缆索股锚固长度。

（2）抗拔出安全系数（或强度安全储备系数）

抗拔出安全系数，即在进行锚体与围岩共同作用整体稳定性分析时，围岩在失稳破坏前锚碇所达到的极限承载力与设计缆力的比值，相当于重力锚的抗滑动安全系数。

（3）周边围岩平均剪应力

将岩体视为匀质体，在缆力作用下，锚固长度范围内岩体发生以锚塞体尾部断面为界面的筒体受剪破坏，从而可计算围岩的平均剪应力。

3. 锚固系统

（1）自由长度

自由长度指主缆索股经散索鞍（或散索套）后沿轴线至前锚面的垂直距离。

（2）锚固长度

锚固长度指沿主缆中心轴线方向锚块内锚固系统的长度。

（3）前锚面布置

前锚面布置需要确定在前锚面内各锚固点之间垂直和水平方向的距离。

（4）安全度

① 锚固系统设计安全系数。

② 预应力钢束施加的有效力与索股拉力的比值。

③ 锚下混凝土的应力安全系数。

④ 疲劳性能指标。

三、索塔参数

影响索塔设计的参数主要有：材料参数、环境参数、结构尺寸参数。

1. 材料参数

混凝土索塔在材料选择时，除了应满足受力及耐久性要求外，还应考虑混凝土施工泵送的流动性、和易性，以满足混凝土的泵送高度，同时还需确保混凝土不会发生离析现象。塔柱一般采用滑模、翻模或爬模施工，要求混凝土应具有一定的早强性，确定混凝土收缩徐变设计参数时应考虑这些因素。混凝土索塔一般采用不低于 C50 混凝土。主要设计参数有：弹性模量、线膨胀系数、密度、泊松比、轴心抗压设计强度、抗拉设计强度、标准抗压强度、标准抗拉强度以及收缩徐变参数等。这些参数在设计阶段可根据规范规定取值，在施工控制阶段根据实际施工的混凝土配合比，经试验确定。

钢筋材料的选用一般应考虑塔柱强度需要以及施工时为确保塔柱线形所需的刚度要求。索塔主筋一般应选择强度不小于 HRB400 等级的钢筋，并且其直径不宜小于 28mm。设计参数有：抗拉设计强度、抗压设计强度及标准强度。这些参数根据规范规定取值。

预应力材料一般采用符合《预应力混凝土用钢绞线》（GB/T 5224—2023）、公称直径为 15.2mm 的钢绞线。预应力材料设计参数有：标准强度、抗拉设计强度、弹性模量、松弛率、实际线径等。设计阶段根据规范规定取值，施工阶段参照工厂及监理检测试验结果取值。

钢索塔材料的选择应考虑强度、刚度及可焊性，一般选择《低合金高强度结构钢》（GB/T 1591—2018）的钢材。钢索塔钢材的设计参数有：弹性模量、线膨胀系数、密度、泊松比、屈服强度、抗拉强度、板厚等，可根据规范规定取值。

2. 环境参数

（1）温度参数

设计桥位区温度参数应通过专题研究确定。不同的索塔材料采用不同的温度参数，如：混凝土索塔采用最大、最小月平均气温作为体系升降温的计算参数，钢索塔则采用极端最高、最低气温作为体系升降温的计算参数。设计计算需要的温度参数有：极端最高温度、极端最低温度、月平均最高温度、月平均最低温度、施工合龙温度、塔柱截面内外温差等。

（2）风参数

设计风参数通过桥位区风速梯度观测以及与附近具有长期风速资料的气象风速观测站进行同步观测，经专题研究后确定。风参数往往是索塔设计计算的控制性参数，必须认真研究确定。设计风参数有：设计基本风速、风速随高度变化规律、阵风系数、塔柱断面形状系数、与活载组合的桥面风速等。根据《公路桥梁抗风设计规范》（JTG/T 3360-01—2018），设计基本风速采用 10m 高度 100 年一遇 10min 平均最大风速值。施工阶段的设计风速一般采用 10～30 年一遇 10min 平均最大风速值。与活载组合的桥面风速一般采用 25m/s。

（3）地震动参数

地震动参数是高耸索塔设计中十分重要的计算参数，应通过专门的地震安全性评价，取得索塔位处的各项地震动参数。地震动参数有：抗震设防标准、基岩及各土层峰值加速度、加速度反应谱等。根据桥梁重要性等级，一般采用二级设防水准，E1 地震采用 100 年超越概率 10%，要求桥梁在弹性范围工作，结构强度和刚度基本保持不变；E2 地震采用 100 年超越概率 4%或 5%，桥梁局部可发生开裂，裂缝宽度也可超过容许值，但不影响使用。

3. 结构尺寸参数

索塔整体结构尺寸参数主要由主跨跨径、矢跨比、桥下通航净空、通航水位、桥面净宽、两根主缆的横桥向间距、主索鞍及鞍罩构造等因素决定。主要的尺寸参数有：塔高、桥面处塔柱横桥向净距、塔顶横桥向间距、塔柱在塔顶的平面尺寸、塔柱底截面的尺寸、横梁或斜腹杆的高度和宽度、混凝土索塔的塔柱和横梁壁厚、钢索塔的钢板厚度等。

四、缆索系统参数

1. 主缆设计参数

（1）空隙率

空隙率是主缆设计的重要参数之一，它直接影响主缆在索夹内、外的直径，是索夹设计的重要依据。索夹内空隙率一般为 18%，索夹外空隙率一般为 20%。

（2）安全系数

安全系数是主缆设计时的另一个重要参数，根据《公路悬索桥设计规范》（JTG/T D65-05—2015）的规定，主缆基于承载能力极限状态进行设计验算，其中主缆钢丝的材料强度分项系数 γ_R 取 1.85（主缆钢丝抗拉强度标准值与抗拉强度设计值之比）。悬索桥主缆也可按照容许应力法进行验算，一般要求在最不利标准荷载作用下，对主缆抗拉强度至少保证不小于 2.5 的安全系数。随着施工水平的提高，主缆钢丝间不均匀度进一步降低，可适当降低安全系数取值。对于超大跨径悬索桥，随着主跨跨径的增加，其恒载应力占比可达 85%以上，安全系数可进一步降低。如张靖皋长江大桥南航道桥其恒载应力占比达 88%，通过基于可靠度的专题研究，安全系数取为 2.3。

（3）设计基准温度

设计基准温度是进行结构计算及主缆线形计算的重要参数。根据我国的气候条件，设计基准温度通常取为 20℃。

（4）钢丝的标准强度

现代悬索桥已普遍选用高强度钢丝作主缆的材料，并进行热镀锌防腐。主缆用高强度钢丝（吊索与此相同）是以较粗的盘条为原材料通过冷拉工艺形成的，盘条的强度和品质直接决定了钢丝的强度。

随着钢铁冶炼水平的不断提高，盘条的标准强度已从 20 世纪 30 年代的 1500MPa 提高到现在的 2200MPa，并且还在研制更高强度等级的材料。目前我国形成行业标准的主缆用高强度钢丝的标准强度有 1670MPa、1770MPa、1860MPa 三种，随后建设的大跨径悬索桥陆续开发出更高强度的钢丝，如南沙大桥开发出 1960MPa 的主缆钢丝，深中大桥开发出 2060MPa 的主缆钢丝，新生圩长江大桥开发出 2100MPa 的主缆钢丝，张靖皋长江大桥开发出 2200MPa 的主缆钢丝。

目前，国内设计的悬索桥主缆普遍采用 1860MPa 以上级别的高强度钢丝。

（5）主缆索股根数及钢丝直径

确定主缆索股根数及钢丝直径是悬索桥主缆初步设计阶段的重要工作之一。悬索桥主缆索股外形多按六边形配置，按此确定主缆索股的根数及排列。钢丝的直径一般在 5.0～6.0mm 之间选取。根据主缆受力情况，主缆索股的根数及钢丝直径统一考虑，选择合理的索股根数及钢丝直径。

2. 吊索、索夹、紧固系统设计参数

（1）吊索安全系数

吊索承受的荷载包括：恒载、活载（考虑冲击）、温度影响、制造及架设误差的影响、吊索弯曲二次应力的影响，对上述作用进行不同的组合时，应相应选取不同的安全系数。

骑跨式钢丝绳吊索的安全系数一般取 4.0，销接式吊索采用平行钢丝吊索的安全系数取

3.0。吊索是可更换构件，设计时应考虑日后更换吊索时情况，即在同一吊点两根吊索中更换（或断、缺）一根时，考虑在限制车辆通行时安全系数取1.7。

（2）索夹及紧固件设计参数

① 安全系数

当螺杆拉力损失至安装拉力的70%时，索夹对主缆的抗滑安全系数应大于或等于3.0。

索夹材料受力安全系数大于或等于 3.0（考虑夹紧力及制造、安装误差引起的吊索力作用）。

在永存应力状态下（初始拉力损失至70%时），螺杆安全系数大于或等于2.0；螺杆在初始张拉力作用下，安全系数大于或等于1.4。

② 设计参数

验算索夹对主缆抗滑时，摩阻系数取0.15。

主缆在索夹内空隙率取18%（在全部荷载作用下）；两半索夹间的嵌口取4.0mm，使两半索夹的嵌合量能满足索夹内主缆的空隙率在小于或等于±2%的误差范围内变化。

螺杆有效长度大于0.70*D*（*D* 为索夹内主缆直径），使两半索夹的嵌合量能满足索夹内主缆的空隙率在小于或等于±2%的误差范围内变化。

（3）设计基准温度

设计基准温度是进行结构计算及吊索无应力长度及线形计算的重要参数。根据我国的气候条件，设计基准温度通常取为20℃。

（4）钢丝的标准强度

现在国内设计的悬索桥，吊索普遍采用标准强度为1770MPa级别的高强度钢丝，也有部分悬索桥采用标准强度为1770MPa的钢丝绳吊索。

（5）吊索钢丝数量及直径

确定吊索钢丝根数及钢丝直径是悬索桥主缆初步设计阶段的重要工作之一。根据单根吊索在控制工况下的拉力、吊索钢丝的标准强度、选用的安全系数计算钢丝总面积。

吊索为可更换构件，为减小日后更换的费用，建议采用5.0mm规格的钢丝。计算得到钢丝根数后，按照正六边形排列确定吊索断面尺寸。

3. 附属构造、猫道设计参数

1）附属构造

附属构造包括主索鞍鞍罩、主缆检修道、主缆缆套、梁外检查车、梁内检查车等。

现代悬索桥通常在塔顶设置除湿机，对主缆钢丝和索鞍进行防腐处理，并设置鞍罩进行密封。鞍罩可设计为钢筋混凝土或钢制形式，鞍罩主要荷载为风荷载。此外，在加劲梁、锚碇处一般也会设置除湿机，特别是采用钢箱加劲梁时。

在主缆顶面设主缆检修道，供主缆检修人员和主缆检修车通行使用。在主缆两侧设由钢芯钢丝绳制成的扶手绳及栏杆绳，钢丝绳两端分别锚固于塔顶主索鞍锚架和散索鞍锚架上，中间通过立柱支承在索夹上。检修道栏杆需考虑检修人员侧向推力以及有关竖向荷载作用。

主缆缆套是主索鞍出入口或锚碇护室前墙与主缆防护的过渡装置，要求具有良好的密封性能，并允许少量的伸缩量，在缆套范围内使主缆钢丝不受缠丝约束。缆套通常采用喇叭形管状钢套，沿纵向分为两半，两半之间设拼接条板用螺栓连接，条板及两端接头均用橡胶层防水。

加劲梁一般设置梁外检查车及梁内检查车，方便运营期的检查与维修。

2）猫道

（1）钢丝绳弹性模量

钢丝绳由多根直径不同的细钢丝扭绞而成，在拉力较小时具有非弹性变形的特性，其弹性模量应在一定预拉力下测量，并在生产时应进行预张拉以消除部分非弹性变形，国内生产的钢丝绳捻距小、弹性模量较低，建议弹性模量取 110GPa。

（2）设计荷载

猫道设计时主要考虑下列几种荷载：恒载、活载、风荷载及温度影响。恒载基本是指猫道结构自重；活载包括施工人员及施工机具重、索股重量（PPWS 法施工时在猫道滚轮上曳拉的索股重）；计算风载的折减系数应考虑猫道的宽度和栏杆的高度；温度影响主要考虑降温引起的拉力增加。

（3）抗风索的设置

设置抗风索可提高猫道的抗风稳定性及结构刚度。设计人员应根据桥位区具体的气候条件，通过抗风计算确定是否采用。

（4）强度校核

针对上述荷载，按照不同的荷载组合取用不同的安全系数，建议采用以下数值：

① 恒载（包括抗风缆拉力）+ 活载 + 温度，安全系数取 2.5。

② 恒载（包括抗风缆拉力）+ 温度，安全系数取 3.0。

五、加劲梁参数

1. 钢桁加劲梁设计参数

钢桁加劲梁的设计参数主要包括：①钢桁梁的高度；②钢桁梁吊装重量及现场接头间长度；③桥面宽度及主桁片数布置；④桁架节间长度；⑤横联间距；⑥正交异性板构造参数等。

（1）主桁架高度的选择

主桁架高度主要由吊索间距、桥梁宽度、最少用钢量和满足刚度条件等要求来确定。在上承式桁梁中，还要考虑容许建筑高度的要求，下承式应保证净空要求。主桁架的用钢量主要反映在弦杆和腹杆与桁高的关系上。当增加桁高，弦杆受力变小，从而弦杆截面面积减小；另外，腹杆长度增长，腹杆用钢量增加。降低桁高，将会出现相反情况。因此，可按主桁用钢量最少的经济条件来确定有利的主桁架高度，称为经济梁高。桁梁的梁高H与跨径L之比一般为：$H/L = 1/200 \sim 1/70$。

（2）钢桁梁吊装重量及现场接头间长度

钢桁梁可考虑分节段制造运输到桥下，利用缆载起重机吊装节段到位后，与已完成节段进行现场连接的方法施工；也可以仅在工厂制造杆件，运输到现场后利用杆件拼装成桥。

施工方法的选择主要取决于桥位处运输及吊装条件，原则上宜尽量采用节段运输拼装的方法。节段长度的划分一方面取决于制造、运输、吊装设备的能力，另一方面宜与吊索在梁上的索距一致，以使节段尽量标准化。跨径在 500～1000m 的悬索桥的节段长度一般在10～16m。

（3）桥面宽度及主桁片数选择

桥面宽度主要根据车道数及相关规范确定，悬索桥设计时需考虑在吊索附近留有检修通道；主桁片数的选择主要根据桥梁宽度及下层空间要求进行选择。主桁的横向间距由横向刚度和稳定性来决定。

（4）桁架节间长度的选择

主桁架的节间长度直接影响到主桁架斜腹杆的倾角和桥梁的跨径。桁架的剪力靠斜杆承受，倾角大小影响腹杆受力大小。一般合理的斜杆倾角（与竖杆的夹角）在 30°～50°范围内。从构造角度出发，斜杆的倾角也不宜超出 30°～50°的范围，因为斜杆与竖杆的夹角过大或过小，造成节点板过高或过长，节点构造将很复杂。

主桁高度用h表示，合理的节间长度为$(0.6\sim0.8)h$（带有竖杆的三角形体系）和$(1.0\sim1.2)h$（纯三角形腹杆体系）。

我国多座桁梁桥在确定桁高和节间长度时，还考虑尽量利用现有工厂的节点模样板设备，节间长度取为 8m 或 16m。

（5）横联间距的选择

一般在设置有吊索的位置均需设置主横联，副横联的设置间距决定于桁梁横向稳定、纵梁及桥面板受力，并设置于节点板处。

（6）正交异性板构造参数

正交异性板的设计参数主要包括板厚、加劲肋形式、尺寸及布置间距。这些参数的选择主要决定于桥面板受力及变形的控制，既要满足强度需要，又要具有足够的刚度，满足钢桥面铺装的要求。

早期钢桁梁大都采用板桁分离的布置形式，近年来，为提高钢桁梁整体刚度、节省造价，悬索桥经常采用板桁结合的方式。

2. 钢箱加劲梁设计参数

钢箱加劲梁的设计参数主要包括：箱梁的高度、箱梁吊装重量及现场接头间长度、风嘴的倾角、横隔板间距、正交异性板构造参数等。

（1）箱梁高度的选择

在大跨悬索桥结构中，主要承重构件为主缆，桥梁的总体刚度主要由主缆的重力刚度提供，而不与加劲梁的高度有很大关系，加劲梁梁高的选择主要考虑其横向风压作用下的静力效应，以及静力发散、风动力稳定性。

（2）箱梁吊装重量及现场接头间长度

钢箱加劲梁一般采用节段制造运输到桥下，利用缆载起重机吊装节段到位后，与已完成节段进行现场连接的方法施工；节段长度的划分取决于制造、运输、吊装设备的能力，宜与吊索在梁上的索距一致，以使节段尽量标准化。跨径在 500～2000m 的悬索桥的节段长度一般在 14～18m。

（3）风嘴的倾角选择

风嘴的形式及倾角直接影响箱梁截面的风阻系数，影响桥梁的风动力性能，同时风嘴角度选择中还应考虑保证制造焊接作业空间要求，风嘴的倾角选择需经过风洞试验后确定。

（4）横隔板间距的选择

一般在设置有吊索的位置均需设置横隔板，其他位置的横隔板设置间距应能保证箱梁横向受力、保证箱梁截面不发生变形，利于桥面板受力，已建成桥梁横隔板间距一般在 3.0～4.5m 之间。根据已建成钢箱加劲梁的病害情况，横隔板间距不宜过大，不宜超过 3.5m。如横隔板内距较大时，可在两相邻的两横隔板之间增加横肋以加强桥面板的刚度。

（5）正交异性板构造参数

正交异性板的设计参数主要包括板厚、加劲肋形式、尺寸及布置间距。这些参数的选择主要决定于桥面板受力及变形的控制，既要满足强度需要，又要具有足够的刚度，满足钢桥面铺装的要求。

3. 组合式加劲梁设计参数

组合式加劲梁设计参数与钢桁梁设计参数基本一致，只是组合式加劲梁采用混凝土桥面板，需综合考虑桥面板受力最终确定混凝土板的厚度。

4. 加劲梁约束条件设计参数

加劲梁约束条件设计参数主要包括以下方面：①纵向阻尼参数确定；②三跨连续体系如考虑在索塔处设置弹性支撑时弹簧刚度的确定；③横向支承、横向抗风支座、刚性限位挡块或横向阻尼器确定。

第六节　抗风与抗震概念设计

一、抗风概念设计

悬索桥具有跨径大、结构轻、刚度柔和阻尼小的特点，对风的作用十分敏感。因此，在悬索桥设计阶段，需要细致地考察大桥在施工阶段和运营状态下的风效应。

悬索桥在风的作用下可发生静力响应和动力响应。在平均风速作用下，假定只考虑定常（不随时间变化）的空气作用力，结构将产生静力响应。而桥梁作为一个振动系统，在近地紊流风场中可能发生颤振、驰振、涡激共振和抖振等动力响应。

桥梁抗风设计的主要手段有两种：风洞试验方法和数值分析方法。风洞试验是进行桥梁结构抗风设计的重要手段。近年来，随着人们对抗风机理认识的不断深入以及计算机技术的进步，数值分析方法得到迅速发展。

桥梁抗风设计的目的是保证桥梁在使用年限内，结构不应发生毁坏性的静力失稳和发散性的自激振动；在设计风荷载和其他作用的组合下，结构应具有规定的强度和刚度；同时，桥梁结构非破坏性风致振动的振幅应满足行车安全、结构疲劳和行车舒适度的要求。

当桥梁的抗风性能不满足规范要求时，需要研究提高结构抗风性能的控制措施。桥梁抗风控制措施可分为结构措施、气动措施和机械措施。结构措施是通过改变结构的动力特性，提高桥梁的静、动力稳定性；气动措施是通过改善桥梁结构的绕流特性，减小风对桥梁的作用效应；而机械措施则是通过增加桥梁的阻尼来达到减小结构振动的目的。

二、抗震概念设计

地震是与地球构造运动密切相关的一种自然现象，强地震曾导致世界上许多大型桥梁倒塌或严重损坏。因此，在悬索桥设计阶段，需要对结构进行抗震设计，以保证结构安全。

悬索桥抗震设计是研究在随机地震动作用桥梁结构的动态响应。抗震设计的手段包括试验方法和数值分析方法。试验方法需要在振动台上进行模拟试验，费用昂贵，应用较少。数值分析方法主要分为三种：地震反应谱法、频域随机振动方法和时程分析方法。地震反应谱法计算简单、概念清楚，适用于中小跨径的桥梁，在各国规范中得到广泛应用；频域随机振动方法和时程分析方法能够方便地考虑结构的多振型耦合效应以及地震动的行波效应、多点激励以及场地非均匀性等问题，对于悬索桥这种大跨柔性结构具有较好的适用性。

悬索桥的抗震设计通常采用二级设防原则执行：在 E1 地震作用下，各类构件无损坏，结构在弹性范围工作，正常的交通在地震后立即得以恢复；在 E2 地震作用下，根据各类构件的重要性、可检性、可修复性以及可换性来确定其性能目标。当桥梁的抗震性能不能满足规范要求时，需要研究提高结构抗震性能的控制措施。桥梁抗震控制措施可分为结构措施和机械措施两种。结构措施是通过改变结构的动力特性来提高桥梁的抗震性能；而机械措施则是通过利用减震或隔震的阻尼或变形来吸收或耗散地震动输入的能量。

第七节　主要施工方案概念设计

一、锚碇施工

锚碇施工包括锚碇基础、锚块的施工。

1. 锚碇基础施工

锚碇基础体积巨大，这种大体积混凝土的浇筑具有特殊的要求。当采用隧道式基础时，岩洞的开挖应采取小爆破进行，以免破坏基础附近的岩层结构。当岩洞挖掘好以后，应尽快布置好锚碇构架及固定装置，并进行混凝土的浇筑，以免岩石风化，影响基础强度。当采用地下连续墙基础时，基础的施工是先用挖槽机械，从施工基面沿基础边界向下挖槽，直至持力层；然后在槽中构筑侧壁，成墙后挖除内部土柱；对平面是矩形断面的还要浇筑支撑框架混凝土，再向内部浇筑素混凝土，构成基础。

2. 锚块施工

锚块的施工，除应按大体积混凝土施工方法外，其施工方法还受到锚固方式的影响。主缆的锚固可分为各束股在锚块前面锚固的前锚式和各束股在锚块后面锚固的后锚式。

锚块采用前锚式锚固施工时，可分为两种情况：一种是将主缆锚固钢构架及固定装置预埋在锚块混凝土中，再将前锚梁安装在锚块的前方与锚杆相连，此时锚杆多为钢眼杆；另一种则是先预埋锚杆套管及其固定装置，当混凝土达到强度要求后，穿入锚拉螺杆，并对锚螺杆进行张拉、锚固，然后向套管内压浆，最后将前锚板安装在锚块前方与锚螺杆相连接。而锚块采用后锚式锚固施工时，锚块的施工较为简单，这时只需将锚固套管及其固定装置预埋在锚块混凝土中正确的位置上即可，因为主缆的锚固是将分散的丝股穿过套管在锚块后方的锚垫板上进行。

二、索塔施工

索塔可分为钢塔、钢筋混凝土塔和钢-混凝土组合塔，无论哪一种塔都要分节段逐节上升。钢塔多做成空箱式断面，常在工厂制造成节段，运至工地进行安装。当索塔不高时，可用浮式起重机安装。索塔较高时，可以利用索塔侧预先安装的塔式起重机逐节安装；也可以用爬升式起重机安装，即索塔塔柱上安装爬升导轨，爬升式起重机沿此导轨随索塔的安装向上爬升。由于施工中起重机重量是靠塔柱支撑的，所以塔柱施工中的垂直度要严格控制，如图 2-7-1 所示。

钢筋混凝土塔身的浇筑常用爬模施工法进行施工，方法具体步骤为：翻模浇筑底下 1～2 节，以后改为模板附着在自行提升的支架上，支架固定于已浇筑的塔身上。在索塔侧安装塔式起重机运输钢材等，用泵送混凝土浇筑塔身。

钢-混凝土组合塔则采用工厂化、装配化的施工方案，如狮子洋大桥的钢壳混凝土组合索塔，在工厂加工节段的钢壳及钢筋，运至工地进行安装，先进行节段间钢壳及钢筋的连接，然后浇筑混凝土，将复杂的模板移动、钢筋绑扎工作均在工厂内完成，可显著提高施工工效及质量。张靖皋长江大桥南航道桥索塔则采用了钢箱-钢管约束混凝土组合索塔，其也在工厂加工钢塔节段及钢筋，但并不是每架设一个节段浇筑一次混凝土，而是一次性浇筑约 40m 高的钢管内混凝土，350m 高的索塔分 9 次浇筑完成，工效进一步提升。

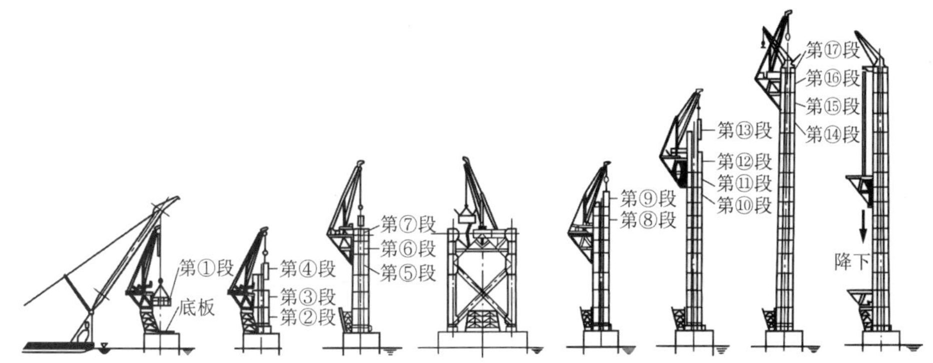

图 2-7-1　爬升式起重机施工法的施工顺序

三、缆索系统施工

悬索桥缆索系统工程工序多，施工难度大，其施工流程如图 2-7-2 和图 2-7-3 所示。

猫道抗风缆是保证猫道抗风稳定性的辅助措施，在风不大的地区，猫道抗风稳定性在自身能保证时可以不用。在通航繁忙的河道上，通过加密猫道横向天桥，也可不用抑振设施。

1. 准备工作

在架设导索前需要的准备工作有：安装塔顶起重机、塔顶主鞍座、支架副鞍座、展束锚固鞍座、主索鞍，以及各种绞车和转向设备的驱动装置。

2. 先导索过江（海）

导索是缆索工程中最先拉过江（或海）的一根钢丝绳，也是缆索工程中的第一道难关。一般架设导索有浮子法和自由悬挂法两种，个别也有采用直升机架设法。

3. 牵引系统架设

当导索架设完毕后，就可用它来架设曳拉索。曳拉索是布置在两岸之间的一根无端头的钢丝绳索，可由两岸的驱动装置来使曳拉索走动，从而一来一往引拉其他需要架设的缆索或钢丝。牵引系统常用的有循环形式和往复形式两种。

4. 猫道架设

曳拉索架设完毕后，就要首先架设猫道。所谓猫道，就是悬索桥架设施工中，供施工人员进行施工作业的高空脚手架。它是主缆架设、紧缆、索夹安装、吊索安装以及主缆防护必不可少的设施。每座悬索桥一般设有两个猫道，每个猫道各供一侧主缆施工所需，它是由若干根猫道索来承载的。

中跨猫道承重索的架设可由托架法来实现，当每个猫道的若干根猫道承重索引拉架设好后，即可铺设猫道面板及架设横向天桥。横向天桥是沟通两个猫道之间的空中工作走道，此外，还有增加猫道稳定性的作用。猫道的抗风体系除抗风索外，还包括连接猫道索与抗风索之间的垂直吊索或斜吊索。

5. 架设主缆

在猫道下架设抗风索后，猫道架设的工作全部完成，就可以在猫道上正式架设主缆。主缆架设有两种方法：一种为 AS 法，含送丝、纺丝、纺线、架线等；另一种为 PPWS 法。AS 法是以钢丝为单元，先在空中编制索股，然后再由若干索股组成主缆；PPWS 法则是以工厂预制成的索股在空中组成主缆。

6. 安装索夹、吊索

利用紧缆机将主缆压成圆形后扁钢带箍紧，安装索夹。固定猫道承重绳防止松动，将猫道转载于主缆上，安装吊索。

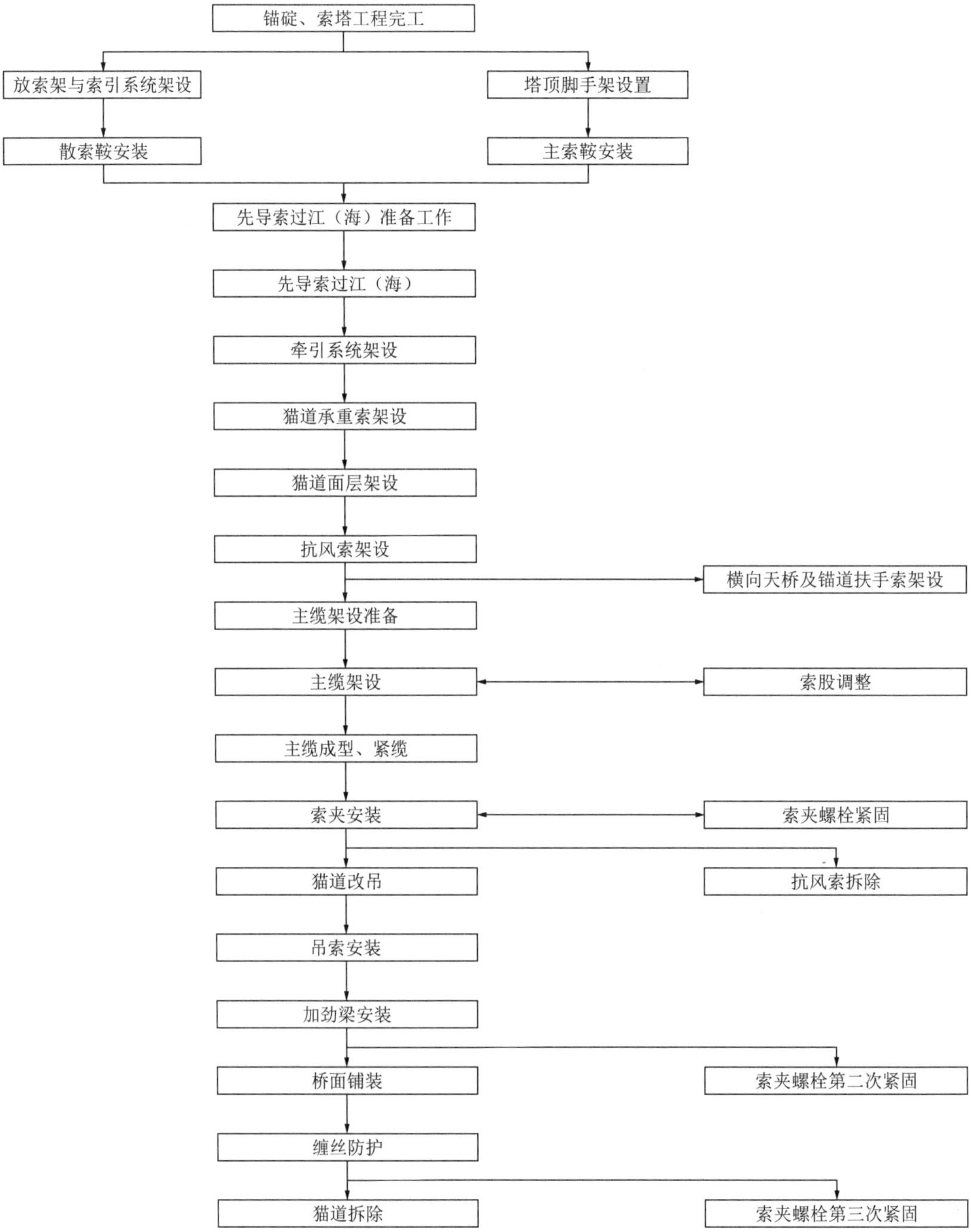

锚碇、索塔工程完工
放索架与索引系统架设
散索鞍安装
塔顶脚手架设置
主索鞍安装
先导索过江（海）准备工作
先导索过江（海）
牵引系统架设
猫道承重索架设
猫道面层架设
抗风索架设
横向天桥及锚道扶手索架设
主缆架设准备
主缆架设
索股调整
主缆成型、紧缆
索夹安装
索夹螺栓紧固
猫道改吊
抗风索拆除
吊索安装
加劲梁安装
桥面铺装
索夹螺栓第二次紧固
缠丝防护
猫道拆除
索夹螺栓第三次紧固

图 2-7-2　主缆施工步骤图

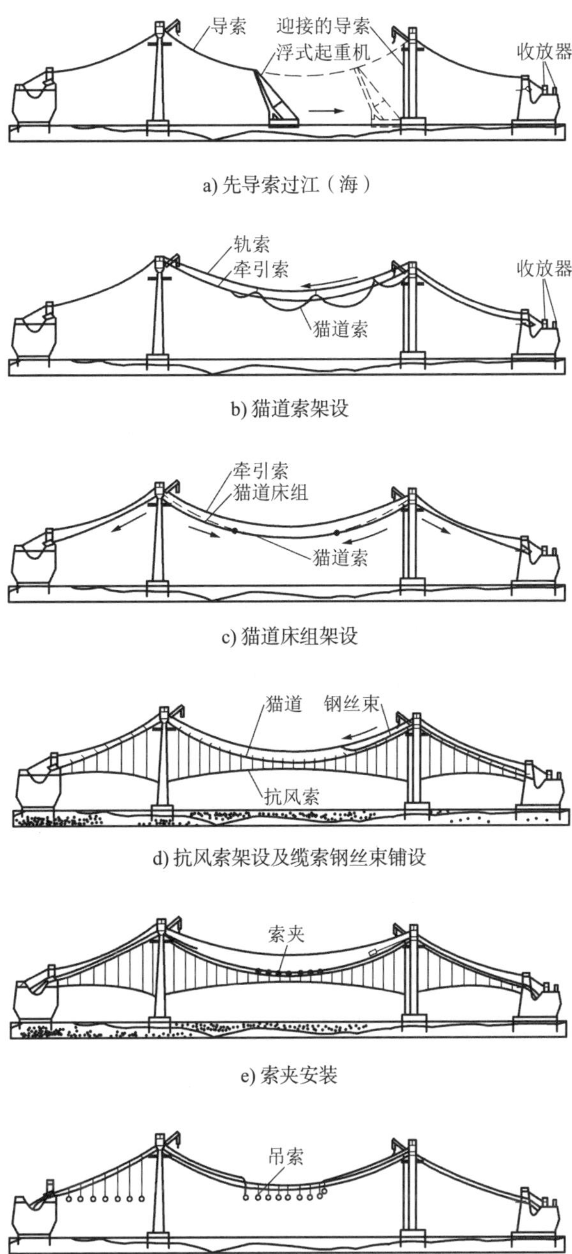

a) 先导索过江（海）

b) 猫道索架设

c) 猫道床组架设

d) 抗风索架设及缆索钢丝束铺设

e) 索夹安装

f) 抗风索撤除，安装吊索

图 2-7-3　缆索系统施工流程

四、加劲梁施工

1. 加劲梁架设的架设方式

悬索桥加劲梁的结构形式有钢板梁、钢桁梁、扁平流线型钢箱梁、钢筋混凝土箱梁等，其主要架设方式按推进方式分类主要有以下两种。

（1）先从跨中段向两侧索塔方向推进

先从跨中段向两侧索塔方向推进的施工步骤一般分为 6 个阶段，如图 2-7-4 所示。

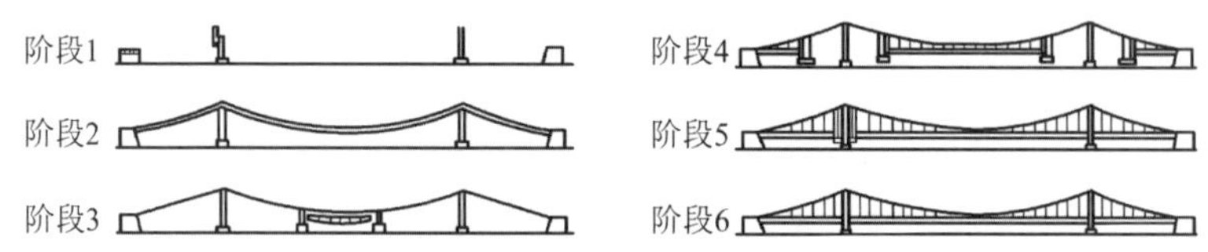

图 2-7-4　加劲梁从跨中段向两侧索塔推进图

阶段 1：主墩、索塔和锚碇施工；阶段 2：主缆架设；阶段 3：加劲梁从主跨中央开始架设；
阶段 4：边跨加劲梁开始架设；阶段 5：索塔处加劲梁段合龙；阶段 6：加劲梁所有接头合龙

美国的旧金山-奥克兰海湾大桥、韦拉扎诺海峡大桥等均采用此法施工。此架设方法的优点是：靠近塔柱的梁段是主缆刚达最终线形时就位的，这样，靠近塔柱的吊索索夹的最后夹紧可推迟到塔顶处主缆仅留有很小永久角变形，所以就能减小主缆内的次应力。

（2）从索塔向跨中及桥台推进

从索塔向跨中及桥台推进的施工步骤正好与上述施工方法相反，施工步骤如图 2-7-5 所示。此种架设方法使得操作人员可以很方便地从索塔到桥面，在主跨和边跨之间往返，有利于施工操作和管理。而图 2-7-4 所示方法中，工作人员必须通过狭窄的空中猫道才能到达主跨内已被架好的加劲梁段上。采用此法的有金门大桥和日本本-四联络线上的悬索桥等。

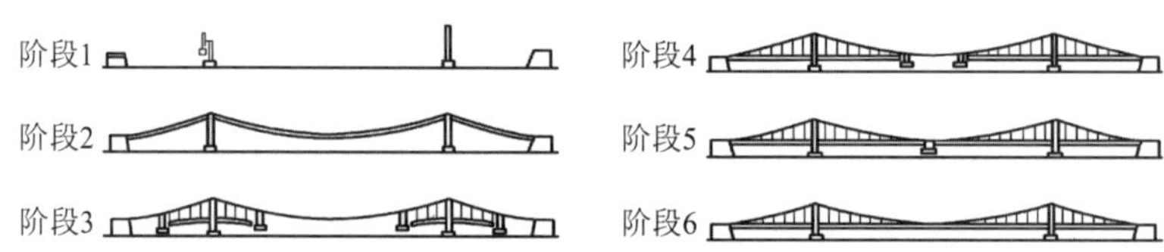

图 2-7-5　加劲梁从索塔向跨中及桥台推进图

但无论采用哪种方法，均须考虑主缆变形对加劲梁线形的影响。故有条件时应在施工前做加劲梁施工架设的模型试验，根据试验资料来验证或修正架设工序。而且一般在架设中，为使加劲梁的线形能适应主缆变形，已架设的各加劲梁节段之间不应马上做刚性连接，如可上弦做铰接先连接、而下弦暂不连接。待某一区段或全桥加劲梁吊装完毕后，再做永久性连接。

2. 加劲梁架设的基本方法

在悬索桥加劲梁的结构中，大跨径悬索桥常用的加劲梁结构是钢桁梁和扁平流线型钢箱梁两种。

（1）钢桁梁的常用架设方法

悬索桥钢桁梁的架设方法按架设单元分为以下三类：单根杆件架设、桁片（平面构架）架设、节段（空间桁架）架设。

单根杆件架设的施工工期较长，而节段（空间桁架）架设的工期最短，但在后期架设桥面系会有问题产生。因此，钢桁梁的架设多采用桁片（平面构架）的架设方法，即事先在工厂内组拼成平面构架单元后运到现场，从索塔或桥台开始进行以平面构架做单元的悬臂架设。

（2）扁平流线型钢箱梁的架设方法

扁平流线型钢箱梁的合理架设方法是节段提升法，即在工厂预制成梁段并进行拼接，然后将梁段用驳船运到现场，垂直起吊就位，吊到一定程度（下张口闭合）后进行焊接。

其架设步骤为：

① 扁平流线型钢箱梁节段的驳船运输。

② 扁平流线型钢箱梁节段的吊装。

③ 扁平流线型钢箱梁节段线形的调整。

④ 扁平流线型钢箱梁节段的焊接连接。

日本在本-四联络线的施工中，对箱梁的架设也进行了技术开发，即用自航式船台架设悬索桥钢箱加劲梁。

（3）混凝土箱梁的架设

国内外近百座大跨径悬索桥的工程实践中，以混凝土箱梁作为加劲梁的悬索桥极少，我国独立设计施工的汕头海湾大桥即是其中之一，452m 的主跨跨径令世界瞩目。

混凝土箱梁应结合结构自身的特点因地制宜地进行施工，所制定的方案不仅应具有可操作性，便于保证质量，还应该达到节省投资的目的。

加拿大的哈德森霍普桥采用匹配法制梁，再通过频繁移动缆索起重机将预制梁段摆荡到位的方法架梁成桥。

汕头海湾大桥因工程规模较大，其施工方法如下：

① 梁段预制，即按加劲梁的吊点间隔均匀划分节段进行现场全截面预制。

② 梁段按双层对中叠放，定点支撑。

③ 用船舶浮运至桥下相应位置，再借助缆载起重机垂直提升到位，并转挂于相应的吊索，与已挂梁块之间临时连接。

④ 临时连接、现浇接缝及中边跨合龙。

⑤ 施加纵向预应力。

⑥ 安装过渡梁。

⑦ 调整加劲梁线形。

五、桥面铺装

悬索桥的桥面铺装根据加劲梁的不同结构形式可分为钢桥面铺装和混凝土加劲梁桥面铺装两类。

1. 钢桥面铺装

适应于钢桥面板的桥面铺装主要有浇注式沥青混凝土（GussAsphalt）、环氧沥青混凝土（EpoxyAsphalt）、聚氨酯混合料、超高韧性混凝土（STC）、沥青玛碲脂碎石混合料（SMA）等，一般为双层铺装结构，可以由以上几种铺装结构组合而成。就施工工艺来讲，可分为一次浇注式施工和分层碾压式施工。

钢桥面是多个结构的结合体，对结构层的选择根据钢桥体系的需要而定，但不论桥面铺装形式如何，一般都包括防锈和主体铺装两大体系。其施工顺序如下：

（1）桥面顶板的表面清理及喷砂除锈

对完成焊接施工的钢箱加劲梁表面进行全面清理，清除一切废弃杂物，然后喷砂除锈，直到露出金属本色，粗糙度达到 40～50μm，表面质量达到 Sa2.5 级。

（2）喷涂防锈层

喷砂除锈达到要求后，应及时喷涂防锈层。常用的防锈层有热喷锌（80～120μm）、无机富锌漆（50～80μm）和厚浆环氧沥青漆（120～160μm）等。

（3）喷洒防水黏结层及黏层油

为保证钢桥面与沥青铺装层之间有较好的黏结和防水性能，应在防锈层表面喷洒防水黏结剂和黏层油。防水层一般由沥青、聚合物和树脂等材料制成，采用热喷方式洒布。黏层油通常要用现场配制的稀释沥青或乳化沥青，洒布量一般为 0.4kg/m^2。

（4）沥青混凝土的拌制与运输

沥青混凝土的拌合站要求设在施工现场附近，以便于运输和作业配合。材料称重配料、加热拌和等应严格按设计配合比及工艺要求进行，通常采用全机械化操作。热拌料出料温度一般控制在 170℃左右。

（5）沥青混凝土的摊铺

大型桥面的沥青混凝土摊铺，一律要求采用摊铺机作业。运料车轮流不间断地向摊铺机供料，以保证摊铺作业连续进行。为保证施工质量稳定，每幅路面的摊铺尽量一气呵成。拌和、运输和摊铺各工序之间建立可靠的通信联络系统，协调组织，统一指挥。

（6）沥青混凝土的碾压

沥青混凝土不同的混合料，有不同的碾压要求。浇注式沥青混凝土不需要碾压，仅在硬化前，撒布碎石，用 1t 轻型压路机压一遍，使碎石嵌入铺装层中，便于上层沥青混凝土连接。

（7）中央分隔带施工

同钢桥面行车道一样，中央分隔带桥面板需喷涂防水胶，然后再摊铺砂粒式沥青混凝土混合料，夯实后使其表面略高于行车道铺装表面，以利雨水排出。

（8）填缝

填缝前将预留缝清理干净，用高压气吹出缝内灰尘并保持干净，然后填入橡胶泡沫条至底，再由人工灌入融化的填缝料至铺装厚度。

2. 混凝土加劲梁桥面铺装

悬索桥混凝土加劲梁的桥面铺装，同大跨径混凝土斜拉桥一样，可以采用水泥混凝土路面或沥青混凝土路面。国内特大跨径桥梁桥面多采用沥青混凝土铺装。

（1）水泥混凝土桥面铺装

水泥混凝土桥面铺装具有使用寿命长、防水效果好、日常维修养护工作量小等优点，但存在施工工艺要求严格、容易开裂、行车舒适性差等不利因素。其施工步骤为：梁体表面清洁→梁体表面粗糙→梁体顶面防水处理→纵横向锯缝→桥面水泥混凝土配筋→水泥混凝土浇筑施工→压制横向槽纹→桥面平整度检验。

（2）沥青混凝土桥面铺装

国内高等级道路及桥梁工程多采用改性沥青混凝土。改性沥青混凝土桥面具有行车舒适、噪声小、维修方便等特点，同时也有耐久性差、易磨耗、易老化、维修周期短以及易受施工周期影响等不利因素。水泥混凝土桥面铺装与一般沥青混凝土桥面铺装的区别在于：厚度较薄、完全刚性、上下温度相近，所以要求有很好的高温抗变形能力。而 SMA 有良好的粗集料嵌挤作用，高温性能良好，抗滑、防水，因而在大跨径水泥混凝土桥梁的桥面铺装中，多采用改性沥青及 SMA 结构。其施工步骤：梁体表面清洁→梁顶面基本平整→梁体表面混凝土防水处理→嵌缝处理→改性沥青混凝土配合比试验→沥青混凝土施工（拌和、摊铺、碾压）→中央分隔带铺装→填缝。

六、防腐涂装

1. 钢箱梁的防腐涂装

腐蚀问题是金属结构必须重视的问题，钢桥更要高度重视防腐问题。防腐涂装是延长桥梁寿命和优化景观的重要环节，是悬索桥上部结构安装的组成部分。

（1）防腐涂装方式

钢箱梁横断面为单箱单室封闭箱体，一般运营使用要求防腐涂装寿命不得少于15年。因此，钢箱梁外部采用长效涂装，内壁采用涂装及抽湿干燥空气防腐。

（2）外壁涂装

钢箱梁外壁主要是指底板、斜腹板的外表面。由于这三个表面常暴露在大气中，是钢箱梁最容易腐蚀的部位，一般采用先进的长效多层油漆体系。外壁涂装的工艺流程如下：准备工作→喷砂→喷底漆(或大功率金属喷涂)→喷封闭漆→喷第一道中间漆→喷第二道中间漆→喷第一道面漆→装船送工地吊装→焊缝补涂→喷第二道面漆。

（3）内壁除湿防腐

由于钢箱梁内壁构造复杂，表面积大，箱体密闭、空气不流通，如用油漆防腐，则到大修时除锈重涂油漆施工十分困难。因此，国内外通常在箱体内部采用涂车间底漆＋中间漆，并安装抽湿机将箱内的空气相对湿度长期保持在50%以下，使钢板表面长期处在干燥的空气环境中，阻止钢板表面锈蚀。

（4）内部涂装防腐

在有些湿度不太高的地区，钢箱梁内部的除湿防腐也可以采用涂装防腐的方式。宜昌长江公路大桥就采用了钢箱梁内部涂装防腐的方式。在钢箱梁节段运到工地后，即对防腐层进行修补，对墩位区域清理污物、修补油漆，清理碰破处的焊渣、污物，用专门稀释剂清洗油污；钢箱梁内焊接处用机械除锈方法打磨，清除锈蚀处的氧化皮等污物，去掉焊缝周围被烧坏的油漆层，按照涂装工艺进行涂装。喷漆前对焊缝边角、死角部位进行预涂处理，涂装采用高压无气喷涂机喷漆，油漆采用环氧富锌底漆和水溶性无机富铝面漆。

2. 主缆的防护

由于主缆的施工工序多、时间长、难度大，因此，主缆防护显得更为重要。主缆的防护施工工序如下。

（1）油漆腻子防护

①表面清洁处理；②涂刷有机富锌底漆；③涂腻子；④缠丝；⑤涂抹聚氨酯防水漆；⑥涂抹聚氨酯面漆。

（2）干空气除湿法防护

除湿机产生的干燥空气用管道输送，通过入口索夹输入主缆，一定距离后经出口索夹排出水。为了提高效率，防止水的再次渗入，用S形钢丝缠绕或其他方法造成封闭条件，效果更好。

3. 其他构件的防腐涂装

（1）索夹、鞍座、锚头的防腐

对于直接与主缆或索股接触的部分（内侧）均采用热喷锌，其厚度一般为100μm。对其外侧与暴露在大气中的部分，也采用热喷锌，其厚度为200μm，对索夹、鞍座外表面除在出厂前喷锌外，还涂有稀释的环氧云铁中间漆60μm，丙烯酸氨面漆（防紫外线）250μm。

（2）吊索的防护

吊索本体防护步骤：清洗→干燥→涂漆。

吊索下端锚头、锚箱的防护，在锚座上突出钢箱加劲梁的钢筒内填充密腻子进行防护，特别要注意锚头处的封水处理，防止渗水。渗水是吊索锈蚀的最主要原因。

（3）桥面涂装

整个大桥施焊合龙后，对人行道、路缘石、桥面焊缝用机械打磨，除锈，环氧富锌底漆涂装；全桥钢箱梁外表面焊缝涂装完毕后，对油漆部位进行全面去污清洗，然后用高压无气喷涂机喷涂第二道面漆，完成大桥表面的最终涂装。

第三章

总体静力与动力结构分析

第一节　目的与原则

一、目的

悬索桥的结构分析与其自身的跨径有着密切的联系。早期由于桥跨较小，索的自重较轻，结构刚度主要由加劲梁提供，结构分析采用线弹性理论。随着跨径的增加，梁的刚度相对降低，结构的非线性突出，挠度理论便应运而生。这个理论最早被用在美国曼哈顿大桥的结构分析上。该理论的推广随即改变了使用悬索桥的跨径范围，使其直接迈入了1000m跨径大关。随着计算机技术的不断发展，为了更快速和更准确地进行结构分析，基于计算机技术的有限位移理论得到蓬勃发展。

为了经济合理地建造出更大跨径的悬索桥，增强安全性、耐久性，悬索桥在设计时必须更加准确地进行静力与动力的结构分析，其内容按照分析的先后顺序有以下几个方面：精确合理地确定悬索桥成桥状态的内力与变形；合理确定悬索桥施工阶段的受力状态与变形；精确分析悬索桥在汽车荷载及其他运营阶段荷载作用下的静力响应；精确分析悬索桥的动力特性。

对悬索桥进行结构分析的目的，就在于正确地把握悬索桥在各类作用下的受力状态，明确各主要受力构件的强度、刚度和稳定性，使设计最终达到受力合理、经济适用、安全耐久的效果。自锚式悬索桥其结构、受力和施工方法与传统的地锚式悬索桥都不同，本章内容未包括自锚式悬索桥的受力分析。

二、原则

为了实现上述目的，悬索桥在结构分析时一般要注意以下原则。

1. 荷载

作用在悬索桥上的荷载，有恒载、汽车荷载、风荷载、地震作用、温度作用等，分析时一般把它们分成三个方向独立的荷载，即竖向荷载、水平荷载和扭转荷载。悬索桥在竖向荷载作用下的计算是悬索桥结构分析的主要内容；在水平荷载作用下的计算也十分重要，其结果不仅对强度有影响，更重要的是对结构刚度有很大的影响；悬索桥在偏心荷载作用下，可以分别按照竖向（或横向）荷载和扭转荷载的作用进行计算，然后进行应力叠加，一般用于构件设计的验算。

2. 主缆

基于承载能力法进行设计，主缆的材料分项系数为1.85（主缆钢丝抗拉强度标准值与抗拉强度设计值之比）。也有部分项目通过专题研究，仍采用容许应力法进行主缆设计，安全系数一般在 2.2～2.5[①]之间取值。随着主跨跨径的增加、施工水平的提高，安全系数可在论证充分的前提下偏区间下限取值。主缆材料具有一定的延伸率，正因为这样，下列效应可以认为已经包含在其中而不必考虑：①在荷载作用下主缆的曲率增大，钢丝压紧缠牢，截面出现弯曲应力，受拉侧的应力高于不考虑抗弯刚度时的计算值；②施工中索股长度是逐根调整的，上层索股在锚碇处用垫片、螺母调整好后放松千斤顶，此时上层索股向桥跨方向滑动，这样在散索鞍处各索股之间产生摩擦力，使下层索股拉力增大；③散索鞍到锚碇之间，各索股由集中到散开，方向各不相同，因此后续变形及内力也不均匀；④在横向风力作用下，主缆在横桥向也会产生位移，这样便导致在索塔连接处缆索切线与索塔的夹角变大，产生应力变化。

3. 吊索

吊索材料分项系数取值须区分其构造形式，骑跨式吊索的安全系数不应小于 2.95，销接式吊索的安全系数不应小于 2.2。吊索安全系数取值时考虑了如下因素：①吊索的下料长度与理论长度存在误差；②吊索各钢丝之间受力的不均匀性；③加劲梁的纵、横向变位使吊索在锚头处存在局部弯曲应力；④车辆的偏载也造成同一吊点的两根吊索受力不均匀；⑤骑跨式吊索绕过索夹时产生的弯曲应力。

4. 加劲梁

在进行悬索桥成桥状态加劲梁的结构分析时，虽然可以把梁体的真实组成反映到计算模型中，但是这样便使计算工作量大大增加。一般而言，可以首先采用等刚度法计算加劲梁的等效刚度，把加劲梁模拟成具有等效刚度的实心截面放入计算简图中，这样可以简化计算过程，并且不致带来过大的误差。

加劲梁的真实内力与施工过程密不可分，在进行成桥状态分析时，应考虑梁体采用何种状态作为预拼线形及梁段刚接时机。

5. 索塔

索塔主要承受主缆对其产生的不平衡水平分力、竖向压力和风荷载作用。边跨的缆索一端固定在锚碇上，另一端固定于塔顶的鞍座上。在活载和温度变化的作用下边跨缆索的长度将产生变化，由于锚碇不会产生位移，这就迫使鞍座和塔顶发生纵向位移。这样，悬索桥的索塔将承受主缆不平衡力的作用，成为一个纵向偏心受压构件，并且索塔内弯矩大小取决于索塔的弯曲刚度。

第二节　总体静力分析估算

一、悬索桥的静力特性

悬索桥的静力分析通常采用解析法或数值法。随着结构跨度的增大，结构非线性问题越来越突出，同时由于计算机技术的飞速发展，数值分析方法普遍用于静力分析中。然而，对

①日本随着施工工艺、技术提高，主缆安全系数降低到 2.2。国内部分超大跨度悬索桥通过专题研究将主缆安全系数取为 2.3。

于工程师而言，掌握解析法近似估算悬索桥的成桥状态，将有助于增强对悬索桥受力机理的理解，并且便于检验数值分析结果。本节研究如何对缆索系统、加劲梁系统和索塔系统进行静力估算。

悬索桥是由主缆、索塔、加劲梁、吊索、锚碇等构成的组合体系。恒载作用下，主缆、索塔承受结构自重，加劲梁受力由施工方法而定。成桥后，主缆和加劲梁共同承受外荷载作用，受力按刚度分配。

主缆是结构体系中的主要承重构件，其形状直接影响到整个体系的受力分配和变形，主缆的主要受力特征如下：

（1）主缆是几何可变体，主要承受张力。主缆可通过自身几何形状的改变来影响体系平衡，具有大位移的力学特征，这是区别于一般结构的重要特征之一。

（2）主缆在恒载作用下具有很大的初始张拉力，使主缆维持一定的几何形状。初始张拉力对后续结构形状提供强大的“重力刚度”，这是悬索桥跨径得以不断增大、加劲梁高跨比得以减小的根本原因。

索塔是悬索桥抵抗竖向荷载的主要承重构件，在外荷载作用下，以轴向受压为主，并应尽量使外荷载在索塔中产生的弯曲内力小些，避免弯矩增大而导致索塔及其基础设计难度提高，增加结构抵抗外载的能力。索塔在外荷载作用下的受力特征可表现为以下两种形式：

（1）恒载状态下，索塔基本无弯曲内力。这是大部分已建悬索桥索塔的受力状态。

（2）恒载、活载及地震荷载作用下，索塔正负弯矩包络图基本对称或正负弯矩包络按某一比例分配。

加劲梁是悬索桥保证车辆行驶、提供结构刚度的二次结构，主要承受弯曲内力。由悬索桥施工方法可知，加劲梁的弯曲内力主要来自二期恒载（如加劲梁采用钢桁梁，则二期恒载产生的弯矩与梁体刚接后的弯矩相抵消）和活载。按照不同的施工方法，加劲梁的受力特征可表现为以下两种情况。

（1）一期恒载作用下，加劲梁段呈简支梁弯矩分布；二期恒载作用下，加劲梁承受与主缆共同作用下的弯曲内力。这种受力状态是按加劲梁先铰接后连续，再施加二期荷载而得到的。由于这种施工方法简单并已成熟，目前大部分已建钢箱梁悬索桥多用这种方法施工，所以，加劲梁受力都是这种状态。

（2）成桥状态下，加劲梁段呈简支梁弯矩分布。这种受力必须通过特定的施工方法来实现。这一种方法之前很少应用，但是随着施工技术的发展，在设计阶段通过充分考虑施工过程来改善悬索桥结构受力成为可能。比如，为了消除二期恒载在钢桁梁中引起的过大弯曲内力，施工时可将二期恒载先施加于刚接前的加劲梁（等代压重），再对加劲梁进行固接。或目前在钢桁梁悬索桥中应用较为广泛的“窗口刚结法”，该法利用加劲梁吊装阶段和吊装后阶段必然出现的无应力刚结窗口实现梁段刚结与吊装同步完成，将加劲梁铰固转换穿插在吊梁施工中进行，实现了空间立体多作业面施工，可节约工期与施工成本。

吊索是将外荷载传递到主缆的传力构件，是联系加劲梁和主缆的纽带，承受轴向拉力。吊索内恒载初始张力的大小，既决定了主缆在成桥状态的真实索形，也决定了加劲梁的恒载弯矩，是研究悬索桥成桥内力状态的关键。

二、主缆系统的近似计算

主缆系统近似计算的任务，是分析主缆及吊索在成桥状态下的构形、受力状态，从而求出它们的面积和无应力索长。影响主缆构形及受力状态的因素很多，对设计前的简化估算不利，为了方便从宏观上把握，可忽略其中影响量相对较小的因素，本节的主缆计算是在以下假定的基础上进行的：

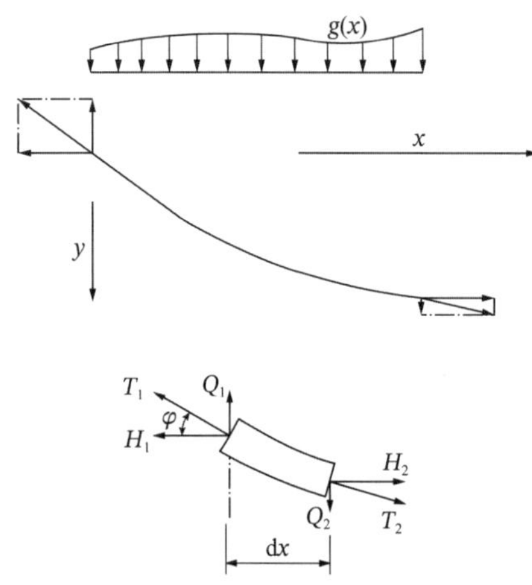

图 3-2-1　主缆微元静力平衡简图

（1）主缆是理想柔性的，既不能受压，也不能抗弯，抗弯刚度 $EI=0$。

（2）主缆的受力不影响其截面特性和力学性能，泊松效应可忽略。

（3）主缆材料为弹性材料，服从胡克定律。

对主缆的计算要从研究单索的受力特性开始。

1. 主缆的平衡微分方程

索段两端承受集中力，中间则受沿桥长不断变化的竖向分布力 $g(x)$，如图 3-2-1 所示，索的曲线形状可由方程 $y=y(x)$ 代表。由于索是理想柔性的，索的张力 T 只能沿索的切线方向作用。

设某点索张力的水平分量为 H，则其竖向分量为：

$$Q = H\tan\varphi = H\frac{\mathrm{d}y}{\mathrm{d}x} \tag{3-2-1}$$

由该索截出的水平投影长度为 $\mathrm{d}x$ 的任意微分单元及所作用的内力和外力为：

$$H_1 = H \tag{3-2-2}$$

$$H_2 = H + \frac{\mathrm{d}H}{\mathrm{d}x}\mathrm{d}x \tag{3-2-3}$$

$$Q_1 = H\frac{\mathrm{d}y}{\mathrm{d}x} \tag{3-2-4}$$

$$Q_2 = H\frac{\mathrm{d}y}{\mathrm{d}x} + \frac{\mathrm{d}}{\mathrm{d}x}\left(H\frac{\mathrm{d}y}{\mathrm{d}x}\right)\mathrm{d}x \tag{3-2-5}$$

悬索微元只受竖向荷载作用，根据微分单元的静力平衡条件，有：

$$\sum X = 0: \quad \frac{\mathrm{d}H}{\mathrm{d}x} = 0 \tag{3-2-6}$$

$$\sum Y = 0: \quad \frac{\mathrm{d}}{\mathrm{d}x}\left(H\frac{\mathrm{d}y}{\mathrm{d}x}\right) + g(x) = 0 \tag{3-2-7}$$

由式(3-2-6)得，H 是常量，即主缆水平力处处相等，则式(3-2-7)可写成：

$$H\frac{\mathrm{d}^2y}{\mathrm{d}x^2} = -g(x) \tag{3-2-8}$$

式(3-2-8)就是主缆的基本平衡微分方程。

2. 沿水平均布荷载作用下的计算

由式(3-2-8)可知，在均布恒载作用下，索呈抛物线形状。坐标系如图 3-2-2 选取，把边界条件 $y|_{x=0}=0$ 和 $y|_{x=l}=h$ 代入，则式(3-2-8)的解为：

$$y = \frac{g}{2H}x(l-x) + \frac{h}{l}x \tag{3-2-9}$$

式中：l——跨径。

由于 H 是未知量，还需要代入边界条件 $y\left(\frac{l}{2}\right)=\frac{h}{2}+f$，解出 H：

$$H=\frac{gl^2}{8f} \tag{3-2-10}$$

把式(3-2-10)代入式(3-2-9)可得：

$$y=\frac{h}{l}x+\frac{4f}{l^2}x(l-x) \tag{3-2-11}$$

式中：f——索端连线在跨中到主缆的竖向距离，即矢高。

式(3-2-11)即为沿桥长均布荷载作用下的主缆线形，式中右端第一项表示两端连线的直线方程，第二项代表以连线为基线的抛物线方程。

3. 沿索长均布荷载作用下的计算

如图 3-2-3 所示，首先在微段内将沿索长均布的荷载 g 转化为沿跨度方向的等效均布荷载 g_y，则 $g\cdot \mathrm{d}s=g_y\cdot \mathrm{d}x$。

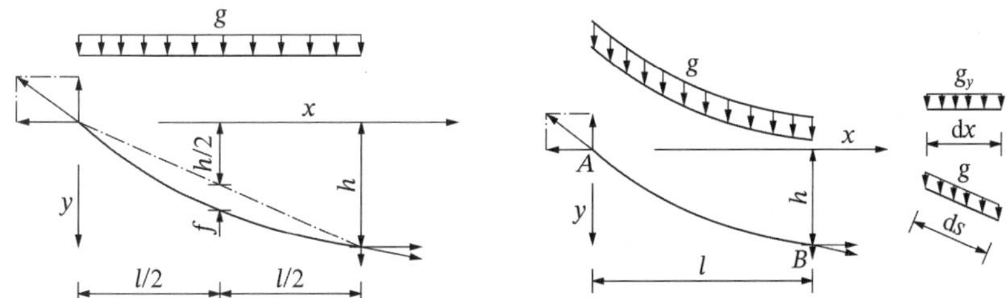

图 3-2-2　沿桥长均布荷载作用下的主缆　图 3-2-3　沿索长均布荷载作用下的主缆

所以：

$$g_y=g\frac{\mathrm{d}s}{\mathrm{d}x}=g\sqrt{1+\left(\frac{\mathrm{d}y}{\mathrm{d}x}\right)^2} \tag{3-2-12}$$

把式(3-2-12)代入式(3-2-8)，则得：

$$H\cdot\frac{\mathrm{d}^2y}{\mathrm{d}x^2}+g\sqrt{1+\left(\frac{\mathrm{d}y}{\mathrm{d}x}\right)^2}=0 \tag{3-2-13}$$

令 $\frac{\mathrm{d}y}{\mathrm{d}x}=z$，则 $\frac{\mathrm{d}^2y}{\mathrm{d}x^2}=\frac{\mathrm{d}z}{\mathrm{d}x}$，代入式(3-2-13)：

$$H\frac{\mathrm{d}z}{\mathrm{d}x}+g\sqrt{1+z^2}=0$$

$$\frac{\mathrm{d}x}{\mathrm{d}z}=-\frac{H}{g\sqrt{1+z^2}} \tag{3-2-14}$$

解微分方程得：

$$x=-\frac{H}{g}\ln\left(z+\sqrt{1+z^2}\right)+t$$

式中，t 为与边界条件有关的积分常数。令 $c=\frac{H}{g}$，则：

$$x=-c\sinh^{-1}z+t$$

$$\frac{\mathrm{d}y}{\mathrm{d}x}=z=-\sinh\left(\frac{x}{c}-\frac{t}{c}\right) \tag{3-2-15}$$

解微分方程，主缆曲线为悬链线：

$$y=-c\cosh\left(\frac{x}{c}-\frac{t}{c}\right)+c_2$$

令 $c_1=-\frac{t}{c}$，得：

$$y=-c\cosh\left(\frac{x}{c}+c_1\right)+c_2 \tag{3-2-16}$$

对于图 3-2-3 所示的边界条件，自由索固定于两点：$A(0,0)$、$B(l,h)$。将 A 点坐标代入求得：

$$c_2=c\cosh(c_1) \tag{3-2-17}$$

将 c_2 及 B 点坐标代入，求得：

$$c_1=-\sinh^{-1}\frac{h}{2c\sinh\frac{l}{2c}}-\frac{l}{2c} \tag{3-2-18}$$

式(3-2-16)就是沿索长均布荷载作用下主缆的悬链线线形方程。用以上方法，借助一定的假设，便可以进行空缆和成桥状态下主缆线形的估算。

4. 成桥及空缆状态下的主缆线形估算

首先做如下假设：

（1）加劲梁首先被安装在吊索上，然后合龙，恒载由主缆承担。

（2）空缆状态下，主缆自重沿索长均匀分布；成桥状态时，主缆和加劲梁自重都等效为沿桥长均布的荷载 g（包含加劲梁自重 g_b 和主缆自重 g_c，吊索等的自重忽略不计）。

下面以对称悬索桥的中跨（$h=0$）为例进行线形计算。

在成桥状态时，把 $h=0$ 代入式(3-2-11)得成桥状态的线形方程：

$$y=\frac{4f}{l^2}x(l-x) \tag{3-2-19}$$

在空缆状态时，为了更方便地表示线形方程，坐标系的选取和相应的边界条件更改为如图 3-2-4 所示。

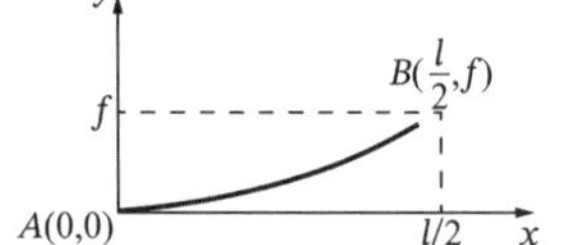

图 3-2-4　空缆状态下的边界条件

将边界条件 $\frac{dy}{dx}\Big|_{x=0}=0$ 代入式(3-2-15)，可直接求得 $t=0$，注意到坐标方向已经变化，所以微分方程简化为：$\frac{dy}{dx}=\sinh\frac{x}{c}$，进而可以求解得：

$$y=c\cosh\frac{x}{c}+c_1 \tag{3-2-20}$$

再代入边界条件 $y|_{x=0}=0$，得 $c_1=-c$，则得空缆状态下的线形方程为：

$$y=c\left(\cosh\frac{x}{c}-1\right) \tag{3-2-21}$$

其中，$c=H_c/g_c$，可将边界条件 $y|_{x=\frac{l}{2}}=f$ 代入上式求得，也可近似认为 $c=l^2/8f$。H_c为缆索在自重状态下的水平拉力，g_c为缆索每延米重量。

5. 主缆截面积估算

主缆最大的内力 T_m 可认为发生在如下时刻：整个主跨内作用均布恒载 g（其中加劲梁自重 g_b、主缆自重 g_c、吊索等的自重忽略不计）、均布车辆荷载 q 以及作用于跨中的集中荷载 P，如图 3-2-5 所示。

首先分析集中荷载 P。设作用于跨中时，由 P 产生的缆索水平拉力增量为 H_P，取半结构如图 3-2-6 所示。忽略活载作用下线形的变化，对塔顶位置处取矩，则：

$$\sum M(x=0)=0:\qquad H_P=\frac{P}{2}\cdot\frac{l}{2}/f=\frac{Pl}{4f} \tag{3-2-22}$$

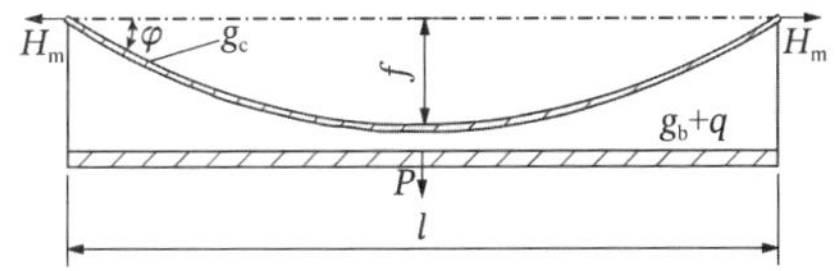

图 3-2-5　主缆最大内力发生时的荷载

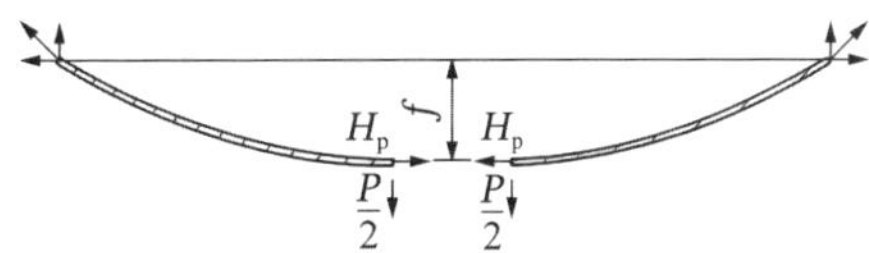

图 3-2-6　主缆跨中受集中荷载的情况

在均布车辆荷载 q 作用下产生的缆索水平拉力增量与恒载下的缆索水平拉力形式相同，所以此时的主缆最大水平拉力 H_m 为：

$$H_m=\frac{(g_b+q)l^2+2Pl}{8f}+\frac{g_c l^2}{8f} \tag{3-2-23}$$

主缆最大拉力 T_m（发生在塔顶位置）为：

$$T_m=H_m/\cos\varphi=H_m\frac{\sqrt{l^2+16f^2}}{l}=[(g_b+q)l+2P+g_c l]\frac{\sqrt{l^2+16f^2}}{8f} \tag{3-2-24}$$

设缆索的材料密度为 γ_c，缆索材料设计强度为 $[\sigma_c]$，将 $g_c=A_c\gamma_c$ 和 $T_m=A_c[\sigma_c]$ 代入式(3-2-24)，可求得主跨主缆的初步面积 A_c 为：

$$A_c=\frac{[(g_b+q)l+2P]\sqrt{l^2+16f^2}}{8[\sigma_c]f-\gamma_c l\sqrt{l^2+16f^2}} \tag{3-2-25}$$

如图 3-2-7 所示，在边跨内，主缆的最大轴力 T_a 可以按照塔顶水平方向力的平衡求得：

$$T_a=H_m/\cos\varphi_a \tag{3-2-26}$$

则边跨主缆的初步横截面积 A_a 为：

$$A_a=\frac{T_a}{[\sigma_c]}=\frac{H_m}{[\sigma_c]\cos\varphi_a} \tag{3-2-27}$$

6. 吊索的内力及截面积计算

假设吊索最大内力发生时的荷载情况如图 3-2-8 所示。集中荷载 P 由长度为 $30d$的加劲梁共同承受，可看作在此范围内的均布荷载 $P/30d$，此处 d 为加劲梁梁高。内力最大的吊索承受着长度为吊索间距 λ 范围内的加劲梁自重 g_b、均布活载 q 和等代集中活载 $P/30d$。这样的假设具有很大的近似性，但是对于吊索尺寸的初步估计是足够的。

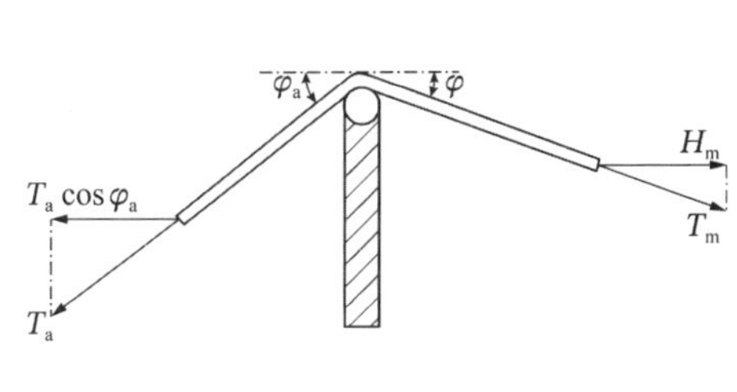

图 3-2-7　索塔顶部水平力的平衡

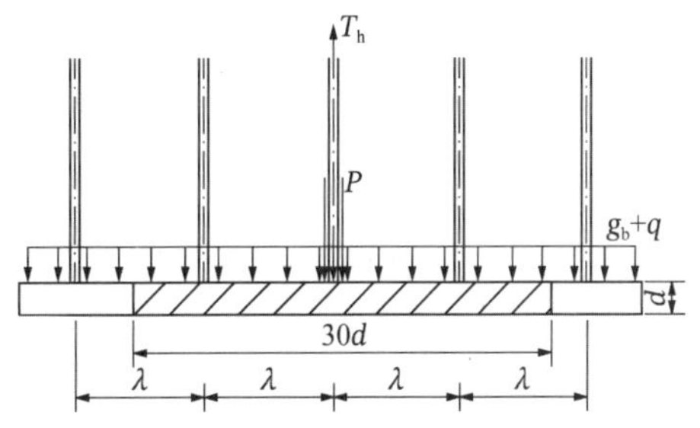

图 3-2-8　最大吊索内力的荷载情况

一般而言 $30d > \lambda$ 是成立的，所以最大吊索内力 T_h 为：

$$T_h = (g_b + q)\lambda + P\frac{\lambda}{30d} \tag{3-2-28}$$

从而得到吊索的初步截面积为：

$$A_h = \frac{T_h}{[\sigma_h]} = \frac{\left(g_b + q + \frac{P}{30d}\right)\lambda}{[\sigma_h]} \tag{3-2-29}$$

7. 主缆无应力索长计算

（1）成桥状态下主缆的有应力索长

主缆以中跨为例，根据中跨索形方程式(3-2-19)积分，可得成桥主缆中心线有应力索长为：

$$S = \int_0^l \sqrt{1 + \left(\frac{\mathrm{d}y}{\mathrm{d}x}\right)^2}\,\mathrm{d}x = \frac{l}{2}(1 + 16n^2)^{1/2} + \frac{l}{8n}\ln\left[4n + (1 + 16n^2)^{1/2}\right] \tag{3-2-30}$$

式中：n——矢跨比，$n = f/l$；

S——成桥状态下的索长。

将式(3-2-30)展开为级数形式，则：

$$S = l(1 + 8/3n^2 - 32/5n^4 + \cdots) \tag{3-2-31}$$

式(3-2-31)就是主跨主缆成桥状态的有应力索长的估算公式。

（2）空缆状态下主缆的有应力索长

首先研究主缆微元的弹性伸长情况。由于索是理想柔性的，满足胡克定律，且忽略其泊松效应，截面特性在伸长后仍保持不变，横截面面积伸长前后的变化忽略不计。将整条索段分成无数个微元，每个微元均可当作直杆考虑。每个微元 $\mathrm{d}S_i$ 的伸长量 $\mathrm{d}\Delta S_i$ 的求解采用弹性力学中弹性伸长量的公式：

$$\mathrm{d}\Delta S_i = \frac{T_{\mathrm{d}S_i}\,\mathrm{d}S_i}{E_c A_c} \tag{3-2-32}$$

又因为 $T_{\mathrm{d}S_i} = \frac{H}{\cos\varphi}$，$\varphi$ 为索段微元在总坐标系下的倾角，并且 $\mathrm{d}S_i = \frac{\mathrm{d}x}{\cos\varphi}$，因此：

$$\mathrm{d}\Delta S_i = \frac{H\,\mathrm{d}x}{E_c A_c \cos^2\varphi} \tag{3-2-33}$$

将式(3-2-31)的结论应用到整根索段进行积分，则可得到主缆在加劲梁自重作用下的弹性伸长值：

$$\Delta S_1 = \int_S \mathrm{d}\Delta S_i = \frac{H}{E_c A_c}\int_0^l \frac{1}{\cos^2\varphi}\mathrm{d}x = \frac{Hl}{E_c A_c}\left(1 + \frac{16}{3}n^2\right) \tag{3-2-34}$$

式中：H——在一期二期恒载下的主缆近似水平拉力，$H = \frac{g_b l^2}{8f}$；

E_c——主缆弹性模量；

A_c——主缆面积。

成桥状态缆长扣除加劲梁自重引起的主缆弹性伸长量，可得空缆状态的缆长为：

$$S_1 = S - \Delta S_1 \tag{3-2-35}$$

（3）无应力索长

根据式(3-2-21)可以计算在缆索自重作用下的钢缆弹性伸长值，所用思想与前文相同：

$$\Delta S_2=\frac{2H_c}{E_cA_c}\int_0^{\frac{l}{2}}\left[1+\left(\frac{dy}{dx}\right)^2\right]dx \tag{3-2-36}$$

而

$$\frac{dy}{dx}=\sinh\frac{x}{c}$$

$$1+\left(\frac{dy}{dx}\right)^2=1+\sinh^2\frac{x}{c}=\frac{\cosh 2\left(\frac{x}{c}\right)+1}{2}$$

所以式(3-2-36)可以进一步化简为：

$$\Delta S_2=\frac{2H_c}{E_cA_c}\int_0^{\frac{l}{2}}\frac{\cosh 2\left(\frac{x}{c}\right)+1}{2}dx=\frac{H_c}{2E_cA_c}\left(l+c\sinh\frac{l}{c}\right) \tag{3-2-37}$$

式(3-2-37)就是缆索在自重作用下的弹性伸长值的计算公式。主缆无应力索长为：

$$S_0=S-\Delta S_1-\Delta S_2 \tag{3-2-38}$$

另外，根据成桥状态的几何线形、桥面线形可以得到吊索的有应力长度，扣除其弹性伸长量，即可得到吊索的无应力长度。

三、加劲梁系统的近似计算

1. 加劲梁竖弯的基本微分方程

在推导加劲梁的基本微分方程前，首先做如下假设：

（1）假定恒载沿跨径均布，在无活载时，主缆呈抛物线形，加劲梁中无应力。

（2）加劲梁为等截面钢箱梁，截面惯矩为常数。

（3）主缆和加劲梁仅有竖向位移，忽略纵向位移。

根据钢箱梁悬索桥加劲梁先铰接后固接的施工特点，加劲梁在一期恒载作用下一般没有整体弯矩，因此，加劲梁竖向荷载主要指二期恒载和活载等。为方便估算，忽略梁体剪切变形、吊索的伸缩和倾斜变形对结构受力的影响，将离散的吊索简化为一连续膜结构，如图 3-2-9 所示。如前所述，微小索段的平衡方程为：

$$H_g\frac{d^2y}{dx^2}=-g \tag{3-2-39}$$

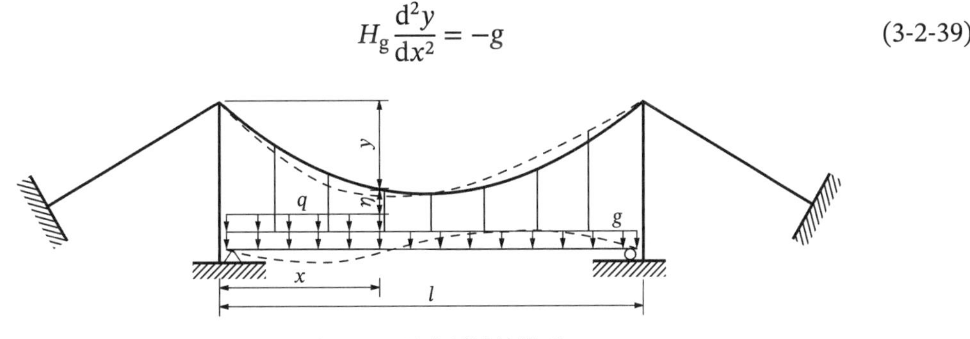

图 3-2-9　悬索桥计算模型

在成桥后竖向活荷载 $q(x)$ 作用下，作用在主缆上的荷载集度由 g 变为 g_q，可以看作是主缆与加劲梁之间的相互作用。活载作用下主缆和加劲梁产生共同的挠度 η，主缆挠度由 y 变为 $y+\eta$，主缆水平拉力由 H_g 变为 H_q+H_g，H_q 表示活载在主缆中产生的水平附加拉力，则根据式(3-2-39)有：

$$(H_q + H_g)\frac{d^2(y+\eta)}{dx^2} = -g_q$$

或

$$H_q\frac{d^2y}{dx^2} + (H_q + H_g)\frac{d^2\eta}{dx^2} = -g_q - H_g\frac{d^2y}{dx^2} \tag{3-2-40}$$

将式(3-2-39)与式(3-2-40)相减得：

$$H_q\frac{d^2y}{dx^2} + (H_q + H_g)\frac{d^2\eta}{dx^2} = g - g_q \tag{3-2-41}$$

再以加劲梁为研究对象，在 $q(x)$ 作用下加劲梁的竖向荷载为 $q(x) + g - g_q$，则加劲梁的弹性方程为：

$$\frac{d^2}{dx^2}\left(EI\frac{d^2\eta}{dx^2}\right) = q(x) + g - g_q \tag{3-2-42}$$

为方便计算，假设 EI 为常数，将式(3-2-42)代入式(3-2-41)并整理得到：

$$EI\frac{d^4\eta}{dx^4} - (H_q + H_g)\frac{d^2\eta}{dx^2} = q(x) + H_q\frac{d^2y}{dx^2} \tag{3-2-43}$$

式(3-2-43)就是挠度理论的基本微分方程，其中 H_q 和 η 是未知量。由于活载附加拉力 H_q 是荷载 $q(x)$ 的函数，因此这一微分方程是非线性的。

再设想把悬索去掉，考虑如图 3-2-10 所示一受拉弯耦合作用的简支梁，其上受分布荷载 $q(x) + H_q\frac{d^2y}{dx^2} = q(x) - H_q\frac{8f}{l^2}$，两端拉力为 $H_g + H_q$，在 x 截面处外荷载引起的挠度为 η。

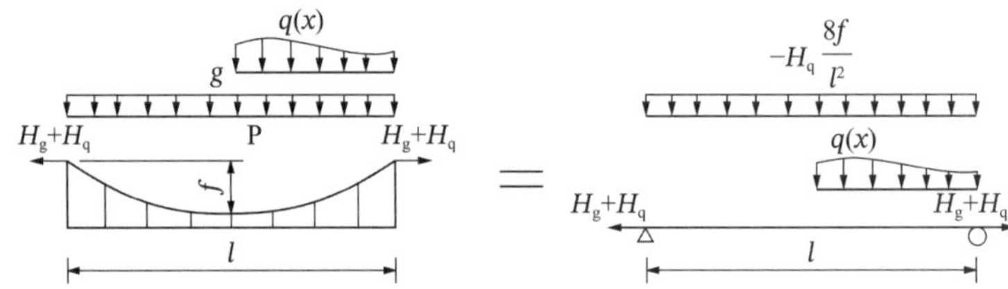

图 3-2-10　悬索桥和拉弯简支梁的类比图

根据梁的理论有：

$$EI\frac{d^2\eta}{dx^2} = -[M_N(x) + M_0(x)] = -[-(H_g + H_q)\eta + M_0(x)] \tag{3-2-44}$$

式中：$M_N(x)$——轴力在简支梁上产生的弯矩；

$M_0(x)$——分布荷载在简支梁上产生的弯矩。

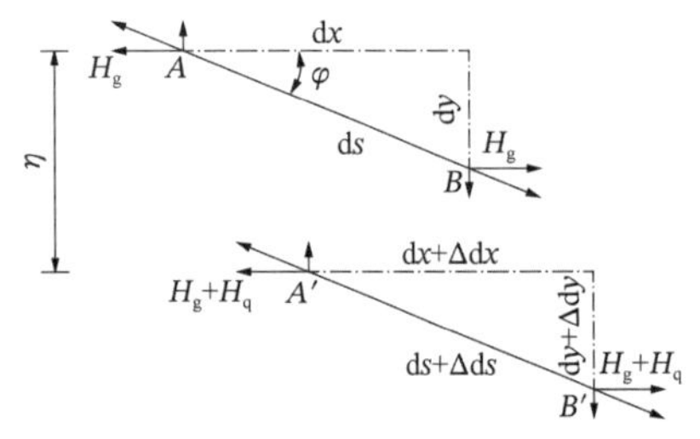

图 3-2-11　活载下主缆微元段的位移图

对式(3-2-44)求两次导数得：

$$EI\frac{d^4\eta}{dx^4} - (H_g + H_q)\frac{d^2\eta}{dx^2} = q(x) + H_q\frac{d^2y}{dx^2} \tag{3-2-45}$$

式(3-2-45)与式(3-2-43)相同，可见悬索桥加劲梁的分析可以用图 3-2-11 所示的受拉弯耦合作用的简支梁来类比计算，这种方法称为等代梁法。这一方法由李国豪教授在 1941 年提出，此后彼得森、罗宾与威格通过各自的研究得出了简支梁在各种荷载情况下的解，表 3-2-1 是其中与悬索桥分析相关的一部分内容。

拉弯简支梁的解　　　　表 3-2-1

图示	挠度 $w(\xi)$	弯矩 $M(\xi)$
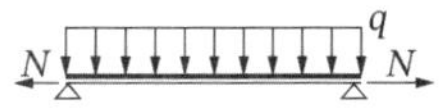 均布荷载 q，两端轴力 N	$\left\{\frac{1}{\varepsilon^2}\left[\frac{\cosh\varepsilon(0.5-\xi)}{\cosh\varepsilon/2}-1\right]+\frac{\xi\xi'}{2}\right\}\frac{ql^2}{N}$	$\frac{1}{\varepsilon^2}\left[1-\frac{\cosh\varepsilon(0.5-\xi)}{\cosh\varepsilon/2}\right]ql^2$
$\varepsilon = l\sqrt{\frac{N}{EI}}$；局部均布荷载 q，①②③段，αl、$\alpha' l$、$\beta' l$、βl、ξl、$\xi' l$ 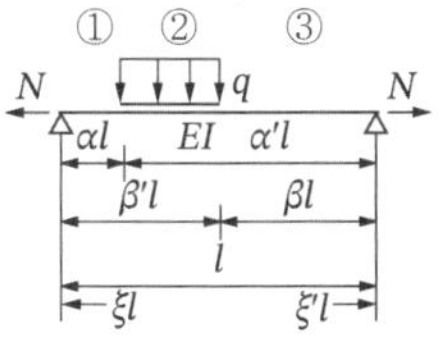	① $\left[\frac{\sinh\varepsilon\xi}{\varepsilon^2\sinh\varepsilon}(\cosh\varepsilon\beta-\cosh\varepsilon\alpha')+\frac{\xi}{2}(\alpha'^2-\beta'^2)\right]\frac{ql^2}{N}$	$\frac{\sinh\varepsilon\xi}{\varepsilon^2\sinh\varepsilon}(\cosh\varepsilon\alpha'-\cosh\varepsilon\beta)ql^2$
	② $\left[\frac{1}{\varepsilon^2}\left(\frac{\cosh\varepsilon\beta\sinh\varepsilon\xi+\cosh\varepsilon\alpha\sinh\varepsilon\xi'}{\sinh\varepsilon}-1\right)+\frac{1}{2}(\xi\xi'-\xi\beta^2-\xi'\alpha^2)\right]\frac{ql^2}{N}$	$\frac{1}{\varepsilon^2}\left(1-\frac{\cosh\varepsilon\beta\sinh\varepsilon\xi}{\sinh\varepsilon}+\frac{\cosh\varepsilon\alpha\sinh\varepsilon\xi'}{\sinh\varepsilon}\right)ql^2$
	③ $\left[\frac{\sinh\varepsilon\xi'}{\varepsilon^2\sinh\varepsilon}(\cosh\varepsilon\alpha-\cosh\varepsilon\beta')+\frac{\xi'}{2}(\beta'^2-\alpha^2)\right]\frac{ql^2}{N}$	$\frac{\sinh\varepsilon\xi'}{\varepsilon^2\sinh\varepsilon}(\cosh\varepsilon\beta'-\cosh\varepsilon\alpha)ql^2$
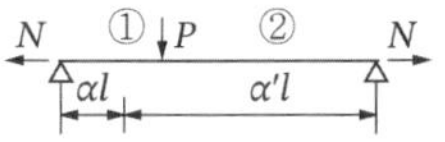 集中荷载 P，①②段，αl、$\alpha' l$	① $\left(\alpha'\xi-\frac{\cosh\varepsilon\alpha'\sinh\varepsilon\xi}{\varepsilon\sinh\varepsilon}\right)\frac{Pl}{N}$	$\frac{\cosh\varepsilon\alpha'\sinh\varepsilon\xi}{\varepsilon\sinh\varepsilon}Pl$
	② $\left(\alpha\xi'-\frac{\cosh\varepsilon\alpha\sinh\varepsilon\xi'}{\varepsilon\sinh\varepsilon}\right)\frac{Pl}{N}$	$\frac{\cosh\varepsilon\alpha\sinh\varepsilon\xi'}{\varepsilon\sinh\varepsilon}Pl$
 左端弯矩 M_i	$\left(\xi'-\frac{\sinh\varepsilon\xi'}{\sinh\varepsilon}\right)\frac{M_i}{N}$	$\frac{\sinh\varepsilon\xi'}{\sinh\varepsilon}M_i$
 右端弯矩 M_k	$\left(\xi-\frac{\sinh\varepsilon\xi}{\sinh\varepsilon}\right)\frac{M_k}{N}$	$\frac{\sinh\varepsilon\xi}{\sinh\varepsilon}M_k$
图示	**倾斜角 $\varphi(\xi)$**	**剪力 $V(\xi)$**
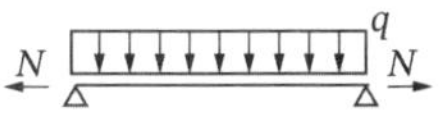 均布荷载 q，两端轴力 N	$\left[\frac{1}{2}-\xi-\alpha'\xi-\frac{\sinh\varepsilon(0.5-\xi)}{\varepsilon\cosh(\varepsilon/2)}\right]\frac{ql}{N}$	$\frac{\sinh\varepsilon(0.5-\xi)}{\varepsilon\cosh(\varepsilon/2)}ql$
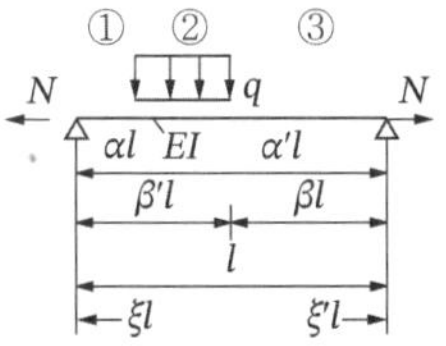 局部均布荷载 q，①②③段，αl、$\alpha' l$、$\beta' l$、βl、ξl、$\xi' l$	① $\left[\frac{\cosh\varepsilon\xi}{\varepsilon\sinh\varepsilon}(\cosh\varepsilon\beta-\cosh\varepsilon\alpha')+\frac{(\alpha')^2-\beta^2}{2}\right]\frac{ql}{N}$	$\frac{\cosh\xi}{\varepsilon\sinh\varepsilon}(\cosh\varepsilon\alpha'-\cosh\varepsilon\beta)ql$
	② $\left(\frac{\cosh\varepsilon\beta\sinh\varepsilon\xi-\cosh\varepsilon\alpha\cosh\varepsilon\xi}{\varepsilon\sinh\varepsilon}+\frac{1+\alpha^2-\beta^2}{2}-\xi\right)\frac{ql}{N}$	$\frac{\cosh\varepsilon\alpha\cosh\varepsilon\xi'-\cosh\varepsilon\beta\cosh\varepsilon\xi}{\varepsilon\sinh\varepsilon}ql$
	③ $\left[\frac{\cosh\varepsilon\xi'}{\varepsilon^2\sinh\varepsilon}(\cosh\varepsilon\beta'-\cosh\varepsilon\alpha)+\frac{\alpha^2-(\beta')^2}{2}\right]\frac{ql}{N}$	$\frac{\cosh\varepsilon\xi'}{\varepsilon^2\sinh\varepsilon}(\cosh\varepsilon\alpha-\cosh\varepsilon\beta')ql$
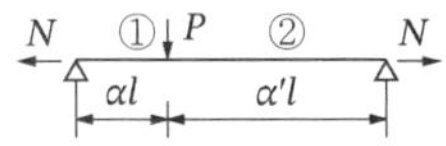 集中荷载 P，①②段，αl、$\alpha' l$	① $\left(\alpha'-\frac{\cosh\varepsilon\alpha'\sinh\varepsilon\xi}{\sinh\varepsilon}\right)\frac{P}{N}$	$\frac{\sinh\varepsilon\alpha'\cosh\varepsilon\xi}{\sinh\varepsilon}P$
	② $\left(\frac{\sinh\varepsilon\alpha\cosh\varepsilon\xi'}{\sinh\varepsilon}-\alpha\right)\frac{P}{N}$	$-\frac{\sinh\varepsilon\alpha\cosh\varepsilon\xi'}{\sinh\varepsilon}P$
 左端弯矩 M_i	$\left(\frac{\varepsilon\cosh\varepsilon\xi'}{\sinh\varepsilon}-1\right)\frac{M_i}{Nl}$	$-\frac{\varepsilon\cosh\varepsilon\xi'}{\sinh\varepsilon}\frac{M_k}{l}$
 右端弯矩 M_k	$\left(1-\frac{\varepsilon\cosh\varepsilon\xi}{\sinh\varepsilon}\right)\frac{M_k}{Nl}$	$\frac{\varepsilon\cosh\varepsilon\xi}{\sinh\varepsilon}\frac{M_k}{l}$

2. 主缆的相容性方程

由上文可知，虽然加劲梁可以用等代梁法来近似求解，但是其轴力也是未知的，因此必须要引入另一个方程作为补充，这个方程被称为相容性方程。

由于索塔刚度相对比较大，忽略索塔偏位，则主缆在水平方向的总投影长度不变。但是对于如图 3-2-11 所示的主缆微元段，AB 在变形后将产生延伸、旋转和平行位移。因此微元段的延伸 $\Delta \mathrm{d}s$ 为：

$$\Delta \mathrm{d}s=\left(\frac{H_{\mathrm{q}}}{E_{\mathrm{c}}A_{\mathrm{c}}\cos\varphi}+\alpha t\right)\mathrm{d}s=\left(\frac{H_{\mathrm{q}}}{E_{\mathrm{c}}A_{\mathrm{c}}\cos\varphi}+\alpha t\right)\frac{\mathrm{d}x}{\cos\varphi} \tag{3-2-46}$$

式中：E_{c}——主缆的弹性模量；

A_{c}——截面积；

α——膨胀系数；

t——温度变化。

根据主缆的位移前和位移后的几何形状，可得：

$$(\mathrm{d}s)^2=(\mathrm{d}x)^2+(\mathrm{d}y)^2 \tag{3-2-47}$$

$$(\mathrm{d}s+\Delta\mathrm{d}s)^2=(\mathrm{d}x+\Delta\mathrm{d}x)^2+(\mathrm{d}y+\Delta\mathrm{d}y)^2 \tag{3-2-48}$$

由式(3-2-47)和式(3-2-48)可得：

$$\Delta\mathrm{d}x=\frac{\mathrm{d}s}{\mathrm{d}x}\Delta\mathrm{d}s-\frac{\mathrm{d}y}{\mathrm{d}x}\Delta\mathrm{d}y=\frac{\Delta\mathrm{d}s}{\cos\varphi}-\frac{\mathrm{d}y}{\mathrm{d}x}\mathrm{d}\eta \tag{3-2-49}$$

将式(3-2-46)代入式(3-2-49)，则：

$$\Delta\mathrm{d}x=\left[\left(\frac{H_{\mathrm{q}}}{E_{\mathrm{c}}A_{\mathrm{c}}\cos\varphi}+\alpha t\right)\frac{1}{\cos^2\varphi}-\frac{\mathrm{d}y}{\mathrm{d}x}\frac{\mathrm{d}\eta}{\mathrm{d}x}\right]\mathrm{d}x \tag{3-2-50}$$

因为主缆在水平方向的总投影长度不变，利用边界条件：

$$\int_0^l \Delta\mathrm{d}x=0 \tag{3-2-51}$$

把式(3-2-50)代入式(3-2-51)可得：

$$\frac{H_{\mathrm{q}}}{E_{\mathrm{c}}A_{\mathrm{c}}}\int_0^l\frac{\mathrm{d}x}{\cos^3\varphi}+\alpha t\int_0^l\frac{\mathrm{d}x}{\cos^2\varphi}-\int_0^l\frac{\mathrm{d}y}{\mathrm{d}x}\frac{\mathrm{d}\eta}{\mathrm{d}x}\mathrm{d}x=0 \tag{3-2-52}$$

对式(3-2-52)中第三项进行分部积分。如前所述 $y=\frac{4f}{l^2}x(l-x)$，并利用 $\eta|_{x=0}=0$ 和 $\eta|_{x=l}=0$ 的边界条件，有：

$$\int_0^l\frac{\mathrm{d}y}{\mathrm{d}x}\frac{\mathrm{d}\eta}{\mathrm{d}x}\mathrm{d}x=\eta\frac{\mathrm{d}y}{\mathrm{d}x}\bigg|_0^l-\int_0^l\frac{\mathrm{d}^2y}{\mathrm{d}x^2}\eta\,\mathrm{d}x=\frac{8f}{l^2}\int_0^l\eta\,\mathrm{d}x \tag{3-2-53}$$

把式(3-2-53)代入式(3-2-52)，并用 $f(x)$ 代表此式，可得主缆的相容性方程：

$$f(x)=\frac{H_{\mathrm{q}}}{E_{\mathrm{c}}A_{\mathrm{c}}}\int_0^l\frac{\mathrm{d}x}{\cos^3\varphi}+\alpha t\int_0^l\frac{\mathrm{d}x}{\cos^2\varphi}-\frac{8f}{l^2}\int_0^l\eta\,\mathrm{d}x=0 \tag{3-2-54}$$

在下文中记 $L_{\mathrm{q}}=\int_0^l\sec^3\varphi\,\mathrm{d}x$，$L_{\mathrm{t}}=\int_0^l\sec^2\varphi\,\mathrm{d}x$，不再说明。

3. 基本微分方程的求解

结合表 3-2-1 和式(3-2-54)，利用 Newton-Raphson 迭代法可以求出 H_{q} 和 η。

（1）假设初始的 H_{q} 值，根据解的精度要求选择步长 ΔH_{q}。

（2）对确定的 H_{q} 值，应用表 3-2-1 所给出的 $\eta(\xi)$ 的公式计算 η，计算时，要注意简支梁所受的荷载是随 H_{q} 在变化的。

（3）用辛普生求积公式计算积分 $\int_0^l \eta\,\mathrm{d}x$：

$$\int_0^l \eta(x)\,\mathrm{d}x = l\int_0^l \eta(\xi)\,\mathrm{d}\xi \approx \frac{1}{3n}\left(\eta_0 + 4\eta_1 + 2\eta_2 + 4\sum_{i=3}^{n-1}\eta_i + \eta_n\right) \tag{3-2-55}$$

（4）用式(3-2-54)和式(3-2-56)计算 H_q 的迭代值：

$$H_{\mathrm{q},i+1} = H_{\mathrm{q},i} - \frac{f\left(H_{\mathrm{q},i}\right)\Delta H_\mathrm{q}}{f\left(H_{\mathrm{q},i} + \Delta H_\mathrm{q}\right) - f\left(H_{\mathrm{q},i}\right)} \tag{3-2-56}$$

式中：$H_{\mathrm{q},i}$——H_q 的当前值；

$H_{\mathrm{q},i+1}$——H_q 的新迭代值。

（5）重复步骤（2）～（4），直到 $f\left(H_{\mathrm{q},i}\right)$ 充分接近于 0，满足精度要求为止，此时得到的 $H_{\mathrm{q},i}$ 和 η 即为数值解。

4. 水平静风荷载作用下的计算

水平静风荷载作用下悬索桥的变形如图 3-2-12 所示。风荷载在桥上的实际分布是相当复杂的，在静风计算中，一般假定风荷载为沿桥跨方向均布的已知荷载。这样，作用在悬索桥上的风载将分别通过主缆和加劲梁传到基础。风载在主缆和加劲梁之间的传递是由吊索完成的，其受力根据刚度分配。中小跨径悬索桥横向刚度以加劲梁为主，因而横向风力主要由加劲梁承担。特大跨悬索桥刚度以主缆的重力刚度为主，并且随着跨度的增大，主缆重力刚度与加劲梁横向刚度之比越来越大，主缆承担的风力也随之增大。可见静风荷载的计算问题关键就是风载在主缆和加劲梁上的分配问题。简单的计算方法有均等分配法。

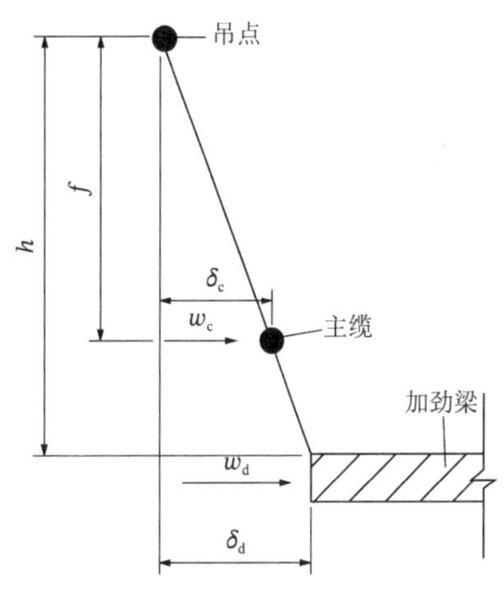

图 3-2-12　水平静风荷载作用下的悬索桥

这种方法假定横向风载在加劲梁和主缆间产生的重分配力（实质上就是吊索沿梁长每延米的水平分力）为沿梁长的均布荷载 q，索面和梁体在位移时保持刚性转动，如图 3-2-12 所示。忽略主缆横向位移引起的缆索拉力的变化，则加劲梁和主缆跨中的水平位移 δ_d 和 δ_c 可写成：

$$\left.\begin{aligned}\delta_\mathrm{d} &= \frac{5l^4}{384EI}(\omega_\mathrm{d} - q)\\ \delta_\mathrm{c} &= \frac{\omega_\mathrm{c} + q}{8H}l^2\end{aligned}\right\} \tag{3-2-57}$$

式中：ω_c、ω_d——索、梁横向风荷载集度。

根据索面刚性转动的假定，有：

$$\frac{f}{h} = \frac{\delta_\mathrm{c}}{\delta_\mathrm{d}} \tag{3-2-58}$$

式中：f、h——主缆的矢高、加劲梁形心到吊点的距离。

联立式(3-2-57)和式(3-2-58)，求解得：

$$q = \frac{fl^2H\omega_\mathrm{d} - 9.6EIh\omega_\mathrm{c}}{fl^2H + 9.6EIh} \tag{3-2-59}$$

将式(3-2-59)得到的 q 值代回到式(3-2-57)，就可算出加劲梁和主缆的横向静风响应。

实际上风载的重分配力 q 并不会沿梁长均匀分布，而是梁长坐标 x 的函数，记为 $q(x)$；索面和梁的位移也不满足刚性转动假定，因此均等分配法的计算精度并不算高。

四、索塔系统的近似计算

悬索桥索塔不仅承受直接作用于塔身的恒载、风荷载、地震荷载、温度作用等，而且还承受主缆传来的荷载作用。后者一方面改变了加劲梁和主缆传至塔上的竖向荷载，另一方面将在塔顶产生顺桥向和横桥向的水平位移。因此索塔实际上是一个偏心受压构件。当两根主索受力不一致时，索塔还会受扭。索塔系统的近似计算包括三个方面：纵向荷载作用下的计算、横向荷载作用下的计算和索塔的稳定计算。

1. 纵向荷载作用下的计算

纵向荷载是指顺桥向的风荷载、地震荷载、加劲梁和主缆传到索塔的活载等。在活载作用下，索塔将发生水平位移，由于索塔纵向抗推刚度相对较小，塔顶水平位移的大小主要是由主缆重力刚度的水平分量决定，而与塔的抗弯刚度关系不大。因此，活载计算中常忽略塔的弯曲刚度，先求出索塔的水平位移，再将它作为已知条件计算索塔内力。计算中，必须考虑两种加载状态：

（1）最大竖向荷载与相应塔顶位移状态。

（2）最大塔顶位移与相应竖向荷载状态。

一般说来，后一种状态可能更为不利。

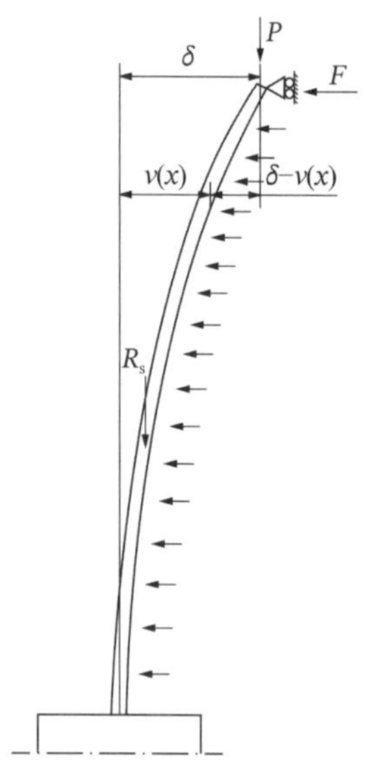

图 3-2-13　纵向荷载作用下索塔的计算模式

纵向荷载作用下索塔的计算模式如图 3-2-13 所示，设原点在塔顶，竖直向下为 x 轴的正方向，$v(x)$表示不同高程位置索塔的水平位移。塔顶作用着主缆竖向分力 P，活载或其他荷载引起的塔顶水平位移为 δ，加劲梁传来的集中力为 R，此外还受有塔自重、顺桥向风荷载或其他广义纵向荷载。

为了定性分析，下面将塔自重集中于塔顶，与缆索所施加的竖向分力合并，进而分析等截面塔在竖向总荷载 P 和塔顶位移 δ 下的受力情况。

x 处的弯矩为：

$$M(x) = Fx - P[\delta - v(x)] \tag{3-2-60}$$

式中：F——使塔顶位移达到 δ 时的水平力。

由索塔的弯曲平衡方程：

$$EIv''(x) + M(x) = 0 \tag{3-2-61}$$

可得：

$$EIv''(x) + Pv(x) = P\delta - Fx \tag{3-2-62}$$

令

$$\alpha^2 = \frac{P}{EI} \tag{3-2-63}$$

则式(3-2-62)化简为：

$$v''(x) + \alpha^2 v(x) = \alpha^2\left(\delta - \frac{F}{P}x\right) \tag{3-2-64}$$

式(3-2-64)的通解为：

$$v(x)=C_1\cos\alpha x+C_2\sin\alpha x+\delta-\frac{F}{P}x \tag{3-2-65}$$

把边界条件 $v|_{x=0}=\delta$、$v|_{x=h}=0$ 和 $v'|_{x=h}=0$ 代入式(3-2-65)，其中，h为塔高，可求解出 C_1、C_2 和 $\frac{F}{P}$：

$$\left.\begin{aligned}&C_1=0\\&C_2=\frac{-\delta}{\sin\alpha h-\alpha h\cos\alpha h}\\&\frac{F}{P}=\delta\frac{-\alpha\cos\alpha h}{\sin\alpha h-\alpha h\cos\alpha h}\end{aligned}\right\} \tag{3-2-66}$$

代入式(3-2-65)，并考虑式(3-2-60)得：

$$\left.\begin{aligned}&v(x)=\delta\frac{\sin\alpha h-\sin\alpha x-(h-x)\alpha\cos\alpha h}{\sin\alpha h-\alpha h\cos\alpha h}\\&M(x)=-\frac{\delta P\sin\alpha x}{\sin\alpha h-\alpha h\cos\alpha h}\end{aligned}\right\} \tag{3-2-67}$$

由 $\frac{\mathrm{d}M(x)}{\mathrm{d}x}=0$，可得 $x=\frac{\pi}{2\alpha}$，且小于 h 时，弯矩最大：

$$M_{\max}=-\frac{\delta P}{\sin\alpha h-\alpha h\cos\alpha h} \tag{3-2-68}$$

对于给定的悬索桥，通过缆梁体系分析可以求得 P 和 δ，这里假定为一已知常量，由式(3-2-67)可知，塔内弯矩主要与分母有关，当 EI 增大时，αh 减小，弯矩就急剧增大。这就是悬索桥的索塔常设计为柔性塔的原因。

2. 横桥向荷载作用下的计算

横桥向的荷载主要有横向风载和横向地震荷载。在横桥向荷载作用下，索塔的计算模式如图 3-2-14 所示。塔顶作用着主缆的竖向分力、主缆传来的横向水平力 H_c，下横梁上作用着加劲梁传来的竖向力 R_s 和横向水平力 H_s，塔上还有横向风载 ω、地震等广义荷载 $\omega(y)$ 和索塔自重。其中风引起的主缆、加劲梁横向水平力，可根据前面加劲梁在横向静风荷载作用下的计算方法进行计算。

由于索塔受到主缆传来的巨大竖向分力 P，因此分析时需要采用带有几何非线性的杆系程序。图 3-2-14 所示的计算模式中忽略了主缆对塔的水平约束作用，因此其结果是偏于安全的。

3. 索塔的稳定计算

索塔在挂索前和成桥后作用纵向荷载时都有失稳的可能，必须对这两种状态进行稳定验算。

在挂索前，索塔可以看成是一单端固定受自重作用的变截面柱，可将变截面柱问题等效为等截面柱问题来计算，容易利用能量法求得其失稳临界荷载。即在满足柱边界条件的任一可能的位移状态下，求出使其总势能 $\Pi=0$ 时对应的荷载，这些荷载中的最小值就是其失稳临界荷载。

如图 3-2-15 所示，令塔的等效荷载集度为 q，等效刚度为 EI，设塔的挠曲方程为：

$$y=\delta\left(1-\frac{\cos\pi x}{2h}\right) \tag{3-2-69}$$

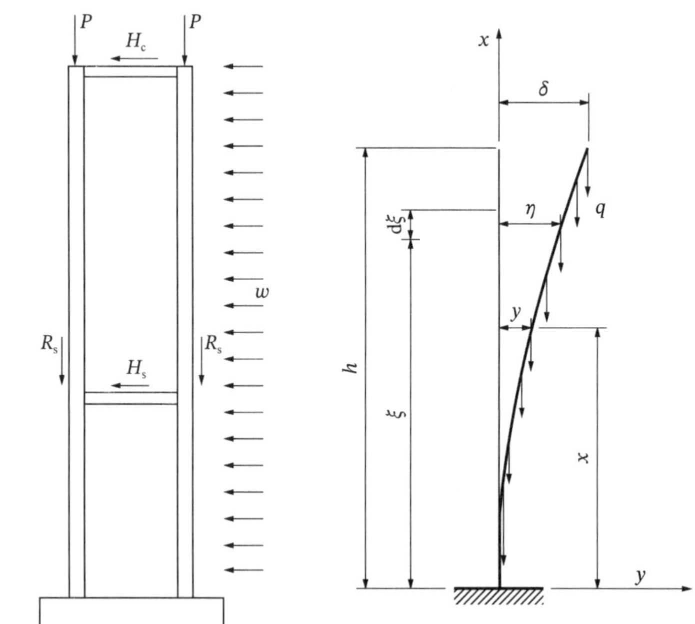

图 3-2-14　索塔横向荷载作用下的计算模式

图 3-2-15　挂索前索塔稳定的计算简图

因此塔的挠曲应变能为：

$$U=\frac{1}{2}\int_0^h\frac{M_x^2}{EI}\mathrm{d}x=\frac{\delta^2q^2h^3}{2EI}\left(\frac{1}{6}+\frac{9}{\pi^2}-\frac{32}{\pi^3}\right) \tag{3-2-70}$$

x 处截面以上部分的自重所做的功为：

$$V_x=-\frac{1}{2}q(h-x)(y')^2$$

因此全部自重做的功为：

$$V=-\frac{1}{2}\int_0^h q(h-x)(y')^2\,\mathrm{d}x=-\frac{\pi^2\delta^2q}{8}\left(\frac{1}{4}-\frac{1}{\pi^2}\right) \tag{3-2-71}$$

令 $\Pi=U+V=0$，把式(3-2-70)和式(3-2-71)代入可得挂索前的失稳临界荷载：

$$(qh)_{\mathrm{cr}}=\frac{7.89EI}{h^2} \tag{3-2-72}$$

式中：h——索塔高度。

在成桥状态下，必须考虑主缆对塔顺桥向失稳的约束作用。在计算中偏安全地将塔自重荷载移到塔顶作为集中荷载，与主缆竖向分力共同作用下，令其合力为 P。索塔挠度由式(3-2-70)表示，当索塔失稳时，$v(x)\to\infty$，因此有：

$$\sin\alpha h-\alpha h\cos\alpha h=0 \tag{3-2-73}$$

解得：

$$P_{\mathrm{cr}}=\frac{\pi^2EI}{(0.7h)^2} \tag{3-2-74}$$

式(3-2-74)与一端简支、另一端固定的压杆临界荷载相一致。

第三节　计算机总体静力分析

第二节已经介绍了一些悬索桥静力估算的实用方法，可以用来初估构件的尺寸，并且可以帮助工程师定性把握悬索桥的受力情况。然而这些方法精度较差，只能用于初步设计。

近年来随着悬索桥跨径的增加，刚度相对降低，主缆线形呈多段悬链线组成的索多边形。主缆与吊索交接处的空间位置必须由平衡条件来确定，而结构在外荷载作用下的平衡方程必须建立在变形后位置上，这就使悬索桥的结构分析变得复杂。因此，目前对于大跨径悬索桥的结构分析，一般都采用以有限位移理论为基础的几何非线性有限元法，这种方法则必须借助计算机进行分析。本节将介绍使用计算机进行静力分析的方法和原理。

一、计算参数

1. 材料和截面

为正确获得结构行为，在计算机有限元分析中最重要的因素之一是确定结构构件的材料和截面属性。对三维实体单元，材料本构关系是唯一要求指定的信息，然而对其他单元，为了与实际结构行为相符，需要考虑修改材料属性。一般分析程序需要的材料属性有弹性模量 E、剪切模量 G（或泊松比 υ）和材料重度 γ，表 3-3-1 和表 3-3-2 给出现行规范中对材料弹性模量和剪切模量的取值规定，表 3-3-3 则给出常用材料的重度。

混凝土弹性模量E_c　　表 3-3-1

强度等级	C25	C30	C35	C40	C45	C50	C55	C60	C65	C70	C75	C80
E_c（GPa）	28.0	30.0	31.5	32.5	33.5	34.5	35.5	36.0	36.5	37.0	37.5	38.0

钢筋的弹性模量E_s　　表 3-3-2

钢筋种类	E_s（GPa）	钢筋种类	E_s（GPa）
HPB300	210	消除应力钢丝	205
HRB400、HRB500、HRBF400、RRB400	200	钢绞线	195
		预应力螺纹钢筋	200

常用材料的重度　　表 3-3-3

材料种类	重度（kN/m³）	材料种类	重度（kN/m³）
钢、铸钢	78.5	浆砌片石	23.0
铸铁	72.5	干砌块石或片石	21.0
锌	70.5	沥青混凝土	23.0～24.0
铅	114	沥青碎石	22.0
黄铜	81.1	碎（砾）石	21.0
青铜	87.4	填土	17.0～18.0
钢筋混凝土或预应力混凝土	25～26	填石	19.0～20.0
混凝土或片石混凝土	24.0	石灰三合土、石灰土	17.5
浆砌块石或料石	24.0～25.0		

混凝土的剪切模量 $G_c = 0.4E_c$，混凝土的泊松比 $\upsilon_c = 0.2$。

另外，现行规范中对钢材的弹性模量规定为 $E = 206\mathrm{GPa}$，剪切模量为 $G = 79\mathrm{GPa}$，镀锌高强度钢丝主缆的弹性模量设计取值宜为 190 ～210GPa，镀锌高强度钢丝吊索的弹性模量设计取值宜为 195～205GPa，镀锌钢丝绳吊索的弹性模量设计取值不宜小于 110GPa。

对平面杆系程序而言，需要输入的截面特性为抗弯惯矩 I、面积 A 等，有时还可能需要输入截面形状及尺寸等信息。对于空间杆系程序需要输入的截面特性为两个方向的抗弯惯矩、抗扭惯矩、面积等，另外也可能需要输入截面形状及尺寸等信息。截面特性可以按照一般的力学方法进行计算，也可以使用一些工具软件，有些计算程序还为用户提供了直接输入截面信息后自动计算截面特性的功能，这更方便了使用。然而在输入截面信息时，应该注意截面的坐标与当前用户坐标的关系，以免定义的截面处于扭转后的错误位置（如 I 形截面容易被定义为 H 形截面）。这一点在空间杆系程序里比较突出，须注意程序对单元局部坐标系定义的原则。

因为绝大多数结构理论（如钢结构）是建立在均质材料假定的基础上，所以一般结构行为能使用实际的材料和截面属性直接计算。同时，对于非均质材料，如钢筋混凝土，将会受到一定的限制。另外，如果在某些情况下构件不存在具有代表性的截面或者截面特性难以计算时，可以通过变通方式求出其换算刚度。例如，对于采用桁架式加劲梁的悬索桥，如果仅需要从宏观上把握整个结构的受力特点，而不要求计算得到每根桁架杆件的内力，则可以用一根杆件代替整个桁架的作用，此时就需要求出这个等代杆件的刚度。可以考虑建立一个包括所有杆件的桁架节段计算模型，可以是简支梁或者悬臂梁模型，施加单位荷载后求出模型的位移。由于简支梁或悬臂梁在单位荷载作用下的位移有理论解，因此可以根据位移相等的原则求出桁架的换算刚度，如图 3-3-1 所示。

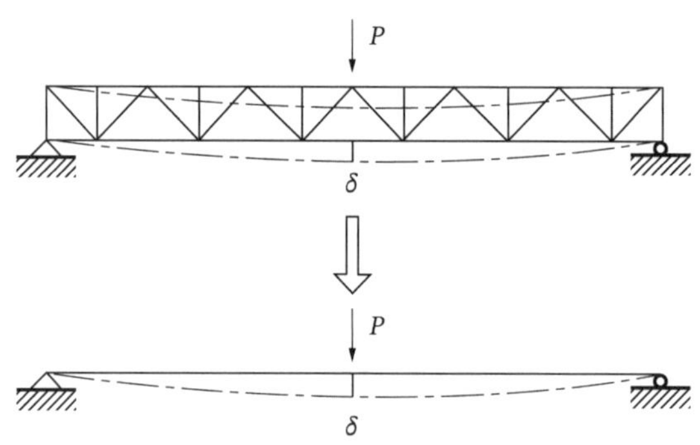

图 3-3-1　等位移法求换算刚度

2. 边界条件

结构分析成功的另一个关键步骤是正确描述结构系统的边界条件。边界条件分为力的边界条件和位移边界条件。

力的边界条件，是针对从整体结构中取出的局部模型而言的，通常是指截开断面处的内力或应力。若该模型采用杆系单元，内力是以集中力的形式作用的；而若该模型采用块体或板壳单元，应将内力转化为等效压强作用在截面上。

位移边界条件，一般情况下对于建模对象应该是明确的，根据力学模型的边界条件可以很容易确定其有限元模型的边界条件。在边界条件模拟时，工程师必须检查墩柱或桥台在支撑点（或地面）处的边界条件，并且把它正确地加入结构分析模型。这必须基于一定的工程假设。例如，在静力分析中结构与地基相连部分通常使用理想化的约束（点、铰、滚动）而没有考虑土-地基的刚度，这种约束称为刚性约束。当然有需要时，也可以借助非线性弹簧/阻尼约束来构成系统的非线性模型，这种约束称为弹性约束。如果需要这种细节模型，结构工程师与地质工程师紧密合作以正确确定土弹簧性质十分重要，建立小模型测试结构行为和手算检查结果也是十分必要的。通常模型中采用的弹性约束和刚性约束形式如图 3-3-2 所示。

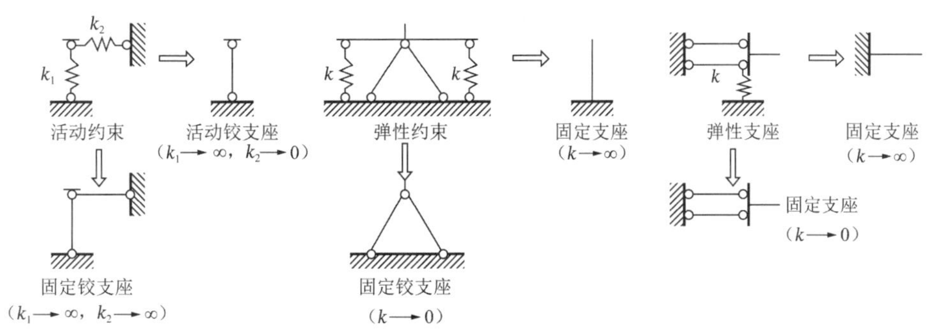

图 3-3-2　弹性约束和刚性约束

3. 荷载

作用在悬索桥上的荷载，如自重、汽车、风、温度、施工设备，以及其他使用荷载，均由一系列施加在结构模型上的静力荷载工况来表达。

自重荷载一般不需要手动输入数值，计算程序可以根据各杆件的截面特性、杆件位置、材料密度自动计算自重荷载。用户可以选择相应的自重放大系数，若不计自重，则只需要将放大系数置零即可。

静风荷载是一种与结构形状、桥位风速以及桥体结构高度有关的荷载。一般计算时可根据《公路桥梁抗风设计规范》（JTG/T 3360-01—2018）简化成等效静分布荷载施加于结构进行计算。对于重要的大跨径结构，要首先通过风洞试验确定其主要构件的三分力系数（曲线），然后再计算出相应的静风等效荷载作用于结构。柔性结构有时还要考虑结构变形引起风的攻角变化对静风荷载的影响。

相对而言，施工荷载的模拟显得较为复杂多变，但不可忽略。因为随着施工进度的发展，梁体上的临时堆放荷载、起重机重量等都在不断地变化，而这些变化影响着主缆和梁体的受力。它们都可以根据堆放点或支承点的位置，等效成集中力或分布力在梁体上施加或释放（反向施加）。

船撞和流冰荷载主要作用于桥墩或索塔，按静力考虑时也是用相应的等代荷载来计算。

二、结构离散图

1. 简化模型

建模的第一个关键步骤就是选择合理的简化模型。工程师应该明确分析问题的范围和关键所在，运用桥梁工程和力学知识适当选择简化模型，这样才能形成最简单、最能代表实际结构的计算模型。悬索桥的简化模型有以下三种。

1）平面杆系模型

在概念设计阶段，主要研究结构的设计参数，以求获得理想的结构布置，因此对结构内力精度要求不高，可以采用平面杆系模型。在技术设计阶段，若仅仅计算恒、活载作用下总体结构的内力，仍可选用平面杆系模型，此时活载的空间效应用横向分布系数或偏载系数来表达。常见的悬索桥平面杆系模型如图3-3-3所示。

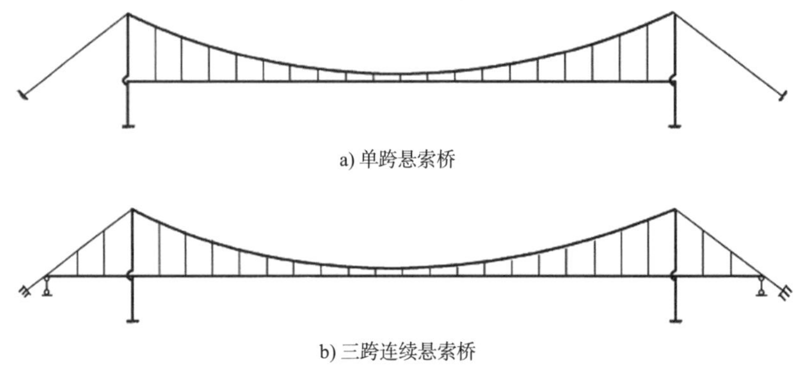

a) 单跨悬索桥

b) 三跨连续悬索桥

图3-3-3　悬索桥的平面杆系模型

在平面杆系模型中，加劲梁和索塔用梁单元模拟，吊索和短刚臂用带刚臂的杆单元模拟，主索用杆单元或索单元来模拟。

2）空间杆系模型

在横向风荷载、汽车偏载以及其他空间荷载作用下，悬索桥应按空间模式进行有限位移理论分析。要计算悬索桥在空间荷载（风载、地震荷载、局部温差等）作用下的静力响应时，一般选用空间杆系模型。选用这种模型，要特别注意实际结构与计算模式间的刚度等效性。一般说来，悬索桥主缆及吊索的抗弯刚度较小，其受力主要是受拉，因此可作为空间索单元；索塔及加劲梁可作为空间梁单元处理；加劲梁的杆系模型要根据具体的截面形式来定。

根据加劲梁的单元划分类型，悬索桥的有限元空间杆系模型主要有鱼骨式、双梁式、三梁式三种形式，如图3-3-4所示。

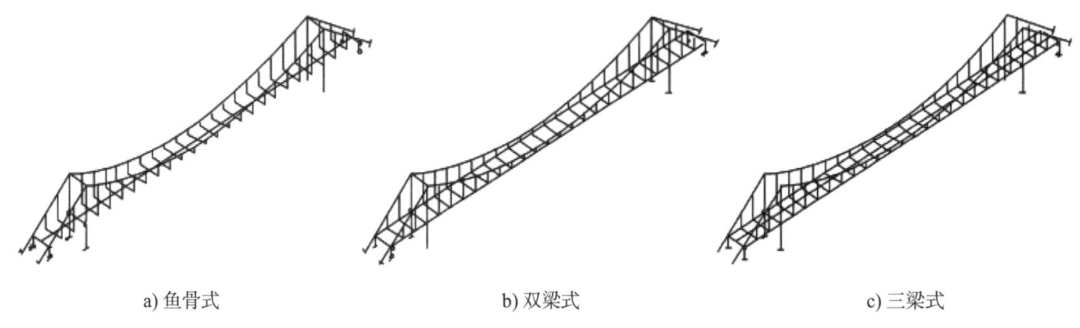

a) 鱼骨式　　b) 双梁式　　c) 三梁式

图3-3-4　悬索桥的空间杆系模型

（1）鱼骨式模型

自由扭转刚度较大的闭口箱梁断面，常用单脊梁模拟，单脊梁的轴线通过加劲梁截面的扭心，单脊梁通过短刚臂与吊索相连，其形状酷似一鱼骨，故称其为鱼骨式模型。

鱼骨式模型是目前计算中使用最多的一种模型，它把桥面系的刚度（竖向、横向挠曲刚度，扭转刚度）和质量（平动质量和质量惯性矩）都集中在中间节点上，节点和吊索之间采用刚臂连接或处理为主从关系。这种模式的优点是加劲梁的刚度系统和质量系统是正确的。但是横梁的刚度和加劲梁的翘曲刚度不能充分考虑。如果采用刚臂连接则杆件增多，同时如果刚臂的刚度取值不当则对自振频率的值会有所影响。

（2）双梁式模型

双梁式模型由两片主梁组成，中间用横梁联系，主梁间距取两索面的距离，横梁的间距取索距。每片主梁的面积和竖弯惯矩分别取全断面值的 1/2，横向刚度采用挠度相等原理计算等代主梁刚度。横梁刚度采用实际刚度（包括桥面共同作用的部分），桥面系质量堆聚在两侧主梁和中间横梁上，通过调整它们之间质量分布的比值，使平动质量和转动质量满足全截面的要求。

这种模型的优点是横梁刚度自然，与实际结构比较符合。由于主梁分布在两侧，可提供部分翘曲刚度，而且节点数、杆件数少；缺点是截面的横向刚度失真。这种模型在横向挠曲时相当于剪切桁架，但实际截面（由于有强大的桥面板的联系）基本为弯曲振型，虽然可以用单位力作用下的跨中横向挠度相等的原理求得梁的等代横向挠曲惯性矩，但是仅根据跨中一点的挠度作为计算得到的桥面横向挠曲线形状与实际的形状并不相同。

（3）三梁式模型

三梁式模型，即由在桥轴线上的中梁和位于索面的两片边梁组成。三片主梁之间通过刚性横梁或节点间的主从关系连接。把主梁的面积和侧向挠曲惯矩全部集中于中梁上，把原加劲梁的竖向挠曲惯性矩分配于三片主梁上，设主梁截面作刚性扭转，截面周边不变形，此时约束扭转刚度将由两个边梁的竖向刚度提供。

质量系统的处理有两种方式：第一种方式是将全部平动质量及质量惯性矩均集中在中梁上，两边梁不提供平动质量和质量惯性矩；第二种方式是将平动质量分配到三片主梁上，质量惯性矩由边梁提供，三主梁形式能考虑部分翘曲效应。

3）块、壳、梁组合模型

若要计算全桥构件的应力分布特性，可选用空间板壳、块体和梁单元的组合模型，如图 3-3-5 所示。选用这类模式须特别注意不同单元结合处的节点位移协调性。为了研究悬索桥结构中特殊部件（如吊索锚索区、塔梁固接区）的应力集中现象，可进行局部应力有限元分析。根据圣维南原理，将特殊构件从整体结构中取出，细分结构网格，将整体结构在分离断面处的内力、位移作为被分析子结构的边界条件进行二次分析。

图 3-3-5　块、壳、梁组合模型

当然，用板、梁、壳及其组合单元来仿真全桥实际结构可以获得更为精确的结果，但这种方法工作量大，处理混凝土徐变、预应力等方面比较麻烦。事实上无论采用怎样的计算模式，与实际结构间都有一定差异，由此会带来模型误差。因此计算中应抓住主要矛盾，忽略次要因素的影响，减少计算步骤，减小模型误差。

2. 离散化原则

建模的另一个重要步骤是对结构进行合理的离散化。在有限元分析中，合理进行结构模型的离散化是经济、可靠地进行结构分析的关键。为了得到合理的有限元离散化模型，在了解有限元分析基本原理的基础上，必须研究模型的离散化处理方法，探讨实际工程结构和有限元模型之间的关系。

对于杆系模型，节点和单元的划分应遵循以下原则：

（1）结构的定位点应设置节点。

（2）按照施工过程，分阶段施工的结构自然分块点应该设置节点。

（3）对于较长的自然分块，应该适当细分。

（4）预应力索端点截面一般应设置节点。

（5）关心内力、位移所在截面处应设置节点。

此外，对于采用板、壳、块单元的离散模型，则还应该注意以下几点：

（1）要处理好连续处的自然分割问题。桥梁结构在几何形状、荷载分布、材料特性等方面存在着许多不连续处。一般情况下，在离散化过程中应把有限元模型的节点、单元的分界线或分界面设置在相应的不连续处，如图 3-3-6a）所示。图 3-3-6b）表示在几何形状有突变的部位设置单元的分界面。

（2）注意单元网格的布局和过渡问题。有限元模型单元网格的布局是指单元网格的疏密程度及其分布状态。确定网格疏密程度的一般原则是：计算结果的精度要求较高时，网格应密一些，单元应小些；精度要求不甚高时，网格可稀疏一些，单元可大些。合理的网格分布状态应同结构的应力梯度相一致，如图 3-3-6c）所示。

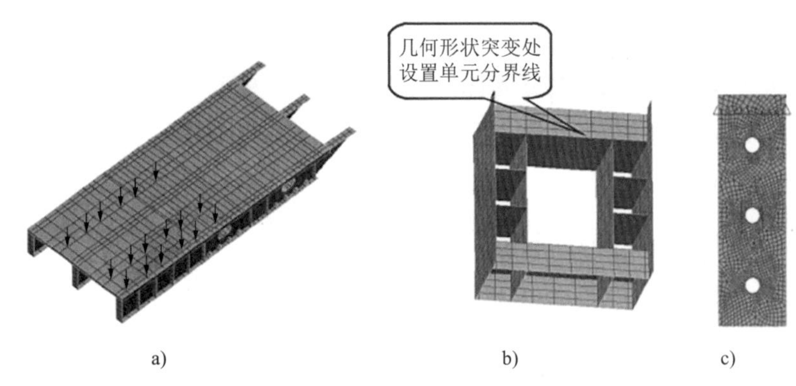

图 3-3-6　结构的离散化原则

（3）注意几何形状的近似和过渡圆角的处理。结构离散化使结构的边界变成了单元边界的集合，由于单元边界一般是直线或平面，因而会产生结构几何形状的离散化误差。减少几何形状离散化误差的措施：一是采用较小的单元，较密集的网格；二是采用高次单元。

（4）必须注意单元形态的选择问题。单元形态包括单元的形状、边中节点的位置、长细比等，在结构离散化过程中必须合理选择。一般来说，为了保证有限元分析的精度，必须使单元的形态尽可能规则。图 3-3-7 给出了一些应避免的单元形态，即病态的单元形态。

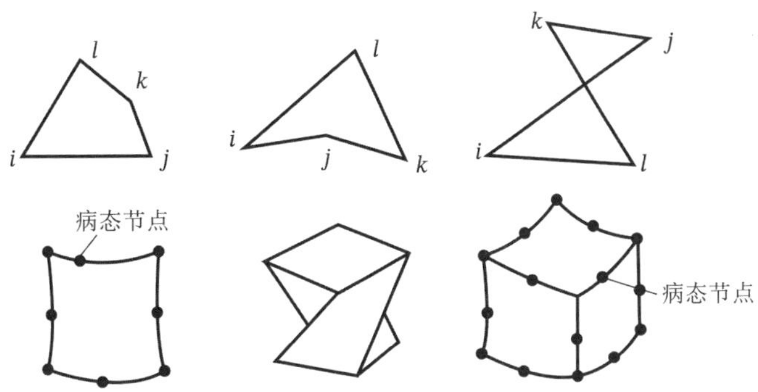

图 3-3-7 病态的单元形态示意图

3. 构件连接的处理方法

悬索桥构件的连接分为固接和非完全固接。对于杆系模型而言，若构件之间是固接的，只需要在交点处设定一个节点，为相交构件所共用即可；若构件之间是非完全固接的，例如铰接或者半铰接时，则需要采用一些特殊的处理方法，目前主要是指同位移（或称节点耦合）和释放自由度。其中，同位移的作用不仅可以解决构件连接形式，而且还可以处理一些特殊工程问题，目前主流计算程序均具备该功能。图 3-3-8 是一个可以采用同位移方式处理的工程实例，采用平面杆系结构模拟的三跨纵向飘浮体系悬索桥，加劲梁与索塔交界处为竖向支座，水平方向位移和转动位移未受约束。在离散为有限元计算图式时，须在加劲梁和索塔上各设一个节点，并且设定其中一个节点的竖向位移从属于另一节点。一般而言，如果节点 i 至少有一个自由度从属于另一个节点 j 的自由度，那么节点 i 就叫作“从节点”，而节点 j 叫作“主节点”；总之，也可以指定节点 j 从属于节点 i，而不影响其力学实质和计算结果。实际上，所谓增加一个自由度方向的主从约束关系，也就是增加了一个约束方程，即令主从自由度相等。

此外，使用杆系模式计算桥梁结构时，理论上的结构简化计算图式往往会与实际的结构物不相符合，主要有两方面原因：一是节点上所有杆件的轴线未必会交于同一点；二是杆件进入节点附近时常常和刚性很大的节点块连在一起。处理这样的问题一般将该区域假定成刚性域，用带刚臂单元来近似代替。图 3-3-9 就是需要采用带刚臂单元的一个例子。

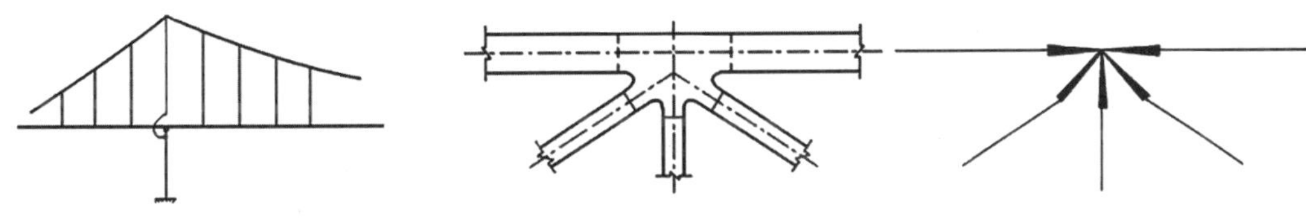

图 3-3-8 同位移约束

图 3-3-9 需要采用带刚臂单元的情况

三、计算荷载与组合

从荷载方面考虑，桥梁结构设计所要达到的目的主要是：①在规定的荷载下要保证结构行为正常和结构安全；②在灾难性事件出现时，结构失效过程不要发展得太快；③对日后的活荷载增长给予充分考虑。为达到以上目的，在设计时就需要仔细考虑各种计算荷载，并分析在各种情况下的最不利组合。

1. 汽车活荷载

根据现行桥梁设计规范，汽车荷载分为公路-I级和公路-II级两个等级，均由车辆荷载和车道荷载组成的。

（1）车辆荷载

所谓车辆荷载，就是由一辆辆具有标准尺寸、标准轴重的车辆所施加的荷载，它主要用于局部构件（如桥面板）、桥台、涵洞和挡土墙土体压力等的计算。车辆荷载的立面、平面尺寸和主要技术指标分别见图 3-3-10 和表 3-3-4，图 3-3-11 则给出其横向布置图。桥规规定公路-I级和公路-II级汽车荷载采用相同的车辆荷载。

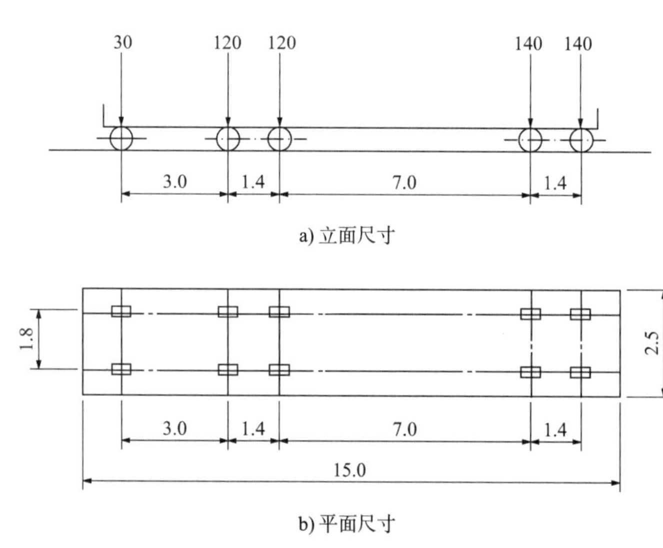

图 3-3-10 车辆荷载的立面、平面尺寸（尺寸单位：m）

车辆荷载的主要技术指标 表 3-3-4

项目	单位	技术指标	项目	单位	技术指标
车辆重力标准值	kN	550	轮距	m	1.8
前轴重力标准值	kN	30	前轮着地宽度及长度	m	0.3 × 0.2
中轴重力标准值	kN	2 × 120	中、后轮着地宽度及长度	m	0.6 × 0.2
后轴重力标准值	kN	2 × 140	车辆外形尺寸（长 × 宽）	m	15 × 2.5
轴距	m	3 + 1.4 + 7 + 1.4			

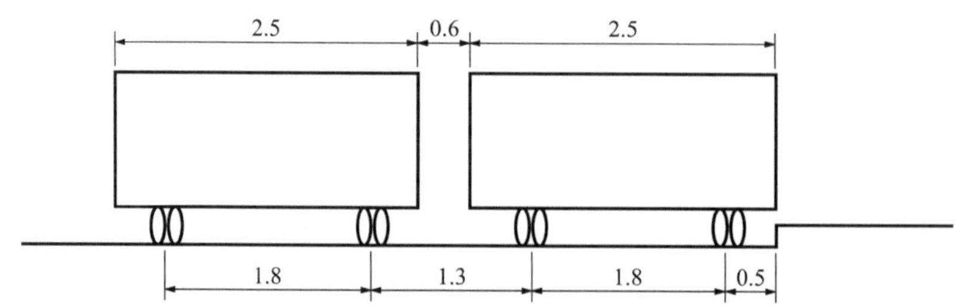

图 3-3-11 车辆荷载的横向布置（尺寸单位：m）

（2）车道荷载

在公路路面上，一般常设凸出于路面的路缘石。位于两侧路缘石之间、用于跑车的面积，称行车道或车道。在我国桥梁设计规范中，每条车道的宽度常为 3.75m 或 3.5m。车道荷载是施加于整个车道的虚拟荷载，由均布荷载 q_k 和一个集中力 P_k 组成，如图 3-3-12 所示。

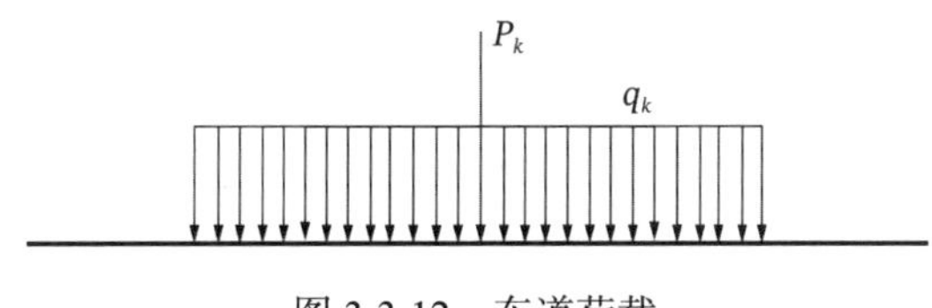

图 3-3-12　车道荷载

我国桥梁设计规范规定：公路-I级车道荷载的均布荷载 $q_k = 10.5\text{kN/m}$，集中荷载则要根据跨径来计算，当计算跨径小于或等于 5m 时 $P_k = 270\text{kN}$，计算跨径大于或等于 50m 时 $P_k = 360\text{kN}$，计算跨径介于 5～50m 之间时按直线内插求得。公路-II级车道荷载的均布荷载和集中力都取公路-I级的 0.75 倍。对悬索桥而言，跨径一般都是几百米乃至上千米，如果都按照上述的荷载值计算就会过于安全，因此桥规还规定了纵向折减系数，见表 3-3-5。

另外，当桥上的车道多于两条时，每条都满载的情况较为罕见。因此，对于三条及三条以上的车道，所加的车道荷载应予折减。

纵向折减系数　　表 3-3-5

计算跨径 L_0（m）	纵向折减系数	计算跨径 L_0（m）	纵向折减系数
$150 < L_0 < 400$	0.97	$800 \leqslant L_0 < 1000$	0.94
$400 \leqslant L_0 < 600$	0.96	$L_0 \geqslant 1000$	0.93
$600 \leqslant L_0 < 800$	0.95		

在我国桥梁设计规范中，采用普遍折减系数法进行计算，即采用横向折减系数。如图 3-3-13 所示，每条车道的活载都是 αH，H 表示未曾折减的车道荷载，α 是横向折减系数，具体取值见表 3-3-6。

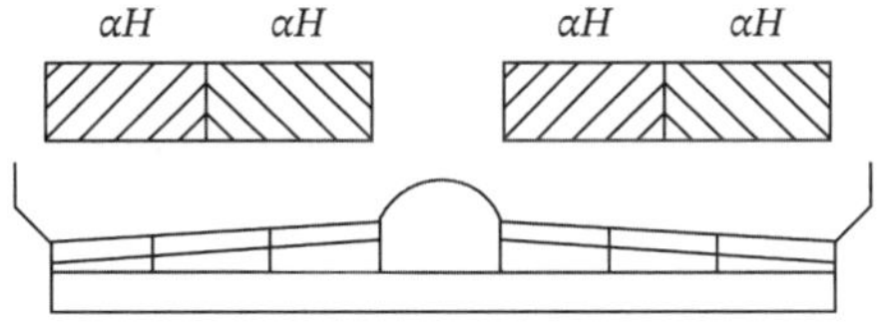

图 3-3-13　车道活荷载的普遍折减法

横向折减系数　　表 3-3-6

横向布置设计车道数（条）	1	2	3	4	5	6	7	8
横向折减系数	1.20	1.00	0.78	0.67	0.60	0.55	0.52	0.50

2. 其他荷载

（1）恒载

悬索桥恒载可分为一期恒载和二期恒载。一期恒载是指结构在合龙完成前形成的结构重力。二期恒载是指悬索桥加劲梁合龙后桥面铺装等引起的荷载。悬索桥的成桥内力是一期恒载内力与二期恒载内力的累加。

此外，若地基有沉降，或结构因采用混凝土而必须考虑其徐变及收缩，则产生的效应都应作为恒载考虑。

（2）风荷载

风的静压对桁架式加劲梁截面的强度验算有决定意义。作用于桥梁的横向风压等于受风面积、风的静压强度（注意应按结构在水面上的高度，此值随高度增加而增加）、绕流阻力系数的连乘积。左右两主缆因相距较远，在计算下风侧的主缆所受风压时，上风侧主缆对它的遮蔽作用一般不计。若梁包含两片或更多片桁梁，则此项遮蔽作用应按照现行设计规范处理。在将缆和梁分别承担的风压算出后，就可进行横向风力的分析。由此求出的钢桁加劲梁的水平横向弯矩值往往相当大。横向风压对梁的弦杆截面强度验算有决定意义，主要是指这个弯矩的荷载组合常起控制作用。

梁承受的纵向风力，较为合理的算法是取横向风力乘以一系数（按英国公路桥荷载规范，实腹梁的这一系数是 0.25，而桁梁的这一系数是 0.5），或根据我国桥梁抗风规范采用的“当跨径大于 200m 时，按风和加劲梁表面之间产生的摩擦力计算”。当悬索桥采用两铰式（且不让梁端的支承对梁提供纵向水平抗力）时，纵向风力将使梁发生纵向位移。为此，应该设置限位装置，并在梁端伸缩装置活动量的计算中将这一因素产生的效应考虑在内。塔和墩承受的纵向风力，应按其受风面积、风的静压强度（沿高度取不同值）、绕流阻力系数来计算。而在纵向风力之外，塔和墩还应考虑斜向风力，在斜向风力计算中引用的绕流阻力系数，往往需要用风洞试验来决定。

（3）人群荷载

我国桥梁设计规范规定，当桥梁计算跨径小于或等于 50m 时，人群荷载取 3.0kN/m^2；当计算跨径等于或大于 150m 时，人群荷载取 2.5kN/m^2；当跨径介于 50～150m 之间，人群荷载可由直线内插求得。在非机动车、行人密集的公路桥梁，人群荷载可以取上述的 1.15倍。

（4）温度效应

当缆的温度低于梁的温度时，缆将承受拉力，两铰悬索桥的加劲梁将承受负弯矩。当缆的温度较高时，缆的拉力减小，梁将承受正弯矩。此外，温度变化可使边跨缆索的长度发生变化，从而引起塔顶位移并产生弯矩。按照经验，大跨径悬索桥因温度升降所引起的效应一般不大，对于截面验算时常不起控制作用。

（5）其他活荷载

对于局部性构件，其他活荷载在设计中常起控制作用，包括：汽车制动力、栏杆受到的汽车碰撞力等。这些荷载可以分别计算（它们不会同时发生），并且要和产生这些力的汽车活载（不同于上述常规活载计算值者）一并考虑。

3. 荷载组合

桥梁现行设计规范摒弃了以往由规范给出组合内容的组合形式，而采用最不利荷载的概念，要求设计人员根据验算内容自己把握最不利荷载组合。这样的规定给了设计人员一个更为灵活的设计空间，使设计更加符合实际情况，是合理的。

表 3-3-7 列出了悬索桥各部分构件的主要荷载组合。

悬索桥构件的主要荷载组合　　表 3-3-7

荷载组合	加劲梁			主缆	吊索	索塔
	加劲梁	主横梁	平联			
$D+L+T$	○	○	△	○	○	○
$D+W+T$	○	—	○	—	—	○
$D+EQ+L(EQ)+T$	△	—	△	—	—	○

注：1. 表中的符号○表示为控制截面设计的荷载组合，必须计算；△表示为有时会控制截面设计，必须加以验算。

2. 表中的 D = 恒载；L = 活载；T = 温度荷载；W = 风荷载；EQ = 地震荷载；L(EQ) = 地震时的活载。

四、分析软件及理论基础

1. 分析软件介绍

20 世纪 60 年代初，由于计算机技术的推广和结构分析有限元法的应用，使桥梁结构分析得以向程序化方向发展。直到今天，国内外已经开发出很多桥梁设计软件，总体上可以分为两大类，即通用有限元分析程序和专用分析程序。本节对几个被工程师广泛使用的软件及其特点做简要的介绍。

1）通用有限元分析程序

SAP：结构分析通用程序系统 SAP 是由美国加州大学伯克利分校的 K.J.Bathe、E.L.Wilson 和 F.E.Peterson 于 1970 年首先推出的，并在航空、机械、土建等领域得到广泛应用。20 世纪 80 年代初由北京大学曲圣年教授等移植到微机上，该程序系统经历了多次改版，现工程界广泛使用的是新版 Super SAP93 和 SAP2000。SAP 程序系统拥有几十种实用的单元库，可用于分析梁、杆、板、壳、管、三维实体等各种构件组成的结构体系的动、静力响应，Super SAP93 还拥有杆、薄壳等几种单元的几何刚度阵，并能完成几何、材料非线性的力学分析问题。

ANSYS：世界有限元界著名的 ANSYS 公司所研制开发的 ANSYS 软件是融结构、热力学、流体、电磁、声学于一体的大型通用有限元分析软件。从 20 世纪 70 年代开始，ANSYS 软件就率先在有限元分析中引入了图形技术以及交互式操作方式，使有限元分析进入崭新阶段。1983 年，ANSYS 又充分预计了个人计算机（PC 机）的发展，开发出世界上第一个 PC 机上的分析程序。现在该程序具有完备的前处理器、强大的处理器、方便的后处理器，并提供宏语言、用户界面设计语言、用户编程特性和参数设计语言等几种工具。

其他：国内外还曾推出一些类似于 SAP、ANSYS 功能的其他结构分析通用程序。如 ADINA 程序，可用于结构非线性问题的分析；FEM（有限元分析）可用宏语言描述结构，并对多单元组合结构进行动、静力分析。大连理工大学工程力学研究所开发的 JIFEX 系统，也是新一代有限元分析与结构优化设计软件系统，它是在 MS Windows 9x/Windows NT 和 AutoCAD 软件平台上的商品化软件。

但是，这些程序系统应用于桥梁结构分析有一定局限性，主要体现在以下几个方面：

（1）结构的描述繁复。由于要兼顾各种组合结构的分析，通用程序对结构的数据描述有很严格的规定。因此，即使描述最简单的平面杆系结构，也要填写很繁复的数据文件，既花工时又容易引起数据描述出错。

（2）无法仿真桥梁施工过程进行计算。桥梁结构一般都有一个逐阶段形成的施工过程。在这个过程中，常常伴有支座增减、几何特性改变、体系转换等结构体系的改变。这就要求结构分析程序具有仿真桥梁施工过程的计算功能。一般的通用程序都不具备这一功能。

（3）不具备活载自动加载功能。桥梁结构的空间活载分析要求对关心截面物理量的影响面进行自动加载，而平面活载分析要求对影响线进行自动加载。一般的通用程序通过改进后可以完成影响面或影响线的计算，但仍没有自动加载的功能。

（4）无法进行结构调值分析。现代桥梁结构常常利用强迫应变产生的应力（预应力索张拉等）来调整结构体系的受力分配，按设计者的意图，指定一种期望的受力状态，用调值原理计算应施加的强迫应变量。虽然有些通用程序可以完成装配误差应力的分析，但不具备结构调值分析的功能。

（5）处理桥梁结构的徐变、收缩及与预应力有关的问题时显得无能为力。钢筋混凝土桥梁结构徐变、收缩的发展贯穿于整个施工过程和成桥状态。混凝土徐变与构件应力历史有关。随着施工阶段的向前推进，后期结构荷载对前期结构徐变、收缩及预应力损失都有影响。大部分结构分析通用程序无法处理混凝土徐变、收缩等问题。也有部分结构分析通用程序，虽然能以分析金属蠕变的功能对混凝土徐变进行分析，但这些程序无法模拟施工过程，无法得到各施工阶段构件的应力历史，也就无法真正处理桥梁结构的徐变、收缩及与预应力相关的一系列问题。

由于以上种种原因，桥梁工程界更需要专用的程序系统来方便、准确地完成桥梁结构受力分析。

2）专用分析程序

早期程序：我国从 20 世纪 70 年代末开始，由中交公路规划设计院负责开展桥梁结构分析程序化的研究工作，开发完成了第一代桥梁专用综合程序。与此同时，原交通部重庆公路科学研究所也做了大量的工作，完成了桥梁结构分析程序。桥梁专用综合程序后来被中交公路规划设计院朱培京、郑明珠等同志进行了改进，并推广到 PC 机上进行应用，对推动桥梁电算事业起到了很大作用。由于受到当时计算机技术的限制，程序的计算规模和计算功能都有一定限制。

BAP：20 世纪 80 年代中，同济大学肖汝诚教授主持开发了桥梁结构线性、非线性分析综合程序系统（BAP），程序的主要功能包括：①可计入结构自重、节点力、局部荷载、支座沉降、温度及预应力等多种荷载和混凝土收缩、徐变，自动计入各种预应力损失。对特大跨度桥梁，可计入几何非线性的影响。②模拟施工过程的各个阶段，通过单元、支座的增减，预应力索的反复张拉与放张，以及调值计算功能，可模拟各种桥型的各种施工方法，最终输出施工各阶段的结构变形及内力、应力状态。③仿真的施工控制功能，可实现结构前进分析、倒退分析及实时跟踪分析，完成桥梁施工控制。④结构空间恒、活载分析，可以自动形成关心构件的内力、位移和应力影响面，并可按任意指定车道进行加载。20 世纪 90 年代末，该系统推出了 Windows 版本。作为国家自然科学基金重大项目的最新成果，该系统已能分析桥梁工程中的各类非线性问题，包括屈曲稳定、静风稳定和极限承载力问题，并逐渐与工程数据库、AutoCAD、BMS 系统进行接口，力求方便地服务于桥梁工程的更广泛领域。2006 年，BAP 系统获得上海市科技进步二等奖。该系统全面引入了新的计算理论和方法，系统地解决了桥梁结构中的几何、材料非线性问题，分阶段、分层施工与体系转换带来的结构仿真计算问题，空间预应力索及其分批、分节、分阶段张拉的数值模拟与计算问题，混凝土构件徐变、收缩和钢、预应力索的松弛引起的内力重分配与变形计算问题，弯坡斜桥空间分析问题等，还针对大跨径桥梁的分析特点，增加了桥梁恒载内力优化计算及柔性结构成桥构形分析、静风荷载作用下的结构内力响应和稳定性分析等功能，并将成果应用于如江阴大桥、香港青马大桥、卢浦大桥、苏通长江公路大桥等的设计、方案研究中。

桥梁博士：同济大学周宗泽等开发的“桥梁博士系统”，运行于 Windows 平台，用 Visual C+ +编制开发。该程序主要特点是：数据输入全部采用人机对话交互输入；能够进行各种结构体系的恒载及活载的结构响应计算；完善的联机帮助系统，可随时查看系统使用的各种帮助信息。

OSIS：中交公路规划设计院有限公司经过数十年的分析软件研发积累，自主开发“桥隧结构分析与设计软件 OSIS”。软件成功应用于港珠澳大桥、深中大桥、南沙大桥、张靖皋长江大桥、黄茅海大桥和乌江特大桥等众多特大桥中。OSIS 适用于梁桥、拱桥、斜拉桥、悬索桥等桥型，研发了桥梁结构三维精细化分析功能，开发实体板壳单元计算，用于逐步实现桥梁分析功能的完全国产化。在核心功能中，OSIS 具有结构非线性分析、桥梁抗震分析、板壳实体分析等功能，均通过工程算例验证，满足设计要求。

MIDAS/Civil：MIDAS/Civil 是 MIDAS 系列软件产品之一，是一款通用有限元分析软件，适用于桥梁结构、地下结构、工业建筑、机场和港口等结构的分析和设计。特别是针对桥梁结构，在国内外工程师的共同努力下，MIDAS/Civil 通过结合国内的各种规范和用户使用习惯，在建模、分析、后处理和设计等方面提供了很多便利的功能，目前已广泛应用于桥梁、公路、市政等工程领域。MIDAS/Civil 具有直观的操作界面，并且采用了尖端的计算机显示技术，集成了静力分析、动力分析、几何非线性分析、屈曲分析、移动荷载分析、悬索桥分析等分析设计功能。

BNLAS：BNLAS 由西南交通大学桥梁系开发，中文名称为：桥梁非线性分析系统（Bridge NonLiner Anlysis System）。BNLAS 是一个用于桥梁结构非线性分析的软件包，采用的非线性有线元理论，以改进的增量迭代法为非线性迭代格式，以不平衡力和相对位移误差的无限范数作为迭代收敛检查准则，考虑空间单元的大位移、大转动影响，采用高精度的方法计算单元的内力及变形。BNLAS 按施工步骤自动形成各阶段的计算图式，适用于任何桥梁结构的计算，尤其是缆索承重桥梁。在悬索桥、斜拉桥、斜拉-悬吊协作体系桥的计算中具有显著的优势。软件能够考虑的几何非线性如下：①结构大位移效应；②载荷非线性与P-Δ效应；③索的垂度效应；④梁的轴力-弯曲效应；⑤杆索单元的应力刚化。

通用有限元分析程序与桥梁专用程序是适用范围不同的两种分析工具。通用程序主要被用来对特定（一般是成桥后）桥梁结构做总体分析，以探明结构的稳定性及动力性能等；另外，还可以在对结构进行总体分析后取出重要构件做局部应力分析。桥梁专用程序紧密结合桥梁设计分析需要，不仅可用于分析桥梁结构在施工过程中的性能，并能实现对桥梁结构特有的预应力及徐变、活载效应的分析，而且还能用于确定桥梁成桥内力状态等计算问题。两类程序相比，通用程序可以处理各类繁琐、复杂的分析，但数据填写复杂，只能用于激励到响应的正算问题；桥梁专用程序使用方便，更易于和 CAD 技术相结合，可能解决桥梁设计中必须的特殊计算，所以这两者在工程界同时存在是必要的。

2. 空间杆系静力分析的非线性有限元法

经典的线性理论有三个基本假定：材料的应力应变关系满足微小位移、广义胡克定律、理想约束。当实际情况或多或少地违背了这些假定时，便出现非线性理论。桥梁结构的非线性可以分为三大类：几何非线性、材料非线性和接触的非线性。几何非线性是因为几何运动方程的非线性所致，违背了线性假定的微小位移；材料的非线性问题是由应力应变关系不满足胡克定律所引起，违背了线性假定的广义胡克定律；接触的非线性原因在于结构受力后边界条件的改变所致，违背了线性假定的理想约束。本节主要介绍的内容是几何运动方程所引起的几何非线性问题，不涉及材料非线性和接触的非线性问题。

（1）几何非线性理论

几何非线性理论将平衡方程建立在结构变形后位置上。当受力状态因变形而发生明显改变时，就必须用几何非线性方法进行分析。在整个分析过程中，以 $t = 0$ 时的构形作为参考，且参考位形保持不变，这种列式称为总体拉格朗日列式（T.L 列式）。

以杆系结构为例，对于任意应力-应变关系与几何运动方程，杆单元的平衡方程可由虚功原理推导得到：

$$\int_V \boldsymbol{B}^{\mathrm{T}} \boldsymbol{\sigma} \, \mathrm{d}V - \boldsymbol{f} = 0 \tag{3-3-1}$$

式中：$\boldsymbol{\sigma}$——单元的应力向量；

$\boldsymbol{f}$——单元杆端力向量；

V——单元体积分域，对 T.L 列式 V 是变形前的单元体积域；

$\boldsymbol{B}$——应变矩阵，是单元应变与节点位移的关系矩阵，即：

$$\mathrm{d}\boldsymbol{\varepsilon} = \boldsymbol{B} \, \mathrm{d}\boldsymbol{\delta} \tag{3-3-2}$$

式中：$\boldsymbol{\delta}$——杆端位移向量。

在有限位移情况下，$\boldsymbol{B}$ 是位移 $\boldsymbol{\delta}$ 的函数矩阵，可分解为与杆端位移无关的部分 $\boldsymbol{B}_0$ 和与杆端位移有关的部分 $\boldsymbol{B}_{\mathrm{L}}$ 两部分，即：

$$\boldsymbol{B} = \boldsymbol{B}_0 + \boldsymbol{B}_{\mathrm{L}} \tag{3-3-3}$$

采用增量列式法将式(3-3-1)写成微分形式：

$$\int_V \mathrm{d}\left(\boldsymbol{B}^{\mathrm{T}} \boldsymbol{\sigma}\right) \mathrm{d}V - \mathrm{d}\boldsymbol{f} = 0 \tag{3-3-4}$$

或改写为：

$$\int_V \mathrm{d}\boldsymbol{B}^{\mathrm{T}} \boldsymbol{\sigma} \, \mathrm{d}V + \int_V \boldsymbol{B}^{\mathrm{T}} \, \mathrm{d}\boldsymbol{\sigma} \, \mathrm{d}V = \mathrm{d}\boldsymbol{f} \tag{3-3-5}$$

根据式(3-3-3)，式(3-3-5)左边第一项可写成：

$$\int_V \mathrm{d}\boldsymbol{B}^{\mathrm{T}} \boldsymbol{\sigma} \, \mathrm{d}V = \int_V \mathrm{d}\boldsymbol{B}_{\mathrm{L}}^{\mathrm{T}} \boldsymbol{\sigma} \, \mathrm{d}V = {}^{0}\boldsymbol{k}_{\sigma} \, \mathrm{d}\boldsymbol{\delta} \tag{3-3-6}$$

当材料满足线弹性时，有：

$$\boldsymbol{\sigma} = \boldsymbol{D}(\boldsymbol{\varepsilon} - \boldsymbol{\varepsilon}_0) + \boldsymbol{\sigma}_0 \tag{3-3-7}$$

式中：$\boldsymbol{\varepsilon}_0$——单元的初应变向量；

$\boldsymbol{\sigma}_0$——单元的初应力向量；

$\boldsymbol{D}$——弹性矩阵。

于是，单元的应力、应变增量关系可表示成：

$$\mathrm{d}\boldsymbol{\sigma} = \boldsymbol{D} \, \mathrm{d}\boldsymbol{\varepsilon} \tag{3-3-8}$$

将式(3-3-2)、式(3-3-3)代入式(3-3-8)得：

$$\mathrm{d}\boldsymbol{\sigma} = \boldsymbol{D}(\boldsymbol{B}_0 + \boldsymbol{B}_{\mathrm{L}}) \, \mathrm{d}\boldsymbol{\delta} \tag{3-3-9}$$

于是，式(3-3-5)左边第二项可表示为：

$$\int_V \boldsymbol{B}^{\mathrm{T}} \, \mathrm{d}\boldsymbol{\sigma} \, \mathrm{d}V = \left(\int_V \boldsymbol{B}_0^{\mathrm{T}} \boldsymbol{D} \boldsymbol{B}_0 \, \mathrm{d}V + \int_V \boldsymbol{B}_0^{\mathrm{T}} \boldsymbol{D} \boldsymbol{B}_{\mathrm{L}} \, \mathrm{d}V + \int_V \boldsymbol{B}_{\mathrm{L}}^{\mathrm{T}} \boldsymbol{D} \boldsymbol{B}_0 \, \mathrm{d}V + \int_V \boldsymbol{B}_{\mathrm{L}}^{\mathrm{T}} \boldsymbol{D} \boldsymbol{B}_{\mathrm{L}} \, \mathrm{d}V\right) \mathrm{d}\boldsymbol{\delta} \tag{3-3-10}$$

记为：

$$ {}^{0}\boldsymbol{k}_{0}=\int_{V}\boldsymbol{B}_{0}^{\mathrm{T}}\boldsymbol{D}\boldsymbol{B}_{0}\,\mathrm{d}V \tag{3-3-11}$$

$$ {}^{0}\boldsymbol{k}_{\mathrm{L}}=\int_{V}\boldsymbol{B}_{0}^{\mathrm{T}}\boldsymbol{D}\boldsymbol{B}_{\mathrm{L}}\,\mathrm{d}V+\int_{V}\boldsymbol{B}_{\mathrm{L}}^{\mathrm{T}}\boldsymbol{D}\boldsymbol{B}_{0}\,\mathrm{d}V+\int_{V}\boldsymbol{B}_{\mathrm{L}}^{\mathrm{T}}\boldsymbol{D}\boldsymbol{B}_{\mathrm{L}}\,\mathrm{d}V \tag{3-3-12}$$

则式(3-3-5)最后可表达为：

$$ ({}^{0}\boldsymbol{k}_{0}+{}^{0}\boldsymbol{k}_{\mathrm{L}}+{}^{0}\boldsymbol{k}_{\sigma})\,\mathrm{d}\delta={}^{0}\boldsymbol{k}_{\mathrm{T}}\,\mathrm{d}\delta=\mathrm{d}\boldsymbol{f} \tag{3-3-13}$$

式中：${}^{0}\boldsymbol{k}_{\mathrm{T}}$——三个刚度矩阵之和，称为单元切线刚度矩阵，它表示荷载增量与位移增量之间的关系，也可理解为单元在特定应力、变形下的瞬时刚度；

${}^{0}\boldsymbol{k}_{0}$——单元弹性刚度矩阵，与单元节点位移无关；

${}^{0}\boldsymbol{k}_{\mathrm{L}}$——单元初位移刚度矩阵或单元大位移刚度矩阵，是由大位移引起的结构刚度变化，是 $\mathrm{d}\delta$ 的函数；

${}^{0}\boldsymbol{k}_{\sigma}$——初应力刚度矩阵，它表示初应力对结构刚度的影响，当应力为压应力时，单元切线刚度减小，反之单元切线刚度增加。

式(3-3-13)就是增量形式 T.L 列式的单元平衡方程。

将各单元切线刚度方程按节点力平衡条件组集成结构增量刚度方程，即有：

$$ {}^{0}\boldsymbol{k}_{\mathrm{T}}\,\mathrm{d}\boldsymbol{\Delta}=\mathrm{d}\boldsymbol{P} \tag{3-3-14}$$

式中：${}^{0}\boldsymbol{k}_{\mathrm{T}}$——结构切线刚度矩阵，可以由单元切线刚度矩阵按常规方法进行组集形成；

$\mathrm{d}\boldsymbol{P}$——荷载增量。

由于荷载增量一般取为有限值而不可能取成微分形式，结构在求得的位移状态下，抗力与总外荷载之间有一差量，即失衡力，结构必须产生相应位移以改变结构的抗力来消除这个失衡力。在计算中，一般通过迭代法来求解。

在建立 $t+\Delta t$ 时刻物体平衡方程时，如果我们选择的参照构形不是未变形状态 $t=0$ 时的构形，而是最后一个已知平衡状态，即以本增量步的起始时刻 t 的构形作为参照构形，这种列式法称为更新的拉格朗日列式法（U.L 列式）。

由于采用了 U.L 列式，平衡方程式(3-3-5)中的积分须在 t 时刻单元体积内进行，且 ${}^{t}\boldsymbol{k}_{\mathrm{L}}$ 的积分式是 ${}^{t}\boldsymbol{k}_{0}$ 的一阶或二阶小量，因此，代表 $\boldsymbol{k}_{\mathrm{L}}$ 的积分式可以略去。这是 U.L 列式与 T.L 列式的一个重要区别。最后增量形式的 U.L 列式平衡方程可写成：

$$ ({}^{t}\boldsymbol{k}_{0}+{}^{t}\boldsymbol{k}_{\sigma})\,\mathrm{d}\boldsymbol{\Delta}=\mathrm{d}\boldsymbol{P} \tag{3-3-15}$$

（2）有限元控制方程

有限元的思想就是用有限元近似数值解代替精确解，其理论核心在于其总体控制方程描述，对于静力有限元法而言，其控制方程可以描述为：

$$ \boldsymbol{K}\boldsymbol{\Delta}=\boldsymbol{F} \tag{3-3-16}$$

式中：$\boldsymbol{K}$——结构的刚度矩阵；

$\boldsymbol{\Delta}$——结构的位移列向量；

$\boldsymbol{F}$——结构受到的外荷载列向量。

$\boldsymbol{K}$、$\boldsymbol{\Delta}$、$\boldsymbol{F}$ 都是由单元刚度矩阵 $\boldsymbol{K}^{\mathrm{e}}$、单元节点位移 $\boldsymbol{\delta}^{\mathrm{e}}$ 以及单元节点力 $\boldsymbol{F}^{\mathrm{e}}$ 组集而成，其中：

$$ \boldsymbol{\delta}^{\mathrm{e}}=[u_i,v_i,\omega_i,\varphi_{xi},\varphi_{yi},\varphi_{zi},u_j,v_j,\omega_j,\varphi_{xj},\varphi_{yj},\varphi_{zj}] \tag{3-3-17}$$

$$ \boldsymbol{F}^{\mathrm{e}}=[U_i,V_i,W_i,M_{xi},M_{yi},M_{zi},U_j,V_j,W_j,M_{xj},M_{yj},M_{zj}] \tag{3-3-18}$$

单元刚度矩阵的形式将在后面章节介绍。

控制方程式(3-3-16)本身并非是非线性的，它可以考虑非线性的原因在于刚度矩阵，当刚度矩阵中计入高阶效应时，因刚度矩阵中会出现与待求位移相关的量，使得问题变成了非线性的问题。该方程的求解需要采用非线性方程的求解方法，主要包括增量法及迭代法两种方式。这种求解方法可以分为三个主要阶段：第一阶段成为预测阶段，主要是由结构的增量平衡方程式求解位移增量，从而得到各个单元的位移增量。第二阶段成为校正阶段，使用第一阶段所求得的位移增量求算内力增量。由增量产生前单元的内力及增量内力，可求得增量发生后的单元内力和增量内力。第三阶段再校核新变形状态下结构的平衡，以确保迭代的收敛。也就是，将同一节点的各个单元的内力叠加并与外荷载比较，以使结构达到平衡。非线性分析的关键在于校正阶段所使用的方程，而预测阶段将只影响收敛速度和迭代次数。从方程的求解可以看出，这里的非线性问题被转化成了线性问题，也就是说，在每个迭代步内仍然是线性的，问题自然也就成为线性问题。

（3）单元刚度矩阵

随着桥面宽度的不断增大，偏载、扭转效应越来越不可忽略，因此空间杆系模型得到广泛的应用。由于此类技术已经比较成熟，本节将不加推导地介绍空间梁单元的刚度矩阵。两节点空间梁单元如图 3-3-14 所示。

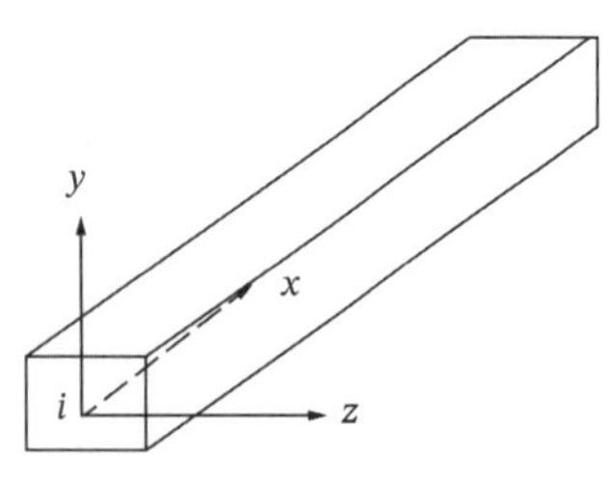

图 3-3-14　两节点空间梁单元

梁单元的特点是断面尺寸比长度小得多，若忽略剪切变形时，可得局部坐标下的空间梁单元的弹性刚度矩阵为：

$$
K_0^{\mathrm{e}}=\begin{bmatrix}
\frac{EA}{l_0} & & & & & & & & & & & \\
0 & \frac{12EI_z}{l_0^3} & & & & & & \text{对} & & & & \\
0 & 0 & \frac{12EI_y}{l_0^3} & & & & & & & & & \\
0 & 0 & 0 & \frac{GJ}{l_0} & & & & & & & & \\
0 & 0 & -\frac{6EI_y}{l_0^2} & 0 & \frac{4EI_y}{l_0} & & & & & & \text{称} & \\
0 & \frac{6EI_z}{l_0^2} & 0 & 0 & 0 & \frac{4EI_z}{l_0} & & & & & & \\
-\frac{EA}{l_0} & 0 & 0 & 0 & 0 & 0 & \frac{EA}{l_0} & & & & & \\
0 & -\frac{12EI_z}{l_0^3} & 0 & 0 & 0 & -\frac{6EI_z}{l_0^2} & 0 & \frac{12EI_z}{l_0^3} & & & & \\
0 & 0 & -\frac{12EI_y}{l_0^3} & 0 & \frac{6EI_y}{l_0^2} & 0 & 0 & 0 & \frac{12EI_y}{l_0^3} & & & \\
0 & 0 & 0 & -\frac{GJ}{l_0} & 0 & 0 & 0 & 0 & 0 & \frac{GJ}{l_0} & & \\
0 & 0 & -\frac{6EI_y}{l_0^2} & 0 & \frac{2EI_y}{l_0} & 0 & 0 & 0 & \frac{6EI_y}{l_0^2} & 0 & \frac{4EI_y}{l_0} & \\
0 & \frac{6EI_z}{l_0^2} & 0 & 0 & 0 & \frac{2EI_z}{l_0} & 0 & -\frac{6EI_z}{l_0^2} & 0 & 0 & 0 & \frac{4EI_z}{l_0}
\end{bmatrix} \tag{3-3-19}
$$

式中：l_0——单元的无应力长度；

J——单元沿 x 轴的扭转惯矩。

在对杆系结构进行非线性分析时，通常考虑初始轴力对弯矩的影响，而忽略初始弯矩对轴力的影响，此时局部坐标下空间梁单元的几何刚度矩阵为：

$$
K_\sigma^{\mathrm{e}}=\begin{bmatrix}
\frac{N}{l_0} & & & & & & & & & & & \\
\frac{\Delta M_z}{l_0^2} & \frac{6N}{5l_0} & & & & & \text{对} & & & & & \\
\frac{\Delta M_y}{l_0^2} & 0 & \frac{6N}{5l_0} & & & & & & & & & \\
0 & -\frac{\overline{M}_y}{l_0} & -\frac{\overline{M}_z}{l_0} & 0 & & & & & & & & \\
\frac{M_{yi}}{l_0} & 0 & -\frac{N}{10} & \frac{\Delta M_z}{12} & \frac{2Nl_0}{15} & & & & & \text{称} & & \\
-\frac{M_{zi}}{l_0} & \frac{N}{10} & 0 & -\frac{\Delta M_y}{12} & 0 & \frac{2Nl_0}{15} & & & & & & \\
-\frac{N}{l_0} & -\frac{\Delta M_z}{l_0^2} & -\frac{\Delta M_y}{l_0^2} & 0 & -\frac{M_{yi}}{l_0} & \frac{M_{zi}}{l_0} & \frac{N}{l_0} & & & & & \\
-\frac{\Delta M_z}{l_0^2} & -\frac{6N}{5l_0} & 0 & \frac{\overline{M}_y}{l_0} & 0 & -\frac{N}{10} & \frac{\Delta M_z}{l_0^2} & \frac{6N}{5l_0} & & & & \\
\frac{\Delta M_y}{l_0^2} & 0 & -\frac{6N}{5l_0} & \frac{\overline{M}_z}{l_0} & \frac{N}{10} & 0 & \frac{\Delta M_y}{l_0^2} & 0 & \frac{6N}{5l_0} & & & \\
0 & \frac{\overline{M}_y}{l_0} & \frac{\overline{M}_z}{l_0} & 0 & -\frac{\Delta M_z}{12} & \frac{\Delta M_y}{12} & 0 & -\frac{\overline{M}_y}{l_0} & -\frac{\overline{M}_z}{l_0} & 0 & & \\
\frac{M_{yj}}{l_0} & 0 & -\frac{N}{10} & -\frac{\Delta M_z}{12} & -\frac{Nl_0}{30} & 0 & \frac{M_{yj}}{l_0} & 0 & \frac{N}{10} & \frac{\Delta M_z}{12} & \frac{2Nl_0}{15} & \\
\frac{M_{zj}}{l_0} & \frac{N}{10} & 0 & \frac{\Delta M_y}{12} & 0 & \frac{Nl_0}{30} & -\frac{M_{zj}}{l_0} & -\frac{N}{10} & 0 & -\frac{\Delta M_y}{12} & 0 & \frac{2Nl_0}{15}
\end{bmatrix}
\tag{3-3-20}
$$

式中：ΔM_y、ΔM_z——分别为 $M_{yj}-M_{yi}$ 和 $M_{zj}-M_{zi}$；

$\overline{M}_y$、$\overline{M}_z$——分别为 M_{yi} 与 M_{yj}、M_{zi} 与 M_{zj} 的平均值；

N——单元的轴力。

（4）空间梁单元的坐标转换矩阵

如前所述，把弹性刚度矩阵和几何刚度矩阵合并即可得到空间梁单元的切线刚度矩阵。上文仅列出了局部坐标下梁单元的刚度矩阵，要得到总体坐标下的单元刚度矩阵还需要通过坐标转换。

梁单元局部坐标的取法是：把节点 i 取为坐标原点，把梁轴线 i、j 取为第一个坐标轴，用 ξ 表示，把梁截面的两个主形心惯性轴取为第二个和第三个坐标轴，分别用 η、ζ 表示，在梁的任一主形心惯性平面上任取一点 $K(x_k,y_k,z_k)$，如图 3-3-15 所示。

令

$$\begin{cases}d=\sqrt{(x_j-x_i)^2+(y_j-y_i)^2+(z_j-z_i)^2}, & A_1=\dfrac{x_j-x_i}{d}, \quad A_2=\dfrac{y_j-y_i}{d}, \quad A_3=\dfrac{z_j-z_i}{d}\\ d_1=\sqrt{(x_k-x_i)^2+(y_k-y_i)^2+(z_k-z_i)^2}, & B_1=\dfrac{x_k-x_i}{d_1}, \quad B_2=\dfrac{y_k-y_i}{d_1}, \quad B_3=\dfrac{z_k-z_i}{d_1}\\ C_1=A_2B_3-A_3B_2, \quad C_2=A_1B_3-A_3B_1, \quad C_3=A_1B_2-A_2B_1 \\ D_1=A_2C_3-A_3C_2, \quad D_2=A_1C_3-A_3C_1, \quad D_3=A_1C_2-A_2C_1\end{cases} \tag{3-3-21}$$

则局部坐标和结构坐标之间有如下关系：

$$\begin{bmatrix}\overline{\xi}\\ \overline{\eta}\\ \overline{\zeta}\end{bmatrix}=\begin{bmatrix}A_1 & A_2 & A_3\\ D_1 & D_2 & D_3\\ C_1 & C_2 & C_3\end{bmatrix}\begin{bmatrix}\overline{x}\\ \overline{y}\\ \overline{z}\end{bmatrix} \tag{3-3-22}$$

记 $\boldsymbol{T}_1=\begin{bmatrix}A_1 & A_2 & A_3\\ D_1 & D_2 & D_3\\ C_1 & C_2 & C_3\end{bmatrix}$，$\boldsymbol{T}=\begin{bmatrix}\boldsymbol{T}_1 & 0 & 0 & 0\\ 0 & \boldsymbol{T}_1 & 0 & 0\\ 0 & 0 & \boldsymbol{T}_1 & 0\\ 0 & 0 & 0 & \boldsymbol{T}_1\end{bmatrix}_{12\times12}$，则结构坐标系下的单元刚度矩阵可由式(3-3-23)得到：

$$\boldsymbol{K}_{\mathrm{G}}^{\mathrm{e}}=\boldsymbol{T}^{\mathrm{T}}\boldsymbol{K}^{\mathrm{e}}\boldsymbol{T} \tag{3-3-23}$$

式中：$\boldsymbol{K}_{\mathrm{G}}^{\mathrm{e}}$——结构坐标系下的单元刚度矩阵；

$\boldsymbol{K}^{\mathrm{e}}$——局部坐标系下的单元刚度矩阵；

$\boldsymbol{T}$——空间梁单元的坐标转换矩阵。

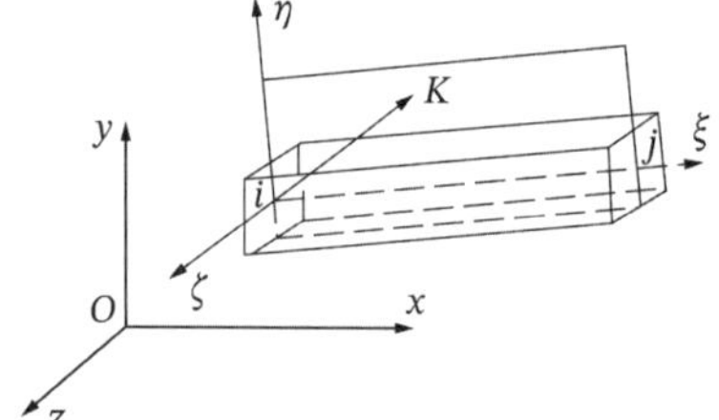

图 3-3-15　空间梁单元的坐标转换

利用结构坐标系下的单元刚度矩阵，可进一步组集成总体刚度矩阵。利用刚度矩阵，式(3-3-16)在引入边界条件后即可求解。求解时可以采用增量荷载法，也可以采用 Newton-Raphson 迭代法，或相结合的混合法。但增量法得到的荷载挠度曲线常偏离真实情况，即出现所谓“飘移”现象，为避免这种误差，最好采用 Newton-Raphson 迭代法。对于此类方法的介绍可参考相关文献。

五、静力分析基本方法和工作要点

总体上说，悬索桥静力设计的工作可以分为两步：一是设计主缆及加劲梁系统；二是根据已经决定的主缆及加劲梁体系来设计索塔系统。

1. 主缆及加劲梁系统的设计

图 3-3-16 是主缆及加劲梁的基本设计流程。从图中可以看出，主缆及加劲梁的静力分析是一个假设→计算→修改假设再计算的循环过程。

加劲梁的恒载及刚度可参照已有类似跨度与规模的实桥数据来进行假定，必要时也可以根据设计桥梁的具体要求拟订初步的尺寸与截面来计算而定，表 3-3-8 给出一些悬索桥加劲梁的用钢量，可作为参考。风力的大小可以根据桥位处的风力或风速观测资料来推算主缆及加劲梁高度的设计风力。

主缆截面的假定可以参考类似跨度、规模、形式与垂跨比的悬索桥来初步假定主缆的钢丝索股数与每股的钢丝根数，也可以按照前面讲述过的静力初估方法对主缆截面进行初步估计。

上述的恒载、截面及刚度等假定之后，即可选择合适的计算理论和计算软件进行计算分析。然后可以根据计算结果决定主缆与加劲梁的必要截面，并由此计算出恒载与刚度。将计算所得的截面、刚度及恒载等数据与原先假设的进行比较，如果原先的假设有较大的富裕或不足，则应该重新进行假设并再次进行计算，直到假设与计算结果比较吻合为止。

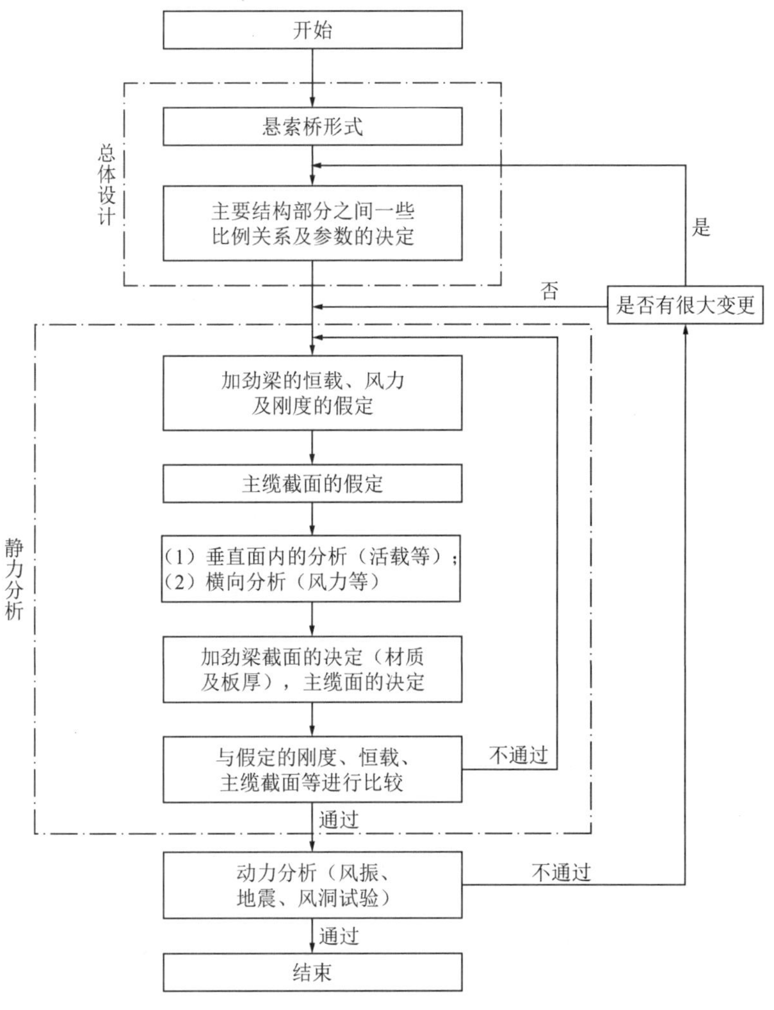

图 3-3-16 主缆及加劲梁的设计流程

一些悬索桥加劲梁的用钢量资料 表 3-3-8

类型	桥名	桥跨（m）	梁（段）重（t）	梁（段）长（m）	单位用钢量（t/m）	附注
钢桁梁	旧金山-奥克兰海湾大桥	705	200	2 × 9.15	约 11.00	双层桥面，宽 22.12m，高 9.15m
	韦拉扎诺海峡大桥	1298	45200	2039	22.17	双层桥面，宽 31.39m，高 7.32m
	东京彩虹大桥	570	23334	798	29.24	双层桥面，宽 29m，高 8.9m
	乔治·华盛顿大桥	1067	28800	1450	19.86	双层桥面，宽 32.31m，高 9.14m

续上表

类型	桥名	桥跨（m）	梁（段）重（t）	梁（段）长（m）	单位用钢量（t/m）	附注
钢桁梁	南/北备赞濑户大桥	1100/990	83888	3186	26.33	宽 30m，高 13m
	香港青马大桥	1377	500	18	27.78	宽 41m，高 7.64m
	金门大桥	1280	21800	1966	11.09	宽 27.4m，高 7.62m
	麦基诺桥	1158	*100～150	24.4	*4.10～6.15	宽 20.73m，高 11.58m
	萨拉扎桥	1013	*157～328	46	*5.59～7.13	宽 21m，高 10.67m
	因岛大桥	770	14262	1339	10.65	宽 26m，高 9m
	清水河大桥	1130	15578	1130	13.79	板桁结合，宽 27m，高 7m
	赤水河红军大桥	1200	16764	1200	13.97	板桁结合，宽 27m，高 7m
	大渡河大桥	1100	18142	1100	16.49	宽 27m，高 8.2m
	金安金沙江大桥	1386	19785	1386	14.27	板桁结合，宽 27m，高 9.5m
	杭瑞洞庭大桥	1480	37163	1933.6	19.22	板桁结合，宽 35.4m，高 9m
钢箱梁	小贝尔特桥	600	280	24	11.67	宽 28.1m，高 3.05m
	博斯普鲁斯海峡二桥	1090	14300	1090	13.12	宽 33.8m，高 3m
	高海岸大桥	1210	280	24	11.67	宽 22m，高 4m
	亨伯桥	1410	140	18.1	7.73	宽 22m，高 4.5m
	白鸟大桥	720	220	24	9.17	宽 23m，高 2.5m
	日本大岛大桥	560	5720	560	10.21	宽 23.7m，高 2.2m
	塞文桥	988	11500	1597	7.20	宽 31.86m，高 3.05m
	博斯普鲁斯海峡一桥	1074	8710	1074	8.11	宽 33.4m，高 3m
	江阴大桥	1385	17500	1380.6	12.68	宽 36.9m，高 3m
	大贝尔特桥	1624	28700	2694	10.65	宽 31m，高 4m
	西陵长江大桥	900	110	12.7	8.66	宽 20.5m，高 3m
	虎门大桥	888	312	24	13.00	宽 35.6m，高 3m

续上表

类型	桥名	桥跨（m）	梁（段）重（t）	梁（段）长（m）	单位用钢量（t/m）	附注
钢箱梁	海沧大桥	648			13.00	宽 36.6m，高 3m
	张靖皋长江大桥南航道桥	2300	71349	3017	23.65	宽 51.7m，高 4.5m
	南沙大桥坭洲水道桥	1688	46925	2236	20.99	宽 49.7m，高 4m
	南沙大桥大沙水道桥	1200	24940	1200	20.78	宽 49.7m，高 4m
	秀山大桥	926	19178	1547	12.40	宽 30m，高 3m
	南京新生圩长江大桥	1760	26583	1760	15.10	宽 31.5m，高 4.005m
	棋盘洲大桥	1038	17062	1038	16.44	宽 39.6m，高 3m
	新田长江大桥	1020	12800	1020	12.54	宽 30.5m，高 3m

注：*单位用钢量分别由总钢量与总长或架设梁段的质量与长度统计的，由于架设时为了减轻质量，有些钢零部件（如桥面系）暂未安装，故后一种的统计可能偏小。

2. 索塔的设计

图 3-3-17 为索塔的静力分析流程。

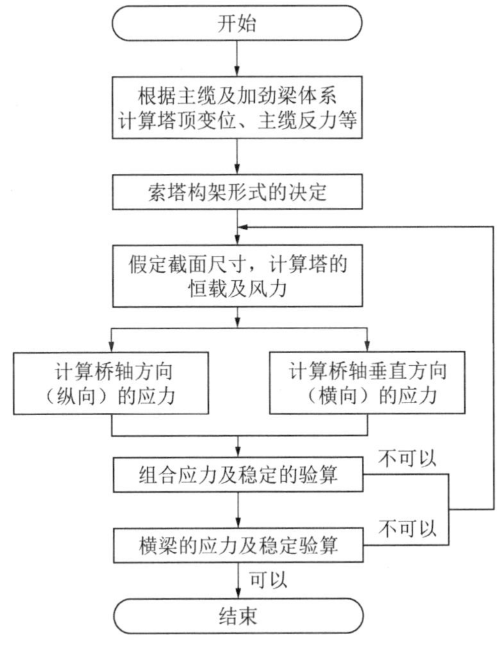

图 3-3-17　索塔的静力分析流程

索塔的静力分析应该根据主缆与加劲梁的结构体系来进行。索塔的构架形式一般有门架式、具有多层横梁的刚架式以及桁架式。在实际工程中桁架式索塔比较少见，这主要是从美观方面考虑的。

索塔各部分的截面尺寸可以参考已有的悬索桥来做初步的假定，也可以按照前面讲述的静力初估的方法对截面进行初步估计，表 3-3-9 给出一些混凝土索塔的资料。

一些混凝土索塔的资料　　表 3-3-9

桥名	主孔跨度（m）	索塔高度（m）	索塔高跨比	水平横梁数	柱底中心距（m）	柱顶中心距（m）	塔柱截面外轮廓尺寸（m）			
							柱底		柱顶	
							顺桥向	横向	顺桥向	横向
汕头海湾大桥	452	95.1	0.21	3	27.7	27.7	6.0	3.5	6.0	3.5
西陵长江大桥	900	128	0.142	3	26.92	20	8.46	4.0	6.0	4.0
虎门大桥	888	147.55	0.186	3	40.6	33	8.5	5.6	5.6	5.6
海沧大桥	648	128.03	0.198	2		34	11	7.5	5.4	7.5
香港青马大桥	1377	195.9	0.143	4	40	36	18	6.0	9.0	6.0
江阴大桥	1385	183.8	0.134	3	39.9	32.5	14.5	8.0	8.5	6.0
大贝尔特桥	1624	254	0.156	2						
高海岸桥	1210	180	0.149	2			11		5.4	
亨伯桥	1410	155.5	0.11	4	24.4	22.9	6	6	4.75	4.5
坦维尔大桥	608	123	0.203	2	24.7		4.65	6.55	4.65	3.05
小贝尔特桥	600	112.7	0.188	2	36.02		4.5	6.55	4.5	4.0
棋盘洲大桥	1038	168	0.162	2	45.13	34.5	10	8	8.5	6.5
新田长江大桥	1020	179	0.175	2	39.4	26.5	10	7.5	8	6
南京新生圩长江大桥	1760	277.3	0.158	2	42.7	27.7	13.5	10.5	11	7.5
大渡河大桥	1100	189.5	0.172	2	42.63	27	12.3	8.2	8.6	5.8
南沙大桥坭洲水道桥	1688	260	0.154	3	51.6	42.1	16	10	12.5	8
南沙大桥大沙水道桥	1200	193.1	0.161	2	49.92	42.1	12	9	9.5	6.5

应该注意的是，组合应力是指同一荷载条件下的纵向应力与横向应力的组合。索塔的稳定分析应该考虑索塔结构面内面外的整体稳定以及板壁局部压屈稳定。

第四节　总体动力分析估算

悬索桥的总体动力分析，主要是指其振动特性的分析，这也是动荷载行为研究的基础。

自 1940 年秋天旧塔科马海峡大桥发生风毁事故，探讨悬索桥风致振动机理的专家们发现，一个需要优先解决的问题，就是了解悬索桥固有振动的基本特性。在随后的研究过程中人们发现，诸如地震和车辆荷载等动力荷载均可能引起桥梁的严重振动，而对这一切的研究都要从悬索桥的固有振动特性开始。

对于通常所要考虑的以上三种动力激振源（风、地震、车辆活载）所致的振动效应的研究，悬索桥在空间各向振动的振型和频率都是需要的。为了方便，人们通常将振型分成四种类型：纵飘、竖弯、横弯和扭转。然而实际情况却是一种振型常会与另一种振型耦合，例如竖向振型可能与纵向振型耦合，横向振型可能与扭转振型耦合，有时甚至空间上的四种振型同时耦合，耦合情况取决于结构几何和支承条件等因素。利用古典解析方法或是瑞利-李兹近似方法求解空间耦合的振型和频率都是十分困难的，因此通常在假定振动是小振幅的前提下，进一步将空间耦合忽略掉，以便于求解。这种处理并不是没有道理的，因为精确的数值分析所得到的空间耦合振型显示，每一振型都各有占支配地位的位移方向。这个事实也使人们对那些即便是空间耦合的振型仍能根据每个振型的支配位移方向将其方便地分类为纵飘、竖弯、横弯和扭转振型。

现在，借助如今日新月异的计算手段，采用数值方法分析悬索桥动力性能并不难，但是简单实用的估算方法和估算公式在实际工程中仍大有用武之地，特别是在初步设计阶段。本节将介绍一些估算这四种振型对应的基频的实用方法。

一、纵飘基频的估算

采用纵飘体系，可以减小地震对悬索桥结构的破坏，但同时带来了纵飘振动的问题。实践表明，纵飘振动的基频是悬索桥振动的最低几阶频率之一，且纵飘与低阶竖弯有明显的耦合作用。为了简化推导过程，下面不考虑耦合作用，仅对独立的纵飘进行分析。

如图 3-4-1 所示，如果主缆可以看作直线的话，则纵飘振动就可以简化为单摆的振动。这里不妨假设主缆是一直线，利用单摆振动的频率公式来估算悬索桥的纵飘基频。

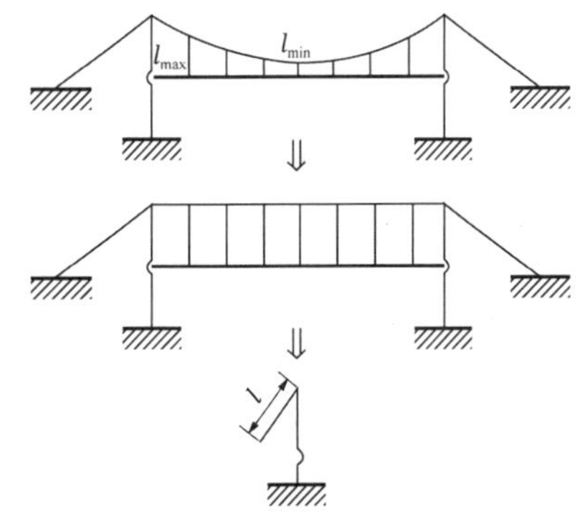

图 3-4-1　悬索桥纵飘的简化

摆长为 l 的单摆，其基频公式为：

$$f=\frac{1}{2\pi}\sqrt{g/l} \tag{3-4-1}$$

式中：g——重力加速度，$g=9.81\text{m/s}^2$。

悬索桥各处的吊索长度是不同的，作为估算，不妨考虑两个极端情况：

（1）塔梁相交处，$l=l_{max}$，则：

$$f_{z\min}=\frac{1}{2\pi}\sqrt{g/l_{\max}} \tag{3-4-2}$$

（2）在跨中，$l=l_{min}$，则：

$$f_{z\max}=\frac{1}{2\pi}\sqrt{g/l_{\min}} \tag{3-4-3}$$

作为估算值，可取：

$$f_z = \frac{1}{2}(f_{z\max} + f_{z\min}) = \frac{1}{4\pi}\left(\sqrt{\frac{g}{l_{\min}}} + \sqrt{\frac{g}{l_{\max}}}\right) \tag{3-4-4}$$

对悬索桥近似有 $l_{\max} = l_{\min} + f$，代入式(3-4-4)可得：

$$f_z = \frac{1}{4\pi}\left(\sqrt{\frac{g}{l_{\min}}} + \sqrt{\frac{g}{l_{\min} + f}}\right) \tag{3-4-5}$$

式(3-4-5)即是纵飘基频的估算公式。虽然在推导过程中有很大的简化，但是验算结果表明其估算精度还是令人满意的。

二、侧弯基频的估算

在悬索桥侧弯振动时，主缆对加劲梁的约束比较小。为了简化计算，不妨忽略这种影响，于是悬索桥的侧弯振动就可以看成是加劲梁的横向振动。

1. 位移函数的变量分离

假设加劲梁的横向抗弯刚度 $EI_{\rm H}$（$I_{\rm H}$ 为横向截面惯性矩）为常数，沿跨度单位长度上的质量为 m（常数），不考虑阻尼，如图 3-4-2 所示。距梁端 x 处的质量对梁的原始位置的位移是随该处的坐标 x 和时间 t 而定的，所以其位移可以表示为 $y(x,t)$。

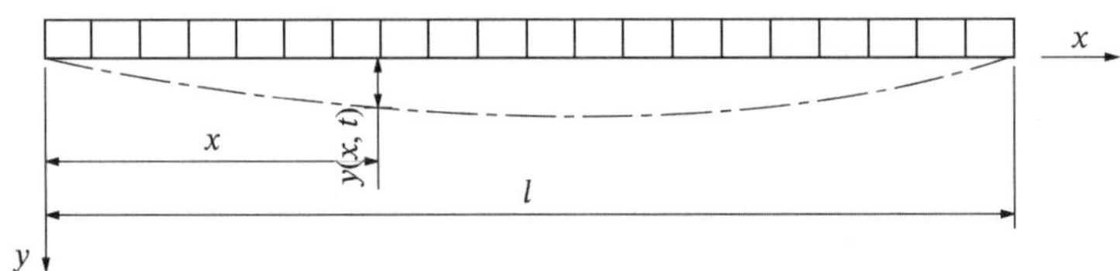

图 3-4-2　加劲梁的横向振动

假设梁身 x 处的弯矩为 $M(x,t)$，剪力为 $Q(x,t)$，单位长度上的荷载为 $q(x,t)$，则根据梁弯曲的理论有：

$$\frac{\partial^2}{\partial x^2}y(x,t) = \frac{-M(x,t)}{EI_{\rm H}}$$

$$\frac{\partial}{\partial x}M(x,t) = Q(x,t)$$

$$\frac{\partial}{\partial x}Q(x,t) = -q(x,t)$$

所以：

$$\frac{\partial^4}{\partial x^4}y(x,t) = \frac{1}{EI_{\rm H}}q(x,t) \tag{3-4-6}$$

自由振动过程中，单位长度上质量 m 的惯性力为：

$$q(x,t) = -m\frac{\partial^2}{\partial t^2}y(x,t) \tag{3-4-7}$$

把式(3-4-7)代入式(3-4-6)，得到下列偏微分方程：

$$\frac{\partial^4}{\partial x^4}y(x,t) = -\frac{m}{EI_{\rm H}}\frac{\partial^2}{\partial t^2}y(x,t) \tag{3-4-8}$$

若记 $y'''' = \frac{\partial^4}{\partial x^4}y(x,t)$，$y'' = \frac{\partial^2}{\partial t^2}y(x,t)$，$s^2 = \frac{m}{EI_{\rm H}}$，式(3-4-8)可以改写为：

$$y'''' + s^2 y'' = 0 \tag{3-4-9}$$

式(3-4-9)的解可按照分离变量法以位移函数 $X(x)$ 与时间函数 $T(t)$ 之积来表示：

$$y(x,t) = X(x) \cdot T(t) \tag{3-4-10}$$

把式(3-4-10)代入式(3-4-9)，得：

$$X''''T + s^2 X T'' = 0 \tag{3-4-11}$$

即：

$$\frac{X''''}{X} = -s^2 \frac{T''}{T} \tag{3-4-12}$$

式(3-4-12)等号左边部分仅为变量 x 的函数，右边部分仅为变量 t 的函数，因此只有当这两部分等于某一常数时才可能彼此相等。若以 k^4 代表此常数，即 $\frac{X''''}{X} = -s^2 \frac{T''}{T} = k^4$。再令 $p^2 = \frac{k^4}{s^2}$，可得：

$$X'''' - k^4 X = 0 \tag{3-4-13}$$

和

$$T'' + p^2 T = 0 \tag{3-4-14}$$

这样，便将偏微分方程式(3-4-9)分离为式(3-4-13)和式(3-4-14)，这两个方程是相互独立的。式(3-4-14)的解可以表达为：$T = c_1 \cos(pt) + c_2 \sin(pt) = c\sin(pt + \varphi)$，其中，$c_1$、$c_2$、$c$ 均为常数，p 则是梁自由振动的圆频率。因此位移函数可以改写为：

$$y(x,t) = X(x)\sin(pt + \varphi) \tag{3-4-15}$$

2. 瑞利法基本原理

任一振动系统在不考虑阻尼的自由振动过程中，当该系统处于边界位置时，该振动系统的运动速度和动能为零，但其势能具有最大值。当系统通过其静平衡位置时，它的势能为零，而运动速度和动能具有最大值。

对于质量均布的梁而言，其动能为：

$$T_{\mathrm{t}} = \frac{m}{2}\int_0^l [y'(x,t)]^2 \, \mathrm{d}x = \frac{mp^2}{2}\int_0^l X^2(x)\cos^2(pt+\varphi)\, \mathrm{d}x$$

当 $\cos(pt + \varphi) = 1$ 时，动能达到最大值：

$$T = \frac{mp^2}{2}\int_0^l X^2(x)\, \mathrm{d}x \tag{3-4-16}$$

等截面梁的横向挠曲应变势能为：

$$U_{\mathrm{t}} = \frac{EI_{\mathrm{H}}}{2}\int_0^l \left[\frac{\partial^2}{\partial x^2} y(x,t)\right]^2 \mathrm{d}x = \frac{EI_{\mathrm{H}}}{2}\int_0^l [X''(x)]^2 \sin^2(pt+\varphi)\, \mathrm{d}x$$

同理当 $\sin(pt + \varphi) = 1$ 时，应变能达到最大值：

$$U = \frac{EI_{\mathrm{H}}}{2}\int_0^l [X''(x)]^2 \, \mathrm{d}x \tag{3-4-17}$$

根据能量守恒定律，振动系统的最大动能应该等于最大势能，即：

$$\sum T = \sum U \tag{3-4-18}$$

把式(3-4-16)和式(3-4-17)代入式(3-4-18)，则得梁横向振动的圆频率为：

$$p=\sqrt{\frac{EI_{\mathrm{H}}\int_{0}^{l}[X''(x)]^{2}\,\mathrm{d}x}{m\int_{0}^{l}X^{2}(x)\,\mathrm{d}x}} \tag{3-4-19}$$

所以梁横向振动的频率为：

$$f=\frac{1}{2\pi}\sqrt{\frac{EI_{\mathrm{H}}\int_{0}^{l}[X''(x)]^{2}\,\mathrm{d}x}{m\int_{0}^{l}X^{2}(x)\,\mathrm{d}x}} \tag{3-4-20}$$

如果一阶振型 $X(x)$ 已知，便可由式(3-4-20)求得振动基频，但真实的振型 $X(x)$ 事先是未知的，然而可以假设任何满足边界条件的 $X(x)$，代入式(3-4-20)求出频率，并且通过计算分析可知，不同的假设会导致不同的计算结果，其中当计算基频时，以均布荷载作用下的静力挠度曲线为 $X(x)$ 较为准确。

3. 利用瑞利法求算侧弯基频

（1）两端铰接

均布荷载 q 作用下简支梁的挠度曲线作为第一阶振型，即 $X(x)=\frac{q}{24EI_{\mathrm{H}}}(l^3x-2lx^3+x^4)$，则得：

$$\int_{0}^{l}[X''(x)]^{2}\,\mathrm{d}x=\frac{l^5}{30}\left(\frac{q}{2EI_{\mathrm{H}}}\right)^{2}$$

$$\int_{0}^{l}X^{2}(x)\,\mathrm{d}x=\frac{31l^3}{630}\left(\frac{q}{24EI_{\mathrm{H}}}\right)^{2}$$

代入式(3-4-20)可得：

$$f_{\mathrm{H}}=\frac{3.14^2}{2\pi l^2}\sqrt{\frac{EI_{\mathrm{H}}}{m}} \tag{3-4-21}$$

（2）两端固接

以均布荷载作用下固接梁的挠度曲线作为一阶振型，即 $X(x)=\frac{q}{24EI_{\mathrm{H}}}(l^2x^2-2lx^3+x^4)$，则得：

$$\int_{0}^{l}[X''(x)]^{2}\,\mathrm{d}x=\frac{4l^5}{5}\left(\frac{q}{24EI_{\mathrm{H}}}\right)^{2}$$

$$\int_{0}^{l}X^{2}(x)\,\mathrm{d}x=\frac{l^3}{630}\left(\frac{q}{24EI_{\mathrm{H}}}\right)^{2}$$

代入式(3-4-20)可得：

$$f_{\mathrm{H}}=\frac{4.73}{2\pi l^2}\sqrt{\frac{EI_{\mathrm{H}}}{m}} \tag{3-4-22}$$

（3）一般情况

实际的加劲梁在塔梁相交处横向转动并非完全自由的，同时也不是完全固定的，而是介于两者之间。总结前面所述，梁段对称约束的直梁的横向振动基频为：

$$f_{\mathrm{H}}=\frac{\alpha^2}{2\pi l^2}\sqrt{\frac{EI_{\mathrm{H}}}{m}} \tag{3-4-23}$$

式中：l——梁长；

m——梁沿轴线的质量线密度；

α——端点约束系数，两端简支 $\alpha = \pi$，两端固接 $\alpha = 4.73$。

式(3-4-23)即为侧弯基频的估算公式，实际估算时，可取 $\pi < \alpha < 4.73$。

三、竖弯（正对称和反对称）基频的估算

计算悬索桥竖弯基频时仍然采用瑞利法，当悬索桥做竖向振动时，不难得出其各部分最大的应变能和运动能。

加劲梁挠曲的应变能：

$$U_{V1} = \frac{1}{2}\int_0^l EI_V(\eta'')^2\,dx \tag{3-4-24}$$

钢缆挠垂的应变能：

$$U_{V2} = H_g\int_0^l (\eta')^2\,dx + \frac{8f}{l^2}H_q\int_0^l \eta\,dx \tag{3-4-25}$$

加劲梁挠曲的运动能：

$$T_{V1} = \frac{1}{2}\int_0^l m_b(\eta')^2\,dx \tag{3-4-26}$$

钢缆挠垂的运动能：

$$T_{V2} = \frac{1}{2}\int_0^l m_c(\eta')^2\,dx \tag{3-4-27}$$

将式(3-4-26)和式(3-4-27)合并，得：

$$T_V = \frac{1}{2}(T_{V1} + T_{V2}) = \frac{1}{2}\int_0^l (m_b + m_c)(\eta')^2\,dx = \frac{1}{2}\int_0^l m(\eta')^2\,dx \tag{3-4-28}$$

式中：EI_V——加劲梁的竖向挠曲刚度；

η——竖向挠度；

f——主缆垂度；

H_g——单缆由恒载引起的水平拉力，$H_g = \frac{ql^2}{16f}$；

H_q——单缆由动载引起的水平拉力增量，$H_q = \frac{E_cA_c}{L_q}\frac{4f}{l^2}\int_0^l \eta\,dx$，忽略温度效应，$L_q = \int_0^l \sec^3\varphi\,dx$；

E_cA_c——单缆的轴向刚度；

m_b、m_c、m——分别为沿跨径方向的加劲梁、缆索、缆-梁体系的质量线密度。

分别设一阶正对称和反对称的挠曲函数为：

$$\eta_s(x,t) = A_s\left(x^2 - \frac{l^2}{4}\right)\sin(P_{vs}t + \varphi_{vs}) \tag{3-4-29}$$

$$\eta_a(x,t) = \frac{A_a\sin 2\pi x}{l}\sin(P_{va}t + \varphi_{va}) \tag{3-4-30}$$

式中：A——振幅；

P——角频率；

φ——相位差。

（1）反对称

把式(3-4-30)代入式(3-4-24)～式(3-4-28)，可得：

$$U_{V1}=\frac{EI_V}{2}\int_0^l\left(\frac{2\pi}{l}\right)^4A_a^2\sin^2\frac{2\pi x}{l}\mathrm{d}x=\frac{EI_V}{2}\cdot\left(\frac{2\pi}{l}\right)^4\cdot A_a^2\cdot\frac{l}{2}$$

$$U_{V2}=H_g\int_0^l\left(\frac{2\pi}{l}\right)^2A_a^2\cos^2\frac{2\pi x}{l}\mathrm{d}x=H_g\cdot\left(\frac{2\pi}{l}\right)^2\cdot A_a^2\cdot\frac{l}{2}$$

$$T_V=\frac{1}{2}\int_0^l mA_a^2P_{Va}^2\sin^2\frac{2\pi x}{l}\mathrm{d}x=\frac{1}{2}\cdot mA_a^2P_{Va}^2\cdot\frac{l}{2}$$

再代入式(3-4-18)并化简可得：

$$P_{va}^2=\left[EI_V\left(\frac{2\pi}{l}\right)^4+2H_g\left(\frac{2\pi}{l}\right)^2\right]/m \tag{3-4-31}$$

或按反对称竖弯圆频率表示为：

$$f_{va}=P_{va}/(2\pi)=\frac{1}{l}\sqrt{\frac{EI_V\left(\frac{2\pi}{l}\right)^2+2H_g}{m}} \tag{3-4-32}$$

考虑到一般情况下，$EI_V\left(\frac{2\pi}{l}\right)^2$ 比 2 H_g 小一个数量级，可以近似地取 $EI_V\left(\frac{2\pi}{l}\right)^2\approx 0.2\,H_g$，则式(3-4-32)可简化为：

$$f_{va}=\frac{1}{l}\sqrt{\frac{2.2H_g}{m}}=\frac{1}{l}\sqrt{\frac{2.2(ql^2/16f)}{m}}=\sqrt{\frac{2.2\times 9.8}{16f}}\approx 1.16/\sqrt{f} \tag{3-4-33}$$

（2）正对称

理由同前，把式(3-4-29)代入式(3-4-24)～式(3-4-28)，得到各项能量最大值的表达式，再代入式(3-4-18)并化简可得：

$$P_{vs}{}^2=\frac{EI_V\frac{120}{l^4}+H_g\frac{20}{l^2}+\frac{E_cA_c}{L_q}\frac{10}{6}\left(\frac{8f}{l^2}\right)^2l}{m} \tag{3-4-34}$$

一般情况下，式(3-4-34)分子的前两项比后一项小 1～2 个数量级，因此可以忽略不计。又假设 $f/l\approx 0.1$、$L_q\approx 2l$，则式(3-4-34)可以进一步简化为：

$$P_{vs}{}^2=\frac{1}{l^2}\times\frac{0.5E_cA_c}{m} \tag{3-4-35}$$

或

$$f_{vs}=P_{vs}/(2\pi)=\frac{0.35}{l}\sqrt{\frac{E_cA_c}{g}} \tag{3-4-36}$$

式中：g——沿跨径方向的恒载集度。

值得注意的是，使用瑞利法时，引入的位移函数与实际有出入，这样就相当于加入了额外的约束，所以由瑞利法得出的近似值总是偏高于真实值，其误差与假设振型的准确性直接有关。当悬索桥做竖向振动时，其跨中振型是一复杂的曲线，用 $\eta_s = A_s\left(x^2 - \frac{l^2}{4}\right)$ 来模拟是有一定误差的，因此由此推出的式(3-4-36)也有一定误差。为了使估算值更接近于真实值，不妨取：

$$f_{vs} = \frac{0.3}{l}\sqrt{\frac{E_c A_c}{g}} \tag{3-4-37}$$

计算表明，用式(3-4-37)估算正对称竖弯基频是比较准确的。

四、扭转基频的估算

悬索桥扭转振动时，若忽略约束扭转影响，则其各部分最大应变能和最大运动能为：

加劲梁扭转的应变能：

$$U_1 = \frac{1}{2}\int_0^l G J_t \left(\frac{\partial\theta}{\partial x}\right)^2 dx \tag{3-4-38}$$

钢缆挠垂的应变能：

$$U_2 = \frac{H_g b^2}{4}\int_0^l \left(\frac{\partial\theta}{\partial x}\right)^2 dx + \frac{4fb^2}{l^2} H_q \int_0^l \theta\, dx \tag{3-4-39}$$

加劲梁的旋转运动能：

$$T_1 = \frac{1}{2}\int_0^l J_{pb}\left(\frac{\partial\theta}{\partial t}\right)^2 dx \tag{3-4-40}$$

钢缆挠垂的运动能：

$$T_2 = \frac{1}{2}\int_0^l J_{pc}\left(\frac{\partial\theta}{\partial t}\right)^2 dx \tag{3-4-41}$$

式中：GJ_t——加劲梁的扭转刚度（自由扭转）；

b——两缆间距；

θ——加劲梁转角位移；

J_{pb}——加劲梁的转动惯量，$J_{pb} = m_b r^2$；

J_{pc}——缆与吊索的转动惯量，$J_{pc} = m_c\left(\frac{b}{2}\right)^2$；

H_g、H_q——意义同前文，当加劲梁做扭转振动时，$H_q = \frac{E_c A_c}{L_q}\cdot\frac{4fb}{l^2}\cdot\int_0^l \theta\, dx$。

（1）反对称

设反对称扭转时，其扭转变形函数为：

$$\theta_a(x,t) = A_a \sin\frac{2\pi x}{l}\sin(P_{na}t + \theta) \tag{3-4-42}$$

又因为反对称时 $H_q = 0$，于是由瑞利法可得：

$$P_{na} = \frac{2\pi}{l}\sqrt{\frac{GJ_t + \frac{1}{2}H_g b^2}{m_b r^2 + \frac{1}{4}m_c b^2}} \tag{3-4-43}$$

或写成：

$$f_{na} = P_{na}/(2\pi) = \frac{1}{l}\sqrt{\frac{GJ_t + 2H_g a^2}{J_p}} \tag{3-4-44}$$

式中，$a=\frac{b}{2}$（半桥宽），$J_p=m_b r^2+m_c\cdot\frac{b^2}{4}$（总转动惯量）。

式(3-4-44)即为估算悬索桥反对称扭振的基频的实用公式。

（2）正对称

设对称扭转时，其扭转变形函数为：

$$\theta_s=A_s\sin\frac{\pi x}{l}\sin(P_{ns}+\theta) \tag{3-4-45}$$

由瑞利法可得：

$$P_{ns}^2=\frac{GJ_t+\frac{1}{2}H_g b^2+E_c A_c\left(\frac{16fb}{\pi^2 l}\right)^2\times\frac{l}{L_q}}{J_p}\times\left(\frac{\pi}{l}\right)^2 \tag{3-4-46}$$

由量级分析，可知$\frac{1}{2}H_g b^2$比GJ_t和$E_c A_c\left(\frac{16fb}{\pi^2 l}\right)^2\times\frac{l}{L_q}$要小一个数量级，所以可以忽略。再假设$f/l\approx0.1$、$l/L_q\approx0.5$，且有$a=b/2$及$f_{ns}=P_{ns}/2\pi$，可得：

$$f_{ns}=\frac{1}{2l}\sqrt{\frac{GJ_t+0.05256E_c A_c a^2}{J_p}} \tag{3-4-47}$$

式(3-4-47)即为估算悬索桥一阶对称阶扭振频率的公式。

第五节　计算机总体动力分析

第四节介绍了估算悬索桥各振型对应的振动基频的计算方法，这些公式大都是在基于能量原理的瑞利法的基础上推导而出的，可以用来定性地分析悬索桥结构的振动特性。但是上述公式仅涉及低阶频率，没有涉及高阶频率。这是因为采用瑞利法估算高阶频率有极大的近似性，不适合用于工程设计。而如果利用解析方法把悬索桥看作连续体来分析，则需要引入一些理想化假定（如吊索稠密分布且不伸长、截面周边不变形等），由此得到的结果也存在一定的误差，另外微分方程的求解也不容易。事实上随着计算机技术的发展，利用数值方法计算悬索桥的动力特性越来越方便，而且又比较准确，尤其是在设计的最终阶段需要精确地计算振型和频率时，从而被工程师们广泛采用。这里所说的数值方法是指将结构作为离散参数多自由度系统用数值逼近方法借助计算机求振型和频率的方法。

按照离散系统的不同，数值方法可以分为两种：一种是将结构模拟成理想的弹簧-质量系统，然后用结构力学的方法决定其振动特性的方法；另一种是将结构按有限元离散的方法。离散为弹簧-质量系统分析悬索桥的振动特性时，必须恰当地选取接近于各堆聚质量的弹簧常数，这使得该方法不像位移有限元法中的直接刚度法那样方便，因此悬索桥振动特性分析的趋势是采用有限元的方法，下面就对这一方法进行介绍。

一、结构离散图

在分析悬索桥二维动力特性时，可以采用静力分析时用到的平面杆系模型，此方法使用到的单元数量少、工作量小，但是精度难以保证，且难以模拟横向及扭转振动，仅常用于初步设计阶段。此外还可以采用“桥单元”模型，所谓桥单元就是包括梁段及相应的缆索阶段在内的单元，每个桥单元都相应于一个缆-梁体系。这是在20世纪70年代末，计算机技术水平较低时，为了提高计算速度、减少所需计算机容量而创立的单元模型。每个桥单元有两个节点，每个节点仅有两个自由度：竖向挠曲位移和竖向挠曲的转角位移。

在分析悬索桥三维动力特性时的结构离散图，完全可以参照静力分析时的离散模型，如鱼骨式模型、双梁式模型、三梁式模型和块、壳、梁组合模型。但是它们在应用于动力特性分析时，各有一些优缺点，是需要格外注意的。

（1）鱼骨式模型的优点是加劲梁的刚度系统和质量系统是正确的。但是如果采用刚臂连接则杆件增多，计算量增大；同时，如果刚臂的刚度取值不当，则对自振频率的值会有所影响。

（2）双梁式模型中的桥面系质量堆聚在两侧主梁和中间横梁上，通过调整它们之间质量分布的比值，可以使平动质量和转动质量满足全截面的要求，比较符合实际情况。但是这种模型的横向刚度有失真现象，因为在横桥向实际截面（由于有强大的桥面板的联系）基本为弯曲振型，虽然可用单位力作用下的跨中横向挠度相等的原理求得梁的等代横向挠曲惯性矩，但是仅根据跨中一点的挠度作为计算得到的桥面横向挠曲线形状与实际的形状并不相同。

（3）三梁式模型的优点是可以简单考虑主梁的翘曲刚度的影响，但是由于引入了较多的刚性横梁，从而引起侧弯刚度增大，还会间接导致扭转基频的增加。

（4）块、壳、梁组合模型计算最为精确，可以充分考虑加劲梁畸变、约束扭转等效应，刚度与质量分布与真实结构最为接近，但是自由度非常大，计算量也相当大。

当然在分析时，也可以选用其他有限元模型或者自行开发可靠的计算模型，但应使所采用的模型尽量真实地代表实桥结构。只有这样才能使计算分析所得的高阶振型可靠，而地震响应分析中，可能需要高达 40 阶的振型。此外值得一提的是，由许多悬索桥振动特性分析结果可以看出：塔墩体系的振动总是与缆-梁体系的振动相分离，所以一般可以从振动分析的结果中抽出塔的振型单独对塔的抗震进行分析。

二、计算机分析理论基础

采用二维有限元法时，竖向、横向、扭转方向的振动形态必须分别分析，但是采用空间三维有限元法时，则能在一次分析后获得所有方向的振动特性。另外，三维有限元甚至能够反映各向振动在空间上的耦合，分析的结果应当更可靠。按三维有限元法对悬索桥进行动力分析时，对结构的有限元离散模型可以与空间静力分析时一致，即将结构看作一系列的空间杆单元、空间梁单元、带刚臂杆单元等的集合。本节将介绍分析自由振动的空间非线性有限元法。

1. 有限元控制方程

如前所述，有限元的思想就是用有限元近似数值解代替精确解，其理论核心在于其总体控制方程描述。对于分析自由振动的有限元法而言，其控制方程可以描述为：

$$\boldsymbol{M\Delta}'' + \boldsymbol{K\Delta} = \mathbf{0} \tag{3-5-1}$$

式中：$\boldsymbol{M}$——结构的质量矩阵；

$\boldsymbol{K}$——结构的刚度矩阵；

$\boldsymbol{\Delta}$——结构的位移列向量。

$\boldsymbol{M}$、$\boldsymbol{K}$、$\boldsymbol{\Delta}$ 都是由单元质量矩阵 $\boldsymbol{M}^{\mathrm{e}}$、单元刚度矩阵 $\boldsymbol{K}^{\mathrm{e}}$ 以及单元节点位移 $\boldsymbol{\delta}^{\mathrm{e}}$ 组集而成，其中：

$$\boldsymbol{\delta}^{\mathrm{e}}=[u_i,v_i,\omega_i,\varphi_{xi},\varphi_{yi},\varphi_{zi},u_j,v_j,\omega_j,\varphi_{xj},\varphi_{yj},\varphi_{zj}]$$
$$\boldsymbol{F}^{\mathrm{e}}=[U_i,V_i,W_i,M_{xi},M_{yi},M_{zi},U_j,V_j,W_j,M_{xj},M_{yj},M_{zj}]$$

单元质量矩阵的形式将在后面介绍，而刚度矩阵与静力分析时形式一样。

需要注意的是，在分析动力特性时存在两种情况：一种是只考虑结构在恒载状态静平衡位置附近的微小线性振动，不考虑大位移的非线性振动，此时的结构刚度矩阵中仅考虑恒载状态下缆索、吊索及塔内的初始内力的影响，在振动过程中无须再进行新的非线性静力计算；另一种是需要考虑结构在恒载状态静平衡位置基础上的大位移非线性振动，此时需要随时进行新的非线性静力计算，以不断更新刚度矩阵。由于结构振动的幅度往往较小，因此前一种情况最为常见。

2. 单元质量矩阵

在有限元分析系统中，质量矩阵具有不同的形式，一般可以分为一致质量矩阵和集中质量矩阵，一致质量矩阵一般的处理比集中质量矩阵的处理要复杂，集中质量矩阵是将单元的质量集中到节点上，而一致质量矩阵则认为质量均匀分布于单元上，需要通过插值函数等效到节点上，因两种处理方式的不同，使得计算结果略有不同，特别是扭转频率相差比较大。在桥梁结构中，如果计算量不是很大，建议使用一致质量矩阵，虽然其计算略微复杂，但精度却能得到很好的保证。

忽略单元翘曲效应时，局部坐标下梁单元的集中质量矩阵为：

$$\boldsymbol{M}^{\mathrm{e}}=m_{\mathrm{e}}l\begin{bmatrix}\frac{1}{2} & & & & & & & & & & & \\ & \frac{1}{2} & & & & & & & & & & \\ & & \frac{1}{2} & & & & & & & 0 & & \\ & & & \frac{1}{2}r^2 & & & & & & & & \\ & & & & \frac{1}{2}\cdot\frac{b^2+l^2}{12} & & & & & & & \\ & & & & & \frac{1}{2}\cdot\frac{l^2}{12} & & & & & & \\ & & & & & & \frac{1}{2} & & & & & \\ & & & & & & & \frac{1}{2} & & & & \\ & & & & & & & & \frac{1}{2} & & & \\ & & 0 & & & & & & & \frac{1}{2}r^2 & & \\ & & & & & & & & & & \frac{1}{2}\cdot\frac{b^2+l^2}{12} & \\ & & & & & & & & & & & \frac{1}{2}\cdot\frac{l^2}{12}\end{bmatrix} \tag{3-5-2}$$

式中：m_{e}——杆单元单位长度的质量；

l——单元长度；

b——梁宽；

r——断面的回转半径。

局部坐标下，梁单元的一致质量矩阵为：

$$
\boldsymbol{M}^{\mathrm{e}} = m_{\mathrm{e}} l
\begin{bmatrix}
\frac{1}{3} & 0 & 0 & 0 & 0 & 0 & \frac{1}{6} & 0 & 0 & 0 & 0 & 0 \\
 & \frac{13}{35} & 0 & 0 & 0 & \frac{11l}{210} & 0 & \frac{9}{70} & 0 & 0 & 0 & \frac{13l}{420} \\
 & & \frac{13}{35} & 0 & -\frac{11l}{210} & 0 & 0 & 0 & \frac{9}{70} & 0 & \frac{13l}{420} & 0 \\
 & & & \frac{J}{3A} & 0 & 0 & 0 & 0 & 0 & \frac{J}{6A} & 0 & 0 \\
 & & & & \frac{l^2}{105} & 0 & 0 & 0 & -\frac{13l}{420} & 0 & \frac{l^2}{140} & 0 \\
 & & & & & \frac{l^2}{105} & 0 & \frac{13l}{420} & 0 & 0 & 0 & -\frac{l^2}{140} \\
 & & & & & & \frac{1}{3} & 0 & 0 & 0 & 0 & 0 \\
 & & & & & & & \frac{13}{35} & 0 & 0 & 0 & -\frac{11l}{210} \\
 & & & & & & & & \frac{13}{35} & 0 & \frac{11l}{210} & 0 \\
 & & & \text{对称} & & & & & & \frac{J}{3A} & 0 & 0 \\
 & & & & & & & & & & \frac{l^2}{105} & 0 \\
 & & & & & & & & & & & \frac{l^2}{105}
\end{bmatrix}
\tag{3-5-3}
$$

式中：A——梁单元的截面积；

J——梁单元的扭转惯矩。

需要注意的是，上面给出的质量矩阵都是对杆件局部坐标而言的，组集总质量矩阵时，应对其进行坐标变换。有限元运动方程的求解可以化为标准的特征值问题用子空间迭代法求解，具体可参考有关文献。

第六节　优化设计

一、索塔优化

索塔优化建立在总体结构分析的基础上，根据索鞍预偏量和塔顶在恒载、活载作用下产生的不平衡水平力情况，并视塔顶容许变位的大小，适当优化索塔的构造，力求受力合理、刚度合适、稳定性满足要求。

二、加劲梁优化

加劲梁优化主要根据总体结构分析结果和局部受力分析结果，结合加劲梁应力分布情况（特别是正交异性钢桥面板在疲劳荷载作用下的受力情况）对加劲梁的构造进行优化，以期实现在规范容许范围内尽可能受力均匀，变形协调，降低工程量。

三、主缆系统优化

主缆系统优化应根据主缆的构成、安全系数等，选择合理的强度等级和钢丝直径及防护体系，以达到安全可靠的目的。

四、锚碇优化

锚碇优化包括锚碇基础和锚体两部分，当然还有主缆锚固系统。在缆力确定的情况下，尽量选择好的地层作为持力层，选择合理的构造以便更有效地将缆力传给地基。

建立在总体结构分析基础上的优化设计是一个不断循环逼近的过程，是受多因素制约的，一定要体现因地制宜和系统最优的原则。

第七节　计 算 示 例

一、江阴大桥

1. 概述

江阴大桥是一座单跨双铰体系悬索桥，一跨过江，连接江阴和靖江两市，跨径布置为336.50m + 1385.00m + 309.34m（图3-7-1），大桥南岸为西山山体，北岸为冲积平原。根据通航及两岸地形情况，桥面采用曲线半径$R = 27710$m、切线长$T = 692.72$m、外矢距$E = 8.66$m竖曲线，南北分别设2%和3%的纵坡，因此主桥桥面不对称。该桥加劲梁为梁高3.0m的扁平流线型钢箱梁，箱梁全宽36.9m；主缆采用镀锌高强钢丝，预制平行索股法施工；垂跨比为1/10.5；吊索间距为16.0m；索塔采用门式框架混凝土索塔，两塔柱间用三根横梁联系；两锚碇均采用重力式锚碇。该桥设计活载为原汽-超20级荷载（相当于现在的公路-I级），挂-120级（现已取消）验算，六车道设计，速度100km/h。

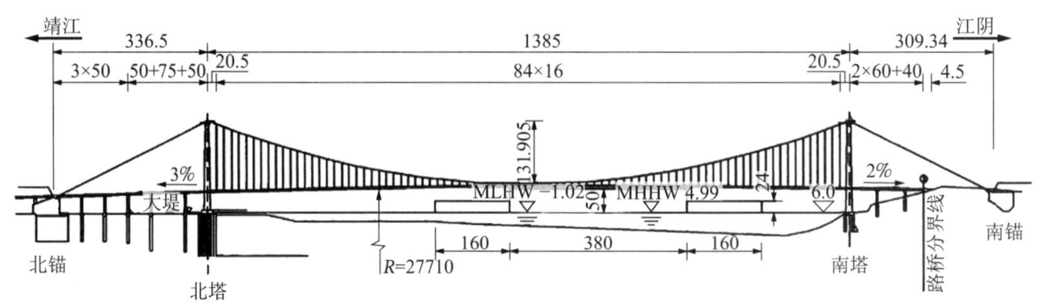

图3-7-1　江阴大桥总体布置图（尺寸单位：m）

2. 总体静力计算分析

1）计算内容

静力计算分恒载、活载、温升荷载、温降荷载、北塔底变位、北锚沉降、北锚水平位移和横向风载等。

2）计算程序

该桥总体计算分析过程使用了两个程序。对恒载、活载、温升荷载、温降荷载、北塔底变位、北锚沉降、北锚水平位移等，使用“桥梁结构线性非线性分析综合程序”计算，对于施工中裸塔的横向风荷载、风稳定性、成桥状态的横向风荷载（静力）和地震反应谱（动力）则都用 SAP5 程序（Structure Analysis Program 5）计算。前者是非线性程序，而后者则是线性分析程序。总体计算过程尽量考虑结构非线性的影响。

3）计算模式

整个分析过程使用了两种计算模式。

静力计算（横向风荷载除外）采用有限位移理论二维有限元模型计算，单元节点划分图如图 3-7-2 所示，共 307 个节点、392 个单元。主缆和吊索采用杆单元，塔和加劲梁采用梁单元。结构约束条件是主缆锚固点和塔底为固接，主缆在散索鞍顶点与散索鞍一起转动；加劲梁端纵向位移自由，转动自由，仅竖向约束。

图 3-7-2　江阴长江公路大桥二维有限元分析结构离散图

横向风荷载和地震反应谱用三维空间有限元模型计算，单元和节点划分如图 3-7-3 所示，对吊索采取了并索，共 175 个节点、241 个单元。主缆和吊索采用杆单元，塔和加劲梁采用梁单元，另外对吊索使用了伪单元。结构的约束条件是：主缆锚固点约束，塔底约束，梁端除竖向位移和横向位移约束外其余均自由。

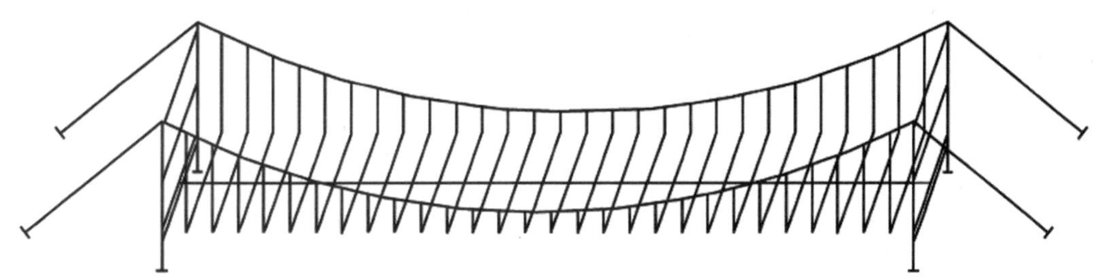

图 3-7-3　江阴长江公路大桥三维有限元分析结构离散图

4）结构几何物理特性

（1）总体尺寸

塔顶主缆理论顶点高程 196.236m，跨中加劲梁高程 64.331m，靖江侧（北岸）散索鞍转点高程 34.500m，江阴岸（南岸）散索鞍转点高程 46.768m，吊索间距 16.00m，塔中心线与第一根吊索中心间距 20.500m，北塔承台顶高程 9.0m，南塔承台顶高程 6.00m，北塔处桥面高程 49.765m，南塔处桥面高程 56.685m，加劲梁竖向支座中心距索塔中心 3.935m，两塔柱中心间距在塔顶为 32.500m，在塔底处，北塔为 39.439m，南塔为 39.916m。

（2）各构件几何物理特性参数

塔墩参数见表 3-7-1～表 3-7-3，锚碇参数见表 3-7-4，加劲梁参数见表 3-7-5，主缆参数见表 3-7-6。

江阴大桥北塔底弹性固接刚度　　　　表 3-7-1

项目	水平（m/N）	竖直（m/N）	扭转（N · m/rad）
纵桥向	1.218464×10^{-9}	$2.2557109 \times 10^{-11}$	5.9564249×10^{12}
横桥向	1.067792×10^{-9}	$2.2557109 \times 10^{-11}$	8.8656474×10^{12}

江阴大桥南塔墩参数　　　　表 3-7-2

项目			几何特性				备注	
形式			门式塔				（1）物理特性同北塔墩； （2）南塔底为刚性固接	
理论（顶）高程（m）			+196.236					
实际高程（m）			+192.846（塔顶）		+6.00（塔底）			
塔柱高（m）			186.846					
塔柱中心间距（m）			32.50（塔顶）		39.916（塔底）			
塔柱断面构成			尖端形双室箱形截面					
塔柱断面特性	编号	高程（m）	纵向长 A（m）	横向宽 B（m）	断面积（m^2）	抗弯惯矩 I_1（m^4）	抗弯惯矩 I_2（m^4）	抗扭惯矩 I_T（m^4）
	1	6.000	14.57	6.0	82.91	1303.67	240.75	715.77
	2	14.500	14.22	6.0	80.81	1028.55	235.67	695.27
	3	16.197	14.16	6.0	43.42	870.70	185.27	486.23
	4	26.393	13.82	6.0	42.75	814.81	180.99	469.85
	5	36.589	13.49	6.0	42.07	761.18	176.72	453.50
	6	46.785	13.15	6.0	41.40	709.76	172.44	437.19
	7	66.950	12.48	6.0	40.06	614.46	163.98	405.00
	8	87.114	11.81	6.0	38.73	527.37	155.52	372.98
	9	107.279	11.15	6.0	37.39	448.21	147.06	341.18
	10	127.443	10.48	6.0	36.06	376.67	138.60	309.62
	11	140.993	10.03	6.0	35.16	332.74	132.91	288.60
	12	154.543	9.58	6.0	34.26	292.02	127.23	267.72
	13	168.093	9.13	6.0	33.36	254.43	121.54	247.01
	14	181.646	8.68	6.0	32.46	219.88	115.86	226.50
	15	187.146	8.50	6.0	32.10	206.70	113.55	218.24

横梁断面构成				梯形双室箱形截面			
横梁断面特性	位置	高 A（m）	宽 B（m）	断面积（m^2）	桥轴向抗弯惯矩I_1（m^4）	直向抗弯惯矩I_2（m^4）	抗扭惯矩I_T（m^4）
	上	11.00	6.364	32.45	141.68	423.85	315.96
	中	11.00	8.160	35.32	262.72	498.75	500.60
	下	11.00	10.833	39.60	527.25	610.20	813.67

江阴大桥北塔墩参数　　　表 3-7-3

项目	几何特性		物理特性		
形式	门式塔		弹性模量/剪切模量（GPa）	33/14	
理论（顶）高程（m）	+196.236		泊松比	0.1667	
实际高程（m）	+192.846（塔顶）	+9.00（塔底）	重度（kN/m^3）	25.5	
塔柱高（m）	186.846		塔底不均匀沉降（cm）	顺桥向	2.5
塔柱中心间距（m）	32.50（塔顶）	39.916（塔底）		横桥向	2.5
塔柱断面构成	尖端形双室箱形截面		塔底水平位移（cm）	顺桥向	2.5
				横桥向	3.0

	编号	高程（m）	纵向长 A（m）	横向宽 B（m）	断面积（m^2）	抗弯惯矩 I_1（m^4）	抗弯惯矩 I_2（m^4）	抗扭惯矩 I_T（m^4）
塔柱断面特性	1	9.000	14.568	6.0	82.91	1323.07	241.97	719.31
	2	17.500	14.278	6.0	81.17	1241.66	236.75	698.37
	3	18.216	14.254	6.0	43.61	886.31	186.44	490.71
	4	25.433	14.008	6.0	43.12	844.96	183.32	478.78
	5	32.649	13.763	6.0	42.63	804.81	180.21	466.86
	6	39.865	13.517	6.0	42.13	765.85	177.10	454.97
	7	61.068	12.795	6.0	40.69	658.13	167.95	420.07
	8	82.270	12.072	6.0	39.24	560.19	158.80	385.37
	9	103.472	11.350	6.0	37.80	471.65	149.65	350.90
	10	124.675	10.628	6.0	36.36	392.13	140.50	316.70
	11	138.918	10.143	6.0	35.39	343.60	134.36	293.93
	12	153.161	9.658	6.0	34.42	298.85	128.21	271.32
	13	167.404	9.173	6.0	33.44	257.77	122.07	248.92
	14	181.646	8.687	6.0	32.47	220.26	115.92	226.73
	15	187.146	8.500	6.0	32.10	206.70	113.55	218.24

横梁断面构成				梯形双室箱形截面			
	位置	高 A（m）	宽 B（m）	断面积（m^2）	桥轴向抗弯惯矩 I_1（m^4）	竖直向抗弯惯矩 I_2（m^4）	抗扭惯矩 I_T（m^4）
横梁断面特性	上	11.00	6.376	32.46	142.02	424.09	316.44
	中	11.00	8.315	35.56	324.88	505.04	517.09
	下	11.00	11.206	40.18	572.37	625.57	859.36

江阴大桥锚碇参数　　表 3-7-4

项目			单位	数值	备注
边跨长	北		m	336.500	
	南		m	309.340	
转索鞍转点高程	北		m	34.500	
	南		m	46.768	
强迫位移	北锚	沉降	m	0.200	
		水平位移	m	0.100	向江中
	南锚	沉降	m	0.000	
		水平位移	m	0.000	

江阴大桥加劲梁参数　　表 3-7-5

项目			单位	数值	备注
形式				流线型扁平箱梁	
弹性模量			GPa	210	
剪切模量			GPa	81	
泊松比				0.2963	
支座形式				球形钢支座	
截面积			m^2	1.10084	
恒载集度			kN/m	180.0	含二期恒载
二期恒载			kN/m	50.0	
二维	抗弯惯矩	I_1	m^4	1.84399	
		I_2	m^4	93.31810	
	抗扭惯矩	I_T	m^4	4.41	
三维	加劲梁等代质量密度		kg/m^3	16351.15	含二期恒载
	抗弯惯矩	I_1	m^4	由刚臂需要确定	横向刚臂
		I_2	m^4	由刚臂需要确定	横向刚臂
	抗扭惯矩	I_T	m^4	由刚臂需要确定	横向刚臂

江阴大桥主缆参数　　表 3-7-6

项目		单位	数值	备注
主缆跨长	中跨长	m	1385	
	边跨长（北/南）	m	336.5/309.34	
	边中跨比		0.243/0.223	

续上表

项目		单位	数值	备注
垂度	中跨	m	131.905	垂跨比 1∶10.5
	北跨/南跨	m	2.67/2.26	
主缆根数/间距/架设方法		2/32.50m/PPWS 法		
钢丝直径/钢丝强度		mm/MPa	ϕ5.35/1600	
缠丝直径/缠丝强度		mm/MPa	ϕ4.0/> 550	
每股	丝数		127	
	直径	m	0.0696	六角形对角线长度
	断面积	m^2	0.00285	
	长度/质量	m/t	2174/48.6	非精确值
	断面积	m^2	0.4825	边缆 0.5053
	容许应力	MPa	640	
	弹性模量	GPa	200	
	直径（一般/索夹）	m	0.876/0.866	边缆为 0.897/0.886
	空隙率（一般/索夹）		20%/18%	
主缆恒载集度	中跨	kN/m	86.0	沿水平轴
	北边跨/南边跨	kN/m	87.81/87.89	沿水平轴
吊索断面积	钢丝绳	m^2	0.00866	4 股
	平行钢丝束股	m^2	0.00856	4 股
吊索弹性模量	钢丝绳	GPa	140	
	平行钢丝束股	GPa	200	
主缆最大倾斜角	中跨	°	20.872	
	北边跨/南边跨	°	27.130/27.130	理论背索倾角 25.671
入射角	北/南	°	24.187/24.428	
折角	北/南	°	18.100/18.100	
散角	横向/竖向	°	19.473/20.022	

5）计算荷载

（1）恒载

加劲梁恒载包括一期恒载和二期恒载，一期恒载为加劲梁本体重量，二期恒载为桥面铺装、防撞栏杆及灯柱重量等。加劲梁恒载沿水平轴的集度为 180kN/m。

主缆系统恒载（包括吊索、索夹、检修道及缠丝等）沿水平轴的集度为 86kN/m。

故中跨沿水平轴恒载总集度为 266kN/m。

（2）活载

① 汽-超20级活载

江阴大桥跨径很长，故在分析中，将《公路桥涵设计通用规范》（JTJ 021—1989）①中的车队荷载（第2.3.1条）换算为均布荷载，换算后的荷载形式如图3-7-4所示。

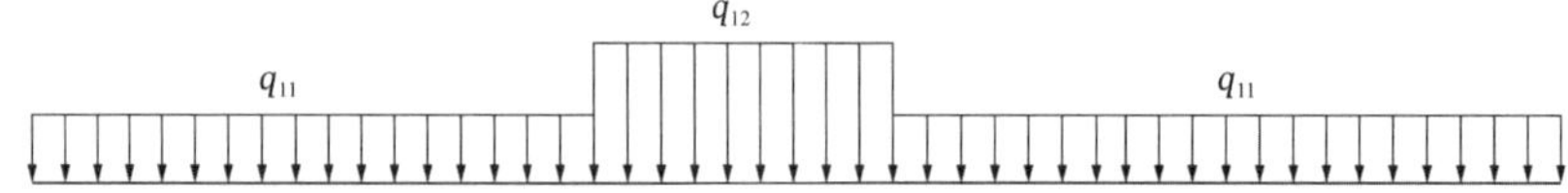

图3-7-4　江阴大桥换算后汽-超20级加载模式图

普通车每车道每辆车重 20t（200kN），间隔长度 19.0m，换算集度为 $q_{11}=200/19=10.53\text{kN/m}$。

每车道中含一辆重车，重55t（550kN），作用长度按12.8m计，换算集度为 $q_{12}=550/12.8=42.97\text{kN/m}$。

根据《江阴长江公路大桥设计补充规程》，计算时针对不同的工况分别考虑，诸如长大跨径长度折减系数、偏载系数、车道折减系数和冲击系数等。

② 一车道汽-超20级主车荷载

该项内力主要用于验算加劲梁的疲劳强度，此时车道系数取1.0，加载长度不折减，同时也不计冲击系数与偏载系数。

③ 两车道汽-超20级荷载

车道数为2，车道折减系数取1.0，长大跨径桥加载长度折减系数取0.8，偏载系数取1.15，计算扭矩时按车辆在一侧车道方向最外侧两车道内最大偏载计。横向布置的图式如图3-7-5a）所示，冲击系数取1.04，于是荷载集度q_{q1}、q_{q2}为：

$$q_{q1}=2\times10.53\times1.0\times0.8\times1.15\times1.04=20.15\text{kN/m}$$

$$q_{q2}=2\times42.97\times1.0\times0.8\times1.15\times1.04=80.23\text{kN/m}\quad(\text{用于强度})$$

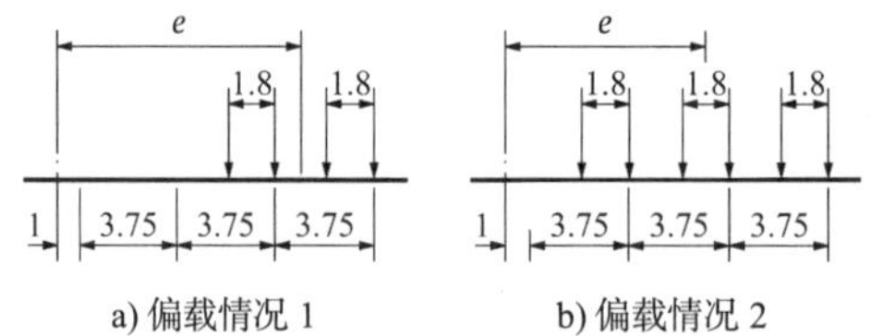

图3-7-5　江阴大桥车道荷载横向分布（尺寸单位：m）

e-车道荷载偏心距

根据《江阴长江公路大桥设计补充规程》，计算强度时考虑冲击系数，计算挠度时则不考虑。用于挠度计算的荷载q_{n1}、q_{n2}如下：

$$q_{n1}=2\times10.53\times1.0\times0.8\times1.15=19.38\text{kN/m}$$

$$q_{n2}=2\times42.97\times1.0\times0.8\times1.15=79.07\text{kN/m}$$

①该规范现行版本为：《公路桥涵设计通用规范》（JTG D60—2015）。

车道荷载偏心距：

$$e_T = 9.475\text{m}$$

④ 三车道汽-超 20 级荷载

车道数为 3，车道折减系数取 0.8，长大跨径桥加载长度折减系数取 0.8，偏载系数取 1.15，计算扭矩时偏载情况如图 3-7-5b）所示，冲击系数取 1.04，于是有：

$$q_{q1} = 3 \times 10.53 \times 0.8 \times 0.8 \times 1.15 \times 1.04 = 24.18\text{kN/m}$$

$$q_{q2} = 3 \times 42.97 \times 0.8 \times 0.8 \times 1.15 \times 1.04 = 98.66\text{kN/m} \quad (\text{用于强度})$$

用于挠度计算的荷载为：

$$q_{n1} = 3 \times 10.53 \times 0.8 \times 0.8 \times 1.15 = 23.25\text{kN/m}$$

$$q_{n2} = 3 \times 42.97 \times 0.8 \times 0.8 \times 1.15 = 94.87\text{kN/m}$$

车道荷载偏心距：

$$e = 7.6\text{m}$$

⑤ 六车道汽-超 20 级荷载

车道数为 6，车道折减系数取 0.7，长大跨径桥加载长度折减系数取 0.8，偏载系数取 1.15，计算强度时考虑冲击系数 1.04，计算最不利扭矩时横向车道分布按图 3-7-6 考虑。

$$q_{q1} = 6 \times 10.53 \times 0.7 \times 0.8 \times 1.15 \times 1.04 = 42.32\text{kN/m}$$

$$q_{q2} = 6 \times 42.97 \times 0.7 \times 0.8 \times 1.15 \times 1.04 = 172.67\text{kN/m}$$

用于挠度计算的荷载如下：

$$q_{n1} = 6 \times 10.53 \times 0.7 \times 0.8 \times 1.15 = 40.69\text{kN/m}$$

$$q_{n2} = 6 \times 42.97 \times 0.7 \times 0.8 \times 1.15 = 166.03\text{kN/m}$$

车道荷载偏心距：

$$e = 0.975\text{m}$$

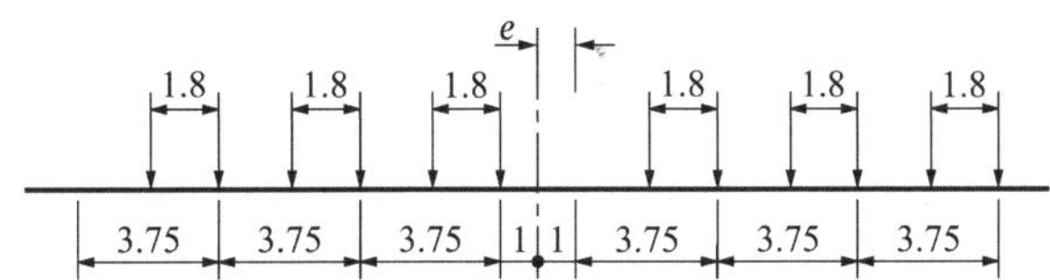

图 3-7-6 江阴大桥六车道设计荷载横向最不利分布（尺寸单位：m）

⑥ 人群荷载

根据《江阴长江公路大桥设计补充规程》，总体分析中取人群荷载集度为 $3.5 \times 0.3 = 1.05\text{kN/m}^2$。

桥面两侧检修道宽均为 1.5m，故沿箱梁轴向人群荷载为 $1.05 \times 3.0 = 3.15\text{kN/m}$。

在计算过程中，将人群荷载与汽车荷载叠加。

上述各荷载列于表 3-7-7 中。

江阴大桥活载明细表 表 3-7-7

项目	车道				说明
	一车道	两车道	三车道	六车道	
车道荷载偏心距	0.0	9.475	7.60	0.975	—

续上表

项目		车道				说明
		一车道	两车道	三车道	六车道	
车道折减系数		1.0	1.0	0.8	0.7	—
长跨加载长度折减系数		1.0	0.8	0.8	0.8	—
偏载系数		1.0	1.15	1.15	1.15	—
冲击系数		1.0	1.04	1.04	1.04	—
普通车换算集度（kN/m）		10.53	10.53	10.53	10.53	—
重车换算集度（kN/m）		42.97	42.97	42.97	42.97	长 12.8m
汽-超 20 级荷载加载集度（kN/m）	q_{01}	10.53	20.15	24.18	42.32	用于强度
	q_{02}	42.97	82.23	98.66	172.67	
	q_{01}	—	19.38	23.25	40.69	用于挠度
	q_{02}	—	78.07	94.87	166.03	
人群荷载（kN/m）	q_r	3.15	3.15	3.15	3.15	—
总加载集度（kN/m）	q_{01}	13.68	23.30	27.33	45.47	用于强度
	q_{02}	46.12	85.38	101.81	175.82	
	q_{01}	—	22.53	26.40	43.84	用于挠度
	q_{02}	—	82.22	98.02	169.18	

注：1. 本桥在 1992—1994 年设计时，我国《公路桥涵设计通用规范》（JTJ 021—1989）中关于长大跨径桥梁的纵向荷载折减系数、偏载系数、冲击系数等均没有明确规定，表中采用的数值系根据《江阴长江公路大桥设计补充规程》而定。

2.《公路桥涵设计通用规范》（JTG D60—2015）中关于车道折减系数的规定也与旧版本（JTJ 021—1989）不一样，若按现行规范，则总现行荷载值稍小。

3. 因为该桥为特大跨径高速公路桥梁，人行道本为检修道，故仅将人群荷载集度取值为规范值的 30%。

（3）检算荷载

该桥总体设计中考虑了两种检算荷载：一种是《公路桥涵设计通用规范》（JTJ 021—1989）中的挂车-120 级荷载（第 2.3.5 条），另一种为总长 23.3m 的挂车-300 级荷载。

① 挂车-120 级荷载

全桥仅 1 辆挂车，总重 120t（1200kN），分布长度 6.4m，荷载集度 $q = 1200/6.4 = 187.5$kN/m，偏心距$e_T = 3.35$m。

横向分布如图 3-7-7a）所示。

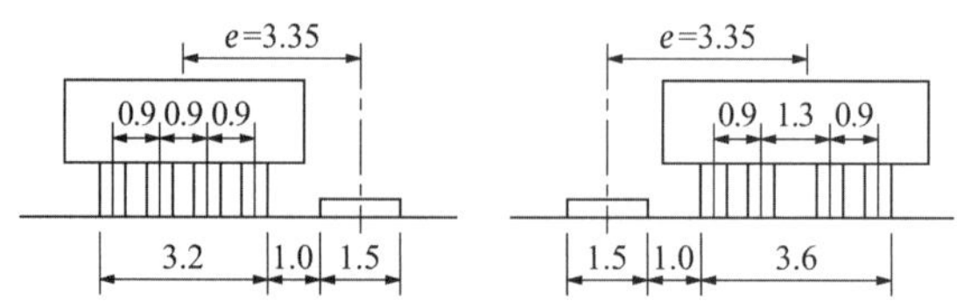

a) 挂车-120 级荷载偏载情况　b) 挂车-300 级荷载偏载情况

图 3-7-7　江阴大桥挂车荷载横向偏载位置示意图（尺寸单位：m）

② 挂车-300 级荷载

挂车总长 23.3m，总重 301.1t（3011kN），荷载集度$q = 3011/23.3 = 129.2\text{kN/m}$，偏心距$e_T = 3.55\text{m}$。

横向分布如图 3-7-7b）所示。

挂车-300 级荷载的纵向轮载布置如图 3-7-8 所示。

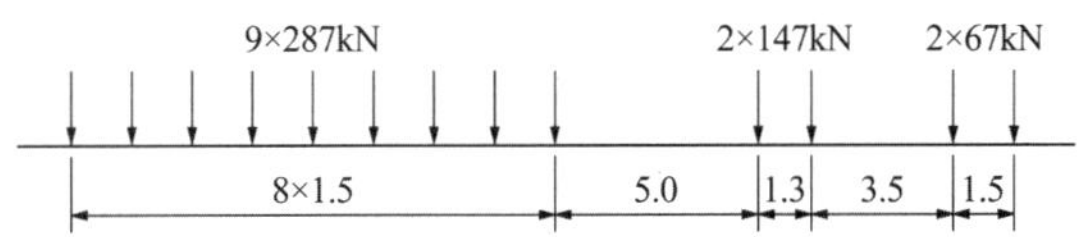

图 3-7-8　江阴大桥挂车-300 级荷载的纵向轮载布置图（尺寸单位：m）

检算荷载列表 3-7-8 中。

江阴大桥检算荷载　表 3-7-8

荷载等级	项目			说明
	q（kN/m）	L（m）	e（m）	
挂-120	187.5	6.4	3.35	全桥 1 辆
挂-300	129.2	23.3	3.55	全桥 1 辆

（4）风荷载

江阴大桥在设计时对全桥在风荷载作用下的静力问题做了分析计算，对于风荷载的动力问题，则请见有关专题报告。

江阴大桥用于强度及稳定计算的风荷载，依据《公路桥涵设计通用规范》（JTJ 021—1989）第 2.3.8 条规定取值。

对于规范中未作规定的内容，则遵循《江阴长江公路大桥设计补充规程》。

① 基本风速

依据《公路桥涵设计通用规范》（JTJ 021—1989）的基本风压图，该桥位于 600Pa 的等值线，即在平坦空旷地面以上 20m 高度处频率为 1/100（再现期为 100 年）的 10min 平均最大风速为 $v_{20} = 31.0\text{m/s}$。

在进行施工阶段的风载静力检算时，基本风速采用频率为 1/10（再现期为 10 年）的 10min 平均最大风速。参考大带桥的设计基准：

$$v_{20}(10\text{年}) = 0.874 \cdot v_{20}(100\text{年}) = 27.10\text{m/s}$$

② 设计风速 v_d

各验算构件的设计风速，应按其计算高度计算求得：

$$v_d = v_{20} \cdot (H/20)^{1/7} \cdot \mu$$

式中：H——构件的验算高度；

μ——风速脉动变化修正系数。

③ 设计风压

在静力设计中，设计风荷载只考虑风力的阻力分量，根据《公路桥涵设计通用规范》（JTJ 021—1989）第 2.3.8 条的规定，设计风压计算公式修正如下：

$$W = K_1 K_2 K_3 K_4 W_0 \gamma$$

式中：W_0——基本风压值，$W_0 = 1/1.6 \cdot v_d^2$；

K_1——设计风速频率换算系数，取 $K_1 = 1.0$；

K_2——风载体型系数，即受风物体的阻力系数，不同构件的 K_2 取值如下：加劲梁 $K_2 = 1.0$，主缆 $K_2 = 0.8$，吊索 $K_2 = 0.8$，塔柱 $K_2 = 1.4$；

K_3——风压沿高度的变化系数，已在设计风速中考虑，取 1.0；

K_4——地形、地理系数，取 1.0；

γ——考虑结构的振动特性和空气动力导纳而引入的校正系数，针对不同构件取值如下：加劲梁和主缆 $\gamma = 1.3$，吊索 $\gamma = 1.1$，塔柱 $\gamma = 1.3$（塔顶自由）、$\gamma = 1.1$（塔顶有约束）。

根据上述公式及取值，可算出各构件的具体风压，现摘取几处主要风压如下：

a. 成桥状态与施工状态时，60m 高程处加劲梁的修正风压分别为 1352Pa 和 1034Pa。

b. 成桥状态时，150m 高程处塔柱的修正风压为 2082Pa。

c. 施工状态时，150m 高程处塔柱的修正风压分别为 1880Pa（架缆前）和 1591Pa（架缆后）。

④ 迎风面积

a. 加劲梁：考虑栏杆、路缘石、中间分隔带以及风攻角的影响，将风荷载投影面积高度取为 3.50m。

b. 塔柱：在横桥向，忽略横系梁，只考虑两根塔柱分别作用有风荷载，这时的投影面积为单根塔柱单位高度的面积；在顺桥向，按实际投影面积计。

c. 主缆：考虑索夹、检修道、立柱等的影响，在每根主缆直径的基础上乘以 1.11 的放大系数，实际取 1.0m 的投影面积高度。

d. 吊索：偏安全将每吊点两根吊索的投影面积高度取为 0.2m。

⑤ 风荷载的加载

对全桥结构离散图中的每一个构件单元，用该单元所处高度的风压乘以该构件的投影高度，得到相应的节点力，将节点力施加于相应的节点，即可算得各工况下的结构内力及变形。

⑥ 塔的抗风计算

塔的抗风计算考虑以下三种情况：

a. 塔施工阶段处于悬臂梁状态。

b. 加劲梁合龙之前。

c. 成桥运营状态。

（5）温度荷载

该桥的设计基准温度为 20℃，考虑温度变化范围为 −15～40℃，故全桥计算时考虑温度升高 20℃和温度降低 −35℃两种温度工况。

（6）基础变位

① 北锚

由于北锚位于长江北岸的冲积平原上，该处基岩深达八九十米，为典型的软土地基，在这里修建锚碇要抵抗 50000 多吨的水平拉力而不移动，非常困难，造价也非常高，故在该桥总体设计中允许北锚有一定的沉降和水平位移，但其沉降量及水平位移值必须控制在以下范围内，以减小对全桥刚度及其他部件的影响：

a. 北锚碇沉降 ⩽ 20cm。

b. 北锚碇水平位移 ⩽ 10cm。

在设计中必须采取措施，将北锚的变位控制在上述限值内，且上述限值必须同时满足。

② 北塔

由于北塔基础地质复杂，在其东南角有一黏土层，在巨大的竖直力及弯矩作用下，塔基础将发生不均匀沉降。

根据局部分析，塔柱底部不均匀沉降为：顺桥向 2.5cm；横桥向 2.5cm。

相应的塔柱底部水平位移为：顺桥向 2.5cm；横桥向 3.0cm。

③ 南塔、南锚

南塔、南锚基础直接置于基岩上，故在总体计算中认为不变位。

（7）地震

根据江苏省地震局地震工程研究所提供的《江阴长江公路大桥地震动参数工程研究报告》，该桥处于 6 级地震带，考虑大桥的重要性，按 7 级标准设防。

（8）其他荷载——汽车制动力

《公路桥涵设计通用规范》（JTJ 021—1989）第 2.3.9 条规定：一车道或两车道时，汽车制动力为布置在荷载长度内的一行汽车车队总重的 10%，但不得小于一辆重车的 30%；四车道时，制动力为上述值的 2 倍。按此规定类推，当六车道时，制动力为上述值的 3 倍。

该桥为六车道汽-超 20 级荷载，跨径 $L = 1385$m，按长大跨径桥加载长度折减，折减系数 $K = 0.8$，故实际布载长度 $L = 1385 \times 0.8 = 1108$m，一车道汽-超 20 级荷载普通车平均集度为 10.53kN/m，一辆重车重 55t（550kN），于是有：

$$P_1 = 10.53 \times 1108 \times 10\% = 1167\text{kN}$$

$$P_2 = 550 \times 30\% = 165\text{kN}$$

$P_1 > P_2$，所以 6 车道的制动力为：

$$P = 3P_1 = 3 \times 1167 = 3501\text{kN}$$

6）荷载组合

对全桥的各个部件，分别给出了若干组合，这些组合包括了从施工状态到运营状态以及在大风或地震时的各种情况。

该桥对 19 种荷载单项进行选择性组合，各单项编号如下：（1）恒载；（2）施工误差；（3）全桥温升荷载；（4）全桥温降荷载；（5）北锚沉降；（6）北锚水平位移；（7）北塔底不均匀沉降；（8）北塔底水平位移；（9）六车道汽-超 20 级荷载；（10）三车道汽-超 20 级荷载；（11）两车道汽-超 20 级荷载；（12）一车道汽-超 20 级荷载；（13）挂-300 级荷载；（14）挂-120 级荷载；（15）成桥横向风载（无车）；（16）成桥横向风载（有车）；（17）施工期横向风载；（18）施工期纵向风载；（19）地震。

全桥的各个部件的荷载组合见表 3-7-9～表 3-7-22。

江阴大桥主缆拉力荷载组合　　表 3-7-9

编号	组合	编号	组合
1	（1）+（4）+（5）+（7）+（8）+（9）	5	（1）+（15）
2	（1）+（3）+（6）+（9）	6	（1）+（16）
3	（1）+（13）	7	（1）+（19）
4	（1）+（14）		

江阴大桥吊杆拉力荷载组合 表 3-7-10

编号	组合	编号	组合
1	(1)+(2)+(4)+(5)+(9)	5	(1)+(15)
2	(1)+(2)+(3)+(6)+(7)+(9)	6	(1)+(16)
3	(1)+(2)+(4)+(13)	7	(1)+(19)
4	(1)+(2)+(4)+(14)		

江阴大桥塔柱轴力组合荷载组合 表 3-7-11

编号	组合	注	编号	组合	注
1	(1)+(4)+(5)+(7)+(8)+(9)		5	(1)+(19)	
2	(1)+(4)+(5)+(9)		6	(1)+(17)	*
3	(1)+(15)		7	(1)+(18)	*
4	(1)+(16)				

注：*表示施工阶段。

江阴大桥塔柱剪力荷载组合 表 3-7-12

编号	组合	注	编号	组合	注
1	(1)+(2)+(4)+(5)+(7)+(8)	Q_3	5	(1)+(16)	Q_3
2	(1)+(2)+(3)+(6)+(9)	Q_3	6	(1)+(17)	* Q_2
3	(1)+(15)	Q_2	7	(1)+(18)	* Q_3
4	(1)+(16)	Q_2	8	(1)+(19)	Q_2

注：*表示施工阶段，Q_2 为横桥向剪力，Q_3 为纵桥向剪力。

江阴大桥塔柱弯矩荷载组合 表 3-7-13

编号	组合	注	编号	组合	注
1	(1)+(2)+(4)+(5)+(7)+(8)	M_2	6	(1)+(16)	M_3
2	(1)+(2)+(3)+(6)+(9)	M_2	7	(1)+(17)	* M_3
3	(1)+(2)+(3)+(5)+(9)	M_2	8	(1)+(18)	* M_2
4	(1)+(2)+(4)+(6)+(7)+(8)	M_2	9	(1)+(19)	M_3
5	(1)+(15)	M_3			

注：*表示施工阶段，M_2 使塔柱纵桥向受弯，M_3 使塔柱横桥向受弯。

江阴大桥北塔柱位移荷载组合 表 3-7-14

编号	组合	注	编号	组合	注
1	(1)+(2)+(3)+ (6)+(7)+(8)+(9)		3	(1)+(15)	&
2	(1)+(2)+(4)+(5)		4	(1)+(16)	&

续上表

编号	组合	注	编号	组合	注
5	(1)+(19)	&	7	(1)+(18)	*
6	(1)+(17)	*&			

注：*表示施工阶段，&表示横桥向位移，其余表示纵桥向位移。

江阴大桥南塔柱位移荷载组合　　表 3-7-15

编号	组合	注	编号	组合	注
1	(1)+(2)+(3)+(5)+(9)		5	(1)+(19)	&
2	(1)+(2)+(4)+(6)		6	(1)+(17)	*&
3	(1)+(15)	&	7	(1)+(18)	*
4	(1)+(16)	&			

注：*表示施工阶段，&表示横桥向位移，其余表示纵桥向位移。

江阴大桥加劲梁弯矩荷载组合　　表 3-7-16

编号	组合	编号	组合
1	(1)+(3)+(9)	5	(1)+(3)+(6)+(7)+(8)+(14)
2	(1)+(3)+(6)+(7)+(8)+(9)	6	(1)+(15)*
3	(1)+(4)+(5)+(9)	7	(1)+(16)*
4	(1)+(3)+(6)+(7)+(8)+(13)	8	(1)+(19)*

注：带*者为横桥向弯矩，使加劲梁侧挠；余为竖向弯矩，使加劲梁竖挠。

江阴大桥加劲梁剪力荷载组合　　表 3-7-17

编号	组合	编号	组合
1	(1)+(9)	4	(1)+(15)*
2	(1)+(13)	5	(1)+(16)*
3	(1)+(14)	6	(1)+(19)*

注：带*者为横桥向组合。

江阴大桥加劲梁挠度荷载组合　　表 3-7-18

编号	组合	编号	组合
1	(1)+(3)+(9)	5	(1)+(3)+(6)+(7)+(8)+(19)
2	(1)+(4)+(9)	6	(1)+(4)+(5)+(19)
3	(1)+(3)+(6)+(7)+(8)+(9)	7	(1)+(15)*
4	(1)+(4)+(5)+(9)	8	(1)+(16)*

注：带*者为横桥向组合。

江阴大桥支座反力荷载组合　表 3-7-19

编号	组合	编号	组合
1	(1)+(3)+(9)	5	(1)+(15)
2	(1)+(4)+(9)	6	(1)+(16)
3	(1)+(3)+(13)	7	(1)+(19)
4	(1)+(3)+(14)		

江阴大桥竖向支座位移荷载组合　表 3-7-20

编号	组合	编号	组合
1	(1)+(4)+(6)+(7)+(9)	4	(1)+(3)+(5)+(13)
2	(1)+(3)+(5)+(9)	5	(1)+(3)+(5)+(16)
3	(1)+(4)+(6)+(7)+(13)	6	(1)+(4)+(6)+(7)+(16)

江阴大桥侧向限位支座转角荷载组合　表 3-7-21

编号	组合	编号	组合
1	(1)+(15)	3	(1)+(19)
2	(1)+(16)		

江阴大桥竖向支座转角荷载组合　表 3-7-22

编号	组合	编号	组合
1	(1)+(3)+(6)+(7)+(9)	4	(1)+(4)+(13)
2	(1)+(4)+(5)+(9)	5	(1)+(19)
3	(1)+(3)+(13)		

7）计算结果

全桥各主要构件最不利内力及位移组合结果见表 3-7-23。

江阴大桥全桥各主要构件最不利内力及位移组合汇总　表 3-7-23

项目	位置	组合值	相应组合
主缆拉力（kN）	北塔北	319660	(1)+(4)+(5)+(7)+(8)+(9)
吊索拉力（kN）	北侧两类吊索交界处	4390	(1)+(2)+(4)+(5)+(9)
	跨中	4330	
	南侧两类吊索交界处	4380	
加劲梁竖弯弯矩（kN·m）	$L/20$ 处	66030	(1)+(3)+(6)+(7)+(8)+(9)
加劲梁横弯弯矩（kN·m）	$3L/4$ 处	317400	(1)+(16)

续上表

项目	位置	组合值	相应组合
加劲梁竖向剪力（kN）	19*L*/20处	4320	(1)+(9)
加劲梁横向剪力（kN）	19*L*/20处	1410	(1)+(15)
北塔柱轴力（kN）	塔柱底	507380	(1)+(16)
北塔柱纵向剪力（kN）	塔顶横梁处	4040	(1)+(2)+(4)+(5)+(7)+(8)
北塔柱横向剪力（kN）	塔柱底	7690	(1)+(15)
北塔柱纵向弯矩（kN·m）	塔柱底	635820	(1)+(2)+(4)+(5)+(7)+(8)
北塔柱横向弯矩（kN·m）	塔柱底	227600	(1)+(18)
南塔柱轴力（kN）	塔柱底	515270	(1)+(16)
南塔柱纵向剪力（kN）	塔顶	2310	(1)+(2)+(3)+(6)+(9)
南塔柱横向剪力（kN）	塔柱底	7830	(1)+(15)
南塔柱纵向弯矩（kN·m）	塔柱底	465390	(1)+(2)+(3)+(5)+(9)
南塔柱横向弯矩（kN·m）	塔柱底	183850	(1)+(15)
竖直支座反力（kN）	北塔处	5990	(1)+(3)+(9)
抗风支座反力（kN）	北塔处	1650	(1)+(15)
北塔顶位移（m）	纵桥向	0.465	(1)+(2)+(3)+(6)+(7)+(8)+(9)
	横桥向	0.072	(1)+(15)
南塔顶位移（m）	纵桥向	0.337	(1)+(2)+(3)+(5)+(9)
	横桥向	0.078	(1)+(15)
伸缩缝位移（m）（北塔）	向跨中	1.094	(1)+(4)+(6)+(7)+(9)
	向边跨	0.885	(1)+(3)+(5)+(9)
加劲梁挠度（m）	*L*/4处	4.095	(1)+(3)+(6)+(7)+(8)+(9)
	跨中	3.721	
	3*L*/4处	4.135	
加劲梁侧向挠度（m）	跨中	3.287	(1)+(15)
竖直支座转角（rad）	北塔处	2.4×10^{-2}	(1)+(3)+(6)+(7)+(9)
	南塔处	2.4×10^{-2}	

续上表

项目	位置	组合值	相应组合
抗风支座转角（rad）	北塔处	8.7×10^{-3}	（1）+（15）
	南塔处	8.8×10^{-3}	

六车道汽-超 20 级荷载加劲梁弯矩包络图和六车道汽-超 20 级荷载加劲梁挠度包络图如图 3-7-9 和图 3-7-10 所示。

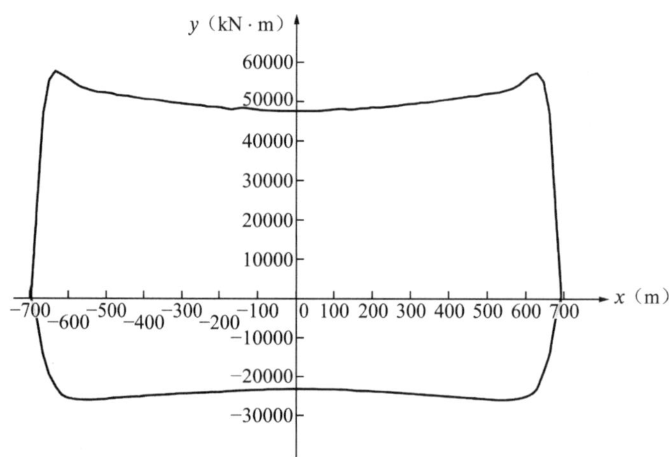

图 3-7-9 江阴大桥六车道汽-超 20 级荷载加劲梁弯矩包络图

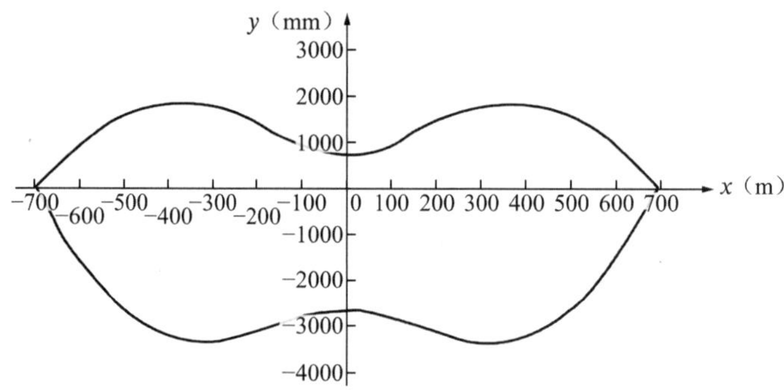

图 3-7-10 江阴大桥六车道汽-超 20 级荷载加梁挠度包络图

二、西堠门大桥

1. 概述

西堠门大桥是舟山大陆连岛工程中的第四座大桥，其走向由北向南，北端连接册子岛，南端连接金塘岛。西堠门大桥是舟山大陆连岛工程中规模最大的跨海特大桥之一。

主跨 1650m 两跨连续钢箱梁悬索桥，主缆由 5 跨组成，由北向南依次为：北锚跨、北边跨、中跨、南边跨、南锚跨。成桥状态时，跨径组成为 30.311m + 578m + 1650m + 485m + 24.428m（图 3-7-11）。主缆在成桥状态下的垂跨比为：北边跨 1∶27.212，中跨 1∶10，南边跨 1∶109.654。两根主缆中心距为 31.4m。

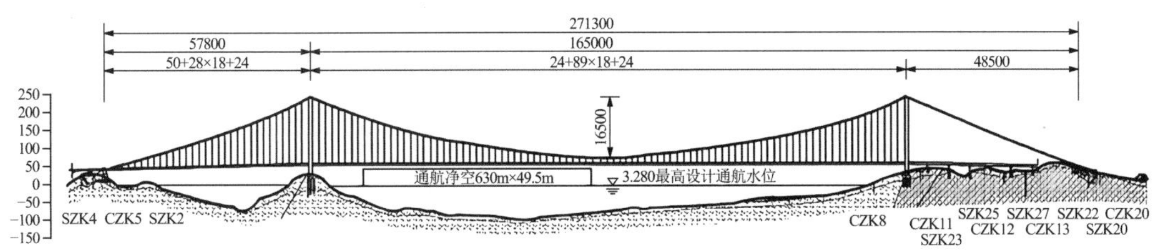

图 3-7-11　西堠门大桥总体布置图（尺寸单位：cm）

吊索设置于北边跨和中跨，索塔侧吊索距索塔中心线水平距离为 24m，其余吊索水平间距为 18m。

2. 总体静力计算分析

1）计算内容

通过总体静力分析，验算结构刚度，提供各分项工程在控制荷载组合下的内力值。

2）计算程序

总体静力计算使用“桥梁结构线性非线性分析综合程序”（6.5 版本）。

3）计算模式

总体静力分析采用有限位移理论二维有限元模型计算，全桥共划分 313 节点、430 单元，主缆和吊索采用索单元，塔和梁采用梁单元。结构的边界约束条件是：主缆锚固点和塔底为固接；主缆在塔顶主鞍中心处与主鞍无相对位移；加劲梁纵向位移和转动均自由，仅有竖向约束，计算简图如图 3-7-12 所示。

图 3-7-12　西堠门大桥主跨 1650m 悬索桥计算简图

4）结构几何特性与物理力学参数

结构几何特性与物理力学参数见表 3-7-24～表 3-7-27。

西堠门大桥主缆参数　　表 3-7-24

项目		单位	数值	备注
主缆跨长	中跨长	m	1650	
	边跨长	m	578/485	
	边中跨比		0.350/0.294	
矢度	中跨	m	165.0	成桥矢跨比 1/10
	边跨	m	21.247/4.403	
主缆根数/间距/架设方法			2/31.4m/PPWS	
主缆钢丝直径/钢丝强度		mm/MPa	ϕ5.25/ ≥ 1770	

续上表

项目			单位	数值	备注
缠绕钢丝直径/强度			mm/MPa	ϕ4.0/550	
单股	丝数			127	
	直径		m	0.06825	六角形对角线长度
	断面积		m^2	0.002749	
	长度/重量			2879.7m/621kN	平均值
单缆	股数			175/169/171	
	断面积		m^2	0.4811/0.4646/0.4701	
	容许应力		MPa	708	
	弹性模量		GPa	200	计算值
	直径（索夹外/索夹内）		m	0.860/0.870 0.845/0.855 0.850/0.860	北边跨 中跨 南边跨
	空隙率（索夹外/索夹内）			19%/17%	
索塔顶主缆最大倾斜角	北塔（北边跨/中跨）		（°）	26.0511/22.1978	
	南塔（南边跨/中跨）		（°）	23.2576/21.7744	
主缆入射角（北/南）			（°）	11.3029/19.6869	主缆在散索鞍处
主缆折角（北/南）			（°）	30.1106/38.0831	主缆通过散索鞍后
吊索	特殊吊索	断面积	m^2	$31.680/25.672 \times 10^{-3}$	一个吊点
		弹性模量	GPa	110	
	普通吊索	断面积	m^2	14.520×10^{-3}	一个吊点
		弹性模量	GPa	110	

注：建议索股预制时应对缆用钢丝的弹性模量和直径进行统计，为主缆线形调整和成桥线形控制提供依据。

西堠门大桥加劲梁参数　　表 3-7-25

项目	单位	数值	备注
加劲梁形式		扁平流线型钢箱梁	
弹性模量	GPa	210	
剪切模量	GPa	81	
截面积	m^2	1.1193	典型断面

续上表

项目	单位	数值	备注
抗弯惯矩	m^4	2.1010	典型断面
一期恒载	kN/m	139.80	
二期恒载	kN/m	44.50	

西堠门大桥散索鞍转点位置参数　　表 3-7-26

项目		单位	数值	备注
边跨长	北	m	578	成桥时塔中心至散索鞍转点水平距离
	南	m	485	
散索鞍转点高程	北	m	41.500	成桥时转点设计高程
	南	m	45.500	

西堠门大桥塔墩参数　　表 3-7-27

参数	数据或内容	参数	数据或内容
形式	门式塔	重度	26.0kN/m³
承台顶高程	22.0	混凝土强度等级	C50
塔墩顶高程	233.286	弹性模量（GPa）	35.0
断面形式	箱形断面	剪切模量（GPa）	15.1
横梁数	2/3（北/南）	泊松比	0.167

5）计算荷载

（1）恒载

加劲梁一期恒载为 139.80kN/m；加劲梁二期恒载为 44.50kN/m。

单缆（不包括吊索、索夹、检修道和缠丝等）中跨单位长度重量 36.47kN/m（沿主缆方向），缠丝重、吊索和索夹已在主缆线形计算中计入。

（2）活载

由于该桥跨径较大，故在整体结构计算时，将规范中的车队荷载换算为均布荷载。

普通车每辆重 200kN，作用长度按 19m 考虑，换算集度为：

$$q_{11} = 200/19 = 10.53\text{kN/m}$$

每车道含一辆加重车，重 550kN，作用长度按 17.8m 考虑，换算集度为：

$$q_{22} = 550/17.8 = 30.90\text{kN/m}$$

考虑以下荷载系数：①多车道横向折减系数：0.55（按六车道布载）。②纵向折减系数：0.93。③横向偏载增大系数：1.07。④冲击系数：1.05。

综合换算系数 $6 \times 0.55 \times 0.93 \times 1.07 \times 1.05 = 3.4480$，所以，普通车换算集度为 $10.53 \times 3.4480 = 36.308$kN/m，重车换算集度为 $30.90 \times 3.4480 = 106.544$kN/m。

人群荷载：中跨 2.58kN/m，边跨 4.20kN/m。

（3）温度荷载

取合龙温度为 20℃，根据设计文件气象资料，“桥址处极端最高温度 39.1℃，极端最低温度 −6.1℃；7 月平均温度 26.9℃，1 月平均温度 5.8℃，年平均温度 16.4℃”。

对于钢结构，升温：39.1 − 20 = 19.1℃，取 19℃；降温：20 − (−6.1) = 26.1℃，取 27℃。线膨胀系数取 1.2×10^{-5}。

对于混凝土，升温：26.9 − 20 = 6.9℃，取 10℃；降温：20 − 5.8 = 14.2℃，取 18℃。线膨胀系数取 1.0×10^{-5}。

6）荷载组合

对于全桥总体计算，在运营状态下主要考虑三种组合，施工状态下的各种组合各分项结构根据各自的情况选取。

组合一：恒载 + 汽车-超 20 级荷载。

组合二：恒载 + 汽车-超 20 级荷载 + 温升荷载。

组合三：恒载 + 汽车-超 20 级荷载 + 温降荷载。

7）计算结果

（1）符号规定

① 内力

轴力 N：压为正，拉为负。

剪力 Q：以使杆件元逆时针转动为正，反之为负。

弯矩 M：以使杆件元下缘受拉为正，反之为负。

② 位移

沿 x 轴方向位移，与坐标轴方向一致为正。

沿 y 轴方向位移，与坐标轴方向一致为正。

沿 θ 方向转角，顺时针转动为正。

（2）计算结果

主缆轴力见表 3-7-28。吊索拉力见表 3-7-29。塔顶内力及塔顶位移，见表 3-7-30。支座反力及梁端位移，见表 3-7-31。加劲梁弯矩，见表 3-7-32。加劲梁挠度，见表 3-7-33。

西堠门大桥主缆轴力（双根缆）（单位：kN）　　表 3-7-28

荷载	位置						
	北锚碇	北塔		跨中	北塔		南锚碇
		边跨侧	中跨侧		中跨侧	边跨侧	
恒载	−557528	−608540	−590477	−546714	−588719	−595070	−580655
活载	−73500	−80600	−80600	−72900	−79300	−76500	−76500
	0	0	0	0	0	0	0
温升荷载	5547	4660	3513	4095	4488	5759	5758
温降荷载	−6865	−5755	−4415	−5168	−5607	−7130	−7129
风荷载	−389	−382	16	12	7	429	429
最不利组合	−638282	−695277	−675492	−624782	−673626	−678700	−664284
	−551981	−603880	−586948	−542607	−584224	−588882	−574468

西堠门大桥吊索拉力（双侧）（单位：kN）　　表 3-7-29

荷载	位置				
	特殊吊索				普通吊索
	短吊索	北塔边跨侧长吊索	北塔中跨侧长吊索	南塔中跨侧长吊索	
恒载	−6900	−7914	−7885	−3898	−3442
活载	−1960	−3180	−3120	−480	−995
	0	0	0	0	0
温升荷载	−66	−203	−199	113	44
温降荷载	−111	233	229	−126	−65
最不利组合	−9037	−11297	−11204	−4504	−4502
	−6900	−7681	−7656	−3785	−3398

西堠门大桥塔顶内力及塔顶位移　　表 3-7-30

荷载		N（北/南）（kN）	Q（北/南）（kN）	塔顶位移（北/南）（m）
恒载		490339/453360	0	0
活载		69100/60300	2640/163	0.552/0.000
		0	−3490/0	−0.423/−0.250
温升荷载		−1478/−2431	−1006/980	0.110/−0.108
温降荷载		1798/2806	1522/−1465	−0.159/0.153
风荷载	与活载组合	121/−156	394/411	0.003/0.001
	百年风	1056/−1363	3445/3591	0.030/0.013
最不利组合		561358/516466	4556/1554	0.665/0.154
		488861/450773	−4496/−1465	−0.582/−0.358

西堠门大桥支座反力及梁端位移　　表 3-7-31

荷载	位置			
	北锚处		南塔处	
	反力（kN）	梁端位移（m）	反力（kN）	梁端位移（m）
一期恒载	3440	0.0	1400	0.0
二期恒载	987	0.0	992	0.0
活载	2580	0.688	421	0.709
	−618	−0.632	−605	−0.649
温升荷载	−7	−0.269	142	0.266
温降荷载	−62	0.383	−175	−0.384
最不利组合	7007	1.071	2955	0.975
	3740	−0.901	1612	−1.033

西堠门大桥加劲梁弯矩（单位：kN · m）　　表 3-7-32

荷载	位置										
	北边跨			北索	中跨						
	L/4	L/2	3L/4	塔处	L/8	L/4	3L/8	L/2	5L/8	3L/4	7L/8
一期恒载	0	0	0	0	0	0	0	0	0	0	0
二期恒载	2191	1526	1404	−16900	729	1706	2703	2646	2870	1976	603
活载	39400	38800	39600	83300	39700	37500	35700	35100	35600	37200	39500
	−22500	−22000	−22200	−96600	−23200	−21700	−20800	−20200	−20400	−21200	−23000
温升荷载	1335	1316	1304	−10840	1112	1152	1246	1422	1607	1526	1360
温降荷载	−1641	−1816	−1794	15840	−1588	−1659	−1804	−2121	−2339	−2211	−1949
最不利组合	42926	41642	42308	82240	41541	40358	39649	39168	40077	40702	41463
	−21950	−22290	−22590	−124340	−24059	−21653	−19901	−19675	−19869	−21435	−24346

西堠门大桥加劲梁挠度（单位：m）　　表 3-7-33

荷载	位置										
	北边跨			北索	中跨						
	L/4	L/2	3L/4	塔处	L/8	L/4	3L/8	L/2	5L/8	3L/4	7L/8
一期恒载	0	0	0	0	0	0	0	0	0	0	0
二期恒载	0	0	0	0	0	0	0	0	0	0	0
活载	1.400	1.880	1.390	0.233	1.600	2.100	1.710	1.190	1.580	1.970	1.530
	−1.900	−2.540	−1.900	−0.442	−2.710	−3.830	−3.810	−3.470	−3.730	−3.790	−2.690
温升荷载	−0.082	−0.118	−0.091	−0.060	−0.426	−0.744	−0.974	−1.070	−1.030	−0.842	−0.485
温降荷载	0.115	0.158	0.116	0.071	0.602	1.060	1.400	1.540	1.480	1.210	0.696
最不利组合	1.515	2.038	1.506	0.304	2.202	3.16	3.11	2.73	3.06	3.18	2.226
	−1.982	−2.658	−1.991	−0.502	−3.136	−4.574	−4.784	−4.54	−4.76	−4.632	−3.175

整体刚度为$(2.100 + 3.830)/1650 = 1/278 < 1/250$，满足设计要求。

三、坝陵河大桥

1. 概述

坝陵河大桥为 1088m 双塔单跨钢桁梁悬索桥，加劲梁总长为 1088m，左边中跨比为 0.228，右边中跨比为 0.210，跨径布置为 248m + 1088m + 228m。左侧纵坡为 2.2%，右侧纵坡为 1.0%，主要结构尺寸如图 3-7-13 所示。

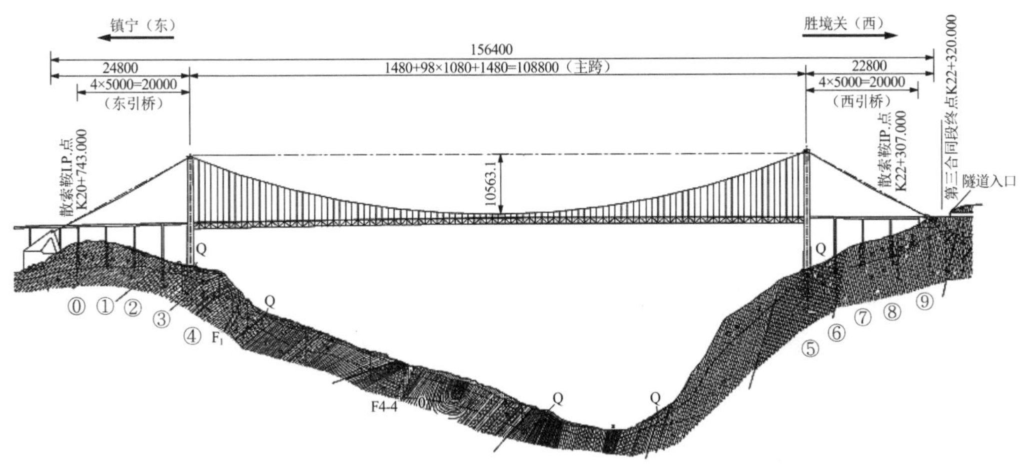

图 3-7-13　坝陵河大桥桥型布置图（尺寸单位：cm）

2. 总体静力计算分析

1）计算模式

总体静力计算采用 MIDAS 程序。应用有限位移理论，采用三维有限元模型计算，全桥共划分为 2984 个节点、4814 个单元，单元及节点的划分如图 3-7-14 所示。全桥结构模型及中央扣局部模型如图 3-7-15 和图 3-7-16 所示。

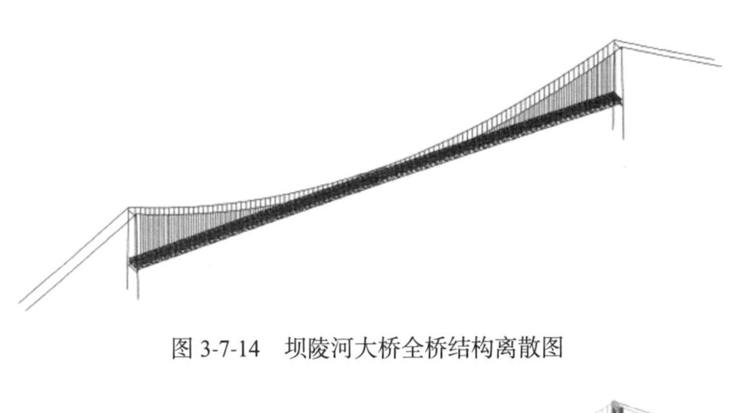

图 3-7-14　坝陵河大桥全桥结构离散图

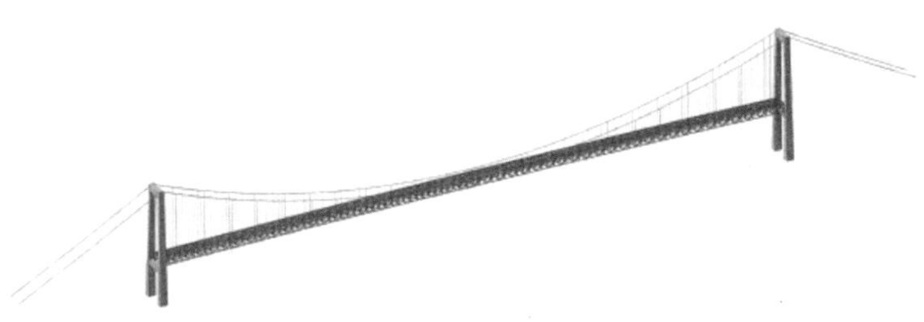

图 3-7-15　坝陵河大桥全桥结构模型图

全桥计算模型由钢桁梁、索塔、主缆和吊索等构成空间结构；主缆和吊索采用索单元，索塔和钢桁梁采用空间梁单元。边界条件：主桥采用单跨简支体系，加劲梁在端部设有竖向和横向线位移约束，塔根部及主缆锚固位置均为固定约束（未考虑索塔基桩刚度影响）。

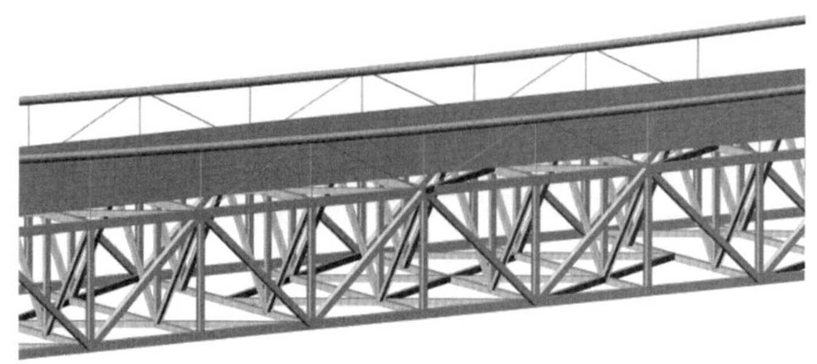

图 3-7-16　坝陵河大桥中央扣局部模型图

2）结构几何特性及物理力学参数

坝陵河大桥主缆参数见表 3-7-34，索塔混凝土材料特性见表 3-7-35。

坝陵河大桥主缆参数　　表 3-7-34

项目		单位	数值	备注
主缆跨长	中跨长	m	1088	
	边跨长	m	248/228	
	边中跨比		1/4.387 1/4.772	
中跨矢度		m	105.631	成桥矢跨比为 1/10.3
主缆根数/间距/架设方法			2/28.0m/PPWS	
主缆钢绞线直径/钢绞线强度		mm/MPa	ϕ5.20/1670	
中缆	股数		208	
	断面积	m^2	0.4019	
	容许应力	MPa	668	
	弹性模量	GPa	200	计算值
吊索	弹性模量	GPa	110	

坝陵河大桥索塔混凝土材料特性　　表 3-7-35

项目	内容		
	单位	数值	备注
重度	kN/m^3	260	
混凝土强度等级		C50	
弹性模量	GPa	34.5	
剪切弹模	GPa	13.8	
泊松比		0.2	

3）计算荷载

（1）汽车荷载和下检修道人群荷载

根据《公路桥涵设计通用规范》（JTG D60—2004）①，汽车荷载采用公路-I级，横桥向按六车道布置计算，横向折减系数取 0.55，纵向折减系数取 0.93；下检修人群荷载采用标准值 2.5kN/m^2，考虑下检修道荷载计算宽度 1.6m。

（2）温度荷载

温度荷载作用情况见比表 3-7-36。其中，合龙温度为 15～20℃。

坝陵河大桥温度作用　　表 3-7-36

项目	材料	
	混凝土	钢结构
升温（℃）	8.8	22.3
降温（℃）	−8.7	−29.1

（3）风荷载

100 年一遇风荷载按照桥位处百年风工况-桥面风速 25.9m/s 计算，与活载组合的风荷载按照桥位处行车工况-桥面风速 25.0m/s 计算。

桥位处百年风工况-桥面风速 25.9m/s：

$$v_{梁} = 25.9\text{m/s}，v_{塔} = 26.3\text{m/s}$$

桥位处行车工况-桥面风速 25.0m/s：

$$v_{梁} = 25.0\text{m/s}，v_{塔} = 25.3\text{m/s}$$

4）荷载组合

组合一：恒载 + 汽车荷载 + 人群荷载。

组合二：恒载 + 汽车荷载 + 人群荷载 + 运营风荷载。

组合三：恒载 + 百年风。

组合四：恒载 + 汽车荷载 + 人群荷载 + 温升荷载 + 运营风荷载。

组合五：恒载 + 汽车荷载 + 人群荷载 + 温降荷载 + 运营风荷载。

5）计算成果

主缆轴力计算结果见表 3-7-37。

坝陵河大桥主缆轴力（单侧）（单位：kN）　　表 3-7-37

荷载	位置						
	左锚处	左塔边跨侧	左塔中跨侧	跨中	右塔中跨侧	右塔边跨侧	右锚处
恒载 + 汽车荷载 + 人群荷载	268256	272660	256979	240596	258036	272545	268508
	236852	241258	225964	212536	226892	240920	236882

①该规范现行版本为：《公路桥涵设计通用规范》（JTG D60—2015）。

续上表

荷载	位置						
	左锚处	左塔边跨侧	左塔中跨侧	跨中	右塔中跨侧	右塔边跨侧	右锚处
恒载＋汽车荷载＋人群荷载＋运营风荷载	268355	272759	257266	240190	258319	272658	268621
	236951	241356	226251	212130	227175	241033	236995
恒载＋百年风荷载	236955	241361	226267	212096	227191	241039	237001
恒载＋汽车荷载＋人群荷载＋温升荷载＋运营风荷载	265762	270166	255575	238296	256625	270206	266170
	234359	238764	224560	210236	225481	238581	234544
恒载＋汽车荷载＋人群荷载＋温降荷载＋运营风荷载	271790	276196	259503	242685	260560	275909	271872
	240386	244793	228488	214626	229415	244285	240246

吊索拉力计算结果见表 3-7-38。

坝陵河大桥吊索拉力（单侧）（单位：kN）　　表 3-7-38

荷载	位置				
	中跨 $L/8$ 处	中跨 $L/4$ 处	中跨 $3L/8$ 处	中跨 $L/2$ 处	右塔侧
恒载＋汽车荷载＋人群荷载	1612	1596	1600	589	1147
	1285	1264	1255	201	976
恒载＋汽车荷载＋人群荷载＋运营风荷载	1626	1566	1656	707	1137
	1298	1234	1312	318	967
恒载＋百年风荷载	1315	1250	1328	368	1001
恒载＋汽车荷载＋人群荷载＋温升荷载＋运营风荷载	1626	1568	1653	710	1041
	1298	1236	1310	326	871
恒载＋汽车荷载＋人群荷载＋温降荷载＋运营风荷载	1626	1564	1650	702	1273
	1298	1233	1315	313	1103

钢桁梁杆件轴力计算结果见表 3-7-39。

坝陵河大桥主桁杆件轴力（单位：kN）　　表 3-7-39

荷载	位置					
	主桁上弦杆	主桁下弦杆	主桁斜腹杆	主桁竖腹杆	上平联	下平联
恒载＋汽车荷载＋人群荷载	7913	4686	3900	1409	1843	1843
	−4777	−7958	−2423	−400	−1300	−2068
恒载＋汽车荷载＋人群荷载＋运营风荷载	12819	10159	4075	2003	2352	2600
	−10046	−12998	−2583	−567	−2251	−2595

续上表

荷载	位置					
	主桁上弦杆	主桁下弦杆	主桁斜腹杆	主桁竖腹杆	上平联	下平联
恒载荷载 + 百年风荷载	6396	−6487	1279	1283	1256	1023
恒载荷载 + 汽车荷载 + 人群荷载 + 温升荷载 + 运营风荷载	13226	9755	4389	2001	2205	2611
	−9617	−13392	−2595	−1151	−2470	−2585
恒载 + 汽车荷载 + 人群荷载 + 温降荷载 + 运营风荷载	12283	10692	3631	2005	2646	2583
	−10611	−12476	−2603	−1155	−2177	−2611

注：压为正，拉为负。

钢桁梁挠度计算结果见表 3-7-40、表 3-7-41。

坝陵河大桥钢桁梁竖向位移　　表 3-7-40

工况	位置			
	中跨 $L/8$ 处（m）	中跨 $L/4$ 处（m）	中跨 $3L/8$ 处（m）	中跨 $L/2$ 处（m）
活载	0.82	1.03	0.66	0.31
	−1.34	−1.91	−1.74	−1.47
温升荷载	−0.33	−0.59	−0.74	−0.79
温降荷载	0.44	0.78	0.98	1.04
Z_{max}（活载 + 温度荷载）	−1.67	−2.50	−2.48	−2.26
Z_{max}/L	1/651	1/435	1/439	1/481

坝陵河大桥钢桁梁横向位移　　表 3-7-41

工况	位置			
	中跨 $L/8$ 处（m）	中跨 $L/4$ 处（m）	中跨 $3L/8$ 处（m）	中跨 $L/2$ 处（m）
运营横风-行车	1.46	2.63	3.28	3.47
运营横风-百年	1.57	2.82	3.52	3.72
Y_{max}（横风）	1.57	2.82	3.52	3.72
Y_{max}/L	1/693	1/386	1/309	1/292

梁端水平位移计算结果见表 3-7-42。

坝陵河大桥梁端水平位移（单位：m）　　表 3-7-42

位置	工况						
	活载		温升荷载	温降荷载	纵向风	活载 + 温度荷载	
	Δx_{max}	Δx_{min}				Δx_{max}	Δx_{min}
左梁端	0.26	−0.25	−0.14	0.18	0.036	0.44	−0.39
右梁端	0.25	−0.25	0.14	−0.18	0.036	0.39	−0.43

塔顶水平位移计算结果见表 3-7-43。

坝陵河大桥塔顶水平位移（单位：m）　　表 3-7-43

位置	工况					
	活载		温升荷载	温降荷载	活载 + 温度荷载	
	最大值	最小值			最大值	最小值
左塔顶	0.10	0	0.07	− 0.09	0.17	−0.09
右塔顶	0	−0.09	−0.06	0.08	0.08	−0.15

塔顶最大不平衡水平力结果见表 3-7-44。

坝陵河大桥运营阶段主缆在塔顶产生的最大不平衡水平力（单位：kN）　　表 3-7-44

位置	工况					
	活载		温升荷载	温降荷载	活载 + 温升荷载	活载 + 温降荷载
	max	min				
左塔顶	1563	−2839	−546	733	−3397	2312
右塔顶	2553	−1542	424	−573	2990	−2129

梁端水平位移比较情况见表 3-7-45。

坝陵河大桥梁端水平位移比较表（单位：m）　　表 3-7-45

位置	工况						
	活载		温升荷载	温降荷载	纵向风荷载	活载 + 温度荷载	
	Δx_{max}	Δx_{min}				Δx_{max}	Δx_{min}
无中央扣	0.31	−0.30	−0.14	0.18	0.208	0.49	−0.44
设一对中央扣	0.26	−0.25	−0.14	0.18	0.044	0.44	−0.39
设三对中央扣	0.25	−0.25	−0.13	0.18	0.036	0.43	−0.38

中央扣内力计算结果（六车道）见表 3-7-46。

坝陵河大桥中央扣内力（单侧）——六车道（单位：kN）　　表 3-7-46

荷载	位置					
	左侧中央扣（左）	左侧中央扣（右）	中间中央扣（左）	中间中央扣（右）	右侧中央扣（左）	右侧中央扣（右）
恒载 + 活载 + 温升荷载	1623	2085	1689	1681	2090	1611
	461	1210	1015	1001	1222	44
恒载 + 活载 + 温降荷载	1888	1982	1832	1825	1989	1877
	726	1107	1158	1145	1121	711

四、张靖皋长江大桥南航道桥

1. 概述

张靖皋长江大桥南航道桥采用主跨 2300m 钢箱梁悬索桥方案，缆跨布置为 660m + 2300m + 1220m = 4180m，梁跨布置为 2300m + 717m = 3013m，主缆矢跨比 1/9，主索鞍 IP 点高程 + 345.000m，主缆横向间距 42.9m，标准索距 16m；加劲梁采用扁平流线型钢箱梁，梁高 4.5m，桥型布置如图 3-7-17 所示。

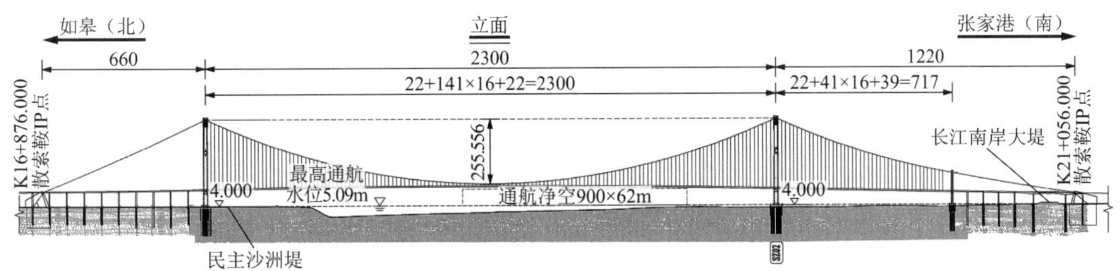

图 3-7-17 南航道桥总体布置图（尺寸单位：m）

2. 总体静力计算分析

1）计算荷载

（1）恒载

钢管混凝土重度 $25kN/m^3$，钢筋混凝土重度 $26kN/m^3$，钢材重度 $78.5kN/m^3$。一期恒载集度 230kN/m，二期恒载集度 90kN/m，恒载合计 320kN/m。主缆及主缆附属（立柱、缠丝、涂装、扶手绳、钢丝绳）合计 66.572kN/m；索夹及吊索锚头荷载见表 3-7-47、表 3-7-48，南航道桥索夹布置如图 3-7-18 所示。

吊索锚头荷载表 表 3-7-47

吊索型号	上锚头（N）	下锚头（N）
5.6-121	4.841	4.841
5.6-121 轴承	4.929	4.929
5.9-211	10.662	10.662

索夹荷载表 表 3-7-48

索夹编号	全桥数量	单件重量（kN）	索夹编号	全桥数量	单件重量（kN）
SJ1	12	127.704	SJ7	28	52.352
SJ2	56	77.420	SJ8	28	44.237
SJ3	44	70.050	SJ9	74	41.287
SJ4	42	65.258	SJ10	12	22.540
SJ5	42	57.516	SJ11	144	20.717
SJ6	42	58.986			

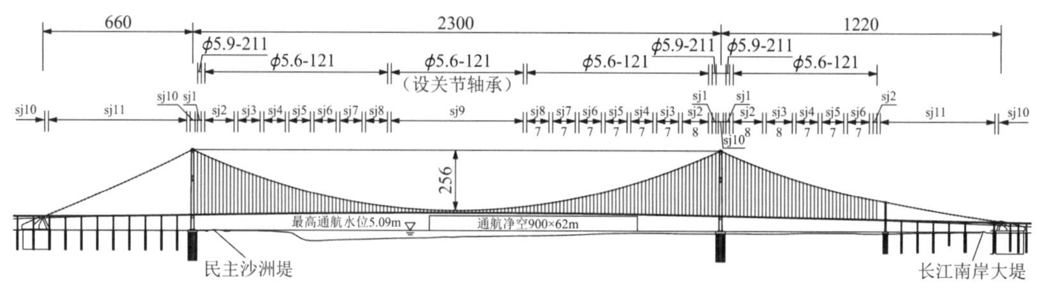

图 3-7-18　南航道桥索夹布置（尺寸单位：m）

（2）汽车活载

本桥采用公路Ⅰ级荷载，考虑按十车道加载，横向折减系数 0.5，纵向折减系数为 0.93，对于主缆、吊索取横向偏载系数取 1.08 计算，则活载的横向分布系数为：$0.93 \times 0.5 \times 1.08 = 5.273$。

（3）风荷载

桥位 10m 高处 100 年一遇工况基本风速为 31.1m/s。与汽车荷载组合的风力按桥面风速 25m/s 计算，超过 25m/s 不与汽车荷载组合。工程场地按照 A 类计算，桥位处风剖面幂指数 $\alpha = 0.12$。加劲梁静风等效荷载相关参数取值详见《超大跨度悬索桥抗风性能试验研究》相关成果报告取三家平行试验单位最不利成果，0°攻角三分力系数 CH = 1.1, CV = −0.159, CM = −0.021；有车风参与组合时 0°攻角三分力系数：CH = 1.7157，CV = −0.1021，CM = −0.0184。

（4）温度荷载

根据气象专题，项目区年平均气温 14.7℃，1 月为最冷月份，平均 2.1℃；7 月为最热月份，平均气温 27.1℃；极端最高气温 38.9℃，极端最低气温 −13.4℃。本项目结构有效温度标准值为：钢桥面板钢桥：47.5℃和 −16.2℃；为此，钢结构升温 32.5℃，降温 −36.2℃。

（5）基础沉降

主墩基础取 0.05m，辅助墩、过渡墩基础取 0.02m，计算各种沉降的组合取最不利效应。锚碇基础沉降与移位按照《公路悬索桥设计规范》（JTG/T D65-05—2015）取值。

2）荷载组合

总体计算主要考虑以下 5 种荷载组合：

组合一：永久作用 + 公路Ⅰ级荷载。

组合二：永久作用 + 公路Ⅰ级荷载 + 温度荷载组合 + 活载顺风。

组合三：永久作用 + 公路Ⅰ级荷载 + 温度荷载组合 + 活载横风。

组合四：永久作用 + 温度荷载组合 + 百年顺风荷载。

组合五：永久作用 + 温度荷载组合 + 百年横风荷载。

永久作用包含恒载、支座沉降及收缩徐变效应。

3）计算模型

（1）计算软件

本桥采用 MIDAS/CIVIL 及中交公路规划设计院自编的 OSIS 软件进行建模计算，并相互校核。

（2）边界条件

① 索塔，辅塔塔底采用节点弹性，各方向刚度与群桩基础一致。

② 加劲梁约束体系布置如图 3-7-19 所示，全桥几何模型如图 3-7-20 所示。

③ 锚碇前锚面处主缆固结约束，散索鞍设置倾斜支撑，纵向可转动。

④ 辅塔顶副索鞍纵向倾斜支撑，可滑动，摩擦因数按照 4%计算。

⑤ 索塔塔顶索鞍纵向可滑动，摩擦因数按 0.1%。

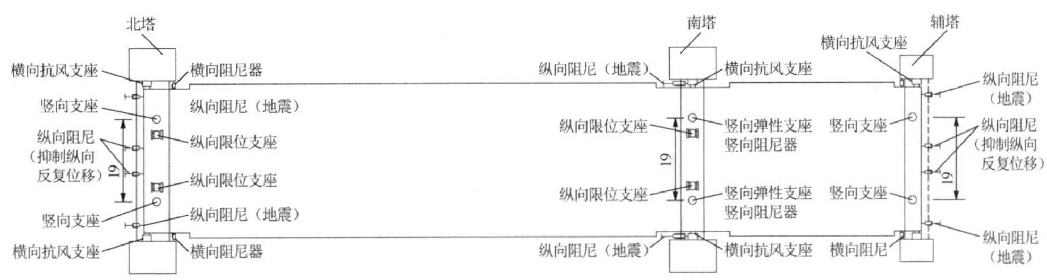

图 3-7-19　加劲梁约束体系布置（尺寸单位：m）

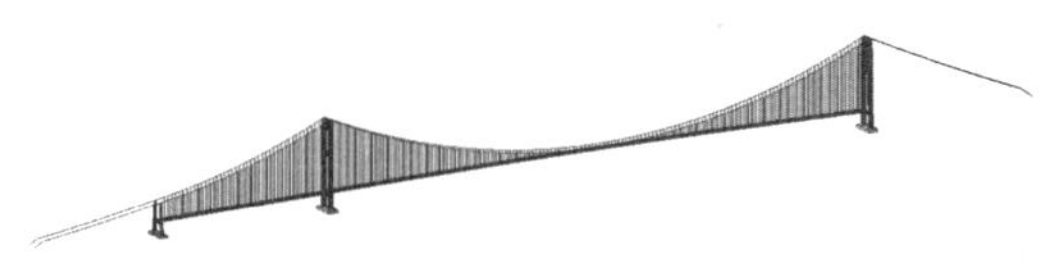

图 3-7-20　南航道桥全桥几何模型

4）主要分析结果

（1）总体刚度

汽车荷载作用竖向位移和竖向转角如图 3-7-21 和图 3-7-22 所示，风载作用加劲梁横向位移和横向转角如图 3-7-23 和图 3-7-24 所示。

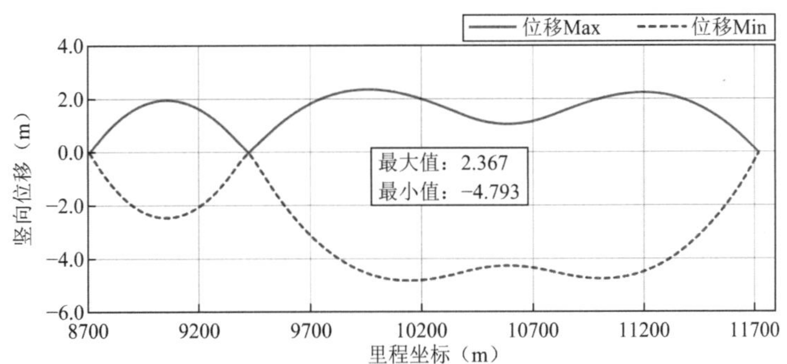

图 3-7-21　南航道桥汽车荷载作用竖向位移

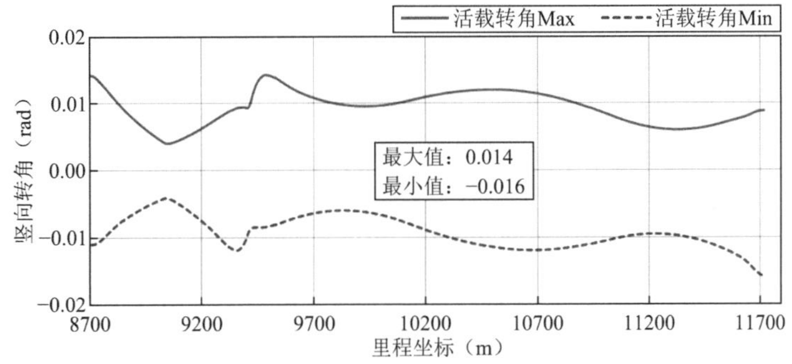

图 3-7-22　南航道桥汽车荷载作用竖向转角

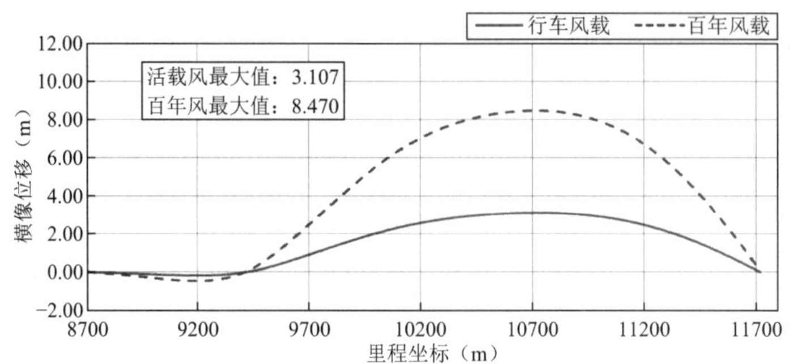

图 3-7-23　南航道桥风载作用加劲梁横向位移

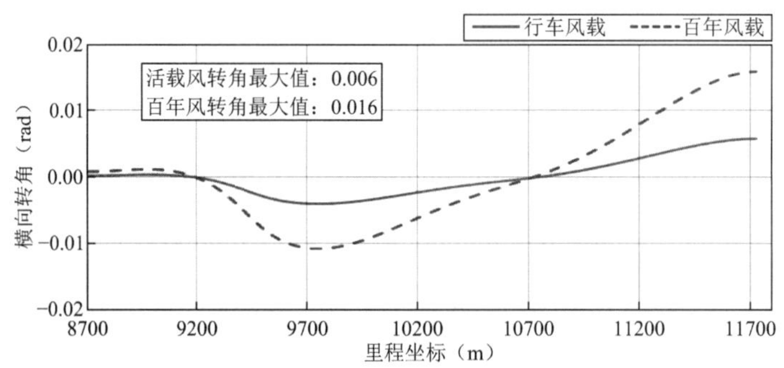

图 3-7-24　南航道桥风载作用加劲梁横向转角

汽车荷载作用下，加劲梁竖向挠度为 −4.793m，挠跨比为 1/480，小于规范要求（$L/250 = 9.2$m），结构竖向刚度满足要求，梁端竖向转角 −0.016rad。

百年风荷载作用下，梁端转角 0.016rad，横桥向最大位移为 8.470m，小于规范要求（$L/150 = 15.3$m），结构横向刚度满足要求；行车风载作用下，横桥向位移为 3.107m，远小于规范的 $L/150$ 要求。

（2）主缆

成桥状态主缆的轴力结果如图 3-7-25 所示，主缆最大轴力为 656979kN，在北岸索塔处达到最大。

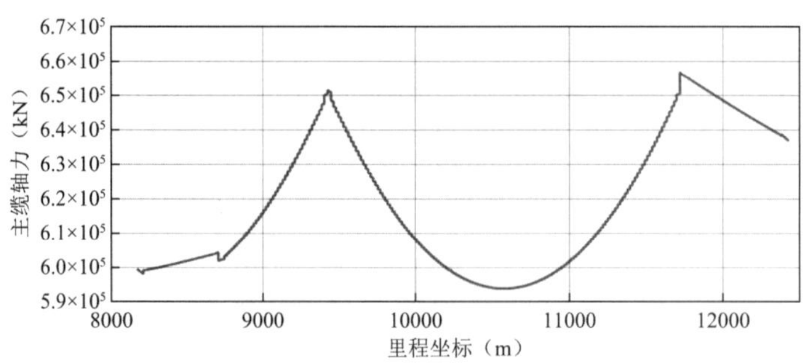

图 3-7-25　南航道桥成桥状态主缆轴力

组合一（恒载 + 活载）荷载作用下（图 3-7-26），主缆最大轴力为 725399.8kN；最不利荷载组合作用下，主缆最大轴力为 738383.1kN（图 3-7-27），均在北塔边跨侧达到最大，主缆安全系数取 2.34。根据《公路悬索桥设计规范》（JTG/T D65-05—2015）按照承载能力极限状态法验算时，控制截面计算应力为 1163MPa，小于主缆钢丝抗拉强度设计值 $2200/1.85 = 1189$MPa，主缆承载能力满足设计要求。

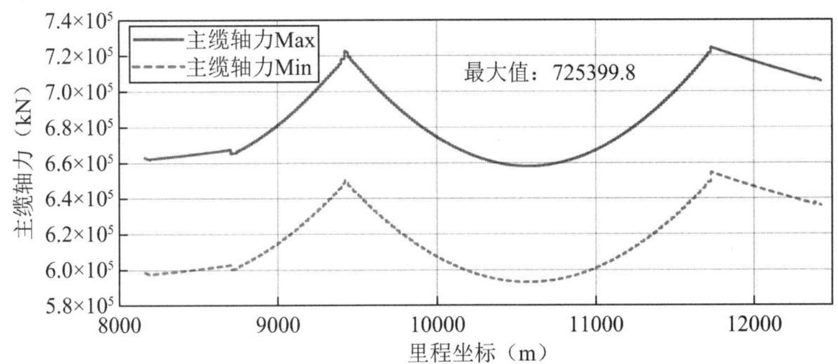

图 3-7-26　南航道桥组合一荷载作用主缆轴力

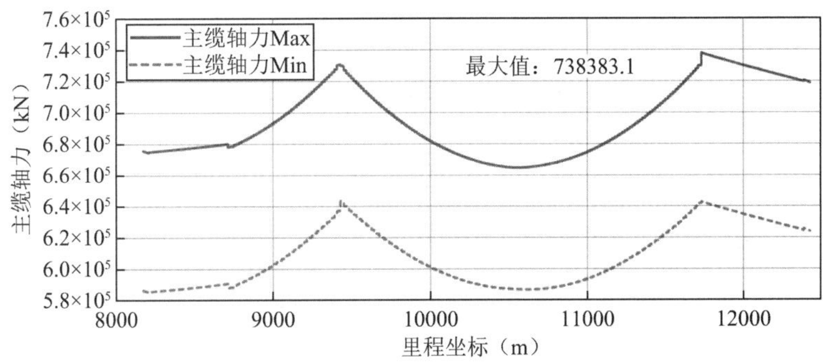

图 3-7-27　南航道桥最不利组合作用主缆轴力

（3）吊索-运营工况

成桥状态吊索的轴力结果如图 3-7-28 所示，吊索最大轴力 4855.2kN，在南塔处达到最大。

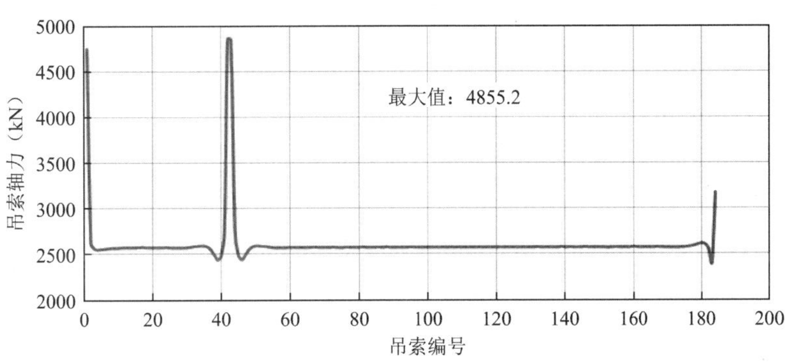

图 3-7-28　南航道桥成桥状态吊索轴力

组合一（恒载 + 活载）标准组合下最大吊索轴力 5720kN，最小值 2239.9kN（图 3-7-29）；最不利荷载组合作用下，吊索最大轴力 5794.1kN，最小轴力 2133.6kN，梁端吊索安全系数取 4.0，普通吊索最小安全系数取 3.1（图 3-7-30）。

根据《公路悬索桥设计规范》（JTG/T D65-05—2015），按照承载能力极限状态法验算时，塔端吊索计算应力 545MPa，一般吊索计算应力 720MPa，小于吊索钢丝抗拉强度设计值 804.5MPa，吊索承载能力满足设计要求。

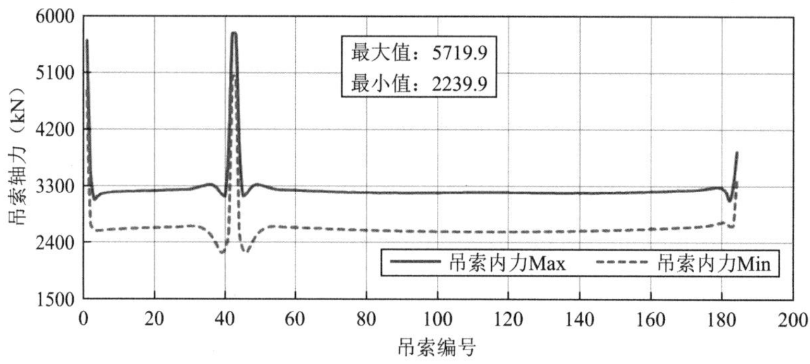

图 3-7-29　南航道桥组合一作用吊索轴力

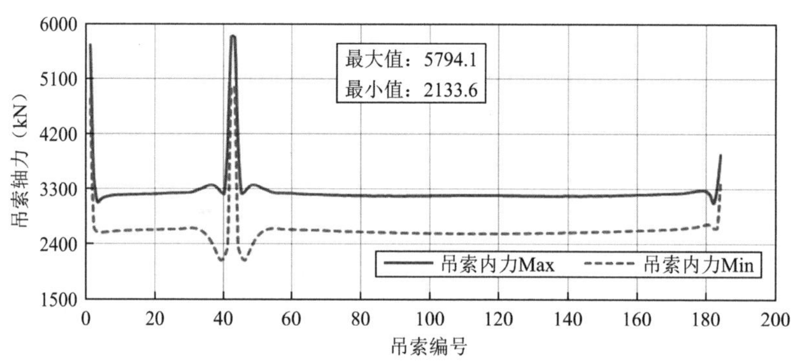

图 3-7-30　南航道桥最不利组合作用吊索轴力

（4）吊索-断索及换索工况

由表 3-7-49 计算可知，断吊索以及吊索更换工况，吊索均有较大安全储备。

断吊索及更换吊索安全系数　　表 3-7-49

工况	参数	端吊索	1/4 吊索	1/2 吊索
最不利组合-十车道计算	更换时截面力	2897	1601.5	1602.5
	安全系数（＞3.0）	4.03	3.29	3.29
更换吊索-七车道计算	更换前	2443	1305	1287
	追加力	383	177	281
	活载力	225	242	336
	更换时截面力	3051	1724	1904
	安全系数（＞2.0）	3.82	3.06	2.77
更换吊索-八车道计算	更换前	2443	1305	1287
	追加力	383	177	281
	活载力	247	266	370
	更换时截面力	3073	1748	1937
	安全系数（＞2.0）	3.79	3.02	2.72
1 根吊索破断 1 倍冲击	破坏前	2443	1305	1287
	追加力	383	177	281

续上表

工况	参数	端吊索	1/4 吊索	1/2 吊索
1 根吊索破断 1 倍冲击	破坏时截面力	3209	1659	1848
	安全系数（＞1.5）	3.63	3.18	2.85
2 根吊索破断	破坏前	1519	1303	1287
	追加力	621	360	569
	破坏时截面力	2140	1663	1856
	安全系数（＞1.5）	5.45	3.17	2.84

（5）加劲梁

① 内力

成桥状态，加劲梁最大弯矩 68432kN · m；在汽车荷载组合（组合一）作用下，加劲梁最大弯矩为 332940.1N · m；最小弯矩为 −317573.1kN · m（图 3-7-31）；在运营纵风载组合（组合二）作用下，加劲梁最大弯矩为 411841.8kN · m；最小弯矩为 −413663.1kN · m（图 3-7-32）。在极限横风（组合五）作用下，加劲梁横向弯矩最大值为 2388375kN · m（图 3-7-33）。

② 应力

成桥状态，加劲梁应力最大值为 25.3MPa（拉），最小值为 −10.6MPa（压）。在汽车荷载组合（组合一）作用下，加劲梁上缘最大应力为 62.7MPa（拉）；最小值为 −66MPa（压）；加劲梁下缘最大应力为 124MPa（拉）；最小值为 −118MPa（压）；在最不利荷载作用下，加劲梁最大应力为 181MPa（拉）；最小值为 −182MPa（压）。

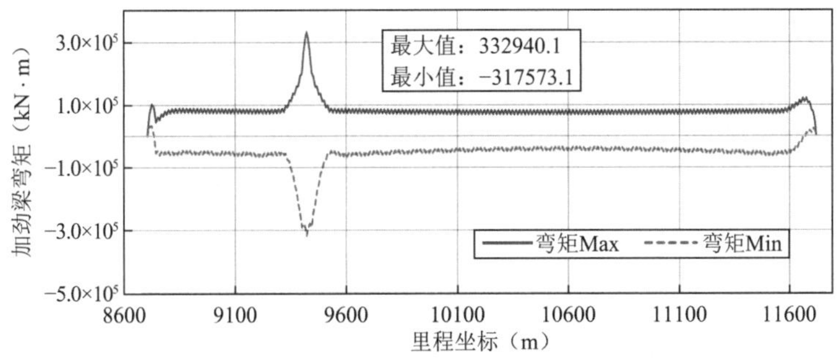

图 3-7-31　南航道桥组合一作用加劲梁弯矩

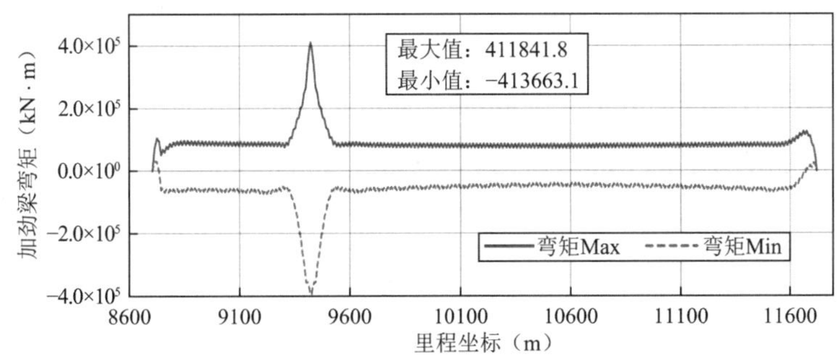

图 3-7-32　南航道桥组合二作用加劲梁弯矩

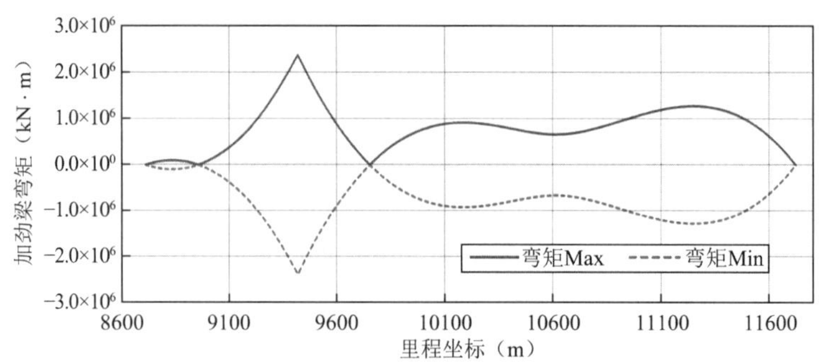

图 3-7-33　南航道桥组合五作用加劲梁弯矩

（6）索塔

南航道桥采用悬索桥主缆自平衡体系，报告中给出南塔结构响应结果。

① 组合索塔-钢箱内力（单塔柱）

成桥状态塔底轴力为 597802kN，塔顶轴力为 252357kN；横向弯矩为 68489kN · m。

组合一作用下，索塔最大轴力为 623257kN；索塔纵向弯矩最大值为 335876kN · m，纵向弯矩最小值为 −212444kN · m。

组合二作用下，索塔最大轴力为 625001kN；索塔纵向弯矩最大值为 920292kN · m，纵向弯矩最小值为 −789774kN · m。

组合三作用下，索塔最大轴力为 650342kN；索塔横向弯矩最大为 562761kN · m。

组合四作用下，索塔最大轴力为 6000452kN；索塔纵向弯矩最大为 1071637kN · m，纵向弯矩最小值为 −1071637kN · m。

组合五作用下，索塔最大轴力为 684239kN；索塔横向弯矩最大为 1269821kN · m。

② 组合索塔-钢管混凝土内力（单塔肢）

成桥状态索塔塔底轴力为 448754kN，塔顶轴力为 289121kN；横向弯矩为 17611kN · m。

组合一作用下，索塔最大轴力为 482772kN，最小轴力为 288702kN；索塔纵向弯矩最大值为 467345kN · m，纵向弯矩最小值为 −295441kN · m。

组合二作用下，索塔最大轴力为 487697kN，最小轴力为 285074kN；索塔纵向弯矩最大值为 1238965kN · m，纵向弯矩最小值为 −1058221kN · m。

组合三作用下，索塔最大轴力为 523978kN，最小轴力为 281082kN；索塔横向弯矩最大值为 329728kN · m，横向弯矩最小值为 −331778kN · m。

组合四作用下，索塔最大轴力为 452548kN，最小轴力为 282476kN；索塔纵向弯矩最大值为 1386357kN · m，纵向弯矩最小值为 −1386357kN · m。

组合五作用下，索塔最大轴力为 572506kN，最小轴力为 263604kN；索塔横向弯矩最大值为 801606kN · m，横向弯矩最小值为 −832409kN · m。

组合索塔-钢箱应力见表 3-7-50。

组合索塔钢-箱应力（单位：MPa）　　表 3-7-50

工况	成桥状态	组合一应力	最不利组合应力
最大	−71	−72	−18
最小	−122	−147	−242

组合索塔-钢管混凝土名义应力见表 3-7-51。组合索塔-钢箱应力、组合索塔-钢管混凝土应力分别如图 3-7-34、图 3-7-35 所示。

组合索塔-钢管混凝土名义应力（单位：MPa）　　表 3-7-51

工况	成桥状态	组合一应力	最不利组合应力
最大	−7	−7	7
最小	−11	−14	−28

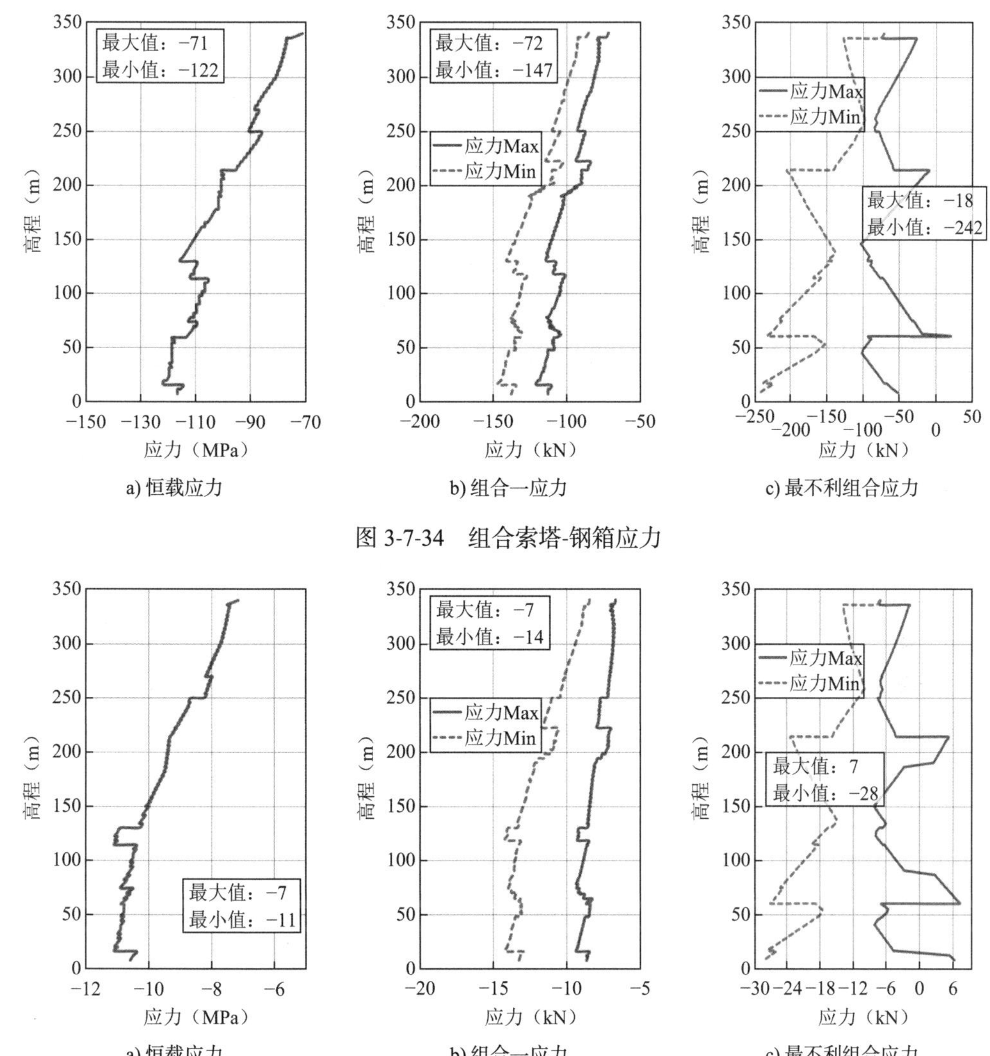

图 3-7-34　组合索塔-钢箱应力

图 3-7-35　组合索塔-钢管混凝土应力

（7）辅塔

成桥状态索塔塔底轴力为 207008kN，塔顶轴力为 13120kN。

组合一作用下，索塔最大轴力为 207621kN；索塔纵向弯矩最大为 101435kN · m。

组合二作用下，索塔最大轴力为 208930kN；索塔纵向弯矩最大为 155650kN · m。

组合三作用下，索塔最大轴力为 209863kN；索塔横向弯矩最大为 422696kN · m。

组合四作用下，索塔最大轴力为 208385kN；索塔纵向弯矩最大为 128302kN · m。

组合五作用下，索塔最大轴力为 208164kN；最大横桥向弯矩为 501752kN · m。

（8）支座反力

支座反力计算见表 3-7-52。

支座反力计算 表 3-7-52

位置	活载		最不利组合应力	
辅塔左	4196	−6435	1480	−9339
辅塔右	4960	−5351	2244	−8255
南塔左	3932	−7666	5305	−9545
南塔右	3654	−6235	5027	−8114
北塔左	4796	−7581	3338	−9253
北塔右	5984	−5931	4527	−7603

南航道桥方案一自振特性的周期及振型描述见表 3-7-53，振型形状如图 3-7-36～图 3-7-38 所示。

结构前 20 阶自振频率 表 3-7-53

阶数	频率（Hz）	振型特征
1	0.0363	正对称侧弯
2	0.0595	加劲梁纵飘
3	0.0745	反对称侧弯
4	0.0821	正对称竖弯
5	0.0883	反对称竖弯
6	0.1089	正对称竖弯
7	0.1271	正对称侧弯
8	0.1414	反对称竖弯
9	0.1426	反对称竖弯
10	0.1466	主缆振动
11	0.1481	主缆振动
12	0.1515	主缆振动
13	0.1548	主缆振动
14	0.1583	正对称扭转
15	0.1686	反对称扭转

续上表

阶数	频率（Hz）	振型特征
16	0.1726	加劲梁侧弯 + 主缆振动
17	0.1751	主缆振动
18	0.1812	正对称竖弯
19	0.1832	加劲梁侧弯 + 主缆振动
20	0.2001	主缆振动

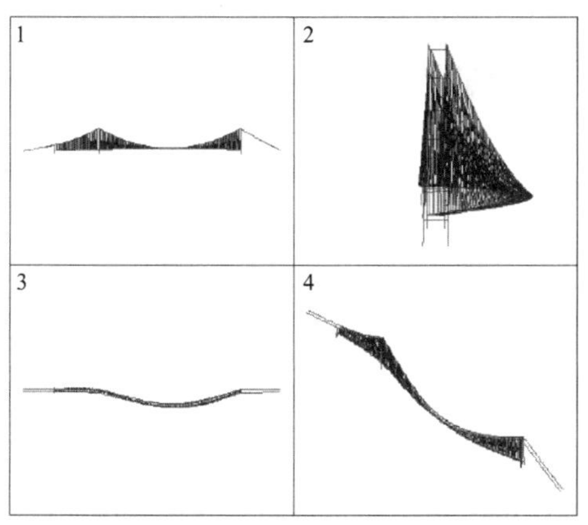

图 3-7-36　第 1 阶阵型（正对称侧弯）

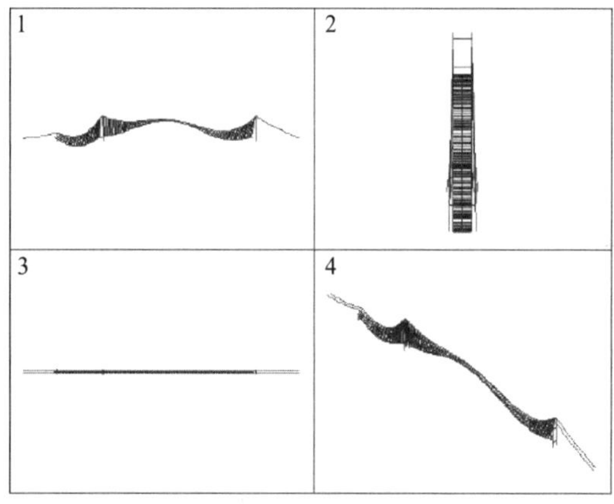

图 3-7-37　第 4 阶阵型（正对称竖弯）

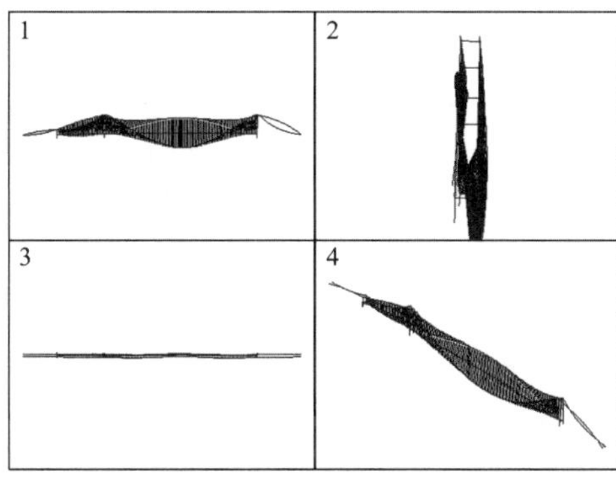

图 3-7-38　第 14 阶阵型（正对称扭转）

第四章

索 塔 设 计

第一节　功能与原则

一、索塔功能

索塔是悬索桥支撑主缆的结构，既作为悬索桥的主要承重结构，同时又是体现悬索桥整体景观的标志性构件。索塔设计不仅要注重其结构类型的选择，同时还应重视其造型、断面形状、外观色彩等景观设计。因此，索塔应具有满足结构受力、景观、检修维养以及可能的登塔观光等多方面的功能。

1. 索塔的结构受力功能

索塔应具有足够的抗压、抗弯、抗扭能力，满足压屈稳定性、结构刚度等要求，还应具有足够的延性，能承受由恒载、风荷载、温度荷载、船舶撞击荷载、地震荷载、施工荷载等荷载组成的不同荷载组合的作用。

2. 索塔的景观功能

随着我国桥梁事业的蓬勃发展，桥梁的景观设计越来越受到工程师们的重视。特别对于特大跨径桥梁，往往成为一个城市、一个地区的标志性建筑物。一个结构的美主要体现在其外在形象的自然属性，如形、线、光、色、质、音等，以及它们之间的组合关系。悬索桥在众多桥型结构中，其三条线，即竖直的塔、曲线的缆索、水平的加劲梁及桥面系，空间透视感极好，突出了悬索桥轻盈、高耸、简洁的形象。索塔将竖向及斜向心理引诱线引向塔顶，形成人们瞩目的重要部位。高耸挺拔气势夺人的塔，配以轻柔的索、水平延伸的加劲梁，这些都突出了索塔作为主体的主导地位，形成了悬索桥突出的个性和鲜明的形象。

从美学角度讲，索塔不宜太纤细而显得柔弱，结构要简洁而有一定的力度感。

（1）线条

线条能产生一种视觉上的联系，而且是视觉艺术中各因素之间最为直接的联系和沟通方式。线条既有独立性，又能分隔它所在的块面成为形、体的一个构成因素；既能产生和谐，又能产生动态的紧张。不同直线的斜度也会让人联想到人运动时的动感。所以往往为了寻求对人视觉上的刺激、振动和迁移，常采用斜线的动势来反映力传递的速度和力度。

两条直线上窄下宽，力量分散，减轻地基荷载集度，突出了稳定感。曲线所表现出的活力和动势给人一种轻巧飘逸的感觉。直线与曲线的结合使用，往往形成我们桥梁结构的主体轮廓造型。

（2）比例与尺度

比例的问题广泛存在于桥梁结构设计中，如桥梁结构整体或局部本身三维尺寸关系，桥梁结构整体与局部或局部与局部之间的三维尺寸关系，桥梁结构实体部分与空间部分的比例关系，另外还有凸出部分和凹进部分、高起部分和低落部分的比例关系等。0.618（黄金分割比）及整数平方根所形成的级数是索塔设计中常用的比值。

（3）索塔的色彩与装饰

桥梁的色彩同结构造型一样是决定桥梁美的重要因素。人们目视一个物体，是以“形”和“色”来加以区分的。桥梁不是单独孤立存在而被人观赏，它必然是与周围的环境物象一起映入人们的眼帘，成为景观的一个重要组成部分而存在。也就是说，索塔的色彩是作为环境色的一个重要因素而展示它的形象，所以索塔的色彩设计不是无足轻重。尤其对钢塔，除锈涂色是防腐的一个工序，其色彩设计又变成极其必然的事情。

3. 检查维修功能

为使索塔能承担正常的运营和景观功能，索塔应具备可供养护人员检查维修用的必要通道（电梯或升降机）、楼梯、栏杆、照明等设施。

4. 其他功能

索塔设计时应考虑避雷设施以及航空限高标志灯的设置，桥下有通航要求的桥梁还应设置索塔轮廓（边界）警示灯。

二、设计原则

根据受力，索塔可按刚性索塔、柔性索塔和半刚半柔索塔三种模式进行设计。目前，悬索桥钢筋混凝土索塔设计一般按半刚半柔索塔进行设计，钢索塔一般按柔性索塔设计，钢-混凝土组合索塔一般介于钢筋混凝土索塔及钢索塔之间，其设计原则为：

（1）索塔基础形式应根据地形、地质、水文条件确定，并根据地质条件及结构受力要求合理选择基底持力层。

（2）索塔设计除应满足结构强度、刚度、稳定性等要求外，还应考虑经济合理、方便施工、造型美观及耐久性等要求。

（3）索塔的高度应根据主缆垂度、加劲梁高度及线形、通航净高及航空限高等确定。

（4）当主缆与吊索在同一平面时，索塔通常采用由两侧塔柱及横梁组成的门式钢架结构，两塔柱塔顶处的横桥向宽度由两主缆间距确定，桥面处的横桥向宽度由桥面净宽或加劲梁全宽确定，并预留适当间隙。当主缆与吊索不在同一平面，呈空间状布置时，可采用其他形式的索塔。

（5）索塔可采用钢筋混凝土索塔、钢索塔或钢-混凝土组合索塔，本书中的钢-混凝土组合索塔主要包括钢混索塔，如马鞍山长江大桥、鹦鹉洲长江大桥，下塔柱为混凝土塔柱，上塔柱为钢塔柱；钢壳混凝土组合索塔，如张靖皋长江大桥南航道桥辅塔、狮子洋大桥索塔；钢箱-钢管约束混凝土组合索塔，如张靖皋长江大桥南航道桥索塔。地震作用影响较大时，宜优先选择适应变形能力较强的索塔结构形式（如钢索塔、钢混组合索塔）。

（6）混凝土塔柱及横梁宜采用空心截面形式；钢塔柱及横梁可采用单室或多室箱形、十字形、T 形截面等形式。钢-混凝土组合塔柱及横梁应结合建设条件特点，根据安全、耐久、适用、环保、经济及美观综合选用结构形式，可采用钢壳混凝土组合索塔、钢箱-钢管约束混凝土组合索塔。

（7）索塔设计时必须考虑索塔的施工方案和为确保施工精度所采取的措施。

（8）索塔设计还必须满足维修养护等功能的要求。

三、设计条件

1. 基础资料

（1）地质资料

索塔所处的地形、地貌，覆盖层厚度、土质、桩周摩阻系数、容许承载力，基岩埋深、风化层厚度、各岩层的强度，地下水情况及对混凝土的腐蚀性等。索塔基础位置应尽量避开不良地质区域。

（2）水文资料

桥址处历年最大流量及相应水位、历年最小流量及相应水位、多年年平均流量及相应水位和桥轴断面平均流速、设计流量及相应水位和桥轴断面平均流速、频率、20年一遇流量及相应水位、历年平均最高和最低水位差。月平均水位过程曲线、基础最大冲刷深度以及计算波浪力所需的波浪资料等。

（3）气象资料

桥址区域月平均气温（月平均最高气温、月平均最低气温）、多年年平均气温、极端最高气温、极端最低气温。

多年年平均降水量、历年年最大降水量。相对湿度和最大冻土深度。

历年最大风速及最多风向及频率（或风速、风向玫瑰图）。

桥位10m高度处100年、50年、30年、10年一遇10min平均最大风速，风速随高度变化规律等。

（4）地震动参数

应取得基岩水平峰值加速度及在一定阻尼比（0.02）的动力放大系数，场地加速度时程和位移时程等资料。

（5）其他

桥位的航空限高。若桥位位于民航（军用）机场的起降范围内，索塔高度需通过专题研究，并经航空主管部门批准。

桥下通航净空尺度及船舶撞击力标准，需通过专题研究确定，并经过交通运输部或省级交通主管部门的批复。

2. 材料参数

钢筋混凝土索塔塔柱及横梁一般采用C50及以上混凝土，横梁一般为预应力混凝土结构。

钢索塔宜采用牌号Q355D及以上的钢材。

钢-混凝土组合索塔应根据不同的索塔结构形式选用不同的材料参数。钢壳混凝土组合索塔一般采用C50及以上补偿收缩混凝土，对于较大跨径悬索桥可采用C80及以上补偿收缩混凝土；横梁一般为钢横梁或钢壳混凝土组合横梁；钢箱-钢管约束混凝土组合索塔宜采用Q355D强度及以上的钢材，钢管直径根据受力需要确定，钢管内宜填充C60以上自密实补偿收缩混凝土，横梁一般为钢横梁。

3. 结构参数

悬索桥结构参数主要包括：跨径、主缆矢跨比、桥面净宽、主缆横桥向间距、加劲梁高度及线形、主索鞍重量及高度、下塔柱高度、塔柱斜率及外形，塔柱截面尺寸及壁厚、横梁截面尺寸及壁厚，钢材牌号及板厚等。

4. 荷载参数

悬索桥荷载参数主要包括：施工、运营阶段主缆作用于塔顶的竖向力及水平力，加劲梁作用于下横梁的支座反力，阻尼装置对下横梁的作用荷载、索塔自身所受温度作用、风荷载及地震、船撞等。

四、设计流程

1. 初步设计阶段

初步设计首先应根据大桥总体布置确定索塔位置，进行地质钻探以取得索塔位置的地质资料；根据主桥跨径及主缆的矢跨比确定塔高，结合建设条件特点，根据安全、耐久、适用、环保、经济及美观等要求，综合选用确定索塔及横梁结构形式；初步拟定索塔尺寸，进行结构受力分析，根据受力分析情况决定是否修正断面尺寸；进行横框架计算，根据计算结果决定横梁道数、是否需进一步修正横梁断面尺寸。然后进行空间及抗风、抗震、整体稳定性分析计算，全部计算结果满足要求后，即可绘制索塔一般构造图。拟定施工方案，计算工程数量。初步设计阶段一般选择两种或两种以上塔形进行同等深度的比较，初步设计阶段索塔设计流程如图 4-1-1 所示。

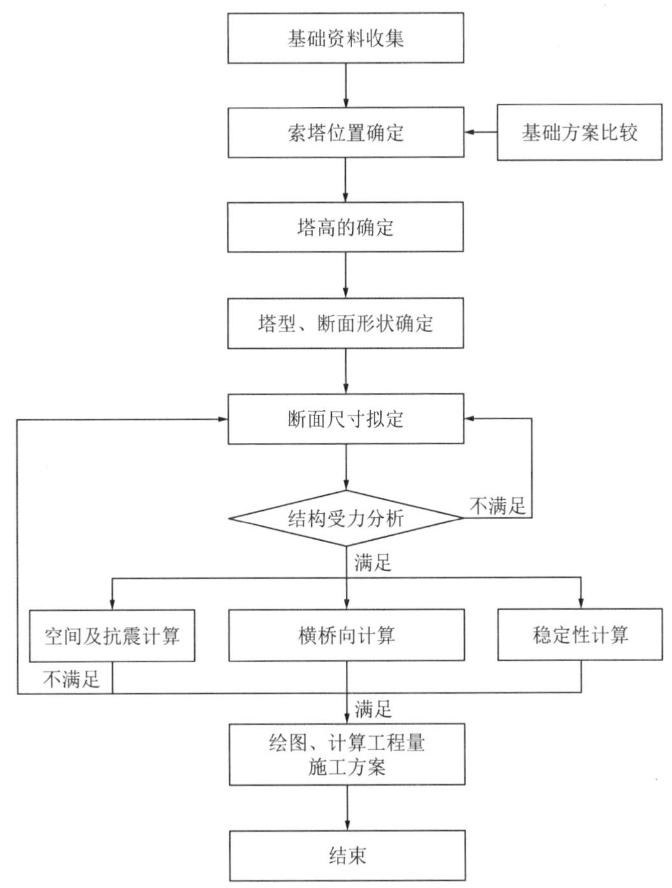

图 4-1-1　索塔初步设计阶段设计流程图

2. 施工图设计阶段

施工图设计根据初步设计批复的索塔形式进行全桥总体计算，进一步优化、细化索塔构造及尺寸，进行顺桥向、横桥向及空间静力计算，抗震及整体稳定性计算，抗风性能分析；绘制结构图及钢筋图，计算工程数量；拟订施工方案，对设计要点以及施工应注意的事项进行详细说明，施工图设计阶段索塔设计流程如图 4-1-2 所示。

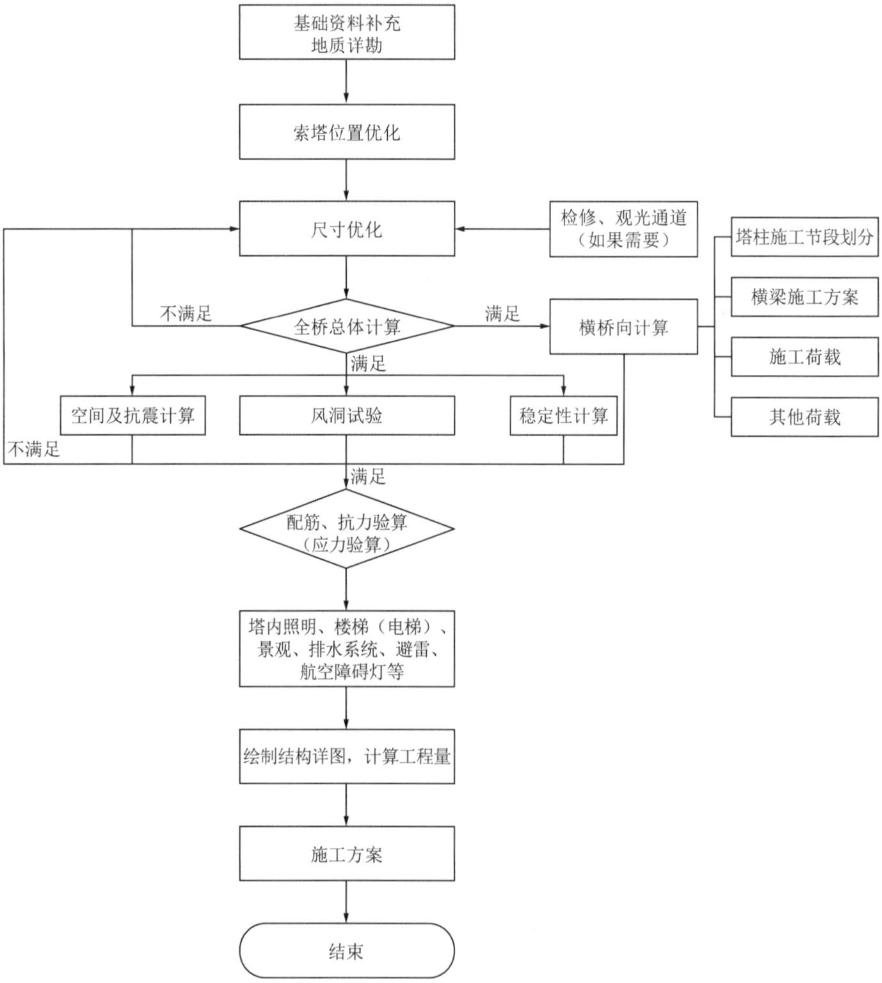

基础资料补充
地质详勘

索塔位置优化

尺寸优化

检修、观光通道
（如果需要）

全桥总体计算

不满足

满足

横桥向计算

塔柱施工节段划分

横梁施工方案

施工荷载

其他荷载

满足

空间及抗震计算

风洞试验

稳定性计算

不满足

满足

配筋、抗力验算
（应力验算）

塔内照明、楼梯（电梯）、
景观、排水系统、避雷、
航空障碍灯等

绘制结构详图，计算工程量

施工方案

结束

图 4-1-2　索塔施工图设计阶段设计流程图

第二节　主要类型与选择

一、主要类型

悬索桥索塔一般以减少塔顶不平衡水平力，降低塔柱弯矩，节省工程数量，同时又能满足主跨加劲梁刚度要求为目标。

根据材料和塔底连接方式不同，索塔可分为：石砌圬工索塔、摆动式钢索塔、下端固结钢索塔、钢筋混凝土索塔以及钢-混凝土组合索塔等。石砌圬工索塔、摆动式钢索塔在现代悬索桥中已基本不采用。

根据外形不同，索塔形式可分为：门形框架式（图 4-2-1、图 4-2-2）、桁架式（图 4-2-3）、独柱式（图 4-2-4），其中门形框架式索塔最为常见。大跨度多塔（3 塔及以上）悬索桥中塔的刚度应适当，以同时满足缆鞍抗滑需求及主跨竖向刚度要求，可采用顺桥倒 Y 形钢塔（如泰州大桥）、I 形组合索塔（如马鞍山长江大桥）、主索鞍内增设摩擦板提高摩擦因数的形式（如瓯江北口大桥）。索塔形式的选择主要依据受力要求、景观及总体结构布置以及主缆布置等确定。

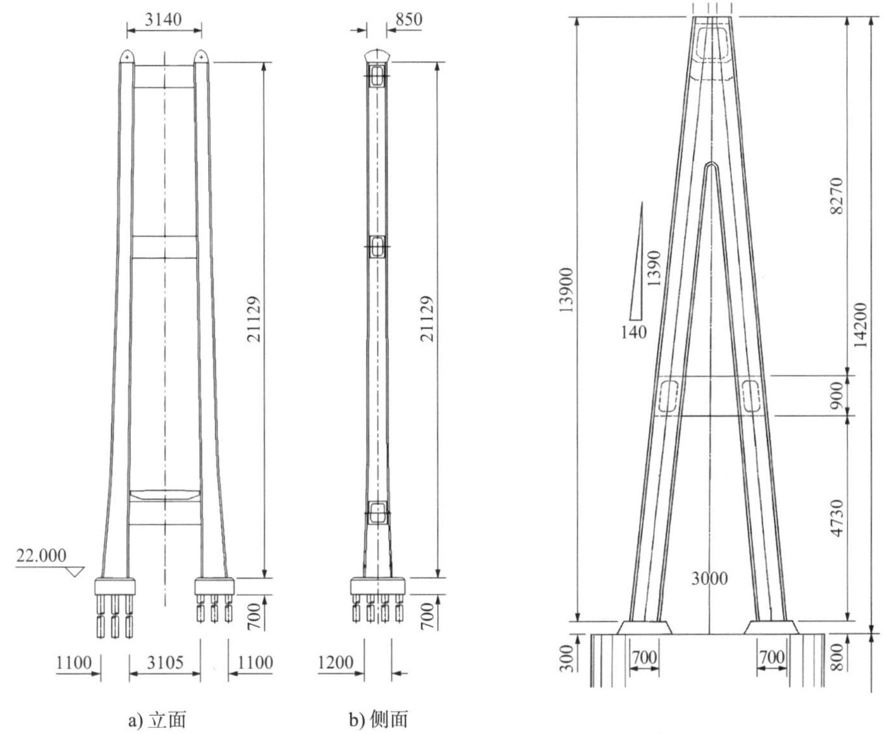

a) 立面　　b) 侧面

图 4-2-1　西堠门大桥索塔（尺寸单位：cm）　图 4-2-2　瓯江北口大桥索塔（尺寸单位：cm）

a) 立面　　b) 侧面

图 4-2-3　乔治·华盛顿大桥索塔（尺寸单位：m）

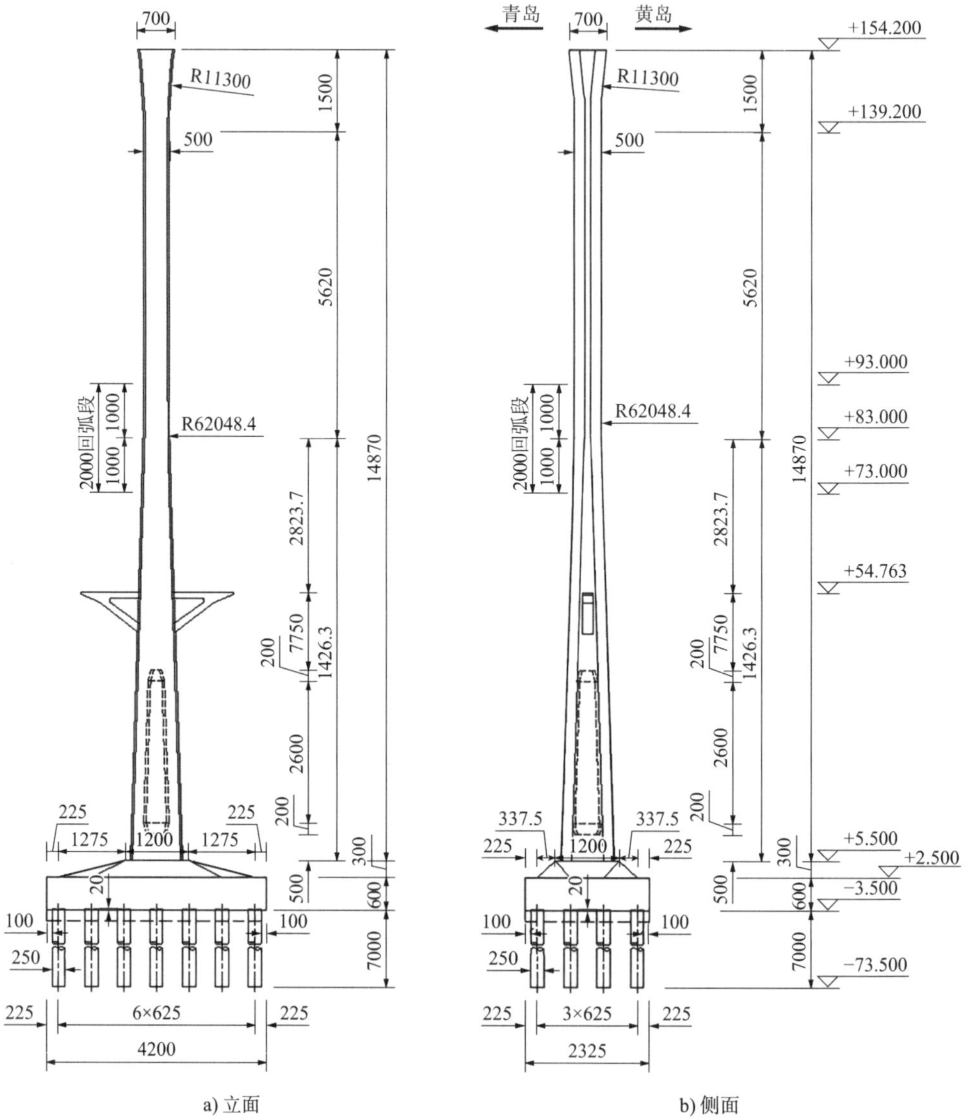

a) 立面　　b) 侧面

图 4-2-4　青岛胶州湾大桥大沽河索塔（尺寸单位：cm）

现代悬索桥采用门形框架式索塔比较多，门形框架式索塔可分单层和多层横梁形式。这种形式在外观上明快简洁，可用于混凝土索塔、钢索塔及钢-混凝土组合索塔。

桁架式索塔在两根塔柱之间，除了有水平的横梁之外还具有若干组交叉的杆，形成桁架式结构。该结构形式在材料用量、索塔受力、刚度等方面具有一定的优越性，由于混凝土交叉斜杆施工有一定的困难，因此该形式的索塔一般均采用钢结构，现代悬索桥已采用较少。

独柱式和倒V形或菱形索塔，一般在小跨径单缆悬索桥或自锚式悬索桥中采用，如青岛胶州湾大桥大沽河索塔（图 4-2-4）。

二、混凝土索塔形式

1960 年前后，欧洲开始在大跨径悬索桥中采用混凝土索塔，最为典型的是 1981 年建成的英国亨伯桥以及 20 世纪 90 年代建成的丹麦大贝尔特桥。我国建造的悬索桥中，混凝土索塔也得到了广泛的应用。

混凝土索塔一般采用门形框架式，塔柱以一定的斜率向外倾斜，形成八字形，或者在桥面以上塔柱为八字形，桥面以下采用竖直设置，也可以采用向内倾斜，形成钻石形索塔（图 4-2-5）。横梁外观有直线形、圆弧形、折线形等，也有将横梁延伸至塔柱外侧，作为装饰。

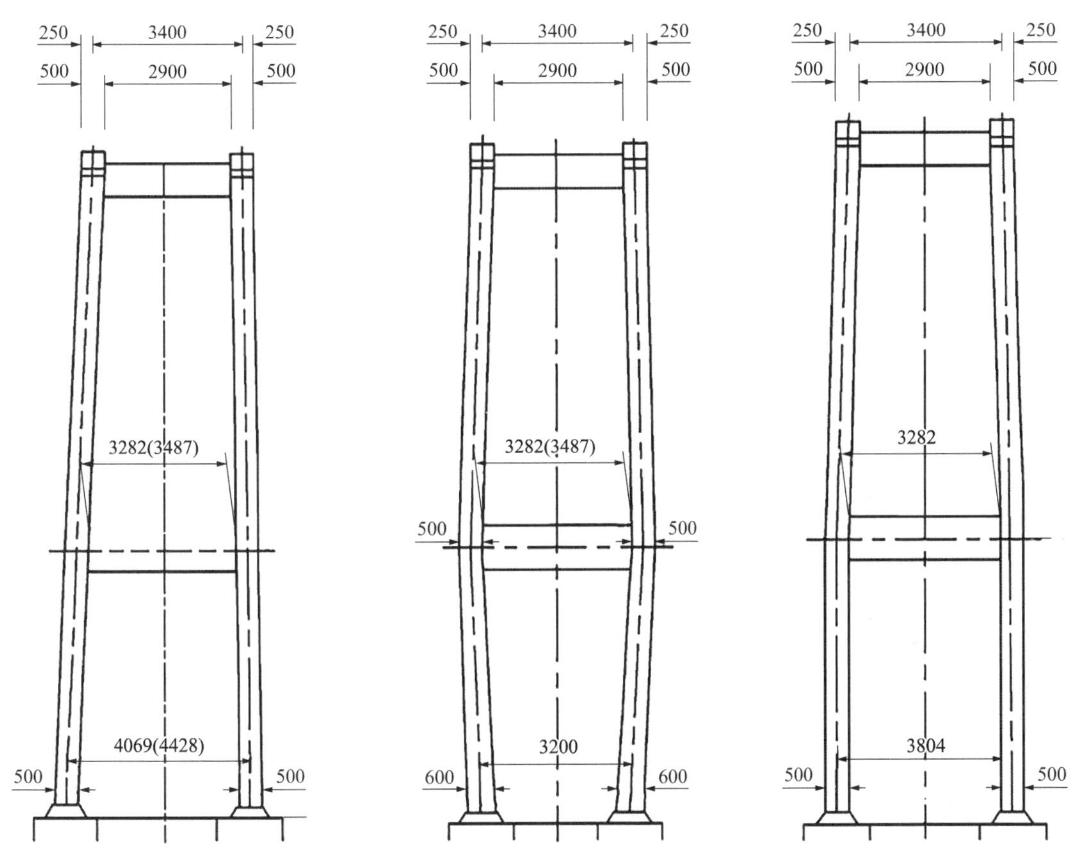

图 4-2-5　门形框架式索塔三种下塔柱形式（尺寸单位：cm）

混凝土索塔具有材料价格低、易养护、刚度大、连续浇筑施工方便、不需要大型吊装设备等特点，特别在发展中国家由于劳动力成本低，其造价优势更为明显。因此，该类型索塔目前在国内外应用最为广泛，但该类型索塔耐久性以及桥梁全寿命结束后的可回收性较差。

混凝土索塔塔柱一般采用单室空心断面，最常见的断面形式是带倒角的四边形，如图 4-2-6 和图 4-2-7 所示。从景观和提高抗风性能出发，断面形式从四边形继续演变，常见的有 D 字形断面或六边形断面等。圆弧面或倒角面一般布置在顺桥向朝外侧的一面，而顺桥向内侧面一般设置成直线段，有利于提高抗风效果及景观效果。塔柱的壁厚根据受力确定，一般从下往上逐渐减小；横梁处由于受力比较复杂，同时考虑到刚度的过渡，该处塔柱壁厚应适当增加，上下塔柱壁厚的过渡也在该区段内进行。

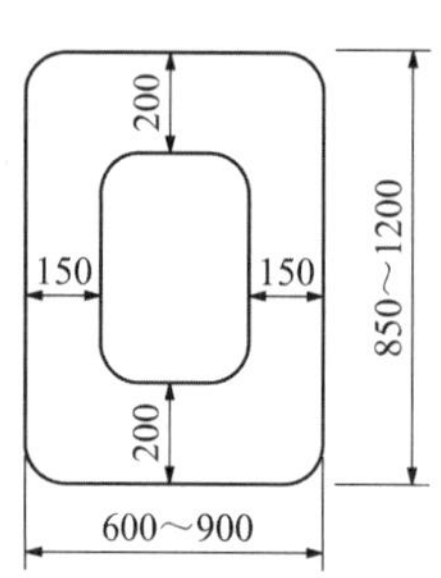

图 4-2-6　阳逻大桥塔柱断面（尺寸单位：cm）

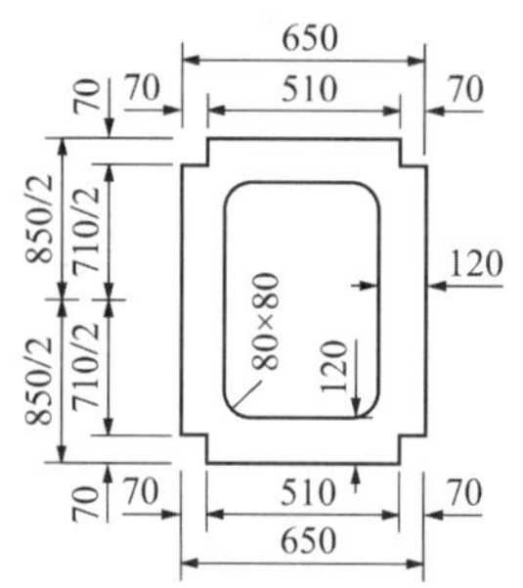

图 4-2-7　西堠门大桥塔柱断面（尺寸单位：cm）

通常在塔顶和加劲梁梁底分别设置横梁，其间是否设置横梁以及设置的位置应根据塔柱受力以及景观要求确定，一般采用黄金分割原理确定。加劲梁梁底至承台间是否增设横梁主要由下塔柱高度决定。

横梁一般采用箱式预应力结构，两侧腹板与塔柱壁对应，以便于预应力钢束布置在腹板内和顶底板两侧，并锚固在塔柱外侧。横梁在与塔柱结合处壁厚需适当加厚，以满足刚度变化的需要。下横梁在对应支座位置处设置横隔板或加劲肋。

三、钢索塔形式

钢索塔的形式一般有桁架式、门形以及混合式（桁架式和门形组合），塔柱有竖直形、倾斜形和折线形。桁架式索塔是在两塔柱之间用斜向杆件连接，也可同时设置水平向的横梁，斜向杆件和横梁可由型钢组合成组合断面，也可采用箱形断面，箱形断面一般由钢板及其加劲以及横隔板等焊接或（栓接）而成。门形索塔根据受力及景观要求设置 2～3 道横梁。混合式索塔一般为桥面以上索塔设置成门形，在桥面以下设置成桁架式。该类型索塔施工速度快、精度高、可回收性好，但运营期间养护工作量大、造价较高，在发达国家特别是日本，钢索塔采用较为广泛。

早期钢索塔采用铆接结构，将钢板用角钢和铆钉连接成多格式塔柱，每个格室的尺寸较小，由于格室内净空较小，施工时很不方便，也不安全。

随着栓接和焊接技术的发展，钢塔柱均采用带有加劲肋条的大钢板来组成大格室的截面，悬索桥比较常见的钢塔塔柱断面如图 4-2-8～图 4-2-10 所示，每个塔柱的格室较大且数量少，围成格室的四周钢板上均带有加劲肋条。钢塔柱的节段采用在工厂焊接，然后在工地架设并用高强螺栓或焊接连接。

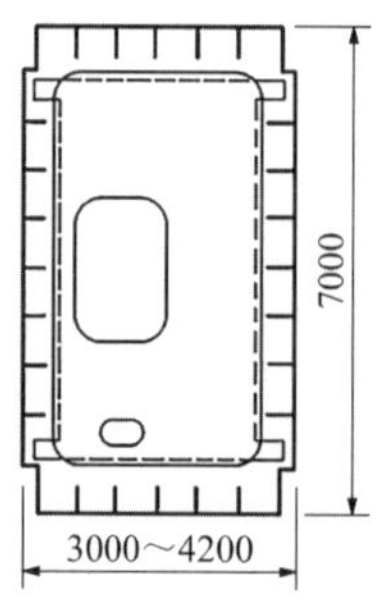

图 4-2-8　韦拉扎诺海峡大桥索塔柱断面（尺寸单位：mm）

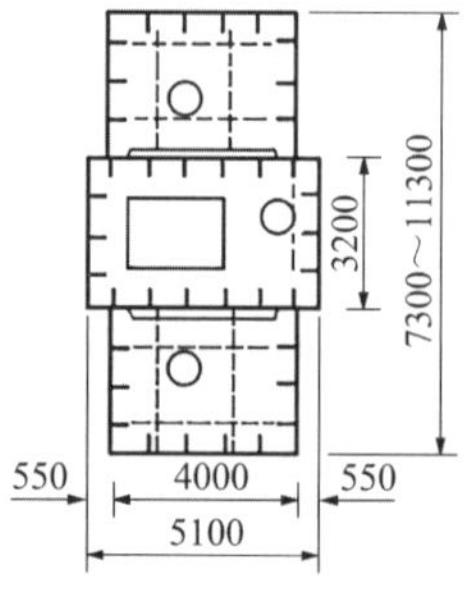

图 4-2-9　博斯普鲁斯海峡大桥索塔柱断面（尺寸单位：mm）

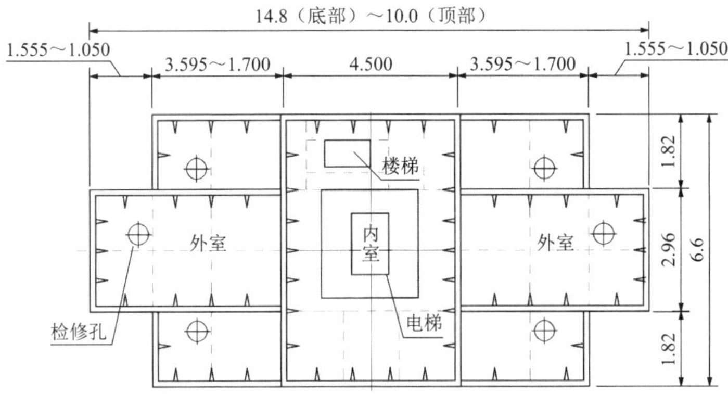

图 4-2-10　明石海峡大桥塔柱断面（尺寸单位：m）

钢塔柱与承台之间的连接可采用承压式或传剪式。承压式即通过塔底的承压钢板及四周的预应力锚杆来实现轴力、剪力及弯矩的传递，将来自塔柱的内力均匀地传递到塔墩的混凝土顶面。承压钢板面积及厚度均较大，常由若干块小板拼成，需有较高的平整度。承压板与承台间可采用填充高强水泥浆灌注密实或者承台顶磨平与索塔顶紧方案。其中承台顶磨平顶紧方案在日本明石海峡大桥（图 4-2-11）、金门大桥中采用；国内钢塔一般采用灌注高强水泥浆方案，待强度达到要求后可对锚杆施加预拉力，工程实例主要有泰州大桥（图 4-2-12）、港珠澳大桥江海直达船航道桥、张靖皋长江大桥北航道桥等。传剪式或承压传剪式方案，将塔底节段埋入混凝土中，外板上设有 PBL（穿孔钢板）剪力键或剪力钉等传剪构造，根据受力需要确定是否配置预应力锚固，工程案例有济南凤凰路黄河大桥。

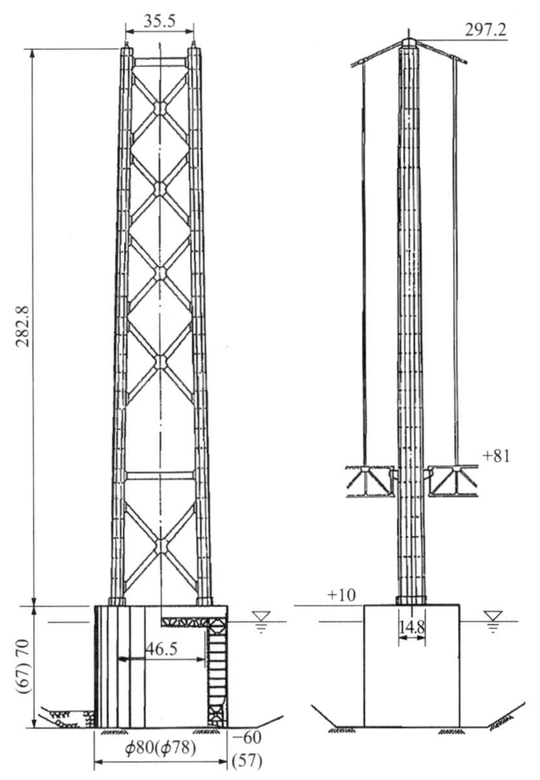

图 4-2-11　明石海峡大桥塔柱（尺寸单位：m）

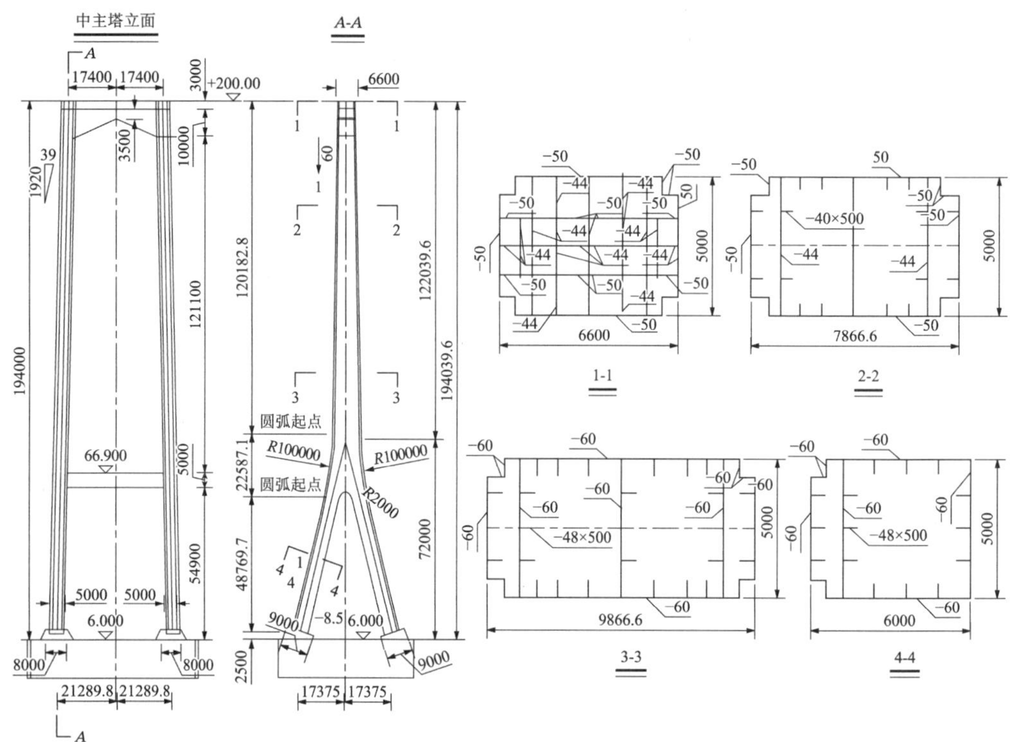

图 4-2-12　泰州大桥塔柱断面（尺寸单位：mm）

四、钢-混凝土组合索塔

随着国内外桥梁的发展，钢-混凝土组合索塔已有较多结构形式，结合悬索桥受力特点，目前有钢壳混凝土组合索塔、钢箱-钢管约束混凝土组合索塔。

钢壳混凝土组合索塔由内外钢壳、附着于钢壳的钢筋及钢壳间混凝土构成（图 4-2-13、图 4-2-14）。钢壳内壁板上设置纵横向加劲肋，提高钢壳壁板刚度，满足其作为施工期模板功能的要求。纵横加劲肋上开孔，与附筋形成薄钢板纵横双向钢筋混凝土榫剪力连接件群，使钢壳与混凝土形成具有优异协同工作性能的钢混组合截面，附筋既是钢筋混凝土榫的芯棒钢筋，也是塔柱受力的主筋。对于钢壳混凝土组合索塔而言，外壁板与承台的连接一般采用埋入传剪式，壁板埋入承台一定深度，并在其上设置传剪结构。相较于混凝土索塔，钢壳混凝土组合索塔具有如下优点：

（1）承载能力强，塑性和韧性好。

（2）工厂化程度高、施工快速、质量可靠。

（3）人工投入有效减少，设备占用时间短。

（4）外围钢壳有效约束了其内部混凝土的受力开裂，降低了混凝土开裂导致的截面刚度衰减，显著提高了柱式结构的抗弯压稳定性。

（5）外观质量好，索塔外表面均为钢结构，光洁度、平整度相较于混凝土索塔更易保证；另外，表面涂装颜色可根据景观设计要求确定，更易获得较好的美学效果。

（6）耐久性好，钢壳的约束作用可减缓钢筋混凝土的裂缝发展，内部钢筋因有钢壳的保护不会引起锈蚀，运营期间只要做好钢壳的外表面涂装维护，即可保证结构的耐久性。

钢壳混凝土组合索塔工程实例主要有：南京江心洲长江大桥（图 4-2-15）、安罗高速黄河特大桥（图 4-2-16）。

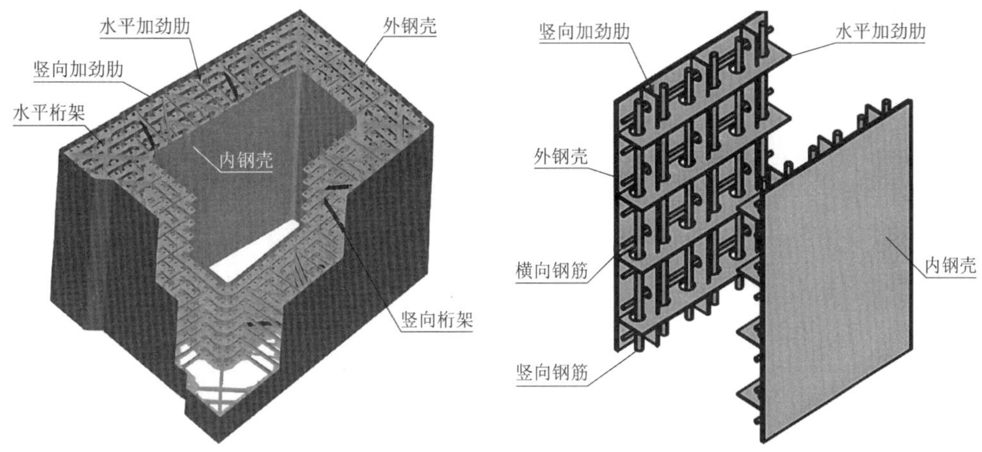

图 4-2-13　钢壳及其加劲体系　　　　图 4-2-14　纵横双向钢筋混凝土榫连接件

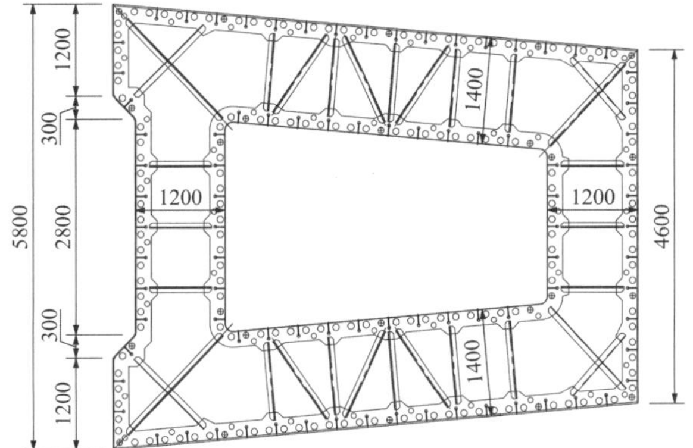

图 4-2-15　南京江心洲长江大桥（单位：mm）

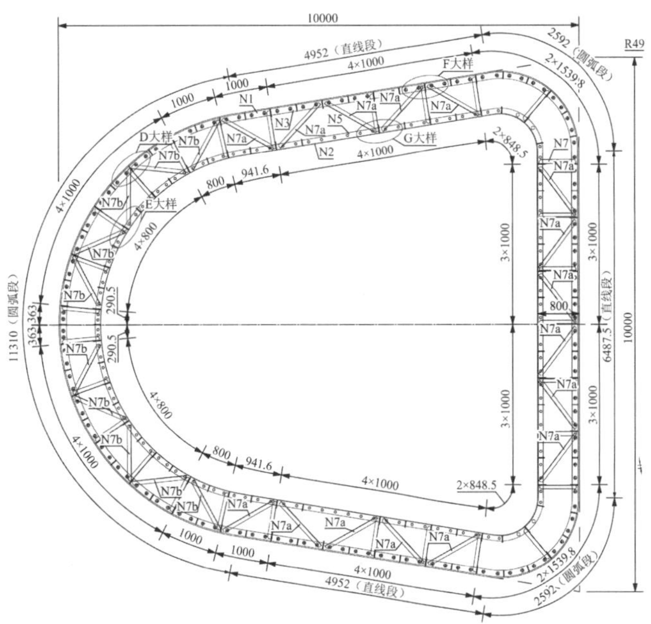

图 4-2-16　安罗高速黄河特大桥（单位：mm）

钢箱-钢管约束混凝土组合索塔为钢箱内置钢管混凝土的组合结构，钢管混凝土数量可为1根、2根或者4根，钢管内宜填充强度等级不低于C50的无收缩自密实混凝土。钢管混凝土与外钢箱通过纵横腹板、隔板联系成总体，外形可塑性较强，可根据景观及受力需要进行调整。该索塔的主要特点是索塔自重轻、较好的承压抗弯能力、工业化建造工效较高，长寿耐久性好。索塔一般采用门形框架式结构，横梁数量根据受力及景观确定。目前该结构已运用于主跨2300m张靖皋长江大桥南航道桥。张靖皋长江大桥南航道桥索塔为内置4根直径3.6m钢管混凝土组合结构，外箱壁板厚度20～30mm，塔柱断面如图4-2-17所示。

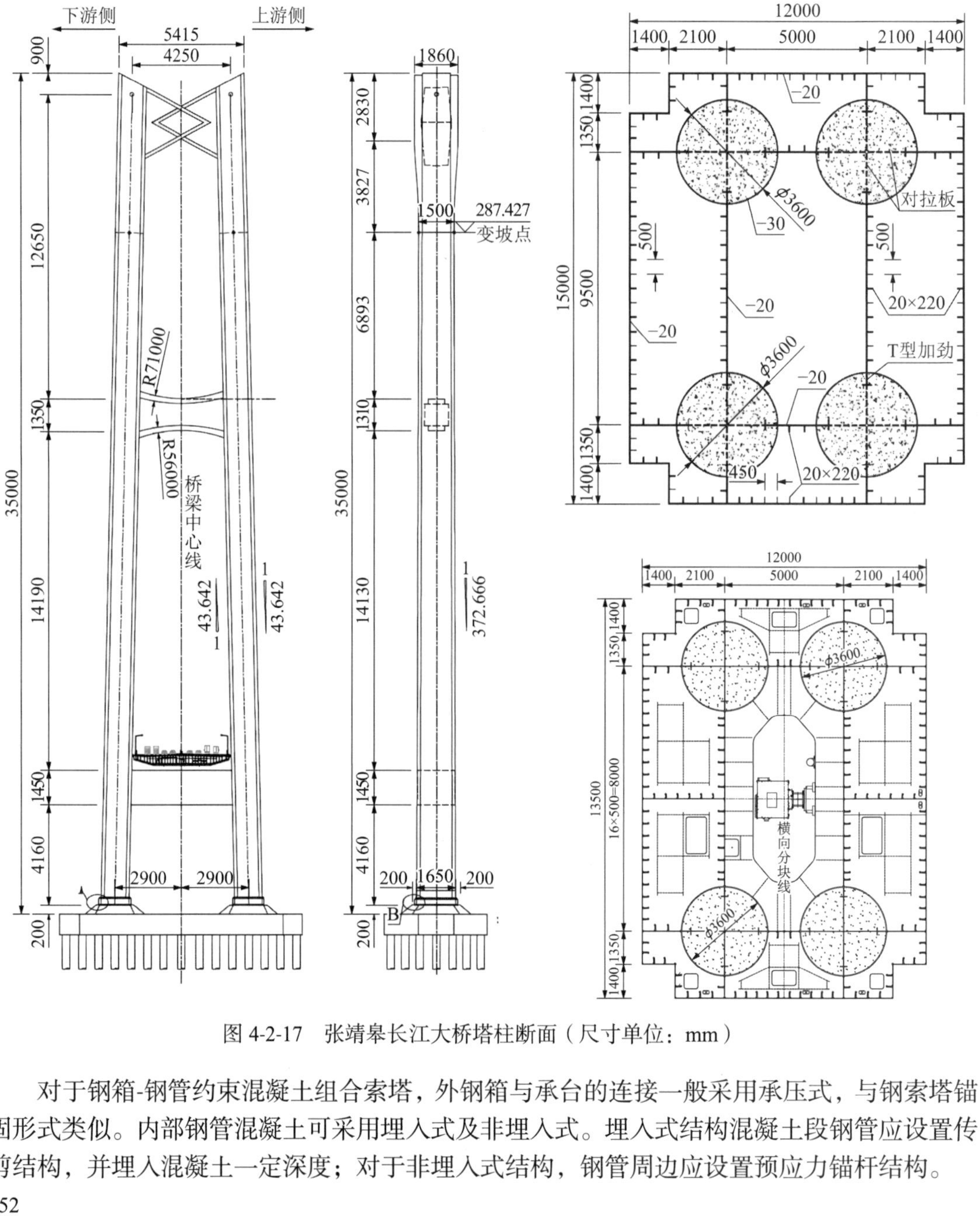

图4-2-17　张靖皋长江大桥塔柱断面（尺寸单位：mm）

对于钢箱-钢管约束混凝土组合索塔，外钢箱与承台的连接一般采用承压式，与钢索塔锚固形式类似。内部钢管混凝土可采用埋入式及非埋入式。埋入式结构混凝土段钢管应设置传剪结构，并埋入混凝土一定深度；对于非埋入式结构，钢管周边应设置预应力锚杆结构。

第三节 受力特点

一、约束条件

悬索桥索塔与斜拉桥索塔相比，其约束条件要简单得多。悬索桥索塔底部通过塔柱与基础连接，顶部通过主索鞍与主缆连接。顺桥向可视为独柱结构，而横桥向为框架结构。

塔底的约束条件应根据基础形式而定，若基础为扩大基础等刚性基础，计算时可将索塔底部视为固结，即两个方向的弯曲、竖向、两个水平方向以及扭转均有约束。若基础为桩基础，一般进行桩基础在塔底处的等刚度模拟。

主缆未架设之前的施工阶段，索塔塔顶约束条件应为自由。主缆架设完成后，顺桥向可将主缆视为塔顶的弹性约束，其刚度随主缆重力刚度的变化而变化，即随着缆力的变化而变化，因此，架缆后的索塔顺桥向计算应纳入全桥总体计算中。

索塔塔柱与横梁之间的连接视为刚性连接。索塔顺桥向和横桥向约束简图如图 4-3-1 所示。

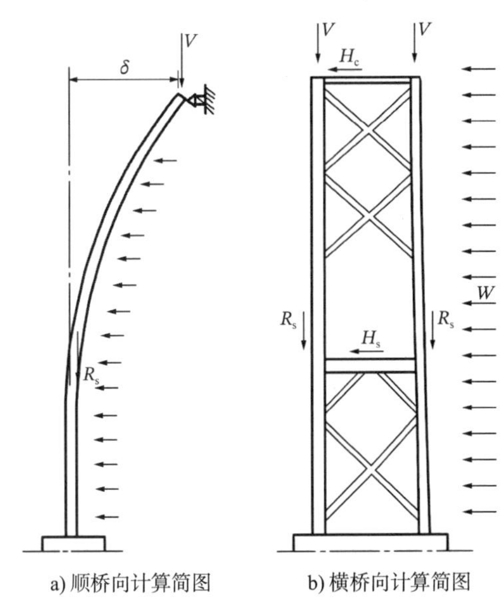

a) 顺桥向计算简图　　b) 横桥向计算简图

图 4-3-1 计算简图

V-塔顶竖向力；H_c-塔顶水平力；W-塔柱承受水平荷载；R_s-塔柱自重

二、主要荷载

悬索桥主要荷载包括：由上部结构恒载和活载通过主缆传至塔顶主索鞍的竖向力和水平力，以及通过支座和阻尼装置传至下横梁的支反力。

1. 风荷载

直接作用于索塔的横桥向及顺桥向的风荷载，作用于加劲梁、桥面防撞护栏、主缆、吊杆上的风荷载，通过主索鞍及下横梁抗风支座传至索塔的力。风荷载的作用方向一般与桥轴线成一个角度，但实际计算时对横桥向和顺桥向分别考虑，并均按设计最大风荷载考虑。

2. 船舶撞击荷载

位于可通航水域的索塔，其设计均应考虑船舶撞击荷载，船舶撞击荷载一般通过专题研究获得。船舶撞击荷载的作用点根据典型船舶的船型尺度具体确定。实际情况为：船舶撞击力与桥轴线成一个角度，计算时将横桥向船撞力和顺桥向船撞力分别考虑。

3. 地震荷载

地震动参数一般根据专题研究确定，按反应谱法或时程分析法计算索塔地震荷载。

4. 温度荷载

上部结构由于温度变化所产生的荷载通过塔顶主索鞍传至索塔，索塔本身的温度变化及塔柱断面不均匀温度分布产生的荷载。

5. 混凝土材料的收缩徐变

混凝土材料的收缩徐变根据不同模型取用，常规混凝土可参考《公路钢筋混凝土及预应力混凝土桥涵设计规范》(JTG 3362—2018)。

6. 施工荷载

施工过程中混凝土浇筑模板重量、混凝土侧压力荷载、节段吊装荷载、施工平台重量、支撑在横梁上的支架重量、塔式起重机的附着力、爬升式起重机的附加荷载等。

三、受力机理和特点

索塔是一个空间受力结构，在各种荷载作用下，索塔在顺桥向和横桥向均会产生内力，同一荷载在顺桥向和横桥向产生的弯矩所引起的应力，应进行组合。

根据受力特点，索塔在成桥阶段为以压为主的压弯结构。为简化设计，索塔受力可分成顺桥向和横桥向两个方向分别计算，顺桥向和横桥向不会同时出现的荷载有风荷载、地震荷载、船舶撞击荷载等。

塔柱施工阶段，索塔顺桥向是一个上端自由、下端固结的柱式结构，主要考虑在施工阶段大风作用下，塔柱的抗弯以及稳定性。塔柱是以弯曲为主的弯压结构，主要承受水平风力产生的弯矩以及自重和施工荷载产生的竖向压力。

主缆架设完成后，随着主缆重力刚度的增加，主缆在塔顶对索塔水平方向的约束刚度也相应增加，此时，索塔变成下端固结、上端具有水平弹性支撑的结构，主要承受的荷载是主缆通过塔顶主鞍传递的巨大的竖向压力和活载产生的水平力。

加劲梁架设阶段，根据索塔能承受的最大塔顶水平力决定主索鞍的顶推次数。

运营期间，风力及塔顶不平衡水平力是塔柱产生弯矩的主要荷载。顺桥方向水平荷载作用于索塔时，使塔柱产生较大的水平位移，应考虑竖向力由此而产生的附加二次弯矩。

索塔横桥向一般为多层框架结构或带有斜杆的框架结构。顺桥向计算时，横梁自重作为集中力作用于塔柱；横桥向计算时，横梁与塔柱组成框架结构共同参与受力，设计还应考虑两塔柱受力不均匀的影响。目前空间三维有限元计算分析已普及，宜对索塔开展精细化分析。

塔顶巨大的上部结构竖向压力对塔柱产生正压应力和弯曲应力，风荷载、温度荷载、混凝土收缩徐变、横梁预应力、地震荷载、船舶撞击荷载等均会产生弯曲应力和剪应力，这些应力的不同组合控制着塔柱截面的尺寸。

第四节　主要设计参数与选择

一、参数确定原则

影响索塔设计的参数主要有：材料参数、环境参数、结构尺寸参数等。

二、索塔高度及宽度确定

1. 索塔高度

索塔塔高是从承台顶至主索鞍鞍罩顶的高度，有塔座时从塔座顶开始起算，主要由主跨跨径、主跨矢跨比以及桥下通航净空、通航水位、主桥纵坡以及承台顶高程等决定，若有航空限高的要求，塔高不应超过此限高的要求。塔高在施工时应考虑由于弹性压缩变形、收缩徐变产生的高度变化量。

承台顶高程由历年最低水位、施工水位，以及施工方案、承台厚度等决定，一般考虑在最低水位时基桩不露出水面，以防止基桩直接受船舶撞击以及在视觉上的不安全感和景观上的缺陷（沉井基础除外）。

桥下通航净空、通航水位、地形特点、主桥纵坡决定索塔下塔柱的高度。桥下通航净空和通航水位、主梁下挠值及通航净空富余高度决定了通航净空范围内主梁底面高，再由主桥的纵坡以及主梁在索塔处支座和检修空间等决定索塔下横梁的顶面高程。由承台顶高程和下横梁的位置决定下塔柱的高度。

下横梁至主索鞍鞍罩顶的高度一般是由加劲梁在下横梁处的支座及垫石高度、主梁高度、桥面铺装厚度、主桥桥面纵坡、主跨跨度、主缆矢跨比、跨中短吊索长度、主索鞍高度以及鞍罩的高度决定。短吊索长度加上中跨主缆的矢高，然后根据中跨桥面纵坡，即可计算出索塔从桥面至塔顶 I.P.的高度。

海沧大桥悬索桥主跨 648m，塔高自承台算起至塔顶为 128.025m，自桥面算起至塔顶为 70.863m。考虑弹性压缩、收缩徐变量预抬高 5cm；南沙大桥坭洲水道桥主跨 1688m，自承台起算塔高 260m，考虑压缩、收缩徐变量预抬高 9cm；深中大桥主跨 1666m，自承台起算塔高 270m，考虑压缩、收缩徐变量预抬高 10cm；张靖皋长江大桥南航道桥主跨 2300m，自承台起算塔高 350m，考虑压缩、收缩徐变量预抬高 15cm。

2. 索塔宽度

索塔宽度是指两塔柱截面在横桥向外到外的距离，索塔塔柱横桥向的截面尺寸、桥面净宽以及两主缆横桥向的距离等因素决定索塔整体宽度。索塔塔冠的宽度除了由受力控制外，主要由主索鞍构造及主索鞍鞍罩等决定，两塔柱塔冠横桥向中心距离则由主缆横桥向间距决定。桥面处索塔宽度主要由桥面宽度决定，一般采用防撞护栏外侧之间的宽度，考虑到钢箱加劲梁的安装情况，一般在每侧预留 15～30cm 的富余宽度，若横向抗风支座设置在钢箱加劲梁与塔柱之间，以上宽度应考虑抗风支座的设置。两塔柱在塔底的横桥向宽度一般根据塔的造型、基础规模及受力条件等确定，目前设计的索塔大多先确定桥面处的宽度和塔顶处宽度，根据桥面以上塔柱的斜率确定塔底处索塔的横桥向宽度，当然，为减小基础规模及塔形的景观要求，下塔柱可以垂直或向内收，塔柱底的横桥向宽度由下横梁和下塔柱斜率确定。

南沙大桥坭洲水道桥索塔在塔顶截面中心横桥向宽度为 42.1m，塔底截面中心横桥向宽度为 51.6m；张靖皋长江大桥南航道桥索塔在塔顶截面中心横桥向宽度为 42.9m，塔底截面中心横桥向宽度为 58.0m；国内外一些悬索桥索塔高宽整体尺寸见表 4-4-1。

国内外一些悬索桥索塔高宽整体尺寸表　　表 4-4-1

序号	桥名	建成年份（年）	主跨跨径（m）	矢跨比	塔高（m）	塔柱底中距（m）	塔柱顶中距（m）
1	坦卡维尔桥（法国）	1959	608	1/9	123	24.7	

续上表

序号	桥名	建成年份（年）	主跨跨径（m）	矢跨比	塔高（m）	塔柱底中距（m）	塔柱顶中距（m）
2	小贝尔特桥（丹麦）	1970	600	1/9	112.7	36.02	28.1
3	亨伯桥（英国）	1981	1410	1/10.6	155.5	24.4	22.9
4	香港青马大桥	1997	1377	1/11	195.9	40.0	36.0
5	汕头海湾大桥	1996	452	1/10	95.1	27.7	28.2
6	西陵长江大桥	1996	900	1/10	128	26.92	
7	虎门大桥	1997	888	1/10.5	147.55	40.6	33.0
8	江阴大桥	1999	1385	1/10.5	183.8	39.3	32.5
9	宜昌长江公路大桥	2000	900	1/10.5	112.415/142.77		24.4
10	润扬大桥	2005	1490	1/10.5	207.58	41.437	34.3
11	阳逻大桥	2007	1280	1/10.5	164.215/167.215	43.0/43.1	35
12	黄埔大桥	2008	1108	1/10.5	190.476	47.694/47.74	36.397
13	坝陵河大桥	2009	1080	1/10.5	191.488/207.016	40.56	28
14	西堠门大桥	2009	1650	1/9.5	211.3	42.05	31.4
15	南沙大桥	2019	1688	1/9.5	260	51.6	42.1
16	深中大桥	2024	1666	1/9.8	270	55.9	42.1
17	张靖皋长江大桥	在建	2300	1/9	350	58.0	42.9

三、主要断面尺寸

1. 断面尺寸的拟定

索塔断面尺寸主要指塔柱、横梁断面的外轮廓尺寸、壁厚以及内轮廓尺寸。尺寸大小应根据构造、刚度、受力及稳定性等多个方面确定。

1）混凝土索塔

考虑到塔柱混凝土浇筑与承台（或塔座）混凝土存在一定的龄期差，为防止温度应力而导致塔底断面开裂，一般在塔底设置 2～3m 实心段，向上一定高度范围内设置厚度过渡段。塔柱在横梁附近受力比较复杂，一般与横梁交界处塔柱壁需要加厚。塔顶在主索鞍钢格栅处设置一定厚度的实心段，以传递主缆的巨大竖向压力，其下一定高度内设置厚度过渡段。塔壁厚度根据区段以及受力大小确定。

位于船舶撞击范围内的下塔柱，为使该范围内塔柱满足局部受力的要求，将可能受船舶撞击的高度范围内的塔柱断面增设顺桥向和横桥向腹板，即将该范围内塔柱断面设置成单箱多室断面，壁厚及配筋经局部受力计算后确定。

塔底断面和塔顶断面是塔柱外轮廓尺寸的控制断面，塔底断面顺桥向长度一般比横桥向宽度长，其断面尺寸的大小主要根据上部结构的重量以及顺桥向、横桥向的塔底弯矩确定。设计时应先按照经验拟定初步尺寸，经全桥总体计算后，根据计算结果决定是否修正断面尺寸。塔顶断面由主索鞍的结构尺寸决定，若设置塔冠并且施工时不考虑另外设置悬臂支架，则塔冠的尺寸还应考虑主缆架设时主索鞍向岸侧最大预偏量的影响。塔柱的其他断面一般由塔底断面和塔顶断面在其高度范围内通过线性内差得到，根据景观要求，也可按一定的曲率变化。

横梁断面一般设置成矩形断面，也可根据景观要求设置成其他断面形式，其宽度一般略小于横梁高度处塔柱在顺桥方向的宽度 10～30cm。横梁高度通过索塔横桥向计算确定，控制横梁高度的荷载一般是风荷载。由于横梁是预应力结构，断面腹板及顶底板厚度一般为 80～120cm，不宜太厚，太厚反而会影响预应力的效果。

2）钢索塔

（1）塔柱断面

考虑塔顶鞍座的大小、塔内电梯、塔底混凝土的承压强度、连接螺栓的排列等条件，选择合适的材料和板厚以决定塔柱断面。

塔柱的外部形状，沿桥轴方向多采用由塔顶向塔底以一定坡度渐渐扩大的形式，横桥轴方向则多为等宽度，也可根据受力需要进行变宽设置。

塔柱断面形状千差万别，从外部形状分类，多可分为长方形、十字形和丁字形等。塔柱断面有由许多比较小的室组成的多室、由比较大的室组成的少室，以及由四块加劲钢板组成的单室等形式。

早期修建的悬索桥索塔塔柱以多室为主，这是因为当时的加工运输条件和起重能力的限制。现代悬索桥索塔采用少室和单室形式的塔柱较多。

塔柱是受压弯的梁-柱构件，在外形尺寸相同、断面积一样的情况下，室数越少，力学性能越好，但塔柱在设计时，除考虑受力性能好之外，也应考虑构成断面各构件间的结合、板的加劲方法、制作及架设时的限制条件，综合上述种种因素决定断面构成。

（2）塔柱的分块和现场接头

塔柱一般被纵横分割成块件在工厂制造，块件的尺寸和重量由生产厂家的机械、运输以及向现场运输机械、施工架设机械的能力决定。块件件小，制作、运输、架设容易，但是接头也多，不仅增加塔柱的重量，也影响制作和架设精度。美国韦拉扎诺海峡大桥的塔柱断面由 1.1m × 1.1m 的 68 个小室组成，块件分为 4 室、6 室和 8 室三种。塔柱块件的轴向长度最下层为 7.3m，从第二层往上分别为 8.2～14.6m，各层间在现场用高强螺栓连接。

日本关门桥塔柱为三室断面，按室分成三个块件，其轴向长度为 12.8m，现场用高强螺栓连接。土耳其 1915 恰纳卡莱大桥塔柱由单箱单室构成，分两块吊装，现场栓焊结合连接。英国塞文桥的塔柱为单室断面，加劲钢板轴向长度为 16.9m，没有使用常用的搭接板连接方式，采用 ϕ50mm、ϕ32mm 长体高强螺栓穿过 19mm 厚钢管将两个块件连接在一起。

由于塔顶受到主缆传来的很大的竖向力作用，塔的垂直度若有误差，即产生偏心弯矩，虽然强度设计时考虑了这种误差，但还是应该提高制作和架设精度，尽可能地减小附加应力。

（3）塔顶、塔基部的构造

由主缆传来的很大的竖向力通过鞍座作用于塔顶，有必要使其向全断面均匀分布，日本关门桥索塔顶板采用 100mm 厚的钢板，从顶板向下 1.5m 的范围内设格子构造，由这种格子构造支承鞍座传来的竖向力尽可能地向塔柱周围的四块板均匀传递。

作用于塔柱的轴力和弯矩通过塔基部匀顺地传递到桥墩是十分重要的。架设时，作用于塔柱的压力比较小，由于风荷载的作用产生的弯矩在塔基即出现拉应力，设计塔基时应考虑。日本关门桥的塔基，底板为 135mm 厚钢板，底板以上 1.7m 范围内设格子构造，用锚固螺栓与桥墩相连，通过厚底板和格子构造就可将塔柱的四块周边板的作用力尽可能均匀地向桥墩顶部的混凝土传递。架设时由风荷载产生的塔柱的拉力则由塔基周围的锚固螺栓承受。

3）钢壳混凝土组合索塔

（1）塔柱断面

钢壳混凝土组合索塔由于钢壳采用承载力较同等配筋率的混凝土索塔有较大的提高，其断面尺寸可较混凝土索塔有所缩减。为了更好地满足壁板混凝土浇筑振捣，塔壁厚度不宜小于 90cm。

（2）塔柱分节和现场接头

钢壳混凝土组合索塔分节高度一般与塔内钢筋定尺长度、混凝土侧压力对壁板的变形有关，一般采用 4.5m 及 6m 定尺，具体节段可进行调整。现场钢壳结构壁板采用焊接，加劲肋采用栓接或者焊接，钢壳内钢筋采用机械连接，接缝混凝土应按要求进行凿毛。

4）钢箱-钢管约束混凝土组合索塔

（1）塔柱断面

钢箱-钢管约束混凝土组合索塔一般采用钢箱内置钢管混凝土的断面形式，外部钢箱的尺寸受到钢管直径、钢管间距以及钢管距离壁板的距离控制。塔柱顺桥向多采用由塔顶向塔底以一定坡度渐渐扩大的形式，横桥向则多为等宽度，也可根据受力需要进行变宽设置。

（2）塔柱的分块和现场接头

塔柱一般被柱纵横分割成块件在工厂制造，块件的尺寸和重量由生产厂家的机械、运输以及向现场运输机械、施工架设机械的能力决定。张靖皋长江大桥南航道桥索塔节段纵向分为两块，单个节段高度达 13.5m，块体采用大型塔式起重机吊装，现场接缝采用栓焊结合的方式。

2. 主要断面尺寸

1）混凝土索塔

（1）海沧大桥悬索桥索塔断面尺寸

海沧大桥东航道桥索塔采用门形框架式索塔，塔柱顶端向内倾斜，上塔柱和塔底 10m 以上的下塔柱的斜率相同，塔底 10m 段的斜率采用曲线变化。塔柱断面采用圆端八边形。断面自下而上有规律地减小。索塔共设两道横梁，横梁为六边箱形预应力混凝土结构，上、下横梁底部设置了圆弧曲线，上横梁顶部设置了装饰墙。

根据主缆间距及桥面宽度，索塔两塔柱的向内斜率为 0.0321。塔柱在高程 5.5～124.525m 范围内为圆端八边形断面，为便于施工，圆端半径皆为 4.833m。高程在 124.525～129.025m 范围内（塔冠部分）为圆端四边形断面，为便于施工，圆端半径皆为 6.083m。在塔柱底部以上 10m 高度范围内，顺桥向塔柱断面宽度按圆弧规律变化，两侧圆弧半径为 26.07m，横桥向塔柱断面宽度亦按圆弧规律变化，半径为 34.57m，塔柱内侧为斜率 0.0321 的直线。若不考虑塔柱底部以上 10m 高度范围内圆弧加宽，塔柱宽度自下而上断面尺寸从 6m × 7m（横 × 顺）线性变化至 5m × 5.4m（横 × 顺），主索鞍底塔冠断面尺寸为 6m × 8m（横 × 顺）。塔柱底断面尺寸为 7.5m × 11m（横 × 顺）。塔柱底部以上 10m 高度范围内，壁厚分别从 2.45m、2.95m、1.5m 变化至 0.95m。塔柱 10m 以上至下横梁底壁厚为 0.95m，塔柱在下横梁及人洞处作局部加厚，壁厚为 1.7m。塔柱在桥面至上横梁底壁厚为 0.7m，塔柱在上横梁处作局部加厚，壁厚为 1.2m。塔冠采用实心断面，以承受塔顶巨大的压力。海沧大桥塔柱和塔冠断面分别如图 4-4-1 和图 4-4-2 所示。

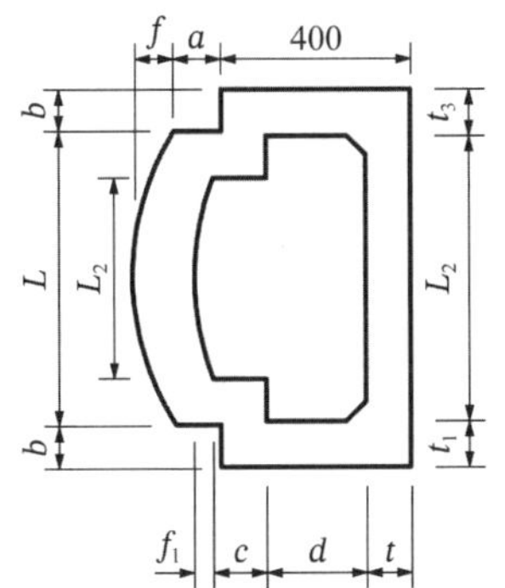

图 4-4-1　海沧大桥塔柱断面
（尺寸单位：cm）

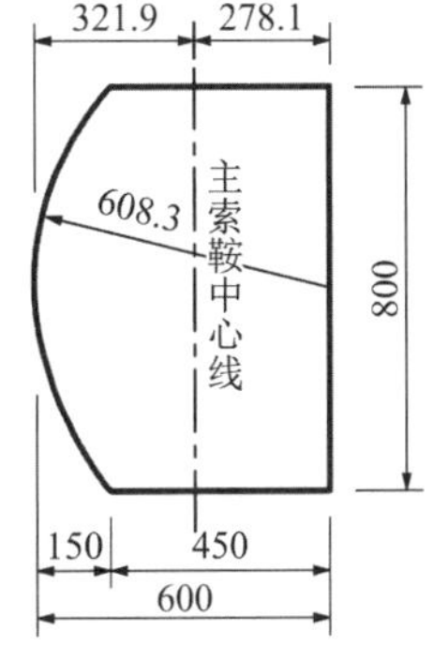

图 4-4-2　海沧大桥塔冠断面
（尺寸单位：cm）

索塔上、下横梁底部设置了圆弧曲线，为使上、下横梁模板能周转使用，两横梁圆弧半径皆为 37.318m。下横梁为六边箱形断面，跨中断面尺寸为 6m × 6m（高 × 宽），根部断面尺寸为 10m × 6m（高 × 宽），壁厚均为 0.6m；上横梁也为六边箱形断面，跨中断面尺寸为 5m × 5m（高 × 宽），根部断面尺寸为 7.949m × 5m（高 × 宽），如图 4-4-3 和图 4-4-4 所示。

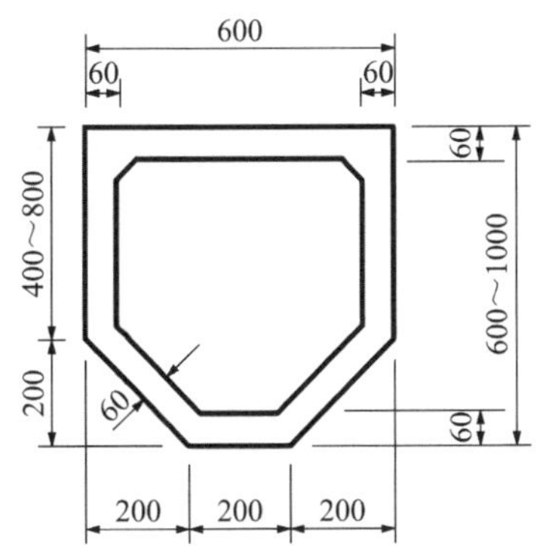

图 4-4-3　海沧大桥下横梁断面
（尺寸单位：cm）

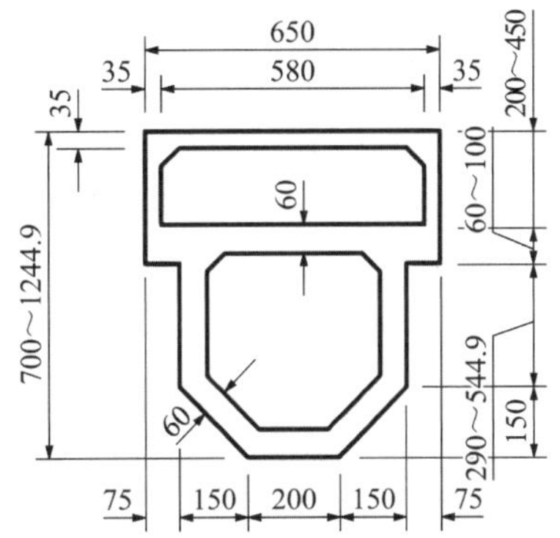

图 4-4-4　海沧大桥上横梁断面
（尺寸单位：cm）

（2）国内外一些典型悬索桥索塔塔柱主要断面尺寸

国内外一些典型悬索桥混凝土索塔塔柱断面尺寸见表 4-4-2。

国内外一些典型悬索桥混凝土索塔塔柱断面尺寸表　　表 4-4-2

序号	桥名	建成年份（年）	主跨跨径（m）	矢跨比	塔顶截面宽（m）		塔底截面宽（m）	
					顺桥向	横桥向	顺桥向	横桥向
1	坦克维尔桥（法国）	1959	608	1/9	4.65	3.05	4.65	6.55
2	小贝尔特桥（丹麦）	1970	600	1/9	4.5	4.0	4.5	6.55
3	亨伯桥（英国）	1981	1410	1/10.6	4.75	4.5	6.0	6.0
4	香港青马大桥	1997	1377	1/11	9.0	6.0	18.0	6.0
5	汕头海湾大桥	1996	452	1/10	6.0	3.5	6.0	3.5
6	西陵长江大桥	1996	900	1/10	6.0	4.0	8.46	4.0

续上表

序号	桥名	建成年份（年）	主跨跨径（m）	矢跨比	塔顶截面宽（m）		塔底截面宽（m）	
					顺桥向	横桥向	顺桥向	横桥向
7	虎门大桥	1997	888	1/10.5	5.6	5.6	8.46	5.6
8	江阴大桥	1999	1385	1/10.5	8.5	6.0	14.5	6.0
9	宜昌长江公路大桥	2000	900	1/10.5	6.0	5.0	8.84	5.0
10	润扬大桥	2005	1490	1/10.5	6.0	12.54	6.0	9.5
11	阳逻大桥	2007	1280	1/10.5	8.7	6.3	11.0	8.3
12	西堠门大桥	2009	1650	1/9.5	8.5	6.5	12	11
13	黄埔大桥	2008	1108	1/10.5	8.5	5.5	11.5	9.0
14	坝陵河大桥	2009	1080	1/10.5	8.5	6.0	12	9.0
15	南京栖霞山长江大桥	2012	1418	1/9	8.0	6.5	12.0	9.0
16	南沙大桥	2019	1688	1/9.5	12.5	8.0	16.0	10.0
17	深中大桥	2024	1666	1/9.8	12.0	7.5	16.0	13.0
18	龙潭长江大桥	在建	1560	1/9	10.0	7.0	12.0	9.0
19	狮子洋大桥	在建	2180	1/9	16.2	7.69	16.89	12.09

2）钢索塔

钢塔断面尺寸应根据所采用的断面形状、受力大小以及刚度要求拟定。如博斯普鲁斯桥采用单箱单室断面，横桥向采用 3.0～4.2m，顺桥向采用 7.0m；南备赞濑户大桥采用三箱组合断面，横桥向宽 5.1m，顺桥向长 7.3～11.3m；关门桥采用单箱三室断面，横桥向宽度 3.2m，顺桥向长度 7.2～4.2m。国内外一些典型悬索桥钢索塔塔柱断面尺寸见表 4-4-3。

国内外一些典型悬索桥钢索塔塔柱断面尺寸表　　表 4-4-3

序号	桥名	建成年份（年）	国家	主跨跨径（m）	塔顶截面宽（m）		塔底截面宽（m）	
					顺桥向	横桥向	顺桥向	横桥向
1	乔治·华盛顿大桥	1931	美国	1067	11.43	11.05	17.07	14.48
2	金门大桥	1937	美国	1280	7.49	3.23	13.89	7.49
3	旧金山-奥克兰海湾大桥	1936	美国	705	4.57	3.66	9.57	5.79
4	布朗克斯白石大桥	1939	美国	701	3.66	4.88	5.49	4.88
5	旧塔科马海峡大桥桥	1940	美国	853	3.96	3.96	5.79	3.96
6	新塔科马海峡大桥桥	1950	美国	853	3.58	3.58	5.69	5.33
7	特拉华纪念二桥	1951	美国	655	4.11	4.57	6.10	4.57
8	瓦尔特·惠特曼桥	1957	美国	610	4.27	3.66	6.71	4.88
9	麦基诺大桥	1957	美国	1158	4.57	4.42	9.30	7.62
10	福斯公路大桥	1964	美国	1006	5.49	2.90	7.32	2.90
11	韦拉扎诺海峡大桥	1961	美国	1298	10.67	8.71	14.94	10.84
12	塞文桥	1966	英国	988	5.18	2.90	5.18	3.66
13	萨拉扎桥	1966	葡萄牙	1013	5.49	3.82	9.14	3.82
14	伊兹米特海峡大桥	2016	土耳其	1550	7.0	7.0	8.0	7.0

续上表

序号	桥名	建成年份（年）	国家	主跨跨径（m）	塔顶截面宽（m）		塔底截面宽（m）	
					顺桥向	横桥向	顺桥向	横桥向
15	1915 恰纳卡莱大桥	2022	土耳其	2023	8.0	7.5	11.0	10.5
16	张靖皋长江大桥北航道桥	在建	中国	1208	11.0	7.0	10.0	7.0

3）钢壳混凝土组合索塔

钢壳混凝土组合索塔可塑性较强，断面尺寸应根据所采用的断面形状、受力大小以及刚度要求拟定。狮子洋大桥采用钢壳混凝土组合索塔，塔顶考虑主索鞍放置要求，截面尺寸为16.2m × 7.69m（顺 × 横），塔底截面尺寸为 16.89m × 12.09m（顺 × 横），外钢壳壁厚 18mm。

4）钢箱-钢管约束混凝土组合索塔

钢箱-钢管约束混凝土组合索塔可塑性亦较强，断面尺寸应根据所采用的断面形状、受力大小以及刚度要求拟定。张靖皋长江大桥采用钢箱内置 4 根钢管混凝土柱。横桥向采用 12m，顺桥向采用 15～16.5m，钢管直径 3.6m。

第五节　结构组成和构造

一、结构组成

悬索桥索塔无论采用混凝土塔、钢塔还是钢-混凝土组合塔，一般都由基础、塔柱、横梁（腹杆）、鞍罩以及附属工程等组成。

基础除了承受由上部结构传来的恒载和活载外，在设计的使用期内还要考虑地震、风荷载和洪水、潮流、波浪以及船舶撞击力等作用，具有保证桥梁安全的重要作用。索塔基础一般可分为：扩大基础、桩基础、井筒式地下连续墙基础、沉井基础、管柱基础、压气沉箱基础以及放置式沉箱基础等形式。由于施工等原因，扩大基础、井筒式地下连续墙基础一般不适用于水深的地方。桩基础、管柱基础、沉井基础、压气沉箱基础以及放置式沉箱基础在水深、强潮流的地方具有一定的优越性。目前国内悬索桥索塔基础以桩基础为主，日本、美国、欧洲等采用桩基础、压气沉箱基础、放置式沉箱基础。桩基础和压气沉箱基础、放置式沉箱基础如图 4-5-1～图 4-5-3 所示。

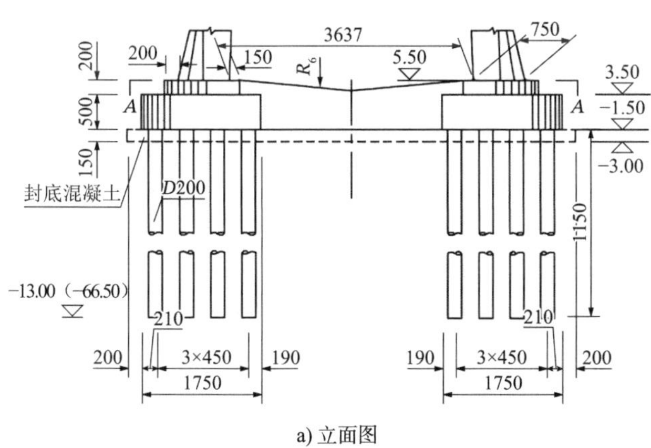

a) 立面图

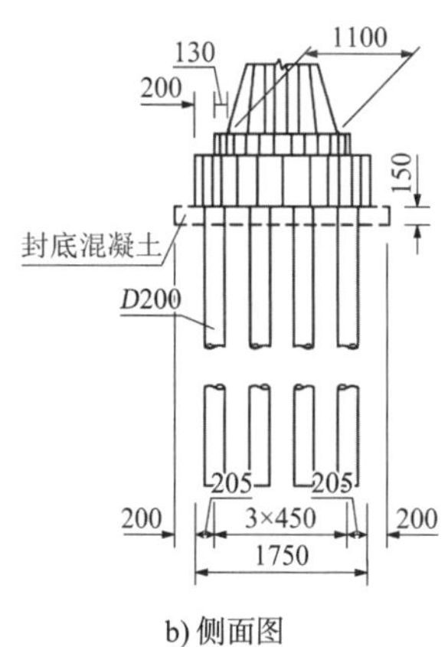

b) 侧面图

图　4-5-1

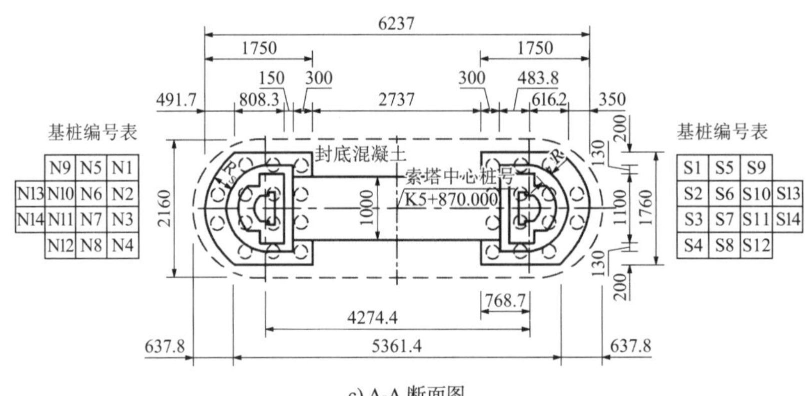

c) A-A 断面图

图 4-5-1　桩基础（尺寸单位：cm）

注：1. 桩基、承台的混凝土强度等级为 C30，承台封底混凝土强度等级为 C20。

2. 半径$R_6 = 93.546$m，半径$R_7 = 833$m，半径$R_6 = 10.333$m。

3. 括号内数据为西塔相应数据，括号外数据为东塔相应数据。

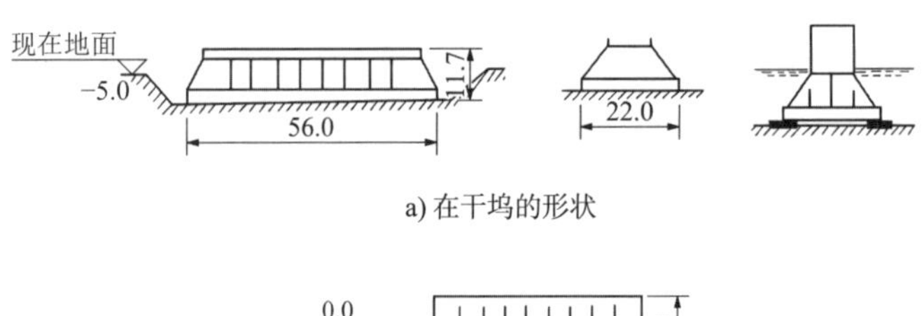

a) 在干坞的形状

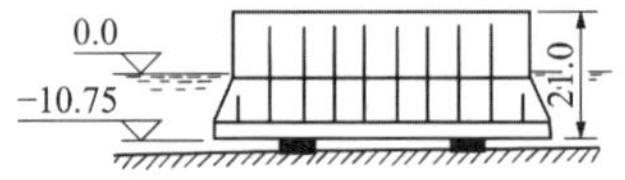

b) 在中间点的形状

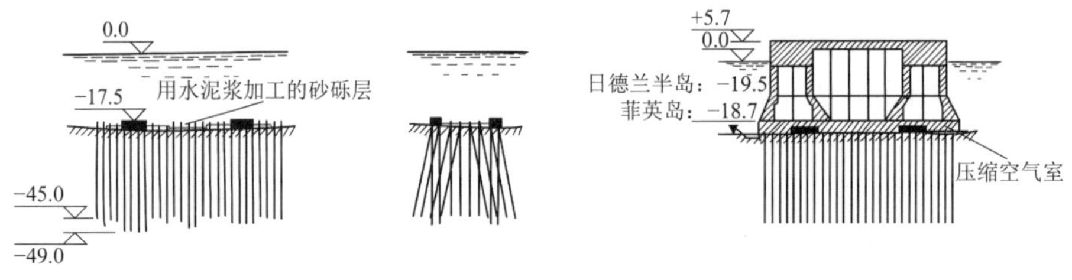

c) 支承沉井用的桩及支承块

d) 最后位置的形状

图 4-5-2　压气沉箱基础（尺寸单位：m）

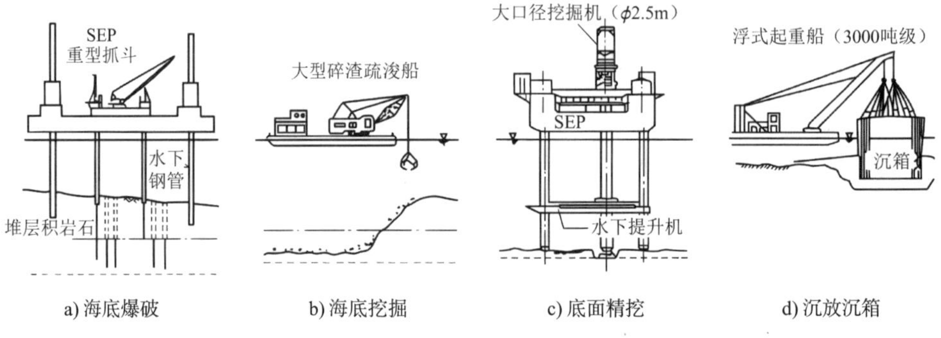

a) 海底爆破　b) 海底挖掘　c) 底面精挖　d) 沉放沉箱

图　4-5-3

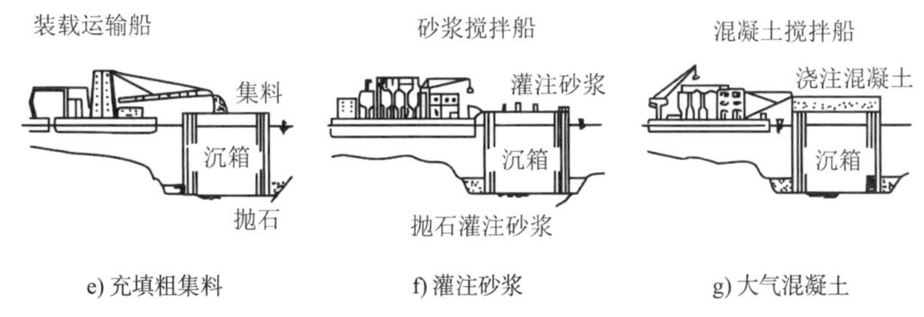

e) 充填粗集料　　f) 灌注砂浆　　g) 大气混凝土

图 4-5-3　放置式沉箱基础

塔柱是支承悬索桥主缆的重要构件。从悬索桥的发展史来看，由于高耸结构物的混凝土浇筑技术，特别是模板技术，是近几十年才得到发展的，所以在 20 世纪 60 年代以前，较大跨径悬索桥所用的塔柱几乎全部是用钢材来制造的。钢索塔的发展当以美国为代表，在众多闻名于世界的悬索桥中，从 20 世纪 30 年代乔治・华盛顿大桥、旧金山-奥克兰海湾大桥、金门大桥，到 1957 年建成的麦基诺大桥及 1964 年建成的韦拉扎诺海峡大桥，都采用了钢索塔。

1960 年前后，欧洲开始在修建大跨径悬索桥时采用混凝土索塔。1959 年，法国在主跨 608m 的坦卡维尔桥使用混凝土来修建索塔。1970 年，丹麦在主跨 600m 的小贝尔特桥中也修建了混凝土索塔。1981 年建成的，当时为世界第一大跨径（1410m），并在后来一直保持第一大跨度达 17 年之久的，英国的亨伯桥也使用混凝土来修建索塔。至此，混凝土索塔可以替代钢索塔被用于任何大跨径悬索桥中的事实得到了证明。中国的江阴大桥、润扬大桥，瑞典的高海岸大桥，丹麦的大贝尔特桥，中国的西堠门大桥、南沙大桥、深中大桥等相继修建混凝土索塔。混凝土索塔在世界各国（日本除外）已经奠定了替代钢索塔的地位。

尽管混凝土索塔已在世界各国的悬索桥中取得了替代钢索塔的地位，但如上所述，在日本是一个例外。日本在 20 世纪 80 年代后期修建了大量的悬索桥，主要是本-四联络桥中三条联络线上众多的大跨径悬索桥，如神户至鸣门线的大鸣门桥、儿岛至坂出线的下津井濑户大桥、南备赞濑户大桥、北备赞濑户大桥，以及尾道至今治的因岛大桥和大岛大桥等，无一不是采用钢材来修建索塔。另外，东京湾中的彩虹大桥、北海道的白鸟大桥，以及 20 世纪 90 年代修建的神户至鸣门线上的目前是世界第一大跨径的明石海峡大桥和尾道至今治线上的来岛海峡第一、第二、第三大桥等大跨径悬索桥，也全部采用钢索塔。

日本之所以至今在修建索塔时，放弃采用混凝土而坚持在跨径 560m（大岛大桥）至 1991m（明石海峡大桥）的悬索桥中仍采用钢索塔，是出于本国的国情。众所周知，日本是钢材生产大国和地震频繁出现的地区，尽可能采用钢结构是日本的国策。在抗震设计中，由于钢结构轻于混凝土结构，因而在发生地震时因结构物自重产生的惯性力也比较小。所以采用钢索塔对抵抗大地震是有效的措施之一。另外，由于日本的高度工业化，在钢索塔的制造和安装架设方面可以采用优质的栓焊技术及利用大型浮式起重机整体施工，从而在一定程度上可以加快工期与减少劳力。

将钢结构与混凝土结合，采用可靠连接充分发挥两种材料各自优势形成的组合索塔，相较于混凝土索塔及钢索塔均体现了明显优势。南京江心洲长江大桥首创了钢壳混凝土组合索塔，这种索塔并在国内多座悬索桥、斜拉桥推广采用。张靖皋长江大桥首创了钢箱-钢管约束混凝土组合索塔，显著降低索塔自重，提高了现场施工工效。

二、混凝土索塔构造

混凝土索塔大多采用门形框架式，即单层（横梁）或多层（横梁）的门架式，这种形式在外观上简洁明快，如中国的江阴大桥、润扬大桥、香港青马大桥、西堠门大桥、南沙大桥、深中大桥，瑞典的高海岸大桥，丹麦的大贝尔特桥，均采用这种形式。因此，门形框架式索塔是悬索桥混凝土索塔最常见的形式。

1. 塔柱的截面

混凝土索塔的塔柱一般作成单室或双室空心截面，截面形式常从矩形出发，四边加以变化，四角加以修饰。常见的有 D 字形截面或削角的矩形截面，直线壁位于靠近桥梁中心线的一侧，曲线或削角的壁位于上下游侧，主要是为了提高塔身，特别是裸塔时的抗风稳定性，混凝土塔柱的壁厚根据纵向（竖向）和横向（水平方向）加劲肋的密度（间距与加劲肋的尺寸）而定，如图 4-5-4 和图 4-5-5 所示。

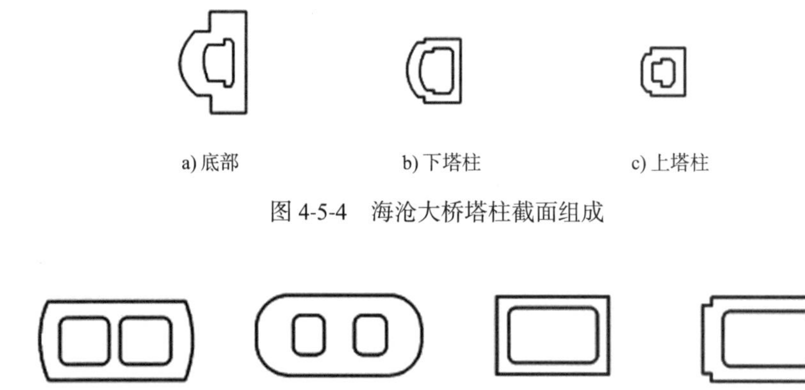

a) 底部　b) 下塔柱　c) 上塔柱

图 4-5-4　海沧大桥塔柱截面组成

a) 江阴大桥　b) 青马大桥　c) 虎门大桥　d) 西堠门大桥

图 4-5-5　混凝土塔柱的截面示意图

混凝土塔柱的施工以现浇为主，多采用塔式起重机施工法、爬升式起重机施工法和滑模、爬模等技术连续浇筑，目前随着索塔工业化建造的推进，索塔钢筋已形成了部椢化施工工艺流程，在深中大桥等项目已推广。

2. 索塔横梁

混凝土塔的横梁，主要以预应力混凝土箱形结构为主。横梁施工有支架现浇工艺，但是支架一般很高，要采取措施控制温度变化的幅度，减少对混凝土凝固的影响。横梁施工还可采用工厂预制构件，运到现场进行吊装架设，预制横梁与塔柱之间的连接常采用湿接缝并施加预应力来完成。

3. 塔柱与塔墩的连接

混凝土塔柱与承台混凝土作固接，塔柱钢筋伸入承台锚固。

三、钢索塔构造

钢索塔一般有门形框架式和桁架式两种，早期多为桁架式，即在两根塔柱之间，除了有水平横梁之外还具有若干组交叉的斜杆，形成桁架式结构。索塔采用这种结构形式，在塔顶水平变位、用钢数量（经济性）及塔架内力（功能性）等方面均有利。桁架式索塔早期开始出现在美国（旧金山-奥克兰海湾大桥），后来又影响欧洲（里斯本萨拉扎桥桥），最后被较多应用于日本的本-四联络线上的大桥（因岛大桥、大鸣门大桥、南/北备赞濑户大桥、来岛大桥以及明石海峡大桥等）。由于日本下津井濑户大桥位于日本濑户内海国立公园中部核心地带，所以索塔的形状要以景观为重点，再从索塔结构性能、施工难易程度、造价经济性等方面加以考虑。从鹫羽山瞭望台向南瞭望，下津井濑户大桥索塔的形状不仅关系到下津井濑户大桥，而且关系到儿岛-坂出线系列桥梁。为此，工程师在设计索塔的构造时，对索塔的形状要素作了各种组合，绘制了20多个方案，还作了景观方面的调查，在制造性能、力学稳定性、造价经济等方面进行多方面比较，最后以景观为重点加以考虑，确定采用由三个横梁构成的刚构式索塔。桁架式索塔构造复杂，近十几年修建的钢索塔以刚构式索塔为主。

1. 塔柱的截面组成

早期美国悬索桥的索塔采用铆接结构，将钢板和角钢连接成多格式的塔柱，每个基本格室的尺寸（边长）为3.5～4.0ft[①]（1.0～1.2m）。由于格室内净空较小，施工时很不方便且不安全（受红丹等油漆影响，格室内空气中有毒铅）。图4-5-6为旧金山-奥克兰海湾大桥（西桥）的索塔每根塔柱的截面。它在总体上是一个十字形截面，十字形的4个分肢各有若干基本格室。

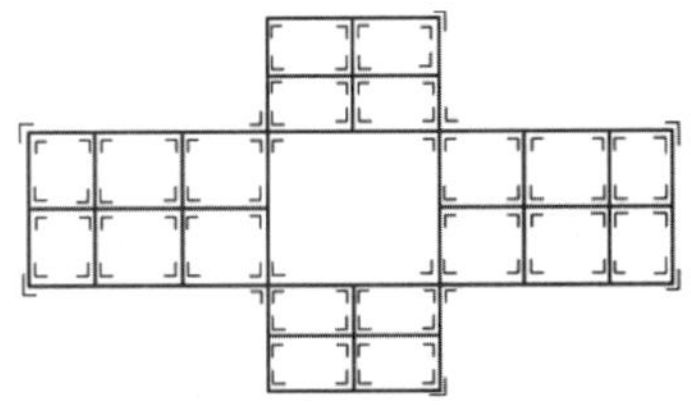

图4-5-6　旧金山-奥克兰海湾大桥（西桥）的索塔塔柱底节段截面

中心部分为一个相当于4个基本格室的主室。塔柱从底部到顶部的截面由改变最外侧基本格室的尺寸（包括取消）来变化。图4-5-7为金门大桥的塔柱截面，它的基本格室更多，其中部也混有若干较大的主室，截面变化由从底部向顶逐步减小外侧格室来完成。图4-5-8为南/北备赞濑户大桥塔柱截面。图4-5-9除上述所述桥之外，还显示了乔治·华盛顿大桥和本杰明·富兰克林大桥的塔柱截面。前者由于每根塔柱本身就是一个立体桁架，故其截面为8个分立的十字形腿柱；后者也是多格室十字形截面。

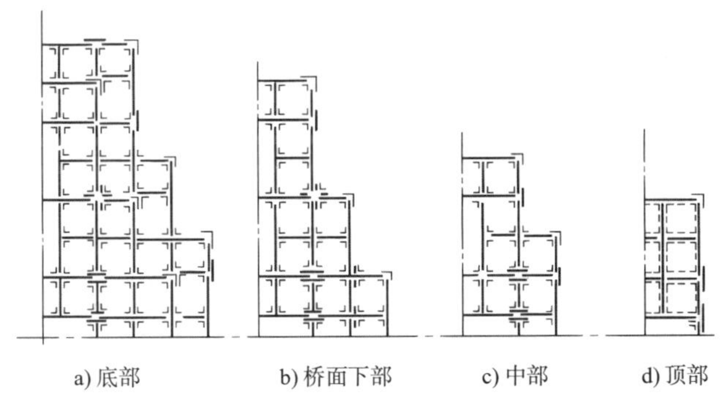

图4-5-7　金门大桥塔柱截面组成（每柱的1/4）

①1ft = 0.3048m。

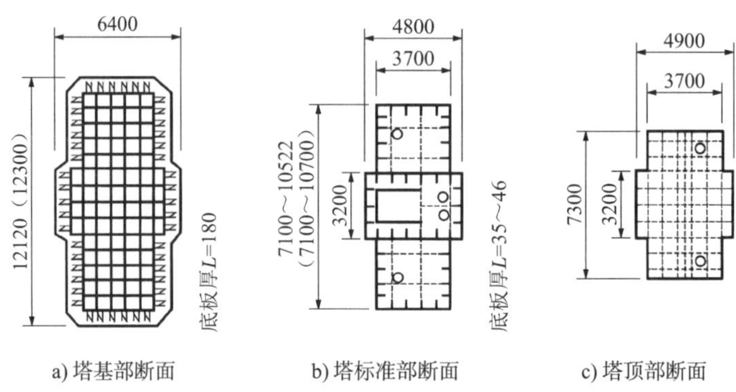

图 4-5-8　南/北备赞濑户大桥塔柱截面组成（尺寸单位：mm）

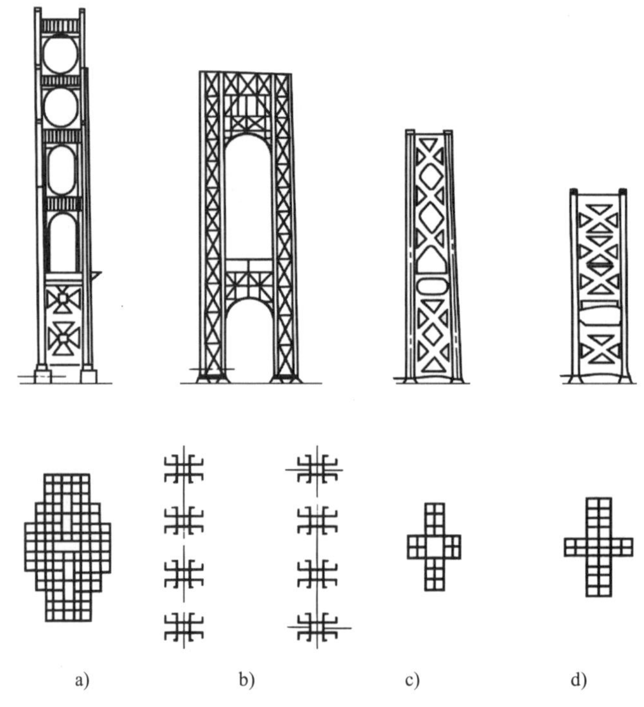

图 4-5-9　钢塔塔柱的截面示意图

由于栓接和焊接技术的发展，钢塔柱均改用带有加劲肋条的大型钢板组成大格室的截面，图 4-5-10 为日本本-四联络桥中 6 座悬索桥的塔柱截面，它们在总体上是十字形或 T 形截面，每根塔柱的格室较大且数量很少（有的只有一室），围成格室的四周钢板上均带有加劲肋条，1915 恰纳卡莱大桥（图 4-5-11）为单箱室结构。

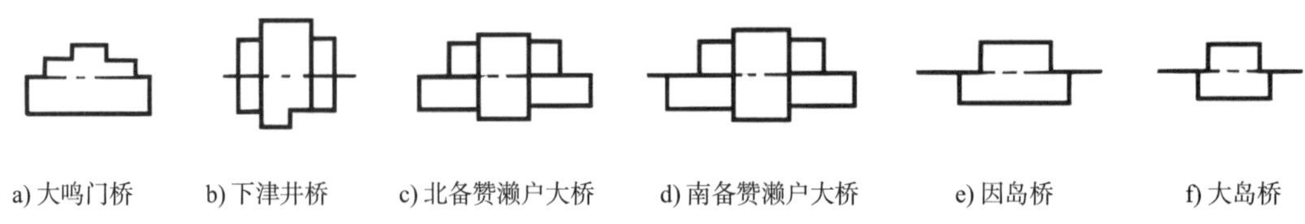

图 4-5-10　日本本-四联络桥塔柱的截面示意图

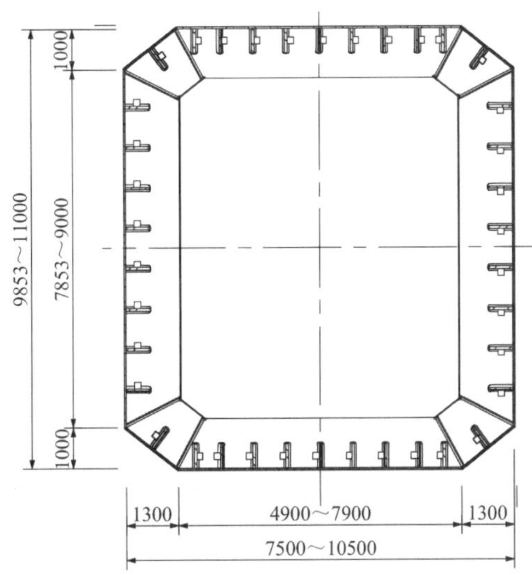

图 4-5-11 1915 恰纳卡莱大桥截面示意图

2. 塔柱节段之间的连接

20 世纪 30 年代美国几座悬索桥钢塔柱节段间的连接，均采取在刨光顶紧（上下接触面贴紧）的条件下用铆钉来拼接。这首先要求在制造塔柱节段时，对上下两端接触面的平整精度要求必须非常高。为了促使接触面互相紧贴，经常用在塔柱节段的顶面捶打，有时在上下两个节段之间用加热的连接件来连接，待连接件冷却后节段之间即告密贴。金门大桥的施工标准是上下节之间的缝隙要小于 0.006in①（0.15mm）后才开始用铆钉连接，当铆钉作业开始后，缝隙会受铆钉枪的振动及热量的影响而闭合。

自从栓焊技术发展后，钢塔柱的节段采用在工厂焊接，然后在工地架设并用高强螺栓或高强螺杆来连接。如图 4-5-12 所示，博斯普鲁斯海峡二桥的接缝是一种最新颖的连接方法。这种接缝的构思是：对轴向压力来说，要求外板和纵（竖）肋的端部接触面经过加工刨平来达到 50%左右的紧贴而能直接传递；对弯矩来说，用 ϕ60mm 的高强螺杆作为拉杆来抵抗挠曲拉应力，用 M24 高强螺栓来抵抗剪切。这种接缝的全部连接均布置在塔柱内部，因而外表光洁美观，并可简化外部脚手架。

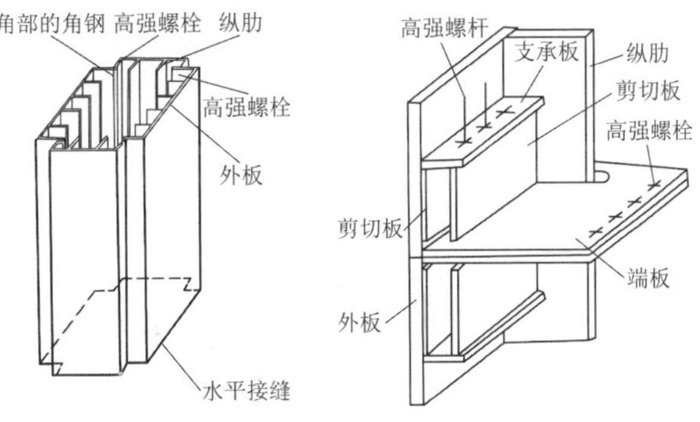

图 4-5-12 塔柱截面和水平接缝构造示意图

①1in = 25.4mm。

日本在修建悬索桥的做法是在钢结构工厂内用焊接方法制造各小节段，然后在工厂内将若干小节段焊接成大节段（图 4-5-13）。施工时将大节段运到现场，利用大型浮式起重机将各个大节段作整体现场拼接，但接头端面要在工厂进行切削加工，考虑金属相互接触后用高强螺栓连接。在连接处，1/2 的荷载由上部主体金属直接传给下部主体金属，其余 1/2 荷载通过高强螺栓传给接点板再通过螺栓传给下部金属。在架设时，塔的现场精度要求确保金属之间的接触率和垂直度。一般规定塔的偏斜度：在设计时控制在塔高的 1/2000，架设时控制在塔高的 1/5000，制作时控制在塔高的 1/10000。

图 4-5-13　明石海峡大桥钢塔节段连接

图 4-5-14～图 4-5-16 为国内外几座悬索桥钢塔节段连接的样貌。

图 4-5-14　泰州大桥钢塔节段连接

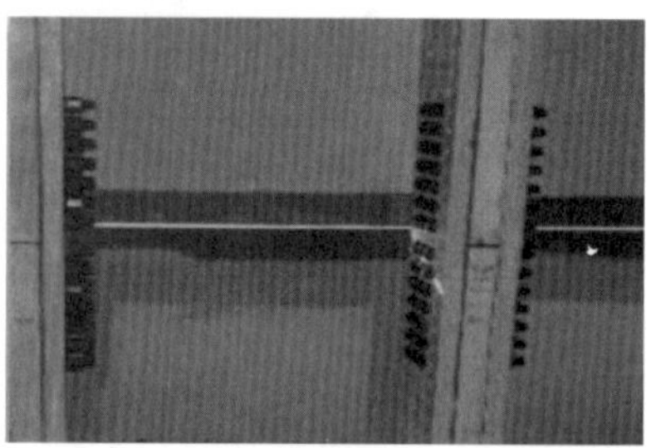

图 4-5-15　1915 恰纳卡莱大桥钢塔节段连接

随着钢塔焊接技术的发展以及景观需求的提高，焊接索塔技术的采用在项目中越来越多，对于外壁板采用焊接，内部加劲采用栓接提高工作效率，加劲肋栓接依靠摩擦传力。

图 4-5-16　张靖皋长江大桥节段连接

3. 塔柱与塔墩的连接

塔柱与塔墩之间，一般都是通过塔底的一块承压厚钢板，将来自塔柱的内力分布传递到塔墩混凝土顶面。承压板的厚度视塔底截面的格室尺寸大小而定，如旧金山-奥克兰海峡大桥为 4in（102mm）、下津井濑户大桥为 250mm。格室（或主室）较大时，塔柱底节的下部应增加箱格形的加劲肋直接支承于厚底板上。施工时，要先将塔墩顶部的混凝土面上涂一层红铅油膏或干水泥浆，再铺上厚钢底板。由于塔柱底面积相当大，承压板底板常必须由若干块小板拼成，各小板之间的高差可由红铅油膏或干水泥浆来调整到一定精度（金门大桥为不超过 0.03in，约 0.76mm）。钢底板铺设妥当后，即可在底板和塔墩顶部混凝土中的预留孔内插入所需锚栓，并灌注水泥浆填充固定。待塔柱底节在底板上架设就位后，立即将它与预埋在混凝土中的角钢或高强螺杆相连，无论用角钢或螺杆，都要施加一定的预拉力，如早期的金门大桥采用角钢，先在每个连接角钢上施加约 500kN 的拉力，然后在塔柱的竖向板上钻孔并用铆钉连接。近期修建的悬索桥都改用高强螺杆来将塔柱与预埋的锚固构架互相连接，可在连接紧固时直接施加预拉力。当采用锚固构架时，如塔柱内力通过锚固构架能较均匀地传递给混凝土，则可免用钢底板，这样可以避免混凝土顶磨平等一系列繁琐的工序。20 世纪 80 年代后期建成的博斯普鲁斯海峡二桥，则更进一步直接将钢塔柱的底部埋置于塔墩顶部的混凝土中（图 4-5-17），埋入段的外板上焊有剪切板，外板和剪切板上均带有锚杆，对于塔柱传下的垂直力来说，由剪切板和带头锚杆等来承受，对弯矩及剪力则在 ϕ50mm 的锚固螺杆中施加预应力后与混凝土构成的整体来承受。采用这种连接方式时，虽多费一些钢材，但可简化施工和缩短工期。图 4-5-18 为日本明石海峡大桥塔底连接外观。

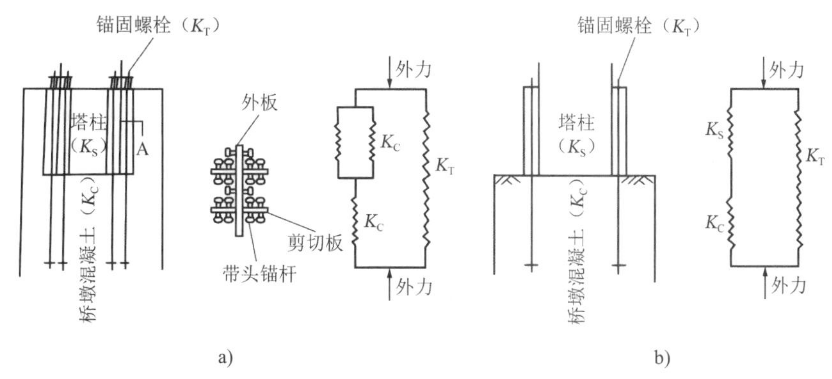

图 4-5-17　塔柱底部的力的传递示意图

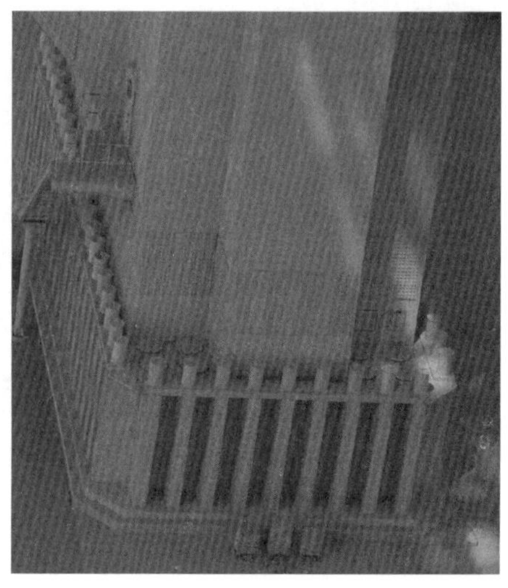

图 4-5-18　明石海峡大桥塔底连接

近些年来国内修建了一批钢塔缆索支撑桥梁，为避免承压板下进行混凝土磨平的难度，采用设置 5cm 左右的灌注压浆层的方式实现承压板与承台的密贴，灌浆工艺可根据承压板的大小进行整体浇筑，分区浇筑。如泰州大桥中塔采用整体区域灌浆浇筑；张靖皋长江大桥南/北航道桥采用分区灌注工艺（图 4-5-19）。

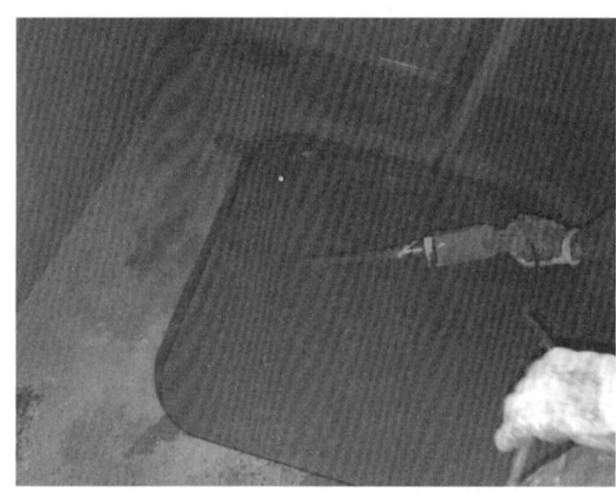

图 4-5-19　张靖皋长江大桥塔底灌浆底连接

四、钢壳混凝土组合索塔构造

如图 4-5-20 所示，钢壳混凝土组合索塔结构主要包含以下构件。

（1）钢壳结构，包括外钢壳壁板与内钢壳壁板。

（2）钢加劲板，包括水平加劲肋与竖向加劲肋，均匀布设在外钢壳壁板与内钢壳壁板上，用于提高钢壳壁板面外刚度，满足施工承受混凝土侧压力的要求，同时在加劲肋上开孔，并穿入芯棒钢筋，形成纵横双向钢筋混凝土榫剪力连接件。

（3）桁架，包括水平桁架与竖向桁架系统，设置在钢壳结构内部，用于连接外钢壳与内钢壳，增大钢壳节段整体刚度。

（4）钢壳附筋，包括竖向钢筋和横向钢筋，分别穿过水平加劲肋和竖向加劲肋，形成薄钢板钢筋混凝土榫双向剪力连接件，连接钢壳与混凝土，同时也是索塔受力的主筋。

（5）混凝土，浇筑在钢壳包围的腔体内。

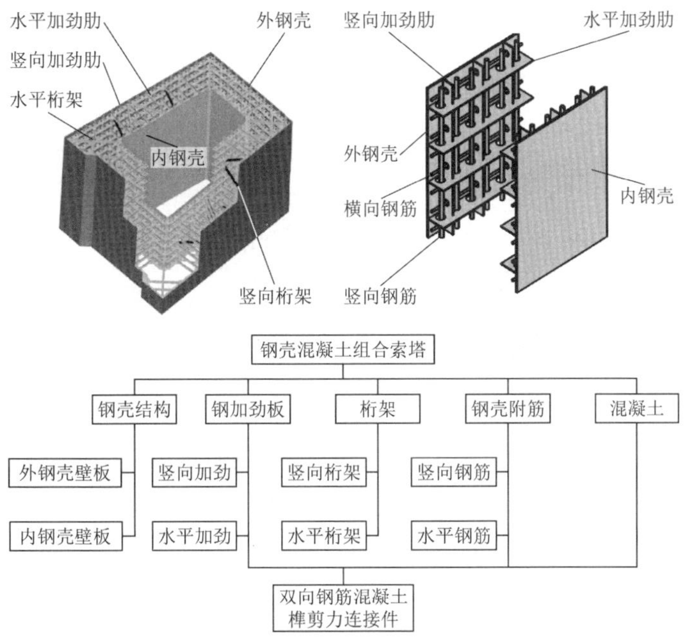

图 4-5-20 钢混组合索塔节段构造及各部分组成示意图

钢壳与混凝土通过薄钢板钢筋混凝土榫双向连接构造连接形成钢壳混凝土组合截面，共同参与受力。同时钢壳结构也是索塔混凝土浇筑时的模板，外层钢壳与内层钢壳通过平面桁架、竖向桁架系统连接，可满足钢壳吊装、混凝土浇筑时的受力及变形要求，完全替代复杂的索塔模板系统。目前在建的狮子洋大桥为主跨 2186m 单跨吊悬索桥，索塔采用了钢壳混凝土组合索塔，主要构造设计如下：

外钢板厚 18mm，内钢板厚 10mm，材质选择 Q355D，型材选择 Q235B；外钢壳横向加劲厚度 12mm，内钢壳横向加劲厚度 10mm，横肋竖向标准间距为 1200mm。竖向加劲肋宽度 130mm，外钢壳竖向加劲肋厚度 18mm，内钢壳竖向加劲肋厚度 10mm。竖向加劲肋标准间距为 400mm。水平角钢支撑采用 75mm × 8mm 角钢，型材选择 Q235B。内外竖向加劲通过缀板连接，缀板采用扁钢，尺寸为 80mm × 10mm，材质选择 Q355D。竖向桁架采用 75mm × 8mm 角钢，型材选择 Q235B，竖向桁架与竖向加劲肋焊接。内外壳竖向主筋采用直径为 32mm 的钢筋，水平钢筋采用直径为 25mm 的钢筋，拉筋采用直径为 18mm 的钢筋。水平钢筋竖向标准间距 200mm。塔柱节段如图 4-5-21 所示。

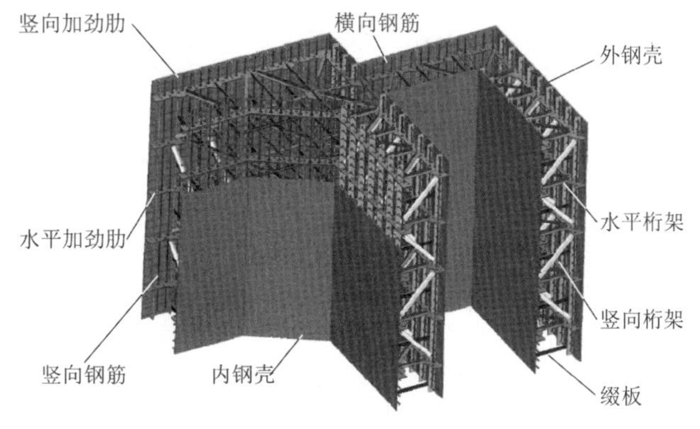

图 4-5-21 塔柱节段

索塔节段壁板、水平加劲肋、水平角钢、竖向角钢、焊钉均采用焊接，索塔节段竖向加劲肋采用栓接连接，如图 4-5-22 所示。

图 4-5-22　塔柱截面和水平接缝构造示意图

塔柱与塔墩之间一般采用埋入式构造，壁板开设 PBL 剪力孔，布设剪力钢筋。埋入段一般包括定位钢框架或者定位结构以及钢壳节段，埋入深度可根据受力确定。为提高定位精度便于现场调节，狮子洋大桥采用定位钢框架方案（图 4-5-23）。

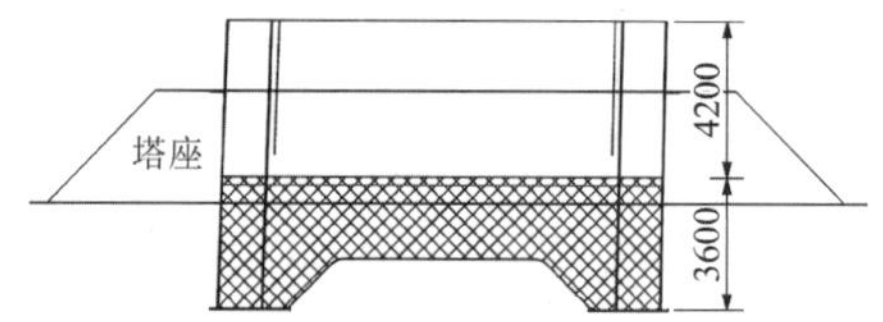

图 4-5-23　狮子洋大桥埋入段高度（尺寸单位：mm）

五、钢箱-钢管约束混凝土组合索塔构造

钢箱-钢管约束混凝土组合索塔主要包含以下几个构件：

（1）外壁钢箱结构，包括外钢箱壁板及加劲肋。

（2）钢管：包括圆钢管及内部加劲肋，圆钢管可有效约束混凝土，提高结构延性及承载能力。

（3）混凝土：钢管内填充与钢管直径、壁厚及钢材牌号匹配的混凝土。

（4）连接结构：包括纵横腹板，横隔板以及复杂节点处的联系构造。

钢箱-钢管约束混凝土通过纵横实腹板、横隔板相互联系，钢管内设 T 形加劲肋、对拉板及剪力钉增强钢管与混凝土协调受力（图 4-5-24）。

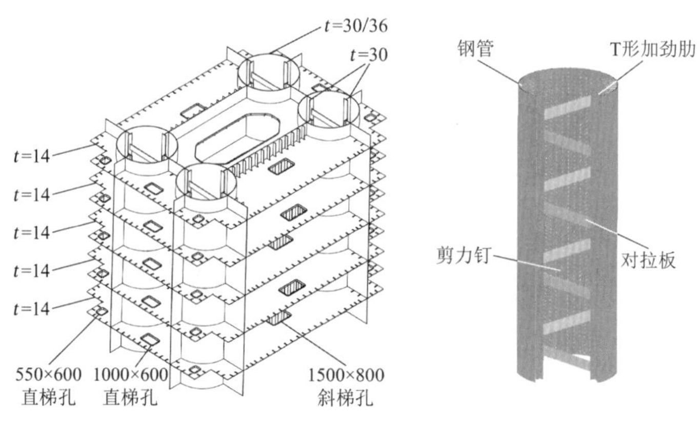

图 4-5-24　钢箱-钢管约束混凝土组合索塔各部分组成示意图（尺寸单位：mm）

目前在建的张靖皋长江大桥为主跨 2300m 两跨吊悬索桥，索塔采用了钢箱-钢管约束混凝土组合索塔，具体设计如下：

塔柱外轮廓采用矩形带凹槽结构形式，塔柱壁板与腹板采用 30mm、24mm、20mm 三种板厚，设板式加劲肋（图 4-5-25）。壁板厚度 30mm，对应加劲肋尺寸为 260mm × 26mm；壁板厚度 24mm，对应加劲肋尺寸为 240mm × 24mm，壁板厚度 20mm，对应加劲肋尺寸 220 × 20mm。横隔板标准间距为 2700mm，厚 14mm。

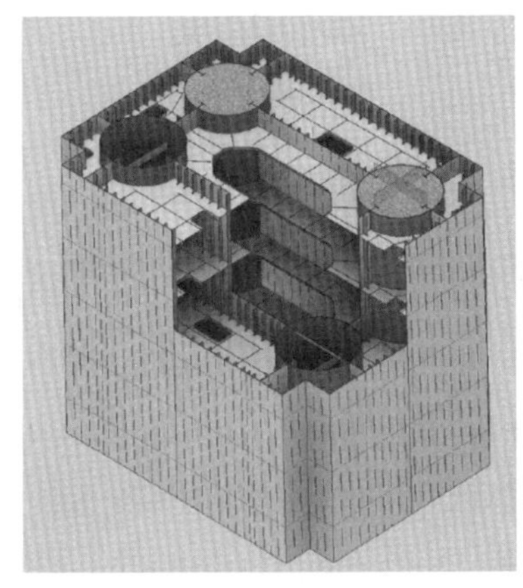

图 4-5-25　塔柱节段

钢管内径 3600mm，T1～T8 节段钢板板厚 36mm，其余节段钢管板厚 30mm。钢管内设 T 形加劲肋，T 形加劲肋腹板尺寸为 360mm × 30mm，T 形翼缘尺寸为 300mm × 30mm（图 4-5-26）。

图 4-5-26　塔柱截面和水平接缝构造

钢管内布设 ϕ22mm × 200mm 剪力钉，剪力钉环向间距约 250mm，竖向间距分加密区与标准间距区，加密段竖向间距 150mm，其余节段为剪力钉标准间距段，竖向间距 450mm。

组合索塔钢箱结构工地连接可采用焊接、栓接或者栓焊结合的形式，组合索塔钢管及加劲应采用熔透对接焊。

塔底锚固分钢箱锚固与钢管锚固两部分，采用承压板和锚固螺杆相结合的方式：在塔底设置 120mm 厚承压钢板，钢箱及钢管截面周圈设置直径 130mm 高强螺杆，对螺杆施加预拉力以保持塔柱截面与支承面之间紧密接触，承台内设有螺杆锚梁构造。

塔底钢箱截面布置 86 根直径 130mm 的 40CrNiMoA 螺杆，施工张拉控制力为 4000kN。

单根钢管周圈布置 20 根直径 130mm 的 40CrNiMoA 螺杆，施工张拉控制力为 3500kN。图 4-5-27 为张靖皋长江大桥首节段构造。

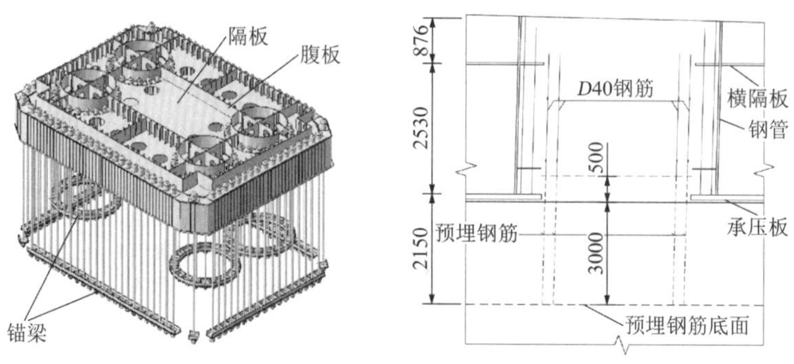

图 4-5-27　张靖皋长江大桥首节段构造（尺寸单位：mm）

第六节　主要材料与选择

索塔采用的材料主要有三种：混凝土、钢材、钢筋。在具体设计时，索塔选用何种材料应根据建设条件、经济性、功能性、施工工艺、施工设备、技术力量和工期等条件考虑。

一、混凝土

从目前已修建的混凝土索塔及基础所采用混凝土材料来看，混凝土使用的强度等级主要有 C30～C60。混凝土选用时宜根据混凝土构件部位、受力和强度要求、耐久性等来确定。钻孔灌注桩一般选择 C30、C35 水下混凝土，承台封底混凝土采用 C20 水下混凝土，承台及系梁采用 C30、C40 混凝土，塔柱、横梁采用 C50、C55 混凝土。对于处于海洋环境和大气中含有腐蚀性物质中的索塔还要求采用抗渗混凝土、高性能混凝土或海工混凝土。

海沧大桥钻孔灌注桩、承台及系梁要求采用抗海蚀防渗混凝土，防渗指标为 S12 级；西堠门大桥混凝土结构要求使用海工耐久混凝土，因混凝土构件所处环境不同，混凝土氯离子扩散系数要求小于$(1.5\sim3.5)\times10^{-12}m^2/s$。

钢-混凝土组合索塔的混凝土材料应根据不同类型索塔结构选用。对于钢壳混凝土组合索塔，混凝土可一般采用 C50 及以上混凝土，对于超大跨径悬索桥可采用 C80 及以上钢壳混凝土结构专用混凝土，如狮子洋大桥索塔采用了 C80 混凝土；对于钢箱-钢管约束混凝土组合索塔，混凝土材料性能应与钢管的直径、壁厚匹配；对于直径大于 3000mm 以上的钢管混凝土，强度等级不宜超过 C60；小直径钢管可以选用高强混凝土提高承载力，混凝土宜具有自密实补偿收缩性能。

二、钢材

索塔采用的钢材因构件部位、受力和强度要求、耐久性等不同而不同，索塔使用钢材的部位或构件主要有：基础（钻孔灌注桩钢护筒、钢管桩、沉井、沉箱、围堰等）、塔柱（钢塔柱、混凝土塔柱劲性骨架、钢-混凝土组合索塔用钢结构）、横梁（钢结构横梁及组合结构横梁）。由于各国标准不同而钢种规格也不尽相同。乔治・华盛顿大桥索塔采用硅钢占 56%、低碳钢占 44%，韦拉扎诺海峡大桥索塔采用 70%的低合金钢、30%的低碳钢，纽波特大桥索塔以低碳钢为主，葡萄牙的萨拉扎桥全部采用美国 A36 低碳钢，日本明石海峡大桥索塔采用的钢种为 SM58，中国泰州大桥采用 Q370D 和 Q420D。作为主体结构受力的钢材牌号不宜低于 Q355D。

三、钢筋

索塔采用的钢筋主要有普通钢筋、防腐钢筋（环氧涂层钢筋、不锈钢钢筋）和预应力钢筋等。

普通钢筋又分为 HPB300 钢筋和 HRB400、HRB500 钢筋。混凝土索塔中公称直径 12mm 以下的钢筋采用 HPB300 钢筋，公称直径大于或等于 12mm 的钢筋采用 HRB400、HRB500 钢筋，其技术标准应符合现行《钢筋混凝土用钢》（GB/T　1499）的有关规定。HPB300 钢筋主要应用于钻孔灌注桩的螺旋筋，HRB400 钢筋应用于钻孔灌注桩、承台、塔柱、横梁的主筋、箍筋和加强筋，HRB400 钢筋目前所用到的最大直径为 40mm，一般钢筋直径小于 36mm。

目前使用的防腐钢筋主要有环氧涂层钢筋和不锈钢钢筋。防腐钢筋一般使用在海洋环境或大气中含有腐蚀性物质的索塔混凝土结构中。美国、日本和中国近期修建的海洋环境悬索桥索塔基础和塔柱浪溅区混凝土结构中较多地使用了防腐钢筋。防腐钢筋一般和钢筋阻锈剂联合使用，这是因为一旦防腐钢筋有局部破损就会产生点腐蚀，腐蚀速率比普通钢筋腐蚀速率更快。

索塔主筋直径大于或等于 25mm 的钢筋采用机械连接方式接长，技术标准应符合《钢筋机械连接技术规程》（JGJ　107—2016）的有关规定。

防裂钢筋网可采用直径不小于 5mm、间距为 10cm × 10cm 的带肋或光圆钢筋焊网，产品应符合《钢筋混凝土用钢　第 3 部分：钢筋焊接网》（GB/T　1499.3—2022）的有关规定。

预应力钢筋也可采用精轧螺纹钢筋或预应力钢绞线。精轧螺纹钢筋公称直径为 25mm、32mm、36mm，其技术标准应符合国家有关规定。预应力钢绞线技术标准应符合《预应力混凝土用钢绞线》（GB/T　5224—2023）的规定，公称直径为 15.24mm，标准强度为 1860MPa，计算弹性模量为 195GPa。钢筋混凝土索塔横梁一般采用预应力混凝土结构，预应力钢筋用于保证横梁与塔柱之间的连接受力，如江阴大桥、南沙大桥等；也有使用在塔柱底节与塔墩之间的连接，如博斯普鲁斯海峡二桥和日本的一些索塔柱底节与塔墩之间的连接，通过预埋锚固螺杆施加预应力后与混凝土构成的整体来承受塔底弯矩和剪力。

四、其他材料

除上述的三大材料外，由于索塔所采用的主要材料不同，相应还有一些其他辅助材料，无论是钢索塔还是混凝土索塔，索塔的防腐涂装所采用的防腐涂料日益为设计人员所重视。

如前所述，早期修建的悬索桥的索塔大多为钢索塔，索塔的防腐也为传统的重油漆防腐涂装，随着防腐技术的发展和进步，近十几年来修建的钢索塔大多采用电弧喷铝（锌）+ 封闭漆 + 面漆（聚氨酯、氟碳）、无机富锌 + 封闭期 + 环氧云铁中间漆 + 面漆以及环氧富锌 + 环氧云铁中间漆 + 面漆防腐涂装。早期的混凝土索塔一般不做防腐涂装，由于桥梁结构的耐久性和景观性日益为人们所重视，混凝土索塔防腐涂装也愈加显得重要，混凝土索塔防腐涂装主要有两种大的体系，即渗透型体系和封闭型体系。两大体系的底漆和中间漆的种类繁多，而面漆主要有环氧面漆、聚氨酯面漆、氟碳面漆及聚硅氧烷面漆等。

第七节 结构分析计算

结构设计所要达到的目的，主要是：①在规定的荷载下，一要保证结构行为正常（“正常”是指应力、变形、振幅均不超过预估限定值），二要保证结构安全（在承载能力极限荷载状态，荷载效应小于结构抗力）；②在灾难性事件（指较大的地震、船舶的撞击之类）出现时，结构失效过程不要发展得太快（要使人员能够撤离），复建费用不会太高；③对日后的活载增长应给予充分考虑；④要尽可能降低维修费用（次要结构更换等）。

在成桥状态下，索塔为下端固接、上端铰接的偏心受压构件，进行纵桥向验算。在施工状态下，架缆前索塔承受纵向风荷载情况下，可作为下端固定、上端自由的悬臂梁计算。随着加劲梁的架设，中跨主缆缆力增加，迫使主鞍及塔顶向中跨侧变位。为了实现在恒载作用下塔顶不平衡水平力尽可能小，减小塔根弯矩，应事先计算出主索鞍的预偏量，索塔设计时应考虑这一向岸侧的纵向移动量。索塔在横桥向要抵抗全桥风荷载，需要具有一定的横向刚度。综上所述，悬索桥索塔的结构分析除对同一荷载条件下的纵桥向应力和横桥向应力进行组合验算外，还应分析索塔空间整体压屈稳定性以及塔柱板壁的局部压屈稳定性，以确定索塔构造形式和截面尺寸。对于钢-混凝土组合索塔还应进一步关注施工过程混凝土浇筑对钢结构变形及强度的影响。

一、主要计算内容

目前三维计算分析软件已普及，索塔的结构分析可直接进行三维有限元分析，并进行基础承载力验算。

在索塔选型确定后，一般悬索桥索塔计算可按以下五个步骤进行：

（1）算出作用于塔柱的外力及位移。通过主缆传到塔顶的竖直反力及加劲梁的反力；塔顶水平位移和加劲梁反力点的位移。按照全桥整体计算确定。

（2）截面的拟定。充分考虑制造、运输和施工的方便，以结构刚度以及受力满足预定要求为前提拟定各部件的截面尺寸，这一阶段中可经过多次试算调整。

（3）根据拟定的截面尺寸计算索塔的恒载、风荷载、地震荷载，对截面壁厚尺寸进行优化调整。

（4）对承载能力极限状态、正常使用极限状态和屈曲稳定进行检算。

（5）横梁截面验算。根据算出的横梁内力，进行承载能力极限状态、正常使用极限状态检算。当截面不够时，横桥向应反复试算。

二、计算荷载与组合

1. 计算荷载

索塔结构分析计算，应考虑主要荷载（永久荷载和基本可变荷载）及其他可变荷载（温度、基础不均匀沉降），具体荷载详见现行《公路桥涵设计通用规范》（JTG D60）的相关内容。其中，对结构尺寸及截面内力影响较大的是风荷载。

大跨柔性桥梁的主梁和索塔的设计风荷载一般由静力风荷载和动力风荷载两部分组成。静力风荷载是指在设计基准风速下的风荷载，动力风荷载是由风致振动所产生的结构惯性力。

两部分内力应分别计算，然后相加。计算结果应同阵风荷载下产生的内力值相比较，并取较大者作为设计验算内力参与荷载组合。

早期国内修建的悬索桥风载计算主要参考国外相关工程实例，如海沧大桥索塔风荷载计算采用日本本-四联络桥 1976 年抗风设计基准的计算方法；虎门大桥索塔风荷载计算时，根据我国公路桥规，对运营阶段无活载工况取 100 年一遇的最大风速，对施工阶段则取 50 年一遇（相当于 100 年一遇的最大风速的 0.82 倍）的最大风速。经过国内悬索桥的发展总结，目前国内《公路桥梁抗风设计规范》（JTG/T 3360-01—2018）已较完善。

根据《公路桥梁抗风设计规范》（JTG/T 3360-01—2018），国内悬索桥施工期设计风速可按式(4-7-1)计算：

$$U_{\mathrm{sd}} = k_{\mathrm{sf}} U_{\mathrm{d}} \tag{4-7-1}$$

式中：U_{sd}——施工阶段设计风速（m/s）；

k_{sf}——施工期抗风风险系数，一般可由表 4-7-1 选用，也可根据桥梁具体情况和不同的抗风设计目标通过风险评估确定；

U_{d}——桥梁或构件基准高度处的设计基准风速（m/s）。

桥梁施工期抗风风险系　　表 4-7-1

数桥梁施工年限（年）	风险区域		
	R1	R2	R3
≤3	0.88	0.84	0.78
>3	0.92	0.88	0.84

2. 荷载组合

（1）容许应力法

在桥梁设计中，凡是有可能同时出现的荷载，都应进行组合。设计规范中对于各种荷载的规定值（或叫标准值、额定值），可将汽车活载分为常规和特殊两种情况考虑。将风压按高速风（100 年或 120 年一遇，并将所在的高度和阵风效应计入）及较常遇的风分别取值。

在容许应力法中，其荷载组合一般是让各荷载按规定值来计算；对于出现频率较高的组合，使用基本容许应力 $[f]$ 来验算；对于出现频率较低者，使用 $1.1[f]$、$1.25[f]$、$1.35[f]$、$1.5[f]$，甚至 $1.7[f]$，作为提高了的容许应力来验算。20 世纪 60 年代建成的悬索桥，设计资料较为完整，所用的验算方法都是容许应力法。每座悬索桥索塔计算的荷载组合与各种荷载组合作用下的容许应力增大系数，根据实际情况略有差别。

现以英国的福斯公路大桥和塞文桥，美国的韦拉扎诺海峡大桥，日本东京湾彩虹大桥、本州-四国联络桥，中国汕头海湾大桥、虎门大桥和海沧大桥为例，说明验算的荷载组合，见表 4-7-2～表 4-7-8。

福斯公路大桥荷载组合及容许应力增大系数　　表 4-7-2

序号	荷载组合	容许应力增大系数	序号	荷载组合	容许应力增大系数
1	$D+\mathrm{HA}$	1.00	4	$D+\mathrm{HB}+W_2+T$	1.25
2	$D+\mathrm{HA}+T$	1.10	5	$D+\mathrm{HA(HB)}+W_2+T$	1.25
3	$D+\mathrm{HB}+W_1+T$	1.25			

韦拉扎诺海峡大桥荷载组合及容许应力增大系数　表 4-7-3

序号	荷载组合	容许应力增大系数	序号	荷载组合	容许应力增大系数
1	$D+H+0.5T$	1.10	3	$D+T+W_1$	1.25
2	$D+0.5H+T$	1.10	4	$D+0.5T+0.5W_1+0.5H$	1.25

日本东京湾彩虹大桥荷载组合及容许应力增大系数　表 4-7-4

阶段	荷载组合	容许应力增大系数
基本情况	$D+L+T+\mathrm{SD}+E$	1.00
	$D+W(L)+L(W)+T$	1.35
	$D+W+T+\mathrm{SD}+E$	1.50
	$D+\mathrm{EQ}+T$	1.50
	$D+EQ+L(\mathrm{EQ})+T+\mathrm{SD}+E$	1.70
架设阶段	$\mathrm{ER}(D+T)$	1.25
	$\mathrm{ER}(D+T)+\mathrm{ER}(W)$	1.50
	$\mathrm{ER}(D+T)+\mathrm{ER}(\mathrm{EQ})$	1.50

注：D-恒载，L-活载，T-温度荷载，W-风荷载，$W(L)$-活载加载时的风荷载，$L(W)$-风荷载加载时的活载，SD-支点变位的影响，E-制造及架设误差的影响，EQ-地震荷载，L(EQ)-地震时的活载，ER-施工架设时的荷载。

本-四联络桥悬索桥荷载组合及容许应力增大系数　表 4-7-5

阶段	荷载组合	容许应力增大系数	
		$L>200\mathrm{m}$	$L<200\mathrm{m}$
基本情况	$D+L+I$	1.00	1.00
	$D+L(F)+I$	1.00	1.00
	$D+L+I+T+\mathrm{SD}+E$	1.00	1.15
	$D+W+T+\mathrm{SD}+E$	1.50	1.35
	$D+EQ+L(EQ)+T+\mathrm{SD}+E$	1.50	1.70
	$D+L+I+\mathrm{CO}$	1.70	—
架设阶段	$\mathrm{ER}(D+T)$	1.25	1.25
	$\mathrm{ER}(D+T)+\mathrm{ER}(W)$	1.50	1.50
	$\mathrm{ER}(D+T)+\mathrm{ER}(\mathrm{EQ})$	1.50	1.50

注：D-恒载，L-活载，T-温度荷载，W-风荷载，SD-支点变位的影响，E-制造及架设误差的影响，ER-施工架设时的荷载，$L(F)$-验算疲劳用的活载，I-活载冲击的影响，CO-船舶撞击荷载。

应说明的是：①W_1 是按风速为 49.2m/s（原文做 110mile/h）推算的；W_2 取值较高，按风速为 33.5m/s（75mile/h）所推算，该风速同 12 级风相当，桥上其实是不会有汽车通行的；②HA(HB) 表示在特殊汽车活载之外，还有常规汽车，其布置按设计规范（BS 153）规定办理；③按英国当时规定，$[f]$ 对屈服点 f_y 的安全系数是 1.7，提高到 1.1$[f]$，即安全系数降为 $1.7/1.1=1.54$；提高到 1.25$[f]$，安全系数降为 $1.7/1.25=1.36$。

对于塞文桥，只考虑了上述荷载的前 4 种组合，$[f]$ 值及其提高率也与福斯公路大桥相同。但 W_1 按风速 44.7m/s（100mile/h）计算，W_2 按 31.3m/s（70mile/h）推算。而在对塞文桥进行加固检算时，考虑到行车安全，不容许汽车在大风时冒险在桥上行驶，乃制订：当桥上是 4 线加载时，W_2 按风速为 25m/s 推算；当桥上是按 2 线加载时，W_2 按风速为 28m/s 推算。（从风力等级表可知：25m/s 和 28m/s 都是在 10 级风的范围。）

表 4-7-2 和表 4-7-3 中，D 为恒载（包含沉降）效应，H 或 HA 为常规汽车及人群活荷载效应，HB 为特殊汽车活载的效应，W_1、W_2 为高速风及较常遇风的风压效应，T 为温度升降及差异所致效应。

应说明的是：①W_1 是按风压为 1.19kN/m² 和 2.15kN/m² 推算，这与风速 43.6m/s 和 58.m/s 相当；用 0.5 W_1 代替 W_2，W_2 风速相当于 W_1 风速的 0.7 倍。②在美国，[f] 对屈服点的安全系数降为 1.8/1.25 = 1.44。

明石海峡大桥设计基本风速为 46.0m/s；大鸣门桥设计基本风速为 50.0m/s；下津井濑户大桥和南/北备赞濑户大桥设计基本风速为 43.0m/s；因岛大桥、大岛大桥设计基本风速为 37.0m/s；来岛大桥设计基本风速为 40.0m/s。

汕头海湾大桥成桥和施工阶段的设计基本风速分别为 47.0m/s 和 34m/s，成桥运营（有车行驶）状态下的设计风速取 25m/s。

汕头海湾大桥荷载组合及容许应力增大系数　　表 4-7-6

项目		荷载组合	容许应力增大系数
裸塔状态		$D + T(D + T + W_1)$	1.00（1.50）
挂缆挂梁状态		$D + T(D + T + W_1)$	1.00（1.50）
成桥状态	全桥加载	$D + L + T(D + L + T + \mathrm{WL})$	1.00（1.35）
	中、边跨加载	$D + L + T(D + L + T + \mathrm{WL})$	1.00（1.35）
	一边跨加载	$D + L + T(D + L + T + \mathrm{WL})$	1.00（1.35）
	无车辆荷载	$D + T + W_2$	1.50
地震效应		$D + Q$	1.50

注：D-恒载，L-活载，T-温度荷载，W_1-施工时风荷载，WL-运营时风荷载，W_2-极限风荷载，Q-地震荷载。

虎门大桥桥位处 20m 高，频率为 1/100 的 10min 平均最大风速为 50.2m/s，桥面处设计风速为 61m/s。

虎门大桥荷载组合及容许应力增大系数　　表 4-7-7

阶段	组合类型	荷载组合	容许应力增大系数
施工阶段		$D_1 + W_1$	1.25
		$D_1 + P$	1.25
运营阶段	I	$D_1 + D_2 + L + (T + S)$	1.00
	II	$D_1 + D_2 + L + W_3 + T + S^*$	1.25
	III	$D_1 + D_2 + L + W_2 + T + S^*$	1.25

注：D_1-塔柱自重，D_2-主、引桥恒载，P-施工荷载，W_1-施工时风荷载，W_2-运营无活载时风荷载，W_3-运营有活载时风荷载，L-主、引桥活载，T-温度荷载，S-基础不均匀沉降，*-条件组合，系梁计算时组合I加括号内的荷载。

海沧大桥设计基本风速为 39.7m/s，运营阶段桥上有活载的设计风速为 31.85m/s，运营阶段桥上无活载的设计风速为 64.31m/s。

海沧大桥荷载组合及容许应力增大系数 表 4-7-8

阶段	组合类型	荷载组合	容许应力增大系数
施工阶段	—	$D+T+W_1+P$	1.25
运营阶段	I	$D+L$	1.00
	II	$D+T+\mathrm{WL}$	1.25
	II	$D+L+T+\mathrm{WL}$	1.25
	III	$D+L+\mathrm{CO}$	1.70
地震效应		$D+Q$	1.50

注：D-恒载，L-活载，T-温度荷载，W_1-施工时风荷载，WL-运营时风荷载，P-施工荷载，CO-船舶撞击荷载，Q-地震荷载。

（2）极限状态法

随着统计分析和结构可靠度理论的发展，采用极限状态法的设计规范颇有改进；极限状态法设计规范以英国规范（BS 5400 和 BD 37/88）为代表。目前国内公路悬索桥索塔的修建均采用极限状态法。

按照 BS 5400 第二篇第 4.4 条（或 BD 37/88 第 4.4 条），荷载组合分成五种，前三种是主要的，分述如下。

① 组合I-竖直荷载组合，即：恒载 + 活载。在容许应力法中，这是主要组合；容许应力取基本值。承载能力极限状态，此组合包含下列两种情况：

$$\gamma_{f3}(1.1D+1.5\mathrm{HA}) \tag{4-7-2}$$

$$\gamma_{f3}[1.1D+1.3\mathrm{HA(HB)}] \tag{4-7-3}$$

式中，系数 D 取 1.1，是按钢结构且对其自重的估算不很精确而采用的（若精确计算，系数应降为 1.05；若是混凝土结构，自重精确计算者系数为 1.15，不精确者系数为 1.20）；HA(HB)表示特殊汽车活载和常规汽车活载同时加载；钢的设计强度为 $f_y/1.05$，式中的 f_y 为其屈服点保证值，1.05 为抗力项安全系数 γ_m。

可以将所给各值换算为单一安全系数，以便同容许应力法所取安全系数作比较，γ 代表综合荷载项系数。以式(4-7-2)为例，即：

$$\gamma=(1.1D+1.5HA)/(D+\mathrm{HA}) \tag{4-7-4}$$

若 $D=0$（一种极端情况），则 $\gamma=1.5$，$\gamma\gamma_m=1.1\times1.5\times1.05=1.73$，此数与英国原曾使用的 1.70 颇为接近。

② 组合II-竖直荷载 + 风荷载。在 BS-5400 和 BD-37/88 中，没有将风荷载区分为 W_1 和 W_2。

对于承载能力极限状态，取下列两种组合：

$$\gamma_{f3}(1.1D+1.4W_1) \tag{4-7-5}$$

$$\gamma_{f3}(1.1D+1.25\mathrm{HA}+1.1W_1) \tag{4-7-6}$$

钢的设计强度为 $f_y/1.05$。

取式(4-7-5)是合适的。为使索塔（或其结构的一个局部）不被巨大的风压所破坏，在只有恒载的情况下，对于任何罕遇的巨大的风压，都应能安全承受。因此，这一验算应该肯定。

但式(4-7-6)就有些脱离现实：在桥上有车（有 HA）情况下，仍用高速风来决定 W_1，仅降低其乘数，这在观点上是含糊的。应该参考英国塞文桥加固时的检算，并适当地修正。

③ 组合III-竖直荷载＋温度效应。按照 BS 5400 和 BD 37/88，按式(4-7-7)求荷载效应（对于承载能力极限状态）：

$$\gamma_{f3}(1.1D+1.25\text{HA}+1.3T_1+1.0T_2) \tag{4-7-7}$$

式中：T_1——因约束（不含摩擦力）所引起的温度效应；

T_2——因温度差异（温度分布不匀）所引起的温度效应。

按照经验，悬索桥因温度导致的效应往往不大，该验算不起控制作用。

④ 组合IV是考虑汽车次要效应（例如：制动力、离心力、滑行力）的组合，组合V是考虑支座摩阻力的组合。这两者仅对结构的局部性构件有影响。

按照现行《公路桥涵设计通用规范》（JTG D60）的要求，近期国内修建的悬索桥荷载组合主要见表 4-7-9 所。

近期国内修建的悬索桥荷载组合　　表 4-7-9

组合	恒载	收缩徐变	沉降	汽车荷载	体系温度	梯度温度	制动力/摩阻力	运营风	百年风	地震（纵）	地震（横）
组合I	1/1.2	1	0.5/1	1.4	0.75 × 1.4	0.75 × 1.4	0.75 × 1.4	1.1			
组合II	1/1.2	1	0.5/1	0.75 × 1.4	0.75 × 1.4	0.75 × 1.4		1.4			
组合III	1/1.2	1	0.5/1		0.5	0.5			1.4		
组合IV	1	1								1	
组合V	1	1									1

注：1. 恒载包括自重、成桥索力等。
2. 汽车荷载考虑冲击系数（主缆可不计入）。
3. 组合中 1/1.2 是指该作用取系数为 1 和 1.2 该荷载的包络值。
4. 沉降荷载分项系数混凝土结构采用 0.5，钢结构采用 1。
5. 注意考虑结构重要性系数 1.1。
6. 对于组合I和组合II，仅列出了汽车荷载或者运营风作为主要可变荷载的情况，设计时选取其他控制性效应作为主要可变荷载进行验算时，此控制性效应系数为 1.4，其他可变荷载为 0.75 × 1.4（运营风为 1.1）。

三、裸塔计算

所谓裸塔状态，就是索塔自身处于施工状态或索塔施工完成而主缆尚未架设的状态。此时索塔以竖向放置的悬臂梁方式承受施工荷载和风荷载。对于采用螺杆锚固的钢索塔，需要设计螺杆预紧力以抵抗受拉侧拉力；对于埋入式结构，需校核上拔力，必要时需设置临时预应力锚固；对于混凝土索塔，需配置足够的锚固钢筋，并对该工况进行计算校核。对于风荷载控制索塔设计的桥梁结构，塔底部的纵向尺寸将由这一要求来控制。

对于施工状态所取的风荷载，一般认为施工持续的时间较短，所取的风速可以比其在成桥设计中的风速低，但也有采用较高风速设计的。例如，在博斯普鲁斯海峡一桥的施工验算中，风速按 45m/s 计，容许应力提高到 1.25[f]。英国福斯公路大桥施工中所遇到的最大风速达 45.8m/s，桥址区因天气不好而使空中送丝无法进行的时间占 33%。我国《公路桥梁抗风设计规范》（JTG/T 3360-01—2018）对施工阶段设计风速主要是结合施工年限、风险区域计算施工期抗风风险系数，对设计风速进行折减考虑。

四、塔柱计算

1. 索塔上的荷载

长大跨径悬索桥的索塔一般在底部设计成固定形式，而塔顶由主缆系住，形成可挠曲的索塔。索塔承受的荷载包括两部分：一是直接作用于塔上的风荷载、地震荷载、温度荷载等各种荷载及其组合；二是由主缆、加劲梁等的自重及作用于悬索桥体系上的活载、温度荷载、地震荷载等各种荷载及其组合。后者通过主缆作为竖直荷载作用在塔顶，随着主缆的位移，塔顶发生顺桥向的水平位移。另外，在塔的下部还有由加劲梁产生的反力作为竖直荷载。

2. 索塔的设计计算

索塔的设计计算包括两部分：顺桥向索塔的设计计算和横桥向索塔设计计算。在早期，前者一般用传递矩阵法进行计算，后者用一般平面构架的有限变形理论分析。现在一般是建立空间计算模型，采用考虑几何非线性影响的结构空间分析程序，直接进行各种组合荷载作用下的计算。单独的索塔结构计算模型如图 4-7-1 所示，索塔结构截面设计程序框图如图 4-7-2 所示。

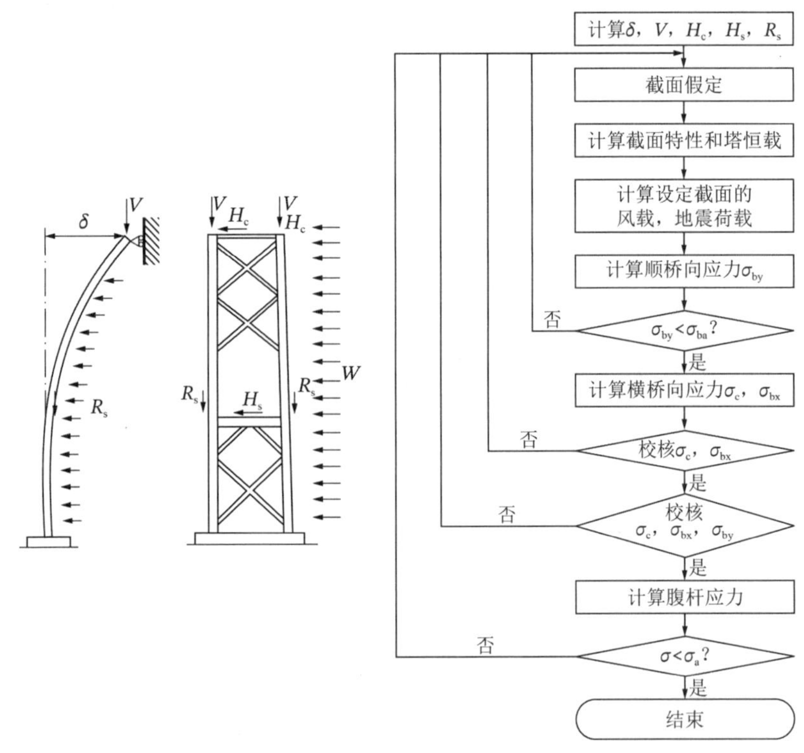

图 4-7-1　索塔结构设计的计算模型

V-塔顶竖向力；H_c-塔顶水平力；W-塔柱承受的水平荷载；R_s-塔柱自重

图 4-7-2　索塔结构截面设计程序框图

按照图 4-7-2，一般悬索桥索塔设计步骤如下：

（1）算出作用于塔的外力及其位移。此外力为通过主缆传到塔顶的竖直反力及加劲梁的反力；位移是指塔顶水平位移和加劲梁反力点的位移，按照整个悬索桥体系结构在各种荷载状态下进行计算。

（2）截面的拟定。充分考虑制造、运输和施工的方便，根据刚度拟定各部件的截面和尺寸，在该阶段要对索塔的各截面尺寸进行几次试算。

索塔在设计时，必须对刚度问题给予足够的重视。一方面，在两塔悬索桥中，由于与边跨主缆提供的塔顶纵向刚度相比，索塔自身的顺桥向刚度很小，即索塔刚度对在活载与温度作用下塔顶的顺桥向位移影响不大。在塔顶同样的水平位移下，索塔刚度越大，其内力（弯矩）就越大，因此刚度不能过大。另一方面，索塔在活载作用下是一压弯构件，若刚度太小，则附加弯矩就会增大，影响结构的设计。图 4-7-3 为索塔弯曲刚度与弯矩的关系曲线，图中M表示塔底弯矩，f表示塔顶水平位移，S表示塔顶轴向力，EI表示索塔的抗弯刚度，h表示索塔高度。

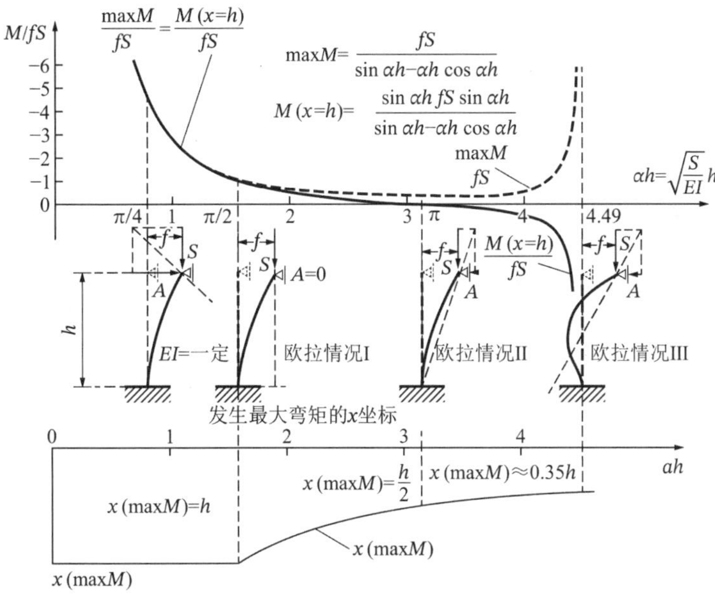

图 4-7-3 索塔弯曲刚度与弯矩的关系曲线

从图 4-7-3 可见，弯曲刚度 EI 大时，即 αh 小时，弯矩就急剧增大。为了经济地设计塔身及塔基，αh 至少要比 $\pi/2$ 大，因此，弯曲刚度不能太大；但弯曲刚度过小，将变成稳定控制设计。

（3）塔顶和塔底的加强。根据拟定的截面，计算出塔的恒载、风荷载、地震荷载，根据全部外力对塔顶和塔底截面加强并检算（一般是增大壁厚），塔顶和塔底截面一般采用一段实心截面。

（4）结构应力和屈曲检算。

对于钢结构索塔、钢箱-钢管约束混凝土组合索塔的钢结构部分，首先根据规范要求的顺桥向和横桥向的荷载组合，计算截面上的应力值，进行强度验算。然后对顺桥及横桥两方向的屈曲进行检算。对于具有腹杆的桁架式索塔，其顺桥向应力所占比例较大，一般可先检算该方向的应力，横向荷载组合一般不控制设计。

对于混凝土结构索塔，则根据计算的组合内力，依据混凝土结构规范，进行承载能力及正常使用状态验算。

（5）承载力检算。检算索塔的承载力，确保其不会毁坏。

五、基础计算

目前我国悬索桥索塔大多采用桩基础，也有采用扩大基础，如虎门大桥西塔有一侧为扩大基础。由柱桩组成的群桩基础，群桩承载力等于单桩承载力之和，群桩基础沉降等于单桩沉降，群桩效应可以忽略不计，不需要进行群桩承载力验算。对于扩大基础来说，应验算的内容主要有：基础的刚性角、合力偏心距、地基强度、基础稳定性和沉降等。

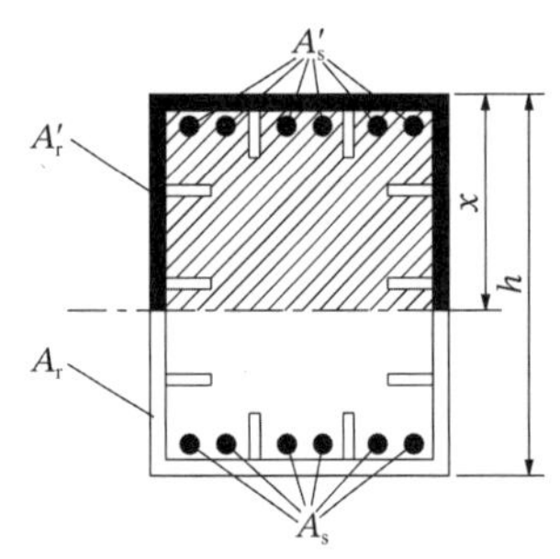

图 4-7-4　钢壳混凝土组合索塔正截面承载力计算参数示意图

六、钢壳混凝土组合索塔计算

结合南京江心洲长江大桥钢壳混凝土组合索塔理论分析研究及荷载试验结论，钢壳混凝土组合索塔极限承载力计算（图 4-7-4、图 4-7-5）及正常使用极限状态结构刚度验算可采用如下公式。

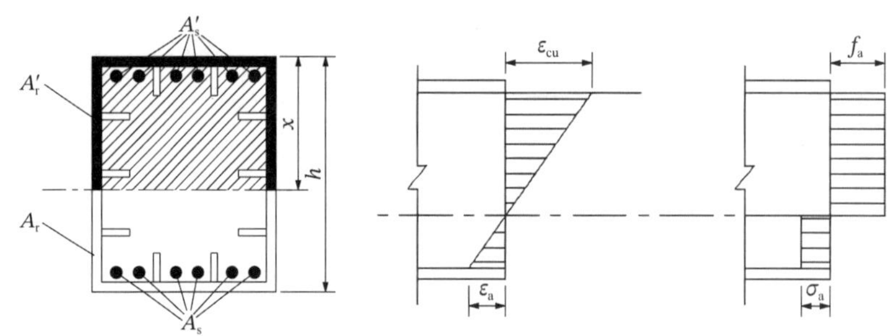

图 4-7-5　钢壳混凝土组合索塔正截面承载力计算参数示意图

1. 钢壳混凝土组合索塔压弯构件正截面极限承载力

钢壳混凝土组合索塔压弯构件正截面极限承载力可按式 (4-7-8)～式(4-7-10)计算：

$$\gamma_0 N_{\mathrm{d}} \leqslant f_{\mathrm{cd}} b x + f'_{\mathrm{sd}} A'_{\mathrm{s}} + \eta_{\mathrm{rs}} f'_{\mathrm{rd}} A'_{\mathrm{r}} \tag{4-7-8}$$

$$\gamma_0 N_{\mathrm{d}} e \leqslant f_{\mathrm{cd}} b x\left(h_0 - \frac{x}{2}\right) + f'_{\mathrm{sd}} A'_{\mathrm{s}}(h_0 - a'_{\mathrm{s}}) + \eta_{\mathrm{rs}} f'_{\mathrm{rd}} A'_{\mathrm{r}}(h_0 - a'_{\mathrm{r}}) \tag{4-7-9}$$

$$e = \eta e_0 + \frac{h}{2} - a \tag{4-7-10}$$

式中：γ_0——桥梁结构重要性系数；

e——轴向力作用点至截面受拉边或受压边较小边纵向钢筋和钢壳外壁板合力点的距离；

e_0——轴向力对截面重心轴的偏心距，$e_0 = M_{\mathrm{d}}/N_{\mathrm{d}}$；

N_{d}——轴向力的设计值；

f_{cd}——混凝土轴心抗压强度设计值；

f'_{sd}——纵向普通钢筋抗压强度设计值；

f'_{rd}——纵向钢加劲板抗压强度设计值；

η——偏心受压构件轴向力偏心距增大系数；

A'_{s}——受压区纵向普通钢筋截面面积；

A'_r——受压区钢壳及其竖向加劲板净截面面积之和；

b——截面宽度，可随截面高度变化；

h_0——截面有效高度，$h_0 = h - a$，此处 h 为截面全高；

a'_s——受压区竖向普通钢筋合力点至受压区边缘的距离；

a'_r——受压区钢壳及其竖向加劲板合力点至受压区边缘的距离。

2. 钢壳混凝土组合索塔的抗剪承载力

钢壳混凝土组合索塔的抗剪承载力应符合式(4-7-11)～式(4-7-14)规定：

$$\gamma_0 V \leqslant V_u \tag{4-7-11}$$

$$V_u = V_{cs} + V_{ss} \tag{4-7-12}$$

$$V_{cs} = 0.45 \times 10^{-3} b h_0 \sqrt{(2 + 0.6P)\sqrt{f_{cu,k}}\rho_{sv} f_{sv}} \tag{4-7-13}$$

$$V_{ss} = 0.6 f_y A_{sw} \tag{4-7-14}$$

式中：V——钢混组合索塔的剪力设计值；

V_u——钢混组合索塔受剪承载力设计值；

A_{sw}——平行于索塔受力平面的钢壳面积；

P——斜截面内纵向受拉钢筋的配筋百分率，$P = 100\rho$，当 P 大于 2.5 时，取 $P = 2.5$；

$f_{cu,k}$——边长为 150mm 的混凝土立方体抗压强度标准值；

ρ_{sv}——箍筋配筋率；

f_{sv}——箍筋抗拉强度设计值。

3. 钢壳混凝土组合受弯构件正截面极限承载力

钢壳混凝土组合受弯构件正截面极限承载力可采用式(4-7-15)计算：

$$\gamma_0 M_d \leqslant f_{cd} b x \left(h_0 - \frac{x}{2}\right) + f'_{sd} A'_s (h_0 - a'_s) + \eta_{rs} f'_{rd} A'_r (h_0 - a'_r) \tag{4-7-15}$$

混凝土受压区高度 x 应按式(4-7-16)计算：

$$f_{sd} A_s + \eta_{rs} f_{rd} A_r \leqslant f_{cd} b x + f'_{sd} A'_s + \eta_{rs} f'_{rd} A'_r \tag{4-7-16}$$

式中：γ_0——桥梁结构重要性系数；

M_d——弯矩设计值；

f_{cd}——混凝土轴心抗压强度设计值；

f_{sd}、f'_{sd}——纵向普通钢筋抗拉强度设计值和抗压强度设计值；

f_{rd}、f'_{rd}——纵向钢加劲板抗拉强度设计值和抗压强度设计值；

η_{rs}——钢加劲板承载能力系数，根据索塔组合截面剪力连接度 η 确定，$\eta \geqslant 1$，$\eta_{rs} = 1$；

A_s、A'_s——受拉区、受压区纵向普通钢筋截面面积；

A_r、A'_r——受拉区、受压区钢壳及其竖向加劲板净截面面积之和；

b——截面宽度，可随截面高度变化；

h_0——截面有效高度，$h_0 = h - a$，此处 h 为截面全高；

a'_s——受压区纵向普通钢筋合力点至受压区边缘的距离；

a'_r——受压区纵向钢加劲板合力点至受压区边缘的距离。

4. 正常使用极限状态结构刚度验算

剪力连接件设计满足要求，钢壳混凝土组合索塔截面刚度应按组合刚度计算，其中计算结构刚度时应考虑混凝土开裂的影响，钢壳混凝土组合索塔截面刚度取值见表 4-7-10。

钢壳混凝土组合索塔截面刚度取值 表4-7-10

弯曲刚度	$E_sI_s+0.85E_cI_c$
轴压刚度	$E_sA_s+0.85E_cA_c$

注：E_sI_s、E_sA_s分别表示钢结构部分弯曲刚度及轴向刚度，E_cI_c、E_cA_c分别表示混凝土部分弯曲刚度及轴向刚度。

七、钢箱-钢管约束混凝土组合索塔计算

以现有钢结构及钢管混凝土相关理论及标准为基础，结合张靖皋长江大桥钢箱-钢管约束混凝土组合索塔理论分析研究及荷载试验结论，钢箱-钢管约束混凝土组合索塔极限承载力计算可采用如下公式。

1. 钢箱-钢管约束混凝土组合索塔计算要求

钢箱-钢管约束混凝土组合索塔可对外壁钢箱结构及钢管混凝土格构柱结构分别进行承载力验算。钢箱-钢管约束混凝土构件承载能力极限状态计算应按式(4-7-17)确定。

$$\gamma S\leqslant R \tag{4-7-17}$$

式中：S——作用效应的组合设计值；

R——构件承载大设计值；

γ——桥梁结构重要性系数，持久、短暂、偶然状况时桥梁结构重要性系数取1.1。

2. 单管受压承载力计算

（1）钢管混凝土单圆管截面轴心抗压承载力应按式(4-7-18)计算：

$$\gamma N\leqslant \varphi_l K_p f_{sc} A_{sc} \tag{4-7-18}$$

式中：γ——桥梁结构重要性系数；

N——轴心受压构件轴向力设计值；

f_{sc}——钢管混凝土组合轴心抗压强度设计；

A_{sc}——钢管混凝土组合截面面积；

φ_l——长细比折减系数；

K_p——钢管初应力折减系数。

（2）钢管混凝土单圆管截面偏心抗压承载力应按式(4-7-19)计算：

$$\gamma N\leqslant \varphi_l \varphi_e K_p f_{sc} A_{sc} \tag{4-7-19}$$

式中：γ——桥梁结构重要性系数；

N——压弯构件轴向力设计值；

f_{sc}——钢管混凝土组合轴心抗压强度设计值；

A_{sc}——钢管混凝土组合截面面积；

φ_l——长细比折减系数；

φ_e——弯矩折减系数，按式(4-7-20)计算：

$$\varphi_e=\frac{1}{1+\dfrac{1.85\eta e_0}{r}} \tag{4-7-20}$$

η——偏心距增大系数，按式(4-7-21)计算：

$$\eta=\frac{1}{1-0.4\dfrac{N}{N_E}} \tag{4-7-21}$$

e_0——构件截面的偏心距，按式(4-7-22)计算：

$$e_0=\frac{M}{N} \tag{4-7-22}$$

M——构件截面最大弯矩；

N_E——欧拉临界力，按式(4-7-23)计算：

$$N_E=\frac{\pi^2 E_{sc}A_{sc}}{\lambda^2} \tag{4-7-23}$$

λ——构件长细比；

K_p——钢管初应力折减系数。

（3）钢管混凝土构件钢管初应力折减系数 K_p 应按式(4-7-24)计算：

$$K_p=1.0-0.15\omega \tag{4-7-24}$$

$$\omega=\frac{\sigma_0}{f_{sd}} \tag{4-7-25}$$

式中：ω——钢管初应力度，按式(4-7-25)计算，ω 不应超过 0.65；

σ_0——钢管初应力；

f_{sd}——钢材强度设计值。

3. 组合格构柱受压承载力计算

（1）组合格构柱构件轴心受压承载力应按式(4-7-26)计算：

$$\gamma N\leqslant\varphi_l'\sum\left(K_p^i f_{sc}A_{sc}\right) \tag{4-7-26}$$

式中：γ——桥梁结构重要性系数；

N——组合格构柱构件轴向力设计值；

K_p^i——单肢钢管混凝土的最大初应力折减系数；

φ_l'——组合构件换算长细比折减系数，根据组合受压构件的换算长细比 λ_{0y}、λ_{0y}；

f_{sc}——单钢管混凝土组合轴心抗压强度设计值；

A_{sc}——单钢管混凝土组合截面面积。

当组合受压构件的主管截面相同时，其换算长细比可按表 4-7-11 计算。

组合构件换算长细比　　表 4-7-11

柱肢数	截面形式	计算公式
两肢	x, y, h, y, x	$\lambda_{0y}=\sqrt{\lambda_y^2+17\lambda_1^2}$

续上表

柱肢数	截面形式	计算公式
四肢	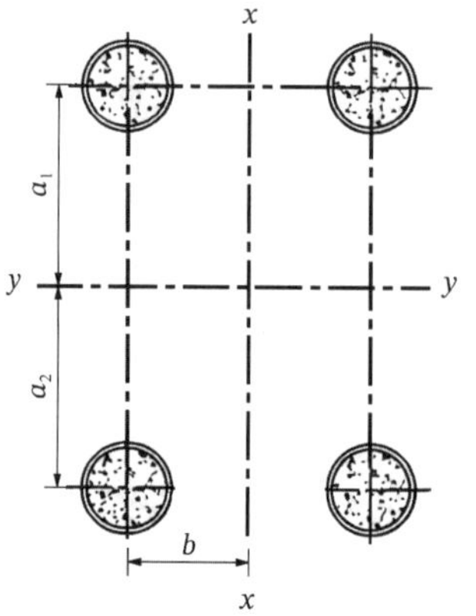	$\lambda_{0y}=\sqrt{\lambda_y^2+17\lambda_1^2}$ $\lambda_{0x}=\sqrt{\lambda_x^2+17\lambda_1^2}$

注：λ_x-钢管混凝土组合格构柱构件对 x-x 轴的长细比，$\lambda_x=L_{0x}/\sqrt{\frac{I_x}{\sum A_{sc}}}$；$\lambda_y$—钢管混凝土组合格构柱构件对 y-y 轴的长细比，$\lambda_y=L_{0y}/\sqrt{\frac{I_y}{\sum A_{sc}}}$；$\lambda_1$-单肢钢管混凝土柱一个节间的长细比，$\lambda_1=l_1/\sqrt{\frac{I_{sc}}{A_{sc}}}$；$I_{sc}$—钢管混凝土截面惯性矩；$I_x$-钢管混凝土截面惯性矩，$I_x=\sum(I_{sc}+b_i^2A_{sc})$；$I_y$—钢管混凝土截面惯性矩，$I_y=\sum(I_{sc}+a_i^2A_{sc})$；$a_i$、$b_i$-柱肢中心到虚轴 y-y 和 x-x 的距离；l_1-柱肢的节间距离；L_{0x}-钢管混凝土组合格构柱构件对 x-x 轴的计算长度；L_{0y}-钢管混凝土组合格构柱构件对 y-y 轴的计算长度。

（2）组合格构柱构件偏心受压承载力应按式(4-7-27)计算：

$$\gamma N \leqslant \varphi_l'\varphi_e'\sum\left(K_p^i f_{sc}A_{sc}\right) \tag{4-7-27}$$

式中：γ——桥梁结构重要性系数；

N——偏心受压构件轴向力设计值；

φ_l'——组合构件换算长细比折减系数；

φ_e'——组合构件弯矩折减系数，按表 4-7-12 取值；

K_p^i——单肢钢管混凝土的最大初应力折减系数；

f_{sc}——单钢管混凝土组合轴心抗压强度设计值；

A_{sc}——单钢管混凝土组合截面面积。

弯矩折减系数 φ_e'　　表 4-7-12

构件形式	公式条件	计算公式
哑铃形	$\frac{e_0}{2i}\leqslant 1.7$	$\varphi_e'=\frac{1}{1+1.41\frac{e_0}{i}}$
桁架式	$\frac{e_0}{h}\leqslant \varepsilon_h$	$\varphi_e'=\frac{1}{1+2\frac{e_0}{h}}$

注：i-组合截面的回转半径；h-格构柱截面受弯面内两肢中心距离；e_b-界限偏心率，按$\varepsilon_b=0.5+\frac{\xi}{1+\sqrt{\xi}}$计算。

4. 轴心受拉承载力计算

组合索塔轴心受拉承载力应按式(4-7-28)计算：

$$\gamma N \leqslant (1.1-0.4a_s)f_{sd}A_s \tag{4-7-28}$$

式中：γ——桥梁结构重要性系数；

N——轴向拉力设计值；

a_s——钢管混凝土的含钢率；

f_{sd}——钢材的抗拉强度设计值。

5. 横向受剪承载力计算

组合格构柱构件的抗剪承载力应按式(4-7-29)计算：

$$\gamma V \leqslant \gamma_v A_{sc} \tau_{sc} \tag{4-7-29}$$

式中：γ——桥梁结构重要性系数；

V——钢管混凝土分配的剪力设计值；

γ_v——截面抗剪修正系数，当 $x \geqslant 0.85$ 时，$\gamma_v = 0.85$；当 $x < 0.85$ 时，$\gamma_v = 1.0$；

A_{sc}——钢管混凝土组合截面面积；

τ_{sc}——钢管混凝土组合抗剪强度设计值。

6. 钢箱结构承载力计算

钢箱结构承载力验算应按照《公路钢结构桥梁设计规范》（JTG D64—2015）要求进行局部稳定验算、整体稳定验算。

7. 塔顶传力段承载力计算

钢箱-钢管约束混凝土组合索塔塔顶传力段可参考《公路钢筋混凝土及预应力混凝土桥涵设计规范》（JTG 3362—2018）计算，并开展实体有限元分析。

8. 索塔稳定性分析

钢箱-钢管约束混凝土组合索塔可采用有限元模型分别按顺桥和横桥两个方向的施工和成桥运营两个阶段进行稳定性分析。索塔应进行整体稳定性和局部稳定性计算，并保证局部失稳不先于整体失稳发生。索塔结构体系第一类稳定，即弹性屈曲的结构稳定安全系数不应该小于 4.0。索塔结构体系应进行第二类稳定分析。索塔结构的局部稳定验算应符合《公路钢结构桥梁设计规范》（JTG D64—2015）的规定。

八、施工控制结构计算

在成桥状态，恒载已全部作用于桥上，索塔和主鞍都应位于其设计位置。此时，位于主鞍两侧的主缆因恒载所致水平分力彼此相等。这是设计对施工监控的要求。如前所述，在架梁过程中，随着缆的恒载内力逐步增加，缆将带着主鞍向河纵移。为了达到要求，在架缆开始前，应该让主鞍有一个向岸的纵移量，该纵移量同架梁所引起的向河纵移量相等。按照这一原则，就可以决定架缆时的主鞍空间位置，该位置既可用将塔扳弯的方法达到，也可用让鞍相对于塔顶有偏移的方法达到。

历史上，塔的形体往往较大（例如乔治·华盛顿大桥），解决这一问题的办法是：在保持塔身不动的条件下，先让主鞍相对于塔顶有一向岸纵移量，随后在架梁过程中让主鞍在塔顶上移动到设计位置。为使主鞍在塔顶上移动方便，主鞍下可以加辊轴（或在其底面打蜡）。为使施工得到控制，依靠设置水平千斤顶来有控制地推顶主鞍，而不是依靠摩擦力被不平衡的缆力克服来使主鞍移动。当总体纵移量较大时，应该分几次来顶推，使塔所受的压弯应力不超过容许值（关键在使塔顶偏离竖直位置的纵移量不超过某值，例如 0.3m）。

在用柔性钢塔时，可以从一开始就将主鞍固定在塔顶，采用钢丝绳扳动塔柱，让塔身弯曲，且使塔顶及主鞍的空间位置由计算出的偏岸纵移量决定（其值等于在架梁过程中缆在塔顶水平的总纵移量）。这样，随着架缆的完成，塔顶的偏岸量将自动地改由主缆丝股来保持（因其轴力刚度比临时钢丝绳大得多）。在以后的架梁过程中随缆力的增加，缆就能带着主鞍及塔顶到达其在恒载状态的设计位置。福斯公路大桥、塞文桥就是这样做的。

如果塔身刚度适中，则在其施工过程中，一边用钢丝绳拉塔，使塔顶有一个向岸偏移量（但要保证塔的应力和应变都不超过某些容许值），一边让主鞍相对于塔顶的设计位置也有一个向岸偏移量。这两个偏移量的和，应该同架梁引起的向河偏移量相等。随后再在架梁过程中逐步将后一项偏移量消除。小贝尔特桥及博斯普鲁斯海峡一桥就是照此法施工的。

九、结构三维仿真分析

随着计算机技术的发展和桥梁大型综合程序的普及，空间三维仿真分析已是索塔总体计算及复杂部位计算分析的重要手段。图 4-7-6 为张靖皋长江大桥索塔有限元精细化分析模型。

图 4-7-6　张靖皋长江大桥索塔有限元精细化分析模型

第八节　主要施工方案与选择

悬索桥索塔的施工，应考虑其规模、塔型、施工地点的地形条件以及经济性。目前，在长大悬索桥的索塔施工中，混凝土索塔大多采用液压爬模施工，钢索塔大多采用塔式起重机施工。

一、混凝土索塔施工方案

1. 混凝土索塔施工介绍

混凝土塔柱的施工以现浇为主，现代悬索桥索塔多采用滑模法、爬模法、翻模法及提升支架法进行施工。

横梁为预应力混凝土箱形结构时，一般采用支架现浇施工，如钢管支架、万能支架等；采用钢结构时，一般在工厂预制构件，然后运到现场进行吊装架设。

2005 年建成的润扬大桥，首次在索塔施工中引进了国外的液压爬模系统，并加以改造，实现了内外模板分别提升，之后液压爬模法得到了广泛的推广应用。2009 年建成的坝陵河大桥、2012 年建成的栖霞山长江大桥、2015 年建成的清水河大桥，2019 年建成的南沙大桥等，均采用了液压爬模法进行塔柱施工。国内部分悬索桥混凝土索塔施工方法见表 4-8-1。

国内悬索桥混凝土索塔施工方法汇总　　表 4-8-1

桥名	建成年份	索塔横向的结构形式	模板材料	索塔的施工方法	横梁施工方法	横梁数
香港青马大桥	1997	门形框架结构		滑模施工	钢构架现浇	4
丰都长江大桥	1997	门形框架结构	组合钢模板	爬模施工	万能杆件支架现浇施工	2
虎门大桥	1997	门形框架结构	钢板加加劲肋模板	翻模施工	万能杆件支架现浇施工	3
江阴大桥	1999	门形框架结构	钢模板	爬模施工	钢管支模现浇施工	3
海沧大桥	1999	门架式结构	钢模板	翻模施工	钢管支模现浇施工	2
鹅公岩大桥	2000	门架式结构	钢框竹胶合板模板	下塔柱：内爬架爬模法；上塔柱：外爬架倒模法	下横梁：万能杆件支架，上横梁：钢管支架现浇施工	2
宜昌长江公路大桥	2001	门架式结构	钢模板	三跨支架法现浇施工	万能杆件支架现浇施工	3
万州长江二桥	2003	梯形门架结构	钢模板	爬架翻模法施工	万能杆件支架现浇施工	2
润扬大桥	2005	门架式结构	木模板	起步段-搭设支架滑模施工，其余各节段自动液压爬模施工；南塔液压爬模施工	钢管支模浇筑横梁	3
阳逻大桥	2007	门架式结构	木模板	起步段支架翻模施工，其余段液压爬模施工	上、下横梁：钢管支架浇筑；剪刀撑：卷扬机吊装	2 + 钢箱剪刀撑
黄埔大桥	2008	门架式结构	外模板：木模板；内模板：组合钢模	液压爬模施工	搭钢管支架现浇施工	2
北盘江大桥	2008	门架式结构	VISA 胶合板	翻模施工	下横梁落地式万能杆件支架现浇施工；上横梁钢管支架现浇施工	3
西堠门大桥	2009	门架式结构	芬兰覆膜 WISA 胶合板	翻模施工 + 液压爬模施工	钢管支架现浇施工	北塔 2；南塔 3
坝陵河大桥	2009	门架式结构		液压爬模施工	落地钢管支架现浇施工	2
赣州大桥	2010	门架式结构	钢模板	塔式起重机配合翻模施工	钢管支架现浇施工	2
南京栖霞山长江大桥	2012	门架式结构	WISA 胶合板	搭设脚手架爬模施工与液压爬模施工	上、下横梁：支架现浇施工；钢拱梁：卷扬机吊装	2 + 与上横梁相连钢拱梁
矮寨大桥	2012	门架式结构		液压爬模施工	钢管支架现浇混凝土施工	茶洞岸 1；吉首岸2

索塔施工属于高空作业，需考虑起重设备的选型与布置、混凝土输送设备的选择、塔柱模板的选择以及人员上下安全通道的布置等问题。

（1）起重设备

索塔施工的起重设备根据索塔结构形式、规模、桥位地形等条件选择，必须满足索塔施工的垂直运输、起吊荷载、吊装高度、起吊范围等要求，且操作安装简便、安全可靠，综合考虑经济效益等因素，一般选用附着式塔式起重机作为起重设备。

在索塔施工中，根据施工吊重、吊具及塔柱高度选择合适的起重设备型号。塔式起重机的基础一般设置在承台上，也可在塔墩旁边设置单独的塔式起重机基础。所选择的方案，除满足索塔施工需要外，还应满足悬索桥上部结构安装施工要求。

（2）混凝土输送设备

现浇混凝土以泵送为主，需根据塔高选择相适应的输送泵。对于较高的索塔，可采用多级泵送的方式输送混凝土。通常是每个塔柱单独布置一套输送泵。少数情况下，对混凝土材料性能、施工方法等有特殊要求时，也可采用料斗直接吊装浇筑的方式。

（3）塔柱模板

混凝土浇筑用的模板一般有胶合板、钢板、塑料板。胶合板有竹胶合板和木胶合板两种。塔柱通常对外观质量有较高的要求，因此施工模板常采用具有吸水性的胶合板。

模板设计的要求是安全可靠，具有足够的强度和刚度，结构简单，便于制作、安装、调整定位、拆除和重复使用。模板骨架通常采用型钢制成桁架式。

国内早期的翻模施工通常采用钢质模板，其缺点是：①爬架爬升就位不便捷，操作不方便；②受重量限制，爬架操作空间有限，模板的拆除、清理、安装及调位不方便；③模板为钢材，需除锈。2005年建成的润扬大桥在索塔施工中采用了自重较小的木模板体系，之后的索塔液压爬模施工模板向木质轻型材料发展。

2. 混凝土索塔施工工艺

（1）滑模施工

滑模施工技术是由工具式模板、动力升滑装置以及相应工艺构成的复合技术，随着向模板内分层次浇筑混凝土，以液压提升设备为动力带动模板不断上升，一直持续到设计高度为止。

滑模通常由模板系统、提升设备和操作平台系统组成。

① 模板系统。由薄钢板制作的模板及模板围圈组成。

② 提升设备。由提升架、顶杆、千斤顶及杆套管、油泵、高压油管及控制系统组成。

③ 操作平台系统。由操作平台、混凝土平台、外吊脚手架及液压操纵平台组成。

滑模的施工工艺包括：

① 滑模的安装。

② 绑扎钢筋。

③ 混凝土浇筑。

④ 模板滑升。在滑模施工的整个过程中，模板的滑升可分为初升、正常滑升和终升3个阶段。

滑模工艺特点如下：

① 施工连续性和机械化程度高，构造简单，能保证施工进度、安全与工程质量。

② 除一般的通用构件外，其他装置均随着建筑物的结构类型及平面布置而改变，具有一

定的专一性。

③ 液压滑模施工的重点包括：施工方案的选择、人员的组织培训、滑模装置组装与拆除、水平及垂直度的控制及纠偏、水平楼板交叉处的处理，以及安全质量的技术控制。

（2）爬模施工

爬模是通过附着在已浇筑完毕并且具有足够强度的塔柱混凝土节段上、为下一节段塔柱灌注提供空间作业面的模板系统。

我国索塔爬模施工经过了二十多年的发展。初期爬架利用螺旋千斤顶、塔式起重机等提供爬升动力。经过对国外液压爬模技术的引进与发展，现在通常采用液压油缸为爬架提供爬升动力。

液压爬模是从液压滑模演变而来。最初的爬模是滑模与支模相结合的一种工艺，吸收了常规支模工艺浇筑混凝土施工组织管理简便、受外输送条件制约少、混凝土表面质量易于保证等优点，又避免了滑模施工常见的缺陷，可逐层消除施工偏差。爬模施工在爬升方法上与滑模工艺相同，提升架、模板、操作平台及吊架等以液压千斤顶为动力自行向上爬升，无须使用塔式起重机反复装拆模板，钢筋随升随绑。

国内采用爬模施工的悬索桥索塔见表 4-8-2。

爬模施工的悬索桥索塔　　表 4-8-2

桥名	建成年份	爬架提升动力	模板	索塔的施工方法
丰都长江大桥	1997	螺旋千斤顶	组合钢模板	爬模施工
江阴大桥	1999	外模：塔式起重机； 内模：吊装葫芦	钢模板	爬模施工
鹅公岩大桥	2000	塔式起重机	钢框竹胶合板模板 （后期改为钢模板）	下塔柱：（内爬架）爬模法施工； 上塔柱：外爬架倒模法
润扬长江大桥	2005	液压油缸	木模板	北塔起步段外其余各节段、 南塔：液压爬模施工
阳逻长江大桥	2007	液压油缸	木模板	起步段外其余段：液压爬模施工
黄埔大桥	2008	液压油缸	外模板：木模板； 内模板：组合钢模	液压爬模施工
马鞍山长江大桥	2013	液压油缸	进口维萨版	液压爬模施工

爬模由模板系统、液压提升系统和操作平台系统组成。

① 模板系统。由定型组合大钢模板、角模、钢背楞及穿墙螺栓、铸钢螺母、铸钢垫片等组成。

② 液压提升系统。由提升架立柱、横梁、斜撑、围圈、千斤顶、支承杆、液压控制台、各种孔径的油管及阀门、接头等组成。

③ 操作平台系统。由操作平台、中间平台、上操作平台、外挑梁、外架立柱、斜撑、栏杆、安全网、铁丝网等组成。

爬模施工工艺包括如下工作内容：

① 安装爬模。

② 绑扎钢筋。

③ 拆立模板。

④ 浇筑混凝土。

⑤ 模板爬升。

爬模工艺特点如下：

① 施工方便、快捷，爬升一层浇筑一层，确保结构的整体性，根据施工需要也可滞后施工。

② 可从基础底板或任意层开始组装和使用模板。

③ 所有模板上都带有脱模器，确保模板顺利脱模。

④ 模板、爬模装置及液压设备可周转多次反复使用。

⑤ 节省模板堆放场地，在质量、安全、进度和经济效益等方面均有优势。

（3）翻模施工

翻模施工是根据混凝土浇筑高度，将模板设计为多节，在浇筑混凝土过程中，通过自下而上交替提升模板重复作业，施工流程如图 4-8-1 所示。每次翻模提升时，预留已浇筑混凝土的顶节模板作为下一次浇筑的底节。翻模施工模板一般采用螺杆对拉进行固定。采用翻模施工的悬索桥索塔资料见表 4-8-3。

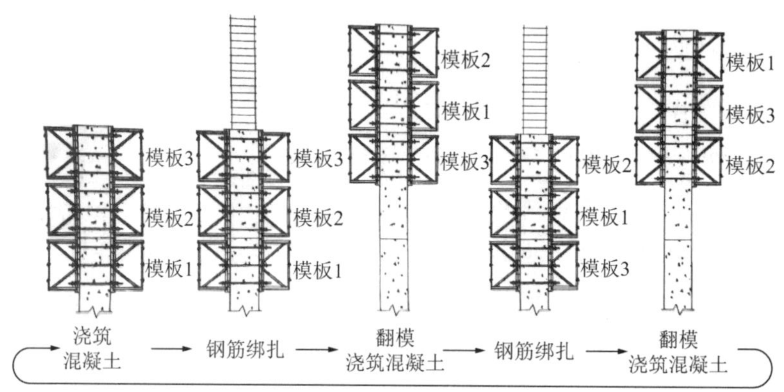

图 4-8-1　翻模施工流程图

采用翻模法施工的悬索桥索塔表　　表 4-8-3

桥名	建成年份	所在地	提升动力	模板	索塔施工方法
虎门大桥	1997	广东东莞	塔式起重机提升 （电动葫芦提升模板）	钢板加 加劲肋模板	翻模施工
海沧大桥	1999	福建厦门	卷扬机	钢模板	翻模施工
万州长江二桥	2003	重庆万州	电动葫芦	钢模板	爬架翻模施工
北盘江大桥	2008	贵州晴隆	塔式起重机	VISA 胶合板	翻模施工
赣州大桥	2010	江西赣州	塔式起重机	钢模板	塔式起重机配合翻模施工

这种模板系统依靠混凝土对模板的黏着力自成体系，且制造简单，构件种类少，模板尺寸可根据施工能力灵活选用，混凝土接缝处较易处理，施工速度快。但模板本身不能爬升，要利用塔式起重机、卷扬机、电动葫芦等起吊设备。

（4）提升支架法

提升支架施工系统由钢筋柱、顶框、中框、底框、顶紧器、提升支架的滑车组成，并通过横、斜撑连接成整体。钢筋柱一般用 3ϕ32mm 钢筋焊接成三角形组成，每节长约 6m。每个塔柱内外侧各设 2 根钢筋柱。当索塔外侧为斜腿时，外侧钢筋柱可用钢筋轴铰接高，使其能随塔柱的倾斜度自由变化。顶框、中框及底框均由型钢组成，用滑车组提升支架。

提升支架法适用于各节段截面尺寸与长度相同的塔柱施工。支架先分件制作，再拼装成提升系统。利用混凝土的钢骨架或专用立柱，搭设起重横梁，通过横梁上的卷扬机提升模板，再按设计尺寸组装模板。组装时，要求模板与已浇筑段接头处的混凝土夹紧，防止漏浆，垂直度应满足设计要求，并确保在施工过程中不发生位移。

提升支架法不需要大型吊装设备，工艺比较简单，但不适用于塔柱截面尺寸变化较大、倾斜度较大的索塔，且施工缝不易处理好，预埋铁件多，难以保证索塔施工的外观质量。在现代桥梁施工中，起吊设备越来越先进，对工程质量的要求越来越高，加之索塔造型的多样化，提升支架法的应用有一定的局限性。

3. 混凝土索塔施工实例

2009 年建成的西堠门大桥（图 4-8-2）为主跨 1650m 的钢箱梁悬索桥，索塔有南塔和北塔两塔，塔顶高程和索塔高度分别为 233.286m 和 211.286m。

图 4-8-2　西堠门大桥

1）索塔结构形式

索塔采用由塔柱和横梁组成的门形框架式结构，塔身为普通钢筋混凝土箱形结构，横梁为预应力混凝土箱形结构。索塔两塔柱横桥向内倾，倾斜率为 1/68.711。上塔柱为等截面 8.5m（顺桥向）× 6.5m（横桥向）；中塔柱从中横梁开始线性变化至高程 67.000m 处，截面尺寸为 9.0m × 8.0m；而后线性变化至索塔底截面，截面尺寸为 12.0m × 11.0m；其中在距塔底 37.5m 以上 15m 高度范围内，截面尺寸按圆弧变化。塔柱箱形截面四角作等边 0.7m 的切角处理，具有良好的气动性能。塔柱壁厚度自上而下分别为：顺桥向 1.2m、1.4m、1.6m，横桥向 1.2m、1.3m、1.5m，在与横梁交接范围局部加厚。

2）索塔施工

索塔施工主要采用液压爬模工艺，采用 2 个塔柱各自独立、同步不间断施工方法。每个塔柱分 51 个施工节段。塔柱施工中钢筋安装、模架爬升、混凝土浇筑、混凝土养护及接缝处理等采取流水作业。

（1）起步段施工

塔柱第1～4段总高度为8.0m，其中5.0m为实心段，采用搭设支架翻模施工。模板采用ϕ48mm钢管脚手架环绕塔柱搭设，形成封闭的操作平台。支架根据施工需要分节搭设，并将整个平台附加在塔柱上。起步段分4次浇筑施工，高度组成为1.0m + 1.0m + 1.5m + 4.5m。前三层采用一次立模三次浇筑的方法。为保证施工缝处的混凝土质量与外观，采用人工凿毛、高压空气清理浮渣的方法进行处理，然后再进行下一阶段混凝土浇筑。

（2）其余段塔身施工

除起步段外，其余段采用液压自爬模系统循环作业，流程为：拆模→连接爬锥悬挂锚板→爬升导轨→爬升模板系统→合龙模板系统→测量放样模板→模板定位→安装拉杆→预埋爬锥→浇筑混凝土→拆模。

钢筋、模板、混凝土的施工方法同索塔起步段。

塔柱预埋件包括结构埋件和施工临时埋件。为保证塔身美观，施工预埋件尽可能采用预埋螺栓，施工完成后及时封堵。

塔柱外电梯平台、内爬梯结构及防雷设施等附属结构，在塔柱施工过程中由塔式起重机及卷扬机起吊安装。

塔柱模板施工流程如图4-8-3所示。塔柱施工工艺流程如图4-8-4所示。

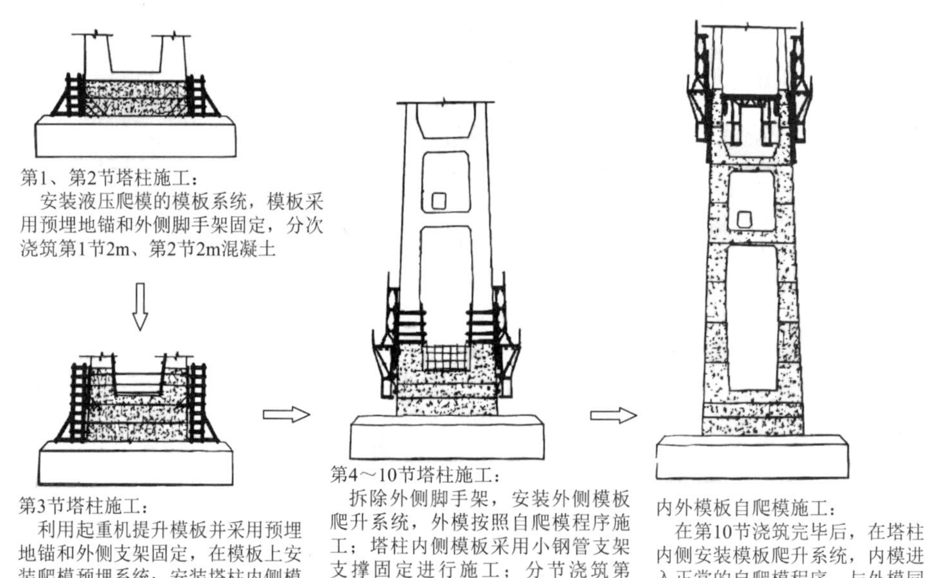

第1、第2节塔柱施工：
安装液压爬模的模板系统，模板采用预埋地锚和外侧脚手架固定，分次浇筑第1节2m、第2节2m混凝土
第3节塔柱施工：
利用起重机提升模板并采用预埋地锚和外侧支架固定，在模板上安装爬模预埋系统；安装塔柱内侧模板，浇筑第3节4m混凝土
第4～10节塔柱施工：
拆除外侧脚手架，安装外侧模板爬升系统，外模按照自爬模程序施工；塔柱内侧模板采用小钢管支架支撑固定进行施工；分节浇筑第4～10节混凝土，并在第10节施工时在内侧模板上安装爬模预埋系统
内外模板自爬模施工：
在第10节浇筑完毕后，在塔柱内侧安装模板爬升系统，内模进入正常的自爬模程序，与外模同步爬升进行自爬模施工

图4-8-3　塔柱模板施工流程示意图

北索塔采用液压自爬模系统施工，塔身表面平整光滑，混凝土强度、塔身线性均满足设计要求，并且克服了施工周期较长、海上环境恶劣、爬升度高等问题。

（3）横梁施工

索塔横梁采用搭设支架现浇法施工。为确保混凝土质量，分阶段浇筑施工，横梁两端各设置1.0m长的后浇段。后浇段的设置可削弱塔柱与横梁间的约束嵌固效应，减小混凝土产生裂纹的概率，保证施工质量。

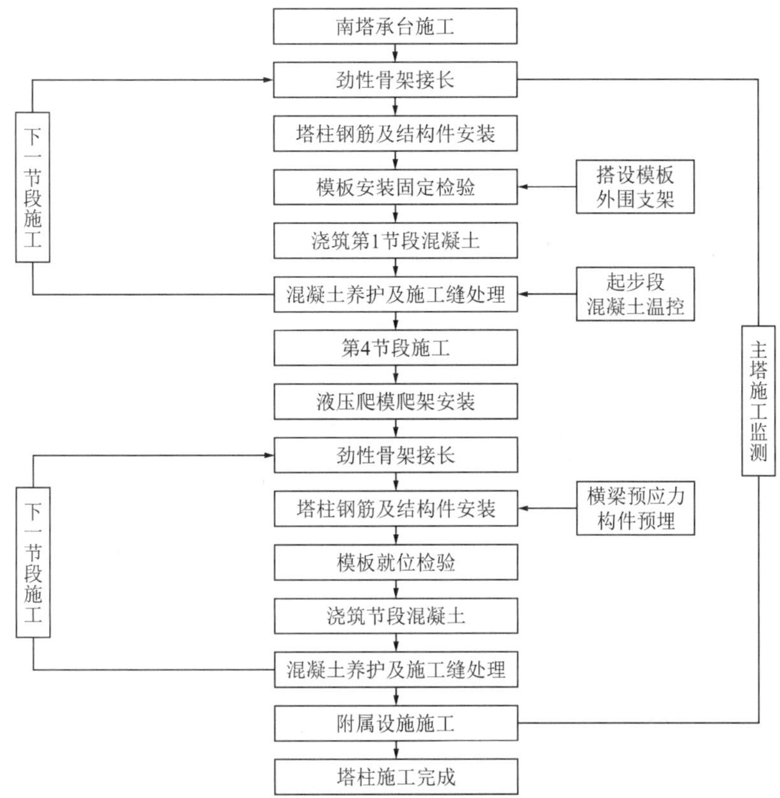

图 4-8-4　塔柱施工工艺流程图

中横梁与塔柱联系部位同时浇筑，分三次（层）完成。第一层浇筑底板及部分腹板混凝土，浇筑高度为 2.325m（上横梁为 2.039m）；第二层浇筑部分腹板，浇筑高度为 2.175m（上横梁为 4.5m）；第三层浇筑部分腹板及顶板混凝土，浇筑高度为 4.5m（上横梁为 2.461m）。被后浇段分离的各部分可异步浇筑，共分两次完成，浇筑高度分别为 4.5m 和 4.5m；最后浇筑两个 1.0m 宽合龙段。

二、钢索塔施工方案

1. 钢索塔施工介绍

钢索塔的安装需要考虑以下因素：①索塔规模，如塔型、塔高，塔柱节段尺寸、重量和连接方式等；②架设地点现场条件，如地形、地域、气候等。

钢索塔安装方案有爬升式起重机施工法、浮式起重机施工法和塔式起重机施工法。

（1）爬升式起重机施工法

爬升式起重机施工法是在塔柱侧壁上安装导轨，起重机沿导轨爬升，利用爬升式起重机进行起吊安装。该方法不受塔高限制，但由于起重机支撑在塔柱侧壁上，起重机自重使塔柱受力偏心，增加了塔柱安装精度（垂直度）控制的难度，同时塔柱须做局部加强，而且吊装重量不宜过大。

（2）浮式起重机施工法

浮式起重机施工法是从水上利用浮式起重机进行起吊安装,其优点是可以大大缩短工期,但起吊高度有限，且受环境限制较大，一般适用于较低的索塔。

（3）塔式起重机施工法

塔式起重机施工法是在索塔旁预先安装起重机，通过起重机进行起吊安装。根据吊装能力和工期选择起重机和布设。

早期修建悬索桥在建设时考虑设备能力、经济性等因素，多采用爬升式起重机施工法，近期修建的悬索桥多采用大型塔式起重机施工法，施工更为安全简便。

钢索塔施工方法汇总见表4-8-4。

钢索塔施工方法汇总　表4-8-4

桥名	建成年份	材料	截面形式	横向结构形式	塔柱施工方法	横梁施工方法	横梁数
双拥大桥	2012	钢材	等腰三角形	A字形	支架法节段提升安装		
泰州大桥（中塔）	2012	钢材	单箱多室箱形截面	门形框架结构	浮式起重机起吊安装与塔式起重机起吊安装	浮式起重机起吊安装与塔式起重机起吊安装	2
马鞍山长江大桥（中塔上塔柱）	2013	钢材	上塔柱：单箱多室截面；下塔柱：单箱单室	门形框架结构	大型浮式起重机起吊安装	浮式起重机吊装	2
鹦鹉洲长江大桥（中塔上塔柱）	2014	钢材	单箱单室箱形	门形框架结构	浮式起重机起吊安装	分两段吊装，采用无支架悬臂拼装技术	2
张靖皋长江大桥北航道桥	在建	钢材	单箱三室箱形	门形框架结构	塔式起重机分块安装	支架及托架	2

2. 钢索塔施工实例

本节以张靖皋长江大桥北航道桥为例介绍钢索塔施工。

1）钢索塔塔柱节段制作

钢索塔节段整体制作（图4-8-5）包括：壁板单元制作、腹板单元制作、角部侧壁制作、横隔板制作，节段形成，机加工，预拼装和涂装等。钢索塔结构制造采用“零件加工→板单元制造→板单元合件制造→钢索塔节段组装→端面机加工→预拼装→冲砂涂装→存放”的程序。

图4-8-5　钢索塔节段整体制作

（1）零件制作关键点和工艺要点

零件是构成钢塔及其部件的基本元素，其制作包括板材预处理、下料、坡口加工、钻孔、折弯等工序。具体重点控制如下：

① 钢板标识移植。为实现钢材的可塑性管理，对钢材的材质及炉批号进行移植。

② 钢板预处理。钢板在预处理线上进行抛丸除锈、喷涂车间底漆、烘干，除锈等级为规定的 Sa2.5 级，喷涂无机硅酸锌车间底漆一道，才能进入下道工序。

③ 零件放样。按照钢索塔设计采用计算机三维放样技术，对各构件进行准确放样，绘制各构件零件详图，作为绘制下料套料图及数控编制的依据。放样时按工艺要求预留制作和安装焊接收缩补偿量、加工余量及线型调整量。

④ 零件下料。由于钢索塔端面有金属接触率要求，下料时在钢塔节段上、下端口各预放加工余量，包括焊接收缩余量和端面机加工余量。同时，为保证节段外形尺寸，隔板全部采用激光切割机精准下料。零件切割前核对钢材的牌号、规格、材质等相关资料，检查钢材表面质量，当发现钢料不平直、有蚀锈、油漆等污物影响号料质量时，应矫正、清理后再切割。

（2）板单元制作关键点和工艺要点

钢索塔上塔柱节段结构包括内外壁板单元、侧壁板单元、隔板单元、腹板单元、直角壁板、加强腹板等，壁板单元、隔板单元、腹板单元结构均为板肋板单元结构，板单元划分如图 4-8-6 所示，具体重点控制如下。

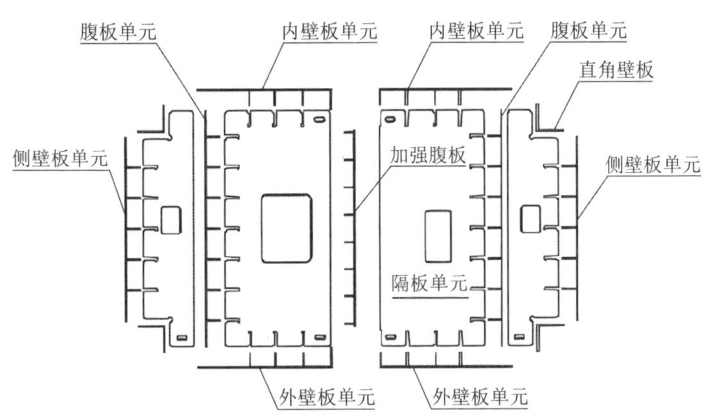

图 4-8-6 钢索塔结构板单元划分

① 下料及加工。采用计算机放样，数控机床下料，预留焊接收缩量；下料前进行预处理通过矫正消除钢板轧制变形，号料外形尺寸允许偏差为 ±1.0mm，并注意钢板的轧制方向与主要受力方向一致。

② 钢板接料。当钢板的尺寸不能满足零件的尺寸要求或有不等厚板对接时，一般在零件精确下料前进行拼接，接料的焊接坡口、施焊参数等必须严格按焊接工艺执行，并按对应的质量标准进行外观检验和无损检测。

③ 零件矫正及组装。零件矫正宜采用冷矫，冷矫正时环境温度不宜低于 −12℃；零件矫正采用制作反变形工艺，机械矫正机矫正。如必须采用热矫正，热矫正温度应控制在 600～800℃以内。矫正后零件温度应缓慢冷却，降至室温以前，不得锤击零件钢材或用水急冷。主要受力零件冷作弯曲时，环境温度不宜低于 5℃，弯曲后的零件边缘不得有裂纹，内侧弯曲半径不得小于板厚的 15 倍，小于者必须热煨。

④ 板单元组装。组装前必须彻底清除待焊区的浮锈、底漆、油污和水分等有害物；纵向接料焊缝与加劲肋角焊缝间距不得小于 100mm；板肋单元采用自动定位组装胎组装，每次组装前将对组装胎进行检查，确认各定位尺寸合格后方可组装。

（3）节段组装工艺关键点和工艺要点

为增加节段长度，减少横向拼接缝，采用竖向分块方案，将 T1～T22 节段纵向分成两个块件，在工厂加工制造。为保证两个块体之间的拼接精度，将两个块体通过工艺螺栓连接，两两匹配制造，立拼精度和外形尺寸满足要求后，再拆除工艺螺栓，分为两个块体。T0 节段为塔底节段，不进行竖向分段，整体进行制造后发运。具体重点控制如下。

① 组装胎架布置。钢索塔节段质量普遍在 250t 左右，为保证组装精度，胎架需有足够的承载力，组装时采用 H 形钢搭设组装胎架，其上布置若干牙板，通过激光精确修割调整高度，胎架牙板上端面保持水平状态（图 4-8-7）。

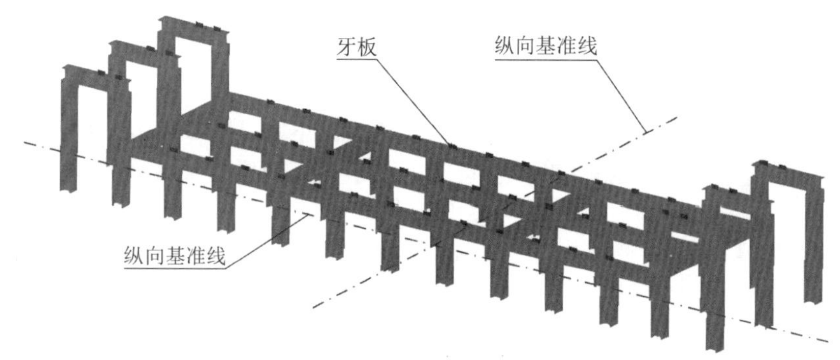

图 4-8-7　组装胎架布置示意图

② T0 节段组装。T0 节段采用正造的方式进行，按照“承压板单元→加劲板→腹板单元→隔板单元→壁板单元→锚固板单元”的顺序由内向外、由下向上依次进行组装（图 4-8-8）。

承压板厚度 150mm，焊接填充量大，焊接变形控制是承压板拼板的重点。采用 U 形坡口减少焊缝填充量，焊接过程中采用多次翻身的方法尽量减小焊接变形。

③ 标准节段组装。钢索塔标准节段采用块体整体制造、节段组拼、端面加工、立式预拼装、涂装、存放的总体制造流程。节段块体采用侧卧姿态制造，按照“外壁板单元→中间隔板单元→腹板单元→侧隔板单元→直角壁板→侧壁板单元→内壁板单元”的顺序进行组装（图 4-8-9），以保证其线形和尺寸精度要求。

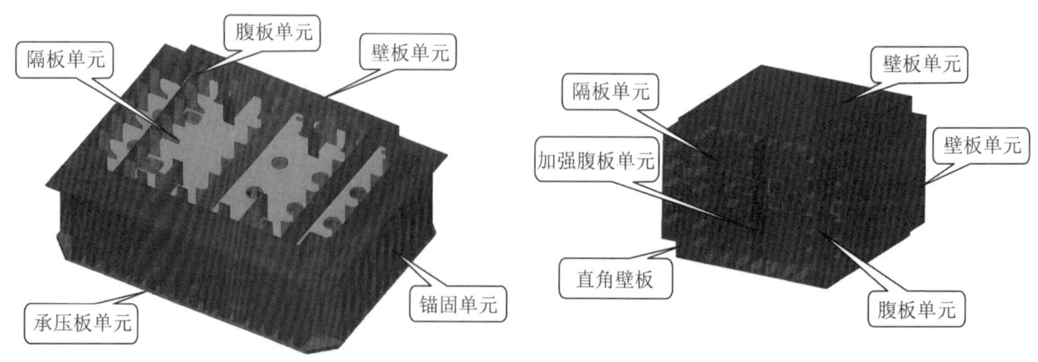

图 4-8-8　T0 节段零件组成

图 4-8-9　标准节段零件组合

块体节段四面成型后，开始进行焊缝的焊接，焊接遵循先立焊后平焊、由中间向两边对称施焊的原则。利用专用吊梁，将钢索塔节段翻身 180°，变仰焊为平焊，焊接其他未焊接的焊缝。钢索塔块体制作时采用多节段匹配制作，为保证钢索塔节段组装、预拼装的直线度、垂直度，钢索塔按要求设置纵横基准线。横向基准线控制拼装时节段间高程，保证节间尺寸。纵向基准线控制节段块体间整体直线度、开档尺寸，有效保证钢索塔外形尺寸等精度控制。

（4）钢索塔节段端面机加工关键点和工艺要点

钢索塔相邻节段外壁板对接环缝采用焊接，内腹板、加劲肋采用摩擦型高强度螺栓与金属接触面共同传递轴力与弯矩，金属接触率要求外壁板钝边 ≥ 75%，内腹板 ≥ 75%，加劲肋 ≥ 60%。上、下端面加工的精度要求平面度 ≤ 0.08mm/m；全平面 ≤ 0.25mm。因此钢索塔节段的端面需要进行机械加工。

钢索塔节段组装完成后，在外表面特征位置布设测量点，通过高精度三维摄影测量系统，对结构外形轮廓尺寸进行精确测量。施工时采用配备双铣头的数控落地镗铣床，实现相邻两端面同时机加工，以保证钢索塔塔柱端面与轴线的垂直度、相邻端面的平行度及拼装时贴合面的接触率（图 4-8-10）。钢索塔调整到位后，先进行粗加工，每次进刀量为 5～6mm，每次进刀加工完成后对钢索塔各测量点的数据进行测量，如有必要钢索塔进行微调至最佳状态。同时，在加工量栓接端面的过程中，测量两加工端面的平行度，最后留有 5mm 的精加工余量，分 3 次进刀加工完成，保证加工面的表面粗糙度、平行度以及整个加工面的平整度。

图 4-8-10　钢索塔双面机加工布置

（5）节段预拼装工艺要点

为检验所有塔柱节段端面的接触率和栓孔通孔率，确保塔柱节段外形尺寸，纵横向垂直精度不大于 1/10000，在节段端面机加工完成后进行 2 + 1 立体预拼装（图 4-8-11、图 4-8-12）。一轮立式预拼装后，留下最上端钢索塔节段参与下一轮次立式预拼装，确保所有节段满足设计图纸要求。

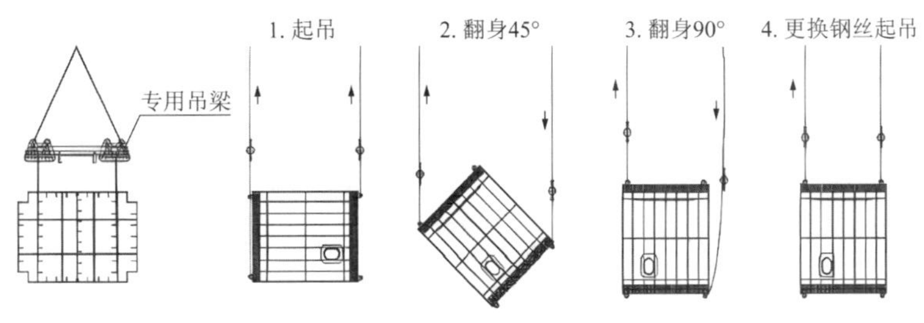

图 4-8-11　钢索塔节段翻身示意图

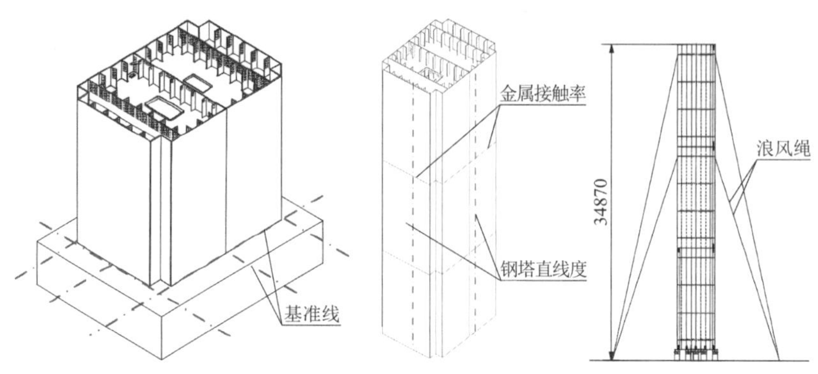

图 4-8-12　钢索塔节段立式预拼装示意图（尺寸单位：mm）

为了减少地基局部承载，同时为了确保拼装精度，在拼装场地布置立式预拼装底座，底座具有足够的承载能力。钢索塔节段采用侧卧的方式转运至立式预拼装区，利用 1200t 门式起重机及专用吊梁进行翻身。

在拼装底座上提前划出节段定位基准线，吊装节段至底座后，根据基准线粗定位，然后利用全站仪对节段垂直度进行测量，精调节段至误差允许范围内后将节段与底座通过工艺螺栓连接固定。塔柱节段预拼装完成后，还应采用高精度工程测量方式进行复核，为了实现厂内预拼装测量的精度，必须布设更高精度的小规模控制网点，布置控制网的坐标轴以经过匹配胎架的几何中心的两条相互垂直的轴线组成，以索塔纵向为 X 轴、索塔横向为 Y 轴进行设置。布置控制点必须保证稳定性和精度。场内预拼装线形监测：塔柱长度、塔柱垂直度监测、轴线偏移量监测。吊装其他节段，根据节段上横纵基准线定位，测量调整垂直度，检查相邻节段错边量，端面的接触率和栓孔通孔率。

2）钢索塔塔柱安装

（1）总体施工流程

大型塔式起重机施工法的施工顺序如图 4-8-13 所示。

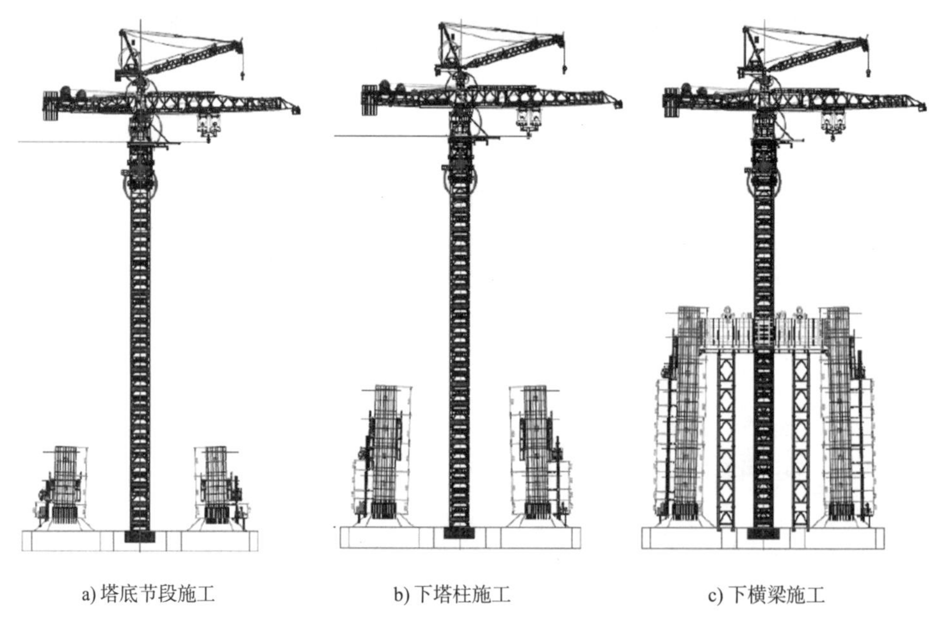

a) 塔底节段施工　　b) 下塔柱施工　　c) 下横梁施工

图　4-8-13

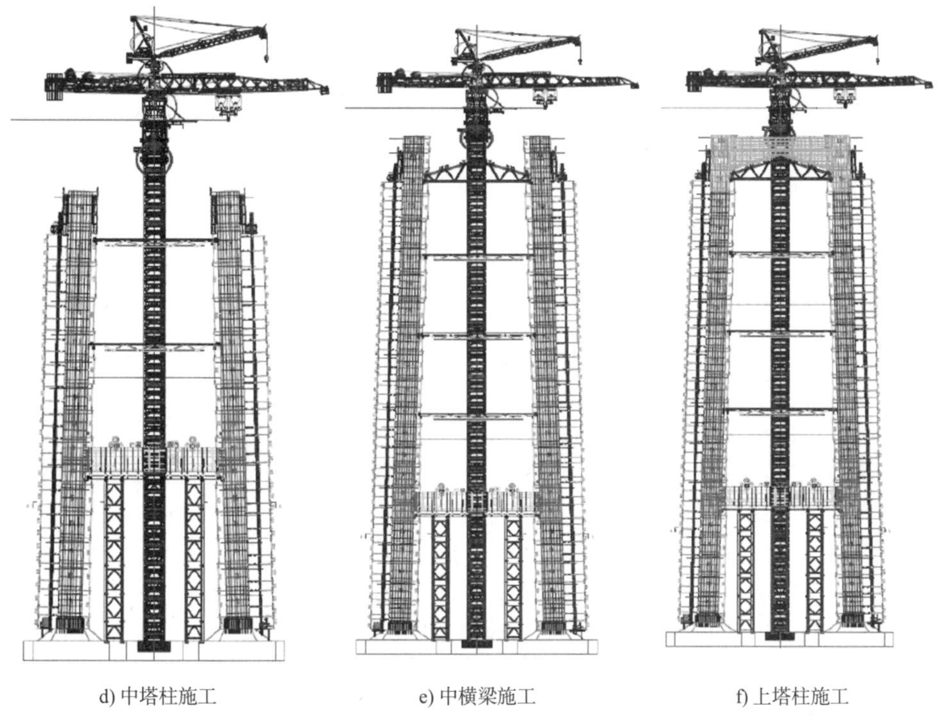

d) 中塔柱施工　　e) 中横梁施工　　f) 上塔柱施工

图 4-8-13 大型塔式起重机施工法的施工顺序

（2）首节段安装

① 采用 1000t 履带式起重机安装 T0 节段，依次进行承压板底灌浆、养护等强、锚固螺杆张拉，搭设 T1 安装操作平台。

② 安装 R8000-320 塔式起重机，安装高度 115.3m，利用塔式起重机吊装 T1 节段并完成节段栓焊连接及环缝、竖缝涂装。

③ 安装自爬升平台及施工电梯，吊装 T2 节段。

（3）钢索塔塔柱安装

钢索塔塔柱节段制作和索塔底部施工完成后，用塔式起重机进行索塔塔柱的施工，施工步骤如下：

① 安装爬升平台导轨，平台爬升至 T2 节段顶口就位，安装完成平台剩余架体结构，电梯完成相应接高；利用塔式起重机吊装 T3～T4 节段并完成节段栓焊连接及环缝、竖缝涂装；同步进行钢塔安装偏差及压缩量监测，确定 T5 调节量完成厂内修正。

② 爬升平台至 T4 节段顶口就位，安装 T5～T7 节段，电梯完成相应接高；T6 节段安装完成后拆除近塔侧平台；T7 节段安装完成后，浇筑承台系梁后浇段；利用塔式起重机安装下横梁支架，安装下横梁节段（由两侧向跨中，最后安装合龙段，合龙段安装前先对顶塔柱使合龙口每侧宽 2cm，合龙段就位后回顶复位）。

③ 安装 T8～T11 节段，平台爬升至 T11 节段顶口就位，电梯完成相应接高；安装塔式起重机第 1 道附着，塔式起重机顶升至 166.6m 高度；安装 T12 节段，爬升平台爬升至 T12 节段顶口就位，安装第 1 道塔间横撑，施加预顶力并抄垫锁定。

④ 安装 T13～T15 节段，平台爬升至 T15 节段顶口就位，电梯完成相应接高；安装第 2 道塔间横撑，施加预顶力并抄垫锁定。

⑤ 安装 T16 节段，平台爬升至 T16 节段顶口就位，电梯完成相应接高；安装第 2 道塔式

起重机附着，塔式起重机顶升至 223.6m 高度。

⑥ 安装 T17～T18 节段，平台爬升至 T18 节顶口就位，电梯完成相应接高；安装第 3 道塔间横撑，施加预顶力并抄垫锁定；同步进行钢塔安装偏差及压缩量监测，确定 T19 调节量完成厂内修正。

⑦ 安装 T19～T22 节段，平台爬升至 T22 节顶口就位，电梯完成相应接高；安装上横梁支架。

⑧ 利用安装上横梁节段（由两侧向跨中，最后安装合龙段，合龙段安装前先对顶塔柱使合龙口每侧宽 2cm，合龙段就位后回顶复位）；依次拆除下横梁支架、塔间横撑、上横梁支架，拆除塔式起重机，最后进行塔底锚杆终张拉，至此完成钢塔安装转入上部结构施工。

三、钢壳混凝土组合索塔施工方案

1. 钢壳混凝土组合索塔施工介绍

附筋钢壳为双壁薄壳结构，既是受力结构的一部分，又兼具模板和外形美观的功能。钢壳所有钢筋均作为钢结构制造的附筋，包含在板单元加工制作中，且水平及竖向钢筋连接部位为一级钢筋接头，采用机械螺纹连接。下料时严格控制下料精度，并按照I级接头的规定进行套丝加工，加工后端面磨平。套丝加工时，采用专用设备保证钢筋机械连接端的套丝质量，并用通、止规双检，并采用专用保护套保护端头螺纹部位。横向、竖向钢筋间均采用螺纹连接，钢筋端部采用长、短丝加工，并在板单元制作时固定钢筋位置。

2. 钢壳混凝土组合索塔施工实例

张靖皋长江大桥南航道桥辅塔采用钢壳混凝土组合索塔，本节以该项目为例介绍钢壳混凝土组合索塔的施工方案。

1）索塔节段加工制造

张靖皋长江大桥南航道桥辅塔主要由内（外）壁板单元、角钢加劲、钢筋等组成，辅塔钢索塔横梁主要由顶板单元、底板单元、腹板单元、隔板单元等组成。根据钢索塔板单元结构特点及划分情况，钢索塔所有板单元均可利用板单元数字化制造生产线进行生产制造。辅塔内外壁板单元主要由面板、横纵向加劲、剪力钉、钢筋组成，钢塔节段内外壁板采用焊接，除 T23 和 T24 鞍罩竖向加劲肋采用焊接连接，其余竖向加劲肋采用高强螺栓连接。图 4-8-14 为钢壳混凝土组合索塔节段构造图。

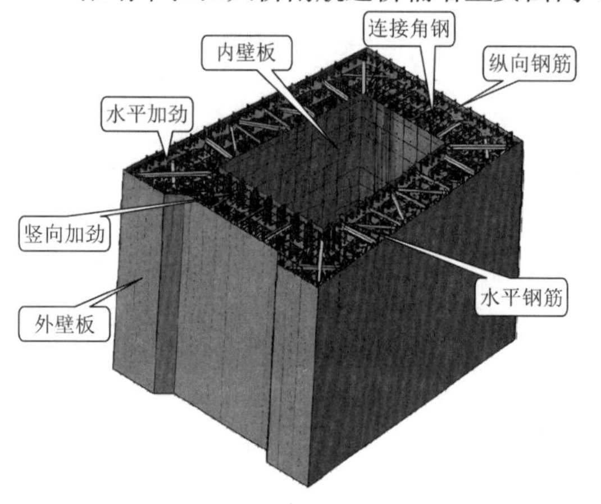

图 4-8-14 钢壳混凝土组合索塔节段构造图

钢壳混凝土组合索塔索塔钢结构加工制造与钢结构索塔控制基本相同，钢结构机加工端面要求一般低于金属接触钢结构索塔。

2）钢壳节段架设及混凝土浇筑

塔柱节段采用塔式起重机 + 专用吊具吊装，横梁节段采用塔式起重机 + 钢丝绳吊装。塔柱节段安装及焊接、涂装主要采用自爬升平台，因施工干扰因素影响，部分采用固定平台施工，自爬升平台由中铁山桥集团有限公司负责施工。随塔柱节段吊装的钢筋由钢塔制造商安装，现场绑扎钢筋在钢筋云工厂加工，平板车运至辅塔施工平台，塔式起重机配合人工安装。混凝土在后场混凝土云工厂集中拌制，罐车运至现场，T1～T7 节段混凝土采用泵车进行泵送，T8～T23 节段混凝土采用塔式起重机起吊料斗进行浇筑。横梁采用落地支架作为支撑体系，利用塔式起重机安装横梁支架。塔柱设置两道长水平横撑、四道短水平横撑，采用塔式起重机整体吊装。具体施工步骤如下：

（1）首节段施工

首阶段施工示意如图 4-8-15 所示，具体步骤如下：

① 完成塔座及 T1 节段施工。

② 完成 T1 混凝土顶面凿毛清理，起吊 T2 段钢结构，利用临时匹配件强制对位系统与 T1 完成临时连接。

③ 按要求实施两节段间的对接焊缝，完成所有竖向钢筋的机械连接，浇筑 T2 段混凝土至距顶口 40cm 处。

图 4-8-15　首节段施工（高程单位：m）

（2）下塔柱施工

下塔柱施工示意如图 4-8-16 所示，具体步骤如下：

① 依次完成 T3～T7 节段施工。

② 横梁支架在 T6 节段施工完成后开始施工。

③ 横梁支架与第一道长横撑同步施工完成。

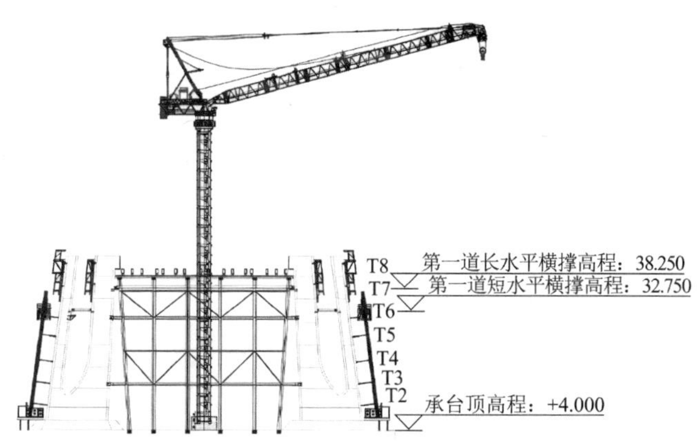

图 4-8-16　下塔柱施工（高程单位：m）

(3) 下横梁施工

下横梁施工示意如图 4-8-17 所示，具体步骤如下：

① 吊装横梁 HL1，完成与 TN8、TN9 节段的节段连接。

② 安装横梁锚固螺杆及其相关钢筋，完成 T9 节段混凝土浇筑。

③ 适度调节撑杆，使两塔肢的间距满足下横梁的架设安装。

④ 完成横梁所有节段连接。

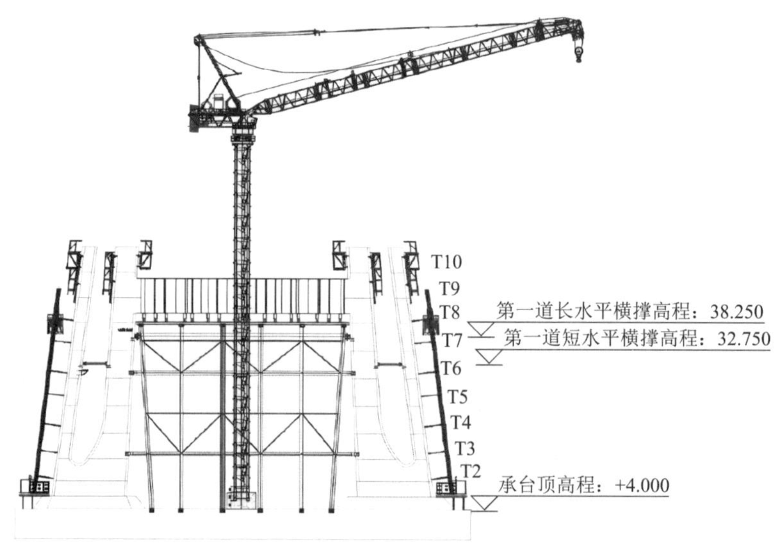

图 4-8-17　下横梁施工（高程单位：m）

(4) 上塔柱及合并段施工

上塔柱及合并段施工示意如图 4-8-18 所示，具体步骤如下：

① 塔式起重机在横梁安装完成后，安装扶墙，并进行顶升，顶升至最大悬高。

② 安装 T11 节段，待 T11 节段安装完成后，安装第二道短横撑。

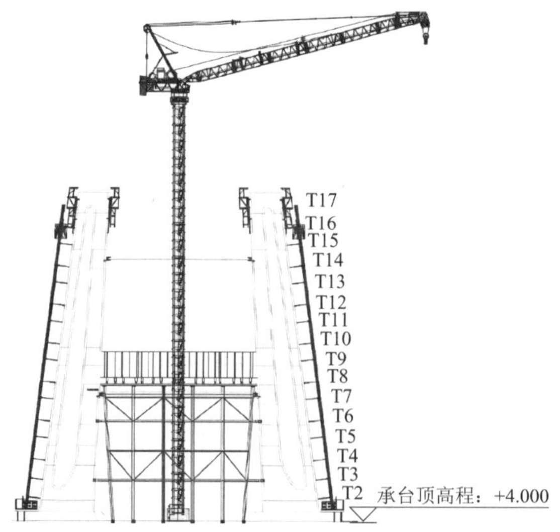

图 4-8-18　上塔柱及合并段施工（高程单位：m）

（5）合并段后塔柱施工

合并段后塔柱施工示意如图 4-8-19 所示，具体步骤如下：

① 安装 T18～T24 节段。

② T23 混凝土采用分层浇筑，首先浇筑 T23 混凝土至顶口 1.2m，再进行顶部钢筋网绑扎吊装固定索鞍，完成 T23 节段浇筑。

③ 待主缆架设完成，吊装 T24 鞍罩节段，完成鞍罩连接。

④ 上部结构架设前，按照设计张拉力完成横梁锚杆张拉，张拉至 3500kN。

⑤ 完成辅塔施工。

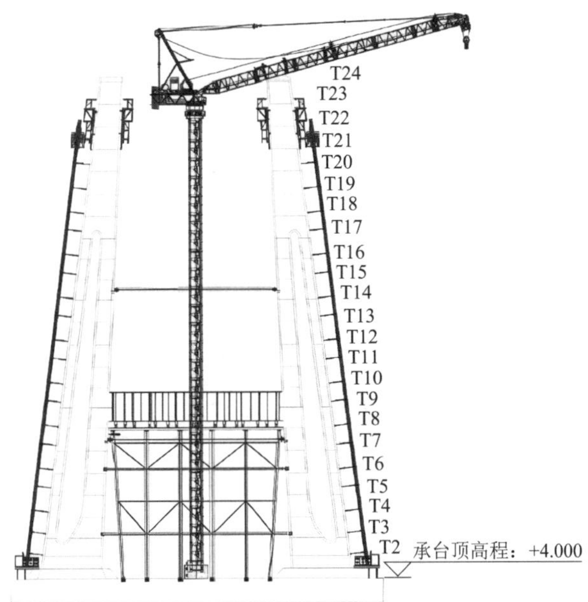

图 4-8-19　合并段后塔柱施工（高程单位：m）

四、钢箱-钢管约束混凝土组合索塔

1. 钢箱-钢管约束混凝土组合索塔施工介绍

钢箱-钢管约束混凝土组合索塔钢结构部分的加工制造与传统钢结构加工制造基本一致，但由于其为多闭环结构，精度控制要求更高。钢结构架设宜进行大节段安装，可进行竖向分块，减少环缝数量，提高施工工效，且宜采用栓焊结合的方式。对于内部混凝土浇筑，应充分发挥钢管的约束效应，单次浇筑宜控制在 40～70m，减小浇筑次数及接缝数量。

2. 钢箱-钢管约束混凝土组合索塔施工实例

张靖皋长江大桥南航道桥索塔采用钢箱-钢管约束混凝土组合索塔，该索塔施工方案介绍如下。

1）钢结构加工制造

根据南航道桥索塔的结构特点，在钢结构加工车间内完成零部件制作、块体组焊、预拼装等所有安装前的制作工作，然后运输至桥位，在桥位完成节段（块体）工地连接、成塔检查等作业。总体制作工艺流程如图 4-8-20 所示。

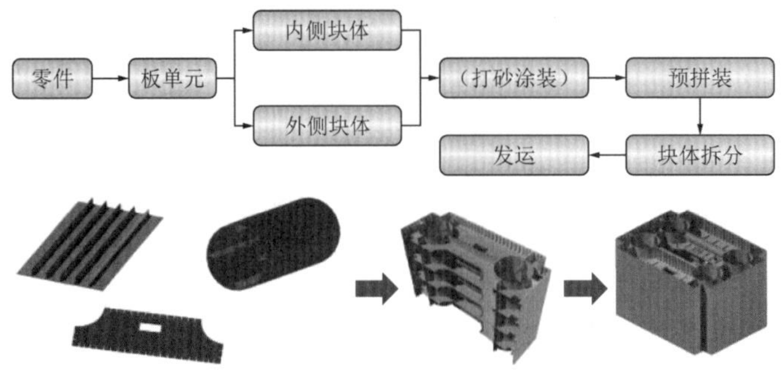

图 4-8-20　张靖皋长江大桥南航道桥索塔总体制作工艺流程

钢箱-钢管约束混凝土组合索塔钢结构加工制造要点与钢结构索塔基本相同，索塔端面的平整度要求一般低于金属接触钢结构索塔。

2）钢节段架设

（1）总体施工流程

钢塔节段总体施工流程如图 4-8-21 所示。

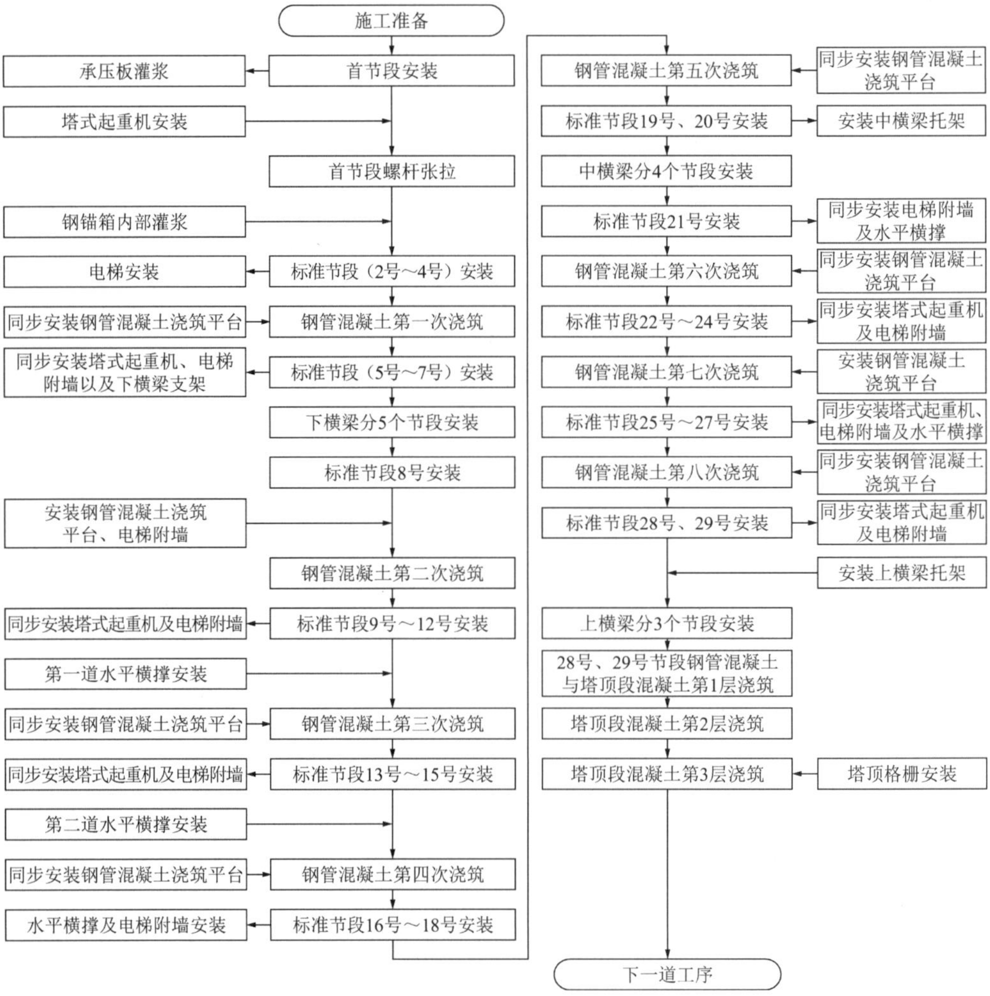

同步工序	主要工序
	施工准备
承压板灌浆（←）	首节段安装
塔式起重机安装（→）	
	首节段螺杆张拉
钢锚箱内部灌浆（→）	
电梯安装（←）	标准节段（2号～4号）安装
同步安装钢管混凝土浇筑平台（→）	钢管混凝土第一次浇筑
同步安装塔式起重机、电梯附墙以及下横梁支架（→）	标准节段（5号～7号）安装
	下横梁分5个节段安装
	标准节段8号安装
安装钢管混凝土浇筑平台、电梯附墙（→）	
	钢管混凝土第二次浇筑
同步安装塔式起重机及电梯附墙（←）	标准节段9号～12号安装
第一道水平横撑安装（→）	
同步安装钢管混凝土浇筑平台（→）	钢管混凝土第三次浇筑
同步安装塔式起重机及电梯附墙（←）	标准节段13号～15号安装
第二道水平横撑安装（→）	
同步安装钢管混凝土浇筑平台（→）	钢管混凝土第四次浇筑
水平横撑及电梯附墙安装（←）	标准节段16号～18号安装

主要工序（续）	同步工序
钢管混凝土第五次浇筑	同步安装钢管混凝土浇筑平台（←）
标准节段19号、20号安装	安装中横梁托架（→）
中横梁分4个节段安装	
标准节段21号安装	同步安装电梯附墙及水平横撑（→）
钢管混凝土第六次浇筑	同步安装钢管混凝土浇筑平台（←）
标准节段22号～24号安装	同步安装塔式起重机及电梯附墙（→）
钢管混凝土第七次浇筑	安装钢管混凝土浇筑平台（←）
标准节段25号～27号安装	同步安装塔式起重机、电梯附墙及水平横撑（→）
钢管混凝土第八次浇筑	同步安装钢管混凝土浇筑平台（←）
标准节段28号、29号安装	同步安装塔式起重机及电梯附墙（→）
	安装上横梁托架（←）
上横梁分3个节段安装	
28号、29号节段钢管混凝土与塔顶段混凝土第1层浇筑	
塔顶段混凝土第2层浇筑	
塔顶段混凝土第3层浇筑	塔顶格栅安装（←）
下一道工序	

图 4-8-21　钢塔节段总体施工流程

（2）桥位主要施工步骤

步骤一，起重船吊装首节段（图 4-8-22）。

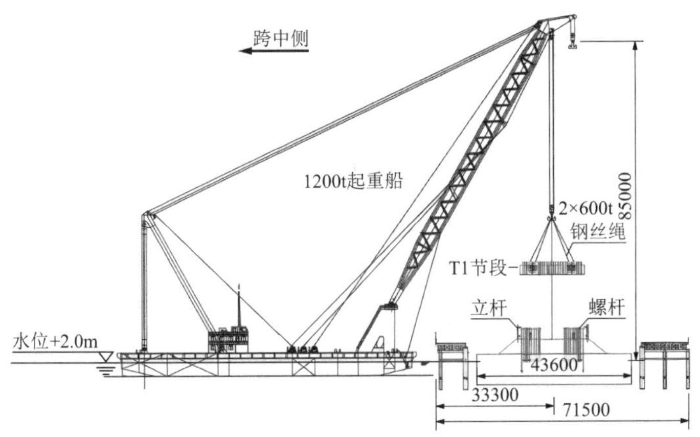

图 4-8-22　首节段吊装（尺寸单位：mm）

步骤二，首节段安装（图 4-8-23）。

① 钢塔首节段承压板灌浆。

② 钢塔首节段螺杆张拉及灌浆。

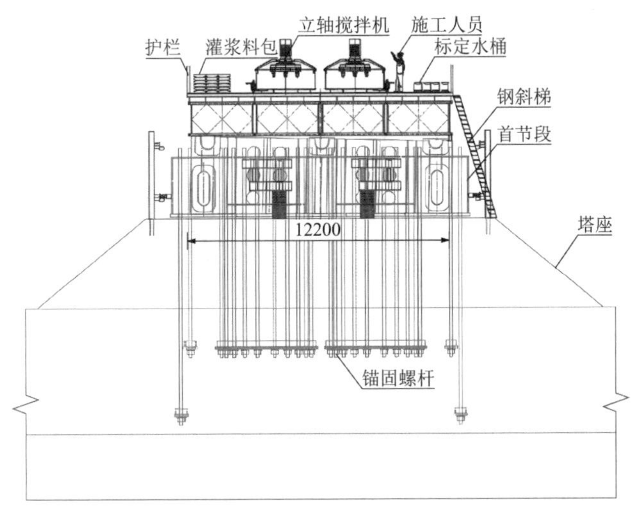

图 4-8-23　首节段安装（尺寸单位：mm）

步骤三，下塔柱施工（图 4-8-24）。

① 12000t · m 塔式起重机吊装塔柱节段。

② 安装塔式起重机、施工升降机。

③ 同步安装对应的塔式起重机、施工升降机附墙。

④ 安装液压爬升平台。

步骤四，钢管混凝土首次浇筑（图 4-8-25）。

① 钢管混凝土第一次浇筑。

② 安装下横梁支架。

③ 吊装下横梁节段。

步骤五，中塔柱、中横梁及上塔柱、上横梁施工（图 4-8-26）。

① 继续吊装塔柱节段。

② 同步安装水平横撑。

③ 同步安装塔式起重机及施工升降机附墙。

④ 分次浇筑钢管混凝土。

⑤ 安装中横梁托架，分 4 块吊装中横梁节段。

⑥ 继续吊装塔柱节段。

步骤六，塔顶实心段浇筑。

① 吊装塔顶格栅。

② 施工塔顶实心段混凝土。

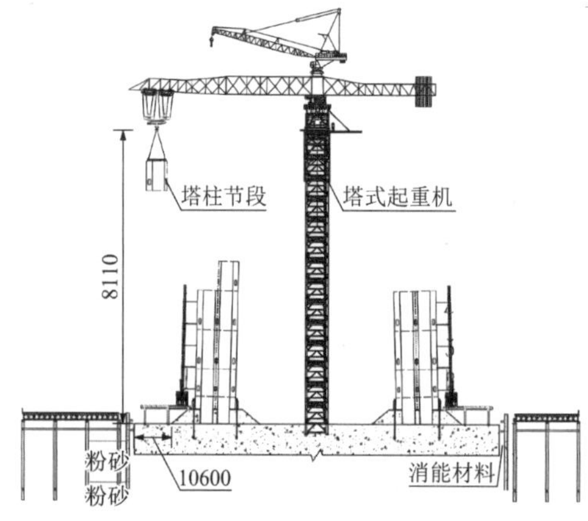

图 4-8-24　下塔柱施工（尺寸单位：mm）

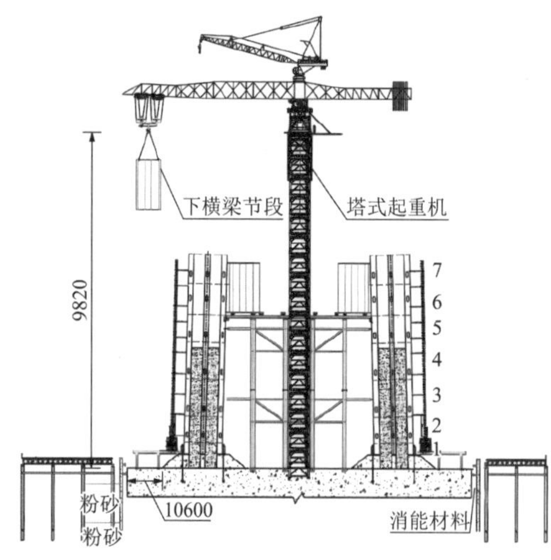

图 4-8-25　钢管混凝土首次浇筑（尺寸单位：mm）

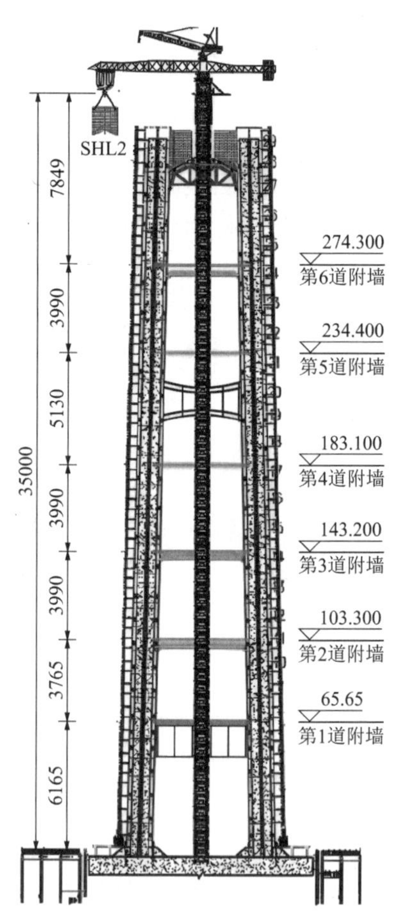

图 4-8-26　塔柱、横梁施工（尺寸单位：mm；高程单位：m）

3）混凝土浇筑

钢管混凝土浇筑时，单个塔肢设置 2 个塔上浇筑平台，共计配置 4 个（图 4-8-27）。钢管混凝土浇筑总高度 324.2m（顶部高程为+332.2m），分段浇筑混凝土最大高度为 43m，1～27 号钢塔节段共计划分成 11 次浇筑。28 号节段和 29 号节段内钢管混凝土与塔顶实心段第一层混凝土同步浇筑。每个平台上的上下游钢管混凝土同步浇筑，上下游塔柱浇筑高差不大于 6m，同一塔柱 4 根钢管内混凝土浇筑高差不大于 4m。图 4-8-28 为索塔分段浇筑图。

图 4-8-27　混凝土浇筑平台

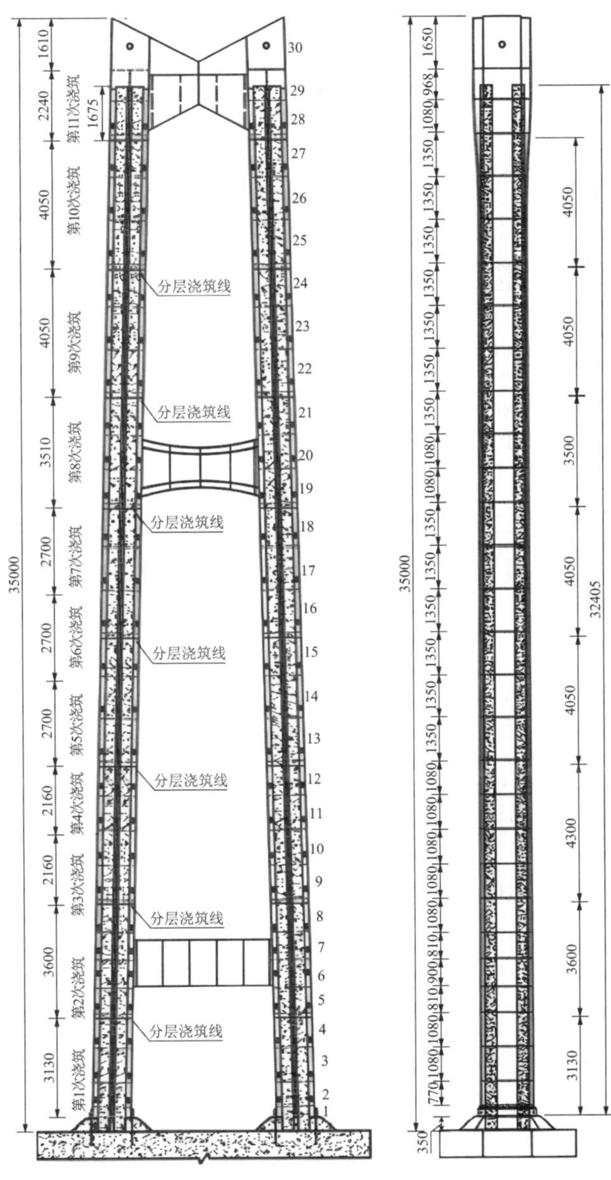

图 4-8-28　索塔分节浇筑图（尺寸单位：mm）

第五章

锚 碇 设 计

第一节 功能与原则

一、锚碇功能

悬索桥主缆索股锚固形式分为自锚式和地锚式。

自锚式是将主缆索股直接锚于加劲梁上，无需锚碇结构，一般仅适于中、小跨径悬索桥。地锚式则将主缆索股锚于重力式锚碇（以下简称“重力锚”）、隧道式锚碇（以下简称“隧道锚”），或直接锚于坚固的岩体。本章所讨论的锚碇是指地锚式悬索桥锚固主缆的重要结构物。

重力锚包括锚体（锚块、鞍部、缆索防护构造、散索鞍支承构造）和基础，如图 5-1-1 所示。锚碇的基本功能就是通过锚固系统将主缆拉力传给锚体，再通过锚体将力传给基础，最后传给地基，从而起到平衡主缆拉力的锚固作用。

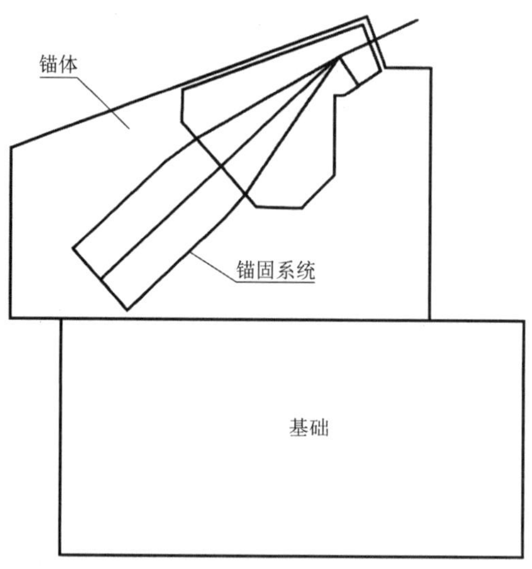

图 5-1-1 重力锚一般形式

通常，小跨径地锚式悬索桥将数量较少的索股锚于两端锚墩或桥台或隧洞内的锚板，如重庆某桥锚碇（图 5-1-2），设计比较简单，不作详细讨论，本章重点介绍大跨径悬索桥的锚碇设计。

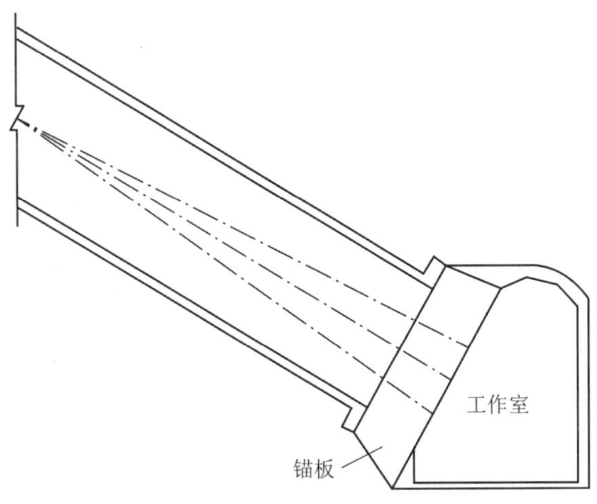

图 5-1-2　锚于锚板的隧道锚

二、设计原则

锚碇设计需解决的问题主要有三点：首先是怎样将主缆拉力有效地传给锚体，且保证锚体在缆力及其他荷载作用下结构受力安全；其次是根据悬索桥上部结构、地形地质等条件，如何将锚碇设置在地基上，并保证锚碇的整体稳定性；最后是确定锚碇特别是基础采用何种施工方案保证锚碇得以实现。

锚碇设计应满足技术先进、安全可靠、使用耐久、经济合理、有利环保的总体要求，并符合如下原则。

1. 规范原则

（1）设计基准期：锚碇整体属永久分项工程，设计基准期应与全桥相同。

（2）锚体及基础结构设计应按极限状态法进行设计，分别进行承载能力极限状态和正常使用极限状态验算。

（3）地基设计的原则：尽可能用岩石作为持力层，当无法达到或过于昂贵也可选用能满足要求的持力层为地基，但后者要考虑基础不均匀沉降带来主缆理论散索点的位移对塔、主缆受力的影响。

① 地基承载力：按地基极限强度除以一定的安全系数确定，或取地基容许的沉降或变位对应的强度。

② 容许变形：变形量应满足上部结构的受力和变位要求，对主要指标和技术问题进行专项深入论证。

2. 结构合理性原则

结构方案力求做到受力明确、构造合理。

3. 施工可行性原则

施工方案应合理可行，满足工期要求。

4. 经济性原则

锚碇在悬索桥中的造价举足轻重，设计应对多种可行方案进行同等深度的技术经济比较，力求经济性最优。

5. 技术先进性原则

锚碇设计时应采用新技术、新工艺和新材料。

6. 环境协调原则

锚碇外形美观，与周边环境协调。

三、设计条件

锚碇设计时应充分考虑如下几个方面的条件。

1. 上部结构

（1）路线平、纵线形及横断面。

（2）上部结构形式：跨径布置、结构体系。

（3）加劲梁横断面。

（4）主缆横向间距。

（5）主缆在散索点处的入射角及主缆拉力。

（6）主缆横断面构成及施工方法。

2. 地理位置及地形

1）周围环境条件

周围环境条件指锚位处地形、地物，如周围建（构）筑物、地下管线管道、地下障碍物、周边交通道路、大堤和对地表沉降敏感的建筑设施等状况。

2）现场施工条件

现场施工条件主要指施工现场所处地段的交通、行政、商业及特殊情况，是否对基坑围护结构及开挖支撑施工的噪声和振动有限制，是否有足够场地提供钢筋制作、设备停放、车辆进出、土方材料堆放，以及是否具备进行常规施工方法、运行施工设备和开展施工技术等条件。

3. 地质

1）工程地质条件

在为桥梁基础设计所作的必要的勘测工作内容的基础上，尚应掌握针对基坑工程、分析土体稳定性和变形问题所必需的岩土参数以及现场测试资料。

2）水文地质条件

基坑的设计与施工至关重要，必须查清基坑处的水文地质条件，包括：

（1）地下含水层的水位及升降变化规律。

（2）地下水的补给和动态变化及其与周边江河湖海大小水体的连通情况，其竖向及水平向的渗透系数。

（3）潜水、承压水的水质、水压及水流速度和流向。

（4）流沙及水土流失情况等。

地质勘察具体内容详见相关资料。

四、设计流程

当桥梁的桥跨布置、结构形式及主缆缆力确定后，结合锚位处地形、地质、水文、航运、气象等条件确定锚碇的基本结构形式。然后根据主缆的架设方法，桥梁在造价、施工、工期等各方面因素，确定主缆的锚固方式和锚固系统结构形式。由上部结构条件确定锚碇设计的基本参数，初拟各部的基本尺寸和施工方案及施工流程，进行锚碇的整体验算和结构计算。图5-1-3给出了重力锚设计的基本流程，也可为隧道锚设计参考。

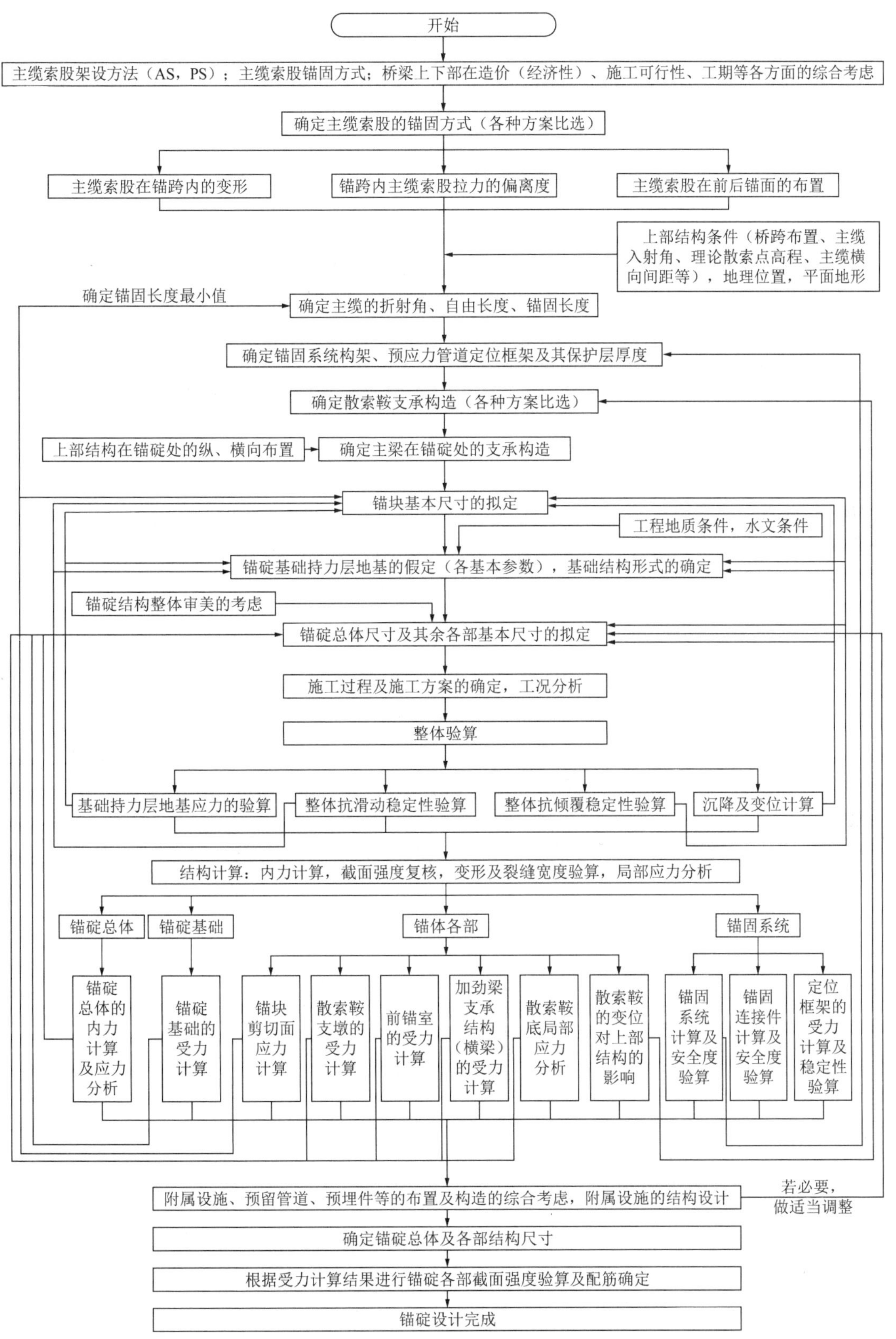

开始
主缆索股架设方法（AS，PS）；主缆索股锚固方式；桥梁上下部在造价（经济性）、施工可行性、工期等各方面的综合考虑
确定主缆索股的锚固方式（各种方案比选）
主缆索股在锚跨内的变形
锚跨内主缆索股拉力的偏离度
主缆索股在前后锚面的布置
上部结构条件（桥跨布置、主缆入射角、理论散索点高程、主缆横向间距等），地理位置，平面地形
确定锚固长度最小值
确定主缆的折射角、自由长度、锚固长度
确定锚固系统构架、预应力管道定位框架及其保护层厚度
确定散索鞍支承构造（各种方案比选）
上部结构在锚碇处的纵、横向布置
确定主梁在锚碇处的支承构造
锚块基本尺寸的拟定
工程地质条件，水文条件
锚碇基础持力层地基的假定（各基本参数），基础结构形式的确定
锚碇结构整体审美的考虑
锚碇总体尺寸及其余各部基本尺寸的拟定
施工过程及施工方案的确定，工况分析
整体验算
基础持力层地基应力的验算
整体抗滑动稳定性验算
整体抗倾覆稳定性验算
沉降及变位计算
结构计算：内力计算，截面强度复核，变形及裂缝宽度验算，局部应力分析
锚碇总体
锚碇基础
锚体各部
锚固系统
锚碇总体的内力计算及应力分析
锚碇基础的受力计算
锚块剪切面应力计算
散索鞍支墩的受力计算
前锚室的受力计算
加劲梁支承结构（横梁）的受力计算
散索鞍底局部应力分析
散索鞍的变位对上部结构的影响
锚固系统计算及安全度验算
锚固连接件计算及安全度验算
定位框架的受力计算及稳定性验算
附属设施、预留管道、预埋件等的布置及构造的综合考虑，附属设施的结构设计
若必要，做适当调整
确定锚碇总体及各部结构尺寸
根据受力计算结果进行锚碇各部截面强度验算及配筋确定
锚碇设计完成

图 5-1-3　重力锚设计流程

第二节　主要类型与选择

一、锚碇类型与选择

1. 锚碇的主要类型

锚碇在结构上主要分为重力锚、隧道锚和岩锚。

（1）重力锚

通过设置基础或直接将锚体设置在地基上，完全靠自重或以自重为主来平衡主缆拉力的锚碇称为重力锚。主缆拉力通过锚固系统传给锚体，再通过锚体经基础或直接传给地基，通过锚体或基础与地基接触面之间的摩阻力，以及锚前岩土水平抗力来平衡主缆拉力的水平分力。重力锚从受力机理上可分为完全重力锚和重力嵌岩锚。

① 完全重力锚

完全重力锚完全以混凝土自重及其产生的基底摩阻力来平衡主缆拉力，没有或不计锚前地基岩土的水平抗力，仅作为整体稳定性安全储备，如图 5-1-1 所示。

一般而言，上述概念的完全重力锚必须对应于浅埋的扩大基础、深埋的沉井基础及通过各种工法开挖基坑后浇筑底板、隔墙（或填芯混凝土）、顶板形成深埋的基础等刚性基础，这类基础均有底板，土体全被挖除，刚性很大，设计时可以不计基础周边地基岩土的水平抗力作用。对于井筒式地下连续墙基础和桩基础，尽管其整体刚度很大，但究其受力原理就是充分建立在考虑基础周边地基岩土水平抗力作用的基础上，受力分析无法忽略其作用。因此，对应于这类基础的重力锚不属于真正意义上的完全重力锚。但若区别对待将使问题复杂化，从锚碇的最显著特点出发，在此将上述锚碇均归为完全重力锚。

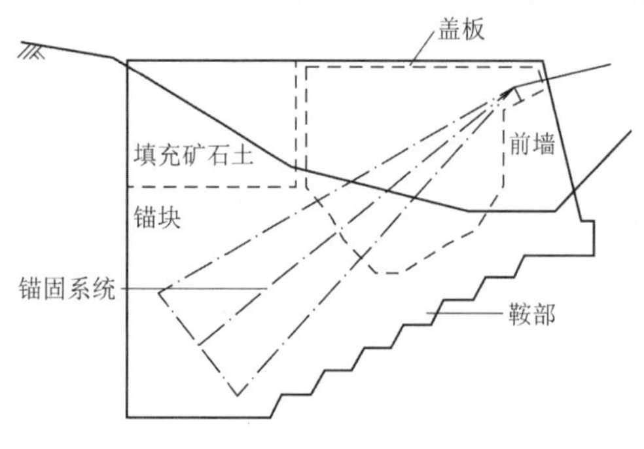

图 5-2-1　重力式嵌岩锚

② 重力嵌岩锚

重力嵌岩锚以混凝土自重为主来平衡主缆拉力，同时考虑锚前岩石地基的水平抗力作用，如图 5-2-1 所示。嵌岩锚一般不单设基础，锚体直接坐落在较好的岩石地基上。

（2）隧道锚

当锚碇处地形、地质等自然条件较好时，在山体开挖隧洞，将混凝土锚板或锚块（称锚塞体）设置于隧道底部，锚块嵌固在隧洞中与岩体形成整体抵抗主缆拉力，即隧道锚（图 5-2-2）。主缆通过锚固系统将拉力传递给锚塞体或锚板，再通过锚塞体与隧道岩体的黏结力传递给周边围岩或通过锚板以压力形式直接传给岩体，从而实现主缆索股的锚固。

（3）岩锚

当地质条件很好，结合全桥整体布置，将主缆索股通过钢筋锚杆或预应力锚索等锚固构造直接锚于山体的锚碇称岩锚，如瑞典高海岸大桥的锚碇即采用岩锚（图 5-2-3）。岩锚与隧道锚的主要区别在于：隧道锚是将主缆索股通过锚固系统集中在一个隧洞内锚固，隧洞内浇筑混凝土形成锚塞体；而岩锚则将锚固系统的预应力筋分散设置在单个岩孔中锚固，不需浇筑混凝土锚塞体，高质量的岩体替代了锚塞体，因此节省了材料。

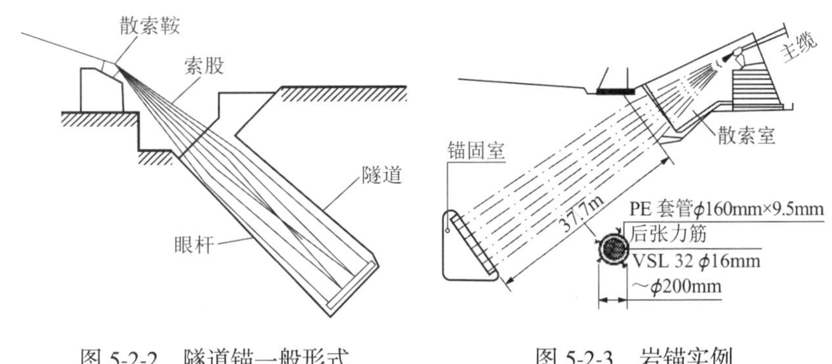

图 5-2-2　隧道锚一般形式　　　　图 5-2-3　岩锚实例

2. 锚碇类型的选择

（1）不同类型锚碇的适用条件

单从适用性来讲，重力锚几乎适用于所有场合。若地质条件较好，可以将锚体直接设置在较浅的地基上；相反，则可以通过采用不同适应条件的工法开挖基坑来设置各种不同结构形式的基础，将锚碇设置在很深的持力层上。对于水中场合，可以填筑人工岛或设置围堰或采用气压沉箱法等来形成修筑基础的条件。另外，锚碇可以露出地面高耸挺拔也可埋置在地下，以满足上部结构对锚碇的要求。如有需要，可将锚碇设计为路基路面的支承结构，提升景观效果。

隧道锚适用于地质条件良好、地形有利于全桥总体布置的场合。

岩锚适应于地质条件极好、岩体完整、强度高，且地形满足全桥总体布置要求的场合。岩锚在大跨径悬索桥中的应用很少，以下不再作讨论。

（2）锚碇类型的选择

当锚址处综合地质条件较好、地形有利于全桥总体布置，且施工条件能满足隧洞开挖及出渣时，从经济性角度出发，应首先考虑修建隧道锚的可能性。只有在全面考虑建设条件、经综合技术经济比较认为隧道锚明显不合适时，才选择修建重力锚。

二、重力锚锚体类型与选择

1. 锚体的主要类型

根据结构形式，重力锚锚体可分为实腹式锚体和框架式锚体。

根据总体布置或自重需要，锚体设计成整体式的实体结构，主缆索股防护通过顶盖和侧墙与锚体形成封闭空间（图 5-1-1）。

出于景观考虑，结合锚碇总体布置和受力，将锚块、前锚室、散索鞍支承构造（支墩）、锚块与支墩的连接构造（鞍部）各自设计成独立的构件并结合在一起形成三角框架结构（图 5-2-4）。

2. 锚体类型的选择

实腹式锚体，外形稳重，但因此显得笨重，景观效果差；由于是整体构造，空间封闭，因此没有空间可另行利用；对于水中工况，如此设计也相对增大了横桥向的阻水面积。相反，框架式锚体规避了实腹式锚体上述缺点：首先，外观挺

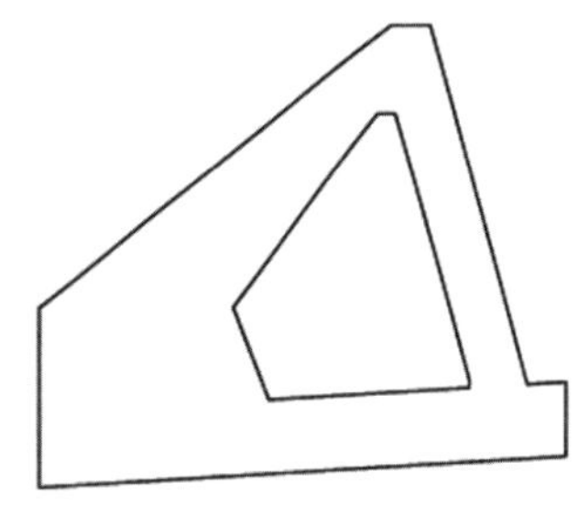

图 5-2-4　框架式锚体重力锚

拔中空、轻巧美观，实现了大型结构力与美的和谐统一；其次，能为锚碇内部额外增设建筑物提供了所需空间；对于水中工况，能较大程度地减少横桥向的阻水面积，有利于行洪、水势稳定。

锚体类型的选择应综合考虑全桥总体布置、地形、持力层高程、散索点高程、锚碇自重需要、水文、环境、景观及其他特殊要求等因素综合确定。在条件许可的情况下，一般优先选择采用框架式锚体，只有在框架式锚体不适宜的场合才采用实腹式锚体，如埋置在地下的锚碇等。

三、重力锚基础类型与选择

锚碇基础的设计，除了要保证基础本身和基坑支护结构在施工过程中及桥梁运营期间在荷载作用下必须有足够的强度和稳定性以外，同时还要考虑地基的强度、稳定性及变形容许值。因此基础设计实际上就是地基与基础设计。

锚碇基础设计一般要考虑下列因素：

（1）基础的埋置深度及持力层的选择。

（2）基础结构形式的选择及材料的确定。

（3）基础的形状和布置，以及与相邻建（构）筑物、地下管道管线等的关系。

（4）上部结构的使用要求及其对沉降的敏感度与限制值。

（5）施工方案、设备及工期等。

（6）地基土的承载力、变形及稳定性。

（7）基础和基坑支护结构的强度和稳定性。

（8）地震对地基与基础的影响。

地基与基础是一门综合性很强的独立学科，涉及面广、内容繁多。本节仅结合悬索桥锚碇的结构和受力特点对地基与基础的设计予以针对性论述。

1. 重力锚基础的主要类型

重力锚基础形式多样，分为直接基础和人工基础。直接基础是指锚体直接作用在持力层地基上，可以认为基础与锚体在构造上互为一体，实质上没有基础结构。人工基础则是由于锚址区表层岩体或土体力学性能较差，必须采用人工开挖作业，再在选择的持力层地基上建造基础结构这样一种形式。

人工基础类型通常应根据其埋置深浅、构造形式、结构受力特点来区分，但同时由于人工基础往往需要开挖基坑，基坑开挖工法与基础结构本身往往密不可分，因此经常以施工法命名基础形式。如沉井基础，它既反映其结构构造上的显著特点，又表明其设置的具体施工工法（浇筑、开挖、下沉等）。具体涉及基础形式的界定，往往取决于其结构和工法两者的最显著特征。如图5-2-5所示，虎门大桥西锚碇基础从埋置深度和结构构造特点上看，应界定为扩大基础，但其基坑采用地下连续墙作为支护结构明开挖干施工，特点显著，因此设计者和文献介绍都称其为地下连续墙基础。可见，锚碇基础类型的界定并不是绝对的。

基于上述考虑，锚碇人工基础通常可分为扩大基础、箱形基础、地下连续墙基础、沉井基础、桩基础、复合基础等。

1）扩大基础

当地质条件较好，选定持力层埋深较浅时，通过明挖法施工，基础可设置在所需高程。

这样一种在较小的埋深内，把基础底面通过一级或多级台阶扩大到所需面积的基础形式称扩大基础（图 5-2-6）。

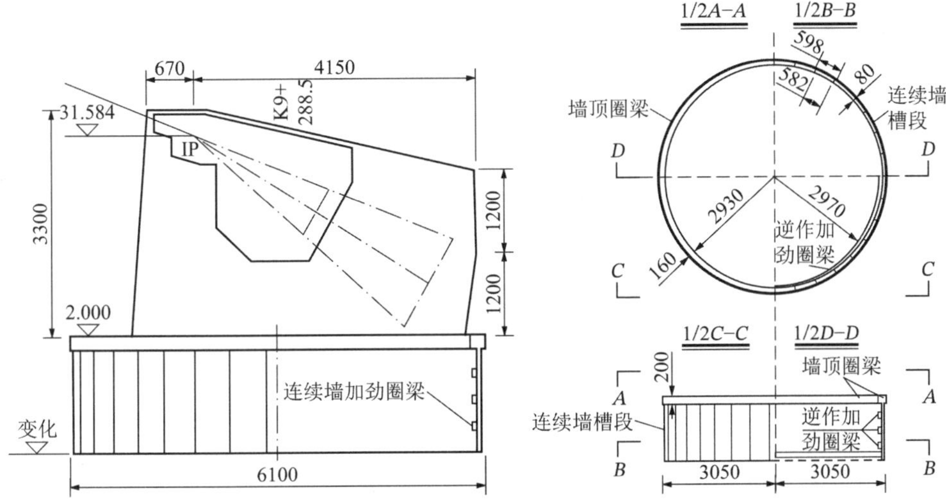

图 5-2-5　虎门大桥西锚碇及基础构造（尺寸单位：cm；高程单位：m）

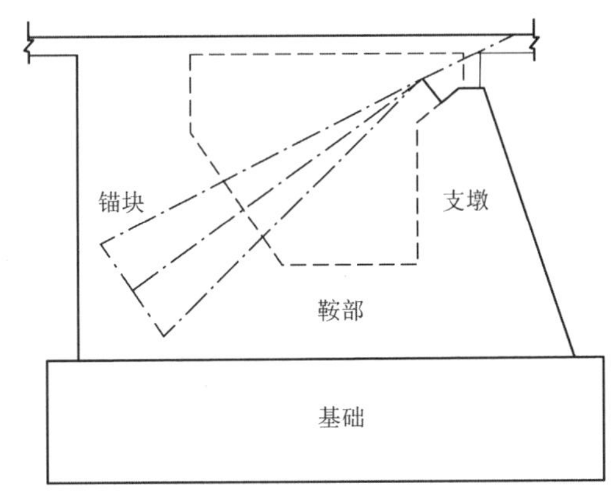

图 5-2-6　扩大基础

锚碇扩大基础为实心大体积混凝土结构，刚度往往较大，一般仅在表面设置钢筋网，并非为基础结构受力所设置，基础混凝土截面具有足够的强度抵抗由地基反力产生的弯曲拉应力和剪应力，因此这种基础实际上就是浅埋刚性扩大基础。

扩大基础在锚碇中应用广泛，一般的直接基础锚碇实际上就是扩大基础与锚体做成一体，没有从构造上进行区分。

2）箱形基础

为了使基础具有足够的刚度和较小的基底应力，可将基础做成由顶板、底板及若干纵横隔墙组成的箱格形构造形式，即为箱形基础（图 5-2-7）。箱形基础也属于浅基础的一种，一般在持力层埋深相对较浅时，通过明挖后设置，通常采用钢筋混凝土结构。后述的矩形地下连续墙基础实际上是深埋的箱形基础，但其施工方案存在较大区别，故本书箱形基础特指浅埋箱形基础。

箱形基础在锚碇中应用并不多，比较典型的有海沧大桥锚碇（图 5-2-8）。

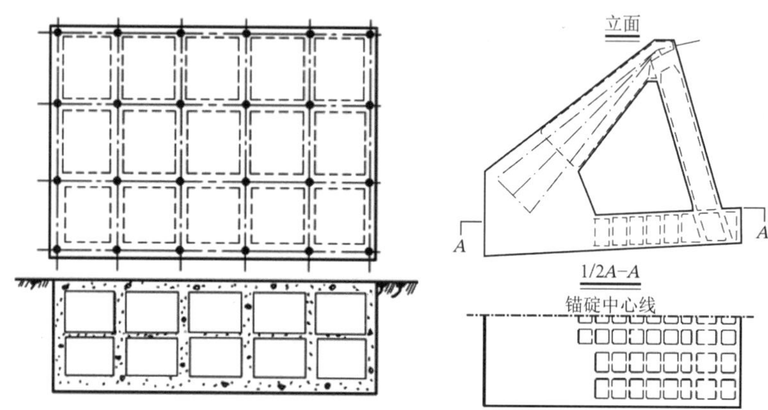

图5-2-7　箱形基础一般形式　　　图5-2-8　海沧大桥锚碇箱形基础

3）地下连续墙基础

一般而言，利用各种挖槽机械，借助于泥浆的护壁作用，在地下挖出窄而深的沟槽，并在其内浇筑适当的材料而形成一道具有防渗、挡土和承重功能的连续的地下墙体，称为地下连续墙。地下连续墙在国外有许多种称呼，实际上，因为成槽工法层出不穷、使用或不使用泥浆的技术进步、墙体材料多样化、墙的功能多样化，要给地下连续墙下一个严格的定义是困难的。地下连续墙的设计与施工本身是一门内容极其丰富的综合学科。

（1）地下连续墙特点

其优点是：

① 施工时振动小，噪声低。

② 墙体刚度大。目前国内地下连续墙的厚度可达0.6～1.5m（国外已达3.2m），用于基坑开挖时，可承受很大的水土压力，极少发生地基沉降或塌方事故，已经成为深基坑支护工程中必不可少的挡土结构。

③ 防渗性能好。由于墙体接头形式和施工方法的改进，地下连续墙几乎不透水。如果把墙底伸入隔水层中，那么由它围成的基坑内的降水费用就可大大减少，对周边建（构）筑物或管道的影响也变得很少。

④ 可以贴近施工。由于具有上述几项优点，地下连续墙可以紧贴原有建（构）筑物建造。

⑤ 可用于逆筑法施工。

⑥ 适应于多种地基条件。地下连续墙对地基的适用范围很广，从软弱的冲积地层到中硬的地层、密实的砂砾层，各种软岩和硬岩等所有的地基都可以建造地下连续墙。

⑦ 可用作刚性基础。目前的地下连续墙不再单纯作为防渗防水、深基坑围护墙，而是越来越多地用于代替桩基础、沉井或沉箱基础，承受更大荷载。

⑧ 可用作各种垂直防渗结构，非常安全和经济。

⑨ 占地少，对环境影响小。

⑩ 工效高，工期短，质量可靠，经济效益高。

其缺点是：

① 在特殊的地质条件下（如很软的淤泥质土，含漂石的冲积层和硬质岩等），施工难度大。

② 如果施工方法不当或地质条件特殊，可能出现相邻墙段不能对齐和漏水的问题。

③ 如果用作临时的挡土结构，比其他方法所需的费用要高些。

④ 大量废泥浆需要处理。

（2）地下连续墙基础类型

地下连续墙基础就是采用地下连续墙工法成槽并浇筑钢筋混凝土墙体、直接利用墙体作为基础或利用墙体作为基坑开挖过程中的支挡结构，然后在基坑内回填混凝土或施工仓、板结构，形成刚度很大的实体式或箱格式的基础结构形式。设计时，可以考虑地下连续墙作为基础的一部分受力，也可以将其作为安全储备而不将其作为基础的一部分。

① 矩形地下连续墙基础

地下连续墙槽段平面布置为矩形，与锚体平面外边缘呈平面关系。然后采用逆筑法开挖基坑、施工内支撑框架或土锚，地下连续墙与支撑结构共同组成开挖过程中的挡水土结构。基坑开挖完成后，在基坑内回填混凝土或施工底板、隔墙、顶板，形成基础结构，以这种工法形成的基础即矩形地下连续墙基础。从结构特点上讲，这种基础实际上是深埋的箱形基础，但基于其基坑形成工法的突出特点及地下连续墙和内撑也成了基础的一部分考虑，在此将其归为地下连续墙基础。润扬大桥北锚碇采用矩形地下连续墙基础（图 5-2-9）。

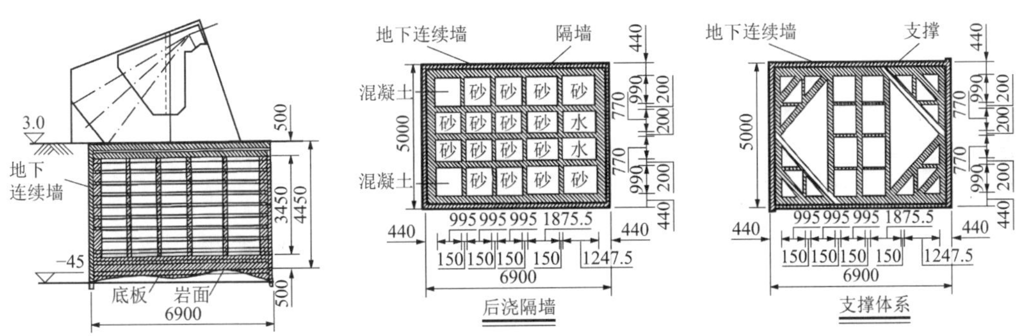

图 5-2-9　润扬大桥北锚碇矩形地下连续墙基础（尺寸单位：cm；高程单位：m）

张靖皋长江大桥南航道桥锚碇基础在前述矩形地下连续墙支护结构通常做法的基础上，在外围设置了两道地下连续墙并在其间开挖并填充混凝土形成刚度更大的支护墙，基坑内的支撑结构全部采用地下连续墙结构，因此形成了一种新型的矩形地下连续墙基础；同时，由于将地下连续墙隔仓内土体进行开挖并设置了底板和顶板，因此该基础实质上又成为了复合基础结构。设计者将其称为支护转结构复合地下连续墙锚碇基础（图 5-2-10）。

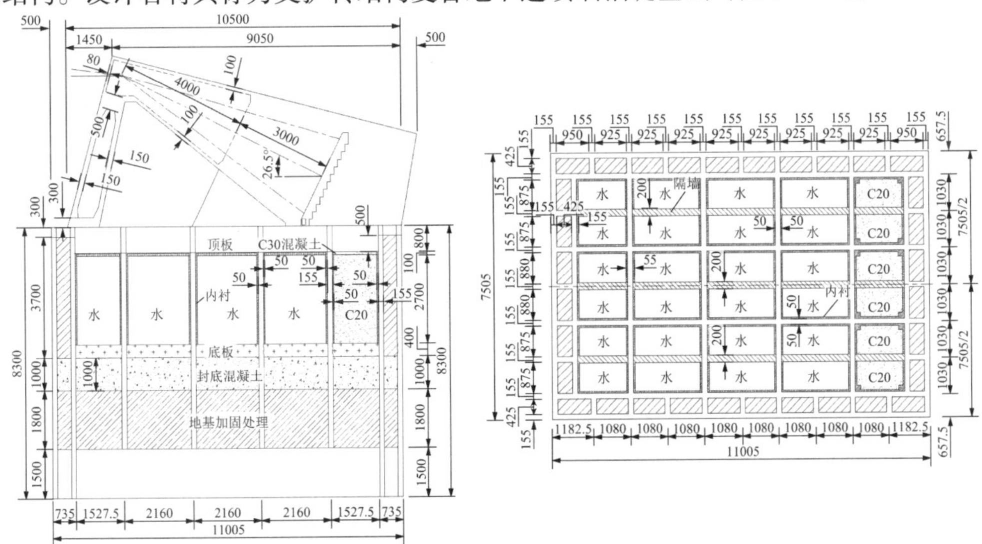

图 5-2-10　张靖皋长江大桥南航道桥南锚碇支护转结构复合地下连续墙锚碇基础（尺寸单位：cm）

② 圆形地下连续墙基础

地下连续墙槽段平面布置为圆形，采用逆作法开挖基坑、施工内衬或腰梁，地下连续墙与内衬（腰梁）共同组成开挖过程中的挡水土结构。基坑开挖完成后，在基坑内回填混凝土或施工底板、隔墙、顶板，形成基础结构，以这种工法形成的基础即圆形地下连续墙基础（图 5-2-5）。阳逻大桥南锚碇采用圆形地下连续墙基础方案（图 5-2-11）。鉴于该锚碇基础及基坑的规模、技术难度和风险之大在国内无先例，该锚碇被行业内专家誉为“神州第一锚”。

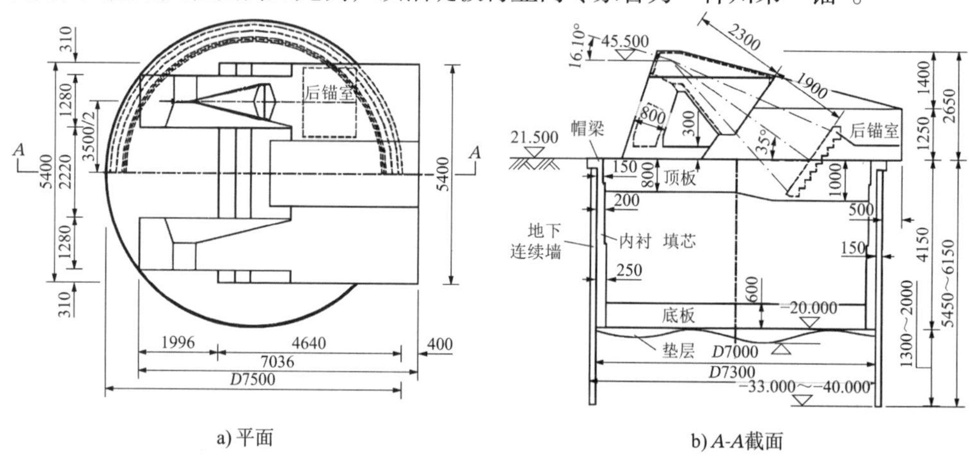

图 5-2-11 阳逻大桥南锚碇圆形地下连续墙基础（尺寸单位：cm；高程单位：m）

③ 矩形排桩墙基础

矩形排桩墙基础实质上也是矩形地下连续墙基础，只不过地下连续墙由净距很小并排在一起的钻孔灌注桩或直接咬合的钻孔灌注桩形成，平面布置为矩形。对于非咬合排桩，由于桩与桩之间存在间隔，因此排桩地下连续墙只能起到挡水土压力的作用，而不能挡水防渗，排桩墙外必须另设挡水防渗帷幕，如人工冻结壁、灰浆帷幕等。然后采用逆作法开挖基坑、施工内支撑框架或围檩加土锚，排桩墙与支撑结构共同组成开挖过程中的挡水土结构。基坑开挖完成后，在基坑内回填混凝土或施工底板、隔墙、顶板，形成基础结构，以这种工法形成的基础即矩形排桩墙基础。润扬大桥南锚碇采用矩形排桩墙基础（图 5-2-12）。

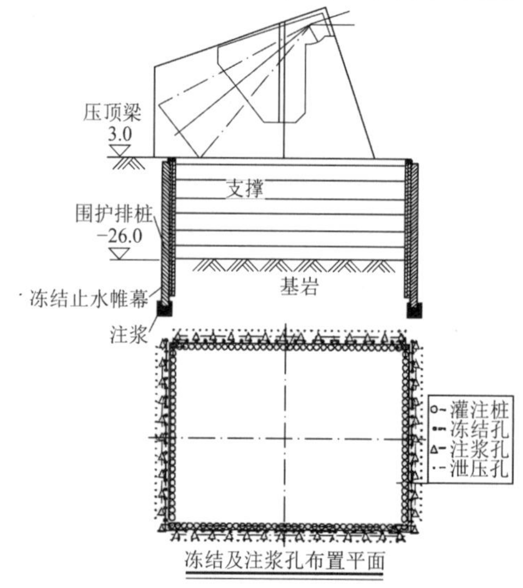

图 5-2-12 润扬大桥南锚碇矩形排桩墙基础（高程单位：m）

④ 井筒式地下连续墙基础

前述地下连续墙基础形式并不是完全意义上的地下连续墙基础，因为地下连续墙的作用主要是作为基坑施工期间的围护结构。

井筒式地下连续墙基础则完全以地下连续墙来承受和传递上部荷载，因此是完全意义上的地下连续墙基础。地下连续墙槽段平面布置灵活多样，可做成一室断面、两室断面、多室断面，但墙段之间或至少外周墙墙段之间必须采用刚性接头。地下连续墙施工完成后无须进行基坑开挖，而是直接施工顶板，地下连续墙体与顶板共同组成井筒状基础结构，因此称井筒式地下连续墙基础（图 5-2-13）。

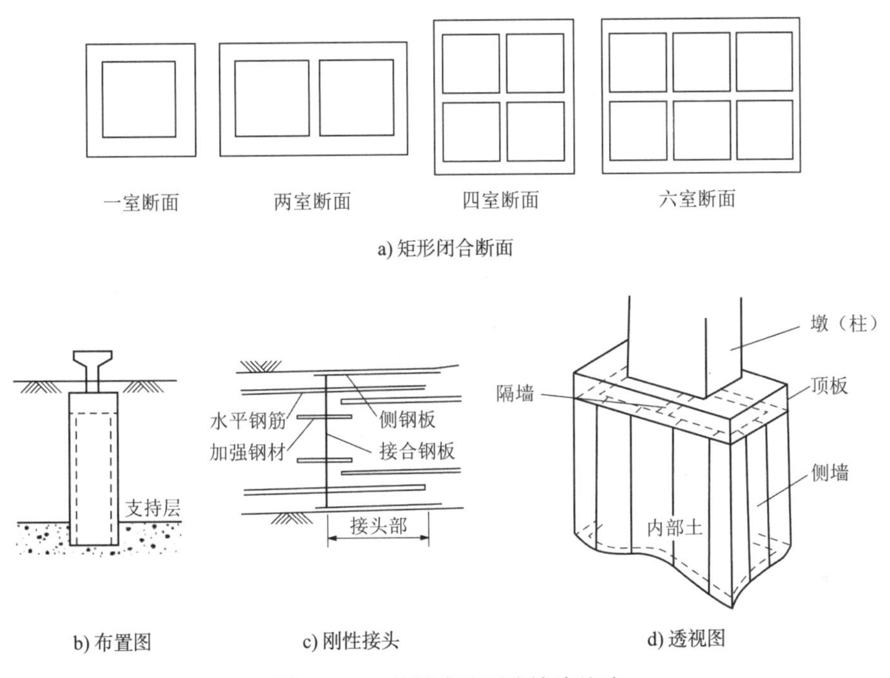

图 5-2-13 井筒式地下连续墙基础

井筒式地下连续墙基础承受竖向力时，除了考虑墙底竖向地基反力外，还需考虑基础井筒内外侧壁摩阻力及井筒内地基土的底部竖向反力；承受水平力时，除了考虑墙底水平剪切力外，还需考虑基础井筒内外地基土的正面水平抗力、侧面剪切力、井筒内地基土的底部水平剪切力等作用，其受力机理与有底板的刚性基础存在原则区别，因此与传统的锚碇整体稳定性设计仅考虑基底摩阻力的理念存在区别。同时，该结构槽段节段宜为刚性节点，在施工上难度较大。

井筒式地下连续墙在国外特别是日本已普遍应用，在我国应用少。

由于井筒式地下连续墙基础在我国大型桥梁基础中缺乏实践经验，其受力机理、设计方法、施工技术等均有待于进行基础性研究工作，因此，本书不再作深入讨论。相关内容可参见有关文献。

⑤ 异形地下连续墙基础

异形地下连续墙可采用平面双圆形或其他灵活布置的各种平面形状的组合。双圆形通常采用相同半径的交叠双圆或不同半径的交叠双圆，根据锚碇总体布置需要，可以采用纵向双圆形或横向双圆形。采用逆作法开挖基坑、施工内衬或腰梁，地下连续墙与内衬（腰梁）共同组成开挖过程中的挡水土结构。基坑开挖完成后，在基坑内回填混凝土或施工底板、隔墙、顶板，形成基础结构，以这种工法形成的基础即为心形地下连续墙基础。南京栖霞山长江大桥南锚碇基础采用纵向交叠双圆形地下连续墙基础方案（图 5-2-14）。

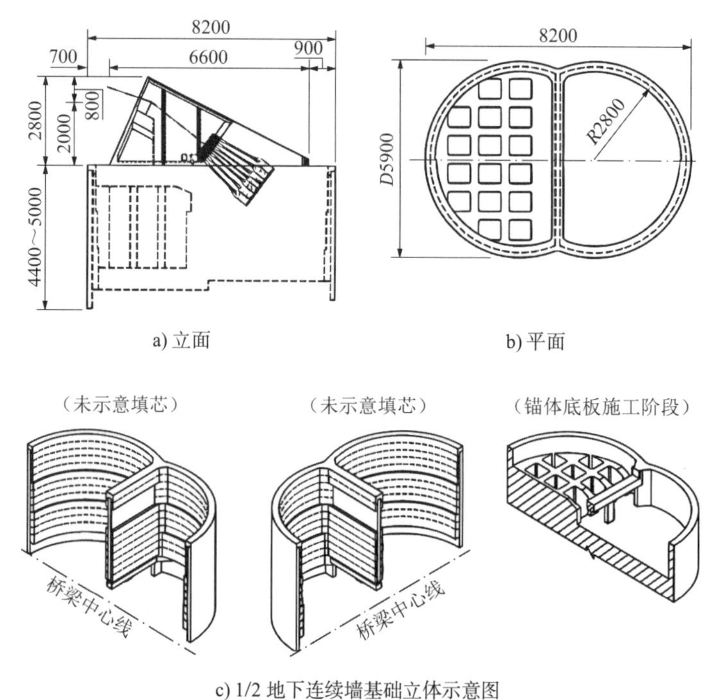

图 5-2-14　心形地下连续墙基础（尺寸单位：cm）

4）沉井基础

沉井是井筒状的结构物，它是现场浇筑钢筋（壳）混凝土井格，然后在井内挖土，依靠自身重量克服井壁摩阻力后下沉至设计高程，再浇筑混凝土封底，并填塞井格隔仓，最后浇筑钢筋混凝土顶板，使其成为上部结构物的基础的一种深基础形式。

沉井按下沉方式可分为：

（1）就地制作的沉井。在基础设计的位置上制造，然后挖土靠沉井自重下沉。如基础位置在水中，需先在水中筑岛，再在岛上筑井下沉。

（2）浮运沉井。在深水地区筑岛有困难或不经济，或有碍通航，或河流流速大，可在岸上预制沉井拖运到设计位置下沉。

沉井按使用材料可分为混凝土沉井、钢筋混凝土沉井、钢壳沉井等。

沉井基础按平面形状上可分为圆形、矩形及圆端形等（图 5-2-15），其平面形状取决于上部结构物底部的形状；竖直剖面外形主要有竖直式、倾斜式及阶梯式等（图 5-2-16），采用形式主要视沉井需要通过的土层性质和下沉深度而定。江阴大桥北锚碇采用沉井基础如图 5-2-17 所示。

5）桩基础

桩基础是一种常用的基础形式，是深基础的一种，通常由若干根桩组成，桩身全部或部分埋入土中，顶部由承台联成一体，构成桩基础，再在承台上修筑锚体结构。桩基础广泛应用于各种土木建筑工程中。

桩基础的类型，随着桩的材料、构造形式和施工技术的发展而名目繁多，可按多种方法分类。由于桩基础技术成熟、应用广泛，在此不再赘述。

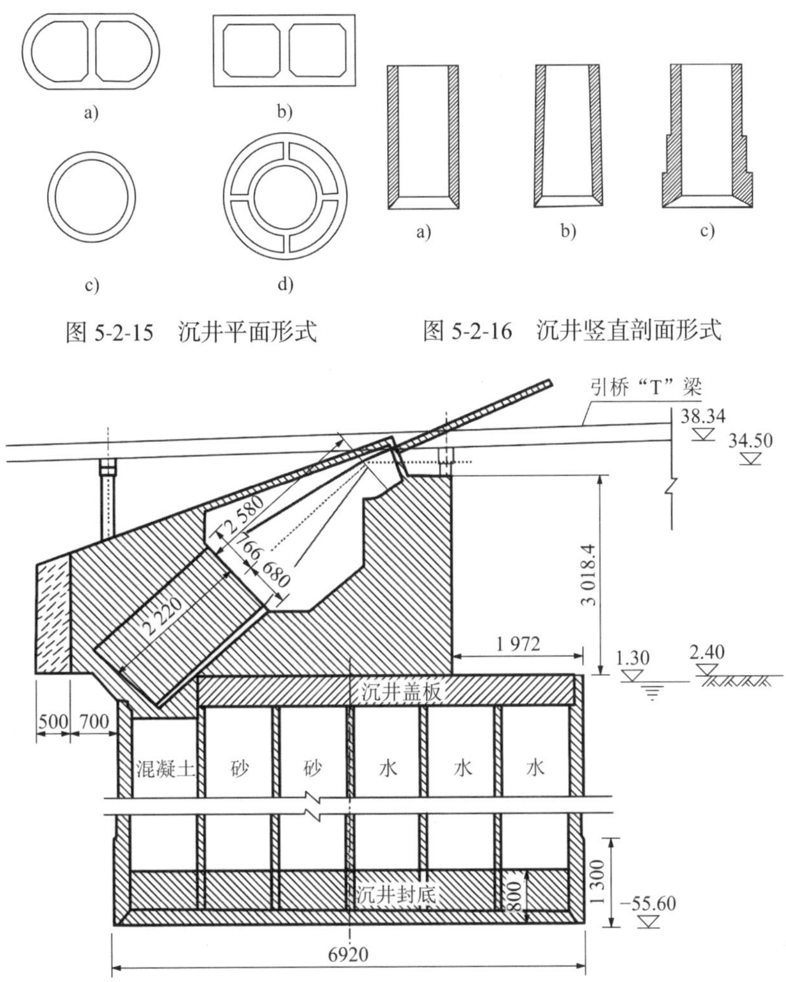

图 5-2-15　沉井平面形式

图 5-2-16　沉井竖直剖面形式

图 5-2-17　江阴大桥北锚碇沉井基础（尺寸单位：cm；高程单位：m）

桩基础常见类型有钻孔桩和打入钢管桩基础两类。钢管桩基础往往受机具设备和地形等条件制约，桩长和桩径受到限制；但对于锚碇基础承受巨大水平力而言，可以通过设置斜桩和竖直桩的组合布置更好地适应受力和变形需要。钻孔桩工艺成熟，桩径和桩长可以更大些，但由于其特殊的施工工艺，不易做成斜桩，而桩基础需要承受巨大的水平力，而难以发挥其擅长承受巨大竖向力的能力，因此，钻孔桩基础受力与井筒式地下连续墙基础原理相同，即：承受竖向力时，除了考虑桩底竖向地基反力外，还需考虑桩周摩阻力；承受水平力时，需考虑桩前正面地基土的水平抗力。其与井筒式地下连续墙基础的区别在于后者槽段采用刚性接头，槽段形成了封闭的整体框架，而桩基础的每根桩是分离的，因此其刚度远远小于井筒式地下连续墙基础。桩基础的受力机理与有底板的刚性基础存在原则性的区别，因此与传统的锚碇整体稳定性设计仅考虑基底摩阻力的理念存在区别。

大跨径悬索桥锚碇基础完全采用钻孔桩基础形式在我国尚未见实例，仅在某些桥梁的锚碇方案设计中涉及，如阳逻大桥初步设计悬索桥南锚碇方案（图 5-2-18）。由于钻孔桩基础刚度较差，在大跨径悬索桥锚碇中受力不如其他基础稳妥可靠，因此很难作为独立的基础被使用，本书不再讨论。但钢管桩基础布置较为灵活，在合适的场合还是有一定的应用机会（2003年建成的美国卡金斯桥有一岸的锚碇就是用打入钢管桩斜桩和直桩组合建成）；而钻孔桩基础可以与其他基础形式同时采用，取长补短，形成后述的复合基础。

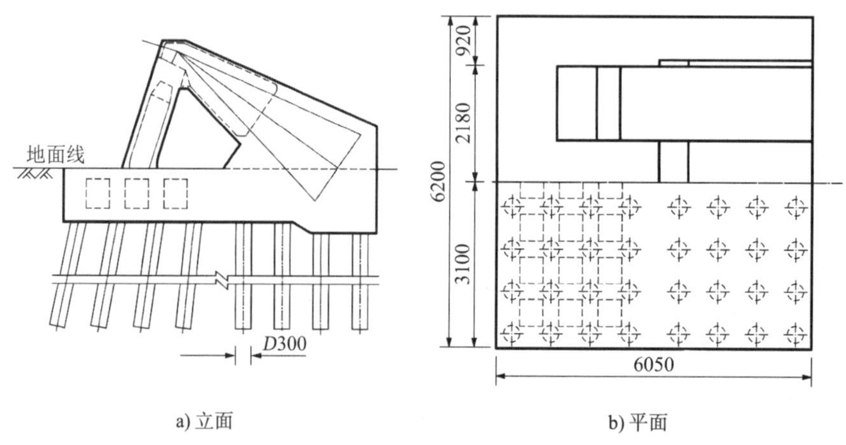

图 5-2-18 阳逻大桥桩基础方案（尺寸单位：cm）

钻孔桩基础在我国跨径相对较小的悬索桥中已有应用，如安徽秋浦河大桥（主桥主跨270m悬索桥）的一侧重力锚，采用了大直径空心钻孔灌注桩 + 桩周根键的“根式”基础。该根式基础属于刚度较大的短粗桩，不同于常规“柔性”钻孔灌注群桩，同时，其锚体（承台）底面也考虑参与锚碇整体的竖向和水平向承载，因此其本质又是一种复合基础。

6）复合基础

复合基础（图 5-2-19）为在受力方式和（或）结构形式上由两种或两种以上形式基础的组合，以适应较为复杂的建设条件。复合基础的概念内涵丰富，实际构造形式更是多种多样。如前述的张靖皋长江大桥南航道桥南锚碇基础实际上就是一种复合基础；主跨2023m的土耳其19115恰纳卡莱大桥锚碇在锚块下部纵向布置了7排平面长51.5m、厚1.2m、深度超过20m的条壁式地下连续墙，与作为直接基础的锚块共同组成了复合基础；南京栖霞山长江大桥初步设计方案研究中，还提出了三种非常典型的以地下连续墙为结构主体的复合基础。因此，设计可紧密结合建设条件和需求，因地制宜、灵活应变、大胆创新地开展各种复合基础的设计和实践。

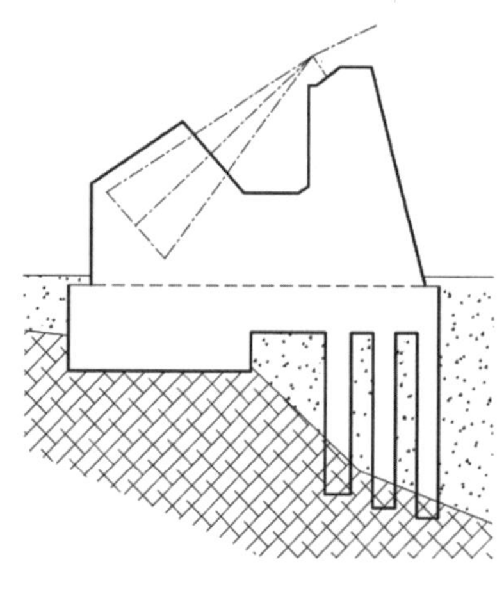
图 5-2-19 复合基础

2. 重力锚基础方案与基础类型的选择

1）地基与基础方案

（1）天然地基与人工地基

地基基础设计是锚碇设计的一个重要内容。设计时，要考虑锚址场地的工程地质和水文地质条件，同时也要考虑锚碇的使用要求、上部结构特点和施工条件等各种因素。为了保证锚碇以及整座桥梁的安全和正常使用，并充分发挥地基的承载能力，就必须深入实际，调查研究，因地制宜地确定设计方案。

无论是直接基础还是人工基础，凡是直接建造在未经加固的天然地层上时，这种地基称为天然地基。若天然地基土质软弱或有不良的工程地质问题，需先经过人工加固或处理后再修建基础，这种地基称为人工地基。天然地基施工简单、经济，而人工地基一般比天然地基施工复杂，造价也高。因此，在一般情况下，应尽量采用天然地基。

（2）浅基础与深基础

基础依其埋置深度，可分为浅基础及深基础。实际上两者没有一个很明确的界限。当基础埋深较浅，一般可用比较简便的施工方法来修建的基础属于浅基础。当埋深相对较深，采用桩基、沉井和地下连续墙等某些特殊的施工方法修建的基础则称为深基础。

2）基底持力层的选择

锚碇基底持力层的选择，应综合考虑地形地质条件、施工可行性、方案合理性和经济性等因素加以确定。在条件许可的情况下，应优先选择良好的地基作为持力层。

从国内外统计情况看，绝大多数锚碇均坐落在基岩上，且大多采用明挖干施工。这是为了在施工过程中能够看见基底的情况，取得基底实际力学参数，确保设计取用值的可靠性。即使实际情况达不到设计取用值，还可以进一步采取措施。

锚碇基础放置在非岩石地基上的情况较少，坐落在非岩石地基上的锚碇基础一般都要进行特殊的地基处理。如丹麦大贝尔特桥（图 5-2-20），其锚碇受到约 600MN 的水平力。该锚址处黏土层厚 20m，其下为厚层泥灰岩，水深约 10m，采用楔形碎石垫层使主缆拉力和锚碇恒载的合力垂直于倾斜的开挖面。然后，将碎石垫层灌浆，使与沉井底板的接触面安全可靠。

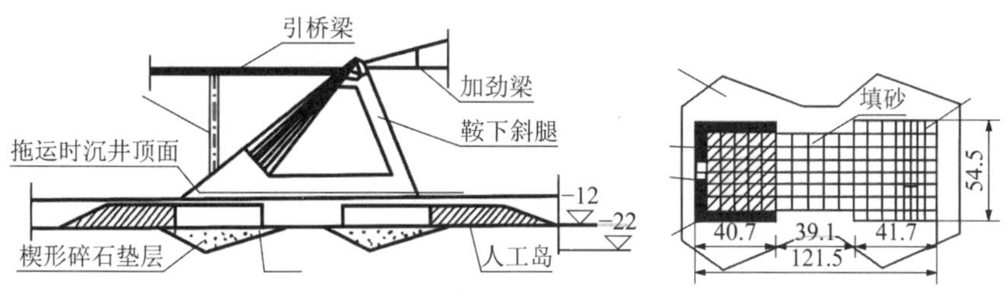

图 5-2-20　大贝尔特桥锚碇布置（尺寸单位：m；高程单位：m）

3）基础设置工法

基础总是建造在具有一定埋深的持力层上，基础结构施工前必须先进行土体开挖形成基坑，然后在基坑内施工基础结构，基坑的施工方法（即工法）包括开挖方式和支护结构（又包括围护结构和支撑结构）两大方面。

（1）开挖方式

开挖基坑最简单的方法是放坡大开挖，但由于场地的局限性和其他客观条件，不得不采取附加结构体系的开挖支护系统，这就形成了基坑工程中大开挖和支护系统两大工艺体系。

放坡大开挖就是从地表往下直接明挖，为防止坡壁失稳，需根据不同地层性质设置一定比例的边坡，或辅以设置一定的表面支护措施。

有支护系统开挖则是事先在基坑壁位置施工某种形式的挡水土壁（如墙、桩、冻土墙等），称围护结构，然后顺着围护结构垂直向下开挖，随着开挖深度的增加，在围护结构上设置某种形式的支撑（支承）结构（如锚索、支撑框架、内衬、腰梁等），边开挖边设置，直至基坑完成。有支护系统开挖方式分为：①挡墙加土锚支护开挖。②支护分层开挖。③逆筑法施工开挖。④沉井开挖。

（2）围护结构的类型

围护结构（或称围护墙）主要承受基坑外侧的水土压力，并将之传递给支撑结构，一般作为一种稳定基坑的施工临时结构，有时也设计为永久基础结构或其一部分。常用类型可归纳为：①板桩式（钢板桩、钢管桩、钢筋混凝土板桩）。②柱列式（钻孔灌注桩、挖孔灌注桩）。③水泥土挡墙（深层搅拌桩、高压旋喷桩）。④地下连续墙（可兼作永久结构）。⑤沉井（常作为永久基础结构）。⑥人工冻土壁。⑦组合式（SMW工法①，灌注桩与搅拌桩、冻土壁等组合）。

（3）支撑结构的类型

支撑结构是承受支护结构所传递的水、土压力的结构体系，从结构形式上有锚索、腰梁、环梁、内衬、支撑框架等。支撑框架通常包括围檩、水平支撑杆、竖向立柱及其他附属构件。

锚索是在稳定土层内部的钻孔中，用水泥砂浆将钢绞线与土体黏结成一体的锚拉结构。腰梁是设在支撑或土层锚索端部使墙体整体受力的连续梁。环梁是竖向分隔一定距离设在圆形地下连续墙墙体上，起连接和支承作用的环形梁。内衬是竖向连续设在圆形地下连续墙墙体上，起连接和支撑作用的环形梁。

支撑框架按材料种类可分为现浇钢筋混凝土支撑体系和钢支撑体系两类。

① 现浇钢筋混凝土支撑体系：刚度大、变形小，强度安全可靠性大，布置间距大，布置形式多样，方便挖土及出土施工，但支撑浇筑和养护时间长，围护结构处于无支撑的暴露状态时间相对较长。因此软土中被动区土体位移较大，往往需对被动区土体加固，施工工期长，拆除困难；若不拆除，则对基础结构有一定程度的干扰。

② 钢支撑体系：安装、拆除施工方便，可周转使用，支撑中可施加预应力，通过调整轴力可有效地控制围护结构的变形，但施工工艺较高，节点处理要求高，布置间距相对较小，布置形式单一，不利于大量的挖土及出土施工作业。

支撑框架在布置形式上可灵活布置，如正交对撑式，角撑、边桁架、对撑的一种或几种组合式，圆环梁，端圆拱等。

4）基础类型的选择

基础类型的确定主要取决于地基土层的工程性质与水文地质条件、荷载特征、上部结构形式及使用要求，以及材料的供应和施工技术等因素。满足要求的方案可能不止一个，方案选择的原则是：进行综合技术经济比较，力争做到使用上安全可靠、施工技术上简便可行、经济上合理、环境上协调。只有这样，才能确定出最为合理的方案。

（1）不同类型基础的特点

① 扩大基础

优点：刚度大、稳定性好、施工简便、受力明确。

缺点：自重大，在持力层为软弱土时，若扩大基础面积有一定限制，需要对地基进行处理或加固后才能采用，否则会因所受的荷载压力超过地基强度而影响上部结构的使用。

---

①SMW为新型水泥土搅拌桩墙。

② 箱形基础

a. 有较大的刚度，整体性好，自身重量相对普通扩大基础较小，因此基底应力较小。

b. 埋置深度一般相对较大，设置基础必须挖去很多土，因此基础底面处的土自重应力和水压力在一定程度上补偿了外荷载产生的基底压力。而且基础内部设置了很多空腔，进一步减少了基础底面的附加压力。

c. 设计和计算比一般基础构造要复杂得多，配筋量较大，施工也相对复杂。

③ 地下连续墙基础

a. 刚度大、整体性好、变形小。

b. 布置灵活多样：平面可布置成矩形、圆形、井格形等，规模从较小到超大；深度可以从较浅到超深；墙体可以是矩形槽段，也可以由排桩形成。

c. 地质条件适应性强，几乎可以在任何地基中施工。

d. 墙体可作为基础主体结构，又可兼作基坑开挖围护结构，辅助于锚杆、内衬或内支撑等组合成完整的受力体系。

e. 在地表进行机械化施工，施工风险小；对基础周边地基影响小，进而对周围建筑物、构筑物影响小，可实现贴近施工；低噪声、低振动，利于环保。

f. 地下连续墙嵌岩，并辅助封水措施，可达到很好的防渗封水效果。

g. 可采用逆作法施工，施工速度快、精度高。

h. 需采用专用成槽设备，成本相对较高。

i. 槽段施工垂直度要求高，槽口接缝施工复杂。

j. 水中施工难度大，遇到大孤石、树干等会给施工带来一定困难。

④ 沉井基础

优点：埋置深度可以很大、整体性好、刚度大、稳定性好，能承受较大的垂直荷载和水平荷载；沉井既是基础，又是施工时的挡土和挡水围岩结构物，施工工艺不算复杂。

缺点：施工工期较长；对细砂及粉砂类土在井内抽水易发生流沙现象，造成沉井倾斜；下沉过程中遇到大孤石、树干等会给施工带来一定困难；对基底岩面不平整适应性不强。

⑤ 桩基础

优点：竖向承载力高、沉降量小、稳定性较好；理论计算及施工技术水平成熟，不同类型的桩基础和施工方法适应不同的水文地质条件、荷载性质和上部结构特征，具有较好的适应性。

缺点：施工工期短，施工设备费用较高。

⑥ 复合基础

优点：因地制宜，取长补短，适应性强。

缺点：由于多种基础形式的存在，使结构构造相对复杂；受力不明确，计算复杂；施工方案多种并存，施工工艺复杂，难度相对较大。

（2）基础类型与工法的关系

① 开挖方式的确定

开挖方式的选择是进行围护结构、支撑结构、地基加固、封降水和开挖施工设计的基础，应根据基坑规模、地质条件、环保要求、围护结构与主体基础结构的关系、施工条件等因素综合考虑。在地质条件好、场地不受限、环保允许的情况下应优先选择放坡大开挖，以求良好的经济性；对于地质条件差、环保不允许、场地受限的深基坑，多采用如表 5-2-1 所示开挖方式。

深基坑开挖方式比较　　表 5-2-1

方式	简图	特点
挡墙加土锚支护开挖		（1）适合于锚杆的锚固效应较好，且周边环境允许的地层； （2）无内支撑，方便土体开挖及主体结构施工
支护分层开挖		（1）适合于地层软弱、周围环境复杂、环保要求高的基坑； （2）可选用钢筋混凝土或钢支撑体系，形式多样化； （3）按考虑时空效应的开挖支撑施工，可有效控制围护结构变形； （4）开挖机械施工受限，支撑与主体结构相干扰
逆筑法施工开挖		（1）适用于施工场地紧张而且地质条件差、环保要求高的深基坑； （2）作为围护结构的地下连续墙常作为主体基础结构的一部分
沉井开挖		（1）用于软弱地基及涌水量较多、环保要求高的基坑； （2）成本低、工期短

② 围护结构的选择

围护结构应根据地质、周围环境、工程功能、施工工艺设备以及经济技术条件等综合考虑，因地制宜地选择。有支护体系深基坑通常采用的几种围护结构比较见表 5-2-2。

深基坑围护结构比较　　表 5-2-2

类型	简图	特点	应用
地下连续墙	平面 接头 槽段	（1）施工噪声小、止水效果好、整体刚度大、对环境影响小、适应性强； （2）接头形式根据基础构造可多样化设计； （3）可作为基础结构，采用逆筑法施工； （4）施工工艺复杂，施工机具、技术及管理水平要求高，造价高	虎门大桥西锚碇、润扬大桥北锚碇、阳逻大桥南锚碇
SMW 工法	平面	（1）施工噪声小、止水效果好、对环境影响小、适应性强； （2）有较好发展前景	
灌注桩与搅拌桩（冻土壁）组合	立面 搅拌桩或冻土壁 内撑 灌注桩	（1）灌注桩受力、搅拌桩（冻土壁）止水； （2）低噪声、低振动，施工方便、经济； （3）灌注桩施工精度要求高，冻土壁的冻胀力及低温对灌注桩有一定影响	润扬长江公路大桥南锚碇

续上表

类型	简图	特点	应用
沉井	立面 刃脚 内隔墙	（1）适用于软弱地基及涌水量较多、环保要求高的基坑； （2）成本低、工期短； （3）沉井通常作为基础结构永久存在； （4）下沉中刃脚底易流沙	江阴大桥北锚碇
冻土壁	平面 R	（1）一般为圆形布置，止水效果最好，施工简单，工艺成熟，厚度选择范围大； （2）直径大时，存在不均匀受力问题； （3）低温对混凝土有一定影响	润扬大桥锚碇基础投标方案中提出，施工方案未采用

③ 支撑结构体系的布置形式

支撑结构体系的布置形式设计应遵循以下原则：

a. 合理选择支撑材料，综合考虑技术经济指标。

b. 体系受力明确合理，在稳定性和控制变形方面满足设计标准要求。

c. 在安全可靠的前提下，最大限度地方便挖土和出土施工。

d. 尽量减小对基础主体结构的干扰，方便基础结构的快速施工。

适用于深基坑的几种支撑结构体系的布置形式特点比较见表 5-2-3。

深基坑支撑结构体系平面布置形式比较 表 5-2-3

布置形式	简图或说明	特点
正交对撑式		（1）安全稳定，利于控制墙体位移，通常采用钢支撑； （2）结构分析许可时可与施工栈桥平台结合设计； （3）不利于土方开挖，主体结构施工困难
角撑、边桁架、对撑的一种或几种组合式		（1）中空尺寸大，方便土方开挖及主体结构施工； （2）整体稳定性及变形控制不及正交对撑式； （3）形式灵活多样，根据所需刚度调整选择布置形式
圆环梁		（1）中空尺寸大，方便土方开挖，但不利于矩形主体结构施工； （2）通常采用钢筋混凝土，刚度大，受力最合理，材料最省； （3）在坑外周荷载不均匀或土性差异大时，结构稳定性较差
端圆拱		与基础主体结构形式匹配采用，受力合理，节省材料，中空尺寸较大，方便土方开挖

续上表

布置形式	简图或说明	特点
土锚式		（1）土方开挖及基础结构施工不受干扰； （2）仅适合于周围场地具有设置锚杆的环境和地质条件
逆作法	（1）圆形地下连续墙，逆筑内衬； （2）圆形或矩形地下连续墙，逆作基础内隔墙	（1）利用基础结构作为支撑，进行逆作施工； （2）刚度大，墙体变形最小；基本不另外设置支撑，节省材料，但施工技术要求较高

（3）基础类型的选择

基础类型的选择应基于上述各类型基础的优缺点、基础与工法之间的关系、施工技术及经济性全面比较进行综合确定。

一般而言，刚性扩大基础设计简单、施工方便，只要地基强度能满足要求，刚性扩大基础应是首先考虑的基础形式；通常在位于陆地或浅水区，基岩埋深较浅，地形地质条件良好的情况下选用。锚碇整体验算的结果是控制其规模的依据。但当荷载大、上部结构对差异变形量敏感性高，且持力层的土质较差又较厚时，浅埋扩大基础作为锚碇基础是不适宜的。这时应考虑选择深基础形式。

在锚碇整体验算容易通过，且结构计算满足要求的前提下，将刚性扩大基础的整个范围或局部挖空，从而成为箱形基础。箱形基础由于刚性大、整体性好，因而适用于地基软弱土层厚、地基分布不均、上部荷载大和建筑面积不太大的场合。当地基特别软弱且复杂时，可采用箱形基础下设桩基础的方案，因而成为复合基础的一种。

在深水区施工，或新鲜基岩埋置很深难以作为持力层的地质条件较差的情况下，沉井基础往往成为考虑的对象。沉井刚度大、稳定性好，但施工难度大。由于规模大，施工技术和施工控制成为成败的关键。但在锚址区有建（构）筑物且对地面变形有严格要求，或沉井穿过土层为细砂及粉砂类土且易发生流沙，或地下埋有大孤石、树干等障碍物，或基底岩层表面很不平整时，沉井基础由于难以满足要求而不可选。另外，对工期有紧迫要求时，沉井基础也不适宜采用。

地下连续墙基础优点众多，适应性很强，几乎所有适合建深基础的场合均可选择采用。在处于陆地或浅水区施工、基岩埋伏很深、防洪要求高，但地基开挖、护壁容易和开挖技术得到保证的前提下，地下连续墙基础是最合适的。地下连续墙技术已相对成熟且在不断发展进步，作为桥梁锚碇基础在我国虽历史不长，但其优越性却越来越为广大技术人员所接受。

桩基础技术成熟，适应性好，作为深基础用竖向承载力较大，但由于整体刚度较差，故不宜在大跨悬索桥锚碇采用。

复合基础则是在地质条件特别复杂，综合比较各种基础形式后而设置的。它充分发挥了各种基础形式的优点而避开其缺点，因此能达到良好效果，但设计复杂，施工难度大、难以预料的因素多，使广泛采用受到限制。

最后，为抵抗巨大的缆力，无论对何种形式的基础，均宜尽量采用整体基础。

四、隧道锚类型与选择

1. 隧道锚的主要类型

根据传力机理分类，隧道锚可分为单一锚固隧道锚和组合锚固隧道锚。

（1）单一锚固隧道锚

单一锚固隧道锚是仅通过锚塞体传力的隧道锚，如图 5-2-21 所示。

（2）组合锚固隧道锚

组合锚固隧道锚为通过两种或两种以上锚固措施传力的隧道锚，如锚塞体 + 抗滑桩（图 5-2-22）、锚塞体 + 防滑齿坎（图 5-2-23）、锚塞体 + 岩锚（图 5-2-24）等。

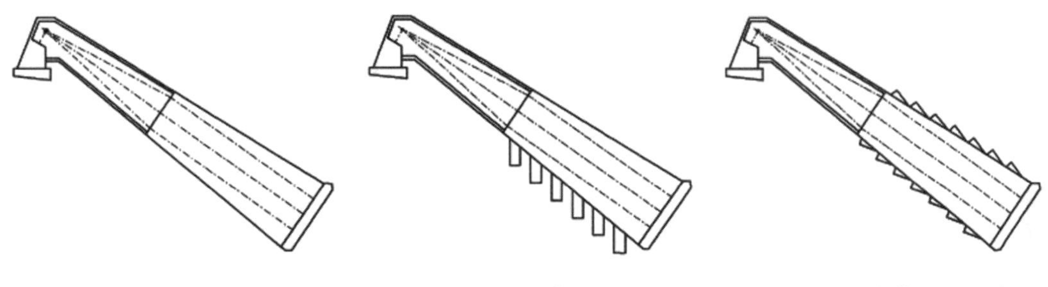

图 5-2-21　单一锚固隧道锚

图 5-2-22　锚塞体 + 抗滑桩隧道锚

图 5-2-23　锚塞体 + 防滑齿坎隧道锚

隧道锚根据锚塞体横断面可分为圆形（或近似圆形，图 5-2-25）和矩形（或设顶拱或设底反拱，图 5-2-26）；根据锚塞体纵断面可分为锥形（图 5-2-21）和尾部匙状（图 5-2-27）等。

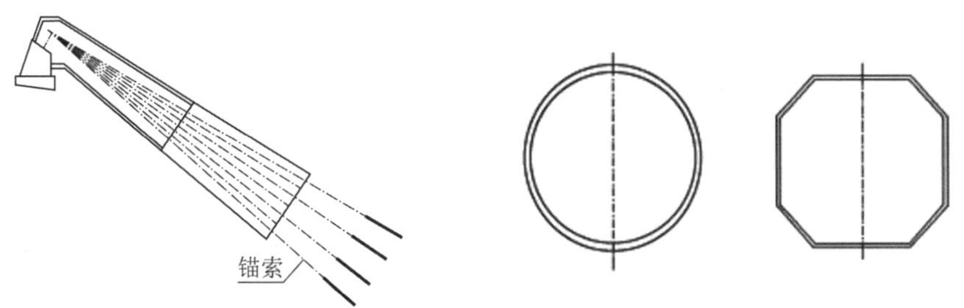

图 5-2-24　锚塞体 + 岩锚隧道锚

图 5-2-25　锚塞体横断面为圆形（或近似圆形）

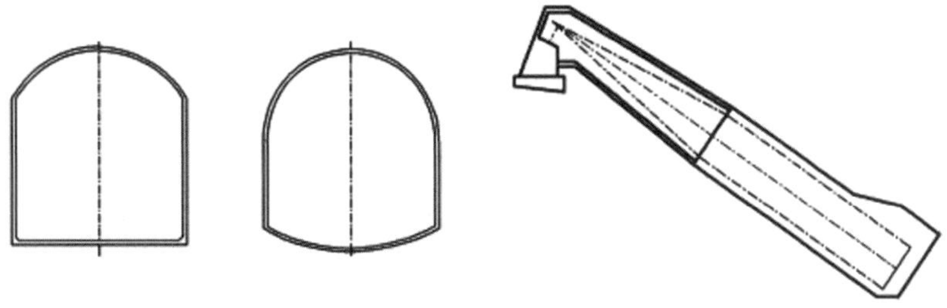

图 5-2-26　锚塞体横断面为矩形

图 5-2-27　锚塞体纵断面为尾部匙状

2. 隧道锚类型的选择

隧道锚类型的选择主要指锚塞体锚固形式、横断面及纵断面的比选。最基本的因素是地质条件，其后还应考虑施工方案、工期、经济性等因素。

单一锚固隧道锚构造简单、受力明确、施工方便，若地质条件很好时应优先选用。当地质条件较差时，为增加锚塞体抗拔安全度，可以考虑辅助以多种锚固措施，以增加锚塞体抗滑抗剪能力；但同时因构造复杂、受力不明确、施工繁琐，其有效性值得深入研究。

隧洞横断面形式由周边围岩质量决定，以确保围岩的整体稳定性为原则，具体参见相关规范规程，此不赘述。锚塞体纵断面有前部等截面尾部匙状形式及锥体形式之分，采用后者可避免前者存在的应力集中现象。两种形式均有应用，但后者居多。具体选用还应结合锚固系统布置、工程数量等综合确定。

国内外部分悬索桥隧道锚资料见表 5-2-4。

国内外部分悬索桥隧道锚资料　　表 5-2-4

桥梁名称	跨径（m）	主缆拉力（kN）	主缆折射角（°）	地质条件	锚体尺寸（m）	锚体最大埋深（m）	周边围岩平均剪应力（kPa）	备注
乔治·华盛顿大桥（新泽西侧锚）	185.9 + 1066.8 + 198.1	550000 × 2	40	玄武岩	断面 14.2 × 17.1，长 45.7	36.5	193	锚体处岩面极为粗糙
福斯公路大桥	408.4 + 1005.8 + 408.4	140000 × 2	30	南岸：页岩与砂岩互层；北岸：粗玄岩	南岸为圆形断面，前直径 7.62，后直径 13.72，长 76.8；北岸前断面 6.1 × 12.2，后断面 12.8 × 12.2，长 53.8	南岸 38.4，北岸 26.9	南岸 68.9，北岸 60.1	
下津井濑户大桥	230 + 940 + 230	320000 × 2	38	闪长岩、花岗岩	前断面 6.7 × 10.95，后断面 14.7 × 13.95，长 77.2	山体下	91	尾部匙状，长 25.5m
鹅公岩大桥	211 + 600 + 211	130000 × 2	26	泥质砂岩与砂质泥岩互层	前断面 9.5 × 10.5，后断面 12.5 × 13.5，长 42	41	82.8	尾部匙状，另设抗滑桩
万州长江二桥	主跨 580	102000 × 2	30	砂质黏土岩、泥质粉砂岩、粉砂岩	前断面 11 × 11.03，后断面 14.2 × 15.3，长 15（北锚变更为 19）	40		尾部岩锚，作安全储备
丰都长江大桥	主跨 450	68450 × 2	35	长石石英砂岩	断面 7.0 × 8.0，长 10	山体下	255	锚体为橄榄式大齿
忠县长江大桥			34	泥质粉砂岩、长石砂岩	前断面 9.2 × 8.5，后断面 14.1 × 13.1，长 13	40		尾部岩锚
虎门大桥	主跨 888	159000 × 2	40	石英砂岩和砂质泥岩	前断面 9.0 × 10.0，后断面 13.0 × 14.0，长 53	43.3	76.7	未实施
四渡河大桥（宜昌岸锚碇）	主跨 900	220000 × 2	35	灰岩	前断面 9.8 × 10.9，后断面 14.0 × 14.0，长 40	山体下		锚体设防滑平台
坝陵河大桥（西锚碇）	主跨 1088	270000 × 2	45	灰岩、白云岩	前断面 12.5 × 14，后断面 21 × 25，长 40	95	81	

续上表

桥梁名称	跨径（m）	主缆拉力（kN）	主缆折射角（°）	地质条件	锚体尺寸（m）	锚体最大埋深（m）	周边围岩平均剪应力（kPa）	备注
矮寨大桥	主跨 1176	270000 × 2	35	灰岩				
金安金沙江大桥	主跨 1386		42	玄武岩	前断面 11.6 × 14，后断面 17 × 21.299，长 40	山体下		
几江长江大桥	主跨 600	108000 × 2	35	砂岩和泥岩	前断面 10 × 10，后断面 14 × 14，长60	68		
伍家岗长江大桥	主跨 1160	230000 × 2	40	砾岩夹砂岩	前断面尺寸为 9.04 × 11.4，后断面尺寸为 16 × 20，长45	80		
金东大桥	主跨 730	120000 × 2	35	弱风化岩体	前断面尺寸为 8 × 10，后断面尺寸为 14 × 14，长 40	43		岩体多较破碎—较完整，局部破碎

五、锚固系统类型与选择

连接主缆索股锚头并将主缆拉力传递给锚块或锚塞体的构造称为主缆锚固系统（以下简称“锚固系统”）。锚固系统通常包括锚固构架和锚固连接件两部分，锚固构架设置在锚块混凝土中，锚固连接件则将主缆索股锚头与锚固构架连接起来。也有将锚固构架的支撑定位钢支架当作锚固系统一部分的，但一般不考虑其承受缆力，仅起支撑定位作用，故其不属于锚固系统本身的构造。锚固系统按锚固方式可分为前锚式和后锚式，按采用的材料可分为钢框架锚固系统和预应力锚固系统。

1. 锚固方式

根据主缆索股在锚块中的锚固部位和传力机理，锚固系统可分为前锚式和后锚式两大类型。

前锚式是将索股的锚头在锚块的前面通过连接件锚固于锚固系统上的一种方式。

后锚式则是在锚块混凝土内埋设管道，主缆索股从管道通过，在后锚面用锚碇板锚固，主缆索股的拉力通过锚碇板作为支压力直接传给锚块混凝土。

2. 锚固系统的主要类型

前锚式锚固系统，就其使用材料、结构构造和传力机理来讲，目前主要有带环拉杆锚固系统、型钢框架锚固系统、预应力锚固系统和分布传力钢板构件锚固系统四种类型。

（1）型钢框架锚固系统

无论是连接拉杆，还是锚固梁，均采用普通材质的型钢，各构件之间的连接也是采用成熟的栓接或焊接工艺。一般锚块后部均设有锚梁，前部有设锚梁和不设锚梁两种情形（图 5-2-28）。

（2）预应力锚固系统

对一定范围内的混凝土锚块施加预应力，将由特种钢材加工的锚固拉杆一端与主缆索股锚头连接，另一端连接到特殊设计的、由预应力锚索固定在锚块前表面的连接器上，从而实现索股锚固（图 5-2-29）。根据使用材料不同，预应力锚固系统分为预应力钢绞线锚固系统和预应力粗钢筋锚固系统。

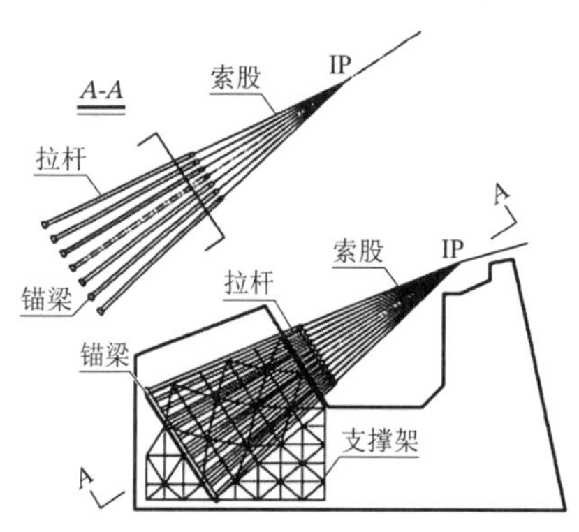

图 5-2-28　型钢框架锚固系统示意图

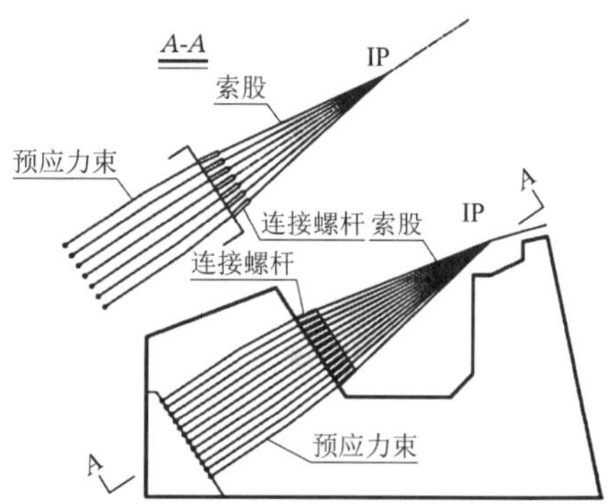

图 5-2-29　预应力锚固系统示意图

① 预应力钢绞线锚固系统

锚固系统预应力材料采用高强钢丝制成的钢绞线，施加预应力时对钢绞线进行张拉，两端用配套的锚具（锚头、夹片、锚下垫板、螺旋筋等）锚固。

a. 有黏结预应力钢绞线锚固系统：预应力张拉完成后，在管道内压注水泥浆对钢绞线进行防护，形成有黏结预应力体系。

b. 无黏结预应力钢绞线锚固系统：针对预应力锚固系统防腐问题十分突出的实际情况，有关设计者提出并研制成功了无黏结预应力锚固系统。其主要特点是在预应力张拉完成后，在管道及两端保护罩内压注防腐润滑脂，形成无黏结预应力体系，并在细部构造上持续研发改进，形成了蜂窝式无黏结预应力锚固系统、多股成品索锚固系统、护套钢绞线拉索式锚固系统等。

蜂窝式无黏结预应力锚固系统是将预应力钢束预埋管道设计为蜂窝式，各股钢绞线穿过蜂窝式预埋管中，使其各行其道、互不干扰，解决了钢绞线在进行抽换时易打绞的问题，锚固系统如图 5-2-30 所示。该锚固系统的本质是无黏结预应力锚固系统，同时也保留了无黏结预应力锚固系统油脂易渗漏、油脂酸化腐蚀索体和预应力筋更换效率低的缺点。

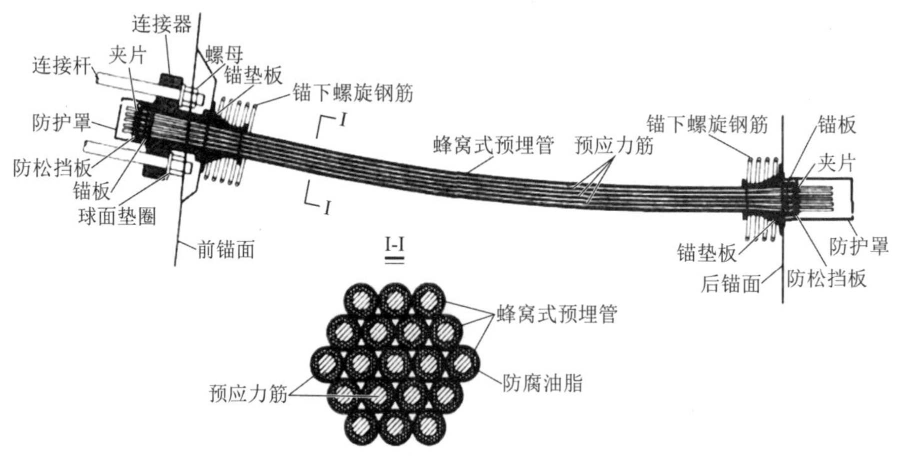

图 5-2-30　蜂窝式无黏结预应力锚固系统

多股成品索锚固系统就是将原有的无黏结钢绞线替换为成品索，其锚固系统和成品索结构如图 5-2-31 所示。其中的成品索由多根单股钢绞线集束而成，在其外包裹有环氧喷涂护层、单根 PE（高密度聚乙烯）护套、油脂、聚酯带、PE 内护套、PE 外护套多层防腐。相较于传统的无黏结预应力锚固系统，它采用挤压的方式锚固成品索，锚固的质量不受环境和施工因素的影响，且成品索自身具有多重防护，防腐性能更好，由于一根成品索中包含了 5～7 根钢绞线，因此更换一股成品索相当于更换 5～7 根钢绞线，效率更高。更换施工的流程也得到了一定简化，省去了放、充油脂的施工操作，可放松预应力后直接进行抽换，维护成本低。该锚固系统已应用于南沙大桥、西江特大桥和瓯江北口大桥等大型悬索桥中。金安金沙江大桥中在多股成品索锚固系统的弯曲段中设置蜂窝式分丝管，实现了在有弯曲线段的隧道锚碇应用的目的，如图 5-2-32 所示。但该锚固系统也存在以下缺点：锚头外径尺寸大，要求预埋管空间较大，为了保证锚下混凝土受力安全，需要增加锚垫板尺寸；这在很大程度上影响锚固系统的结构设计和锚索的排布。

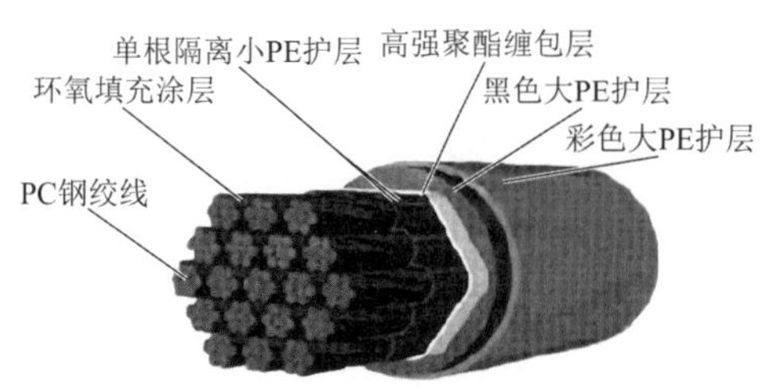

图 5-2-31　多股成品索锚固系统

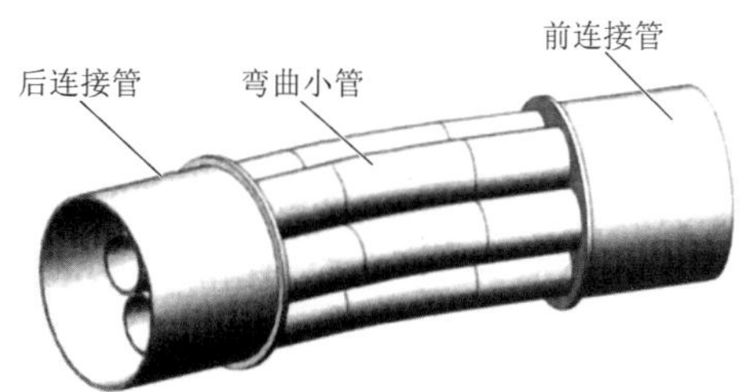

图 5-2-32　弯曲分丝管构造

张靖皋长江大桥、棋盘洲大桥等项目采用了护套钢绞线拉索式锚固系统（图 5-2-33）。试验与应用表明：所研发的护套钢绞线拉索式锚固系统具有结构尺寸较小、锚固可靠、耐久性较好、初建成本较低、可监测可更换等优点，可为今后锚碇工程应用提供借鉴。另外，张靖皋长江大桥为满足后期运维阶段更换锚固系统钢绞线、连接板及拉杆等构件的需要，设计配置了工具锚。工具锚由预埋拉杆、下拉杆、上拉杆及垫板组成，预埋拉杆预埋在前锚面两根预应力管道之间，末端设置抗拔下垫板，前端设置与下拉杆连接的连接筒，连接筒不使用时用防腐油蜡填充，再用不锈钢螺帽封堵以防杂物及灰尘堵塞，下拉杆通过耳板与上拉杆叉型耳板连接（图 5-2-34）。垫板夹住索股及上拉杆以达到更换锚固系统构件的目的。

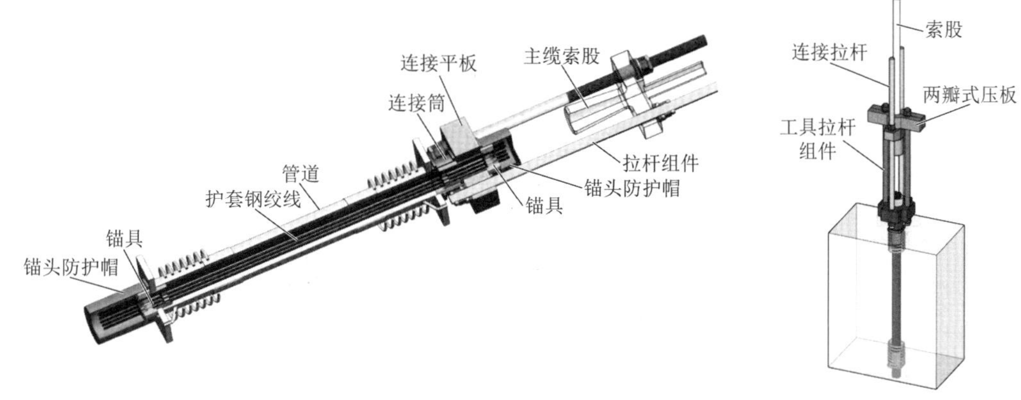

图 5-2-33　护套钢绞线拉索式锚固系统　　图 5-2-34　更换工具锚示意图

② 预应力粗钢筋锚固系统

锚固系统预应力材料采用高强粗钢筋，施加预应力时对粗钢筋进行张拉，两端用配套的锚具锚固。预应力张拉完成后，在管道内压注水泥浆对粗钢筋进行防护。

（3）分布传力钢板构件锚固系统

根据传力要求，分布传力钢板构件锚固系统主要由四部分构成：索股连接构造、钢拉杆、锚固板、承压板（图 5-2-35）。钢拉杆可采用长钢杆，截面形式为宽翼缘工字形截面，其需采取无黏结措施；锚固板为宽度较大的钢板，其上布置传剪连接件群，正常使用情况下主缆拉力主要由锚固板及传剪器群承担，是主要的传力结构；承压板由承压钢板及其加劲肋组成，作为安全储备。

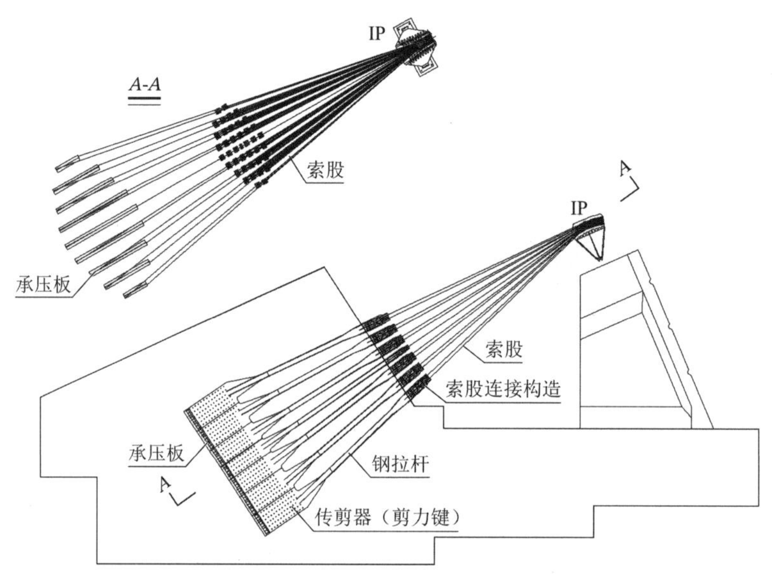

图 5-2-35　分布传力钢板构件锚固系统示意图

预应力粗钢筋锚固系统具有以下优点：

① 主要的传力结构为多排钢筋混凝土榫剪力键（PBL）。在正常使用情况下，PBL 刚度较大，传力可靠；在遭遇过大的荷载（如偶然荷载等）时，PBL 又允许钢板与混凝土之间发生较大的滑移。正因为如此，由 PBL 组成的传剪器群在随着荷载增大时可以有更多的 PBL 参与工作，具有更高的总体极限承载力。同时，由于荷载的传递是通过多排 PBL 共同进行，传力分布区域大，避免应力集中。

② 整个锚固系统主要由钢板和钢筋网组成，钢板骨架定位精确，混凝土浇筑易施工，耐久性有保证。且由于外覆橡胶条具有防止雨水、冷凝水渗透的作用，也有利于解决渗水问题。

③ 锚固板后端的承压板及其加劲组成了末端承压板。在正常使用的情况下，后锚梁所承担的荷载很小，在承载力极限状态下，后锚梁所承担荷载将随着所有传剪器开始产生明显滑移而明显增大。因此，它可以提高整个锚固系统的安全储备。

预应力粗钢筋锚固系统造价略高于预应力锚固系统，但其具有易施工、承载力高、耐久性高的优点，在南京栖霞山长江大桥、秀山大桥及厦金大桥等项目上广泛使用。

3. 锚固系统类型的选择

（1）锚固方式的选择

主缆索股锚固方式的选定要综合考虑主缆的施工方法（AS 法、PPWS 法）、经济性、施工可行性、工期等各方面因素。

由于前锚式具有锚固、安装和调位容易，检修维护方便等优点，大型悬索桥在设计时，大多采用前锚式的锚固方式。后锚式具有支撑框架构造简单、用钢量少、应力传递明确、对主缆索股在锚跨内的张力偏离度和变形有利等优点，但主缆索股太多时，施工有困难，且不具备前锚式的优点，因此一般大跨径悬索桥较少采用。如美国于 20 世纪 60 年代修建的纽波特大桥，主缆预制索股采用了直接穿过锚块中预留的钢管锚固。

（2）锚固系统类型的选择

型钢锚固系统，只用普通钢材，加工工艺成熟简单，结构安全性能好，相对庞大的支撑构架浇筑在大体积混凝土锚块内，因此不需后期养护，结构整体性好。国内外早期的悬索桥多采用钢框架锚固系统，国外如美国乔治·华盛顿大桥、金门大桥、纽波特大桥，日本彩虹大桥、下津井濑户大桥、南/北备赞濑户大桥等，国内如虎门大桥、汕头海湾大桥等。

预应力钢绞线和预应力粗钢筋两种体系均需对预应力筋进行张拉，在锚块内部预先储备预压力，预应力筋受力机理相同，但由于材料不同，两者在布置、锚具、防腐方面存在一定区别。预应力钢绞线系统由于布置灵活、施工方便，因此应用较多；预应力粗钢筋系统由于选材要求高，制作、运输、安装施工要求高，因而应用较少，但其也存在前者不具备的优点。国外应用预应力钢绞线锚固系统的桥梁有瑞典霍加库斯腾桥等，国内有江阴大桥、厦门海沧大桥、润扬大桥、香港青马大桥、棋盘洲大桥、张靖皋长江大桥；国外应用预应力粗钢筋锚固系统的桥梁有英国塞文桥、土耳其博斯普鲁斯海峡大桥，国内仅有宁扬长江大桥采用。

无黏结预应力钢绞线锚固系统的主要特点就是“可检测”“可更换”。该类型锚固系统在国内首先在阳逻大桥得到成功应用，并很快被推广采用。

分布传力钢板构件锚固系统，将刚性承压承载变为柔性承载，采用 PBL 传剪连接件，结构安全可靠，国内南京栖霞山长江大桥、秀山大桥采用了此种构造。

第三节　受力特点

一、重力锚的受力特点

顾名思义，重力锚完全靠自重或以自重为主来平衡主缆拉力。主缆拉力通过锚固系统传给锚体，再通过锚体经基础或直接传给地基，通过锚体或基础与地基接触面之间的摩阻力，以及锚前岩土水平抗力来平衡主缆拉力的水平分力（图 5-3-1）。

二、隧道锚的受力特点

当悬索桥采用隧道锚时，主缆通过锚固系统将拉力传递给锚塞体或锚板，再通过锚塞体与隧道岩体的黏结力传递给周边围岩或通过锚板以压力形式直接传给岩体，从而实现主缆索股力的平衡（图 5-3-2）。

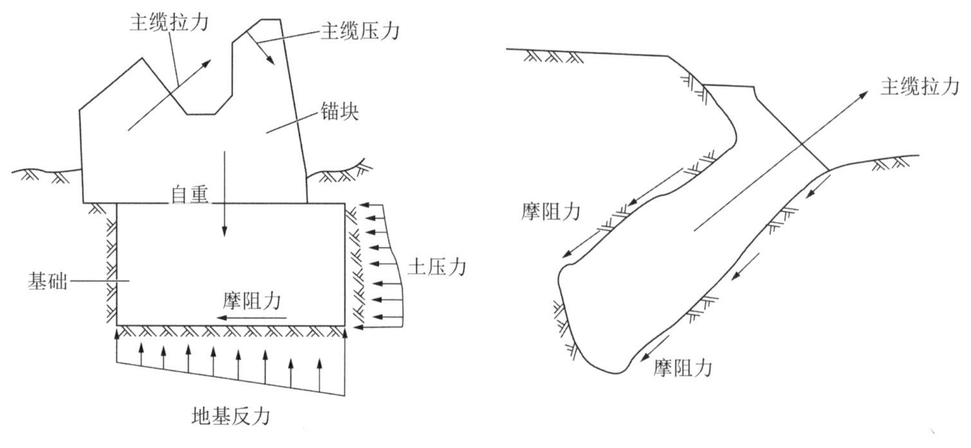

图 5-3-1　重力锚受力示意图　　　　图 5-3-2　隧道锚受力示意图

第四节　主要设计参数与选择

一、主要设计参数

详见第二章第五节第二部分内容。

二、参数选择

1. 重力锚

1）主要构造尺寸

主要构造尺寸指锚碇总体和锚体各部构件的构造尺寸，如图 5-4-1 所示。

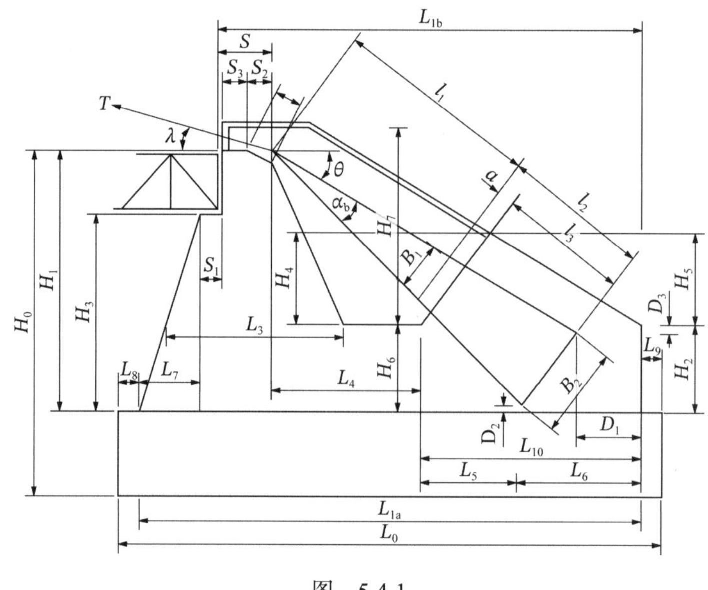

图　5-4-1

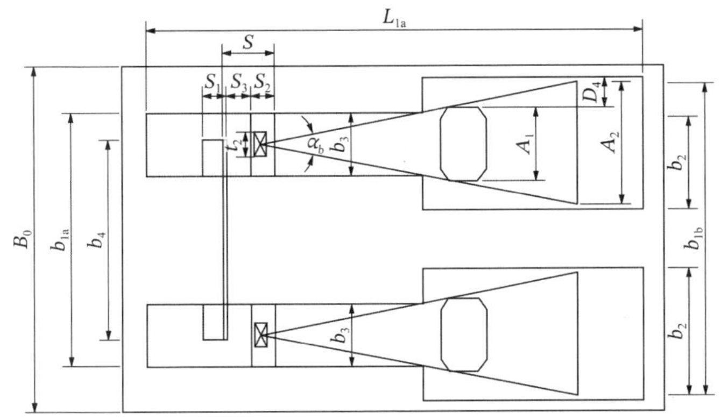

图 5-4-1 重力锚主要构造尺寸及标注

构造尺寸的选择，应综合考虑适用性、经济性和景观等方面的要求。决定主要构造尺寸的因素是多方面的（表 5-4-1），主要有以下方面的因素。

（1）上部结构

① 主缆入射角 λ 及拉力 T。

② 加劲梁梁高及桥面横断面布置。

③ 加劲梁端距理论散索点水平距离 S。

（2）主缆架设方法及锚固构造

① 主缆折射角 θ。

② 主缆在锚碇内的散索长度 L_1。

③ 主缆在垂直面内扩散角 α_v 及锚固宽度 B_1。

④ 主缆在水平面内扩散角 α_h 及锚固宽度 A_1。

⑤ 锚固长度 L_2'。

（3）地形和路线

① 理论散索点高程及其与地形的关系。

② 路线纵断面线形。

③ 路线平面线形。

（4）持力层地基性质

① 容许承载力。

② 内摩擦角及黏聚力。

③ 垂直及水平向的压缩模量。

（5）结构计算

① 稳定性验算。

② 截面强度验算。

（6）基础的结构形式

（7）施工方面

① 上部结构施工。

② 下部结构施工。

（8）景观方面的考虑

（9）其他

锚碇主要构造尺寸的确定因素

表 5-4-1

确定因素		尺寸																							
		锚碇总体							支墩			梁端支座			散鞍支撑		锚块			鞍部高度向	上部构造	锚固系统距周边			
		顺桥向	横桥向	总高	锚体底面顺桥向	锚体底面横桥向	锚体前侧高	锚体后侧高	顺桥向	横桥向	倾斜宽	顺桥向	横桥向	高度向	顺桥向	横桥向	顺桥向	横桥向	高度向						
		L_0	B_0	H_0	L_{1a}	b_{1a} b_{1b}	H_1	H_2	L_3	b_3	L_7	S_1	B_4	H_2	S_1 S_2	T_2	L_{10}	b_2	H_4 H_5	H_6 H_7	—	D_1	D_2	D_3	D
上部结构	主缆入射角（λ）及拉力（T）	△	△	—	△	△	—	—	○	○	○	—	—	—	○	○	○	○	—	—	—	—	—	—	—
	加劲梁梁高及路面横断面布置	—	△	—	—	△	○	—	—	△	—	—	○	○	—	—	—	—	—	—	—	—	—	—	—
	加劲梁端距理论散索点水平距离（S）	—	—	—	△	—	—	—	—	—	—	△	—	—	—	—	—	—	—	—	—	—	—	—	—
主缆架设方法及锚固构造	主缆折射角（θ）	○	—	—	△	△	—	○	○	○	○	—	—	—	—	—	○	△	○	—	△	—	—	—	—
	散索长度（L_1）	○	△	—	△	△	—	○	—	—	—	—	—	—	—	—	△	△	○	—	△	—	—	—	—
	垂直面内扩散角（α_v）及锚固宽度（B_1）	—	—	—	—	—	—	△	—	—	—	—	—	—	—	—	△	△	○	—	—	—	—	—	—
	水平面内扩散角（α_h）及锚固宽度（A_1）	—	○	—	—	△	—	—	—	—	—	—	—	—	—	—	—	○	—	—	—	—	—	—	—
	锚固长度（L'_2）	○	△	—	○	△	—	△	—	—	—	—	—	—	—	—	○	○	△	—	—	—	—	—	—
地形路线	理论散索点高程及其与地形的关系	△	△	○	△	△	○	—	△	△	△	—	—	—	—	—	—	—	△	—	—	—	—	—	—
持力层地基性质	容许承载力	○	○	△	—	—	—	—	—	—	—	—	—	—	—	—	—	—	—	—	—	—	—	—	—
	内摩擦角及黏聚力	○	○	○	—	—	—	—	—	—	—	—	—	—	—	—	—	—	—	—	—	—	—	—	—
	垂直及水平向的压缩模量	○	○	○	—	—	—	—	—	—	—	—	—	—	—	—	—	—	—	—	—	—	—	—	—
计算方面	断面强度验算	—	—	○	△	△	—	—	○	○	△	—	—	—	○	○	—	—	—	○	—	—	—	—	—
	稳定性验算	○	○	○	—	—	—	—	—	—	—	—	—	—	—	—	—	—	—	—	—	—	—	—	—
基础结构形式		○	○	○	—	—	—	—	—	—	—	—	—	—	—	—	—	—	—	—	—	—	—	—	—
施工方面	上部结构施工	—	—	—	—	—	—	—	—	○	—	—	—	—	○	—	—	—	—	—	—	—	—	—	—
	下部结构施工	—	—	—	—	—	—	—	—	—	—	—	—	—	—	—	—	—	—	—	—	○	○	○	○
景观		△	△	△	○	○	○	○	—	—	○	—	—	—	—	—	—	—	—	—	○	—	—	—	—

注：○-与构造尺寸直接相关的因素；△-间接相关。

2）地基承载力安全系数

地基的容许承载力，宜根据地质勘察、原位测试、野外荷载试验、邻近已有桥梁调查对比，以及既有的建筑经验和理论公式的计算综合分析确定。对于地质复杂和重要桥梁的地基容许承载力，应经现场荷载试验确定。当缺乏实际资料时，可按《公路桥涵地基与基础设计规范》（JTG 3363—2019）的规定取用。

《公路桥涵地基与基础设计规范》（JTG 3363—2019）给定的地基容许承载力已经隐含了安全系数。

根据现场荷载试验确定地基容许承载力时，一般按以下原则：对于应力-位移（p-Δ）曲线有明显比例强度-屈服强度-极限强度的，取比例强度最大值，此时安全系数即极限强度/比例强度最大值；对于没有明显比例强度-屈服强度-极限强度的，取极限强度除以 3，即安全系数为 3。

《日本本州-四国联络桥重力式直接基础锚碇设计要领・同解说》（1977 年 3 月）给出了地基承载力安全系数（表 5-4-2），桥梁设计时可参照使用。

地基承载力安全系数　　表 5-4-2

使用状态	施工条件	
	基础底面的施工条件	
	干施工	水中施工
常时	3	4.5
地震时	2	3

3）基底摩擦系数

基底摩擦系数（μ）宜根据现场剪切试验获得。当缺少实际资料时，可按《公路桥涵地基与基础设计规范》（JTG 3363—2019）取值，见表 5-4-3。同时应参考已建桥梁的实际经验采用。

基底摩擦系数　　表 5-4-3

地基土分类	μ	地基土分类	μ
黏土（流塑-坚硬）、粉土	0.25	软岩（极软岩-较软岩）	0.40～0.60
砂土（粉砂-砾砂）	0.30～0.40	硬岩（较硬岩-坚硬岩）	0.60～0.70
碎石土（松散-密实）	0.40～0.50		

4）整体抗滑动稳定安全系数

整体抗滑动稳定性安全系数取 $k \geqslant 2$。

《日本本州-四国联络桥重力式直接基础锚碇设计要领・同解说》（1977 年 3 月）给出了抗滑动稳定性安全系数（表 5-4-4），桥梁设计时可参照使用。

抗滑动稳定性安全系数　　表 5-4-4

使用状态	施工条件	
	基础底面的施工条件	
	干施工	水中施工
常时	2	2.5
地震时	1.2	1.5

抗滑稳定性计算时，水平方向的外荷载由锚碇基础与基底摩阻力抵抗。而实际受力观测的结果表明，不仅基底摩阻力，而且基础与周边摩阻力以及前侧的土抗力也一同参与作用，只是在设计过程中出于简化计算和安全计，只取用基础与基底的摩阻力，其他土抗力一般不予考虑，作为安全储备。

5）整体抗倾覆稳定安全系数

锚碇整体抗倾覆稳定安全系数应遵照《公路桥涵地基与基础设计规范》（JTG 3363—2019）的规定，同时满足以下要求。

（1）合力偏心距e与基底截面核心半径ρ

《公路悬索桥设计规范》（JTG/T D65-05—2015）中规定：基底受压偏心距不得大于基底截面核心半径，即：

$$K_{\mathrm{q}} = \frac{e}{\rho} \leqslant 1$$

《日本本州-四国联络桥重力式直接基础锚碇设计要领・同解说》（1977 年 3 月）规定如下，可参照。

常时：

$$K_{\mathrm{q}} = \frac{e}{\rho} \leqslant 1$$

地震时：

$$K_{\mathrm{q}} = \frac{e}{\rho} \leqslant 2$$

但地震时，不得已也有 $K_{\mathrm{q}} > 2$ 的情况，此时要慎重考虑，需要计算地基及构造物的稳定和变形，确保安全。

（2）抗倾力矩M_{u}和倾覆力矩M

除必须满足（1）要求外，实际设计中，对于强度高的新鲜岩石地基的情况，常计算相对于基础前趾点的抗倾力矩和倾覆力矩，一般要求，$K_{\mathrm{q}} = \frac{M_{\mathrm{u}}}{M} \geqslant 2$。

6）沉降及变位指标

日本本-四联络桥以中孔跨径 1000～1500m 的钢塔悬索桥为对象，规定长大悬索桥锚碇水平位移的容许值为：

$$[\Delta x] = 0.017L$$

式中：L——主跨跨径。

江阴大桥研究结果表明：当北锚碇散索点水平位移小于 10cm、沉降小于 20cm 时，两者互不牵制，索塔底应力不会超过容许应力的 5%。故最终确定其位移容许值为：$[\Delta x] = 10\text{cm}$，$[\Delta y] = 20\text{cm}$。

可见尽管规范对水平位移作了限制，但对具体一座桥而言，应根据索塔的类型对散索点变位进行受力分析研究后具体确定，以满足结构受力为原则。

7）锚块斜截面验算

对滑动的验算结果为：安全系数$K > 1.5$。

对剪应力的验算结果为：剪应力$\tau < [\tau]$。

2. 隧道锚

1）锚塞体长度

锚塞体长度主要由主缆拉力、锚塞体周边岩体质量及其综合力学参数指标、锚塞体抗拔出安全系数、锚塞体横断面尺寸等因素决定。主缆拉力大、岩体质量差、安全系数大、断面尺寸小，则锚固长度长，反之则短。

2）折射角

折射角首先应保证索股在散索鞍鞍槽内的稳定；其次还应考虑隧洞开挖施工的难易度，在基本范围内尽量取小值以方便施工；同时还应结合桥梁总体布置、地质地形情况等予以综合确定。折射角一般在30°～40°，个别情况下达到45°或更大。

3）抗拔出安全系数（或强度安全储备系数）

抗拔出安全系数实际上相当于重力锚的抗滑动安全系数，但计入了锚塞体上部的岩土体自重和锚塞体侧、底面混凝土与岩体的黏聚力的有利影响。一般要求该安全系数应不小于2。

强度安全储备系数一般认为不应小于 3，实际设计中往往更大，如日本下津井濑户大桥大于9，中国四渡河大桥大于7、坝陵河大桥大于6、重庆鹅公岩大桥大于4.6。

4）周边围岩平均剪应力

目前，业界对隧道锚的破坏模式研究仍在发展中。结构设计会保证锚固系统和锚塞体在主缆拉力作用下不会破坏，且留有满足规范要求的安全系数。而在锚塞体设计成锥形体的情况下，由于楔固作用，锚塞体与岩体结合面发生剪切破坏而被拔出也不可能。一般认为，锚碇在各种荷载共同作用下，周边岩体处于拉剪复杂应力状态，而岩体结构面总是存在的，当岩体某处应力超过薄弱面的抗剪强度时，岩体就会进入塑性状态并最终达到极限并向外扩展，进而产生过大变形而发生失稳破坏。不同地质情况决定了不同锚碇的围岩破坏形式各不相同。简化计算可将岩体视为匀质体，在缆力作用下，锚固长度范围内岩体发生以锚塞体尾部断面为界面的筒体受剪破坏，从而可计算围岩的平均剪应力。该值多控制在0.1MPa内，个别岩体质量较好的达到0.2MPa左右。一般来讲，Ⅲ级以内围岩适宜建隧道锚，Ⅲ级围岩的抗剪断峰值强度指标为内摩擦角 $\varphi = 39° \sim 50°$，黏聚力 $c = 0.7 \sim 1.5$MPa，可见，锚碇设计一般留有足够的强度安全系数。

3. 锚固系统

1）自由长度

主缆索股的自由长度应考虑在斜置的散索鞍座内的主缆索的变形及在锚跨内主缆索股张力的偏离度和锚固面的锚固构造及作业空间。

2）锚固长度

主缆索股的锚固长度应考虑主缆拉力和图 5-4-2 所示阴影部分的锚块自重。通过锚块斜剪切面的应力计算结果确定。

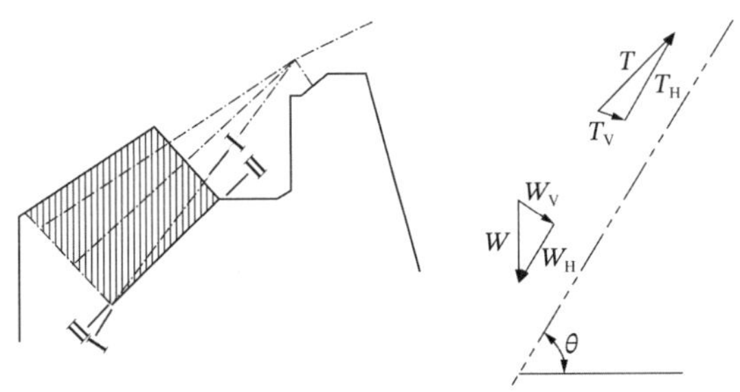

图 5-4-2 锚块截面抗剪验算

θ-斜剪切面与水平面夹角；W-斜剪切面上锚体自重；W_H-斜剪切面上锚体自重沿剪切面分量；W_V-斜剪切面上锚体自重垂直剪切面分量；T-斜剪切面上主缆拉力；T_H-斜剪切面上主缆拉力沿剪切面分量；T_V-斜剪切面上主缆拉力垂直剪切面分量

3）前锚面布置

前锚面布置主要考虑前锚固点的横、竖面间距，主要根据锚块斜截面抗剪验算结果、施工空间要求、主缆断面索股布置要求等进行设计。一般情况下，横向间距在 1～1.2m，竖向间距在 0.55～0.85m。前锚面构造尺寸和自由长度、锚固长度共同确定了锚块的规模。前锚面呈曲面，要求前锚面每个锚固点的锚板尽量与相应的主缆索股相垂直。

4）安全系数及技术指标

（1）钢框架构件按材料屈服强度取安全系数 $K \geqslant 1.7$；对于不可更换的拉杆及预应力系统按等强度设计原则，与索股有同等的安全系数，设计安全系数 $K \geqslant 2.5$。

（2）预应力钢束施加的有效力与索股拉力的比值大于 1.2 倍。拉杆设计时应考虑 10%的偏载系数。

（3）锚下混凝土的应力不大于混凝土的允许应力值。

（4）连接器除满足强度要求外，还需满足刚度要求，即在设计荷载作用下其受力方向的变形不大于一定容许值。

（5）预应力钢绞线锚具组装件的静载锚固效率系数 $\eta_A \geqslant 95\%$，破断总应变 $\varepsilon_u \geqslant 2\%$。

（6）疲劳性能：拉杆组装件的疲劳性能在应力上限为 $0.4\sigma_b$、应力幅 80MPa 的条件下，经 200 万次周期循环加载后，拉杆、螺母应无裂缝，螺母不松动，螺纹不产生塑性变形。

预应力钢绞线锚具组装件的疲劳性能应满足《预应力筋用锚具、夹具和连接器》（GB/T 14370—2015）I类锚具标准的要求，且在应力上限为 $0.65\sigma_b$、应力幅 130MPa 的条件下，经 200 万次周期循环加载，预应力钢绞线的破坏面积不大于其总面积的 5%。

第五节　结构组成和构造

一、重力锚锚体的结构组成和构造

1. 锚块

锚块是锚体的主要组成部分，靠其自身的重力来承担并传递主缆拉力。锚固系统包含在锚块中。

锚块由于自重需要往往体积庞大，在锚固系统范围内由于埋设有相当规模的支撑型钢框架，使该部分混凝土得到一定程度的加强。除必须进行斜剪切面剪应力计算和滑动安全率验算外，锚块混凝土还应保证一定程度的含筋率，在混凝土内部和表面配置一定数量的钢筋，来抵抗混凝土内外应力，以限制混凝土开裂。同时，由于锚块为大体积混凝土结构，施工过程中的温度控制成为锚块设计的关键，因此必须制定一套科学、合理、可行的施工方案和温度控制措施，以保证混凝土不开裂或把裂缝控制在要求范围内。

2. 散索鞍支承构造

散索鞍支承是承受由主缆拉力引起的散索鞍传来的巨大压力的支承构造，通常做成实体结构，称为前墙；当高度较大，且为节省混凝土用量，有时将内部掏空形成空心结构，称为散索鞍支墩。前墙或散索鞍支墩在承受散索鞍传来的巨大压力的同时，还与锚体其余各部组成一体共同受力。

前墙高度相对较小，往往做成实体结构，外壁常呈倾斜式，而内壁多做成垂直的。设计中除应对其与鞍部相连的截面进行内力计算和强度复核外，还必须进行前墙顶部局部承压验算。

散索鞍支墩由于高度较大，实体结构已不再适合，需将内部挖空设计成箱形断面。散索鞍支墩各断面应尽量均匀受压。但由于受施工和结构本身的限制，散索鞍支墩实际上属于偏心受压结构，应对控制截面进行内力计算和强度复核。顶部由于局部承压，多做成实体结构，同样需作局部应力分析。散索鞍支墩在顺桥向做成等厚度较美观，横桥向则多设计成上窄下宽的形式。

3. 鞍部

鞍部是锚块和前墙或散索鞍支墩之间的重要传力构件，它使两者成为整体共同受力。鞍部必须有相当的刚度，应对其控制截面进行内力计算和强度复核。

4. 主缆索股防护构造

主缆索股防护构造是保护散索鞍及散开段主缆索股的封闭结构，称遮棚或前锚室。遮棚或前锚室在锚跨内主缆索股的防护功能上是相同的，但在结构受力上却存在较大差别。

遮棚通常仅作为主缆索股的防护构造，也可设计成桥面荷载承重结构。一般适用于实腹式锚体，没有底板，是在分散开的主缆索股的两侧立墙上加一顶盖的结构。对于立墙，只需进行在自重、顶盖传来的力和侧向水平荷载作用下的结构计算。对于顶盖，如设计成桥面结构，需进行自重、活载以及温度等作用下的结构计算。遮棚应有良好的防水性能。

前锚室是包围锚跨内主缆索股的薄壁箱形结构，它与散索鞍支墩组成框架共同受力，应对其控制截面进行各种荷载作用下的内力计算和强度复核。由于各壁板跨度一般较大，还须对在施工荷载作用下的局部受力进行验算。前锚室通常做成钢筋混凝土结构，也可在箱梁内施加各向预应力而成为预应力混凝土结构。前锚室也必须有良好的防水性能。

5. 后锚室

后锚室为锚固系统后端提供了一个施工、检修、维护的操作空间，应根据需要确定是否设后锚室。根据具体情况，也可在施工阶段设置，而在使用期间封填。

6. 横梁

横梁是在上部结构高程较高，单独做桥墩又不经济的情况下，在散索鞍支墩之间设置的主桥加劲梁和引桥主梁的支承结构，主要承受自重和上部结构传来的垂直和水平荷载。同时，由于横梁把桥轴线左右散索鞍支墩和前锚室联系起来，还承受左右主缆之间可能存在的不对称荷载的作用，这样，横梁与散索鞍支墩和前锚室组成空间框架共同受力。横梁可做成钢筋混凝土或预应力结构，必须保证其具备与散索鞍支墩和前锚室相协调的截面刚度。

7. 后浇段

出于防止大体积混凝土开裂的需要而在锚块、鞍部和前墙（或散索鞍支墩）之间设置的混凝土合龙浇筑带，称为后浇段。

后浇段的宽度应满足施工要求，应制定专门的施工方案和施工组织计划。必须有一定的措施来保证其连接作用的可靠性，尤其是对垂直于桥轴线的后浇段更需重点采取措施。

后浇段混凝土宜采用微膨胀混凝土，其内部钢筋应采取防腐蚀措施。

二、重力锚基础的结构组成和构造

1. 扩大基础

扩大基础实际上是规模庞大的少筋扩展基础，要求基础混凝土截面具有足够的强度抵抗由地基反力产生的弯曲拉应力和剪应力。因此基础就是一阶或二阶的混凝土厚板。需拟定的尺寸有：基础的厚度、剖面和平面尺寸。

基础总厚度由持力层高程、锚体底面高程、荷载大小、选用材料、锚体结构形式等确定。单级厚度一般在3m以上。

平面尺寸应大于锚体外包轮廓尺寸，并宜设置1.5～3m的襟边，以方便后期锚体混凝土的施工及调整施工平面误差。襟边与厚度的关系应满足刚性角要求，对于混凝土，刚性角$\alpha_{max} \leqslant 45°$。

剖面形式一般做成矩形或台阶形。

锚碇扩大基础的平面规模一般较大，施工时通常要设置纵、横后浇段，以适应施工期间混凝土的温度变形和不均匀地基沉降。

2. 箱形基础

箱形基础由顶板、底板、外墙、内墙组成，一般由钢筋混凝土建造，如图5-5-1所示。

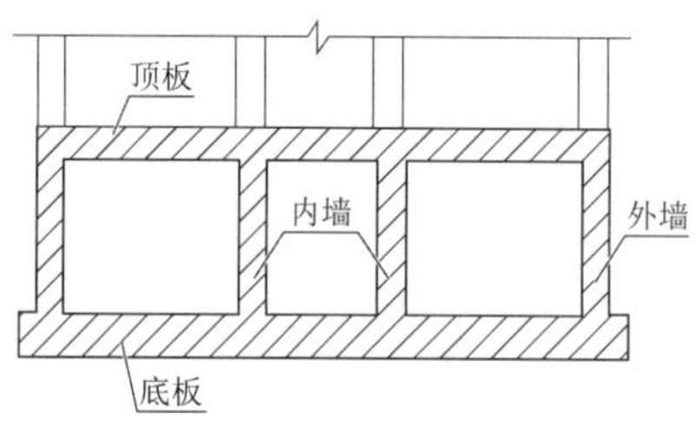

图5-5-1　箱形基础结构组成

箱形基础设计包括以下内容：①埋置深度确定；②平面布置及构造设计；③地基承载力及沉降验算；④基础结构内力计算及结构设计。

箱形基础的总高度和平面尺寸与扩大基础的设计原则基本相同。但埋置深度一般比后者大，一般最小埋置深度为3.0m。顶、底板厚度应按跨度、荷载、反力大小、整体刚度、局部传力及防水等要求确定，并应进行斜截面抗剪强度和冲切验算。根据已建桥经验，顶板厚度不宜小于60cm，底板厚度不宜小于80cm。

墙体是保证箱形基础整体刚度和纵、横方向抗剪强度的重要构件。墙间距离和厚度应结合顶、底板厚度，基础整体刚度、结构强度验算综合考虑。一般，外墙厚度不宜小于0.7m，内墙厚度不宜小于0.5m。墙体应尽量不开洞或少开洞。

顶、底板及内外墙的钢筋根据计算确定，一般采用双面配筋，受力主筋直径不宜小于ϕ25mm@200mm，分布钢筋不宜小于ϕ16mm@200mm。

在锚体各部与箱形基础交接处，应验算墙体的局部承压强度，并考虑局部增加承压面积和加强配筋。

箱形基础的混凝土强度等级不应低于C25，并应采用防渗混凝土。

3. 地下连续墙基础

无论是作为基坑开挖期间的支护结构还是承受上部荷载的基础结构，地下连续墙基础最实质性之处在于采用地下连续墙的工法施工。而地下连续墙是由多个槽段通过接头连接而成的整体，因而槽段和接头是地下连续墙基础的基本构造。

1）地下连续墙的槽段与接头

槽段设计包括长度、厚度、平面布置。分段长度及平面布置根据基础形状、成槽设备及工艺、接头形式等确定，一般一个槽段长度在 1.5～7m。墙厚由结构受力、成槽设备能力等因素决定，国内一般在 0.6～1.5m，随着技术水平的发展，可以向 3m 迈进。

槽段接头是地下连续墙施工的关键技术。接头类型很多，从使用材料上有：钢管、钢板、钢筋、型钢和铸钢，预制混凝土，人造纤维布和橡胶等。从构造形式和施工方法上可分为：①钻凿式；②接头管；③接头箱；④隔板式；⑤软接头；⑥预制混凝土构件。从受力上可分为：①仅起止水防渗不能受力的接头；②能承受剪力的铰接接头；③能承受弯矩和剪力的刚性接头。

2）矩形地下连续墙基础

矩形地下连续墙实际上是基坑开挖过程中的支护结构，基坑形成后，在其内部建筑基础结构，两者组成锚碇基础共同受力。

作为基坑支护结构，矩形地下连续墙一般由地下连续墙、墙顶帽梁、内支撑、立柱组成。当然还包括基坑开挖过程中的封、降、排水系统，因其不属基础结构范畴，故不予讨论。地下连续墙由各槽段组成，墙深由持力层高程、地质条件等决定，国内技术水平可达 170m。墙顶帽梁将各墙段连接起来，加强地下连续墙的整体性，高度一般不小于 2m，宽度一般大于墙厚 0.5～1m。内支撑为平面框架结构，为地下连续墙的开挖侧支承，由围檩、对撑杆和斜撑杆组成，各杆件的竖向厚度、平面宽度、长度应综合考虑支承竖向间距、基坑平面尺寸、施工、结构受力等因素予以确定。立柱为内支撑自重及其上部施工荷载的竖向支撑，一般布置在内支撑杆件相交节点处，可以做成圆柱或方柱、钢筋混凝土结构或钢结构，根据受力确定根数及截面尺寸。

基础结构一般由外侧墙、内隔墙、底板、顶板、填芯等组成。基础结构的布置应与支护结构的布置充分结合考虑。

以下为润扬大桥北锚碇基础（图 5-5-2）的设计情况。

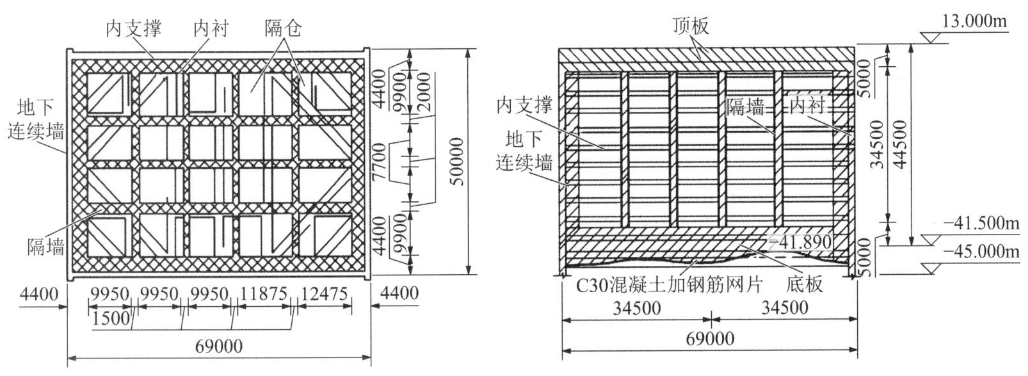

图 5-5-2　润扬大桥北锚碇基础构造（尺寸单位：mm）

润扬大桥北锚碇基坑平面尺寸为 50m × 69m、深度为 48m，采用“在矩形地下连续墙（及其内撑系统）围护下分层明挖基坑，然后顺做基础结构”的设计方案，地下连续墙既作为基坑开挖施工过程中的围护结构，又是成桥后锚碇基础的一部分。

地下连续墙厚 120cm，其外轮廓尺寸为 69m × 50m，共分 42 幅槽段施工，墙顶高程为 1.5m，墙底高程随基岩高度变化，变化范围为 −51.11～ −46.01m。设计考虑导墙及施工荷载，取墙顶高程为 3.0m。

地下连续墙施工完成后，其内部干开挖施工。先井点降水，然后分层开挖、分层浇筑钢筋混凝土框架内撑，内撑共计 12 道。坑内设 16 根直径 150cm 的钻孔灌注桩和 16 根格构柱作为内撑的支撑立柱。

基础底板厚5m，内隔墙厚1.5～2m，净距7.7～11.9m，紧贴地下连续墙的基础外侧墙厚3m，与内支撑围檩连成整体，顶板厚5m。

如前所述，张靖皋长江大桥南航道桥锚碇基础采用兼具矩形地下连续墙基础和井筒式地下连续墙基础特征的复合基础，由于其具有矩形地下连续墙基础的平面布置特征，故在此做介绍。张靖皋长江大桥南航道桥南锚碇支护转结构复合地下连续墙锚碇基础的设计情况如图5-5-3所示。

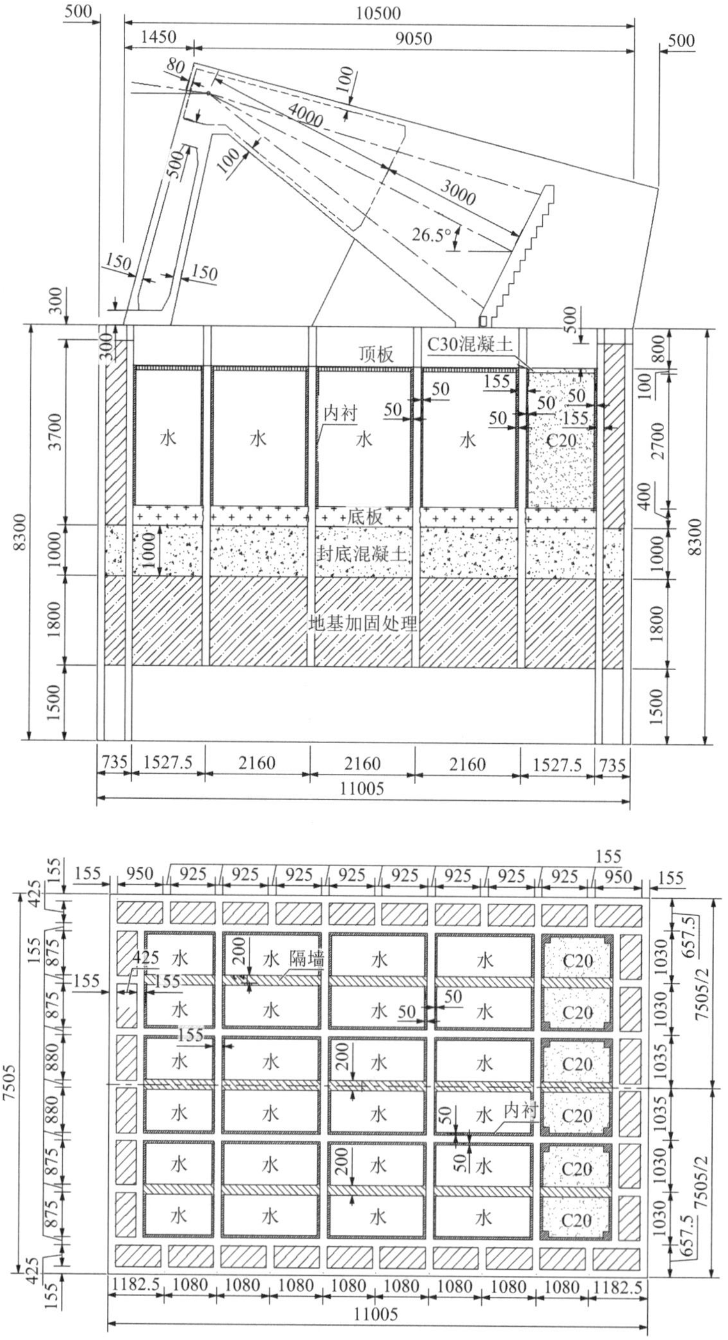

图5-5-3　张靖皋长江大桥南航道桥南锚碇矩形支护转结构复合地下连续墙锚碇基础（尺寸单位：cm）

常规地下连续墙锚碇基础常用于嵌岩或具有良好隔水层的地质条件下，地下连续墙作为基坑开挖围护结构，基坑内降水干开挖到基础底面，然后浇筑底板、隔墙、顶板，具有对周边环境影响小，施工简便、工期短等优点。张靖皋长江大桥南航道桥南锚碇处岩层埋藏深，−67～−27m 范围内为软塑或可塑状粉质黏土层，虽为不透水层，但地基承载力低，不宜作为持力层，而 −67m 以下虽然地基承载力有所提高，但均为承压水层。如采用传统地下连续墙基础，需对粉质黏土层进行大范围的地基加固，提高其承载能力，大范围加固质量难以控制。如采用沉井基础，首次排水下沉，会对相邻大堤（距离 47.6m）产生沉降影响，且超大型沉井需要穿越 40m 深厚黏土层，施工风险高，工期不可控。

（1）为克服传统地下连续墙及沉井基础中的技术难点，本项目提出了中部带隔仓的支护转结构复合地下连续墙基础方案。

（2）本工程采用格构式地下连续墙，地下连续墙之间采用可传递剪力和弯矩的刚性接头，保证地下连续墙墙结构的整体性。

（3）基础外侧采用双层地下连续墙，地下连续墙施工完成后，开挖小隔仓土体，并浇筑钢筋混凝土填芯形成双层地下连续墙 + 混凝土填芯的复合结构体，以保证结构整体性和基坑开挖期间基坑安全性。

（4）双层地下连续墙形成复合结构后，开挖基础内部土体。为了降低突涌风险，基础采用分隔仓水下开挖各隔仓，开挖至设计高程后采用水下混凝土封底，待封底混凝土强度达到设计要求再抽水进行干作业施工。

（5）通过一定范围的深层地基加固，大幅降低基础开挖深度及施工风险。该方案整个施工过程风险可控，安全性高，是兼具沉井和地下连续墙优点的基础方案。

锚碇地下连续墙长为 110.05m，宽 75.05m，地下连续墙厚 1.55m，顶板高程 +1.0m，外围双层地下连续墙深 83m，墙底为密实粉砂，双层墙净间距 4.25m。

双层墙间采用地下连续墙分隔长边方向形成 8 个 9.25m × 4.25m 和 2 个 9.5m × 4.25m 矩形隔仓，短边方向形成 2 个 8.8m × 4.25m 和 4 个 8.75m × 4.25m 矩形隔仓。双层墙间水下开挖土体至 −49m 后，水下 10m 厚混凝土封底，边抽水边安装钢支撑，凿除地下连续墙松散混凝土，清理表面，之后浇筑双层墙间夹层混凝土，与双层地下连续墙形成 7.35m 厚墙体，作为基坑开挖时围护结构。

外围地下连续墙与内部地下连续墙形成格构式框架结构，同时内部地下连续墙将基坑划分为 15 个矩形隔仓，最大隔仓 20.05m × 19.15m，隔仓内先坑内排水干开挖至 −9m，破除内部地下连续墙二期槽段上部 8m 素混凝土段和外侧双层墙二期槽段上部 3m 素混凝土段，搭设施工平台；之后水下吸泥取土开挖，所有隔仓分层带水开挖，每层开挖深度 3m，开挖至基坑底面高程 −49m 后，浇筑 10m 厚水下封底混凝土，之后按相邻隔仓 2m 水头差均匀抽水，直至抽干隔仓内部水，接着干浇 4m 厚底板，大隔仓内部干作业施工 0.5m 厚内衬以及三道顺桥向 2m 厚隔墙，后趾隔仓用 C20 混凝土填充，其他隔仓采用清水填充。

基底持力层密实粉砂层底高程为 −67m，对其上部 18m 范围进行地基加固处理，加固层顶高程为 −49m。

支护转结构复合地下连续墙锚碇基础兼具沉井与传统地下连续墙基础的优点，整个施工过程风险可控，安全性高。方案的关键在于如何将单片构件转化成整体结构。该项目槽段间采用刚性接头，接头间可以传递弯矩和剪力。图 5-5-4 和图 5-5-5 分别为刚性接头构造示意和刚性接头（多道钢筋搭接构造）承载力计算示意图。

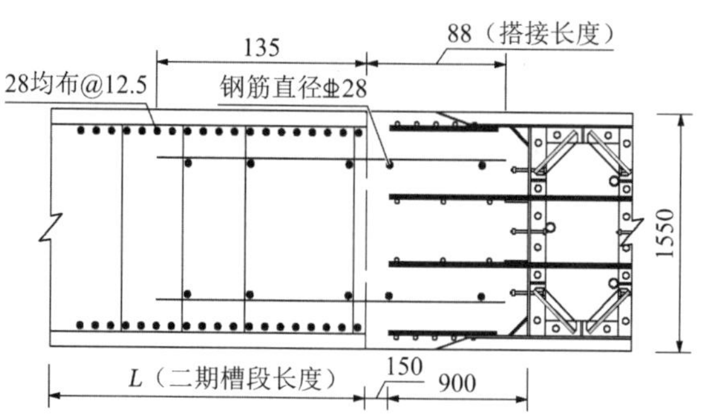

图 5-5-4　刚性接头构造示意图（尺寸单位：cm）

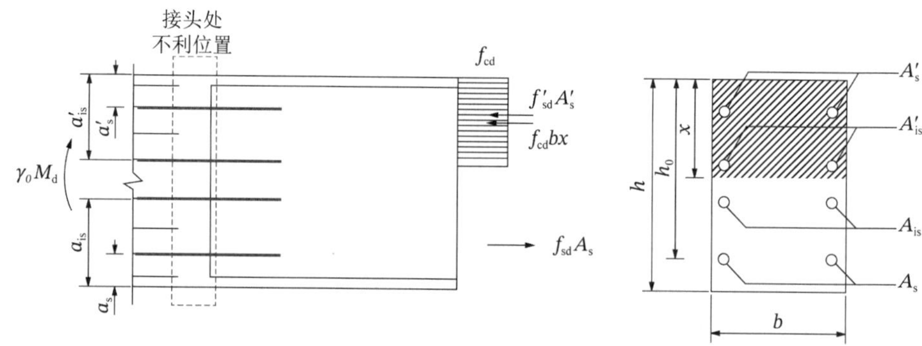

图 5-5-5　刚性接头（多道钢筋搭接构造）承载力计算示意图

经过试验结构及理论分析，对刚性接头区域的抗弯承载能力设计公式进行修正，得到接头抗弯承载力简化计算公式：

$$\gamma_0 M_d \leqslant \eta\left[f_{cd}bx\left(h_0-\frac{x}{2}\right)+f'_{sd}A'_s(h_0-a'_s)\right] \tag{5-5-1}$$

混凝土受压区高度 x 计算：

$$f_{sd}A_s=f_{cd}bx+f'_{sd}A'_s \tag{5-5-2}$$

截面受压区高度要求：

$$x \geqslant 2a'_s \tag{5-5-3}$$

式中：γ_0——结构重要性系数，按照现行公路混凝土桥规采用；

M_d——刚性接头弯矩设计值；

η——刚性接头抗弯承载力折减系数，经过试验验证，取值 0.85；

f_{cd}——混凝土轴心抗压强度设计值；

f_{sd}、f'_{sd}——钢筋抗拉强度设计值及抗压强度设计值；

A_s、A'_s——接头处最不利位置受拉区、受压区纵向普通钢筋截面面积；

b——矩形截面宽度；

h_0——截面有效高度，$h_0=h-a_s$，此处 h 为全高；

a'_s——接头处最不利位置受压区普通钢筋合力点至受拉区边缘、受压区边缘的距离。

3）圆形地下连续墙基础

圆形地下连续墙也是基坑开挖过程中的支护结构，基坑形成后，在其内部建筑基础结构或直接填芯，形成锚碇基础。

支护结构一般由地下连续墙、墙顶帽梁、内衬（或环梁）组成。地下连续墙由呈圆形布置的各槽段组成，槽段分段长度、墙厚、墙深、墙顶帽梁等基本按矩形地下连续墙设计。内衬为平面圆环结构，一般将竖向连续的称内衬，不连续的称腰梁，为地下连续墙的开挖侧支承，其竖向厚度、平面宽度应综合考虑支承竖向间距、施工、结构受力等因素予以确定。

以下为阳逻大桥南锚碇基础（图 5-2-11）的设计情况。

根据地质情况及防洪要求，阳逻大桥南锚碇基础采用内径为 70m、壁厚为 1.5m 的圆形地下连续墙加钢筋混凝土内衬作为基坑开挖支护结构。为防止地下连续墙底脚发生渗流以及踢脚破坏，有利于增加基坑的抗隆起稳定性，地下连续墙嵌入弱风化砾岩 1～2.5m，至高程 −40～ −33m，地下连续墙总深度 54.5～61.5m，采用 C35 水下混凝土。地下连续墙施工完成后，采用逆作法，分层开挖土体，分层施工内衬。各层施工工期由内衬浇筑控制，内衬及土体分层厚度为 3m。内衬采用 C30 混凝土，从上向下依次为：6m 深度内厚 1.5m，6～21m 深度内厚 2m，21～41.5m 深度内厚 2.5m。开挖至卵石层表面高程 −24～ −20.3m，浇筑 0.3～4m 厚的垫层混凝土，然后浇筑 6m 厚的钢筋混凝土底板。填芯混凝土施工完成后浇筑 8～10m 厚的钢筋混凝土顶板。为提高基底应力分布的均匀性，在基础前半部设置 26 个空隔仓，并对前趾区卵石层进行压浆加固处理。

（1）槽段连接形式

地下连续墙具有墙体深、厚度大、需嵌岩等技术特点。为确保地下连续墙的施工质量和施工进度，阳逻大桥南锚碇采用两台 HF12000 液压铣槽机进行施工，并通过对五种接头方法进行综合经济技术比较，确定采用铣接法连接方式。

（2）槽段长度划分

地下连续墙施工槽段分一期、二期两种，共 50 个。一期槽段采用三铣成槽，边孔轴线处长 2.8m，中间孔轴线处长 1.08m，槽段轴线处长 6.68m。一期槽段由三孔段组成，相邻孔段交角为 176.9°；二期槽段长 2.8m。二期槽段与一期槽段之间交角为 175.9°。二期槽段与一期槽段在地下连续墙轴线处搭接长度为 0.25m。槽段长度划分及接头形式如图 5-5-6 所示。

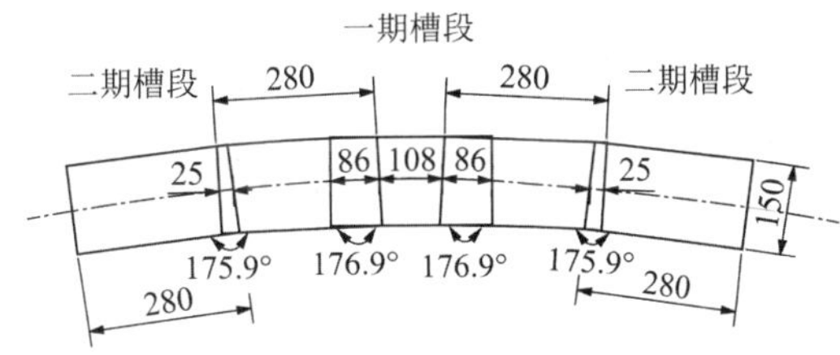

图 5-5-6　地下连续墙槽段划分及接头形式（尺寸单位：cm）

（3）嵌岩深度

通过对地下连续墙周边地质条件的研究，为避免地下连续墙底脚发生渗流以及踢脚破坏，保证基坑的抗隆起稳定性，地下连续墙嵌岩深度按如下四个原则确定：①当强风化岩层厚度大于 5m 时，地下连续墙嵌入弱风化岩 1m；②当强风化岩厚度为 0～5m 时，地下连续墙嵌入弱风化岩 1.5m；③当无强风化岩时，地下连续墙嵌入弱风化岩 2.5m；④地下连续墙开挖建基面以下入土深度不小于 10m。根据以上原则，地下连续墙嵌入弱风化砾岩 1～2.5m，至高

程 −39～ −33m，地下连续墙总深度 54.5～60.5m。实际施工前，对每个槽段进行钻探，根据钻探揭示的情况校核修正各槽段的设计深度。

（4）导墙

为保护槽口及保证槽段位置的准确性，支撑施工设备及焊接钢筋笼的接长，调节孔内液面，明确施工位置，防止槽壁顶部的坍塌等，必须设置导墙。导墙及平台顶面高程根据 9 月份长江水位，确定为 22.0m，高出地面 0.5m。导墙由两个 L 形钢筋混凝土墙组成，墙间距离为 1.6m，墙高 1.6m，墙宽 1.7m，墙厚 0.5m。地下连续墙两侧采用深层搅拌加固淤泥质黏土，加固深度平均 15m，宽约 32cm，净距为 1.6m。导墙的纵向分段与地下连续墙的分段接头错开。

（5）帽梁

为保证地下连续墙开挖阶段受力及刚度的需要，在地下连续墙顶面设置刚度较大的帽梁。帽梁为钢筋混凝土圆形结构，地下连续墙顶部伸进帽梁 10cm，帽梁悬出地下连续墙内侧 1.5m、外侧 1m，帽梁总宽度 4m、高 2.5m。

（6）内衬

为了满足地下连续墙开挖阶段的受力要求，圆形地下连续墙内侧设置圆形的钢筋混凝土内衬，内衬作为地下连续墙的弹性支撑设置在地下连续墙内侧。综合考虑地下连续墙结构受力、减少施工周期和开挖段土体蠕变对地下连续墙的影响，内衬施工层高取 3m。各层内衬底面设置成 15°的斜坡，下层内衬与上层内衬结合面采用自密实混凝土，以避免各层内衬间混凝土浇筑出现空隙。为保证内衬与地下连续墙间的连接质量及共同受力，克服内衬自身重量，地下连续墙在施工时预埋直螺纹钢筋连接器，内衬钢筋通过连接器与地下连续墙钢筋相连。各层内衬部分竖向钢筋采用钢筋连接器连接。采用岛式开挖法进行土体开挖，一层分 6 个区域进行对称开挖及内衬混凝土的施工。开挖至砾石层表面，浇筑垫层混凝土，然后浇筑 6m 厚的钢筋混凝土底板。

此外，已完成基础施工的张靖皋长江大桥北航道桥南锚碇也采用了圆形地下连续墙基础（图 5-5-7）。其基底位于软土基础上，在传统圆形地下连续墙基础上，采用深层地基加固替换软弱地基，提高基底承载力及摩擦系数。

地下连续墙方案采用圆形，外径 90m，壁厚 1.5m，内衬厚度从上到下依次为 1.5m、2m、2.5m，地下连续墙顶部设置截面尺寸为 4m × 3m 的帽梁。基础挖深 21m，地下连续墙深 53.5m，从基底到地下连续墙底的土体的强度、摩擦系数不满足受力要求，需对该部分土体进行加固，加固厚度为 27.5m（−46.0～ −18.5m），加固厚度满足抗突涌验算的要求，地基加固采用超高压旋喷。

通过深层土体加固形成复合地基，可以增强基底的强度、摩擦系数，提高基础稳定性，减小基础变位及开挖深度，降低施工风险并进一步降低渗透系数，实现干开挖施工。

深中大桥为跨海桥梁，桥址范围地表水主要为海水，位于珠江入海口，与外海连通，海水深度受潮汐影响较大。东锚碇水下地形高程为 −5.15～ −4.66m；西锚碇位置海床底高程 −3.200～ −2.610m。

锚碇区域下伏基岩为花岗岩，东锚碇区域基岩埋深起伏较大，全强风化层厚度为 3.8～22.9m，中风化岩面起伏较大，中风化岩顶面高程在 −59.46～ −38.84m 之间；西锚碇区域基岩埋深起伏较小，全强风化层厚度为 1.5～7.4m，中风化岩面起伏较小，中风化岩顶面高程在 −44.43m～ −38m 之间。下伏中风化基岩物理性质较好。

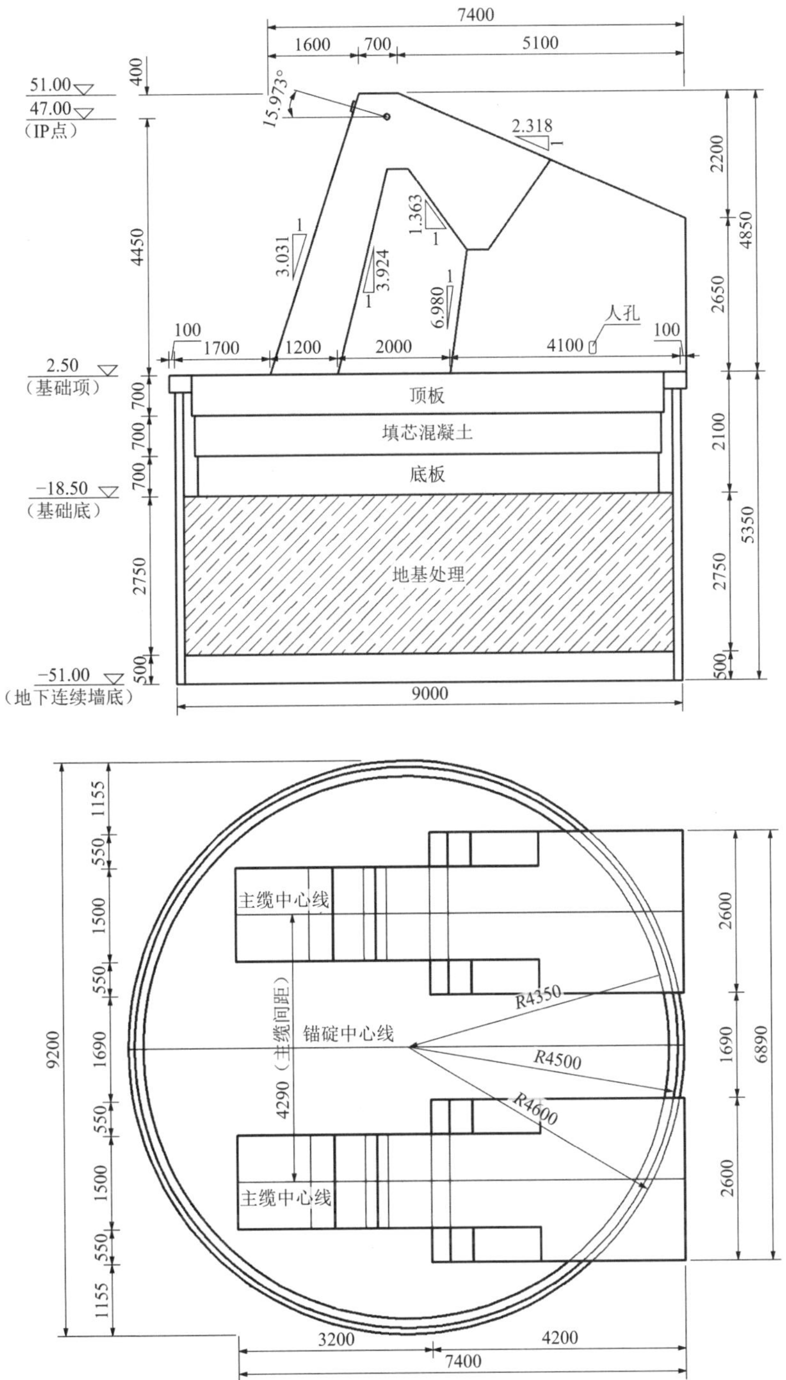

图 5-5-7　张靖皋长江大桥北航道桥南锚碇基础（尺寸单位：cm；高程单位：m）

由于桥位所在区域大构件出运繁忙，预制构件运输风险较高，且地质不均匀，故锚碇基础采用地质适应性最好、抗风险能力强、对航道影响小、造价低的围堰筑岛施工地下连续墙方案。基础顶面高程与最高潮水位相当，取 +3.0m。为了避免开挖中风化岩层，基础底高程取中风化顶面最高点，东锚碇基底高程 −39.0m，西锚碇基底高程 −38.0m。

根据防洪要求，锚碇基础阻水宽度不大于 70m，锚碇基础采用横桥向“8”字形地下连续墙基础（图 5-5-8），直径 2×65m，相比于常规（圆形和顺桥向“8”字形）地下连续墙结构，阻水率减小 28%以上，有效解决了桥梁结构受力安全与水流断面阻水率的矛盾。地下连续墙厚 1.5m，为避免地下连续墙底发生渗流以及踢脚破坏，保证基坑的稳定性，确定地下连续墙嵌入中风化花岗岩深度不小于 4m。为了满足地下连续墙开挖阶段的受力要求，在其内侧设置钢筋混凝土内衬，内衬作为弹性支撑，内衬厚度为 1.5m、2.5m、3m。

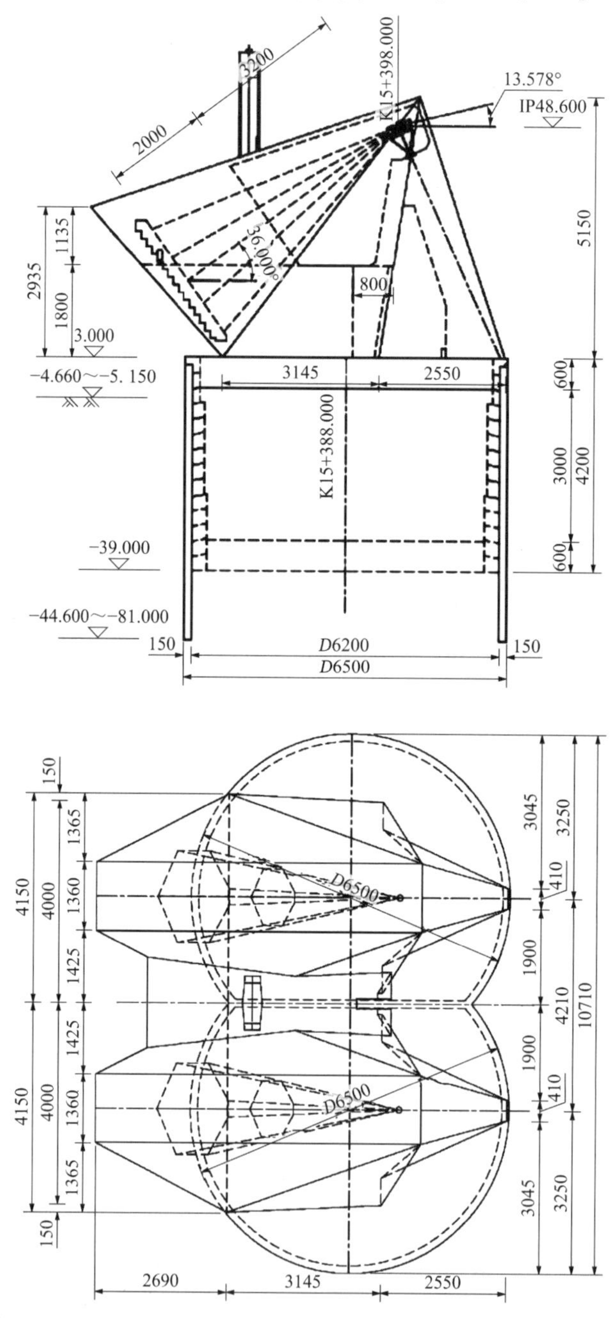

图 5-5-8 锚碇及基础示意图（尺寸单位：cm；高程单位：m）

4）矩形排桩墙基础

钻孔灌注桩排列在一起，之间净距很小，形成地下连续墙，平面呈矩形布置。桩与桩之间没有联系，结构整体性靠桩顶锚梁及内支撑的围檩联系，排桩与内支承是基坑开挖过程中的支护结构，基坑的防水必须靠另设的挡水帷幕。基坑形成后，在其内部建筑基础结构或直接填芯，形成锚碇基础。

作为基坑支护结构，矩形排桩墙基础一般由排桩墙、墙顶帽梁、内支撑、立柱组成。当然还包括基坑开挖过程中的封、降、排水系统，在此不予讨论。排桩墙由各自独立的钻孔灌注桩组成，桩深由持力层高程、地质条件等决定，国内技术水平可达 130m。桩顶帽梁、内支撑体系、立柱等构造与矩形地下连续墙基本相同。

基础结构一般由外侧墙、内隔墙、底板、顶板、填芯等组成。基础结构的布置应与支护结构的布置充分结合考虑。

以下为润扬大桥南锚碇基础（图 5-5-9）的设计情况。

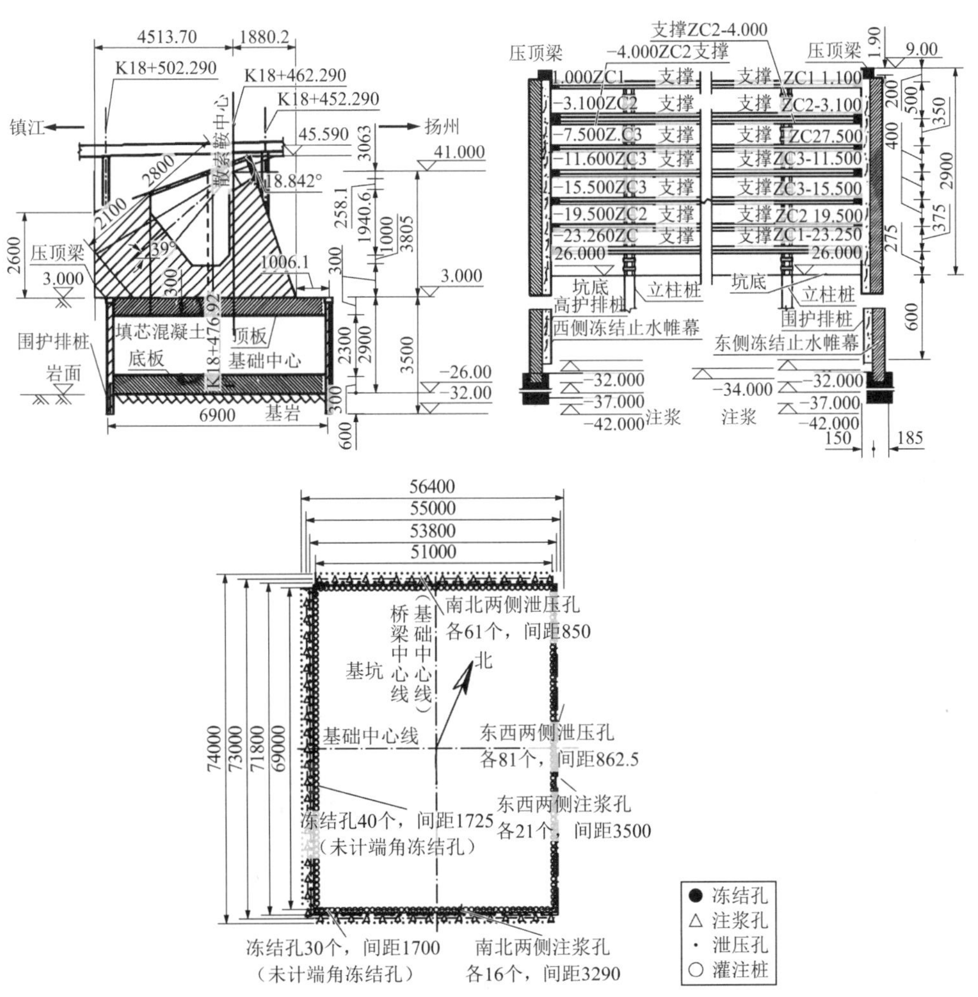

图 5-5-9　润扬大桥南锚碇基础（尺寸单位：mm；高程单位：m）

基础平面尺寸约 66.6m × 50m，顶高程 +3.0m，基底高程 −26m。基坑外轮廓尺寸为 69m × 54.6m，采用围护桩围护。

润扬大桥南锚碇基础采用 ϕ1500mm@1650mm 钻孔桩加冻结止水帷幕围护结构，共 140 根，排桩外侧布设冻结孔、注浆孔、泄压孔。桩长 33.5m，设计桩顶高程为 3m，桩底高程

−32m。围护结构中心线尺寸 69m × 51m。

支撑采用钢筋混凝土内支撑体系，根据开挖深度及便于基坑施工和土方开挖的原则，竖向共设置六道，间距为 4.5～5m。支撑平面布置为中间衬撑、边部的角撑、边桁架以及围檩构成复合受力体系。

冻结帷幕深度高程 40m，进入微风化带基岩。由于风化带存在局部突水的可能，在冻结壁底部采取地面注浆措施减少基坑底部绕流水对冻结壁的影响。注浆范围为 −40～ −32m。冻结帷幕布置在排桩的外侧，帷幕平均温度 −7℃，厚度 1.3m。采用单排孔冻结，冻结孔与灌注桩之间采用插花布孔，冻结孔轴线与排桩中心轴线间距为 1.4m，同时在矩形基坑的四个拐角均设置一个冻结孔，冻结孔总孔数为 144 个。排桩布置平面尺寸为 69m × 51m，冻结孔平面布置尺寸为 71.8m × 53.8m。

4. 沉井基础

沉井一般由井壁、刃脚、内隔墙、凹槽、封底及顶盖板等部分组成。井孔即为井壁内由隔墙分成的空腔。作为锚碇基础的大型沉井，通常还配有射水管系及探测管等其他部分。沉井各部构造可参见相关书籍介绍。在此以江阴大桥北锚碇沉井基础、张靖皋长江大桥北航道桥北锚碇基础为例介绍锚碇大型沉井基础构造。

1）江阴大桥北锚碇沉井基础

江阴大桥北锚碇沉井基础（图 5-5-10）长 69m、宽 51m、高 58m，平面分为 36 个隔仓，竖向自下而上共分 11 节。第 1 节沉井高 8m，为钢壳混凝土沉井，第 2～11 节沉井高均为 5m。第 1 节钢壳沉井共分 11 节段在工厂制作，然后运至现场就位拼装成整体，以钢壳沉井为模板浇筑混凝土，成钢壳混凝土沉井；第 2～9 节为钢筋混凝土沉井，均为现场浇筑；第 10 节沉井后排隔墙因锚块预应力张拉需要，仅浇筑 3.22m 高；第 11 节沉井不设隔墙，井壁厚为 1.5m，并且后设有两个开口，供锚体后悬之用。封底混凝土厚 8m，沉井顶盖厚 5m。第 1 节沉井对称轴上隔墙下设 1.5m 高封底混凝土分区墙，以便分区浇筑封底混凝土，在隔墙和井壁板上焊有角钢作为封底混凝土剪力键，以改善沉井底板传力。每节沉井隔墙中间设置了连通管，以便沉井下沉过程中平衡各隔仓内的水位。井壁内设置了探测管和高压射水管，以便控制沉井下沉；为防止沉井在沉到设计高程前难于穿越亚黏土层，井壁外侧设了空气幕，并且刃脚下端改为尖角。为了了解沉井整个下沉过程中的井壁摩阻、侧压力和基底反力，以及混凝土和钢筋的应力应变情况，沉井上设计了周面摩阻计 8 台、侧压力计 20 台、刃口反力计 8 台、应变计 24 台、钢筋计 24 台。

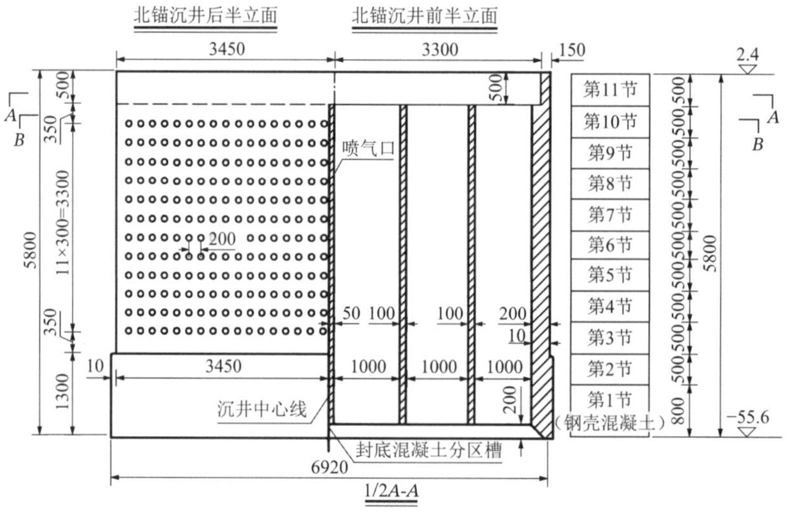

图　5-5-10

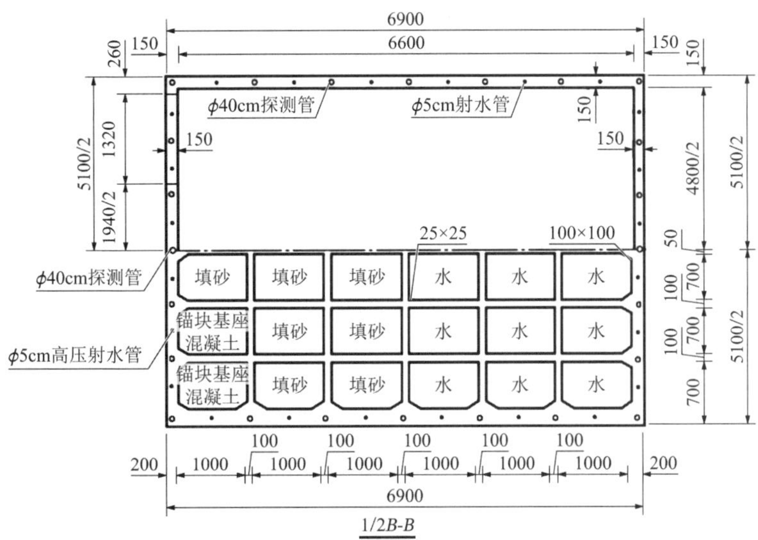

图 5-5-10　江阴长江大桥北锚碇沉井一般构造（尺寸单位：cm；高程单位：m）

2）张靖皋长江大桥北航道桥北锚碇沉井基础

张靖皋长江大桥北航道桥北锚碇沉井（图 5-5-11）平面尺寸为 75m × 70m，高 57m，封底混凝土高 11m，井盖高 7m，标准节段井壁厚 2.2m，隔墙厚 1.5m。井孔尺寸 10.5m × 9.7m，共分为 11 节，第 1 节高 8m（钢壳），第 2 节高 6m（剪力键），第 12 节高 7m（顶盖板），其余节段高 4～5m；第 1 节为钢壳混凝土结构，其余 10 节为钢筋混凝土结构。

张靖皋长江大桥北航道桥北锚碇沉井施工实现智能取土，在传统人工操作门式起重机及吸泥管的基础上，通过加装门式起重机自行走控制及定位系统，实现机械化吸泥、移位。沉井施工过程中，建立实时监测与控制的数字孪生场景，实现智能监测与预警、自动取土控制、工效分析与智能决策，实现沉井下沉施工过程中的全时段可视、可测、可控。

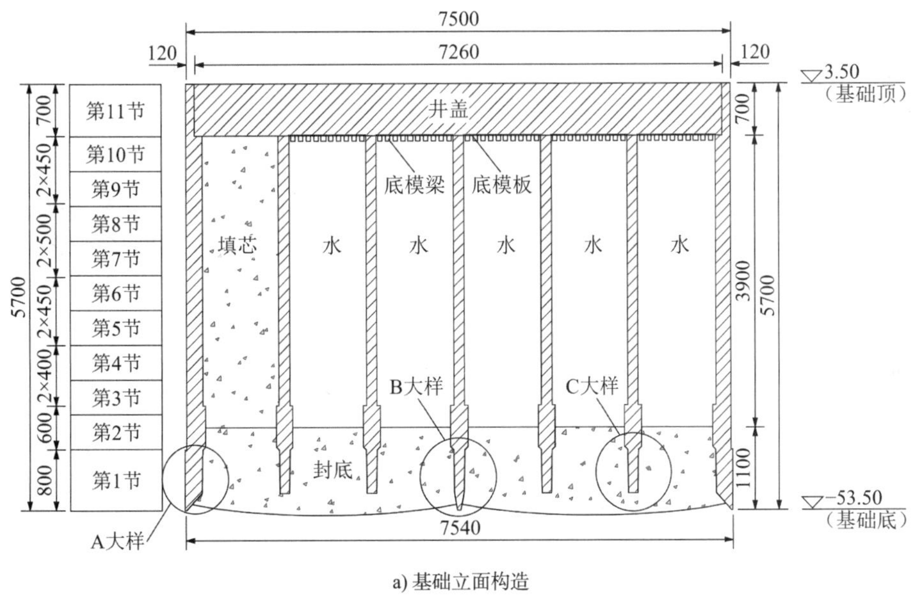

a) 基础立面构造

图　5-5-11

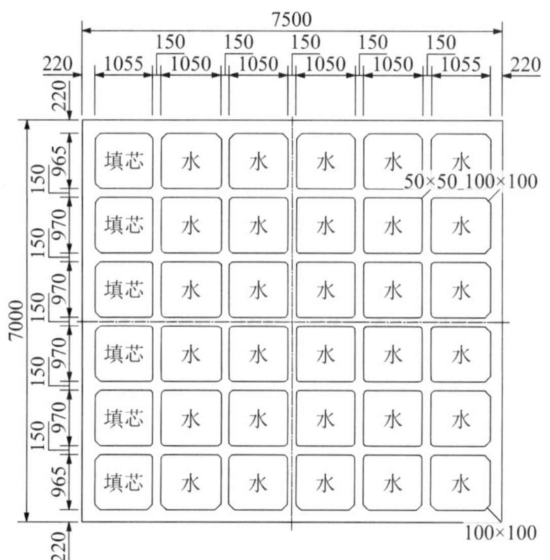

b) 基础平面构造

图 5-5-11　张靖皋长江大桥北航道桥北锚碇沉井一般构造（尺寸单位：cm；高程单位：m）

三、隧道锚的结构组成和结构构造

1. 锚塞体

锚塞体是隧道锚核心受力部位，有前部等截面尾部匙状形式及锥体形式之分，后者可避免前者存在的应力集中现象。锚塞体横断面可分为圆形（或近似圆形）和矩形（设顶拱或设底反拱），断面尺寸主要受制于锚固系统的布置，同时结合锚固长度及锚碇结构分析等因素综合确定。为增加锚塞体抗滑、抗剪能力，常设置与锚塞体连为一体的抗滑桩、台阶状齿坎等，但同时增加了施工难度，其构造零碎，有效性值得探讨。

2. 散索鞍支承构造及基础

隧道锚的散索鞍支墩为承担散索鞍传递的主缆压力的独立构件，设置于隧洞入口处，一般与隧洞后期支护或出露的前锚室侧、顶板做成封闭结构。其基础根据地质条件多设计成带齿坎或倒坡扩大基础或大直径斜置挖孔桩。

3. 隧洞支护结构

由于断面尺寸较大，为保证安全和加快进度，一般分为初期（一期）支护和后期（二期）支护（衬砌）。隧洞开挖后及时跟进施工的支护为初期支护，整个隧洞范围均设置；由于锚塞体范围后期被混凝土填充，因此，后期支护仅在锚室段设置。初期支护类型应根据围岩级别和开挖毛洞跨度合理选择，通常有不支护、喷射混凝土、钢筋网喷射混凝土、钢筋网锚杆喷射混凝土、钢筋网锚杆喷射混凝土内设钢架等类型。后期支护为钢筋混凝土结构，可认为是锚室外壁。三维分析表明，支护结构对锚碇整体受力影响不大，可仅作为围岩支护结构进行验算。

4. 锚室

索股自由长度段的封闭空间为前锚室，通过与外部环境隔绝以保护索股，并作为进入锚碇内部检修养护的通道。锚塞体后部预留锚固系统施工空间为后锚室，通常与设置的工作竖井相连，根据需要可在施工完成后用混凝土充填或永久保留。

5. 防排水系统

运营期间的永久防排水系统的设置及其功能的有效发挥对于隧道锚的正常运营非常重要，对于长期处于地下水位以下的隧道锚尤其如此。通常在初期支护里设置防水层、复合防水板将地下水隔绝，并在两期支护之间设置暗沟、盲沟或引水管，将渗水集中后抽走或向山体低处排走。结构施工缝处应设置有效止水带。作为辅助措施，还宜对围岩、围岩与支护之间、支护结构内部进行压浆处理。支护结构混凝土和锚塞体混凝土宜采用防渗混凝土或微膨胀混凝土。

6. 岩锚

有计算表明：锚塞体前端围岩应力较大而其他部位尚小，因此在后端设置一定数量的岩锚以帮助抵抗一部分缆力，降低前端围岩应力。尽管实际上会起到一定效果，但其共同受力却不明确，因此多作为储备。岩锚常采用拉压分散型预应力锚索，张拉端在后锚面处与锚固系统相连。索体的永久防腐极为重要，应认真做好防腐设计。

7. 附属工程

附属工程包括工作竖井、检修通道（门、楼梯、平台等）、除湿设备、照明设备等，通常为实现特定的功能而设置。

四、锚固系统的结构组成和构造

1. 钢框架锚固系统

型钢框架锚固系统一般由锚杆、锚梁及支承架三部分组成，如图 5-5-12 和图 5-5-13 所示。锚杆由钢板焊接而成，分为单束锚杆和双束锚杆。所有锚杆均呈空间散射，并与主缆索股发散方向完全一致。这样，索股传给锚杆的力流非常直接地通过锚梁分散到整个锚碇上。成桥以后，锚固系统除锚杆前端部一定长度范围的连接部分外，其余部分均埋于混凝土锚块中。

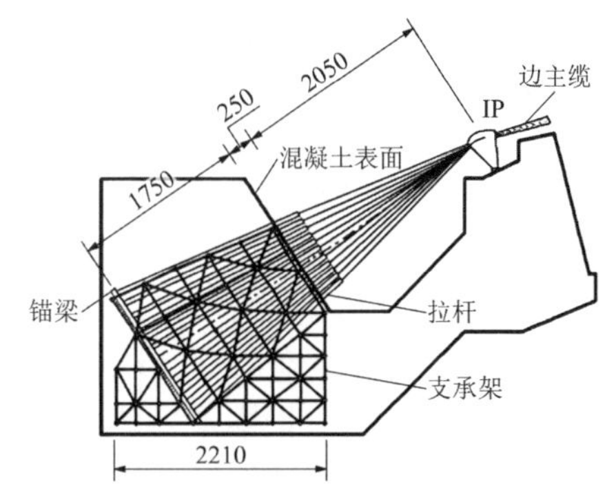

图 5-5-12　钢框架锚固系统构造（尺寸单位：cm）

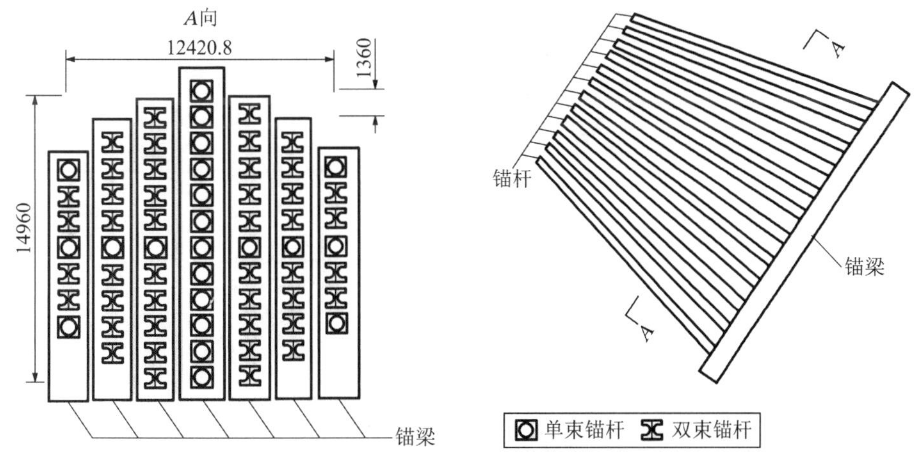

图 5-5-13　锚杆、锚梁安装位置（尺寸单位：mm）

注：每根锚杆分三节制造，每根锚梁分两节制造，现场拼接，图中未示出。

主缆索股锚面布置基本上与散索鞍内主缆索股排列相似。锚杆前端部是固定锚头的重要部分。锚杆的截面形状主要是 H 形，只在前端锚固部分采用承压板和加强肋直接焊接的方式处理。为了将索股拉力直接传到锚梁，需对拉杆作无黏结处理，如图 5-5-14 所示。

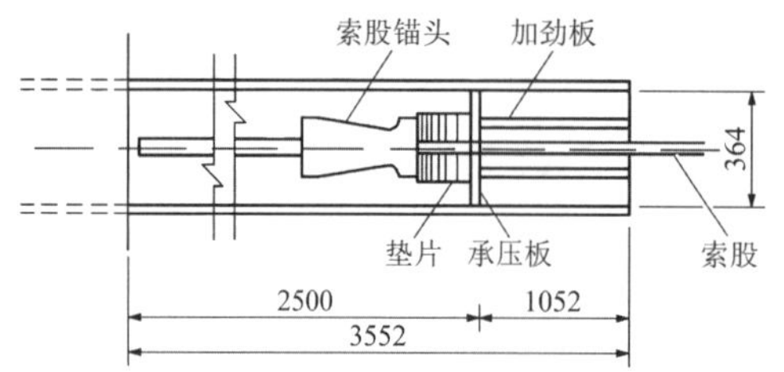

图 5-5-14　索股锚固概要（尺寸单位：mm）

锚跨内各索股水平及竖向转角、锚头连接点位置坐标是主缆锚固系统设计的几何控制因素。其基本目的是将锚杆与主缆索股设在同一直线上，使锚杆理论上只受轴向拉力作用，同时也是锚梁及支撑钢框架设计的基本几何参数。

锚梁的作用是把锚杆的力转换成锚体混凝土承受的压力，并广泛扩散到整个锚体。锚梁的承压面为其上翼板顶面，其构造尺寸的确定应使主缆索力传递给混凝土的应力小于其容许应力。结构分析时，设计荷载取其基本设计拉力值，假定承压板支撑面为弹性支承，将锚梁视为弹性支承梁进行分析。

支承架是在浇筑锚块混凝土之前支撑锚杆、锚梁并保持其精度的辅助结构物。锚固系统的安装精度很大程度上取决于支承架的组拼精度，虽然它是辅助结构，但也是非常重要的结构。支承桁架根据主缆索股的散射线形、锚杆锚梁等构架主体的布置，以及考虑作为一个精度高而又稳定的支撑结构所需要的刚度来选定其截面尺寸。

锚碇锚固系统锚杆型钢绝大部分埋置在锚碇混凝土中，为不可检查、不可更换构件。由于锚碇大体积混凝土不可避免生产孔隙及微裂纹，外界腐蚀介质与水气等易以此为通道接触锚碇型钢，引起腐蚀隐患。洞庭湖大桥根据试验结果设计锚固系统型钢防护方案，对锚杆采用 1.5mm 硫化型橡胶密封剂 ＋4mm PEF 材料进行防护，既能保证锚固系统型钢的长期防护效果，又适应锚固系统受力变形需要。

2. 分布传力钢板构件锚固系统

分布传力钢板构件锚固系统是一种新的锚固理念，期望通过锚固结构的合理构造，实现将主缆拉力以渐进的方式传递到锚体混凝土中的目的，如图 5-5-15 和图 5-5-16 所示。

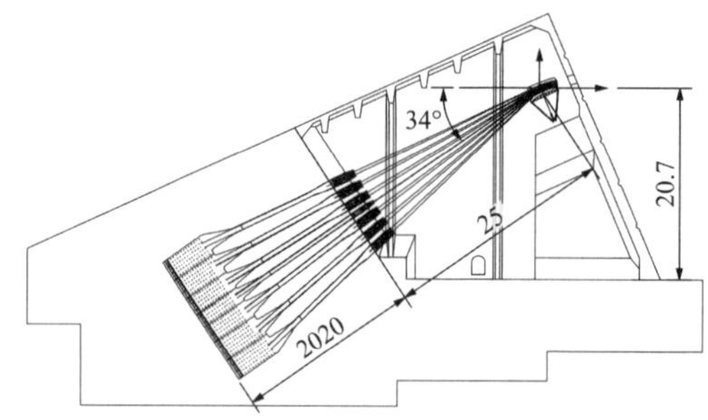

图 5-5-15　分布传力钢板构件锚固系统立面布置（尺寸单位：cm）

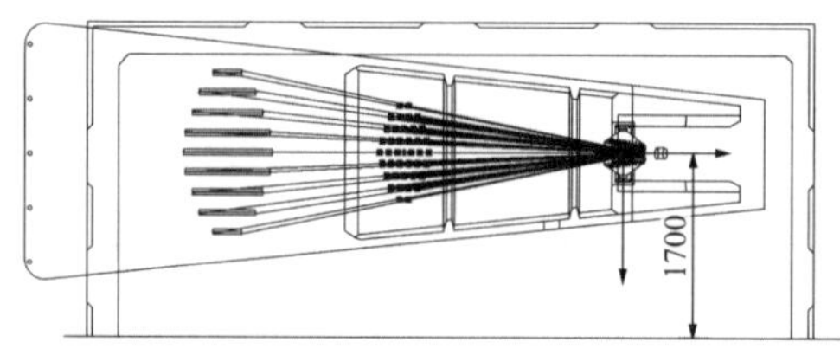

图 5-5-16　分布传力钢板构件锚固系统平面布置（尺寸单位：cm）

分布传力锚固系统主要由四部分构成：索股连接构造、钢拉杆、锚固板、锚梁。索股连接构造可采用与钢框架后锚梁锚固系统相同形式；钢拉杆可采用长钢杆，截面形式为宽翼缘工字形截面，与钢框架后锚梁锚固系统相似，其上也需采取无黏结措施；锚固板为宽度较大的钢板，其上布置传剪器群，正常使用情况下主缆拉力主要由锚固板及传剪器群承担，是主要的传力结构；末端锚梁由承压钢板及其加劲肋组成，作为安全储备。

根据传剪器布置原则，传剪器采用了等间距布置的方法，标准锚固板布置 10 排 SB60-20 钢筋混凝土榫传剪器，传剪器间距为 0.35m（索股方向）× 0.4m（高度方向），一般锚固板则布置了 12 排 0.35m（索股方向）× 0.4m（高度方向）间距钢筋混凝土榫传剪器。前 2 排仅在锚固板两侧布置，为 SB45-16 传剪器，后 10 排为 SB60-20 传剪器，如图 5-5-17 和图 5-5-18 所示。

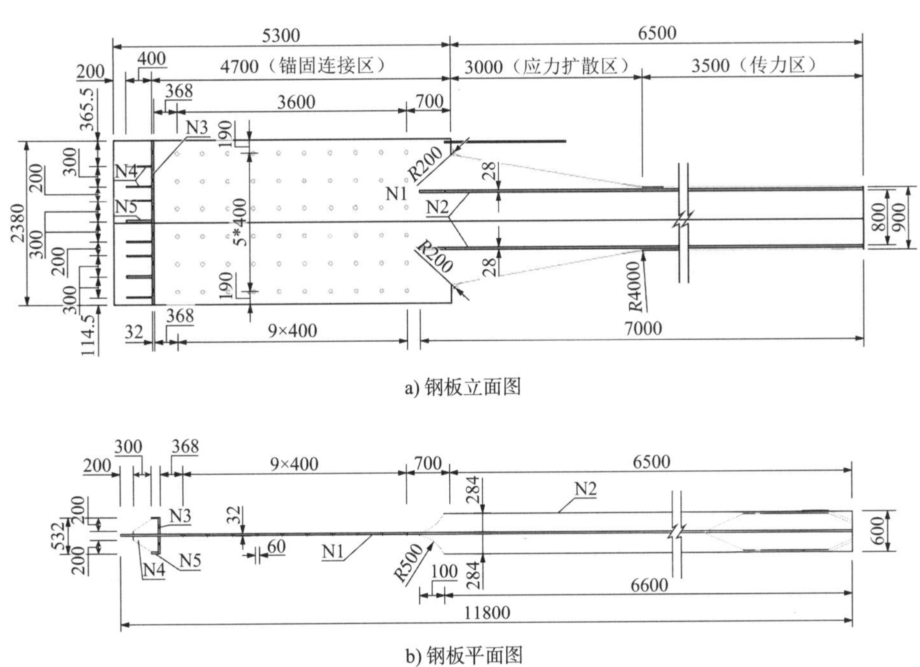

a) 钢板立面图

b) 钢板平面图

图 5-5-17　锚固单元构造（尺寸单位：mm）

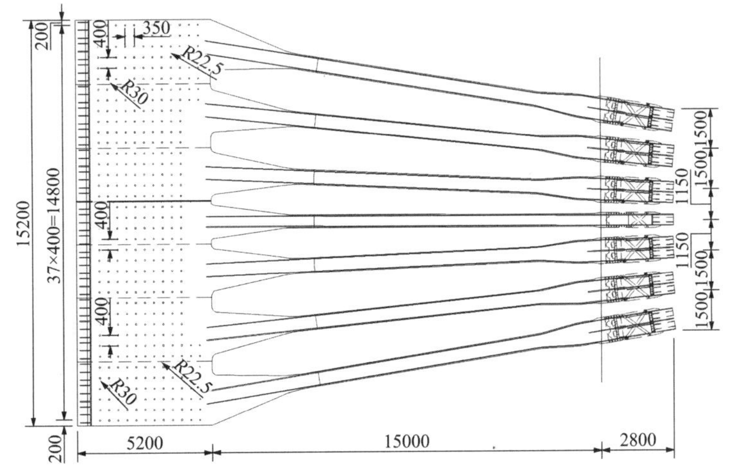

图 5-5-18　锚固单元立面布置（尺寸单位：mm）

3. 预应力锚固系统

1）预应力钢绞线系统

（1）总体布置

锚固系统总体布置在水平、竖向两个面内，可以均呈辐射状布置、平行状布置，或一个面内呈辐射形而另一个面内呈平行布置等多种布置形式，主要根据锚碇总体布置、锚块规模以及施工难易性等综合确定。对于均呈辐射形的布置，拉杆方向与其对应的索股方向一致，前、后锚面均为与中心索股垂直的平面，预应力钢束沿索股发散方向布置。典型的总体布置如图 5-5-19 所示。

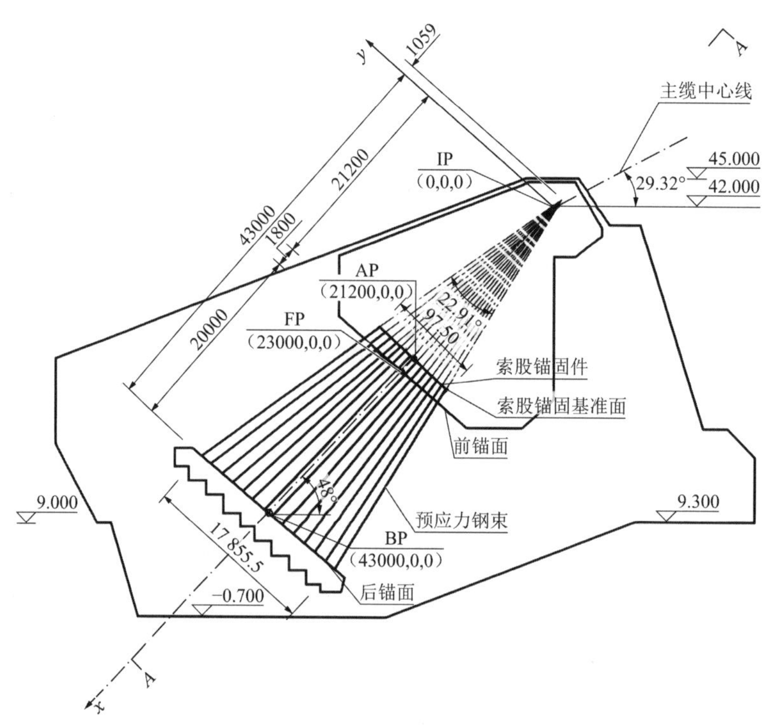

a) 锚固系统立面布置

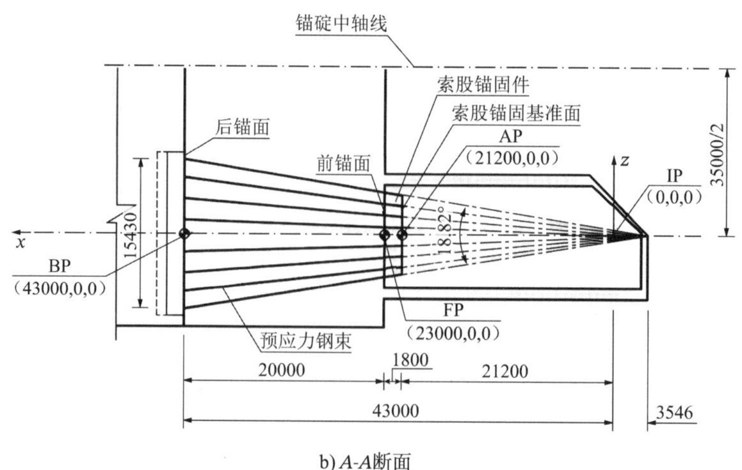

b) A-A 断面

图 5-5-19　辐射形锚固系统总体布置（尺寸单位：mm；高程单位：m）

（2）锚固单元。

锚固系统由索股锚固连接构造和预应力钢束锚固构造组成。索股锚固连接构造由拉杆及其组件、连接器组成；预应力钢束锚固构造由管道、预应力钢绞线及锚具、防腐油脂或水泥浆、锚头防护帽等组成。拉杆上端与索股锚头上的锚板相连接，另一端与被预应力钢束锚固于前锚面的连接器相连接。

索股锚固连接构造通常分单索股锚固单元和双索股锚固单元两种类型。单索股锚固单元由 2 根拉杆和单索股连接器构成，双索股锚固单元由 4 根拉杆和双索股连接器构成。典型的无黏结可更换锚固系统锚固单元构造如图 5-5-20 所示。

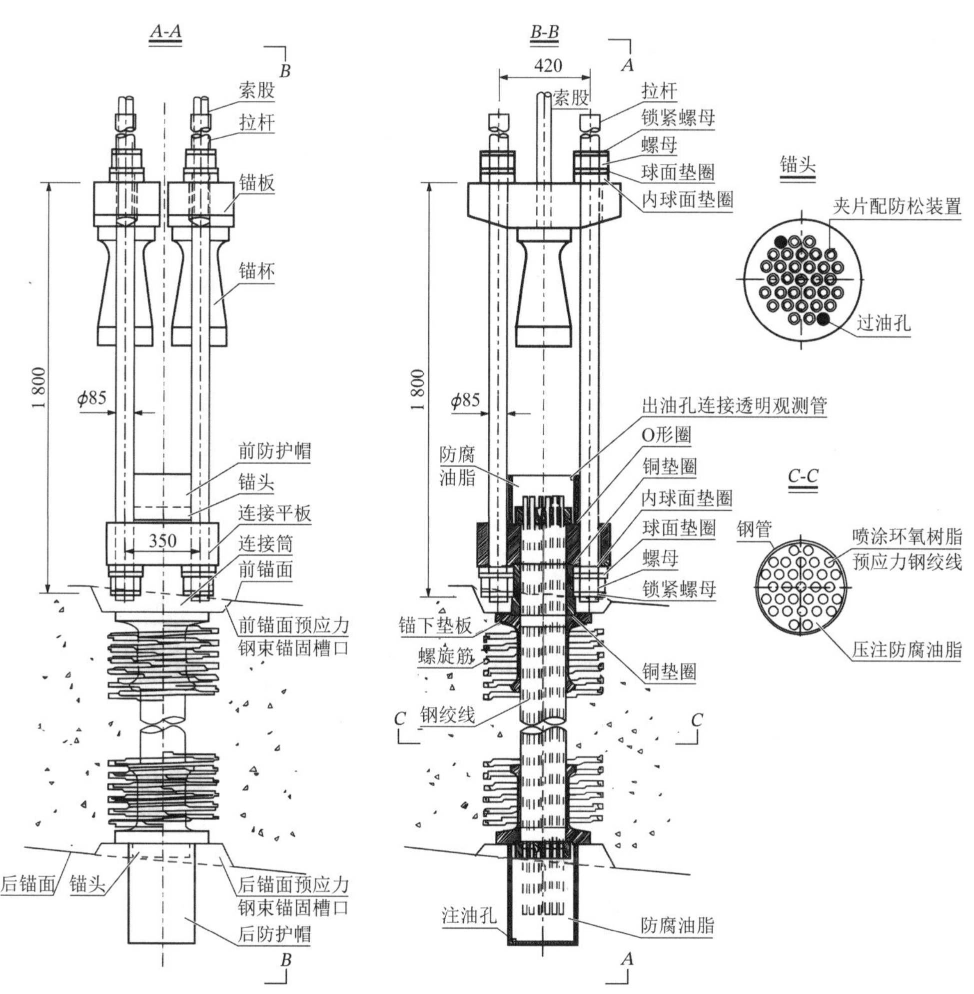

图 5-5-20　无黏结可更换锚固系统锚固单元构造类型（尺寸单位：mm）

（3）构件设计

① 拉杆组装件。拉杆、螺母、垫圈通常采用高强合金钢，如 40Cr、40CrNiMoA。拉杆直径和长度根据计算确定，螺母、垫圈与之配套。拉杆、螺母的螺纹设计应满足安全和经济性的要求，尽量采用高标准设计，以提高其疲劳强度。拉杆方向误差用球面垫圈和内球面垫圈予以调整。

拉杆应设计有加长螺纹，以调节主缆索股的制作、安装误差。为防止螺母在动载下的松动，部分拉杆设计加设了锁紧螺母。拉杆组装件强度应通过静、动载试验验证。

② 连接器。通常采用锻造的优质碳素结构钢。连接器可以做成整体或分离结构，各有利弊。对分离式连接器，包括连接平板和连接筒。连接器的设计除须满足本身的强度和刚度要求外，还须满足拉杆、锚头构造的要求。它既是锚头下的垫板，又起连接拉杆作用，其受力比较复杂，设计时除按常规法进行锚头下及内球面垫圈下压应力和剪应力及各主要截面的弯曲、剪切应力的验算外，还应采用三维有限元法进行应力、应变校核计算。

③ 预应力锚固组装件。预应力锚固组装件由钢绞线、锚具、预埋钢管和防护帽组成。锚具由锚头、夹片、锚下垫板、螺旋筋及密封圈等组成。为方便施工，可采取一端张拉方式。

锚固系统属于悬索桥的一类构件，要求预应力锚固组装件应满足一定的静载和动载性能。

对于需要更换的锚固系统，要求管道及锚头孔眼设计应保证钢绞线不弯曲、不扭绞。为保证安全，锚头夹片锚固后宜设置防松装置。

（4）锚固系统防腐

锚固系统防腐性能至关重要，具体内容参见本书相关章节。

2）预应力粗钢筋锚固系统

预应力粗钢筋锚固系统总体布置在水平、竖向两个面内，一般只能呈辐射形布置。锚固系统也由索股锚固连接构造和预应力钢筋锚固构造组成。锚固单元构造与预应力钢绞线大致相同，区别在于用粗钢筋代替钢绞线，相应的锚具及连接器细部会有所区别。

国内宁扬长江大桥锚碇锚固系统采用了该方案（图 5-5-21）。对应于单索股锚固连接器采用直径为 120mm 的合金结构圆钢杆，对应于双索股锚固连接器采用直径为 170mm 的合金结构圆钢杆，后锚板采用低合金高强度结构钢，钢板厚 40mm。主缆锚固系统锚杆埋入混凝土部分采用“油漆 + 密封剂 + 高强玻璃布”防护体系，具体为：涂 80μm 环氧富锌底漆，刮聚硫密封剂 2000～3000μm，同时缠绕高强玻璃布两层厚 600μm，玻璃布表面涂两层聚硫密封剂，并整形光滑；刷涂聚氨酯面漆三道，干膜厚度为 120μm，采用塑料布缠绕包保护，并用捆绑带固定。每浇筑一层锚碇混凝土，沿锚杆与锚碇混凝土分层交界面四周采用腻子进行密封，前锚面与锚杆交界处亦需密封。后锚面后的锚板、垫片、螺母及螺母外螺杆之间需涂聚硫密封胶密闭。

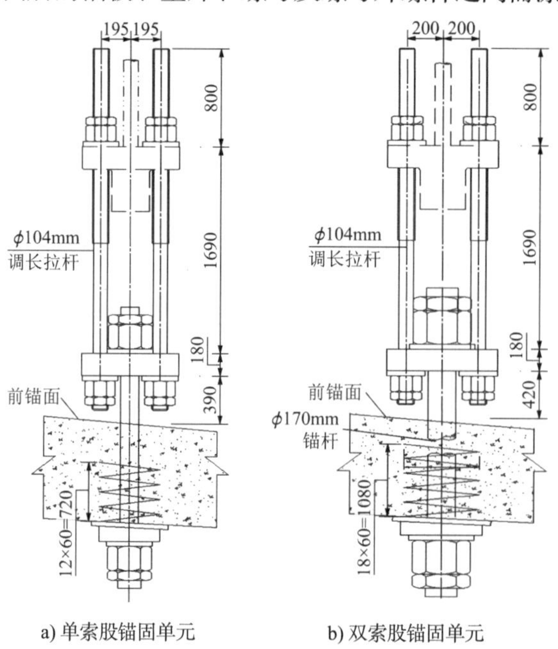

图 5-5-21　宁扬长江大桥预应力粗钢筋锚固系统构造图（尺寸单位：cm）

国外应用预应力粗钢筋锚固系统的有英国塞文桥、土耳其博斯普鲁斯海峡大桥。塞文桥预应力粗钢筋锚固系统特点如图 5-5-22 所示。连接锚板厚 190mm，用 4 根直径为 108mm 的预应力粗钢筋紧压在前锚面。粗钢筋管道采用外径 140mm、长 14.5m 的铁皮套管，套管定位于定位钢支架。当锚块混凝土达到强度后，在后锚面对粗钢筋进行张拉，之后，在套管内压注水泥浆防腐。

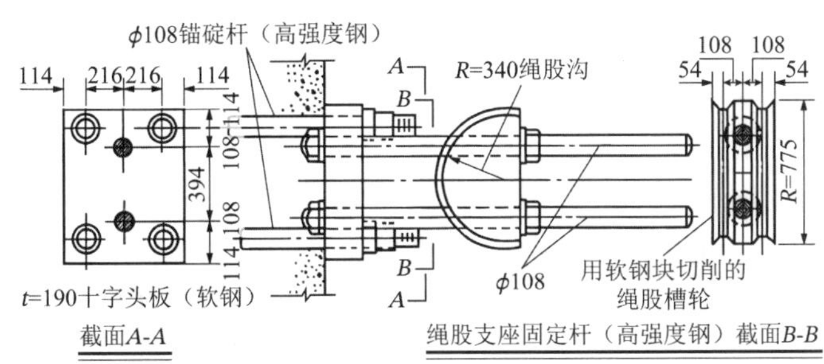

a) 绳股支座及十字头板

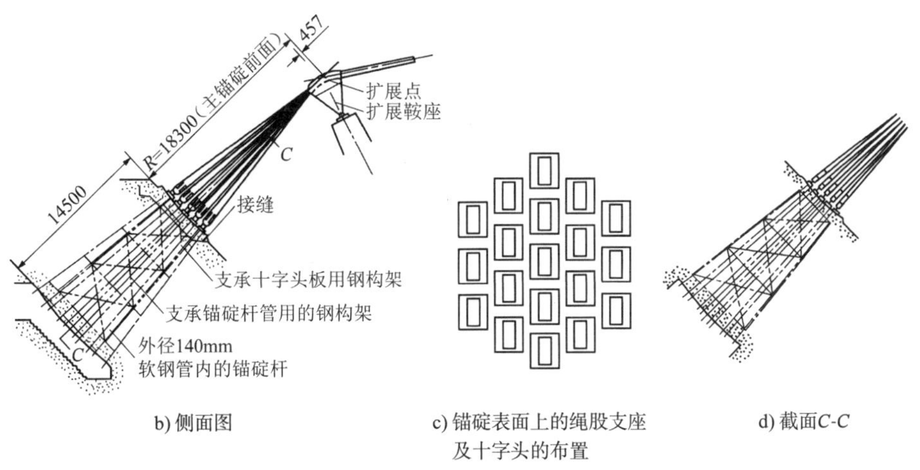

b) 侧面图　　c) 锚碇表面上的绳股支座及十字头的布置　　d) 截面C-C

图 5-5-22　塞文桥预应力粗钢筋锚固系统构造图（尺寸单位：mm）

第六节　主要材料与选择

一、混凝土

1. 重力锚

（1）锚体

除横梁采用预应力混凝土和散索鞍支墩顶部由于要分散散索鞍传来的巨大压力而一般采用 C40 及其以上混凝土外，其余部位一般采用 C30 或 C25 混凝土，其中后浇带采用相应强度等级的微膨胀混凝土。也有在前后锚面一定厚度范围采用 C40 混凝土的设计，但这样会给施工带来许多麻烦，因此一般应优化锚固系统的端部局部承压构造，使锚块采用同强度等级的混凝土。

（2）基础

基础一般采用 C25 以上混凝土，根据具体情况有所不同。沉井壁采用 C25 混凝土，封底采用C20混凝土，顶板采用C30混凝土；地下连续墙墙体及内支撑、内衬采用C30混凝土，底、顶板采用C30混凝土；填芯一般采用低强度等级片石混凝土或素混凝土，也可采用碾压混凝土。

2. 隧道锚

锚塞体一般采用C30及以上微膨胀混凝土，一般希望其具有一定抗渗能力；支墩顶部采用C40混凝土，支墩基础采用C25以上混凝土，初期支护采用C25喷射混凝土，二期模筑衬砌采用C30抗渗混凝土。

无论是重力锚还是隧道锚，混凝土容许拉、压应力按规范取值。一般情况下，当计算拉应力大于0.3MPa时，需配置钢筋补强。

为了避免锚碇大体积混凝土出现开裂，常常采用高炉矿渣或粉煤灰掺合料混凝土，以降低混凝土水泥水化热，并减缓混凝土温度上升的速度，因此混凝土强度上升较慢。一般混凝土设计强度宜采用90d龄期强度，但为缩短工期，通常采用60d龄期强度。

锚碇混凝土强度等级除了满足结构受力需要外,还应根据结构耐久性设计需要进行选用。

二、钢筋

锚碇各部分钢筋的用量和布设根据结构计算结果配置。对于截面受力主筋，一般采用直径不小于20mm的HRB400钢筋，直径最大一般不超过32mm。钢筋的强度及容许应力值按规范取值。

对于非受力需要的混凝土表面钢筋，主要起防止表面开裂和分布表面裂纹的作用。一般采用直径不小于16mm的HRB400级钢筋，考虑施工方便，间距多在20cm左右；直径和间距也可根据具体情况予以确定。

锚碇钢筋材料除了满足结构受力需要外，还应根据结构耐久性设计需要进行选用。

三、钢材

主要指锚固系统使用的钢材。

预应力钢束通常采用直径15.20mm、标准强度为1860MPa的低松弛钢绞线。

高强钢材：拉杆一般采用40Cr或40CrNiMoA，螺母、垫圈一般采用40Cr，连接器一般采用45号优质碳素结构钢（锻造）。

普通钢材：钢框架锚固系统和锚固系统定位支架一般采用Q235A钢，锚固系统预应力管道可采用20号无缝钢管，冷却管可采用电焊钢管或输水黑铁管。

锚碇钢材除了满足结构受力需要外，还应根据结构耐久性设计需要进行选用。

第七节　结构分析计算

一、主要计算内容

1. 重力锚

重力锚的主要计算内容包括整体稳定性验算和结构计算两大方面。

1）锚碇整体稳定性验算

锚碇整体稳定性验算包括：

（1）基底地基强度验算。

（2）锚碇整体抗滑动稳定性验算。
（3）锚碇整体抗倾覆稳定性验算。
（4）沉降及变位分析。
2）锚碇结构计算
锚碇结构计算包括：
（1）锚体结构计算。
①锚碇总体应力分析。
②锚块截面抗剪计算。
③空腹式锚体框架受力计算。
④局部应力验算。
（2）锚碇基础结构计算。
（3）锚固系统结构计算。
①静力计算。
②拉杆组件疲劳验算。
③连接器受力分析。
④锚下应力计算。
2. 隧道锚
（1）整体稳定性验算。
（2）锚碇-围岩共同作用稳定性分析。
（3）锚体及锚固系统结构计算。
上述计算内容除作静力计算外，尚应结合全桥抗震计算对锚碇整体稳定性及结构关键部位进行验算。

二、计算荷载

计算荷载种类见表 5-7-1。

荷载种类列表　　表 5-7-1

荷载种类			稳定性验算	结构计算
永久作用	1	上部结构传递的荷载（缆力、支座反力）	√	√
	2	自重	√	√
	3	土压力及地基反力	√	√
	4	水压力		√
	5	水浮力	√	√
可变作用	6	波浪力	√	√
	7	温度变化，干燥收缩的影响		√
	8	风荷载	√	√
	9	水流力	√	√
	10	其他荷载	√	√
偶然作用	11	船舶撞击力	√	√
地震作用	12	地震力，地震时的动水压	√	√

三、重力锚整体稳定性验算

1. 基底地基强度验算

锚碇基础应分别进行施工阶段、运营阶段的基底应力验算。

在各阶段，锚碇基底应力应小于天然地基或加固后地基的容许承载力。基底应力应尽量均匀，不出现大的突变，也不出现“脱空”现象。

对于扩大基础和厚度很大的箱形基础，一般按刚性基础力学模型进行地基应力计算，计算公式为：

$$\sigma_{\min}^{\max} = \frac{N}{A} \pm \frac{M_x}{W_x} \pm \frac{M_y}{W_y} \leqslant [\sigma] \tag{5-7-1}$$

式中：M_x、M_y——外力对基底顺桥向中心轴和横桥向中心轴的力矩；

W_x、W_y——基底对 x、y 轴的截面模量。

当基底持力层以下有软弱下卧层时，尚应根据规范验算下卧层的承载力。

对于井筒式地下连续墙基础和具有一定柔性的箱形基础，宜按弹性地基梁理论考虑结构-地基共同作用，进行弹性或弹塑性有限元分析。可参见相关文献资料。

2. 锚碇整体抗滑动稳定性验算

锚碇整体抗滑动稳定性验算一般按刚性基础模型计算，除桩基础和井筒式地下连续墙基础要考虑基础前侧土抗力外，其余基础一般仅考虑基础底面的抗滑。

（1）基底水平情形

$$H_{\mathrm{k}} = CA + \mu N_0 \tag{5-7-2}$$

$$K_{\mathrm{h1}} = \frac{H_{\mathrm{k}}}{H_0} = \frac{CA + \mu N_0}{H_0} \tag{5-7-3}$$

（2）基底倾斜情形

$$V = H_0 \sin\theta + N_0 \cos\theta \tag{5-7-4}$$

$$H = H_0 \cos\theta \tag{5-7-5}$$

$$H_{\mathrm{k}} = CA + \mu V + N_0 \sin\theta \tag{5-7-6}$$

$$K_{\mathrm{h2}} = \frac{H_{\mathrm{k}}}{H} = \frac{CA}{H_0 \cos\theta} + \mu \tan\theta + \frac{N_0(\mu + \tan\theta)}{H_0} \tag{5-7-7}$$

式中：H_{k}——水平抗力；

H_0——水平合力；

N_0——竖向合力；

V——垂直于基底的合力；

H——平行于基底的合力；

μ——摩擦因数；

C——黏结系数；

A——基础底面面积；

K_{h1}、K_{h2}——安全系数；

θ——倒坡倾角。

锚碇基础底面的滑动抵抗力通常由以下几部分组成：

（1）基础底面和地基间的黏结力

基础底面和地基间的黏结力为基础底面和地基间的黏结强度与有效承载面积的乘积。基础底面和地基间的黏结力应根据混凝土块的剪切试验、其他试验和施工条件而定。对于为混凝土的基础与土的地基之间，通常不考虑该部分力。

（2）基础底面和地基间的滑动摩阻力

基础底面和地基间的滑动摩阻力为有效垂直荷载（扣除主缆拉力的垂直分力和浮力后）与摩阻系数的乘积。摩阻系数按规范取值或根据试验、已建桥经验而定。

（3）基础前部岩土抗力

基础前部岩土抗力通常只在良好的嵌固和视周边环境情况下才予以考虑。

对于大跨径缆索承重桥梁，锚碇、索塔、缆索等关键构件的稳定性和安全性对整个结构体系的受力安全极为重要，也成为了设计中最关注的因素之一。随着我国修建的大跨径悬索桥数量的增加和技术水平的提高，桥梁结构设计已经逐渐轻盈化、纤细化，在保证结构受力安全和稳定的前提下尽量减少结构尺寸和造价的诉求也愈发显著。然而，对大跨径悬索桥关键构件设计理论及其相关研究还相对滞后。以锚碇为例，《公路悬索桥设计规范》（JTG/T D65-05—2015）规定锚碇整体倾覆稳定系数 $K \geqslant 2.0$，该限值是参考日本在 20 世纪 80 年代本-四联络桥建设中采用的限值规定，且仅适用于重力锚，而对隧道未作明确的规定。欧美等国家早已摒弃了安全系数法而采用基于可靠性理论的分项系数法来对桥梁基础进行设计；基于同样的理念，日本于 2017 年开始施行的新的设计标准也采用基于可靠性理论的分项系数法。随着科学技术的发展，钢结构大量出现，结构构造体系的明朗化，管理体系的完善，正确地分析锚碇等悬索桥关键构件的稳定安全度应提至重要的议程，其原因在于：①不合适的安全值将会给工程带来不必要的成本；②随着跨径加大，变异性较小的永久作用效应比例逐渐增大，科学地降低稳定验算安全系数限值仍将保证悬索桥的安全。

张靖皋长江大桥对影响锚碇稳定性的设计参数进行了敏感性分析，识别出了其中对锚碇抗滑移影响最为显著的参数。首先，锚碇抗滑能力受摩擦因数影响最大；其次，混凝土密度也是重要影响参数；此外，主缆缆力也对锚碇稳定性极为重要，而缆力受加劲梁与主缆本身材料密度影响最显著。结合张靖皋长江大桥和设计参数荷载组合效应，建议基于目标可靠度指标 5.2 的安全系数合理取值为 1.80。

3. 锚碇整体抗倾覆稳定性验算

锚碇整体抗倾覆稳定性验算一般按刚性基础模型计算，除桩基础和井筒式地下连续墙基础外，其余基础一般仅考虑基础底面的地基反力作用。

对于地基为土或风化岩的情况，应保证在最不利的荷载作用下，基底截面偏心距落在截面核心内；当地基为强度高的新鲜岩石的情况，应保证相对于基础前趾点抗倾覆力矩大于最不利荷载作用下的倾覆力矩；在地基难以明确区分时，可用两种方法相互校核。

4. 沉降及变位

重力锚不能有过大的沉降量；各部及整体的沉降量在施工各阶段已绝大部分完成；各部不能存在较大的沉降差。

设计中应准确计算出锚碇基础和整体的变位量，作为确定散索鞍的预偏量和上部结构计算的依据。

对于沉井、地下连续墙类的重力锚，由于施工过程复杂，结构在不断变化，而且外力状况也在不断变化，涉及渗流、蠕变等各种情况，因此需要针对不同情况建立不同的模型来计算长期的变形。目前主要的计算模型有：①刚体模型，即认为基础是刚性的，变形主要是发生整体的转动；②弹性地基梁模型，即基础当作地基上的有限长梁处理，利用解析式求解变形；③三维有限元模型。

5. 地基土的受力状态分析

设计师应用有限元法，对基础周边岩土体进行力学分析，以了解其应力及变位状态，对其稳定性进行评价。

四、锚体结构计算

锚体设计采用梁理论，用刚体平衡计算的常规方法以及有限元法进行分析。

1. 常规计算方法

首先根据锚碇各部分的结构特征、施工工况等将各部分采用合适的模型模拟，然后利用力的平衡原理进行控制断面的内力和应力计算。外部荷载主要有自重、主缆拉力、地基反力、浮力、水土压力等；对于地基反力，可以采用稳定分析中的计算结果将其作用到模型上。

2. 锚碇有限元总体应力分析

对锚碇总体进行有限元应力分析，了解总体应力分布状态，对正常荷载下混凝土产生超过 0.3MPa 拉应力的部位进行配筋。

有限元分析的计算精度受输入条件的影响较大（主要是结构的模型化、网格的划分方法等），因此要仔细考虑。地基作用可以模拟为地基弹簧支承，也可像常规法中直接采用稳定分析中的计算结果将其作用到模型上。

对于计算所得的混凝土产生裂缝处内部主筋可能发生锈蚀的位置、较大局部荷载作用的位置（如散索鞍支墩顶）、锚梁承压面等重要位置，还应和常规方法的计算结果进行比较，宜进行必要的钢材补强。

阳逻大桥北锚碇空间分析模型如图 5-7-1 所示。锚体应力分析利用结构对称性取二分之一锚碇，采用 Ansys 建模并进行计算。在 Ansys 中，采用 SOLID45 号单元类型模拟混凝土，力求简单，建模不考虑钢筋，预应力采用外部荷载进行等效替换。假定锚体与基础面接触良好，固结锚碇基底面，在对称面上施加对称约束条件。假设锚碇一次施工完成，然后张拉预应力、挂缆。在划分单元时，先划分能采用六面体进行划分的规则简单结构部件，最后采用四面体划分不能采用六面体进行划分单元的不规则复杂结构部件。在后锚面，施加锚固系统等效预应力荷载；在前锚面，根据计算工况不同施加锚固系统等效荷载与主缆索股荷载的合力；在支墩顶面，根据施工工况添加散索鞍传递给支墩的等效荷载，同时考虑重力作用。

3. 锚块截面验算

锚固系统必须对最底缘的截面进行验算，如图 5-4-2 所示的I-I截面。此外，锚固系统尚需对其余可能存在的不利抗剪截面进行验算，如图 5-4-2 所示的II-II截面或其他截面。截面上作用的主缆拉力 T 完全由验算截面与后锚面所包围的上部锚块的自重来承担，如对I-I截面而言的阴影部分。验算公式如下：

$$\tau = \frac{T_{\mathrm{H}} - W_{\mathrm{H}}}{A} < [\tau] \tag{5-7-8}$$

式中：τ——斜截面平均剪应力，最大应力 $\tau_{\max} = K\tau$，对于矩形截面，安全系数$K = 1.5$；

T_{H}——缆力沿计算截面方向的水平分力；

W_{H}——锚块自重沿计算截面方向的水平分力；

A——计算截面面积，顺桥向取截面长度，横桥向宽度通常有两种取法，一是偏安全地取锚固系统最大宽度，另一种是取锚固系统最大宽度加上两侧的襟边宽度，两者差别不大；

$[\tau]$——混凝土容许剪应力。

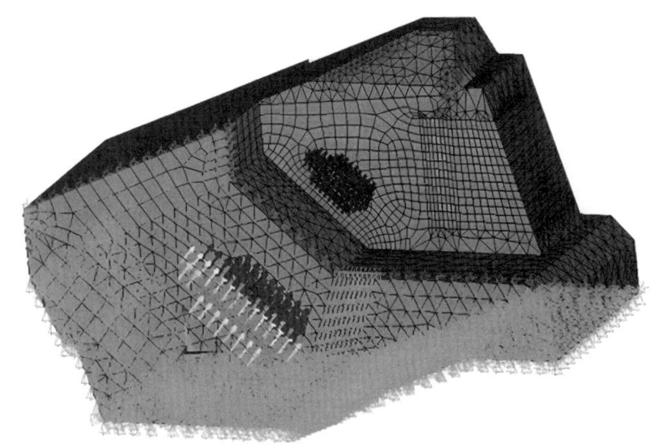

图 5-7-1　阳逻大桥北锚碇空间分析模型

4. 局部受力计算

对锚体局部如前锚室、支墩、横梁等的各板、墙，以及支墩顶部散索鞍支承面下等部位进行受力计算，根据计算结果进行配筋，并检验结构的承载能力、裂缝和变形等。

五、重力锚基础结构计算

本节仅结合锚碇特点对重力锚基础结构计算作针对性的论述，具体内容可参见相关书籍或文献。

1. 扩大基础

基础受力的较精确计算应是选择适当的地基模型，考虑上部结构、基础、地基的共同工作——弹性地基上的结构物分析的方法。对于锚碇扩大基础而言，由于基础刚度往往很大，襟边较小，因此只需按刚性板、梁法，将上部结构、基础、地基分开后单独求解。

对于厚度较大且上部锚体的平面面积占基础平面绝大部分的扩大基础，往往仅按刚性角要求，验算基础高度即可有：

$$H \geqslant \frac{c}{\tan \alpha} \tag{5-7-9}$$

式中：H——基础高度；

c——襟边总宽；

α——基础材料刚性角。

对于其他情形，可根据需要进行抗剪及抗冲切验算。

2. 箱形基础

箱形基础的内力计算比较复杂。从整体来看，箱形基础承受着锚体及上部结构荷载和地基反力的作用在基础内产生的整体弯曲应力、竖向和水平剪应力；可以将箱形基础当作一空心厚板，用静定分析法计算任一截面的弯矩和剪力，弯矩使顶板、底板轴向受压或受拉，剪力由横、纵腹板承受。另外，箱形基础的顶板、底板还分别由于顶板荷载和地基反力的作用产生局部弯曲应力，可以将顶板、底板按周边固定的连续板计算内力。

合理的分析方法应该考虑锚体结构、基础和土的共同作用。根据共同作用的理论研究和实测资料表明，锚体结构刚度对基础内力有较大影响；由于锚体结构参与共同作用，分担了整个体系的整体弯曲应力，基础内力将随上部结构刚度的增加而减少。但这种共同作用分析方法距实际应用还有一定距离，故目前实际应用的是考虑锚体结构刚度的影响，按不同结构体系采用不同的分析方法。

3. 地下连续墙基础

对于井筒式地下连续墙基础，地下连续墙即为基础结构，对包括顶板在内的地下连续墙计算即为基础结构计算。而对于前述矩形地下连续墙（排桩墙）及圆形地下连续墙基础，地下连续墙仅为基坑开挖期间的支护结构，因此基坑开挖施工期间支护结构计算即为地下连续墙的主要计算内容。基坑开挖后，在坑内进一步施工基础结构，如前所述有两种做法：一是全部填芯，此情形基础为深埋的刚性扩大基础；二是在坑内浇筑底板、腹板及顶板的箱格基础。两者的计算方法参见前述内容。支护结构由于其相对于强大的基础而言受力可以忽略不计，当然在整体空间分析中也可以带入作精确计算。井筒式地下连续墙基础计算理论和方法尚有待于研究和完善，设计者可根据实际情况参考相关书籍和文献进行设计，并在实践中积累经验。以下仅讨论地下连续墙支护结构的计算方法。

（1）计算分析方法

地下连续墙作为基坑开挖施工中的防渗挡土结构，是由墙体、支撑及墙两侧土体组成的共同作用受力体系。它的受力变形状态与基坑形状、开挖深度、墙体刚度、支撑刚度、墙体入土深度、土体特性、施工顺序等多种因素有关。地下连续墙的破坏可分为稳定性破坏和强度破坏两种类型。稳定性破坏包括整体失稳（整体滑动或倾覆）和地基失稳。强度破坏包括墙体和支撑强度不足或压屈及墙体踢脚破坏等。

通常可以采用有限元法考虑结构-地基共同作用对支护结构进行空间分析，也可将空间问题平面化，采用等值梁法和弹性地基梁法进行分析。等值梁法基于极限平衡状态理论，假定支挡结构前、后受极限状态的主动、被动土压力作用，不能反映支挡结构的变形协调情况，亦即无法预先估计基坑开挖对周围建筑物的影响，故一般仅作为支护体系内力计算的校核方法。弹性地基梁法则能够考虑支挡结构的平衡条件和结构与土的变形协调，分析中所需要的参数单一且土的水平抗力系数取值已经积累了一定的经验，并可有效地计入基坑开挖过程中的多种因素的影响，如作用在挡墙两侧的土压力的变化、支撑数量随开挖深度的增加而起的变化、支撑预加轴力和支撑架设前的挡墙位移对挡墙内力和变形的影响等，同时从支挡结构的水平位移可以初步估计开挖对临近结构物的影响程度，在实际工程中已经成为一种重要的设计方法和手段。

（2）结构计算模型

以下介绍一种弹性地基梁杆系有限单元法，该方法对于支护结构采用线弹性理论，对于土压力则采用弹-塑性本构模型，同时还可考虑土压力的滞后效应。

采用弹性地基梁法分析时，将地下连续墙作为竖向弹性地基梁，假定梁身任一点的土抗力和该点的位移成正比例。取单位宽度的地下连续墙作为竖直弹性地基梁，支撑结构（锚杆、锚索、水平支架、内衬）简化为弹性支撑，地下连续墙墙后土压力根据变形情况确定（图5-7-2～图5-7-5）。计算模型如图5-7-6所示。

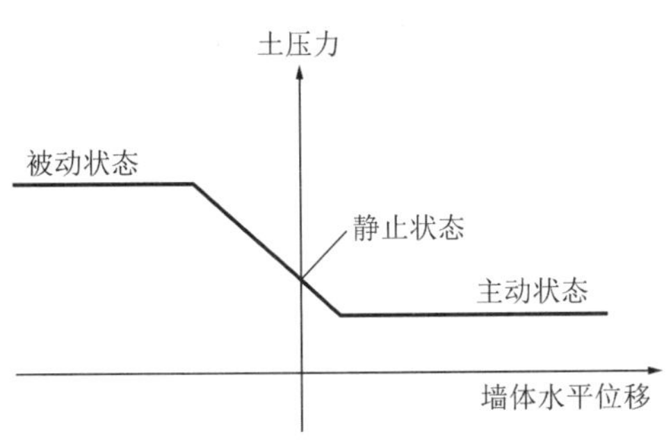

图 5-7-2　非开挖侧土压力

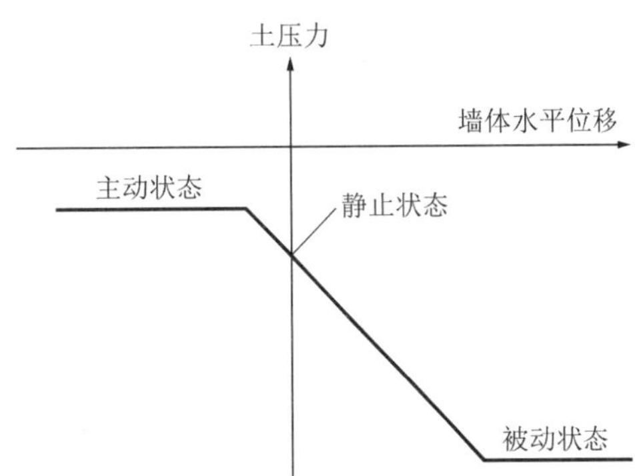

图 5-7-3　开挖侧土压力

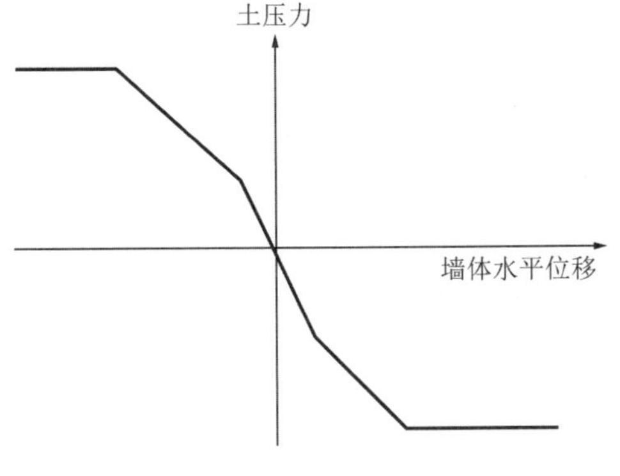

图 5-7-4　组合土压力

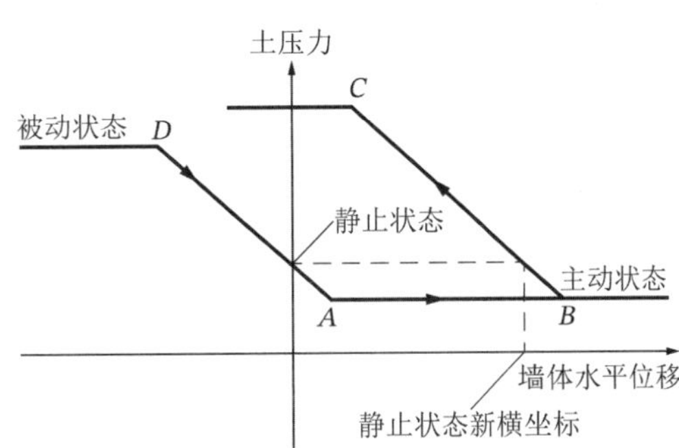

图 5-7-5　土的滞后作用

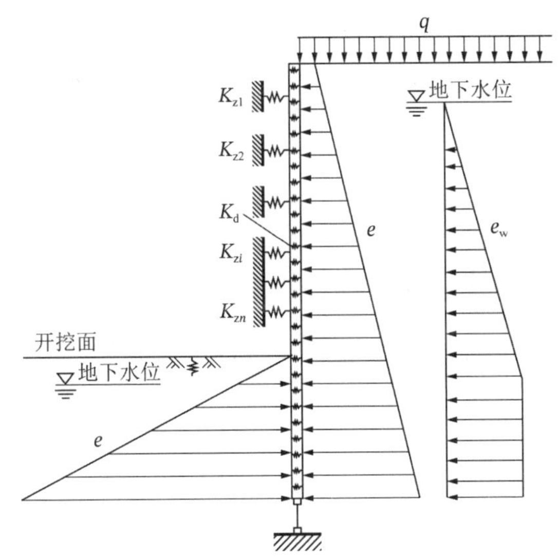

图 5-7-6　地下连续墙支护结构计算模型

K_{z1}，K_{z2}，…，K_{zi}，…，K_{zn}-支承的弹性系数；K_d-当为圆形地下连续墙时，墙体沿深度方向的等效分布弹性系数；q-作用在地面上的竖向均布荷载标准值；e-墙侧水平土压力强度标准值；e_w-墙侧水压力强度标准值

根据基坑开挖和内撑的施工顺序确定施工工况。地面超载可取 20～30kPa。

墙体受力假设为线性的，即变形为弹性变形，可用古典方程求解：

$$EI\frac{\mathrm{d}^4u}{\mathrm{d}y^4}+Ku-p=0 \tag{5-7-10}$$

式中：E——墙体杨氏弹性模量；

I——墙体截面惯性矩；

u——墙体水平位移；

y——深度；

K——墙侧土体的水平地基反力系数，可按式 $K=mZ$ 计算（其中 m 为水平地基反力系数随深度增大的比例系数，可通过水平荷载试验确定，Z 为计算点距墙侧地面的深度），或按其他可靠方法计算或经验取值；

p——荷载作用。

（3）计算假定

① 基于弹性理论的古典假定，即：墙体变形符合小变位假定，同时墙体及内衬材料符合胡克定律，受力为线性的。

② 忽略剪力对地下连续墙变形的影响；忽略垂直力（墙体轴向荷载、墙体与土之间的摩擦力）和可能存在的挠曲影响。

③ 墙底竖向约束，水平及转角位移自由。

④ 土体的应力-应变关系如图 5-7-2～图 5-7-4 所示，同时仅考虑密贴墙体土体的变位，而不考虑整个土体场可能的变位；计算宜考虑土体的滞后作用，如图 5-7-5 所示。例如，对于非开挖侧的某一土体单元，如果在前一阶段发生了从 A 到 B 的向开挖侧位移，而若在下一阶段该土体单元向相反的非开挖侧方向移动，则其土压力模式重新建立，即直线 BC。

⑤ 地下水处于静水力学状态（墙底无渗流）。

⑥ 结构尺寸考虑构造设计和施工误差的影响。

⑦ 若为圆形地下连续墙支护结构，内衬刚度计算和强度验算时考虑受力不均匀，不均匀系数 1.1～1.2，沿对角象限分布。

⑧ 若支撑是锚杆（索）情形，则假定其封锚端是固定的。

（4）支承刚度

内支承可以是锚杆、锚索、水平支架、环形内衬或环梁等形式。锚杆（索）为柔性结构，根据其材料弹性模量、断面积和长度确定线刚度系数；水平支架为框架结构，需对框架进行计算确定其支承向的线刚度和转角刚度系数；对环形内衬或环梁，可不计转角刚度。对于圆形地下连续墙支护结构，还必须考虑地下连续墙的拱效应，即通过计入地下连续墙水平环向刚度予以考虑，地下连续墙水平环向刚度亦作为墙体水平支撑沿高度方向均匀分布。确定地下连续墙水平环向刚度时，应计入墙段接缝泥皮厚度对刚度的削弱影响。

（5）计算结果

计算结束后应输出并考察给出墙体的水平位移、转角位移、竖向弯矩、水平剪力、环向轴力（圆形地下连续墙）、支承反力、土压力、水压力等的数值结果。

（6）结构稳定性验算

地下连续墙基础计算还需计算踢脚稳定安全系数，其值一般应大于 1.5。

对于圆形地下连续墙，还应计算各土层内地下连续墙环向屈曲稳定安全系数：$K=$ 地下连续墙失稳临界荷载/地下连续墙实际环向轴力，一般应大于 1.5。

（7）地基稳定性验算

此外，地下连续墙基础还需验算基坑的整体稳定性，包括抗滑动稳定性和抗倾覆稳定性验算，以及地基土的抗隆起稳定性、抗管涌稳定性、抗承压水头稳定性等验算，可参见相关专业书籍。

4. 沉井基础

沉井在下沉时，是一种围护结构，在下沉结束后要进行封底或填充而成为深基础或地下构筑物。因此，在各个不同阶段，包括沉井制作、下沉、封底等施工阶段及使用阶段，应根据其所承受的外力及其作用状态的不同特点，对沉井结构分别进行设计计算，以保证沉井能满足强度、刚度和稳定性的要求。

沉井施工阶段的设计计算，应考虑由于施工方法不同，其施工阶段的设计计算内容也不相同。如同一沉井，当采用排水取土下沉时，井壁所受到的水土压力等外荷载就比采用不排水取土下沉时要大。当沉井采用膨润土泥浆润滑套助沉时，土壁对沉井的摩阻力将大大减少。

沉井在下沉施工阶段是无底无盖的筒状结构，当进行井壁结构计算时，通常在竖向截取单位高度的一段作为平面框架结构进行计算。如果沉井平面尺寸较大，选用单孔平面框架难以满足强度与刚度要求时，应加设内部支撑，并予以分格，构成具有纵横隔墙的竖向框架，此时沉井可按竖向框架计算。

沉井使用阶段的设计计算是指沉井已经封底、填充或加盖，即已完成了内部隔墙及上部结构并投入运营的构筑物，此时因其结构体系及受力状态已与施工阶段有别，应按地下构筑物或深基础进行验算。

沉井结构设计计算的内容和步骤如下：

（1）沉井尺寸估算

根据使用、工艺要求，所在地的工程、水文地质及施工条件，布置沉井内的隔墙、横梁、框架、孔洞等，确定沉井平面、剖面、井壁等各部分的截面尺寸及埋置深度。

（2）下沉系数计算

为确保沉井的下沉，应使沉井有一定的下沉力，往往用下沉系数反映。

（3）抗浮计算

为使沉井在施工和使用阶段不致上浮，需作抗浮计算分析，也为确定封底的厚度提供依据。

（4）荷载计算

计算外荷载，包括水、土压力及侧壁摩阻力等，必要时应绘制水土压力计算图形。

（5）施工阶段结构计算

①沉井平面框架内力计算及截面设计。

②沉井井壁竖向内力及配筋计算。

③沉井抽除垫木时，刃脚及井壁顶面抗裂计算，以配置刃脚和井壁顶面的水平钢筋。

④沉井下沉时，底梁竖向挠曲及竖向框架内力计算。

⑤刃脚部分的悬臂工作状态计算。

⑥沉井封底的抗浮验算，以确定封底混凝土厚度。

（6）使用阶段结构计算

①结构自身在使用阶段的荷载作用下，其各部分的强度验算。

②地基强度及变形验算。

③ 沉井抗滑移或抗倾覆验算。

具体计算或验算方法参见相关书籍。

六、锚固系统结构计算

1. 钢框架锚固系统

（1）锚杆分析

锚杆的设计荷载除主缆索股拉力外，还存在二次力。引起二次力的主要因素：首先是设计、制造、安装时，索股方向和锚杆轴线的偏差。参考实桥经验，结合施工水平，设计时转点处（IP 点）的偏心量取为竖向 25cm，水平向取为 20cm。其次，索股拉力偏差按 5%～10% 考虑。此外，还需计入锚杆自重等。

（2）锚梁计算分析

锚梁结构分析时，设计荷载取基本设计拉力值，把混凝土和锚梁的关系作为弹性支承上的梁模型进行分析。上翼缘除承受作用到梁上的应力外，还承受由加劲肋板支承的三边固定、一边自由的板的局部应力。锚梁应根据以上两种应力叠加来验算板的强度，并决定其尺寸。

2. 分布传力锚固系统

（1）传剪器的选配

$$V_s = \alpha\sqrt{f_c A_c} + \beta f_y A_{tr} + \gamma \tag{5-7-11}$$

式中：V_s——钢筋混凝土榫传剪器的容许承载力；

f_c、f_y——混凝土的立方体强度和芯棒钢筋的屈服强度；

A_c、A_{tr}——混凝土榫和芯棒钢筋的横截面面积；

α——混凝土榫影响系数，取 $\alpha = 33.5$；

β——芯棒钢筋影响系数，取 $\beta = 0.057$；

γ——回归常数，取 $\gamma = 25$，α 比 β 要大得多，这表明在弹塑性工作段，混凝土榫承担了大部分荷载，起主导作用，芯棒钢筋的作用不大，当混凝土榫被剪断后芯棒钢筋才开始起主要的承载作用。

（2）传剪器数量的确定

根据南京栖霞山长江大桥的经验，传剪器数量（n）可以按照式(5-7-12)初步拟定：

$$n = \frac{T}{\alpha \times [P]} \tag{5-7-12}$$

式中：T——锚固单元承受的主缆拉力；

α——传剪器剪力不均匀系数，对于混凝土榫直径 60mm、芯棒钢筋直径 20mm 的传剪器，α 可取为 0.4，该数据是在大量计算的基础上通过大量的回归分析确定的；

$[P]$——传剪器容许承载力。

（3）传剪器排布及钢板确定

传剪器的布置目前尚难以通过简单的计算来确定，而且由于传剪器群的剪力分布不均匀，传剪器的布置对传剪器群的承载能力有明显影响，从而可能影响传剪器的数量，因此传剪器布置与数量的确定是两个相互耦联的问题。

尽管目前对传剪器的布置尚不能定量确定，但根据现有的研究成果提出若干布置原则，对于指导设计、减少试算迭代次数仍是大有裨益的。从尽量增大锚碇混凝土的应力扩散区来说，传剪器布置区长度应尽量大，即在传剪器数量一定的条件下，采用较大的传剪器间距。

但传剪器间距越大，各排传剪器的剪力分布就越不均匀，前排传剪器分担的主缆拉力越大，不利于充分发挥传剪器群的整体承载力。传剪器间距小，可使各排传剪器的剪力分布较为均匀，但间距过小又使锚体混凝土的应力扩散区减小，与分布传力锚固的理念相悖；而且传剪器间距过小时，还会出现传剪器应力扩散区叠加的问题，导致混凝土局部应力过大。

从剪力分布前大后小的总体规律来看，传剪器布置可采用“喇叭形”分布方式，这样，在受力较大的前端布置较多的传剪器，在受力较少的后端布置较少的传剪器，与总体分布规律一致，可以较好地发挥传剪器群的承载力。但这样在传剪器总数一定时必然带来锚固板尺寸的增大，而且传剪器分布极不规则，会给锚固板加工和传剪器钢筋的定位带来较大困难，在实际工程中不便于实施。

从上述分析可看出，传剪器的布置总体上应综合考虑：①满足分布传力的要求，增大锚碇混凝土的应力扩散区；②尽量使各排传剪器分担的剪力相对均匀，充分发挥传剪器群的整体承载力；③传剪器的最小间距应不小于单个传剪器的应力扩散区（约 20cm）；④便于锚固板加工和土建工程施工。

最后值得一提的是，锚固钢板厚度的选择应综合考虑锚固板承受拉力和传剪器受力的需要。锚固钢板厚度不宜过薄，有试验资料表明钢板厚度小于 16mm 后，有可能出现混凝土榫在钢板开孔内被压碎、芯棒钢筋弯曲的情况，此时无论是承载力还是滑移量都会大打折扣。

3. 预应力锚固系统

预应力锚固系统计算主要包括预应力系统和拉杆安全度验算、拉杆的疲劳强度验算、连接器应力和变形计算、螺母螺纹牙强度计算、锚下应力分析等内容。

（1）预应力系统安全度验算

根据《公路钢筋混凝土及预应力混凝土桥涵设计规范》（JTG 3362—2018），首先计算预应力损失，进而计算预应力施加阶段和使用阶段的锚下有效应力，锚下有效应力与对应索股拉力作用产生的应力之比即为锚下应力安全系数，要求大于 1.2。计算索股拉力时在设计拉力基础上应乘以偏载安全系数，一般取 1.1。

同时，还要求预应力钢材按极限承载能力计算安全系数，即用预应力钢材的极限强度除以对应的考虑偏载后的设计索股拉力，要求安全系数不小于 2.5。

（2）拉杆安全度验算

查《机械设计手册》得拉杆螺纹公称应力截面积，进而计算单根拉杆对应的考虑偏载后的设计索股拉力产生的截面应力，拉杆材料屈服强度除以截面应力即为拉杆的安全系数，要求不小于 2.5。

理论上，拉杆为轴向受拉构件，尽管采用球面螺母和垫圈可以在一定程度上调整施工误差，但不可预见因素总是存在的。鉴于拉杆是悬索桥的最关键构件，且对拉力偏心十分敏感，因此在设计时通常保证其理论轴拉安全系数比 2.5 大得多；同时根据桥梁具体情况确定合理的拉力偏心距，进行偏载作用下的拉杆截面应力计算，进而计算安全系数，该系数要求不小于 2.5。

（3）拉杆疲劳强度验算

拉杆疲劳安全验算按《机械设计手册》中有关公式进行计算。同时，还需建模有限元分析在不容开裂的初始裂纹长度下的疲劳寿命。

（4）连接器应力和变形计算

连接器受力比较复杂，除应按常规法进行控制部位和截面的承压、弯曲、剪切应力的验算外，还应采用三维空间有限元法进行应力、变形计算。连接器的构造尺寸除须满足本身的强度和刚度要求外，还须满足拉杆、锚头的构造及锚下混凝土应力的要求。

（5）螺母螺纹牙强度计算

螺母螺纹牙强度按《机械设计手册》中相关公式进行计算。

（6）锚下应力分析

根据设计使用条件，对混凝土的锚下应力进行有限元分析，应力结果应满足相应强度等级混凝土的应力要求。

七、隧道锚结构计算

隧道锚锚体及锚固系统结构分析与重力锚基本相同，对所关心的部位和断面进行受力计算，参见前述相关内容。

1. 整体抗拔出稳定性验算

隧道锚的整体稳定性验算，在地基承载力及抗倾覆方面绝无问题，但其锚塞体抗拔出（抗滑动）稳定性应作充分论证。抗拔出安全系数可用式(5-7-13)简化计算：

$$K=\frac{\sum G_i\sin\theta+\mu\sum G_i\cos\theta+\sum C_iA_i}{T} \tag{5-7-13}$$

式中：θ——主缆折射角；

μ——锚塞体混凝土与岩体间的静摩擦系数；

G_i——锚塞体底、侧面混凝土与岩体间的黏聚力；

A_i——锚塞体底、侧面面积；

T——设计主缆拉力。

此外，隧道锚结构计算应作锚固段筒体抗剪计算，验算岩体剪应力。还可将锚塞体近似作为摩擦桩或嵌岩桩作抗拔验算。总之，通过多种模式计算以控制锚碇的安全度。

锚碇的变位一般通过三维分析获得，计算表明：在保证围岩不失稳破坏的前提下，锚塞体及散索点的位移相对于设置在劣质地基上的重力锚而言很小，一般总可以满足规范要求。

散索鞍支墩下的地基承载力、抗滑动及抗倾覆稳定应作独立验算。

2. 锚碇-围岩共同作用稳定性分析

上述简化计算不能掌握应力集中状态、极限承载力及破坏机理。因此，应进行有限单元法分析，进行刚体弹性模型分析或弹塑性模型分析，并结合模型试验，对岩土力学参数取值进行修正，进而得到更为准确的承载力估算值。

数值分析时，利用地质概化模型，将锚体、山体及其之间的胶结面模型化，岩体及胶结面采用莫尔-库仑破坏准则，即岩体及胶结面采用弹塑性莫尔-库仑模型，锚塞体混凝土采用弹性模型。通过施加设计荷载计算锚体及岩体的应力、位移的大小及分布，获得山体变形稳定性状态；通过施加缆力超载和弱化胶结面的强度参数，研究锚碇的极限承载力或安全系数，以及锚碇的破坏机理和模式。计算内容一般包括：

（1）根据洞口基坑、隧洞、锚体等的实际施工步骤，按设计主缆拉力计算山体、基坑边坡、隧洞围岩、锚体各部位的变形及应力，分析山体、基坑边坡、隧洞围岩、结构体等的稳定性及安全度。

（2）在（1）的基础上，在岩体与混凝土基本力学参数不变的前提下，分级强化主缆拉力，计算山体、基坑边坡、隧洞围岩、锚体各部位的变形及应力。

（3）在主缆拉力不变的前提下，分级弱化岩体计算参数，计算山体、基坑边坡、隧洞围岩、锚体各部位的变形及应力。

计算内容（2）的目的是得到荷载的安全度。计算内容（3）的目的是分析在各种自然和人为条件变化导致岩体质量下降的情况下，在主缆拉力作用下，锚碇围岩的安全程度。

此外，现如今，出现了依靠 AI（人工智能）技术构建合理的力学计算模型，分析得到隧道锚承载力安全系数的技术。如王中豪提出基于 AI 算法的隧道锚承载能力评估方法，依托 17 个现有工程数据对某大桥承载能力进行预测并与模型试验和三维数值建模结果基本吻合。杨懋偲在研究隧道式锚碇承载体系在承受拉拔荷载直至破坏的过程中，成功提出了一种基于数字图像处理技术的灰色模型，用于计算锚-岩承载体系的安全系数。这些都为隧道锚工程设计与计算提供了新思路。

第八节　主要施工方案与选择

一、重力锚基础施工

1. 扩大基础施工

扩大基础施工主要包括基坑开挖、边坡支护、防排水施工，以及基础施工。

扩大基础一般埋深相对较浅，或地质条件相对较好，因此基坑一般采用明挖法施工。如地基土为较坚实的岩土层，开挖后能保持基坑边坡稳定不塌，可不必设置支撑而放坡开挖，根据地质情况决定是否对边坡进行支护。当地质土质疏松，基坑开挖较深，且放坡又受到用地或施工条件限制时，则需要进行各种坑壁支撑。在基坑开挖过程中有渗水时，则需要在基坑四周挖边沟和集水井以便排除基坑积水。基坑的尺寸一般要比基础底面尺寸每边大 1～3m，以便设置基础模板和施工基础。在水中开挖基坑时，一般要在基坑四周预先修筑一道临时性的挡水结构物，而后将坑内水排干，再挖基坑。基坑施工主要注意事项有：

（1）在开挖前应先平整场地并完成施工便道，之后应在锚碇基坑周围根据地形设置地表截水沟和挡水墙，以防止地表水汇入基坑。

（2）基坑应边开挖边防护，即开挖一层，随即完成该层边坡的防护。

（3）基坑开挖中对不同深度、不同风化程度的岩层应选择适当的开挖方式。在距建基面 2m 以前可根据岩层的风化情况和强度分别采用机械、小爆破、人工等开挖方式，但应避免采用大药量爆破，以免影响边坡和山体的稳定性。在距建基面 2m 以内禁止采用爆破开挖，以免影响地基强度。

（4）基坑开挖过程中根据现场试验确定选用经济、安全的方法降低地下水，并加强坑内排水，确保基坑干开挖。

（5）基底宜设置垫层混凝土。在基坑开挖工作结束之前，应切实做好基底垫层混凝土浇筑准备工作，并按设计要求在基坑底四周设置汇水沟和集水井，用潜水泵将基坑内积水排出基坑；然后突击开挖建基面以上 50cm 厚度的岩土层，并立即浇筑基底垫层混凝土，以避免基底暴露时间过长。

（6）在浇筑垫层混凝土前应进行地基表面处理，清除松动岩石，并根据需要适当进行夯实处理和吹除粉尘等，同时加强降水和坑内排水，严防基底泡水，从而使混凝土与地基面紧密咬合。

（7）基底垫层混凝土的浇筑顺序为自低至高连续一次进行，不设施工缝，其顶面平整度应满足设计要求。基底垫层混凝土的强度达到设计强度的80%时，方可进行锚碇结构工程的施工。

（8）在建基面上应进行地基原位承载力试验及摩擦系数试验。如发现地基不能满足原设计要求，应及时采取措施加以补救。

（9）边坡支护所采用的预应力锚索应先做 1～2 根试验索，总结经验后编制施工工艺，然后再进行正式施工。主要施工工序：清理锚固作业面→喷射混凝土→成孔→浇筑锚下垫墩混凝土→安装锚索→注浆→养生张拉→封锚。

（10）基坑开挖主要施工流程：平整场地，修筑施工便道→挖地表截水沟，筑挡水墙→分层开挖基坑，同时进行降水及边坡防护→继续开挖至建基面并在基底做汇水沟和集水井→平整并处理建基面→浇筑混凝土垫层。

基坑开挖过程中，宜进行施工监控工作，做到全面布点，观测山体、边坡和坡顶建筑的稳定性。

基础属大体积混凝土施工，一般应采用平面分块、竖向分层的方案浇筑混凝土，并要求进行温度监测与控制，其施工方案、工艺及要求与锚体施工基本相同。

2. 箱形基础施工

箱形基础是浅基础的一种，基坑一般也采用明挖法。基坑的施工方案、工艺特点及施工要求与扩大基础基本相同。基础本体的施工一般应采用平面分块、竖向分层的方案浇筑混凝土，并要求对大体积混凝土部位进行温度监测与控制，其施工方案、工艺及要求与锚体施工基本相同。值得注意的主要有：

（1）箱形基础的内外墙施工需立模浇筑，应保证模板的刚度，混凝土应充分振捣，并加强浇筑后的养护工作。

（2）箱形基础施工完毕后，要抓紧基坑的回填工作。回填基坑时，必须先清除回填土及坑内的杂物，在相对的两侧或四周同时均匀进行，分层夯实。

（3）属同一分区内基础底板、内外墙和顶板宜持续浇筑完毕，并按设计要求做好后浇施工带。施工缝及后浇带的混凝土表面必须凿毛，并注意接浆质量。

（4）空腔内是否回填土、填筑片石混凝土、充水等应严格按设计要求进行。

3. 地下连续墙基础施工

鉴于地下连续墙种类繁多，施工方法和工艺也各不相同，不是本书要论述的重点，故在此不对其作详细介绍，具体可参见相关书籍。以下重点结合基础的结构形式对基础（包括基坑）的总体施工工艺和方法进行介绍，当然也包括地下连续墙施工的相关工艺。

1）矩形地下连续墙基础

本节以润扬大桥北锚碇基础为例，介绍矩形地下连续墙基础的基本施工流程、施工方案及主要工艺，主要内容包括基坑支护结构及开挖施工、基坑封水系统施工及基础结构施工。

（1）总体施工工艺流程

矩形地下连续墙基础总体施工工艺流程如图 5-8-1 所示。

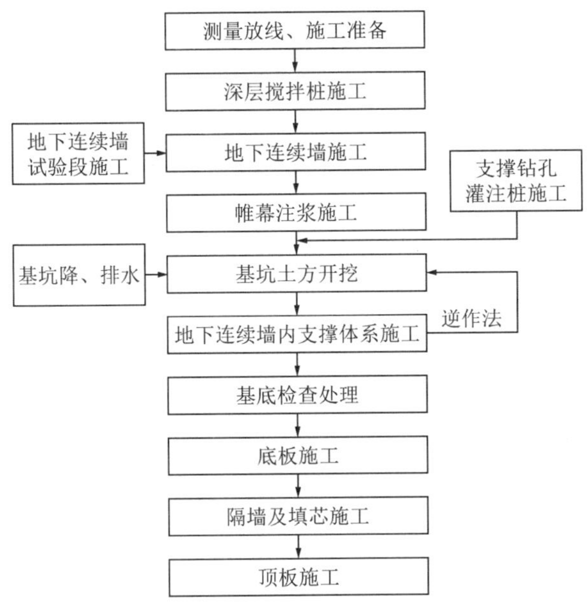

图 5-8-1　矩形地下连续墙基础总体施工工艺流程

（2）基坑支护结构及开挖施工

① 地下连续墙施工。地下连续墙共划分为 42 个槽段，根据槽段两端接头的凸凹、平面形状及施工顺序共分成 5 种类型，槽段长度 3.3～5.7m 不等，槽段平面划分如图 5-8-2 所示，地下连续墙施工工艺流程如图 5-8-3 所示。

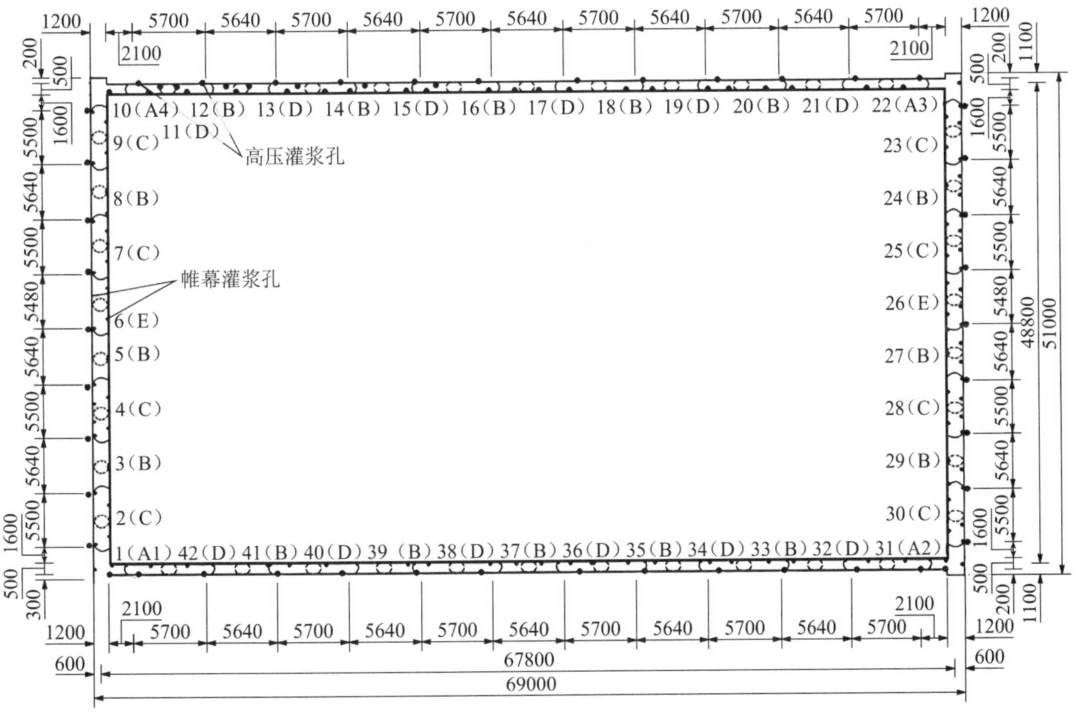

图 5-8-2　地下连续墙槽段平面划分（尺寸单位：mm）

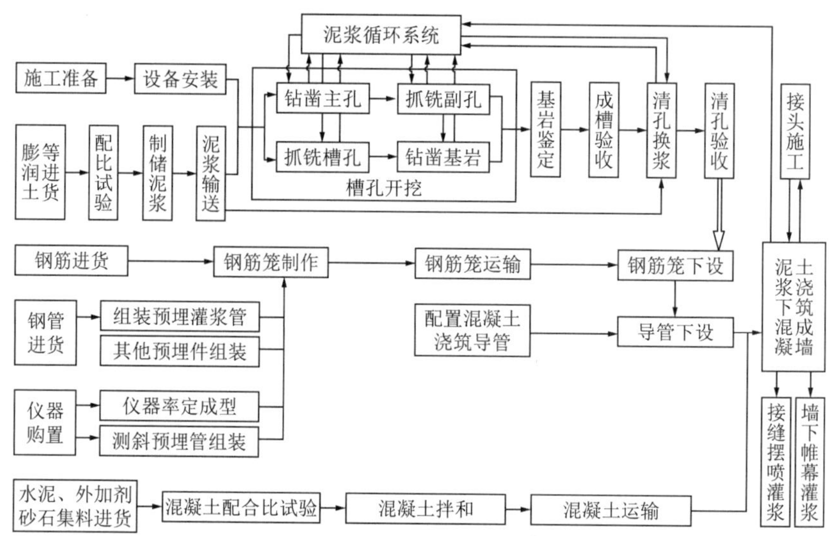

图 5-8-3　地下连续墙施工工艺流程图

槽孔开挖采用 1 台 BC30 型液压铣槽机、2 台 HS843HD 型钢丝绳抓斗（配重凿）和 4 台 CZF-1500 型冲击反循环钻机进行，另外还配备若干液压抓斗。

成槽方法：第四系覆盖层采用“抓铣法”和“钻抓（铣）法”施工，一字形槽孔主要采用前者施工，四个拐角部位槽孔主要以后者为主进行开挖；下伏基岩层采用“钻劈法”和“凿抓（铣）法”施工。

墙段接头采用 V 形钢板接头形式，接头构造如图 5-8-4 所示。槽孔施工时，全部采用膨润土泥浆进行护壁。槽孔形成后进行钢筋笼安装和混凝土浇筑施工。单个槽段混凝土方量 300～400m^3，采用分料仓多导管工艺进行混凝土灌注，浇筑强度 40～50m^3/h，导管埋深不大于 6m，注意控制各导管下料量均衡。

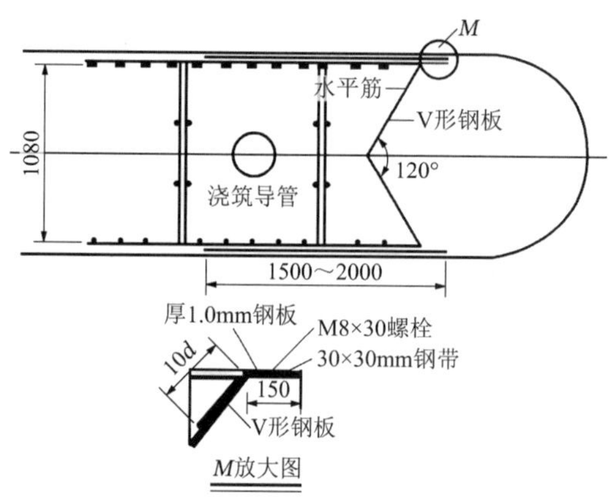

图 5-8-4　V 形接头构造（尺寸单位：mm）

② 基坑开挖与内支撑施工。基坑开挖采用盆式开挖法施工，严格按设计工况分层分区进行，尽量做到对称开挖。每层先开挖中间区域土方，然后施工中间区域水平支撑梁，同时开挖两侧区域土方，两侧区土方开挖完成后，施工两侧区水平支撑梁，同时开挖下一层中间区域土方，如此循环直至基底。基坑开挖施工步骤如图 5-8-5 所示。

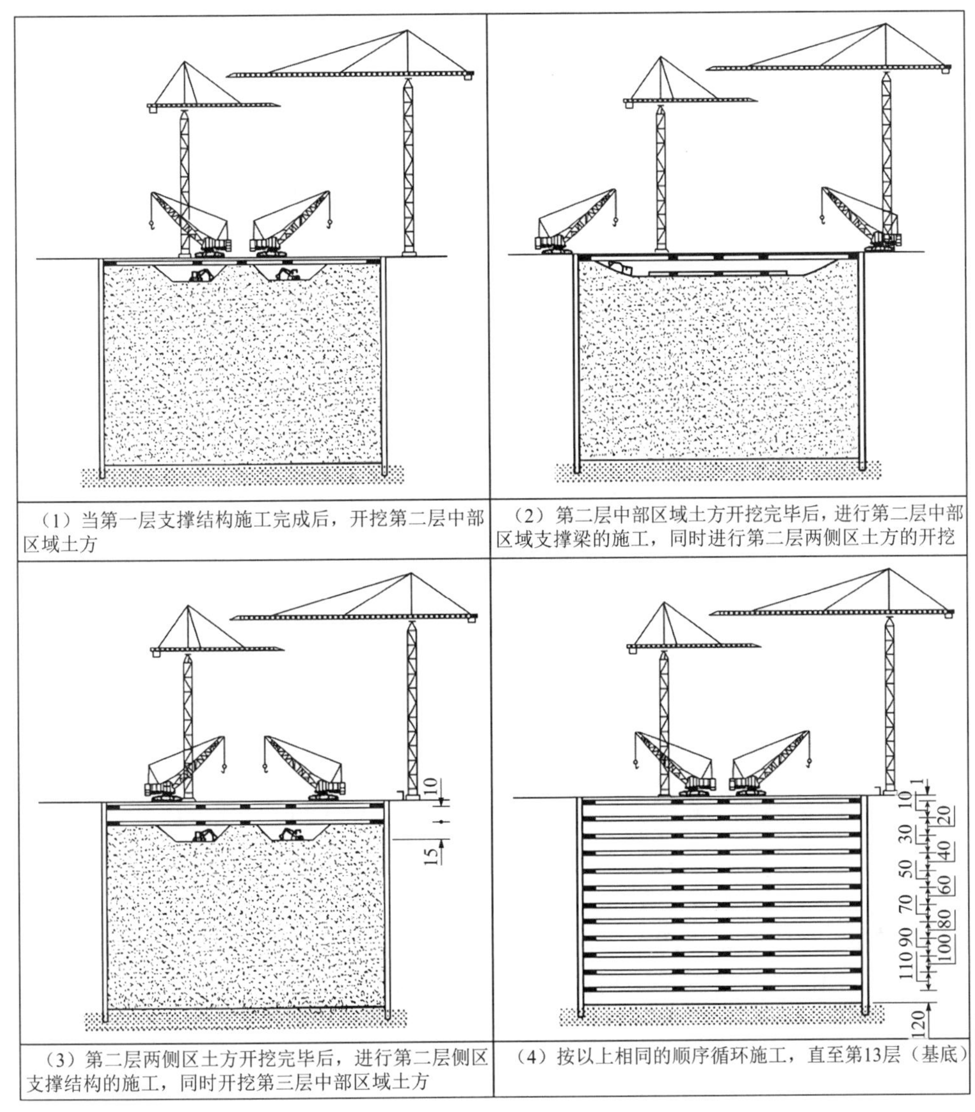

（1）当第一层支撑结构施工完成后，开挖第二层中部区域土方
（2）第二层中部区域土方开挖完毕后，进行第二层中部区域支撑梁的施工，同时进行第二层两侧区土方的开挖
10
15
（3）第二层两侧区土方开挖完毕后，进行第二层侧区支撑结构的施工，同时开挖第三层中部区域土方
1
10
20
30
40
50
60
70
80
90
100
110
120
（4）按以上相同的顺序循环施工，直至第13层（基底）

图 5-8-5　基坑开挖施工步骤（尺寸单位：m）

基坑开挖采用 2～4 台 HZ200-5（斗容量 0.7m³）和 4～6 台 HY30LC-3（斗容量 0.4m³）反铲挖掘机作为坑内土方开挖倒运设备。垂直运输采用 4 台起重量 80t、最大吊幅 38m 的履带式起重机配 2m³ 抓斗，另外在坑周布置 3 台 1250kN · m 塔式起重机。为了使基坑开挖过程中保持良好的干施工工作条件，在土方开挖前，基坑内布置 6 口 ϕ600mm 降水管井预降水，降低坑内的地下水位，降水管井与基岩排水减压孔结合布置，管井深入基岩 3m。同时，在土方开挖过程中在相关合适位置用挖掘机临时挖出若干条排水沟和若干个集水坑，利用水泵抽排水。

在基坑开挖前，完成支撑钻孔桩的施工，然后采用逆筑法进行内支撑的施工。内支撑结合土方开挖分区及先后顺序进行分区分段施工，两次浇筑设施工缝。

（3）基坑封水系统施工

① 接缝止水补强加固施工。采用高压摆喷灌浆方法对接缝进行处理，即在墙体接缝外侧 20～30cm 处钻一个高喷孔，而后进行夹角为 90°、摆角为 90°的二重管法高压摆喷灌浆，其

布置形式如图 5-8-6 所示。

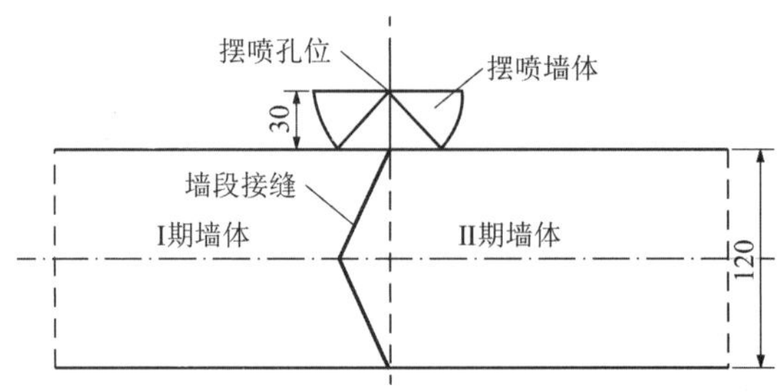

图 5-8-6　高喷灌浆止水孔布置（尺寸单位：cm）

高喷灌浆的起始深度为基岩面以下 0.50m 处，向上提升终止深度为深层搅拌支护墙底以上 1m 处。具体施工方法及要求为：采用二重管定向摆喷的喷射方法。高压浆嘴为夹角 90°的双喷嘴，正对地下连续墙接缝方向进行摆角为 90°的摆动喷射灌浆。

② 墙底帷幕灌浆施工。墙底帷幕灌浆成孔采用地下连续墙内预埋管，基岩段用地质钻机钻进的方法。采用“孔口封闭、孔内循环、自上而下分段灌浆方法”进行。

（4）基础结构施工

① 找平混凝土浇筑和底板施工。根据岩面实际高差和底板的底高程，为方便底板施工，用 C15 混凝土加钢筋网找平。

14400m^3 大体积混凝土底板采用三次分层浇筑，每次浇筑厚度为 2m、1.5m、1.5m。混凝土由搅拌楼集中拌制，罐车运至现场泵送，布料杆布料，塔式起重机辅助，人工振捣。混凝土分层浇筑，分层厚度为 33cm，每层浇筑量为 1046.2m^3，最底层的有效浇筑强度为 120m^3/h，每层理论浇筑时间为 8.7h，混凝土初凝时间需 15h 以上，确保上层浇筑时，下层混凝土未初凝。混凝土施工缝处理：采用涂缓凝剂高压水冲毛和人工凿毛的方法，凿毛清理至露石后，用高压水冲洗。上层浇筑前先铺 2～3cm 厚砂浆后浇筑混凝土。加强混凝土的养护，每层浇筑完毕，外露面混凝土洒水并覆盖养护，使混凝土外露面始终保持潮湿状态。

② 填芯、隔墙及顶板施工。基础填芯为混合结构。根据基础的受力情况，隔墙将基坑划分为 20 个隔仓，仓内分别填充混凝土、砂、水。隔墙及内衬共分 9 层浇筑，第 1～8 层高度为 4m，第 9 层高度为 2.5m。填砂、填混凝土及水分三层填充，填充高度分别为 8m、12m、14.5m。

顶板混凝土方量 15200m^3，分三次浇筑，分层厚度为 1m、2m、2m，浇筑分层约 30cm，每层浇筑量 875m^3。顶板施工应满足大体积混凝土温度控制相关要求。

2）圆形地下连续墙基础

本节以阳逻大桥南锚碇基础为例介绍圆形地下连续墙基础的基本施工流程、施工方案及主要工艺，主要内容包括基坑支护结构及开挖施工、基坑封水系统施工及基础结构施工。

（1）基础施工总体施工流程

① 施工放样，工作面地表处理，施工边沟及平台，黏土层水泥搅拌桩加固。

② 挖导沟、砌筑导墙。

③ 地下连续墙施工，同时进行自凝灰浆挡水帷幕施工。

④ 墙底防渗压浆，拆除导墙，施工帽梁。

⑤ 分层开挖基坑内土体，同时采用逆作法施工内衬，直至基坑施工完成。

⑥ 基底持力层处理，浇筑垫层混凝土，施工底板。

⑦ 浇筑填芯混凝土。

⑧ 施工顶板。

（2）基坑支护结构及开挖施工

① 地下连续墙施工。槽孔采用 BSGL HF 12000 双轮液压铣和 KL 1500 机械抓斗成槽。成槽工艺：抓斗开孔→一期槽主孔施工→一期槽副孔施工→一期槽钢筋笼下设→一期槽混凝土浇筑→一期槽铣削施工→二期槽钢筋笼下设→二期槽混凝土浇筑。成槽方法：顶部 10～12m 采用纯抓法开孔，一期槽采用三抓法，二期槽采用单抓法；10m 以下覆盖层和全风化、强风化基岩全部采用液压铣直接铣削的纯铣法钻进；槽孔下部难以铣削的坚硬基岩层采用凿铣法。二期槽清孔换浆结束前，采用钢丝刷子钻头自上而下分段刷洗一期槽端头的混凝土孔壁。槽孔施工时，全部采用膨润土泥浆进行护壁。槽孔形成后进行钢筋笼安装和混凝土浇筑施工。

② 基坑开挖与内衬施工。基坑开挖前首先进行抽水试验，以直接检验基坑封水系统的封水效果，及早了解基坑渗漏情况，以便决策是否启动相关预案。抽水试验完成后即开始基坑开挖施工。基坑土方采用岛式法开挖，先结合内衬的施工对称分区开挖周边土体，然后开挖中心土体。开挖过程中通过设在坑内的四口降水管井降低坑内地下水位至每层开挖底面以下 1m，以保证基坑开挖的干施工条件。开挖施工采用 4 台 $1m^3$ 反铲、2 台 $1.6m^3$ 反铲及 1 台推土机配合，土方垂直出运采用 4 台 80～100t 履带式起重机配 $2m^3$ 抓斗，坑外水平运输采用 12 辆 15t 自卸汽车。基坑开挖与内衬施工分层如图 5-8-7 所示。

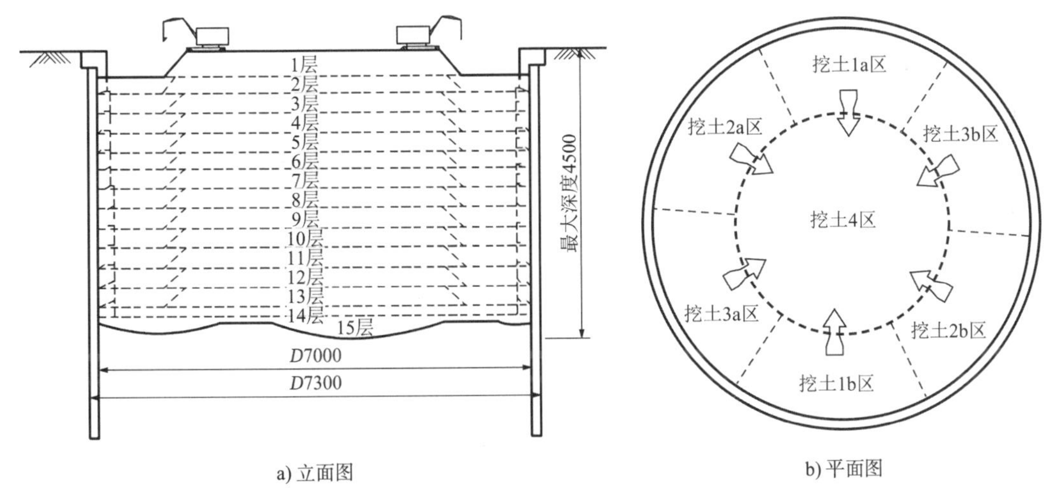

图 5-8-7　基坑开挖与内衬施工分层（尺寸单位：cm）

为防止有害温度裂缝产生，根据研究成果，每层内衬均分 6 段进行施工。周边土体挖出后，人工用风镐凿除地下连续墙表面松散层及泥皮，然后进行钢筋绑扎和连接施工，之后安装钢模板，进行混凝土浇筑。除最后一道内衬外，其余内衬底面设 15°倾角，内衬上下层内衬采用自密实混凝土，上下层内衬湿接缝错开处理。为方便混凝土下料，侧模顶部做成喇叭口形状。为保证施工进度，混凝土配合比设计要求 3d 内达 80%设计强度，同时满足大体积混凝土温控要求。

（3）基坑封水系统施工

① 自凝灰浆防渗墙施工。自凝灰浆防渗墙厚 0.8m，距地下连续墙外侧 9.6m。本工程通过改进浆液配方，提高浆液待凝时间达 36h，使墙体施工深度达 60m，进入强风化岩 0.5m。

帷幕施工采用抓斗单抓成槽法，墙分两期施工，根据施工设备的不同，BH-12 型抓斗的成槽长度为2.5m，一期和二期槽孔间搭接长度为0.4m；HS-843-HD型抓斗的成槽长度为2.8m，一期和二期槽孔间搭接长度为 0.4m。施工顺序为：先开挖一期槽孔，待一期槽孔内的自凝灰浆达到 3～5d 龄期后，再开挖其间二期槽孔。造孔施工期间，槽孔内的浆液面高度保持在孔口以下 10～50cm 范围以内，保持水头高度，防止孔壁坍塌。槽孔造孔结束后，孔内浆液静止 30min 后，采用抓斗上下搅动 30min，尽可能使槽孔内浆液均匀，减小上部和下部墙体材料的强度差。

② 墙底帷幕灌浆施工。墙底帷幕灌浆成孔采用地下连续墙内预埋管，基岩段用地质钻机钻进的方法。根据地质情况，在岩石比较破碎的地段，采用自上而下分段卡塞纯压式灌浆方法；在岩石比较完整的地段，采用自下而上分段卡塞纯压式灌浆方法。

（4）基础结构施工

① 垫层混凝土浇筑和底板施工。垫层厚度根据实际开挖面的起伏而不同，平均厚度约2m。垫层施工原则是“分块开挖、局部导排、分块浇筑、快速施工”。采用“中心岛”施工方案，首先开挖中部区域并浇筑垫层混凝土“筑岛”，待其达到一定强度后，再分 6 块开挖周边土体和浇筑混凝土。

20000m^3 超大体积混凝土底板采用两次分层浇筑，一次浇筑 3m，约 1.0 万 m^3。底板采用掺有微膨胀剂的混凝土，以控制混凝土裂缝的产生。底板温控指标：混凝土入仓温度第一层不高于 24℃，第二层不高于 27℃，否则应采取降温措施。混凝土浇筑做到短间歇、连续施工。两层混凝土的施工间歇期不超过 7d。待顶面混凝土终凝后蓄水养护。

② 填芯混凝土及顶板施工。填芯混凝土分层分区浇筑，每层浇筑 2m，每层分 3 次进行浇筑，前锚区填芯的中空段采用支模方式浇筑，也可通过吊装预制钢筋混凝土箱模施工。

顶板混凝土方量 30000m^3，混凝土强度等级 C30。由于顶板混凝土仓面大且厚 8～10m，顶板混凝土分层分块浇筑。分层厚度为 2m、2m、3m、3m，平面对称分 4 块浇筑。块间设后浇段。各块、各层混凝土浇筑间隔期不大于 7d，后浇段混凝土间隔期不大于 15d。顶板混凝土冷却水管采用 ϕ32mm 的薄壁钢管，冷却水为江水。共布设六层冷却水管，水平间距为 0.9m。

3）矩形排桩墙基础

本节以润扬大桥南锚碇基础为例介绍矩形排桩墙基础的总体施工流程、施工方案及主要工艺，主要内容包括基坑支护结构及开挖施工、基坑封水系统施工及基础结构施工。

（1）总体施工工艺流程

润扬大桥南锚碇基础采用“在冻结帷幕挡水、矩形布置围护桩（及其内撑系统）承担水土压力的围护下明挖基坑，然后向基坑内充填填芯混凝土形成实心基础”的总体施工方案。

总体施工步骤流程为：平整场地、定位放样→围护钻孔灌注桩施工→浇筑压顶梁→设置支撑立柱→人工制冷冻结生成止水帷幕、围护体底注浆加固→坑内井点降水→分层开挖土体、分层浇筑支撑直到设计高程→清基、找平、浇筑底板混凝土→分层填充填芯混凝土→顶板施工。

（2）基坑支护结构及开挖施工。

① 排桩施工。排桩的成孔、清底、下放钢筋笼、浇筑混凝土等工艺以及施工设备与一般

钻孔灌注桩相同。不同之处在于排桩之间间距小，施工时要特别注意控制桩的垂直度，防止桩身相碰，影响成槽及钢筋笼下放。另外，排桩施工要做好工作面的施工组织设计，既要保证进度，又要防止互相干扰。

② 基坑开挖与内支撑施工。基坑开挖与内支撑施工与该桥北锚碇施工无原则区别，故不再赘述。

（3）基坑封水-人工冻土壁施工要点

冻结孔采用规格为 ϕ127mm × 5mm 低碳无缝钢管，内供液管采用 ϕ60mm × 5mm 聚乙烯塑料管。根据锚区范围内的岩层分布、埋深以及含水情况，冻结帷幕深度高程确定为 −37.0m。为了保护冻结壁，确保冻结壁不被渗流水融化，在冻结壁底部采取地面预注浆措施，形成注浆帷幕。注浆压力按照受注点静水压力的 1.5～4 倍选取。注浆上限为 −34.0m，注浆孔终孔深度 −42.0m，采用两段下行式注浆，每段 4m。由于基坑仍存在局部突水的可能，为此配合基坑内井点降水措施。冻结壁的设计有效厚度为 1.3m，注浆帷幕设计要求其有效厚度不小于 3.5m。为减少封水冻结壁在冻结过程中对排桩产生较大的冻胀力，设计采用在冻结孔外侧 1.3m 处施工卸压孔的方法减少冻胀力，每个冻结孔配 2 个卸压孔，卸压孔直径 250mm，深度为 25m。

人工冻土壁施工应进行如下工作：冻结孔、泄压孔施工组织设计；冻结站及制冷施工组织设计［包括制冷设计工况及冷冻机选型、冻结站制冷系统能力设计、冻结站辅助设备设计及选型、盐水系统设计、清水（冷却水）系统设计、冻结站制冷设备布置、系统的保温、制冷系统监测、冻结制冷］；供配电施工设计。

（4）基础结构施工

基础结构施工包括找平混凝土浇筑、底板施工、填芯施工、顶板施工，与阳逻大桥南锚碇圆形地下连续墙基础的该部分施工无原则区别，故不再赘述。

4. 沉井基础施工

任何一个沉井的施工，无论其形状、规模及使用条件等因素，都包含了三个阶段，即沉井制作、下沉与封底。这三个阶段又由若干工序组成，这些工序按照不同的工程情况来设置，不是任何情况下都存在的。沉井施工流程如图 5-8-8 所示。

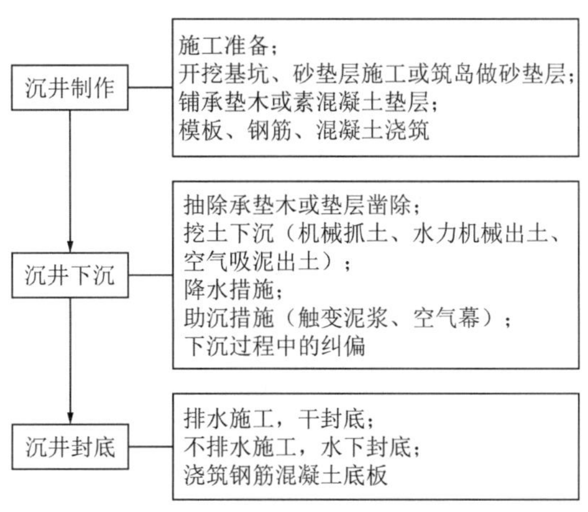

图 5-8-8　沉井施工总流程

本节以江阴大桥北锚碇沉井基础为例，介绍沉井施工的关键施工工艺和方法。

1）沉井制作

（1）钢壳沉井制作与安装

沉井分11节制作，第1节沉井为钢壳沉井，采用钢壳加水平桁架与竖向支撑结构，内灌混凝土。钢壳沉井方案保证了第1节沉井的制作质量，使之具有足够的强度及抗力性能，确保沉井下沉58m。

钢壳沉井总计有63个节段，井壁用10mm钢板，隔墙用8mm钢板，现场放样加工，10mm钢板采用坡口施焊，8mm钢板采用单面施焊双面成型。钢壳沉井拼装时对节段收缩量预先设置，以减少累积误差。

（2）混凝土浇筑

为保证混凝土浇筑质量和施工的安全操作，第1节钢壳沉井混凝土浇筑时应在沉井基本处于静态状态下进行，要求混凝土浇筑具有均衡性，又要防止混凝土冷缝出现。第1节混凝土方量6750m^3，第2～10节每节方量5240m^3。混凝土为C25，坍落度16cm，初凝时间10～12h。混凝土浇筑时采用12辆运输车供料，8台泵车布料，分层平铺进行施工，每层铺筑厚度不超过50cm，要求每铺一层的时间小于混凝土的初凝时间；当铺筑时间较长时，在混凝土内增加缓凝剂，初凝时间可增长至20h左右。模板用定型钢模板，浇筑时无跑模、漏浆现象。

2）沉井下沉

沉井下沉分排水下沉和不排水下沉两个阶段进行，其中排水下沉深度30m，不排水下沉深度28m。

（1）排水下沉

排水下沉分三次进行，下沉深度依次为11m、17m、2m。施工方法采用深井降水疏干基底，井内用高压水枪将泥冲成泥浆，用接力泥浆泵将泥浆吸出井外。排水下沉的关键在于降低水深度和控制沉井均匀下沉，应采取必要的控制措施予以保证。

（2）不排水下沉

沉井采用空气吸泥机吸泥下沉，穿越细砂层、粉质黏层（硬塑），最终坐落在含砂砾层上。

穿越硬土层的技术措施有：

①增大水枪压力，加大破坏该土层的力度。

②增大气压使钙核及砾石顺利吸出井外。

③潜水员配合施工，对井下泥面高程情况做出较为准确的反应，并清除井底垃圾、石块等障碍物。

④刃脚预埋高压射水管破坏该土层。

⑤吸泥器底部设置水平水枪，增大破坏范围。

⑥定点冲泥，按泥面高程测量数据控制冲泥位置。

⑦该层土在水中浸泡以后，容易破坏，因此需要多调换冲泥井格。

⑧采用4台配备潜水电钻的钻吸机，破坏该层土。

⑨用空气幕助沉。

⑩分析高差、位移等资料，及时纠偏。

在下沉过程中，采用电测手段对刃脚反力、钢筋、混凝土应力应变、侧壁摩阻力等进行了监测，用以指导施工，配合下沉。另外，还采取了井内水位控制、含泥量试验及排除堵管等措施，确保了粉质黏土层的顺利通过。

3）封底施工

封底混凝土总方量为 21600m³，分四个大区进行浇筑。为了避免混凝土浇筑时向其他区流动，十字分区格墙掏空部分用钢管缠绕麻袋及沙袋封堵。每区封底前进行沉降观测，在 8h 内沉降量不超过 10mm 方可封底。

封底时每区布设 18 根导管，用 8 台泵车连续浇筑，一次到高程。导管安装前逐根进行压水试验，在 0.6MPa 压力下不漏水的导管方可使用。封底时沉井内外水位、各区水位平衡，杜绝存在水头差影响封底质量现象。

以下介绍近年大型沉井基础施工控制技术研究，供读者参考。

大型沉井相较小型沉井设计与施工过程中面临着众多的新的问题与挑战，尤其在沉井施工过程中变形及应力控制、沉井快速开挖装备研发、信息化控制技术方面。但已开展的相关研究，多基于工程经验的积累进行定性的判断，缺乏理论支撑。

（1）江阴大桥北锚碇沉井基础

江阴大桥北锚碇沉井长 69.2m、宽 51.2m、高 58m，为当时世界第一大沉井，沉井初始采用砂桩对下卧层的地基进行加固处理，以确保沉井接高稳定性。沉井取土采用高压射水进行破土，将砂土形成泥水混合物由泥浆泵抽送到井外泥浆池中。下沉以纠偏为主，主要监测控制沉井四角高差。沉井由内向外分为 A、B、C 区，取土按照由内而外锅底开挖进行下沉，如图 5-8-9 所示。

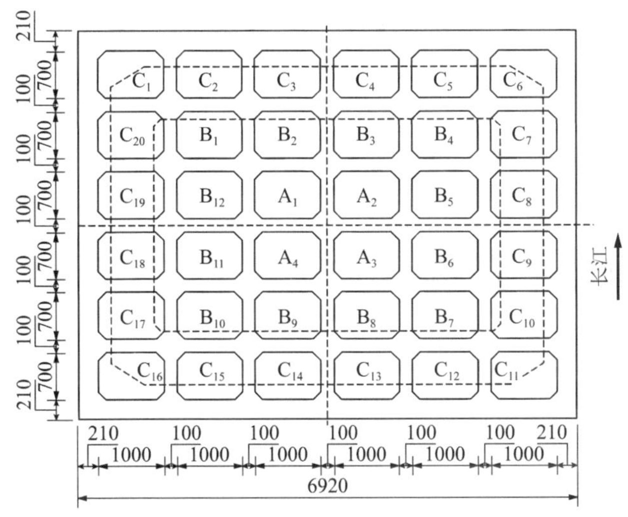

图 5-8-9　沉井锅底开挖下沉（尺寸单位：cm）

为了解决沉井下沉后期难沉的风险，江阴大桥北锚碇沉井结构布置了管线和气龛，采用空气幕减阻助沉。为了削弱沉井端阻，井壁下端布设了高压水管，但未在隔墙端部布置高压水管，施工过程中通过采用加深取土深度来迫使土体侧向失稳，以达到降低承载力的目的。

（2）泰州大桥中塔沉井基础

泰州大桥中塔沉井标准断面尺寸为 58m × 44m，高 76m，入土深度达 55m，为当时世界上体积最大、入土最深的深水沉井。该沉井在施工过程中，针对深水沉井难以精准定位和平稳着床的难题，首次提出“沉井钢锚墩 + 锚系”半刚性定位系统，并形成相关定位及着床技术，解决了工程实际问题；为了防止沉井终沉阶段突沉、超沉，提出“分孔清基、分仓封底”

的原则，成功解决了深水超大型沉井终沉控制难题。不同于人工监测沉井姿态方法，该沉井研发了信息化监控系统，首次对沉井施工全过程的几何状态、受力状态、河床冲淤变化等进行实时可视化监控，确保了深水超大型沉井精确平稳下沉到位。

（3）鹦鹉洲长江大桥北锚碇沉井基础。

鹦鹉洲长江大桥北锚碇开创性地设计了一种多圆孔环形截面的新型沉井结构。沉井中间大圆孔内设置十字形隔墙，圆环内沿圆周均布有小直径井孔。沉井标准节外径 66m，内径 41.4m，周边均匀布置 16 个小圆孔，圆孔直径 8.7m。该沉井结构形式充分发挥了圆形截面拱效应，充分利用了混凝土抗压强度高的特点。且沉井全截面为中心对称结构，易于定位，解决了沉井下沉中的扭转问题，如图 5-8-10 所示。

图 5-8-10 鹦鹉洲长江大桥北锚碇沉井

北锚碇沉井地表杂填土承载力低，无法满足承载沉井底节接高对地基承载力要求，在拼装钢壳前需进行地基处理。为了兼顾沉井后续开挖下沉，常规多采用砂桩加固方法，但考虑挤密砂桩对周边环境的影响，地基加固实施中采用水泥搅拌桩的方案，但对搅拌桩的强度进行了限制。

（4）马鞍山长江大桥北锚碇沉井基础

马鞍山长江大桥北锚碇沉井标准断面尺寸为 60.2m × 55.4m，高 41m。沉井施工过程中对沉井姿态、土压力、结构应力、沉井泥面及周边大堤等重要构筑物沉降进行了系统监测，并实现了自动预警预报功能。在沉井涌砂风险防控方面，井壁刃脚部位预留 2～3m 宽土堤，沉井内水位比沉井外水位高 2m 控制指标，有效地防止沉井涌砂。

（5）沪苏通长江公铁大桥索塔沉井基础

沪苏通长江公铁大桥是沪苏通铁路的控制性工程，主航道桥 26 号～31 号墩均采用沉井基础。其中 28 号和 29 号主墩采用倒圆角的矩形沉井基础，沉井顶平面尺寸为 86.9m × 58.7m，倒圆半径为 7.45m，平面布置 24 个 12.8m × 12.8m 的井孔，沉井总高分别为 105m 和 115m，钢沉井高分别为 50m 和 56m。为解决在巨大水流力下钢沉井的浮运、定位、着床等难题，钢沉井在工厂整体制造，采取临时封闭 12 个井孔的助浮措施，整体出坞浮运，并采取了大直径钢管桩锚碇系统及液压千斤顶多向快速定位技术。

沉井基底位于水下 100～110m，为判断沉井基底是否满足设计及规范要求，除采用常规测绳测量基底泥面外，同时采用单波束声呐检测进行校核；沉井底井壁清洁度采用水下机器人进行检测；外井圈刃脚埋深采用超声波检孔仪检测；隔墙底是否脱空采用超声波检孔仪检测，并采用水下机器人验证；基底浮泥厚度和基底地质采用了海床式静力触探（CPT）系统进行检测，在水下超百米探测技术方面取得了长足的进步。

（6）杨泗港长江大桥 1 号塔沉井基础

杨泗港长江大桥基础采用圆端形沉井，标准段井身平面尺寸为 77.2m × 40.0m（长 × 宽），总高 38m，圆端半径为 12.9m，沉井平面布置为 18 个 11.2m × 11.2m 井孔。沉井施工区域自上而下地层分布依次为：素填土、粉质黏土、粉砂、中砂、圆砾土、硬塑黏土等。由于在沉井终沉阶段，刃脚全部进入到强度高的硬塑黏土层，无法在沉井自重作用下进行切削下沉，本工程首次在刃脚区域进行松动爆破，配合弯头吸泥机和高压射水完成刃脚区域取土[19]。在沉井隔仓内取土形成锅底后，开启空气幕降低沉井侧面摩阻力，保证沉井顺利下沉。

（7）五峰山长江大桥北锚碇沉井基础

五峰山长江大桥为主跨1092m的钢桁梁悬索桥结构，北锚碇采用矩形沉井基础，沉井平面尺寸为100.7m×72.1m（长×宽），高56m。地层从上到下分别为淤泥质黏土、粉砂夹粉土、粉砂、粉细砂层。

上部淤泥质黏土层承载力低，采用砂桩进行加固，随着沉井钢壳拼装、钢筋绑扎及混凝土浇筑施工，沉井上部荷载逐步增加，软弱地基发生固结，地基承载力进一步提升。通过现场载荷板试验，如图5-8-11所示，沉井区域端阻力约为700kPa，相比钢壳安装前未固结时端阻力350kPa增加了1倍，土层固结对地基承载力提升不容忽视。

图5-8-11　现场载荷板试验

根据不同规范，沉井结构配筋主要有井壁两点支撑、四点支撑、八点支撑及大锅底支撑四种验算工况，如图5-8-12所示。但该设计方法较适宜于小型沉井，对于长几十米甚至百米级的大型沉井，按照规范规定将无法配筋，需研发新型开挖下沉工艺，解决大型沉井开裂的难题。

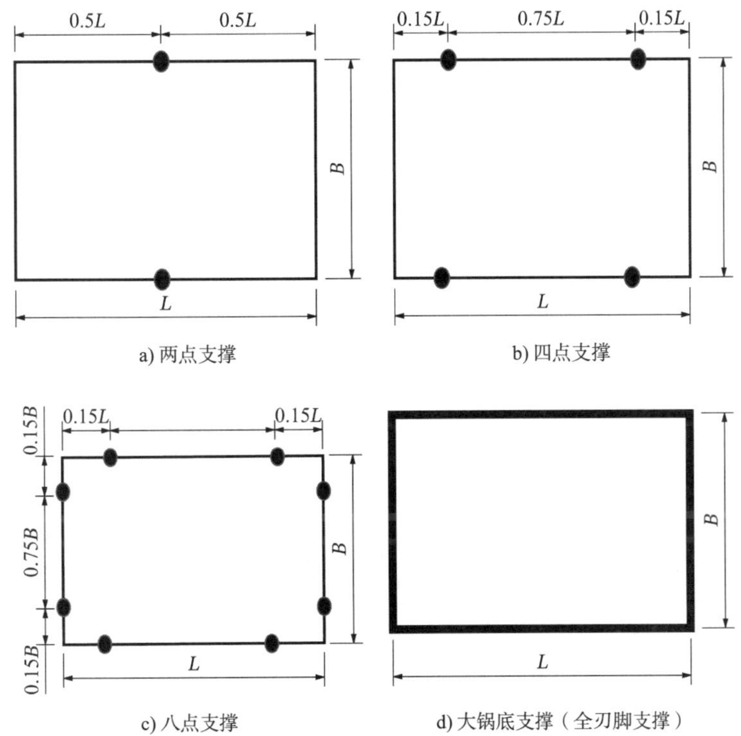

图5-8-12　沉井结构验算工况

本工程创新提出全节点开挖下沉方法，沉井各个节点及井壁隔墙端部位置土体支撑，很好地控制沉井悬空跨度，有效控制了排水下沉阶段的结构应力；此外，本工程提出的中心块状开挖下沉方法，预先对沉井隔仓区域块状划分，先开挖周边隔仓土体，之后开挖中心隔仓，实现沉井水下安全高效下沉。新型开挖下沉工艺如图5-8-13所示。

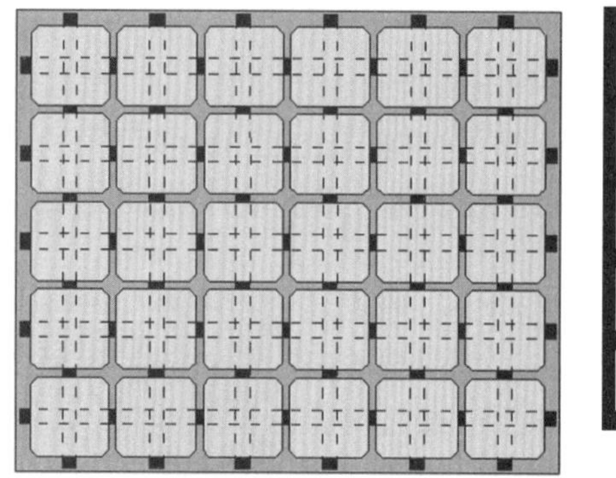
a) 全节点支撑开挖下沉

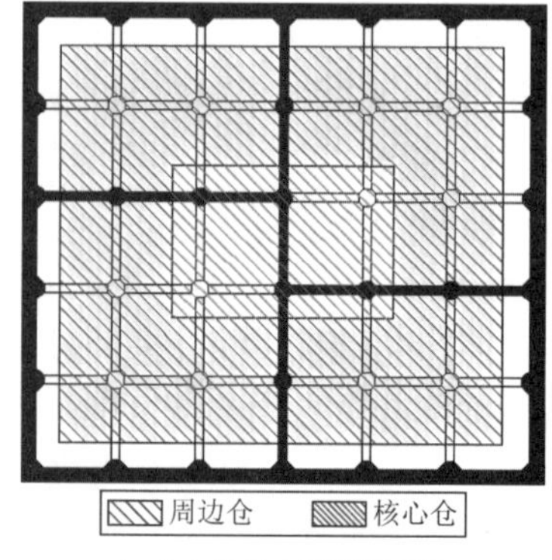

b) 中心块状支撑开挖下沉

图 5-8-13 新型开挖下沉工艺

在沉井结构安全控制方面，通过布置9个监测点，监测获得沉井结构相对变形，来辅助反映沉井结构受力状态。结合沉井姿态、结构受力情况，将沉井相邻隔仓进行分区集中控制，可降低沉井控制单元数量，更有利于指令下达、执行，如图 5-8-14 所示。大型沉井水下开挖干扰多、泥面监测困难，本沉井项目首次采用了沉井水下泥面三维全景成像声呐扫描技术，实现了沉井水下泥面快速三维获取、沉井水下泥面三维立体成像及图像数字化，如图 5-8-15 所示。

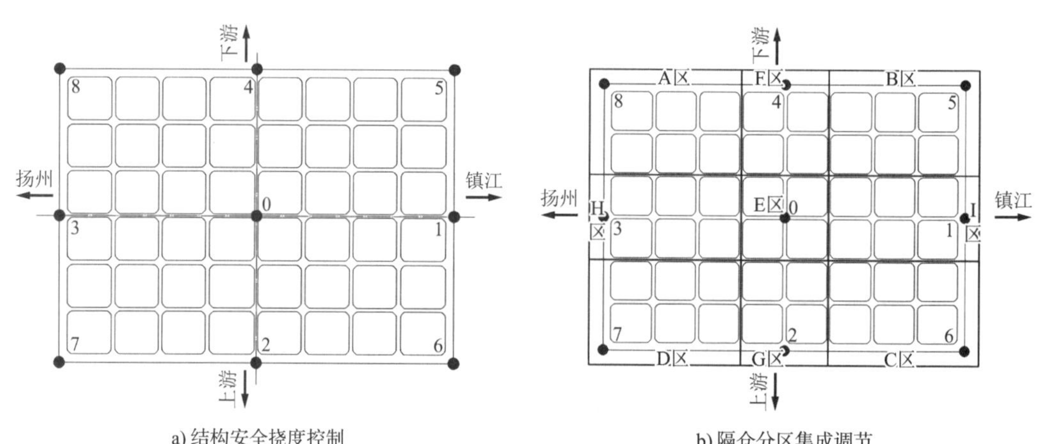

a) 结构安全挠度控制　　b) 隔仓分区集成调节

图 5-8-14 新型开挖下沉调控方法

a) 三维声呐探测设备

b) 水下泥面探测效果

图 5-8-15 水下泥面三维全景成像声呐扫描

（8）常泰长江大桥沉井基础

常泰长江大桥主航道桥为主跨1176m双层斜拉桥，索塔采用圆端型沉井基础，沉井底面尺寸95.0m×57.8m，圆端半径28.9m，沉井总高72.0m。沉井所处地层为粉砂、粉质黏土、中砂、粗砂地层。

为了防范沉井难沉风险，相较其他沉井，常泰长江大桥在设计阶段增大了沉井重量，使得沉井重量与井壁入土面积的比值达到了220.7kPa，远高于传统沉井101.9～137.6kPa（表5-8-1）。该方法实现了沉井顺利下沉至指定高程位置，但同时井壁或隔墙的厚度与隔仓数量的增加，导致了沉井开挖盲区占比增大的问题。

已建大型沉井重量与井壁入土面积比值　　表5-8-1

工程项目	沉井尺寸（m）			重量/井壁入土面积（kPa）
	长	宽	高	
泰州大桥中塔	58	44	76	132.7
泰州大桥北锚碇	67.9	52	41	101.9
江阴大桥北锚碇	69	51	58	104.1
马鞍山长江大桥北锚碇	60.2	55.4	41	127.8
马鞍山长江大桥南锚碇	60.2	55.4	48	126
南京栖霞山长江大桥北锚碇	69	58	58.2	125.6
杨泗港长江大桥2号索塔	77.2	40	50	137.6
五峰山长江大桥南锚碇	100.7	72.1	56	130.2
瓯江北口大桥南锚碇	70.4	63.4	67.5	121.9
瓯江北口大桥中塔	66	55	68	131.1
沪苏通长江大桥29墩	86.9	58.7	115	127.5
常泰长江大桥5号墩	95	57.8	67	220.7

为了实现智能化盲区取土，提升取土效率，本工程研发了一套气举取土设备及智能控制系统。该系统集成了高压射水装置、吸泥管位置监测、吸泥口高程自动调整、沿预设路径自动移位吸泥、泥面高程自动测量等功能，实现了取土设备数据实时采集、实时分析和设备集群化控制，如图5-8-16所示。此外，本工程还研制了水下智能开挖机器人及其控制系统，该系统可实现沉井隔仓可控取土，避免超挖带来的涌砂、突沉等安全风险，如图5-8-17所示。

图5-8-16　设备集群远程控制

图5-8-17　机械臂水下定点取土机器人

基于装配式设计理念，常态长江大桥将取土平台与供气管、供水管、排泥管、施工电缆桥架等进行了集成化设计，如图5-8-18所示。在满足取土下沉施工全过程功能需求的前提下，实现了取土平台及管线的模块化安拆，提高了取土平台及管线的安拆效率和安全文明程度，保障沉井下沉阶段设备设施长期稳定使用。

图5-8-18　装配化施工平台

5. 支护转结构复合地下连续墙锚碇基础

如前文所述，张靖皋长江大桥首次采用了支护转结构复合地下连续墙基础方案。该基础先施工最外侧地下连续墙，再施工内侧地下连续墙和隔仓地下连续墙，地下连续墙施工完后进行基底以下地基加固。待地下连续墙强度达到要求后，首先水下开挖外侧两道墙体间的土地，浇筑水下封底混凝土、抽水和施工填芯混凝土，形成7.35m厚的基础外壁。然后水下开挖内部隔仓土体，浇筑隔仓水下封底混凝土、抽水、施工底板、内衬、隔墙和填芯混凝土。最后浇筑地下连续墙顶板，形成整体。

1）地下连续墙施工

（1）平整、硬化施工场地。

（2）采用三轴搅拌桩对地下连续墙槽口两侧槽壁进行加固，施工导墙，搭建施工平台，铣槽机就位。

（3）一期槽段铣槽。一期槽段钢筋笼采用带多层钢筋网片的钢箱结构，一期槽段钢筋笼下放后，先将钢箱顶部固定在导墙上，钢箱与槽壁间隙7.5cm，钢箱侧面设置防绕流铁皮，然后浇筑钢箱底部2m混凝土，以防止底部绕流；接头箱涂抹减磨剂之后下放两端接头箱；最后浇筑一期槽段钢箱内混凝土。

（4）采用三铣成槽工艺开挖二期槽段：取出两侧接头箱，用高压水枪洗刷I期钢筋网片泥浆；下放二期槽段钢筋笼，二期槽段钢筋网片与I期槽段钢筋网片采用对插搭接连接；浇筑二期槽段混凝土，利用预埋注浆管对一期槽段钢箱与槽壁之间的7.5cm间隙进行压浆，完成外侧双层地下连续墙施工；采用同样工序步骤完成内隔仓其他地下连续墙施工。

2）基础底部地基加固处理

（1）加固地下连续墙内各隔仓基底以下粉质黏土层土体，以提高基底摩擦系数、地基承载力、隔水效果及减少变形。

（2）采用分布式压浆加强地基加固层与地下连续墙墙体之间容易渗水及受力薄弱界面。

3）外部小隔仓开挖，施工填芯形成整体 7.35m 复合墙

（1）地下连续墙施工完成后，采用抓斗机水下开挖小隔仓土体。

（2）开挖小隔仓到设计高程后，用高压水枪清除干净地基加固层顶面泥浆。

（3）浇筑水下封底混凝土。

（4）小隔仓抽水，隔仓内边抽水边加内支撑，直至抽干隔仓内水。一个小隔仓设置一排支撑，沿深度方向支撑间距为 3m，支撑最大预顶力为 2940kN。

（5）干作业施工小隔仓双层墙间混凝土，填芯混凝土钢筋骨架与两侧地下连续墙预埋的锥形套筒连接，浇筑填芯混凝土，至此双层墙与填芯混凝土形成 7.35m 厚整体框架式支护结构。

4）内部大隔仓开挖，施工底板、内衬、隔墙及顶板

（1）先干开挖 10m，之后搭设平台进行水下开挖大隔仓土体，浇筑水下封底混凝土。

（2）大隔仓抽水，相邻隔仓水头差小于 3m。

（3）干作业施工大隔仓底板、内衬、隔墙，上述构造钢筋与地下连续墙预埋锥形套筒连接，注水及浇筑填芯混凝土。

（4）安装地下连续墙顶板施工用底模预制板，分层浇筑顶板混凝土。

该地下连续墙基础结构最大的特点是采用了刚性接头，刚性接头不同于传统的接头形式，其体量大、刚度高、接头形式复杂，因此对先行幅的钢箱和后行幅的钢筋笼都提出了更高的安装精度要求。确保接头顺利搭接是施工控制的关键，其施工过程中控制技术如下：

① 钢箱沉放控制技术。为确保钢箱高精度垂直下放，钢箱顶部安装有倾角仪，钢箱下放过程中通过倾角仪监测钢箱姿态，并由人工通过全站仪进行复测，下放过程中依据监测结果动态调整起吊设备，从而维持较为良好的钢箱姿态。

为避免钢箱在入槽过程中出现偏位及扭转问题，槽口预先设有由丝杆和滚筒构成的导向装置（图 5-8-19）。该装置可通过转动丝杆调节滚筒的伸出量，从而限制钢箱的水平位置，钢箱入槽时与滚筒接触并带动滚筒转动，以实现钢箱平缓入槽。

在接头下放前沿槽壁布置 8 台各方向行程均为 200mm 的三维液压千斤顶（图 5-8-20）。刚性接头下放后，“搁置牛腿”落于千斤顶顶部，通过控制液压千斤顶的伸缩可调整刚性接头的姿态，在刚性接头姿态调整完毕后，利用限位钢板将接头外壁与布置在导墙上的预埋钢板进行焊接，从而约束刚性接头顶口的空间位置，避免其在姿态校正后再次出现位移。

图 5-8-19　导向装置

图 5-8-20　三维液压千斤顶调平

② 二期钢筋笼沉放控制技术。为避免钢筋笼下放过程中出现卡笼的情况，钢筋笼在制作过程中以已下放的先行幅刚性接头的相对位置为依据，计算先行幅钢箱间的最小净空，采用匹配制造工艺，根据先行幅刚性接头平行于槽壁方向的偏位，调整钢筋笼排插式钢筋网片的长度，从而避免下放空间不足导致的卡笼或由于两端刚性接头间距过大导致的搭接长度不足等情况；根据先行幅钢筋笼垂直于槽壁方向的偏位，在钢筋笼两侧安装特定尺寸的保护层垫块以限制钢筋笼下放过程中垂直于槽壁方向的位移，保证排插式钢筋网片的搭接间距。

③ 刷壁技术。与传统的工字钢接头相比，排插式网片刚性接头存在大量密布的钢筋网片，死角较多，更易附着泥渣，且地下连续墙施工时穿越不同地层，沉渣在不同空间位置上存在不同的分布特点，单一的刷壁设备难以控制刷壁质量。为提高刷壁效果，研制了专用刷壁器，刷壁器可固定在双轮铣上，并随双轮铣铣头上下移动，从而起到刷壁作用。刷壁后通过超声波测壁仪验证刷壁效果，超声波结果显示能够有效检测到接头处的翼板或槽壁，表明钢筋网片处无泥渣附着，刷壁效果良好。

④ 同步浇筑技术。异型先行幅槽段所对应的钢箱存在多个隔仓，后期混凝土浇筑期间，若不同隔仓内混凝土液面高差过大，将不利于钢箱整体的受力变形及姿态控制，因此需控制多隔仓同步浇筑。

受限于其结构形式，场地内空间难以同时布置多套导管及料斗，无法直接利用罐车实现多隔仓同步浇筑。针对上述问题，本工程采用了新式的同步浇筑平台以及专用分料斗，将同步浇筑平台布置在十字形刚性接头上方，浇筑平台在各隔仓对应位置留有供导管下放的开口，在该位置布置导管及料斗，并利用溜槽将出料口与各隔仓的料斗连接，浇筑时利用天泵同时向各个分料斗中供料，再经由分料斗向钢箱各隔仓中浇筑，从而实现同步浇筑（图 5-8-21）。

⑤ 防绕流技术。混凝土绕流是地下连续墙施工过程长期存在的难题。本工程在后行幅浇筑混凝土的过程中，混凝土可能会沿保护层的空隙向其他接头处绕流，导致其余后行幅钢筋笼无法顺利下放。受限于排插式网片刚性接头的结构特征，一旦混凝土发生绕流，基本无法在不损坏接头处排插钢筋的情况下清理混凝土，因此除传统防绕流手段外，还需要一种更加高效的防绕流工艺。

为解决上述问题，本工程施工过程中增设了防绕流水带。防绕流水带为长 85m、内径 150mm 的涤纶纤维高压软管，利用钢压条将防绕流水带固定在刚性接头底部，并随钢箱下放，在后行幅混凝土浇筑前，注水充盈水带，使水带填充刚性接头与槽壁间的空隙，阻挡混凝土（图 5-8-22）。

图 5-8-21　混凝土同步浇筑

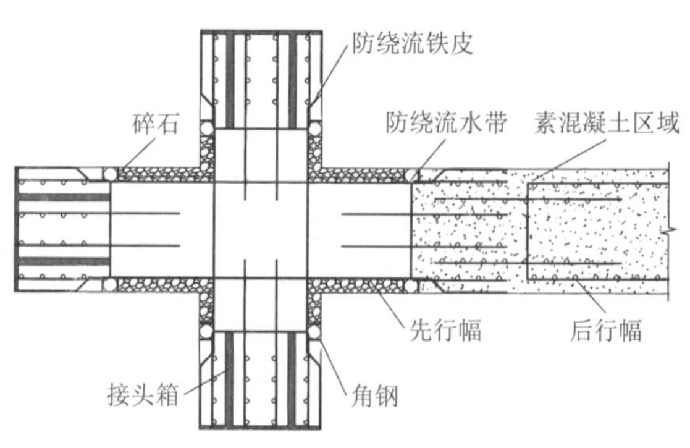

图 5-8-22　防绕流示意图

二、重力锚锚体施工

1. 实腹式锚体施工

实腹式锚体通常为大体积混凝土结构，因此其施工就与大体积混凝土的施工要求息息相关，施工的工艺、方法、组织实际就是保证大体积混凝土温度控制的措施。

大体积混凝土结构施工中，裂缝控制是很关键的工作。

1）温度裂缝的形式

温度裂缝可分为表面裂缝、深进或贯穿的裂缝。表面温度裂缝走向无一定规律性，大面积结构龟裂纵横交错，对结构物危害不大；深进或贯穿的裂缝，一般与短边平行或接近平行，裂缝沿全长分段出现，中间较密，对结构物危害较大。

2）温度裂缝产生的原因

大体积混凝土内产生的裂缝，受各种复杂因素的影响，要准确掌握其具体状态是非常困难的，但主要原因是由温度应力引起的。可考虑把温度应力分为受内部制约及外部制约两类影响。

混凝土浇筑常进行数十小时，由于外表散热较快，其表面温度与大气温度相近；而混凝土内部，由于水化热作用，会产生梯形变化的比表面附近高得多的温度。在这种情况下，混凝土内部产生压应力，表面附近收缩则产生拉应力。当拉应力超过结硬混凝土表面抗拉强度时，就会产生温度裂缝。一般混凝土内、外温差超过 25℃，容易出现温度裂缝。

由水泥水化热引起的混凝土温度，在浇筑后 2～3d 的时间内急剧升高。这时混凝土也逐步硬化，外部约束面因混凝土膨胀会产生压应力。然而，实际上因混凝土徐变作用，其压应力被释放。此后，混凝土内部长期经历着散热过程，温度逐步降低，混凝土逐渐硬化。由于徐变的影响减小，约束面内因收缩产生拉应力。这种应力形成残余应力。

3）温度控制

对于因基础约束产生的温度应力，可设定允许拉应力，求出允许最高温度，用管道冷却等方法把混凝土内部的温度控制在此值以下。

为了防止裂缝的产生，还必须严格混凝土的温差，包括基础温差、上下层温差及表面温度骤降。

（1）基础温差

基础温差系指基础约束范围内混凝土最高温度与锚体稳定温度之差。《混凝土重力坝设计规范》（SL 319—2018）规定，当基础混凝土 28d 龄期的极限拉伸值不低于 0.85×10^{-4} 时，对于施工质量均匀、良好，基础与混凝土弹性模量相近，短间歇均匀升温的混凝土浇筑块，基础允许温差可采用表 5-8-2 的值。

基础允许温差（单位：℃）　　表 5-8-2

离基础高度	浇筑块长边 L				
	≤16m	17～20m	21～30m	31～40m	通仓长块
(0～0.2)L	26～25	24～22	22～19	19～16	16～14
(0.2～0.4)L	28～27	26～25	25～22	22～19	19～17

（2）浇筑层上下层温差

在《混凝土重力坝设计规范》（SL 319—2018）中，浇筑层上下层温差的定义为：在老混凝土面（龄期超过 28d）上下各 $L/4$ 范围内，上层混凝土最高平均温度与新混凝土开始浇筑时下层实际平均温度之差。当上层混凝土短间歇均匀上升的高度大于 $0.5L$ 时，上下层允许温差为 15～20℃，浇筑块侧面长期暴露时宜采用较小值。

（3）表面温度骤降

混凝土浇筑初期的表面温度骤降是引起表面裂缝的重要原因。如果以后继续受拉，表面裂缝就可能发展为贯通或深层裂缝。《混凝土重力坝设计规范》（SL 319—2018）规定：当日平均气温在 2～4d 内连续下降 6～9℃时，在上游坝面、基础及其他重要部位、龄期未满 28d 的混凝土裸露表面，应有表面保温措施。

4）控制混凝土温度裂缝的方法

为了防止产生危害性裂缝，必须采取一系列技术措施，包括合理选择混凝土原材料、严格控制混凝土温度、选择合理的分缝分块等。表 5-8-3 列出了控制混凝土裂缝的一般方法。

控制混凝土温度裂缝的一般方法　　表 5-8-3

水泥品种及用量		混凝土温升由水泥水化热引起，发热量大小与水泥品种及用量有关。高炉矿渣及粉煤灰等可适量添加
预先冷却	加冰	把部分拌合水置于冰中冷却
	冷空气冷却粗集料	把冷空气送入大型拌合楼粗集料料斗的底部，使集料冷却
	集料浸水	把粗集料用输送带投入冷水槽中，冷却后脱水，再送入储料斗
	冷室冷却	用输送带把集料送进干燥的冷室进行冷却
管道冷却		混凝土浇筑时，往埋设的管道送冷水，以限制混凝土温度升高。必要时，可用冷却设备把水冷却。冷却管外径约 2.5cm，用电焊钢管制作。其间距：层厚为 1.5m 时为 0.75～2.0m；层厚为 2.0m 时，管距为 1.0～2.5m。冷却管内水的标准流量为 15L/min，同一系列管道长度不超过 350m。缩小管间距可加快混凝土冷却速度；降低冷却水的温度则效果更好。但因冷却水温降低，水管周围要留意有无裂缝产生
其他		①浇筑层不能太厚；②延长每层浇筑的间隔时间，加大混凝土表面的自然散热量；③在可能情况下要避开气温高的夏季，于其他季节施工，使浇筑时的初期温度下降；④对由外部约束产生的应力有效，对由内部制约产生的应力没有效果

基于以上分析，某锚碇为控制锚碇施工温度裂缝，采用了以下措施：

（1）混凝土浇筑分块分层

图 5-8-23 为锚体浇筑分块示意图。锚体混凝土采用预留湿接缝法浇筑，即每个浇筑块四周都立模板。为了在所留槽缝内立模和预伸接头钢筋等作业方便，所留槽缝宽度为 1.2～2.0m。相邻各块独立施工待分别冷却后，在接缝槽中焊接连接钢筋，然后在槽缝内浇筑无收缩混凝土。

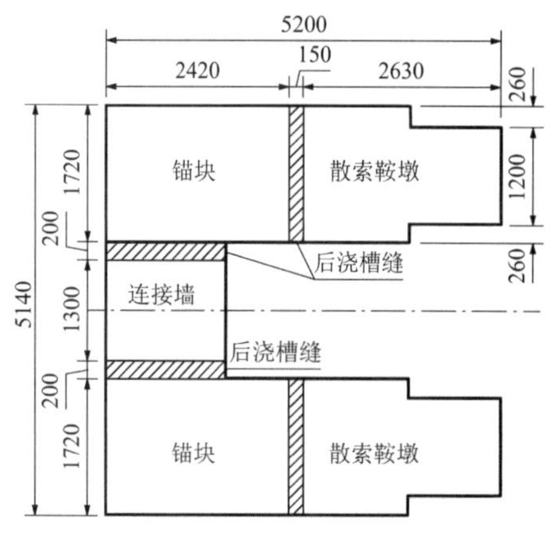

图 5-8-23　锚体浇筑分块示意图（尺寸单位：cm）

（2）冷却水拌和混凝土、管道通水二次冷却

用冷却水拌和混凝土降低入仓温度，管道通水二次冷却控制其最高温度和温差。每层混凝土浇筑高度为 1.0～1.5m，设外径为 2.5cm 冷却水

管 1～2 层。设计要求混凝土内部最高温度不超过 48.5℃，内外温差不超过 25℃。通过二次冷却，待各浇筑块混凝土温度全部低于年平均温度后，再进行各分块之间接缝混凝土的施工，完成锚碇混凝土的整体浇筑。混凝土的入仓温度采用冷却水及预冷集料控制，水化热升温采用双渗技术及管道冷却减小，同时加强表面养生，以期达到控制混凝土绝对升温和温差，从而达到控制裂缝展开的目的。

2. 框架式锚体施工

框架式锚体施工包括两方面的内容：一是与实腹式锚体一样具有共同性质的锚块作为大体积混凝土结构的施工工艺和控制措施；二是前锚室、支墩和横梁组成空间框架结构的施工。本节以海沧大桥锚碇为例介绍框架式锚体的施工方法及工艺。

1）大体积混凝土施工

（1）施工方案

根据锚块和箱形基础的结构特点，海沧大桥锚碇确定分三期施工。首先单独浇筑南、北锚块混凝土，然后浇筑南、北箱式基础，最后浇筑四个分项工程之间的后浇段，锚体形成整体。南、北锚块混凝土采用平面分块，竖向分层，平行对称方式浇筑，锚块单个最大分层面积 765m²。竖向分 28 层，其中，1～6 层厚 1.0m，7～21 层厚 1.2m，22～27 层厚 1.5m，28 层厚 2.69m，如图 5-8-24 所示。

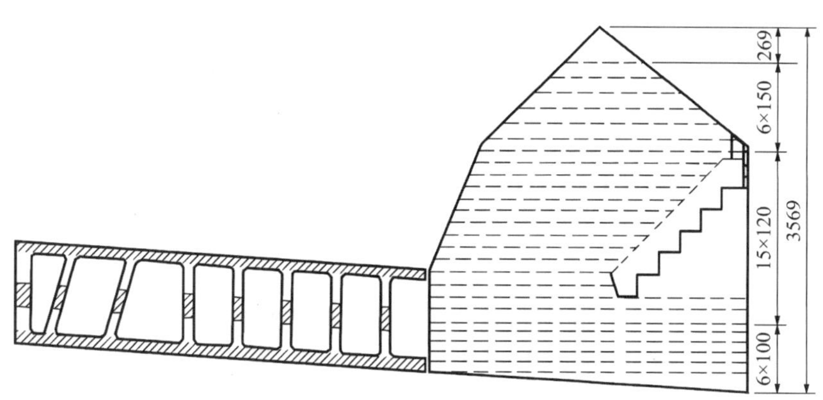

图 5-8-24　大体积混凝土浇筑分层示意图（尺寸单位：cm）

箱形基础单个仓面面积为 1150m²。竖向分 5 层，底板层厚 1.2m，顶板层厚 1.0m，一次浇筑，腹板分 3 层浇筑，每层厚 2.6m。

待南、北锚块混凝土温度降至稳定温度 20.8℃后，采用微膨胀混凝土浇筑后浇段。后浇段浇筑顺序为：先浇南、北箱形基础和锚块之间的纵向后浇段，后浇锚块与箱形基础之间的横向后浇段。纵向后浇段宽 2m，箱基部位分底、腹、顶板三次浇筑，锚块部位按每层厚 4m，分 6 层浇筑，锚块与箱基之间的横向为宽 2m 的实心段，分 3 段 3 层浇筑。

（2）混凝土质量控制

海沧大桥混凝土配合比设计既要满足混凝土力学指标和混凝土抗海蚀耐久性要求，又要考虑锚碇大体积混凝土的抗裂问题，符合温度控制要求。海沧大桥对混凝土配合比进行了反复试验论证，配制出“双掺”混凝土，解决了防海蚀和大体积混凝土抗裂问题。双掺混凝土掺入Ⅰ级粉煤灰 40%和 1.7%的 RH561 高效缓凝减水剂，每立方米混凝土水泥用量不超过 237kg，明显改善了混凝土的和易性和施工性能，又符合温控要求。另外，还对原材料质量进行控制，同时为适应大体积混凝土浇筑时间短、方量大的特点，选择设备先进、生产能力强、温控设施齐备的商品混凝土搅拌站集中供应混凝土。

（3）温度控制措施

① 砂石料和拌合水预冷却：采用冰水作拌合水。

② 集料预冷：采用冰水喷洒集料预冷，搭盖通风席棚遮阳。

③ 混凝土入泵温度控制措施：主要采用运料车降温、在泵管上覆盖湿麻袋、在气温较低时浇筑混凝土等措施。

④ 利用冷却水管通水降低混凝土内部温度。

冷却管布置水平间距 1.0m，冷却管距混凝土边缘约为 50cm。冷却管采用直径 25.4mm、壁厚 1.2mm 的钢管，利用相应直径的网纹胶管套接，并以铁丝扎紧，上、下层冷却管以竖管连接。

在混凝土浇筑开始后，每隔 3h 通水 5min，待全部浇筑完成后 6h 开始不间断通水。通水初温控制在 25℃左右，各浇筑层一期通水时间为 20d，管内水流速 $0.9m^3/h$，每 24h 变换一次通水方向。锚块二期冷却水温控制在 16℃以下，以利混凝土在 25d 内达到稳定温度。温度控制以仪器监测为准，按以下标准进行控制：1～7 层基础温差 $\Delta T \leqslant 26.0$℃，7～14 层基础温差 $\Delta T \leqslant 28.0$℃，内外温差 $\Delta T \leqslant 25.0$℃，上下层温差 15～20℃。在混凝土浇筑后一星期以内，每 4h 观测一次，一星期后改为 12h 一次，逐渐减少至 1 天一次、1 周一次。

2）锚体框架施工

散索鞍支墩、前锚室及横梁组成空间框架。散索鞍支墩及前锚室采用加劲横撑支架法或满堂支架法施工，分别如图 5-8-25 和图 5-8-26 所示。横梁采用落地支架法施工。

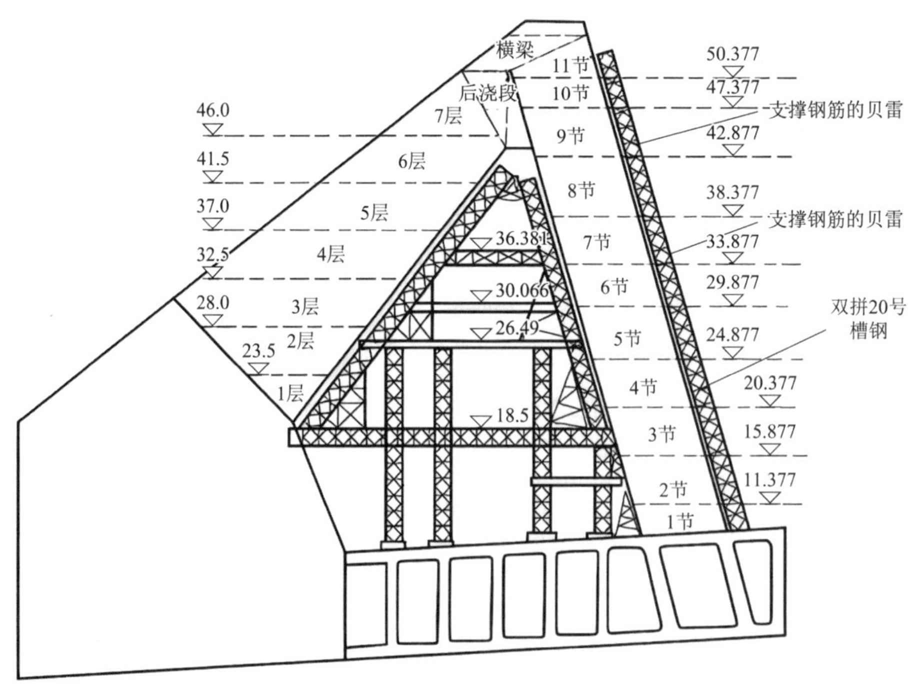

图 5-8-25　加劲横撑支架法施工锚体框架（高程单位：m）

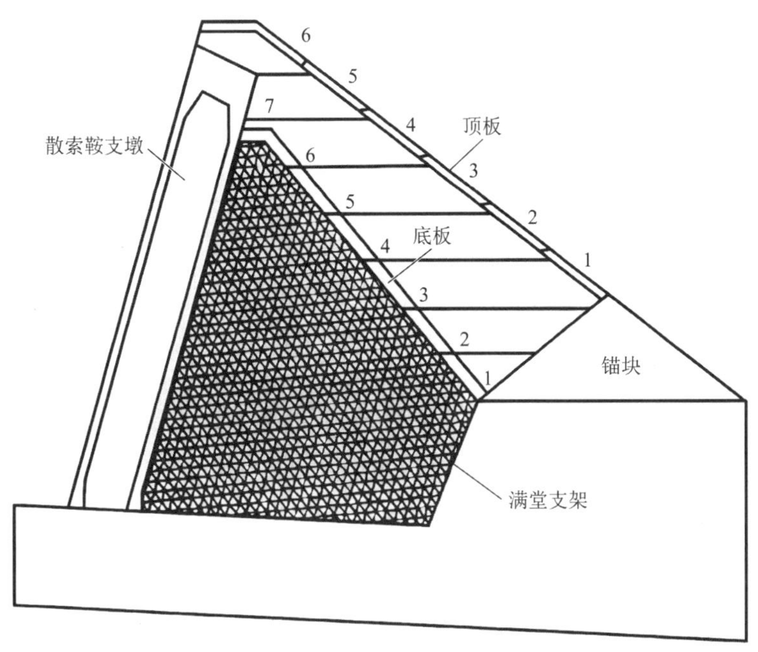

图 5-8-26　满堂支架法施工锚体框架

散索鞍支墩分 11 层浇筑，每段高约 4.5m，约 250m³。每段按 11 层铺料，铺料厚度不大于 40cm，用 50 型插入式振动器振捣。每段浇筑周期为 8～9d。

前锚室分 8 层左右浇筑，并在与散索鞍支墩之间设后浇段。为保持支架受力平衡，要求前锚室与散索鞍支墩交替施工。前锚室分两个阶段施工，第一阶段完成底板及内外侧板施工，第二阶段安排在主缆索股架设完成后进行顶板施工。

因散索鞍支墩较横梁的刚度大得多，为减小横梁预应力损失和横梁收缩对支墩产生的拉应力，防止横梁因混凝土收缩、徐变、开裂，横梁跨中设置 2m 长的后浇合龙段。合龙段采用微膨胀混凝土。横梁分 3 次浇筑：第一次浇筑底板和侧板；第二次浇筑顶板；待拆除横梁内模模板后，浇筑合龙段。

三、锚固系统施工

1. 钢框架锚固系统施工

1）制作

锚杆、锚梁一般较长，通常在工厂分段分节制作，如虎门大桥锚杆分 3 段制造，锚梁分两节制造。锚杆、锚梁用 16mm 厚钢板焊接而成，按《铁路钢桥制造规范》（Q/CR 9211—2015）制造，对焊接质量、焊接变形、制造精度要求很高，制造时采用“节点板套钻”技术以解决制孔问题；还专门研制了校形设备，全部焊缝均采用自动化焊接，并进行严格检验，在出厂前，在工厂进行试配，以保证制作精度和质量。

2）安装

安钢框架锚固系统装包括锚杆、锚梁以及定位钢支架共同组成的钢框架的安装。若无大型起重设备，钢框架一般采用散件现场拼接安装工艺。由于杆件多且复杂，为了减少空中拼接的作业难度，一般将杆件组拼成单元件再起吊至空中拼接，如虎门大桥锚碇。其中起吊设备采用一台汽车起重机和一台塔式起重机，支撑架和锚梁的安装交错进行，安装程序如

图 5-8-27 所示。安装应做好预埋件施工、空间坐标的控制及安装调整工作。

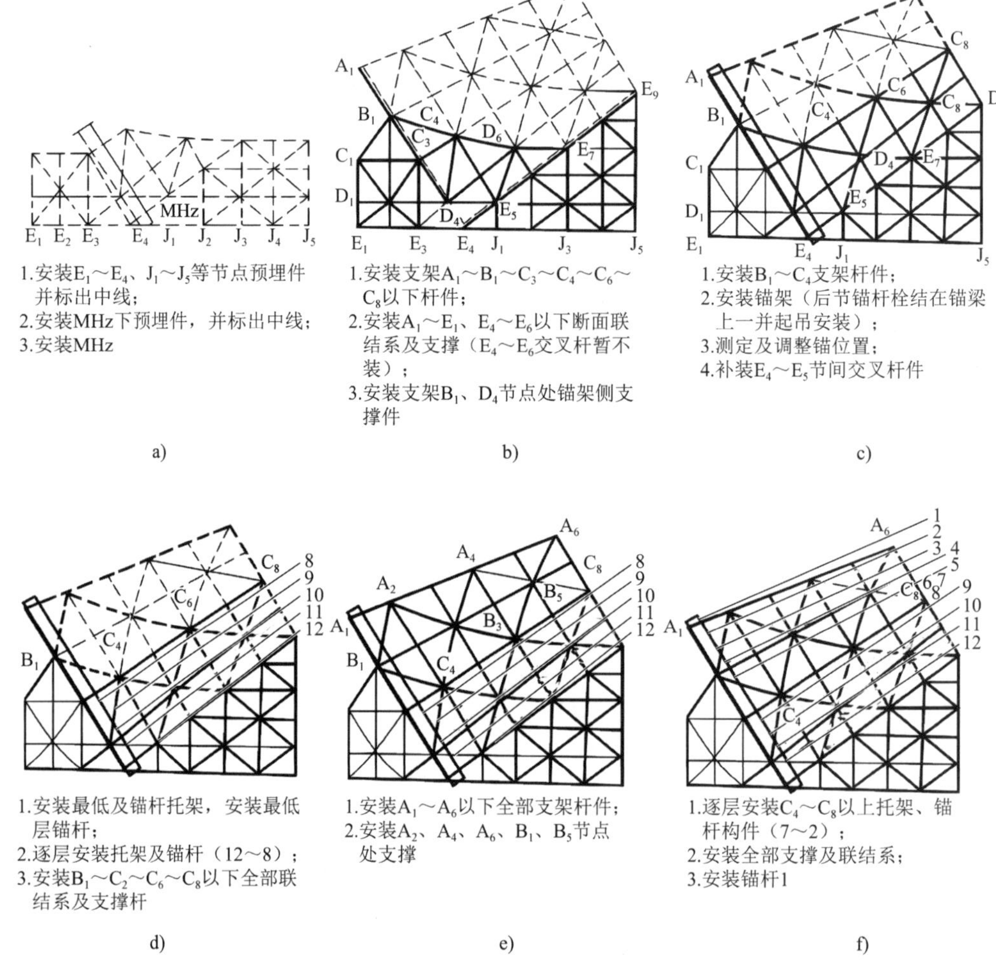

图 5-8-27　锚碇钢框架安装程序

3）涂装和无黏结处理

锚杆、锚梁采用轻度防腐。涂装在工厂制作时进行。构件加工时先进行抛丸处理，去掉锈蚀和氧化皮，涂上工厂底漆，再进行制作加工。加工完成后全部焊接件必须进行超声波探伤，检验合格后进行喷砂除锈，表面涂无机富锌底漆两道，锚杆前节露出混凝土部分及锚梁，加涂环氧云铁防锈漆一道，锚杆埋入混凝土部分加涂环氧沥青三道，并在其上喷涂铅涂料，拼接板位置及施工过程受到损坏部分，要在现场涂补环氧沥青厚浆，补涂部分比工厂加厚。

按设计要求，将锚杆在埋入混凝土部分与混凝土形成无黏结状态，拼接板突出部位，用 3～5cm 的泡沫塑料包裹，再埋入混凝土中。

2. 预应力锚固系统施工

1）制作

预应力锚固系统的锚固连接件（拉杆组装件、连接器）及预应力系统的锚具组装件均在工厂制造；各部件或零件的材料技术条件应满足相关标准或规范的要求，主要构件的成品应满足相关性能和质量要求，统一规格的部件或零件应具有互换性。产品应进行必须的成品检验，包括型式检验、出厂检验和抽样检验，以保证成品满足相关静载、动载试验要求、性能和质量要求等。预应力材料及管道通常购买成品，在现场下料安装。

定位钢支架也在工厂制造，需专门制配模具，精确下料，准确焊接，确保结构尺寸符合设计要求。在加工片架时，应预先标出定位轴线，以利现场测量定位。

2）安装

预应力锚固系统安装包括定位钢支架、锚固预应力系统以及锚固连接系统的安装。预应力锚具及管道与定位支架同时安装，其安装方法、预埋件安装、施工精度、坐标转换、测量定位方法等与钢框架锚固系统的施工基本相同，不再重述。预应力系统施工程序如图 5-8-28 所示。

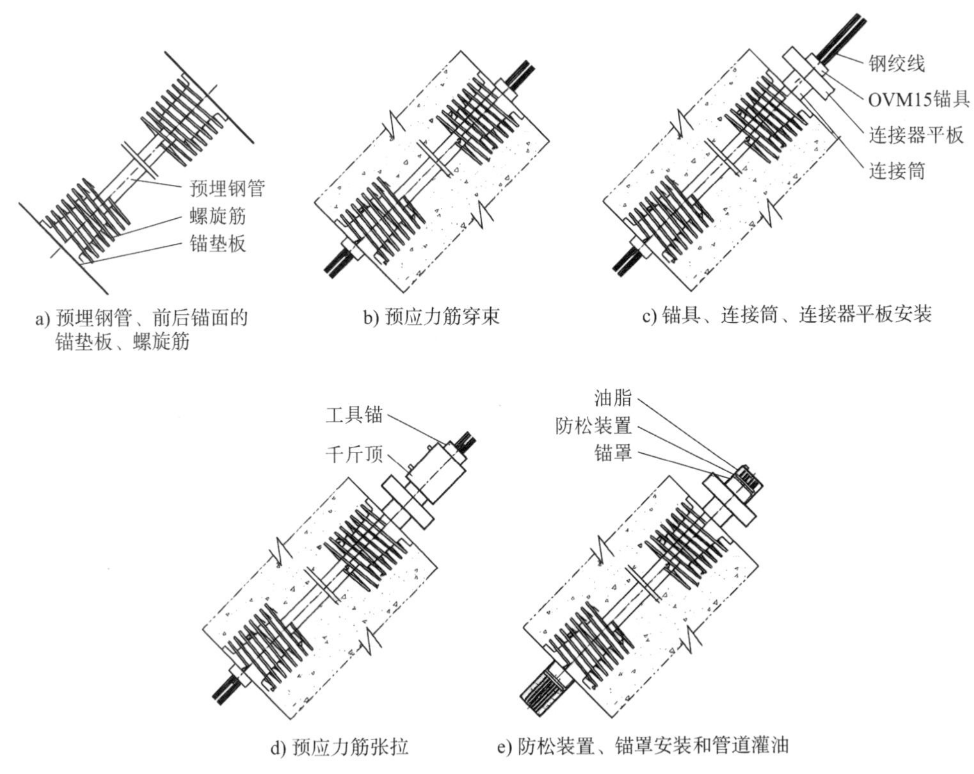

图 5-8-28　预应力系统施工程序简图

3）主缆索股连接

主缆索股连接如图 5-8-29 所示。索股索力调整时，每一索股的索力按设计要求，索股锚头套入拉杆，应留出千斤顶工作空间；两千斤顶应同步张拉，两千斤顶的拉力偏差不超过 5%。

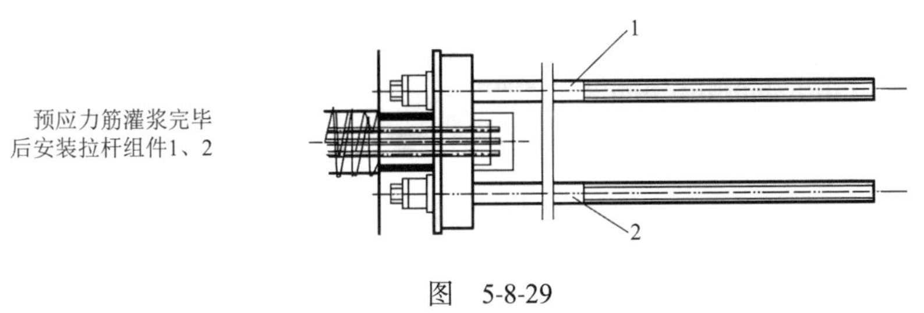

图　5-8-29

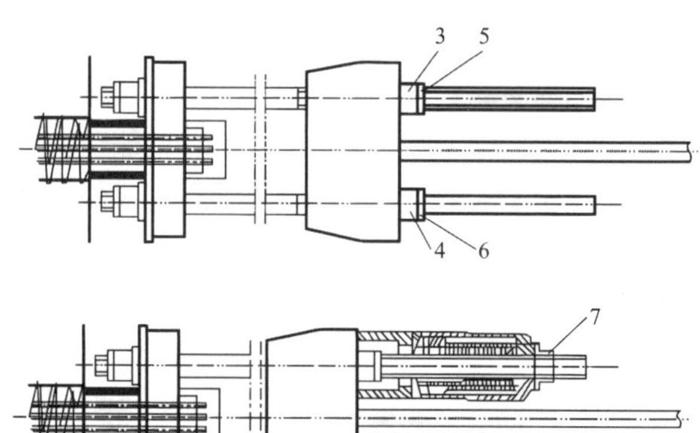

安装千斤顶和工具螺母7、8，两台千斤顶同步张拉，不断拧紧六角螺母3、4和锁紧螺母5、6。索股调至设计荷载，拧紧六角螺母3、4和锁紧螺母5、6

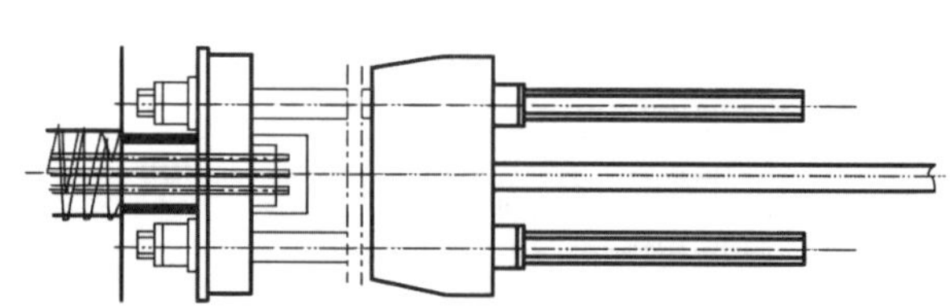

两台千斤顶同时卸荷，拆卸工具螺母7、8，拆除千斤顶，检查锁紧螺母5、6的紧固性。对拉杆组件表面进行防腐处理

图 5-8-29　拉杆组件与索股锚头连接施工顺序

L-千斤顶张拉空间

3. 分布传力钢板构件锚固系统施工

1）制作

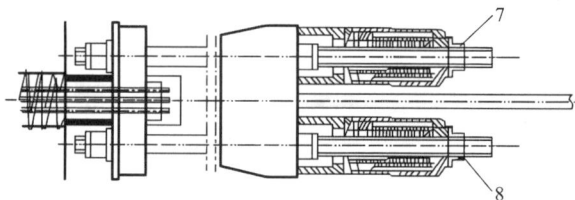

锚固钢板和锚箱组件均在工厂制造；在进行组焊前应进行详细的焊接工艺评定试验，由于结构主要板件均较厚，在确定焊接工艺时需要注意不破坏钢材原有机械性能，不得出现焊接龟裂、内部缺陷、焊缝外观不良和明显的焊接变形等情况。

锚固钢筋定位桁架及锚固板定位支架所有组件均采用工厂制造，现场螺栓连接。

2）安装

分布传力钢板构件锚固系统安装包括锚固钢筋定位桁架、锚固板定位支架及锚固钢板安装。

（1）锚固钢板支撑点设置

锚固钢板第一层底部共设置 4 组支撑点，采用型钢支架结构形式，具体布置如图 5-8-30 所示。

（2）第一层锚固钢板调整

第一层锚固钢板是各片锚固钢板安装的基础，定位步骤如下：

① 安装定位支架，通过测量监控，用薄钢板精确定位支撑点。

② 起吊第一层锚固钢板安装就位后，在支架顶部挂手拉葫芦，侧向临时固定锚固钢板端部，在锚固钢板底端部位支撑梁上焊接限位板，侧向临时定位锚固钢板底部。

③ 在测量人员监测控制点坐标的情况下，通过手拉葫芦及千斤顶初步定位锚固钢板的竖向倾斜角度。

④ 通过测量数据精确调整锚固钢板各控制点坐标。先初步调整锚固钢板倾角，然后调整锚固钢板底部上下游方向平面位置，再调整平行于轴线方向的高程，最后精确调整倾角。因各支撑点通过监测已经精确定位，理论上已不需要进行高程调整，但因制作及匹配等误差的

存在，可能需要对个别支撑点高程进行细微调整。

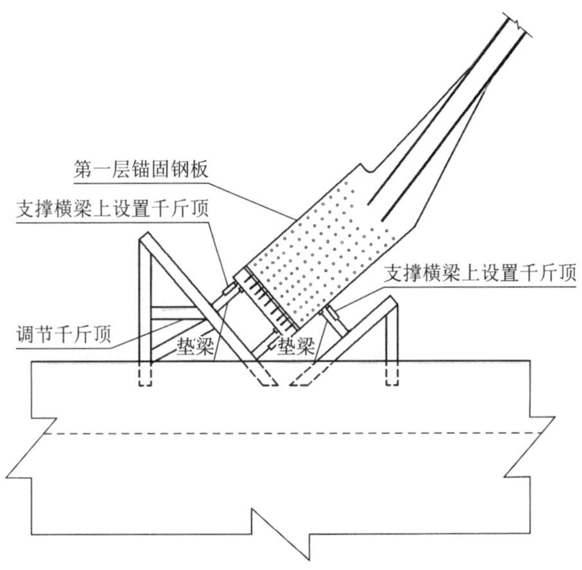

图 5-8-30　锚固钢板底部支撑布置图

（3）其他层锚固钢板调整

其他层锚固钢板定位以下一层锚固钢板为基准，上层锚固钢板与下层锚固钢板之间设置有匹配楔口。安装时先将楔口对准，调整好吊具钢丝绳角度，然后插入定位销，精确定位锚固钢板端部。锚固钢板底部定位后，缓慢下落起重机大钩，使锚固钢板前支点与定位支架贴紧并固定，完成锚固钢板前端定位。考虑到吊装变形等因素，其他层锚固钢板端部若需要竖向或侧向调整，利用千斤顶和定位支架进行端部调整。上层锚固钢板与下一层锚固钢板定位好后及时连接锚固钢板底部高强螺栓。

3）钢筋混凝土榫施工

剪力钢筋定位桁架由加工单位统一在工厂加工并预拼装，运至现场根据锚固钢板高度分节安装。

（1）钢筋施工

锚固系统剪力钢筋绑扎时，先通过桁架定位剪力钢筋，使剪力钢筋定位在锚固钢板开孔中心，然后绑扎其他钢筋。当其他钢筋与剪力钢筋位置冲突时，优先考虑剪力钢筋位置。剪力钢筋与桁架及其他交错钢筋间点焊固定，确保钢筋相对尺寸准确、牢固，防止混凝土振捣施工时发生位移。

（2）混凝土浇筑

锚块采用 C30 混凝土浇筑。为确保剪力钢筋和锚固钢板 ϕ45mm、ϕ60mm 的孔洞形成的剪力键的质量，粗集料选用 5～25mm 级配。钢筋混凝土区域采用布料杆分区布料，每层布料厚度控制在 30cm，相隔区混凝土高差控制在 30cm 左右，通过混凝土流动使剪力键内混凝土密实，并将混凝土内气泡排出。

（3）剪力孔保护措施

对于部分刚好处于分层界面处，或在界面上方 15cm 以内的剪力钢筋，当该层混凝土将要浇筑到位时，要防止水泥浆污染剪力孔，影响剪力键质量。

四、隧道锚施工

隧道锚施工主要指隧洞开挖与出渣、洞身围岩支护、锚固系统安装及锚体混凝土浇筑，以及设计要求的特殊施工，如围岩压浆、防排水施工等。设计应充分研究各施工方案的可行性和合理性，对有利于围岩稳定和涉及结构的施工措施作特殊说明和严格要求。对锚固系统安装及锚体混凝土浇筑施工应给出具体实施方案，如锚塞体分层分块布置、大体积混凝土温度控制指标等。

施工流程：隧洞口基坑开挖与边坡支护→主体隧洞开挖→安装锚杆、挂钢筋网、喷射初期支护混凝土→锚室二次衬砌施工→安装锚塞体劲性钢支架→安装锚固系统预应力管道、钢筋等→分层、分块浇筑锚塞体混凝土，进行温度控制→散索鞍支墩施工→对洞周一定范围内岩体进行压注浆封闭裂缝及溶洞施工→锚固系统预应力施工→索股安装与锚固→前锚室施工→洞口基坑回填，路基施工→主缆护室施工→附属工程施工。

1. 隧洞开挖与支护

隧洞一般采用新奥法开挖，信息化组织施工。新奥法施工的核心是充分利用围岩的自身强度和施作的支护共同抵抗围岩压力，尽量减少扰动围岩，及时施作喷锚初期支护，及时量测，反馈信息，并使断面及早封闭。

应根据地质、机械设备等条件采用尽量少扰动围岩的开挖方法，可采用全断面法或台阶法或分部开挖法。必要时上拱部可超前引进，短掘短支，每挖一段，钢拱架和喷射混凝土紧随支护封闭。对易坍部位可采取先进行小导管压浆，然后再开挖的方法。开挖面应平顺，严格控制欠挖，尽量减少超挖。

开挖时可根据岩层的风化情况和强度分别采用机械、小爆破、人工等开挖方式。应采用光面爆破，提高钻眼精度、控制药量。爆破设计应在综合地质状况、开挖断面开挖进尺及爆破器材等基础上进行。减少施工过程中对围岩以及施工完成衬砌的扰动，尽量发挥围岩的自身承载能力。

采用小药量控制爆破，以减少爆破在岩体中产生爆破裂隙和节理裂隙面、层面等弱面延伸，避免基岩体岩石因振动而导致力学性质的弱化。应控制每次爆破的规模，严格遵循“弱爆破、短进尺”原则。开挖期间应对围岩实施施工监测。根据设计方案对隧洞进行支护：安装锚杆、挂钢筋网、安装钢架、喷射初期支护混凝土、锚室二次衬砌施工。隧洞开挖过程中注意汇水、集水、排水施工。

应及时支护并及早形成封闭，以避免支护时间过长后，围岩松弛丧失自身强度；支护施作后及时进行施工监控量测，通过围岩初始应力场、变形量测来掌握围岩和支护结构在施工中的力学动态稳定程度，为评价和修改初期支护参数、力学分析和二次衬砌施作时间提供信息依据，保障施工安全。当发现支护能力不足时，应及时加强。

2. 锚塞体施工

分块、竖向分层浇筑锚塞体混凝土，同时安装锚固系统定位支架。在锚块混凝土强度达到设计要求强度后，施工锚固预应力系统，安装索股锚固构件。

锚塞体属大体积混凝土，其施工应采取与前述重力锚大体积混凝土类似的措施，以满足大体积混凝土温度控制的相关要求。

3. 其他施工

在锚塞体施工完成后，对洞周一定范围内岩体进行压注浆封闭裂缝及溶洞施工；实施散索鞍支墩大体积混凝土施工；实施前锚室施工；进行洞口基坑回填，路基施工；最后进行主缆护室和附属工程施工。

围岩注浆应充分考虑夹泥层发育情况，根据夹泥层影响调整注浆孔布置。注浆时根据围岩完整情况调整注浆压力，既要达到围岩浆液充分充填，又要防止采用过高的灌浆压力造成初期支护的破坏。注浆孔布置尽量靠近型钢支架，压浆按自下而上顺序进行，压浆液由稀到浓逐级变化，压力由小到大。

对于前后锚室，当初期支护完成后，喷射混凝土表面进行找平，然后铺设防水层并自下而上模筑二次衬砌。

在铺设防水层前应做好环向与纵向排水盲管的铺设；另外，应对锚杆端部的露出部分进行裁剪，修整喷射混凝土表面过大的凹凸不平，以防刺破防水层；防水层应用双焊接，接头应牢固，强度不小于同质材料；还应注意搭接处防水层不应玷污和破损，保证搭接良好。

二次衬砌必须在围岩和初期支护变形基本稳定的条件下进行。二次衬砌的施工缝必须进行凿毛处理，二次衬砌施作时宜采用较小的集灰比、降低水灰比加强养护，防止二次衬砌混凝土开裂。

拱部初期支护和二次衬砌之间预留压浆孔，保证初期支护和二次衬砌之间的密实。注浆管纵向布置间距一般为 5m，孔深为穿透二次衬砌厚度进入空隙，埋管禁止穿透防水板。注浆初压一般为 0.1～0.3MPa，终压一般为 0.4MPa。

第六章

鞍 座 设 计

第一节　鞍座功能与设计

一、鞍座功能

鞍座是悬索桥上部结构的主要组成部分之一，是为主缆提供支撑，并使其线形平顺地改变方向的永久性受力构件。

鞍座均布置在主缆几何线形的转折处，例如，主索鞍布置在索塔塔顶，散索鞍布置在边跨和锚跨之间的散索鞍支墩上，转索鞍（如需要）则布置在边跨的过渡墩上等。鞍座在悬索桥上的布置如图 6-1-1 所示。

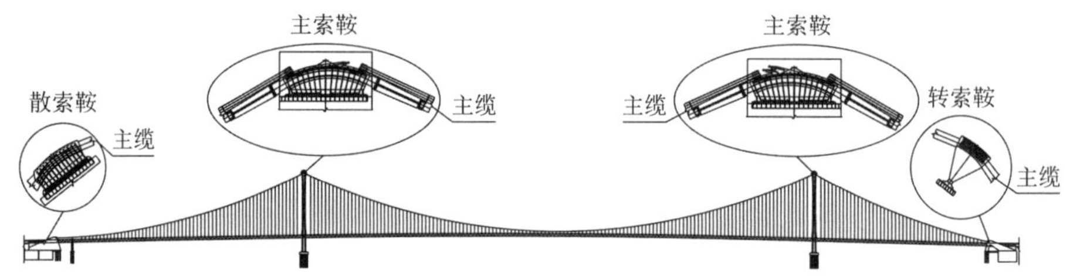

图 6-1-1　鞍座在悬索桥上的布置示意图

悬索桥通过鞍座向索塔、过渡墩和散索鞍支墩传递主缆的竖向压力，鞍座内的承缆槽弧形面使主缆平顺过渡，并形成悬索桥特有的简洁、柔韧且优美的主缆线形。

二、设计原则

鞍座的设计首先必须满足其功能要求，主要归结为以下几方面。

1. 传力要求

由于鞍座都布置在主缆几何线形的转折处，而主缆的折转会产生非常大的径向力，这些力必须经过鞍座传递到桥梁的相应结构中去。因此，鞍座的结构必须具有足够的强度、刚度，以满足力的传递要求。

2. 几何线形要求

悬索桥主缆的线形决定了桥梁的线形，也决定了鞍座的几何线形和尺寸。而鞍座的几何线形主要取决于其承缆槽的设计线形，为了尽可能地使主缆钢丝（索股）减少由于弯折产生的次应力，并使主缆达到平顺过渡的目的，一般情况下鞍座承缆槽的设计应满足以下要求：

（1）承缆槽立面及平面的线形应与全部恒载条件下的主缆线形相吻合。

（2）承缆槽底部立面圆弧半径不宜小于主缆设计直径的 8 倍。

（3）散索鞍承缆槽侧壁的平面圆弧半径不应小于立面圆弧半径的 1.3 倍，且各索股的平弯圆弧段应完全包容在该索股的竖弯圆弧段内。

（4）无论在施工状态、成桥状态还是在最大缆力状态，主缆钢丝（索股）均应与鞍座的承缆槽有效相切，即切点不得在承缆槽之外。

3. 固定式鞍座与自平衡体系鞍座要求

固定式鞍座是指塔顶主索鞍与索塔成桥之后位置固定，主索鞍需具有抵抗不平衡缆力的构造能力；自平衡体系鞍座是指在主缆不平衡缆力作用下，主索鞍位置能够纵向移动，达到主缆缆力自平衡状态，主索鞍与塔顶之间需设置滑动或者滚动摩擦副。

4. 其他要求

（1）悬索桥主缆的空缆线形与成桥线形有很大差别，因此各段主缆的交点（I.P.）在空缆和成桥时也大不相同。为了适应这一特点，往往在架设主缆前先让鞍座上的设计 I.P.点设置一个预偏量，随着永久荷载的增加逐渐将这一预偏量消除。鞍座的设计应在结构上满足这一要求。

（2）由于活动荷载、温度荷载和风荷载的作用，各段主缆的缆力时时都在变化，转索鞍、散索鞍应设置相应的构造，实现一定的摆动或移动，以消除相邻索鞍两侧主缆的缆力差。

（3）悬索桥的各类鞍座均是由大型钢结构件制成，且一般情况下承缆槽需经三维机械加工完成。因此，鞍座的设计应充分考虑到铸造、焊接、热处理、无损探伤和机械加工的可行性。鞍座在工厂加工完成后，运输到工地现场定位安装；鞍座的设计也应考虑到运输、吊装、调整和定位的各种限制条件，并提出相应的措施或设置相应的构造及装置。

（4）主缆以及支撑主缆的鞍座是悬索桥的永久性构件，因此耐久性设计是鞍座设计的重要内容之一，其中包括防护涂装的设计、防护结构（鞍罩、前锚室等）的设计和除湿装置的选择。

三、设计条件

鞍座设计所涉及的设计条件主要包括以下几个方面。

1. 主缆的构成和径向尺寸

（1）高强度镀锌钢丝的直径及直径公差（镀锌后）。

（2）主缆的构成，即每股索股的钢丝根数，每根主缆的索股股数及背索股数（如有背索）。

（3）索股在主缆中的排列形式。

（4）主缆的设计空隙率及各段主缆的直径。

2. 主缆的力学参数

（1）高强度镀锌钢丝的标准强度。

（2）各段主缆在其两端计算点处的空缆缆力、成桥缆力、最大缆力。

3. 主缆的几何线形参数

（1）中跨主缆的设计垂跨比。

（2）在空缆缆力及成桥缆力状态时，各段主缆理论交点（I.P.）的高程和里程。

（3）主缆中心线在鞍座上的理论竖向弯曲半径。

（4）各段主缆在其两端计算点处的空缆缆力切线角和成桥缆力切线角。

4. 其他相关设计条件

（1）索塔塔顶高程及平面几何尺寸。

（2）散索鞍支墩顶面的中心高程及平面几何尺寸。

（3）过渡墩顶面的中心高程及平面几何尺寸（如设置转索鞍）。

（4）主缆索股锚固面中心的高程和里程。

（5）主缆索股在锚固面上的布置及尺寸。

（6）各索鞍施工期预偏量。

四、设计流程

鞍座的设计流程与桥梁其他结构的设计流程相似，即按桥梁总体结构计算的结果确定设计条件→确定固定式或自平衡式鞍座→选择较合理的鞍座结构形式→初步拟定鞍座的主要结构尺寸→进行鞍座的结构受力分析和计算→根据计算结果，调整鞍座的结构形式或结构尺寸→再次进行鞍座的结构受力分析和计算→确定鞍座的结构设计和设计尺寸。

主索鞍结构计算的主要内容和步骤如图6-1-2 所示。散索鞍结构计算的主要内容和步骤如图6-1-3 所示。

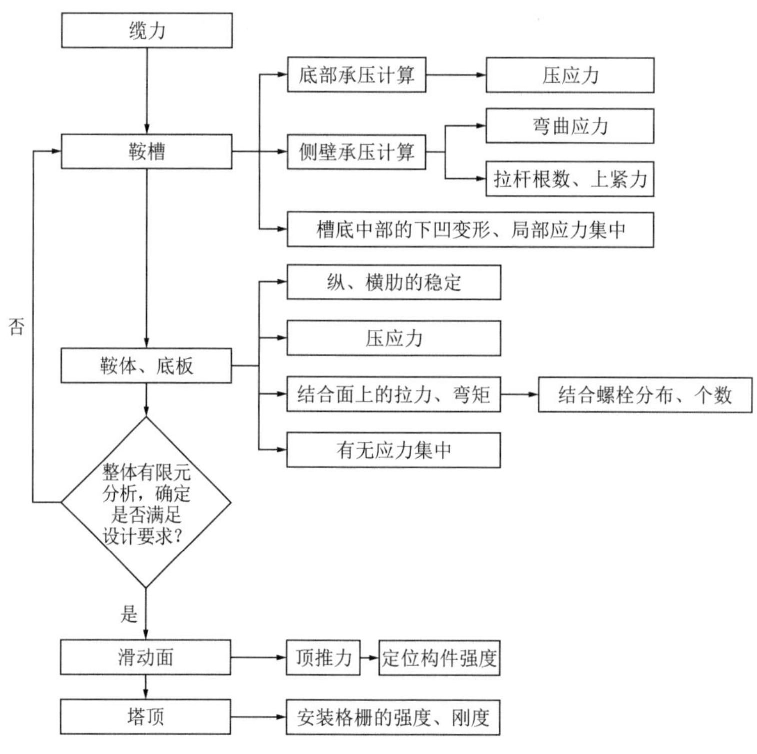

图6-1-2　主索鞍结构计算的主要内容和步骤

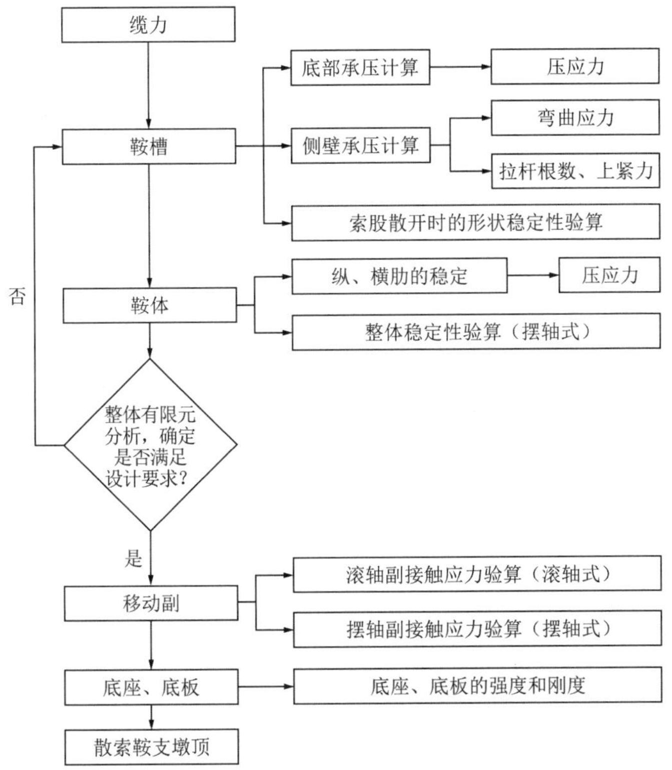

图 6-1-3　散索鞍结构计算的主要内容和步骤

第二节　主要类型与选择

一、主索鞍类型和结构形式

主索鞍是在索塔顶部支撑主缆的永久性大型钢构件，它承受主缆的巨大竖向压力，并将主缆的竖向压力均匀地传递到索塔上；同时也起到使主缆在索塔顶处平缓过渡、减小主缆过塔顶时的弯折应力的作用（图 6-2-1）。主索鞍的分类及其构造形式有以下几种。

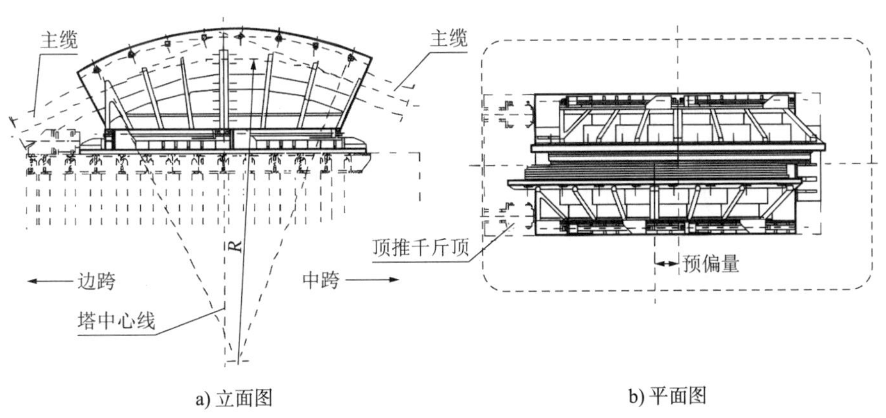

图 6-2-1　主索鞍

（1）按传力途径分类

按传力途径分类，主索鞍可分为外壳直接传力式和肋板间接传力式。外壳直接传力式主索鞍主要适用于柔性索塔，如钢索塔。钢索塔一般由箱形薄壁钢构件组合而成，主索鞍的纵肋板与底板倾斜布置，主缆的压力通过鞍头、斜纵肋直接传递到钢索塔的塔壁上（图 6-2-2）。日本修建的大部分悬索桥都采用钢索塔，因此所采用的主索鞍基本上是外壳直接传力式，我国的泰州大桥、马鞍山长江大桥也是如此。

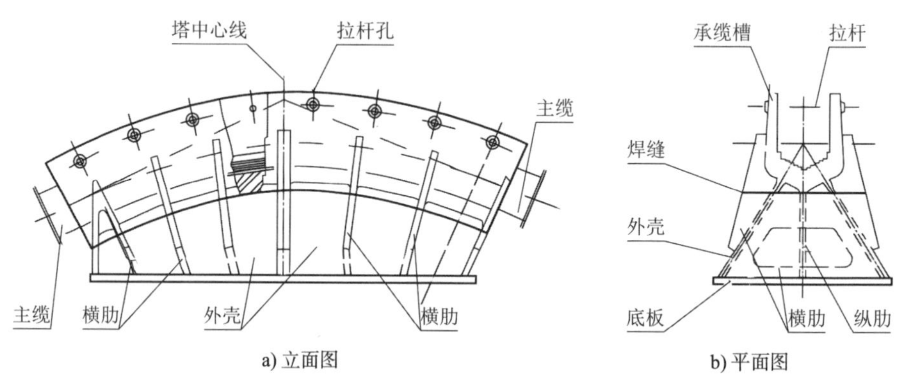

图 6-2-2　外壳直接传力式主索鞍构造

肋板间接传力式主索鞍更适合于刚性索塔，如混凝土索塔。鞍头下的纵横肋与底板垂直（或稍有倾斜）布置，主缆的压力通过纵横肋、底板传递到塔顶上（图 6-2-3）。我国目前已建成的江阴大桥、润扬大桥、虎门大桥、汕头海湾大桥、海沧大桥、宜昌长江公路大桥、西堠门大桥、黄埔大桥、坝陵河大桥、南沙大桥、深中大桥等均采用混凝土索塔，因此主索鞍的结构形式都采用纵横肋间接传力式。

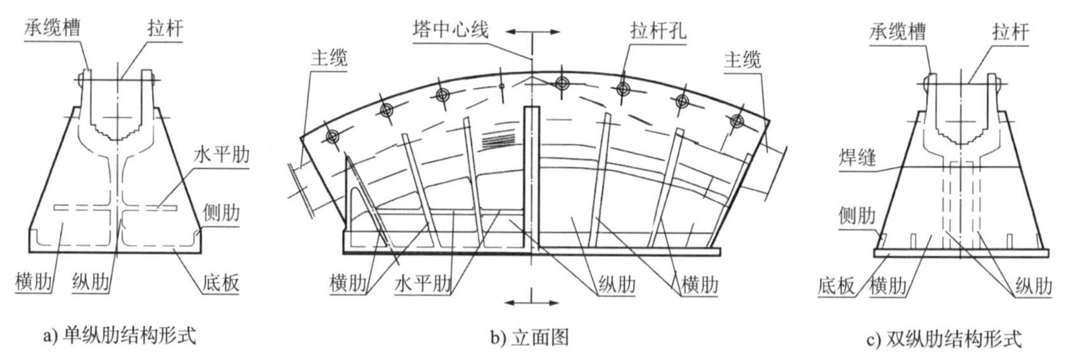

图 6-2-3　肋板间接传力式主索鞍构造

（2）按制作方式分类

按制作方式分类，主索鞍可分为全铸式、全焊式、铸焊式、锻焊式、组装式。全铸式主索鞍是将鞍头、鞍身及底板作为一整体铸造出来的铸件，经过热处理、机械加工制作完成。全铸式主索鞍的制造过程中只有很少的焊接工序，工艺比较单一，尤其是铸钢材料具有各向同性的特点，且具有一定的强度和韧性；铸件的形状可以较复杂；加工制造周期也相对较短。但由于铸造工艺的要求，铸件的加工余量较大，当主索鞍的尺寸、质量较大时，索鞍毛坯的铸造难度大，对铸钢厂的铸造装备能力和铸造技术水平要求高，且不同厂家的铸造工艺水平参差不齐将会导致全铸钢结构索鞍的质量水平存在差异。同时，铸造生产工作环境恶劣，原材料和能耗较高，对环境污染也较严重，我国早期修建的一些悬索桥主索鞍设计采用了这种全铸结构形式。我国汕头海湾大桥、西陵长江大桥、海沧大桥等采用了全铸式主索鞍，其典型结构如图 6-2-4 所示。

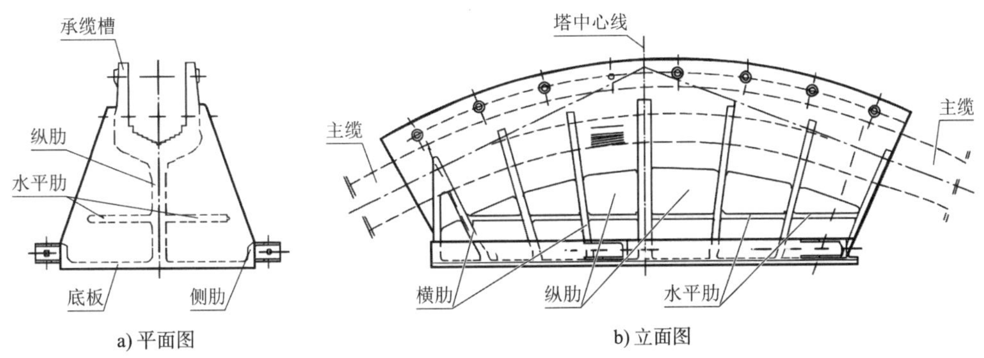

图 6-2-4　全铸式主索鞍构造

全焊式主索鞍的制作材料均为厚钢板，无论是鞍头、鞍身和底板均由厚钢板焊接而成。其主索鞍的质量相对较小，用钢量较节省；由于大量的机械加工在组焊之前完成，故机械加工难度相对较小。张靖皋长江大桥南航道桥主索鞍鞍体采用全焊接的形式，鞍槽侧壁、底板、纵肋均采用 150mm 厚的钢板，鞍槽内的台阶垫块采用厚钢板加工，并用定位销装配至鞍槽底板。鞍体纵向划分为三块，用高强度螺栓 + 定位销的方式装配为一体，如图 6-2-5 所示。

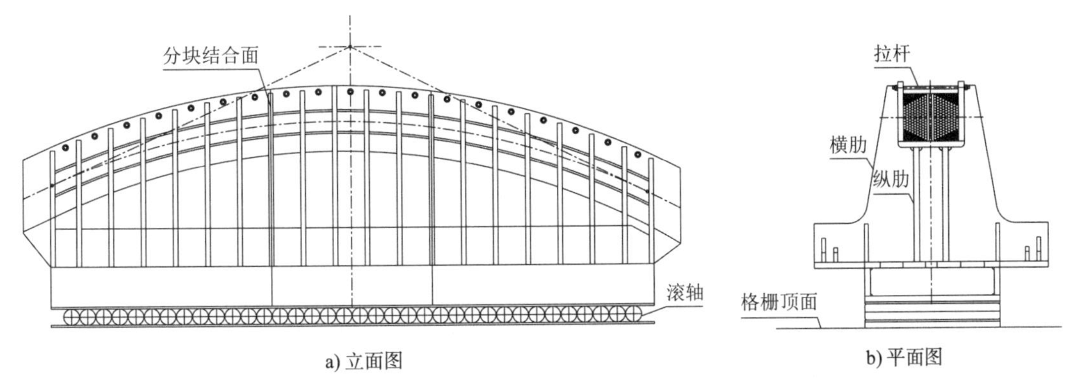

图 6-2-5　张靖皋长江大桥南航道桥全焊式主索鞍构造

挪威哈罗格兰德大桥主索鞍采用全焊接的构造，鞍体完全是用高强度钢板焊接而成，槽路呈阶梯状，用若干条钢板加工成曲面，然后与鞍体装配成型并两端焊接固定成型，该桥主索鞍预埋底板也是采用钢板制作而成，鞍体与预埋底板之间采用平面接触，在鞍体顶推到位后采用螺栓锁合固定（图 6-2-6）。

铸焊式主索鞍汲取了全铸式和全焊式两种制作方式各自的优点：鞍头部分形状复杂，采用铸钢铸造成形；鞍体（包括纵横肋）、底板等结构比较简单的构造采用钢板焊接成型。铸焊式主索鞍解决了简化制造工艺与材料合理利用之间的矛盾。日本的悬索桥大多采用这种制作方式。我国的大跨径悬索桥主索鞍也大多采用这种制造方式，其典型结构如图 6-2-7 所示。

锻焊式主索鞍采用高性能锻钢与高强度钢板通过焊接的方式形成一种高强度轻量化

的索鞍结构。索鞍鞍槽底承压部分采用强度高、焊接性能好的钢材锻造成型，鞍槽侧壁、鞍体横筋板、鞍体纵筋板和底板等均由高强度钢板焊接而成。由于鞍槽底部采用锻制后加工成型，鞍槽底部台阶与鞍体整体制作，避免了全焊式主索鞍鞍槽底部阶梯垫块需单独制作的问题。贵州花江峡谷大桥首次应用了这种制造方式的索鞍，其典型结构如图6-2-8所示。

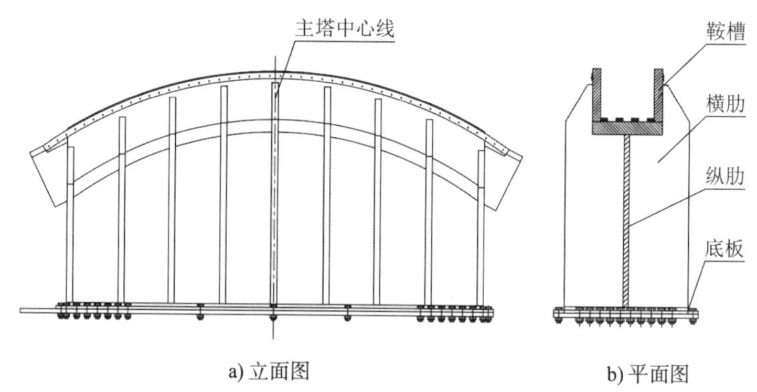

图6-2-6 挪威哈罗格兰德大桥全焊式主索鞍构造

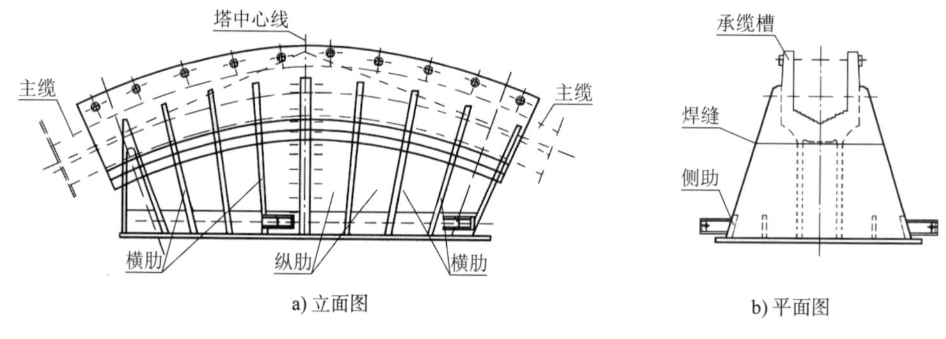

图6-2-7 铸焊式主索鞍构造

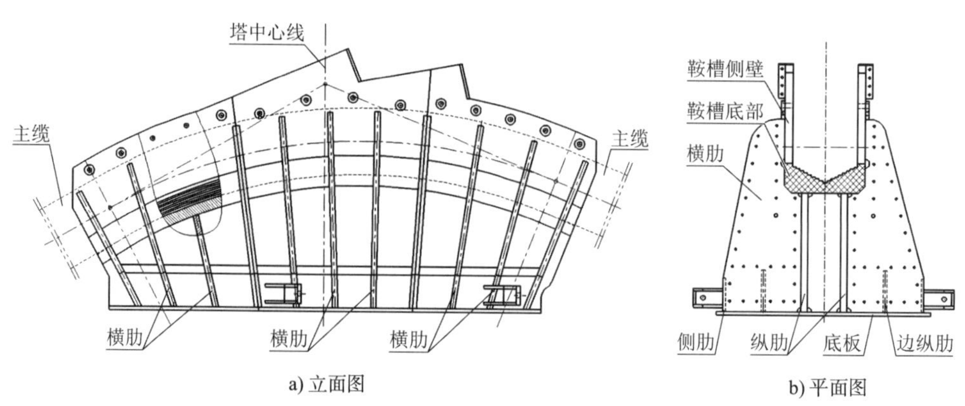

图6-2-8 贵州花江峡谷大桥锻焊式主索鞍构造

组装式主索鞍由多组厚钢板通过高强度拉杆连接而成，厚钢板厚度与索股宽度相等，隔板位于两厚钢板之间，横肋与底板及鞍槽壁相焊接，组合前加工各个板件而形成索股槽道及槽道的线形，同时用坐标镗床在板件上精确定位加工全部的销栓孔，最后组装成索鞍构件，其结构构造如图 6-2-9 所示。这种主索鞍结构形式简单，制造方便，避免了周期较长的铸造施工，最大限度地减少了焊接施工。但其目前只应用于一些小跨径的桥梁，如澜沧江特大桥就是采用这种结构形式。

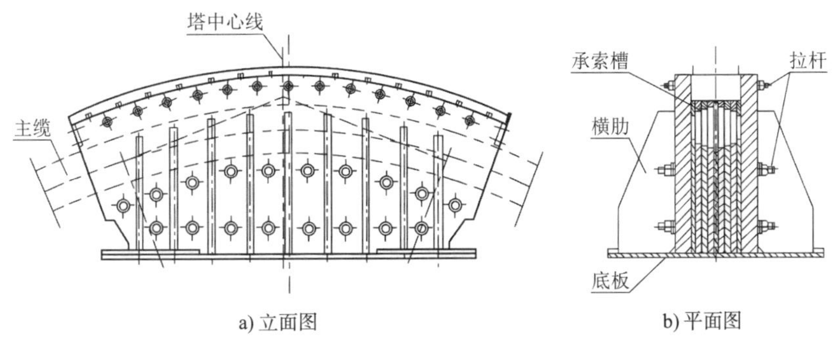

图 6-2-9　组装式主索鞍构造

（3）按鞍体的结构组成方式分类

按鞍体的结构组成方式分类，主索鞍可以分为整体式和分体式两类。由于主索鞍需安装在塔顶，鞍体的整体质量往往受到运输条件、吊装能力的限制，单件质量 200t 以下的主索鞍可以做成一体，即整体式。单件质量 200t 以上的主索鞍可以沿纵向分为 2～3 块（我国大跨径悬索桥主索鞍多采用 2 块），块与块之间用高强度螺栓连接。加工鞍槽和底板时需将 2～3 块主索鞍构件拼装成一个整体，以保证鞍槽线形平顺、正确。安装时分块吊到塔顶，重新拼装成一个整体并定位、安装，其构造如图 6-2-10 所示。

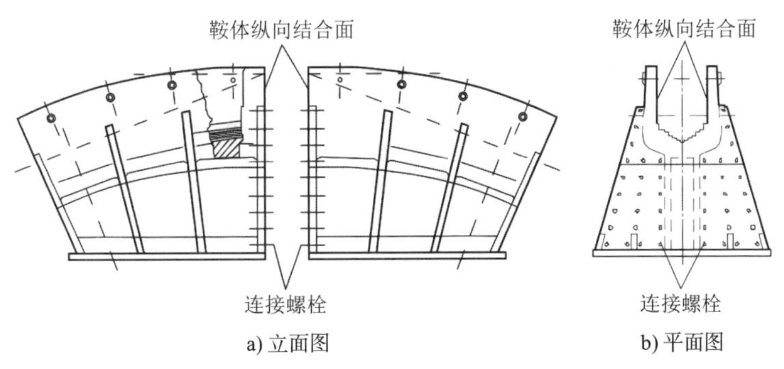

图 6-2-10　分体式主索鞍构造

二、散索鞍类型和结构形式

散索鞍设置于锚碇前段的散索鞍支墩上，将主缆索股锚固面与主索鞍之间的主缆分为锚跨段和边跨段，并将主缆索股在竖直方向和水平方向散开，引入各个锚固点。由于主缆边跨段和锚跨段都会有相当的长度，无论是施工期间或运营期间，都应考虑各段缆力、温度变化引起的散索鞍纵向位移。因此，散索鞍的底部需要有一套能纵向移动或摆动的永久性构造。散索鞍的分类及构造形式有以下几种。

（1）按能使散索鞍作纵向运动所需移动副的构造形式分类

按能使散索鞍作纵向运动所需移动副的构造形式分类，散索鞍分为滚轴式散索鞍和摆轴式散索鞍。滚轴式散索鞍的上、下底座板之间设置有钢质滚轴组件，当边、锚跨主缆缆力产生缆力差时，散索鞍体可在滚轴上纵向移动，使边、锚跨主缆缆力在新的位置上达到平衡，滚轴式散索鞍的构造如图 6-2-11 所示。

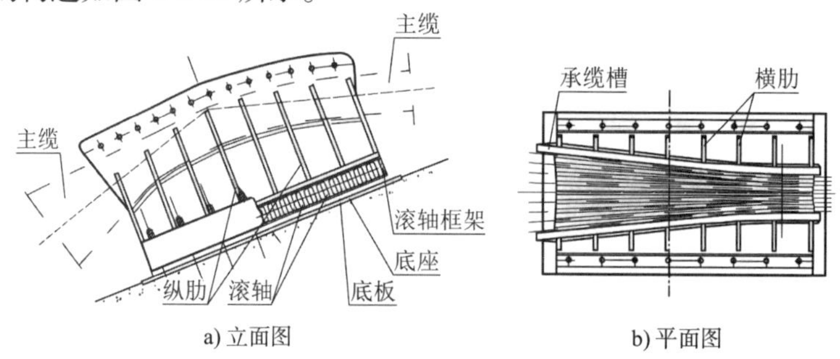

图 6-2-11　全铸滚轴式散索鞍构造

滚轴式散索鞍的优点是稳定性好、承载能力强，但结构稍复杂、质量大。我国海沧大桥采用了这种结构形式；日本修建的大跨径悬索桥大多也采用了这种结构形式。

摆轴式散索鞍的结构形式与滚轴式散索鞍有较大差异。鞍体底部设有一个长条形凹槽，内镶摆轴承板，并支撑在安装底座的弧面钢轴上。缆力变化时，鞍头纵向摆动，使整个索鞍在弧面钢轴上做相应摆动（图 6-2-12）。由于摆轴式散索鞍具有结构简单、质量较轻等优点，在欧洲、北美洲比较流行。至今，我国修建的大跨度悬索桥的散索鞍大都采用了这种形式。

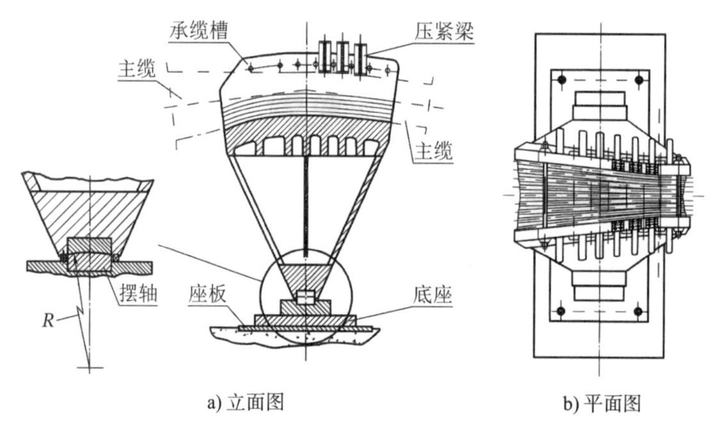

图 6-2-12　铸焊摆轴式整体散索鞍的构造

近年来，供散索鞍做纵向运动所设的移动副也有采用盆式支座或者柱面支座的构造实例。这种散索鞍的结构形式与滚轴式散索鞍基本相同，不同的是以盆式支座或者柱面支座替换了滚轴式散索鞍中的滚轴组件，以实现散索鞍上、下底座板之间的相对移动。即便有新型材料的不断出现，盆式支座或者柱面支座的使用寿命仍很难做到与桥梁相同，因此在桥梁的设计寿命期内更换支座在所难免，但是到目前为止，更换散索鞍下支座的可行性和安全性尚未得到实践的证实。

（2）按制作方式分类

按制作方式分类，散索鞍可分为全铸式、全焊式、铸焊式、锻焊式。散索鞍的上述四种结构成型方式与相应结构的主索鞍相近，在此不一一赘述。

全铸式散索鞍结构的制造方法适用于滚轴式散索鞍的鞍体结构，而铸焊式散索鞍结构适用于摆轴式散索鞍的鞍体结构。全焊式散索鞍在张靖皋长江大桥南航道桥、挪威哈罗格兰德大桥等项目已经实际应用。

为了解决山区峡谷条件下大型散索鞍现场运输及吊装难题，可将传统的铸焊结合摆轴式散索鞍设计为上部鞍头与下部鞍座组合装配式结构。加工完毕后拆开鞍头与鞍座，各自实施涂装并单独包装运输，鞍头和鞍座运输到安装现场后，再进行组装并用高强度螺栓将上下部分把合紧固，形成散索鞍整体（图 6-2-13），这种分体组合摆轴式散索鞍在我国贵州开州湖大桥（主跨 1100m）项目中首次得到应用。

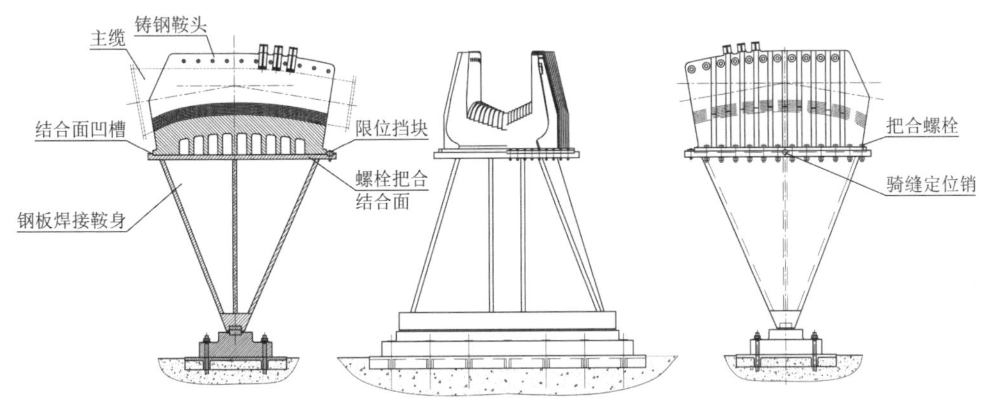

图 6-2-13　摆轴式分体散索鞍

三、转索鞍类型和结构形式

由于桥跨布置及受力的需要，尤其是当理论散索点低于桥面，边跨设吊索且梁端无索区较长时，可考虑在主缆的边跨段内设置转索鞍，为边跨的主缆提供一个附加支撑。一般情况下，主缆在转索鞍处下转一个微小的角度（$< 5°$），以确保主缆与转索鞍不脱离。从以上功能分析，转索鞍的构造及设计应与散索鞍基本相同，不同的是主缆通过转索鞍后并不发散，几何形状比散索鞍要简单，故可参照散索鞍进行结构设计。我国香港青马大桥的青衣边跨侧设置了转索鞍。转索鞍的构造如图 6-2-14 所示。

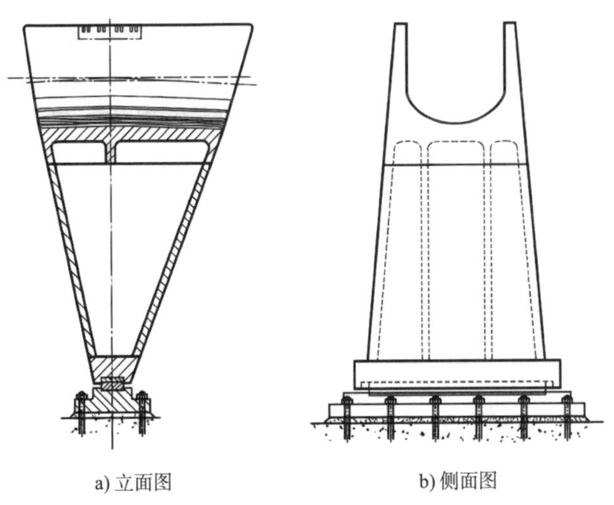

图 6-2-14　转索鞍构造

四、散索套类型和结构形式

散索套通常设置在主缆边跨段与锚跨段相交的理论散索点上，形状似喇叭形的索夹，主缆索股从喇叭形的小端进入散索套，从大端散出后直接连接锚面上的各个锚固点。

顾名思义，散索套在悬索桥中的设计功能类似于散索鞍，不同的是：

（1）一般情况下，主缆在散开、锚固索股的过程中，其中心线不改变方向，仅靠散索套约束主缆的径向尺寸和形状，并将各个索股平顺地引入各自的锚固点。

（2）散索套在一般情况下仅固定在主缆上，并随主缆运动，而不与桥梁的其他固定结构物有关联（在某些特定情况下可设置专门的装置，用以约束主缆的径向运动，而不约束主缆的轴向运动）。

（3）为了防止在索股径向散开时，索力撑顶散索套向上（缆径小的方向）滑动，散索套的小端应设夹紧段，并提供足够的夹紧力和抗滑摩阻力，以使理论散索点固定不变。

（4）与散索鞍不同，主缆中心线以上的各个索股经过散索套后是向上、向外弯曲的，而在全部索股架设完成之前，散索套又不可能闭合安装。因此，主缆索股安装时必须采取特殊措施，以保证主缆边跨线形的准确性。

基于以上特点，散索套往往在跨径较小、主缆股数较少、主缆索股的锚固条件较特殊（隧道式锚或自锚）时才考虑采用。超过千米的大型悬索桥除美国金门大桥的一侧采用了散索套外，极少有采用散索套的实例。

在采用了散索套取代散索鞍后，由于主缆在理论散索点处没有下转角度，锚碇的前后锚固面可抬高，使得整个锚体也可相应抬高，故可减少锚碇基础的开挖工作量，有一定的经济效益。特别是当锚碇整体结构采用隧道式锚碇或岩锚时，采用散索套的结构方案将更具竞争力。

但采用散索套的悬索桥在结构及施工方面也存在以下不足：

（1）边跨的计算长度加长，将对全桥刚度有一定影响。

（2）边跨主缆的任何位移或变形，将直接反映到主缆索股的锚固结构上，因此在索股锚固的结构设计时应予以充分考虑。

（3）在主缆索股架设时，应考虑妥善的施工方法和精度测量工艺，以使边跨主缆各索股的线形达到设计要求。

（4）成缆后安装散索套，在施工上存在一定困难，故设计时应予足够重视。

散索套的典型构造如图 6-2-15 所示。

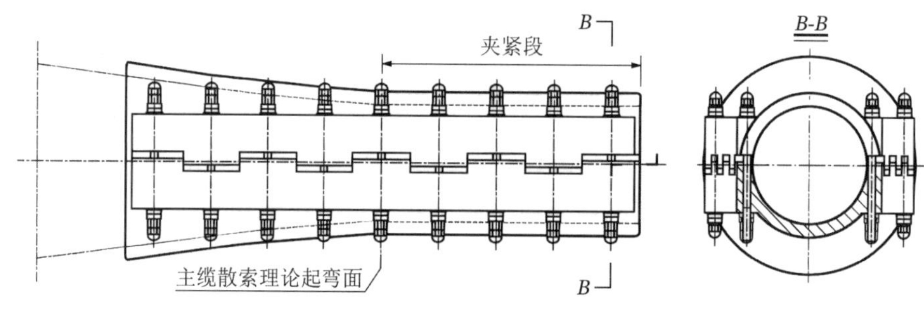

图 6-2-15　散索套的典型构造

五、鞍座类型的选择

鞍座是支撑悬索桥主缆的传力构件，因此选择鞍座类型时应首先结合悬索桥主缆的布跨、架设方法、空缆缆形、成桥缆形进行考虑和综合比较。

鞍座类型的选择包括鞍座组合类型的选择和鞍座结构类型的选择。

鞍座组合类型的选择是指根据悬索桥的总体布置、加劲梁的类型和布跨、吊索的布置、锚碇的结构形式等，选择主索鞍 + 散索鞍、主索鞍 + 散索套、主索鞍 + 转索鞍 + 散索鞍，或主索鞍 + 转索鞍 + 散索套等鞍座组合类型而构成不同的主缆支撑系统。同一悬索桥两边跨的主缆支撑系统也可根据结构特点和需要，采用不同的鞍座类型组合方案。

鞍座结构类型的选择主要根据其受力大小确定，结构形式可灵活多样，但应遵循结构安全耐久、传力顺畅均匀、便于制造加工的原则，一般包括以下方面：

（1）鞍座承缆槽底的厚度不宜大于 300mm，以利于制造和检查；承缆槽下一般采用肋传力的结构形式；纵肋、横肋的布置方式、间距，肋的厚度及数量等，应根据强度验算确定。一般情况下，纵向按单肋设计，但当承缆槽宽度大于 700mm 时，传力纵肋宜按双肋设计。

（2）铸焊结构的鞍座可设计成单纵肋或双纵肋的结构形式，但由于制型条件的限制，全铸结构的鞍座只宜设计成单纵肋结构形式。

（3）散索鞍下设置的移动副是一个永久性结构；其受力大小与主缆在散索鞍处的转角（主缆在散索鞍上的包角）成正比，通过对已建成的悬索桥的统计，可认为：当主缆在散索鞍上的包角小于 25°时，宜采用摆轴式散索鞍（图 6-2-12）；当主缆在散索鞍上的包角大于 25°时，宜采用滚轴式散索鞍（图 6-2-11）。这一认识可供悬索桥设计者参考。

（4）同一悬索桥的鞍座宜选择相同的结构成型方式，即均为全铸式、均为全焊式（散索套除外）或均为铸焊式（散索套除外），以利于工程招标和制造管理。

第三节　受 力 特 点

如前所述，由于鞍座在悬索桥的位置均在主缆的弯折处，因此，主缆弯折时产生的各种力学效应都会施加在鞍座上，并通过鞍座传递到其他构造物中。悬索桥上各类鞍座的受力特点有相同之处，也有不同之处，分述如下。

一、各类鞍座共有的受力特点

1. 竖向压力

由于主缆在鞍座处发生弯折，弯曲的主缆（索股）在鞍座上必然会产生径向压力，如图 6-3-1 所示。以主索鞍为例，跨越主索鞍两侧的通长索股（不含在主索鞍上锚固的背索）的合力 T 在主索鞍上产生的线压力 p 为：

$$p=\frac{T}{R} \tag{6-3-1}$$

式中：R——主缆在主索鞍上的弯曲圆弧半径。

p 的方向是指向圆心的，分布范围为 $\widehat{AB}$，A、B 分别为在特定工况下主缆在鞍座上的切点。

可见：T 越大，p 越大；而 R 越大，p 越小，主缆在鞍座上的弯曲次应力也就越小；但 R 越大，鞍座的尺寸越大。在设计时通常按经验，采用 $8D \leqslant R \leqslant 12D$（$D$ 为主缆的设计直径），以此将鞍座尺寸和主缆的弯曲次应力均控制在合理的范围之内。

主缆通过主索鞍传递到索塔顶部的垂直竖向力 P 通常表达为：

$$P = T_{\mathrm{m}} \cdot \sin\alpha_{\mathrm{m}} + T_{\mathrm{s}} \cdot \sin\alpha_{\mathrm{s}} \tag{6-3-2}$$

式中：T_{m}——主缆中跨缆力；

T_{s}——主缆边跨缆力（含背索力）；

α_{m}——主缆在主索鞍上的中跨切线角；

α_{s}——主缆在主索鞍上的边跨切线角（图 6-3-2）。

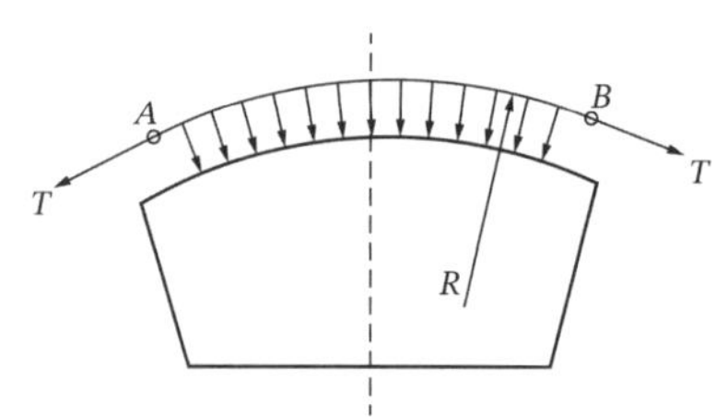

图 6-3-1　鞍座上的径向压力

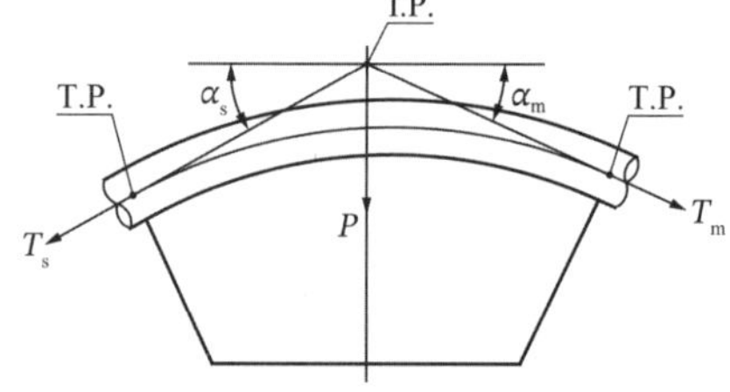

图 6-3-2　主索鞍传递到索塔顶部的垂直竖向力

P 的大小直接关系到索塔的设计、鞍座顶推力等相关控制计算，故在一般情况下按最不利的工况条件和力值作为设计参数，进行计算控制。

2. 鞍槽的横向受力

鞍槽的横向受力主要由以下两个因素产生。

（1）主缆横向受载。当吊索索面呈非垂直平面布置时，垂直面外的横向力都会通过主缆施加在鞍槽上。即使在吊索索面呈垂直平面布置时，由于风荷载、偏载的汽车荷载、横向地震力作用等产生的主缆横桥向摆动以及由此产生的横向力，也会通过主缆施加在鞍槽上，通过鞍座向索塔、转索鞍支墩、散索鞍支墩等支撑结构物传递，并成为这些结构物设计计算的依据。

在垂直索面的条件下，这一因素通常并不构成鞍座设计的控制条件，但在鞍座设计时应考虑到这一因素，设置适当的装置或构造，以适应主缆在鞍座处的横向变形而不致损伤主缆，同时能限制主缆横向力所引起的鞍座横向位移并完成力的传递。

（2）因主缆竖向弯曲而产生的对鞍槽两侧壁的横向压力。这一横向力在鞍槽侧壁上的分布特点似“静水压力”，自上而下逐渐增大，它对鞍座设计的影响详见本章第十节“结构分析计算”。

二、各类鞍座的受力特点

1. 主索鞍上的背索锚固

悬索桥在主缆设计上最基本的假定包括：①假定 1：在永久荷载作用下，主缆作用在索塔顶部水平力的合力为零；②假定 2：在任何情况下，主缆在鞍槽中都不发生滑动，换言之，如果主索鞍与索塔是固结的，那么，主缆与索塔在 I.P.点处也是固结的。

由于不同悬索桥的结构特点、主缆垂跨比、边中跨比等整体要素不可能都相同，按假定 1 计算出的边中跨缆力也不相等，有时还会相差很大；但对于主缆，无论在边跨还是在中跨，设计上采用的安全系数是基本相同的，这就需要在缆力较大一侧的主缆内增加主缆的有效面积，即增加钢丝索股。一般情况下，边跨主缆的缆力比中跨主缆的缆力大，增加的钢丝索股往往设在边跨，故称为“背索”（back stay strands）。按照假定 2，背索只可能锚固在主索鞍上，背索力 T_b 也就作为永久荷载施加在主索鞍上（图 6-3-3）。

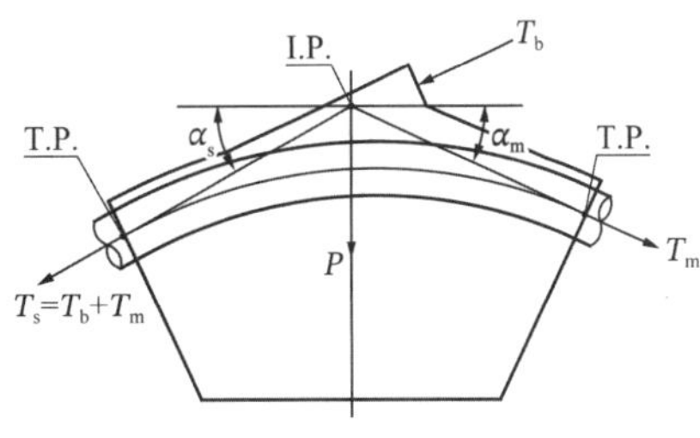

图 6-3-3　作用在主索鞍上的背索力 T_b

2. 主索鞍上的顶推力

架设加劲梁时，随着中跨缆力的增加，主缆索股在主索鞍槽中有向中跨滑移的趋势，同时由于中跨缆力的增加也会对索塔产生很大的弯矩。为了保证主缆索股在鞍槽中不会产生滑动，以及避免较大的不平衡缆力对索塔产生不利影响，一般采用两种解决方法：①对于钢索塔悬索桥，往往在架设加劲梁前先将主索鞍固定在索塔中心位置，并将塔身用索具将其向岸侧拉偏；在后续加劲梁架设施工中逐步放松索具。②对于混凝土索塔悬索桥，在安装塔顶主索鞍时，预先向岸侧设置一个预偏量（预偏量的大小根据全桥总体受力分析确定）；在后续加劲梁架设施工中，当中跨缆力增大到一定值时，用液压千斤顶将主索鞍座向跨中顶推一段距离，使主索鞍两侧的缆力差减小。

当主索鞍座安装到索塔顶后，塔顶的施工空间会变得狭小，较大的机械设备不便运行，因此采用阻力较小的移动副对减小顶推力有直接意义。美国早期修建的悬索桥就采用滚动副，这种方法既有效也可靠，但成桥后主索鞍往往需与索塔固定，这套系统仅作为顶推用的临时机构，故稍嫌复杂。经验表明，采用不锈钢板与聚四氟乙烯板组成的移动摩擦副，可达到较好的效果；这种摩擦副具有较小的摩擦因数，较好的耐压性、减磨性和耐候性，且结构简单，施工方便。

3. 散索鞍上的横向附加散索力

作用在散索鞍槽两侧壁的横向力除了前面提及的主缆横向受载、主缆竖向弯曲等因素产生的横向力外，索股在散索鞍槽中的横向弯曲也将产生横向力，并作用在散索鞍槽的两侧壁上。

与索股竖向弯曲时的情形一样，某一根具有平弯几何线形的索股 i，其张力 T_i 在散索鞍侧壁上产生的线压力 p_i 为：

$$p_i = \frac{T_i}{R_i} \tag{6-3-3}$$

p_i 方向是指向圆心的，分布范围为 $\widehat{AB}$，A、B 分别为在特定工况下索股 i 在散索鞍上的平弯切点，R_i 为该索股在散索鞍上的平弯圆弧半径，如图 6-3-4a）所示。

索股 i 通过其他索股（或直接）施加在散索鞍槽侧壁的附加横向散索力 P_i，其方向也是指向 R_i 圆心的，其大小满足图 6-3-4b）所示的力的平行四边形关系。

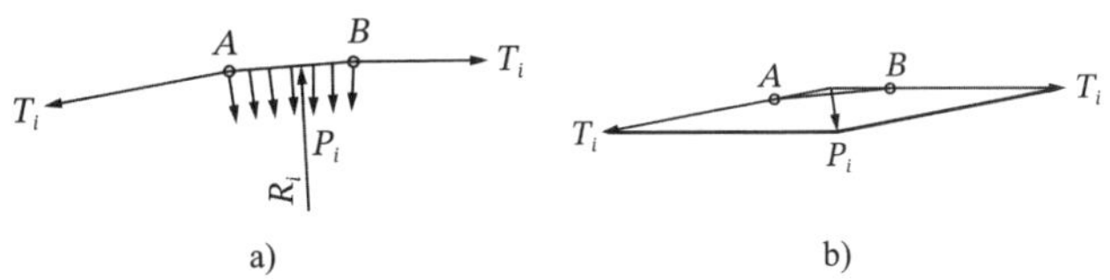

图 6-3-4　散索鞍上的横向附加散索力

4. 散索鞍的整体稳定性及传力均匀性

从立面上分析散索鞍的总体受力特点可以发现：由于主缆索股逐步地从散索鞍上散离，压在索槽上的索股前方（边跨侧）较多，越向后方（锚跨侧）越少，因此会得出散索鞍前方受压力较大，后方受压力较小的结论。但是由于某一索股 i 对散索鞍的竖向压力 p_i 与其在散索鞍上的竖弯圆弧半径 R_i 成反比，于是在散索鞍设计时通常将鞍槽的竖弯圆弧设计成多段半径不等的连续圆弧曲线，以调整散索鞍前、后方的压力差。散索鞍竖弯圆弧线形的设计目标如下：

（1）对于摆轴式散索鞍，所设计的鞍槽竖弯圆弧线，在成桥状态下，线形应使主缆全部索股对散索鞍的压力之合力通过散索鞍摆轴的摆动中心。

（2）对于滚轴式散索鞍，所设计的鞍槽竖弯圆弧线，在成桥状态下，线形应使主缆全部索股对散索鞍的压力之合力通过散索鞍滚轴组支撑面的支撑中心，以使滚轴组受力均匀。

5. 散索套的受力特点

散索套的典型构造如图 6-2-15 所示。为了防止在索股径向散开时，索力撑顶散索套向上（缆径小的方向）滑动，散索套的小端应设夹紧段，并提供足够的夹紧力和抗滑摩阻力，以使理论散索点固定不变。

在一般情况下散索套仅固定在主缆上，并随主缆运动，而不与桥梁的其他固定结构物发生力的传递关系。因此，无论是主缆对散索套的径向作用力还是散索套对主缆的夹紧力均可视为散索套节点的内力。

在某些特定情况下散索套节点可设置专门的装置，用以约束主缆在可变荷载作用下的径向运动，而不约束主缆在散索套节点处的轴向位移。

第四节　主要设计参数与选择

一、成桥线形及空缆线形对鞍座设计的影响

由于鞍座是支撑主缆的构件，因此主缆的线形对鞍座设计的几何尺寸乃至结构构造都会产生重大影响。而悬索桥主缆的线形在空缆状态、成桥的永久荷载状态以及桥梁的运营状态下均是不同的，尤其在运营状态时，在可变荷载、各向风荷载作用及温度作用下，主缆的线形都会改变。在设计时，通常以成桥时永久荷载状态下的主缆线形参数为基础进行鞍座设计，并以各个状态下的主缆线形参数对设计出的鞍座尺寸、鞍槽线形角度以及结构强度进行验算复核，并最终完成设计。

根据悬索桥主缆设计及计算的假定，无论主缆的荷载状况如何，一旦调整完毕，装入鞍槽，即与索鞍形成永久固接。因此，主缆线形（包括成桥线形及空缆线形）对主索鞍及散索鞍设计有以下两个大的方面的影响：

（1）为了最大限度地减小索塔和锚碇前支墩承受的不平衡力，主索鞍和散索鞍应按主缆的空缆线形及成桥线形设置初始位置预偏，并设计相应的构造来调整这种位置的预偏。

（2）主缆线形直接影响到鞍槽曲线线形、曲线包角及曲线起始点的设计；合理的鞍槽曲线应能满足主缆在各个荷载工况的线形并与其相切，不使主缆产生剧烈弯折。鞍槽曲线的设置，应按主缆在各个荷载工况的线形综合考虑并进行设计，设计时需要建立相应的合理假定，并通过正确的关系式进行求解。

主缆线形对主索鞍和散索鞍设计的影响是一个较复杂的力学和几何问题，为了使其满足功能要求，还需要进行相应的构造设计。

二、主缆在鞍座上的转弯半径

主缆在鞍座上转弯半径的大小，直接关系到主缆钢丝中弯曲次应力的大小。按照国内外的设计经验，当主缆材料采用直径为 5mm 左右的高强度镀锌平行钢丝、主缆在鞍座以外的任意处对主要荷载组合的安全度不小于 2.5 时，主缆在鞍座上的竖向转弯半径推荐采用 8～12 倍的主缆直径（主缆中的空隙率按 20%计）。

主缆在鞍座上除了有竖向的弯曲外，在某些情况下还伴有水平向的弯曲，特别是在散索鞍处，由于主缆索股必须分股在前锚面上锚固，锚固点之间需留有必要的操作、维护空间，因此在散索鞍至前锚面之间的主缆索股是呈放射状散开的，即对于大多数索股而言，既有竖向弯曲，同时还伴有水平向的弯曲。主缆索股在鞍座上的水平向半径与其竖向转弯半径存在一定的几何、力学关系，将在下一节予以讨论。

三、主缆在散索鞍上竖弯与平弯的关系

组成主缆的索股都是按确定的位置排列的，无论在塔顶主索鞍处、散索鞍处或锚碇中的锚固面处，每根索股都有其确定的位置（图 6-4-1）。

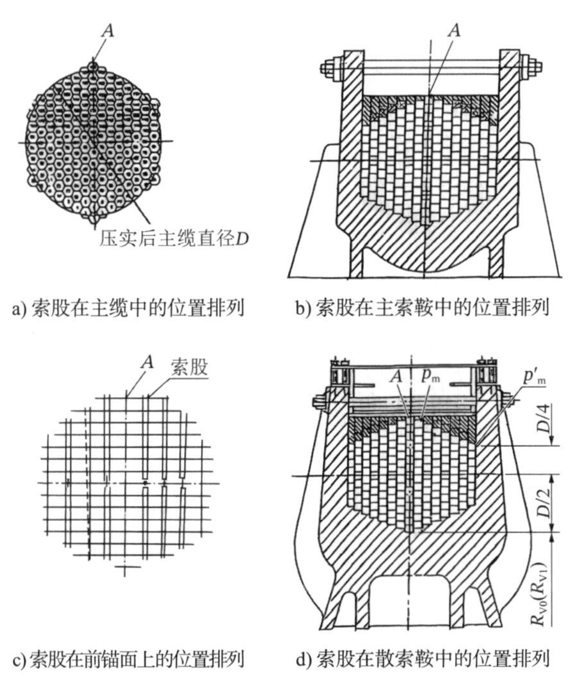

图 6-4-1　索股的位置排列

因此，就整个主缆在散索鞍处的形状而言：

（1）在竖向平面内［图 6-4-2a）］，应保证主缆的最顶部索股经过散索鞍后，仍然有一个向下的转角，即 $\delta-\zeta-\theta>0$，其中 δ 为主缆出散索鞍的转角，ζ 为主缆入散索鞍的切线角，θ 为散索角。而 δ、ζ、θ 等与整个悬索桥的总体方案布置有关，也与锚面布置以及散索长度有关。

（2）在 C-C 平面（为了叙述方便，以下称为水平面）内，由于锚固的需要，索股必须在锚面上散开来。散开的范围大小与锚面的尺寸大小、散索的长度有关。

（3）主缆在散索鞍处，各个索股既有竖向弯曲，又有平面弯曲。各索股平弯半径的大小与其竖弯半径的大小存在一定关系。

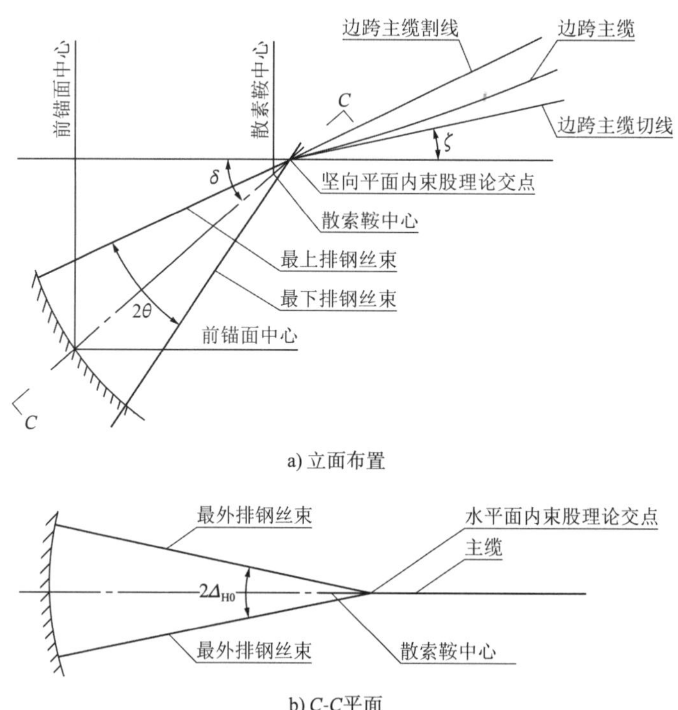

b) C-C平面

图 6-4-2 散索鞍处主缆索股的布置角度

以上三方面均与桥梁总体方案设计所确定的索塔、散索鞍、锚碇等位置参数以及主缆线形密切相关。这些位置参数的选择是否合理也会对散索鞍的设计、锚面设计等产生制约和影响。这些相互关联的参数在总体设计时往往难以被全面识别，而一旦进行具体构件或构造物（如散索鞍、锚面等）的设计，就会发现这些参数之间的匹配关系不尽理想，有时甚至不得不变更总体设计方案，从而给设计工作带来很大的困难。

本节试图从索股在散索鞍中的稳定排列出发，探索出索股在散索鞍处的平弯转角与竖弯转角之间以及它们与其他几何参数如 δ、ζ 之间的关系，使这些参数在初始选择时就达到合理且协同的状态，提高设计效率。

1. 索股稳定的基本条件

要使主缆索股按照一定的排列次序分散到预定的锚固点上，索股在通过散索鞍时必须有水平弯曲和竖向弯曲两种变形，索股在索鞍中沿水平圆弧曲线散开的同时，必须在竖直方向保持一定的压力，使索股本身始终压在下层索股（或鞍槽）上，否则索股就会处于不稳定状态，形成堆积，导致索股钢丝排列无序、索股的实际长度与理论长度不符、索鞍构件损坏等严重后果（图 6-4-3），以致无法进行施工。

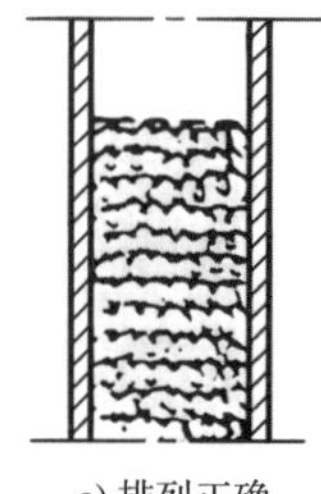
a) 排列正确

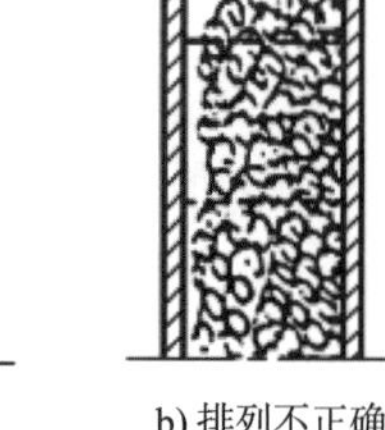
b) 排列不正确

图 6-4-3 鞍槽中的钢丝排列

《钢桥》（小西一郎）一书中曾指出：各股钢丝在散索鞍中的排列保持稳定，必须保证满足以下要求：

$$\frac{R_H}{R_V} \geqslant \sqrt{3} \tag{6-4-1}$$

式中：R_H——索股平弯半径；

　　R_V——索股竖弯半径。

其推导过程（图 6-4-4）如下：

各钢丝在散索过程，其中垂直压力 $V = T/R_V$，水平侧向力 $H = T/R_H$，T 为钢丝拉力。

钢丝的稳定条件为：$V/H \geqslant \tan 60° = \sqrt{3}$，因此可得出结论 $R_H/R_V \geqslant \sqrt{3} = 1.732$。

日本修建的悬索桥在散索鞍设计时通常的经验是：$R_H/R_V \geqslant 2$。

但上述结论没有考虑钢丝与钢丝之间实际存在的摩擦力 F，取钢丝为分离体，其受力情况如图 6-4-5 所示，并假定由于平弯产生的水平侧向力使钢丝处于临界稳定状态（只支撑在下层的一侧钢丝上）。B 为支承反力，钢丝本身的质量忽略不计，从钢丝本身的平衡条件可得：

$$H = B\sin 30° + F\cos 30°$$
$$V = B\cos 30° - F\sin 30°$$

而

$$F = B\mu$$

式中：μ——摩擦因数。

因此：

$$\frac{H}{V} = \frac{\sin 30° + \mu\cos 30°}{\cos 30° - \mu\sin 30°}$$

因为：

$$H = \frac{T}{R_H}，V = \frac{T}{R_V}$$

即有：

$$\frac{R_H}{R_V} = \frac{\cos 30° - \mu\sin 30°}{\sin 30° + \mu\cos 30°} = \frac{\sqrt{3} - \mu}{1 + \sqrt{3}\mu}$$

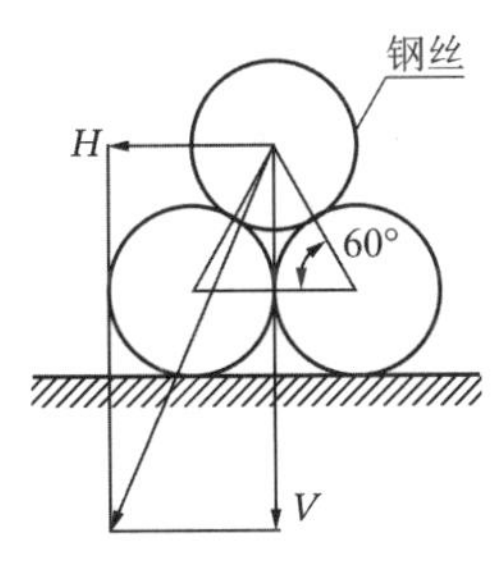

图 6-4-4　受力模型

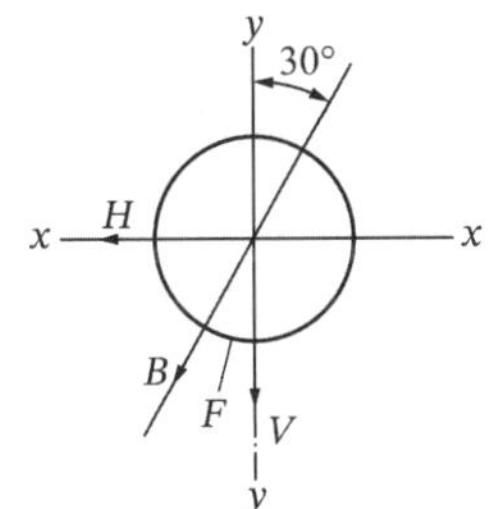

图 6-4-5　钢丝分离体的受力

摩擦因数 μ 的大小，严格地说与荷载、温度、结构以及结合材料的表面粗糙度等均有关系，在设计过程中，希望结合材料具有稳定的摩擦因数值，在计算中取 $\mu = 0.15$。

于是：$R_H/R_V = (\sqrt{3} - 0.15)/(1 + \sqrt{3} \times 0.15) = 1.256$。

但是，无论是否考虑摩擦力 F 的影响，下述结论总是存在的。

（1）索股在散开过程中，其平弯半径应大于竖弯半径，即 $R_H > R_V$（在一般情况下规定，$R_H/R_V > 1.3$）。

（2）索股在平弯过程中，应始终保持垂直压力 V 及一定的摩擦力 F，使每根钢丝始终处于稳定状态。因此，索股的竖弯弧线长度 L_V 必须大于平弯的弧线长度 L_H，即 $L_V > L_H$。

（3）弧线长度 L_H、L_V 与弧线所包容的角度 $\varDelta_H$、$\varDelta_V$（平弯、竖弯转角）以及弯曲半径 R_H、R_V 之间的关系为：$L_H = \varDelta_H \times R_H$；$L_V = \varDelta_V \times R_V$。

由于 $L_V > L_H$，故$\varDelta_H \times R_H < \varDelta_V \times R_V$，因此有$\varDelta_H = \varDelta_V \times R_H / R_V$。

可以看出每根索股在散索过程中其平弯转角 $\varDelta_H$ 应始终小于其竖弯转角与一个小于 1 的系数（R_V/R_H）的乘积，才能使该索股始终处于稳定状态。

2. 主缆出入散索鞍的角度（δ、ζ）对索股稳定的影响

对于用 PPWS 法进行主缆施工的悬索桥，按索股在散索鞍中的排列规律，其中平弯弧线最长的索股是两侧最外列的索股；在各列索股中，竖弯弧线最短的索股是各列顶面的索股。其中中央列顶部索股竖弯弧线长度最短，但因为其 $\delta - \zeta - \theta > 0$，故其竖弯弧线长度必然大于零，且该列索股一般在水平面内是直线，平弯转角为零，故中央列索股一般总能满足 $L_V > L_H$ 的条件；因此，判定鞍槽中的各个索股是否都符合稳定条件，各列顶面的索股都具有代表性。

另外，各层索股因它们在鞍中所处的高度不同，较高的索股在锚面上的锚固位置也较高，因此，其竖弯包角较小，故其 L_V 较短；反之，较低的索股竖弯包角较大，故其 L_V 较长，如图 6-4-6 所示，鞍中各层索股的竖弯弧线长度为 TP1 到 TPV 之间的弧线距离。边列顶部索股在鞍中的位置比其他各列顶部索股在鞍中的位置更低，因此，各列顶部索股中，竖弯弧线最长的索股为边列顶部的索股。

从前文可知，边列顶部的索股同时也是平弯弧线长度最长的索股之一，从最外列向中央列，各顶部索股的竖弯弧线长度逐渐减短，至中央列为最短，但不为零，同时它们的平弯弧线长度也逐渐减短，至中央列变化为零（图 6-4-6）。可见，从最外列至中央列，各顶部索股的竖弯弧线长度减短率比其平弯弧线长度的减短率要小，因此，若边列顶部的索股能满足 $L_V > L_H$ 的条件，则其余索股更可能满足稳定条件。当然，在设计时应对各列顶部索股分别进行必要的验算。

基于以上分析，现从主缆中最典型的索股——边列顶部索股的稳定条件入手，就最大水平散索角 $\varDelta_{H0}$（也就是最外列索股的平弯转角）与主缆出入散索鞍的角度（δ、ζ）的关系进行进一步讨论。

一般情况下，边列顶部索股竖弯弧线的终点在散索鞍槽弧线所对应的第二段弧线（φ_1 对应的弧线）的终点附近（图 6-4-6），对大部分悬索桥而言，主缆截面接近正六边形，现假定主缆截面为正六边形，其竖弯圆弧的长度 L_{V0} 为：

$$L_{V0} = \left[R_{V0} + \left(\frac{1}{2} + \frac{1}{4}\right) \times D\right] \times \varphi_0 + \left[R_{V1} + \left(\frac{1}{2} + \frac{1}{4}\right) \times D\right] \times (\varDelta_{V0} - \varphi_1) \tag{6-4-2}$$

式中：R_{V0}、R_{V1}、φ_0、φ_1——第一段、第二段圆弧半径及转角，如图 6-4-6 所示；

D——主缆直径；

$\varDelta_{V0}$——该股索股的实际竖向转角，且 $\varDelta_{V0} - \varphi_0 \approx \varphi_1$。

在散索鞍设计时通常遵照经验取：

$$R_{V0} = (8\sim12) \times D$$

若取 $R_{V0} = 10 \times D$，则：

$$D = 0.1R_{V0}$$
$$R_{V1} = 0.8R_{V0}$$
$$\varphi_0 \approx \frac{\delta - \zeta}{2}；\ \varphi_1 \approx 0.3 \times (\delta - \zeta)$$

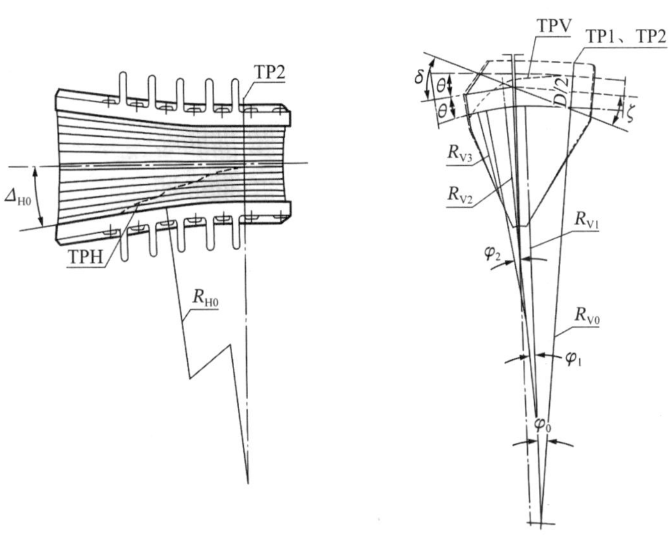

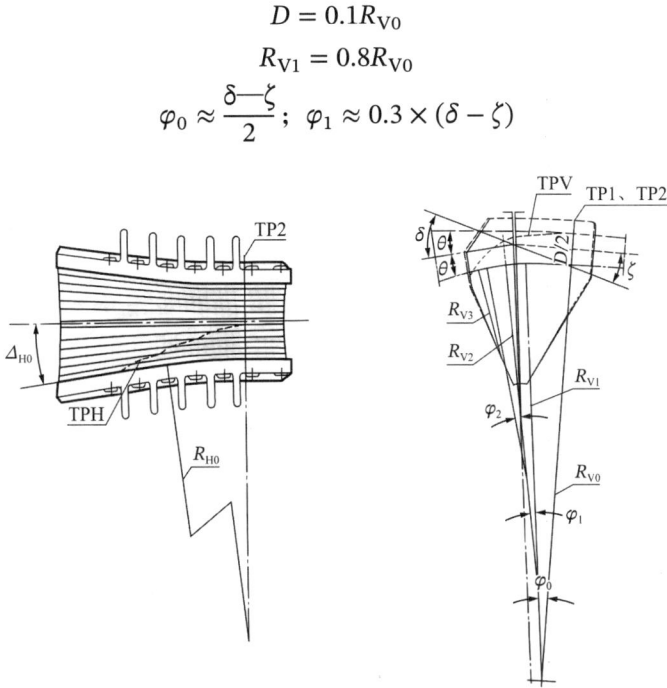

图 6-4-6　主缆索股在散索鞍槽中的平、竖弯切点分布

TPH-平弯圆弧终点；TP1-竖弯圆弧起点；TP2-平弯圆弧终点；TPV-竖弯圆弧终点

将以上这些大致关系式代入弧长计算公式：

$$\begin{aligned} L_{V0} &= (R_{V0} + 0.075R_{V0}) \times \frac{\delta - \zeta}{2} + (0.8R_{V0} + 0.075R_{V0}) \times 0.3(\delta - \zeta) \\ &= 0.8R_{V0}(\delta - \zeta) \end{aligned}$$

而该索股的水平弯曲弧线长度（图 6-4-6）为：

$$L_{H0} = R_{H0} \times \Delta_{H0}$$

由前述可知，欲使索股形状稳定须满足 $L_{V0} > L_{H0}$，因此可以得出以下关系：

$$R_{H0} \times \Delta_{H0} \leqslant 0.8R_{V0}(\delta - \zeta) \qquad 或 \qquad \Delta_{H0} \leqslant 0.8(\delta - \zeta)\frac{R_{V0}}{R_{H0}}$$

若参考《钢桥》（小西一郎）的结论，即 $R_H/R_V \geqslant \sqrt{3} = 1.732$ 时：

$$\Delta_{H0} \leqslant 0.462(\delta - \zeta)$$

若考虑索股钢丝之间的摩擦力，即 $R_H/R_V = \left(\sqrt{3} - 0.15\right)/\left(1 + \sqrt{3} \times 0.15\right) = 1.256$ 时：

$$\Delta_{H0} \leqslant 0.637(\delta - \zeta)$$

以上这两个关系式大致描述出散索时边列顶部索股的稳定条件，即：

当 $\Delta_{H0} \leqslant 0.462(\delta - \zeta)$ 时，索股完全稳定；当 $\Delta_{H0} \leqslant 0.637(\delta - \zeta)$ 时，索股基本稳定，前提是索股钢丝之间存在摩擦力；当 $\Delta_{H0} > 0.637(\delta - \zeta)$ 时，索股不稳定。

在设计上，欲改善主缆索股保持稳定的外部条件，可以通过以下两个途径：

（1）因锚面上的锚点横向之间要保持一定间距，以保证施工以及维护人员的操作空间（通常为 1000～1100mm）。当主缆出入鞍转角不易变动时，加大散索的长度（锚跨长度），减小 Δ_{H0}，有利于索股的稳定。

（2）增加主缆出入散索鞍的角度差，有利于索股稳定。

3. 实例分析

通过计算整理所收集到的国内外现代大跨径悬索桥资料，列出其水平散索角 $\varDelta_{H0}$ 与出入散索鞍转角差 $\delta-\zeta$ 之间的关系，见表 6-4-1，供参考。

从表 6-4-1 可以看出，日本修建的绝大部分悬索桥最大水平散索角 $\varDelta_{H}$ 均满足 $\varDelta_{H0}\leqslant 0.462(\delta-\zeta)$ 这一关系式。大岛大桥和南备赞濑户大桥（4A）是例外，它们的状态满足 $0.462(\delta-\zeta)\leqslant\varDelta_{H0}\leqslant 0.637(\delta-\zeta)$。

水平散索角与散索鞍转角之间的关系举例　　表 6-4-1

桥名		缆径（mm）	主缆施工工法	散索长度（mm）	最大水平散索角 $\varDelta_H$（°）	主缆竖弯转角 $\delta-\zeta$（°）	$\frac{\varDelta_{H0}}{\delta-\zeta}$
大岛大桥（4A）		472	PPWS	18000	10.823	21.801	0.496
塞文桥		511	AS	18288	5.580	33.480	0.167
因岛大桥		622	PPWS	20000	9.024	31.745	0.284
关门桥		664	PPWS	25000	10.869	26.807	0.405
北备赞濑户大桥	（4A）	998	PPWS	39500	10.691	25.617	0.417
	（1A）			29500	10.439	30.225	0.345
南备赞濑户大桥（4A）		1066	PPWS	39500	12.094	22.996	0.526
大鸣门桥		840	PPWS	25000	8.473	26.906	0.315
虎门大桥	东	687	PPWS	20500	8.614	17.043	0.505
	西					15.799	0.545
江阴大桥		897	PPWS	22800	10.032	18.006	0.557
海沧大桥		570	PPWS	41000	7.000	32.655	0.214
润扬大桥		906	PPWS	28000	7.958	20.158	0.395
西堠门大桥		870	PPWS	35000	7.950	18.451	0.431
南京栖霞山长江大桥		806	PPWS	25000	8.572	19.460	0.440
南沙大桥		1012	PPWS	30000	9.293	19.351	0.480
深中大桥		1066	PPWS	32000	7.713	22.302	0.345
狮子洋大桥		1498	PPWS	45000	7.857	14.974	0.525
宁扬长江大桥		852	PPWS	25000	6.868	14.993	0.458
张靖皋长江大桥		1120	PPWS	40000	9.872	18.016	0.548

在初期的总体方案设计阶段，主缆在散索鞍处的最大水平散索角 $\varDelta_{H0}$ 与其竖向转角 $\delta-\zeta$ 实际应保持的基本关系往往容易被忽略。实际上 $\varDelta_{H0}$ 与锚面布置和散索长度直接相关，$\delta-\zeta$ 也与主缆线形、锚面的高程等密切相关。在总体方案设计阶段，设计者往往重点关注如何结合地质地形的条件，减少锚碇的开挖深度，降低土石方量及工程造价上，却可能忽视由此导致的锚面高程人为抬高或散索长度不足的问题。这种设计倾向实际上减小了 $\delta-\zeta$，或加大了 $\varDelta_{H0}$，进而影响散索时索股的形状稳定，为后续散索鞍设计及主缆施工埋下隐患。若要系统解决这些问题，往往需要重新审视总体设计方案，导致设计周期延长和成本增加。本节通过系统分析，旨在为悬索桥设计者提供技术参考，帮助他们在设计初期就能统筹考虑全局

因素，尤其是主缆在散索过程中的索股形状稳定问题。

第五节 主索鞍结构组成和构造

一、主索鞍的主要构成

主索鞍的主要构成可以划分为由鞍头和鞍身构成的鞍体，上、下承板，底座格栅，以及附属装置（顶推滑动摩擦副及导向装置、限位装置等）四部分，如图 6-5-1 所示。

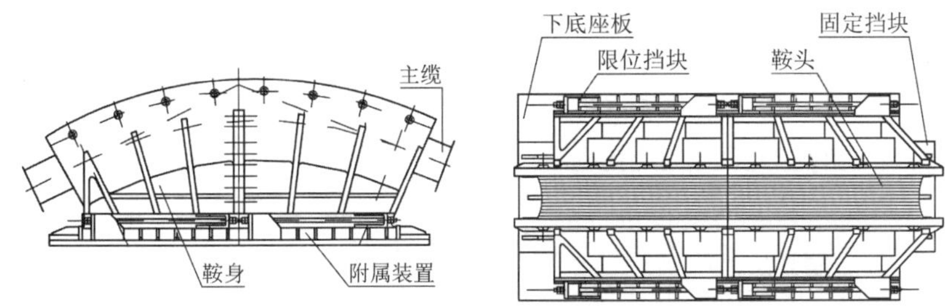

图 6-5-1 主索鞍的主要构成

二、由鞍头和鞍身构成的鞍体

1. 鞍头部分（承缆槽及隔板）

鞍头部分的主要构造是放置主缆索股的承缆槽，承缆槽是开口槽，槽底部是与所放置的索股形状相适应的纵向弧形槽路，槽路的横断面根据索股的排列多呈方形台阶状槽，台阶槽之间设置隔板将每列索股隔开，如图 6-5-2、图 6-5-3 所示。隔板一般为 3～6mm 厚的钢板（表面喷锌层 0.2mm 厚），其高度与入鞍索股的高度相同。隔板在高度上分为 2～4 层，在纵向可分为 3～5 块。每块的单件质量不宜大于 50kg，以利于人工搬运和安装。底层隔板与鞍槽焊接，焊缝须打磨平顺，不能影响索股钢丝的入槽。上、下层隔板间有企口互相嵌合，以传递索股（钢丝）间的抗滑摩阻力。

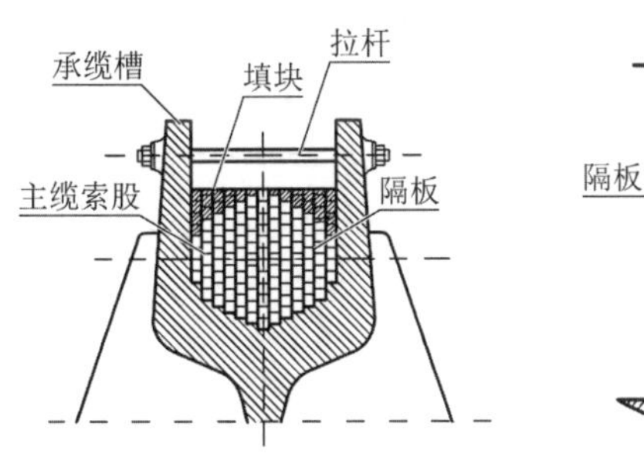

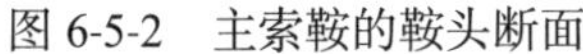
图 6-5-2 主索鞍的鞍头断面

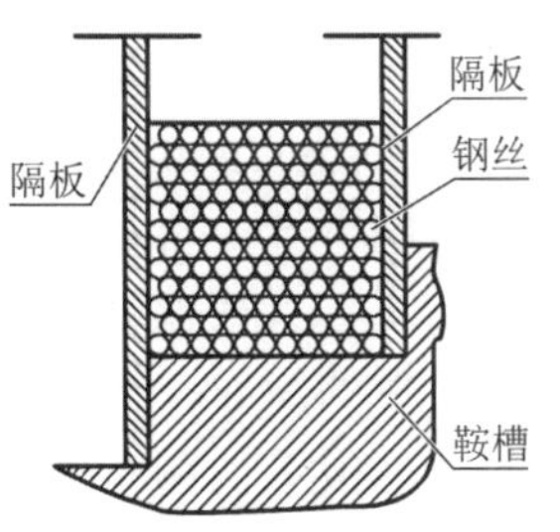

图 6-5-3 索股在鞍槽内的形状

虎门大桥的主索鞍隔板厚度为 5mm（包括隔板两面的锌层厚度 0.4mm）。高度上分为 3 层、纵分向为 3 块（底层隔板按鞍体分为 2 块）。

海沧大桥的主索鞍隔板厚度为 4.5mm（包括隔板两面的锌层厚度 0.4mm）。高度上分为 3 层、纵分向为 3 块（底层隔板按鞍体分为 2 块）。

鞍槽外横肋和纵肋对鞍槽起加劲和支撑作用，侧壁上方有数根钢拉杆，将两侧壁间索股挤紧，增加了钢丝之间、钢丝与隔板之间以及钢丝与侧壁之间的摩擦力，同时也减小了侧壁根部的弯曲应力。

索股在鞍槽处的空隙率与主缆在索夹间的空隙率大致相等。

索股架设完毕后，索股顶部用锌填块将鞍槽进行永久性填充。

索股过主索鞍时，鞍座弧槽曲率半径的大小直接影响到主缆的弯曲应力以及与鞍座的接触应力，这两种应力均与曲率半径成反比。但是弧槽半径加大会增加索鞍的几何尺寸，也增加了机械加工、槽路成形的难度。主索鞍的两端槽口可采用较小的曲率半径，以适应较大的主缆切线角变化范围，避免主缆钢丝在槽口端部被刻伤。

由于风力的作用和可变荷载的偏载作用，主缆在横桥向也会有微小的摆动；因此主索鞍的两端槽口横向一定范围内也应采用圆弧过渡，以适应主缆的横桥向摆动。

2. 鞍身部分

鞍身为支撑鞍头的骨架，主要由纵肋、横肋及底板组成，并与鞍头上的纵肋、横肋相适应。鞍座纵肋贯通鞍体整个纵向，纵肋可以是一条或两条，全铸式鞍座往往将鞍头部分和鞍身部分整体铸成，由于铸造工艺要求，比较适合单纵肋（参见本章第二节）。全焊式或铸焊式鞍座，可以是单纵肋，也可以是双纵肋。横肋的设置可以是竖向的，也可以是向心的。

底板是整个鞍体的支撑，它与纵肋、横肋相连，使底板各部形成三边支撑的矩形板式结构来传递所承受的力。为使第四自由边得到加强，往往需沿底板纵向加一条外侧板，但这又会使鞍底板内形成一个个封闭凹槽，施工期间会积水腐蚀鞍体，因此需在底座板上适当位置设置排水孔。

三、上、下承板

上、下承板是鞍体与索鞍底座格栅之间的传力结构，上、下承板之间设顶推滑动摩擦副，因此也是主索鞍结构中的重要构造。

由于大跨径悬索桥的主索鞍鞍体往往是纵向分块制造、运输和安装的，各块鞍体的底面虽然是整体加工的，但加工后拆开，经运输和现场安装各块鞍体的底面会有微小的错台。上承板是双面精加工的整块厚钢板，其底面焊接安装了数块大面积的不锈钢板，形成了一个近似完整的滑动平面；其顶面上定位安置各块鞍体，即在滑动面上消除了微小的错台，为顶推施工提供了方便和保证。从这个意义上讲，对于采用顶推施工就位、鞍体分块制造的主索鞍结构，上承板的设置是必需的。

下承板是上承板的对偶构件，也是双面精加工的整块厚钢板。为了方便聚四氟乙烯板的黏结，顶面分块设置了较薄的安装板，聚四氟乙烯板黏结在安装板的表面，安装板又采用机械连接的方式固定在下承板的顶面；然后以下承板的底面为基准，全平面一次加工聚四氟乙烯表面，以得到一个与上承板不锈钢底面相匹配的、完整的滑动平面。在下承板顶滑移面两外侧，设有滑移导向构造，以确保顶推施工的顺利实施。从这个意义上讲，对于采用顶推施工就位的主索鞍结构，下承板的设置也是必需的。

下承板通过定位销钉固定在底座格栅上。

四、底座格栅

为使混凝土结构的索塔塔顶能为主索鞍提供一个较高精度的安装平面，并保证桥梁在施工期间塔顶具有较高的抗剪能力、在运营期间具有足够的抗压强度，混凝土结构的索塔塔顶应预埋一个钢制的底座格栅，并将其与索塔中的结构钢筋相连，浇筑混凝土，使其与塔冠成为一体，有效地将主缆压在主索鞍上的巨大竖向力均匀、可靠地传递到索塔中。

底座格栅通常为一个大型钢结构件，可为焊接结构件，也可为铸钢件。底座格栅的顶面即是下承板（或鞍体）的安装平面，应进行全平面的机械加工，以满足定位、传力要求的相应精度。

在施工期间需要顶推主索鞍时，底座格栅的边跨侧应设置千斤顶支架和反力架，为顶推主索鞍的千斤顶提供足够的支撑和反力；如由于主索鞍的预偏量较大而需将千斤顶支架和反力架悬出索塔时，在施工完成后应将悬出索塔的部分割除，保证成桥后索塔的造型美观。

五、附属装置

1. 顶推滑移及限位装置

采用混凝土索塔的悬索桥，施工架设期间主索鞍的预偏和顶推很难避免。

当主索鞍安放到塔顶后，塔顶的施工空间会变得非常有限。而顶推千斤顶以及操作需要一定的空间，但塔顶作业机械较少，一旦发生故障较难处理，因此采用摩擦因数较小的摩擦副对减小施工空间的占用有直接意义。另外，从主索鞍在塔顶就位到顶推作业结束往往要间隔数月时间，要保证这套摩擦副不产生锈蚀并有效运行。美国早期修建的悬索桥采用滚动摩擦副系统，这种方法既有效也可靠，但成桥后鞍座须固定，这套系统仅作为顶推用的临时机构，故稍嫌复杂。

目前采用不锈钢板与聚四氟乙烯板组成滑动副应用较多，这种滑动摩擦副有较好的耐压性、减磨性和可靠性。虎门大桥、江阴大桥、海沧大桥、润扬大桥、杨泗港长江大桥、五峰山长江大桥、深中大桥等国内知名的特大型悬索桥即采用了四氟乙烯板-不锈钢板的滑动摩擦副，由于摩擦因数小（不大于 0.04），顶推作业进行得顺利且成功。在多个项目应用中发现四氟乙烯板顶推过程中会出现挤出现象，为此，近年来国内有些悬索桥开发了一些新型滑动摩擦形式，如采用固体涂层减磨剂（如二硫化钼等）的滑动摩擦副，采用达克纶滑板嵌入在安装板中作为摩擦副下滑板的结构形式，以及采用二硫化钼固体涂层减磨剂滑动副，其在马鞍山长江大桥、重庆寸滩长江大桥、新田长江大桥等项目得到成功应用，该摩擦副的实际摩擦因数在要求范围以内，施工效果较好。

达克纶滑板嵌入在安装板形式的摩擦副目前在燕矶长江大桥并列式主索鞍得到应用，该工程达克纶滑板抗压能力及耐磨性较强，可以避免两套并列式索鞍顶推磨损及滑板挤出后出现的高度偏差。

为适应主索鞍在塔顶的顶推施工，还有一些专门的构造和设施：

（1）当鞍座的顶推位移量较大时，承板上应设有为鞍体导向的导向装置和限定顶推量的限位装置。

（2）顶推完成后鞍座在塔顶就位，鞍座两侧或纵向前方和后方应有固定螺栓或挡块，挂完加劲梁后将鞍座位置固定。

2. 索鞍抗滑移构造设计

提高主索鞍抗滑移性能的技术方案，一般有以下三种：在鞍槽内设置水平摩擦板、设置竖向摩擦板、设置水平摩擦板 + 竖向摩擦板。

温州瓯江北口大桥在中塔主索鞍设计中，为了利用索股的侧向摩阻力，将索鞍的普通隔片调整为竖向摩擦板。竖向摩擦板具有以下特点：①厚度较厚，具有较高的强度；②高度方向为整体，不分层；③底部与鞍槽为等强连接，确保连接处具有足够的抗剪强度。索股对竖向摩擦板产生侧压力，随着索股高度的增加，侧压力逐渐增大，侧压力产生的摩擦力也逐渐增大，可以充分利用侧向摩擦力，从而提高索鞍的抗滑性能。采用竖向摩擦板方案后，中塔的主缆抗滑安全系数从普通索鞍的 1.19 提高到了 2.83。

3. 主缆背索锚固构造

对悬索桥进行全桥分析计算时可以发现，一般情况下，悬索桥主缆的设计控制缆力发生在边跨近索塔处。为了使主缆的各个断面具有基本相同的设计安全度，使主缆设计经济、合理，一般在边跨主缆中增加数根附加索股（背索）并锚固在主索鞍上（图 6-5-4）。

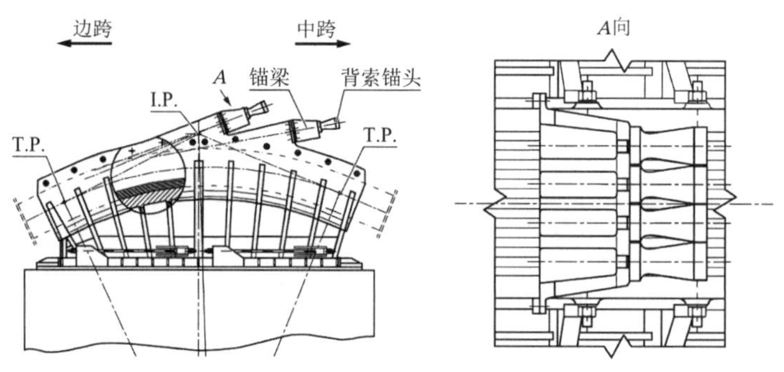

图 6-5-4　主缆背索锚固构造

图 6-5-4 为主缆采用 PPWS 施工方法时的构造，当主缆采用 AS 施工方法时，锚梁上应设置锚靴。

设计主缆背索锚固构造时应注意：

（1）背索索股的布置不应与鞍槽顶部的横向拉杆相干涉，背索切入主缆的切点应位于主缆在主索鞍上的包角范围之内。

（2）背索索股横向的布置应对应主索鞍的相应槽路，且应考虑到背索索股锚头的尺寸对排列间距的要求。

4. 主缆检修道锚固构造

当索塔塔冠尺寸较小、实施混凝土鞍罩有困难时，主索鞍的鞍罩可考虑采用钢结构鞍罩。由于钢结构鞍罩的刚度较小，不宜作为主缆检修道锚固构造。在这种情况下，主缆检修道则需通过相应的构造锚固在主索鞍上（图 6-5-5）。

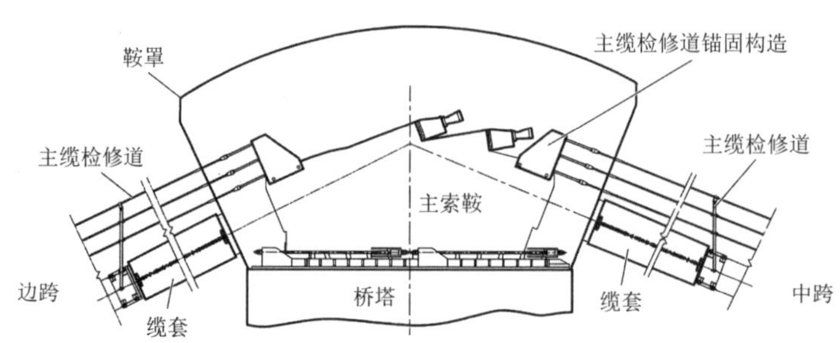

图 6-5-5　主缆检修道在主索鞍上的锚固构造示意图

第六节　散索鞍结构组成和构造

一、散索鞍的主要构成

散索鞍的主要由鞍头和鞍身构成的鞍体、散索鞍的移动副（摆轴或滚轴组件，图 6-2-11、图 6-2-12）、散索鞍底座和底板以及附属装置构成。

二、散索鞍鞍体

1. 鞍头部分（承缆槽及隔板）

无论是滚轴式散索鞍还是摆轴式散索鞍，鞍头的结构基本相同。

散索鞍鞍头与主索鞍结构类似，但鞍槽底部的槽路比主索鞍要复杂得多。在主缆的进口处，鞍槽的槽路断面与主索鞍相同。索股入槽后，索股的槽路既能使主缆索股竖直向下转一个角度，又能使其水平向外转一个角度，以适应锚面上各锚固点的相应位置。鞍槽在竖向的圆弧曲线由几个半径逐渐减小的过渡圆曲线组成，水平圆弧可以是不同半径的同心圆。

鞍槽的横截面为阶梯状，每列索股有隔板相隔。由于索股有平、竖弯的变化，而各索股在鞍槽中的形状和尺寸是保持不变的，因此隔板在厚度上要相应变化，索股入口处隔板较薄，出口处最厚。隔板的分块方法与主索鞍类似，高度上分为 2～4 层，但在纵向，散索鞍隔板形状是弯曲变厚的，故可为一整块，以利于加工制作和安装。由于散索鞍的位置较低，有吊装的有利条件，因此每块隔板的单件质量不受限制。底层隔板与鞍槽也需焊接，焊缝应打磨平顺，不能影响索股钢丝的入槽。上、下层隔板间有企口互相嵌合，以传递索股（钢丝）间的抗滑摩阻力。鞍槽侧壁上部设有数根钢拉杆，用于束紧索股和隔板。同主索鞍一样，索股架设完毕后，索股顶部用与主索鞍相同的锌填块将鞍槽进行永久性填充。

2. 鞍身部分

滚轴式散索鞍的鞍身和底板与主索鞍类似，纵横肋的设置原则也基本相同。散索鞍体成型后，底板的底面须嵌合硬度与滚轴硬度相匹配的衬板和导向键槽，与滚轴组件配合；嵌合的衬板应全平面整体磨削加工，以保证滚动面的精确、平整。

摆轴式散索鞍的鞍身则有较大变化，虽然也有与鞍头相适应的纵肋贯通整个鞍座，但并无与鞍头相适应的横肋，纵肋两侧和前后各有一块厚钢板与纵肋共同受力，并使鞍体呈封闭的倒棱台形结构。鞍体底部设置一个长条形凹槽，内镶板式摆轴。

三、散索鞍的移动副（摆轴或滚轴组件）

1. 滚轴式散索鞍的滚轴组件

滚轴式散索鞍鞍体底面与安装于锚碇处散索鞍支墩上的底座板之间设置滚轴组件。滚轴组件主要包括滚轴、框架、同步联板以及相应的销轴、衬套、紧固件、同步位移机构等，如图 6-6-1 所示。

多根滚轴通过框架互相联结形成滚轴组，各滚轴的轴线应严格保证与散索鞍的移动方向相垂直，以便鞍体移动时各个滚轴能同时滚动，避免运动干涉。在各滚轴两端面的相同相位上钻孔安装同步联板，以确保各滚轴在滚动时转动角度相同。同一索鞍所用滚轴需经过严格选配，使其相互之间的尺寸和形状误差为最小。

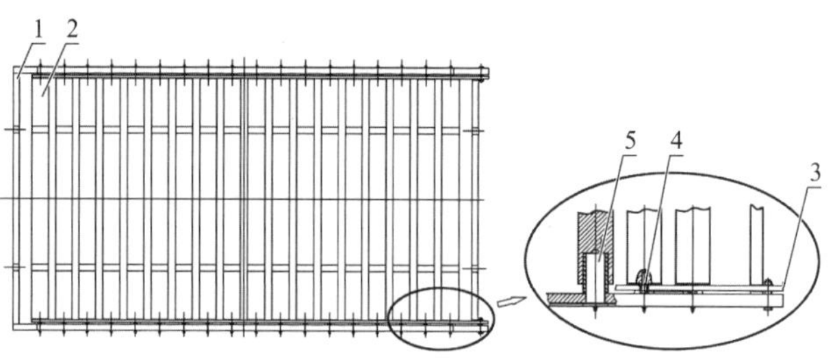

图 6-6-1　滚轴组件构造示意图

1-框架；2-滚轴；3-同步联板；4-联板销；5-销轴

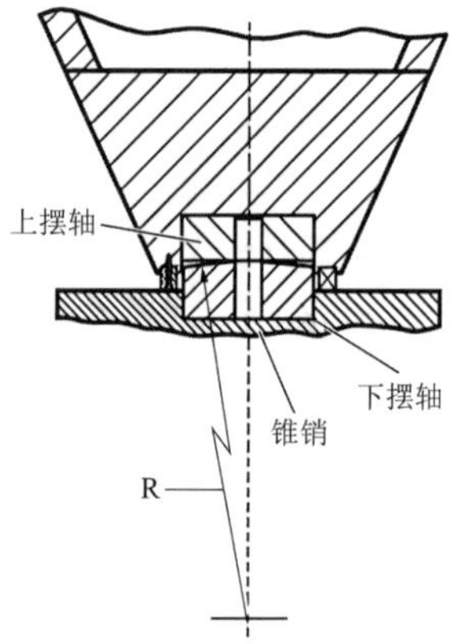

2. 摆轴式散索鞍的摆轴组件

摆轴式散索鞍鞍体底部设置的长条形凹槽与安装于锚碇处散索鞍支墩上的底座凹槽之间设置摆轴组件。摆轴组件主要包括上摆轴、下摆轴以及锥形销等，如图 6-6-2 所示。

上摆轴为板形零件，镶嵌在鞍体底部的长条形凹槽内；下摆轴为顶面为圆弧形的板形零件，其下半部镶嵌在散索鞍的底座凹槽内，弧形顶面与上摆轴底面相接触。鞍头顺桥向摆动时，鞍体在弧面摆轴上做相应的摆动。

锥形销用于定位连接上、下摆轴，其在突发的剧烈震动荷载（如地震作用）下，也可防止鞍体跳出底部设置的长条形凹槽，确保结构可恢复性。销上部的锥形可适应鞍体的摆动。

上摆轴
下摆轴
锥销
R

图 6-6-2　摆轴组件构造示意图

四、散索鞍底座和底板

底座和底板构成散索鞍的安装基础。与主索鞍的底座格栅相同，散索鞍的底板是一个顶面经精确机械加工的加劲板形构件，准确定位后，连同地脚螺栓一起预埋在锚碇处散索鞍支墩的混凝土中，为散索鞍的安装提供一个精确、平整的基础平面。

滚轴式散索鞍底座板的功能及结构与主索鞍的下承板类似。底座板的顶面须嵌合硬度与滚轴硬度相匹配的衬板；嵌合的衬板应全平面整体磨削加工，以保证滚动面的精确、平整。

摆轴式散索鞍的底座常为一个“凸”字形断面的条形构件，顶部设长凹槽用以安装下摆轴。

五、滚轴式散索鞍的同步机构

为增加滚轴与其相接触的上下面板之间位置的准确性，实现散索鞍长期稳定运行，国内最新的项目在滚轴端部设置了齿轮齿条机构或者连杆机构，实现散鞍体与滚轴之间、滚轴与底板之间的定位与限位功能。

齿轮齿条机构一般设置在滚轴端部，在与其相接触的面板表面设置齿条，通过齿轮与齿条的相互啮合实现散鞍体与滚轴之间、滚轴与底板之间的定位与限位（图 6-6-3）。

连杆机构一端固定在下承板上，中间和另外一端分别开有腰圆形孔，腰圆孔分别套在滚轴端部和鞍体底板上，通过连杆长度及开孔位置的精确控制，实现散索鞍体与滚轴之间、滚轴与底板之间的定位与限位（图 6-6-4）。

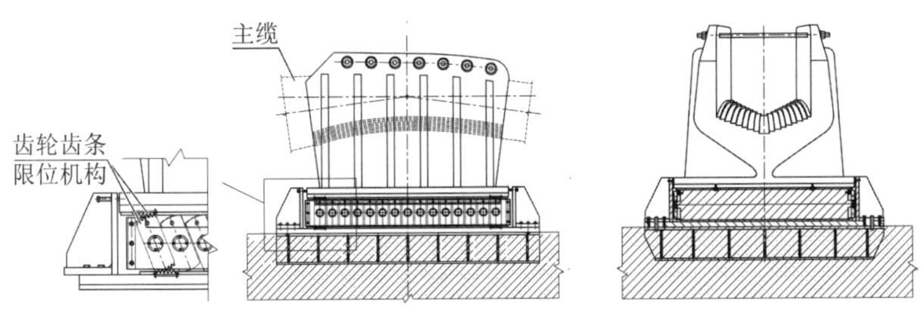

图 6-6-3　滚轴齿轮齿条机构示意图

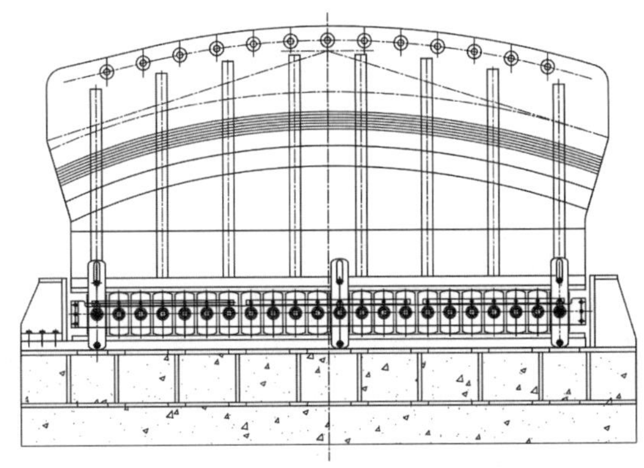

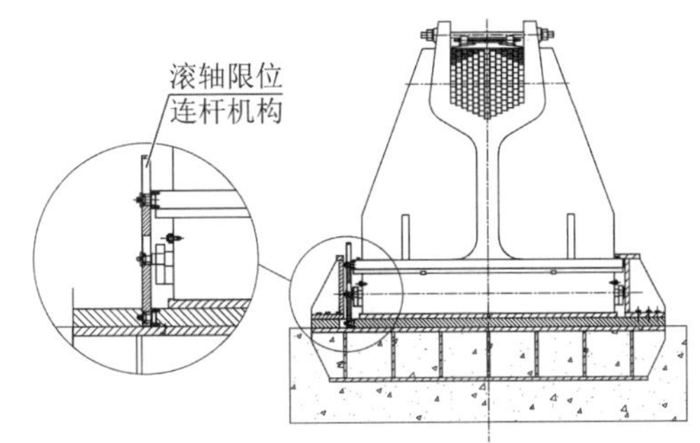

图 6-6-4　滚轴限位连杆机构示意图

六、附属装置

（1）当散索鞍鞍槽中主缆的竖弯转角较小时，承缆槽顶部应设置压紧梁（图 6-2-12）。

（2）当锚碇前墙较薄或在前墙上锚固主缆检修道有困难时，主缆检修道则可通过相应的构造锚固在散索鞍上（与主缆检修道在主索鞍上的锚固构造相似）。

第七节　转索鞍结构组成和构造

从本章第二节中的分析可知，转索鞍的构造应与摆轴式散索鞍相似，但受力更小、几何形状更为简单，故可参照摆轴式散索鞍进行结构设计，本节不再重复。

由于转索鞍的摆动结构对受力的要求不高，故摆轴结构可考虑用销铰结构替代，并经计算确定。

由于转索鞍鞍槽中主缆的竖弯转角通常较小，因此承缆槽顶部应设置压紧梁，用来压紧鞍槽中的主缆。

第八节　散索套结构组成和构造

从本章第二节中的分析可知，散索套的功能类似于散索鞍，但结构构造上更类似于悬索桥的索夹，因此散索套的构造设计大多参考索夹的构造设计，详细内容可参见本书中关于索夹构造设计的相关章节。下面主要介绍散索套的构造设计与索夹构造设计的不同之处。

一、散索套总体结构

散索套总体上分为两个功能区。

为了防止在索股径向散开时，索力撑顶散索套向缆径较小的方向滑动，散索套的小端区域应设为夹紧区段，以提供足够的夹紧力和抗滑摩阻力，从而使主缆上的理论散索点不发生改变。此段区域的散索套结构设计、计算方法与索夹完全一样，在此不再赘述。

散索套夹紧区段的轴向下方为散开区段，其作用是约束主缆索股（主要是外层索股，并通过外层索股约束内层索股）的散开方向，并将各个索股平顺地引入各自的锚固点。

依照主缆索股的架设方法、索股的调整方法以及散索套最终安装就位方法的不同，散索套的两个功能区段可设计为一个整体，也可分开设计为两个构件，但这两个构件最终应连接为一个整体，连接方法可采用端面法兰、卡箍或其他机械连接的方式（不可采用焊接）。散索套内孔孔壁在连接处应保证平顺，不出现错台或两区段不同程度的失圆。

二、散索套散开区段的线形

散索套散开区段的内孔面，理论上是一段圆弧加切线所组成线段的回转面，回转中心线就是主缆的理论中心线。设计时，应从锚面上离主缆锚固中心最远的索股锚固点，向理论散索点处该索股的位置连线，得出最大散索角度；圆弧的半径不宜小于索股直径的 20 倍（当索股为六边形断面时，以六边形的对角线尺寸计），为了散索套的安装方便，圆弧半径还可适当加大；切线的长度一般不宜小于主缆的设计半径（设计空隙率可取 18%～20%）。

三、其他构造

在一般情况下，散索套只是固定在主缆上，并随主缆浮动运动，但根据设计的需要，在某些特定情况下可设置专门的装置，用以约束主缆的径向运动，而不约束主缆的轴向运动，其构造如图 6-8-1 所示。

该装置一般设有底座板、支架、铰销、压板等零部件，支架的底面、两侧面以及支架底板上表面与压板接触的各面设有滑动摩擦副，以保证装置移动的顺畅；压板用地脚螺栓压紧在底座板上。

这种装置也可根据需要设计为其他的结构形式，但无论设计成什么形式，装置的尺寸均应按结构受力的要求确定。

用散索套架设主缆时应设临时支架固定散索套位置，否则在架设主缆轴向以下的索股时无法准确定位。

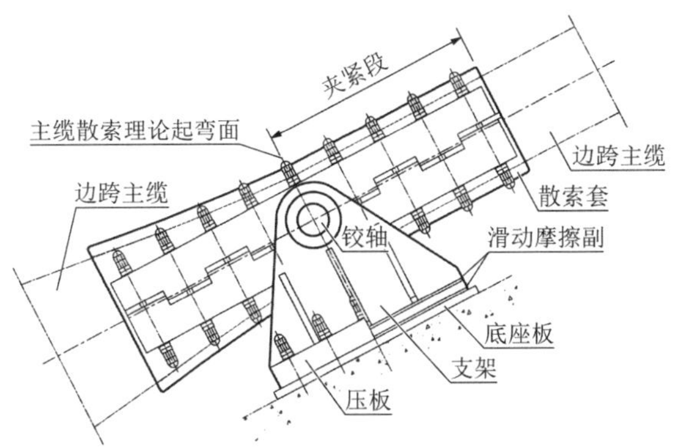

图 6-8-1　散索套处主缆径向位移约束装置构造示意图

第九节　主要材料与选择

构成索鞍构件的主要材料可大致分为铸钢件、钢板及其组焊件、制造工艺材料（焊材、焊剂、黏结材料等）以及其他材料四类。

一、铸钢件

铸钢材料具有各向同性的特点，且具有一定的强度和韧性。铸钢件的形状可以按设计的形状直接铸造，除缺陷修补外，在制造过程中很少有焊接工序，故工艺过程比较简单，制造周期也相对较短，极适合于制造像索鞍鞍槽、索鞍底座、散索套、背索锚梁等形状较复杂的大型桥梁构件。

由于铸造工艺的要求和铸造设备的限制，单件铸件的质量不宜超过 40t。这也是很多特大型悬索桥的索鞍构件设计成铸-焊结构形式或分块结构形式的主要原因。同样，索鞍的尺寸、质量过大，也会给后续的机械加工和运输安装造成困难。铸钢的索鞍构件必须经过规定的热处理工序，以消除铸造内应力及金相组织缺欠等。

索鞍构件中的铸钢件均为大型铸件，而大型铸件中各种缺陷的存在以及超标缺陷的修补在所难免，因此这类铸件不宜采用碳当量较高、焊接性能较差的铸钢牌号。索鞍构件中的铸钢件常用牌号有：ZG270-480H、ZG300-500H（用于鞍头、鞍体）；ZG20Mn（用于索夹、散索套、散索鞍底座、底座板）。由于背索锚梁的尺寸相对较小，且要求的受载能力较高，故常用 ZG310-570 牌号的铸钢件。

铸钢件的化学成分、机械性能指标应符合相应的标准规定，如：《一般工程用铸造碳钢件》（GB/T 11352—2009）、《焊接结构用铸钢件》（GB/T 7659—2010）、《大型低合金钢铸件 技术条件》（JB/T 6402—2018）等。

索鞍构件中的大型铸钢件均应进行无损探伤检验，并在设计时确定合理的质量等级，以确保构件的受力安全。无损探伤检验通常采用《铸钢铸铁件　磁粉检测》（GB/T 9444—2019）、《铸钢件　超声检测　第 1 部分：一般用途铸钢件》（GB/T 7233.1—2023）、《铸钢铸铁件 渗透检测》（GB/T 9443—2019）、《铸件　射线照相检测》（GB/T 5677—2018）等标准，铸钢件中发现的各种超标质量缺陷必须进行修补。

对于铸-焊结构形式的索鞍，其鞍头铸钢件应优先选用焊接结构用铸钢件，铸钢件的化学成分、机械性能指标应符合《焊接结构用铸钢件》（GB/T 7659—2010）的规定。常用牌号有ZG230-450H、ZG275-485H、ZG300-500H等。

二、钢板及其组焊件

钢板及钢板组焊件是桥梁钢结构中常用的材料和结构形式，这类材料和结构形式在有关书籍中有详细的介绍和论述，在此不再重复讨论。以下仅就悬索桥索鞍构件的钢板及钢板组焊件的所用材料做简要介绍。

在悬索桥索鞍构件中，钢板及钢板组焊件主要用来制造铸-焊结构形式索鞍的鞍体、主索鞍中的上下承板和底座格栅、摆轴式散索鞍（转索鞍）的底板、滚轴式散索鞍底座板、鞍槽中的隔板等构件。

钢板及钢板组焊件以焊接为主要的成形手段，因此钢板材料的碳当量不应超过0.43%、焊接工艺性能良好；钢板材料的强度应满足结构受力要求，并优先选用市场采购方便、比较经济合理的钢号和规格品种。焊接后的索鞍构件必须经过规定的热处理工序，以消除焊接内应力及金相组织的缺欠。

索鞍构件中的钢板常用牌号有Q235、Q355、Q345R、Q370R、Q420R等，厚度规格按受力要求、工艺要求确定。Q345R、Q370R、Q420R牌号的钢板常用于焊接制造铸-焊结构形式索鞍的鞍体，而Q235、Q355牌号的钢板常用于焊接制造主索鞍中的上下承板和底座格栅、摆轴式散索鞍（转索鞍）的底板、滚轴式散索鞍底座板、鞍槽中的隔板等构件。有焊接关系的构件宜采用同一种牌号的钢板。如焊接后构件表面须进行机械加工，钢板厚度规格选择时应考虑到焊接、热处理的变形，并留出充分合理的加工余量。

钢板的化学成分、机械性能指标应符合相应的标准规定，如《承压设备用钢板和钢带》（GB/T 713—2023）、《碳素结构钢和低合金结构钢热轧钢板和钢带》（GB/T 3274—2017）、《优质碳素结构钢热轧钢板和钢带》（GB/T 711—2017）等。

索鞍构件中的钢板及其组焊件均应进行无损探伤检验，并在设计时确定合理的质量等级，以确保构件的受力安全。无损探伤检验通常采用《厚钢板超声检测方法》（GB/T 2970—2016）、《焊缝无损检测　磁粉检测》（GB/T 26951—2011）、《焊缝无损检测　焊缝磁粉检测　验收等级》（GB/T 26952—2011）、《焊缝无损检测　焊缝渗透检测　验收等级》（GB/T 26953—2011）、《焊缝无损检测　超声检测　验收等级》（GB/T 29712—2023）、《焊缝无损检测　超声波检测　技术、检测等级和评定》（GB/T 11345—2023）、《承压设备无损检测　第4部分：磁粉检测》（NB/T 47013.4—2015）、《承压设备无损检测　第5部分：渗透检测》（NB/T 47013.5—2015）等标准，焊缝中发现的各种超标质量缺陷必须进行修补。

三、制造工艺材料以及其他材料

索鞍的制造工艺材料主要包括焊条、焊丝、焊剂、黏结剂等。这类材料的选择和应用在有关书籍中有详细的介绍和论述，在此不再重复讨论。

索鞍鞍槽的槽路表面、隔板表面和散索套的内表面须进行热喷锌（或电弧喷锌）处理，喷涂材料常用一号锌（Zn1）或二号锌（Zn2），并应符合《锌锭》（GB/T 470—2008）的规定。喷涂层的质量按《热喷涂　金属和其他无机覆盖层　锌、铝及其合金》（GB/T 9793—2012）

的规定进行评价和验收。

鞍槽隔板间没有索股的部分应以锌（或锌合金）填块进行填充。为了减少制造成本，锌（或锌合金）填块常采用铸造成型，填块材料可按设计要求采用 ZZnAl4Cu1Mg 等，其化学成分、机械性能指标应符合相应的标准规定，如《铸造锌合金》（GB/T 1175—2018）等。

索鞍构件中还采用了合金钢、不锈钢制成的零部件，例如：大直径双头螺纹拉杆、垫圈、螺母及定位销等可采用 40Cr、40CrNiMoA、42CrMo 等材料；散索鞍滚轴、摆轴等可采用 30CrNi3、40Cr、42CrMo 等材料；散索鞍滚动衬板、主索鞍顶推滑板等可采用 3Cr13、12Cr18Ni9Ti 等材料。这些材料的化学成分、机械性能指标应符合相应的标准规定，如《合金结构钢》（GB/T 3077—2015）、《不锈钢热轧钢板和钢带》（GB/T 4237—2015）、《不锈钢冷轧钢板和钢带》（GB/T 3280—2015）等。设计合金钢、不锈钢制成的零部件时，应按受力要求、制造工艺要求并参照相应的规范，确定合理可行的热处理制度。

索鞍构件中还采用了聚四氟乙烯板、橡胶板、橡胶带等非金属材料，这些材料的选用应按其功能的要求，参照相应的国家、行业标准进行选用；选用时应充分考虑其耐久性的要求。

为了提高设计的标准化程度、降低制造成本，索鞍构件中的紧固件应尽量选用标准紧固件，并确定合理的强度等级。

四、索鞍主要材料容许应力的确定

索鞍材料中的实际工作应力应通过详尽的计算来确定，特别是像鞍体这样受力复杂的大型构件，其应力的大小及分布情况应通过有限元分析的方法来确定。

我国建造大跨径悬索桥的经验还不是很多，尤其是对索鞍构件这种受力巨大、形状复杂的大型铸造、焊接钢结构件的材料容许应力确定，现行的规范不一定适用。近年来，我国自行设计、建造的悬索桥中的索鞍构件，其材料的容许应力值大多结合我国现有规范、标准的规定，同时参考国外有关大跨径桥梁的规范，确定出恰当的材料容许应力值，通过设计文件作出规定并用以指导制造、加工。

以下是国内某特大悬索桥设计时，在确定索鞍（铸-焊结构）材料容许应力问题过程中的思考和对照国外规范所作的比较，供参考。

（1）根据该桥内部确定的对设计规范的补充规定，计算时采用的最大缆力（恒载 + 活载 + 最大温降荷载）属常规荷载，故索鞍材料的容许应力提高系数为 1.0。

（2）根据日本有关资料介绍，当索鞍的铸造部分所用材料为 SCW480 时，其容许应力 $[\sigma]$ 为：$[\sigma] = (\sigma_S \times \text{劣化率})/1.7$。

焊接鞍体的厚钢板材料为 SM490B 时，其容许应力为：$[\sigma] = (\sigma_S \times 90\%)/1.4$。

由于鞍体中的厚钢板均为承压板件，容许应力不应按拉压应力考虑，而是按承压应力考虑，又因钢板厚度较大，故仍考虑了材料的不均匀性。

（3）按照我国《公路桥涵钢结构及木结构设计规范》（JTJ 025—1986）①，材料 ZG25II 和 A3 的容许应力 $[\sigma]$ 值分别应为 130MPa 和 140MPa，因此可以进一步推算出该两种材料的安全系数为 $n = 230/130 = 1.77$ 和 $n = 235/140 = 1.68$。可见，对于 ZG25II 材料，我国规范采

①该规范现行版本为：《公路钢结构桥梁设计规范》（JTG D64—2015）。

用的安全系数与日本规范中的同类材料在用于鞍座设计时采用的安全系数比较接近；而对于厚钢板材料 Q235A,《公路桥涵钢结构及木结构设计规范》（JTJ 025—1986）中采用的安全系数与日本规范中同类用于鞍座设计的材料相比有一些出入。

但是，在我国有关材料的国家标准中，明文规定了厚钢板的屈服强度（σ_S）随钢板厚度增加而相应降低，按其 σ_S 最低限值，推算出的安全系数也约为 1.4，故厚钢板的容许应力也可以写成：$[\sigma]=\sigma_S/1.4$。

（4）按以上原则，该桥主索鞍采用的铸钢鞍头和厚板焊接的鞍体的容许应力分别按下列计算确定。

铸钢：$[\sigma]=(\sigma_S\times$ 劣化率$)/1.7$，按日本规范的要求，设计时大型铸钢件的材料劣化率应为 0.9。

钢板：$[\sigma]=(\sigma_S\times 90\%)/1.4$，其中 90%为厚板材料的不均匀系数。

（5）根据以上公式确定的 ZG230-450H 的容许应力为 122MPa，Q235A 厚钢板的容许应力为 146MPa。

通过手工计算方法和有限元分析方法，对该桥原设计的结构和各个断面进行了应力计算，发现主索鞍的纵横肋部分、个别计算断面上铸件部分和厚板件部分的计算应力值已超过了容许应力。

对于有限元分析结果的认识存在分歧，有些专家认为有限元分析方法是对手工计算方法的验证，其结果仅控制平均应力水平，并允许有局部的应力超出（局部超出可达 10%），但也有些专家认为无论手工计算方法还是有限元分析方法，其结果均不应超出材料的容许应力，理由是他们认为只要建模得当、单元划分合理，有限元分析得出的应力是确实存在的应力，而不是局部的应力集中。在该桥设计时，采用了后一种应力控制模式。

为解决原设计中的应力超出问题，对于是调整结构断面还是改变材料的机械性能进行了进一步的比选。由于高应力区主要发生在横肋上，加大横肋厚度虽然也能达到降低应力水平的目的，但相应地会带来一些问题，如构件质量增加、焊接质量不易保证、探伤困难等。因此选用质量更优的材料更为有利。该桥主索鞍最终选定的材料如下。

铸钢部分：ZG275-485H，$[\sigma]=146.5$MPa；钢板部分：20、20G，$[\sigma]=157.5$MPa。

第十节　结构分析计算

一、索鞍槽路尺寸的确定和计算

索鞍槽路尺寸如图 6-10-1 所示。

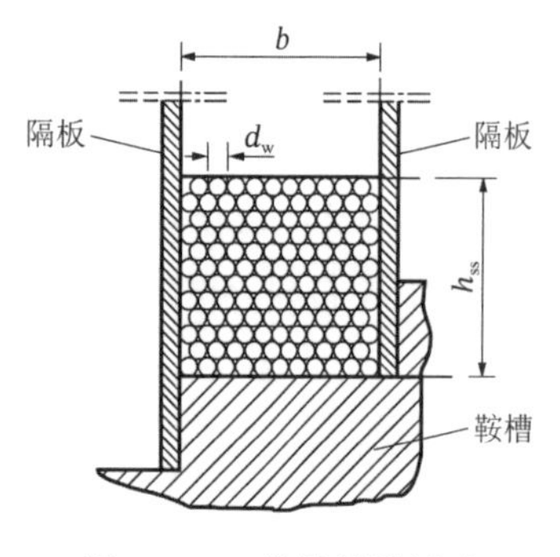

图 6-10-1　鞍槽槽路尺寸

1. 槽路宽度

$$b=n_{wt}(d_w+\varDelta_{wr}) \tag{6-10-1}$$

式中：n_{wt}——单排钢丝数量；

$\varDelta_{wr}$——主缆钢丝直径的允许正偏差。

2. 槽路中索股高度

$$h_{ss}=(1.02\sim1.06)b \tag{6-10-2}$$

3. 槽路中索股的空隙率

$$V_s=\left(1-\frac{\pi\cdot d_w^2 n_{ws}}{4bh_{ss}}\right)\times100\% \tag{6-10-3}$$

式中：　n_{ws}——每根索股的钢丝根数。

设计应满足 $V_s \approx V$ 的要求，V 为一般截面主缆的设计空隙率。

二、鞍槽中主缆抗滑验算

主缆抗滑验算图如图 6-10-2 所示。

鞍槽内主缆抗滑安全系数K应满足以下要求：

$$K = \frac{\mu\alpha_s}{\ln(F_{ct}/F_{cl})} \geqslant 2 \qquad (6\text{-}10\text{-}4)$$

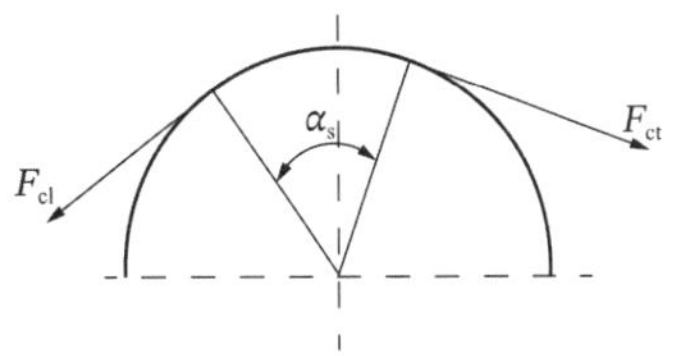

图 6-10-2　主缆抗滑验算图示

式中：μ——主缆与槽底或隔板间的摩擦因数，一般取 $\mu = 0.15$；

α_s——主缆在鞍槽上的包角；

F_{ct}——主缆紧边拉力；

F_{cl}——主缆松边拉力。

式(6-10-4)的推导过程如下。

根据经典力学，柔性体在弧面上两端的力有如下关系：

$$F_{ct} = F_{cl}e^{\mu\alpha_s}$$

由此可得出：$\mu\alpha_s = \ln(F_{ct}/F_{cl})$，即$1 = \frac{\mu\alpha_s}{\ln(F_{ct}/F_{cl})}$。

为保证主缆在鞍槽内无任何滑动，要求安全系数 K 必须大于 1。

关于 μ 的取值：《钢桥》(小西一郎)中曾描述了乔治·华盛顿桥实际测试的情况，认为 μ 取 0.2 已足够安全，但在其他文献中，对于钢与钢间的摩擦因数，工程通常采用 $\mu = 0.15$，故建议采用后一种取值。

关于 K的取值：在《大跨度吊桥》(刘健新、胡兆同，人民交通出版社)中提出 $K \geqslant 2$，在无其他资料可借鉴的情况下，从工程安全角度出发，建议采用此值。

应指出的是，规定的抗滑条件在 μ 和 K 取值的方面均是偏于保守的，在有条件进行抗滑试验的工程中，应进行抗滑试验研究，优化 K 和 μ 的取值，使设计经济、合理、安全。

随着悬索桥建造技术的发展，如何设计、建造双主跨乃至多主跨悬索桥已成为桥梁工程领域亟待攻克的重要课题。设计、建造这种结构的悬索桥，主缆在索鞍中的抗滑问题是一项必须解决的关键技术。双主跨（多主跨）悬索桥活载的最不利加载工况是一个主跨空载，而相邻的另一个主跨满载。这时，两跨间的索塔两侧缆力将有较大的不平衡，当不平衡缆力大到一定程度时，主缆将在主索鞍中发生滑动，这将破坏设计时的假定，是不被允许的。

在防止主缆在鞍槽中滑动的措施方面，国内外都做过一些研究工作，取得了一些成果，简介如下。

有资料指出，在索鞍槽内对主缆施加压力，可提高它们之间的摩擦力，从而达到抗滑安全的目的。采用这种方法的典型实例多见于日本修建的悬索桥，其结构如图 6-10-3 所示。

实践证明，这种方法存在以下问题：由于由单根钢丝构成的主缆截面刚度很低，要在其截面内建立有效的压力，则要依赖鞍槽侧壁的刚度，同时，对主缆钢丝的压力并非可无限提高，德国规范规定，此线压力不应大于 0.7kN/mm。

由此方法增加的主缆截面压力，在桥梁服务期间并非是有保证的；由于受力后主缆钢丝的重新排列，受力后主缆截面减小，拉杆、螺杆的松弛变形，螺纹的松动等因素，都会使主缆截面压力减小或消失。据日本专家介绍，关门桥、大岛大桥等桥在使用一段时间后，主索鞍上的此类加压机构均是松动的，故在以后设计建造的南/北备赞濑户大桥等桥上都取消了此类加压机构。

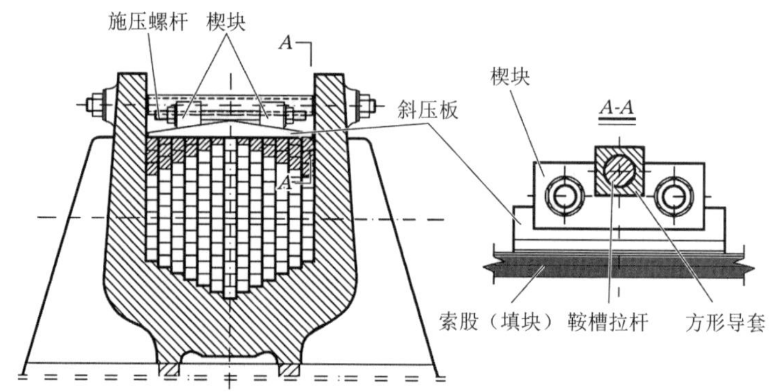

图 6-10-3　在索鞍槽内对主缆施加压力的结构示意图

根据香港青马大桥、江阴大桥的主缆背索（back-stay）锚固的启示，阳逻大桥三塔双主跨悬索桥的工程设计方案中重点考虑了交叉背索锚固的结构方案（图 6-10-4），其设计上的基本假定及思路是：

（1）由于各索夹的夹紧作用、缠绕钢丝的密缠包绕，主缆中的锚固索股和非锚固索股已形成了一个完整的主缆整体，它们共同参与整体结构受力。

（2）主缆与鞍槽的抗滑摩阻力仅由非锚固索股形成的缆力产生，以公式 $F_{\mathrm{m}} = F_{\mathrm{ct}} - F_{cl}$ 计算出最大静摩阻力，并考虑合理的安全储备。

（3）以最不利加载工况得出的塔顶两侧最大缆力差，扣除最大静摩阻力得出锚固索股所应额外分担的缆力。

（4）按锚固索股应额外分担的缆力，在保证锚固索股安全系数不小于 2.3 的条件下确定锚固索股的股数。

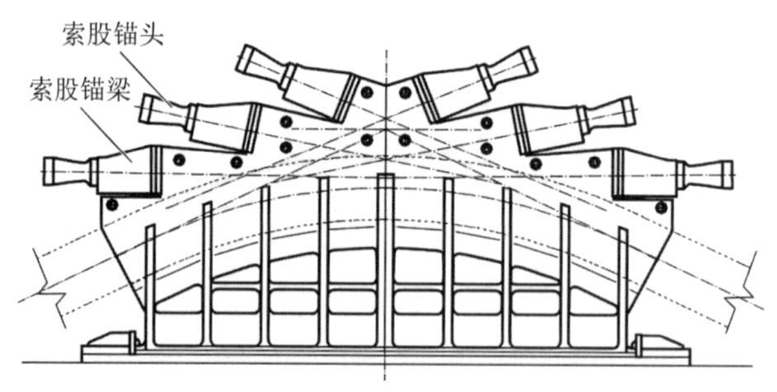

图 6-10-4 阳逻大桥双主跨悬索桥中塔主索鞍交叉背索锚固结构设计方案

针对以上假定和思路，对交叉背索锚固的结构方案进行了模型试验加以验证。试验的结果如下：

（1）测定、计算出的摩擦因数及松、紧边的力与公式 $F_{\mathrm{ct}} = F_{\mathrm{cl}}\mathrm{e}^{\mu\alpha_{\mathrm{s}}}$ 相吻合。同时也证明以公式 $\mu = \frac{\ln(F_{\mathrm{ct}}/F_{\mathrm{cl}})}{\alpha_{\mathrm{s}}}$ 计算摩擦因数，关系成立。

（2）在工程实际中，鞍槽、隔板表面为热喷锌表面；所有试验数据中的最小值是 0.2537，因此取 $\mu \leqslant 0.25$ 是有试验依据的。

（3）对于阳逻大桥的三塔两等长主跨悬索桥工程设计方案，最不利工况下中塔主索鞍两侧缆力之比 $F_{ct}/F_{cl}=1.1623$，$\alpha_s=0.8602\text{rad}$。计算可得出主缆在鞍槽中的抗滑安全系数$K=0.25\times0.8602/\ln1.1623\approx1.43>1$。可见主缆在鞍槽中的滑动几乎是不可能发生的，加设锚固索股只是在要求安全系数不小于 2 的情况下采取的进一步安全措施。

（4）由于在试验系统的模拟索股与模型鞍槽间存在抗滑摩阻力，所以当 F_{ct} 增加时，F_{cl} 基本不增加，这是符合假定条件的；当 F_{ct} 增加时，锚固索股拉力 F_g 成比例增加，这说明非锚固索股与锚固索股是共同受力的；当 F_{ct} 增加到一定程度（$F_m\leqslant F_{ct}-F_{cl}$）时，非锚固索股在模型鞍槽中产生相对滑移［此时 F_{cl} 也有较大的增加；由 $F_m\leqslant F_{cl}(e^{\mu\alpha_s}-1)$ 可知，在其他条件不变时，摩擦力仅与松边拉力有关，故此时抗滑摩阻力也会增加，从而使系统达到新的平衡］；由于锚固索股是锚固在鞍座模型上的（图 6-10-4），它与模型鞍槽间不可能产生相对滑移，所以当非锚固索股在模型鞍槽中产生相对滑移时，实际上是将紧边非锚固索股的力释放到松边，而锚固索股的力是不可能释放的，因此这时锚固索股的力会陡然增加，其结果是阻止了非锚固索股在模型鞍槽中的相对滑移。图 6-10-5 为试验时的实测曲线，纵坐标为非锚固索股的松边和锚固索股的力，横坐标为非锚固索股紧边的力，上、下两曲线分别反映锚固索股的力和非锚固索股松边的力随非锚固索股紧边力的变化情况。

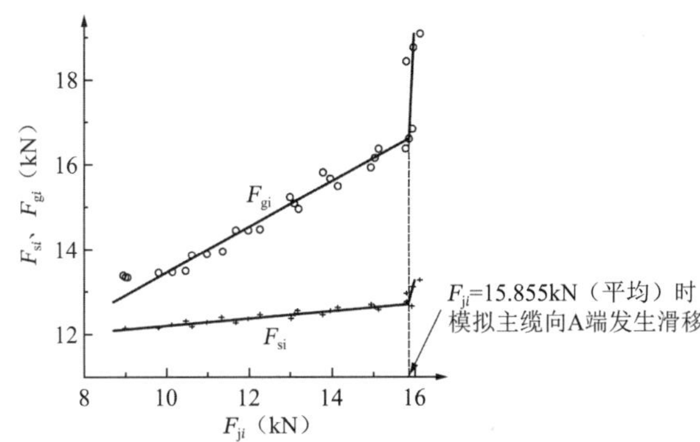

图 6-10-5　锚固索股与非锚固索股受力实测关系曲线

上述试验结果表明，采用交叉背索锚固技术可有效防止主缆在鞍槽内的滑动，验证了该设计方案的可行性与合理性。

三、鞍槽应力验算及鞍体强度校核

缆力对鞍槽作用力的模型转化如图 6-10-6 所示，力的纵向分布按单位长度计。竖向力通过纵肋、横肋向底板及以下的支承结构传递，纵肋一般是纵向通长布设的，故其是传力的主要构件，但鞍体计算时需考虑横肋的辅助作用，否则计算结果会与空间有限元分析的结果有较大差异；初步尺寸拟定可按本节中提供的荷载公式计算方法进行，最终以空间分析进行结构强度验算。

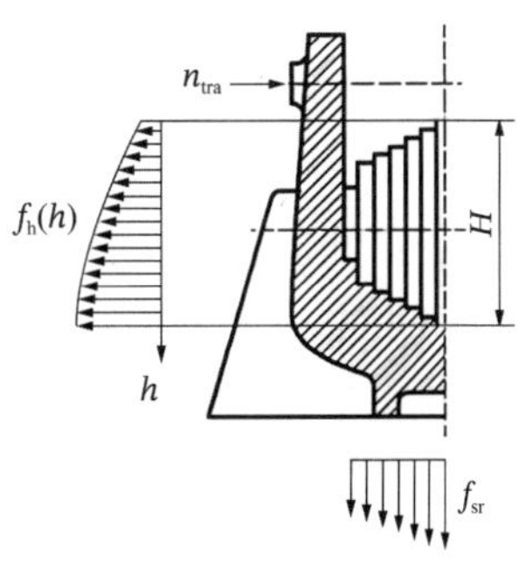

图 6-10-6　鞍槽受力图式

1. 各列索股的向心压力 f_{sr} 计算

$$f_{sr}=\frac{F_c n}{n_s r_v} \tag{6-10-5}$$

式中：　f_{sr}——各列索股的向心压力；

F_c——单根主缆的拉力，取边跨缆力和中跨缆力中的较大值；

n——该列索股根数；

n_s——单根主缆中索股总股数；

r_v——承缆槽底部立面圆弧半径。

2. 最高索股顶至计算高度 h 处的侧向压力 $f_h(h)$ 计算

$$f_h(h)=\frac{f_v b\left[1-e^{-(2\mu h)/(3b)}\right]}{2\mu} \tag{6-10-6}$$

式中：$f_h(h)$——最高索股顶至计算高度 h 处的侧向压力；

μ——摩擦因数，一般取 0.15；

f_v——中央列索股单位体积竖向力，可按式(6-10-7)计算；

$$f_v=\frac{F_c n_{sc}}{r_v n_s b H} \tag{6-10-7}$$

式中：n_{sc}——中央列索股股数；

H——中央列索股总高度。

3. 高度 H 范围内的总侧向力 f_H 计算

$$f_H=\frac{f_v bH}{2\mu}-\frac{3f_v b^2\left[1-e^{-(2\mu h)/(3b)}\right]}{4\mu^2} \tag{6-10-8}$$

计算散索鞍鞍槽的总侧向力 f_{HS} 时，应计入主缆索股平弯产生的附加侧向力，按式(6-10-9)计算：

$$f_{HS}=f_H+\frac{F_c\left(1-\frac{n_{sc}}{n_s}\right)}{2r_h} \tag{6-10-9}$$

4. 由侧压力 f_H 或 f_{HS} 产生的总弯矩 M_{fH} 计算

$$M_{fH}=S\frac{f_v bH}{2\mu}+\frac{9f_v b^3\left[1-e^{-(2\mu h)/(3b)}\right]}{8\mu^3} \tag{6-10-10}$$

式中：$S=\frac{H}{2}-\frac{3b}{2\mu}$。

5. 沿单位弧长的鞍槽拉杆拉力 n_{tra} 计算

$$n_{tra}=\frac{N_{sb}\cdot n_{sb}}{l_{sa}} \tag{6-10-11}$$

式中：n_{tra}——沿单位弧长的鞍槽拉杆拉力；

N_{sb}——单根拉杆力；

n_{sb}——拉杆根数；

l_{sa}——拉杆中心处鞍槽侧壁的弧长。

6. 强度验算时的荷载工况

（1）单根主缆拉力 F_c 为空缆缆力时，鞍槽侧壁未施加拉杆力（$n_{tra}=0$）的情况。

（2）单根主缆拉力 F_c 为最大缆力。

7. 索鞍构件的整体有限元分析简介

由于索鞍构件是一个三维受力的复杂空间结构，因此空间有限元分析计算方法的应用在索鞍构件的设计时是必要的。通过空间有限元分析，可对索鞍构件整体的应力水平有一个宏观的把握，可对索鞍构件中各个板件布置的合理性有一个综合的评价并得出较准确的优化结论，同时也是对公式计算结果的验证和补充。

索鞍构件的整体有限元分析一般直接采用大型通用计算分析程序进行。单元划分时应注意避免过大的畸变而影响计算结果，对应力集中区域注意分析原因，优化结构，尤其是对个别应力突出高的单元更应从宏观上去把握分析，得出较科学的结论。图 6-10-7～图 6-10-10 分别为主索鞍、散索鞍鞍体有限元分析的示例。

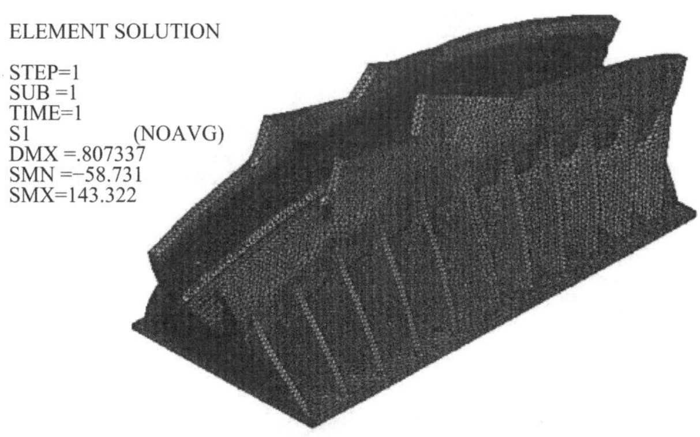

图 6-10-7　主索鞍鞍体有限元分析模型（整体）

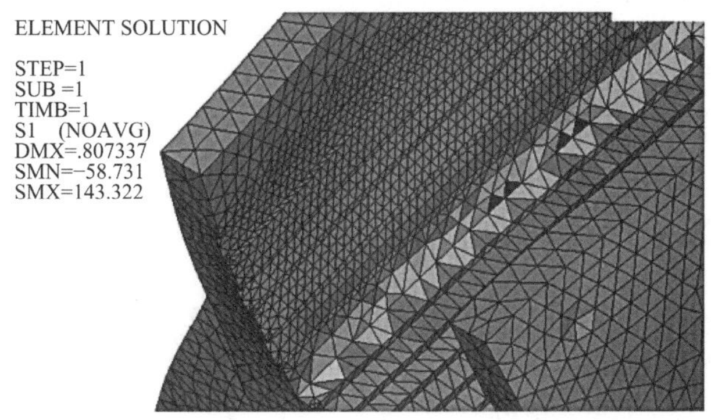

图 6-10-8　主索鞍鞍体有限元分析模型（局部）

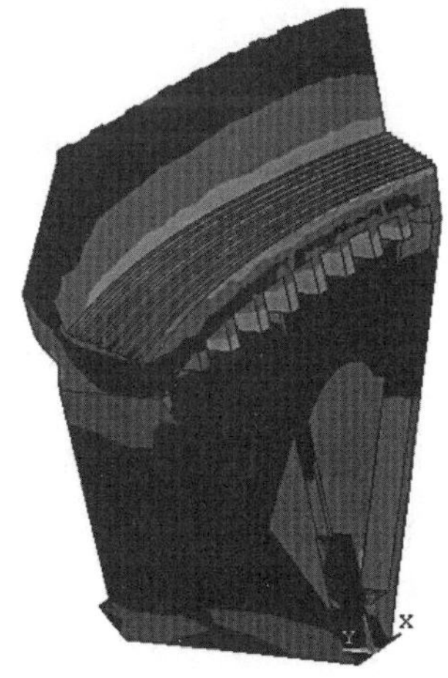

图 6-10-9　散索鞍鞍体有限元分析计算结果

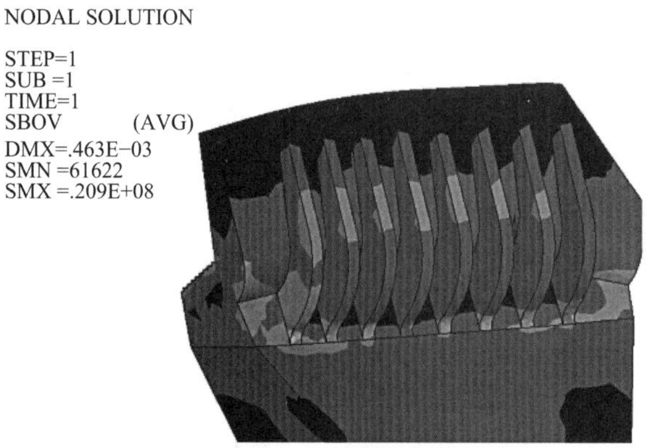

图 6-10-10　散索鞍鞍体有限元分析计算结果

四、加劲梁架设期间主索鞍的顶推力

1. 主索鞍顶推力 F_{sp}

$$F_{sp} = (F_{cm} \sin\theta_{tm} + F_{cs} \sin\theta_{ts} + G_s)\mu \tag{6-10-12}$$

式中：F_{sp}——主索鞍顶推力；

G_s——主索鞍重力；

μ——主索鞍位移滑动副的摩擦因数；

F_{cm}——设计恒载中跨缆力；

θ_{tm}——设计恒载中跨缆力对应的主缆中跨切线角；

F_{cs}——设计恒载边跨缆力；

θ_{ts}——设计恒载边跨缆力对应的主缆边跨切线角。

2. 顶推力作用下的强度验算

验算内容包括滑动面的抗压强度，与滑动面相连的结构及零件的抗剪强度，鞍体上承受顶推力处的局部抗压、抗弯及抗剪强度，顶推量控制装置的强度。

3. 主索鞍位移滑动副摩擦系数的选用

主索鞍位移滑动副近年来通常采用不锈钢-聚四氟乙烯、不锈钢-不锈钢等类型的材料。通过查阅大量相关材料手册、标准以及对实桥顶推力的控制复算，推荐采用表 6-10-1 所列的摩擦因数进行结构设计。

主索鞍位移滑动副的摩擦因数　　表 6-10-1

润滑条件	滑动副类型	
	不锈钢-聚四氟乙烯	不锈钢-不锈钢
无润滑	0.1	0.15
一般润滑	0.05	0.12
良好润滑	0.04	0.1

五、散索鞍摆轴、滚轴承压验算

1. 摆轴的接触应力 σ_j

σ_j 应满足式(6-10-13)的要求：

$$\sigma_j = 0.418\sqrt{\frac{RE}{l_e r_{sb}}} \leqslant [\sigma_j] \tag{6-10-13}$$

式中：σ_j——摆轴的接触应力；

r_{sb}——摆轴断面圆弧半径；

l_e——摆轴上、下承面的有效接触长度；

E——材料弹性模量，对于钢材可取 $E = 210\text{GPa}$；

$[\sigma_j]$——材料容许接触应力，按所选用材料硬度及相应的标准、规范取用；

R——摆轴上的总荷载，可按式(6-10-14)计算：

$$R = 2F_c \cdot \frac{\sin(\theta_{sa} - \theta_{ss})}{2} + G_s \cdot \frac{\cos(\theta_{sa} + \theta_{ss})}{2} \tag{6-10-14}$$

式中：G_s——散索鞍重力；

F_c——单根主缆拉力，取锚跨缆力和边跨缆力中的较大值；

θ_{sa}——计算缆力对应的主缆锚跨切线角；

θ_{ss}——计算缆力对应的主缆边跨切线角。

2. 滚轴的接触应力 σ_j

σ_j 应满足式(6-10-15)的要求：

$$\sigma_j = 0.591\sqrt{\frac{RE}{l_e d_{sr}}} \leqslant [\sigma_j] \tag{6-10-15}$$

式中：σ_j——滚轴的接触应力；

d_{sr}——滚轴直径；

R——单根滚轴上的荷载，可按式(6-10-16)计算：

$$R = \frac{3}{2n_{sr}} \cdot 2F_c \cdot \sin\frac{\theta_{sa} - \theta_{ss}}{2} + G_s \cdot \cos\frac{\theta_{sa} + \theta_{ss}}{2} \tag{6-10-16}$$

式中：n_{sr}——滚轴根数。

3. 计算公式的讨论和说明

根据弹性力学提出的接触应力计算公式，适用于散索鞍上、下摆轴（或是滚轴与衬板）的计算公式为：

$$\sigma_j = 0.564\sqrt{\frac{R/(l_e \cdot r_{sb})}{\dfrac{1-\upsilon_1^2}{E_1} + \dfrac{1-\upsilon_2^2}{E_2}}} \tag{6-10-17}$$

式中：υ_1、υ_2——两种接触材料的泊松比，对于钢材，$\upsilon_1 = \upsilon_2 = 0.3$；

E_1、E_2——两种接触材料的弹性模量，取 $E = E_1 = E_2$，可得：

$$\sigma_j = 0.418\sqrt{\frac{R \cdot E}{l_e \cdot r_{sb}}} \tag{6-10-18}$$

σ_j——接触面上的最大接触应力，接触应力为三向应力，材料的最大接触应力与材料的极限强度 σ_b 的关系一般为$\sigma_j = \sigma_b/0.56$，故式(6-10-18)又写为：

$$\sigma_b = 0.2341\sqrt{\frac{R \cdot E}{l_e \cdot r_{sb}}} \quad 或 \quad \frac{R}{l_e} = \frac{18.25\sigma_b^2 \cdot r_{sb}}{E} \tag{6-10-19}$$

英国桥梁规范 BS 5400 第九篇第一章第 6.2.3 条中提出，半径为 r_{sb} 的圆柱面压在一平面上，每单位长度上的荷载效应不应超过下列值：

$$\frac{R}{l_e} \leqslant \frac{18\sigma_b^2 \cdot r_{sb}}{E} \tag{6-10-20}$$

对比式(6-10-19)与式(6-10-20)，可见英国桥梁规范 BS 5400 中提出的计算公式源于赫兹公式，只是表达方式不同，将设计荷载与材料的极限强度联系起来。

《钢结构设计标准》（GB 50017—2017）第 12.6 节也提出了一个辊轴支座中圆柱形弧面与平板接触承压应力的计算公式，经转换为：

$$R \leqslant 80 r_{sb} l_e f^2 / E \quad 或 \quad \frac{R}{l_e} \leqslant \frac{80 f^2 \cdot r_{sb}}{E} \tag{6-10-21}$$

式中：f——材料的强度设计值，在规范中有规定。

《公路桥涵钢结构及木结构设计规范》（JTJ 025—1986）中也提出了一个验算公式：

$$[\sigma] \geqslant \frac{R}{2 r_{sb} l_e} \quad 或 \quad \frac{R}{l_e} \leqslant 2[\sigma] \cdot r_{sb} \tag{6-10-22}$$

式中：$[\sigma]$——自由接触的承压应力，由规范中直接给出。

通过针对特定材料的数值计算，发现式(6-10-21)和式(6-10-22)在计算低碳钢或低合金结构钢时结果与式(6-10-19)和式(6-10-20)计算结果接近，而在计算中碳钢或合金钢时，两者存在差异。考虑式(6-10-19)的普遍意义，以及摆轴、滚轴的材料多为中碳钢或合金钢；而《钢结构设计标准》（GB 50017—2017）和《公路桥涵钢结构及木结构设计规范》（JTJ 025—1986）中没有给出，故建议采用式(6-10-19)进行设计。

由于滚轴式散索鞍下的滚轴数量很多，往往在十几根以上，形成滚轴组，在受力时这些滚轴中难免有个别滚轴受力较小或不受力；对于同时受力的滚轴数量，本书建议在设计计算上采用英国桥梁规范 BS 5400 第九篇第一章第 6.5 条的处理方法，即验算时，滚轴数量按其总数的 2/3 计算。

4. 关于材料容许接触应力 $[\sigma_j]$ 的讨论

根据弹性力学的理论，材料容许接触应力的高低与其强度无关，而只与其硬度、表面粗糙度及润滑条件有关，在参考了大量的试验结果及有关手册的规定后，选编出材料的容许接触应力 $[\sigma_j]$ 供设计者参考，见表 6-10-2。

材料的容许接触应力　　表 6-10-2

材料硬度		$[\sigma_j]$（MPa）	材料硬度		$[\sigma_j]$（MPa）
HB	HRC		HB	HRC	
150		346	250		540
175		395	275		588
200		443	300	31.5	636
225		491	325	34.5	684
350	37.5	733	450	47	923
375	40	781	500	51	1022
400	42	829	600	56	1216

注：1. HB、HRC 为接触表面材料的布氏、洛氏硬度，按较低者取值。
2. 表中数值为接触表面加工粗糙度 $Ra = 3.2\mu m$ 时的值；当 $Ra > 3.2\mu m$ 时，应降低 10%取值；当 $Ra < 3.2\mu m$ 时，可提高 5%取值。
3. 表中数值为一般润滑条件下的值，无润滑时应降低 5%取值。
4. 当材料硬度值介于表中数值之间时，可用直线插入法取值。

六、摆轴式散索鞍稳定验算

散索鞍处于设计恒载状态下的安装位置，主缆各个索股对散索鞍的压力和鞍体自身重力的合力线宜通过摆轴接触点。

七、散索套的结构分析计算

散索套的结构分析计算与索夹相同，详细内容可参阅本书的有关章节。

第十一节 索鞍构件的制造加工与架设施工

一、索鞍构件的制造加工

索鞍构件的主要制造工艺流程为：图纸转化→铸造→焊接工艺评定→组焊件的装配与焊接→无损探伤→机械加工→防护涂装→索鞍构件的存放。

1. 图纸转化

索鞍构件的设计图纸和制造单位内部用于生产的图纸是不同的。两者关于装配图、零件图的详尽程度及加工过程、习惯工艺等各方面都有一定差别。通过图纸转化，一方面可转化为制造单位的生产用图，另一方面在转化过程中可以对设计单位的图纸进行校核。

2. 铸造

铸造是索鞍构件制造中的关键工序，铸件的质量直接关系到后续焊接的质量。根据以往的制造经验，焊接时容易产生缺陷的部位大都是由铸件质量引起的。

索鞍鞍头形状复杂，铸造难度大。在进行铸造时，应采用计算机有限元热应力场分析系统，进行铸造工艺辅助设计，确定可靠的工艺参数、浇冒口位置和数量，并对裂纹、缩松、缩孔等铸造缺陷采取有效的预防措施。

每一件索鞍鞍头铸造时，都要随炉铸造一个用于性能试验的试件。试件应设置在不易产生铸造缺陷的部位，以免出现铸件本身合格而用于性能试验的试件却不合格的情况。

铸造的主要工艺流程如下：图纸工艺性分析→木模制造→造型→浇筑→清理整形及消除铸造应力→精整、打磨、探伤、修补→热处理→探伤。

铸造工艺应注意的事项如下：

（1）铸造模型应采用整体模型，模型尺寸应考虑到铸件的收缩量（0.8%～2.4%）。

（2）铸造用砂必须采用优质砂，例如耐高温的铬矿水玻璃砂。要保证铸件表面光洁，不黏砂。应采用干燥或自硬型砂型。

（3）铸造钢水应充分精炼纯净，尽量减少非金属夹杂物，应从炉中取样进行化学成分分析，保证钢水质量。

（4）应使用高强度的耐火釉砖做浇口系统，防止浇筑系统中的型砂剥落而夹砂。

（5）完成浇筑的铸件应缓慢冷却，避免由于铸造应力或局部冷却产生的热应力使铸件变形或开裂，拆箱后应全面清砂，去除冒口、飞翅等附属物。

（6）铸件清砂后，按《铸件 尺寸公差、几何公差与机械加工余量》（GB/T 6414—2017）进行尺寸与形状检查，尺寸应符合 CT13～CT15 级公差，并保证有足够的加工余量。

3. 焊接工艺评定

焊接工艺评定是从焊接工艺角度，确保索鞍构件焊接接头性能的重要措施。焊接工艺评定的目的在于论证所拟定的焊接工艺是否能够获得设计文件所要求的各项性能的焊接接头。只有依据评定合格的焊接工艺来编制焊接工艺实施细则，用于指导焊接施工，才能确保获得合格的焊接产品。

由于不同制造单位自身的设备能力、工艺水平和经验不同，对于厚钢板焊接在坡口形式、焊接参数等方面的选择上会有所不同，所以在设计索鞍构件的焊缝时，一般不指定焊缝的坡口形式，而是由制造单位根据其制造经验，采用其认为最合理、可靠的坡口形式。可以是 VY 形坡口、单边 V 形坡口、单边 U 形坡口、K 形坡口等，只要其通过了焊接工艺评定，各项性能满足设计要求，即可用于焊接生产。

焊接工艺的评定对象必须包括钢板与钢板对接焊缝的焊接工艺评定和铸钢与钢板对接焊缝的焊接工艺评定。

焊接工艺评定的内容及过程应符合相应的标准规定，如《钢、镍及镍合金的焊接工艺评定试验》（GB/T 19869.1—2005）等。

4. 组焊件的装配与焊接

（1）焊接性分析

组焊件装配与焊接之前，应对相焊接的母材进行焊接性分析，分析应从以下几个方面入手：①材料碳当量 C_e 及可焊性的评价（一般认为 $C_e < 0.43\%$时，材料的可焊性良好）；②S、P 杂质及低熔点共晶物的多少；③对热裂纹的敏感性及抗热裂性；④是否有冷裂倾向或有淬硬倾向；⑤焊接时是否需采取一定的预热、缓冷及消除应力处理措施等。

（2）焊接方法

在索鞍构件的焊接施工中，由于构件焊接接头具有一定的淬硬倾向，结构刚性大，同时焊缝填充量大，要求有较高的生产率等原因，加之为防止冷裂纹的产生（产生冷裂纹的因素主要有钢种的淬硬倾向、焊接接头含氢量及其分布、接头所处的拘束状态等），焊接方法宜选用 CO_2 半自动气体保护焊。这种焊接方法能有效控制有害杂质，降低结晶裂纹产生的敏感性，同时还具有热输入集中（变形小）、生产效率高（为手工焊的 3 倍）等优点。在某些焊缝比较规整的部位，为了提高生产率，也可选用埋弧焊。

在国内几座大桥的实际焊接施工中，尽管各制造单位采用的焊丝牌号有所不同，但焊接方法主要为 CO_2 半自动气体保护焊和埋弧焊，焊接质量均有保障。

（3）预热及后热处理

由于形成鞍头的铸钢材料具有一定的淬硬倾向，且厚度较大，具有一定的冷裂倾向。焊前进行预热不但可以有效防止冷裂纹的产生，同时还有一定的改善焊接性能的作用。由于焊缝是多层焊接，后层焊接对前层焊缝有消氢作用，并能改善前层焊缝和热影响区的组织，从这方面考虑，预热温度应适当降低。索鞍构件焊接的预热温度一般为 100～150℃。

索鞍构件的板材厚度较大，焊接填充量大，焊接过程中易产生较大的焊接应力，因此需进行多次的整体预热（保持焊接过程中温度不低于 100℃）及消除应力处理；焊后存在焊接残余应力，需要进行整体消应热处理。

（4）装焊工序

在国内，索鞍构件的装焊方法普遍采用的是倒装法；焊接时应尽量采用平焊焊位，避免采用立焊和横焊，不可采用仰焊。以主索鞍为例，主要装焊工序为：

① 在平台上将鞍头倒立，用垫块或千斤顶固定，调整其位置，使中分面与装配平台保持垂直；

② 在鞍头上装配一条纵肋及中部加强肋，用工艺拉筋固定，预热，焊接；

③ 装配另一条纵肋，预热，焊接；

④ 除应力退火后装配端部两条横肋、底板，预热，焊接；

⑤ 将工件翻转 180°后，装配其余各肋板，预热，焊接；

⑥ 整体除应力退火。

焊缝根部是容易产生焊接缺陷的部位，而索鞍构件的各条焊缝填充量均比较大，因此焊接时在焊缝根部要进行多次的渗透探伤，以避免焊接缺陷。

5. 无损探伤

无损探伤可以从内部和表面分别检测工件质量，因此它是保证结构件质量的必要手段。常用的内部检测方法有超声波探伤和射线探伤，表面检测方法有渗透探伤和磁粉探伤。对索鞍构件的探伤包括对母材的探伤和对焊缝的探伤两个方面。鞍头铸钢件要求进行超声波、射线和磁粉探伤；鞍体的厚钢板板材要求进行超声波、渗透（焊接坡口）探伤，而各处受力焊缝则要求进行 100%超声波探伤和渗透探伤。

无损探伤检测出的超标缺陷允许进行返修，同一部位返修次数不允许超过两次，并且需要制定详细的返修工艺。

6. 机械加工

索鞍构件的体积大、质量重（大型散索鞍体毛坯质量可能超过 100t），对于加工机床和加工车间的吊装能力要求比较高。一般而言，对于鞍体底面的粗、精加工或主索鞍半鞍体中分面的粗、精加工，大型镗床即可满足；而对于鞍头槽道的粗、精加工或各定位销孔的加工，则必须在多维坐标的数控镗铣床上进行。

以主索鞍为例，其主要加工工艺流程如下：画线→粗加工底面→粗加工中部结合面→粗加工索槽内各台阶面及顶面→超声波及磁粉探伤→划线→半精加工底面→精加工中部结合面→成对配打连接定位销孔及连接螺孔→合装左右鞍体→精加工底面→数控加工内部槽形及顶弧。

粗加工后须为精加工留一定的加工余量，以进行探伤检查和修补。所有加工件均要有识别符号和定位标记，以保证配合加工和安装时位置准确。参照国内外的加工实例，主、散索鞍加工精度要求见表 6-11-1、表 6-11-2。

主、散索鞍的尺寸精度公差　　表 6-11-1

项目	主索鞍		散索鞍	
	边长	对角长	边长	对角长
鞍体下底座板平面、格栅顶平面	±1mm	±2mm	±1mm	±2mm
对合竖直平面	±1mm	±2mm		
摩擦副（滚动副）上座板	±1mm	±2mm	±1mm	±2mm
摩擦副（滚动副）下座板	±1mm	±2mm	±1mm	±2mm
中心索槽的竖直平面（基准）	±1mm	±2mm	±1mm	±2mm

续上表

<table>
<tr><th colspan="2" rowspan="2">项目</th><th colspan="2">主索鞍</th><th colspan="2">散索鞍</th></tr>
<tr><th>边长</th><th>对角长</th><th>边长</th><th>对角长</th></tr>
<tr><td colspan="2">摆轴平面</td><td></td><td></td><td>±1mm</td><td>±2mm</td></tr>
<tr><td colspan="2">安装底座平面（上、下）</td><td></td><td></td><td>±1mm</td><td>±2mm</td></tr>
<tr><td colspan="2">高度</td><td colspan="2">±1mm</td><td colspan="2">±1mm</td></tr>
<tr><td colspan="2">鞍槽轮廓的圆弧半径</td><td colspan="2">0.5/1000mm</td><td colspan="2">0.5/1000mm</td></tr>
<tr><td rowspan="5">鞍槽尺寸</td><td>总宽度</td><td colspan="2">±1.2mm</td><td colspan="2">±1.2mm</td></tr>
<tr><td>各槽宽度</td><td colspan="2">±0.15mm</td><td colspan="2">±0.15mm</td></tr>
<tr><td>各槽深度</td><td colspan="2">±0.15mm、累计 ±2mm</td><td colspan="2">±0.15mm、累计 ±2mm</td></tr>
<tr><td>鞍槽侧壁及整体厚度误差</td><td colspan="2">±10mm</td><td colspan="2">±10mm</td></tr>
<tr><td>各槽曲线的平、立面角度误差</td><td colspan="2">±0.2°</td><td colspan="2">±0.2°</td></tr>
</table>

主、散索鞍的形状、位置精度公差　　表 6-11-2

<table>
<tr><th colspan="2">项目</th><th>主索鞍</th><th>散索鞍</th></tr>
<tr><td>鞍体底座板平面、格栅顶平面</td><td rowspan="6">平面度</td><td>0.08mm/m、0.5mm/全平面</td><td>0.08mm/m、0.5mm/全平面</td></tr>
<tr><td>对合竖直平面</td><td>0.08mm/m、0.5mm/全平面</td><td></td></tr>
<tr><td>摩擦副（滚动副）上座板</td><td>0.08mm/m、0.5mm/全平面</td><td>0.08mm/m、0.5mm/全平面</td></tr>
<tr><td>摩擦副（滚动副）下座板</td><td>0.08mm/m、0.5mm/全平面</td><td>0.08mm/m、0.5mm/全平面</td></tr>
<tr><td>中心线的竖直平面（基准）</td><td>0.08mm/m、0.5mm/全平面</td><td>0.08mm/m、0.5mm/全平面</td></tr>
<tr><td>安装底座平面</td><td></td><td>0.08mm/m、0.5mm/全平面</td></tr>
<tr><td colspan="2">摆轴中心线对索槽中心竖直平面的垂直度</td><td></td><td>< ϕ3mm</td></tr>
<tr><td rowspan="3">鞍槽内的索槽</td><td>侧壁面的平面度</td><td>0.5mm/m</td><td>0.5mm/m</td></tr>
<tr><td>轮廓度</td><td>0.3mm/m</td><td>0.3mm/m</td></tr>
<tr><td>对中心索槽的对称度</td><td>0.5mm</td><td>0.5mm</td></tr>
<tr><td colspan="2">纵肋对底座板下平面的垂直度</td><td>< 3mm/m</td><td>< 3mm/m</td></tr>
<tr><td colspan="2">对合竖直面与下座板平面的垂直度</td><td>< 0.5mm/m</td><td></td></tr>
<tr><td colspan="2">下座板平面对索槽中心竖直平面的垂直度</td><td>< 0.5mm/m</td><td></td></tr>
</table>

主索鞍鞍体宜整体机加工，若分体机加工，应采取工艺措施确保索鞍组合后的加工精度满足要求，并在加工后进行鞍体配合检查。

分体加工的主索鞍两半（或多块）鞍体应锁合检查接触面间隙和鞍槽错边值，鞍体配合检查位置如图 6-11-1 所示，检查要求如下：

（1）两半（或多块）鞍体结合面处周边间隙不应大于 0.15mm，鞍体与上承板接触面周边处间隙不应大于 0.50mm。

（2）鞍体结合面处鞍槽在槽宽、槽深和侧壁三处的错边绝对值不应大于 0.15mm。

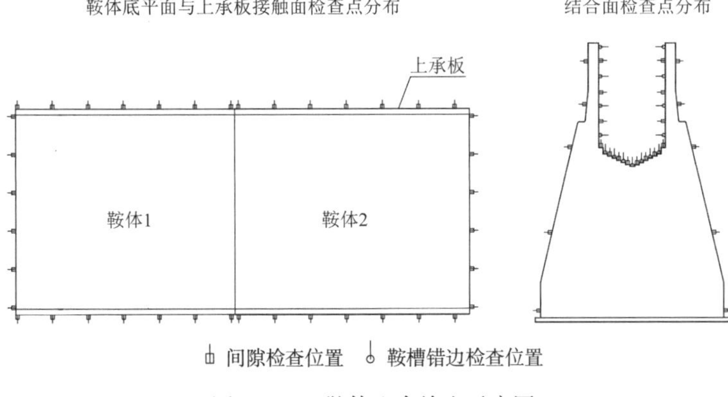

图 6-11-1　鞍体配合检查示意图

各孔的孔径及孔距按粗装配要求（除注明者外）。

散索套的机械加工要求及工艺与索夹基本相同，详细内容可参见本书的有关章节。

7. 涂装防护

相关内容见第十一章第三节。

8. 索鞍构件的存放

相关内容见第十一章第三节。

二、索鞍构件的架设施工

1. 索鞍构件的架设精度要求

由于索鞍构件相配的各个连接面均为机械加工面，且各件之间的位置关系均以定位销配钻定位，并经厂内预拼装验证。因此，索鞍构件的架设精度在很大程度上取决于预埋在索塔顶、锚碇处支墩上的基础预埋件的安装精度。

索塔顶部安装主索鞍的底座格栅的预埋安装精度要求见表 6-11-3。

主索鞍底座格栅的预埋安装精度要求　　表 6-11-3

项目		
顶平面的水平度	1mm（各向全长）	
顶平面高程	±2mm	
平面位置精度	顺桥向 ±3mm	
	横桥向	与桥轴线对称 ±2mm
		与桥轴线平行 ±1.5mm

锚碇处支墩上安装散索鞍的底座板的预埋安装精度要求见表 6-11-4。

散索鞍底座板的预埋安装精度要求　　表 6-11-4

项目		
顶平面顺桥向角度误差	±0.015°	
顶平面横桥向水平度	1mm	
顶平面中心点高程	±2mm	
平面位置精度	顺桥向 ±4mm	
	横桥向	与桥轴线对称 ±2mm
		与桥轴线平行 ±1.5mm

因此，在塔顶安装底座格栅、在锚碇支墩上安装散索鞍底座板时，应进行精确的定位、调整和测量。

散索套的安装精度决定了散索 I.P.点的位置，因此其在主缆轴向的安装误差应控制在 ± 3mm 之内。

2. 索鞍构件的吊装施工

索鞍构件的吊装施工实际上包括主索鞍底座格栅的预埋安装、散索鞍底座板的预埋安装、吊装设备的安装、索鞍构件的吊装及定位等一系列工序。整个过程应周密设计，认真准备，谨慎施工方能顺利完成。以下以虎门大桥、海沧大桥索鞍吊装的工程为实例，对这一施工过程作简要介绍。

1）虎门大桥索鞍构件的工地安装

虎门大桥于 1997 年建成通车，是一座主跨为 888m 的单跨简支结构的钢箱加劲梁悬索桥。主索鞍为分体式的铸焊结构，散索鞍为摆轴式结构。

（1）主索鞍的安装

东主索鞍鞍体用 50t 的平板汽车装运半鞍体，从制造厂直接运至东塔根部吊装，西主索鞍的起吊安装方法与东主索鞍完全相同，但由于西塔位于主航道的西侧金锁排小岛上，索鞍构件不能用汽车直接运到塔根部，而是要先用汽车运到东塔岸，装上驳船后水运到金锁排小岛上，然后拖曳到西塔根部再起吊安装。

主索鞍的安装工序为：预埋安装底座格栅→安装下承板→安装上承板→吊装江侧半鞍体→吊装岸侧半鞍体→组合连接鞍体→将鞍体临时固定在预偏位置。

安装主索鞍的吊架由贝雷桁架和型钢构成，用预埋螺栓固定在塔顶混凝土中，采用 5t 卷扬机（设在顶横系梁上）组成 40t 动滑轮组进行提升，纵、横移机构采用带四氟滑板的小车，当鞍座提升到塔顶后，用手拉葫芦牵行小车滑动、就位。

① 安装底座格栅。底座格栅是主索鞍的基础和猫道承重索的锚固点，质量为 26t，尺寸为 8.2m × 3.2m × 0.5m，直接预埋在塔顶混凝土中，要求位置正确、平整、稳固，纵横中心线误差不大于 1.5mm，顶面高程误差不得大于 2mm。安装前先在塔顶混凝土中预埋 6 个支墩，底座格栅吊上塔顶后，支承在支墩上，用螺栓调整支墩的高程，并用千斤顶精确调整平面位置后固定，然后与塔顶混凝土在一起浇灌并磨平。

② 安装下承板。首先检查底座格栅顶面高程，符合设计要求后清理表面和四周的定位销孔，然后吊装下承板。下承板质量为 17t，用滑轮组提升到塔顶后，对正底座格栅上的定位销孔就位，插入连接销，清洗下承板顶面的四氟滑板表面，并涂少量油脂助滑。

③ 安装上承板。上承板质量为 11t，提升到塔顶后对底面的不锈钢板做一次认真的清洁，然后安装在预偏位置上。

④ 安装主索鞍鞍体。先起吊主索鞍鞍体中江侧的半鞍体，质量为 36t，提升过程应由专人指挥，防止中途扭转。提升速度为 3～5m/min，到塔顶后，用手拉葫芦将索鞍纵移到塔顶安装位置。安装线预先标记在下承板上，江侧的索鞍半鞍体的后端面对准标线安装，就位后再以同样方法起吊岸侧的半鞍体，靠拢就位后用螺栓连接在一起，经检查位置无误后，用拉杆将整个鞍体临时固定在下承板上，然后用润滑脂填塞两侧缝隙，防止生锈。

（2）散索鞍的安装

虎门大桥散索鞍的安装有两个特点：一是整体吊装，质量为 44t；二是散索鞍安装部位地形条件差，西散索鞍在砂岛上，东散索鞍也不能车运到位，需要用特殊的方法将索鞍运到安装位置，然后进行安装。

① 底座板的安装。底板是散索鞍支墩顶浇筑混凝土前定位预埋安装的，由于散索鞍中心线与铅垂线有一个后仰夹角，所以底座板需要在空间定位。采用样板法进行安装：先测定底座板面中线和十字线，然后用 16 号槽钢焊制一个定位框架，精确放样，配钻出与底座板相同的锚固螺栓孔，连同锚固螺栓一起定位安装于散索鞍支墩顶位置，经过调整中线、十字线和中心及四角高程，固定焊接于墩顶垫板上。浇筑混凝土时，采用插入式振动器振捣密实，振捣过程中注意锚固螺栓的垂直，不得碰撞变位；混凝土凝固后，拆除框架样板，对表面混凝土进行凿毛处理。

吊装底座板时应对位安装，制造底座板预留孔时进行过加大处理，安装后应焊补牢固，底座板下缝隙采用 50 号快硬水泥砂浆填塞，并进行洒水养护。待砂浆强度达到 80%后，吊装散索鞍鞍体。

② 散索鞍鞍体的安装。由于散索鞍是倾斜安装，轴线与垂线有一夹角，所以要以型钢支撑固定于支墩顶部，如图 6-11-2 所示。

2）海沧大桥索鞍构件的工地安装

海沧大桥于 1999 年建成通车，是一座主跨为 648m 的三跨连续全飘浮结构的钢箱加劲梁悬索桥。主索鞍为分体式的全铸结构，散索鞍为滚轴式结构。

主、散索鞍均采用门架、平车、滑轮组、卷扬机组成的起吊系统起吊安装。由于塔柱垂直，而散索鞍支墩向桥轴线方向倾斜，同时考虑到后续的猫道施工、主缆架设施工等工序，故主索鞍从东塔正面起吊（图 6-11-3），而散索鞍则在支墩外侧起吊（图 6-11-4）。此处着重介绍鞍体的吊装技术。

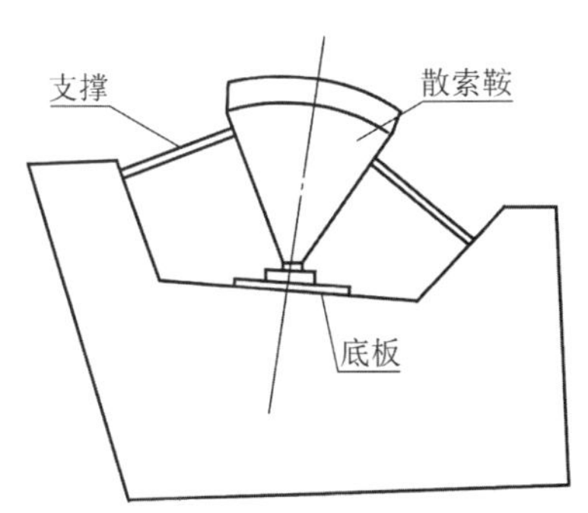

图 6-11-2 散索鞍鞍体的安装支撑示意图

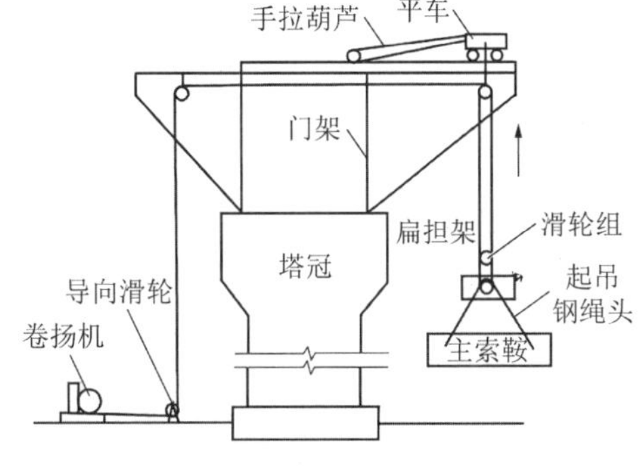

图 6-11-3 主索鞍鞍体的起吊安装示意图

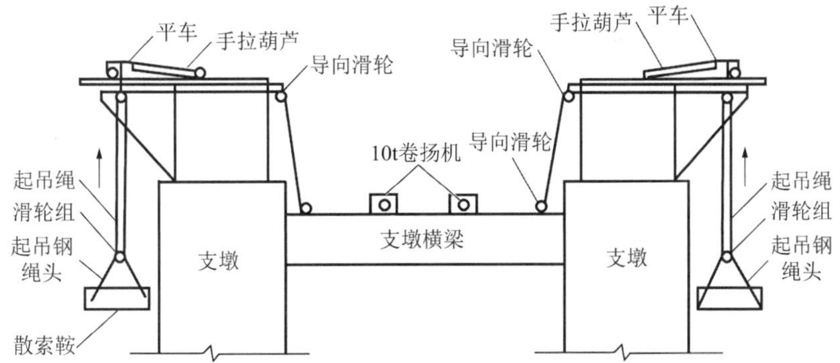

图 6-11-4 散索鞍鞍体的起吊安装示意图

（1）主索鞍吊装

① 塔顶门架。塔顶门架由型钢制作的两片桁架片组成，顶面设四道活动平联，以增加整体稳定性。门架上设置轨道。

② 起吊系统。起吊系统由平车、两台 10t 卷扬机、扁担梁、牵引卷扬机等组成。索鞍由存放场地运至塔下，用 50t 起重机放至塔柱根部的吊点处，下放扁担梁与主索鞍连接后，先用两台 10t 卷扬机同步提升，待索鞍提升至超过塔顶平面时停止，并将提升卷扬机锁定，然后利用门架另一端的牵引卷扬机（或手拉葫芦）将平车向塔柱中心平移；到位后将平车固定，再启动提升卷扬机将鞍体下放至塔顶面的底座格栅上，调整对位后与底座格栅连接。

（2）散索鞍吊装

① 支墩门架。支墩门架构造与塔顶门架相同，由型钢制作的两片桁架片组成，顶面设置三道活动平联，以增加门架的稳定性。

② 起吊系统。起吊系统与主索鞍相同，由平车、两台 10t 卷扬机、扁担梁、牵引卷扬机等组成。散索鞍由存放场地运至散索鞍支墩外侧，用 50t 起重机将散索鞍吊放在支墩外侧根部吊点处，放下起吊卷扬机吊具至扁担梁，并与散索鞍连接；先利用平车上的两台 10t 卷扬机同步提升，待索鞍提升至超过支墩顶平面时停止，并将提升卷扬机锁定。然后利用布置在支墩横梁的横移卷扬机并用手拉葫芦配合，将平车向支墩中心平移，到位后将平车固定，再启动提升卷扬机并用手拉葫芦配合，将鞍体匀速缓慢地下放至支墩顶面，调整后与散索鞍底座板连接固定。

（3）起吊滑车系统

起吊系统采用两个 4 门 8 线滑轮组（图 6-11-5），设计安全系数为 4，选用 ϕ21.5mm 钢丝绳。因散索鞍位置倾斜，故利用 4 台 10t 手拉葫芦调整位置和姿态。

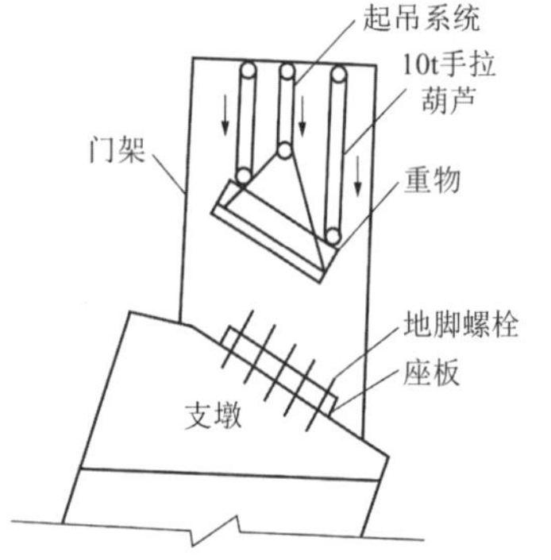

图 6-11-5　起吊滑轮组系统示意图

3）索鞍构件吊装的施工要点及注意事项

（1）索鞍构件吊装的施工要点

① 索鞍起吊过程必须平稳、慢速地提升。

② 两台卷扬机同步使用时，卷扬机的绳容量、功率、转速等主要参数要相同，以保证它们工作时的同步性。起吊过程中要认真观察索鞍构件是否平稳，扁担梁是否水平，发现异常要及时进行调整。

③ 构件提升到位进行平移前，一定要将提升卷扬机锁定。

④ 平移时要慢速均匀移动，必要时利用滑轮组降低平移卷扬机的牵引速度，或改用手拉葫芦慢速均匀平移，尽可能避免中间停顿、紧急制动、快速启动或连续点动，减少由于惯性造成的鞍体构件的摆动。

⑤ 平移到位下放鞍体构件前，要将平车固定，防止在下放、调整鞍体构件时平车发生移动。

⑥ 各部件吊装就位后要及时连接固定。

（2）索鞍构件吊装施工的注意事项

① 散索鞍底座板的地脚螺栓预埋安装应准确无误，以免散索鞍底座无法对位安装而造成较大的返工。

② 现场施工人员应了解鞍座配套附件的作用，不能随便使用替代用品，以免酿成事故。

③ 索鞍各构件应严格按照出厂时的配合标记组合装配，不可随意互换。

④ 无论是主索鞍还是散索鞍，在悬索桥上部结构施工过程中所处的环境对自身的防护是极为不利的。尽管在工厂作了防护处理，但在施工现场，较长时间内处在日晒夜露、风吹雨淋的环境中，特别是在主缆进装鞍槽之后，雨水、污物等很难排出，这对悬索桥的使用寿命、安全运营十分不利。所以在索鞍构件安装就位后，一定要设法做好外部防护，防止雨水浸入。

第七章

缆索系统设计

第一节　功能与原则

一、缆索系统功能

缆索系统是为实现大桥的交通功能而提供桥面支撑的结构，缆力传递给索塔及锚碇。

二、设计原则

悬索桥是由锚碇、索塔、索鞍、主缆和加劲梁等分项工程组成的一个有机整体。其中由锚碇、索塔和索鞍、主缆等构成悬索桥的第一受力体系，它以主缆为主要受力构件，形成全桥的强度和刚度，构成这一体系的构件属于悬索桥的第一类构件，其寿命应满足全桥的设计基准期要求，主缆防护设计与大桥结构设计具有同等的重要性。由索夹、吊索和加劲梁等构成大桥的第二受力体系，为实现大桥的交通功能提供直接的支撑作用，其构件属于悬索桥的第二类构件，设计基准期取 30～50 年，允许其在大桥设计寿命内进行局部修复（加劲梁）和更换（吊索、索夹）。桥面系等附属工程属于悬索桥的第三类构件，设计基准期取 20～25 年，不直接参与大桥的受力，可定期对其进行养护或更换。

主缆作为悬索桥的重要受力构件，主缆成桥的矢跨比是影响全桥刚度和各部构件结构受力的关键因素，矢跨比越大，结构刚度越小，锚碇所要承受的水平力越小，缆用钢丝数量和锚碇工程越少，因此应综合考虑确定合理的矢跨比。

吊索和索夹直接将加劲梁的荷载传递到主缆，故设计时首先应确保其安全可靠，本身结构合理，能与其他构件协调工作，且具有一定的耐久性，同时要兼顾经济性。由于在使用过程中，个别吊索可能疲劳破坏，故设计时应考虑日后吊索的更换。在选择吊索的形式时应结合加劲梁的尺寸和局部构造来确定其锚固方式。

吊索分为骑跨式和销接式两种形式，索夹类型与之相匹配。吊索材料分项数取值须区分其构造形式，骑跨式吊索的安全系数不应小于 2.95，销接式吊索的安全系数不应小于 2.2。吊索安全系数取值时应考虑如下因素：①吊索的下料长度与理论长度存在误差；②吊索各钢丝之间受力不均匀；③主梁的纵、横向变位使吊索在锚头处存在局部弯曲应力；④车辆的偏载造成同一吊点的两根吊索受力不均匀；⑤骑跨式吊索绕过索夹时产生的弯曲应力。

设计时应遵循以下原则：

（1）构造合理，使用安全，施工可行。

（2）结构耐久，减少维护费用。

（3）所选用的材料尽量采用标准化的产品。

（4）吊索的应力变化幅度较大，由于加劲梁沿桥纵向和横向摆动会使吊索反复受弯，尤其是对于跨中附近及边跨的较短吊索，需特别注意防止疲劳破坏。因此，吊索的结构构造和材料应能适应加劲梁的纵向和横向位移，减少短吊索的弯折。

（5）对吊索的薄弱部位如锚口弯折疲劳等采取适当措施。

（6）传力途径应直接、明确。

三、设计条件

1. 基础资料

（1）气象条件

桥址区域月平均气温（月平均最高气温、月平均最低气温）、多年年平均气温、极端最高气温、极端最低气温。

多年年平均降水量、历年年最大降水量。相对湿度和最大冻土深度。

历年最大风速及最多风向及频率（或风速、风向玫瑰图）。

桥位10m高度处100年、50年、30年、10年一遇10min平均最大风速，风速随高度变化规律等。

（2）地震动参数

基岩水平峰值加速度及在一定阻尼比下的动力放大系数，场地加速度时程和位移时程等。

（3）其他

桥位的航空限高。若桥位位于民航（军用）机场的起降范围内，索塔高度需通过专题研究确定，并经航空主管部门批准。

桥下通航净空尺度，通过专题研究确定，并经过交通运输部或省级交通主管部门的批复。

明确桥位航空限高、桥下通航净空、桥面高程后，便于确定主缆的矢跨比。

2. 材料参数

主缆一般采用平行钢丝，极限强度为1670MPa、1770MPa、1860MPa、1960MPa、2060MPa、2100MPa、2200MPa等，弹性模量为200GPa。吊索采用平行钢丝、钢丝绳两种，平行钢丝的极限强度、弹性模量参照主缆，钢丝绳弹性模量为110GPa。

3. 结构参数

悬索桥跨径、主缆矢跨比、桥面净宽、主缆横桥向间距、加劲梁高度及线形、索鞍质量及高度、主缆直径、吊索间距等。

4. 荷载参数

施工、运营阶段缆索系统所承受的各项荷载。

四、设计流程

首先应根据大桥总体布置、荷载标准及初步拟定的有关参数等进行总体计算，得出主缆的最不利缆力、吊索的索力，根据缆力拟定主缆的单丝直径、单股的丝数，根据吊索的索力明确吊索的规格及索夹的形式及构造。

悬索桥在架设各个阶段中消除误差是比较困难的，不可能靠架设阶段的跟踪调整来实现设计的主缆线形，主缆一旦架设完毕，就无法再调整其长度，而且吊索的长度也无法像斜拉桥施工中对斜拉索进行重复张拉调整，所以必须将主要的误差消除在构件架设之前。

建立符合实际情况的结构线形与内力的计算方法，获取精确的计算参数，在施工架设前准确计算出构件的无应力尺寸，并通过高精度的控制，将主要的误差消除于计算和工厂预制之中，这是悬索桥消除误差的主要方法，后续的架设主要是将各构件安装起来，不能作为消除误差的主要途径。因此应收集最准确的恒载数据、主缆钢丝面积、弹性模量等参数，对主缆索股无应力长度进行计算并下料，通过严格监控主缆的架设、紧缆，形成空缆线形后，再次测量实际架设的空缆线形，便于进行吊索长度的修正，确保成桥线形的准确性。

第二节　受 力 特 点

一、主缆受力特点

主缆为受拉构件，承受由桥面系传递的恒载、活载以及主缆自身的荷载，并通过索塔和锚碇，将荷载最终传递到基础上。

悬索桥为大位移几何非线性结构体系（尤其是大跨径悬索桥）。恒载所产生的主缆拉力占主缆总拉力的85%以上，巨大的恒载作用在主缆上，形成全桥的重力刚度。

主缆在索塔顶的主索鞍及锚碇处的散索鞍处存在转向，所以同时也承受弯曲应力；每根主缆都是由若干根钢丝组成，制造时每根钢丝的无应力长度都不可避免地存在误差，而施工工艺也决定了在紧缆后每根钢丝的松紧程度不会完全一致。主缆弯曲应力及受力的不均匀性也是影响主缆安全系数的重要因素。

二、吊索、索夹及紧固系统受力特点

吊索、索夹及紧固系统的作用是将桥面系荷载传递给主缆。

吊索主要有骑跨过索夹的钢丝绳吊索（由若干根直径不同的细钢丝编制而成）和预制平行钢丝吊索（由若干根直径相同的平行镀锌钢丝组成）两种形式。由于吊索的下料长度与理论长度存在误差；吊索各钢丝之间受力的不均匀性；主梁的纵、横向变位使吊索在锚头处存在局部弯曲应力，车辆的偏载也造成同一吊点的两根吊索受力不均匀；钢丝绳吊索骑跨在索夹上会产生明显的弯曲应力，因此，对钢丝绳和平行钢丝吊索分别取不同的安全系数。

索夹是紧箍主缆并连接主缆与吊索的构件，通常分为上、下或左、右分半，通过螺杆将两半索夹紧紧地“包箍”在主缆上。索夹为复杂的空间受力薄壁构件，影响索夹受力的因素很多，国内外的学者对影响索夹受力的各种因素进行了大量、细致的理论分析及试验研究，设计时通常采用简化公式计算（确定螺杆数量及索夹长度），紧固系统包括带螺纹的拉杆、螺母及垫圈等。

三、附属构造受力特点

缆索系统的附属构造主要包括主缆检修道、主缆缆套等。

主缆检修道的作用是方便检修人员在主缆上行走。由若干根锚固在主索鞍、散索鞍上的钢丝绳组成主缆检修道的扶手绳及栏杆绳，在每个索夹上设置立柱，固定扶手绳及栏杆绳。

主缆在主索鞍（或散索鞍）与靠近索塔或锚碇的第一个索夹（通常设计成锥形索夹）之间为发散形状，无法进行缠丝防护，在鞍罩（或锚室）与锥形索夹之间设置缆套，避免该段主缆钢丝暴露在大气中。

四、猫道受力特点

猫道是用于上部结构施工的临时施工设施。由若干根承重索、扶手绳、猫道门架、猫道门架承重索及猫道面层组成。承重索为受拉构件，主要承受主缆施工时的机具及人员荷载。

在主缆架设完毕，主梁安装之前，将猫道改吊在主缆上，主梁安装结束后拆除猫道。

第三节　主要类型与选择

一、主缆类型

大多数悬索桥采用双根主缆，只有少量悬索桥采用单根或四根主缆。一般在主梁的一侧布置一根主缆，有些桥因主缆太粗、架设困难或者工期限制等原因，在主梁一侧布置两根主缆。国内外主要悬索桥主缆设计参数见表 7-3-1。

国内外主要悬索桥主缆设计参数　　表 7-3-1

桥名	国家	建成时间（年）	跨度（m）	主缆数（根）	主缆直径（cm）
深中大桥	中国	2024	580 + 1666 + 580	2	106.6
五峰山长江大桥	中国	2020	250 + 1092 + 350	2	130
南沙大桥	中国	2019	658 + 1688 + 522	2	100
明石海峡大桥	日本	1998	960 + 1991 + 960	2	112.0
大贝尔特桥	丹麦	1998	535 + 1624 + 535	2	82.7
亨伯桥	英国	1981	280 + 1410 + 530	2	68.4
江阴大桥	中国	1999	336 + 1385 + 309	2	86.4
香港青马大桥	中国	1998	455 + 1377 + 300	2	110.0
韦拉扎诺海峡大桥	美国	1964	370 + 1298 + 370	4	91.1
金门大桥	美国	1937	343 + 1280 + 343	2	92.7
乔治·华盛顿大桥	美国	1931	186 + 1067 + 198	4	91.4
博斯普鲁斯海峡一桥	土耳其	1973	231 + 1074 + 255	2	58.0
萨拉扎桥	葡萄牙	1966	485 + 1013 + 485	2	58.7
旧金山-奥克兰海湾大桥	美国	1936	354 + 705 + 354	2	72.7
特拉华纪念大桥	美国	1951	229 + 655 + 229	2	50.2

影响主缆类型的因素主要有所用材料及施工方法两个方面。除早期的小跨径悬索桥采用钢丝绳作为主缆材料外，现代悬索桥都已采用高强度钢丝，本章只讲述采用高强度钢丝材料的主缆。另一个影响主缆类型的因素是主缆索股的架设方式，可采用 AS 法和 PPWS 法。

AS 法是利用牵引机械往复曳拉钢丝，在现场制作平行索股的施工方法。AS 法利用两个锚碇间的牵引系统，由在空中行走的纺轮牵引高强度钢丝来回纺丝形成索股。这种方法已有 100 多年的历史，主要应用于欧美的悬索桥上，我国内地仅有阳宝山大桥、藤州浔江大桥采用了 AS 法。PPWS 法是在工厂制作平行索股，然后缠绕在索盘上，运到工地进行架设。此种方法始于 20 世纪 60 年代，目前在国内外已得到广泛应用。国内外主要悬索桥的主缆类型见表 7-3-2。

国内外主要悬索桥的主缆类型　　表 7-3-2

桥名	所在国	采用材料	每根主缆钢丝组成	钢丝直径（mm）	抗拉强度（MPa）	屈服强度（MPa）	施工方法
旧金山-奥克兰海湾大桥	美国	镀锌钢丝	37 × 472	4.953	1520	1040	AS
金门大桥	美国	镀锌钢丝	61 × 452	5.0	—	—	AS
萨拉扎桥	葡萄牙	镀锌钢丝	37 × 304	4.95	—	—	AS
亨伯桥	英国	镀锌钢丝	37 × 404	5.0	—	—	AS
大贝尔特桥	丹麦	镀锌钢丝	37 × 504	5.38	1570	—	AS
北备赞濑户大桥	日本	镀锌钢丝	234 × 127	5.18	—	—	PPWS
明石海峡大桥	日本	镀锌钢丝	290 × 127	5.23	1800	—	PPWS
虎门大桥	中国	镀锌钢丝	110 × 127	5.2	1550	—	PPWS
江阴大桥	中国	镀锌钢丝	169 × 127	5.35	1600	—	PPWS
海沧大桥	中国	镀锌钢丝	110 × 91	5.1	1600	—	PPWS
西堠门大桥	中国	镀锌钢丝	169 × 127	5.25	1770	—	PPWS
阳宝山大桥	中国	镀锌钢丝	36 × 320	5.35	1860	—	AS
五峰山长江大桥	中国	镀锌铝合金钢丝	352 × 127	5.5	1860	1490	PPWS
南沙大桥	中国	镀锌铝合金钢丝	252 × 127	5	1960	—	PPWS
藤州浔江大桥	中国	镀锌铝合金钢丝	22 × 224 + 8 × 240	7	1770	1420	AS
1915 恰纳卡莱大桥	土耳其	镀锌钢丝	144 × 127	5.75	1960	—	PPWS
深中大桥	中国	镀锌铝合金钢丝	199 × 127	6	2060	—	PPWS
狮子洋大桥	中国	镀锌铝合金钢丝	374 × 127	6.1	2060	1650	PPWS
张靖皋长江大桥南航道桥	中国	镀锌铝合金钢丝	251 × 127	5.6	2200	1760	PPWS

注：“每根主缆钢丝组成”的含义为“每根主缆索股数 × 每根索股的钢丝数”。

为便于紧缆后将主缆压成圆形，在架设索股时通常按照正六边形排列。早期建设的悬索桥采用图 7-3-1a）的形式（如美国的乔治 · 华盛顿大桥及韦拉扎诺海峡大桥），从美国金门大桥开始普遍采用图 7-3-1b）的形式，图 7-3-1b）的形式有如下优点：①索鞍内的永久分隔板为竖直设置，这样可使主缆架设时的断面与索股在索鞍内的排列保持一致，便于索股成型；②便于架设索股时在各竖列之间插入临时分隔片，使索股保持规整的形状及便于索股间通风。图 7-3-1c）的排列方式也是可行的（如博斯普鲁斯海峡二桥），这种方式在水平及竖直方向均可插入分隔板，实践证明，并不会给紧缆带来额外的难度。

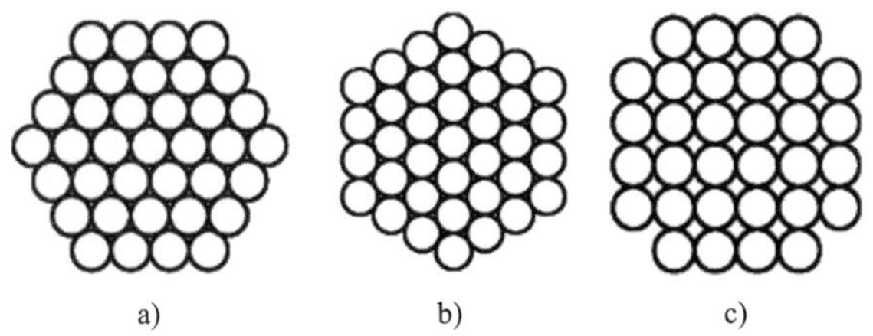

图 7-3-1　主缆索股排列

阳宝山大桥为我国内地首次采用 AS 法工艺架设主缆的悬索桥，设计 AS 法施工的主缆时，在确定钢丝总面积后，一般先确定每根主缆的索股数，即按照正六边形 19、37、61 递增数列的顺序选取，然后计算得到每根主缆所需的钢丝数量，每根索股的钢丝数量多达 300～500 根，见表 7-3-2。

PPWS 法施工的主缆索股根数、每根索股的钢丝数量及钢丝直径这三者是相互影响的。由于索股制造技术和施工水平的不断提高，现在每根索股中的钢丝数量已普遍采用 127 根，钢丝直径可在 5.0～6.1mm 之间选择（国内悬索桥普遍按照 0.05mm 递增）。设计时，根据确定的总钢丝面积计算不同钢丝直径及对应的主缆索股数量，这样得到的索股数量若不是正六边形，则可在顶层索股的位置增加或减少若干根索股。经过比较不同钢丝直径及其对应的索股数量，同时考虑主缆断面形状，采用与计算所需的总钢丝面积最接近的方案。

二、吊索、索夹及紧固系统类型

吊索是将加劲梁悬吊于主缆并将加劲梁的荷载（包括加劲梁一期恒载与二期恒载、车辆荷载、及风荷载等）传递到主缆的构件，索夹是连接吊索与主缆，并将索力传递至主缆的重要部件。

国内外已建成的悬索桥中，主缆与加劲梁之间的吊索纵向布置大致分为斜吊索体系（图 7-3-2）和垂直吊索体系（图 7-3-3）两种形式。

图 7-3-2　斜吊索体系

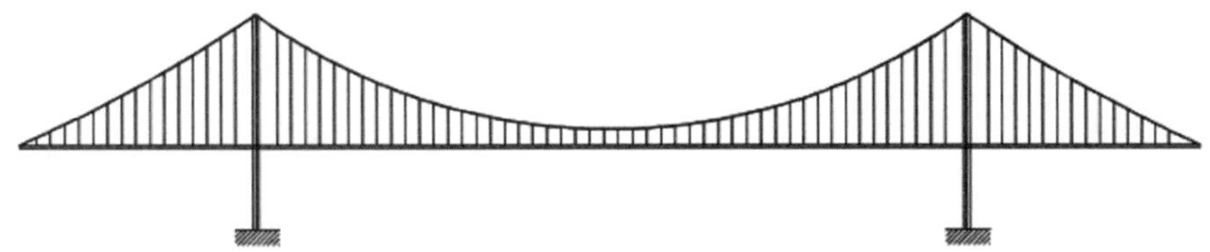

图 7-3-3　垂直吊索体系

英国的塞文桥、亨伯桥，土耳其的博斯普鲁斯海峡一桥等采用斜吊索体系，其特点是桥

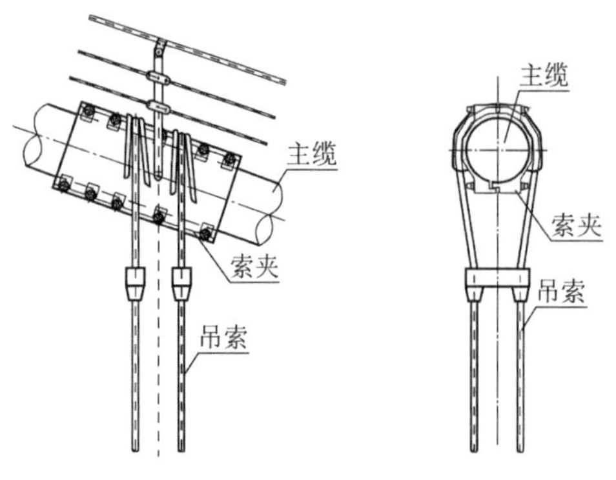

图 7-3-4　吊索与主缆的骑跨式连接

梁整体刚度大，但是疲劳问题却比竖直吊索突出得多；另外，斜吊索体系构造较复杂，经济上也不具有优势，所以在实践中采用得较少。世界上大部分已建或在建的大跨径悬索桥的吊索在纵桥向采用彼此平行的竖直吊索。竖直吊索受力合理，经济性较好。

吊索与主缆的连接方式通常有骑跨式(图 7-3-4)和销接式（图 7-3-5）两种。

骑跨式连接时，为避免产生过大的二次应力，吊索宜采用较柔的钢丝绳形式，此时索夹分为左右两半，钢丝绳跨越索夹上预留的槽口骑跨在主缆上，通过槽口的喇叭状构造，允许同一类索夹与主缆轴线的夹角有一定范围的变化，减少索夹类型，从而减少索夹的铸造模型类型。

销接式的连接既可用于钢丝绳吊索，亦可用于平行钢丝吊索。此类吊索没有弯折曲段，故不存在因弯曲引起的二次应力。采用销接式吊索时，吊索利用锚头上的叉形耳板与索夹下部的耳板销接，此时索夹需分成上下两半。

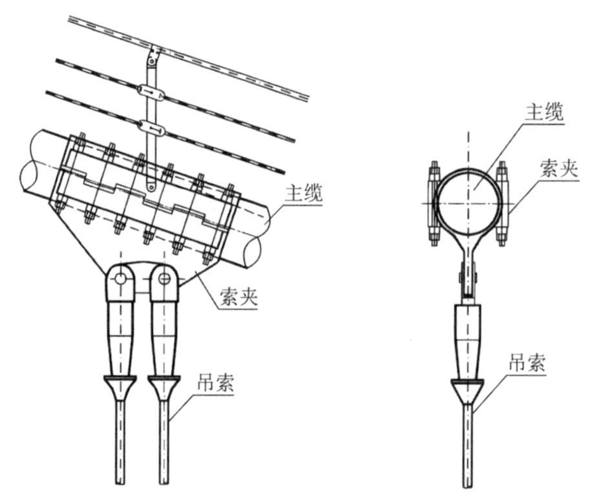

图 7-3-5　吊索与主缆的销接式连接

吊索与主梁的连接方式则有锚箱式和销接式两种。采用锚箱式连接时，通过箱梁风嘴上斜腹板处的预留护筒口，将吊索锚头穿过防护套管锚于箱梁内；采用销接式连接时，在吊索锚头下端设置叉形耳板，利用叉形耳板与钢箱梁风嘴处的耳板销接。

美国及日本的悬索桥较多地采用骑跨式索夹和钢丝绳吊索，欧洲则较多采用销接式索夹及平行钢丝吊索，中国的悬索桥则两者兼而有之，国内外主要悬索桥吊索及索夹类型见表 7-3-3。

国内外主要悬索桥吊索及索夹类型　　表 7-3-3

桥名	所在国	索夹类型	吊索类型	吊索组成	吊索直径（mm）
旧金山-奥克兰海湾大桥	美国	骑跨式	竖直/钢丝绳	7×7+6×19	58

续上表

桥名	所在国	索夹类型	吊索类型	吊索组成	吊索直径（mm）
金门大桥	美国	骑跨式	竖直/钢丝绳	—	68
萨拉扎桥	葡萄牙	骑跨式	竖直/钢丝绳	—	—
亨伯桥	英国	销接式	倾斜/平行钢丝	—	—
大贝尔特桥	丹麦	销接式	竖直/平行钢丝	67/85/145 × ϕ7.0mm	100/110/140
北备赞濑户大桥	日本	骑跨式	竖直/钢丝绳	—	—
明石海峡大桥	日本	骑跨式	竖直/钢丝绳	—	—
虎门大桥	中国	骑跨式	竖直/钢丝绳	8 × 55SWS + IWR	52
江阴大桥	中国	销接式	竖直/平行钢丝	109 ϕ5.0mm	70/80
海沧大桥	中国	销接式	竖直/平行钢丝	85/229 × ϕ5.1mm	64/99
西堠门大桥	中国	骑跨式	竖直/钢丝绳	8 × 41SWS + IWR	60/80/88
南沙大桥	中国	销接式	竖直/平行钢丝	109/241- ϕ5.0mm	72/105
张靖皋长江大桥南航道桥	中国	销接式	竖直/平行钢丝	121 ϕ5.6mm	84
狮子洋大桥	中国	销接式	竖直/平行钢丝	127 ϕ5.0mm	79

注：考虑到跨中短吊索梁体变位幅度大，为减少吊索疲劳应力幅度采用钢丝绳为吊索，在跨中区域 20 排吊索选用 8 × (14 + 7/7 + 1)+ IWR 规格的钢丝绳。从运营 10 年的情况看，短吊索包括连接件仍有很大损伤，要引起注意。

三、附属构造及猫道

1. 附属构造

相关内容见第二章第五节。

2. 猫道

猫道主要承重结构是猫道承重索，一般为三跨式。按猫道承重索在塔顶的跨越形式一般又有分离式和连续式两种布置形式，具体构造及应用见本章第五节的“猫道构造”。

第四节　主要设计参数与选择

一、主缆设计参数

1. 空隙率

空隙率直接影响主缆在索夹内、外的直径，是主缆设计的重要参数之一，是索夹设计的重要依据。表 7-4-1 列出了国内外几座悬索桥的空隙率。

国内外主要悬索桥主缆空隙率　　表 7-4-1

桥名	国别	主缆直径（mm）	施工方法	设计值（%）		成桥实测值（%）	
				一般部位	索夹部位	一般部位	索夹部位
乔治・华盛顿大桥	美国	914.4	AS	—	—	22.7	21.2
金门大桥	美国	909.3	AS	—	—	19.4	17.4

续上表

桥名	国别	主缆直径（mm）	施工方法	设计值（%）		成桥实测值（%）	
				一般部位	索夹部位	一般部位	索夹部位
福斯公路大桥	英国	596	AS	—	—	21.7	18.9
关门大桥	日本	660	PPWS	20	19 ± 2	19.5	16.8
南备赞濑户大桥	日本	—	PPWS	20	18 ± 4	19.9	17.8
明石海峡大桥	日本	1122	PPWS	20	—	20	16
江阴大桥	中国	897	PPWS	20	18 ± 2	18	16
阳逻大桥	中国	837	PPWS	20	18 ± 2	—	—
南沙大桥	中国	1000	PPWS	20	18	19.7	17.8
南京新生圩长江大桥	中国	879	PPWS	19	17	—	—
宁扬长江大桥	中国	852	PPWS	20	18	19.9	17.9
深中大桥	中国	1066	PPWS	20	18	19.7	17.8

由表7-4-1可以看出，早期的悬索桥空隙率较大，而近10年建造的悬索桥空隙率有逐渐变小的趋势，这主要是因为施工水平尤其是紧缆工艺水平的不断提高，能够将主缆压得更紧。设计者可根据施工队伍的水平，采用适当的空隙率；同时为便于施工操作，应对索夹内空隙率给出一定的允许误差范围，建议取±3%。

2. 安全系数

基于容许应力法的安全系数是主缆设计时的另一个重要参数。表7-4-2 列出了国内外主要悬索桥主缆的安全系数。

国内外主要悬索桥主缆的安全系数　　表7-4-2

桥名	国别	标准强度（MPa）	容许应力（MPa）	安全系数
乔治·华盛顿大桥	美国	1517	565	2.68
金门大桥	美国	1517	565	2.68
福斯公路大桥	英国	1544	618	2.50
塞文桥	英国	1544	709	2.30
博斯普鲁斯海峡一桥	土耳其	1570	680	2.30
明石海峡大桥	日本	1800	820	2.20
江阴大桥	中国	1600	640	2.50
阳逻大桥	中国	1670	668	2.50
南沙大桥	中国	1960	775	2.53
南京新生圩长江大桥	中国	2100	781	2.68
宁扬长江大桥	中国	1960	800	2.45
张靖皋长江大桥南航道桥	中国	2200	956	2.30

安全系数是主缆设计时的另一个重要参数，《公路悬索桥设计规范》（JTG/T D65-05—

2015）规定：主缆基于承载能力极限状态进行设计验算，其中主缆钢丝的材料强度分项系数 γ_R（主缆钢丝抗拉强度标准值与抗拉强度设计值之比）取 1.85。悬索桥主缆也可按照容许应力法进行验算，一般要求在最不利标准荷载作用下，对主缆抗拉强度至少保证不小于 2.5 的安全系数。随着施工水平的提高，主缆钢丝间不均匀度进一步降低，可适当降低安全系数取值。对于超大跨径悬索桥，随着主跨跨径的增加，其恒载应力占比可达 85%以上，安全系数可进一步降低。如在建的张靖皋长江大桥南航道桥其恒载应力占比达 88%，通过基于可靠度的专题研究，安全系数取用了 2.3。

3. 设计基准温度

相关内容见第二章第五节。

4. 钢丝的标准强度

相关内容见第二章第五节。

5. 主缆索股根数及钢丝直径

确定主缆索股根数及钢丝直径是悬索桥主缆初步设计阶段的重要工作之一。以湖北阳逻大桥为例，在初步设计时，首先确定主缆采用 1670MPa 级别的高强度钢丝，然后进行了不同钢丝直径及索股根数的比较，由于阳逻大桥北边跨较小，在北索鞍上需设置 8 根背索，经比较确定：采用 ϕ5.35mm 钢丝，每根索股 127 丝，中跨及南边跨 154 根索股，北边跨 162 根索股，按照正六边形排列出 169 根索股的断面［图 7-4-1a）］，将最上一层的 15 根去掉即成为标准断面的 154 根索股［图 7-4-1b）］，再按照北索鞍背索锚梁的构造要求，设置 8 根背索［图 7-4-1c）］。

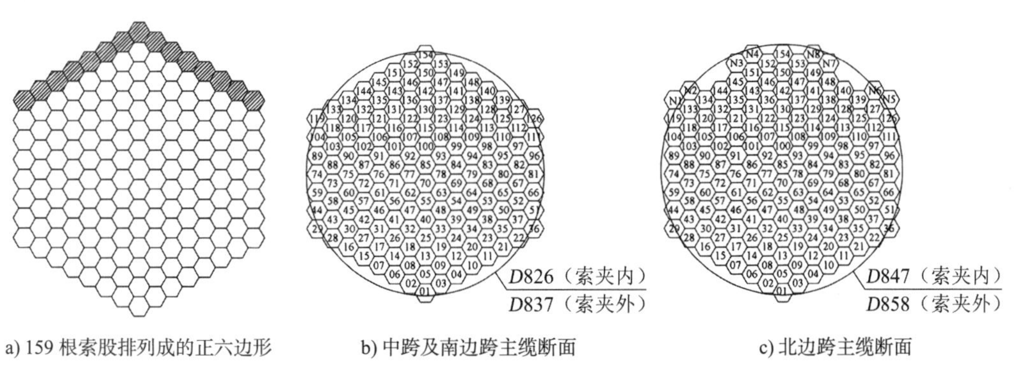

a) 159 根索股排列成的正六边形　　b) 中跨及南边跨主缆断面　　c) 北边跨主缆断面

图 7-4-1　主缆断面的确定（尺寸单位：mm）

二、吊索、索夹、紧固系统设计参数

1. 吊索安全系数

吊索承受的荷载包括恒载、活载（考虑冲击）、温度影响、制造误差的影响、架设误差的影响、吊索弯曲二次应力的影响，对上述荷载进行不同的组合时，应相应选取不同的安全系数。

日本本-四联络桥公团（下称“本四公团”）在《吊索设计要领》中给出的荷载组合是：恒载＋活载（考虑冲击）＋温度影响＋制造误差的影响＋架设误差的影响＋弯曲二次应力的影响，钢丝绳吊索的安全系数取 3.0。中国虎门大桥在进行吊索（钢丝绳吊索）设计时，仔细分析了吊索制造误差、架设误差及吊索弯曲二次应力等问题的影响机理及影响程度后认为：①制造误差只对跨中区域短吊索有较大影响，对长吊索影响不大，不应在全部吊索中计入；

②架设误差可通过提高施工质量和构造处理来减小，不应与恒载及活载等同考虑；③对于确定的设计，弯曲二次应力的影响也是比较明确的，变化幅度不大。综上所述，虎门大桥考虑的荷载组合是恒载＋活载（考虑冲击）＋温度影响，安全系数取4.0。在随后进行的江阴大桥设计中，吊索采用平行钢丝吊索，荷载组合同虎门大桥，由于吊索与索夹采用销接方式连接，没有弯曲二次应力的影响，安全系数取3.0。

我国随后设计的大跨径悬索桥的吊索，荷载组合内容及安全系数基本都参考虎门大桥和江阴大桥。

表7-4-3列出了国内外部分悬索桥容许应力法吊索安全系数，供设计人员参考。

国内外部分悬索桥吊索安全系数 表7-4-3

桥名	国别	完成年份	吊索类型	安全系数	荷载组合
乔治·华盛顿大桥	美国	1931	钢丝绳	4.3	恒载＋活载＋温度荷载
旧金山-奥克兰海湾大桥	美国	1936	钢丝绳	3.0	—
关门大桥	日本	1973	钢丝绳	4.0	恒载＋活载＋温度荷载
因岛大桥	日本	1983	钢丝绳	4.0	恒载＋活载＋温度荷载
大鸣门桥	日本	1985	钢丝绳	3.0	恒载＋活载＋温度荷载＋制造误差荷载＋架设误差荷载＋弯曲应力荷载
虎门大桥	中国	1997	钢丝绳	4.0	恒载＋活载＋温度荷载
江阴大桥	中国	1997	平行钢丝	3.0	恒载＋活载＋温度荷载
阳逻大桥	中国	2007	平行钢丝	3.0	恒载＋活载＋温度荷载
南京栖霞山长江大桥	中国	2012	平行钢丝	3.0	恒载＋活载＋温度荷载
南沙大桥	中国	2019	平行钢丝	3.0	恒载＋活载＋温度荷载
秀山大桥	中国	2019	平行钢丝	3.0	恒载＋活载＋温度荷载
深中大桥	中国	2024	钢丝绳	4.0	恒载＋活载＋温度荷载

吊索是可更换构件，设计时应考虑日后更换吊索时的情况，即在同一吊点两根吊索中更换（或断、缺）一根时，考虑在限制车辆通行时安全系数取1.7。

2. 索夹及紧固件设计参数

相关内容见第二章第五节。

3. 设计基准温度

相关内容见第二章第五节。

4. 钢丝的标准强度

相关内容见第二章第五节。

5. 吊索钢丝数量及直径

相关内容见第二章第五节。

三、附属构造、猫道设计参数

详见第二章第五节内容。

第五节　结构组成和构造

一、主缆构造

1. AS 法施工的钢丝

AS 法施工的镀锌钢丝是成盘供应的，一盘的重力多则可超过 4kN，少则不到 2kN。从构造需要出发，钢丝必须接长。图 7-5-1 表示韦拉扎诺海峡大桥所使用的钢丝接长构造（钢丝连接器）。将钢丝的端头分别按左手及右手螺旋压制螺纹，而且应将丝头沿斜向切断。用钳子将所需接长的两盘钢丝头夹住，将它们穿进有内螺纹的套管两头，旋转套管可将所需接长的两钢丝端头拉到一起。这时要注意钢丝露在套管外的螺纹长度，确保两头斜切口已抵紧。这样在钢丝受拉时，两钢丝的斜切头就彼此卡住，不致因旋转而退出。国外施工规范的要求是：要从所完成的接长构造之中取其 2%作为试件进行检验。在检验中所测得的强度不得低于原钢丝强度的 0.95。韦拉扎诺海峡大桥曾取试样 2500 个，所测得的接头强度平均值是原钢丝的 1.04 倍。乔治·华盛顿大桥的套管内径较大，而钢丝端头所压制的螺纹也与图 7-5-1 不同，其施工工艺则是在钢丝端头都插入套管之后，用硬质模具挤压套管（按不同方位挤压两次），直至使其内壁同钢丝表面凹凸嵌合。在博斯普鲁斯海峡二桥的主缆制造中，钢丝连接器从专门厂家订购，在工地进行挤压。

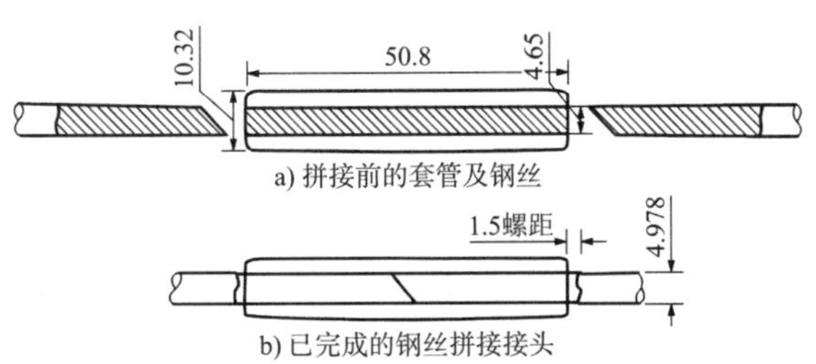

图 7-5-1　AS 法施工的钢丝接长器（尺寸单位：mm）

在采用空中纺线法制成的主缆中，靴跟（及其附件）是位于丝股和锚杆之间的中介环节。

靴跟的功能有两个：①传力。每一靴跟在立面上有一道或两道呈半圆状的平底槽，丝股各丝套在该槽之上，丝股力先通过平底槽传给靴跟，而后再传给锚杆。②使丝股的计算长度基本上相同。丝股的实际长度将因施工误差等因素而有所出入，用这里所设的调节措施可以纠正施工误差，使丝股的计算长度趋于一致。这样，同一主缆的各丝股在承受恒载及活载方面就能按均匀受力考虑了。

图 7-5-2 表示旧金山-奥克兰海湾大桥所用的靴跟及其附件。图 7-5-2b）表示用铸钢制成的靴跟本身的立面。图 7-5-2 中的虚线表示丝股所绕的槽面（丝股未绘），丝股将拉着靴跟向右移。图 7-5-2a）是靴跟、眼杆、大销钉、拉板和千斤顶等的平面图，图 7-5-2c）是立面图，丝股和拉板的位置可以在图中清楚地看到。按照静力平衡条件，由两个靴跟所接受的丝股力就是这样传递给 3 根眼杆的。眼杆应埋在锚块混凝土之内。根据计算假定，眼杆应不与混凝土黏连。它们是将丝胶力直传到位于眼杆下端的锚梁，再凭锚梁对混凝土的承压将丝股力传给混凝土。当活载使缆力发生变化时，眼杆将因发生应变而同混凝土产生相对滑移。虽然这

种技术在实用中并未引起很大问题，但难免被作为一个缺点看待，而在采用高强度螺杆和预应力技术取代眼杆之后，这一缺点就消除了。

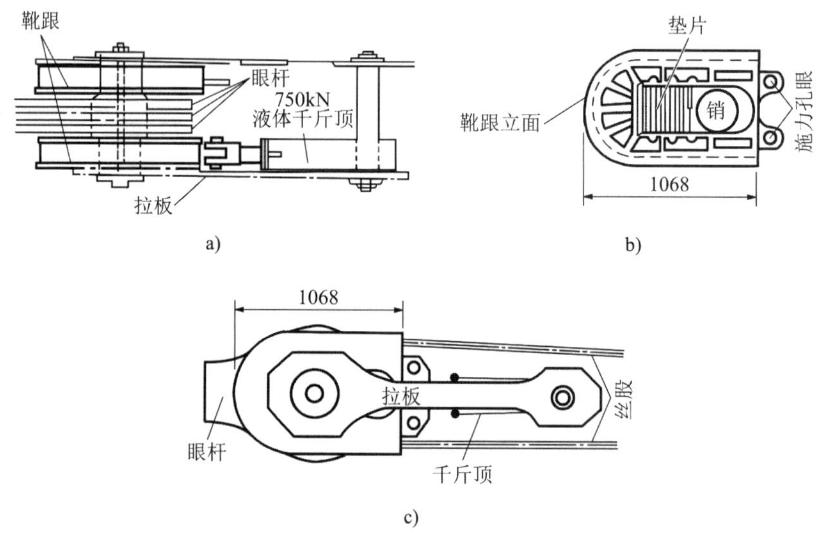

图 7-5-2 铸钢靴跟及其附件（尺寸单位：mm）

图 7-5-3 表示塞文桥所用的软钢靴跟及其附件。它的靴跟是用低碳钢块经过机械加工而制成的。在立面图上，它是一半圆状厚钢饼；其平底槽的曲率半径是 343mm。在立面图上，还会看到有两根长度为 2.29m、直径为 108mm 的螺杆穿过靴跟，其左端（下端）同贴紧锚块混凝土的前锚板（钢板，平面尺寸为 660mm × 838mm，厚度为 190mm）相连，右端（上端）同靴跟相连。调节这一对螺杆的螺母，就可以调节靴跟位置，使丝股计算长度趋于一致。在每一前锚板范围内，各用 4 根直径 108mm 的高强度预应力螺杆穿过整个锚块混凝土，并将在锚块混凝土下端（后锚面）张拉，每杆的顶拉力是 1495kN。

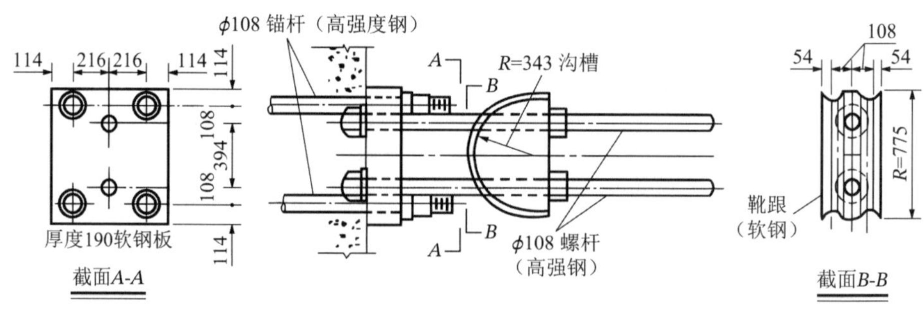

图 7-5-3 软钢靴跟及其附件（尺寸单位：mm）

另外，靴跟是专为 AS 法主缆设置的，丝股凭借绕过靴跟的平底槽而施压于它。若是用预制平行丝股，则靴跟应当用锚头铸钢件（常简称为锚板）代替。这时，丝股的锚头施压于铸钢件，仍用两根（或多根）螺杆穿过铸钢件并与前锚板相连，凭借螺母来调节铸钢件位置，使丝股计算长度趋于一致。

2. 预制主缆索股（主缆采用 PPWS 法施工）

完整的主缆索股组件包括预制平行钢丝索股、锚杯、锚板及盖板，如图 7-5-4 所示。

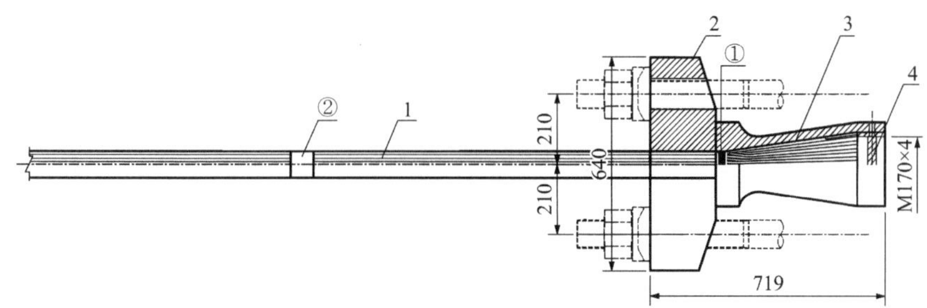

图 7-5-4　PPWS 法施工的主缆索股组件（尺寸单位：mm）

①-镀锌钢丝；②-捆扎带（纤维强力带）

1-索股；2-锚板；3-锚杯；4-盖板

1）索股

根据架设工艺、缆长，结合制作、运输、吊装、牵引架设工艺等选用若干根（现代悬索桥多采用 91 丝或 127 丝）直径为 5.0～6.10mm 的镀锌高强钢丝，在工厂编制成索股，索股断面为正六边形，六边形的两个顶点分别设基准丝和着色丝，着色丝用于判断索股架设时是否扭绞，基准丝用于确定该索股其他钢丝的下料长度（也可以只设置基准丝，兼顾着色丝的作用）。索股每隔 1.0m 用 5cm 宽的强力纤维带包扎定型，以保证索股呈六边形。相邻索股的胶带位置应错开，以降低主缆空隙率。

为便于索股架设时控制线形，制作索股时，需按设计要求在索股上设置标记点，通常在下列位置设置标记点：靠近索股锚头一定距离、散索鞍处、边跨跨中处、主索鞍处、中跨跨中处。

在边跨、中跨比例较小，需要在边跨设置背索，背索索股在主索鞍侧无须设置锚板，通常锚固在主索鞍的锚梁上。主缆索股构造如图 7-5-5 所示。

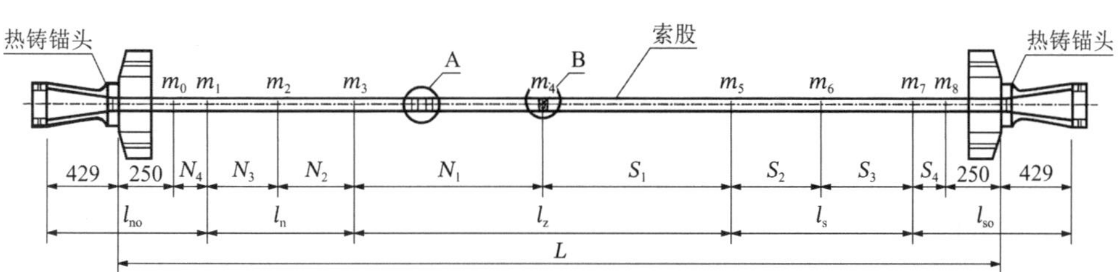

a) 主缆索股构造（通长索股）

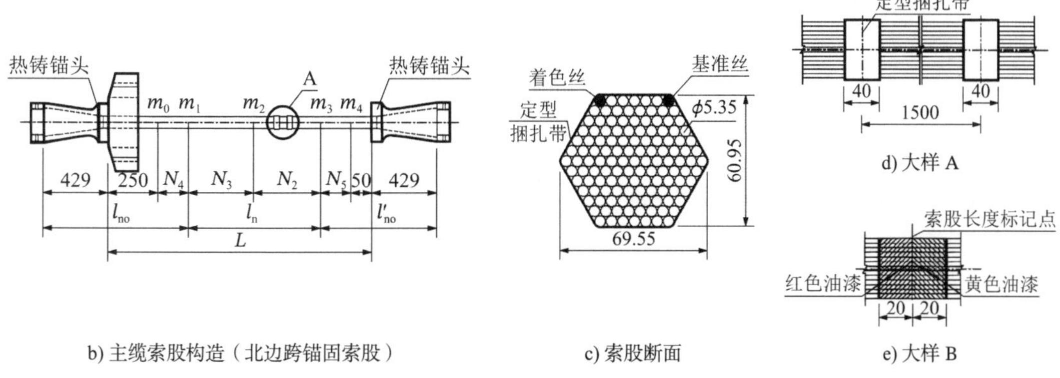

b) 主缆索股构造（北边跨锚固索股）　c) 索股断面　d) 大样 A　e) 大样 B

图 7-5-5　主缆索股构造示意图（尺寸单位：mm）

2）索股锚头

（1）锚头构造

索股锚头为热铸锚，由锚杯及盖板组成，索股锚固段的平行钢丝在铸钢制成的锚杯内呈放射形散开，然后按要求浇铸锌、铜合金，使其成为一体，并经试验确认其锚固性能的可靠性。

锚头设计时,除进行锚杯的环向、轴向应力验算外,还需进行锚杯支撑面的抗压强度验算。

锚杯内壁的倾角（图7-5-6）直接影响索股在锚杯内的锚固力及锚杯的受力，在锚杯受力允许的情况下，建议取较大的倾角，以避免锌铜合金在锚杯内的滑移超过允许值。根据试验研究，倾角通常取7°～8.5°。

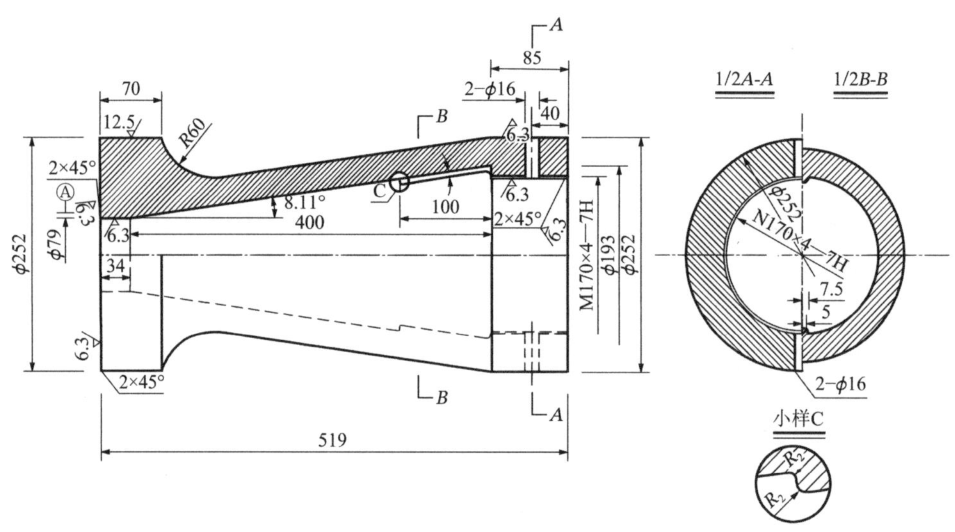

图7-5-6　锚头构造（尺寸单位：mm）

（2）细节处理

① 通常在锚杯内壁沿轴线方向设置两道凸肋，以防止锌铜合金在锚杯内扭转。

② 由于锚杯内钢丝需要均匀打散以方便浇铸锌铜合金，为避免锚杯外钢丝松散，需在锚杯口处的索股上缠绕钢丝（通常取直径2.5mm的细钢丝），故锚杯口的尺寸应能满足缠绕细钢丝的索股穿过，并留有一定的富余量。

③ 在盖板侧的锚杯壁上，沿直径方向设置两个通孔，用于架设索股时扭转索股定位使用。

3）锚板（锚头连接板）

索股通过锚板与锚固系统的拉杆连接在一起。建议锚板与索股锚头采用分体式设计，这样做有两个好处：①锚头可减轻质量，便于索股牵引；②索股在锚固系统处锚固时，只需转动锚板即可套入锚固系统的栏杆，方便施工操作。

4）与锚固系统的连接

通过锚固系统的拉杆、索股锚板及螺母将索股与锚固系统连接起来。设计拉杆的长度时，既要考虑索股长度调节量的需要，还要满足千斤顶张拉空间的要求（综合考虑千斤顶的构造尺寸、张拉行程及撑角尺寸，需要750～800mm）。建议在索股锚固完成后，拉杆伸出锚板前端的长度不小于1100mm。

3. 主缆防护

相关内容见第十一章第四节。

二、吊索、索夹及紧固系统构造

吊索形式和索夹类型密切相关，左右分半的骑跨式索夹通常对应于钢丝绳吊索，上下分半的销接式索夹通常与平行钢丝吊索对应，但也有采用钢丝绳吊索。索夹通常采用铸造的形式，近年来，随着新材料、新构造形式的发展，也有少数项目采用了全焊式索夹。

吊索（钢丝绳吊索或平行钢丝吊索）与钢箱梁的连接方式可在钢锚箱或耳板形式两种方式中选择，如图 7-5-7 所示。

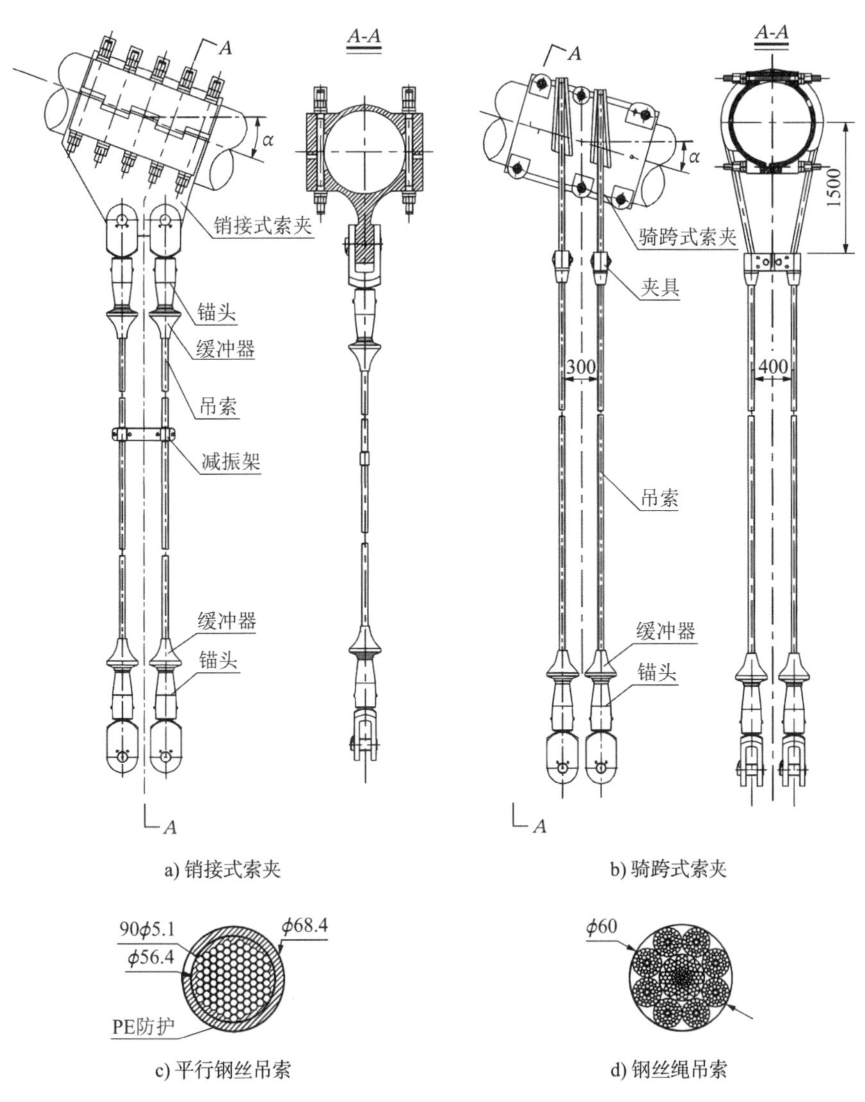

图 7-5-7　索夹及吊索锚固系统（尺寸单位：mm）

1. 骑跨式索夹及钢丝绳吊索

1）骑跨式索夹

通过验算索夹在主缆上的抗滑安全系数，确定索夹上的螺杆数量，再根据螺杆施加的总张拉力计算确定索夹长度。索夹壁厚一般取 35mm，除安装吊索的索夹外，还有夹紧主缆的索夹和安装缆套的锥形索夹。

由于主缆倾角不同，所需夹紧力不同，索夹长度及螺杆数量均不相同，为节省模具，可将长度相近的索夹并为一组。承索槽设置在索夹中部，其张角 β_c（图 7-5-8）可设计成 6°～7°，以适应同类索夹中倾角的变化。

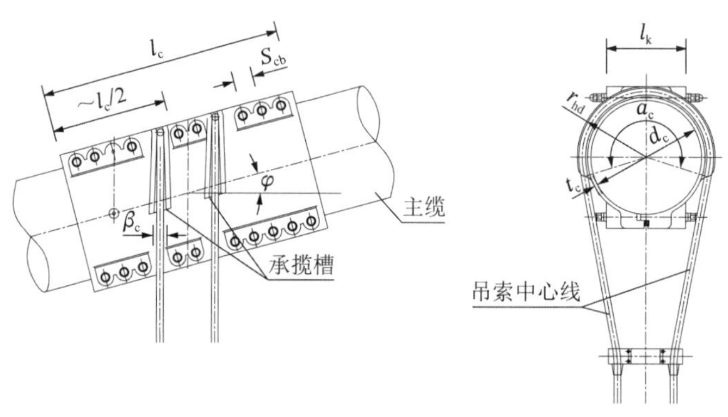

图 7-5-8 骑跨式索夹及吊索

承索槽在索夹上的包角 α_c（图 7-5-8）应大于吊索在索夹上的实际包角。承索槽断面设计应考虑下列几个方面：

（1）槽深 h 应不小于吊索钢丝绳公称直径。

（2）槽壁根部的厚度 δ 应与 t_c 基本相等。

（3）槽内圆弧半径 R_c 应为钢丝绳公称半径的 1～1.05 倍。

（4）槽外侧应按铸造要求设计相应的拔模斜度。

钢丝绳在索夹上的弯曲半径 r_{hb}（图 7-5-8）应按式(7-5-1)计算确定：

$$r_{hb}=d_c/2+t_c+\Delta_{tc}\geqslant 7.5d_h \tag{7-5-1}$$

式中：Δ_{tc}——承索槽下的壁厚增厚（图 7-5-8），可在 0～t_c 范围内选取；

d_h——吊索公称直径。

索夹内壁的两端、锥形封闭索夹的小端，应设计有环向凹槽，用于嵌入主缆防护用缠绕钢丝。嵌在索夹的对合面上应设计用于轴向定位的嵌合构造，嵌合构造的嵌合量及间隙应能满足索夹内主缆设计空隙率 V_c 在−3%范围内变化的要求。

左、右两半索夹用螺杆相连夹紧，接缝处嵌填橡胶防水条防水。螺杆制造成缩腰形，以避免在螺纹处断裂，握距 l_k（图 7-5-8）应满足 $l_k\geqslant 0.7d_c$，总长度应能满足主缆设计空隙率 V_c 在+3%范围内的变化。螺杆沿索夹轴向的间距 S_{cb} 应满足张拉千斤顶安装空间的要求。由于螺杆要求具有较大的弹性回缩量，收紧螺杆时引伸量应较大，故螺杆应较长。螺杆增长势必增加索夹的增厚部分，带来较大的应力集中，为避免这个矛盾，设计中应采用增厚垫圈的方法，尽量减小索夹的增厚尺寸。

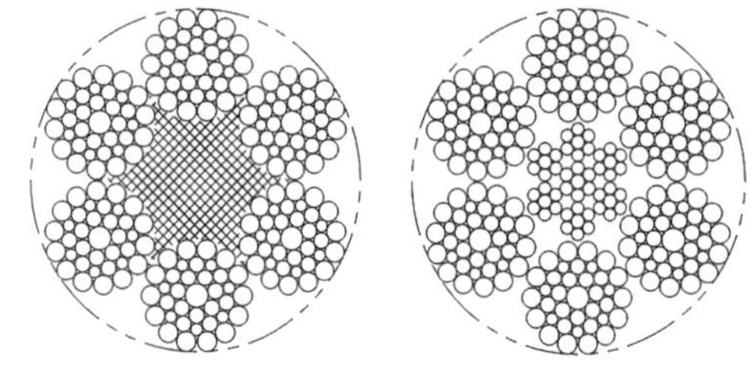
图 7-5-9 钢丝绳

索夹上应设置主缆检修道立柱的安装位置及相应构造。

2）钢丝绳吊索

图 7-5-9 为两种用于吊索的钢丝绳。左边的是绳芯式钢丝绳，它是由位于中央的一股钢丝绳作绳

芯，在其外围再用 6 股由 7 丝或 19 丝或 37 丝扭绞组成的钢丝束扭绞而成。右边的是股芯式钢丝绳，它是由 7 股 19 丝钢丝束扭绞而成。

两种钢丝绳中钢丝束股的扭绞方向与钢丝束股中钢丝的扭转方向均相反。

钢丝绳的扭绞（捻转）方法和方向对钢丝绳的外表和工作性能有一定的影响。以下资料供选择钢丝绳时作参考。图 7-5-10 为钢丝绳的扭绞方法和方向。图中的 Z 表示右捻，S 表示左捻，图 7-5-10a）和 b）为常规的扭绞，图 7-5-10c）和 d）为非常规的扭绞。

a) 常规右捻

b) 常规左捻

c) 非常规右捻

d) 非常规左捻

图 7-5-10　钢丝绳的扭绞方法和方向

（1）扭绞方向

钢丝绳中钢丝束股的扭绞方向与钢丝束股中钢丝的扭绞方向均有右捻与左捻的区别。如无特别规定，钢丝绳中的钢丝束股应作右捻，而钢丝束股中的钢丝应作左捻。

（2）常规的扭绞

钢丝绳中钢丝束股的扭绞方向与钢丝束股中钢丝的扭绞方向相反。

（3）非常规的扭绞

钢丝绳中钢丝束股的扭绞方向与钢丝束股中钢丝的扭绞方向相同。

国内悬索桥设计时，通常选用优质钢丝绳作为吊索钢丝绳，虎门大桥的吊索规格为 8 × 55SWS + IWR。在优质钢丝绳中没有满足直径要求的规格时，可选用重要用途钢丝绳。

在钢丝绳吊索距离主缆 1.50m 左右的位置，设置夹具将骑跨过主缆的钢丝绳夹紧。

2. 销接式索夹及平行钢丝吊索

1）销接式索夹

销接式索夹为上、下对合式结构，下端设置单耳板或双耳板，与吊索通过销轴连接，螺杆竖直设置。销接式索夹的耳板销孔位置略有变化，以适应索夹倾角的变化，为使两个销孔保持水平并尽量避免吊索偏心受力，销孔对称于通过索夹中心的垂直线布置。两部分索夹的嵌缝尺寸应满足主缆孔隙率最大负误差的要求，嵌缝处填充橡胶防水条。

耳板的厚度应为索夹壁厚 t_c 的 2 倍，单耳板与索夹壁间的过渡圆弧半径 R_e（图 7-5-11）应大于索夹壁厚 t_c 的 6 倍。双耳板索夹应根据耳板的位置结合具体构造确定耳板与索夹间的过渡圆弧半径。

2）平行钢丝吊索

（1）吊索断面

平行钢丝吊索则可根据计算确定钢丝根数，在工厂编制索股，考虑到后期更换吊索的费用，钢丝直径通常选择通用的 5.0mm，吊索外包 7.0mm 厚 PE 进行防护，如图 7-5-12 所示。

（2）平行钢丝吊索锚头

平行钢丝吊索锚头如图 7-5-13 所示。平行钢丝吊索锚头通常采用热铸锚，锚头内浇铸 98% 的锌和 2%的铜。对于销接连接方式，锚头由锚杯与叉形耳板构成，叉形耳板与锚杯通过螺纹连接（上、下两端螺纹方向相反）。设计时考虑上、下端叉形耳板与锚杯之间的螺纹共有±20mm 调节量，用以调节制造引起的吊索长度误差。

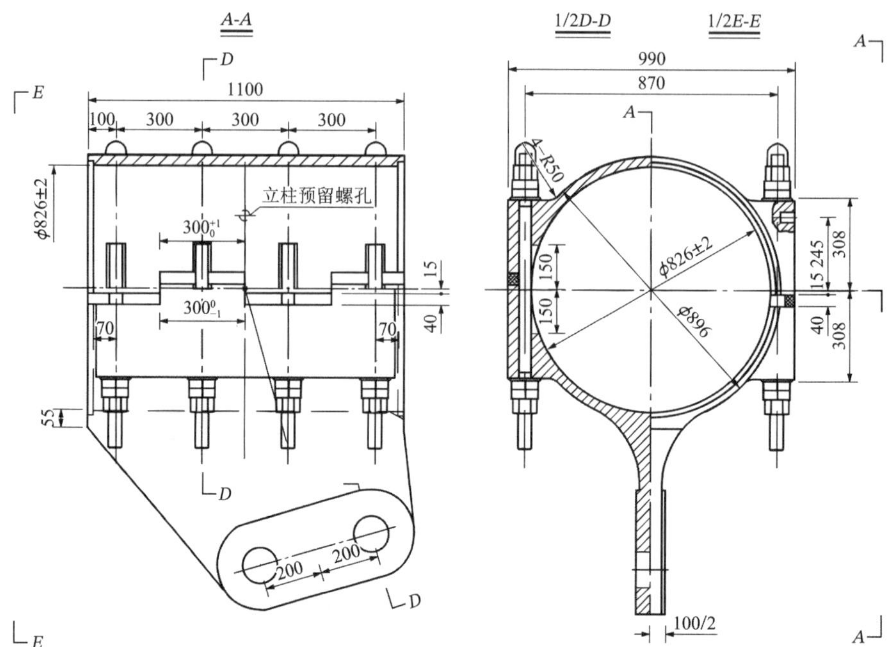

图 7-5-11　销接式索夹及吊索（尺寸单位：mm）

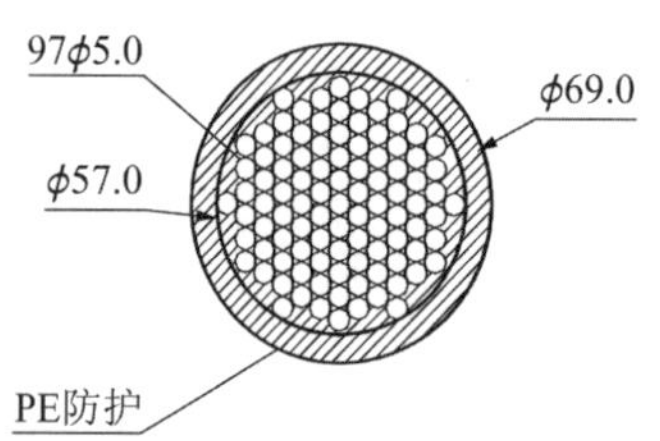

图 7-5-12　平行钢丝吊索断面（尺寸单位：mm）

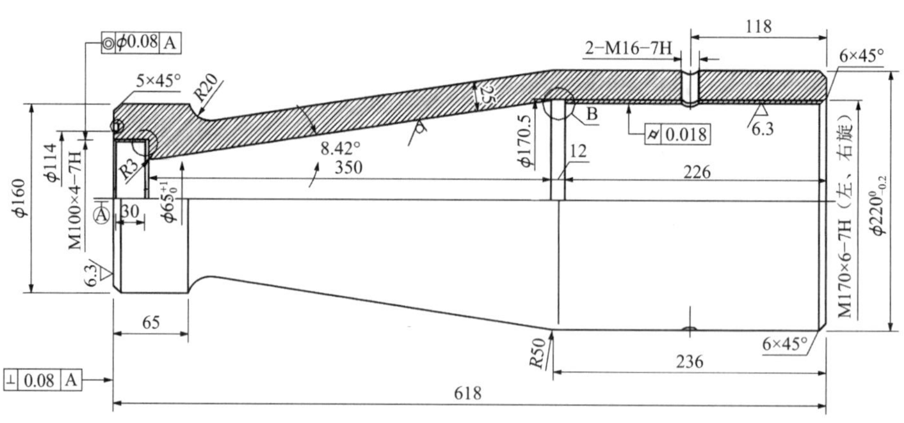

图 7-5-13　平行钢丝吊索锚头（尺寸单位：mm）

（3）缓冲器及减振架

吊索锚口处设置一段热扎无缝钢管，与锚头相连，钢管与吊索之间填充密封材料，以改善吊索的弯折疲劳影响。

对于索长≥20m的平行钢丝吊索，设置减振架，将一个吊点的两根吊索互相联系，以减少吊索的风致振动。

（4）吊索密封设计

为保证吊索在设计寿命内能有效工作，应对吊索进行细致的密封设计。吊索密封构造如图7-5-14所示。

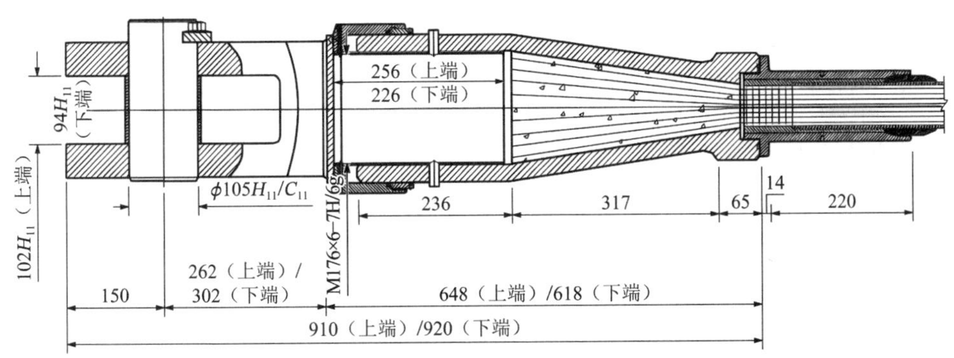

图7-5-14　吊索密封构造（尺寸单位：mm）

3. 其他类型的索夹

锥形密封索夹（图7-5-15）距索塔中心线的水平距离不宜小于索夹内孔设计直径 d_c 的10倍。

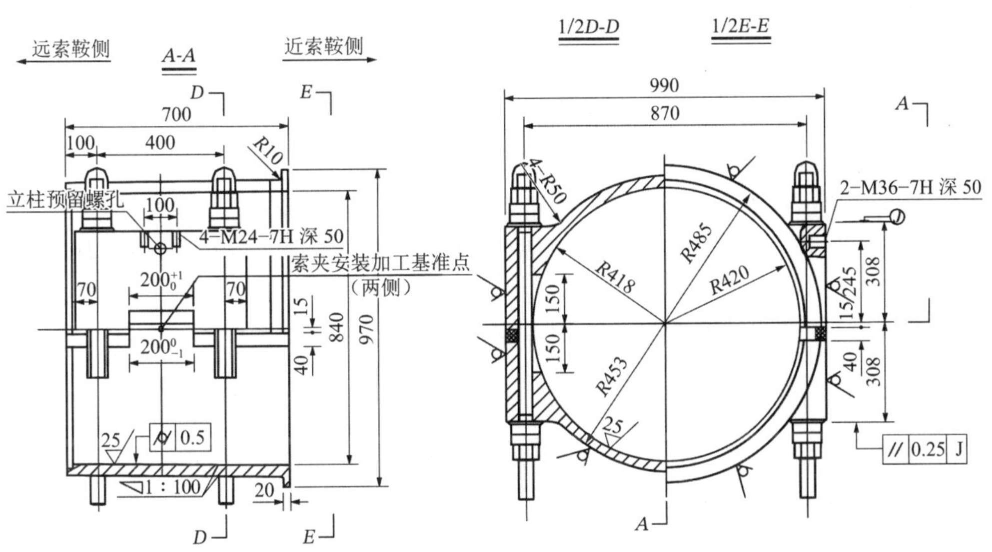

图7-5-15　锥形密封索夹（尺寸单位：mm）

三、附属构造

相关内容见第二章第五节。

塔顶主索鞍设鞍罩防护。鞍罩一般为钢结构，由骨架、带肋围壁以及顶棚构成，鞍罩骨架焊接于塔顶预埋钢板上。鞍罩主要荷载为风荷载。

在主索鞍就位、割除格栅千斤顶支架，用混凝土补填塔顶缺口后，即可进行鞍罩安装。鞍罩安装前应按图将骨架、内外侧围壁及顶棚分别加工到位，然后在地面进行拼装。鞍罩整体安装完毕后，即可安装平台及防水密门。将鞍罩整体吊装到塔顶就位，并与预埋钢板焊接。依次安装端罩、补板及踏梯。

在主缆防护之后，拆除猫道之前，进行检修道安装。扶手绳及栏杆绳安装后通过螺杆调节长度并拉紧。

缆套应在主缆防护工作全部结束后，主索鞍鞍罩及锚碇护室前墙完成后进行安装。缆套安装前应在主缆钢丝表面喷注防护漆。缆套安装步骤为：①在主索鞍鞍罩或锚碇护室前墙及端索夹接口处安装密封条；②先将拼接条板装上密封垫片与下半只缆套用螺栓连接后，再将其就位；③安装上半只缆套并上紧连接螺栓；④与主缆缠丝段统一进行防护油漆喷涂。

四、猫道构造

1. 概述

牵引索架设完毕后，首先要架设猫道。猫道是主缆架设、紧缆、吊索、索夹安装及主缆防护的空中作业脚手架。悬索桥施工时一般设有两个猫道，每个猫道各供一侧主缆施工所用。它是由若干根猫道承重索来承载的。猫道是悬索桥施工的特有设备。

2. 猫道的构造及布置

猫道由猫道索、猫道面板结构（包括横梁、面层、栏杆立柱及扶手绳、安全网等）、横向天桥及抗风索等组成。国内外悬索桥施工的猫道一般低于主缆中心线 1～1.8m。猫道承重索是猫道的承重构件，悬索桥的两侧猫道各有若干根猫道索。猫道面板结构（包括横梁及面层）可以支承于猫道承重索之上，也可以悬挂于猫道承重索之下。

1）猫道索的布置形式

猫道的主要承重结构是猫道承重索，一般为三跨式。按猫道承重索在塔顶的跨越形式一般又有分离式和连续式两种构造布置形式。

（1）三跨分离式猫道承重索

三跨分离式猫道承重索指一根猫道承重索在主跨和边跨分为三段，各自锚固。边跨的两端分别锚于锚碇与索塔的锚固位置上，中跨两端分别锚于两索塔的锚固位置上。其上有横梁、面层横向通道、扶手索、栏杆立柱、安全检查网等。分离式结构具有塔顶辅助结构简单、无须支撑鞍与变位架、调试方便等特点。大多数日本悬索桥和我国已建成的虎门大桥、海沧大桥等悬索桥均采用此法。

宜昌长江公路大桥猫道索也采用的是三跨分离式结构，每幅猫道宽度为 3.8m，与主缆轴线成对称布置：每根猫道由 8 根 ϕ48mm 承重索支承，承重索均分别锚固在塔顶和锚碇的预埋锚箱、锚杆上；两侧各设两根扶手索，直径分别为 24mm 和 14mm，扶手索由栏杆立柱固定，立柱上设置两层高度不同的钢丝网。为增加猫道的抗风稳定性，中跨设置五道横向走道，两侧边跨各设一道横向通道，横向通道为钢管焊接的三角形桁架，宽 2.3m。猫道面层由两层钢丝、防滑木条、锁紧型钢等组成。

海沧大桥猫道索也采用的是三跨分离式，每幅猫道宽度为 3.6m，与主缆轴线成对称布置：每根猫道由 6 根 ϕ48mm 承重索支承，承重索均分别锚固在塔顶和锚碇的预埋锚箱、锚杆上；两侧各设两根扶手索，直径分别为 26mm 和 16mm，扶手索由栏杆立柱固定，立柱上设置两层高度不同的钢丝网。为增加猫道的抗风稳定性，中跨设置三道横向通道，两侧边跨各设一道横向通道，横向通道为钢管焊接的三角形桁架，宽 2.3m。猫道面层由两层钢丝、防滑木条、锁紧型钢等组成（图 7-5-16）。

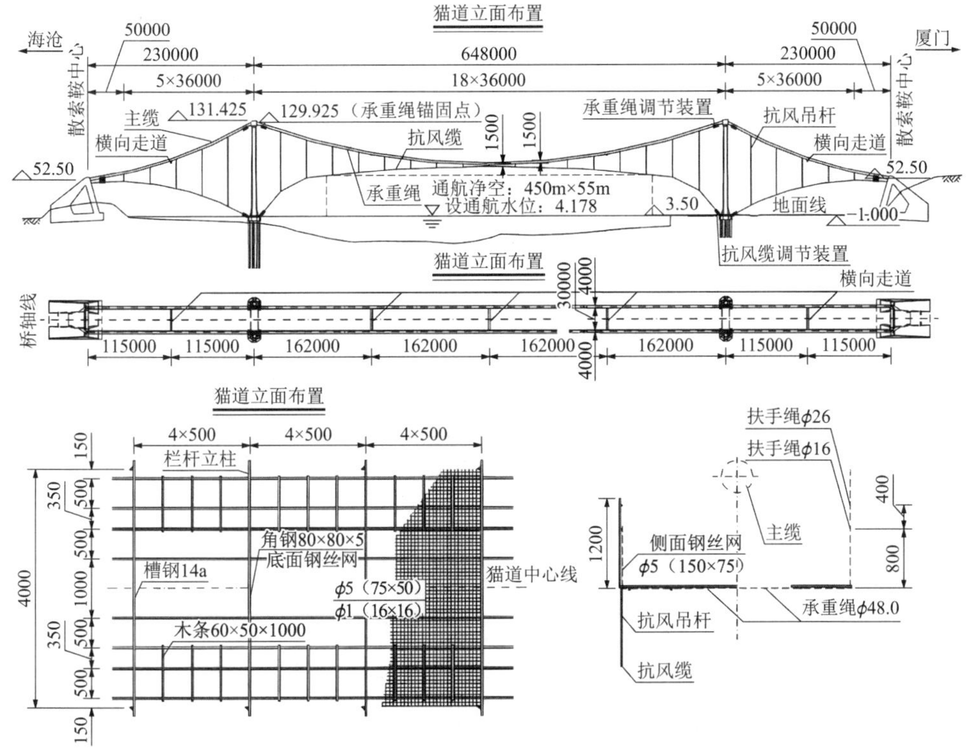

图 7-5-16　猫道构造图（尺寸单位：mm）

（2）三跨连续式猫道承重索

三跨连续式猫道承重索就是三段猫道随承重索在架设后连成一根整索，塔顶设支撑鞍。欧美悬索桥猫道多采用这种布置形式。江阴大桥猫道索在国内首次采用了三跨连续布置形式。上下游各设一道，在索塔的两侧都设有变位框架。为便于操作，猫道面到主缆中心保持在1.0m。猫道由 6 根承重索（ϕ38mm）和 4 根横梁支撑索（ϕ38mm）、钢丝网面层、栏杆、扶手索和横梁组成。上下游猫道之间在中跨有五道、边跨各一道横向通道，每个猫道下设有两根倒悬链状的抗风缆，以增加猫道的稳定性和便于调整。

无论采用连续式还是分离式结构，都需根据施工情况进行调节。分离式需在绳端设置长度调节装置，连续式还需在塔顶设转索鞍等装置。从施工角度对比两种方式，连续式的承重索调整相对困难。

2）猫道面板结构

猫道面层系统是工人作业的平台，其材料须具有一定的强度、刚度和耐火性。猫道面板结构包括横梁及面层铺料。面层铺装早期采用木板材，后来为了防火、减轻质量、阻风以及施工方便等，一般改用合成纤维网或钢丝网布。焊接钢丝网钉在横木梁上，它已有足够的支承强度，但其孔眼尺寸对于工作走道面来说过于粗大，故在它上面用小孔眼的网材覆盖以提供良好的走道面，并可防止小工具的掉落。

3. 猫道的抗风性

在猫道自身不能满足抗风稳定性时，才需要辅助措施。目前的辅助措施有两种，分别是抗风缆和抗风抑振装置。

1）抗风缆

设置抗风缆的目的是提高猫道的抗风稳定性，同时还可调整猫道的曲线形状。猫道的抗风体系除抗风缆外，还包括连接猫道索与抗风索之间的垂直吊索或斜吊索。

图 7-5-17 为抗风缆的两种布置形式。

图 7-5-17b）所示的斜吊索抗风振动的减振性较好，也就是说抗风稳定性较优，但其安装调整较困难；图 7-5-17a）所示的垂直吊索抗风减振性虽然较差，但通过一些悬索桥的施工实践，证明可以满足实用上的要求。故在施工中，一般尽可能采用垂直吊索的形式。抗风缆在通航水域可能对船舶和猫道的安全带来威胁。

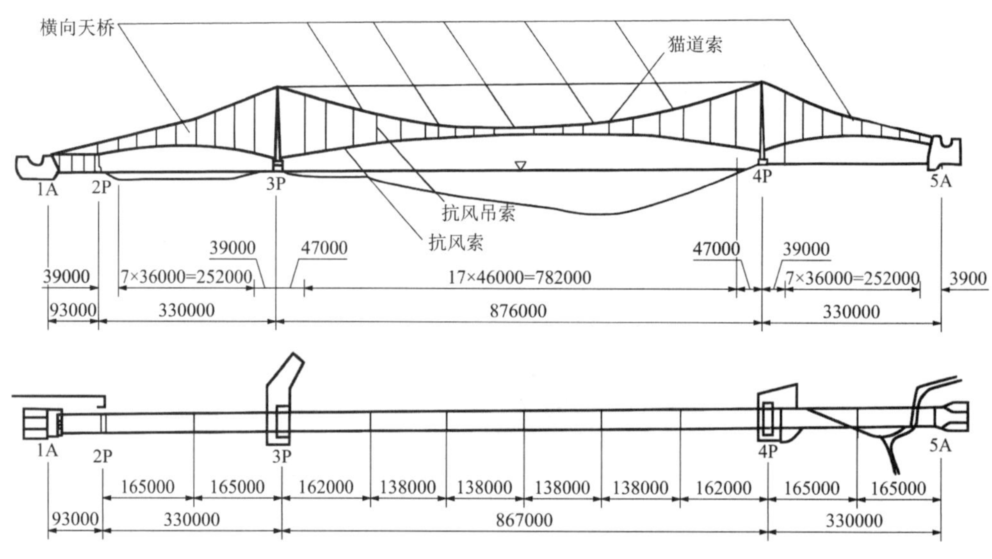

a) 垂直吊索（大鸣门桥）

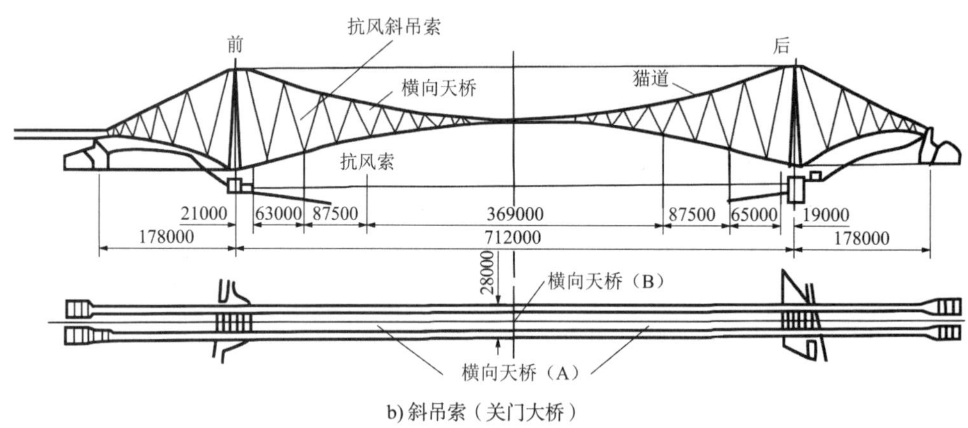

b) 斜吊索（关门大桥）

图 7-5-17　抗风缆的两种布置形式（尺寸单位：mm）

2）抗风抑振装置

猫道的设计中，参考目前国内外猫道抗风设计的成熟经验，提出了如下猫道抑制风振措施：两条猫道间设置横向通道、阻尼装置、竖向及水平抑振索，主塔两边的猫道承重索设置变位刚架，主塔中跨侧的猫道承重索设置下压装置等。

通过多座悬索桥猫道的设计计算分析得出以下结论：

（1）中跨设置 7 道横向天桥有助于提高结构整体的静力和动力稳定性。现有的工程实践证明，只要设置适当数目的横向天桥，猫道就会有足够抗风稳定性，也就可以免去抗风体系。

（2）水平抑振索仅能保持横向天桥局部区域的稳定性，使猫道承重索不至于发生局部扭转而导致门架、横向天桥的倾斜和扭转，对整体结构而言，并无大的帮助，建议不必考虑水平拉索对整体猫道结构抗风稳定性的贡献，仅将其视为确保横向天桥局部稳定性的调节工具与安全储备。

（3）由于猫道是可变体系，它在极限风荷载作用下，结构姿态发生自适应性调整，以抵抗风荷载的作用，一般不会发生破坏性的颤振失稳问题。抖振是常见的振动现象，表现为不规则的乱振，不可避免，但不具有破坏性。对于柔性索体系而言，抖振可不作为控制因素。

第六节　主 要 材 料

一、主缆、吊索材料

1. 主缆及吊索钢丝

现代大跨径悬索桥的主缆及吊索均采用高强度镀锌或镀锌铝合金钢丝，随着材料技术的发展，钢丝目前的技术指标已经得到了大幅度的提升，张靖皋长江大桥主缆钢丝的抗拉强度已达到2200MPa。钢丝技术条件应符合《桥梁缆索用热镀锌或锌铝合金钢丝》（GB/T 17101—2019）及《锌铝合金镀层钢丝缆索》（GB/T 32963—2016）的要求。主缆采用II级松弛的钢丝，而吊索采用有更高要求的I级松弛钢丝。主缆钢丝的制造要求见表7-6-1，吊索钢丝的制造要求见表7-6-2。

主缆钢丝制造要求（以张靖皋长江大桥为例）　　表7-6-1

项目		技术性能要求	检测方法
钢丝直径	直径公差（mm）	5.60 ± 0.06	用精度为1/100mm的量具，量测同一断面处的最大和最小直径，两者的平均值为钢丝线径，两者之差为不圆度
	不圆度（mm）	≤ 0.06	
机械性能	抗拉强度（MPa）	≥ 200	将试件两端夹固，钳口间距350mm，启动拉伸试验机缓慢加载至试件破坏，如从夹固处破断或有异常时须重做检验。考虑钢丝直径影响，按下式求实测抗拉强度：实测抗拉强度 = 实测破断拉力/公称面积
	屈服强度（MPa）	≥ 1760	将试件两端夹固，钳口间距350mm，启动拉伸试验机缓慢加载至试件破坏，按实测面积得到应力-应变图。在应力-应变图上与0.2%的残余应变对应的应力值即为屈服强度
	延伸率（%）	≥ 4.0	试件及试验方法同上，标定间距为250mm，加载直至破坏。重新合龙破断后的试件，测定标定点间的伸长量。断后延伸率 = 钢丝破断后标定点之间伸长量/250
	弹性模量（10^5MPa）	2.0 ± 0.1	试件及加载条件同上，在70%屈服强度内确定应力与应变的关系（低应力状态）。
机械性能	抗扭性能（转）	≥ 14	将试件两端紧固，钳口间距为560mm，试件一端可沿试件轴线方向移动，另一端以小于60r/min的速度转动，直至试件扭断，转动圈数应大于或等于14转。若在夹固处扭断，应重做检验
	缠绕性能（圈）	≥ 8	将试件围绕在直径为16.8mm的芯杆上密缠8圈后，不得发生任何折损现象

续上表

项目		技术性能要求	检测方法
机械性能	反复弯曲（次）	≥5	取试件一段做 180°弯曲试验，弯曲圆弧半径为 15mm，反复弯曲 5 次后，试件表面不得产生任何折损现象
	松弛率（%）	≤7.5	按《桥梁缆索用热镀锌或锌铝合金钢丝》（GB/T 17101—2019）标准进行检查。初始应力相当于公称抗拉强度的 70%，1000h 后的应力损失不大于 7.5%
镀锌质量	镀层附着量（g/m^2）	≥300	取试件长 30～60cm，称其质量（精确到 0.01g），再泡入含锑（Sb）的盐酸液中，镀锌铝层溶化后再称其质量，两次重量之差即为镀锌铝附着量，附着面积按镀锌铝层溶化后实测钢丝平均直径计
镀锌质量	硫酸铜试验（次）	≥2	每次取一段试件，浸置于硫酸铜溶液中 45s，迅速取出并立即用净水冲洗，用棉花擦干后钢丝表面不得发生挂铜现象
	镀锌附着性能（圈）	≥8	将试件按规定圈数紧密缠绕在直径为 5*d* 的试验芯杆上，缠绕后试件镀锌层应附着牢固，不发生用裸手指能够擦掉的开裂、起皮、剥落现象
	表观质量	优良	钢丝表面应光滑、均匀，无疤点、裂纹、毛刺、机械损伤、油污、锈斑及有害附着物
直线性	钢丝自由翘头高度（cm）	≤15	5m 长的钢丝在自由状态下，置于平面上时，端部上翘值不得大于 15cm
	自然矢高（mm）	≤25	取弦长 1m 的钢丝，弦与弧的最大自然失高不大于 25mm

吊索钢丝制造要求（以张靖皋长江大桥为例）　　表 7-6-2

项目		技术性能要求	检测方法
钢丝直径	线径（mm）	5.60	用精度为 1/100mm 的量具，量测同一断面处的最大和最小直径，两者的平均值为钢丝线径，两者之差为不圆度
	不圆度（mm）	≤0.06	
机械性能	抗拉强度（MPa）	≥1770	将试件两端夹固，钳口间距 350mm，启动拉伸试验机缓慢加载至试件破坏，如从夹固处破断或有异常时须重做检验。考虑钢丝直径影响，按下式求实测抗拉强度：实测抗拉强度 = 实测破断拉力/公称面积
	屈服强度（MPa）	≥1580	将试件两端夹固，钳口间距 350mm，启动拉伸试验机缓慢加载至试件破坏，按实测面积得到应力-应变图。在应力-应变图上与 0.2%的残余应变对应的应力值即为屈服强度
	延伸率（%）	≥4.0	试件及试验方法同上，标定间距为 250mm，加载直至破坏。重新合龙破断后的试件，测定标定点间的伸长量。断后延伸率 = 钢丝破断后标定点之间伸长量/250
	弹性模量（10^5MPa）	2.0 ± 0.05	试件及加载条件同上，在 70%屈服强度内确定应力与应变的关系（低应力状态）
	扭转（转）	≥12	将试件两端紧固，钳口间距为 10*d*，试件一端可沿试件轴线方向移动，另一端以小于 60r/min 的速度转动，直至试件扭断，转动圈数应 ≥12 转。若在夹固处扭断，应重做检验
	缠绕性能（圈）	≥8	将试件围绕在直径为 3*d* 的芯杆上密缠 8 圈后，不得发生任何折损现象
	松弛率（%）	≤2.5	按《桥梁缆索用热镀锌或锌铝合金钢丝》（GB/T 17101—2019）标准进行检查。初始应力相当于公称抗拉强度的 70%，1000h 后的应力损失不大于 2.5%
镀层质量	镀锌附着量（g/m^2）	≥300	取试件长 30～60cm，称其重量（精确到 0.01g），再泡入含锑（Sb）的盐酸液中，镀锌层溶化后再称其重量，两次重量之差即为镀锌附着量，附着面积按镀锌层溶化后实测钢丝平均直径计
镀锌质量	硫酸铜试验（次）	≥2	每次取一段试件，浸置于硫酸铜溶液中 45s，迅速取出并立即用净水冲洗，用棉花擦干后钢丝表面不得发生挂铜现象

续上表

项目		技术性能要求	检测方法
镀锌质量	镀锌附着性能（圈）	≥8	将试件按规定圈数紧密缠绕在直径为 5*d* 的芯杆上，缠绕≥8 圈后试件镀锌层应附着牢固，不发生用裸手指能够擦掉的开裂、起皮、剥落现象
	表观质量	优良	钢丝表面应光滑、均匀、无疤点、裂纹、毛刺、机械损伤、油污、锈斑及有害附着物
直线性	钢丝自由翘头高度（cm）	15	5m 长的钢丝在自由状态下，置于平面上时，端部上翘值不得大于 15cm
	自然矢高（mm）	≤25	取弦长 1m 钢丝，弦与弧的最大自然失高不大于 25mm

为保证主缆线形及其架设精度，工厂预制索股时要严格控制索股长度，并记录各钢丝的线径和弹性模量，经统计得出索股的平均线径和弹性模量，作为施工控制时调整线形的计算参数。

2. 索股组件

（1）索股锚头：通常采用铸钢，材料性能符合《一般工程用铸造碳钢件》（GB/T 11352—2009），常用牌号铸钢的机械性能见表 7-6-3。国内的江阴大桥、海沧大桥、润扬长江大桥及阳逻大桥等大部分悬索桥均采用铸钢 ZG310-570。

几种常用的锚头材料的机械性能　　表 7-6-3

牌号	机械性能（最小值）			特点	应用举例
	屈服强度 σ_s 或 $\sigma_{0.2}$（MPa）	抗拉强度 σ_b（MPa）	伸长率 δ（%）		
ZG200-400	200	400	25	低碳铸钢，韧性及塑性好，但强度及硬度较低	基座、电气吸盘等，用于负荷不大、韧性较好的零件
ZG230-450	230	450	22		
ZG270-500	270	500	18	中碳铸钢，有一定的韧性及塑性，强度和硬度较高，焊接性尚可，铸造性能比低碳钢好	应用广泛，用于飞轮、车辆车钩、水压机工作缸等，用于重负荷零件，如大齿轮、缸体机架、制动轮
ZG310-570	310	570	15		

锚杯内灌注锌铜合金，其中 Zn 占 98%±0.2%，Cu 占 2%±0.2%，合金灌注温度为(460±10)℃，灌注合金前应将锚杯预热至(150±10)℃。

（2）锚板：采用 45 号锻钢，调质硬度 197～286HB，$\sigma_b \geqslant 590$MPa，$\sigma_s \geqslant 345$MPa，$\delta = 18\%$，断面收缩率 $\psi = 35\%$。

（3）盖板：采用 Q235，$\sigma_b = 410 \sim 550$MPa，$\sigma_s = 245$MPa。

（4）主缆缠丝：可采用直径 4.0mm 镀锌钢丝，抗拉强度≥700MPa。

（5）索股绑扎带：采用强力纤维带。

3. 吊索组件

（1）吊索：吊索钢丝的技术性能见表 7-6-2。吊索索股外包 PE 套防护。

（2）吊索锚头：为方便制造、降低造价，吊索锚头通常采用与主缆索股锚头相同的材料制造。锚杯内灌注锌铜合金，材料性能及灌注工艺与主缆索股锚头相同。

（3）吊索耳板：采用与索股锚板相同的材料。

二、索夹材料

国内早期建造的悬索桥索夹常采用一般工程用铸造碳钢材料。由于铸钢件难以避免焊接修补的特点，同时为便于铸造，悬索桥的索夹通常采用合金铸钢，常用的合金铸钢的机械性能见表 7-6-4。近年来，随着新材料、新构造形式的发展，也有少数项目采用了全焊接式索夹。

常用合金铸钢的机械性能 表 7-6-4

牌号	热处理	截面尺寸（mm）	机械性能					应用举例
			σ_s 或 $\sigma_{0.2}$（MPa）	σ_b（MPa）	δ（%）	ψ（%）	调质硬度（HB）	
ZG20Mn	正火 + 回火	≤ 100	295	510	14	30	150～190	焊接及流动性良好，作水压机、叶片、喷嘴等

三、紧固系统材料

（1）索夹螺杆：采用 40CrNiMoA 合金钢，$\sigma_b = 980$MPa，$\sigma_s = 835$MPa。

（2）吊索销轴：采用 40Cr，调质硬度 ≤ 270HB，$\sigma_b = 980$MPa，$\sigma_s = 785$MPa，$\delta = 9\%$，$\psi = 45\%$。

（3）吊索叉形耳板：采用 45 号锻钢，调质硬度 197～286HB，$\sigma_b \geqslant 590$MPa，$\sigma_s \geqslant 345$MPa，$\delta = 18\%$，$\psi = 35\%$。

四、猫道系统材料

（1）承重索：采用 ϕ48mm 钢丝绳。

（2）扶手绳：采用 ϕ26mm 及 ϕ16mm 钢丝绳。

（3）面层铺装用钢丝网：孔 75mm × 50mm（ϕ5mm 钢丝），宽 4.0m；孔 16mm × 16mm（ϕ1.0mm 钢丝），宽 4.0m。

（4）横梁：应符合《热轧型钢》（GB/T 706—2016）的有关规定。①角钢：∟80 × 80 × 5。②槽钢：[14a。③工字钢：I 20a。

五、附属构造材料

1. 检修道

（1）扶手绳：32ZAA6 × 19W + IWR1670 钢丝绳。

（2）栏杆绳：18ZAA6 × 19W + IWR1670 钢丝绳。

（3）立柱组件：Q235-A-Zn、螺母、螺栓、垫圈等。

（4）连接及锚固拉杆：40Cr 螺杆、地脚螺栓 AM42 × 1200。

2. 缆套

（1）缆套组件：Q235A 等。

（2）密封件：氯丁橡胶、螺母、螺栓、垫圈等。

3. 鞍罩

（1）鞍罩组焊件：Q235 等。

（2）钢制斜梯：不锈钢。

（3）连接件：螺栓、螺母、垫圈。

第七节　猫 道 设 计

一、猫道功能

猫道是主缆架设、紧缆、吊索、索夹安装及主缆防护的空中作业脚手架，其结构形式和工作性能对上部结构后续施工工序的工程质量与进度影响很大。

二、猫道设计

1. 猫道的设计原则

（1）猫道面的线形应平行于主缆钢丝束在自由悬挂状态下的线形，即除猫道本身的架设满足施工线形要求外，不能对其他部位（如塔顶偏移）产生附加影响，以致影响主缆最终线形。

（2）由于猫道的作业几乎贯穿上部结构施工的全过程，且全部为高空作业，所以在安全上应保证有足够的强度和抗风稳定性。

（3）作为施工用临时脚手架，猫道应尽量减轻自重，减少挡风面积，做到既能防火又能满足机械作业所需的工作面和操作净空要求，在构造上应尽量为施工作业提供便利条件。

（4）猫道系统本身要构造简单，架设、调整和拆除要方便。

2. 猫道设计注意事项

（1）猫道的形状及各部的尺寸应适应主缆系统的施工需要，一般按上下游分别设置，承重索线形与主缆空缆线形基本一致，作用于塔顶两侧的水平力要平衡。猫道面层到被架设的主缆底面距离沿全长为 1.3～1.5m，考虑到紧缆索夹安装、缠丝等使用特殊机械的需要，猫道面宽度一般设为 3～4m。

（2）选择合理的计算模式，充分考虑猫道自重及可能作用于其上的荷载组合，确保结构安全，承重索安全系数一般不小于 3.0。

（3）要有可靠的抗风设施，确保其稳定性。当不设抗风缆时，应根据跨径大小和施工风速，采取适当构造以提高猫道抗扭刚度。

（4）架设过程要注意左右边跨、中跨的作业平衡，尽量减小对塔的变位影响，确保主缆的架设质量。

3. 猫道的构造及布置

相关内容见本章第五节。

表 7-7-1 是国内外已建成悬索桥施工猫道的参数表。

国内外已建成悬索桥施工猫道的参数　　表 7-7-1

桥名	主跨跨径（m）	承重索连续形式	抗风缆连接形式	猫道面宽度（m）	面层距主缆中心距（m）	横向通道（道）	猫道承重索股数-直径（mm）	扶手绳股数-直径（mm）	抗风绳股数-直径（mm）
关门大桥	720	分离式	斜拉索	4.0	1.3	5	8-ϕ40	2-ϕ28	2-ϕ31.5
亨伯桥	1410	分离式	竖直拉索	3.5	1.5	5	—	—	—

续上表

桥名	主跨跨径（m）	承重索连续形式	抗风缆连接形式	猫道面宽度（m）	面层距主缆中心距（m）	横向通道（道）	猫道承重索股数-直径（mm）	扶手绳股数-直径（mm）	抗风绳股数-直径（mm）
大鸣门桥	876	分离式	竖直拉索	4.0	1.4	8	8-ϕ66	2-ϕ28	4-ϕ66
北备赞濑户大桥	990	分离式	竖直拉索	4.5	1.7	5	—	—	—
博斯普鲁斯海峡二桥	1090	分离式	竖直拉索	3.0	1.3	5	—	—	—
汕头海湾大桥	452	分离式	斜拉索	4.0	1.5	5	6-ϕ45	2-ϕ15	2-ϕ25
奥克兰海湾桥	704	分离式	竖直拉索	3.05	—	3	4-ϕ50.8	2-ϕ13.7	2-ϕ25.4
香港青马大桥	1377	分离式	竖直拉索	9.6	1.4	—	6-ϕ36	2-ϕ32	—
虎门大桥	888	分离式	竖直拉索	4.0	1.5	5	8-ϕ48	2-ϕ16 2-ϕ26	2-ϕ40
江阴大桥	1385	连续式	竖直拉索	3.8	1.1	7	6-ϕ38	2-ϕ32	2-ϕ28
宜昌长江大桥	960	分离式	竖直拉索	3.8	1,4	7	8-ϕ48	2-ϕ24 2-ϕ14	2-ϕ28
哈罗格兰德大桥	1145	分离式	竖直拉索	7.6	1.4		12-ϕ54	2-ϕ32	2-ϕ36
龙潭长江大桥	1560	连续式	无抗风缆	4	1.5	15	10-ϕ54	2-ϕ32	—
南京新生圩长江大桥	1760	连续式	无抗风缆	4.2	1.5	17	10-ϕ56	2-ϕ36	—
深中大桥	1666	连续式	无抗风缆	4	1.8	17	12-ϕ54	2-ϕ36	—
杨泗港长江大桥	1700	连续式	无抗风缆	4	1.8	15	10-ϕ56	2-ϕ32 2-ϕ26	—
伍家岗长江大桥	1160	连续式	无抗风缆	4	1.5	7	8-ϕ48	2-ϕ32	—
南京栖霞山长江大桥	1418	连续式	无抗风缆	4	1.5	14	8-ϕ54	2-ϕ32	—
马鞍山长江大桥	1080 + 1080	连续式	无抗风缆	4	1.5	18	8-ϕ54	2-ϕ22 2-ϕ16	—

第八节　结构分析计算

一、主要计算内容

1. 主缆计算内容

（1）主缆应力验算。

（2）主缆线形计算。

（3）索股锚头锚杯内钢丝锚固长度计算。

（4）锚杯受力计算，包括支撑面压应力、锚杯平均壁厚及锚杯截面的环向压力验算。

2. 吊索、索夹及紧固系统计算内容

（1）吊索安全系数验算。

（2）索股锚头锚杯内钢丝锚固长度计算。

（3）锚杯受力计算，包括支撑面压应力、锚杯平均壁厚及锚杯截面的环向压力验算。

（4）索夹在主缆上的抗滑验算。

（5）螺杆数量计算。

（6）索夹受力计算。

（7）螺杆的螺纹牙强度验算。

二、计算荷载与组合

（1）恒载 + 汽车荷载。

（2）恒载 + 汽车荷载 + 温升荷载

（3）恒载 + 汽车荷载 + 温降荷载。

（4）恒载 + 汽车荷载 + 温升荷载 + 风载（顺桥向）。

（5）恒载 + 汽车荷载 + 温降荷载 + 风载（顺桥向）。

三、主缆受力计算

1. 主缆应力验算

利用有限位移非线性结构计算程序，计算得到在控制工况下的主缆最大应力，根据选用的主缆技术参数，计算主缆的安全系数：

$$K_c = \frac{\sigma_b}{\sigma} \tag{7-8-1}$$

式中：K_c——主缆钢丝的安全系数，一般取值为 2.2～2.5；

σ_b——主缆钢丝的公称抗拉强度；

σ——主缆钢丝的计算应力。

2. 索股锚杯受力验算

1）锚杯内钢丝锚固长度计算

锚杯内钢丝锚固长度应满足锚固强度的要求，对于热铸锚有：

$$l_{sae} \geqslant \frac{K\sigma_b}{4\upsilon} d_w \tag{7-8-2}$$

式中：l_{sae}——主缆钢丝在锚杯内的锚固长度；

K——钢丝锚固安全系数，取 $K = 2.5$；

σ_b——主缆钢丝公称抗拉强度；

d_w——主缆钢丝直径；

υ——单根钢丝与合金在单位面积上的附着力，无试验资料时，铸体材料为热铸料时可取 $\upsilon = 25\text{MPa}$，铸体材料为冷铸料时可取 $\upsilon = 18\text{MPa}$。

2）锚头验算

锚头验算包括支承面压应力、铸体材料有效长度内的平均壁厚 t_{sm} 及锚杯的环向应力 σ_t。

锚杯与铸体材料相互作用如图 7-8-1 所示。

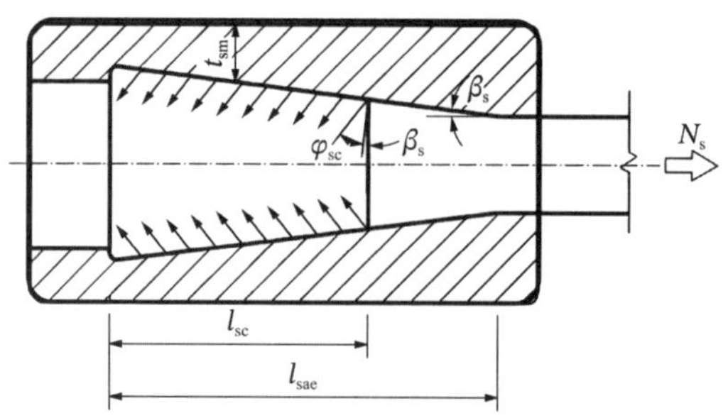

图 7-8-1 锚杯与铸体材料相互作用示意

l_{sc}-铸体材料的有效长度（mm），$l_{sc}=\frac{2}{3}l_{sae}$；$N_s$-索股拉力（N）；$\beta_s$-锚杯内锥面母线与轴线的夹角，$\tan\beta_s=1/8\sim1/12$，铸体材料为热铸料时，斜度宜取高值，铸体材料为冷铸料时，斜度宜取低值；φ_{sc}-锚杯内铸体上压力线与锚杯内锥面母线的夹角，铸体材料为热铸料时，可取 $\tan\varphi_{sc}=0.2$，铸体材料为冷铸料时，可取 $\tan\varphi_{sc}=0.45$

锚杯的环向应力计算：

$$\sigma_t=\frac{F_t}{l_{sae}t_{sm}} \tag{7-8-3}$$

式中： σ_t——环向应力；

t_{sm}——铸体材料有效长度内锚杯的平均壁厚；

F_t——锚杯环向拉力，可按式(7-8-4)计算：

$$F_t=\frac{N_s}{2\pi\cdot\tan(\varphi_{sc}+\beta_s)} \tag{7-8-4}$$

3）锚固系统拉杆强度验算

拉杆安全系数不应小于 2.0。拉杆设计计算时，应计入拉杆与索股拉力方向安装偏角产生的附加弯曲应力及拉杆间的拉力误差。

四、吊索受力计算

1. 索长计算

吊索索长计算取决于主缆、加劲梁成桥理论线形和加劲梁的恒载总质量。

在上述前提下，算得每根吊索的有应力长度及其内力，再根据吊索的弹性模量反算其无应力长度。

2. 索力计算

通过全桥整体计算分析，获得吊索的恒载、活载、温度荷载等单项索力及其组合力，再考虑施工误差等的影响，即得到各根吊索的各种索力及应力幅。

强度验算中，骑跨式吊索的安全系数不应小于 4.0，销接式吊索的安全系数不应小于 3.0。更换吊索时，相邻吊索的安全系数：骑跨式吊索不应小于 2.5，销接式吊索不应小于1.7。

3. 吊索锚固系统计算

1）锚杯受力计算

参见索股锚杯受力计算。

2）锚杯螺纹及叉形耳板螺纹的验算

锚杯螺纹为内螺纹，叉形耳板螺纹为外螺纹，需根据《机械设计手册》中的公式，分别进行螺纹牙强度计算、疲劳强度及高周疲劳强度验算。

3）叉形耳板及销轴应力验算

叉形耳板在销轴处断面削弱，在与索夹耳板或钢箱梁连接端受压，需分别进行拉应力及局部承压应力的验算，销轴则应进行弯折应力验算。

五、索夹受力计算

1. 索夹内径

计算公式如下：

$$d = \sqrt{\frac{4A}{\pi(1-e)}} \tag{7-8-5}$$

式中：d——索夹内径，或索夹处主缆直径；

A——主缆钢丝净截面积；

e——主缆在索夹内的设计空隙率。

2. 索夹螺杆的数目

对于有吊索的索夹，通过验算索夹在主缆上的抗滑安全度，确定索夹上的螺杆数量。抗滑安全系数（K_{fc}）计算公式为：

$$K_{fc} = \frac{F_{fc}}{N_c} \geqslant 3 \tag{7-8-6}$$

由此得到索夹螺杆数量的计算公式：

$$n_{cb} \geqslant \frac{3N_h \sin\varphi}{k\mu P_b^c} \tag{7-8-7}$$

式中：F_{fc}——索夹抗滑摩阻力，$F_{fc} = k\mu P_{tot}$；

N_c——主缆上索夹的下滑力，$N_c = N_h \sin\varphi$；

N_h——吊索拉力；

φ——索夹在主缆上的安装倾角，按同类索夹中的最大值计算；

k——紧固压力分布不均匀系数，取 2.8；

μ——摩擦因数，设计时取 0.15；

P_{tot}——索夹上螺杆总设计夹紧力，$P_{tot} = n_{cb}P_b^c$；

P_b^c——索夹上单根螺杆设计夹紧力，$P_b^c = A\sigma_e$；

A——螺杆的有效截面积；

σ_e——螺杆的设计拉应力，$\sigma_e = 0.5\sigma_s$（螺杆的安全系数取 2.0），σ_s 为螺杆材料的屈服应力；

n_{cb}——索夹上安装的螺杆总根数。

3. 索夹的长度计算

索夹壁厚 t_c 不宜小于 35mm，通过验算其强度，确定索夹长度，并同时应满足构造要求。强度验算公式：

$$\frac{\sigma_{yc}}{\sigma} = \frac{\sigma_{yc}}{P_{tot}/2t_c l_c} = K \geqslant 3 \tag{7-8-8}$$

由此得到索夹长度计算公式：

$$l_c \geqslant \frac{1.5P_{tot}}{\sigma_{yc} t_c} \tag{7-8-9}$$

式中：σ_{yc}——索夹材料的屈服强度；

σ——索夹材料计算应力，$\sigma=\frac{P_{tot}}{2t_c l_c}$；

K——索夹壁厚设计安全系数；

l_c——索夹长度；

t_c——索夹壁厚。

4. 索夹螺杆的螺纹强度计算

索夹螺杆螺纹副应根据单根螺杆的安装夹紧力及相关的标准确定螺纹的螺距，校核螺纹副旋合长度，验算螺纹的抗弯、抗剪强度。

有吊索索夹在首次安装时，索夹上单根螺杆安装夹紧力 P_b 计算公式：$P_b=P_b^c/0.7$。

无吊索索夹上的单根螺杆设计夹紧力宜采用有吊索索夹上的单根螺杆设计夹紧力 P_b^c。

六、主缆线形计算

1. 概述

悬索桥在竖直荷载作用下的计算分析经历弹性理论、挠度理论和有限位移理论三个阶段，现作简单介绍。

弹性理论方法计算公式，是在下列假设条件下根据弹性平衡状态推导出来的：

（1）主缆为完全柔性，吊索沿跨密布。

（2）主缆曲线形状和纵坐标在加载后保持不变。

（3）加劲梁沿跨径悬挂在主缆上，其截面的惯性矩沿跨不变。

（4）加劲梁等恒载由主缆承担，加劲梁仅承受活载、风力和温度等变化产生的内力。

弹性理论是在不考虑结构体系变形对内力影响的前提下推导出的，而实际上结构的变形对内力是有影响的，体系的变形将减小加劲梁的弯矩和主缆水平力，弹性理论计算结果较挠度理论偏大，随着跨径的增大，使得结构过于保守而造成较大浪费，因此小跨径悬索桥设计可采用弹性理论方法计算，对于较大跨径悬索桥应采用计入体系变形对内力影响的挠度理论方法进行计算。

挠度理论的假设除了考虑体系变形的影响外，与弹性理论方法的假设基本相同，它的基本微分方程为非线性，由于受力明确，考虑了主要问题，长期以来作为大跨度悬索桥的设计理论，受到广泛应用，但假设中忽略了吊索的伸长、吊索的倾斜、主缆节点的水平位移、加劲梁的剪切变形等非线性影响，它的精度受到一定的影响，随着跨径的增大和活载与恒载比减小，其误差将增大。

有限位移理论可以较全面地考虑结构位移对悬索桥几何非线性的影响，不仅包含了挠度理论的假设，而且考虑了恒载初始内力对主缆刚度的影响，使计算结果更接近结构实际受力，并可以采用计算机进行准确的计算。其影响因素主要有：

（1）荷载作用下的结构位移。

（2）恒载初始内力对主缆刚度的影响。

2. 基本假定

（1）主缆的无应力长度不变。

（2）保持索塔在成桥状态下不承受不平衡水平力。

（3）主缆在索鞍的永不脱离点之间及锚碇处的主缆锚固点间的无应力长度保持不变。

（4）任何时候结构的任何位置保持平衡状态。

（5）主缆为完全柔性的，既不受压也不承受弯矩，因而其截面抗弯刚度对缆形的影响可忽略。

（6）主缆的全部应力在比例极限以内，符合胡克定律。

（7）考虑主缆受拉会伸长，截面面积会缩小，受力前后的单位体积质量会发生变化等因素。

（8）考虑主缆的几何非线性等。所谓几何非线性是指结构在变形后的状态下达到平衡，由于大跨径悬索桥属于柔性结构，主缆钢丝属于线弹性材料，但其受力后引起的主缆伸长量会带来几何形状的改变，而且变化呈非线性变化，改变了一般结构力的平衡与结构变形呈线性变化的规律。

3. 各工况加载模式

（1）成桥状态下，主缆除承受沿主缆方向均布的主缆自重（包括缠丝及防护）外，还承受由吊索传递的索夹、吊索（包括锚头自重）和加劲梁自重及桥面二期恒载的集中力（二期恒载是由主缆和钢箱梁共同承受），即主缆的成桥几何线形既不是抛物线，也不是悬链线，而索夹间线形为悬链线。因此悬索桥主缆的受力图式可简化为承受沿主缆方向均布的自重荷载及索夹处集中荷载的柔性索。

（2）施工过程中，主缆除承受类似于成桥状态时的各项荷载外，还承受预偏箱梁或顶推箱梁时，吊索出现倾斜对主缆所产生的水平分力、主鞍（散索鞍）临时固定所引起主缆在各跨的水平分力不相等及其他各工况中的施工荷载等。

（3）空缆状态下，主缆仅承受沿主缆方向均布的自重荷载，此时主缆的几何线形可视为悬链线。

4. 计算模型

考虑主缆受拉会伸长，截面面积会缩小，受力前后的单位体积质量会发生变化等因素，为便于研究，先设定一些参量：索在受力前的单位体积质量（密度）为 ρ_0，受力后的单位体积质量（密度）为 ρ；受力前的索长为 S_0，微段为 $\mathrm{d}S_0$，受力后的索长为 S，微段为 $\mathrm{d}S$，弹性伸长为 ΔS；受力前的索截面面积为 A_0，受力后的索截面面积为 A；索的拉力为 T，弹性模量为 E，如图 7-8-2 所示。

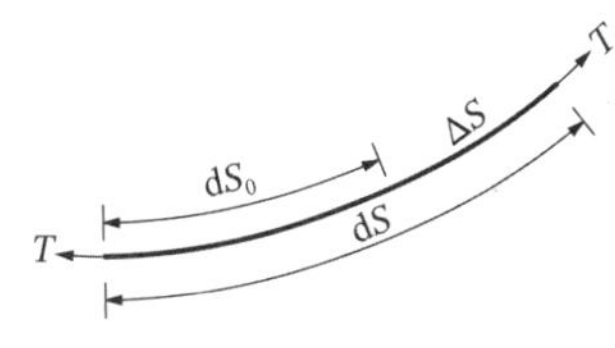

图 7-8-2　计算模型

即：

$$\mathrm{d}S = \mathrm{d}S_0 + \Delta S \tag{7-8-10}$$

其中：

$$\Delta S = T \times \mathrm{d}S_0/(EA_0) \tag{7-8-11}$$

将式(7-8-11)代入式(7-8-10)得：

$$\mathrm{d}S = \mathrm{d}S_0 + T \times \mathrm{d}S_0/(EA_0) = \mathrm{d}S_0[1 + T/(EA_0)]$$

$$\mathrm{d}S/\,\mathrm{d}S_0 = 1 + T/(EA_0) \tag{7-8-12}$$

根据质量守恒定律得：

$$\rho_0 A_0\,\mathrm{d}S_0 = \rho A\,\mathrm{d}S \tag{7-8-13}$$

将式(7-8-13)代入式(7-8-12)得：

$$\mathrm{d}S/\,\mathrm{d}S_0 = \rho_0 \times A_0/(\rho \times A) = 1 + T/(EA_0)$$

设受力前微段 $\mathrm{d}S_0$ 的质量为 $\mathrm{d}G_0 = \rho_0 \times A_0 \times \mathrm{d}S_0$，受力后微段 $\mathrm{d}S$ 的质量为 $\mathrm{d}G = \rho \times A \times \mathrm{d}S$，对应的单位长度质量为 $q_0 = \mathrm{d}G_0/\,\mathrm{d}S_0 = \rho_0 \times A_0$，称为受力前的荷载集度，以及 $q = \mathrm{d}G/\,\mathrm{d}S = \rho \times A$，称为受力后的荷载集度，即可得主缆受力前后的载荷集度关系：$q_0/q = 1 +$

$T/(EA_0)$，也就充分说明了主缆的截面面积和线荷载在各阶段不再为常数。

（1）先假设成桥状态时主缆线形为抛物线，并取跨中为原点，如图 7-8-3 所示。

抛物线方程为：

$$y = 4 \times f \times x^2/L^2$$

主缆跨中水平力为：

$$H = qL^2/8f$$

再根据吊索 x_i 坐标求得：

$$y_i = 4 \times f \times x_i^2/L^2$$

式中：f——中跨的矢高；

L——中跨的跨径；

q——粗略估计沿水平方向的荷载集度（不必精确）。

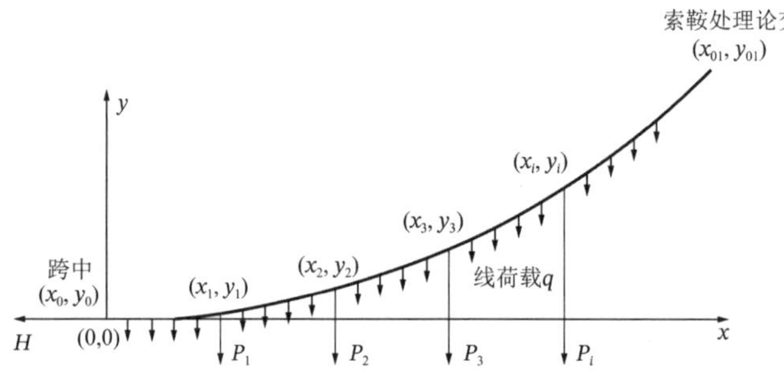

图 7-8-3　成桥状态主缆几何线形计算离散图

（2）根据以上公式计算主缆水平力 H 及各吊索间的悬链线 i 两端的坐标 (x_{i-1}, y_{i-1})，(x_i, y_i)。

i 段悬链线方程为：

$$y - B_i = N \times \mathrm{ch}[(x - A_i)/N]$$

其中：

$$A_i = (x_{i-1} + x_i)/2 - N \times \mathrm{arsh}\{(y_{i-1} - y_i)/\{2N \times \mathrm{sh}[(x_{i-1} - x_i)/(2N)]\}\}$$

$$B_i = y_{i-1} - N \times \mathrm{ch}[(x_{i-1} - A_i)/N]$$

$$N = H/q$$

式中：q——中跨主缆自重沿缆方向每延米的荷载集度。

（3）计算 x_0—x_1 段悬链线中（第 1 段）线荷载对 x_i 点的弯矩 M_{1i}。

$$M_{1i} = \int_{x_0}^{x_1} (x_i - x) \times q\,\mathrm{d}L = \int_{x_0}^{x_1} (x_i - x) \times q \times (1 + y'^2)^{1/2}\,\mathrm{d}x$$

式中：$y' = \mathrm{sh}[(x - A_1)/N]$。

积分可得：

$$M_{1i} = \{q \times (x_i - x) \times N \times \mathrm{sh}[(x - A_1)/N] + N^2 \times \mathrm{ch}[(x - A_1)/N]\}_{x_0}^{x_1}$$

（4）各力对 x_i 点弯矩 $\sum M = 0$，则：

$$H \times (y_i - y_0) = M_{1i} + P_1 \times (x_i - x_1) + M_{2i} + P_2 \times (x_i - x_2) + \cdots + M_{ii}$$

$$y_i = [M_{1i} + P_1 \times (x_i - x_1) + M_{2i} + P_2 \times (x_i - x_2) + \cdots + M_{ii}]/H + y_0$$

重新求出主缆在吊索处的各点坐标 (x_i, y_i)，即同时求得塔上主索鞍处的理论交点坐标，此时求得塔上主索鞍处的理论交点坐标是在假定的水平力 H 下，因此会与实际的理论交点坐标不吻合，必须重新修正 H 值。

（5）由第（4）步计算所得 (x_i, y_i) 以及线荷载 q，在吊索的集中力作用下，对实际理论交点 (x_{01}, y_{01}) 求出弯矩 M，则：

$$H_1 = M/(y_{01} - y_0)$$

（6）用（5）求得 H_1 代替（1）中的 H，重复（2）～（5）步骤，得出 H_2，H_3，…，H_k，当 $|H_k - H_{k-1}|$ 小于给定的迭代精度，且塔上主索鞍处的理论交点坐标差值 Δx、Δy 满足精度要求时，停止迭代，将 H_k 作为最终值。同时相应求得主缆在各吊索处的坐标 (x_i, y_i)，即已确定了成桥状态时中跨主缆几何线形。

（7）同理可以求得边跨的主缆几何线形，再通过移动主索鞍、散索鞍的位置直至跟主缆相切，即满足几何协调条件，求出主缆与主索鞍、散索鞍之间的切点，具体处理方法本书不再赘述。

七、主缆线形与各索股长度计算

大跨径悬索桥是以主缆为主要承重构件的柔性结构，对结构进行受力和变形计算时需考虑几何非线性和结构初始内力的影响。而主缆线形设计往往一开始并不知道空缆线形，只能先根据桥梁的受力与变形特点确定出成桥状态下中跨跨中的矢度，然后根据一期恒载、二期恒载情况，采用有限位移理论的有限元程序进行推算，得出空缆线形，空缆线形则是主缆架设的依据，而且也是施工中唯一能控制的缆形，一旦主缆架设完成，就无法对主缆线形进行调整。因此必须严格控制一期恒载、二期恒载，确保其符合设计要求，以获得与理论设计相符的成桥缆形。一期恒载包括主缆自重、索夹重量、吊索重量、加劲梁重量等，二期恒载包括桥面铺装质量、中央分隔带、防撞护栏、灯柱等桥面附属构件的重量，这些荷载中除主缆自重为沿主缆方向分布的均布竖向荷载外，其余均可视为通过吊点的集中力。因此主缆线形计算时主缆自重考虑为沿缆长方向的均布荷载，索夹、吊索和加劲梁自重及桥面二期恒载均按吊点集中力考虑。

主缆在活载作用下，缆形随着荷载的大小、作用点位置和布载方式的变化而变化。按严格意义来讲，主缆不存在精确的影响线概念。活载计算时由于加载长度较长，按等代荷载集度进行动态加载。

温度变化对主缆线形的影响是比较大的，升温时主缆热胀伸长，矢度增大，降温时主缆冷缩变短，矢度减小。随着缆形的变化，主缆缆力也随之发生变化，缆力的变化又带来变形而促使缆形变化，因此需建立精确模型进行求解。

温度梯度对主缆线形也有一定的影响，这里的温度梯度是指由于地形、地物等自然原因引起的同一时段内沿主缆方向的温度差异。温度梯度对主缆线形影响的特点是非对称性的，需要通过实地观测和数据回归得出其影响规律，再通过建立数学物理模型求解。

风荷载在主缆架设期间对缆形也是有影响的，由于风场因地形、地物的影响而具有一定的不均匀性，加上风本身具有瞬时性和随高度变化而变化的特点，因此风力对缆形的精确分析比较复杂，也难以控制。施工时往往采用避开大风进行观测的做法，以尽可能消除风力对缆形分析带来的影响。

施工荷载对缆形的影响视其大小和作用位置的情况可以进行精确的计算，但由于其具有不确定性，因此，仅在需要精确调整主缆线形时才需考虑。

主缆各索股长度的精度计算是悬索桥主缆线形控制的最基本条件，因为悬索桥主缆线形的调整余地较小。本桥主要依靠主缆锚固拉杆的螺纹长度调整索股制作时的测量误差、下料误差、灌锚引起的长度误差等。主缆索股架设时也会产生一定的架设误差，这些误差只有靠精心施工才能消除，但由于客观和主观等方面的因素，往往难以彻底避免，在吊索设计时考虑留有一定的长度调节构造来弥补。

为了精确计算主缆各索股的无应力长度，必须对鞍槽曲线的曲率影响进行修正，海沧大桥的主鞍鞍槽曲线为一圆曲线，而散索鞍的鞍槽则为半径各异的多个圆曲线组成的复合曲线，对其进行修正计算时需要建立相应的合理假定，并通过正确的关系式求解得到。对于因地球曲率的影响而造成塔顶间相对距离加大，从而使主缆的长度增加值，设计中已在误差预留量中考虑。

主缆无应力长度具体计算为：由成桥主缆几何线形推算出主缆各索股的几何长度，再算出恒载所产生的各索股弹性伸长，两者之差即为主缆各索股的无应力长度，然后根据索鞍曲率和散索鞍的三维扩散长度、套筒锚固长度及考虑调整长度等，分别按各索股的具体情况对理论长度予以修正，即可得主缆各索股的无应力下料长度。根据空缆时索夹间的索股无应力长度应等于成桥时索夹间的无应力长度这一原则，同样可得主缆在索夹间的无应力长度及吊索无应力下料长度，为安装索夹放样提供依据。

第九节　主要施工方案与选择

一、主缆架设施工方案

1. 牵引系统架设

1）概述

牵引系统是介于两个锚碇之间，跨越索塔的用于空中曳拉的牵引设备，主要承担猫道架设、主缆架设以及部分牵引吊运工作，是悬索桥上部结构施工的重要设备和基础工序。

牵引系统的常用形式有循环式和往复式两种形式。

（1）循环式牵引系统

循环式牵引系统把牵引系统的两端插接起来，形成环状无极索，通过一台驱动装置和必要的支承滚筒做循环运动。这种方式可以高速连续作业，但难以抵抗大的拉力，为了使此系统正常运转，还要设张紧设备和调整装置。这种循环式牵引系统分为大循环和小循环。

小循环一般是分别在上下游安装竖向装置，如图7-9-1所示；大循环一般是水平设置，供上下游索股架设使用，如图7-9-2所示。循环式牵引系统的牵引索是靠驱动装置滚筒以摩擦方式驱动，牵引速度连续性好，但引力较小，适用于AS法主缆架设和跨径较小的PPWS法索股架设。

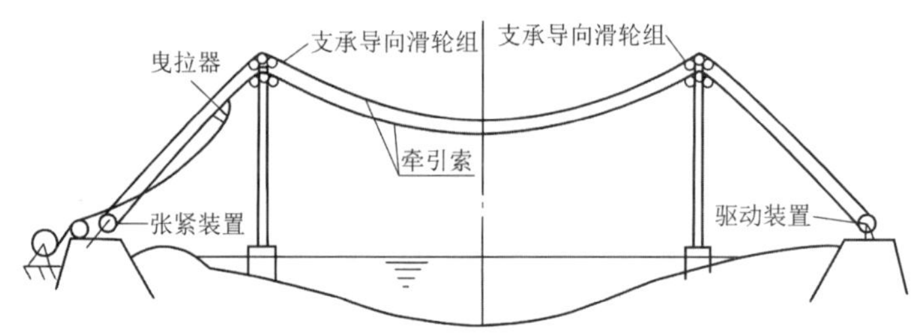

图7-9-1　小循环牵引系统示意图

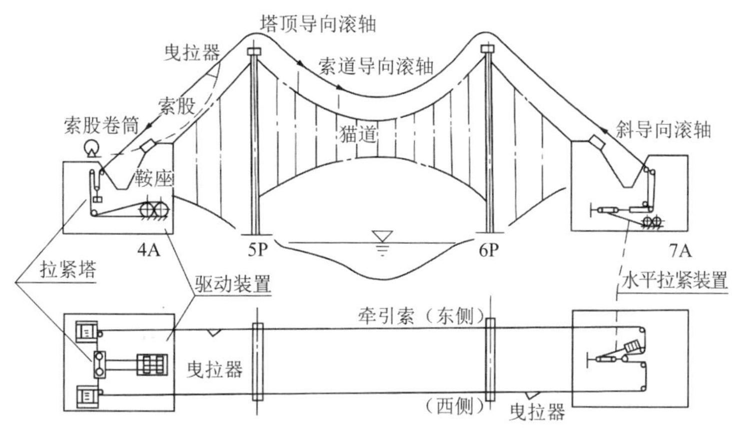

图 7-9-2　大循环牵引系统示意图（日本大岛大桥）

由于循环牵引系统是利用放线机和延线机自动控制进行架设索股，存在放线机设备庞大、系统复杂，猫道后端套筒通过延线机困难以及延线机与放线机需同步运转等问题。

（2）往复式牵引系统

往复式牵引系统的牵引索两端分别卷入主副卷扬机，一端用于卷绳进行牵引，另一端用于放绳两台驱动装置联动，使牵引索作往复运动。由于往复式牵引系统是把钢丝绳直接卷在卷扬机上，容易实现较大牵引力。跨径大的悬索桥索股架设需要较大的牵引力时较适合采用往复式牵引系统。用此法架设索股时，曳拉和平衡装置以及放线机三者可随时同步运转。这种运转方式，在曳拉作业时能控制速度，放线作业时则备有平衡自动装置，是一种十分完善的索股架设系统（图 7-9-3）。

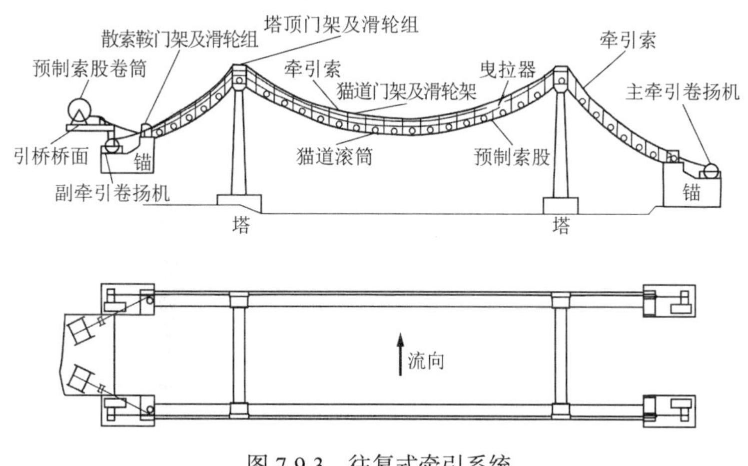

图 7-9-3　往复式牵引系统

2）牵引系统架设方法

（1）导索过江

为了完成牵引系统的架设，首先要安装好导索。导索为较细的钢丝绳，一般为 ϕ22～24mm，由桥两侧安装到两岸的塔顶，是缆索工程中最先拉过河（或海湾）的一根钢丝绳。边跨为无水或浅水以及无通航要求，导索可以直接拉过。跨中导索架设的方法主要有水面过渡法（浮子法）、水下过渡法（自由悬挂法）和空中过渡法。

（2）牵引系统架设

导索过江（海）后，因索径太细，需将索径变大，形成牵引索，进而形成牵引系统。牵引索的张拉力及绳径与安装绳索的方法及猫道的结构有关，一般选用 ϕ40mm 的钢丝绳。牵引索的架设一般需在维持通航的情况下进行，即在先导索拉到位后，在锚碇处将先导索与牵引索的前端连接，在锚碇另一端处用卷扬机卷取先导索，牵引索随之前进到对岸，并在后端施加反力使其到达通航净空以上。

① 循环式牵引系统的形成。循环式牵引系统的牵引索过江后，通常要把两根牵引索在锚碇处插接成环状无极索，其插接的长度为索直径的 600～800 倍，然后调整牵引索就位，如日本大岛大桥（图 7-9-2）东侧导索与迎索在 6P 塔下短捻接之后，（端头）拖回至 5P 塔顶（放线机与大型特殊绞车同步运转），与预先准备好的西侧导索连接，以自由悬挂状态拖拉，拖拉由 6P 塔处的大型特殊绞车进行。导索架设时的后曳拉，东侧由平衡重进行，西侧由驱动装置进行。拖拉结束以后，将高设在 4A 塔之间及 6P 塔～7A 塔之间的导索在 6P 塔顶分东西两侧与架设在 5P 塔～6P 塔之间的导索短捻接，形成环状。

在放线机的前面，将导索的终端与牵引索连接，由驱动装置卷绕导索架设牵引索，然后调整牵引索在各跨的垂度，再在 4A 塔处进行长捻接，这样就完成了牵引系统的架设。

② 往复式牵引系统的架设。往复式牵引系统是把两根牵引索连接在曳拉器上，另两端分别与主副卷扬机相连。如海沧大桥在先导索架设结束后，紧接着进行了主副牵引索架设，即启动主卷扬机收紧先导索，将 ϕ28mm 副牵引索曳拉至西锚碇块上，并进行临时锚固。解除 ϕ16mm 先导索，将主卷扬机上的 ϕ16mm 先导索钢绳换成 ϕ36mm 主牵引索钢绳，并将主牵引索钢绳过导向滑轮组、锚碇门架滑轮组，拉至西锚碇锚块上。用曳拉器将 ϕ28mm 副牵引索与 ϕ36mm 主牵引索相连接，形成主副牵引索。把牵引索置于锚碇门架、支墩门架、塔顶门架上的滑轮组内，调整牵引索在中跨跨中的矢度，试运转，完成主、副牵引索的架设。主副牵引索上、下游各一套，架设过程如图 7-9-4 所示。

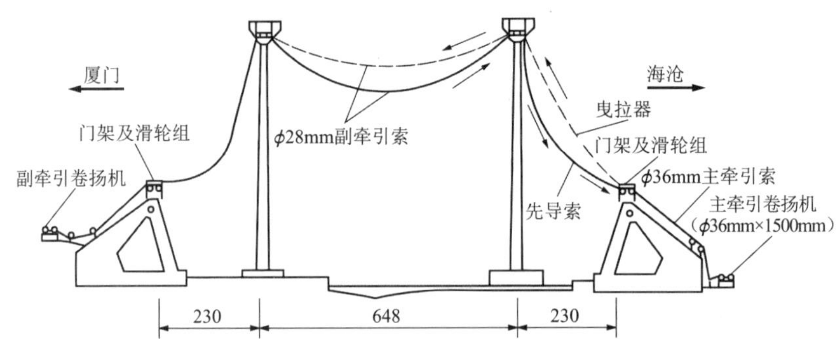

图 7-9-4 海沧大桥主、副牵引系统架设（尺寸单位：m）

2. 主缆架设

主缆的形成可分 AS 法和 PPWS 法。

AS 法是利用牵引机械往复曳拉钢丝绳，在现场制作平行钢丝索股的施工方法。这是较早出现的一种方法，它是利用两个锚碇间的牵引系统，由在空中走行的纺轮带着高强度钢丝来回纺丝形成索股。这是已使用了 100 多年的传统方法。

PPWS 法是在工厂做成平行索股，并打在钢盘上，然后运至工地进行架设。此方法是 20

世纪 60 年代提出的，目前应用也比较广泛。

1）AS 法

大跨径悬索桥的主缆是用几万根平行的钢丝捆扎成的。1814 年，美国的罗勃林用众多的钢丝架设成受力均匀的缆索，经过挤压紧缩成圆形截面，并用细软钢丝缠绕包扎成主缆的施工方法并获得专利，这种方法即为 AS 法。

以日本下津井濑户大桥为例，该桥工厂制作时的钢丝盘质量约 lt，编织时拉力为 2～3kN，一次可同时由一对纺织滑轮引出 4 根，每一束由 552 根钢丝组成，需往返 69 回才能编成一束，标准速度为 4m/s。成束后扎成束状，后续工序同 PPWS 法。此法的优点是张拉力小，但缺点是风速大于 10m/s 后即不能作业，设备很庞大，并且在大风季节钢丝容易刮乱。下津井濑户大桥在施工中对 AS 法进行了多次改进，但施工速度仍不如 PPWS 法。

2）PPWS 法

PPWS 法是在现场或工厂中将几百根到百余根的平行钢丝相扎成股束，将两端装上锚头，缠绕在卷筒上运到现场展开并进行架设的方法。

（1）索股制造

PPWS 法的制索方式目前通常采用工厂预制法，即在工厂预制，成盘运到工地架设。钢丝束在工厂预制成平行索股，用定型纤维绑扎带绑扎，两端嵌固热铸锚头。

（2）索股架设作业程序及架设顺序

① 索股架设作业程序。

索股锚头引出→把锚头连接在曳拉器上→索股牵引→索股前端到达对岸锚碇→检查索股的扭曲、断带→把前端锚头从曳拉器上卸下→前端、后端锚头安装引放装置→鞍座部位两侧索股安装临时曳拉装置中跨上提横移→塔顶鞍座部分整形就位→与固定侧塔顶标记对合→散索鞍部分整形→两端锚头引入、临时锚固→确认向上的抬高量→解除临时曳拉装置垂度测定（绝对垂度、相对垂度）→中跨垂度调整→边跨垂度调整→锚跨张力调整。

② 索股的牵引。

A. 索股牵引。预制成索股的牵引方式可采用两种方式：一种是门架曳拉器式牵引方式，另一种是小车牵引方式。

a. 索股前端锚头的引出。索股前端锚头从卷筒上引出，由起重机吊起，把索股从卷筒上放出必要的长度，并放在卷筒前面的水平滚筒上，这时应注意钢丝的弯折和扭转问题。

b. 锚头与曳拉器连接。把锚头牵引到曳拉器的位置以后，与曳拉器进行连接，连接后检查曳拉器的倾斜状况，如有必要可用平衡重进行调整。连接部位使用的夹具、螺栓、销子等要设置必要的防止松动、滑脱的措施。

c. 索股牵引。把锚头连接在曳拉器上以后，把索头向对岸锚碇牵引，牵引工作要在由索股卷筒对索股施加反拉力的情况下进行。牵引速度一般为 20～30m/min，过塔顶导轮组的速度宜减至 5～8m/min，过猫道门架导轮组的速度宜减至 12～15m/min。牵引最初几根时，要降低牵引速度，对关键部位进行必要的调整和监视。牵引过程中，绑扎带被切断时，要进行修补，修补工作可在停止牵引的情况下进行。在牵引塔顶监视索股中着色丝，观察索股是否扭转，一旦发生扭转，要分析原因并采取措施加以纠正。

d. 前端锚头从曳拉器上卸下。曳拉器到达对岸锚碇所指的位置后，用起重机把锚头吊起并从曳拉器上卸下来。在卸锚头之前要将索股固定以防滑移。这时因锚头在从卷筒上放出，所以索股后端设反拉钢丝绳是必要的，其长度由放丝架的位置所决定。

从卷筒放出的后端锚头由起重机吊着进行移动。后端锚头附近的索股由于引出时产生摩擦而使钢丝较乱，所以要进行修整，钢丝鼓出部分不要存留在锚跨，应在边跨内疏散。

e. 锚头引入装置的安装。牵引工作完成后，安装锚头引入装置。锚头引入的长度不要过量，不然会使散索鞍部位的索股拉力加大，增加索股整形难度。

B. 索股横移、整形、入鞍。

a. 索股的横移。牵引完的索股放在猫道滚筒上，在塔顶索鞍部位、散索鞍部位把临时曳拉装置、握索器、链葫芦安装在索股上，并把索股从猫道滚筒上提起，确认全跨径的索股已离开猫道滚筒后，再利用塔顶和散索鞍顶部的横移装置将其横向移到所规定的位置。临时曳拉时要注意曳拉量不要过大，以免索股与猫道门架发生碰撞。另外曳拉量过大会使索股拉力增加，可能造成临时曳拉用的握索器发生滑动。索股提升时，不允许任何人站在索股下方。中跨曳拉与边跨曳拉要同时进行，以保持平衡，避免离开塔顶标记。

b. 索股的整形、入鞍。索股横移后，在鞍座部位把索股整成矩形，整形后索股空隙率为15%，放入鞍座内所规定的位置。

ⓐ整形：使用整形工具以在相同位置有着色丝的原则把索股整成矩形。在整形前要确认着色丝的位置，如有扭转发生，可把索股吊起进行矫正。整形机具采用整形配件、振动式简易整形定标器、一字形螺丝刀、塑料锤等。

ⓑ入鞍：将鞍座部位临时吊起的索股经整形后放入鞍座内。入鞍方向为塔顶鞍座部位是从边跨侧向中跨侧进行，散索鞍部位是从锚跨侧向边跨侧进行。

ⓒ锚头引入及锚固：索股整形入鞍完成后，把引到所规定的锚杆前面的锚头引入并临时锚固。由曳拉装置把锚头引到承压板，一边放松曳拉装置一边把锚头在承压板上就位，把拉力传到承压板上。安装支架以后，把调整装置（拉杆、穿心千斤顶）安装在锚头上。调整中跨、边跨向上的抬高量（一般设定在20cm）。然后解除鞍座部位的临时曳拉装置及握索器，并在承压板和锚头之间插入相应的垫片，然后放松锚固部位的调整装置。在调整过程中，索股将在鞍槽内移动，为了不破坏整形，在鞍座内可用木制卡具控制。

C. 索股垂度调整。白天架设的索股，要在夜间温度影响小的时间进行垂度调整。调整时，事先进行外界气温和索股温度的计测，把温度变化小的时间定为调整时间。温度稳定的条件为长度方向温度索股的温差 $\Delta T \leqslant 2℃$，断面方向索股的温差 $\Delta T \leqslant 1℃$。若不具备以上条件时，要等条件成熟时再进行。

a. 绝对垂度调整。根据架设阶段设定的基准索股，测定索股下缘的高程后进行调整。其调整量应在对跨长、外界气温、索股温度测定后确定。

测定项目：形状测定包括跨长、塔顶高程及变位、主索鞍预期偏量、主缆垂度高程、散索鞍移动量；温度测定包括外界温度和索股温度测定，可使用接触温度计进行。基准索股的绝对高程控制采用三角高程测量法。

垂度调整方法：首先计算出中跨索股调整量。选一侧塔顶索股为固定端，将索股位置标志与中心标志重合并固定。在可动侧塔顶索鞍、散索鞍部位安装调整装置（链滑车），再调整跨内移动索股。引进索股锚头调整装置，选用与调整量相当的垫片，放松索股锚头调整装置。移动索股时，在各鞍座部位为了消除索股间的摩擦，可用塑料小锤敲打。这时要注意不破坏索股的整形。调整工作不是一次就能做完，而是把调整量分成数份选用相应垫片量，同时观察索股的移动量和垂度变化量。调整后的索股，在塔顶鞍座内的索股上做出标记（目的是确认在边跨的垂度调整到上面的索股架设之间，索股是否有移动），然后在各塔顶鞍座临时固定索股。

中跨垂度调整完后，进行形状计测，算出边跨垂度调整量。在边跨内移动索股，调整要点与中跨基本相同。

b. 相对垂度调整。对基准索股以外的索股进行调整是根据基准索股的相对高度决定调整量，同时进行基准索股和被调整索股的温差管理。

形状测定主要测相对垂度，采用脚式相对高程测量法。其工作原理是利用同一水平线等高的原理。温度测定包括被调整的索股温度和基准索股温度测定，使用接触温度计进行。

调整方法与绝对垂度调整基本相同。但相对垂度调整时，索股的送出量不能太大，否则被调整的索股就压在下面的索股上，这样将不能测定正确的垂度。另外，如果压在基准索股上，基准索股的垂度就会失常。因此，相对垂度的调整，要在对下面的索股处于若即若离的状态下进行。

PPWS 法架设索股，除采用上述门架曳拉器方式外，小车牵引方式应用也比较广泛。

于 1996 年竣工的汕头海湾大桥主缆架设采用的是小车牵引方式。小车走行不用木制轨道，而是沿着牵引索前进。该索道由一根 ϕ33mm 的闭合无端头循环牵引系统和两根 ϕ33mm 支承索组成，索道中心离主缆中心外侧 0.9m，距猫道面 1m，距支承索中心间距 0.45m。

支承索在塔顶上以鞍座旁的支承槽道梁支承；在猫道上以间距为 8m 的猫道支架与猫道横梁相连，上同支承索夹连；调整支承索线形后，将其两端分别锚固于两锚碇锚柱上。每个猫道支架上均配有尼龙滚轮。牵引索在两个锚碇上均配有锚固支架及相应的可随张力变化而变化的平衡重。在索塔顶另设支承门架以架空牵引索的回转绳，其主牵引索在猫道及塔顶上侧搁置于尼龙滚轮上。

以上只是介绍采用小车牵引方式进行索股架设的方法，索股调整方法与前面介绍的方法基本相同。

3. 紧缆

1）施工准备

（1）牵引系统等拆除

主缆通长索股和背索架设完毕后，拆除牵引系统、托架滚轮和猫道门架。

将牵引系统曳拉器停于南塔顶，牵引索置于托架滚轮上，塔顶两侧卷扬机临时连接于两段 1 号、2 号牵引索，拆除曳拉器。由塔顶卷扬机辅助，收紧两侧 25t 卷扬机，将 1 号、2 号牵引索分别缠入两侧卷扬机辅机内（或将两根牵引索先后都缠入两岸 25t 卷扬机内）。

猫道门架由塔顶卷扬机沿门架承重索从塔顶向跨中顺序依次牵拉拆除。

（2）主缆检查

检查索股锚跨张力是否达到设计及规范要求，必要时采用专用工具和扳手对索股锚跨张力进行调整。同时检查主缆索股是否有错位现象，主、散索鞍索股是否存在滑移现象。

检查无误后，在主、散索鞍处按设计图示要求安装锌块。锌块安装完毕后，安装拉杆紧固主缆。

2）主缆紧缆

（1）紧缆方案

紧缆分为预紧缆、正式紧缆两个阶段进行。紧缆作业由塔顶向中跨和边跨进行，先中跨，后边跨。

（2）预紧缆

在夜间温度条件较好，主缆表面温度趋于一致（索股温度稳定）时，进行预紧缆作业，将架设的主缆六边形初步紧成近似圆形，空隙率控制在28%左右，便于后期紧缆机纵向移动。

预紧缆作业采用先疏后密方法进行，利用二分法，将中跨及各个边跨主缆划分为若干区段，每段长约50m。每段再采用二分法分至约4.5m一小段，保证主缆的空隙率。

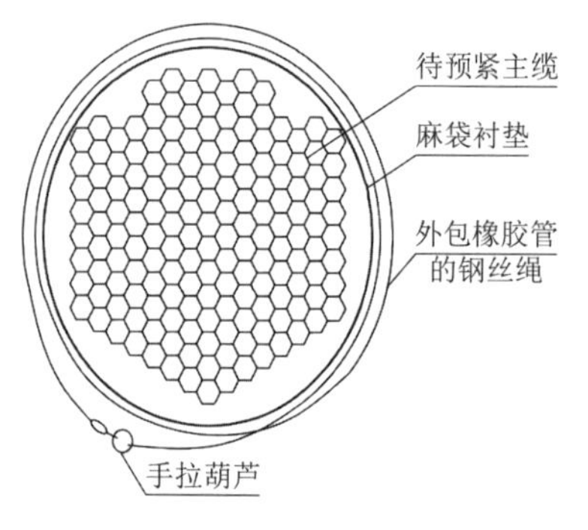

图7-9-5　预紧缆示意图

确认索股无交叉现象，分阶段拆除主缆形状保持器。根据划分紧缆位置，在主缆表面相应位置处铺设麻袋片，以免预紧缆时损伤钢丝，利用手拉葫芦和外套橡胶管的钢丝绳收紧主缆。同时拆除预紧点两侧6～9m范围内主缆外周索股的捆扎带，人工用大木锤均匀敲打主缆四周，校正索股和钢丝的排列顺序，避免出现绞丝、串丝和鼓丝现象，同时注意尽量减少表面钢丝的移动。预紧缆如图7-9-5所示。

预紧缆后测量主缆的周长，将主缆空隙率控制在26%～28%范围内。在预紧点附近，用软钢带固定主缆索股，使主缆截面接近圆形。

（3）天顶小车和紧缆机安装

① 天顶小车安装。主缆索股架设完毕后拆除猫道门架、牵引系统和托架滚轮，利用门架承重索、塔顶门架上的卷扬机、专用起吊跑车组成大跨度天顶小车，以满足紧缆机使用需要。

② 紧缆机安装。紧缆机出厂前进行静态试验和模拟试验，并进行整机组装调试。

为便于紧缆机上缆后一次顺利组装成功，预先在地面上进行试组装。用16t起重机将挤紧器和框架结构连接，放置在平整地面上，顶座上编号为N01的千斤顶位置向上。再将走行机构和紧缆机构安装连接，然后拆卸位于顶座下端的连接销，拆开顶座，同时注意顶座张开不应有卡滞现象。试组装完成后，正式上缆安装。

紧缆机利用塔顶起重机吊装，先将链环式挤紧器下连接销打开，使挤紧器三片中两片分开，用塔式起重机将其整体吊至近塔的主缆上方，骑跨在主缆上，再将连接销装上，使其成封闭链环状，再吊装纵梁和走行机构，与挤紧器连接，然后吊装框架（带液压系统、控制台和配重等），用手拉葫芦将框架与天顶小车连接，完成紧缆机安装。吊装时，注意松钩前均应拴好保险绳，防止部件下滑。

（4）正式紧缆

预紧缆作业完成后，使用紧缆机将主缆截面紧固为圆形，并达到设定的空隙率，索夹处18%，索夹间20%。预紧缆完成一段后，即可开始进行正式紧缆。

① 主缆回弹率试验。由于主缆的实际架设情况及主缆线形的变化等因素，正式紧缆前，在主缆上进行主缆回弹率试验，确认紧缆状态空隙率与打紧钢带紧缆机离开5m左右范围后的空隙率，比较空隙率差得出主缆的回弹率。在正式紧缆过程中，检查并调整紧固力，或调整主缆直径，以确保主缆紧缆质量。紧缆试验在中跨跨中进行。

② 紧缆作业。正式紧缆作业可在白天进行。

当紧缆机移动到位后，操作液压系统，顶推紧固蹄，开始进行紧缆作业。初期以低压（5MPa）进行，使各紧固蹄轻轻接触主缆表面，且相互重叠，然后升高压力逐步加载。工作压力由试紧缆试验和实际工况确定。紧固蹄行程达到设计位置保压。当工作压力超过设定值时，油泵自动停止工作，起保护作用。

在初加压阶段，严格控制6个紧固蹄同步动作，防止因紧固蹄动作不一致，在各紧固蹄接触主缆表面时，钢丝钻入紧固蹄之间的缝隙内，造成切断或变形。

紧缆过程中，天顶小车吊挂紧缆机，处于受力状况，防止紧缆机失稳侧翻。

主缆紧缆每隔 1.0m 紧固一道，主缆应紧至近鞍座 3.0m 处。当紧缆机工作时，每次只能拆除一个猫道绑扎，在紧缆及完成紧缆后将该绑扎复位。

③ 打捆扎带。打捆扎带的目的是保证当液压千斤顶卸荷后，紧固后的主缆截面形状仍保持近似圆形，并保持要求的空隙率。一道紧缆完成且紧固蹄处主缆直径经测量符合要求后，在靠近紧固蹄位置捆扎两道镀锌钢带（索鞍附近主缆六边形和圆形变化处增至 3～4 道），钢带间距离为 0.1m。钢带接头应在主缆圆周的下半部分均匀分布，在索夹的位置，紧压和钢带捆扎都加密到每隔 0.5m 一次，同时在索夹两端的靠近处增加了附加钢带，以确保当拆除钢带，安装索夹时，索夹两端仍然有钢带捆扎来控制主缆的尺寸。

④ 紧缆机行走。当完成捆扎后，液压千斤顶卸载，由塔顶卷扬机牵拉紧缆机，天顶小车沿门架承重索向上滑移，紧缆机行走机构沿主缆向上行走至下一紧缆位置。紧缆机行走时要匀速、平稳，防止侧翻失稳。

⑤ 主缆直径测定。紧缆过程中紧缆机每次移动操作中都要对距紧缆点 15～20cm 处主缆的周长、垂直直径和水平直径进行 2～3 次检查，在压紧时测量一次，用捆扎带扎紧后再测一次，前一数据是主缆的压实程度，更能代表索夹内主缆的状态。紧缆机移至下一个紧缆点，再复测上一个紧缆点主缆周长。所有测量位置和数据全部记录下来。主缆直径测量如图 7-9-6 所示。

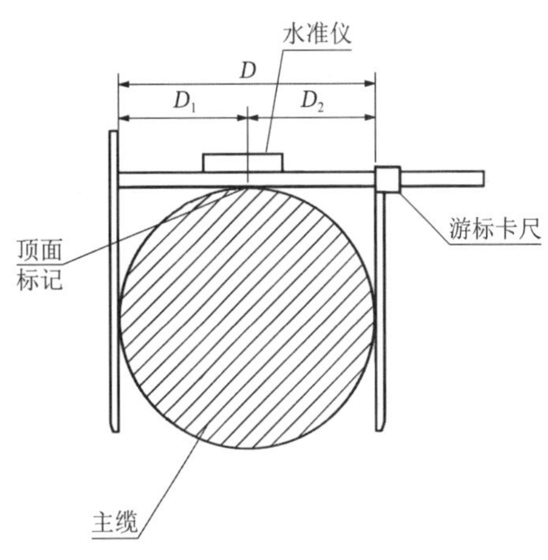

图 7-9-6　主缆直径测量示意图

主缆平均直径按式(7-9-1)计算，确保缆径反弹后的空隙率符合要求。

$$主缆平均直径 = \frac{竖径 + 横径}{2} \tag{7-9-1}$$

或

$$主缆平均直径 = \frac{主缆截面圆周长}{圆周率(\pi)} \tag{7-9-2}$$

主缆空隙率按式(7-9-3)计算：

$$k = 1 - nd^2/D^2 \tag{7-9-3}$$

式中：k——主缆空隙率；

n——钢丝总数；

d——钢丝直径；

D——紧缆后主缆直径。

主缆全部紧固完毕后，沿全跨径测定捆扎带旁的主缆直径及周长，确认实际的空隙率。

（5）线形测量

主缆紧缆完毕后，在夜间温度稳定时，测量主缆线形和主缆上各索夹点位置的空缆线形。根据主缆实际空缆线形、实测索夹精确质量以及钢箱梁质量等，由设计单位计算各吊索精确长度，再由吊索生产厂家开始下料生产。

二、索夹及吊索安装施工方案

1. 索夹安装

1）索夹放样

（1）放样准备

主缆架设完成后，进行已完成体系的结构参数（索塔塔顶高程和纵向水平偏移、散索鞍顶面中心高程、成缆线形、主鞍座纵向预偏量和主缆成型后直径等）测量，设计院和监控单位将根据此测量值，对索夹位置及吊索长度进行修正，以消除主缆架设阶段的施工误差。

（2）理论计算

索夹位置的测量放样，采用全站仪极坐标方法进行。索夹位置测量放样的数据计算包括三个方面的内容：一是计算吊索中心线和主缆中心线在空缆线形下的坐标计算；二是吊索中心线与主缆的天顶线交的坐标计算；三是计算各个索夹的中心线到其两端的距离，对不同位置的索夹，计算出的放样数据不同。索夹放样如图 7-9-7 所示。

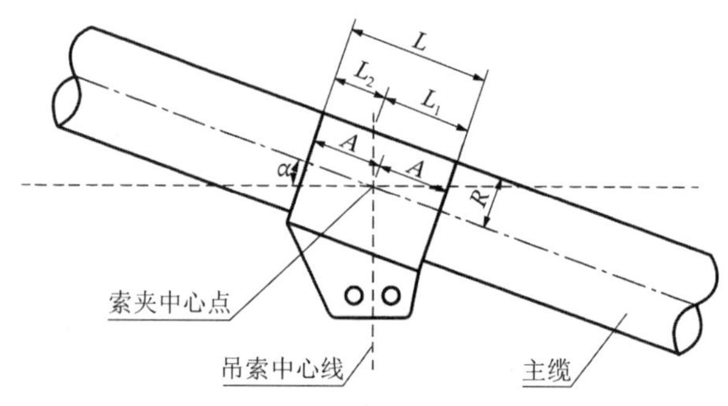

图 7-9-7　索夹放样示意图

根据图 7-9-7 可知：

$$L_1 = A + R\tan\alpha$$
$$L_2 = A - R\tan\alpha$$

式中：A——索夹销轴中心线与主线轴线交叉点到索夹两端的距离（索夹中心到两端的距离）；

α——空缆状态下索夹位置的水平倾角；

R——空缆半径；

L_1、L_2——索夹销轴中心线与天顶线交点到索夹两端的距离。

（3）现场实测

索夹放样时，先放出天顶线。为避免温度影响，索夹放样需选择夜间温度相对稳定的时段进行。索夹放样的中心里程需考虑温度和跨径的影响进行修正。

计算出最终索夹位置，开始现场放样。先在白天沿主缆曲线将索夹的粗略位置在主缆上做临时标记，夜间以临时标记作为参考进行索夹精确放样。放样时，全站仪架设于索塔顶，后视另一索塔标志点或散索鞍相应标志点，先于索夹位置放出主缆的天顶线，再采用测距法确定吊索中心线与主缆天顶线的交点位置，最后采用量距法确定索夹两边缘的位置，并在索夹两边缘标记外 10cm 的地方做参考标记。

索夹放样后，对放样点位进行复查，可采用距离法，检验相邻两索夹的吊索中心线与天顶线交点之间的距离是否与计算值相符。

索夹放样应在同一时段内一次性放样完毕。

2）索夹安装过程

不同型号的索夹尺寸、质量差异较大，安装过程中应分别采取不同的方法。近塔锚索夹可以利用塔式起重机直接安装，其余各索夹利用在顶小车依次安装。索夹由中跨跨中及锚碇处向塔顶逐只安装，边跨和主跨的安装方法相同。索夹安装时仔细检查其编号，使索夹安装位置与编号对应。

以主跨的索夹安装为例，其安装过程如图 7-9-8 所示。

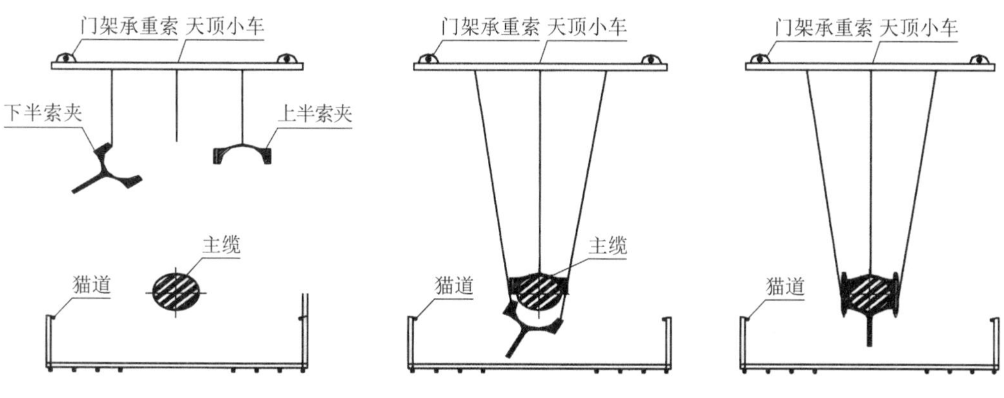

图 7-9-8　索夹安装过程示意图

主缆索股受自重影响，横竖径不同，横径略大于竖径，索夹结构为上下两半，直接安装困难，为保证索夹能顺利安装，减小横竖径差的影响，在索夹辅助线外侧 200mm 左右安装两个半环式夹具，用液压式扭矩扳手，对主缆两侧面施加一定的压力，使得主缆横径小于索夹内径。索夹安装工装如图 7-9-9 所示。

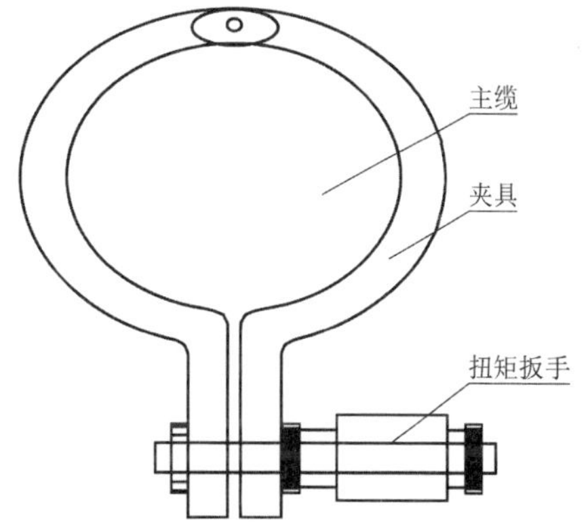

图 7-9-9　索夹安装工装示意图

索夹由塔式起重机整体吊至塔顶，在猫道上拆分成两半。将一个索夹的两半悬挂在天顶小车两端的电动葫芦上，从塔顶运到安装位置，索夹的两半对称于纵向中心线。在索夹长度范围内，将紧缆后捆扎在主缆上的钢带剪掉，但靠近索夹两端的捆扎钢带须留在原位。将上半索夹移至中间的电动葫芦上，将下半索夹放低，然后操作两个外侧葫芦，将下半索夹调至主缆下的位置，上半索夹也放低到位。索夹合拢后，穿入螺杆，采用液压式扭矩扳手人工预紧，精确调整索夹位置，使用拉伸器对拉杆施加轴力。

3）索夹螺杆安装与紧固

使用液压式扭矩扳手对索夹螺杆施加轴力，轴力导入过程中注意防止主缆索股钢丝夹进索夹两侧企口缝内，同时，应使索夹两半合缝均匀。当索夹螺栓张拉至企口缝咬合一部分，再次检查索夹位置，确认无误后，拉伸器导入轴力至预定扭矩，并锁紧螺母。

索夹螺栓预紧力为 70t，螺杆的紧固采用 100t 拉伸器，并采用特制的千分卡尺测量螺杆的伸长量，并确保螺杆的伸长量不得超过规定的最大总伸长量。所有螺杆紧固都必须按照规定的顺序进行，螺杆紧固应逐步进行，以防止其伸长量过大；不同型号索夹螺杆明确具体的紧固步骤；螺栓紧固一般分次完成，存在预紧力损失，应针对不同类型索夹上螺栓数量，确定螺栓张拉顺序使所有螺杆在每个阶段都达到规定的伸长量。索夹螺杆紧固原则为中间向两边对称进行。以后每次紧固均需达到设计吨位，再依照紧固顺序依次检查各个螺栓的拉力。

4）索夹螺栓轴力控制

在索夹安装时，第一次进行索夹螺栓轴力导入，第二次在钢箱梁吊装完毕时进行，第三次在桥面铺装及永久设施施工完毕时进行。螺杆第一次紧固力控制在设计紧固力的 70%，然后按顺序重复紧固直至所有索夹螺杆轴力满足设计要求。由于相邻两次索夹轴力的导入间隔时间过长，在间隔时间内，要随时监控、检查，发现轴力下降值超过设计值的 30%时，应及时张拉螺栓，使轴力达到图纸规定值，确保施工安全。

2. 吊索安装

吊索安装有两种不同的方法：一种适用于近塔吊索，另一种适用于其他部位吊索。

1）近塔吊索的安装

直接利用塔式起重机将吊索吊至索夹处猫道面上，将吊索下端经索夹处导向轮，缓缓向下吊放，再由天顶小车手拉葫芦牵拉，插入耳板，对准销孔，安装销轴及挡板。待钢箱梁吊装时，再将下锚头和销轴连接到钢箱梁上。

2）其余部位吊索安装

其余部位吊索由两台天顶小车牵引至相应索夹处进行安装。

在猫道面上安装托轮，以避免吊索在移动过程中与猫道摩擦而造成表层损坏。在索塔中跨侧工作平台上放置吊索，塔式起重机将吊索下端锚头分别与前一台天顶小车连接，下放天顶小车牵引锚头前移。将吊索全部平铺在猫道上，检查吊索是否扭转，塔式起重机将吊索上端锚头与第二台天顶小车连接。由两台天顶小车同时移动将吊索运至安装位置，如图 7-9-10 所示。

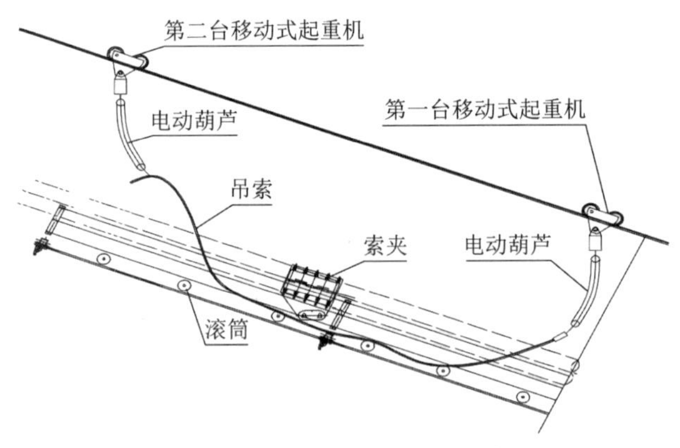

图 7-9-10　吊索运输示意图

第一台天顶小车到达吊索安装位置后，停止移动，在吊索位置的猫道面层上开孔，把吊索下端锚头从开口处放下，第二台天顶小车继续前移，直至吊索全部放下。由天顶小车手拉葫芦下放吊索上端锚头至索夹耳板销孔处，安装吊索。待同一索夹的两个吊索均安装完毕后，及时将猫道面网开口补上，吊索安装如图 7-9-11 所示。

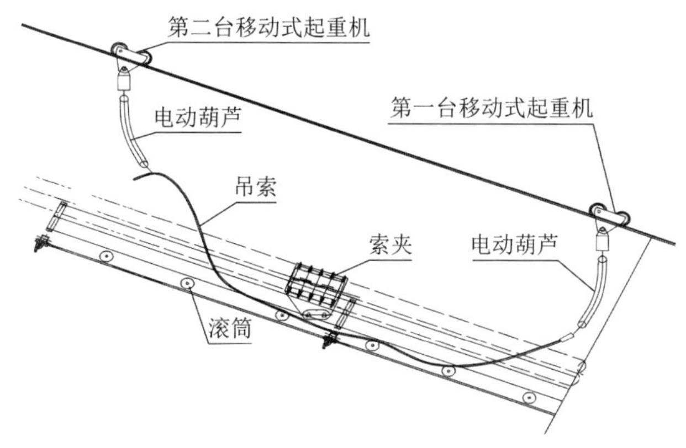

图 7-9-11 吊索安装示意图

为防止吊索在安装过程中及安装后吊索的扭转及两锚头的碰撞，在吊索端头离锚头一定距离安装临时吊索间距保持器，在钢箱梁吊装时将其拆除。长度超过 20m 的吊索需要安装减振架，吊索安装前，在平整场地上展开吊索，并测量出吊索减振架位置，做好标记。钢箱梁安装完毕后，由吊索位置处猫道上下放吊笼，在标志处安装吊索减振架，同时做好该处的涂装防护。

三、附属构造安装施工方案

1. 主缆检修道安装

在主缆防护之后，拆除猫道之前，进行主缆检修道安装。扶手绳及栏杆绳安装后通过螺杆调节长度并拉紧。

2. 主缆缆套安装

缆套应在主缆防护工作全部结束，主索鞍鞍罩及锚碇护室前墙完成后进行安装。缆套安装前应在主缆钢丝表面喷注防护漆。缆套安装步骤为：①在主索鞍鞍罩或锚碇护室前墙及端索夹接口处安装密封条；②将拼接条板装上密封垫片先与下半只缆套用螺栓连接后，将其就位；③最后安装上半只缆套并上紧连接螺栓；④与主缆缠丝段统一进行防护油漆喷涂。

3. 鞍罩安装

在主索鞍就位、割除格栅千斤顶支架，用混凝土补填塔顶缺口后，即可进行鞍罩安装。鞍罩安装前应按图将骨架、内外侧围壁及顶棚分别加工到位，然后在地面进行拼装。鞍罩整体安装完毕后，即可安装平台及防水密门。将鞍罩整体吊装到塔顶就位，并与预埋钢板焊接。依次安装端罩、补板及踏梯。

四、猫道架设与拆除施工方案

1. 猫道架设方案

1）猫道承重索架设顺序

猫道承重索架设顺序：中跨→边跨→边跨→中跨上下游对称安装。

架设时应尽可能使索塔受力均匀，并对塔柱轴线进行观测，若超出设计规定要求，应调整承重索安装顺序或进行索力纠偏。承重索（底板索）架设前，须先架设承重轨道索，再架设承重索。图 7-9-12 所示为猫道面层。

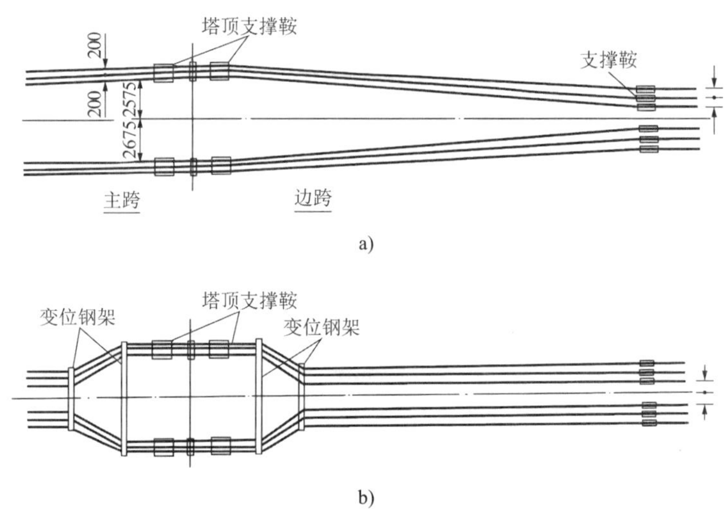

图 7-9-12　猫道面层（尺寸单位：mm）

2）中跨猫道承重索的架设方法

中跨猫道承重索的架设可由水下过渡法、直接拖拉法和托架法来实现。其中水下过渡法与先导索过江法相同，下面主要介绍直接拖拉法和托架法。

（1）直接拖拉法，简称直接法，即猫道承重索前端由牵引系统中的曳拉器牵引，后端由另一牵引卷扬机施加反拉力，在维持通航高度的情况下，牵引过江。这种方法不需要辅助设备，但所需主副卷扬机的功率大。

（2）托架法，借助牵引系统在事先架设的托架上牵引猫道承重索过江，牵引猫道承重索时通航净空由托架保证。这种方法所需主副卷扬机功率小，但需要增加辅助设备。

3）三跨分离式猫道索的架设

（1）中跨猫道承重索的架设

① 在塔顶两侧猫道预埋件上和锚碇猫道预埋件位置安装好锚梁，准备好拉杆、螺母和索卡。中跨猫道系统与索塔的连接总体上有两种：一种为固定连接，即锚梁与塔顶预埋件之间采用钢带连接，承重索与锚梁之间为锚头连接；另一种为锚梁与塔顶预埋件之间采用螺杆连接，锚梁与承重索之间为滑车连接。

② 把通过检验合格的承重索各放一半在两塔的一侧，放索时应注意索的接头位置（下面以南北塔为例），如：接头靠近南塔的承重索放在南塔，接头靠近北塔的承重索放在北塔，以便承重索的架设。

③ 下料。根据设计猫道线形算出承重索的弧长，选择一平地作为丈量台，丈量承重索长度，再按设计长度下料。

④ 接头在靠近塔的一侧的承重索，摆放在南岸引桥上，人工打盘。在引桥上设卷扬机一台，卷入钢丝绳。用起重机吊运猫道承重索索头至塔顶，由塔顶门架的手动葫芦使底板索索头通过塔顶弧形滚轮与牵引系统相连，向南牵引，保持承重索前段抬起高过托架 2～3m，依次通过索架。

⑤ 当承重索在索盘中存索不多时，可利用南引桥上的卷扬机上的钢丝绳，通过滑车组与承重索向北牵引。当滑车组上升到索塔顶时，临时锁定猫道承重连接，先收紧滑车组上的钢丝绳，解除塔顶临时固接，然后继续牵引承重索向北前行。这样可防止承重索过细因自重产

生的张力引起承重索后端中断。

⑥ 完成一根承重索架设后，依据相同方法架设其他承重索。

⑦ 猫道承重索垂度调整分为相对高程的调整和绝对高程的调整。相对高程的调整主要调整一根猫道几根承重索的相对高差，保证几根承重索受力均匀，同时调整上下游猫道的相对高差。绝对高程的调整是调整猫道面与设计线形的高差。

（2）边跨猫道承重索的架设

边跨两端均采用滑车连接，南边跨架设时，先将承重索平铺于锚碇至南塔的引桥路堑上，用塔式起重机吊运至南塔侧的绳索至塔顶与猫道预埋件连接，锚碇处用卷扬机配合滑车组收紧绳子头并与锚梁用滑车连接。北边跨也先安装塔顶连接，然后用卷扬机配合滑车组向北锚收紧，与南锚同法与锚梁连接。边跨垂度调整同中跨。

（3）工作承重索的形成

猫道承重索安装结束后，解除托架定位索与北塔的连接而与牵引索连接，用牵引索把托架收回南塔顶，拆除托架系统。用塔顶门架吊点提升托架承重索同塔顶门架固接，形成工作承重索，在主缆形成后吊运索夹、吊索和悬挂丝机。

4）三跨连续式猫索的架设

下面以江阴大桥为例，介绍三跨连续式猫道的架设方法。

（1）空中牵引条件的形成

江阴大桥牵引索架设结束后，即架设工作承重索。工作承重索直径为 38mm，塔顶东西侧各一根，与中跨牵引索相配，形成空中牵引条件。一根猫道承重索由三段组成，即中跨和两个边跨，在架设时进行销接，施工顺序是先边跨后中跨。边跨承重索的架设与边跨猫道索的架设相似，只需将要与中跨销接的索端垂至两塔中跨侧地面，并临时固定。

（2）边跨猫道承重索的架设

江阴大桥在南北锚碇处 15t 卷扬机上卷上直径为 32mm、长 500m 的钢丝绳，牵引索架设过程大致如下（两边跨相同）：将卷有边跨猫道索的卷筒固定在塔底边跨侧，抽出一端通过塔顶起重机吊至塔顶，将该端纳入安装滚轴并用短索固定；将牵引索沿引桥向索塔方向拖出，与边跨猫道承重索的另一端相连。至此，边跨猫道承重索架设告一段落完成。

（3）中跨猫道承重索的架设

江阴大桥中跨部分的猫道承重索架设是通过空中牵引法完成的，由于牵引索较细，为减小牵引时的张力，需将其本身的质量及所牵引的猫道承重索质量施加在已完成的承重索上，使牵引索仅承受水平拉力。这一过程是通过滑轮连接器（又称托架）完成的。连接器分“单头”和“双头”两种，在牵引猫道承重索之前，首先由一岸塔顶通过跨牵引索按 70mm 间距逐一放置“单头”滑轮连接器。“单头”是上端滑动、下端固定。“双头”与“单头”相似，只是其下端的一头可“托”住所架设的猫道承重索。“单头”放置完成后（将牵引索的质量施加在承重索上），即可进行中跨猫道承重索的架设。

（4）猫道承重索的就位

每根猫道索在塔顶最终将被移入各自的鞍槽。因此，在完成一根索的空中牵引后，首先需进行横向就位，然后才能进行另一根索的架设。

（5）猫道承重索的测量和调整

在安装变位钢架之前，应对猫道承重索的高程进行测量和调整，其顺序是先中跨、后边跨。中跨的测量调整方法是在边跨引桥上某一固定点设置测站，通过经纬仪观测中跨各索的切线与水平面间的夹角。利用该夹角和测站的位置、塔顶的实测纵向偏移值及塔顶和塔底的温度平均值即可计算出各索的调整长度，据此在连接滑轮组上进行调整。由于要安装变位钢架，而6根猫道承重索的长度是不一样的，因此在测量和调整承重索时共有三组高程。中跨调整完成后在塔顶猫道索支承鞍处将各索夹紧固定，然后进行边跨的调整。

（6）变位钢架的安装

猫道承重索在横向就位后，由于6根猫道索的鞍槽在塔顶位于主鞍座两侧（左右各3根），要使猫道横断面达到设计要求，必须将各索向主缆中心线方向“拉”，因此需要安装变位钢架以使各索在塔顶处绕过主鞍座。变位钢架的安装可以在塔顶工作平台上进行。

5）猫道面层结构的安装及抗风缆的架设

当每个猫道的若干根猫道曳拉索架设好后，即可铺设猫道面板及架设横向天桥及安装其他设施。

（1）猫道面层的安装

猫道面板结构一般先将横木和面板预制成可折叠并能卷起的节段，然后由塔顶起重机将它吊到塔顶后，沿着猫道承重索逐节下滑，在下滑过程中，各节之间进行逐节连接，待全部铺设到最后位置时，将横木固定在猫道承重索上。然后，再在横木端部装上栏杆立柱，并在立柱上安装扶手索及栏杆横索等。为了架设主缆工作的需要，沿猫道相隔一定距离还设置有门式框架，在猫道面上还铺设有各种管线和照明系统。在两侧猫道之间的横向通道也可与面板结构一起铺设。

（2）抗风缆的架设

由于抗风缆和其上的吊索都采用钢丝绳，所以抗风缆架设前要进行预张拉，消除非弹性变形。其端部要按设计要求进行加工，此外，抗风缆上还要在安装吊索的位置施加标记。

抗风缆架设好后需对猫道线形进行测量，并做必要的调整。

目前在国内外悬索桥施工中都有不设抗风缆的实例，这种情况应根据跨径大小和施工风速，采取构造措施，提高猫道抗扭刚度，并要通过试验验证，确保施工安全。

2. 猫道拆除方案

在主缆安装和钢箱梁吊装时，为方便施工，需根据施工进度分步拆除猫道。

1）抗风缆的拆除

在紧缆完毕之后，为进行猫道悬挂和钢箱梁吊装，先要拆除猫道抗风缆。拆除方法如下。

先用手拉葫芦在锚固点附近收紧抗风缆，解除抗风缆锚固点的约束。同时慢慢放松同一幅猫道的两根抗风缆绳。然后把同一根抗风缆两端分别接到南北塔卷扬机的钢丝绳上，利用两塔顶上或塔与锚的8t卷扬机从两端同时提起抗风缆，待抗风缆吊索对猫道只有吊索自重产生的拉力，解除跨中几根吊索与猫道的连接，并把抗风缆绳拉进猫道。解除剩余抗风缆绳吊索与猫道的连接，把中间跨抗风缆绳和拉杆分别运到南、北塔，边塔抗风缆绳和吊索运到锚端，再吊放到地面，打盘回收到材料仓库。

2）猫道改吊

以阳逻大桥为例，猫道改吊是在猫道上每隔26.7m有猫道横梁型钢的位置，用一道ϕ21.5mm外包橡胶管的钢丝绳按图7-9-13所示方法交替将猫道悬挂于主缆上。每隔53.4m经过猫道面网的小孔，用同样的钢丝绳套住猫道承重索悬挂于主缆之上。猫道的稳定通过主缆来实现。

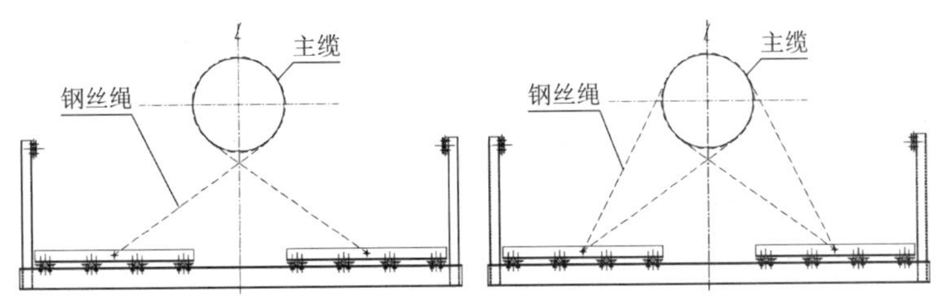

图 7-9-13　猫道改吊示意图

猫道悬挂的顺序为中跨由跨中开始，同时向南北塔方向进行；边跨由中点开始，同时往塔顶和锚碇方向进行。

猫道改吊过程中，适当放松猫道锚固系统两端连接拉杆和下拉装置，搭好便桥，调整塔顶变位刚架。

为了在工作车通过时减少门架承重索的偏移，同时也为了便于主跨的两个半跨工作车在门架承重索上的独立操作，在索夹安装前，在主跨跨中附近用钢丝绳将门架承重索与主缆连接，形成跨中“硬点”。

箱梁吊装前要对猫道进一步调整，使之适应钢箱梁吊装引起的主缆线形变化。

3）横向通道拆除

猫道改吊结束后，拆除横向通道。在每侧天顶小车吊挂两只 5t 手拉葫芦，与横向通道相连，然后拆除横向通道与两侧猫道的连接，使横向通道脱离猫道一段距离。通过塔顶门架卷扬机和天顶小车形成牵引机构。启动卷扬机，缓慢向上牵引横向通道，注意横向通道两端平衡，将横向通道牵引至近塔处，由塔式起重机吊放至地面。边跨横向通道可下滑至锚碇处，下落至引桥桥面上，塔式起重机拆除。

4）猫道面层及猫道承重索的拆除

当主缆缠丝、涂装和检修道安装完成后，开始拆除猫道。此时的施工猫道悬挂在主缆上，在塔顶和锚碇早已解除端点约束。猫道拆除的关键是如何安全地把猫道悬挂绳子从主缆上解下来。根据各桥的具体情况，中跨和边跨猫道拆除方法有所不同。下面以虎门大桥为例介绍其拆除方法。

（1）中跨猫道的拆除

悬索桥中跨猫道拆除，包括以下四个部分。

① 准备工作。重新调整猫道悬挂绳与主缆的相对高度为 1m，使猫道线形与主缆线形大致一致，趋于平顺。在东、西塔顶恢复钢箱梁吊装时已拆除的锚梁拉杆，把锚梁与拉杆连接好，并在每根拉杆上装好 YCW-250 型千斤顶。

② 解除猫道悬挂绳。同时启动东、西 YCW-250 型千斤顶，张拉猫道承重索，使承重索绷紧。待承重索绷紧到一定程度后，在猫道悬挂绳附近用手拉葫芦慢慢提起猫道。待猫道悬挂绳的拉力转换到葫芦后，解除猫道的悬挂钢丝绳。慢慢放松葫芦，等到葫芦不受力后，解掉葫芦。

③ 猫道面层的拆除。为缩短工期，在中跨猫道面层拆除时，采用多点开工同时进行。除了从东西塔顶向跨中进行外，还从跨中划分出 200 多米的一段，在这一段也是由两端向中间拆除。拆除方法是：先解除猫道扶手绳和栏杆绳，并打盘回收，然后以每 12m 猫道长作一拆除段；在这拆除段内，先拆除侧面网，并用风镐解除猫道面网型钢与猫道承重索之间的连接；人工把侧面网、防滑木条、型钢、立柱转运到汽车起重机可以吊运的猫道面网上堆放，全部

转运完后再收卷这一段猫道面网，并将其捆好，人工运至猫道面层型钢堆放处；最后利用汽车式起重机把堆放处的型钢、猫道面网等转移到运输车，回收到材料仓库。

④ 承重索的拆除。预先在东、西塔顶的每一边布置两套 50t 滑车组，一套用来提起猫道承重索，另一套负责承重索横移。承重索的拆除顺序是：先拆除主缆内侧承重索，后拆除主缆外侧承重索，上下游对称施工。

拆除内侧承重索：将承重索与东、西塔顶用于提起的滑车组钢丝绳连接好，同时收紧卷扬机，提起猫道承重索，把猫道承重索从锚梁中解出来。慢慢放松卷扬机，将猫道承重索下放到桥面，在桥面把猫道承重索打盘，采用汽车运回到材料仓库。

拆除外侧承重索：用塔式起重机提起滑车组，在东、西塔分别把提升和横移用的滑车组与同一根承重索的一端连接好。先收紧提升承重索，把猫道承重索从锚梁中解出来。慢慢放松卷扬机，继续提升。直到主缆外侧的猫道承重索高过主缆检修道，然后利用横移滑车组，在东、西塔同时将该承重索拉到塔顶平台的内侧。慢慢放松卷扬机，使猫道承重索放到桥面，最后把猫道承重索打盘回收到材料仓库。

（2）边跨猫道的拆除

① 东边跨猫道整体拆除。边跨猫道因没有吊索，为节省时间，减少高空作业，加快进度，采用整体式拆除。整体式拆除的方法如下：先在东边跨沿主缆索夹挂 4 台 50t 滑车工组，东塔顶配卷扬机，在滑车位置下，用粗钢丝绳锁住猫道型钢和承重索，并套在滑车钩上，以此将猫道分成三段。穿好钢丝绳，收紧卷扬机。分段解除猫道悬挂绳，每段都从中间开始，向两边推进，几台卷扬机协调好，把猫道整体往下放，快到桥面时，利用汽车式起重机把猫道拖进桥面。在桥面拆面网、侧网，把钢丝绳打盘回收。

② 西边跨猫道的拆除。西边跨猫道的拆除跟东边跨相似，但因为西边跨猫道有一部分在西引桥的下面，因此要先拆除西边引桥的下面部分。

在西引桥上面第一索夹位置把猫道固定在索夹上，西锚碇猫道锚梁固定好。从中间开始解除猫道悬挂绳，拆除猫道面网、侧网。利用汽车式起重机把猫道承重索吊上桥面。

在西引桥下面部分拆完后，采用与东边跨猫道拆除相同的方法，拆除西引桥上面部分猫道。

第八章

加劲梁设计

第一节　功能与原则

一、加劲梁功能

悬索桥的受力特点决定了加劲梁的主要功能有：

（1）加劲梁直接承受竖向活载，可看作是桥面系的延伸或扩充。大跨径悬索桥加劲梁的高跨比很小，在活载作用下，其应变不大，但变形却不小。加劲梁不可能凭借自身抗弯能力，直接承担大部分活载。从外形上看，加劲梁虽然并不是桥面系那样的局部性承载构件，但其实际功能却是给桥面系作补充，将短段活载分摊到附近几根吊索，并传到主缆（离活载较远的吊索虽然也会受力，但其数值是相当小的）。

（2）加劲梁是直接承受风荷载的主要悬吊构件。与主缆及吊索相比，加劲梁横向的迎风面积及风阻系数要大得多，其所承受的横向风荷载也要大于缆索系统。加劲梁必须能够安全地抵抗横向风压，并且保证风动力作用下的稳定性。对于风的动力作用，缆和梁总是联合起来作出反应。但是，梁的形状和几何尺寸具有决定性影响。1940 年，美国建成塔科玛海峡大桥，主跨 853.4m，梁宽 11.89m，宽跨比是 1∶72，加劲梁采用高度为 2.44m 的下承钢板梁。该桥在开通后不到半年，在速度为 19m/s 的风持久作用下，加劲梁发生反对称扭转振动，主缆发生反对称竖向振动，导致吊索及加劲梁发生破坏。该事故促进了桥梁风工程学科的诞生和发展。国外针对这个案例的研究表明，加劲梁的形式直接关系到悬索桥的抗风性能。

（3）加劲梁需要对地震进行设防。悬索桥是柔性结构，当其跨径大时，其自振周期一般较长（可以长达 10s 以上）。在纵向地震激励下，加劲梁会发生纵向摆动，在摆动中减弱地震能量。为了限制其纵向产生过大位移量，可以在梁端设置限位器或抗震阻尼装置。

二、设计原则

根据加劲梁的功能及其在悬索桥体系中的作用，加劲梁的设计原则是：

（1）择优选择加劲梁类型及截面外形，保证悬索桥总体抗风稳定性。

（2）合理确定梁高，尽量减轻自重，从而减少主缆一期恒载缆力。

（3）与索塔、吊索、锚碇的构造设计相协调。

（4）保证加劲梁结构安全性及施工可行性。

三、设计条件

加劲梁设计前，需掌握车道数、桥址区的设计风参数、温度参数、交通荷载等级、地震动参数、腐蚀环境、加工运输安装条件等基础资料，并配合总体结构分析进行互动设计。

四、设计流程

加劲梁的设计流程如图 8-1-1 所示。

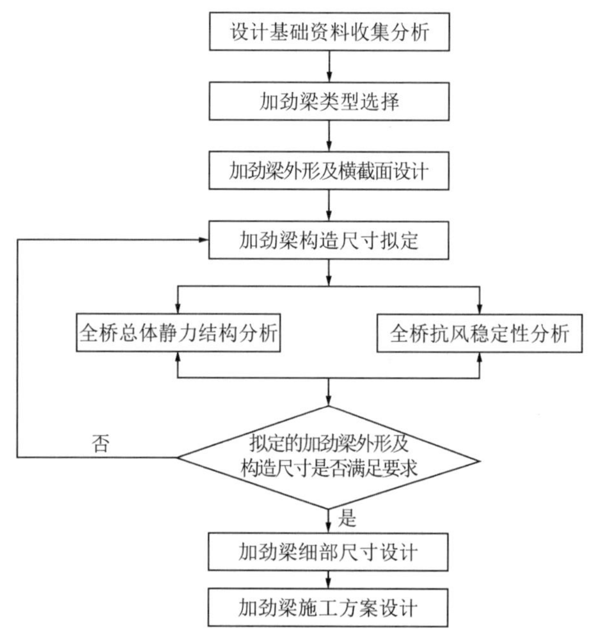

图 8-1-1　加劲梁的设计流程图

第二节　主要类型与选择

悬索桥的加劲梁一般都采用钢结构。早期以钢桁梁为主，个别中小跨径的悬索桥也有采用钢板梁的案例；但由于钢板梁的抗风性能不佳，自采用钢板梁的美国塔科玛海峡大桥发生风毁后，世界各国在较大跨径的悬索桥中不再采用钢板梁。

1966 年建成的英国威尔士塞文桥开始采用扁平流线型钢箱梁结构作为悬索桥加劲梁。在此之后，在较大跨径悬索桥中采用这种加劲梁的相继有丹麦的小贝尔特桥（主跨 600m）、土耳其的博斯普鲁斯海峡一桥（主跨 1074m）、英国的亨伯桥（主跨 1410m）以及博斯普鲁斯海峡二桥（主跨 1090m）。中国的虎门大桥、江阴大桥、海沧大桥、阳逻大桥、西堠门大桥、黄埔大桥、南沙大桥、深中大桥、张靖皋长江大桥等都采用了钢箱加劲梁。

钢桁加劲梁与钢箱加劲梁各有优点。总体来说钢箱梁的抗风性能较好，风阻系数仅为钢桁梁的 1/4～1/2；此外，钢箱梁用钢量也较少。但钢桁梁在双层桥面的适应性方面更优，因此适合于交通量较大的桥、公铁两用的悬索桥或其他特殊条件下的悬索桥。20 世纪 80 年代，日本修建的大跨径悬索桥之所以仍采用钢桁梁，其主要原因也是如此。中国建成的夔门大桥、坝陵河大桥、北盘江大桥、四渡河大桥、洞庭湖大桥、杨泗港长江大桥等都采用了钢桁梁。

1997 年建成的香港青马大桥（主跨 1377m），它的加劲梁介于钢桁梁与钢箱梁之间，从外观上看近似于钢箱梁，从结构组成构件来看则仍属于双层桥面的钢桁梁。

汕头海湾大桥（主跨 452m）采用薄壁预应力混凝土箱梁作为悬索桥的加劲梁属于特殊案例。但梁体重量过大，导致缆索系统规格升级，显著增加了全桥的工程量、造价、工期等。基于此工程经验，在现代悬索桥设计中，在主跨 200m 以上的悬索桥中采用预应力混凝土箱梁作为加劲梁已被业界普遍认为是不经济的方案。

本书将桁梁式加劲梁分为钢桁加劲梁和组合式加劲梁两类：钢桁梁与钢桥面板组成的加劲梁定义为钢桁加劲梁；钢桁梁与混凝土桥面板组成的加劲梁定义为组合式加劲梁。

一、钢桁加劲梁

钢桁加劲梁主要构造特点有：由多片钢桁片组成纵向主要受力结构，各桁架片上下弦杆间设平联，沿顺桥向每隔一定距离设横联。根据不同桥梁功能采用不同的横截面布置，典型的横截面介绍如下。

1. 具有双层公路桥面的钢桁梁横截面

图 8-2-1 为 4 座能提供双层道路桥面的钢桁梁横截面实例。

图 8-2-1a）为美国旧金山-奥克兰海湾大桥（主跨 704m）的钢桁梁横截面。两片主桁梁的中心距为 22.12m，上下弦之间的桁高为 9.15m。上层桥面能通行 6 车道快速小汽车，下层桥面除 3 个重型汽车（货车）道之外还设置双线客运城市电车道。

图 8-2-1b）为美国韦拉扎诺海峡大桥（主跨 1298m）的钢桁梁横截面。两片主桁架的中心距为 31.39m，上下弦之间的桁高为 7.32m。在上下两层桥面的行车双向各布置有宽度均为 11.28m 的行车道。

图 8-2-1c）为日本东京湾彩虹大桥（主跨 570m）的钢桁梁横截面。两片主桁架的中心距为 29m，上下弦之间的桁高为 8.9m。上层桥面的双向各设有宽度为 9.25m 的高速公路行车道，下层桥面的双向各设有宽度为 7.0m 的临港湾道路的行车道以及宽度为 1.5～2.5m 的人行道。除此之外，在临港湾道路的双向行车道之间还设有双向的新型公共交通道。

图 8-2-1d）为美国乔治·华盛顿大桥（主跨 1067m）的钢桁梁横截面。两片主桁架的中心距为 32.31m，上下弦之间的桁高为 8.84m，但在 1962 年的下层桥面改建时已增加到 9.15m。上层桥面可通行 8 个车道，即两侧各宽 9.83m，通行双向各 3 个车道（快车），中间宽 6.36m，通行双向各 1 车道（重车）。下层桥面在两侧各有宽 10.97m 的双线有轨电车道。

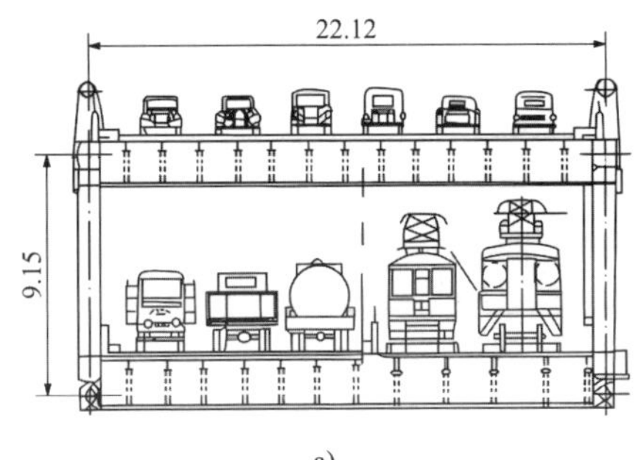

a)

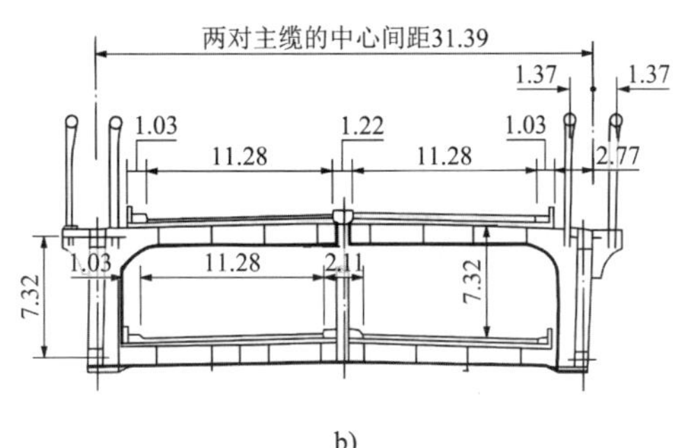

b)

图 8-2-1

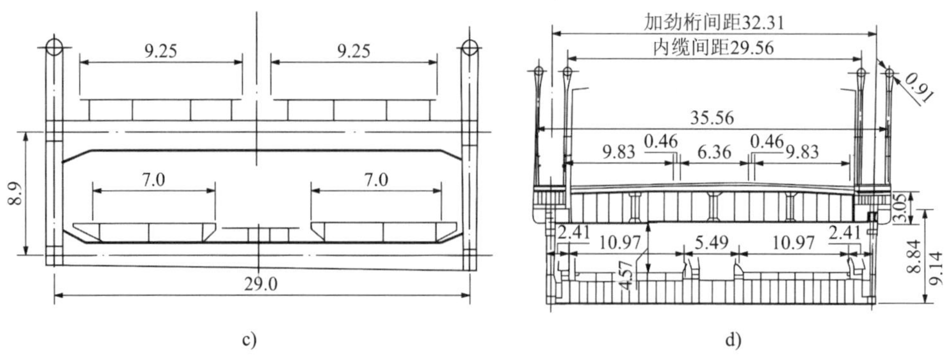

图 8-2-1　双层道路桥面的钢桁梁横截面（尺寸单位：m）

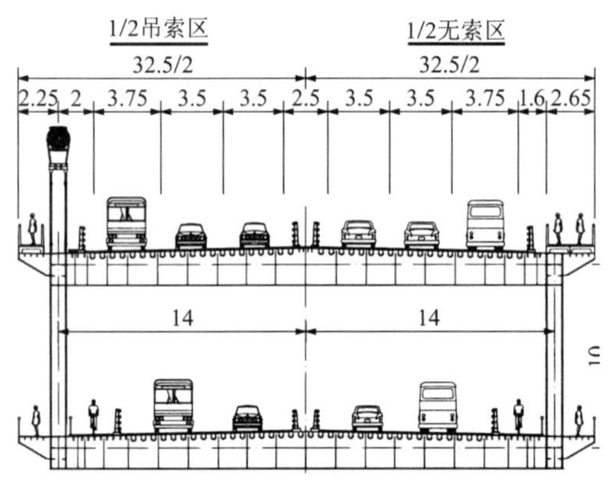

图 8-2-2　杨泗港大桥的钢桁梁横截面（尺寸单位：m）

图 8-2-2 为杨泗港长江大桥（主跨 1700m）的钢桁梁横截面。两片主桁架的中心距为 28.0m，上下弦之间的桁高为 10m。上层布置双向六车道城市快速路，两侧设置观光人行道；下层布置双向四车道城市主干路，两侧设置非机动车专用道和人行道。

从图 8-2-1 与图 8-2-2 可以看出，具有双层道路桥面的加劲钢桁梁的横截面中，除了用两侧的主桁架来连接上下两层桥面之外，为给下层桥面争取更多的行车净空，上下桥面的主横梁之间不再布置用作横截面连接用的任何斜向或竖向杆件。因此，上下主横梁需与两侧的主桁架形成刚性的横向框架，满足横向受力需求。

2. 公铁两用的双层桥面钢桁梁横截面

图 8-2-3 为日本本-四联络桥中的下津井濑户大桥、南备赞濑户大桥、北备赞濑户大桥三座公铁两用悬索桥的钢加劲桁梁的横截面，图 8-2-4 为我国五峰山长江大桥的标准横断面。与一般钢桁梁相比，由于铁路活载较大，桁高、桁宽及单位长度的用钢量都比较大。

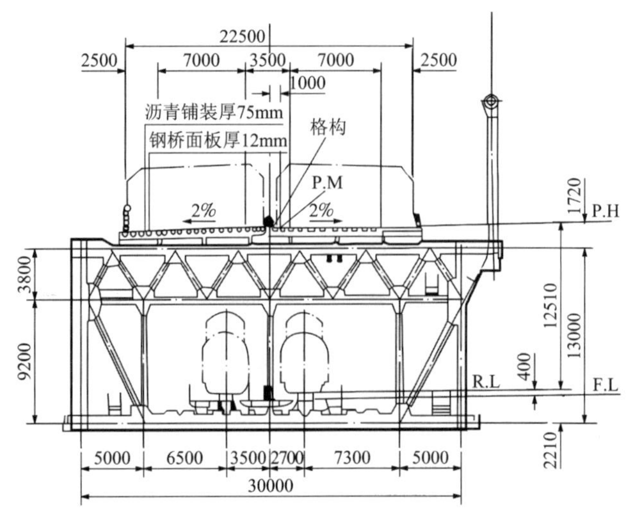

图 8-2-3　公铁两用的双层桥面钢桁梁横截面（尺寸单位：mm）

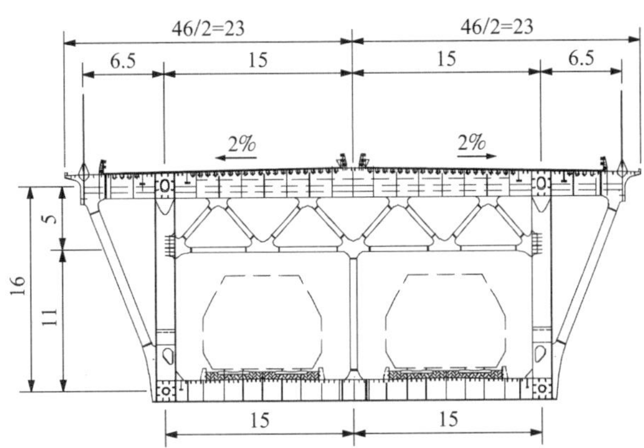

图 8-2-4　五峰山长江大桥的双层桥面钢桁梁横截面（尺寸单位：m）

3. 上层公路下层轻轨＋汽车道双层桥面钢桁梁横截面

图 8-2-5 为我国香港的青马大桥双层桥面（上层公路，下层轻轨＋汽车道）钢桁梁的横截面示意图。两片主桁架的横向中心距离为 26m。在两片主桁架的外围，沿桥梁纵向每隔 4.5m 加设一道包括由上下桥面系横梁、两侧尖端形导风角及中间两根立柱等构件组成的六边形横向主框架，在导风角部分用 1.5mm 厚的不锈钢板围封。这样，连同上下横梁部分的正交异性钢桥面板，组成一个类似于钢箱梁的封闭形截面。但在上层桥面中央 3.5m 宽度部分以及下层桥面的铁道桥面系部分均以交叉的斜杆代替正交异性板。这样，整个横截面的中央就形成一条纵向的上下透风道，对抗风极为有利。

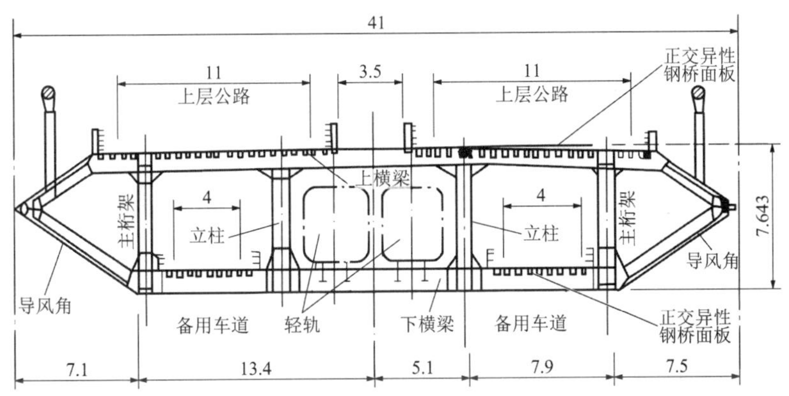

图 8-2-5　香港青马大桥钢加劲桁梁的横截面示意图（尺寸单位：m）

4. 单层桥面的钢桁梁横截面

单层桥面一般都设在钢桁梁的上弦位置处。横截面的布置可有两种类型：一种是如图 8-2-6 所示的下翼开口型，另一种是如图 8-2-7 所示的下翼封闭型。

美国金门大桥与英国福斯公路大桥（图 8-2-6）采用下翼开口型的横截面。悬索桥与斜拉桥所用加劲梁在竖向平面内的主要不同功能是，悬索桥的加劲梁以承受局部挠曲为主，而斜拉桥的加劲梁则兼受轴力与挠曲。因此悬索桥的钢桁梁只要有足够的竖向刚度，就有可能采用下翼开口型的横截面。但从抗风与抗震角度来看，大跨径悬索桥加劲梁的横向刚度与抗扭刚度仍是非常重要的。因此采用下翼开口型的横截面对抗风与抗震来说有些不足。美国金门大桥在塔科玛海峡大桥遭受风毁事故后，经过再度审查决定在 1954 年将其钢桁梁的下翼缘加固改造成封闭型。此举对金门大桥来说至关重要，得以在后来发生的几次地震中避免了损坏。

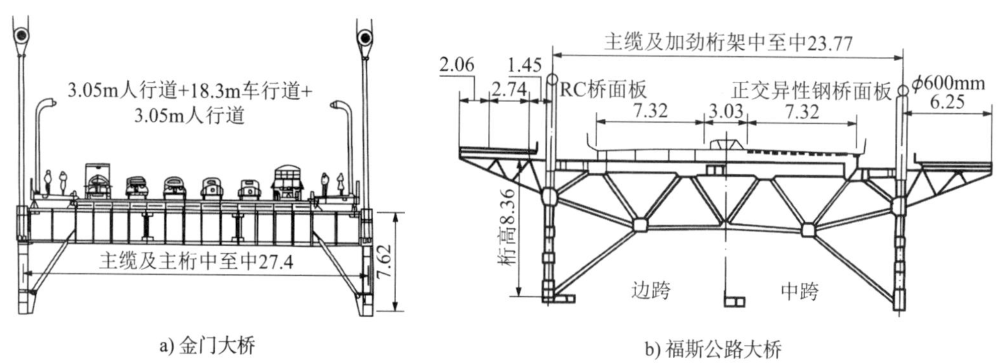

a) 金门大桥　　b) 福斯公路大桥

图 8-2-6　钢桁梁下翼为开口型的横截面（尺寸单位：m）

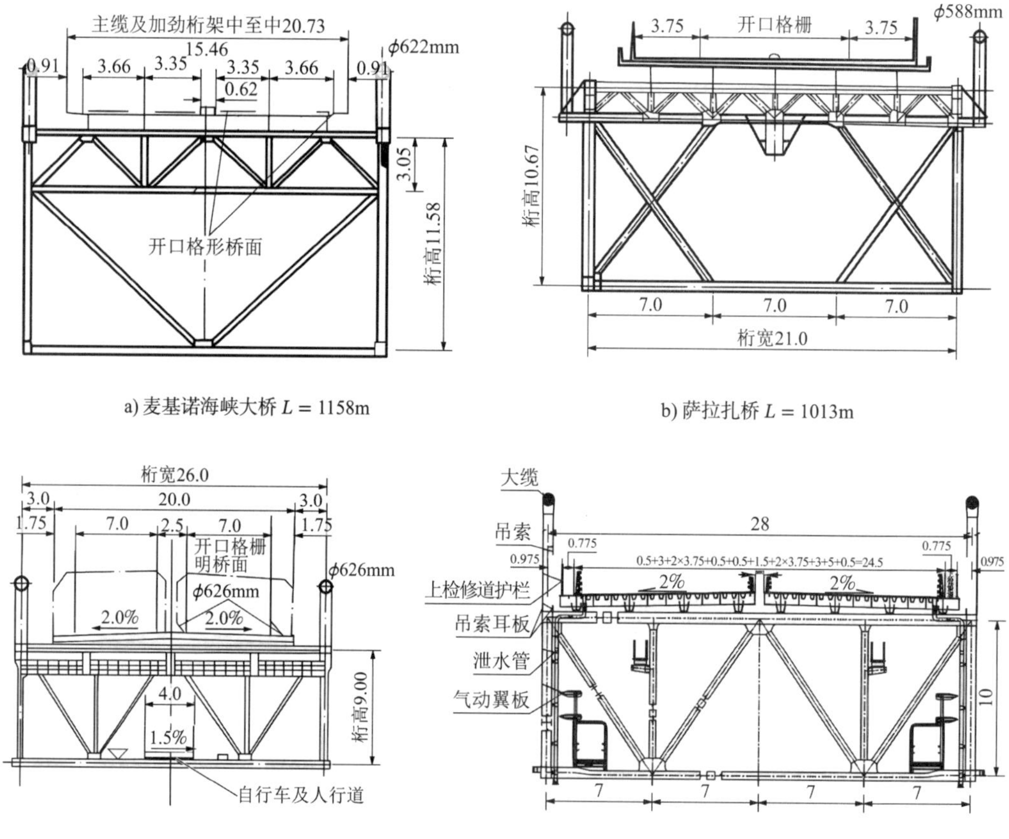

a) 麦基诺海峡大桥 $L = 1158\text{m}$　　b) 萨拉扎桥 $L = 1013\text{m}$

c) 因岛大桥 $L = 770\text{m}$　　d) 坝陵河大桥 $L = 1088\text{m}$

图 8-2-7　钢桁梁下翼为封闭型的横截面（尺寸单位：m）

金门大桥与福斯公路大桥的钢桁梁横截面的不同之处在于人行道分别布置在主缆的内侧（金门大桥）与外侧（福斯公路大桥）。后者因内侧无人行道对主缆被撞击提供缓冲保护，故需另设护栅。

钢桁梁特别适应于双层桥面，采用双层桥面布置可增加车道数目，但增加的造价不多。不过，采用双层桥面时，桥头引线工程量会增加。另外，由于钢桁梁的杆件组拼比较灵活，在钢箱加劲梁节段运输困难的地方具有很大的优势。与组合式钢桁梁相比，采用正交异性钢板作为桥面板，可减少自重，且加工工艺简单；但钢材用量增加，造价要高一些，同时还需解决好钢桥面铺装问题。

5. 板桁组合钢桁梁横截面

图 8-2-8 为板桁组合钢桁梁横断面实例。这种由正交异性钢桥面板和钢桁梁组成的板桁结构体系存在如下优点：①桥面板作为钢桁梁的一部分参与整体受力，改善了主桁受力状态，从而节省用钢量；②桥面板与主桁架形成稳定的空间结构，使桥梁的横向抗弯刚度、抗扭刚度更大；③该种结构荷载分布能力强，平面刚度大，承受纵向荷载性能好，故无需设置传递纵向制动力和牵引力的联结系及桥面系的纵向断开装置。

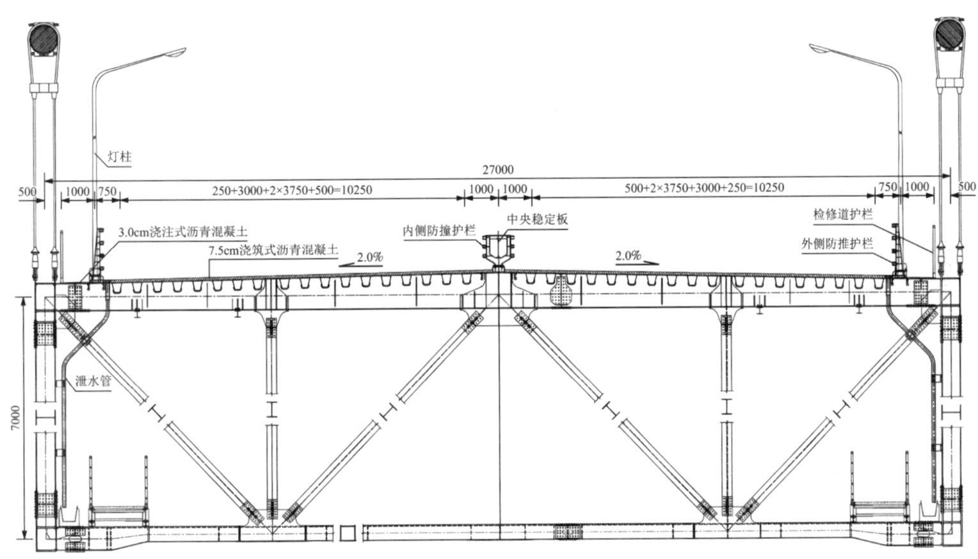

图 8-2-8　板桁组合钢桁梁横截面（尺寸单位：mm）

二、钢箱加劲梁

钢箱加劲梁主要构造特点有：由箱梁顶板、底板、斜腹板等可靠连接形成一闭合的流线型薄壁箱体结构，箱内纵桥向每隔一定距离设横隔板，箱梁顶板为正交异性板结构，底板、斜腹板为带加劲的钢板。图 8-2-9 为四种典型的钢箱加劲梁横截面。

图 8-2-9a）为以小贝尔特桥为例的扁平菱形钢箱加劲梁截面，一般用于桥面车道较多（6 车道）且梁高较小、梁体宽高比值较大的悬索桥。日本北海道的白鸟大桥（主跨为 720m），梁体的宽高比为 23.0m/2.5m = 9.2，也属于此种类型。梁高仅 2.2m 的日本大岛桥，除了横截面两侧的导风尖角有所不同外，梁体宽高比为 23.7m/2.2m = 10.77，基本上也属于这种类型。这种类型横截面的抗风功能是依靠较大的梁体宽高比（扁平度）与截面两侧的导风尖角来得到改善的。

图 8-2-9b）所示横截面是在图 8-2-9a）所示截面基础上再增设抗风分流板，并将人行道设于分流板上。采用该形式截面的悬索桥有塞文桥、博斯普鲁斯海峡一桥、江阴大桥等。改善此类横截面抗风性能的因素较多，即加设抗风分流板、改善导风尖角及较大的梁体宽高比。

图 8-2-9c）为以瑞典高海岸桥为例的流线型钢箱加劲梁截面，一般用于桥面车道较少（4 车道）且梁高较大（4m 以上）、梁体宽高比值较小的悬索桥。高海岸桥的桥面为 4 车道，梁宽 22.0m，梁高 4.0m，梁体宽高比为 22m/4m = 5.5。这种类型的横截面主要依靠导风尖角来改善其抗风性能。采用该形式截面的悬索桥还有大贝尔特桥（梁宽 31.0m，梁高 4.0m，宽高

比为 31.0m/4.0m = 7.75)。

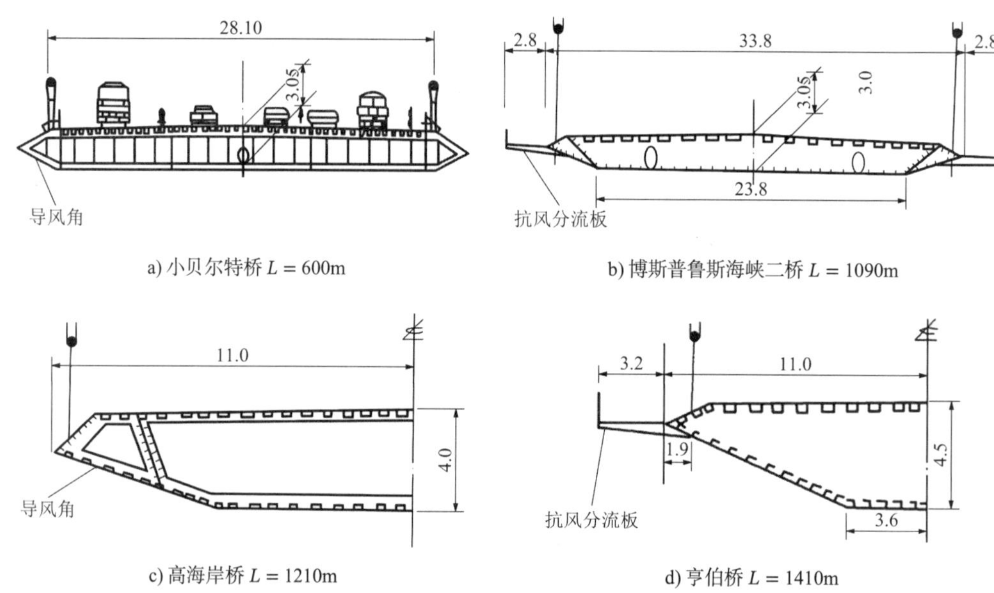

图 8-2-9　四种典型的钢箱加劲梁横截面（尺寸单位：m）

若桥上的车道数目不大于 8，采用扁平流线型钢箱加劲梁是合适的。其优点是：建筑高度低，自重较钢桁梁为轻，用钢量省，所受到的横向风静压力较小。就梁的高跨比而言，现在也已用到 1∶363（博斯普鲁斯海峡二桥）。就梁截面的高宽比而言，高宽比的值较小，有利于风动力稳定；以宽度较窄及梁高较大的塞文桥和亨伯桥为例，此两桥加劲梁的高跨比分别是 3.05/22.88 = 1∶7.5 和 4.5/22.0 = 1∶4.9。根据实际经验，对所有情况都应进行风洞试验，通过试验对其风动力稳定性能作出评价。

对于超大跨径钢箱梁悬索桥（跨径大于 2000m），在采用整体式钢箱加劲梁时，往往需要合理搭配采用多重气动措施，抗风性能才能满足要求，即对气动措施相对敏感。张靖皋长江大桥采用了上稳定板、下稳定板、水平导流板等结构，同时对检查车轨道位置作出了相应的要求。图 8-2-10 为张靖皋长江大桥钢箱加劲梁横断面。

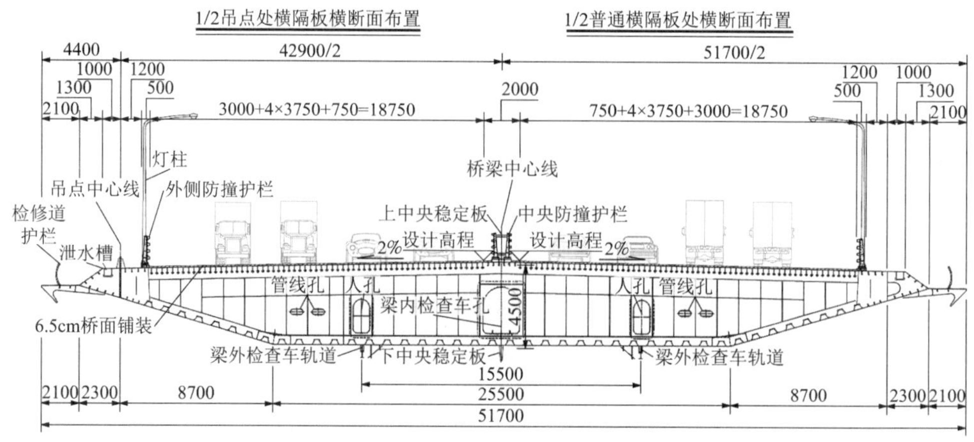

图 8-2-10　张靖皋长江大桥的钢箱加劲梁横截面（尺寸单位：mm）

对于大跨径悬索桥而言，加劲梁往往会受颤振控制。将整体式钢箱加劲梁中间开槽，通过横向联系梁进行连接，形成分体式钢箱加劲梁，可以较好地改善整体式钢箱加劲梁颤振问题；但开槽容易引起竖向涡振现象。土耳其1915恰纳卡莱大桥（图8-2-11）及我国的双屿门特大桥、西堠门大桥均采用了分体式钢箱加劲梁。

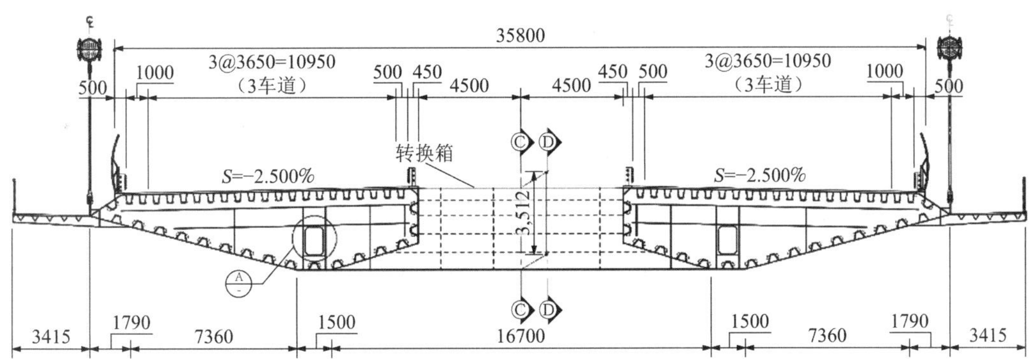

图8-2-11　土耳其1915恰纳卡莱大桥的钢箱加劲梁横截面（尺寸单位：mm）

钢箱加劲梁的安装一般采用节段吊装，对运输、吊装施工的要求较高，不如钢桁梁灵活，同时需处理好钢桥面铺装的问题。

三、组合式加劲梁

组合式加劲梁主要构造特点基本与钢桁梁相同，其主要差别是采用混凝土桥面板。采用混凝土桥面板的主要优点是可减少桥面用钢量，桥面板与桥面铺装的结合较好，行车更舒适；但其主要缺点是自重较大、变形适应性差、易开裂，宜在中小跨径悬索桥中采用。

早期，如美国在20世纪30年代修建的旧金山-奥克兰海湾大桥与金门大桥，桥面都采用钢筋混凝土板。

随着钢结构焊接技术与材料的发展，钢筋混凝土桥面板已在悬索桥钢箱加劲梁与钢桁加劲梁中较少采用。使用较多的是正交异性钢桥面板。

钢箱加劲梁、钢桁加劲梁及组合式加劲梁的比较见表8-2-1，国内外已建的千米级大跨径悬索桥加劲梁截面的统计与比较见表8-2-2。

三种加劲梁截面形式的比较　　　　表8-2-1

加劲梁种类		钢桁加劲梁	钢箱加劲梁	组合式加劲梁
抗风性能	动力颤振特性	抗扭颤振较好	截面扁平时有平板特性，有利于抵抗弯扭耦合振动	抗扭颤振较好
	涡流振动	不易发生	容易发生	不易发生
	静态阻力系数C_D	$C_D=2.0\sim3.0$，较大	截面扁平时，$C_D=0.5\sim1.5$，较小	$C_D=2.0\sim3.0$，较大
	风力产生变形	大	小	大
结构	梁高	高	低	高
	钢材质量	较重	稍轻	稍重
	双层桥面的适应性	适应（对多车道或公铁两用桥有利）	不适应	适应（对多车道或公铁两用桥有利）
	桥面板	与加劲梁分离或结合	一般与加劲梁结合成整体	与加劲梁分离

续上表

施工等方面	制造	杆件较多，节点构造复杂，加工制造较困难	由板构件组成，可标准化，制造较容易	杆件较多，节点构造复杂，制造较困难
	架设	架设方法有单根杆件、平面构架、立体梁段等	只能用节段法架设，无选择余地	架设方法有单根杆件、平面构架、立体梁段等，桥面板分块预制，可与钢结构分开吊装
	养护维修	构件多，油漆等维修较难	平面构件，易于油漆喷涂	构件多，油漆等维修较难
	桥面铺装	采用钢桥面铺装，技术难度大	采用钢桥面铺装，技术难度大	混凝土桥面铺装，技术成熟

国内外已建及在建的千米级大跨径悬索桥加劲梁截面的统计与比较　　表 8-2-2

序号	桥名	位置	完成日期	主缆分跨（m）	加劲梁形式	备注
1	张靖皋长江大桥	中国	在建	660 + 2300 + 1220	扁平钢箱梁	公路桥
2	1915 恰那卡莱大桥	土耳其	2023	1135 + 2023 + 1120	扁平钢箱梁	公路桥
3	明石海峡大桥	日本	1998	960 + 1991 + 960	钢桁梁	公路桥
4	双屿门特大桥	中国	在建	600 + 1768 + 645	扁平钢箱梁	公路桥
5	南京新生圩长江大桥	中国	在建	580 + 1760 + 580	扁平钢箱梁	公路桥
6	杨泗港长江大桥	中国	2019	465 + 1700 + 465	扁平钢箱梁	公路桥
7	南沙大桥	中国	2018	658 + 1688 + 522	扁平钢箱梁	公路桥
8	深中大桥	中国	2024	500 + 1660 + 500	扁平钢箱梁	公路桥
9	西堠门大桥	中国	2009	578 + 1650 + 485	扁平钢箱梁	公路桥
10	大贝尔特桥	丹麦	1998	535 + 1624 + 535	扁平钢箱梁	公路桥
11	李舜臣大桥	韩国	2013	522.5 + 1545 + 522.5	扁平钢箱梁	公路桥
12	润扬大桥	中国	2005	470 + 1490 + 470	扁平钢箱梁	公路桥
13	洞庭湖大桥	中国	2017	460 + 1480 + 491	钢桁梁	公路桥
14	南京栖霞山长江大桥	中国	2012	576.2 + 1418 + 481.8	扁平钢箱梁	公路桥
15	亨伯桥	英国	1981	530 + 1410 + 280	扁平钢箱梁	公路桥
16	江阴大桥	中国	1999	336.5 + 1385 + 309.3	扁平钢箱梁	公路桥
17	香港青马大桥	中国	1998	455 + 1377 + 300	钢桁梁 + 风嘴	公路桥 + 城市轻轨
18	韦拉扎诺海峡大桥	美国	1964	370 + 1298 + 370	钢桁梁	公路桥
19	金门大桥	美国	1937	343 + 1280 + 343	钢桁梁	公路桥
20	高海岸桥	瑞典	1997	310 + 1210 + 280	扁平钢箱梁	公路桥

注：表列数据取自多种资料，尾数不尽相同，仅供对比参考。

第三节　受 力 特 点

大跨径悬索桥加劲梁通过吊索悬挂在主缆上，主缆是主要承重结构，加劲梁可以近似看作是支撑在多个弹性支撑上的连续梁；在荷载直接作用范围内的加劲梁将承受正弯矩，在无活载的区段，主缆将发生向上的竖位移，通过吊索使加劲梁在那些区段发生负弯矩。经验表明：当加在加劲梁上的活载长度很大时，加劲梁曲率沿梁的分布较为均匀，其峰值并不高，相应的弯矩值也不是很大。

加劲梁的支撑体系可分为简支体系和连续体系，各种形式加劲梁支撑体系如图 8-3-1 所示，不同体系表现出不同受力特点。

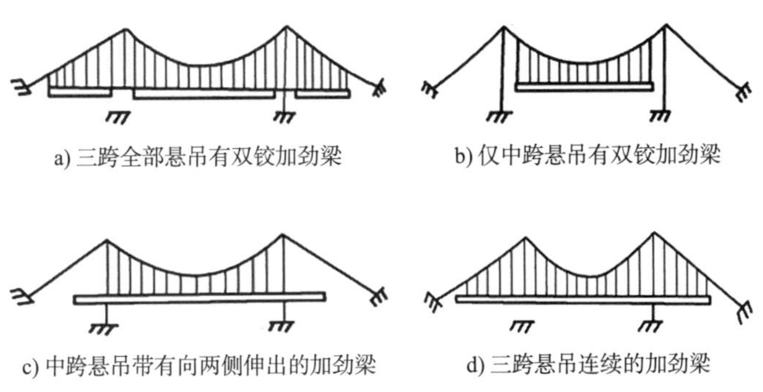

a) 三跨全部悬吊有双铰加劲梁
b) 仅中跨悬吊有双铰加劲梁
c) 中跨悬吊带有向两侧伸出的加劲梁
d) 三跨悬吊连续的加劲梁

图 8-3-1　加劲梁的支撑体系

一、简支体系受力特点

简支体系加劲梁在塔墩处是不连续的，包括单跨两铰式加劲梁布置及三跨双铰式加劲梁布置。与连续体系相比，其梁端的转角和伸缩量以及跨中的最大挠度（包括竖向的和横向的）均较大。这对一般公路桥来说问题不大，但对有铁路交通的悬索桥来说，必须进行研究比较。简支体系加劲梁的受力比连续体系相对简单。

两种简支体系加劲梁的受力特点分述如下。

1. 单跨两铰式加劲梁

单跨两铰式加劲梁悬索桥只在中跨有加劲梁，在索塔处设竖向活动支座及横向风支座进行支撑。其在竖向的行为可近似认为是支撑在多个弹性支撑上的连续梁，在横向风压作用下，加劲梁就只能用作（水平放置的）简支梁，通过吊索与主缆连接，与主缆共同抵抗水平的横向风压。

图 8-3-2、图 8-3-3 分别为某单跨两铰式悬索桥方案（桥跨布置为 600m + 1668m + 600m = 2868m 钢箱梁悬索桥）在 6 车道竖向活载作用下的弯矩（M）包络图与挠度（f）包络图。

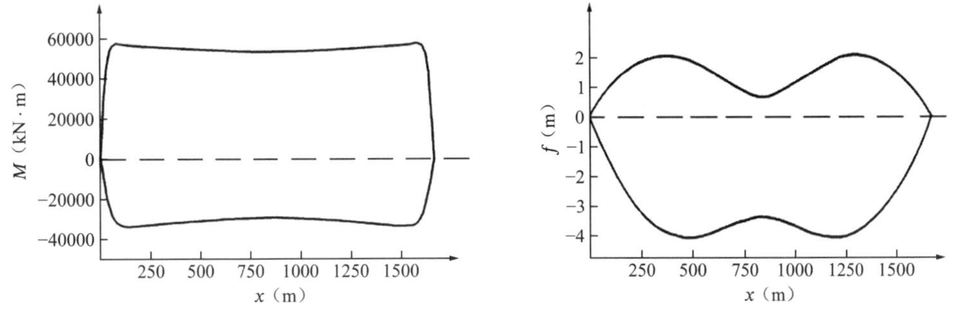

图 8-3-2　单跨两铰式悬索桥弯矩包络图示例　　图 8-3-3　单跨两铰式悬索桥竖向挠度包络图示例

2. 三跨两铰式加劲梁

三跨两铰式加劲梁悬索桥在两边跨及中跨均有加劲梁，在索塔处加劲梁断开，并设竖向活动支座及横向抗风支座进行支撑。

三跨两铰式加劲梁在竖向的行为可近似认为是三个各自支撑在多个弹性支撑上的连续梁；但在一跨加载时，主缆的变位会引起其他跨加劲梁的内力及挠度变化。在横向风压作用下，加劲梁基本可看作（水平放置的）三个简支梁，通过吊索与主缆连接，与主缆共同抵抗水平的横向风压。

在承受横向风压方面，梁的作用远比主缆大。边跨在索及锚碇处的水平支承可与主跨同样设置。

图 8-3-4、图 8-3-5 分别为某三跨两铰式悬索桥方案（桥跨布置为 532m + 1380m + 532m = 2444m 钢箱梁悬索桥）在 6 车道竖向活载作用下的弯矩包络图与挠度包络图。

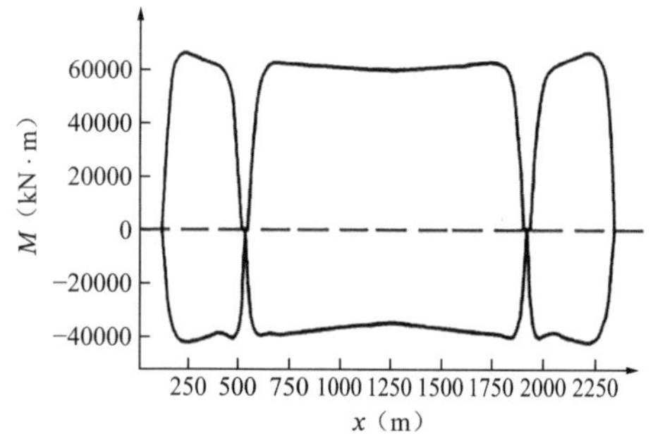

图 8-3-4 三跨两铰式悬索桥弯矩包络图示例

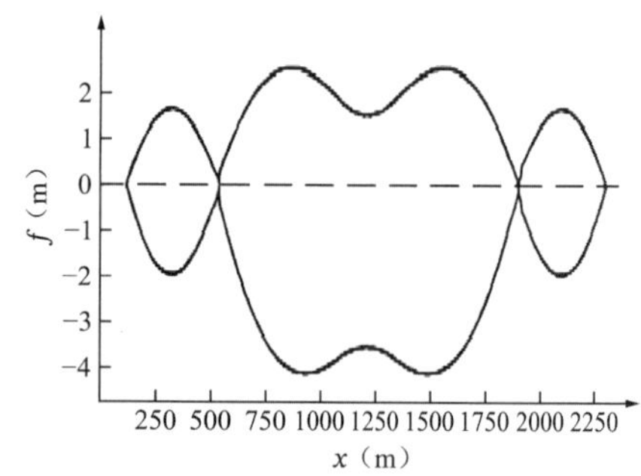

图 8-3-5 三跨两铰式悬索桥挠度包络图示例

二、连续体系受力特点

如果加劲梁在通过索塔时不断开，则形成连续体系，在竖向活载作用下，可近似看作是支撑在多个弹性支撑上的连续梁，在索塔处梁将承受较大的弯矩。在横向风载作用下，加劲梁也可看作是一连续梁。根据索塔处竖向支撑的设置，连续体系加劲梁可分为竖向全飘浮体系（塔处不设竖向支座）、弹性支撑体系（塔处设竖向弹性支座）及刚性支撑体系（塔处设竖向刚性支座）。

20 世纪 90 年代建造的丹麦大贝尔特桥（$L = 1624$m）、瑞典高海岸桥（$L = 1210$m）和我国厦门海沧大桥（$L = 648$m）、南京栖霞山长江大桥（$L = 1418$m）虽然都无铁路通过，但也放弃惯用的非连续的双铰加劲梁形式，而采用连续的形式。

除了非连续的三跨双铰加劲梁和三跨连续的布置形式之外，单跨悬索桥中还有一种加劲梁布置形式，即在两个非悬吊的边跨内各带有连续伸出段。日本下津井濑户大桥（$L = 940$m）、我国五峰山长江大桥（$L = 1092$m）的加劲梁采用这种支撑方式。加劲梁采用此种布置也可有效地减小变形量。

几种加劲梁支撑体系的变形量比较见表 8-3-1。

几种加劲梁支撑体系的变形量比较 表 8-3-1

变形项目		桥名					
		北备赞濑户大桥		下津井濑户大桥			
		支撑形式					
		三跨两铰	三跨连续	三跨双铰	单跨双铰	带伸出段的单跨	三跨连续
竖向	最大挠度（m）	5.0	4.9	3.6	3.64	3.0	3.3

续上表

变形项目			桥名					
			北备赞濑户大桥		下津井濑户大桥			
			支撑形式					
			三跨两铰	三跨连续	三跨双铰	单跨双铰	带伸出段的单跨	三跨连续
竖向	最大转折角（‰）	∧	28.5	10.5	26.1	23.4	2.6	8.0
		∨	16.4	—	20.9	15.2	3.8	8.9
横向	最大挠度（m）		8.1	4.3	—	—	—	—
	最大转折角（‰）		28.6	3.7	19.8	19.1	1.0	2.5
纵向伸缩量（cm）			154	108	137	—	—	94

从表 8-3-1 中可以看出，采用连续加劲梁无论在竖向及横向的挠度、转角以及纵向的伸缩量方面都是非常有利的，但连续加劲梁和非连续的双铰加劲梁在其他方面相比有以下几个缺点：

（1）支点（索塔处）附近产生较大的弯矩。

（2）加劲梁的制造及架设误差以及塔墩的不均匀沉降对加劲梁应力的影响较大。

图 8-3-6、图 8-3-7 分别为三跨连续式悬索桥（桥跨布置为 532m + 1380m + 532m = 2444m）在 6 车道竖向活载作用下的弯矩包络图与挠度包络图。

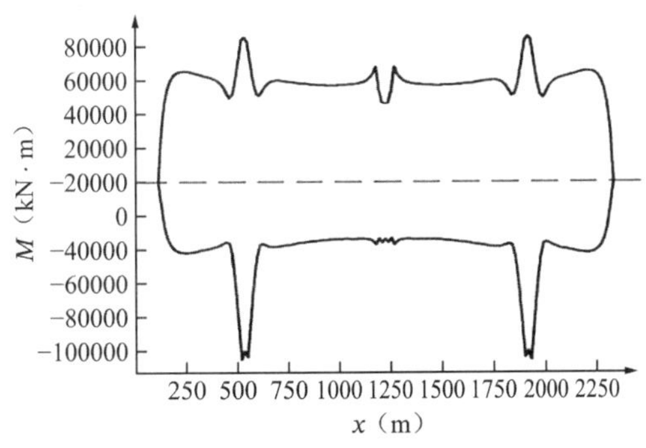

图 8-3-6　三跨连续式悬索桥弯矩包络图示例

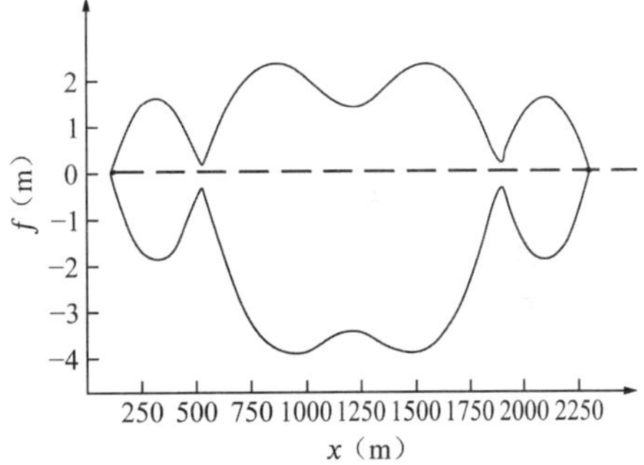

图 8-3-7　三跨连续式悬索桥挠度包络图示例

三、加劲梁与体系刚度的关系

从静力角度看，悬索桥的体系刚度包括竖向刚度及横向刚度，下面从这两个方面来分析加劲梁与体系刚度的关系。

1. 加劲梁与体系竖向刚度的关系

根据悬索桥的受力特点，主缆在荷载下的变形直接影响到整个组合体系的受力分配和变形，悬索桥的竖向变形是悬索桥整体变形的结果，加劲梁的挠度是随着主缆的变形产生的，加劲梁的抗弯刚度与挠度的关系如图 8-3-8 所示。

随着跨径的增大，从构造上来说，加劲梁的高跨比应越来越小，事实上增大加劲梁的抗弯刚度，对减少悬索桥竖向变形的作用并不大，这是因为竖向变形是悬索桥整体变形的结果。加劲梁的挠度是随着主缆的变形产生的，跨径的增大使加劲梁在承受竖向活载方面的功能逐渐减少到只是将活载传递给主缆，其本身刚度的作用已没有影响，这与其他桥型中主梁截面积总是随着桥梁跨径的增加而陡增不同。

2. 加劲梁与体系横向刚度的关系

在横风荷载作用下，缆和梁在跨径内都要发生水平横向位移。体系横向刚度是缆、吊索及加劲梁横向抗弯刚度的综合反映。主缆一般为三跨连续体系，其横向刚度与主缆的跨径、重力刚度相关，加劲梁的横向刚度与加劲梁横向受力体系、支撑条件及加劲梁横向抗弯刚度有关。在横风荷载作用下，加劲梁、主缆、吊索均要承受风力，其中，加劲梁由于迎风面积较大，承受的风荷载也较大，如果主缆与梁的横向位移量在其经过某一吊索的横向面上不相等，则该吊索就要倾斜。它的倾斜将使其拉力产生水平分力，该水平分力作用于缆及梁，从而使缆及梁实际承受的横向力同其原先的风荷载计算值不一致（图 8-3-9）。

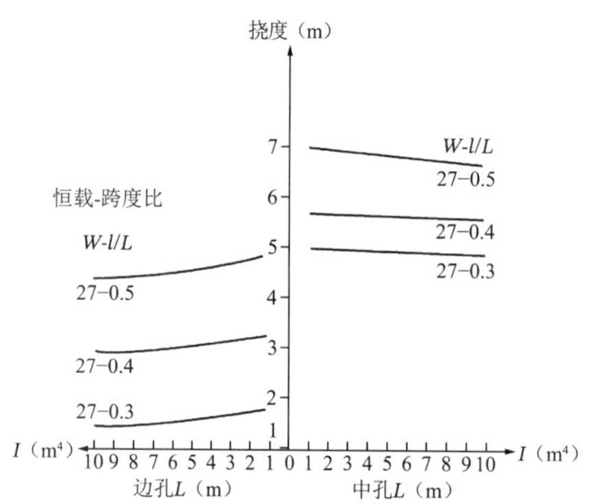

图 8-3-8　加劲梁的抗弯刚度与挠度的关系

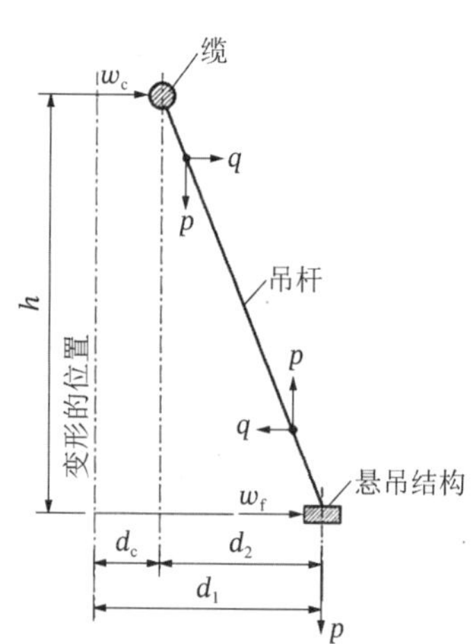

图 8-3-9　吊索水平分力对体系横向刚度的贡献

总体来看，加劲梁对体系横向刚度影响较大，首先，加劲梁提供主缆重力刚度，使主缆具有抵抗横向变位的能力，同时，加劲梁是体系中承受横向风荷载的主要构件，其横截面的风阻系数、截面横向抗弯刚度、加劲梁横向支撑设置对体系的横向刚度均有较大影响。采用连续结构，减小截面风阻系数、增加加劲梁横向抗弯刚度可提高结构整体横向刚度。

四、加劲梁与体系空气动力性能的关系

与其他桥型相比，悬索桥的刚度小，固有频率低，而固有频率是抗风稳定性及动力特性方面的一个重要因素，直接关系到结构的安全，因而对悬索桥进行空气动力性能分析是十分重要的。而加劲梁的几何尺寸和形状对整个结构的空气动力性能起决定性影响。

从美国1883年建成的布鲁克林大桥到1937年建成的金门大桥，悬索桥加劲梁比较普遍地采用桁架式。就风动力反应而言，只是金门大桥较差，但并没有引起重视。1939年，美国建成布朗克斯白石大桥，主跨701m，梁宽（以主缆中距计）22.56m，宽跨比是1：31.1；加劲梁采用高度为3.35m的下承钢板梁，其风致振动已十分引人注意。1940年，塔科玛海峡大桥发生风致破坏后，美国对这一问题作了不少研究。研究发现：为削弱空气涡流对梁身的作用扭矩，加劲梁不应采用钢板梁，而应采用桁架式，同时，在桥面水平面也应设置一些纵向的透风孔（可以设在行车路面之间，也可以设在桁梁片和行车路面之间），使空气能上下对流，

以减弱涡流。而且，还要求提高加劲梁的抗扭刚度（可在上承桁梁之间布置横联和平纵联）及抗弯刚度。在随后所进行的大桥设计中，一般都通过风洞试验来获取所需的数据。

1966 年，英国建成的塞文桥第一次将加劲梁改为带风嘴的扁平流线型钢箱梁。其解决风振问题的新思路是：其迎风一边的风嘴能将气流分成上下两股，各自顺着箱梁的光滑顶面、底面流过去，使涡流很少发生。这也就削弱了由涡流所致的扭矩，使梁的风动稳定性提高很多。

提高悬索桥空气动力性能重点在于以下两个方面：

（1）提高挠曲振动和扭转振动的固有频率，并尽可能拉开两者的差距，避免产生耦合振动而导致风致失稳。增加加劲梁的抗弯刚度，对提高挠曲振动的固有频率影响不大；但增加其抗扭刚度则可显著提高扭转振动的固有频率。对于钢桁加劲梁增加其抗扭刚度的最有效措施是增加梁的高度；增加加劲梁恒载集度可以提高结构体系的刚度，但却会降低结构体系的固有频率。

（2）合理确定加劲梁截面形式、细节及气动措施，避免抖振或涡激振动的发生或减少其振幅，一般可通过风洞试验进行研究验证。

五、约束与受力关系

结合加劲梁受力体系分析不同约束对加劲梁受力的影响。

1. 单跨两铰体系

1）跨中不设中央扣

其加劲梁在两个梁端进行约束，每端设两个竖向支座约束竖向位移，横向各设一个抗风支座，容许有限横向位移；在地震力较大的地区，在梁端设置纵向阻力以减少纵向位移量。单跨两铰不设中央扣的悬索桥加劲梁在竖向活载作用下的受力及变形可参见图 8-3-2、图 8-3-3。

2）跨中设中央扣

在跨中增设刚性中央扣后，悬索桥弯矩包络图及挠度包络图分别如图 8-3-10、图 8-3-11 所示。

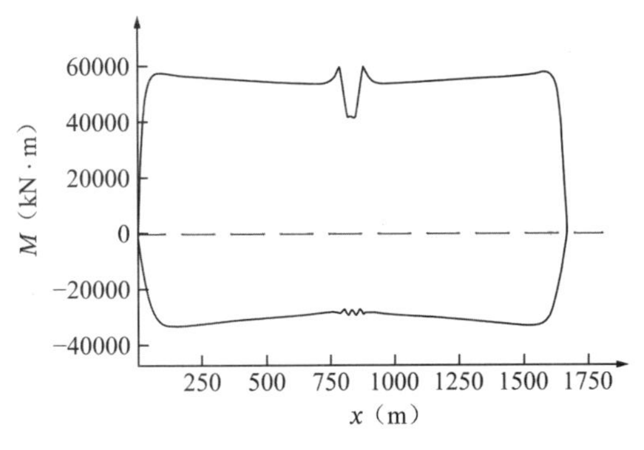

图 8-3-10 设中央扣后单跨两铰式悬索桥弯矩包络图

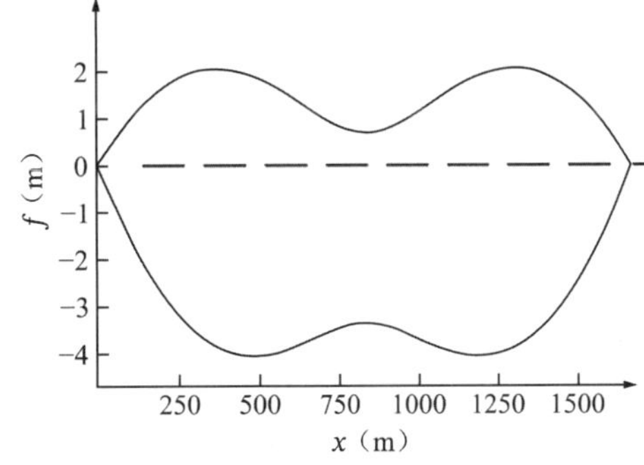

图 8-3-11 设中央扣后单跨两铰式悬索桥挠度包络图

跨中设置中央扣对加劲梁的弯矩改变不大，在中央扣附近加劲梁中受力较为复杂，需仔细分析。设置中央扣可减小加劲梁的竖向挠度、梁端纵向位移及转角，但效果不明显。

2. 三跨连续体系

1）三跨连续全飘浮

加劲梁在索塔处连续通过，在两锚碇处或过渡墩处梁端设两个竖向支座约束竖向位移；横向各设一个抗风支座，容许有限横向位移；在索塔处仅设抗风支座不设竖向支座，形成全飘浮体系。三跨连续全飘浮体系加劲梁在竖向活载作用下受力及变形如图 8-3-6、图 8-3-7 所示。

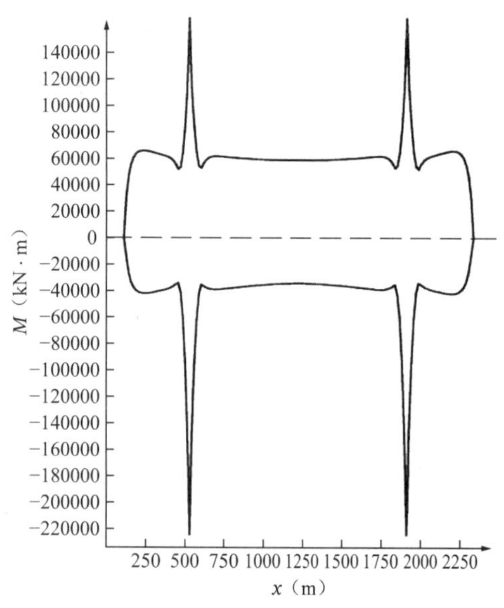

图 8-3-12　三跨连续刚性支撑体系悬索桥弯矩包络图

2）三跨连续支撑

在索塔处设置竖向支撑的三跨连续加劲梁即为三跨连续支撑体系，分为刚性支撑体系和弹性支撑体系。三跨连续支撑体系悬索桥索塔处加劲梁竖向受力大于全飘浮体系，横向受力基本保持不变。加劲梁在索塔处增加竖向刚性支座后变成三跨连续支撑体系，加劲梁竖向内力包络图则由图 8-3-6 变为图 8-3-12。刚性支撑体系在索塔处产生较大的负弯矩，可能会影响加劲梁设计，但能够有效减小加劲梁在索塔处的竖向变位，为约束构件的布设提供有利条件。弹性支撑体系可在索塔处设计弹性支座或者在索塔处设置吊索，该方案通过调整弹性支撑刚度，降低塔处加劲梁的弯矩，与全漂浮体系相比能够较大程度减小该处的竖向位移，为约束构件布设提供一定的有利条件。

3. 三跨两铰体系

三跨两铰体系约束条件与受力的关系可参考上述分析，竖向影响与简支体系基本相当，横向可参考三跨连续体系。

4. 多跨吊体系

制约多塔悬索桥最主要的因素是中塔效应。如果中塔刚度偏小，索塔的偏位可与主缆不平衡力进行协调，滑移风险降低，但主跨的挠度将会增大；如果增大中塔刚度，可满足挠度要求，但滑移风险增加。目前解决中塔效应的方法有两种：第一种，共用锚碇方案。美国旧金山-奥克兰海湾大桥、日本北备赞濑户大桥和来岛海峡大桥均采用了共用锚碇方案。然而，该方案并未实现真正意义上的多塔悬索桥，而且海中共用锚碇施工困难、造价高，对航运要道也造成不利影响，不适合大规模推广。第二种，柔性中塔方案。我国建成的三塔悬索桥包括泰州大桥、马鞍山长江大桥和鹦鹉洲长江大桥。以上三座桥梁以钢结构或钢-混凝土结构作为柔性中塔，实现了三塔悬索桥体系，但桥梁刚度较小，加劲梁挠度会较大。尤其是面对海洋环境时，抗风问题突出，结构维护费用高。或者，增加恒活比，加大主缆直径，一定程度上可以降低中塔效应的影响，但其经济性值得商榷。显然，这种柔性中塔结构体系难以推广至四塔、五塔以及刚度要求高的多塔体系，因为易于出现整体结构刚度显著降低、抗风稳定性不足等问题。

通过以上讨论，我们可以发现，多塔悬索桥的核心问题是整体刚度与抗滑安全性的权衡。

基于悬索桥恒活比大的受力特点，通过提高中塔的纵向刚度，使其在活载情况下可发挥"锚碇"的作用，并提高中塔缆鞍抗滑能力，多塔悬索桥可实现单跨内自成体系，连续跨越能力得到提升，结构体系由繁入简，结构刚度得到跃升，抗风性能更好，结构耐用性更优。同时，也为跨越宽阔海峡、江河的大型跨海工程提供技术基础。若实现了上述目标，多塔悬索桥可实现单跨内自成体系，连续跨越能力得到提升，结构体系由繁入简，结构刚度得到跃升，抗风性能更好，结构耐用性更优。同时，也为跨越宽阔海峡、江口的大型跨海工程提供技术基础。

第四节　主要设计参数与选择

相关内容见第二章第五节。

国内外已建长大跨悬索桥钢桁加劲梁设计参数见表 8-4-1。

国内外已建长大跨悬索桥钢桁加劲梁设计参数表　　表 8-4-1

桥名	主跨长L（m）	桁高H（m）	桁宽B（m）	H/L	B/L	B/H	单位用钢（t/m）	用途	竣工年份
明石海峡大桥	1991	14.0	35.5	1/142	1/56	2.5	28.7	公铁两用	1998
杨泗港长江大桥	1700	10	28.0	1/170	1/60.7	2.8	28.0	双层桥面	2019
香港青马大桥	1377	7.6	41	1/181	1/33.6	5.4	27.8	公铁两用	1998
韦拉扎诺海峡大桥	1298	7.3	30.6	1/177	1/42	4.2	22.2	双层桥面	1964
金门大桥	1280	7.6	27.4	1168	147	3.6	11.09	单层桥面	1937
麦基诺大桥	1158	11.6	20.7	1/100	1/56	1.8	4.1～6.15	单层桥面	1957
南备赞濑沪大桥	1100	13.0	30.0	1/85	1/37	2.3	26.33	公铁两用	1988
泸定大渡河特大桥	1100	8.2	27	1/154	1/40.7	3.3	—	单层桥面	2018
五峰山长江大桥	1092	16	46	1/68	1/23.7	2.9	28.0	公铁两用	2019
乔治・华盛顿大桥	1067	9.1	32.3	1/117	1/33	3.5	19.85	双层桥面	1931
Sal XII桥	1013	10.7	21.0	1/95	1/48	2.9	5.59～7.13	公铁两用	1966
福斯公路大桥	1006	8.4	23.8	1/120	1/4.4	2.0	11.8	单层桥面	1964
北备赞濑沪大桥	990	13.0	30.0	1/76	1/33	2.3	26.33	公铁两用	1988
下津井濑户大桥	940	13.0	30.0	1/12	1/31	2.3	26.33	公铁两用	1984
大鸣门桥	876	12.5	34.0	1/72	1/31	2.1	—	公铁两用	1985
新塔科玛海峡大桥	853	10.1	18.3	1/85	1/47	1.8	—	单层桥面	1950
因岛大桥	770	9.0	26.0	1/86	1/30	2.9	10.65	单层桥面	1983

表 8-4-2 列出了国内外大跨径悬索桥加劲梁高跨比、高宽比的有关资料。

国内外大跨径钢箱梁悬索桥梁高跨比、高宽比　　表 8-4-2

桥名	位置	完成年份	跨径（m）	梁高	梁宽	高跨比	高宽比
张靖皋长江大桥	中国	在建	660 + 2300 + 1220	4.5	51.7	1：511	1：11.5
1915 恰纳卡莱大桥	土耳其	2023	1135 + 2023 + 1120	3.5	38.0	1：578	1：10.9
双屿门特大桥	中国	在建	600 + 1768 + 645	3.5	40.1	1：505	1：11.5
南京新生圩长江大桥	中国	在建	580 + 1760 + 580	4.0	31.5	1：440	1：7.79
南沙大桥	中国	2019	658 + 1688 + 522	4.0	49.7	1：422	1：12.4

续上表

桥名	位置	完成年份	跨径（m）	梁高	梁宽	高跨比	高宽比
深中大桥	中国	2024	500 + 1660 + 500	4.0	49.7	1 : 417	1 : 12.4
大贝尔特桥	丹麦	1998	420 + 1624 + 420	4.0	31.0	1 : 378	1 : 7.2
亨伯桥	英国	1981	530 + 1410 + 280	4.5	22.0	1 : 313	1 : 4.9
江阴大桥	中国	1999	336.5 + 1385 + 309.3	3.0	32.5	1 : 462	1 : 10.8
博斯普鲁斯海峡二桥	土耳其	1988	210 + 1090 + 210	3.0	33.8	1 : 363	1 : 11.3
博斯普鲁斯海峡一桥	土耳其	1973	231 + 1074 + 255	3.0	28.2	1 : 358	1 : 9.4
西陵长江大桥	中国	1996	225 + 900 + 225	3.0	20.5	1 : 300	1 : 6.9
塞文桥	英国	1966	304.8 + 987.55 + 304.8	3.05	22.86	1 : 324	1 : 7.5
海沧大桥	中国	1999	230 + 648 + 230	3.0	35.0	1 : 216	1 : 11.7
小贝尔特桥	丹麦	1970	240 + 600 + 240	3.0	28.1	1 : 200	1 : 9.4
大岛大桥	日本	1988	140 + 560 + 140	2.2	23.7	1 : 255	1 : 10.8

注：加劲梁的梁宽不包括悬臂人行道（检修道）的宽度，指主缆中心距。

第五节　结构组成和构造

一、钢桁加劲梁结构组成与构造

钢桁梁结构由主桁、横向联结系、水平联结系、正交异性桥面板顶板及其加劲肋、吊索锚座等主要构件组成。

1. 主桁

（1）作用

主桁是钢桁梁的主要承重结构，由上、下弦杆和腹杆组成，各杆件交汇处用节点板连接形成节点。主桁受弯时，杆件端部会产生弯矩，由此产生二次应力，在设计中应加以注意。

（2）主桁形式

按主桁形式分类，主桁分为柏式桁架、华伦桁架、K形桁架及菱形桁架等。悬索桥加劲梁的主桁形式主要是平行华伦桁架（图 8-5-1），绝大多数的主桁为带竖杆的华伦桁架，如图 8-5-1a)、b）所示。少数几座如乔治·华盛顿大桥、法国坦卡维尔大桥（主跨 608m）采用的主桁形式如图 8-5-1d）所示，该竖杆布置呈间断形式，在无吊索位置取消竖杆。德国的埃默里希大桥（主跨 501m）中采用了三角式桁架，完全取消竖杆，如图 8-5-1c）所示；在建的狮子洋大桥为双层公路钢桁梁悬索桥（主跨 2180m），其采用上板下箱结构形式，桥面系均与钢桁梁结合共同参与受力，这大大增强了整体刚度，其主桁采用了三角式桁架。

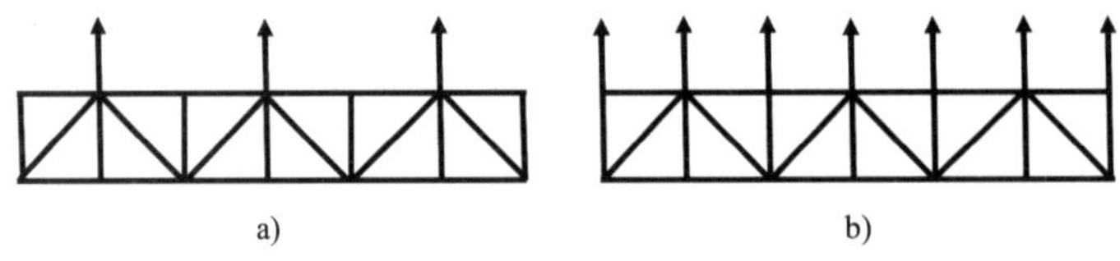

图　8-5-1

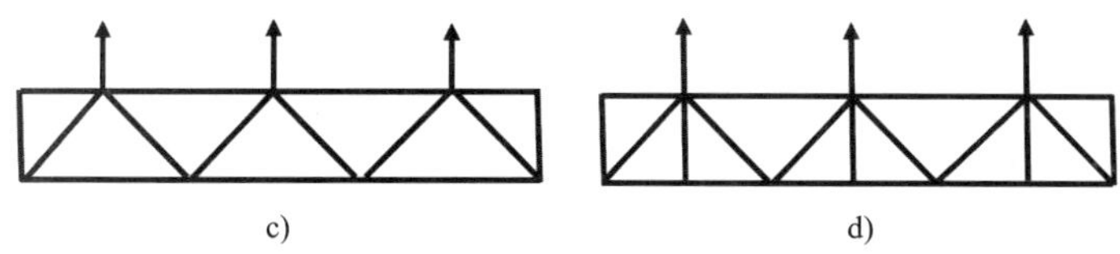

图 8-5-1 主桁形式

(3)杆件截面形式选择

主桁为主要承重构件，杆件截面一般选择双壁式截面，主要有 H 形截面及箱形截面。H 形截面由两块竖板和一块水平板组合而成，这种截面的特点是：构造简单，加工方便，当压杆采用 H 形截面时，稳定折减相当大，因此，此种截面适用于内力不太大的杆件和长度不太大的压杆。箱形截面由两块竖板和两个水平板组合而成，为了保证竖板和水平板的局部稳定性，杆件内必须设置横隔板或加劲板，箱形截面在力学性能上优于 H 形截面，通常用于内力较大和长度较大的压杆及拉-压杆。但是，箱形截面的加工制造比 H 形截面复杂。

在决定主桁杆件截面尺寸时，必须注意使杆件的长细比不超过规范的规定；对于主桁杆件截面的高度和宽度，由于节点刚性的影响，随着截面高度的加大，杆件中的次应力增大，所以杆件在平面内尺寸不宜大于节间长度的 1/10 或腹杆长度的 1/15，考虑到节点板的联结，所有杆件应采用相同宽度。

(4)节点构造

桁架各杆件的交汇点，称为桁架节点，节点是桁架的重要部位。节点板按位置分为外贴式节点板与内插式节点板：外贴式节点板的弦杆可以连续不断地通过节点；内插式节点则是把节点板插到弦杆的腹板处，弦杆的腹板在节点范围要切断，并采用连接盖板同内插节点板连接。对于重型桁架的大节点，采用内插式节点板要比外贴式节点板省钢，但采用外贴式节点板更为普遍，因其优点较多。

节点板按照连接方式可分为栓接节点板及全焊接整体节点板，栓接节点板一般采用外贴式，用高强度螺栓把各杆件连接起来。节点板也可以预先在工厂用剖口焊缝和弦杆的腹板焊成整体，节点板起到弦杆腹板作用，斜杆和另一端弦杆仍采用高强度螺栓连接，必要时可设拼接板。

全焊接整体节点的节点板与带肋的箱形弦杆焊连，节点处的所有附连件也都与节点板焊连，构成刚性极大的封闭体。由于焊缝密集、纵横交叉，易产生约束应力、焊接残余应力以及不连续焊接造成的应力集中，应力状况非常复杂，设计中应特别注意。箱形弦杆与平联节点板的连接细节要精细处理，对于带有焊接节点板的箱形构件，由于节点板的设置部位、纵向角焊缝长度及相应的板厚、节点板两端几何形状以及焊缝终端加工状态等因素会对其疲劳强度产生影响；同时节点端部箱形杆件截面形状突然变化，也将引起疲劳强度降低。对这类细节的加工一般先按要求尺寸加工节点板，后焊接，然后处理。根据最新的科研结果，如果采取先施焊节点板，后加工切割弧线的工艺，可以释放一部分残余应力，同时还可切除磨修焊缝两端的缺陷。另外，焊件加工后经过锤击，可释放焊接残余应力，大大提高抗疲劳性能。

2. 横向联结系

(1)作用

为增加桁架的抗扭刚度，使各片主桁共同受力，需在主桁的竖杆平面设置横向联结系，在吊索处的横向联结系可以帮助主桁承受吊索力。

（2）形式

钢桁梁的横截面设计包括横断面形式选择、桁架宽度及高度等内容。桁架宽度基本上由车道数决定。

钢桁梁悬索桥加劲梁的典型横断面形式如图8-5-2所示。其中图8-5-2a）为桁架式，即将横断面也布置成桁架形式，这种断面构造简单，横联杆件效率高，最易获得良好的剪切刚度，是单层桥面的首选形式。明石海峡大桥、坝陵河大桥、清水河大桥、矮寨大桥均采用这种形式。图8-5-2b）为框架式，即通过强大的上下横梁杆件形成横向框架，这种断面尤其适用于双层桥面。图8-5-2c）为双层桁架式，即将横向桁架分成上下两部分，上部的副桁可以看作整体横向桁架的上弦杆件，下部通过变化斜杆的设置来适用于双层或单层交通；日本多座公铁两用悬索桥即采用这种横断面形式，也有诸如关门大桥和大鸣门桥等单层交通悬索桥采用这种断面形式。

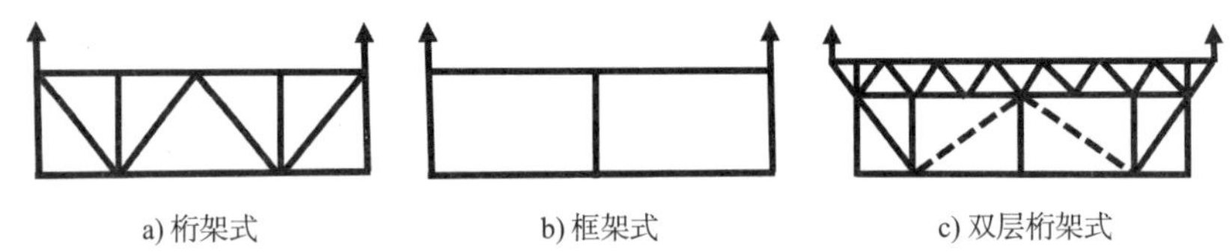

a) 桁架式　　b) 框架式　　c) 双层桁架式

图8-5-2　横断面形式

（3）杆件截面形式选择

横向联结系的上弦杆除了承受轴向内力外，还承受由于搁置行车道梁所引起的局部弯矩，所以上弦杆一般采用刚度较大的钢板梁、钢桁梁或钢箱梁。在上下弦杆间设一对或多对斜撑，其数量应由加劲梁的梁高和间距综合考虑来确定。为了构造方便，一般把斜杆夹角控制在45°左右，当加劲梁横向间距较小时，可采用交叉形或双层交叉形。

3. 水平联结系

（1）作用

上下平联在弦杆处将分离的主桁架联成整体，形成空间稳定的受力结构，同时承担主要的水平荷载（如横向风力、车辆摇摆力等）。

（2）水平联结系形式

水平联结系由主桁的弦杆及其间水平腹杆组成，图8-5-3水平联结系常用的几种形式。

图8-5-3a）为三角形腹杆式，这种形式的弦杆自由长度大，但构造简单，在横向风力作用下弦杆变形不均匀，弦杆受到弯曲，一般在小跨径悬索桥中采用。

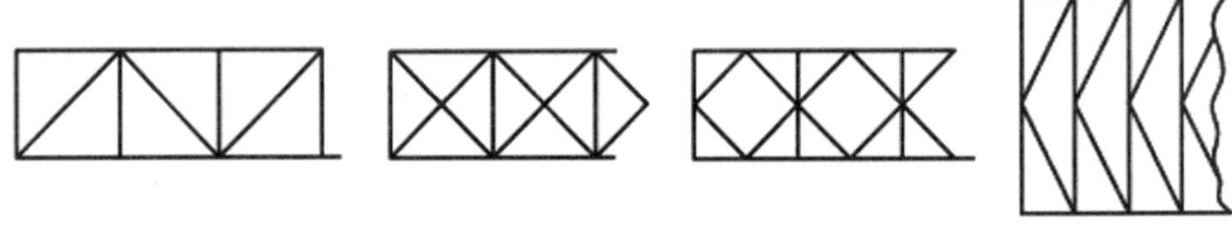

a) 三角形腹杆式　　b) 交叉腹杆式　　c) 菱形腹杆式　　d) K形腹杆式

图8-5-3　常用的水平联结系形式

图8-5-3b）为交叉腹杆式，这种体系使斜杆自由长度减少，但弦杆自由长度较大，所以

适用于单跨吊悬索桥的下水平联结系（因为下弦杆主要受拉）。

图 8-5-3c）为菱形腹杆式，由于斜杆中点是固结在较刚强的横梁上，斜杆自由长度减少一半，适宜用于单跨吊悬索桥的上水平联结系。

图 8-5-3d）是 K 形腹杆式，这是一种非常好的腹杆形式。这种体系在竖向荷载作用下，弦杆变形所引起的腹杆的附加应力很小，同时使弦杆的变形比较均匀，斜杆自由长度也小。这种体系非常适合用于加劲梁横向间距较大的悬索桥。

4. 桥面板

悬索桥的钢桥面板具备承受竖向车辆荷载和作为钢箱梁顶板抵抗总体内力的作用。加劲梁的桥面板强度、疲劳及刚度则往往成为制约板厚的主要因素。设计中应注意以下几点。

（1）强度

桥面顶板要具有足够承受车辆荷载的承载能力，强度设计时应对设计荷载预留一定的余量，以应付运营过程中超载、偶然的特种重载车辆通过和不可预见的荷载增长。在桥面板设计中，若工作应力都比较高、钢材牌号不高，则对桥面板安全和抗疲劳极其不利。

（2）疲劳

钢桥面板的疲劳是指与桥面板相交的某些构造点在车辆轮载作用下引起较大的脉冲与交变应力而导致裂纹产生的现象。这种影响虽然是局部的，但裂纹会逐渐扩展，大量出现的疲劳病害将影响加劲梁的使用寿命。目前正交异性钢桥面板已成为行业内的一大顽疾，逐渐成为桥面板设计的控制性因素。目前改善疲劳问题的主要措施有采用热轧变厚度 U 肋、开口纵肋，加大顶板及纵肋板厚，一般采用高牌号桥梁钢减小横隔板间距；采用内焊技术改善 U 肋与顶板焊缝，优化纵肋与横隔板之间的缺口形式与构造；采用 STC 铺装以加大桥面板刚度等。

近年来，为了提高正交异性钢桥面板的疲劳性能进行了大量研究，对于疲劳病害最为突出的顶板与纵肋的连接构造，有学者提出了“Q420qD18mm 桥面板 + Q420qD 热轧变厚度 U 肋 + 双面熔透焊”设计，即将 U 肋腹板与顶板连接处加厚，以降低焊缝处应力，厦门翔安大桥、厦金大桥等采用了该方案，具有显著的抗疲劳效果；U 肋双面焊技术，即在 U 肋内侧采用机器人小车自动化焊接，与外侧焊缝同时施焊，深中大桥采用了该方案；也有部分桥梁采用了开口加劲肋的正交异性钢桥面板设计来提高抗疲劳性能。多年实践表明，不论采用何种纵肋形式，要提高正交异性钢桥面板的抗疲劳性能，必须从大幅降低桥面板应力、增加纵肋厚度、采用高牌号桥梁钢、适当考虑超载以及提高焊缝等级等方面入手。

（3）刚度

桥面板的刚度涉及两道横肋（或纵肋）之间桥面板在轮重作用下的局部挠曲变形问题（图 8-5-4）。该挠度通常是弹性可恢复的，不会危及结构受力安全，但过大的挠度对桥面铺装是有害的。

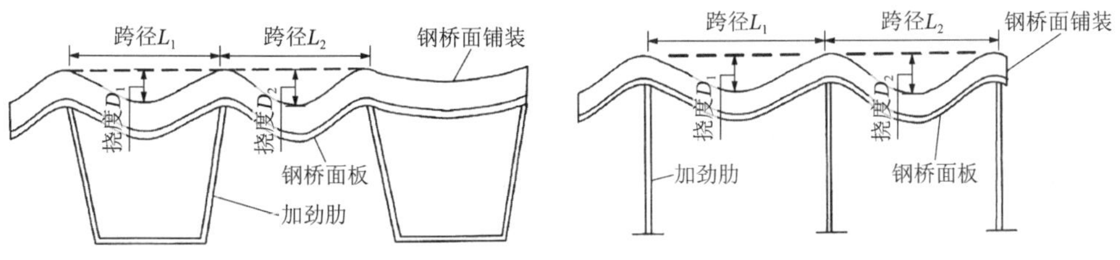

图 8-5-4　钢桥面板变形

《公路钢桥面铺装设计与施工技术规范》（JTG/T 3364-02—2019）中对于正交异性钢桥面板刚度要求为：肋间相对挠度不大于0.4mm，最小曲率半径不小于20m。设计中应据此检算确定桥面顶板最小容许板厚。

桥面顶板除作为独立构件应满足上述三点要求外，还要满足下述的截面构造要求和制造需要。

（4）横截面构造面积

兼作桥面顶板的箱梁上翼缘要求具备足够的横截面积，起到弯矩荷载作用下加劲梁的作用。

（5）制造与安装

桥面板在制造和安装过程中，需要进行大量的焊接，过薄的桥面板难以保证焊接变形后的组拼精度。根据《公路悬索桥设计规范》（JTG/T D65-05—2015）规定，行车道处正交异性钢桥面板顶板厚度不宜小于14mm，非行车道处正交异性钢桥面板顶板厚度不宜小于10mm。欧洲钢结构规范（EN 1993-3 第二部分 钢桥）中规定“行车道板厚不小于14mm”。

5. 纵肋

（1）作用

在悬索桥加劲梁中，沿顺桥方向分别与箱梁顶、底板和腹板焊接为一体的纵向加劲肋，既作为箱梁各部分板件的组成部分，为箱梁提供有效截面以增强其总体承载力，又起到提高各部分板件的局部抗弯刚度和压屈稳定的作用。

（2）基本类型

纵肋截面的基本形式有开口式（表8-5-1）和闭口式（表8-5-2）两种。

开口肋及适用跨距 表8-5-1

肋形					
设计跨径（m）	1.5～2.0	1.8～2.0	1.5～2.7	1.8	1.9～2.0

注：设计跨径指纵肋的中心距离。

闭口肋及适用跨距 表8-5-2

肋形					
设计跨径（m）	1.5～2.0	1.8～2.0	1.5～2.7	1.8	1.9～2.0

注：设计跨径指纵肋的中心距离。

闭口肋尽管存在对接接头复杂、轧制精度要求高等不利因素，因其具有刚度大、屈曲稳定性好、焊接工作量少、焊接变形小、用钢量省以及涂漆工作量小（闭口肋内部封闭，不需油漆）等优点，在悬索桥加劲梁的桥面顶板和箱梁底板设计中广为采用。经过相同跨径条件下的纵肋设计计算表明，U肋受力及经济性能较为优越。其细部构造如图8-5-5所示。对于闭口肋的板厚，正交异性钢桥面板闭口肋通常取10～12mm（宜采用热轧变厚度U肋），非桥面板结构加劲闭口肋通常取6～8mm（宜采用热轧等厚度U肋）；冷弯成型的闭口肋其抗疲劳性能欠佳。

开口肋具有易于工厂制造、便于肋与肋之间的连接、便于运营期检修等优点，但与闭口肋相比抗扭弯刚度小。张靖皋长江大桥在设计阶段开展了新型开口纵肋正交异性钢桥面板试验研究，提出“开口L肋＋苹果孔”的结构形式，经同条件试验对比，较闭口U肋疲劳性能有较大提升；为提升开口肋刚度，在两道横隔板中间增加了一道横肋，纵横向局部刚度不低于U肋。

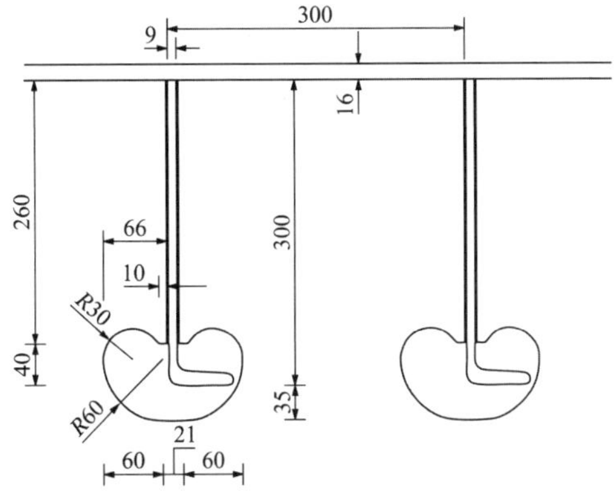

图 8-5-5 张靖皋长江大桥开口肋结构形式（尺寸单位：mm）

（3）焊接

纵肋与板件之间的焊接采用坡口焊，焊缝的尺寸应不小于 5mm。开口肋需要两侧施焊与板件焊联，闭口肋在两肢的外侧或内外侧施焊与板件焊联。当纵肋板厚为 6mm 时，通常不需开坡口而直接采用熔透焊，板厚大于或等于 8mm 时宜开单坡口或双坡口以保证焊接熔深。

（4）对接

纵肋结构若在横肋（隔板）腹板处断开，则其焊接处易发生疲劳问题，故规定在横肋（隔板）的腹板处开相应的槽孔，以保持纵肋连续通过。计算时可将纵肋作为板翼缘截面的组成部分。

纵肋对接接头的位置通常与箱梁节段对接位置相对应。单从理论上讲，工地焊接接头因施焊条件差，极易造成缺陷，宜设在受力相对较小的部位，如日本规定设在距横隔板 1/4 板跨位置。但在工程实际中，设计应力往往较为宽裕，考虑制造及安装施工方便，多数接头均设在板跨 1/4～1/2处。

对于纵肋的接头方式，开口肋通常在接头处单侧设置拼板帮条焊接，如图 8-5-6 所示。

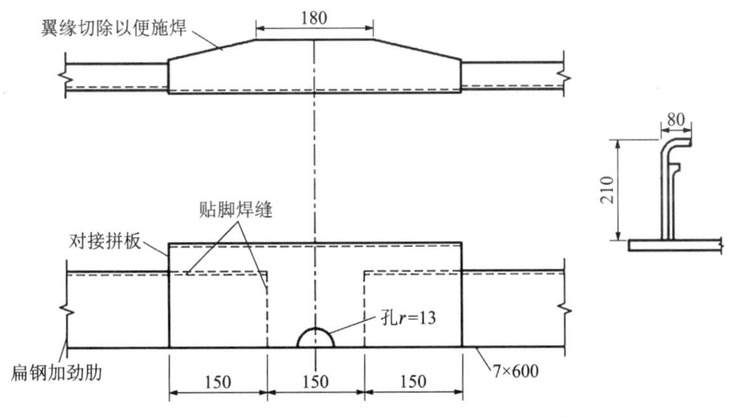

图 8-5-6 开口纵肋接头（尺寸单位：mm）

闭口肋则采用具有相同内轮廓形状垫板的全截面熔透坡口对接焊，如图 8-5-7 所示。

另有采用高强度螺栓拼接连接的接头方式，虽然具有工地施工操作方便、连接质量可靠、抗疲劳性能好等优点，但也存在用钢量大和接头处防腐困难等缺点。在结构中一般采用端封板（图 8-5-8）对U肋进行密封，接头处由于顶板焊缝焊后不易检查往往是防腐的薄弱环节。

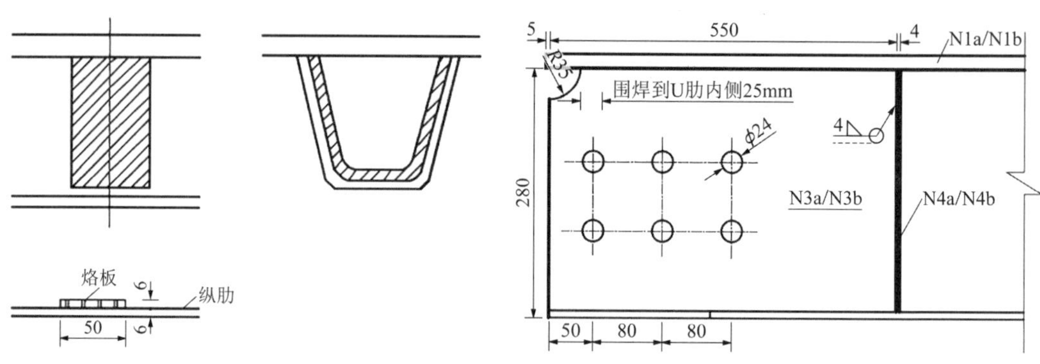

图 8-5-7　闭口肋的接头（尺寸单位：mm）　　图 8-5-8　U 肋端封板构造（尺寸单位：mm）

（5）间距布置

综合结构的受力及变形性能，等间距布置最为理想。当采用闭口肋时，闭口肋之间的距离与其上口相等，此时纵肋与板件之间的焊接线亦为等距离布置。纵肋与竖腹板（或纵梁）的间距受现场焊接作业的限制，通常不小于 150mm，同时亦不宜大于 200mm，如图 8-5-9 所示。

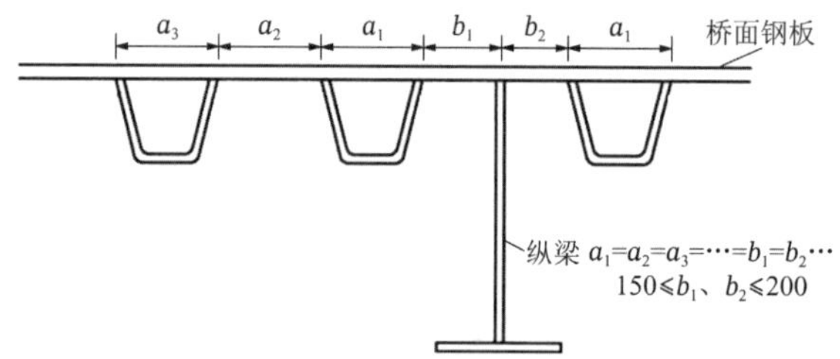

图 8-5-9　纵肋与纵梁的间距布置（尺寸单位：mm）

（6）设计跨径

悬索桥加劲梁纵肋常用的设计跨径见表 8-5-1 和表 8-5-2。

6. 吊索锚座

吊索锚座是将吊索与加劲梁进行连接的构造，将直接承受吊索力并将之传递到其他杆件。钢桁加劲梁的吊索锚座一般设置在主桁的竖杆与横联相交处，采用锚箱或耳板形式，并与主桁竖杆或上弦杆连接在一起。图 8-5-10 为某钢桁加劲梁吊索锚座的构造图。

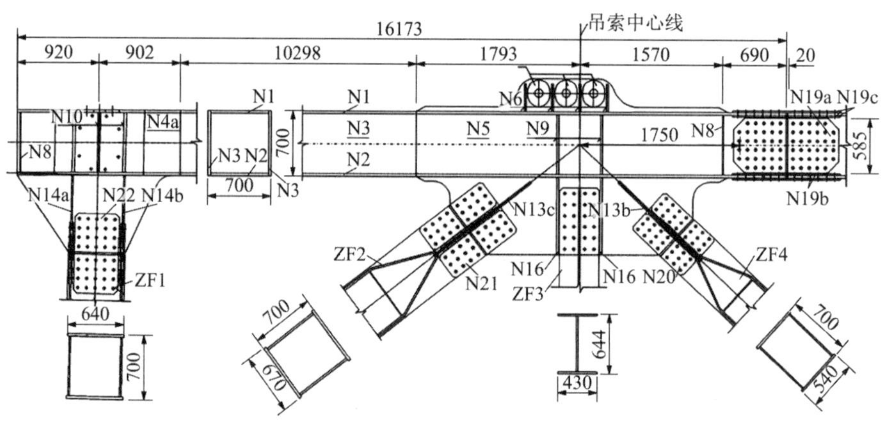

图 8-5-10　钢桁加劲梁吊索锚座构造示例（尺寸单位：mm）

二、钢箱加劲梁结构组成与构造

钢箱加劲梁结构有整体式钢箱梁及分体式钢箱梁两种形式，两种不同形式在抗风性能上有一定的差异，两种结构由顶板及其加劲肋、底板及其加劲肋、腹板及其加劲肋、横隔板及其加劲肋、吊索锚座等主要构件组成。

顶板及其加劲肋的组成及构造与钢桁加劲梁相同。

1. 底板

（1）作用

加劲梁底板的作用与箱梁的下翼缘相似，作为箱梁整体组成部分承受竖向荷载产生的总体弯曲内力和因横向或偏心荷载作用产生的扭转和横向弯曲内力，此外还作为主横梁的下翼缘承受横向力。

设计中除进行上述内力的总体验算外，尚需对横隔板之间的底板进行局部压屈稳定计算。

（2）构造形式

为便于制造及运输，钢箱加劲梁的底板通常采用平底式，其纵向加劲肋则可根据具体施工条件采用开口式或闭口式，均可满足受力要求。开口肋通常采用L形和球头扁钢，闭口肋则常采用U肋。

（3）板厚

钢箱加劲梁的底板厚度通常取10～12mm。

2. 腹板

根据悬索桥受力特性，作用于桥面的竖向荷载每隔一定距离就通过吊索传递给主缆，因而加劲梁所承受的竖向剪力比一般梁式桥要小得多，故加劲梁并不需要有纵向通长的强大腹板来发挥作用，即单从受力角度并不需要特意设置较强的纵向腹板。许多已建的扁平流线型钢箱梁均未设竖直的纵向腹板，仅根据导风要求在箱体两侧设倾斜的风嘴状侧腹板。钢箱加劲梁的腹板厚度通常取12～16mm。

腹板构造可根据局部稳定要求设置开口式加劲肋。

3. 横隔板（肋）

（1）作用

悬索桥钢箱加劲梁横隔板的作用如下：首先，对桥面板及其纵向加劲肋起分跨和支承作用，并由此将桥面所受竖向力转移至吊索和主缆；其次，通过横隔板将箱梁上下翼缘连为整体，提高了顶底板的屈曲稳定性和箱梁抗扭畸变性能；此外又可兼作工厂制造的内胎模架，便于组拼制造。

（2）形式

钢箱加劲梁的横隔板有肋式、空腹桁架式、实腹板式三种基本类型，如图8-5-11所示。

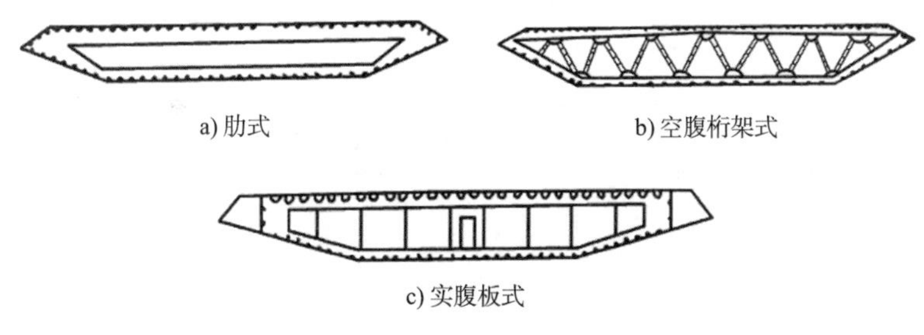

a) 肋式　　b) 空腹桁架式

c) 实腹板式

图8-5-11　横隔板的基本类型

现代悬索桥多采用后两种形式的横隔板，但位于吊点处的主横隔板多采用实腹式。实腹式隔板常需设置检修过人孔、通风换气孔和各种过桥管线孔。对于宽度较大、梁高较高的实腹式横隔板，应注意验算其高腹板的稳定性。

（3）横隔板间距

横隔板顺桥向的布置间距是由桥面板的纵肋跨径决定的，主要由轮重荷载作用下桥面板及其纵肋的局部挠曲容许变形控制。工程试验表明，横隔板间距变化对桥面系的总用钢量影响不大。

桥面板横隔板间距取值一般为 3.0～3.5m，实际间距需根据桥上通行车辆轮重荷载及箱体宽度等具体情况确定。当采用开口肋时，可在两道横隔板中间增设一道横肋。

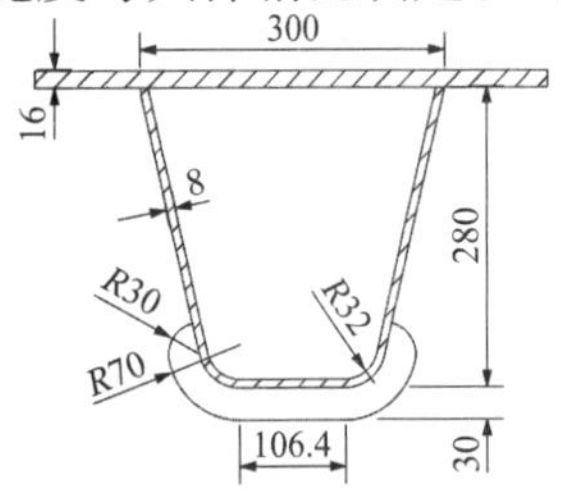

图 8-5-12　横隔板与纵肋间的连接（尺寸单位：mm）

（4）横隔板与纵肋之间连接

为增强疲劳性能，纵肋在横隔板处连续穿过，横隔板与纵肋的连接如图 8-5-12 所示。

近年来有研究资料表明，纵肋在横隔板处不设过焊孔对提高局部疲劳性能有好处。

（5）板厚

横隔板的板厚除锚箱局部根据受力及构造需要加厚外，通常取 10～12mm。

4. 吊索锚座构造

钢箱加劲梁的永久吊索点设置在主横隔板的端部，常采用锚箱式或耳板式构造，与箱体相连。

图 8-5-13 为西陵长江大桥加劲梁的锚箱式构造，该桥每侧采用两根骑跨式钢丝绳吊索，每吊点有 4 个吊索锚头，吊点布置在伸出箱外的主横隔梁与小纵梁形成的十字架内。此类构造传力直接明确，构造简单，便于检修养护，避免了箱内积水腐蚀之忧。

图 8-5-14 为南京栖霞山长江大桥加劲梁的耳板式吊点构造。每侧吊点由两根销接式吊索锚固，采用直接加焊的带销孔耳板与吊索的叉形锚头连接。该吊点构造简单，加工及焊接质量要求高。

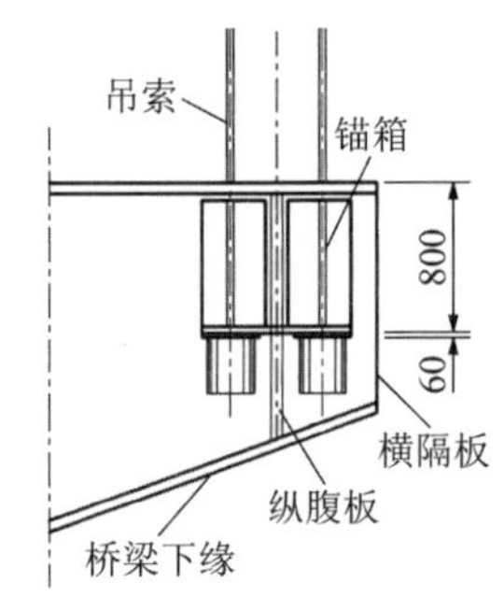

图 8-5-13　锚箱式吊点示例（尺寸单位：mm）

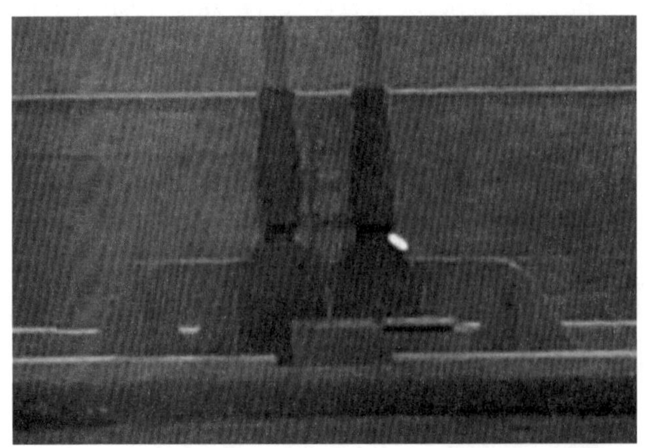

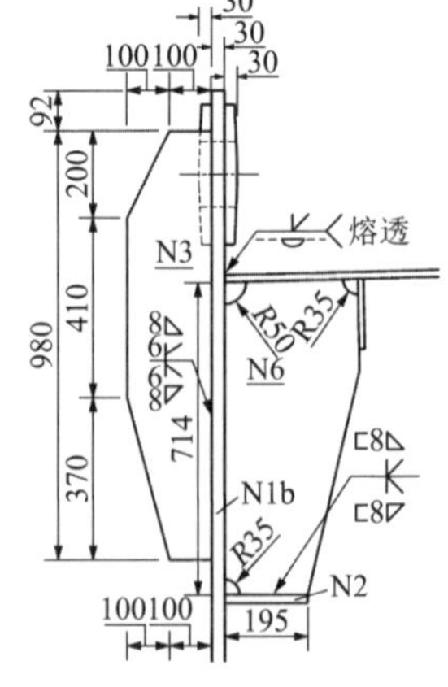

图 8-5-14　耳板式吊点示例（尺寸单位：mm）

5. 分体梁

分体梁由于两个及以上钢箱结构通过横向联系梁形成整体，对于提高颤振临界风速有较好作用；但需要进一步解决可能的涡振问题，为此可通过边箱设置倒角、隔涡板、格栅板等措施给予解决。分体箱横梁一般采用钢箱结构或者工字形界面。西堠门大桥一个标准节段内采用了钢箱连接箱工字形横梁，双屿门特大桥一个标准节段内设置了连接箱结构。

三、组合式加劲梁结构组成与构造

组合式加劲梁结构由主桁架、横联、上下平联、小纵梁、混凝土桥面板和吊索锚座等主要构件组成，混凝土桥面板仅作为桥面系，不参与结构整体第一体系受力，结构构造如图 8-5-15 所示。

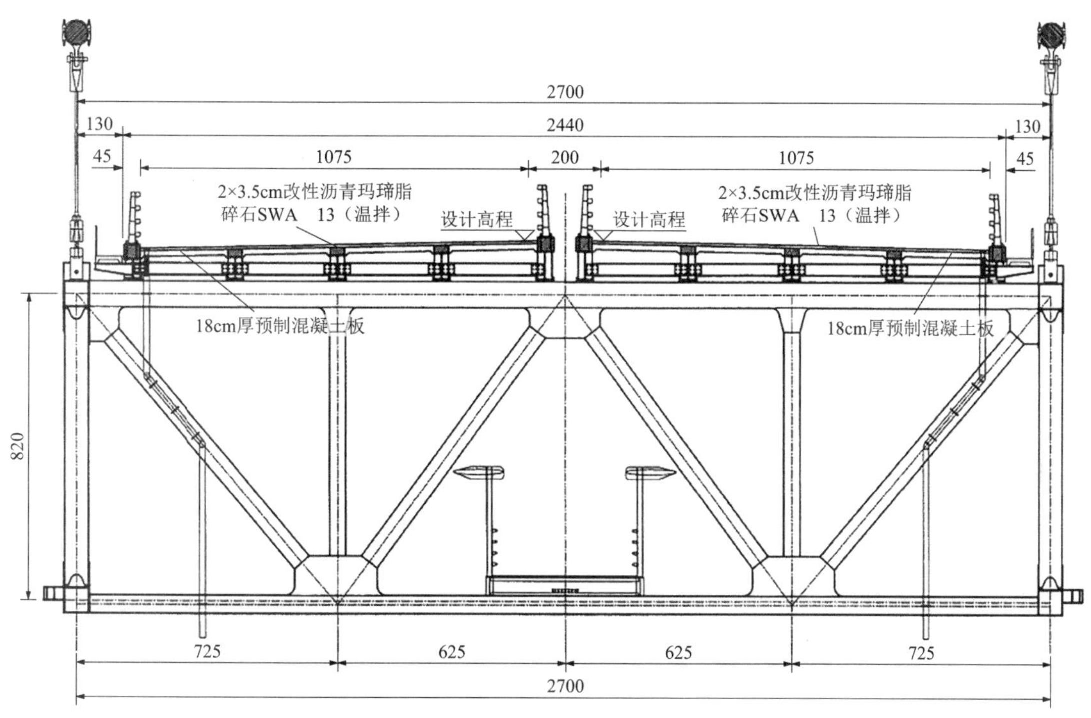

图 8-5-15　钢-混凝土组合结构标准横断面（尺寸单位：cm）

除混凝土桥面板及其与主桁、横联的连接构造外，其余与钢桁加劲梁构造相同。

混凝土桥面板可采用预制或现浇施工，桥面板与主桁不结合，通过布置在钢桁梁主桁上的弦杆及公路纵横梁上翼板之上的剪力钉与钢梁结合。桥面板受力主要由钢梁的节点传递，所以剪力钉根据节点的受力不同要在节点范围集中布置，剪力钉间距在节间处宜均匀布置。

板桁的连接部位是组合结构的关键环节，在设计中必须要考虑结合梁受拉翼缘栓钉焊趾前母材或栓钉焊缝横截面（总应力）的疲劳抗力情况。根据有关试验结果，要求栓钉的焊趾不得有咬肉、裂纹，成型应良好。

四、加劲梁约束条件

加劲梁的常规约束包括梁端的竖向支座及抗风支座，有些悬索桥设计中考虑在跨中设置中央扣，将主缆与加劲梁连成一体，对梁端纵向位移及转角较大的桥梁，往往也需设置纵向缓冲阻尼器、限位结构。悬索桥在纵向风载、温度荷载及活载作用下极易发生纵向微动位移，若不加以限位，在日常荷载下的微动位移累计行程往往影响约束构件的使用寿命。

1. 竖向支座

（1）作用

竖向支座的作用是保证桥跨结构的正确位置，并将梁端的竖向反力比较均匀地分布在墩、台的支承垫石上。

（2）功能要求

竖向支座只限制加劲梁的竖向位移及绕桥纵向轴的转动，不限制其他自由度，要求当加劲梁在竖向荷载作用及温度变化影响时，支座应能保证梁端的自由转动和纵向水平移动。桥梁的跨径大小不同，梁端支承反力和因受荷载及温度变化所产生的纵向变形也不一样。因此，不同跨径的悬索桥应采用不同类型的支座。同时，支座的选择需满足其耐久性要求，竖向支座对横向位移的约束要与抗风支座相匹配。

（3）构造示例

相关内容见第十章第四节。

2. 抗风支座

（1）作用

抗风支座的作用是保证梁端横向处于正确位置，并在梁端将横向反力比较均匀地分布在塔、墩或锚体的支承面上。

（2）功能要求

抗风支座设于桥梁横向，可设在梁底或梁的侧面，一般每处两侧各设置一个；在加劲梁横向位移超过设定值后将限制加劲梁的横向位移，不限制其他自由度；当加劲梁受横向风荷载作用及温度变化影响时，支座应能保证梁端的自由转动和纵向水平移动，同时，应保证其耐久性。

（3）构造示例

相关内容见第十章第四节。

3. 中央扣

（1）作用及功能

由于主缆和加劲梁之间存在纵向水平位移，跨中短吊索锚点处产生正负应力交替，易造成疲劳破坏。采用跨中固接可以防止这种疲劳破坏，同时减少加劲梁的纵向位移，在一定程度上可限制跨中反对称扭转变形。

（2）构造类型及示例

目前，多跨连续加劲梁悬索桥在主孔跨中采用缆梁固结的做法日益增多。主孔跨中缆梁固接方法一般采用柔性中央扣和刚性中央扣两种类型。

图 8-5-16 为用于固结主缆与加劲钢桁梁的中间短斜索。它的基本构造是加长竖向短吊索的索夹，在此索夹上加设两个能套挂短斜索的由凸肋条形成的凹槽。在加劲桁梁的

弦杆上安装能锚固短斜索下端的托架。将短斜索上端（圆环）套挂在索夹的凹槽中，下端锚固在上弦杆的托架上。短斜索设计有一个被首先破坏的薄弱截面，这部分被称为“断裂杆”。

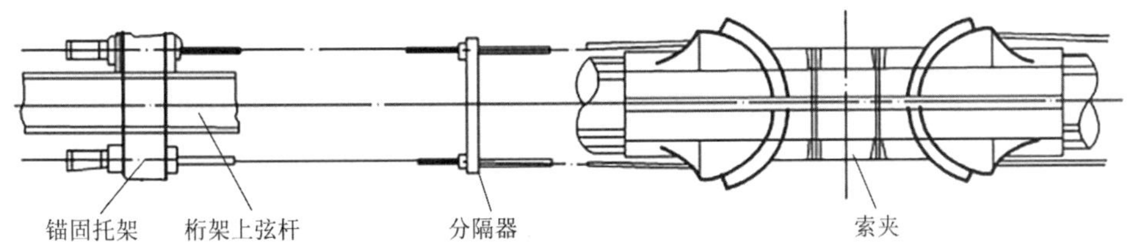

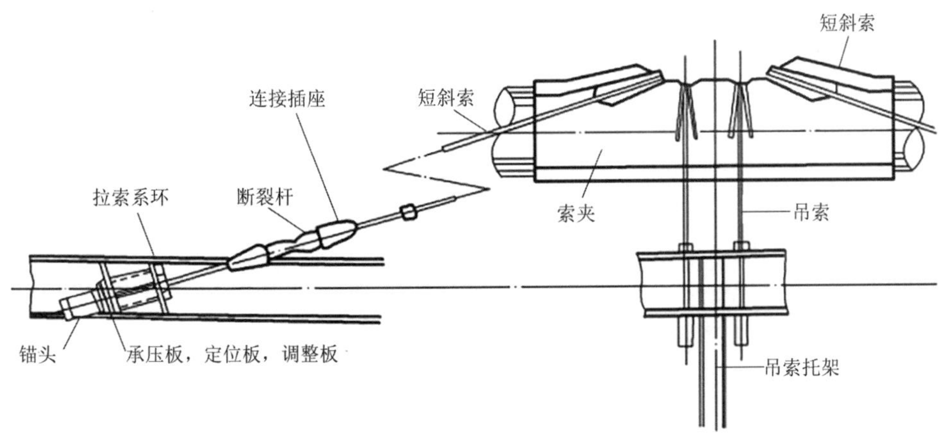

图 8-5-16　采用中间短斜索作缆梁固结

日本下津井濑户大桥、南备赞濑沪大桥、北备赞濑沪大桥都设计有如图 8-5-16 所示的柔性中央扣。短斜索的“断裂杆”是按纵向活载（如制动力、牵引力等）和 20 年一遇的纵向风力来进行设计的。这三座桥的短斜索设计拉力见表 8-5-3。

中间短斜索的设计拉力（单位：kN）　　表 8-5-3

桥名		下津井濑户大桥	北备赞濑户大桥	南备赞濑户大桥
短斜索	平时	2844	3040	2942
	断裂时	3530	4119	4021
断裂杆	平时	2550	2746	2648
	断裂时	3138	3825	382.5

短斜索断裂以后，依靠设在桥梁端部的抗震榫来控制过大的纵向变位量。

图 8-5-17 为用于固接主缆与钢箱加劲梁的刚性中央扣。它的基本构造是利用两个短斜杆上的栓接接头将跨中索夹与钢箱加劲梁连接在一起。受力原理是主缆中的不平衡纵向力 ΔN 由钢箱加劲梁来负担。丹麦的大贝尔特桥、瑞典的高海岸桥、我国的润扬大桥均采用这种中间夹箍。在跨中采用这种缆梁固结的构造可以防止跨中竖向短斜索的疲劳破坏。这种疲劳破坏是由主缆与加劲梁之间的相对纵向水平移动使吊索锚头处产生正负交替应力而逐渐形成的。

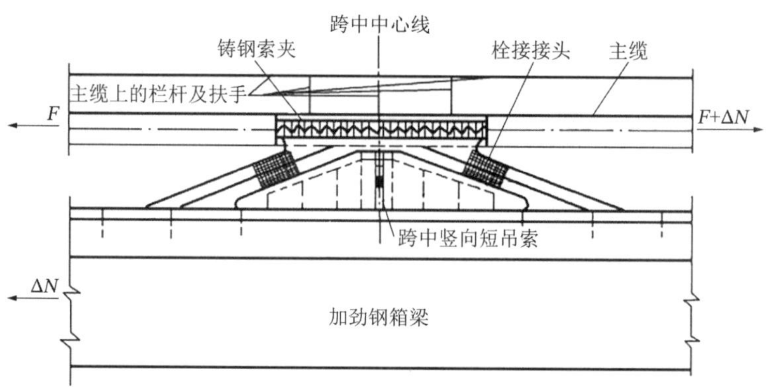

图 8-5-17　采用中间夹箍的缆梁固结

4. 伸缩缝及纵向缓冲阻尼

1）伸缩缝

（1）作用及功能

大跨度悬索桥加劲梁端部的伸缩移动量及竖向转角量均很大，在风荷载作用下会产生相当大的水平转角。日本下津井濑户大桥、南备赞濑沪大桥、北备赞濑沪大桥梁端的伸缩移动量已超过 1.00m，竖向转角量超过 0.1%，因此必须设置缓冲梁的构造来满足运营要求。

（2）构造类型及示例

日本工程师针对大跨径公铁两用悬索桥开发了 1500 型缓冲梁轨道伸缩装置，如图 8-5-18 所示，伸缩移动量为±750mm，总计为 1500mm。

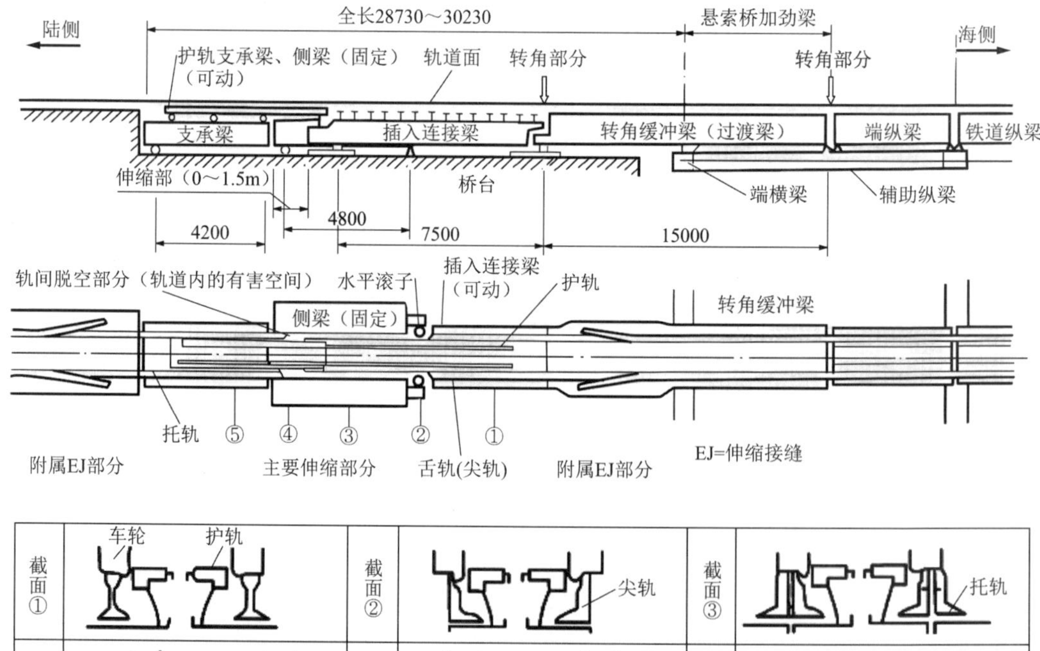

图 8-5-18　悬索桥用 1500 型缓冲梁轨道伸缩装置（尺寸单位：mm）

2）纵向缓冲阻尼器

缓冲阻尼器是一种安装于发生相对位移的桥梁构件之间，在缓慢施加的静态荷载（如温度、汽车荷载等）作用下可自由变形，在快速作用的动态荷载（如汽车振动、地震、脉动风等）作用下产生阻尼力并耗散能量的振动控制装置。阻尼器技术参数根据车辆振动、风荷载、地震作用产生的动力作用以及汽车荷载、风荷载、温度作用产生的静力作用确定。缓冲阻尼器设计的基本原则为：既要使黏滞阻尼器达到对桥梁动力响应进行控制的效果，又要控制黏滞阻尼器产生的阻尼力，确保缓冲阻尼器连接件的安全。

一套缓冲阻尼器产品包括黏滞阻尼器、黏滞阻尼器两端与阻尼器支座的连接构件（图 8-5-19、图 8-5-20），每端阻尼器连接件包括耳板、关节轴承、销轴及销轴的固定件。

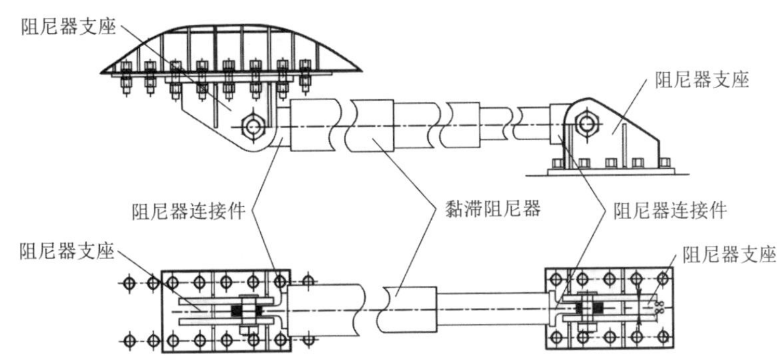

图 8-5-19　江阴大桥纵向缓冲阻尼器构造方案

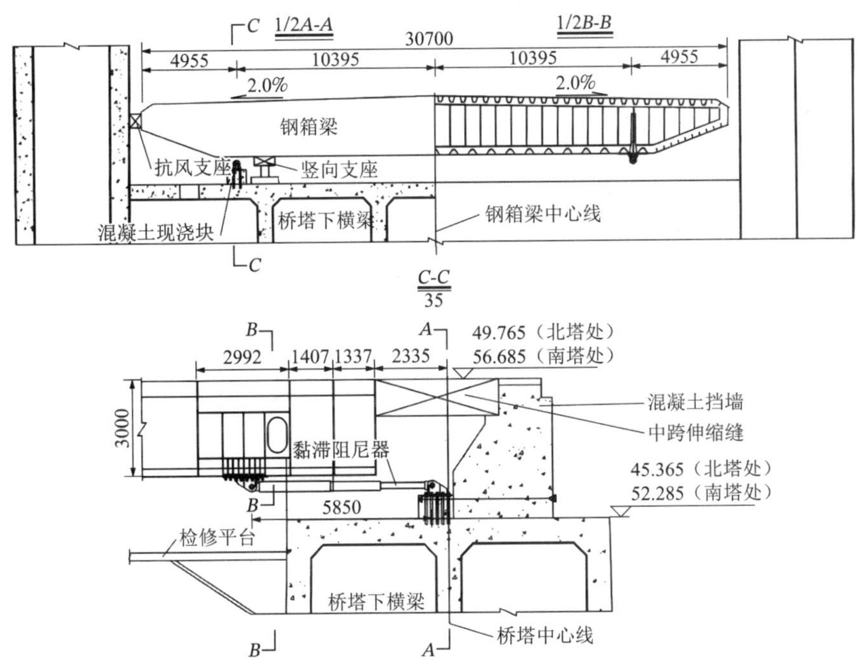

图 8-5-20　江阴大桥纵向缓冲阻尼器安装方案（尺寸单位：mm；高程单位：m）

注：1. 桥塔下横梁高程及钢筋梁顶面高程根据江阴大桥施工图设计图纸计算得出。

2. 全桥阻尼器共 4 套。

3）纵向限位措施

设置纵向限位装置可限制活载、纵向风荷载、制动力等引起的位移，进而减小伸缩缝、支座的规模。目前国内外主要限位措施主要有纵向限位索、中央扣、限位阻尼（静力限位-动力阻尼）以及限位挡块。

（1）纵向弹性索方案

加劲梁与索塔间设置纵向弹性索限制纵向位移，对三塔两跨悬索桥结构适用性较好，泰州大桥中塔塔梁间设置了该构造。

（2）限位阻尼方案

限位阻尼既有静力限位功能又有动力耗能作用，在合理限位范围限位力比较大，为满足限位力要求需要设置多个限位阻尼或者采用超大吨位阻尼装置，结构较为复杂，耐久性保证难度大。

（3）中央扣方案

对于单跨吊悬索桥，中央扣可一定程度减小梁端位移；对于三跨吊悬索桥，中央扣不仅没有限制加劲梁活载纵向位移的作用，还增大了活载下加劲梁的纵向位移值，其主要原因是：加劲梁的活载纵向位移是由主缆的纵向位移引起的，中央扣协调了跨中主缆与加劲梁的纵向位移，消除了缆梁纵向位移差，从而增大了纵向位移。对于温度荷载作用，中央扣作用使得加劲梁位移零点回归在跨中附近，从而减小了一端温度位移，增大了另一端温度位移。对于纵风作用，中央扣限制了缆梁位移差，较为显著地降低了纵风下梁端位移。采用中央扣方案的桥梁方案有清水河大桥、大贝尔特桥、杭瑞洞庭大桥等。

（4）限位挡块方案

限位挡块方案根据目标梁端位移值及限位力大小选用不同限位间隙值，梁端限位效果较为显著，结构简单。该构造在南京栖霞山长江大桥、秀山大桥、棋盘洲大桥、张靖皋长江大桥等上均已采用。

4）微动位移限位措施

悬索桥梁端纵向移动由汽车活载、制动力、体系温度变化、纵向风载等产生。体系温度的变化虽然造成梁端发生较大位移，但温度伸缩变化缓慢，总滑移距离相对不大；静风荷载产生的伸缩变形也相对不大。但悬索桥在随汽车流下梁端约束支座易处于较为高频的反复运动状态，导致约束构件累积位移大，严重缩短了其使用寿命。

目前对于悬索桥梁端微动位移限位措施有梁端低指数阻尼器、电涡流阻尼器、摩擦型阻尼器等。常规黏滞阻尼器一般指数采用 0.3 左右，其出力值及对速度的敏感性不如低指数阻尼器，低指数阻尼器α值可取 0.1～0.3；但该结构由于内部压力较大，需对密封构造进行深化研究。电涡流阻尼器采用永磁结构，耐久性相对较好，但其出力值相对较小，往往需要采用放大作用以满足出力值要求，对于梁端微动位移的抑制在其功能上增加摩擦型阻尼器效果较好。纯摩擦型阻尼器是根据压力及摩擦因数确定阻尼力大小的，且在达到启滑位移后为恒定阻尼力，能较好抑制微动，但对摩擦片结构有耐磨要求，同时需进行预紧力监测。

第六节　主要材料与选择

钢箱加劲梁及钢桁加劲架采用的主要材料为钢材及焊接材料，组合式加劲梁主要材料为钢材及混凝土、钢筋及预应力钢绞线。

一、钢材

在选择加劲梁钢材种类时，主要考虑其强度、冲击韧性、焊接性能和冷加工性能，而不特别考虑疲劳和稳定。选材时，依据结构受力，主要参照同类桥的施工技术标准和国际通行的结构钢技术标准。

为提高钢材的焊接性能，需对碳（C）含量进行控制；为减小钢材脆性，改善其冷加工性能，需限制钢材中磷（P）、硫（S）的含量；为保证结构韧性，提高抗疲劳能力，对板厚 > 30mm 的板材做−20℃时的夏比（V 形缺口）冲击试验，纵向试样冲击功不小于 27J，根据板件受力方向，厚钢板必要时需采用 Z 向钢。

从加劲梁受力计算结果看，其应力水平不高，普通碳素钢即可满足强度要求；但考虑到焊接残余应力的存在，加劲梁主体结构宜采用牌号不低于 Q345qD 的钢材，其化学成分及机械性能应符合相关规范的要求（表 8-6-1、表 8-6-2）。考虑到材料采购、制造的标准化，结构各部分宜尽量采用统一的材料，特别是钢箱加劲梁；受力较大及需要特别加强的钢桁梁部分杆件也可考虑采用比一般构件更高标准的材料。

加劲梁主体结构钢（Q345qD）化学成分表　　表 8-6-1

化学成分	C ⩽	Si ⩽	Mn	P ⩽	S ⩽
质量分数	0.14%	0.55%	0.90%～1.60%	0.025%	0.020%

加劲梁主体结构钢（Q345qD）机械性能表　　表 8-6-2

抗拉强度 σ_b（MPa）（不小于）	下屈服嵌固 σ_s（MPa）（不小于）	伸长率 δ_5（%）（不小于）	180°冷弯试验	−20°冲击吸收能量 KV_2（J）
490	345	20	$d = 2a$～$3a$	120

注：d 为弯心直径，a 为试样厚度（直径）。

二、焊接材料

焊接材料在选用时，主要依据焊接工艺评定的结果，需选用同母材相匹配的焊材，且其能够满足可焊性要求并且焊缝的力学性能指标不低于母材。

三、混凝土

混凝土主要用于组合式加劲梁的桥面板，强度等级宜采用 C50 以上。

钢筋及钢绞线的选材与一般钢筋混凝土结构及预应力混凝土结构相同。

常规强度等级混凝土组合加劲梁自重大，不利于跨径的提升，随着材料的发展，UHPC（超高性能混凝土）桥面板、粗集料活性粉末混凝土可有效降低混凝土板厚，减小自重，结构性能更优异。

第七节　结构分析计算

一、主要计算内容

加劲梁静力计算主要内容包括加劲梁总体计算及局部计算，动力计算主要是结合全桥总体分析进行桥梁抗风、抗震性能计算。

1. 总体计算

总体计算包括竖向计算及横向计算或采用总体空间分析计算，分述如下。

1）加劲梁竖向计算分析方法

（1）全桥作用体系（第一体系）

全桥作用体系考虑加劲梁作为悬索桥的组成部分参与全桥共同承受荷载作用，按闭口薄壁杆件分析计算竖向荷载、横向荷载和温度荷载产生的弯矩、剪力和扭矩作用下的应力。

（2）桥面板体系（第二体系）

桥面板体系为桥面板、纵肋和横梁组成的正交异性板桥面，承受作用在其上的荷载。

（3）盖板体系（第三体系）

支承在纵肋和横梁上的面板，形成连续各向同性板，承受肋间局部荷载并传给加劲肋。由于其应力较小，同时由于闭口肋间存在薄膜效应，承载力增加较大，盖板体系应力通常可以略去不计，只对板横向应力及板间挠度进行计算。

2）加劲梁横向计算

按加劲梁在全桥横向总体体系中的受力模式，考虑在横向风力作用下，计算加劲梁承受的横向弯矩、剪力等。

2. 局部计算

根据悬索桥加劲梁的受力特点，其传力方式与一般梁式桥有很大的不同。作用于桥面的竖向活载首先借其带纵肋的桥面板抗弯，将竖向力传递给横隔板，再通过两侧有吊索的主横隔板将竖向力传递给主缆。因此，局部计算主要应验算桥面板及其纵肋和主横隔板的受力情况，还应包括锚箱（吊耳）、支座加劲等局部构件的计算。

二、计算荷载与组合

1. 加劲梁的计算荷载

加劲梁的计算荷载包括以下三种。

（1）竖向荷载：恒载、车道荷载（整体计算）、车辆荷载（局部计算）。

（2）横向荷载：风荷载，分别计算与汽车荷载组合的风荷载及不与汽车荷载组合的风荷载。

（3）温度荷载：考虑体系温度变化作用及加劲梁在上下缘日照的温差作用。

2. 计算中考虑的荷载组合

（1）竖向荷载组合：①组合一：恒载。②组合二：恒载 + 车道荷载（考虑偏载）。③组合三：恒载 + 车道荷载（考虑偏载）+ 温度荷载。

（2）横向荷载只考虑横向风荷载作用。

（3）竖向与横向共同组合：恒载 + 车道荷载（考虑偏载）+ 温度荷载 + 横向风载（与汽车组合风）。

（4）上述荷载组合的计算按《公路桥涵设计通用规范》（JTG D60—2015）规定执行。

三、各部结构计算分析

1. 加劲梁竖向总体计算

（1）全桥作用体系（第一体系）

由薄壁箱梁理论计算以下应力：

① 竖向弯矩作用产生的正应力。

② 横向弯矩作用产生的正应力。

③ 竖向剪力作用产生的剪应力。

④ 竖向荷载扭矩作用产生的剪应力。

⑤ 横向荷载扭矩作用产生的剪应力。

⑥ 畸变翘曲作用产生的纵向正应力。

⑦ 畸变翘曲作用产生的横向正应力。

⑧ 梁部日照温差作用产生的纵向正应力。

（2）桥面板体系

桥面板的受力计算时较为复杂。在计算机未普及时，为方便设计人员计算，通常采用 Pelikan-Esslinger 法、板条法。目前空间有限元程序分析已非常普及，设计人员借助计算机可非常简便地计算得到更为准确的桥面板体系受力状态。

（3）结构主要验算内容及方法

加劲梁验算包括强度验算、疲劳强度验算及稳定性验算。

① 强度验算采用承载能力极限状态法，在竖向控制组合下，应进行全桥体系和桥面体系组合应力验算及横向控制组合下的应力验算，强度验算遵照我国现行公路桥规进行。

② 加劲梁各部分的疲劳验算应考虑全桥体系和桥面体系的共同作用，验算荷载采用《公路钢结构桥梁设计规范》（JTG D64—2015）的疲劳荷载进行计算。

③ 构造尺寸验算应按照《公路钢结构桥梁设计规范》（JTG D64—2015）的有关规定，验算构件的稳定性。

2. 局部计算

局部计算根据构件受力按弹性理论进行分析，并根据现行有关规范对局部强度、疲劳强度、刚度、稳定性等进行验算。

四、三维仿真分析

在计算机技术高度发达的今天，悬索桥加劲梁采用空间有限元分析，不仅可得到加劲梁的受力大小，而且可以看出结构中力的传递及分布规律。以下分别介绍钢桁加劲梁及钢箱加劲梁在竖向汽车荷载作用下的三维仿真计算。

1. 钢桁加劲梁三维仿真计算

钢桁梁节段三维仿真分析的结构离散图如图 8-7-1 所示，钢桁梁横截面应力云图如图 8-7-2 所示。

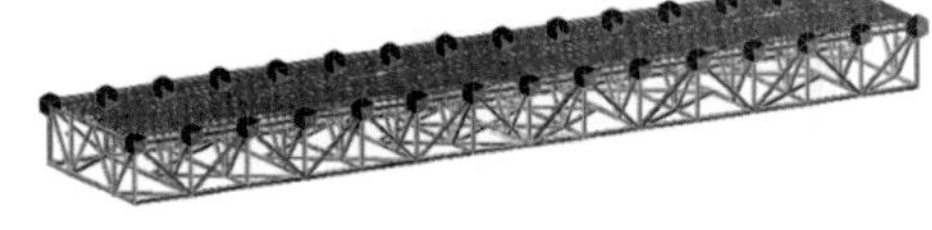

图 8-7-1　钢桁梁节段三维仿真分析的结构离散图

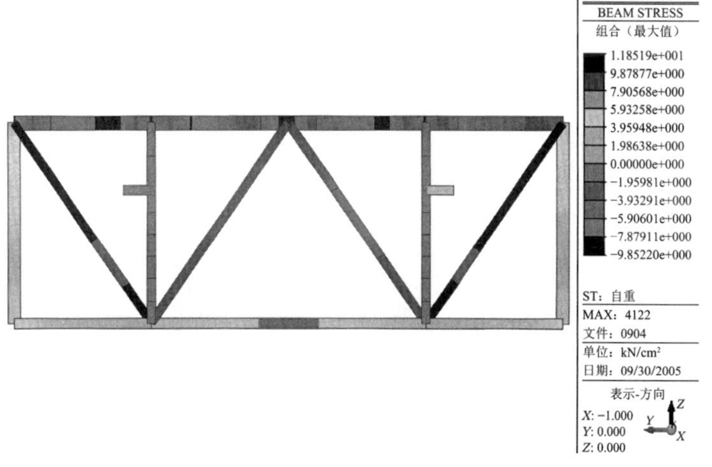

图 8-7-2　钢桁梁横截面仿真应力云图

2. 钢箱加劲梁三维仿真计算

钢箱加劲梁节段三维仿真计算的单元离散图如图8-7-3所示。

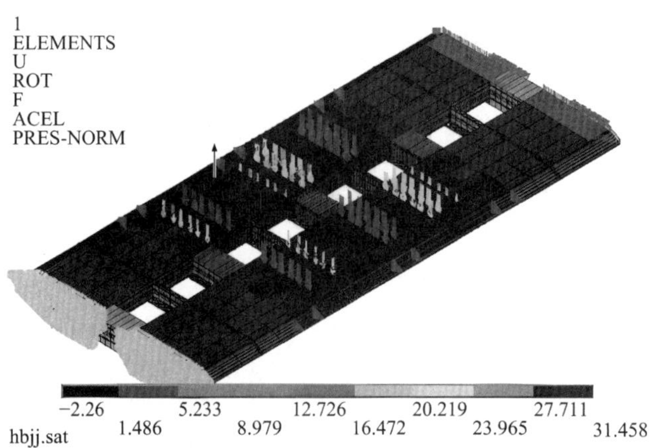

图8-7-3　钢箱加劲梁节段三维仿真计算单元离散图

连接箱三维仿真应力图如图8-7-4所示，连接工字形横梁三维仿真应力图如图8-7-5所示。

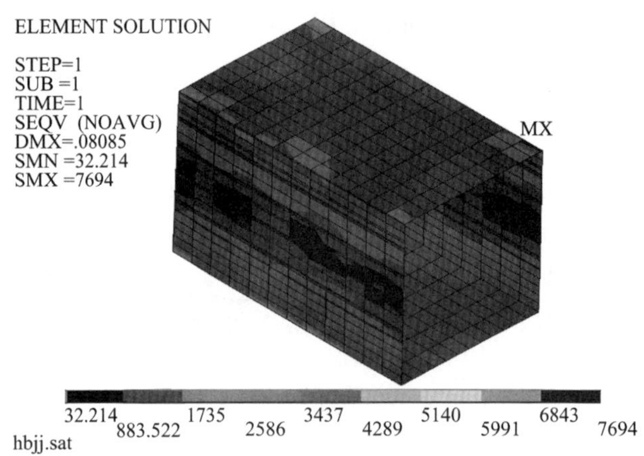

图8-7-4　连接箱三维仿真应力图

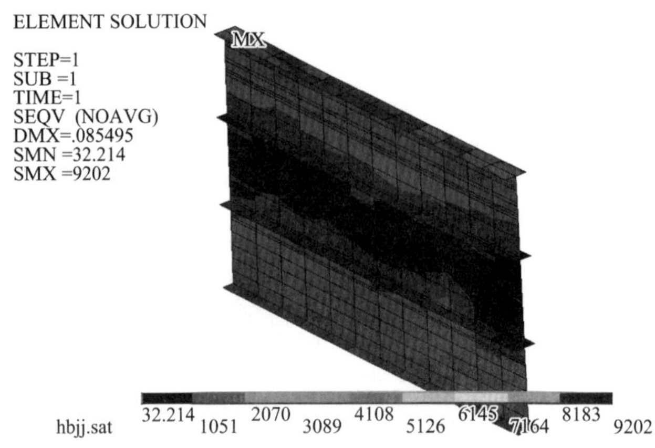

图8-7-5　连接工字形横梁三维仿真应力图

通过三维仿真计算，设计人员可以清晰地了解结构中应力的分布及传递规律，在设计中可有针对性地进行构造处理。

第八节　主要施工方案

一、钢桁加劲梁的制造、组拼、运输、架设

1. 钢桁加劲梁的制造、组拼及运输

与一般钢桥相同，加劲梁无论是钢桁梁或钢箱梁，均在工厂内制造。加劲梁的制造节段长度一般与钢桁梁的节间长度或其纵向的吊索间距相同。

（1）设计制造线形的确定

确定梁段制造线形就是确定预制梁长及相邻梁段上、下缘缝隙差值，这关系到恒载作用下梁段的应力及吊装过程的施工难易程度。制造线形为成桥线形，如挪威的阿斯柯依大桥即采用这种线形。这种方法的优点是加劲梁在全部恒载作用下梁内无应力，可根据架设过程节段间缝隙大小进行节段间连接以减小后续整体连接工作量及难度。

（2）杆件制造

杆件制造工艺过程包括做样、钢料矫正、号料及号孔、切割、制孔、料件边缘加工、杆件组装等。

钢材由于轧制后冷却不均匀、运输装卸的影响或其他原因，可能发生弯扭，故在钢材加工之前必须经过整平、调直等处理。弯扭不大的小尺寸钢材以及钢材两端不能用机械修整的部位，均可在平台上用手锤修整。大弯扭和翘曲的钢板常采用七辊钢板整平机矫正。

钢材可分为气割和机切两种切割方法。气割是用乙炔和氧混合燃料的火焰，将钢料切割处加热到红热的温度，再从切割器射出纯氧气流，产生剧烈的燃烧而将钢料熔化，燃烧后生成的氧化物液体和熔化的金属，被高压氧气流喷射掉，这样就把钢料切断。焰切设备成本低，使用简便，可切的钢料厚度大，并可切成任何形状。气割的方法除手工外，还可用机械气割。切割器能沿轨道自动地以均匀速度移动，使切后零件边缘整齐。

钉孔的制成可用冲孔及钻孔两种方法。由于冲孔对构件损伤较大，一般钢梁制造中，多采用钻孔方法。制孔时，可以根据号孔时打出的冲点位置钻孔。为了节省号孔工作，提高效率和保证制孔精度，目前在钢梁制造中广泛采用机器样板制孔。

拼装前应检查零件边缘修整及形状尺寸是否合乎施工图所规定的公差限度，用风砂轮或喷砂器等清除零件上焊口附近 50mm 范围内的锈蚀、氧化铁皮及污物，在焊缝处须保持清洁，不得有水分，以保证焊缝质量，不致产生气孔及夹渣等缺陷。

焊接钢桥零件上设有用来固定它们相对位置的铆钉孔，因而在拼装时须采用特殊的拼装胎型。胎型的设计应便于杆件的拼装和自动电焊机的焊接，同时须具有足够的刚度，使杆件外形尺寸得以保证而不致变形。

为了保证拼装质量，在拼装过程中均要对拼装杆件的各零件的相对位置、相互间的密贴程度以及整个杆件的外轮廓形状及尺寸进行检查。当零件正确就位并已顶紧之后，即可进行定位焊。

箱形杆件的拼装焊接分两次进行。第一次拼装是先将一块竖直板及两块水平板吊入胎型内，再放入隔板，然后进行定位焊，出胎后再将隔板与水平板连接在角焊缝焊上。第二次拼

装，先将未曾拼装的竖直板吊入胎内，然后将已拼成∩形的部件（第一次拼装完的部件）吊入压紧，进行定位焊。

纵、横梁的拼装有先钻孔后拼装和先拼装后钻孔两种方法，一般多采用前者。

采用先钻孔后拼装的方法，是在拼装前钻制纵、横梁的腹板及翼缘板上的栓孔与钉孔，钻至设计直径。在拼装时，腹板的水平位置靠托板来对准，纵向位置用冲钉穿过腹板一端的钉孔插入定位托的槽中对准来控制准确位置；翼缘板的上下及纵向位置，是以冲钉及定位挡上的钻孔套来定位的。当腹板及翼缘板就位后，摇动摇把，将活动挡推动压紧，经检查无误后，即可进行定位焊。腹板两侧都应定位焊。

纵、横梁采用先钻孔后拼装焊接，应考虑焊接收缩的影响。例如盖板及腹板长度以及拼装胎型上两孔群之间的距离，均应考虑预留焊接收缩量。

杆件在焊接过程中，由于焊缝及附近钢料收缩，会产生不同程度的焊接变形。

为了使杆件具有正确的外形尺寸以保证钢梁拼装的精确度，焊后的杆件需进行矫正，公差不得超过规定的允许值。

焊接钢梁某些部件，由于运输和架设能力的限制，须在工地进行拼装。为了保证工地拼装时栓（钉）孔不发生错位，同时同类杆件还应有互换性，因此对杆件孔的钻制要求非常精确。

构件试拼装：运送工地的各部件，须在出厂前进行试拼装，以验证工艺装备是否精确可靠。试拼装按主桁、桥面系、桥门架及水平联结系四个平面进行。试拼装时，钢梁主要尺寸如桁高、跨径、预拱度、主桁间距等的精度应满足规则的要求。

杆件常用摩擦型高强度螺栓连接，钢表面的摩擦力能否得到保证，主要取决于钢板的表面处理。表面处理方法常用有两种：一是对钢板进行除锈打毛；二是在防锈打毛后在钢板上喷（或涂）保护层，以防钢板在安装连接前和使用中生锈。

高强度螺栓的施拧方法有很多，我国常用的方法包括扭矩法和扭角法。

（3）吊装单元运输

杆件运输可采用火车、汽车、轮船等多种方式，节段运输需考虑运输条件，采用船运或大型平板车运输过程中应防止产生构件变形。

2. 钢桁加劲梁的架设方法

（1）架设方法分类

悬索桥钢桁加劲梁的架设方法，从架设单元来分类，可以分为单根杆件架设、平面构架架设和立体节段架设三类。

单根杆件的架设方法即在工厂完成杆件制造后，直接将杆件运输到现场，将各个杆件吊装到桥上进行组装。这种方法对工期与架设精度均不利，除非在平面构架法及立体节段法无法采用的区段方可考虑采用。

立体节段的架设方法对工期与架设精度是最有利的。根据梁段的输送方式不同又可分为两类：一类是直接将节段运输到架设位置正下方，利用缆载起重机垂直起吊，但在通行船只很多以及潮流很急的情况下很难采用；另一类是不占用架设位置正下方海面的施工方法，如后方送梁架设法，但需要的架设机具和材料较多，同时在合龙后要进行吊索的锚固作业等，对工期与造价均不利。

平面构架的架设方法介于杆件架设与立体节段架设之间。其运输、起吊的单元可由多个杆件组成但未形成节段，一般根据运输条件及吊装能力择机采用。

早期在美国及欧洲国家，加劲钢桁梁的架设单元基本上都采用立体节段，但某些有困难的部位局部改变为平面构架，甚至是单根杆件。

在日本，如果在海面上锚泊运梁驳船没有困难时，则利用设在主缆上的提升梁，采用立体节段作为架设单元；如果有困难时，则采用平面构架作为架设单元，此时一般利用已在架梁段上设置的移动式吊机来代替提升梁。

（2）架设设备及安装方法

① 钢桁加劲梁的架设可采用能沿着桁架上弦或纵梁行走的移动式起重机进行悬臂安装。悬索桥钢桁梁悬臂安装与梁式桥悬臂不同，在每一梁段拼好之后，不是靠梁的已成段来承担其后拼梁段的自重（该自重将对前者产生悬臂弯矩），而是立即将刚拼好的梁段同其对应的吊索相连，让所有已拼梁段的自重都经由吊索传给主缆，由主缆承担。

由于这种方法需要将移动式起重机支撑在上弦杆或纵梁上，桁架在拼装过程中将承受荷载，因此拼装质量不宜过大。

② 钢桁加劲梁的架设可以采用位于主缆上的缆载起重机或跨缆起重台车直接从运梁驳船上将立体梁节段起吊，缆载起重机支撑在主缆上，直接将运输到梁段位置正下方的梁段提升到位，并与已吊装完成的梁段临时连接，直接将梁段荷载传到主缆上。

缆载起重机吊装能力大，在运输条件能够保证的条件下可直接吊装立体节段，有利于加快进度、保证质量。

旧金山-奥克兰海湾大桥第一次将悬索桥加劲梁的架设方法改为：依靠绞车及可以行驶于主缆的起重台车，借助滑轮组及钢丝绳将预制梁段（装在驳船之上并浮运到桥下）提升到位。一次吊装两个节间钢桁梁，其最大质量为 180t（施工方担心主缆局部变形太大，让梁段中的若干杆件暂时不组装）。该施工方法经济合理，随后便被广泛采用。韦拉扎诺海峡大桥建造时提升设备有较大改进，提升的梁段最大质量达 357t。

图 8-8-1 为旧金山-奥克兰海湾大桥架设加劲钢桁梁立体节段时所用的提升梁。它是由钢横撑（strut）与其两端的支承架组成。钢横撑的长度可稍作伸缩调整，以便卸载时可在两侧的竖直索面内通过。两侧的支承架用木制走行轮支承在主缆上。

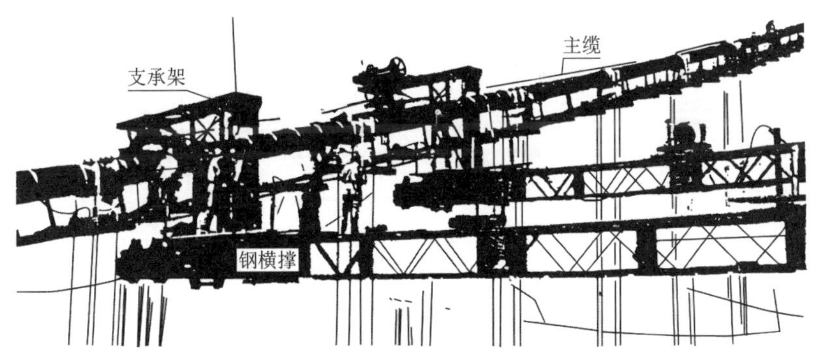

图 8-8-1　旧金山-奥克兰海湾大桥提升梁

图 8-8-2 为日本某桥架设钢桁加劲梁平面构架节段时的机具设备布置。

除布置塔顶起重机、塔柱旁旋臂起重机等之外，桥面上还设有运梁（构架）台车与移动式吊机，梁下设移动式防护设施（防止落人与落物）、移动式安全工作平台及下层安全网等，有条件时可设海上工作平台。另外，还应有吊索引拉装置，以便将吊索拉下与梁节段连接。

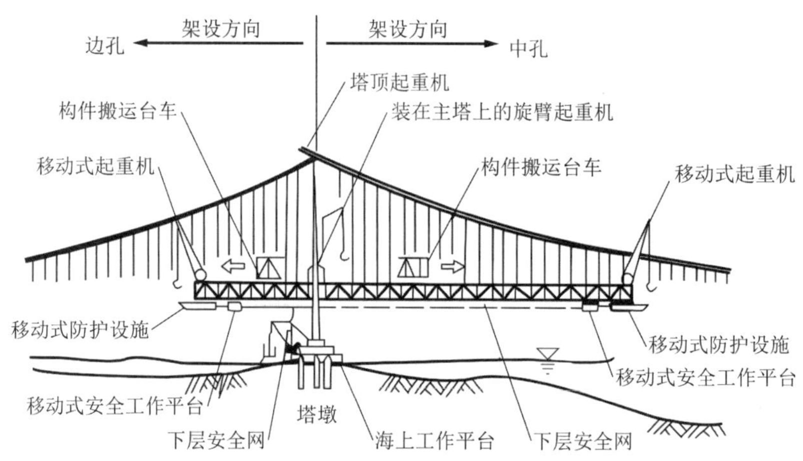

图 8-8-2　吊装钢桁梁平面构架节段机具设备布置示例图

以平面构架节段作为架设单元时，由于钢桁加劲梁位于主缆的正下方，在吊索较短的区段（如主孔的跨中部分及边孔的端部），有时会使移动式起重机无法正常操作，必须改用特殊的扁担梁。日本明石海峡大桥在 10～40m 长的短吊索区间改用人字形平衡扁担，在吊索长度不足 10m 的区间改用上下扁担或“]”形扁担。

（3）超大节段架设安装

随着跨缆起重机起重能力的提升，目前大节段超重钢桁梁架设可以采用双台跨缆起重机台车等方式。五峰山长江大桥、杨泗港长江大桥一次架设两个节段，最大起重量达到千吨以上，减小了吊数，有效提高了施工工效。

（4）架设安装顺序的选择

加劲梁无论是钢桁梁还是钢箱梁，其架设顺序（图 8-8-3）一般可以先从主孔跨中及两侧桥台分别向索塔的两侧推进（顺序 A），也可方向相反，即从索塔两侧分别向两侧桥台及主孔跨中推进（顺序 B）。拼装顺序的确定应能保证使塔顶纵向位移尽可能较小以及梁段的竖向变位起伏小，并有利于抗风稳定。

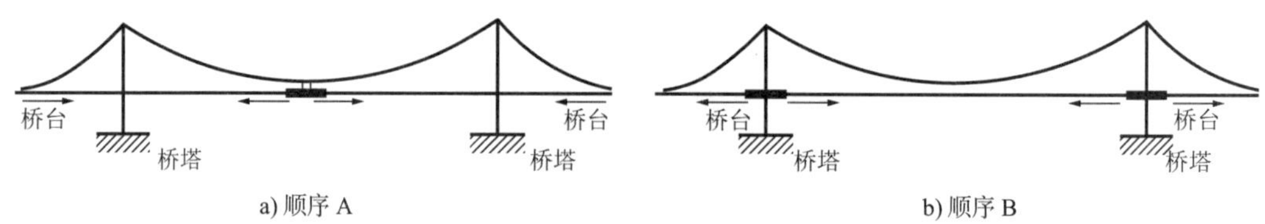

图 8-8-3　加劲梁节段的一般架设顺序

在美国采用顺序 A 的有旧金山-奥克兰海湾大桥和韦拉扎诺海峡大桥等，采用后一种顺序 B 的有金门大桥和麦基诺海峡大桥等。除了美国协助葡萄牙修建的萨拉扎桥是采用顺序 B 架设外，欧洲多数悬索桥（如塞文桥、亨伯桥等）采用顺序 A。在日本，除了白鸟大桥之外，几乎全部是采用顺序 B。白鸟大桥对 A、B 两种架设顺序进行研究后，决定采用顺序 A。原因是架设应力较佳，而且仅在架设初期（架设主孔跨中的若干节段时）对梁下通航稍有影响，影响时间也比较容易掌握。

除了上述 A、B 两种架设顺序外，由于悬索桥的施工实践日益增多，迄今为止，从已有的资料中已知有以下两桥与基本架设顺序有所不同。

日本明石海峡大桥加劲梁段的架设顺序是边跨从桥台向索塔推进，主跨从索塔向跨中推进，也就是边跨与主跨的加劲梁段分别采用 A、B 两种基本顺序来进行架设。

总之，无论采用哪种架设顺序，均须考虑主缆变形对加劲梁线形（高程）的影响，应在施工前尽可能先做模型试验与必要的计算分析，再结合各桥的特点加以确定。

（5）施工阶段的临时连接

悬索桥加劲梁架设过程中，主缆的几何形状随着梁段（或其各构件）的逐段架设不断改变。总体变化规律是：当只有数目不多的梁段架设到位时，这些梁段上弦（或上翼缘板）互相挤压，而下弦（或下翼缘板）出现“张口”（互相分离）。若用强制力使下弦（或下翼缘板）过早地闭合，其连接有可能因强度不够而破坏。

较为合理的做法是：在架梁的开始（直到大部分梁段到位）阶段，只让各梁段的上弦（或上翼缘板）有“铰”状连接，而下弦（或下翼缘板）则存在间隙。已架设到位且以铰相连的梁段能够抵抗横向静压风的作用。绝大部分梁段吊装合龙后，梁段之间下面的张口就会闭合。这时再将下弦（或下翼缘板）的永久性连接逐个实现。施工前有必要计算出主缆和梁在上述过程中的挠度曲线。

钢桁加劲梁是以成桥后为无应力状态设计的。但架设过程中通过吊索连接到主缆上时有一定的偏心，架设后其形状有很大变化，使架设前端的吊索以及钢桁加劲梁的斜杆产生架设应力。

为了减少上述的架设应力，20 世纪 80 年代，日本利用调整多节点吊索拉力的技术开发了一种悬索桥梁体节段的架设方法——逐次刚性固接无铰施工法。

常规的铰接结构在暴风时将成为结构上的弱点，除了难以保证抗风稳定性能之外，还存在施工与安全等问题，为了提高钢桁加劲梁架设过程中的抗风稳定性，日本提出逐次刚性固接无铰架设方法。该方法为解决架设前端的吊索以及钢桁加劲梁斜杆轴力过大的问题，将集中在架设前端的吊索拉力分散到在它后面的两根吊索中，以此来进行多节点的调整引拉作业。

大鸣门桥首次采用这种施工方法，施工中采用 3 个节点进行调整引拉。濑户大桥在架设中，由于架设前端的吊索集中力要大于大鸣门桥，改用以下方法来解决：即每次先只进行平面构架的节段架设，再用尚未做最后锚固的后方 3 个节点处的吊索来调整引拉作业，然后再将 3 个节点中的最后一根吊索进行锚固。南备赞濑户大桥采用的吊索锚固引拉作业要领（步骤）、吊索的拉力与引拉分别见表 8-8-1 与图 8-8-4。

3 节点吊索锚固引拉作业要领　　表 8-8-1

	第 1 步	第 2 步	第 3 步	第 4 步	第 5 步
顺序 A：3 节点引拉锚固法	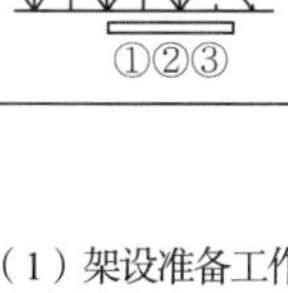 A B C ①②③	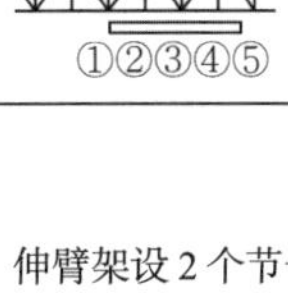 A B C ①②③④⑤	 B C A ①②③④⑤	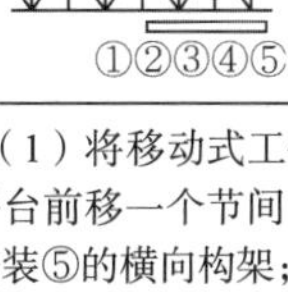 C A B ①②③④⑤	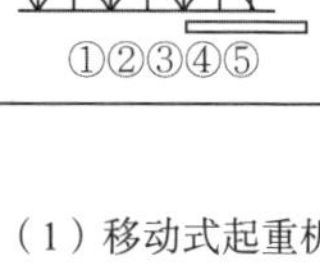 A C B ①②③④⑤
	（1）架设准备工作；（2）将①号吊索锚固好	伸臂架设 2 个节长（主桁及④的横向构架）	将千斤顶 A 倒至前方节点后，采用调整 3 个节点的吊索拉力来使②号吊索锚固	（1）将移动式工作平台前移一个节间，安装⑤的横向构架；（2）将千斤顶 B 倒至前方，调整 3 个节点的吊索拉力使③号吊索锚固	（1）移动式起重机前进 2 个节间；（2）移动式工作平台前进 1 个节间

续上表

	第 1 步	第 2 步	第 3 步	第 4 步	第 5 步	第 6 步
顺序 B：3 节点引拉暂不锚固法	A B C ①②③④⑤	B C A ①②③④⑤	C A B ①②③④⑤	B C A ①②③④⑤	A B C ①②③	①②③④⑤
	（1）架设准备工作；（2）①号吊索暂不锚固	同A法的第2步	调整①～②号吊索的拉力，使①号吊索锚固	同A法的第3步	同 A 法的第 4 步，但③号吊索暂不锚固	同A法的第5步

注：吊索拉力较小时可用 A 法，较大时用 B 法。

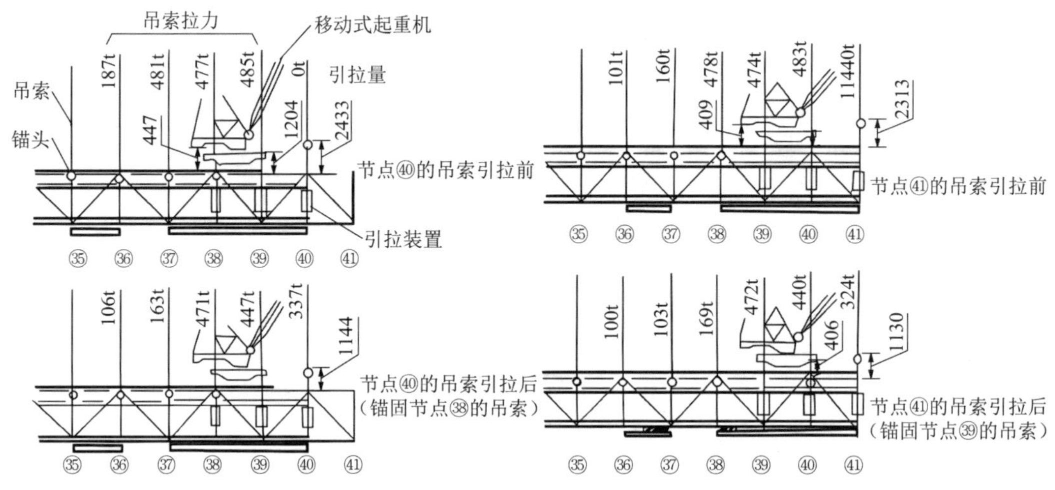

图 8-8-4　吊索的拉力与引拉（尺寸单位：mm）

（6）吊装过程的抗风稳定性

对于正在架设中的加劲梁，其风动力稳定性能值得关注。在确定架设方案后需通过风洞试验进行验证，根据风洞试验研究结果对架设方案进行优化调整。

英国福斯公路大桥主跨梁段架设时，原计划是将宽度为 2 × 7.32m 的正交异性钢桥面板叠在钢桁加劲梁上；通过风洞试验表明，该方法在风速超过 22m/s 时抗风稳定性不满足要求，但若将桥面板宽度改为 2 × 4.88m，临界风速可提高到 44.4m/s。因此，在其架梁的第一阶段，就只能架设 2 × 4.8m 的桥面板。

（7）现场连接方式的选择

加劲梁采用分节段在工厂匹配制造，运输到现场通过节段间现场连接的方法成桥，目前采用的现场连接方式主要有全截面焊接、全截面栓接和栓焊组合三种。三种方式比较如下：栓接结构抗疲劳性能好，结构阻尼大，但削弱了截面，传力不直接，工艺繁杂，增加了桥面铺装厚度；焊接结构工艺简单，施工速度快，自动化程度高，结构整体性好，平整度好，但存在焊接应力及焊接变形，热影响区板材性能降低，结构阻尼小等缺点；栓焊组合结构兼具这两种结构的优缺点，但增加了实际施工中的工艺复杂性。

目前，焊接技术已日趋成熟，可以通过工艺来控制焊接变形，减小对热影响区的影响；而加劲梁处于低应力状态，即使存在焊接应力也不会影响结构强度，对钢桁加劲梁这三种方式均可行，可根据具体情况选择。

二、钢箱加劲梁的制造、组拼、运输、架设

1. 钢箱加劲梁的制造、组拼及运输

钢箱加劲梁制造时一般先进行板单元制造，再在胎架上匹配组拼完成梁段制造。制造线形的选择同钢桁加劲梁。

（1）板单元制作

钢箱加劲梁的节段一般分解为板单元进行制造，板单元包括顶板单元、底板单元、斜腹板单元、横隔板单元、纵腹板单元、风嘴单元、锚箱单元等。各单元均在工厂制造。制造中应重点控制焊接变形及焊接残余应力，尽量采用自动焊，手工焊接尽量采用 CO_2 气体保护焊。板单元运输中应注意减少板件变形，设计中宜为焊接工作创造良好作业条件，尽量避免仰焊。

（2）匹配组拼

板单元需在专门的胎架上进行匹配组拼，匹配数量应不少于 3 个，一般可按照底板单元、横隔板单元、纵腹板单元、斜腹板单元、顶板单元的顺序进行组拼，必须保证拼装精度和截面几何尺寸满足设计要求。加劲梁节段在工厂内制造完成之后，必须先在工厂内的组拼场进行试组拼。

试组拼合格后按梁段架设顺序与发送计划运往梁段存放场预存。

制造厂内梁段的运输一般采用平板车。

（3）梁段运输

梁段架设之前，在存放场先将制造节段拼装成架设节段，再由驳船运往桥位现场，精确定位后抛锚，由缆载吊机从驳船上垂直提升该节段。

陆地运输一般采用平板车装载运输。

2. 钢箱加劲梁的架设方法

钢箱加劲梁只能采用立体的箱梁节段作为架设单元，采用梁段提升法架设。

最早采用该方法的是英国塞文桥，该桥为节约资金，没有采用将梁段装在驳船上的方式，而是将梁段作为浮体（梁端用薄钢板封头）来拖运。其梁段最大重量是 1300kN；采用两点起吊，加劲梁在提升过程中不易控制（当顺桥的风速是 5.5m/s 时，其俯仰振幅就已不小）。博斯普鲁斯海峡一桥和二桥建造时对这一种架梁方法进行了很大改进。

虎门大桥缆载提升设备如图 8-8-5 所示，汕头海湾大桥缆载提升设备如图 8-8-6 所示。

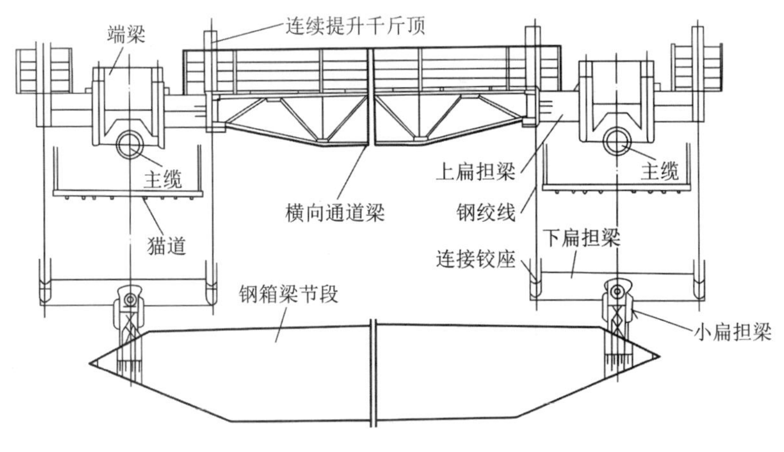

图 8-8-5　虎门大桥缆载提升设备

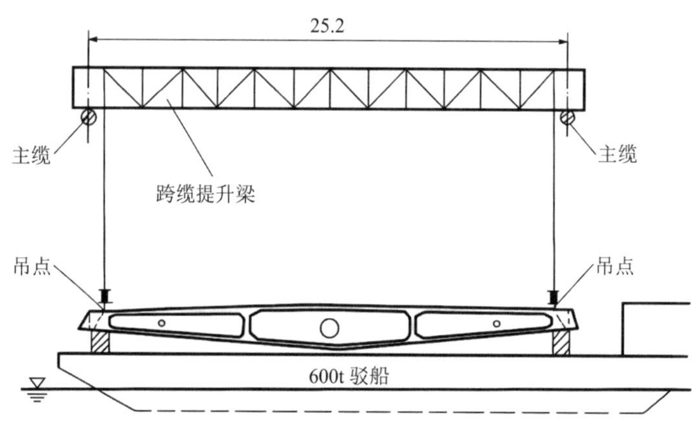

图 8-8-6　汕头海湾大桥缆载提升设备（尺寸单位：m）

提升梁在主缆上的走行一般仅限于在卸载时进行，并由牵引钢丝绳与绞车等设备控制。

一般桥梁提升架的安装是在塔顶附近利用塔顶起重机进行组拼，然后下滑到跨中，这样拼装和下滑都需要较长的时间，而且主缆的索夹都要安装好。与一般桥梁不同，江阴大桥的提升架（图 8-8-7）事先在工厂组拼，并缩短一个桁架节间，下面有一个支承桁架。驳船将这套系统运到跨中位置，提升支承桁架。提升架在两根主缆之间提升，然后接长桁架节间，提升架坐落在主缆上，再卸去支承桁架，这样可以缩短工期两周。

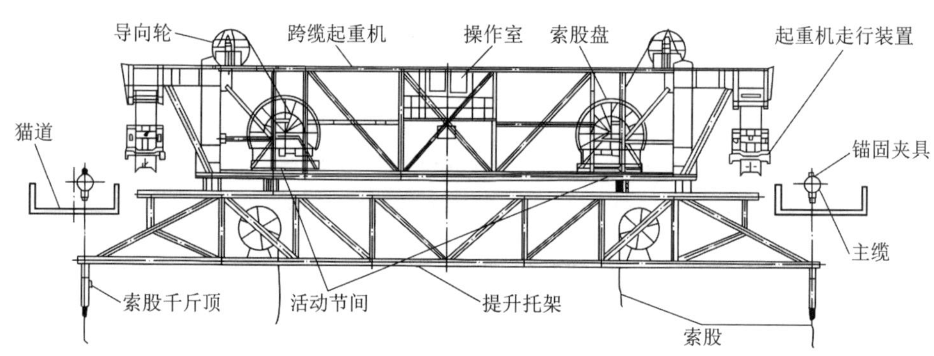

图 8-8-7　江阴大桥缆载提升设备

丹麦大贝尔特桥也用同样的设备和方法，而且起吊能力大，两个加劲梁节段可以同时吊装，采用四点起吊比较稳定，同时采用计算机控制同步。

若梁段正下方为岸边陆地或浅滩，且有防波堤或其他海上建筑物的干扰，不能在其正下方锚泊运梁驳船时，须采用荡移架设法来吊装钢箱加劲梁节段。

梁段荡移架设法利用增设临时吊索来传力过渡。具体的做法是：先在附近可锚泊运梁驳船的海面上利用该位置已设有的正式吊索将待架梁段起吊提升；再由临时吊索接力，使待架梁段的质量转移到临时吊索上，完成前一半的摆动（第一次摆动）；然后由承吊待架梁段的正式吊索来接吊，使梁段质量由临时吊索转移到正式吊索上，完成后一半的摆动（第二次摆动），从而使该待架梁段进入自己的设计位置。加劲梁节段荡移架设如图 8-8-8 所示。

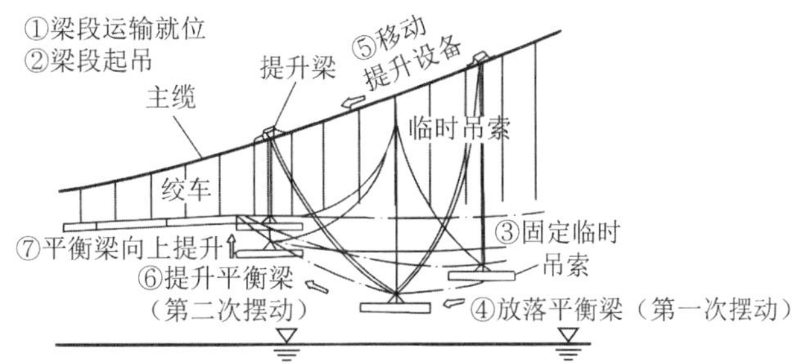

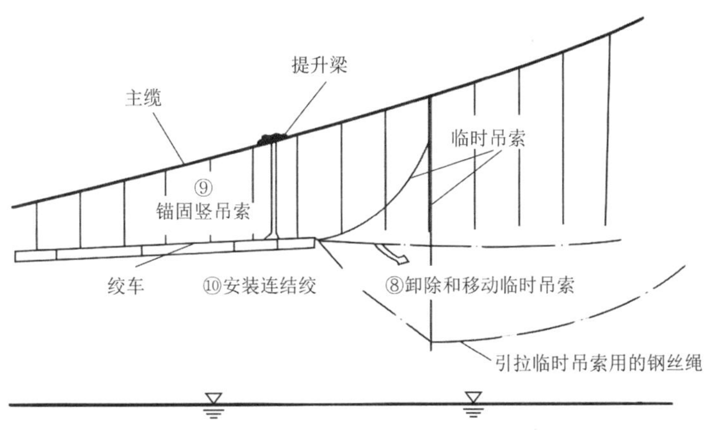

图 8-8-8　加劲梁节段荡移架设示意图

三、组合式加劲梁的制造、拼装、运输、架设

组合式加劲梁钢结构部分的制造、拼装、运输、架设方案同钢桁加劲梁，其混凝土桥面板一般采用分块预制，在钢结构部分完成吊装连接后，再吊装到桥面，现浇湿接缝，形成整体。也可以在钢结构完成吊装连接后，全部现浇混凝土桥面板，但这种方法效率低、速度慢，质量不如预制有保证。

四、连续体系加劲梁架设

连续体系加劲梁在架设施工中遵循的原则与简支体系一致，连续体系加劲梁在架设方案制定中，需重点考虑以下几个问题：①架设顺序的选择；②合龙段位置及合龙顺序的确定；③索塔处及锚碇处无索区梁段的架设方案；④误差的调整方案。

厦门海沧大桥为亚洲第一座三跨连续体系悬索桥，其加劲梁架设方案如图 8-8-9 所示。

加劲梁首先从中跨向两塔架设，在架设完中跨 11 对梁段后，开始采用落地支架架设锚碇处无索区的 3 个梁段；然后分别从边跨和中跨对称向索塔方向架设（边跨短吊索处梁段暂不架设），中跨合龙段设在索塔附近，全桥合龙段设在锚碇附近短吊索处，先完成塔处合龙段吊装，再架设短吊索处合龙段。由于边跨无索区梁段质量未转移到主缆上，主缆线形还未到位时，为不占用索塔无索区处的桥面起重机，需先将索塔无索区的梁段焊接成一体。焊接前，需预先调整这些梁段的焊接线形，使主缆线形完成后，梁段线形平顺。另外，无索区支架上梁段的落架方式也将影响主缆线形。

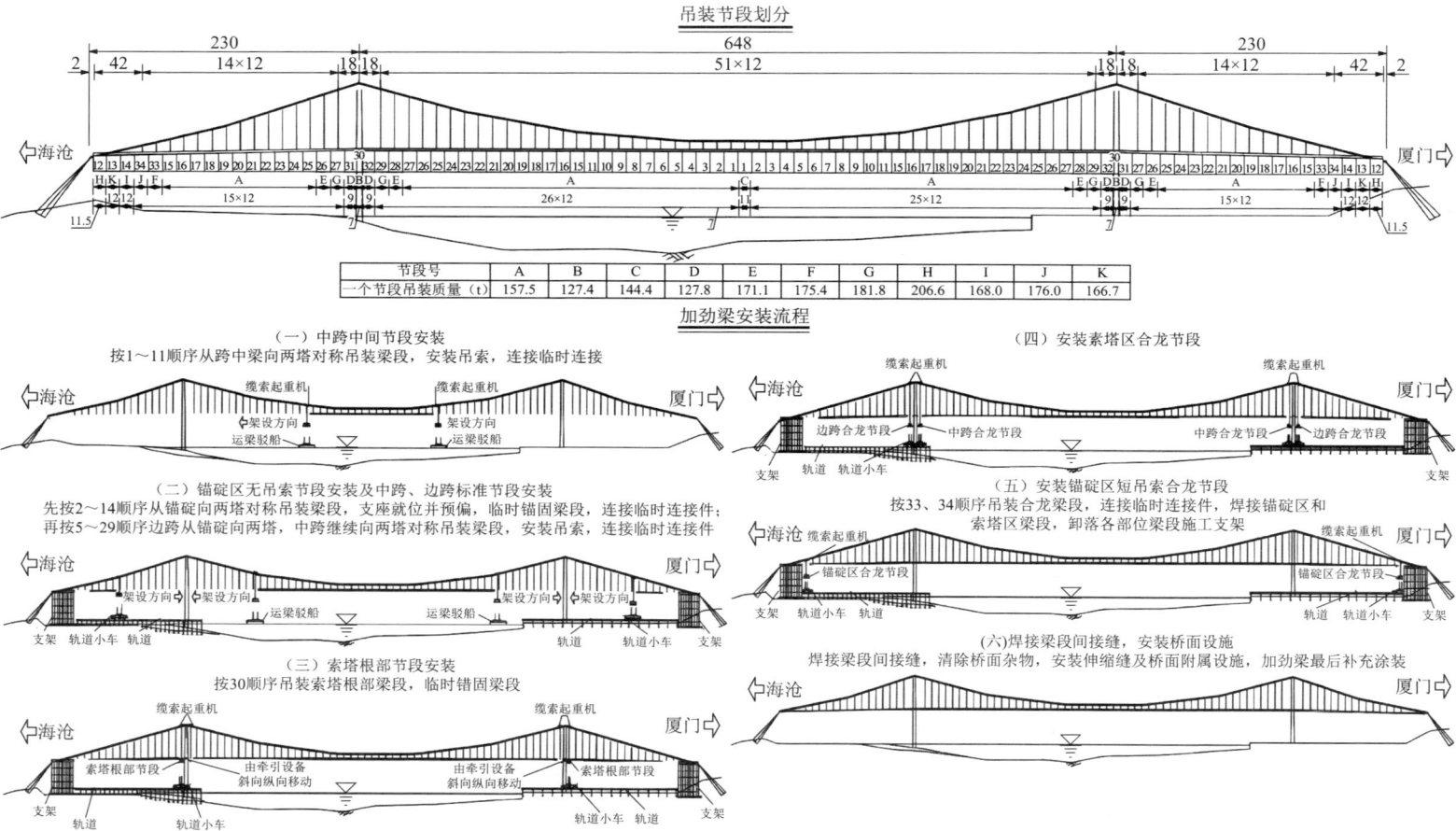

吊装节段划分

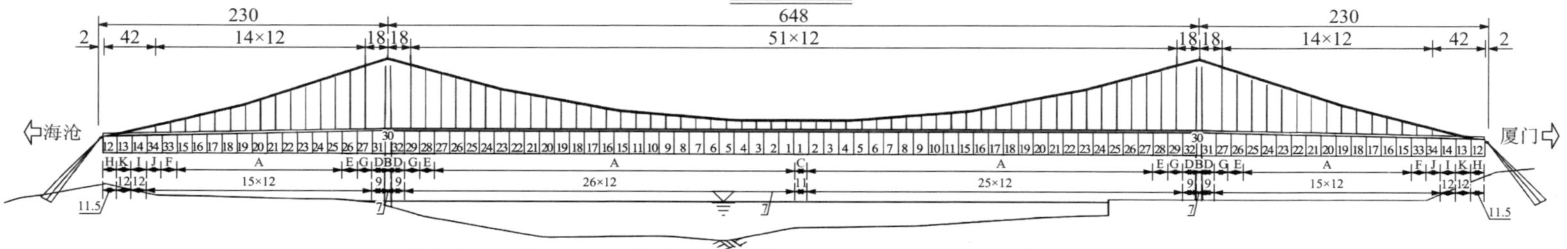

节段号	A	B	C	D	E	F	G	H	I	J	K
一个节段吊装质量（t）	157.5	127.4	144.4	127.8	171.1	175.4	181.8	206.6	168.0	176.0	166.7

加劲梁安装流程

（一）中跨中间节段安装

按1～11顺序从跨中梁向两塔对称吊装梁段，安装吊索，连接临时连接

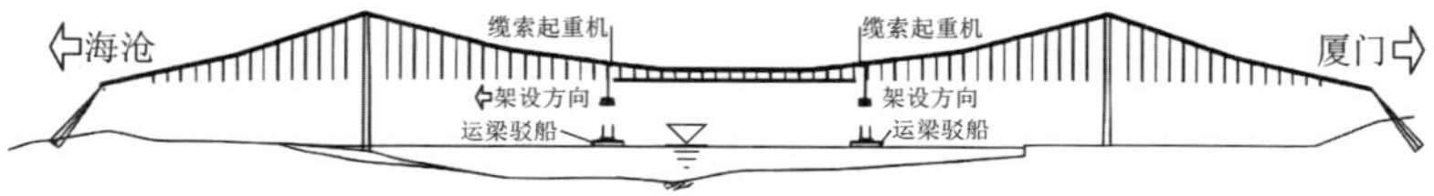

（二）锚碇区无吊索节段安装及中跨、边跨标准节段安装

先按2～14顺序从锚碇向两塔对称吊装梁段，支座就位并预偏，临时锚固梁段，连接临时连接件；再按5～29顺序边跨从锚碇向两塔，中跨继续向两塔对称吊装梁段，安装吊索，连接临时连接件

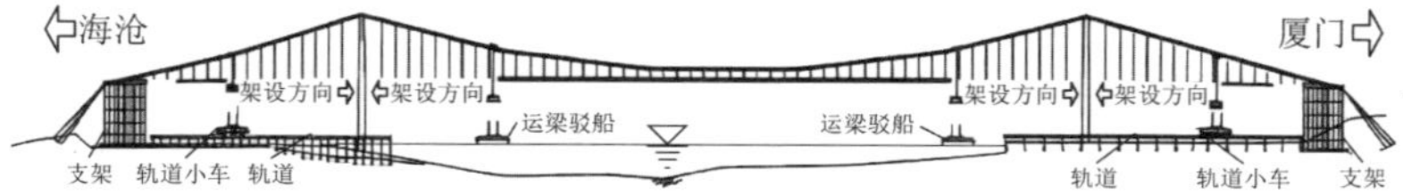

（三）索塔根部节段安装

按30顺序吊装索塔根部梁段，临时错固梁段

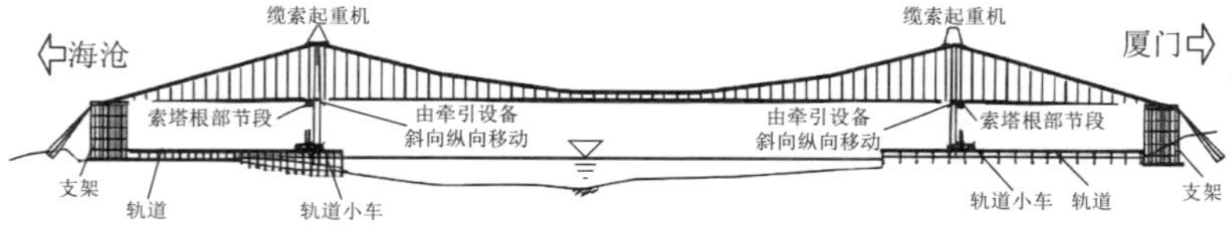

（四）安装索塔区合龙节段

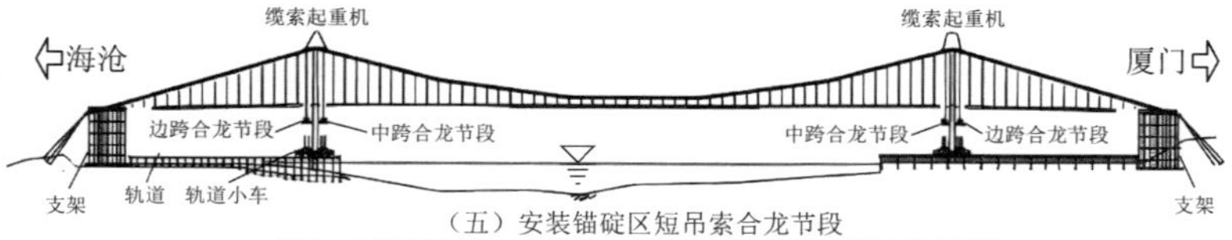

（五）安装锚碇区短吊索合龙节段

按33、34顺序吊装合龙梁段，连接临时连接件，焊接锚碇区和索塔区梁段，卸落各部位梁段施工支架

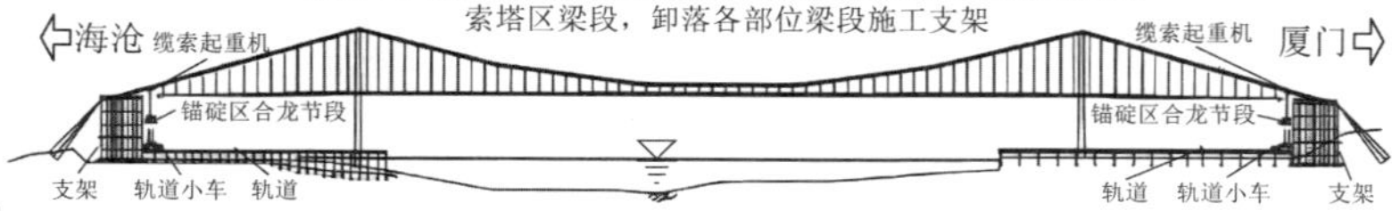

（六）焊接梁段间接缝，安装桥面设施

焊接梁段间接缝，清除桥面杂物，安装伸缩缝及桥面附属设施，加劲梁最后补充涂装

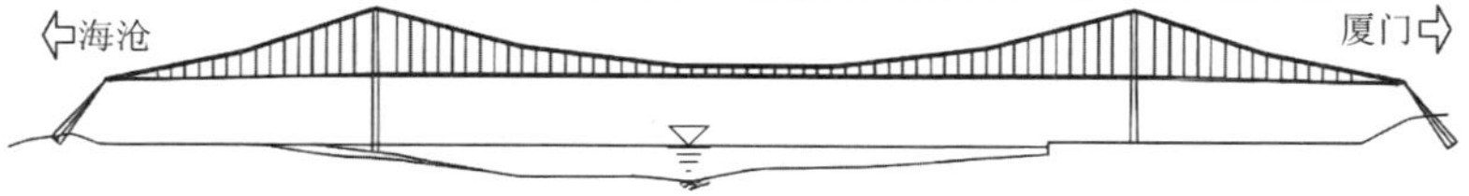

图 8-8-9　厦门海沧大桥三跨连续加劲梁架设方案（尺寸单位：m）

注：1. 对于锚碇区无吊索节段加劲梁的安装，采用万能杆件拼装支架，然后在其上铺设轨道，梁段用缆索吊机起吊至支架轨道上，并纵向运输到安装位置。

2. A～K 为梁段类型编号，1～34 为吊装顺序号。

3. 边跨梁段浮运至桥位后，用浮式起重机将梁段吊移至轨道小车上，纵向运输到缆索吊机的起吊位置。

第九章

桥面系设计

第一节　功能与原则

一、桥面系功能

悬索桥桥面系是保障交通畅通，确保桥梁服务水平的重要组成部分，是直接承受车辆、人群等荷载作用的结构。

二、设计原则

在遵循“安全、耐久、节约、和谐”原则的同时，随着科学技术的进步、人们环保意识的增强、国民鉴赏能力的提高，桥面系结构设计还应符合如下原则：

（1）符合各种规范、标准、规程要求的原则。

（2）结构耐久性原则：公路桥涵结构的设计基准期被列为强制性条款，对各部分的维护、设计使用年限应明确。

（3）结构合理性、可行性原则：构造合理、结构受力明确，满足行车安全和便于施工、维修的要求。

（4）技术先进性原则：采用新材料、新技术和新工艺。

（5）景观协调性原则：造型美观，与主体结构、周边环境相协调。

（6）环境保护原则：有利于水土保持和环境保护，符合创建和谐社会的要求。

第二节　桥面布置与桥面系组成

桥面布置应在桥梁的总体设计中考虑，根据道路等级、桥梁宽度及行车要求等综合确定。

桥面系组成主要有桥面护栏及路缘石、桥面铺装、桥面排水系统、伸缩缝、桥面照明设施等。海洋环境、大气污染环境等因素对桥面构造的影响较大，在这些环境中注重桥面系构造的设计与施工显得尤为重要。

一、桥面布置

目前悬索桥的桥面布置主要有分车道布置和双层桥面布置两种形式。

1. 分车道布置

分车道布置通过中央分隔带将行车道的上下行交通在桥梁上进行分隔布置，使上下行交通互不干扰，可提高行车速度，便于交通管理。桥面上需要增加一些附属设施，同时相应增加桥面宽度。海沧大桥、江阴大桥桥面布置均为分车道布置。海沧大桥桥面布置如图 9-2-1 所示。

图 9-2-1　海沧大桥桥面布置

2. 双层桥面布置

双层桥面布置是桥梁结构在空间上设置两个不在同一平面上的桥面构造。香港青马大桥即采用双层桥面布置，双层桥面布置可以使不同交通方式严格分道行驶，提高了车辆和行人的通行能力和安全，并便于交通管理。同时，可充分利用桥梁净空，在满足相同交通需求的条件下，可减小桥梁宽度、缩短引桥长度，达到较好的经济效益。香港青马大桥桥面布置如图 9-2-2 所示。

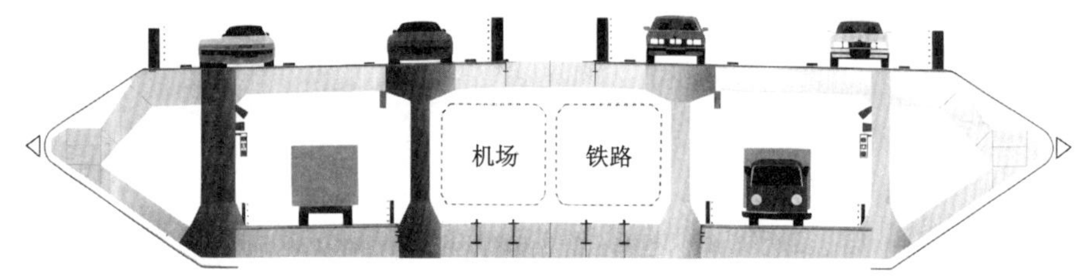

图 9-2-2　香港青马大桥桥面布置

二、桥面护栏及路缘石

桥面护栏是防止车辆驶出所在行车道而沿行车道边缘设置的安全设施。它兼有诱导驾驶员的视线，提高其警惕性或限制行人任意横穿等目的。梁柱式和组合式护栏由立柱、横栏和底座组成。混凝土墙式护栏由混凝土构件构成。

对于不设人行道的桥梁，为了保障交通安全和挡水，行车道边缘设置高出行车道的带状构造物，即路缘石（安全带）。按照施工方法分为就地浇筑式和预制拼装式。按照材质分为混凝土结构和钢结构。

三、桥面铺装

桥面铺装的功能主要表现在以下几个方面：①保护加劲梁行车道板部分不受车辆轮胎

（或履带）的直接磨耗；②分布车辆轮重等集中荷载，使加劲梁受力均匀，并借以分散车轮的集中荷载；③防止加劲梁遭受雨水的浸蚀。目前悬索桥结构中的桥面板多为钢筋混凝土板和正交异性钢板两种，且以第二种应用居多。

适应于钢筋混凝土桥面板的桥面铺装主要有黏结防水层 + 沥青混凝土铺装层结构和黏结防水层 + 浇筑注式沥青混凝土铺装层结构两种形式。

适应于钢桥面板的桥面铺装主要有 GMA + SMA、环氧沥青混凝土、聚氨酯混合料、STC 超高韧性混凝土等，一般为双层铺装结构，可以由以上几种铺装结构组合而成；保证钢桥面铺装使用寿命的关键是铺装混合料 + 黏结层组合体系应具有 65℃以上的高温动稳定度，并具有一定的超载能力。

四、桥面排水系统

为了迅速地排除桥面积水，防止雨水积滞于桥面并渗入梁体而影响桥梁的耐久性，桥梁设计时，在桥面上除设置纵横坡排水外，还需要设置一定数量的泄水管道，以便组成一个完整的排水系统。泄水管的形式一般有金属泄水管、钢筋混凝土泄水管、塑料泄水管等。

当桥梁跨越环境敏感区域时，一般需要采用桥面径流收集集中排放的方式。需要在一定时间内全部处理径流并且外排到保护区外。径流处理主要包括径流收集、向外引流、径流处理三个环节。

五、伸缩缝

在气温变化、活载、风荷载等作用下，悬索桥加劲梁会发生纵向位移，为满足加劲梁变形的要求，需要设置桥面伸缩装置；通常在两梁端之间、梁端与桥台之间设置伸缩缝。常用的伸缩缝主要有梳齿板式伸缩缝、模数式伸缩缝等。

六、桥面照明设施

城市及城郊地区，在行人和车辆较多以及景观要求较高的桥梁上，应设置照明设施。照明设施应维修方便、照明度适当、灯具美观大方，行车安全舒适、景观悦目。

桥梁照明要限制眩光。一是，避免给正在桥头引道上或桥位附近道路上的行驶人员造成眩光；二是，避免给桥下通航船只的领航员造成眩光。为此，必要时应采用严格控光灯具。

桥梁照明布置有分散照明、集中照明及集中照明与分散照明的混合式三种，分散照明主要为灯杆照明，集中照明主要指高杆照明，近年来也有采用栏杆照明的，但应用不普遍。

第三节　桥面护栏及路缘石

一、桥面护栏及路缘石类型

1. 护栏分类

桥面护栏按材料分为钢筋混凝土墙式护栏、金属梁柱式护栏、组合式护栏。

钢筋混凝土墙式护栏使用性能较好。目前规定高速公路大桥两侧的防撞护栏使用钢筋混凝土墙式防撞护栏。但对于悬索桥来说，加劲梁通常是钢结构的，为了减轻自重，一般不采用该种形式的护栏。

金属梁柱式护栏的横梁和立柱为受力构件，要求具有良好吸收车辆碰撞能量的特性和便于加工、安装的特点。目前常用的横梁断面形式有矩形、圆形及波形等，立柱断面形式有圆形、矩形及工字形等。

组合式护栏是钢筋混凝土墙式护栏和金属梁柱式护栏的组合形式，它兼有墙式护栏坚固和梁柱式护栏美观的优点。

桥面护栏按横断面位置分为路侧护栏、中央分隔带护栏和人行与车道分界处的护栏。

路侧护栏是指设置于桥梁边缘外侧的护栏，设置目的是防止失控车辆越出桥外，避免碰撞路边或桥外其他设施。各等级公路桥梁必须设置路侧护栏。

中央分隔带护栏是指设置于桥梁中央分隔带内的护栏，设置目的是防止失控车辆穿越中央分隔带闯入对向行车道，并保护中央分隔带内的构造物。高速公路、次要干线的一级公路桥梁必须设置中央分隔带护栏，主要集散一级公路桥梁应设置中央分隔带护栏。

人行与车道分界处的护栏是设置于人行道（非机动车道）与行车道之间的护栏。目的是对于交通量大、车速高的桥梁段，把机动车和行人（非机动车）在平面上分隔开，提高车辆与行人（非机动车）的安全性。设计速度大于 60km/h 的公路桥梁设置人行道（非机动车道）时，应设置护栏将人行道（非机动车道）与车行道进行隔离。

桥面护栏从刚度上可分为刚性护栏、半刚性护栏和柔性护栏。

刚性护栏是一种基本不变形的护栏结构。混凝土护栏是刚性护栏的主要形式，它是一种以一定形状的混凝土块相互连接而成的墙式结构，受失控车辆碰撞后可吸收碰撞能量。半刚性护栏是一种连续的梁柱式护栏结构，具有一定的刚度和柔性。梁柱式钢护栏是半刚性护栏的主要代表形式，如图 9-3-1 所示，它是一种以矩形钢管或圆形钢管梁相互拼接并由立柱支撑而形成的连续结构。它利用基础、立柱、钢梁的变化来吸收碰撞能量，并迫使失控车辆改变方向。柔性护栏是一种具有较大缓冲能力的韧性护栏结构。缆索护栏是柔性护栏的重要代表形式，如图 9-3-2 所示，它是一种以数根施加张力的缆索固定于立柱上而组成的结构，主要依靠缆索的拉应力来抵抗车辆的碰撞，吸收碰撞能量；主要包括端部、中间端部、中间柱、托架、索端锚具五部分。端部，是缆索护栏的起终点锚固装置，包括端柱、斜撑和混凝土基础。中间端部是连续设置缆索护栏超过一定长度时所设的中间锚固装置。中间柱是设置于端部或中间部之间的中间立柱。托架是安装于立柱上支撑并固定缆索的装置。索端锚具是固定于端部或中间端部用来锚定缆索的装置。悬索桥上一般不使用缆索式护栏，在此不再详细说明。

图 9-3-1　梁柱式钢护栏

图 9-3-2　缆索护栏

从防护等级上划分，路侧的护栏分 B、A、SB、SA、SS、HB、HA 七级；中央分隔带护栏分 Am、SBm、SAm、SSm 四级。每一防护等级的桥梁护栏应避免在相应设计条件下失控车辆越出护栏。各等级护栏的碰撞条件和性能在《公路交通安全设施设计规范》（JTG D81—2017）中有明确规定。

2. 路缘石类型

在行人稀少地区或全封闭的高速公路上的悬索桥可不设人行道，为保障交通安全而在行车道边缘设置高出行车道的带状构造物，即路缘石（安全带）。近年来，在高速公路、汽车专用公路的桥梁中，已将护栏和路缘石完美结合成防撞护栏构造。

路缘石的类型根据加劲梁材质有钢材和混凝土两种。

二、材料

护栏和路缘石常用建筑材料有混凝土、钢筋混凝土、钢、铝合金。具体设计中应根据桥面板的材质来确定。

钢筋混凝土桥面板上的路缘石材质一般选用混凝土、钢筋混凝土，护栏材质选用混凝土、钢筋混凝土、钢。

钢桥面板上的路缘石和护栏材质一般选用钢。

三、结构构造

1. 护栏

护栏形式选择时，应首先确定防护等级，然后进行构造形式的确定。

（1）护栏防护等级

护栏防护等级应根据车辆驶出桥外或进入对向车行道所造成的事故严重程度等级进行确定，应按表 9-3-1 的规定选取桥梁护栏的防护等级。

护栏防护等级适用条件　　表 9-3-1

<table>
<tr><th rowspan="2">公路等级</th><th rowspan="2">设计速度
（km/h）</th><th colspan="2">车辆驶出桥外或进入对向车行道的事故严重程度等级</th></tr>
<tr><th>高：跨越公路、铁路或饮用水水源
一级保护区等路段的桥梁</th><th>中：其他桥梁</th></tr>
<tr><td rowspan="2">高速公路</td><td>120</td><td>六（SS、SSm）级</td><td>五（SA、SAm）级</td></tr>
<tr><td rowspan="2">100、80</td><td rowspan="2">五（SA、SAm）级</td><td rowspan="2">四（SB、SBm）级</td></tr>
<tr><td rowspan="2">一级公路</td></tr>
<tr><td>60</td><td>四（SB、SBm）级</td><td>三（A、Am）级</td></tr>
<tr><td>二级公路</td><td>80、60</td><td>四（SB）级</td><td>三（A）级</td></tr>
<tr><td>三级公路</td><td>40、30</td><td rowspan="2">三（A）级</td><td rowspan="2">二（B）级</td></tr>
<tr><td>四级公路</td><td>20</td></tr>
</table>

因桥梁线形、桥梁高度、交通量、车辆构成、运行速度或其他不利现场条件等因素易造成更严重碰撞后果的路段，经综合论证，可在表 9-3-1 的基础上提高 1 个或以上防护等级。其中，跨越大型饮用水水源一级保护区和高速铁路的悬索桥以及特大悬索桥，防护等级宜采用八（HA）级。

（2）护栏形式选择

所选取的护栏在强度上必须能有效吸收设计碰撞能量，阻挡小于设计碰撞能量的车辆越出桥外或进入对向车行道并使其正确改变行驶方向。

桥梁护栏受碰撞后，其最大动态位移外延值（W）或大中型车辆的最大动态外倾当量值（VI）不应超过护栏迎撞面与被防护的障碍物之间的距离。桥梁通行的车辆以小客车为主时，可选取小客车的最大动态位移外延值为变形控制指标；桥梁外侧有高于护栏的障碍物时，应选取各试验车辆最大动态外倾当量值中的最大值为变形控制指标；桥梁外侧有低于或等于护栏高度的障碍物时，应选取各试验车辆最大动态位移外延值中的最大值为变形控制指标。

环境和景观要求包括：

① 钢结构桥梁宜采用金属梁柱式护栏。

② 对景观有特殊要求的桥梁宜选用金属梁柱式护栏或组合式护栏。

③ 积雪严重地区的桥梁宜采用金属梁柱式护栏或组合式护栏。

④ 需要减小桥梁自重、减轻车辆碰撞荷载对桥面板的影响时，宜采用金属梁柱式护栏。

（3）护栏构造

各防护等级护栏的高度和伸缩缝处护栏设计应符合《公路交通安全设施设计规范》（JTG D81—2017）的要求。

金属梁柱式护栏的构造应满足下列规定：

① 护栏迎撞面应顺适、光滑、连续，无锋利的边角，金属立柱与护栏横梁之间应满足防止车辆绊阻的宽度要求。

② 立柱与横梁的截面厚度应根据计算确定，不宜设置过小。

③ 立柱的标准间距应小于或等于 200cm。

④ 横梁的标准长度宜根据加工制造能力确定；横梁采用拼接套管连接时，套管长度应大于或等于横梁宽度的 2 倍，且不应小于 30cm；拼接套管的抗弯截面模量不应低于横梁的抗弯截面模量，连接螺栓应满足横梁极限弯曲状态下的抗剪强度要求。

混凝土护栏和组合式护栏的构造应符合下列规定：

① 混凝土护栏未经试验验证不得随意改变护栏迎撞面的截面形状和连接方式，但其背面可根据实际情况采用合适的形状。

② 护栏迎撞面混凝土的钢筋保护层厚度不得小于 4.5cm。

③ 护栏的断面配筋量根据计算确定，并应满足《公路钢筋混凝土及预应力混凝土桥涵设计规范》（JTG D3362—2018）中对最小配筋率的规定。

2. 路缘石

高速公路、一级公路的桥梁不宜设置路缘石。为减少护栏受到撞击而对桥面板产生的影响需要设置路缘石时，其高度宜控制在 5～10cm 之间。路缘石内侧宜与横梁迎撞面保持在同一平面内，或位于立柱和横梁迎撞面之间的适当位置。

带有路缘石的人行道（非机动车道）只能用于设计速度小于或等于 60km/h 且防护等级为二（B）级的桥梁，路缘石高度宜为 15cm，不应超过 20cm。

四、计算分析

护栏各部分的受力可按下列公式进行计算。

1. 梁柱式护栏

破坏条件下梁柱式护栏的设计应采用非弹性分析方法，梁柱式护栏可能的破坏模式如图 9-3-3 所示。

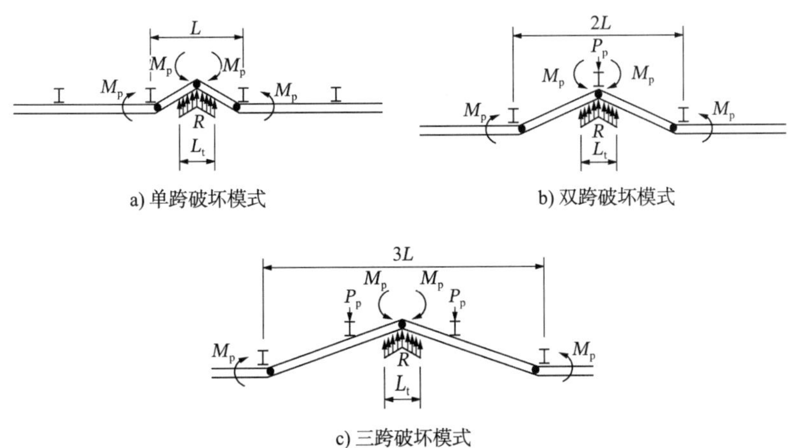

图 9-3-3 梁柱式护栏可能的破坏模式

（1）当破坏模式中未包含端部立柱时，对各种跨数的护栏，其临界公称抗力R取式(9-3-1)与式(9-3-2)中的最小值。

① 破坏模式包含奇数跨N时：

$$R=\frac{16M_{\mathrm{p}}+(N-1)(N+1)P_{\mathrm{p}}L}{2NL-L_{\mathrm{t}}} \tag{9-3-1}$$

② 破坏模式包含偶数跨N时：

$$R=\frac{16M_{\mathrm{p}}+N^{2}P_{\mathrm{p}}L}{2NL-L_{\mathrm{t}}} \tag{9-3-2}$$

式中：L、L_{t}——车辆碰撞荷载F_{t}、F_{L}的分布长度；

P_{p}——与M_{post}对应的单根立柱承受的剪力，位于桥面板上方的$\overline{Y}$处；

M_{post}——单根立柱的塑性弯曲承载力矩；

M_{p}——构成塑性铰的所有横梁的非弹性屈服线弯曲承载力矩；

R——护栏的总极限抗力，即公称抗力。

（2）对引起端部立柱破坏的横梁端部的碰撞来说，对任意数的横梁跨数N，临界的护栏公称抗力R应按式(9-3-3)计算。

$$R=\frac{2M_{\mathrm{p}}+2P_{\mathrm{p}}L\left(\sum_{i=1}^{N}i\right)}{2NL-L_{\mathrm{t}}} \tag{9-3-3}$$

2. 混凝土护栏

对于钢筋混凝土和预应力混凝土护栏，可采用屈服线分析和强度设计的理论。

护栏对横向荷载的抗力标准值R_{w}可采用屈服线分析方法确定。

（1）碰撞发生在护栏标准段时：

$$R_{\mathrm{w}}=\left(\frac{2}{2L_{\mathrm{c}}-L_{i}}\right)\left(8M_{\mathrm{b}}+8M_{\mathrm{w}}+\frac{M_{\mathrm{c}}L_{\mathrm{c}}}{H}\right) \tag{9-3-4}$$

屈服线发生的临界长度L_{c}应为：

$$L_c = \frac{L_t}{2} + \sqrt{\left(\frac{L_t}{2}\right)^2 + \frac{8H(M_b + M_w)}{M_c}} \tag{9-3-5}$$

（2）碰撞发生在护栏端部或伸缩缝处时：

$$R_w = \left(\frac{2}{2L_c - L_t}\right)\left(M_b + M_w + \frac{M_c L_c^2}{H}\right) \tag{9-3-6}$$

$$L_c = \frac{L_t}{2} + \sqrt{\left(\frac{L_t}{2}\right)^2 + H\left(\frac{M_b + M_w}{M_c}\right)} \tag{9-3-7}$$

式中：F_t——作用于混凝土护栏顶部的横向荷载；

H——护栏的有效高度；

L_c——屈服线破坏模式的临界长度；

L_t——碰撞荷载分布的纵向长度；

R_w——护栏总横向承载能力；

M_w——护栏关于其竖向轴的弯曲承载力矩；

M_b——护栏顶部除M_w之外的横梁附加弯曲承载力矩；

M_c——悬臂型护栏关于桥梁纵轴的弯曲承载力矩。

在使用以上公式时，M_c和M_w不应在其高度范围内发生很大的变化。对其他情况，应使用严格的屈服线分析方法。

3. 组合式护栏

（1）当车辆碰撞发生在金属横梁跨中时，横梁的抗力R_R和混凝土墙的最大强度R_w应互相叠加，以确定合成强度$\overline{R}$和有效高度$\overline{Y}$。

$$\begin{cases} \overline{R} = R_R + R_w \\ \overline{Y} = \dfrac{R_R H_R + R_w H_w}{\overline{R}} \end{cases} \tag{9-3-8}$$

式中：R_R——一跨横梁的极限抗力；

R_w——混凝土墙的极限抗力；

H_w——混凝土墙的高度；

H_R——横梁的高度。

（2）当车辆的碰撞荷载作用在立柱处时，最大合成强度$\overline{R}$应为立柱承载能力P_P、横梁承载能力R'_R和减小后的混凝土墙承载能力R'_w之和，高度为$\overline{Y}$。

$$\begin{cases} \overline{R} = P_P + R'_R + R'_w \\ R'_w = \dfrac{R_w H_w - P_p H_R}{H_w} \\ \overline{Y} = \dfrac{P_p H_R + R'_R H_R + R'_w H_w}{\overline{R}} \end{cases} \tag{9-3-9}$$

式中：P_P——立柱的极限横向抗力；

R'_R——两跨横梁的极限横向抗力；

R'_w——减小后以抵抗立柱荷载的混凝土墙的抗力；

R_w——混凝土墙的极限横向抗力。

4. 计算荷载

桥梁护栏上的荷载作用主要包括结构重力（永久作用）、风荷载（可变作用）、汽车碰撞荷载（偶然作用），其中汽车碰撞荷载标准值见表 9-3-2。

桥梁护栏的汽车横向碰撞荷载标准值　　表 9-3-2

防护等级	代码	标准值（kN）		分布长度（m）
		$Z=0$m	$Z=0.3\sim0.6$m	
一	C	70	55～45	1.2
二	B	95	75～60	1.2
三	A	170	140～120	1.2
四	SB	350	285～240	2.4
五	SA	410	345～295	2.4
六	SS	520	435～375	2.4
七	HB	650	550～500	2.4
八	HA	720	620～550	2.4

注：Z为桥梁护栏的最大横向动态变形值。

桥梁护栏结构试件应按承载能力极限状态法进行设计，构件所承受的荷载如图 9-3-4 所示。

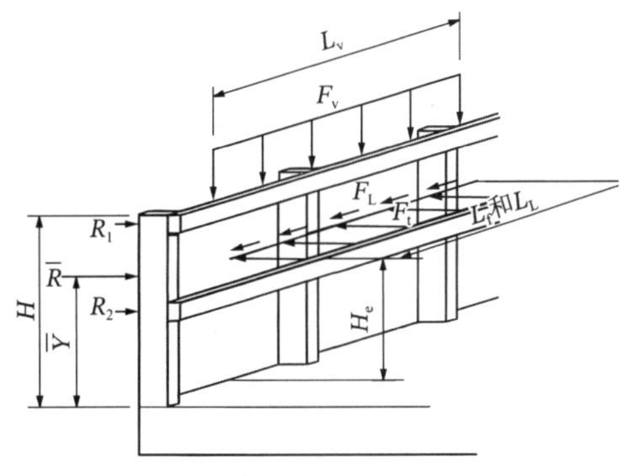

图 9-3-4　桥梁护栏设计荷载、竖向位置及水平分布长度

横向碰撞荷载F_t和分布长度L_t：F_t为偶然荷载，作用方向与护栏面垂直。荷载和L_t见表 9-3-2。

纵向碰撞荷载F_L和分布长度L_L：F_L为偶然荷载，作用方向与护栏面平行。数值为$F_t/3$，L_L长度同L_t。

竖向碰撞荷载F_v和分布长度L_v：F_v为偶然荷载，作用方向为垂直向下。数值为车辆重力，L_v为车辆长度。

各类荷载分项系数、荷载组合值系数等应按《公路桥涵设计通用规范》（JTG D60—2015）的规定采用，其中横向和纵向荷载不应与竖向荷载进行组合。

5. 桥面板的强度验算

（1）梁柱式护栏：将立柱最下端断面的弯矩作为验算弯矩。

（2）钢筋混凝土墙式护栏：将墙下端的作用力矩作为端力矩，作用在桥面板上。

特别地，还需要关注护栏立柱与加劲梁的连接验算、横梁和立柱的连接验算。

第四节　桥 面 铺 装

一、桥面铺装类型、材料及结构

随着新材料、新技术和新工艺在桥梁设计和施工中的广泛应用，桥面铺装在材料和工艺上也得到了长足的发展。由于桥面铺装承受了交通荷载和自然环境的综合影响，使用条件严酷，因此成为各国道桥技术人员努力研究探讨的重要课题。围绕桥面铺装的功能性及结构性要求，各国根据自己的情况开展了大量的研究，取得了许多科研成果，一些发达国家还结合工程应用实践和经验，制定了相应的桥面铺装用防水层材料供货技术标准、试验技术标准以及设计和施工指南或规范。

经过几十年的实践与探索，不同国家和地区结合自己的具体情况，形成了不同的桥面铺装结构组合形式。下面以混凝土桥面板和钢桥面板分别介绍其桥面铺装类型材料和结构。

1. 混凝土桥面板铺装类型及结构

（1）日本

日本采用的桥面铺装形式为：①沥青混凝土铺装层 + 卷材防水材料 + 沥青橡胶黏结剂 + 水泥混凝土桥面板（图 9-4-1）；②沥青混凝土铺装层 + 三层氯丁橡胶型防水材料 + 氯丁橡胶黏结剂 + 水泥混凝土桥面板；③沥青混凝土铺装层 + 乳化沥青（黏结）+ 浇注式沥青混凝土（防水）+ 沥青橡胶黏结剂 + 水泥混凝土桥面板。其中，前两种为铺装层 + 防水层 + 黏结层类型，第三种利用浇注式沥青混凝土铺装下层的抗渗性而取消了防水层。

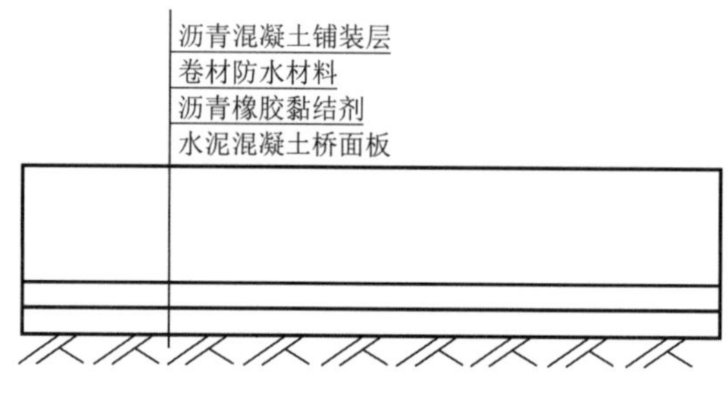

图 9-4-1　日本典型混凝土桥面铺装

（2）丹麦

丹麦采用的桥面铺装形式为：在喷砂处理过的桥面上涂环氧树脂作下封层，铺设完全黏结于桥面的改性沥青卷材，其上大多采用两层浇注式沥青混凝土，或底层采用浇注式沥青混凝土，面层采用改性沥青 SMA 等，如图 9-4-2 所示。

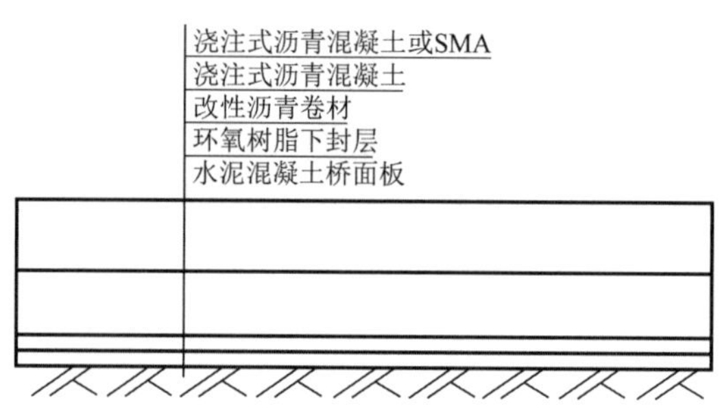

图 9-4-2　丹麦典型混凝土桥面铺装

（3）德国

德国采用的桥面铺装防水体系与丹麦基本相同，具体如图 9-4-3 所示。

德国混凝土桥面铺装规范 ZTV-BEL-B（混凝土桥面防水体系要求）桥面防水有如下两种方法：①沥青卷材的防水体系，由环氧下封层、沥青卷材、浇注式沥青保护层（约 3.5cm 厚）组成；②弹性体材料的防水体系，由环氧下封层、弹性体材料（液态）、浇注式沥青保护层（约 3.5cm 厚）组成。

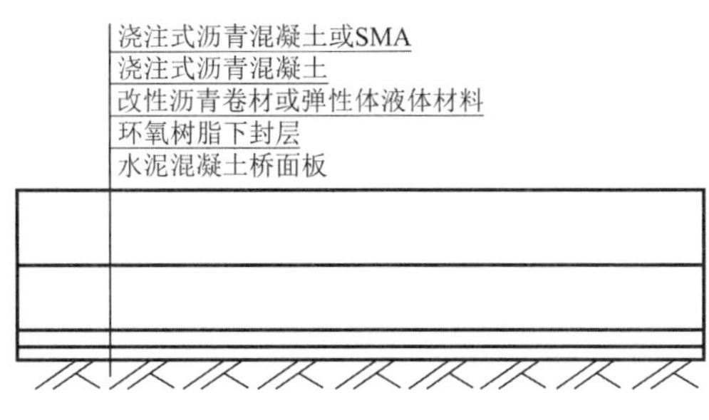

图 9-4-3　德国水泥混凝土桥面铺装形式

德国通常采用第一种方法，即环氧下封层和沥青卷材作防水层。其理由是：环氧底涂层能将混凝土的全部孔隙封闭，防止水进入水泥混凝土桥面，其使用效果较沥青类涂膜黏结剂更好，但造价略高于沥青类材料。在环氧底涂层使用前，须对混凝土表面进行清洁处理。采用喷砂法除去影响黏结效果的全部浮浆等污染物，若混凝土表面的局部凹凸太深，为使表面达到平整，可填充环氧砂浆等调平材料。沥青卷材防水层有较好的韧性，能承受一定的侧压力、振动和变形，具有优异的耐腐蚀和抗渗性能；另外，在桥面板产生一定裂缝的情况下，有较强的抵抗裂缝反射能力。

欧美国家在桥面铺装体系中专门设置了防水层，同时还设置了保护层（一般将铺装下层作为保护层），两者共同形成桥面铺装的防水体系。虽然铺装的结构体系、防水体系和防水层材料的种类各不相同，但是都反映出它们对于桥面防水的重视。

（4）国内桥面铺装结构组合

① 黏层（乳化沥青、改性乳化沥青等）+ 路面表面层结构（AK-13、AC-16、SMA13等）。

这类桥面铺装往往只考虑施工简便，桥面铺装与路面表面层采用相同的混合料类型，便于连续施工。由于未对桥面板进行有效处理，铺装层太薄，黏结层未起到有效黏结效果。

这种结构一般在通车后半年内会产生冒白浆、坑槽、脱层、推移等病害，同时不可避免地会产生水对桥面板的侵蚀，这种结构已很少采用。

② 黏层（乳化沥青、改性乳化沥青等）+ 路面中面层（AC-20、AC-16 等）+ 路面表面层（AK-13、AC-16、SMA13 等）。

这种结构施工较为简便，在桥面铺装中得到大量使用。铺装底层也有采用改性沥青 SMA 的情况。

由于这种方式没有对桥面板进行有效处理，铺装层与桥面板并未有效黏结，铺装施工中不可避免地会产生离析、偏差等，使铺装局部存在渗水问题，甚至出现桥面水集中在某部位反渗上冒的现象。水的渗入会导致铺装的结合力下降（甚至脱层），主要病害为早期的或经 2～5 年使用后的局部冒浆、坑槽等，同时不可避免地出现水对桥面板及桥梁结构的侵蚀。

③ 黏层（乳化沥青 + 改性乳化沥青）+ 砂粒式沥青混凝土 + 路面表面层结构（AK-13、SMA13 等）。

这种结构主要考虑以砂粒式沥青混凝土（厚 2～2.5cm）作为铺装的防水层。由于沥青砂不能起到完全的防水作用，桥面渗水的情况仍然存在。

④ 涂膜防水层或卷材防水层 + 路面中面层（AC-20、AC-16 等）+ 路面表面层（AK-13、SMA 等）。

涂膜类防水层，实际上主要起到黏结层作用，由于桥面处理不充分（一般用人工或电动钢丝刷处理），铺装层与桥面板间结合力仍较低等原因，易产生脱层、推移、坑槽等病害。

改性沥青卷材的防水体系，有优良的防水效果，但也存在因桥面板平整度不够、施工粘贴不完全等原因引起的病害，如在施工或使用中产生脱空、鼓包等早期破坏问题。因此使用卷材作为防水层时，应对桥面板进行喷砂处理和修复调平，并采用下封层，才能达到良好的使用效果。

汕头海湾大桥是一座预应力混凝土悬索桥，总长 760m。桥面初次铺装时采用钢纤维混凝土，1995 年底通车。由于通车后破坏严重，1997—1998 年，我国对汕头海湾大桥桥面铺装进行了改造，分两层改性沥青混凝土施工：下层采用 SMA16 调平，上层采用 SMA13 罩面，如图 9-4-4 所示。汕头海湾大桥桥面铺装改造于 1998 年 3 月完工，目前该桥面铺装除了接口处有个别小坑槽外，整体性能完好，充分体现了 SMA 结构层在水泥混凝土桥梁桥面铺装中的应用价值。

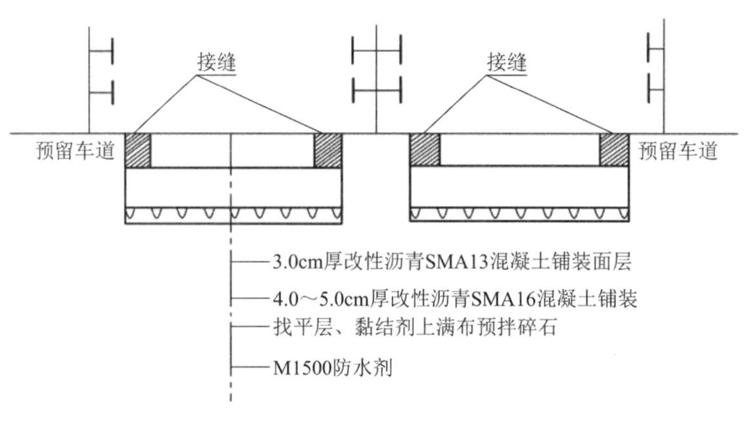

图 9-4-4　汕头海湾大桥 SMA 桥面铺装

目前，混凝土桥面也有采用喷砂等方法处理后再做桥面防水层的案例，如苏通大桥、杭州湾跨海大桥等。

2. 钢桥面板铺装类型及结构

钢桥面铺装直接承受交通荷载的反复作用，且处于极为不利的工作环境之中，具有以下特点：①钢桥面铺装的“基础”相对刚性较小；②大跨径悬索桥自身的变形、位移、振动都将直接影响到铺装层的工作状态；③钢加劲梁结构本身的导热系数较大，受季节性温度变化的影响严重，铺装层对大气温度更为敏感；④钢桥面铺装对防水有更高的要求。

由于钢桥面铺装的上述特点，钢桥面铺装层对材料、结构的要求比一般路面材料更高，必须具有与钢板随从变形性能好、与钢板黏结性好、高温稳定、低温抗裂、耐疲劳、不透水、耐久、表面抗滑、便于施工、易于维修等基本技术要求。具体为：①钢桥面铺装必须能与桥面板紧密结合成为整体，与桥面板的任何变形协调一致，即具有钢板变形的随从性；②桥面铺装必须能严密地保护好桥面板，能绝对防水，并具备有效的排水系统，以防桥面钢板生锈；③钢桥面铺装材料必须具有较小的温度敏感性和温度收缩系数，夏天能耐高温，有较好的高温稳定性和抗流动变形能力，不致产生车辙、推壅、流动变形；冬天能耐低温，有良好的应力松弛性能和低温抗裂性能。

国外对大跨径钢桥面铺装技术的研究工作开展得较早，许多国家都投入了大量的人力和物力，取得了丰富的经验。德国最早开展钢桥面铺装研究和实践，现有的钢桥面铺装材料中有两种材料（浇注式沥青混凝土和改性沥青玛𤧛脂碎石混合料）由德国最先研制。继德国之后，英国、法国、日本、美国等国家也相继开展了这方面的研究工作，极大地丰富了钢桥面铺装的理论与实践内容。

需要指出的是，由于钢桥面铺装的使用性能受其使用条件和桥梁所在地自然条件的影响很大，加之我国地域辽阔，各地的气候、环境与交通等状况与国外差别较大，西方国家的经验往往难以满足我国大跨径钢桥面铺装的要求。

钢桥面铺装主要由结构层和界面功能层组成。结构层通常由保护层和磨耗层两层构成。界面功能层通常包括防腐层、防水黏结层、缓冲层、黏层等（图 9-4-5），其中防腐层和缓冲层可根据需要设置。

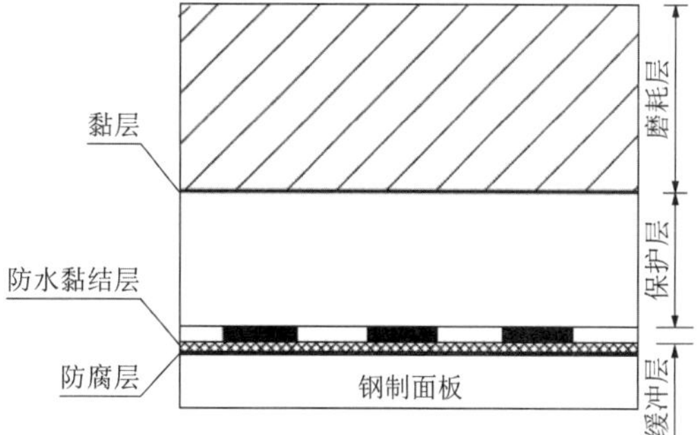

图 9-4-5 钢桥面铺装主要组成

目前用做正交异性钢桥面铺装结构层材料宜采用浇注式沥青混凝土（Guss Asphalt）、环氧沥青混凝土（Epoxy Asphalt）或改性沥青混凝土等。沥青玛𤧛脂混合料（Mastic Asphalt）实质上仍是浇注式沥青混凝土，只是厚度与工艺稍微特殊而已。改性沥青混合料包括 SMA（Stone Mastic Asphalt）和 AC 两种，其中欧洲和我国多采用改性沥青 SMA，日本则多采用改性沥青 AC 作为浇注式沥青混合料的磨耗层。

1）钢桥面铺装材料

（1）浇注式沥青混凝土（Guss Asphalt）

浇注式沥青混凝土源于德国，并在日本、德国、英国等国家得到广泛应用。它是指在高温（220～260℃）下拌和，依靠混合料自身的流动性摊铺成型、无需碾压的一种高沥青含量与高矿粉含量、空隙率小于 1%的沥青混合料，其结合料通常由湖沥青（TLA）与石油沥青按一定比例掺配而成。TLA 一般指特立尼达和多巴哥产湖沥青，由一种半固体、乳化状天然沥青精炼而成。TLA 的主要成分包括 53%～55%的地沥青（二硫化碳可溶分）、36%～37%的矿物质、9%～10%的水化物以及挥发性物质等。特立尼达湖沥青有限公司的研究认为，TLA 是凝胶结构而非溶胶结构，具有相对较高的表面张力，其特有的胶体结构使其很容易与普通石油沥青混合，从而降低了普通石油沥青的温度敏感性。浇注式沥青混凝土具有极高的矿粉含量，明石海峡大桥所用浇注式沥青混凝土的矿粉含量高达 23.9%，沥青用量则高达 8.3%，而粗集料含量则非常低。

日本的研究认为，浇注式沥青混凝土材料组成上的“两高一低”（高细集料含量与高沥青含量、低粗集料含量）使得它的空隙率几乎接近于零，整个混合料具有较强的变形协调能力与良好的泌水性，因此日本将浇注式沥青混凝土作为其钢桥面铺装下层的首选材料。1998 年建成的世界第一大跨径悬索桥——明石海峡大桥，采用 35mm 厚的浇注式沥青混凝土作铺装下层；1989 年建成的横滨港湾大桥，下层为 40mm 厚的浇注式沥青混凝土。

英国自 20 世纪 50 年代初期开始对钢桥面沥青混凝土铺装进行系统研究。1952 年英国道路研究试验室进行了大规模试验，得出以下结论：为减轻自重，桥面浇注式沥青混凝土铺装厚度以 38mm 为最佳。福斯公路大桥（1964 年竣工）首次采用厚 38mm 的浇注式沥青混凝土铺装层，随后修建的大跨径钢桥如塞文桥、亨伯桥均采用了这种结构，但结合料中沥青的比例有所增加。1988 年英国颁布了 TLA 改性沥青混合料铺装技术规范 BS 1447：1988，对浇注式沥青混凝土的材料组成与相应技术指标进行了较为详细的规定，BS 1447：1988 中指出浇注式沥青混合料属“H”级，适用于繁重荷载区域。

继德国、日本、英国之后，法国、丹麦、瑞典、挪威等欧洲国家也对浇注式沥青混凝土进行了研究，并相继在本国的大桥上付诸实施。从这些桥梁的铺装情况看，它们表现出较好的耐久性。浇注式沥青混凝土在欧洲、日本的成功应用很大程度上反映了该材料良好的低温性能，该材料能否适应我国南方夏季持续高温的大陆季节性气候与十分严重的超载交通状况，需要大量的室内试验研究与试验段论证。另外，由于浇注式沥青混凝土的施工工艺比较特殊，在我国现有施工设备与施工管理水平下能否取得较好的工程效果同样需要系统地研究。

（2）沥青玛琋脂碎石混合料

沥青玛琋脂碎石混合料（SMA）与浇注式沥青混凝土一样，也源于德国。SMA 最初是为减少沥青路面车辙而研制的，在后来的实践中发现，它具有较强的抗水损害及低温抗裂性能，在欧美等国得到了足够的重视，被大量应用于道路与桥面铺装中。

典型的 SMA 是一种热拌式间断密级配混合料，其高温稳定性主要源于粗集料的相互嵌挤作用，沥青玛琋脂（矿粉、纤维与沥青等的均匀拌合物）的胶结性能也对此有一定影响。而只有当粗集料形成“石-石”接触时，它们之间的相互嵌挤作用才最强。美国国家沥青技术中心（NCAT）研究发现，当 4 号筛（4.75mm）的通过率小于 30%时，集料中才可形成“石-石”接触。美国国家公路战略研究计划（SHRP）制定了 SUPERPAVE 级配的控制点与相应的禁区范围，并且规定混合料的矿料间隙率（VMA）不小于 17%，沥青饱和度（VFA）根据当量交通量（ESAL's）确定，但不得超出 65%～85%。SMA 的低温性能来源于含量较高的沥青玛琋脂。通常认为，SMA 结构中胶泥含量达到 18%以上（占混合料总重量）时，即可获得较好的低温性能。各地区采用 SMA 时其沥青用量差别较大，德国为 6.0%～7.0%，美国相对较低，为 5.7%～6.5%，而我国几座大桥中，SMA 铺装的沥青用量为 6.0%～6.7%。图 9-4-6 为海沧大桥钢桥面 SMA 桥面铺装。

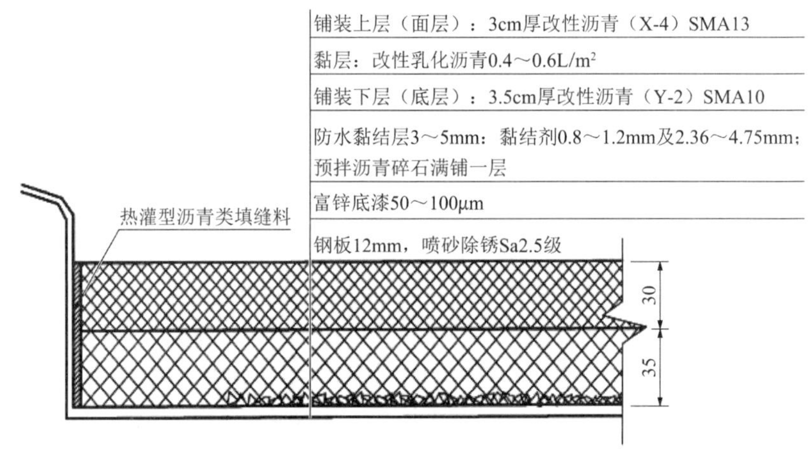

图 9-4-6　海沧大桥钢桥面 SMA 桥面铺装（尺寸单位：mm）

（3）聚氨酯混合料

聚氨酯混合料是由一定级配的矿料与一定比例的聚氨酯胶结材料拌制成型的混合料。聚氨酯具有高弹性、耐化学腐蚀、耐光照射、耐磨耗、吸震性强、耐撕裂、软硬度可按需定制等优异性能；其中，水性聚氨酯具有防水功能，且对混凝土、金属等都具有很强的黏附力。这种铺装结构采用由强到弱的过渡设计，有效解决了传统铺装工艺中常见的脱层问题。聚氨酯黏结层能够抵抗桥面形变、温度变化和车辆荷载的影响，保持铺装层的完整性和稳定性。聚氨酯复合材料的防水性能够有效防止水分渗入桥面结构，从而避免钢桥腐蚀和铺装层损坏；防腐性能则能够抵抗化学物质和污染物的侵蚀，延长桥面铺装的使用寿命；而耐剪切性能则保证了在车辆荷载和温度应力作用下，铺装层不易发生剪切破坏。

聚氨酯桥面铺装下层为底涂黏结层，上层为聚氨酯复合材料层，双层结构的设计也使得桥面铺装具有更好的承载能力和耐久性。聚氨酯桥面铺装的工程案例有杭州湾跨海大桥、港珠澳大桥、莫桑比克马普托・卡腾贝大桥等。

聚氨酯材料因其独特的物理和化学性能而备受关注，在应用该材料的过程中需要对以下几方面重点关注。

① 材料稳定性：聚氨酯混合料桥面铺装材料虽然具有优异的物理和化学性能，但长期暴露在复杂多变的环境条件下，其稳定性可能受到挑战。特别是在温度、湿度等环境因素的影响下，聚氨酯材料的性能可能会逐渐下降，从而影响桥面铺装的使用寿命。这种不稳定性需要通过严格的质量控制和定期维护来保障。

② 施工技术要求：聚氨酯混合料桥面铺装对施工技术要求相对较高，包括材料混合比例、施工温度、湿度控制等多个方面的精确控制。施工过程中的任何一个环节出现问题，都可能导致铺装质量不达标，进而影响桥面使用性能。因此，对施工技术的严格要求是保证聚氨酯混合料桥面铺装质量的关键。

③ 成本：相较于传统桥面铺装材料，聚氨酯混合料的成本相对较高。这一因素在一定程度上限制了其在桥面铺装领域的广泛应用。特别是在大型工程项目中，成本控制是决策者必须考虑的重要因素之一。

（4）环氧沥青混凝土

环氧沥青是一种由环氧树脂、固化剂与基质沥青经复杂的化学改性所得的混合物。1967年美国圣马特奥-海沃德大桥首次采用环氧沥青混合料用作钢桥面铺装材料。随后环氧沥青铺装在美国、加拿大、荷兰和澳大利亚等国家得到大量应用，且以美国应用为最广泛，美国、德国还编写了相应的环氧沥青桥面铺装规范。

从世界上已建环氧沥青混合料钢桥面铺装使用情况来看，成功案例和失败案例都有。美国环氧沥青钢桥面铺装专家认为，对桥梁所在地的气候环境（温度）、交通荷载等因素考虑不足而导致的设计失误或施工控制不严是造成环氧沥青混凝土铺装失败的主要原因，在正确设计与施工的前提下，环氧沥青混凝土桥面铺装在设计年限内一般不会出现破坏。

江苏润扬大桥桥面铺装采用双层环氧沥青混凝土铺装方案。

2）两类钢桥面铺装结构

纵观现有的大跨径正交异性钢桥面铺装，虽然铺装层材料多种多样，而铺装结构方案主要有两种类型，即单层铺装结构与双层铺装结构，双层铺装结构更为普遍。

（1）单层铺装结构

单层铺装结构以玛琋脂混合料（Mastic Asphalt）为代表，在英国、法国、丹麦、瑞典等国应用较广，我国的江阴大桥与香港青马大桥采用了这种方案。这种单层体系厚度通常为4～5cm，对于季节温差并不是很大的欧洲国家来说是较为适宜的。

（2）双层铺装结构

德国的双层浇注式沥青混凝土、美国的双层环氧沥青混凝土以及日本的本-四系列联络桥方案均为双层式结构，国内新建的几座大桥则以双层改性 SMA 为铺装结构。

双层铺装结构的优点是可以对不同的铺装层材料分别设计，充分发挥材料潜力，最大限度地避免对同种材料矛盾的双向性能（高温与低温）要求，较好地反映铺装在高温与低温下的性能要求。双层铺装体系在大跨径正交异性钢桥面铺装中应用更为广泛。

表 9-4-1 为各种铺装结构参考方案。

铺装结构参考方案 表 9-4-1

铺装材料	方案 1		方案 2		方案 3		方案 4		方案 5	
	磨耗层	保护层	磨耗层	保护层	磨耗层	保护层	磨耗层	保护层	磨耗层	保护层
改性沥青混合料 SMA、AC	√	—	—	—	√	—	—	—	√	√
浇注式沥青混合料	—	√	—	—	—	—	—	√	—	—
环氧沥青混合料	—	—	√	√	—	√	√	—	—	—

二、计算及试验

1. 桥面铺装计算

桥面铺装设计计算主要内容如下。

（1）基本条件

① 道路等级。

② 计算行车速度。

③ 设计标准轴载。

④ 交通量水平。

⑤ 设计累计轴次：设计使用年限内一个车道累计标准轴载。

⑥ 轴载调查分析。

⑦ 环境气候因素：温度（极端最高气温、极端最低气温、最热月平均最高气温、最冷月平均气温）、湿度（相对湿度）、降雨（年降雨量、年内降雨量分布）、降雪（年降雪量、平均年降雪天数）等。

⑧ 施工条件。

（2）铺装层使用寿命预估

（3）疲劳损伤与寿命预估的参数选用

① 沥青混合料弹性模量。

② 沥青混合料极限弯拉应变。

③ 设计使用年限内设计通行总交通量和实际通行总交通量。

④ 车道横向分布系数。

⑤ 动力效应系数。

⑥ 按预测交通量预估桥面铺装使用寿命。

2. 桥面铺装的研究

（1）桥面铺装基面处理技术研究

桥面铺装基面是所有铺装工作的基础，不平整的基面不仅影响铺装结构方案的选择，更重要的是影响桥面铺装的质量，所以应对不平整的基面进行调平修补，改善铺装的基础条件，明确桥面调平或桥面预处理技术的标准。

（2）防水材料在桥面铺装的应用技术研究

桥面铺装及其铺装时间对防水系统的性能有极为重要的影响。面层铺装越晚，防水系统的损坏和污染的可能性越大；事实上，面层铺装也是防水系统最易受到损坏的施工阶段。铺装方法、沥青混合料性质、铺装温度等对防水系统的影响也很重要。

防水材料的施工损伤主要来自面层摊铺时的机械损伤，一方面运料车、洒水车等施工车辆在未加铺面层的防水层上行驶，启动、制动会产生水平方向剪应力，推挤防水层薄弱处使之拉裂；另一方面压路机、摊铺机等大型机械在其上摊铺碾压作业，同样会破坏防水层。在桥梁曲线半径较小，超高和纵坡较大等条件苛刻时，防水层更易遭受破坏。

设计前应对防水材料提出性能及技术要求，进行防水材料的黏结性能、边界的交接性能和防水性能的具体试验，提出具体的黏结性能指标、防水性能指标以及施工工艺。

（3）铺装材料及性能研究

桥面铺装上层直接承受行车荷载作用，因此要求具有良好的抗车辙能力，以防止在重载和高温条件下产生永久变形，尤其是对桥面铺装上层直接受到雨水、盐分以及强紫外线辐射等自然因素作用的桥梁，要求铺装层具有良好的抗水、抗盐损和耐老化性能，而且桥面铺装上层还应具备平整、抗滑、耐磨、耐久等优点，以满足行车舒适性和安全性等要求。同时对混合料马歇尔稳定度、高温稳定性、低温抗裂性、抗水性、抗盐损性以及疲劳性能进行试验研究，提高沥青混凝土的性能，以满足交通量、行车荷载、自然条件桥面铺装上面层的要求。

（4）面层压实技术研究

桥面铺装施工最重要的就是要保证充分的压实，以提高路面的承载能力，减少在开放交通后因进一步压密而产生的变形，尤其是对混合料摊铺时温度散失快，给碾压造成困难的桥梁。为了改善压实条件，应进行降低沥青混合料的黏度和选择碾压方法两方面的研究工作。通过压实技术的研究达到既保证面层铺装材料的压实度又保证施工质量的目的。

（5）桥面铺装接缝技术研究

虽然在理论与试验的基础上可以提出防水性能良好的桥面铺装方案，但铺装方案需要通过施工实现，沥青混合料在混凝土桥面的施工过程中，必然形成许多接缝，包括浇注式沥青混凝土施工过程中形成的接缝，当然也必须考虑到如果进行卷材施工，卷材间必然存在搭接裂缝，所有的接缝形成了铺装层的局部缺陷，如果处理不当，良好的铺装方案性能将被破坏。

桥面铺装沥青层与路缘石、水泥混凝土构件等的连接，是桥面铺装防水体系的重要组成部分。由于沥青混合料是高温施工，冷却后沥青混凝土会产生收缩；在使用过程中，沥青层与水泥混凝土桥面板基面的收缩系数不同，使沥青层产生与混凝土桥面板不同步的膨胀和收缩变形，沥青层在纵横向与构造物连接的部位将会产生裂缝，并且裂缝的宽度随着使用过程中温度的变化而动态变化，夏季裂缝较窄，而冬季裂缝变宽，水就会渗入铺装结构中，剥离沥青层与混凝土板的连接，降低其间的黏结力，水侵入桥面板中并侵蚀混凝土板的钢筋，对桥梁结构的耐久性产生较大影响。

我国以前并不重视混凝土桥面接缝技术，对此研究较少。国外对此较为重视，也有相关技术要求。鉴于铺装层与构造物连接密封的有效性将直接影响铺装结构和桥梁结构的耐久性，因此，我国去艾克设计人员在设计中需要引进国外先进的使用经验，结合国内经验，提出相适应的接缝技术以及填缝料指标，以确保接缝部位的黏结防水。

桥面铺装接缝技术的研究，是整个桥面铺装防水系统的有机组成部分，接缝防水的失效会给整个桥面铺装带来严重的隐患，这方面的研究完善了桥面的防水系统，对于桥面铺装技术的发展具有积极的意义。

（6）排水性铺装关键技术的研究

国内外对于多雨地区采用排水性路面（又称高孔隙沥青混凝土）来迅速排除路表水。排水性路面在我国应用多年，技术相对成熟，在《排水沥青路面设计与施工技术规范》（JTG/T 3350-03—2020）中有相应的施工技术要求。

排水性路面经压实后，约有20%的孔隙率，从而在面层内形成一个水道网。降雨时，落到其表面的雨水，可通过内部的孔隙流动侧向排出路面外，而不在表面形成水膜和径流。遇大雨来不及排水时，虽表面有径流和溅水，但要轻得多；一旦雨停，表面径流立即消失。因此，它能避免降雨过程中在常规路面上高速行车产生的水漂现象，消除车后的溅水和射水现象，消除路面表面的反光现象，从而使道路标志更容易看清。这些优点使高速行车更安全。排水性路面的另一个重要特性是，较高孔隙的吸收作用能明显减少车辆内外的噪声。

虽然排水性路面技术较为成熟，但是针对某一具体工程仍需开展大量的研究工作。针对排水性路面需要解决以下几个关键问题。

① 排水性路面改性沥青的开发

排水性路面成败的关键是其高黏度改性沥青品质的好坏，只有具有高黏度的沥青才能保证排水性路面的黏聚性，以及优良的热稳性和耐久性，而高黏度改性沥青只要求具有低温稳定性，而高温具有低黏度，以便于在施工时压实。需研究采用环氧沥青配制排水性沥青混凝土，发挥环氧沥青强度高、韧性好的优势。

② 排水性沥青混凝土性能综合评价

对配制出的排水性沥青混凝土进行综合测试，考虑其热稳性、抗松散、耐久性是否能够适应桥梁的使用条件。

③ 排水性沥青混凝土与浇注式沥青混凝土组合方案的综合评价

按照设计方案，对排水性沥青混凝土与浇注式沥青混凝土结构组合进行综合测试，考虑其热稳性、抗松散、耐久性是否能够适应桥梁特定的使用条件。

第五节 桥 面 排 水

桥面积水易渗入梁体使钢筋锈蚀，在严寒的冬季渗入混凝土孔隙内的水分结冰易导致混凝土发生破坏，从而影响桥梁的耐久性，缩短桥梁的使用寿命。因此，除在桥面铺装内设置防水层外，还应设置专门的排水设施，使桥上雨水迅速排出桥外。

通常可以按下面的原则设置桥面排水设施：

（1）桥面应有足够的横向和纵向排水坡度。当桥面纵坡$i < 2\%$时，宜在桥上每隔6～8m设置一个泄水管。泄水管的过水面积通常是每平方米桥面不宜小于2～3cm^2。

（2）泄水管宜设置在桥面行车道边缘处，间距根据设计径流量确定，且最大间距不宜超过 20m。也可布置在人行道下面，此时需要在人行道块件上预留横向进水孔，并在泄水管周围设置相应的聚水槽。

（3）对于跨线桥和城市桥梁应设置完善的落水管道，将雨水排至地面阴沟或下水道内，以保持环保和美观。

一、桥面排水系统主要形式及构造

目前常采用的泄水系统主要有以下几种形式。

1. 金属泄水管

目前桥面排水设施中采用最广泛的是铸铁金属泄水管，它不仅适用于一般不设专门防水层而采用防水混凝土桥面铺装的桥梁，而且还适用于具有贴式防水层的铺装结构。泄水管内径一般为 10～15cm，管下端应伸出行车道板底面以下至少 15～20cm。漏斗部分可做成圆形，也可做成长方形。安放泄水管时，要特别注意与防水层的结合，防水层的边缘要紧贴在管的顶缘与泄水管漏斗之间，以便防水层上的渗水能通过漏斗上的过水孔流入管内排出桥外，保护加劲梁不受雨水的浸蚀。

2. 钢筋混凝土泄水管

钢筋混凝土泄水管适用于不设专门防水层而采用防水混凝土桥面铺装的桥梁上。钢筋混凝土泄水管在预制时，为使焊接于栅板上的短钢筋锚固在混凝土中，可将金属栅板直接作为钢筋混凝土管的端模板。这种预制的钢筋混凝土泄水管构造简单，可节约钢材用量，较为经济。

3. 封闭式排水系统

对于城市桥梁、立交桥、跨线桥及高速公路上的悬索桥，为保持桥梁整体外形美观及利于桥下行车、行人，应采用封闭式排水系统将排水管道直接引向地面或积水槽，而不宜将泄水管挂在板下直接将水排出桥外。

如需要在桥墩上布置排水管道，应尽可能布置在墩壁的槽中或布置在桥墩内部的箱室中。当桥墩很高时，排水管应每隔 20～30m 设置伸缩缝，且管道有良好的固定装置，并在墩脚处设置一个消除下落能量的装置。

排水管道不能直接预埋在混凝土内，以防在寒冷气候因水管堵塞而冻裂混凝土，导致混凝土结构遭到破坏，应采用在混凝土中预留孔道或埋入直径较大的套管，然后再铺设排水管道，一旦有损可及时更换。当管道通过行车道板悬臂板而截面高度较小时，可将管道做成扁平形状。

二、排水系统布置

桥面排水系统的布置主要考虑桥梁纵坡、横坡、降雨量等因素。根据雨水量和流量计算进行排水系统桥面泄水管间距布置和管径选择，泄水管一般在路缘石内侧呈对称布置。根据规划和桥位实际情况采取自然排放或系统集中排放方式。

三、排水系统设计计算

排水系统设计计算应根据桥位所在区域的气象条件，进行以下方面的计算。

1. 雨水量计算

（1）设计重现期

设计重现期根据有关规范确定。

（2）雨水强度计算

$$q = \frac{167A_1(1 + C\lg P)}{(t + b)^n} \tag{9-5-1}$$

式中：q——设计暴雨强度；

P——设计重现期；

t——降雨历时，$t = t_1 + t_2$；

t_1——地面集水时间；

t_2——管道内雨水流行时间；

A_1、C、b、n——参数，根据统计方法计算确定。

（3）流量计算

$$Q_s = q\Psi F \tag{9-5-2}$$

式中：Q_s——雨水设计流量；

q——设计暴雨强度；

Ψ——综合径流系数；

F——汇水面积。

流量计算时应同时考虑管道粗糙系数和最小设计流速。

第六节　伸　缩　缝

桥面伸缩缝设置的主要目的是保证桥跨结构在活载、混凝土收缩与徐变（若为钢加劲梁则无此项）、温度变化等因素影响下按其静力图式自由变形。伸缩缝横向设置在两加劲梁端之间以及梁端与桥台台背之间。伸缩缝处受力较为复杂，其构造形式应视桥梁变形量的大小和活载轮重具体情况合理选择。

一、伸缩缝类型

目前通常采用的伸缩缝构造形式主要有以下几种。

1. 梳齿板式伸缩缝

梳齿板式伸缩缝由两块设置梳齿构造的金属面层板构成，板的端部可用高强锚栓、普通锚栓或螺栓与梁体相连（图 9-6-1）。伸缩缝下面可以安装排水槽，也可设置橡胶封缝条，成为防水型接缝。梳形齿式钢板伸缩缝变形量可达 80～3120mm，是用于大伸缩量的最普通形式。

图 9-6-1　梳齿板式钢板伸缩缝

梳齿板式伸缩缝主要特点是：行驶性能好，适用于各种形式桥梁，能承担重型和大交通量的车辆荷载；但造价较高、制造难度大。

梳齿板式伸缩缝允许桥面水渗入缝内，虽然在梳齿下安装了排水槽，但常因外来物极易冲入而堵塞，影响使用效果。因此，城市立交桥和高架桥以及必须防止伸缩缝装置漏水的地方，应限制使用梳齿板式伸缩缝。为了克服排水槽易被堵塞的弊病，桥梁可采用坚固塑料薄膜做成可翻转的排水槽，此种排水槽是一种容易清理的排水设备。此外，也可用塑性密封材料把梳齿下的空隙填满，做成防水型的伸缩装置。

近几年来，为更好地适应桥梁发展，研究人员对梳齿板式伸缩缝进行了改进优化，模块化是其最大的特点。单元式多向变位桥梁伸缩缝采用单元模块式结构，每个模块宽1m，各模块之间设有3～N（各模块之间没有间隙）mm的间隙，按桥梁宽度由若干个标准模块+非标模块组合而成，化整为零。梁体水平转角变位分解至每个模块上，各模块均设有水平变位铰结构，各模块可自主适应桥梁的水平转动；各模块之间阶梯形变位，能够较好适应横向变位。每个模块可进行单独的维修更换，仅影响一个车道作业面，无须封闭中断交通。

梳齿板式伸缩缝工程实例见表9-6-1。

梳齿板式伸缩缝工程实例　　　表9-6-1

序号	项目名称	通车时间	桥梁结构	加劲梁宽（m）	位移量（mm）
1	南沙大桥	2019年	悬索桥	40.5	2640
2	洞庭湖大桥	2018年	悬索桥	35.4	2240
3	金沙江大桥	2020年	悬索桥	27.0	2100
4	南溪长江大桥	2012年	悬索桥	29.8	1760
5	五峰山长江大桥	2019年	公铁悬索桥	46.0	1760
6	赤水河红军大桥	2020年	悬索桥	27.0	1680
7	长寿经开区大桥	2021年	悬索桥	34.0	1680
8	杨泗港长江大桥	2019年	悬索桥	28.0	1600

注：表列数据取自多种资料，尾数不尽相同，仅供对比参考。

2. 模数式伸缩缝

模数式伸缩缝由橡胶与钢板或型钢组合而成，兼顾橡胶和钢制伸缩装置的优点，既具有可满足大位移量要求，能承受车辆荷载，又具有防水与行车平稳的优点。其特点是橡胶伸缩体与钢件可定型生产，并可根据伸缩量需要进行模数组合。伸缩量一般以80mm为模数，组成80～3000mm等各种大位移伸缩装置。

图9-6-2为V形橡胶材料与型钢组成的单联伸缩装置。V形橡胶材料的边缘凸起部分用一块夹板借助于竖向的滚花销子压入型钢的槽中。橡胶嵌条使用氯丁橡胶或聚氯丁二烯橡胶，数量可根据变形量大小而选择，车轮荷载则通过一组钢板来传递，主要适用于变形量较大的大跨径桥梁。模数式伸缩缝工程实例见表9-6-2。

图9-6-2　模数式伸缩缝

模数式伸缩缝工程实例　　　表9-6-2

序号	项目名称	通车时间	位移量（mm）
1	江阴大桥	1999年	2240
2	西堠门大桥	2009年	2160

续上表

序号	项目名称	通车时间	位移量（mm）
3	润扬大桥	2004年	2100
4	四渡河大桥	2009年	2000
5	黄埔大桥	2008年	2000
6	阳逻大桥	2007年	1920
7	马鞍山长江大桥	2013年	1840
8	南沙大桥	2019年	1760
9	伍家岗长江大桥	2021年	1760
10	龙江大桥	2016年	1680
11	清水河特大桥	2015年	1600
12	寸滩长江大桥	2017年	1600

二、结构构造

伸缩缝的构造要求为：

（1）伸缩缝在平行、垂直于桥梁轴线的两个方向，均能自由伸缩变形。

（2）车辆在伸缩缝处能平顺通过。

（3）伸缩缝具有能够安全排水和防水的构造，能防止雨水、垃圾、泥土等杂物渗入阻塞。

（4）对于城市桥梁，伸缩缝还应在车辆通过时减小噪声。

（5）施工和安装方便，伸缩缝部件要有足够的强度，且应与桥面铺装部分牢固连接。

（6）敞露式伸缩缝要便于检查和清除缝下沟槽内污物。

三、计算及选型

1. 伸缩量计算应考虑的基本因素

（1）温度变化

桥梁结构暴露在自然环境中，经受着各种自然条件的影响。其中，受吸收和释放太阳辐射热、周围空气温度的波动以及大气流动等因素的影响，桥梁结构的温度在不断地变化。同时，桥梁结构自身外表面还通过反射、逆辐射，并受空气对流的影响与周围环境时刻进行着热能的交换。

为便于计算分析和实际应用，习惯上将桥梁结构因上述原因产生的温度变化细分为线性温度变化（体系温度）和非线性温度变化（温度梯度）两部分。其中，线性温度变化引起的桥梁结构的伸缩量占结构全部伸缩量的绝大部分。

分析线性温度变化对桥梁结构的作用，关键在于确定桥梁结构的温度变化范围，即最高有效温度值和最低有效温度值。

《公路桥涵设计通用规范》（JTG D60—2015）规定：桥梁结构的温度变化范围应根据建桥地区的温度条件而定。混凝土结构和钢结构可按当地最高和最低有效温度标准值确定。

非线性温度变化在结构内部会产生相当的应力和一定的变形；应力变化是主要的，而变形量相对较小，因此，目前在确定伸缩装置的伸缩量时一般不考虑非线性温度变化产生的变形量。

（2）混凝土收缩徐变

混凝土的收缩和徐变是混凝土材料本身所固有的一种特性，是一种高度随机的现象，它受许多主客观因素，如混凝土的水灰比、坍落度、混凝土中集料的比例、温度、湿度、龄期、强度等的影响。混凝土桥梁在伸缩量计算时必须考虑混凝土的收缩和徐变引起的变形。混凝土的收缩和徐变在一般设计中以相应的收缩系数和徐变系数予以反映。

混凝土收缩和徐变引起的变形相当大，且主要起展宽伸缩装置的作用。如果设计时未计入混凝土收缩和徐变引起的变形，则极有可能造成伸缩装置的损坏。

值得注意的是，在安装伸缩装置时，混凝土的收缩和徐变已发展到一定程度，计算桥梁结构的伸缩量时，应以安装时刻作为基准计算时刻，即对混凝土的收缩系数和徐变系数予以折减，或采用其他较精确的方法计算。

（3）各种荷载引起的桥梁结构的挠曲

桥梁结构在运营过程中，经常或持续受到结构自身重力、预加应力、混凝土的收缩和徐变、汽车冲击力和制动力、地震力等荷载的作用。这些荷载都会引起桥梁结构的变形，尤其是对于大跨径桥梁结构，其梁体一般较高，梁体的挠曲变形会在梁端部的伸缩装置处产生较为明显的转角变位，并伴随水平变位和垂直变位。在设计计算伸缩量和选择伸缩装置类型时应予以足够的重视，因目前大多数的伸缩装置抵御转角变位和垂直变位的能力较差。如果设计时确实存在比较大的困难，可在设置伸缩装置富余量时予以适当兼顾。

（4）纵向坡度对伸缩变位的影响

桥梁梁端伸缩装置处于纵向坡度上而又水平安装时，伴随着梁体的伸缩，伸缩装置除在水平向变位外，在竖向还有一垂直变位，垂直变位的量值为水平变位值乘以桥梁纵向坡度。

2. 伸缩量计算

（1）温度变化引起的伸缩量

伸缩装置安装时的温度，一般介于当地最高有效温度T_{max}和最低有效温度T_{min}之间。在温度作用影响下，伸缩装置会产生伸长和收缩，其变位量可按式(9-6-1)和式(9-6-2)计算：

$$\Delta l_t^+ = (T_{max} - T_{set,l})\alpha l \tag{9-6-1}$$

$$\Delta l_t^- = (T_{set,u} - T_{min})\alpha l \tag{9-6-2}$$

式中：Δl_t^+——温度变化引起的梁体的伸长量；

Δl_t^-——温度变化引起的梁体的收缩量；

$T_{set,u}$、$T_{set,l}$——预设的安装温度范围的上限值和下限值；

α——材料膨胀系数，对于混凝土材料，$\alpha = 10 \times 10^{-6}$，对于钢材，$\alpha = 12 \times 10^{-6}$；

l——所计算梁体的长度。

（2）混凝土收缩和徐变引起的伸缩量

伸缩缝安装完成时梁体混凝土龄期t_0至收缩终了时混凝土龄期t_u之间的混凝土收缩引起的梁体的收缩量Δl_s^-可按式(9-6-3)计算：

$$\Delta l_s^- = \varepsilon_{cs}(t_u, t_0)l \tag{9-6-3}$$

式中：$\varepsilon_{cs}(t_u, t_0)$——伸缩缝安装完成时梁体混凝土龄期$t_0$至收缩终了时混凝土龄期$t_u$之间的混凝土收缩应变。

时刻t_0至t时域内混凝土徐变引起梁体的收缩量Δl_c^-可按式（9-6-4）计算：

$$\Delta l_c^- = \frac{\sigma_{pc}}{E_c}\varphi(t_u, t_0)l \tag{9-6-4}$$

式中：σ_{pc}——由预应力（扣除相应阶段预应力损失）引起的截面重心处的法向压应力；

E_c——混凝土弹性模量；

$\varphi(t_u, t_0)$——伸缩装置安装完成时梁体混凝土龄期t_0至徐变终了时混凝土龄期t_u之间的混凝土徐变系数。

（3）汽车活载、风荷载、地震作用引起的伸缩量

因目前大多数的伸缩装置抵御转角变位和垂直变位的能力较差，大跨径悬索桥梁体较高，桥梁结构在汽车活载、风荷载作用下，梁体的挠曲变形会在梁端伸缩装置处产生较为明显的转角变位，并伴随着水平变位和垂直变位，在计算伸缩量和选择伸缩装置类型时应予以足够的重视。特别是单跨悬索桥，加劲梁横向挠度以及上下行车道荷载差较大，应该考虑横向风共同作用时，加劲梁扭转和平面转动带来梁端的大变位，从而引起伸缩缝的磨损和位移。悬索桥加劲梁端部变位值和桥梁结构刚度存在相关关系，设计时应尽可能仔细分析，如果确实存在比较大的困难，可在设置伸缩装置富余量时予以适当兼顾。

对于地震荷载（偶然荷载）引起的极端位移，一般通过设置阻尼器耗能的方式、设置限位挡块进行刚性限位方式或两者组合来进行控制，避免梁端位移超出伸缩缝设计的伸缩量。

3. 设计图纸应交代的要素

考虑到安装伸缩装置时的客观条件与设计假定值有所不同（如实际安装温度和安装季节与设计假定值不同），设计人员应根据安装时的实际情况对伸缩装置的伸缩量（包括初始预压伸缩量）予以适当调整，设计图纸对有关内容的交代应清楚、明白、齐全。设计图纸需交代的主要内容有温度变化的范围、计算伸缩量所采用桥梁结构的梁长、设计所考虑的伸缩装置的安装季节、安装温度和安装伸缩装置时桥梁结构混凝土的龄期。伸缩装置如需初始预压，则还需交代预压量及其计算依据。设计图纸还应交代因考虑伸缩装置安装季节和安装温度等致使设计值不同而提出的伸缩量的调整方法和调整量。

第七节　桥 面 照 明

一、桥面照明类型

1. 灯杆照明方式

照明器安装在 8～12m 高的灯杆顶端，灯杆沿顺桥向布置，这种方式已广泛应用于桥梁上。灯杆照明方式的特点是：可在桥面预留灯杆位置、造价低。

2. 高杆照明方式

灯杆高度一般为 15～40m，其上安装由多个高功率的光源制成的组装照明器，在广阔范围内进行大面积照明，这种方式主要应用于大型立交桥的照明。高杆灯上部灯架上灯具布置方式主要有径向对称式、平面对称式及非对称式三种。高杆照明方式的特点是：照明范围广，光通量利用率高；均匀度高，眩光少；易于维护，不影响交通；但一次性投资较高，且不宜在跨越江河的长桥上使用。

3. 栏杆照明方式

将照明器安装在人行道两侧栏杆上距人行道顶面 80～100cm 处，这种方式适用于较窄的

桥梁照明。栏杆照明方式的特点是不必设灯杆，较为美观，避免登高维护作业；但对灯具的光学性能要求较高，解决眩光和提高桥面亮度均匀度水平较为困难，且因照明设置较低，易于积尘。

公路桥梁灯具一般为厂制成品，应根据实际需要采用。

目前灯杆材料主要采用钢筋混凝土杆及金属杆。钢筋混凝土灯杆的灯座可就地浇筑并将钢筋锚固在桥面中；金属灯杆的灯座可固定在预埋的锚固螺栓上。为了照明以及其他用途所需的电信线路等常从人行道下的预留孔道通过。

桥梁照明应满足亮度、照度、眩光限制和诱导性四项指标要求。

总之，桥梁照明设施的设计要经济合理，确实能起到照明的作用，且应符合全桥在立面上具有统一协调的艺术造型要求。

二、桥面照明系统组成

桥面照明系统主要由电源、光源、灯具、灯柱和其他附属设施组成。

1. 电源

桥面照明电源宜采用 10kV 配电线路上专用路灯变压器或公用三相变压器供电（低压供电），条件许可时可以采用 10kV 电压等级的专用线路供电（高压供电）并符合下列要求：①三相负荷分配应平衡；②供电线路应能互相联络。

重要的桥梁和区段的照明宜采用双电源供电，低压照明线路的末端电压不应低于额定电压的 90%或不应低于始端电压的 95%。可触及的金属灯杆和配电箱等金属照明设备均需保护接地，接地电阻应小于 10Ω。

桥面照明控制有定时控制和光电控制两类。定时控制所采用的器件为定时钟或微型计算机控制仪；光电控制所采用的器件为光控制开关。应根据自身条件，选择一种或结合起来使用。

2. 光源

桥梁照明光源的选择应符合以下规定：

（1）桥面照明应采用高压效气体放电灯，不应采用白炽灯。

（2）光源的选择应与大桥的整体装饰照明协调，可选择适当色温和显色性的金属卤化物灯或高压钠灯。

（3）多雾地区应选择透雾性能好的光源作为功能性照明的光源。

（4）桥面照明也可采用能够符合公路照明要求的新型光源，如 LED（发光二极管）光源、无极灯等。

3. 灯具

桥梁照明灯具的选择应符合以下规定：

（1）高速公路和一级公路需设有照明的路段必须采用截光型、半截光型灯具；截光型、半截光型灯具的性能应满足《灯具　第 1 部分：一般要求与试验》（GB 7000.1—2015）和《灯具　第 2-3 部分：特殊要求　道路与街路照明灯具》（GB 7000.203—2013）的规定。

（2）灯具防护等级宜在 IP55 以上，带有散热器，并有足够的机械强度。

（3）照明标准高、环境污染严重、维护困难的桥梁，灯具防护等级宜在 IP65 以上。

（4）空气中酸、碱、盐等腐蚀性物质含量较高的桥梁宜采用耐腐蚀性能好的灯具。

（5）发生强烈振动的桥梁宜采用带减振措施的灯具。

（6）灯具的仰角不宜超过 15°。

（7）灯具的最大光强方向和垂线夹角不宜超过 65°。

（8）桥梁照明应防止眩光，必要时应采用严格控光灯具。

（9）照明灯具的安装高度宜在 10m 以上，灯具效率不得低于 60%。

4. 灯柱

灯柱可采用金属灯柱或混凝土灯柱。悬索桥上通常采用金属灯柱。灯柱的高度因桥梁行车道数不同而不同，其高度与行车道数成正比。灯柱设计必须能承受所支承的照明灯具、控制装置等的重量以及风力的影响。冰、雪和风引起的振动的影响也必须予以足够的重视。

灯柱的悬挑长度，应根据对环境的要求及影响适当考虑，一般不宜超过灯柱高度的 1/4，灯柱不得设置在危险地点或维修时会严重妨碍交通的地方。

三、桥面照明系统布置

常规照明有单侧布置、双侧交错布置、双侧对称布置、横向悬索布置和中心对称布置 5 种基本布灯方式。

采用常规照明方式时，灯具的配光类型、布灯方式、安装高度和间距应满足表 9-7-1 的规定。

灯具的配光类型、布灯方式和安装高度及间距的关系　　表 9-7-1

灯具配光类型	截光型		半截光型		非截光型	
布灯方式	安装高度H（m）	间距S（m）	安装高度H（m）	间距S（m）	安装高度H（m）	间距S（m）
单侧布置	$H \geqslant W_{eff}$	$S \leqslant 3H$	$H \geqslant 1.2W_{eff}$	$S \leqslant 3.5H$	$H \geqslant 1.4W_{eff}$	$S \leqslant 4H$
双侧交错布置	$H \geqslant 0.7W_{eff}$	$S \leqslant 3H$	$H \geqslant 0.8W_{eff}$	$S \leqslant 3.5H$	$H \geqslant 0.9W_{eff}$	$S \leqslant 4H$
双侧对称布置	$H \geqslant 0.5W_{eff}$	$S \leqslant 3H$	$H \geqslant 0.6W_{eff}$	$S \leqslant 3.5H$	$H \geqslant 0.7W_{eff}$	$S \leqslant 4H$

注：W_{eff}表示照明有效宽度。

大型桥梁的照明应专门设计，既要满足功能要求，又要顾及景观艺术效果，使其与桥梁风格相协调。

四、桥面照明标准及计算

1. 亮度

亮度值一般按 0.5 级差分级，大型桥梁照明亮度一般取（1.5～3.5）L_{av}（L_{av}为平均亮度，cd/m²）。

亮度即单位投影面积上的发光强度，其计算公式为：

$$L = \frac{d\varphi}{dA \cdot \cos\theta \cdot d\Omega} \tag{9-7-1}$$

式中：$d\varphi$——由给定的束元传输的并包含给定方向的立体角；

$d\Omega$——内传播的光通量；

dA——包括给定的总射束截面面积；

θ——射束截面法线与射束方向间的夹角；

L——亮度。

2. 照度

照度标准值应按 0.5lx、1lx、3lx、5lx、10lx、15lx、20lx、30lx、50lx、75lx、100lx、150lx、200lx、300lx、500lx、750lx、1000lx、1500lx、2000lx、3000lx、5000lx 分级。大型桥梁照明一般取 20～30lx，在一般情况下，设计照度值与照度标准值相比较，可有−10%～+10%的偏差。

表面上一点的照度E是入射在包含该点的面元上的光通量$d\phi$与该面元面积dA之商，即：

$$E = \frac{d\phi}{dA} \tag{9-7-2}$$

3. 特大型悬索桥面照明标准

特大型悬索桥面照明标准推荐值见表 9-7-2。

特大型悬索桥面照明标准推荐值　　表 9-7-2

亮度			照度	眩光限制	诱导性
平均路面亮度 L_{av}（cd/m^2）	总均匀度 L_{min}/L_{av}	纵向均匀度 L_{min}/L_{max}	平均照度 E_{av}（lx）		
1.5～3.5	0.5～0.7	0.7	15～50	5	很好

第十章

附属工程设计

第一节　功能与原则

一、附属工程功能

悬索桥除主体构造以外，还需设置各种附属工程，以达到方便使用及维护结构的目的。与主体结构相比，附属工程虽然大多是一些规模较小或零碎的部件，但在实现桥梁使用功能的过程中有着不可或缺的作用。

附属工程与相应的主体构造紧密相关，是主体工程的延伸和补充，如索塔的附属工程主要有塔内爬梯、电梯、照明、排水系统、避雷针、航空障碍灯等，设置这些附属工程，可以方便日后对索塔结构的维护及使用。

二、设计原则

附属工程的设计，需遵照以下原则。

（1）从属原则：以主体工程为主，附属工程从属于主体结构，当与主体结构相冲突时，应相应修改附属工程的设计。

（2）简洁、实用原则：附属工程的设计应力求实用、简洁，不必过于烦琐，最主要的是满足实用要求，并应保证附属工程结构的使用安全。

（3）服务于主体结构的原则：应根据主体构造维护需要以及满足正常使用功能的需要，设计附属工程。

第二节　附属工程组成

一、索塔附属工程

索塔附属工程主要包括塔内供检修人员检修使用的塔内平台、供检修人员从桥面进入索塔并能到达塔顶或塔底的爬梯及电梯、塔内照明、索塔排水系统、除湿设备、避雷针、航空障碍灯及塔顶主索鞍鞍罩等。

二、锚碇附属工程

锚碇附属结构包括检修楼梯、检查门、锚室内照明及除湿设备、基坑回填、锚体周围的护坡及排水边沟等。

三、加劲梁附属工程

加劲梁附属工程主要包括加劲梁检查车、加劲梁竖向支座、加劲梁抗风支座及阻尼器、箱内照明、除湿设备、各种管线线槽及托架等。

四、主缆附属工程

主缆附属工程主要包括索塔处缆套、锚碇处缆套、主缆检修道、立柱、扶手绳、栏杆绳等。

五、其他附属工程

除以上各附属工程外，悬索桥其他附属工程还应包括供电、照明、过桥管线、防雷工程、航空警示灯、通航标志等。

第三节　加劲梁检查车

一、加劲梁检查车功能

加劲梁检查车是用于悬索桥加劲梁外部检查维护的一种设备，具有重量轻、结构紧凑、运行灵活、操作简单等特点。

二、加劲梁检查车形式与组成

加劲梁检查车根据轨道布置形式分为悬挂式和肩跨式。悬挂式检查车的轨道悬挂于加劲梁底部，而肩跨式检查车的轨道放置在加劲梁顶面。悬挂式与肩跨式相比，检查车两支承点距离小，整体刚度较大。

另外，国内外目前也出现了由汽车承载，在桥面上行走，检修平台可以伸缩的新型检查车。平时行进时，该检查车与普通汽车一样，可以任意行动。行至检查位置，可将检修平台伸出，翻转至加劲梁下，桥梁维护人员可经由检查车悬臂到达检修平台，检查加劲梁情况。该种检查车具有机动灵活、行动方便的特点，但造价较高。通常该种检查车为厂家生产的定型产品，本书不再赘述。本节主要以海沧大桥加劲梁检查车为例，说明加劲梁检查车的构造及设计情况。

海沧大桥加劲梁检查车为悬挂式构造，由于中、边跨钢箱加劲梁结构形式不同，采用了两种不同桁架结构的检查车，即中跨检查车和边跨检查车。

海沧大桥加劲梁检查车主要由桁架、门架、驱动机构、附属装置（驾驶室、栏杆、梯）、电气设备等组成，构造如图 10-3-1 所示。驱动机构通过钢轮倒置于工字钢轨道上，桁架通过门架与驱动机构相连。驾驶员在驾驶室中操纵控制按钮，控制两侧 8 个电动机旋转，通过减速箱减速将动力传到驱动轮上，带动检查车运行。电动机断电时，其内的风扇制动轴在弹簧压力的作用下，贴紧后端制动面，产生制动力矩，使电动机制动，检查车即停车。

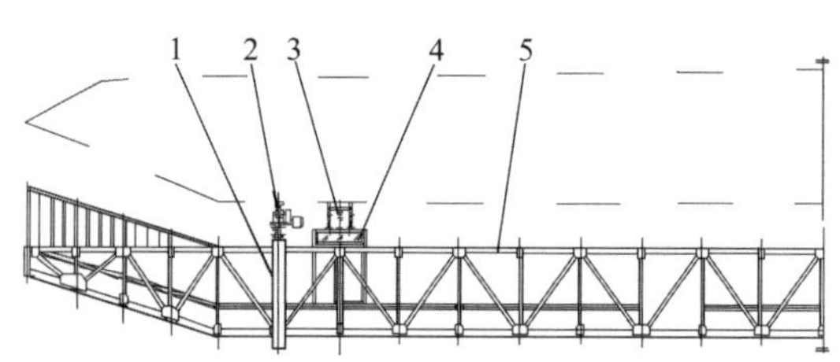

图 10-3-1　检查车构造

1-门架；2-驱动机构；3-电气设备；4-附属装置；5-桁架

三、加劲梁检查车的设置数量与布置

1. 加劲梁检查车的布置原则

加劲梁检查车设置数量及布置与桥梁总体布置有关。加劲梁养护是加劲梁构造的整体需求，故加劲梁各处必须都可到达、可检查。由于受塔、墩结构的阻碍，加劲梁检查车不能连续通过，故加劲梁检查车的数量基本可按照主体加劲梁结构布跨方式进行考虑，每跨布设 1～2 辆，一般主跨布设 2 辆，边跨布设 1 辆。

2. 加劲梁检查车的日常使用

通常情况下，加劲梁检查车停驻在塔或墩侧的加劲梁下。加劲梁检查车上的一端靠近加劲梁的高空处设置有梯子，桥梁养护人员可从塔、墩或桥面经梯子进入车内。

3. 加劲梁检查车的制造和安装要求

加劲梁检查车中的桁架和驱动机构等主要总成和部件一般采用 Q235B 钢材或轻质铝材，销轴、齿轮材料采用 45 号钢，材料性能应符合国家有关标准要求。

4. 加劲梁检查车的使用和维护要求

桥梁养护人员在驾驶时应注意观察加劲梁检查车运转是否正常、制动是否可靠，确认无异常后才能使用。特别要注意左右动轮是否同步，防止加劲梁检查车走偏，脱轨而坠落。

减速箱应适时更换润滑油，电动机轴承以及其他润滑部位应适时加注润滑脂，发现异常噪声、振动、过热或焦味等任何反常现象时，养护人员应立即停止使用，待故障排除后方能继续使用。

加劲梁检查车应定期进行检查，加强清洁保养工作，适时去除污垢，防止锈蚀。发现锈蚀，应进行处理，表面补涂防锈剂和面漆。若有明显功能性损伤，需及时更换，以确保安全。

第四节　加劲梁支座与约束装置

一、加劲梁支座

加劲梁支座是悬索桥加劲梁的重要附属构件，承受加劲梁的竖向反力及水平反力，并适应加劲梁的各向位移和转角。通过加劲梁支座的承接作用，上部结构的自重及其承受的各种荷载传递给塔或墩。根据需要，加劲梁支座可设置为单向移动、多向移动或固定支座，加劲梁支座处同时出现拉、压力时可考虑设置压重措施或采用拉压支座，鉴于拉压支座耐久性较差，宜谨慎使用，如确需采用，应采购工艺成熟厂家的产品。

根据材料的不同，加劲梁支座可分为橡胶支座与钢支座两类，橡胶支座只适用于小跨径悬索桥，不适合在大跨悬索桥中使用。

1. 橡胶支座

橡胶支座的主要功能是将桥梁上部结构反力可靠地传递给墩台，小跨径悬索桥中可采用盆式橡胶支座。

盆式橡胶支座是钢构件与橡胶组合而成的桥梁支座，由顶板、不锈钢滑板、密封圈、四氟板、中间钢板、橡胶板、底盆等部件组成。其结构原理是安置于密封钢盆中的橡胶块在三向受力的情况下承受桥梁的垂直荷载；利用橡胶的弹性，满足梁端的转动；通过焊接在上座板上的不锈钢板与聚四氟乙烯的自由滑移，完成桥梁上部结构的水平位移。它具有重量较轻、承载能力较大、结构紧凑、构造简单、建筑高度低、加工制造方便、节省钢材等特点。

2. 钢支座

钢支座有多种形式，如球形钢支座、滚轮式钢支座等。

（1）球形钢支座

球形钢支座传力可靠，转动灵活，不仅具备盆式橡胶支座承载能力大、容许位移大等特点，而且能更好地适应支座大转角的需要，与盆式橡胶支座相比其具有以下优点：

① 球形钢支座直接通过钢接触面传力，不会出现力的颈缩现象，作用在混凝土上的反力比较均匀。

② 球形钢支座通过球面聚四氟乙烯板的滑动实现支座的转动，转动力矩小，特别适用于大转角的要求。

③ 支座各向转动性能一致。

④ 支座不用橡胶承压，不存在橡胶老化对支座的影响，耐久性好。

位于高烈度地震区桥梁，可选用专门的抗震型球形钢支座。这种支座除具有球形钢支座的各种优点外，还采用了抗拉、抗剪的特殊结构，具备抵抗地震烈度 9 度的能力。

（2）滚轮式钢支座

滚轮式钢支座的上滑板及侧滑板与加劲梁栓接为一体，滚轮及滚轮座固定在支座垫石上。当温度变化或在活载的作用下加劲梁端部产生水平位移和竖平面内的转动时，支座的上滑板可沿滚轮表面滚动或摆动，以满足加劲梁端部的位移和转动，并完成竖向力的传递。

根据承载的不同，加劲梁支座主要分为竖向支座、抗风支座两类。竖向支座用于承受加劲梁在塔、墩处的竖向反力。抗风支座用于承受加劲梁由于横向或顺桥向风载在塔、墩或梁端处产生的反力。设计人员应根据反力、位移量、转角的大小，选用合适的支座类型。

根据悬索桥结构形式及受力体系的不同（单跨或三跨、简支或连续），加劲梁支座设置的位置及数量也不同。如海沧大桥为三跨连续的结构体系，加劲梁在索塔处为全飘浮状态，经分析比较，本桥采用了图 10-4-1 所示的布置形式，即加劲梁的两端各设两个承受竖向反力的竖向支座；加劲梁的两端及两索塔处各设两个承受水平反力的抗风支座。

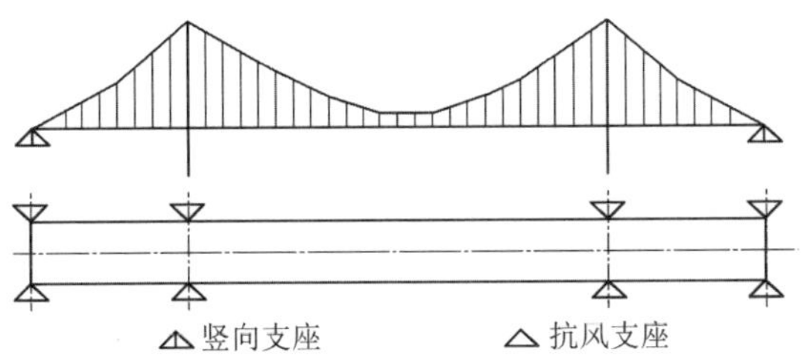

图 10-4-1　支座布置示意图

竖向支座与抗风支座分别设置的优点在于：每种支座只限制加劲梁的一个自由度，而不限制其他自由度，故支座的结构设计比较简单，受力明确；悬索桥的加劲梁总体说来是一个柔性结构，支座处无多余约束，可最大限度地减少加劲梁的约束内力。

二、加劲梁约束装置类型

加劲梁约束装置根据受力方向，可分为竖向、横桥向及纵桥向约束。对于竖向及横桥向约束，支座是目前大部分悬索桥采用的方案，相关类型及布置在前述章节已进行了介绍。对于纵桥向约束，常用阻尼器、纵向限位挡块等装置。阻尼器对于温度、活载等引起的小于额定行程的慢速位移无起始刚度，不产生约束力；当因地震、脉动风和车辆制动等引起不同振幅、不同速度、不同频率的动力反应时，装置起阻尼耗能、快速抑制振动、降低结构受力、减少结构位移的作用。多座悬索桥监测数据表明，梁端实际纵向位移远小于按规范设计的最大允许伸缩量，故近些年设计的悬索桥常设置纵向限位挡块，以降低伸缩装置规格。限位挡块构造包括桥侧挡块和加劲梁侧挡块，两者间存在初始间隙。如塔、梁间相对位移超过预留间隙，则发生刚性限位。通过调整间隙，可平衡梁端纵向位移与挡块受力。

三、加劲梁约束系统布设示例

深中大桥采用双塔三跨吊全漂浮体系钢箱梁悬索桥，缆跨布置为 580m + 1666m + 580m，梁跨布置为 500m + 1666m + 500m，桥型布置如图 10-4-2 所示。

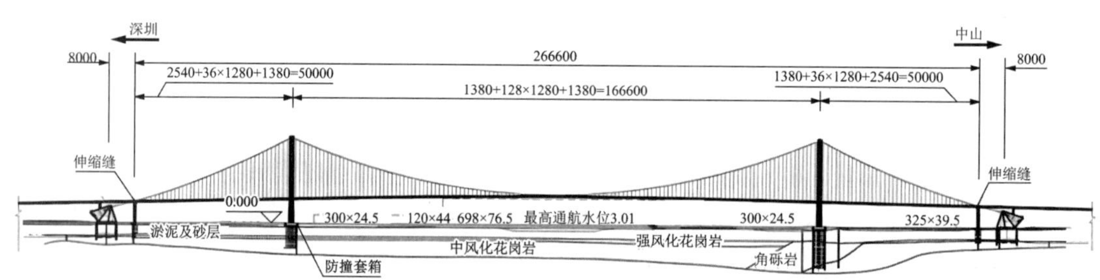

图 10-4-2　深中大桥桥型布置图（尺寸单位：cm）

加劲梁在两个索塔处设置有横向抗风支座、纵向限位阻尼装置；过渡墩位置设置竖向支座、横向抗风支座及纵向限位装置，加劲梁约束体系如图 10-4-3 所示。

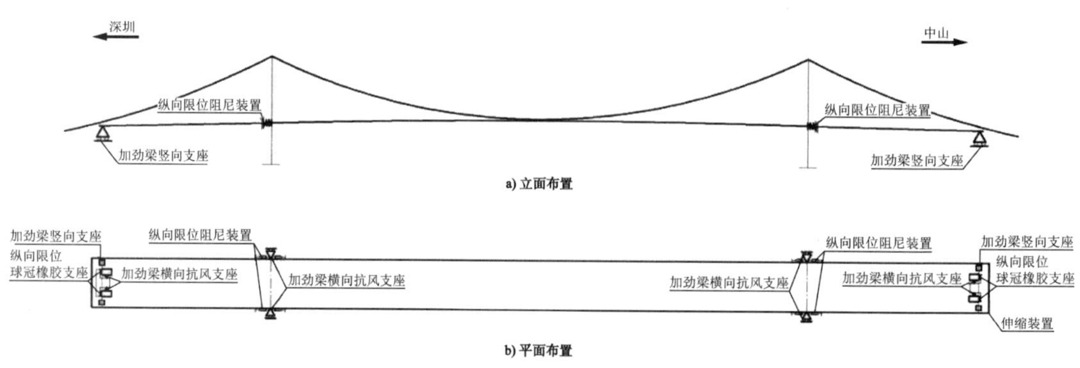

图 10-4-3　深中大桥加劲梁约束系统布置图

四、支座、约束装置计算

1. 竖向支座计算

本节主要以海沧大桥为例，说明竖向支座的设计计算。

（1）主要设计参数

海沧大桥的竖向支座设于加劲梁的两端（图 10-4-1），由于加劲梁在该处的无索区较长，竖向支座与边吊索共同承受无索区的全部竖向荷载；在较大的冲击荷载或地震力的作用下，加劲梁端部（支座处）会出现一定的负反力；在温度变化或在活载的作用下，加劲梁端部沿桥轴线方向有较大的位移和转角；竖向支座的设计应满足上述这些条件的要求。

根据总体分析的结果，每个竖向支座的主要设计参数如下。

额定承载力：4000kN（向下），1250kN（向上）。

水平位移量：510mm（向边跨），510mm（向引桥）。

转角：5/100（竖平面内），6/100（水平面内）。

支座总质量：7784kg。

（2）构造

竖向支座采用滚轮式结构(图 10-4-4),支座的上滑板及侧滑板与钢箱加劲梁栓接为一体,滚轮及滚轮座固定在支座垫石上。当温度变化或在活载的作用下钢箱加劲梁端部产生水平位移和竖平面内的转动时，支座的上滑板可沿滚轮表面滚动或摆动,以满足钢箱加劲梁端部的位移和转动,并完成竖向力的传递。通过侧滑板、摇轴、摇座、滚轮座及压板和地脚螺栓的联系,竖向支座也可承受一定的向上的负反力,限制钢箱加劲梁端部在支座处翘起;这时,滚轮与上滑板脱离接触,水平滑动面在侧滑板与摇轴之间,加劲梁端部在竖平面内的转动则由摇轴与摇座之间的转动来实现。支座的滚轮座底部设有橡胶弹性件,允许支座在受力时有微小的横向摆动及各向的剪切位移。

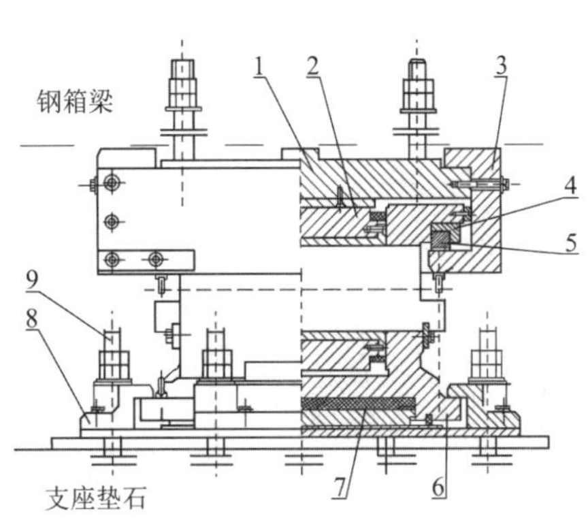

图 10-4-4　竖向支座构造

1-上滑板；2-滚轮；3-侧滑板；4-摇轴；5-摇座；6-滚轮座；7-橡胶板；8-压板；9-地脚螺栓

（3）滚轮的接触强度验算

竖向支座的滚轮与散索鞍滚轴组件中滚轴的工作条件及受力情况基本相同，故同样采用英国规范（BS 5400）第 9 篇第 1 章 6.2.3 中公式进行验算；经过比较和优化，确定采用滚轮直径为 500mm，有效接触宽度为 460mm。验算公式为：

$$\frac{P}{L} \leqslant \frac{18R\sigma}{E} \tag{10-4-1}$$

式中：P——滚轮的垂直压力（N）；

E——材料的弹性模量（MPa），取 2.06×10^5MPa；

R——滚轮半径（mm），取 250mm；

L——滚轮的有效接触长度（mm），取 460mm；

σ——材料的额定抗拉强度（MPa）。

滚轴材料采用 30CrNi3，调质硬度为 270～290HB，额定抗拉强度为 910MPa；与滚轮相接触的上滑板的衬板材料采用 3Cr13，热处理硬度为 HRC30～34，额定抗拉强度为 960MPa；滚轮的垂直压力即竖向支座的额定承载力，为 4000kN。代入式(10-4-1)验算，滚轮接触应力满足要求。

2. 抗风支座计算

（1）主要设计参数

海沧大桥抗风支座安装在加劲梁的两端及两索塔的下横梁处，全桥共设 8 个。抗风支座采用内外球面相配的结构(图 10-4-5)；内球面部分通过支座底板固定在加劲梁下牛腿的侧面，外球面部分通过螺栓、压簧等零件扣紧，压在内球面上，并支承于钢箱加劲梁下方的固定构造物上，这些构造物的支承面上设有不锈钢滑动面，支座在受力的同时可沿这些滑动面顺桥向滑动。这样的支座构造除仅限制加劲梁在支座处的横桥向位移外，对它的其他自由度均无约束。

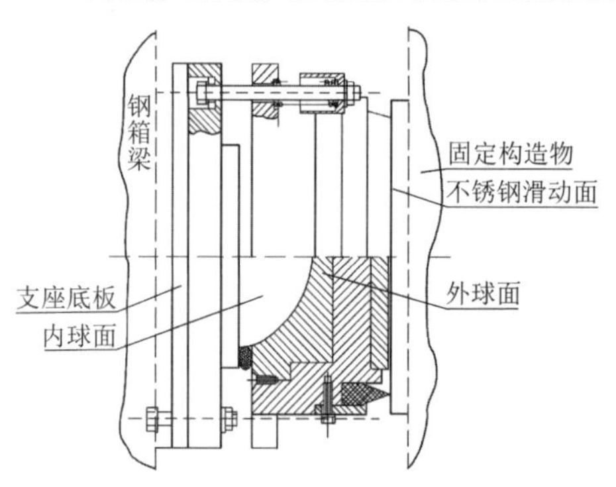

图 10-4-5　抗风支座构造

根据总体分析的结果，每个抗风支座的主要设计参数如下。

额定承载力：2500kN（受压）；各向转角：6/100；水平移动量：±510mm；支座质量：737kg。

（2）球面上的承压力验算

抗风支座内、外球面的接触面在桥梁运营期间既要承压又有微小的相对运动，在设计时采用了钢-多孔含油粉末冶金材料的滑动摩擦副，故抗风支座的承载能力主要取决于所采用的多孔含油粉末冶金材料的强度。抗风支座内、外球面的有效接触面投影是一直径为 344mm 的圆形，其平均压应力 p 为：

$$p = 2500 \times 4 \times 103/(344^2 \times \pi) = 26.899\text{MPa}$$

抗风支座外球面内壁烧结采用多孔含油粉末冶金材料，在低速、间歇运动状态下，其许用比压 $[p]$ 为 55MPa。

（3）支座的制造加工

竖向支座的滑板、侧滑板、压板、座体及抗风支座的内轴承为铸钢件，其铸造工艺、热处理工艺、探伤及缺陷修补工艺均与鞍座铸钢件的工艺条件相同，不同的是这些工件中有一部分是中碳钢或不锈钢铸件，铸造缺陷的补焊工艺比较复杂；因此在工件铸造时就应给予足够的重视，尽量减少缺陷的发生。

抗风支座外球面内壁、座板的摩擦面均为在 HMn58-2 锰黄铜母体上烧结多孔含油粉末冶金，粉末冶金表面加工后应充分浸油，以保证使用期间的润滑。

支座其他零件的加工及装配属机械加工行业的常规工艺，在此不再赘述。

3. 阻尼器计算

1）阻尼器形式

阻尼器是指通过特定机制（材料、结构）产生阻尼消耗桥梁部件运动能量，减小或消除桥梁部件结构振动的装置。根据工作原理的不同，阻尼器可分为黏滞阻尼器、电涡流阻尼器、金属屈服阻尼器、摩擦阻尼器等类型，其中黏滞阻尼器和电涡流阻尼器是最常用的形式。黏滞阻尼器是一种采用填充阻尼介质的油缸式结构，通过活塞的往复运动带动内部介质的流动，产生阻尼效果、耗散能量，其耗能能力与阻尼器两端的相对速度有关，属于速度型消能器。在结构受到外部激励（如地震等外力作用）时，黏滞阻尼器通过吸收和耗散这些振动能量，有效减小结构的动态响应，从而提高结构的抗震性能。电涡流阻尼器的工作原理基于电磁感应定律，是一种新的非线性速度型阻尼器。当导体在磁场中运动时，会在导体内产生感应电流（涡流），涡流场与磁场相互作用，产生的洛伦兹力将阻碍导体和磁场之间的相对运动。同时,电涡流因导体中的电阻作用而转化为热能耗散,产生阻尼效应,进而使结构振动逐渐衰减。

2）黏滞阻尼器的设计

（1）设计阻尼比的选择

设计阻尼器前首先要设定一个目标阻尼比，通常桥梁结构的阻尼比为 1%～5%，原则上可以提高到 20%～50%。取值太小，阻尼器的作用不大；取值太高，对阻尼器的要求过高，经济性较差。按经验，一般选定为 20%左右。

（2）设计阻尼力和最大冲程，荷载组合

液体黏滞阻尼器的运动和阻尼力的关系式为：

$$F = CV^{\alpha} \tag{10-4-2}$$

式中：F——阻尼力；

C——阻尼器的阻尼值；

V——阻尼器两端间的相对运动速度；

α——速度指数。

阻尼力和最大冲程是阻尼器的关键参数,目前还没有简单的计算方法来计算这两个参数。通常先设定一个阻尼杆单元参数，再用可以计算这种阻尼杆的计算机程序进行分析。通过计算分析可以得到阻尼杆的受力和最大位移。如果这一计算结果不能满足设计要求，如位移过大，可以调整阻尼系数重新计算；如果受力过大，可以调整阻尼比或分成多个阻尼器进行计算。按我国规范规定的荷载组合，考虑正常使用时的温度和活载，加上地震带来的位移即可以构成阻尼器设计冲程。通常有下面三种组合：

① 最大温度位移 + 地震荷载。

② 温度 + 活载。

③ 部分汽车荷载 + 整体温差 + 日常平均温差 + 地震荷载。

若桥梁可能的纵向位移过大，在阻尼器运动的末端加大阻尼力，有目的地限制位移，也是值得推荐的方案。

（3）速度指数的确定

式(10-4-2)中的速度指数α，原则上可以取 0.3～1，这样对于同样的速度带来的阻尼力较小。换言之，对同样阻尼力的阻尼器，指数α越小，在一定的速度下，V^{α}就越小，相应的阻尼值C就越大，阻尼器效率就越高，阻尼器耗能也就越大。但考虑到过小的指数α会带来的实际困难，实际设计工作中经常采用 0.3～0.5 作为经验设计参数。

3）电涡流阻尼器的设计

（1）基本原理

电涡流阻尼器由滚珠丝杠、导体、螺母、外转体、磁体、轴承、定筒、转筒及连接部件组成，具体构造如图 10-4-6 所示。其基本原理是：当导体（铜板或铝板）在两块永磁体之间的空气间隙中沿垂直于磁感应强度方向运动时，导体板中产生电涡流。涡流场与磁场相互作用，产生的洛伦兹力将阻碍导体板和磁场之间的相对运动（楞次定律），同时电涡流因导体板中的电阻作用而转化为热能耗散掉，产生阻尼效应。当导体板或永磁体与振动结构连接时，导体板上不断地有电涡流产生，同时结构的动能不断地转化为导体板中的热能，使结构振动逐渐衰减。

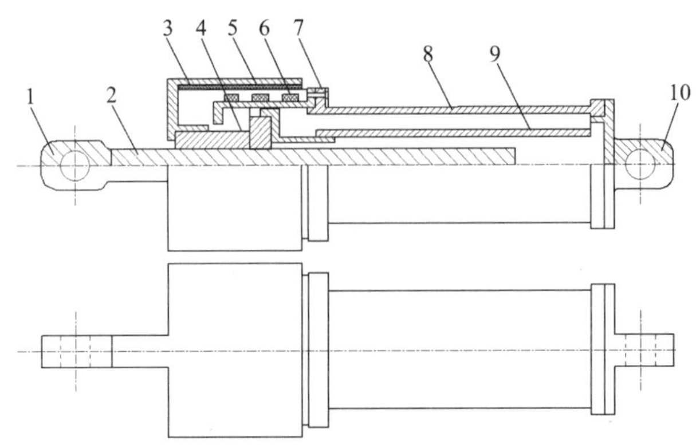

图 10-4-6　电涡流阻尼器结构

1-丝杠耳环；2-滚珠丝杠；3-导体；4-螺母；5-外转体；6-磁体；7-轴承外套；8-定筒；9-内转筒；10-定筒耳环

（2）设计阻尼比

电涡流阻尼在低速下具有近似线性阻尼的特征，因此可按线性阻尼或能量等效的方法对阻尼器进行初步设计，通过调整等效线性阻尼系数和阻尼器的安装位置使结构达到设计阻尼比。目前电涡流阻尼器的等效线性阻尼系数可以达到 80000kNs/m 以上。

（3）设计阻尼力和最大冲程

电涡流阻尼器的速度和阻尼力的关系式为：

$$F = F_m \frac{2}{\dfrac{v}{v_{cr}} + \dfrac{v_{cr}}{v}} \tag{10-4-3}$$

式中：F——阻尼力；

F_m——最大电涡流阻尼力；

v——阻尼器两端间的相对运动速度；

v_{cr}——临界速度，达到 F_m 时的 v 值。

电涡流阻尼属于速度型阻尼，阻尼力随阻尼器两端相对速度的增大而先增大后缓慢减小，因此可以很简便地确定阻尼器的设计阻尼力，避免受力过大。电涡流阻尼器的冲程设计过程与一般阻尼器相同，可结合温度、活载和地震等工况确定阻尼器的最大冲程。当冲程过大时，往往会导致阻尼器自身过长，影响阻尼器下挠和受压稳定等，此时可通过在阻尼器跨中增设弹性支撑或吊点，减小阻尼器等效跨径，避免阻尼器自身过长所带来的不利影响。

（4）最大电涡流阻尼力和临界速度

v_{cr} 一定时，F_m 越大，阻尼器阻尼力越大。F_m 一定时，v_{cr} 越大，阻尼器在低速段（$v < v_{cr}$）的阻尼力越小，在 $0 < v < 0.2v_{cr}$ 范围内表现为近似线性阻尼，可结合摩擦阻尼提高阻尼器在低速下的阻尼力。F_m 越大或 v_{cr} 越小时，阻尼器的耗能水平越高，同时加工难度增加。临界速度 v_{cr} 通常取 0.1～1m/s 作为经验设计参数。

五、阻尼器设计实例

本节以西堠门大桥的阻尼器设计为例，说明黏滞阻尼器系统的设计。

西堠门大桥为主跨1650m的两跨连续钢箱梁悬索桥，主缆分跨为578m + 1650m + 485m，北边跨及中跨为悬吊结构。主缆矢跨比为1/10，加劲梁高跨比为1/471，宽跨比为1/45.8。加劲梁约束情况为：北锚和南塔各设一对竖向支座；北锚、北塔和南塔各设一对横向抗风支座；北锚和南塔各设一对纵向阻尼装置。主缆横桥向中心间距为31.4m，吊索顺桥向标准间距为18m。

西堠门大桥的阻尼器系统主要组成部分为：阻尼器，包括缸体、介质、管道系统、限位系统、密封系统、流量阀等；阻尼器与加劲梁及混凝土构件连接配套所需的构件；监测系统，包括仪表、线路系统、终端等；运输安装期间的临时固定构件。

（1）技术要求

① 阻尼器对各种动力激励如脉动风、车辆制动力和车辆行驶等引起的不同频率、速度和振幅的振动均具有良好的阻尼作用。

② 阻尼器安装后应能够在 −25～+50℃的气温、100%相对湿度的环境下工作，并能承受以下气象条件下的各种可能组合：雨、雪、雨夹雪、雹、冰、雾、烟、风、臭氧、紫外线、沙尘及盐雾。

③ 在桥位处工作条件下，阻尼器的液压缸服务寿命要求达到50年、可动构件使用寿命达到20年；关节轴承和销子应能承受拉、压交替荷载的冲击。

（2）制造、试验

阻尼器的制造应按相关规范执行并提出阻尼器的出厂检验和质量预检试验的要求，此处不再赘述。

六、支座及加劲梁约束系统的安装及检查保养

（1）竖向支座

竖向支座总成安装前，应首先检查垫石钢板顺桥向和横桥向的水平度误差，误差不应大于1/1000，整个平面的平面度误差不大于1mm。另外，需准确测量垫石钢板至梁底座板的距离，如果此距离与支座安装高度不符，可通过增减支座总成底部的调整板厚度进行调整（注意：焊有不锈钢板的上表面不能再加工）。

竖向支座每运行三个月须检查及保养。

（2）抗风支座

抗风支座总成安装前，应检查加劲梁上支座的安装位置与固定承力滑动面之间的距离是否适当，如不适当，可采用改变底板厚度的方法进行调整。安装就位后，支座与固定承力滑动面之间的间隙应为2mm。

抗风支座每运行三个月须进行检查及保养。

（3）阻尼器

① 阻尼器应在大桥通车前完成安装。控制阻尼器安装精度是控制一个塔梁连接处4个阻尼器限位力不均匀的重要环节之一，加劲梁上耳板销孔中心至索塔（锚碇）上耳板销孔中心的纵桥向距离应等于阻尼器活塞处于油缸中位时球铰中心的距离，且安装误差小于±8mm。

② 阻尼器的设计、生产单位应提供阻尼器日常检查、维护的使用说明书。

③ 所有设备的安装应便于检查和维护，保证使用的可靠性和连续性。

④ 阻尼器应有接口与桥梁健康监测系统相连，对阻尼器的位移、阻尼力、液压缸压力及振动频率和速度等参数作实时记录和跟踪，以保证阻尼器的工作处于可监控状态。

第五节　过 桥 管 线

一、过桥管线类型

基于桥梁的跨越能力，各类管线常依托桥梁结构进行敷设。常见的管线主要有通信管线、电力电缆、给水管线、热力管线等。另外，大桥本身的照明、监控等也需要在桥上设置电缆及光缆等管线。在桥梁上铺设上述管线，必须采取有效的安全防护措施。

二、过桥管线设置

1. 设置管线的位置

各种管线过桥，其设置位置可分为桥外或桥内。

桥上可供管线布置的主要空间有中央分隔带、边护栏带或人行道下。这些部位不涉及车辆交通，日后检修也不会对交通运行造成太大的影响。但因处于桥上，设计时应考虑遮盖措施，不应将管线暴露在外，一方面避免影响景观，另一方面也可保护管线安全。

若加劲梁梁高较大，可在桥梁内部设置管线（图 10-5-1），桥梁内部空间应满足日后检修人员进入梁体内部进行维护的空间要求，并应纵向贯通，所有设置管线的部位均应可到达、可检修。

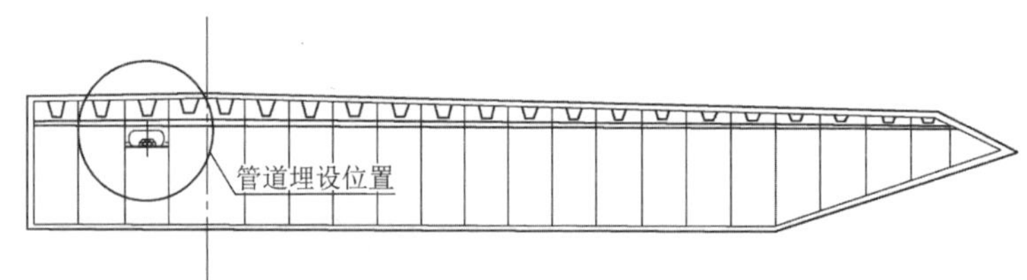

图 10-5-1　桥梁内部设置管道示意图

工程管线利用桥梁跨越水域时，其规划设计应与桥梁设计相结合。桥梁结构内部空间较大时，可将管线布设于桥梁内部空腔。若桥梁结构内部空间不够，也可将管线设置于桥梁外部，但应有专门的构造遮挡，避免影响桥梁景观。

总之，桥梁上设置各种管线，应遵循以下要求：

（1）避免在桥梁立面上外露，以免影响景观；

（2）不宜设置在机动车道下；

（3）妥善安排各类管线，在敷设、养护、检修时不得损坏桥梁；

（4）各项设施和管线，不得侵入桥面净空限界和桥下通航净空。

2. 过桥管线立面布置

过桥管线种类很多，但是通道有限，各种管线必须集中过桥。因此，各种管线的立面布置必须考虑管线的特性，确保管线安全。例如，过桥管线中可能有供水管线、电力电缆、通信管线，在立面布置时应将过桥水管与电力电缆、通信管线分开布置，防止因水管渗漏影响其他管线安全；同样地，电力电缆与通信管线之间也应有妥善的保护措施，尽量避免或减小电磁感应对通信管线的影响。

三、过桥管线架立构造

过桥管线在桥上通过时应设置专门的构造以支撑、架立管线。管线架立构造可根据所承载的管线进行具体设计。

以通信管线为例，一般采用 HDPE（高密度聚乙烯）管道。其直径及恒载集度均不大，如图 10-5-2 所示。

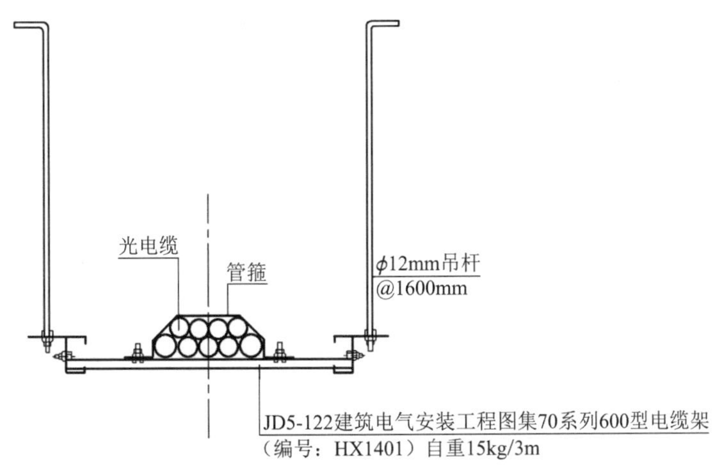

图 10-5-2　通信管道架立构造示意图

管线通过主桥时，加劲梁横隔板间设有采用槽钢制成的管线托架，托架上设置电缆架，光电缆管线固定在电缆架上。槽钢与钢箱加劲梁之间采用吊索或支撑架连接，连接构件承载能力需满足相关规范要求。

四、不宜在桥梁上设置的过桥管线

为确保桥梁安全，桥上不宜布置对桥梁结构安全有影响的管道，不得在桥上敷设污水管、煤气管和其他可燃、易爆、有毒或腐蚀性的液、气体管。

第六节　避 雷 设 施

桥梁地处空旷地域和水面上，雷电灾害主要有直击雷、雷电波侵入和感应过电压。悬索桥防雷应考虑索塔、主缆、加劲梁、桥墩以及监控和收费系统等，不仅应运用高大的索塔防雷技术，同时还应运用各类信息设备和网络系统的防雷技术，包括直击雷防护、电磁感应、雷电波侵入、雷电地电位反击等防雷技术。悬索桥防雷工程是一项系统工程，必须进行综合防护。

一、避雷设施类型

按照避雷技术的不同，避雷设施分为防直击雷及侧击雷装置、各种信息设备和网络系统的防雷设施等。

根据避雷对象的不同，避雷设施分为索塔防雷系统、加劲梁防雷系统、主缆防雷系统、大桥管理楼防直击雷系统及各类信息和网络设备防雷系统等。

二、避雷设施组成

防直击雷设施由接闪器、引下线和接地装置组成。信息系统的雷电综合防护综合采用了分流、接闪、屏蔽、均压、隔离、接地及合理布线等现代防雷技术，重点综合防护电磁感应、雷电波侵入和雷电地电位反击三个方面，将雷电能量抑制、转换到信息设备和网络系统所允许的安全范围内。

三、避雷设施设置

1. 防直击雷系统

（1）索塔防直击雷系统

索塔防直击雷须考虑对塔顶安装的诸如航空障碍灯、监控系统的外场摄像头等设施的直接雷防护，同时还须考虑对塔体自身的直击雷和侧击雷的防护。根据索塔的具体情况，进行年预计雷击次数的计算和雷击危险度的评估，确定索塔的防雷建（构）筑物类别。由于索塔通常都是百米以上的超高建（构）筑物，按二类防雷建（构）筑物进行设计比较适宜。塔身的防直击雷和侧击雷应在塔高 30m 以上每隔不大于 6m 沿塔四周设置水平环形均压带（环），并与塔体钢筋结构主筋连接。塔与桥面至少 4 处实施等电位连接。利用塔体钢筋（整体结构）作防雷引下线，塔基础为自然接地体。

（2）加劲梁防直击雷系统

加劲梁上诸如路灯杆、信息板、摄像头金属支架等金属物应与主体桥梁统一考虑，形成完整的防直击雷系统。各金属物就近与接地体相连，其接地体采用各桥墩自然接地，在路面采用护栏基础自然接地体，并根据具体位置分别布设两条以上接地干线，将所有自然接地体连接成统一整体。

（3）主缆、附属设施防直击雷系统

主缆及附属设施（景观照明设备、外场摄像头、气象风速风向支架等金属物）直击雷的防护应充分利用桥体上的各类金属物和金属杆作为接闪器接闪雷电。由于桥体上一般在两侧都分别设置与整个桥体接地系统相连接的专用接地干线，应利用该专用接地干线作为桥体防雷引下线。若采用钢加劲梁，则接地引下点采用高塔和主桥墩接地体，与加劲梁连接；若桥面采用预应力混凝土等形式，则应从每处联长的伸缩缝处做接地引下线，利用桥墩和桩基础内主钢筋作为接地极泄流体。全桥的接地电阻应不大于 1Ω。

（4）大桥管理楼防直击雷系统

大桥管理楼中通常设有交通监控系统、收费管理系统、紧急电话系统、气象保障系统、消防监控系统、通信系统、管理及办公自动化系统等。其直击雷防护必须按照《建筑物防雷设计规范》（GB 50057—2010）的要求进行设计。

2. 桥梁信息系统的雷电综合防护技术

桥梁信息系统的雷电综合防护综合采用了分流、接闪、屏蔽、均压、隔离、接地及合理布线等现代防雷技术，重点针对电磁感应、雷电波侵入和雷电地电位反击三个方面的综合防护，将雷电能量抑制、转换到信息设备和网络系统所允许的安全范围内。

（1）外场设备的雷电综合防护技术

外场设备主要是指各现场的信息采集设备，包括监控系统的摄像头、气象要素现场采集传感单元、报警系统以及其他需要现场采集的实时信息和处理单元。它们除应具备良好的防直击雷装置外，还必须考虑雷电感应过电压（流）及沿各传输线路侵入的雷电过电压波，通常除应有良好的等电位联结和接地系统外，还必须在相应的位置上安装符合相应性能参数要求的过电压保护器。

（2）信息传输线路的雷电综合防护技术

信息传输线路错综复杂，传输线路通常选用电缆、光缆、网络五类双绞线等，这些通信线缆应采用具有屏蔽性能或全程穿金属管道敷设，并充分做好屏蔽、接地，在信息传输线两端各加装相应的过电压保护器，保证线路上可能形成的过电压被限制到信息设备所允许的安全范围值以内。

（3）主机系统的雷电综合防护技术

① 根据大桥管理楼的笼式钢筋结构防雷系统的具体实际，计算防雷引下线的分流系数、主机房处的雷电磁强度及各主要设备处的雷电磁场强度。

② 进入大桥管理楼的各类线缆［如供电线路、信息传输线路、CATV（社区公共电视天线系统）线、电话线、各类金属管道等］必须在进入综合业务楼处实施等电位联结（含采用过电压保护器实施等电位联结）。

③ 楼内线缆应按照《综合布线系统工程设计规范》（GB 50311—2016）的要求实施综合布线。

④ 楼内的等电位连结和共用接地系统的设计必须按照《建筑物防雷设计规范》（GB 50057—2010）的相关要求严格执行。

悬索桥的防雷工程设计，必须根据其特殊性，按系统工程的观点进行综合防护。直击雷防护是将可能直接或侧击在索塔、加劲梁及主缆等部位上的雷电吸引到接闪器自身，通过引下线迅速地引流入地，从而有目的地将雷电引至预定的目标上，保护好所需保护的构件及设备和人身免遭直击雷袭击。雷击电磁脉冲的防护主要是采用等电位联结技术，如接地可通过两条或多条接地干线相连接，形成全桥统一接地；通过等电位联结，确保全桥不论在任何一处落雷均能达到环形均压泄流的效果，改善由于雷电反击产生的不同电位所造成的后果。雷电波侵入的防护可采用各类现代防雷技术，如屏蔽、均压、分流、接地、合理布线、安装相应的 SPD（电涌保护器）将各种干扰抑制到各信息设备和网络系统要求的允许安全范围值内。

第七节　通航标志及航空警示

一、通航标志

悬索桥跨越大江、大河或海域时，桥下一般都有等级不同的通航要求，应设置通航标志（航标）。航标的设置可有效地保证大桥桥墩免遭过往船只的撞击，有利于大桥的安全运行以及过往船舶的航行安全，具有显著的社会效益和经济效益。

1. 航标设计依据的规范

（1）《中国海区水上助航标志》（GB 4696—2016）。

（2）《中华人民共和国水上水下作业和活动通航安全管理规定》(2021 年交通运输部令第 24 号）。

（3）《中国海区水上助航标志形状显示规定》(GB 16161—2021)。

（4）《中华人民共和国海上交通安全法》。

（5）《浮标通用技术条件》(JT/T 760—2009)。

（6）《浮标锚链》(JT/T 100—2005)。

（7）《航标灯通用技术条件》(JT/T 761—2022)。

（8）《海轮航道通航标准》(JTS 180-3—2018)。

（9）《中国海区可航行水域桥梁助航标志》(GB 24418—2020)。

（10）《海港总体设计规范》(JTS 165—2013)。

（11）《港口与航道水文规范（2022 版）》(JTS 145—2015)。

（12）《港口工程荷载规范》(JTS 144—1—2010)。

（13）《内河助航标志》(GB 5863—2022)。

（14）港口工程相关技术规范。

2. 航标布设

1）布设原则

航标布设原则除按相关标准和规范等规定的原则外，还要根据河道或海域的实际航道条件和航行习惯来确定该桥区河段的航标布设原则。

（1）根据桥区航行条件，简单明了地指出既安全又便于各种船只航行的航道。航标配布应科学合理，充分利用可航水域，并充分考虑船舶的航行习惯。桥区范围内不应出现顺、逆行航线交叉。

（2）应考虑桥区航标及上下游航标的衔接，桥区标志与上下游标志的有效结合，以及浮标、桥涵标之间的有效结合，使每一座助航设施发挥最大作用。

（3）如果桥区附近有电缆区、锚地，桥区航标设置要考虑电缆区、锚地的实际情况。

（4）桥区航标配布要便于航标的维护管理和船舶安全航行。航道标志要便于维护，采用的航标产品技术成熟、质量可靠。桥涵标、界限标牌应目标显著，结构牢固。航标灯夜间灯光射程应符合有关要求。

2）航标配布的有关具体规定

根据《海轮航道通航标准》(JTS 180-3—2018) 第 10.0.6 条，桥区水上航标应根据通航水域的航道条件、代表船型及船舶流量等具体情况进行配布，桥梁迎船面应设置桥涵标。内河水域桥区水上助航标志和桥涵标的技术标准应按《内河助航标志》(GB 5863—2022) 执行；海域、海港及入海河口段桥区水上助航标志的技术标准应按《中国海区水上助航标志》(GB 4696—2016) 执行；桥涵标的设置可参照国际航标协会（IALA）《关于航行水道上固定桥梁标志的建议》执行。

（1）《关于航行水道上固定桥梁标志的建议》的有关要求

① 最佳通过点

为船舶指示在桥下通过的最佳位置，这个位置被称为“最佳通过点”。最佳通过点的考虑因素包括最大可利用的净空高度及水深。

② 目视标志

a. 在采用浮标制度 A 区域，右侧标为绿色，左侧标为红色。

b. 如果在桥梁整个跨径下的水道都是可航行的，则标志应该设在桥墩上，如果只在部分跨径下可以航行，则标志应设在横梁上或横梁下面，标示出可以航行的通道界限。采用浮标制度 A 区域，右侧采用一个尖端向上的实心绿色等边三角形标牌，左侧采用一个实心的红色正方形的标牌。

c.“最佳通过点”可以用一个圆形标牌（颜色为红白相间竖条）表示。

d. 如果桥下有多于一个的航行通道，应对每个通道都采用相同的系统。

e. 夜间标志，可根据“IALA 海上浮标制度”用红色或绿色的节奏航标灯标出可通行航道的界限。如果桥梁整个跨径下都是可航行的，则灯应安装在桥墩上，如果在部分跨径下可以航行，则灯应设在横梁下面或者设在水中的浮标或立标上，以标示出可航行通道的界限。

f.“最佳通过点”可采用在横梁下安装一个或几个显示安全水域标特征的白光灯来标示。

g. 也可以用强照明照在目标上来代替夜间的航标灯。

（2）《中国海区水上助航标志形状显示规定》（GB 16161—2021）的有关要求

航道走向是船舶在沿海、河口的航道航行时用以确定航道左右侧的依据，即浮标系统习惯走向。规定为：从海上驶近或进入港口、河口、港湾或其他水道的方向。船舶顺航道走向航行时，其左舷一侧为航道左侧，右舷一侧为航道右侧。

《中国海区水上助航标志形状显示规定》（GB 16161—2021）未对桥区航标提出具体的规定，参考《内河助航标志》（GB 5863—2022）C7 桥区航道航标配布规定，桥区航道的航标配布由桥涵标及标示通航桥孔航道的侧面标组成；双孔或多孔通航的桥梁，一般选择主流通过的桥孔供下行船舶通航，并在该桥孔面向上游一面设置桥涵标，选择流速较小的桥孔供上行船舶通航，并在该桥孔面向下游一面设置桥涵标；单孔通航的桥梁，在桥孔的上下游两面均设置桥涵标；航行条件复杂的桥区航道，应在通航桥孔迎船一面两侧桥柱上加设桥柱灯，桥区航道还应根据航道条件和航行需要在进入通航桥孔前的航道上配布侧面标。

3. 航标设计

1）浮标设计

（1）侧面浮标

功能：根据航道的走向，标示航道两侧的界限。

形状：两侧均为柱形浮标。左侧的柱形浮标装有单个红色罐形顶标一个，右侧的柱形浮标装有单个绿色锥形顶标一个。

颜色：左侧红色，右侧绿色。

灯质：左侧红色节奏闪光，右侧绿色节奏闪光。

（2）安全水域标志

功能：设在航道的中央或航道的中线上，标示其周围均为可航行水域。

形状：柱形浮标，浮标装有红色球形顶标一个。

颜色：红白相间竖条。

灯质：白色节奏闪光。

2）桥涵标设计

（1）桥涵标作用

功能：标示航道两侧界限及通航净空尺度。

形状：标牌，标牌面向来船方向。左侧标牌为红色正方形，右侧标牌为绿色三角形。

灯质：左侧红色节奏闪光，右侧绿色节奏闪光。

（2）桥涵标外形设计

航标视距与大气透明系数有关，根据国家标准，计算视距是在大气透明系数约为 0.74 条件下得到的，其能见度为 10n mile（1n mile≈1852m），其能见等级为 8 级，气象能见度就是在当时的大气条件下正常视力所能看到的最远距离，气象能见度分为 10 级，每级均有对应的大气透射系数和白昼视距。

桥涵标日间视距通常用公式计算，但因受背景颜色及环境等多因素影响，计算视距与实际观测的视距可能有出入。计算公式有苏联和英美两种，以标志的投影面积计算。英美计算公式如下，供选型参考。

$$D = \frac{\sqrt{A}}{0.58} \tag{10-7-1}$$

式中：D——标志视距；

A——标志投影面积。

标牌应做成透空状，以减小风对标牌的压力。

3）桥上侧面标设计

（1）桥上侧面标作用

功能：标示航道两侧界限及通航净空尺度。

形状：标牌，标牌面向来船方向。左侧标牌为红色正方形，右侧标牌为绿色三角形。

灯质：左侧红色节奏闪光，右侧绿色节奏闪光。

（2）桥上侧面标外形设计

桥上侧面标外形尺寸由式(10-7-1)计算。

例如取视距为 3.7km 代入计算，标志投影面积 4.6m^2，方形标牌边长 2.14m，取 2.2m，计算得投影视距为 3.79km。计算得正三角形边长 3.26m，高 2.82m，取边长 3.3m，高 2.8m，面积 4.62m^2，可满足桥区船舶航行要求。

标牌应做成透空状，以减小风对标牌的压力。

二、航空警示灯

根据《中华人民共和国民用航空法》《国际民用航空公约》附件 14、《民用机场飞行区技术标准》（MH 5001—2021）等的有关要求和规定，超高建筑物应设置障碍灯组，以显示障碍物的最顶点、最边缘和整体轮廓。本节以某桥的航空障碍灯设计方案为例，说明航空警示灯的设计。

1. 航空障碍灯设施

（1）索塔的顶部设 4 盏高光强 A 型障碍灯，4 盏高光强 A 型障碍灯应同时闪烁，24h 全天候进行闪光警示。其有效光强按背景光亮度自动调节，即白天、黄昏、夜晚三种工作状态，见表 10-7-1。

高光强障碍灯工作状态表 表 10-7-1

背景亮度	有效光强（cd）	背景亮度	有效光强（cd）
> 500cd/m^2	200000(1 ± 25%)	< 50cd/m^2	2000(1 ± 25%)
50～500cd/m^2	20000(1 ± 25%)		

（2）在索塔距承台以上 50～60m 处，分层等间距设置红色景观缓闪障碍灯，每层 4 盏，

在夜晚与顶层白色高光强频闪障碍灯配合使用，障碍灯同时闪烁，既可起到航空警示的作用，又有较好的景观效果。

（3）为增加大桥在节假日期间的整体景观效果，在索塔中上部等间距设置 6 层霹雳闪光灯（每 10m 一层），每层 4 盏，单塔共 24 盏。霹雳闪光可以按 60 次/min、50 次/min 及 40 次/min 同时闪光，以及 40 次/min 从下至上顺序循环闪烁等 10 种以上方式，能极好地营造节日气氛。

（4）所有障碍灯和配件均应可靠接地。

2. 障碍灯控制系统

（1）PLZ-3JLHKC/KQ 高光强 A 型障碍灯控制器每 4 盏用一台，可使每个索塔的高光强障碍灯按白天、黄昏、夜晚自动变光强并同时闪烁。

（2）PLZ-3JL/KQ/II缓闪障碍灯联闪控制器每塔用一台，可使每个索塔的缓闪障碍灯按当地经纬时间白天自动关闭，晚上自动开启并同时闪烁。

（3）PLZ-3JLH/KQ 霹雳闪光灯联闪控制器每塔用一台，以节假日和当地经纬时间编程，使航障灯按日期、时段、每层灯同时闪烁，六层灯顺序由下向上循环闪烁等，并可通过编程达到 10 种以上闪烁方式。

（4）各控制器由联网编程控制器统一管理。

（5）PLZ-3JL/II缓闪障碍灯及联控器由不间断电源（UPS）提供 220V 交流电源；PLZ-3JLH 及联控器和 PLZ-3JLHKC 及联控器可就地取电源。

第八节　索塔附属工程

一、索塔爬梯

塔内人行爬梯的作用是提供自桥面到塔底或塔顶的通道，便于大桥建成后进行正常的检查、养护和维修，同时也是电梯发生故障时的逃生通道。本节以海沧大桥为例，说明索塔内爬梯的设计。

根据建设单位的安排，两部电梯分别设置在西塔的南塔柱及东塔的北塔柱内，起点设在桥面处。西塔的北塔柱及东塔的南塔柱内从塔底起则设置人行爬梯。

为配合电梯和爬梯的使用，索塔在内侧预留了三个门洞作为电梯和爬梯的出入口。第一个门洞在下横梁内，尺寸为 160cm × 80cm；第二个门洞在桥面处，尺寸为 180cm × 80cm；第三个门洞在上横梁内，尺寸为 160cm × 80cm；门洞均开在塔柱内侧的竖向中心线上。此外，为方便维修、养护人员等出入，索塔横梁隔板、顶板上均设置了人洞，其尺寸除下横梁顶板人洞为 80cm × 80cm，余均为 160cm × 80cm。

1. 设计要点

人行爬梯采用钢结构，沿塔柱内壁竖向呈“之”字形布置。爬梯由平台、楼梯和栏杆组成（图 10-8-1）。每种平台均由预埋钢板、钢筋、肋板、栏杆焊接而成。具体构造为：在塔壁表面预埋厚度为 10mm 的钢板，用与其焊接的 ϕ16mm 钢筋锚固于塔柱混凝土内。在预埋钢板上首先焊接肋板，肋板是由厚度为 8mm 的钢板组成的框架，然后在肋板上盖以厚度为 6mm 的菱形花纹钢板，一端须焊在预埋钢板上，形成爬梯平台；用 4 块 63mm × 40mm × 4.8mm 槽钢作为连接件，将楼梯分别搭在上下两平台上，并焊接固定，楼梯是由两块 140mm × 58mm × 6mm

槽钢与厚度为 6mm 的菱形花纹钢板加工而成的踏板焊接组成的框架；最后在平台外侧和楼梯的两侧焊接由 ϕ25mm × 4mm 和 ϕ20mm × 4mm 无缝钢管制成的栏杆。

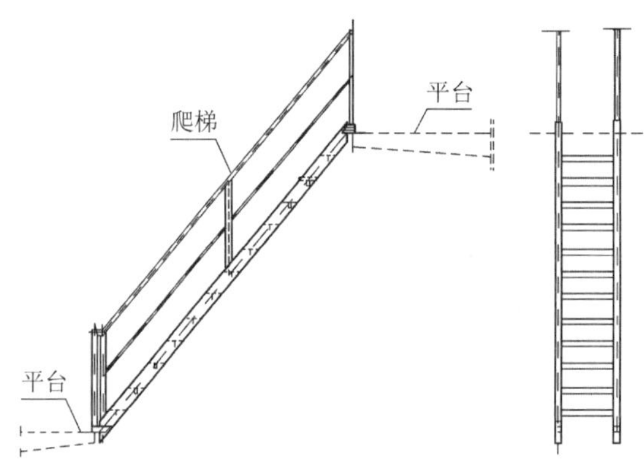

图 10-8-1　塔内爬梯示意图

2. 施工要点

各构件均附设在塔柱或横梁上，预埋件的高程位置应准确。

各预埋板在塔柱浇筑时埋入，应注意埋板表面与塔柱内壁（及梁壁）表面平齐。

预埋板与锚筋的焊接，要特别注意其上部焊缝质量（此处受拉），钢筋在弯折时不得有开裂现象。

各平台、楼梯、爬梯、栏杆、门的构件应在工厂切割加工，工地安装。要求几何尺寸准确，不得有歪扭现象，否则应当按图校正。

所有焊接可参考有关焊接标准中的工艺进行，须确保焊接质量，不得有虚焊、气孔、夹渣、裂纹等缺陷。

所有钢结构切割处，均应打磨处理，不得留有毛刺，以防伤人。

除预埋钢筋和不锈钢构件外，其余构件应涂两层防锈漆，安装后再涂一层面漆。

二、索塔电梯设计

索塔电梯设计时，主要需考虑索塔塔柱内腔的尺寸大小，以确定电梯轿厢的最大尺寸。一般地，应由设计单位根据索塔主体设计提出电梯需满足的结构尺寸要求。以下以某桥的电梯招标技术要求为例，说明该部分的设计。

1. 索塔内电梯功能及采购要求

为了方便塔内结构维护，在索塔中、上塔柱内腔设置电梯，主要用于将结构维修养护人员及小型机械从加劲梁顶面运送至上横梁，直至塔顶。

电梯使用要求参数如下。

载重量：300kg。

载人数：4 人。

平均运行速度：0.6m/s。

升举高度：99.075m，高程从 28.929m 到 128.004m。

参考轿箱尺寸：高 × 长 × 宽为 2170mm × 1040mm × 780mm。

开门方向：朝向索塔中心线方向。

由于塔内空腔空间尺寸有限，又同时设置爬梯，因此电梯所能占用的横桥向宽度最大尺寸限制为 1495mm。电梯投标厂家应根据结构实际情况设计制造塔内电梯。

为了确保电梯系统正常运行，塔内电梯采用的设备和器材应符合国家现行技术标准的规定，并应有合格证件，设备应有铭牌。电梯的设计、调试及安装应满足以下要求。

（1）《电梯制造与安装安全规范　第 1 部分：乘客电梯和载货电梯》（GB 7588.1—2020）。

（2）《电梯制造与安装安全规范　第 2 部分：电梯部件的设计原则、计算和检验》（GB 7588.2—2020）。

（3）《电梯安装验收规范》（GB/T 10060—2023）。

（4）《电梯技术条件》（GB/T 10058—2023）。

（5）《电梯试验方法》（GB/T 10059—2023）。

2. 电梯安装要求

电梯设计安装中必须考虑满足以下具体要求。

1）电源及照明设备的安装

（1）电梯电源应专用，电源电压的波动范围不应超过±7%。

（2）电梯机房内应有足够的照明，地面照度不应低于 200lx，并应在机房内入口处设置照明开关。

（3）轿厢顶应安装照明装置，或设置以安全电压供电的电源插座。轿顶检修用 220V 电源插座位置应有明显标志。

（4）井道照明电源宜由机房照明回路获得，并设置短路保护开关，照明灯具应固定在不影响电梯运行的井壁上。

（5）所有电气设备的外露可导电部分应接地或接零，电气设备保护线的连接应符合供电系统接地形式的设计要求，严禁电梯电气设备单独接地。

2）配线

（1）电梯电气装置的配线应使用定额电压不低于 500V 的铜芯绝缘导线。

（2）机房和井道内的配线应使用电线管或电线槽保护，严禁使用可燃性材料制成的电线管或电线槽。铁制电线槽沿机房地面敷设时，其壁厚不得小于 1.5mm。不易受机械损伤的分支线路可使用软管保护，但长度不应超过 2m。

（3）轿顶配线应走向合理，防护可靠，电线管、电线槽、电缆架等与可移动的轿厢、钢绳等的距离：机房内不应小于 50mm；井道内不应小于 20mm。

（4）电线管、电线槽应可靠接地或接零，但电线槽不得做保护线使用。

（5）电缆的敷设配线应绑扎整齐，并有清晰的接线编号，在电线槽弯曲部分的导线、电缆受力处应加设绝缘衬垫，垂直部分应可靠固定。敷设于电线管内的导线总面积不应超过电线管内截面面积的 40%，敷设于电线槽内的导线总截面积不应超过电线槽内截面面积的 60%。

3）电气设备安装

（1）配电柜、控制柜的安装应布局合理，垂直偏差不应大于 1.5‰。

（2）机械选层器的安装应位置合理，固定牢固，其垂直偏差不应大于 1‰。支架应用螺栓固定，不得焊接，传感器应紧固、垂直、平整，其偏差不宜大于 1mm。

4）安全保护装置

（1）电梯的各种安全保护开关必须可靠固定。

（2）轿厢自动门的安全触板安装后应灵活可靠，其动作的碰撞力不应大于5N。光电及其他形式的防护装置功能必须可靠。

5）调整试车

电梯安装完毕后应具备以下条件方可进行试车。

（1）机房温度应保持在5～40℃之间，25℃时的环境相对湿度不应大于85%。

（2）电气设备和机械的安装应具备调整试车条件。

（3）电气接线应正确，连接可靠，标志清晰。

（4）继电器、接触器动作应正确可靠，接点接触良好。

（5）电气设备导体间及导体与地间的绝缘电阻值应符合下列规定。

① 动力设备和安全装置电路不应小于0.5mΩ。

② 低电压控制回路不应小于0.25mΩ。

3. 质量检验标准

电梯设备制造安装按《电梯工程施工质量验收规范》（GB 50310—2002）的规定检查，并要求供应商提供质量保证承诺书及维修保养手册。

三、塔内照明

塔内照明设施是为塔内的人行楼梯、大桥维护人员使用的。

1. 塔内照明分类

塔内照明可按照明部位的不同分为塔柱楼梯间照明、索塔横梁内照明。

按照明方式不同，塔内照明可分为白炽灯（或节能灯）照明及应急疏散灯照明。白炽灯（或节能灯）用于正常状态下的照明，应急疏散灯用于断电情况下疏散人员所需的最低照度。

2. 线路敷设及灯具布置

为保证线路安全，照明线路通常分成两路敷设。

沿塔内楼梯等间距设置15W荧光应急标志灯，可附墙明装。楼梯间设有投光灯，附墙明装。电线穿线槽沿墙明装，电缆穿电缆桥架沿墙敷设。

索塔横梁照明采用明装在横梁内壁上的白炽灯（或节能灯），等间距布置。采用的各种双控开关、双联双控开关、双联开关均附墙明装。

3. 注意事项

索塔内所有明露的金属构件和电气配件的金属外壳均应接地；应急疏散灯应保证其蓄电池在应急状态下的工作时间不少于60min，确保疏散人员时有足够的照明时间。

四、排水系统

1. 索塔排水系统的功能

索塔排水系统主要用于将塔顶、横梁上的降雨积水集中排除。

2. 索塔排水系统的设计原则

（1）集中排放原则。塔顶或横梁上因大气降水会存有积水，若不集中排除，任其漫流，不仅影响塔柱及横梁外观，还会影响桥面行驶车辆及行人。因此，需在塔顶或横梁上设置集中排水的管道，将积水通过管道排到桥下。同时，在横梁顶应设置用于截水的挡水矮墙。管道的直径及根数可根据桥位处的暴雨气象资料及汇水面积计算确定。

（2）排水管不宜暴露在索塔外表而影响索塔美观。主排水管设置在索塔塔柱空腔内部，由上至下，将积水排至塔底索塔外，横梁处的排水横管与塔柱内的主排水管连接。

（3）排水管的设置，应做到可维修、可更换。

（4）索塔壁设置通气孔和下塔柱空腹底设一扇门，便于塔柱入排污物和水。

第九节　锚碇附属工程

锚碇附属工程主要包括锚碇检修楼梯、检查门、锚室内照明、抽湿设备的布设，以及基坑回填、锚体周围的护坡、排水边沟等。

一、检修通道

进出锚体各空间的通道主要由检修楼梯、平台、检查门等组成，主要供检修维护人员进出锚体通行使用。运营期间，检修人员和设备从桥面到达锚碇顶部，经悬于前锚室外侧的楼梯和检查门进入前锚室，然后经悬于前锚室外侧墙的楼梯到达前锚面平台，经楼梯可到达前锚室最底部，经锚块内通道可到达后锚室，以完成锚碇内部相关设施的检修和维护。

检修楼梯根据使用要求和实际情况可采用钢筋混凝土楼梯或钢楼梯，检修平台采用钢筋混凝土平台，楼梯护栏采用钢护栏。检修楼梯的锚固件需在浇筑锚碇混凝土时预埋。

二、照明系统

锚室内为封闭结构，必须设置照明系统，以便检修人员进入工作。锚室内照明系统采用混光型吸顶灯，等距均布，使用时可根据亮度需求选择灯的数量（图 10-9-1）。

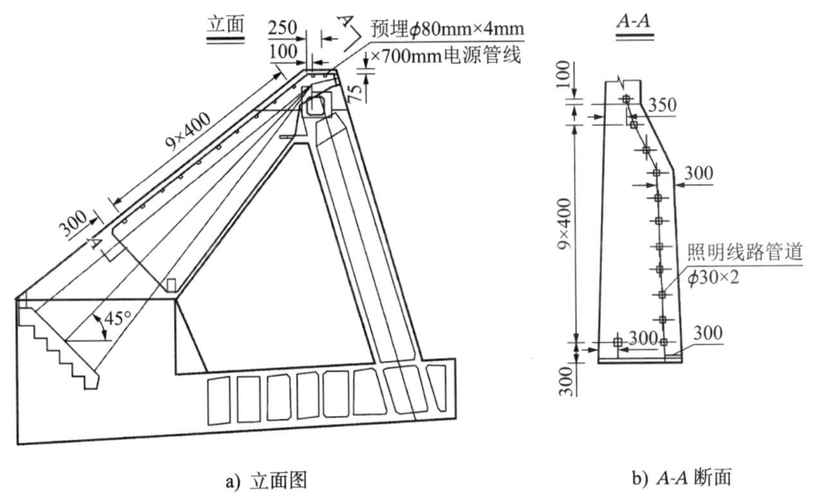

a) 立面图　　b) *A-A* 断面

图 10-9-1　锚碇照明系统示意图（尺寸单位：cm）

三、除湿系统

为保证锚碇内各钢构件的防腐效果，在各部件本身进行防腐涂装的基础上，尚需在锚室内设置除湿系统。

锚碇内的除湿系统采用的形式与加劲梁相同，见另节论述。

通常情况下，锚室内的相对湿度要求不大于50%，以确保锚室内钢构件的防腐效果。除湿机布置在前锚室，其型号及数量应根据锚室内的除湿体积进行计算后确定。

在锚室施工时应注意预埋固定除湿机的地脚螺栓，预留废水管及排气管位置。

锚碇除湿系统布置如图10-9-2所示。

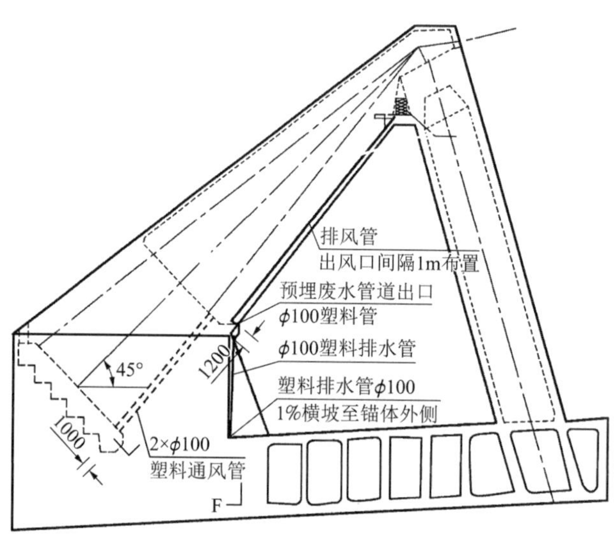

图10-9-2　锚碇除湿系统布置（尺寸单位：mm）

四、排水系统

锚碇排水主要应结合基坑回填进行设计。

基坑回填应根据锚碇的安全需要并结合开挖后的实际地形、接线路基设计以及业主对锚区的规划要求进行。回填土应分层夯实，压实度不小于90%。基础周围5m宽度范围内铺20cm厚碎石及3cm厚沥青表面处治，顶面应设2%向锚碇外倾斜的坡度，以利于排水。周围设排水沟，可采用浆砌片石砌筑，下设砂砾垫层，表面以砂浆抹面。

为防止前、后锚室渗水，在基坑回填之前，对锚体及前锚室入土部分混凝土外表面进行处理后设置自黏式防水卷材，如图10-9-3所示。

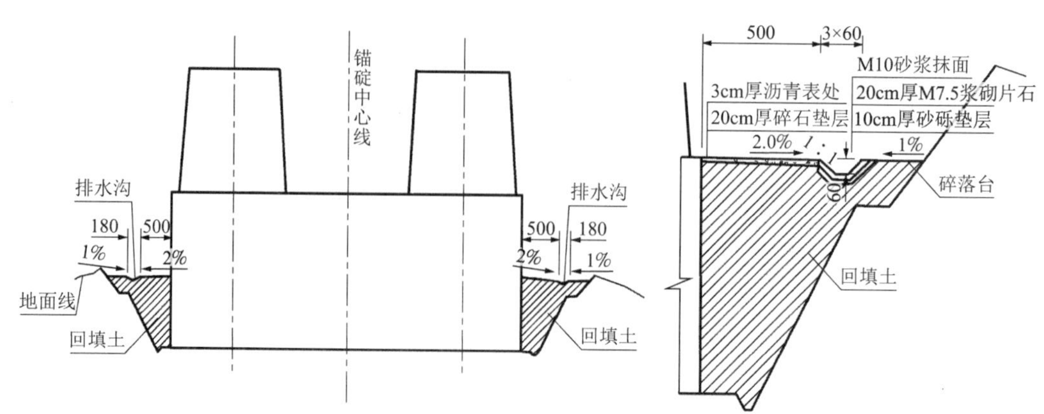

图10-9-3　锚碇基坑回填及排水示意图（尺寸单位：cm）

第十节　主缆附属工程

一、缆套

主缆缆套分为塔顶处缆套、锚碇处缆套。

主缆缆套是主缆出入索鞍鞍室或锚室前墙的过渡装置。其在对主缆提供防护的同时应具有良好的密闭性能，并在索鞍鞍室或锚室前墙之间允许少量的伸缩活动，使主缆钢丝保持一定长度不受缠丝约束。

缆套的构造形式为双层焊接锥形钢套，缆套沿纵向分为上下两部分，半套筒间设对拉螺栓（图 10-10-1）。用螺栓将两半缆套安装在索夹及主缆表面后，采用两端均设有橡胶防水层的连接套箍将缆套与预埋套筒紧密连接，并在缝隙处填充聚硫橡胶实现密闭。

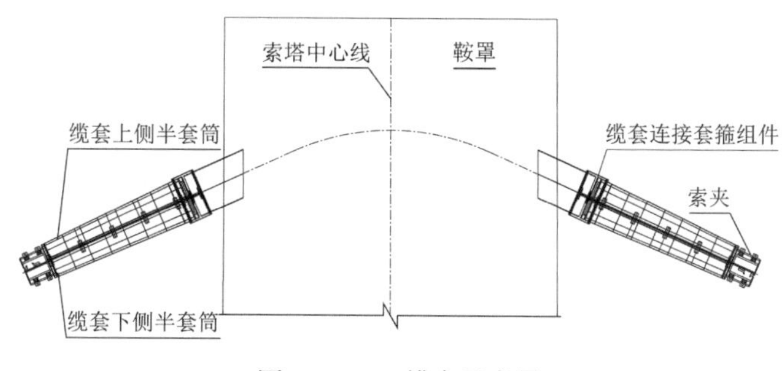

图 10-10-1　缆套示意图

二、主缆检修道

主缆检修道（图 10-10-2）位于主缆顶面，由布置在主缆两侧的立柱、钢芯钢丝绳制成的扶手绳及栏杆绳等组成。钢丝绳上端锚固于塔顶主索鞍支架上，支架通过鞍槽拉杆与主索鞍固定，钢丝绳下端锚固于锚碇的锚室前墙上；中间通过立柱支承在索夹上。

扶手绳和栏杆绳与主缆平行。

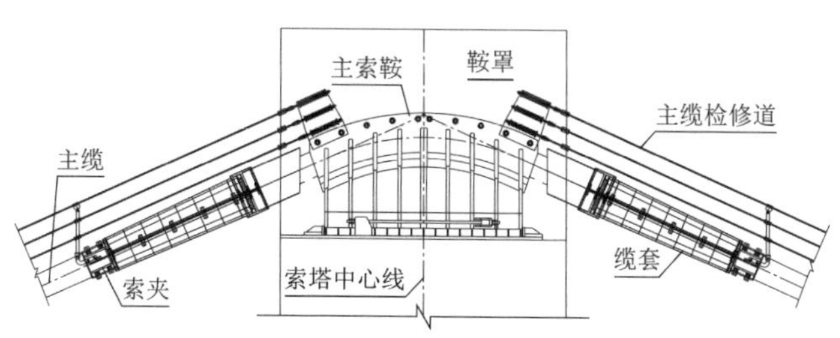

图 10-10-2　主缆检修道示意图

第十一节　供电及其他

悬索桥供电设计主要包括大桥桥面照明、景观照明、塔内照明、锚碇内照明、加劲梁内照明、桥涵标灯、航空障碍灯、加劲梁除湿系统、交通工程机电设施等部分的供配电。设计依据规范主要有：

（1）《20kV 及以下变电所设计规范》（GB 50053—2013）。

（2）《公路工程技术标准》（JTG B01—2014）。

（3）《低压配电设计规范》（GB 50054—2011）。

（4）《民用建筑电气设计标准》（GB 51348—2019）。

（5）《电力工程电缆设计标准》（GB 50217—2018）。

（6）《公路照明技术条件》（GB/T 24969—2010）。

（7）《城市道路照明设计标准》（CJJ 45—2015）。

一、供电系统设计

1. 供电方案

（1）负荷等级划分

沿线设施的通信、监控、收费设施和航标设施为一级用电负荷，消防和应急照明为二级用电负荷，其余设备为三级用电负荷。

（2）地方高压电网

应就近与地方电网的 10kV 高压电源连接，高压电源的进线方式应与电力部门协商。

（3）供电系统构成

沿线的箱式变压器和地埋式变压器的高压电源由高压系统供电，线路采用环网设计。

变电所和箱式变压器的高压系统由 SF6 环网开关设备组成，高压侧采用高压负荷开关和高压熔断器速断保护。变压器采用干式变压器，设单相接地和温度保护。收费站变电室由于变压器与高低压设备同室布置，变压器应带不低于 IP23 级防护的保护罩。低压系统进线断路器设短路、过载、过压、欠压及缺相保护和报警；配电回路断路器设电流速断、分励脱扣和过载保护。

地埋式变压器采用空载损耗低的非晶合金变压器，以节省能源。高压熔断器设速断保护，低压配电回路断路器设电流速断、分励脱扣和过载保护。

由于通信、监控、收费设备和航标航障设备为重要负荷，与之相关的地埋式变压器处仍需配置 UPS 作为第三电源。

（4）电能计量

在变电所的高压侧设高压计量单元，作为总计量。

（5）功率因数补偿

变电所和箱式变压器采用低压电容自动补偿方式，功率因数补偿值按 0.9 以上取值。路灯采用电子镇流器分散补偿，每基路灯功率因数经补偿后均应在 0.92 以上，高杆灯采用节能镇流器补偿，每基灯组功率因数经补偿后均应在 0.85 以上。

（6）用电量

应计入各处用电量，如加劲梁内用电量应含除湿机组安装功率，索塔内用电量含电梯安装功率以及景观照明用电量等。

（7）供配电系统采用综合自动化监控系统实施远程控制，对变电所和箱式变压器的高压进行开关自动控制和保护，采集电流电压和 PT（电压互感器）数据，检测变压器温度，采集低压系统电流电压数据和开关量，采集发电机组电流电压、油压、水温数据和开关量；对索塔内低压系统采集低压系统电流电压数据和检测开关量。

2. 配电方式和线路敷设

（1）通信监控机房、消防水泵、收费岛棚和应急照明采用两路供电在末端配电箱自动切换配电方式。航标灯、航空障碍灯、索塔内照明、锚碇内照明、电梯和加劲梁内应急照明均应采用两路电源自动切换配电方式。

（2）三级负荷均按单回数配电。

（3）电力电缆的敷设，可根据具体位置决定。如互通区内高杆灯可采用电力电缆直埋敷设，路灯电缆可沿路基两侧直埋敷设。引桥段路灯电缆可在桥上中央分隔带下电力电缆桥架内敷设，主桥路灯电缆可在桥上分隔带内采用保护钢管敷设，或在加劲梁内敷设。

二、其他

与大桥供电相关的还有监控系统、通信系统、收费系统等，其设计内容专属于各个部分，如交通工程设计、桥梁健康监测设计等；具体设计一般需委托专题研究或单独设计来完成，此处不再赘述。

第十一章

结构防护与耐久性

第一节　结构防护设计的必要性

桥梁使用性能退化、结构耐久性降低、服务寿命缩短等问题，将严重影响其正常服务功能的发挥，并且给养护、维修等后期运营管理工作带来难以承受的巨大经济负担和社会负面影响，也使桥梁的建设管理面临着极大风险。人们在反省以往在桥梁建设和管理方面存在问题的同时，也深刻认识到桥梁结构防护设计的重要性。桥梁结构寿命期内存在的具体问题主要表现如下。

（1）混凝土结构：悬索桥中混凝土结构材料主要为普通钢筋混凝土，有局部构件为预应力混凝土。传统观念认为，普通钢筋混凝土结构具有相对较好的耐久性，且易于养护，但随着时间的推移和经验教训的积累，人们发现钢筋混凝土结构也会存在比较突出的耐久性问题；另外，自 20 世纪 70 年代以来，国内外一些桥梁预应力混凝土结构也出现腐蚀损伤的情况，有的还相当严重，影响了桥梁结构的正常使用，甚至危及桥梁结构的安全。近年来，国内外关于桥梁混凝土结构病害和破坏事故的报道屡见不鲜，其事例甚至超过桥梁钢结构。钢筋及预应力混凝土的腐蚀对悬索桥混凝土结构的破坏和影响最为突出，特别是跨海悬索桥梁。我国基础设施的腐蚀破坏也以沿海地区较为明显。

（2）缆索结构：悬索桥采用缆索承重体系，其主缆、吊索等主要承重构件一般直接暴露在大气中，且处于高应力状态；加之当前通常采用的缆索防护体系不易检查，造成这些构件对锈蚀等外界侵害比较敏感，而缆索承重体系防护的好坏直接关系到桥梁的使用寿命和性能。至 20 世纪末，第二次世界大战以来修建的大跨径悬索桥，已发现在使用十年左右时，缆索出现锈蚀或因为耐久性不足而更换防护结构，造成经济损失巨大。美国在 1903 年建成的威廉斯堡大桥就是一个典型的例证。由于当时技术和造价原因，该桥没有对钢丝进行镀锌处理，而代之以亚麻油和石墨来涂覆钢丝，建成后仅 7 年就发现钢丝锈蚀断裂。1922 年将缆索补缠镀锌钢丝。但是到了 1934 年，发现主缆内有水从锚碇处流出。10 年后，从塔顶向缆索内注入 400 加仑的亚麻油，1968 年又注入鱼油和矿物酒精。但是这些措施都没有能够阻止锈蚀的发展。1992 年，被迫进行为期 3 年的主缆维护工作，耗资 7300 万美元。

（3）钢结构：悬索桥中包含大量的钢结构构件，主要有钢加劲梁、钢桥面系、钢索塔、索鞍、索夹以及其他钢制桥梁附属设施，如支座、伸缩缝、检查车以及各处的爬梯、通道、平台等。

决定悬索桥钢结构耐久性的物理因素为疲劳和腐蚀；在大多数情况下，钢结构的腐蚀是影响其耐久性、引起结构功能退化的主要原因。所以，防腐设计是确保桥梁钢结构耐久性的关键。

一、结构防护的基本理念

目前，桥梁设计存在某些认识上的误区，反映在结构防护设计的基本理念上，主要表现为：只重视结构在建设期的安全和强度，而忽视结构耐久性、可养护性和可换性；关于造价估算和经济性比较，仅考虑建设期的建筑安装费用，而未能考虑建设工期、运营阶段维修养护、构件更换等方面的费用差异；关于建、养分离，只考虑短期投资效益，而未考虑长期的社会经济效益。传统的设计理念和建管体制是目前桥梁出现耐久性问题的关键。

随着科学技术的发展，桥梁跨径、技术难度越来越大，对施工、控制、管理养护等要求越来越高，施工、运营中的各个环节必须在设计阶段统筹考虑，才能达到桥梁在设计寿命周期内的总成本最优化、社会经济效益最大化的目的。桥梁工程全寿命设计理论与方法也就应运而生。毫无疑问，桥梁工程全寿命设计理论也应是悬索桥结构防护设计的基本理论和出发点。

美国从 20 世纪 60 年代着手进行了桥梁全寿命设计的研究，20 世纪 90 年代形成了一些阶段性成果，并编入桥梁设计的有关规范和设计手册中。根据我国目前桥梁的建设状况，其耐久性问题不是单单靠建设后的养护管理所能解决的，影响耐久性的原因往往是设计的先天不足，因此必须研究全新的桥梁全寿命设计方法，革新传统设计理念，才能从根本上改变目前桥梁耐久性差的状况。

改革开放以来，国家对基础设施建设的投资体制进行了一系列改革，打破了传统计划经济体制下高度集中的投资管理模式，初步形成了投资主体多元化、资金来源多渠道、投资方式多样化、项目建设市场化的新格局。2004 年国务院提出了关于投资体制改革的决定，进一步明确了企业的投资主体地位，决策、投资、建设、管理、风险等均由企业承担，因此要求项目在前期的设计研究阶段，进行工程风险与保险的研究，进行工程全寿命成本计算，进行结构耐久性与施工、养护等全过程的设计研究。因此，在桥梁结构防护设计方面全面采用全寿命设计理论与方法也是执行国务院关于投资体制改革决定的需要。

二、结构防护的设计原则和步骤

1. 结构防护的设计原则

基于桥梁工程全寿命设计理论的悬索桥结构防护设计，应以下述原则为设计的出发点。

（1）结构防护的设计应以悬索桥结构的全寿命设计为基础，并与对应的结构相配套。

（2）结构防护的设计应使被防护的桥梁构件具有可检性、可修性或可换性，并提出相应的方法及措施；从这个意义上讲，结构防护的设计包括了防护设施的设计，并在结构构造的设计中，为结构防护的实施提供操作空间和可达性通道。

（3）结构防护的设计应经过多方案的比较，并采用构件的全寿命成本计算（WLC）方法或寿命周期费用（LCC）最小的设计方法，为结构提供有效、可靠、经济的防护。

2. 结构防护的设计步骤

悬索桥结构防护的设计应在桥梁总体设计时就有一个整体的考虑和构思，并与悬索桥结构的设计同步进行。一般情况下，悬索桥结构防护的设计有以下几个主要步骤。

1）确定桥梁及其各结构的设计使用寿命

设计者应该根据用户要求及有关法规标准，确定工程设计对象的设计使用寿命，并在设计中采取相应措施满足耐久性要求。一个结构物的设计寿命是针对其主体结构的寿命而言的，并不表示各种部件都能达到这一要求。即使是结构的主要受力构件，有时也不能都达到所要求的结构寿命，而需要在使用过程中加以更换，如悬索桥的吊索寿命可能只有 30 年，而悬索桥的设计寿命一般为 100 年。

（1）欧洲规范规定桥梁等各种桥梁结构物的设计工作寿命均为 100 年。英国对桥梁设计寿命的要求一般为 120 年。悬索桥在不同环境条件下的设计寿命需要通过研究确定。我国如润扬大桥、西堠门大桥、阳逻大桥、坝陵河大桥、黄埔大桥等大跨径悬索桥，设计基准期为 100 年。

设计寿命应该是具有一定保证率的年限。按照可靠度设计方法，结构破坏或承载能力极限状态的失效概率在 10^{-4} 的量级，正常使用极限状态的失效概率在 10^{-2} 的量级。因此，耐久性失效导致结构破坏或不能正常使用的概率，从理论上说，也应该与上述两种极限的失效概率相同。

（2）桥梁工程建成后，一劳永逸的想法是不切实际的。设计者应对桥梁结构各部件在使用寿命上进行分类，在桥梁的整个设计寿命期限内，所有构件均应定期检查，有些部件需要更换，有些需要定期维护，有些则为全寿命使用。所以设计者需提出各个部件的使用寿命，对可更换的部件，提出替换的期限和方法。

我国桥梁设计规范尚未对悬索桥各个构件的使用寿命作出规定，设计者应依据各构件在桥梁结构中的重要程度、可维护性、可更换性以及现有桥梁的实际经验确定结构部件的设计寿命。最近修订的建筑结构设计统一标准提出，将建筑结构的设计工作寿命按功能和可换性分为 4 类，即临时性结构（1～5 年），易于替换的结构构件（25 年），普通房屋和构筑物（50 年），纪念性或特殊重要建筑物（100 年及以上）。该分类标准在悬索桥结构防护的设计时可引为参考。

具体到悬索桥各构件的使用寿命，在目前的认识水平和经验条件下，可作如下分类：

① 作为构件的整体，主缆（含索股及锚固系统、索鞍、散索套）、索塔及基础、锚碇及基础、加劲梁四大构件为全寿命构件，或称为 I 类构件。

② 吊索及其附件、各类索夹、加劲梁中不参与结构体系受力的构件、伸缩缝、桥梁支座等，这类构件虽属承重构件，但可更换，其更换的可行性在悬索桥总体设计时应有充分的考虑；尽管如此，更换这些构件须较长时间地限制交通，经济损失较大，社会影响恶劣。这类构件称为II类构件，设计使用寿命应不少于 30 年。

③ 主缆检修道、主缆缆套、钢制主索鞍鞍罩、抗风措施构造（中央稳定板、抗风翼板、导流板等）、加劲梁内外的检查车以及各处的爬梯、通道、平台等，这类构件不属于结构承重构件，易于更换，其中有些构件本身就是为了结构防护而设置的，可称为III类构件，设计使用寿命应为 20～30 年，但其中主缆上端缆套、主索鞍鞍罩等由于安装位置过高，结构重量稍大，更换时对桥面交通有一定威胁，故其设计使用寿命可按II类构件确定。

④ 为缓解偶然作用而设置的结构、构件，如防船撞设施、抗震措施构件（限位支座、阻尼器等）、桥面防撞护栏等，它们的设计使用寿命应分别按其对应的偶然作用发生的概率水平，并经风险评估论证后确定。

⑤ 桥面铺装层的使用寿命取决于铺装材料和工艺，在目前的技术条件下，桥面铺装层的设计使用寿命一般为 15 年。

应该强调指出的是，根据可靠度设计理论，设计采用的结构使用寿命，并非意味着结构使用达到年限时即失效，更不意味着在正常养护的条件下，结构百分之百地能达到其设定的使用年限。从这一点出发，合理的结构防护设计以及结构早期病害的发现和维修是绝对必要的。

2）拟订设计方案和比较设计方法

根据结构的设计使用寿命，对悬索桥的各个结构拟订多个防护设计的方案及方案组合；采用全寿命成本计算（WLC）方法或寿命周期费用（LCC）最小的设计方法进行比较。这一比较应分两个层面进行：首先是各结构本身层面上的比较，最终的比较应在全桥的层面上进行。因为各结构本身最优的结构防护设计方案在全桥层面上综合比较不一定是最有效、最可靠或最经济的。

3. 一般结构常用的防护方法

1）混凝土结构

国内外相关科研和长期工程实践调研显示，当前提高钢筋混凝土结构耐久性的主要技术措施如下。

（1）提高混凝土保护层厚度，它是提高钢筋混凝土使用寿命最为直接、简单而且经济有效的方法，但是保护层厚度并不能不受限制地任意增加。当保护层厚度过厚时，混凝土材料本身的脆性和收缩就会导致混凝土保护层出现裂缝，反而削弱其对钢筋的保护作用。

（2）采用高性能混凝土（HPC），这种新型混凝土是在 20 世纪 80 年代末 90 年代初才出现的。自从波特兰水泥出现后，水泥基材经历了漫长的发展过程。经过无数次改革、创造与发明，其科技内容已十分丰富。高性能混凝土是一种新型高技术混凝土，是在大幅度提高普通混凝土性能的基础上，采用现代混凝土技术制作的混凝土，以耐久性作为其设计的主要指针。

自 1990 年 5 月在美国国家标准与技术研究所和混凝土协会主办的第一届 HPC 会议后，HPC 的含义可概括为：

① HPC 是符合特殊性能组合和匀质性要求的混凝土，采用传统的原材料和一般的拌和、浇筑与养护方法。

② HPC 是一种在大幅度提高普通混凝土性能的基础上，采用现代混凝土技术制作的混凝土，以耐久性作为其设计的主要指标，针对不同用途要求，对下列性能须予以保证，即耐久性、施工性、适用性、强度、体积稳定性和经济性。

③ HPC 是一种以耐久性和可持续发展为基本要求并适合工业化生产施工的混凝土。

高性能混凝土具有高耐久性，特别具有高的抗 Cl^-渗透性，同时还具有高强度和较好的尺寸稳定性。高性能混凝土的力学性能和耐久性能远优于传统混凝土，其主要原因在于使用了低水胶比、高效减水剂和高性能掺和材料，使得混凝土基相密实度相对提高，水泥颗粒的解聚和粒径范围扩大获得良好的微观结构。此外，通过其他一些改善措施（如透水模板布等），也可以有效避免高性能混凝土的早期裂缝、砂眼等表面缺陷，同时控制混凝土保护层水胶比，以达到提高高性能混凝土整体耐久性的效果。正是因为高性能混凝土材料具有优良的环境适应性、较长的使用寿命和较好的经济性等优势，所以高性能混凝土是当今桥梁及结构提高耐久性的最佳选择。

（3）完好的混凝土涂层或封闭层具有阻绝腐蚀性介质与混凝土接触的特点，从而延长混凝土和钢筋混凝土的寿命。钢筋混凝土构件封闭层、涂层作为一种混凝土结构防腐蚀技术，应用范围广、效果明显、经济性好；其种类繁多，目前较为成熟的技术和产品可分为以下几类。

① 用于混凝土表面的涂覆层，是种类最多、最普遍的防护涂层，大致可以分为：沥青、煤焦油类，油漆类，防水涂料，树脂类涂料等。

② 渗透型涂层一般分为有机类和无机类两种。

有机类渗透型涂层的典型代表是有机硅烷浸渍型涂层，具有较强的渗透性和憎水性，并能与混凝土组分起作用，可填塞空隙和在孔壁中形成憎水膜；具有较好的防腐蚀能力，但易老化，有效期一般为 15 年。

无机类渗透型涂层的典型代表是水泥基结晶渗透型涂层，具有较强的渗透性，其活性成分能与混凝土组分起作用，可填塞空隙，并与表层混凝土形成防腐蚀整体；具有较好的防腐蚀能力，且不老化。此外，还有水剂无机渗透材料，其特点为施工简便。

③ 纤维增强树脂（玻璃钢）隔离层，是在混凝土表面涂一层树脂，再粘铺一层玻璃布和无纺布，在布面上涂刷树脂再铺布。常用于桩的外保护，通常施工质量良好的此类隔离层，具有良好的防护作用。但由于此类隔离层为刚性层布置，在两端易出现渗漏，且易老化，价格较为昂贵。

聚氨酯强化隔离层，是使用聚氨酯为主要外保护材料，内部用高强织物增强，内部使用触变胶进行密封，常用于桩、墩柱等构件的外保护，柔性隔离，抗老化性能好，但价格昂贵。

（4）改善钢筋材质与钢筋涂层。

① 钢筋涂层主要有环氧涂层钢筋、镀锌钢筋。其中，应用较多的是环氧涂层钢筋。20 世纪 70 年代初在美国开始研究环氧涂层钢筋，目前在美国应用较多。20 世纪 90 年代以来在欧洲、日本、中东等地区和国家也有一定的研究和应用。环氧涂层钢筋具有良好的耐碱性、耐化学腐蚀性，对包括 Cl^-侵蚀在内的化学腐蚀具有良好的抵抗性，但环氧涂层钢筋也有其固有的缺点：

a. 环氧涂层钢筋造价较普通钢筋高很多。

b. 环氧树脂钢筋与混凝土之间的握裹力较普通钢筋降低 35%左右，使钢筋混凝土结构的整体力学性能有所降低。

c. 由于环氧涂层钢筋的保护机理建立在完全隔离钢筋与腐蚀介质（如 Cl^-）的基础上，保证膜层的完整性成为环氧涂层钢筋有效性的关键。完好的环氧涂层确实可以防止钢筋的锈蚀，但是工程实践发现，如果施工质量要求不严导致环氧涂层破损（80%左右的损伤发生在混凝土绑扎、浇筑、振捣过程中），钢筋的点蚀将更为严重，反而会导致钢筋混凝土结构整体耐久性下降。有资料表明，若膜层损伤率大于钢筋表面积的 5%，就等同于未涂环氧涂层。

d. 环氧涂层钢筋的有效性虽然在总体上得到了初步证明，但是美国也有使用环氧涂层的桥梁出现过早腐蚀破坏的案例，其原因除与施工质量有关外，还与涂层缺陷、膜层损伤以及长期处于潮湿状态的使用环境有关（在潮湿的环境条件下，环氧涂层与内部钢筋之间的黏结力容易丧失）。1988 年有调查报告指出，在美国佛罗里达州的亚热带气候、海水浓度较高的佛罗里达群岛地区的两座跨海大桥长礁大桥和七英里大桥，其中，唯一浪溅区的下部结构（仅使用 4～6 年）就因环氧涂层钢筋异常严重腐蚀而发生破坏。加拿大公路战略研究计划（C-SHRP）对加拿大和美国 19 座混凝土结构进行调查和大量试验，也表明按北美标准实践的环氧涂层钢筋是有缺陷的，并不能在含 Cl^-环境下给钢筋提供长期保护；在 19 座混凝土结构中，有 5 座在 8 年间就发生了因钢筋腐蚀引起的破坏。

e. 环氧涂层为有机类产品，其在混凝土中的长期性能保持还有待证明。美国联邦公路管理局的报告中，对使用15～20年的桥梁的取样检查表明，其中81%的环氧涂层钢筋没有发生腐蚀，这在一定程度上证明了环氧涂层钢筋的有效性。但是，对于使用寿命在100年以上，混凝土性能优越的大型海洋工程，腐蚀介质进入混凝土并达到钢筋表面的年限通常超过80年，甚至100年，在这之前钢筋的保护是由混凝土保护层承担，环氧涂层并不增强钢筋混凝土结构的保护性能；在这一年限以后，混凝土保护层的保护效果下降，可能需要环氧涂层发挥效果，但是基于有机材料固有的老化特点，环氧涂层钢筋可能无法起到必要的保护作用。

镀锌钢筋迄今在国内外也有使用，但使用效果并不稳定，其原因是镀锌层本身的稳定性不及环氧树脂。中国土木工程学会标准《混凝土结构耐久性设计与施工指南》（CCES 01—2004）中指出，在高浓度的氯盐环境下，其防护效果不佳，热浸锌方法更适用于混凝土中辅助金属件的防护。与环氧涂层钢筋类似，在长使用寿命的海洋混凝土结构中，其后期的保护性能可能由于镀锌层的氧化、腐蚀等而失效。

对悬索桥工程而言，其使用寿命超过100年，在前期的50～80年，混凝土保护层是主要的防腐蚀屏障，环氧涂层钢筋和镀锌钢筋在后期才有可能发挥其保护性能，但是环氧涂层钢筋和镀锌钢筋的长期有效性和稳定性仍有待证明。

② 不锈钢钢筋正在国外得到发展和应用，其保护性能和长期有效性是比较可靠的。但是不锈钢钢筋的价格为普通钢筋的6～10倍，混凝土结构的整体成本将大幅度上升。耐蚀钢筋在日本等国家有工程使用，它的耐腐蚀性介于钢筋与不锈钢钢筋之间，目前的使用尚不广泛，但仍是发展途径之一。

（5）混凝土中掺加钢筋腐蚀抑制剂——阻锈剂。

金属的腐蚀通常是电化学腐蚀，其阳极和阴极反应都是发生在金属/电解质（微观范畴）上的电化学反应。能控制其中任何一种界面反应，就能阻止腐蚀。如果其他化学物能优先参与并阻止这两种或者其中任何一种界面反应（并不需要在电解质中保持高浓度），则用这种化学物质就可以有效阻止金属腐蚀，这就是腐蚀抑制剂。腐蚀抑制剂在石油化工等工业领域已广泛应用，但用于混凝土中却仅有20～30年的历史。

腐蚀抑制剂的使用，提高了Cl^-产生腐蚀的临界值，稳定了钢筋表面的氧化物保护膜，从而延长了混凝土和钢筋混凝土的寿命，但只有钢筋表面附近的腐蚀抑制剂含量达到一定剂量时，才能起到抑制腐蚀的效果。而且实践证明，它并不能变劣质的混凝土保护层为优质的，却反而是混凝土越密实，阻锈剂保持阻锈效果的时间越长。

另外，我国行业标准《钢筋阻锈剂应用技术规程》（YB/T 9231—2009）和国外的相关规范中，都强调钢筋阻锈剂的防腐蚀有效性以及对混凝土性能的无害性，但是阻锈剂自身的耐久性（长期有效性）也同样重要。

（6）混凝土结构使用阴极保护（防护）系统。

阴极保护是向被保护金属表面通入足够的阴极电流，使其阴极极化，以减小或防止金属腐蚀的一种电化学防腐蚀保护技术。阴极保护可以通过牺牲阳极和外加电流两种方式实施。牺牲阳极方式是采用电化学上比钢更活泼，即电位更负的金属作为阳极，与被保护的钢筋相连，以本身的腐蚀（牺牲），对被保护的钢筋实施阴极保护。外加电流方式是通过引入一个外加直流电源（电子源）到内置钢筋表面，提供一种控制电化学腐蚀过程的方法。在正常操作条件下，其具有双重作用：一是阴极保护过程，促进形成羟基离子，使钢筋周围的混凝土重新碱化；二是通过使钢筋充负电荷，从而排斥Cl^-。

阴极防护技术常应用在水下或地下钢结构防腐（如地下管线或码头钢板桩结构），已经是成熟且广泛应用的工程技术。但是钢筋混凝土结构相比水下或地下钢结构而言不易进行阴极防腐，主要原因是，混凝土的高电阻使保护电流不容易均匀地分布在混凝土及钢筋上以达到防护的目的。但是经过多年的不断研究，目前阴极防护技术实际应用在钢筋混凝土结构上已经有35年以上的历史，美国联邦公路管理局（FHWA）推荐为“唯一能有效抵制混凝土中钢筋受 Cl^- 侵害的防护措施”。在北美地区目前已经约有500座桥梁运用了阴极防护（对新建结构而言）和阴极保护（对旧结构而言）技术，全世界也有近1000万 m^2 的实例，如Lieutenant大桥、Smart Highway大桥、悉尼歌剧院、珍珠港海军基地码头、东京湾Ohi码头、布里斯班港4号和5号泊位、意大利Autostrada Torino至Frejus主干高速公路的桥梁等。在我国杭州湾跨海大桥南、北航道桥索塔的建设中，也安装有外加电流阴极防护系统。

但是，阴极保护（防护）技术的制造、安装和维护费用相对较高。

国内外大量的工程实践表明，强化混凝土自身对结构整体的保护作用，采用高质量混凝土和适当的保护层厚度是混凝土结构耐久性的第一道防线，也是最为基本的措施，它不仅具有较强的抵御 Cl^- 侵蚀的能力，也是抵抗冻融循环破坏作用最重要的措施。

2）钢结构

由于具有优良的力学性能和较低廉的价格，钢材是最常用的结构材料之一。但是，钢材在大气环境中易发生腐蚀而引起结构性能的退化，因此，为了提高钢材在工程结构中的耐久性，多年来人们进行了大量的研究工作，并取得了有效的成果。悬索桥钢结构的防护方法和主要技术措施如下。

（1）油漆涂装是对钢结构进行防护的最传统的方法，虽不尽如人意，但防护的效果是明显的。随着科学技术的进步和施工工艺的提高，涂装防护仍然是钢结构普遍采用的有效防护方法之一。

重防护涂装的方法是传统涂装方法逐步发展、完善的结果。它是复合涂层的防护体系，即先在构件表面涂覆无机富锌底涂层，随后对中间涂层做封孔处理，最后进行有机表面涂层的涂装，以此构成复合的防护体系。实践证明，采用含金属锌的无机涂层与有机涂层共同构成复合体系，可获得十几年甚至几十年的防护寿命。

在复合涂层的防护体系中，富锌类底涂层涂于钢铁表面，能使钢表面电位保持在 −770mV 以下而不发生腐蚀。另外，锌本身受到腐蚀后生成的腐蚀产物（氧化锌、碳酸锌等）沉积在余下的富锌涂层及钢铁表面，也可起到一定的保护作用。因此，采用富锌类底涂层的目的主要是利用它对钢铁基体的电化学保护作用以及隔离介质的屏障作用实行保护。复合涂层防护体系的另一重要特点是采用高耐候性、高耐蚀性以及抗介质渗透性好的涂料作为面涂层。我国已建的多座大桥，如海沧大桥、苏通大桥等基本上采用了复合涂层的重防护体系。

虽然采用防护体系相同，但是在涂装设计中所选用的工艺、材料类型以及技术指标，各个桥梁是不尽一致的。以富锌类涂料而言，就有有机类（如环氧聚氨酯、乙烯树脂、环氧树脂、氯化橡胶等做成膜物的富锌涂料）和无机类（如硅酸钾、硅酸钠、磷酸盐等组成的富锌涂料）之分，由于它们的成膜物中锌粉含量、形状、粒径、分布、纯度不同等原因，其电化学保护效果有很大差异。表11-1-1示出了无机与有机富锌涂料性能的对比，供设计者参考。

无机与有机富锌涂料性能对比　　表 11-1-1

类型	优点	缺点
无机类	（1）锌粉与金属间的接触牢固，防蚀性能优异，导电性好，阴极保护作用持续时间长； （2）不会因锌腐蚀后产生的碱性造成涂膜老化，涂膜不易起泡； （3）耐热性好； （4）耐溶剂性好； （5）耐候性好	（1）表面处理要求严格，处理不当会造成附着性能差； （2）涂得过厚易发生龟裂和鼓泡； （3）易吸入面漆而产生气泡，但进行适当封闭处理可避免，配套涂层施工时最好采用喷涂施工
有机类	（1）涂料调配灵活，可得到良好涂膜物理机械性能和施工性能及其他特殊性能的涂料； （2）涂料的施工性好，涂膜韧性好，附着力强，不易开裂； （3）施工和固化时，对表面处理和环境条件要求不苛刻（但环氧类低温固化很慢）	（1）阴极保护的持续时间较短； （2）有时会产生鼓泡现象； （3）耐候性不如无机类； （4）耐溶剂性差

（2）在钢结构表面采用热喷涂技术喷涂金属锌、铝或它们的合金，随后进行封孔处理并涂覆高性能的氟碳树脂类面涂层，所构成的高效能防护体系，可获得长达 25 年以上的长寿命防护效果。

这一类防护体系是同时利用锌、铝或锌铝合金在自然环境中具有的优良耐蚀性以及它们对钢铁基体具有的电化学保护作用，对钢结构实行高效、长期的保护。国外早在 20 世纪 30 年代便成功地在数座大桥上采用了该防护体系，并获得了极佳效果，投入使用 40～50 年后检查时发现防护层仍然有效。

长期的试验结果表明：喷锌、喷铝涂层和锌、铝本身一样，在大气环境中具有十分优秀的耐蚀性，可对钢结构提供很好的保护作用。同时，试验结果还证明：当锌、铝或它们的合金被涂覆于钢铁表面时，可以对钢铁提供一种牺牲阳极保护。这一性能很重要，因为大型钢结构件在加工制造、运输、安装和使用状态下，往往会因机械损伤而裸露出基体，此时，由于锌、铝的这种电化学特性，可以对裸露部位提供阴极保护。这一性能在钢结构的大气腐蚀控制技术中被广泛采用。

在金属喷涂过程中，由于热氧化作用，涂层中夹杂有氧化物，且多孔隙，一般孔隙率为 3%～15%。涂层多孔的性质具有双重性，一方面能使腐蚀介质渗入到涂层与金属的界面，加速腐蚀；另一方面多孔性又为随后涂装提供了一个与油漆结合的粗糙表面。对这种多孔金属喷涂层，在喷涂以后，选用合适的封闭涂料进行封闭处理，或者在封闭后再进行油漆涂装，形成复合防护体系，可大大提高涂层的防护性能，达到长久防护的目的。荷兰热镀研究所通过 20 余年的长期研究指出：喷涂锌、铝后再进行封闭处理，喷涂层的耐蚀性可比单一喷金属涂层和单一涂层的寿命总和高出 50%～120%。

封闭处理选用低黏度、高固含量，又不会与金属涂层发生反应的材料，通过涂刷于金属涂层表面，使之充分渗透，待固化后达到填封孔隙之目的。封闭膜层一方面使处于活性状态的金属涂层成为非活性的阻挡层，使腐蚀介质难以直接渗入到涂层和基体；另一方面，一旦介质进入涂层并产生腐蚀产物后，腐蚀产物不会轻易流出，仍然夹固于涂层中，这些腐蚀产物具有一定的保护作用。

近几年来，我国开始重视采用涂层封闭处理技术，但从所接触的一些情况看，有一个基本概念还有待讨论，即要区别“封闭处理”与喷涂后“涂漆”的真实含义。用一般的油漆进行所谓“封闭”处理之后，虽然也会在喷涂层表面形成“封闭”膜，但它不会或很少渗入喷涂层内部孔隙之中，一旦褪去它，喷涂层内部孔隙依然暴露出来。而真正封闭处理过的喷锌、铝层，其表面上形成的膜层不同于涂装时的底漆，因为封闭涂料已渗入到金属喷涂层内部孔隙，涂料固化后堵塞了孔隙，有时虽然表面油漆层被褪去，但夹嵌于金属喷涂层孔隙中的涂层仍能保持封闭作用。有人对钢进行了35年保护的防护层研究，其中有3篇研究报告指出：在喷涂锌、铝后，采用封闭处理，不仅显著增强了防护性，也降低了成本，改善了外观，而在喷涂层上单纯进行油漆的多层涂装，则性能不如经封闭处理后再进行油漆涂装的防护体系，因为一旦油漆损坏，湿气很快进入复合涂层，可促使整个保护体系破裂。真正封闭处理的喷涂体系抗机械破坏性好，对湿气不敏感。

基于这一认识，在实际防护工程中，对封闭处理材料的选择应引起重视，不应该混同于通常的油漆涂装的设计方法，以达到事半功倍的目的。

（3）在钢结构中采用耐候钢。从20世纪30年代开始，美国就开展了低合金耐候钢的研究，并取得了相当的成绩。其中应用最普遍的是高磷铜加铬、镍的Cor-Ten A系列钢和以铬锰铜合金为主的Cor-Ten B系列钢，并在20世纪60年代不涂漆直接用于建筑和桥梁。这种耐候钢在欧洲、日本也得到广泛应用。

我国从20世纪60年代起大量研制耐候钢，并开发了一批钢号，如08CuPVRE系列、09CuPTi系列、10CrMoAl、10CrCuSiV等，均得到了广泛的应用。

20世纪80年代，国家科学技术委员会和国家自然科学基金委员会组织了全国10家单位，进行国产常用材料的大气腐蚀试验及基础性研究。从1983年起，对我国最常用的钢铁材料进行了大气暴露腐蚀试验，对其中17种碳钢、低合金钢等黑色金属，在关于合金元素的作用方面有了新的发现：即当磷含量达到0.035%、铜含量达到0.07%时，可以明显提高普通碳钢的耐候性，从而提出了经济耐候钢的概念。

一般的碳钢、低合金钢，其磷含量的要求为$\leqslant 0.05\%$或$\leqslant 0.045\%$，铜含量$\leqslant 0.2\%$，对下限不要求。而一般实际的磷含量均为0.02%，铜含量则与原料中的含铜量直接相关。如果能稳定工艺，使磷含量控制在0.04%附近，并控制原料来源，使铜含量控制在0.2%左右，则可以不用人为地添加合金元素，便可得到力学性能和原钢种相同、耐腐蚀性能和Cor-TenB接近、价格与普通钢相当的耐候钢，这种钢可称为经济耐候钢。

为了验证在国家规定的碳钢、低合金钢规格成分范围内，这两种元素对钢耐候性的影响规律，开发一种新型耐候钢，原冶金工业部在“八五”立项，由武汉钢铁（集团）公司、钢铁研究总院青岛海洋腐蚀研究所研制开发经济耐候钢。用平炉冶炼了含磷约0.035%，含铜约0.2%，其他成分按常用钢号的Q235及Q345成分的钢种，即JN235及JN345，其力学性能完全符合Q235及Q345标准。试验钢、对比钢一起在北京、青岛、武汉、江津、广州、琼海、万宁等典型的试验点进行4年（三周期）的暴露试验，并同时进行了加速腐蚀试验。试样取自热轧板材。

通过加速腐蚀试验，对比碳钢，经济耐候钢的腐蚀率高出1倍。通过在7个大气暴露点的暴露试验，经济耐候钢腐蚀率均低于对比钢。在污染较轻的北京，耐候钢和对比钢的腐蚀相差较小；在有Cl^-污染的青岛，对比钢4年的腐蚀比经济耐候钢的腐蚀高50%；在有SO2污染的江津，对比钢4年的腐蚀比经济耐候钢的腐蚀高1倍；在湿热和严重Cl^-污染的万宁地区，对比钢4年的腐蚀比经济耐候钢的腐蚀高2倍。这些试验结果表明，经济耐候钢具有较优越的耐蚀性；同时也证明：当磷含量达到0.035%、铜含量达到0.07%时，普通钢的耐候性能有较大的改善。

（4）改善钢结构件的使用环境。多年来的科学研究成果表明，在相对湿度小于45%的大气环境中，钢铁几乎不会发生腐蚀；按照这个思路，采用除湿技术对钢结构进行防护的方法被广泛采纳，尤其是对结构的关键构件、不可更换的构件或难以养护的部位，这种方法更是一种提高结构耐久性、可靠性的首选之一。一般情况下，在悬索桥中可用除湿技术对以下主要结构进行防护。

① 对主缆进行除湿的防护方法是日本首先于20世纪90年代提出并付诸实践的，我国润扬大桥采用了这种防护方法；从其防护机理上分析，可认为解决了主缆钢丝的锈蚀问题。实施途径主要为：主缆形成后，在主缆上的适当位置安装送风罩和出风罩；用专用缠丝机在主缆外层紧密环向缠绕外形互相嵌合的S形镀锌钢丝，在S形镀锌钢丝外进行重防护涂装。在塔顶（上横梁内）和跨中加劲梁处分别安装除湿设备，包括空气过滤器、空气干燥机、送风机和电力控制柜等，并完成电力布线及送风罩、出风罩、各测点索夹上仪表和传感器的安装。用管路系统将除湿机组送出的干燥空气送往主缆上的送风罩，进行主缆除湿。根据各测点采集的信息，分析主缆内部湿度的大小和分布，确定各个除湿机组的启动或关闭。

② 主索鞍、散索鞍（套）及主缆锚固结构。这些构件均为悬索桥的I类构件，对这些部分进行除湿防护的实施途径有：在索塔顶部设置鞍罩和缆套，缆套端口处设密封构造，将主索鞍及缆套内无法缠丝防护的主缆置于一个与外界大气隔绝的空间内，在鞍罩内安装除湿机组，对主索鞍及缆套的主缆进行防护；在锚碇设置前锚室和缆套，缆套端口处设密封构造，将散索鞍（套）、缆套内无法缠丝防护的主缆、主缆锚固结构（含索固锚头、锚靴、锚固钢框架、锚固拉杆、连接器等）置于一个与外界大气隔绝的空间内，在锚室内安装除湿机组，对上述构件进行防护。

③ 钢箱加劲梁内部本身就是一个密闭的空间，依照其连续长度、空间的大小，安装数组除湿设备，对钢箱加劲梁内部构件进行防护。

3）防护方法的组合

应强调说明的是，由于各种防护方法都有其应用的条件和本身的优缺点，因此，无论是对混凝土结构的防护还是对钢结构的防护，单独采用某一种防护方法，往往很难达到理想的防护效果。完善的悬索桥结构防护设计，应是上述两种、三种乃至多种方法的优化组合。例如：对水下和浪溅区的钢筋混凝土结构（索塔桩基、承台），可考虑采用加大混凝土保护层厚度或设混凝土表面封闭隔离层、采用电化学保护系统、采用高性能混凝土（HPC）等综合防护措施；对桥面板采用金属喷涂防护、重涂装防护的组合方案；对鞍座等大型钢结构件综合采用除湿技术和重涂装防护。这样的例子在悬索桥的各种结构、构件中比比皆是。

第二节　索塔与锚碇防护设计

一、混凝土结构防腐与耐久性措施

1. 耐久性设计原则

（1）通过耐久性设计，确保结构在使用寿命内安全可靠，满足功能要求。

（2）耐久性设计必须针对桥梁的具体环境特点，在对结构所处环境充分调查研究的基础上，根据相应的试验研究成果来确定。

（3）根据结构的重要性和维护的难易程度确定相应的耐久性标准。难以更换的重要构件，其耐久性应与全桥设计基准期相同；可以维护，易加固、更换的构件，根据维护的难易程度选择合理的设计方案。

（4）耐久性设计运用“多级保护”方案或“层层设防”措施最大限度地保证在自然环境下混凝土结构的耐久性。

（5）耐久性设计应与结构的管理、养护措施紧密结合，统筹考虑。

（6）耐久性设计应以全寿命成本最低为原则。

2. 混凝土结构腐蚀破坏机理简析

对于钢筋混凝土结构而言，混凝土内部的高碱性能使钢筋表面形成一层钝化膜，保护钢筋免受锈蚀（钢筋锈蚀始于这层钝化膜的破坏）。钢筋混凝土腐蚀破坏过程较为复杂，影响原因也很多，但大致可归纳为以下几个方面。

（1）混凝土的碳化

混凝土的碳化导致了混凝土的中性化，强度降低和组织疏松。

混凝土受到空气或水中 CO_2、碳酸盐、硫化物及硫酸盐等有害物质作用，与混凝土中的 $Ca(OH)_2$ 发生如下反应：

$$Ca(OH)_2 + CO_2 \longrightarrow CaCO_3 + H_2O$$
$$CaCO_3 + CO_2 + H_2O \longrightarrow Ca(OH)_2$$

上述反应的后果是：①可使混凝土三相体系中孔隙溶液相中的 pH 值降低（约为 8.3），因而使得钢筋表面由钝化状态（不发生腐蚀反应的状态）转入到活化状态（表面局部位置发生腐蚀反应）。②$Ca(OH)_2$ 的溶出流失，使得混凝土本身强度下降，当 $Ca(OH)_2$（以 CaO 量计算）溶出量降低 25%时，其抗压强度下降 35.8%，抗拉强度降低更为严重，可达 66.4%，这种混凝土粉化（中性化）作用除引起其强度降低外，也导致了其组织变得疏松多孔，因而丧失对钢筋的保护作用。③pH 值降低，使得氯化铝盐酸不再具有稳定性，从而释放出 Cl^-，导致钢筋表面的 Cl^-浓度增加，加剧钢筋腐蚀。

（2）环境中的氯化物

环境中的氯化物在混凝土中的渗透、扩散引起了钢筋的腐蚀。

游离 Cl^-主要通过混凝土组织中存在的细小裂纹、孔隙（一般混凝土中的孔隙率为 20%左右）等通过扩散、毛细管吸附等作用，与水、氧、二氧化碳以及其他盐类一道渗入混凝土中，导致钢筋周边孔隙溶液组成及性质改变，使得钢筋表面从原有钝态（孔隙溶液 pH 值为 12 以上，钢筋表面处于钝态）受到破坏，开始发生腐蚀。一般来说，当 Cl^-在水泥中质量含量 $\leqslant 0.2\%$时，钢筋表面可维持钝态；当 Cl^-浓度在 0.2%～0.4%时，开始出现腐蚀；而达到 0.6%～0.8%时，产生严重腐蚀。研究认为，当混凝土中的 Cl^-含量达到 1.18kg/m^3 时，将促进腐蚀发生。

（3）钢筋自身的腐蚀

钢筋自身的腐蚀，加剧了混凝土的开裂破坏，随后又进一步加速了钢筋本身的腐蚀过程。

钢筋化学成分或晶体结构上的差异以及钢筋受力状态不同或钝化膜的不连续性，当受周边有害物质作用时，这些差异导致钢筋表面出现电位差，最终形成了腐蚀原电池而导致钢筋腐蚀发生。

钢筋腐蚀一旦发生与发展后，则所生成的腐蚀产物体积远远大于受到腐蚀的钢筋（Fe）的体积（约为 6 倍），此时会在钢筋混凝土内部产生巨大张应力（高达 32MPa），导致混凝土胀裂。混凝土胀裂后，将进一步扩大水、气、Cl^-等进入混凝土内部的通道而又加速它们的渗透，如此钢筋混凝土的破坏便迅速发展。

3. 混凝土结构防腐与耐久性措施

针对混凝土结构的破坏腐蚀机理，采取相应的防腐措施来提高结构的耐久性，主要方法如下。

（1）选择结构形状

混凝土结构采用盐分附着面积少的闭合截面的箱梁和圆形断面。

（2）提高钢筋保护层厚度

试验显示，即使是低水灰比、高质量的混凝土，在暴露于有氯盐存在的环境中，混凝土表面 12mm 深度内的 Cl^-含量远远超过 25～50mm 深度范围内的 Cl^-含量。因此，在海洋环境中的工程，混凝土保护层的厚度应比一般的混凝土保护层厚度要大一些，同时还要考虑施工偏差的因素。对于非海洋环境条件的混凝土保护层厚度可取常规值，或根据特殊需要予以适当加厚。

《水运工程结构耐久性设计标准》（JTS 153—2015）对钢筋混凝土及预应力混凝土保护层最小厚度提出的要求，见表 11-2-1 和表 11-2-2。

海水环境受力钢筋的混凝土保护层最小厚度（单位：mm）　　表 11-2-1

建筑物所处地区	大气区	浪溅区	水位变动区	水下区
北方	50	60	50	40
南方	50	65	50	40

注：1. 混凝土保护层厚度系指主筋表面与混凝土表面的最小距离。
2. 表中数值系箍筋直径为 6mm 时主钢筋的保护层厚度，当箍筋直径超过 6mm 时，保护层厚度应按表中规定增加 5mm。
3. 位于浪溅区的板、桩等细薄构件的混凝土保护层可取用 50mm。
4. 南方地区系指历年最冷月月平均气温大于 0℃的地区。

海水环境预应力筋的混凝土保护层最小厚度（单位：mm）　　表 11-2-2

所在部位	大气区	浪溅区	水位变动区	水下区
保护层厚度	65	80	65	65

注：1. 后张法预应力筋保护层厚度系指预留孔道壁面至构件表面的最小距离。
2. 采用特殊工艺制作的构件，经充分技术论证，对钢筋的防腐蚀作用确有保证时，保护层厚度可适当减小。
3. 有效预应力小于 400N/mm^2 的预应力筋的保护层厚度，按表中钢筋混凝土保护层最小厚度执行，但不宜小于 1.5 倍主筋直径。
4. 当预制构件厚度小于 500mm 时，预应力筋的保护层最小厚度为 2.5 倍预应力筋直径，但不得小于 50mm。
5. 构件厚度系指规定保护层最小厚度方向上的构件尺寸。

（3）控制混凝土的水灰比

通常，混凝土的水灰比越接近最低水灰比，混凝土的密实性越高，混凝土的抗腐蚀性能越好。在《水运工程结构耐久性设计标准》（JTS 153—2015）中，除了对水灰比有严格要求外，还要求控制混凝土的胶凝材料总量。

（4）高性能混凝土

高性能混凝土（HPC）与长期以来使用的普通混凝土并没有本质的差别。它与普通混凝土的差别主要在于通过掺入粉煤灰、高炉矿渣、微硅粉中的两种或三种掺料，来提高混凝土在特定条件下所需要的特定性能，如高弹性模量、低渗透性以及抵抗某些类型破坏的性能。此外，还在于它对集料的要求比较高，高性能混凝土一般要求最大集料粒径比普通混凝土要小。另外，由于高性能混凝土的水灰比一般均比较小，因此要采用高效减水剂。高效减水剂与水泥之间还必须要有良好的相容性。

对于位于海洋环境的索塔及锚碇混凝土结构而言，抵抗海水侵入、防止钢筋锈蚀是最主要的内容。因此在保证混凝土强度这一基本性能的同时，提高混凝土耐久性尤为重要，因而高性能混凝土凸显了其在海洋工程应用中的优势。

防止氯盐的渗透可通过许多方法予以解决，如提高强度、增大保护层的厚度、提高混凝土的密实性和保护钢筋表面；其中，采用最多、效果最好、费用最低的方法是提高混凝土的密实性或抗氯盐渗透性。近年来许多国家都采用掺矿物掺和料和化学外加剂的办法提高混凝土的密实性。各个国家根据本国的资源条件和操作水平，选择特制的矿物掺和料，最常用的矿物掺和料是粉煤灰、矿渣微粉和硅粉。根据多年的实践经验得到的结果是，采用矿物掺和料可以得到高抗氯盐渗透的混凝土。

高性能混凝土的集料必须仔细选择，一般最大粒径均小于普通混凝土使用的集料。国外高性能混凝土的集料最大粒径一般介于 10～14mm 之间［《水运工程结构耐久性设计标准》（JTS 153—2015）规定，高性能混凝土应采用连续级配的粗集料，其最大粒径不宜大于 25mm］，因为最大粒径较小，则集料-水泥浆界面的应力差也较小，应力差可能会引起微裂缝；另外，较小粒径的集料颗粒强度比大颗粒强度高，因为岩石破碎时消除了控制强度的最大裂隙。

高性能混凝土材料组分的另一特点是其低水胶比和使用高效减水剂。高性能混凝土的水胶比一般都在 0.4 以下（《水运工程结构耐久性设计标准》（JTS 153—2015）规定，海水环境浪溅区混凝土水胶比 $W/B \leqslant 0.35$）。

高性能混凝土与普通混凝土相比较，在工作性能、力学性能、耐久性等方面均有明显的优点，二者的比较见表 11-2-3。

高性能混凝土与普通混凝土比较表　　表 11-2-3

项目	普通混凝土	高性能混凝土
工作性能	坍落度与用水量有关，新拌料一般较黏	坍落度大，新拌料松
	可能产生离析泌水现象	不离析，不泌水，易于施工
	坍落度损失大	坍落度损失小，适宜泵送
力学性能	28d 强度满足设计要求	28d 强度满足设计要求，后期仍稳定持续增长； 其他力学性能，如抗折、抗劈拉等可得到优化
耐久性	中等	混凝土密实，故抗离子渗透性能可提高一个数量级，相应的抗冻、抗碳化等性能也可提高，抗硫酸盐腐蚀性能好，并具有抑制碱集料反应的能力

（5）阻锈剂

阻锈剂能有效阻止或延缓 Cl^-对钢筋钝化膜的破坏。阻锈剂的掺量应综合氯化物的预期含量、生产厂家的建议等多方面的因素确定。

国内目前采用的阻锈剂多为无机盐类产品，这种以亚硝酸盐为基本成分的阻锈剂一般有毒性，目前在国外已开始采用有机类的阻锈剂。掺入阻锈剂的混凝土的搅拌时间应当适当延长。另外，以亚硝酸钙为基础的阻锈剂会降低混凝土的电阻率，加快钢筋开始锈蚀后的锈蚀速率。

（6）环氧涂层钢筋

环氧涂层钢筋就是在普通钢筋表面静电喷涂一层环氧树脂薄膜，涂层厚度一般为 0.15～

0.30mm。其作用就是通过涂层隔离钢筋与腐蚀介质的接触来达到防腐的目的。在钢筋表面涂层控制良好的情况下，涂层钢筋能有效地延迟钢筋锈蚀的开始。索塔及锚碇在潮间带、浪溅区采用环氧涂层钢筋，是解决钢筋腐蚀问题的重要措施，这样可以由原来的被动维修改变为主动防范，延长钢筋和大桥的使用寿命，目前已被认定为世界上最为成功和实用的防腐方法之一。应用经验与研究表明，它与优质高性能混凝土可联合作用，具有叠加的保护效果。

（7）阴极保护

阴极保护方法是通过电化学方法强迫保护钢筋。这种技术方法要求较为复杂，目前在国际一些重大工程中有应用，如厄勒海峡大桥。

（8）混凝土表面防腐涂装

见下述详细内容。

二、混凝土表面防腐涂装

混凝土表面防腐涂装是混凝土结构防腐蚀措施之一，可有效地隔绝混凝土以及其中的钢筋与有害物质的接触，从而起到防腐的作用。同时，防腐涂料的面层选用合适的颜色还可以达到装饰的作用，是一种比较简单、经济、有效的保护措施。

1. 涂层体系的设计

混凝土防腐设计应选择封闭性能好、环境适应性强、耐老化、耐碱性能好的体系。涂层体系一般由底层封闭漆、中间漆和面漆组成，其中封闭漆在体系设计中是最重要的。

封闭漆应有如下特点：

（1）具有良好的渗透性能。只有具备良好的渗透性能，才能将众多的混凝土微孔堵住，从而阻挡水分、CO_2、O_2、Cl^-、SO_4^{2-}的侵入，增加防护体系和混凝土之间的结合力，防止保护层从混凝土上剥离下来；另外，在防护涂层甚至混凝土表面遭到一定损害的时候，仍能有效地防止有害物质的侵入。

（2）具有致密的结构。由于可以对混凝土产生严重损害的水蒸气、CO_2、O_2、Cl^-、SO_4^{2-}等的分子或离子非常小，如果封闭漆的结构致密性不够，即使具有很好的渗透性能，也不能有效地阻挡这些小分子或离子的侵入。

（3）具有良好的耐碱性。由于混凝土是高碱性物质，内部的碱性 pH 值可以高达 12.5～13.5，即使混凝土表面的 pH 值已经降到 10 以下，一旦防护体系施工完成，内部的高碱性物质可以迁移到混凝土表面。所以，耐碱性是封闭漆能否长期使用和保持与混凝土良好结合力的重要指标。

（4）具有良好的柔韧性。由于温度和外力的变化，桥梁结构始终处在不断的变形当中，需要封闭漆也能够有良好的变形能力。

（5）与复合体系的其他部分具有良好的结合力，是保证整个体系具有良好性能的必要条件。

（6）便于施工。由于大多数混凝土结构体积庞大，而且暴露在户外，因此，必须对施工条件具有相当的宽容性，如常温固化，对环境温度、湿度的变化不敏感等。

例如，武汉军山大桥针对其运营自然环境，经试验，确定混凝土表面防腐涂装设计方案为：①对钢筋头等金属外露件和混凝土表面缺陷进行基层处理。②涂环氧封闭漆，湿膜厚度 40μm。③涂两道环氧云铁中间漆，湿膜厚度 140μm。④涂两道丙烯酸聚氨酯面漆，湿膜厚度 130μm。

2. 涂层体系的性能及寿命评价

为满足设计要求，应对涂层体系的性能及寿命进行评价。

涂层体系对腐蚀性介质的隔离性能体现了它的保护能力，抗渗强度、透气系数的测定可以有效地评价它的隔离性能。

在自然环境下，检验涂层体系的耐久性需要长期的验证，进行合适的试验可快速评价涂层体系的耐久性，如紫外/冷凝试验可以相对评价涂层体系的耐候性，混凝土孔隙模拟液的浸渍试验可以检验涂层体系在混凝土高碱性表面长期的附着力等。目前混凝土防腐涂层的理论设计寿命一般在 8～15 年之间。

3. 防腐涂装的施工

（1）施工工艺

混凝土防腐涂装通常的施工工艺流程框图见图 11-2-1，每道工序均有规定的具体要求。

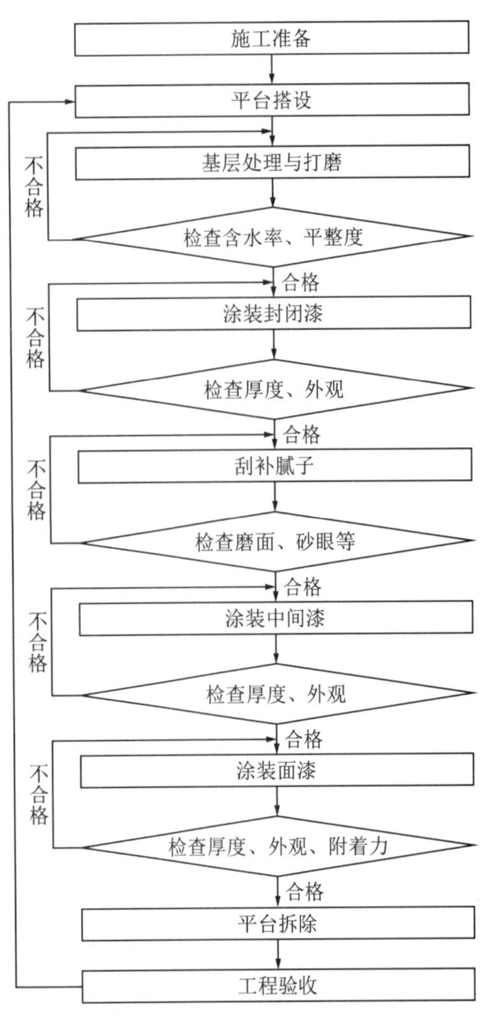

图 11-2-1　混凝土表面涂装工艺流程框图

（2）质量控制

质量控制的内容一般包括：基层检查、原材料及配制、基层处理、涂装控制以及施工检查表格等。

在选定涂料和施工工艺的前提下，涂膜的防腐寿命将取决于涂装施工的质量。由于防腐涂装施工属于“特殊过程”，因此，施工中的质量控制极为重要，每一道工序都要严格控制。应根据以往桥梁涂装和具体桥梁试验件涂装的经验，结合相关的防腐蚀施工设计规范和工程质量验评标准，归纳总结出一套质量控制措施，并在施工中不断改进、总结，最后形成一套系统的质量控制方法。

三、锚碇锚固系统防腐

锚固系统的防腐包括钢框架锚固系统的防腐和预应力锚固系统的防腐。首先，在锚室内设置除湿设备，使锚室内相对湿度不大于 50%；此外，还应采取专门的防腐涂装措施。

1. 钢框架锚固系统防腐

钢框架锚固系统防腐包括外露钢构件的防腐和埋入混凝土内钢构件的防腐。外露钢构件指露在外面的与主缆索股相连接的锚杆部分，埋入混凝土内钢构件包括型钢拉杆、锚梁及锚固系统钢支架。

（1）外露钢构件的防腐

由于锚室内设置除湿系统，室内相对湿度可保持在 40%～50%，腐蚀现象处于极为缓慢的状态。但考虑除湿系统的设备故障、停机维修、除湿的不均衡性及管理经验等因素，如一旦出现腐蚀条件，将难以补救，故仍建议采用耐蚀性好、厚度薄的涂装体系，除湿和防护并行以达到双层保护的目的，满足长效防腐的要求。面漆不宜采用黑色，应采用浅色，以便检查及探伤。虎门大桥相应部分的涂装体系见表 11-2-4。

外露钢构件涂装体系 表 11-2-4

工序	道数	干膜厚度（μm）	颜色	与上道工序间隔时间	工艺要求
一次表面处理	喷砂除锈，质量等级达到 Sa2.5 级				砂粒直径 16～40 目
无机硅酸锌车间底漆	1	20	灰色	＜4h	
二次表面处理	喷砂或动力打磨，质量等级达到 Sa2.5 级			＜9 个月	除去锈及全部车间底漆
无机富锌底漆	1	60	灰色	＜4h	
无机富铝面漆	1	20	银白色	1～3d	干燥 4h 后涂喷固化剂
固化剂	1				
现场补涂	在运输和安装过程中，损伤的漆膜要修补，按涂装工艺要求进行				
合计干膜厚度 80μm（车间底漆厚度不计），全部涂装均在涂装工厂进行					

（2）混凝土内拉杆及锚梁防腐

混凝土内拉杆及锚梁要求涂层长期耐腐蚀。要求拉杆及锚梁的涂料耐腐蚀性能得到永久性保证，并保持与混凝土的无黏结性能；拉杆及锚梁的工地连接件的接触面涂层，其表面的摩擦因数要求不小于 0.35～0.40。虎门大桥埋入混凝土拉杆及锚梁涂装体系见表 11-2-5。

埋入混凝土拉杆及锚梁涂装体系 表 11-2-5

工序	道数	干膜厚度（μm）	颜色	与上道工序间隔时间	工艺要求
表面处理	喷砂除锈，质量等级达到 Sa2.5 级				砂粒直径 16～40 目
无机富锌底漆	1	75	灰色	＜4h	
厚浆型环氧沥青中间漆	3	240	黑色	＞1d	每道间隔 8～24h
环氧富铝面漆	1	30	铁灰色	1～10d	用喷涂工艺进行
现场补涂	在运输和安装过程中，损伤的漆膜要修补，按涂装工艺要求进行				
合计干膜厚度 345μm（车间底漆厚度不计）					

（3）混凝土内钢支架防腐

钢支架的耐腐蚀性要求较低，只需满足加工制作及浇筑混凝土前不锈蚀即可（一般约 10 个月以内）。虎门大桥埋入混凝土钢支架的涂装体系见表 11-2-6。

埋入混凝土钢支架涂装体系 表 11-2-6

工序	道数	干膜厚度（μm）	颜色	与上道工序间隔时间	工艺要求
表面处理	喷砂或机械打磨除锈，质量等级达到 Sa2.5 级				砂粒直径 16～40 目
无机富锌漆	1	75	灰色	＜4h	
现场补涂	在运输和安装过程中，损伤的漆膜要修补，按涂装工艺要求进行				

2. 预应力锚固系统防腐

预应力锚固系统按不同构件、不同部位的使用要求和维护环境，分别采取相应的防腐措施。埋入混凝土内钢支架的防腐要求及涂装体系参见钢框架锚固系统相关内容。

（1）拉杆组件表面防腐

拉杆组件出厂前须经法兰处理，表面均匀涂黄油防锈，连接器制成品出厂时表面经氧化处理或喷漆。施工完成后，锚固系统前锚面所有外露钢构件（拉杆组件、连接器）的表面应进行清理，去除油污、浮锈，并涂底漆与面漆进行防腐处理。海沧大桥锚碇拉杆组件表面防腐涂装技术方案见表 11-2-7，阳逻大桥锚碇拉杆组件表面防腐涂装技术方案见表 11-2-8。连接器之间的缝隙用环氧树脂进行密封处理。

海沧大桥锚碇拉杆组件表面防腐涂装技术方案　　表 11-2-7

油漆品种及工序	道数	干膜厚度（μm/道）
醇溶性无机硅酸锌车间底漆	1	20
二次表面处理		
醇溶性无机富锌底漆	1	80
环氧树脂封闭漆	1	25
环氧云铁中间漆	1	80

阳逻大桥锚碇拉杆组件表面防腐涂装技术方案　　表 11-2-8

油漆品种及工序	道数	干膜厚度（μm/道）
醇溶性无机硅酸锌车间底漆	1	20
二次表面处理		
改性厚浆环氧面漆	1	100

（2）预应力系统防腐

① 不可更换锚固系统预应力系统的防腐措施

预应力钢绞线通常采用管道内压注不低于 C40 水泥砂浆防腐，要求尽量采用先进施工工艺（如真空辅助压浆技术），以确保管道压浆密实。应对浆液配合比进行专门研究确定。

对前、后锚面锚罩内可进行压注环氧砂浆或灌注防腐油脂，可根据具体情况选用。

② 无黏结可更换锚固系统预应力系统的防腐措施

预应力管道内通常采用“镀锌钢绞线 + 防腐油脂”或“表面喷涂环氧树脂钢绞线 + 防腐油脂”方案。预应力钢绞线可以更换。夹片后设置防松装置。环氧钢绞线可采用全涂覆环氧树脂喷涂预应力钢绞线，环氧喷涂厚度为 0.14～0.16mm，要求在 125℃时不软化，−75℃时不脆化；也可采用填充型环氧树脂预应力钢绞线，环氧喷涂厚度 0.4～1.2mm。防腐油脂为建筑用无黏结钢绞线专用防腐油脂，在使用环境中，防腐油脂应为液态，以方便更换，其技术要求见表 11-2-9。

防腐油脂技术要求　　表 11-2-9

检测项目	技术要求	标准指标	实验方法
工作锥入度（1/10mm）			GB/T 269
水分（%）	≤	0.1	GB/T 512
钢网分油（100℃，24h）		8.0	NB/SH/T 0324
腐蚀试验（45 号钢片，100℃，24h）		合格	SH/T 0331
蒸发量（99℃，22h）（%）	≤	2.0	GB/T 7325

续上表

检测项目	技术要求	标准指标	实验方法
低温性能（−40℃，30min）		合格	SH 0387
湿热试验（45 号钢片，30d）	≤	2 级	GB/T 2361
盐雾试验（45 号钢片，30d）	≤	2 级	SH/T 0081

对前、后锚面锚罩内灌注防腐油脂防腐。上锚罩设置观察窗，可观察到整个预应力体系的油脂状况，后锚面锚罩应确保不漏油。

四、锚碇锚室内除湿

主缆索股经前墙入口后进入前锚室，经过散索鞍后向前锚面扩散，通过连接件与锚固系统相连接。主缆自身的缠丝及防腐涂装体系在前墙入口处即结束，因此在前锚室内的主缆索股不存在防腐措施，因此，锚碇锚室主要是对主缆索股进行防腐。

前锚室和不封填的后锚室是一个封闭的空间，由于防水或密封构造上存在的缺陷，锚室内一般较难保持无水的干燥环境，锚室内防腐问题较为突出。因此，在锚室内应设置除湿系统，将空气湿度降至50%以下，从而达到主缆索股、散索鞍等锚室内钢构件防腐的目的。除湿机的台数根据其功率和锚室空间体积进行计算确定。

除湿系统由除湿机、进风管、排风管等构成。阳逻大桥锚碇除湿系统总体布置见图 11-2-2，在每个前锚室内各配置一台除湿机。

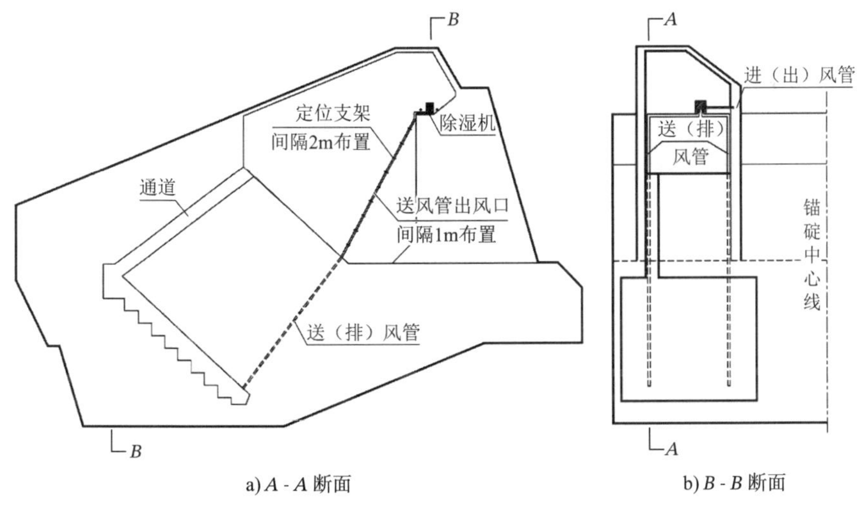

图 11-2-2 锚碇除湿系统总体布置

第三节 索鞍防护设计

索鞍防护主要包括主索鞍、转索鞍、散索鞍、散索套以及通过它们的主缆的防护。因所涉及的都是悬索桥的重要构件，故应选择耐久性最优、效果最可靠的防护方案，并与主缆防护通盘考虑。在目前的技术、工艺水平条件下，索鞍防护方案一般采用除湿技术和涂装防护相结合的方案。

一、采用除湿技术所涉及的设计内容和要求

营造一个与外界大气相隔绝的密闭空间，是采用除湿技术对索鞍构件进行防护的先决条件。因此，对主索鞍和转索鞍而言，须设置专门的鞍罩；而对散索鞍或散索套而言，这一空间往往是与锚室相通的，除湿设备与锚碇内的除湿设备共用（详见本章第二节）；此外，主缆以及人员进入鞍罩、锚室处须设置密封构造、密封门，以保持除湿空间内的干燥度。

1. 鞍罩设计

鞍罩可设计为钢筋混凝土鞍罩或钢制鞍罩；混凝土索塔的塔冠平面尺寸较宽余时，宜优先考虑采用钢筋混凝土鞍罩。设计鞍罩时应充分重视其造型，鞍罩的外形对索塔的景观设计可起到画龙点睛的作用。

（1）钢筋混凝土鞍罩

钢筋混凝土鞍罩典型构造见图 11-3-1，设计要点如下。

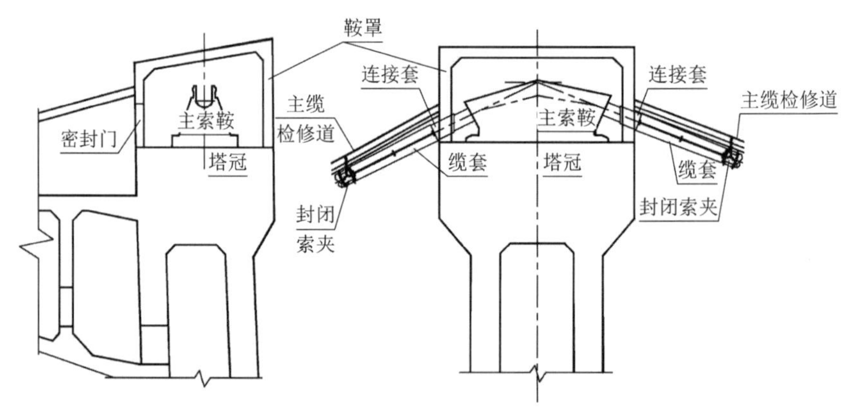

图 11-3-1　钢筋混凝土鞍罩的典型构造

① 鞍罩的设计风格应与索塔塔冠的外形基本一致，在视觉上与索塔浑然一体。

② 鞍罩的构造钢筋应埋植于塔冠内或与塔冠的构造钢筋相连，以保证鞍罩的结构强度；当主缆检修道的扶手绳、栏杆绳锚固在鞍罩壁上时，则鞍罩壁的厚度应按扶手绳、栏杆绳的拉力以及风荷载等计算确定。

③ 鞍罩顶部的排水问题应予充分考虑，一般采用集中排水方案，当四壁高于顶面时，应采取防渗措施；鞍罩顶部还应考虑避雷设施、航空警示灯、交通监控设施等的安装预埋。

④ 鞍罩混凝土的厚度不宜小于 30cm，一般采用立模现浇的施工方法。

（2）钢制鞍罩

当索塔的塔冠平面尺寸（主要是纵向尺寸）较小，或当索塔的景观设计有特殊要求时，可考虑采用钢制鞍罩。因鞍罩外部防护涂装较难检查和复涂，鞍罩的外部钢板可采用高耐候材料，如不锈钢板、不锈钢-碳钢复合钢板等。由于钢制鞍罩的外壁较薄，故主缆检修道的扶手绳、栏杆绳不宜锚固在鞍罩壁上。

钢制鞍罩一般采用板件预制，然后在塔顶焊接组装的方法施工。其他设计要点与钢筋混凝土鞍罩相同，典型构造见图 11-3-2。

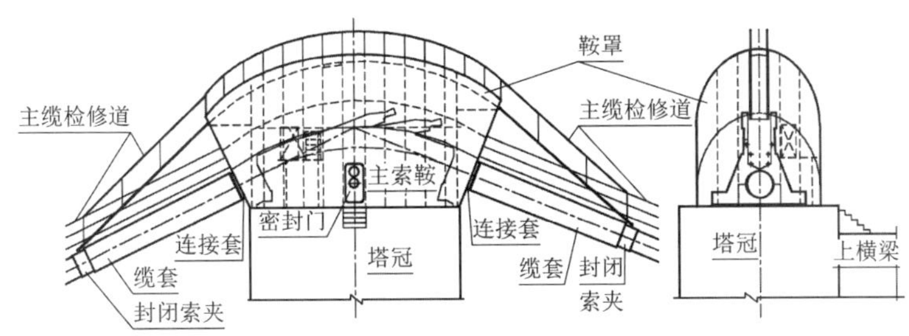

图 11-3-2　钢制鞍罩的典型构造

2. 密封构造设计

为了保持除湿空间内的干燥，主缆以及人员进入鞍罩、锚室处须设置密封构造、密封门等。密封门有标准产品可供选用，无须特殊设计。

悬索桥在运营过程中，由于活载、风力等的作用，主缆总在不断地摆动，而鞍罩、锚室是固定不动的，故应设置一个过渡装置，使固定不动的鞍罩、锚室能适应不断摆动的主缆，并能起到密封的作用，这个过渡装置就是缆套。

图 11-3-3 为日本白鸟大桥转索鞍的鞍罩及缆套，图 11-3-4 为日本明石海峡大桥主索鞍罩处的缆套，图 11-3-5 为缆套密封构造的结构示意图，供设计者参考。

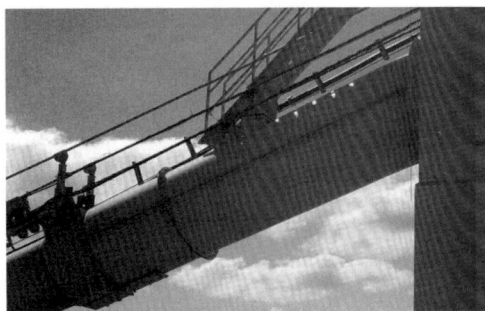

图 11-3-3　日本白鸟大桥转索鞍的鞍罩及缆套　　图 11-3-4　日本明石海峡大桥主索鞍罩处的缆套

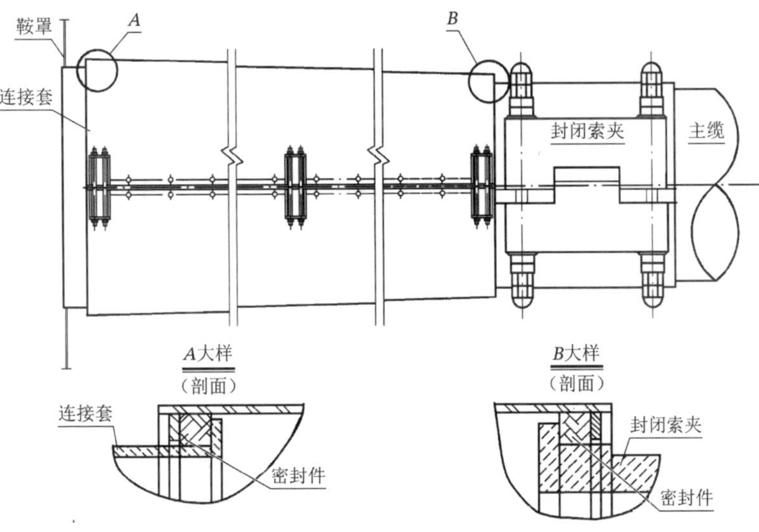

图 11-3-5　缆套密封构造结构示意图

二、涂装防护的主要要求

索鞍一般设置在密闭除湿的环境中，与其他钢结构部件相比，环境条件较好。传统的索鞍防护一般是在鞍槽及隔板表面喷锌，其余部位做涂漆防护，具体要求如下。

（1）索鞍的非加工面经喷砂处理，清除污垢、氧化皮和浮锈后，涂无机富锌防锈底漆两道、面漆两道。

（2）鞍槽内加工表面、隔板表面和散索套内孔表面须按《热喷涂　金属和其他无机覆盖层　锌、铝及其合金》（GB/T 9793—2012）标准的规定进行热喷锌处理，锌层厚度≥0.2mm。

（3）各孔及各加工平面（喷锌表面除外）涂脂防锈。

（4）拉杆、螺母、销等紧固件应进行磷化处理或镀锌处理。

随着钢结构防腐技术的不断进步，同时也为了进一步提高索鞍构件的抗腐蚀能力，近年来国内在索鞍构件的防护涂装方面做了一些新的尝试，主要有：

（5）对于要求喷锌的各表面，改用锌加涂膜镀锌（又称"冷镀锌"）处理工艺。与热喷锌相比，锌加涂膜镀锌处理具有使用方便、附着力强、涂层有较强的抗机械磨损性能、使用寿命长等优点，但成本较高。

（6）对于其他要求涂漆防护的表面，尝试采用改性环氧耐磨漆（125μm）及氟碳树脂或脂肪簇丙烯酸聚氨酯面漆（40μm）一道的涂装方案。这种方案的涂层附着力较强，耐久性更好，涂层外表美观。

三、索鞍构件的存放

索鞍的制造加工周期往往超过一年，运输、架设直至桥梁的竣工一般还需一年；索鞍将在自然环境下暴露两年多的时间后才能进入较好的除湿防护环境。因此，索鞍的存放应注意：

（1）成品、半成品构件应存放在清洁、干燥、无有害介质的环境中，并应防止日晒雨淋，保持充分通风，使冷凝水降至最低程度。

（2）产品的存储应架离地面，不允许有水或其他污垢积存其表面。

（3）堆垛成品、半成品件时应在其层间放置衬垫，避免表面的防护受损。

（4）产品的搬动、运输和储存，均不应使任何部件受到永久性损伤和散失。

（5）属同一总成的零部件必须印有识别标记和定位标记，防止在发运和安装时互相混淆，保证在施工过程中准确确定其相对位置。

第四节　缆索系统防护设计

一、主缆系统防腐

主缆是悬索桥中不可更换的主要受力构件，长期处于日晒雨淋的自然环境中，其防护性能的好坏直接影响到悬索桥的寿命。

1. 传统防腐

主缆传统防腐方式如图 11-4-1 所示。

索股安装完毕后，进行紧缆、安装索夹、加劲梁架设及桥面系施工，随后进行主缆缠丝。主缆缠丝按下列顺序进行：先手工清洗主缆上的残留杂物，并用溶剂清洗主缆表面的油污及沙尘等有害物质，从主缆低端开始在两索夹之间的主缆表面手工涂抹不干性嵌缝腻子一道，要求填满沟缝并且表面涂抹均匀，在腻子固化前，利用缠丝机向上坡方向密缠直径4mm的镀锌低碳钢丝（先边跨后中跨）。缠丝时，首先将钢丝端头固定在索夹上，在索夹外进行缠丝，先用特制工具逐圈将钢丝推入索夹槽隙中就位（钢丝嵌入索夹槽隙至少3圈），直至缠丝机能到达的位置后，即可进行正常缠丝工作。缠丝拉力应通过计算确定，一般为2.0kN左右，必须确保缠丝紧密。缠丝后用防水腻子对索夹进行嵌缝。清除缠丝后挤出表面的密封腻子，涂抹底漆及面漆，在主缆顶面30cm宽范围内涂防滑漆，从而达到防护主缆的目的。最后在主缆鞍罩及锚室入口等处安装喇叭形缆套。

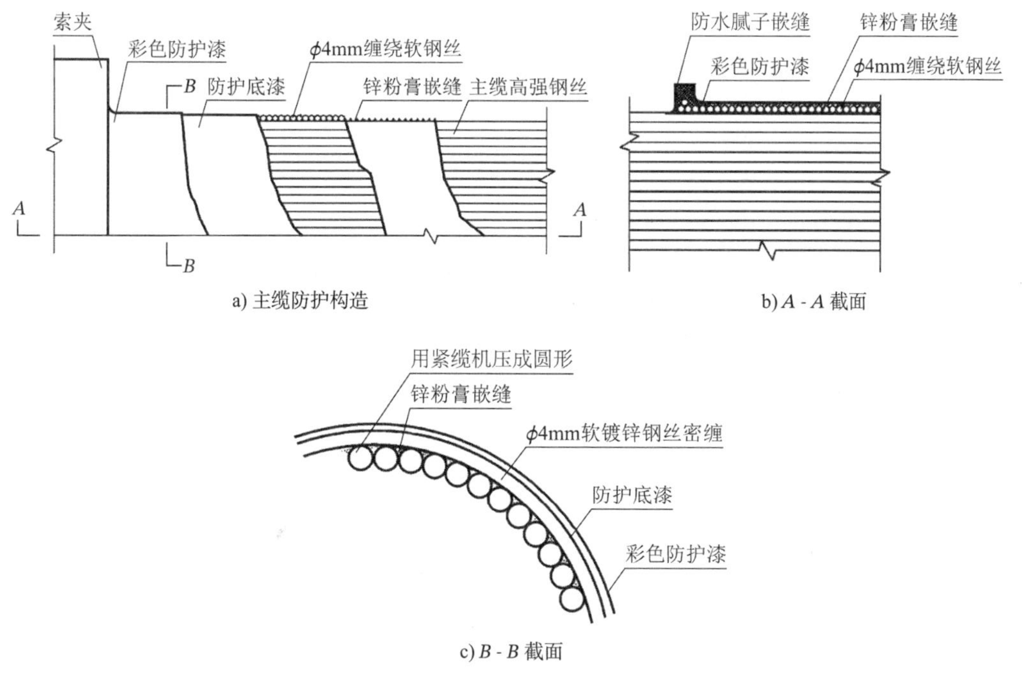

图 11-4-1 主缆传统防腐方式

若工期紧张，也可先缠丝后进行桥面铺装施工，并应适当加大缠丝拉力，建议采用2.5kN。先缠丝后铺装工艺已在海沧大桥、宜昌长江公路大桥等桥梁中得到成功应用。

2. 缠包带方式

缠包带为厚度1.2mm的特殊橡胶配方的橡胶制品。缠包带在出厂时处于半成品状态，现场施工时通过缠带机缠绕在主缆外部，再采用加热毯加热后成为成品。施工时，缠包带采用专用的缠带机以52%叠压缠绕在主缆外部，缠带机缠绕时要保持一定的张力。由下而上螺旋叠压缠绕在主缆上。经过52%叠压缠绕后的厚度达到2倍的缠包带厚度，即约2.4mm。压边部位厚度更是达到三层厚度，即约3.6mm。52%叠压的目的是使缠包带在约130℃的高温并保持一定压力的状态下，加热4～7min，使材料能够充分热熔黏结，发生硫化反应成为一体。这一过程是不可逆的，不会因为环境温度变化和主缆持续的动态运动和弹性变形而开裂失效，从而保证了主缆长期持久的密封性。

为了满足悬索桥施工的要求，缠包带材料需要具有不同于常规橡胶制品的技术特点。缠包带要具有厚度均匀、强度均匀、耐久性、耐天候、防水密封、耐撕裂、弹性持久的户外长期使用性能。缠包带与其他橡胶制品的显著区别是要具有分段加热硫化性能，缠包带在工厂生产过程中需要经过加热的过程，称为一段硫化过程。缠包带在现场施工时要采用专用的加热毯，对主缆上缠绕好的缠包带再次进行二段加热硫化。经过二段加热后，缠包带在主缆外部熔接形成一个完整且紧抱的橡胶保护套。再通过特制的不锈钢带在索夹端头处对缠包带进行固定。成品后的缠包带与主缆钢丝表面不粘连，干燥空气可以从主缆钢丝和缠包带间的细微缝隙中穿过。

3. 除湿防腐

控制主缆锈蚀最重要的一点是不让水进入主缆，为此日本在传统防腐方法基础之上，开发出一种 S 形截面的缠绕钢丝（图 11-4-2）代替圆断面的钢丝，这样可以使主缆表面光滑，丝丝相扣，油漆不易开裂，水不能渗入，这种方法成功地应用在日本白鸟大桥。但 S 形缠丝不能解决施工期间渗入的水对钢丝的腐蚀作用。

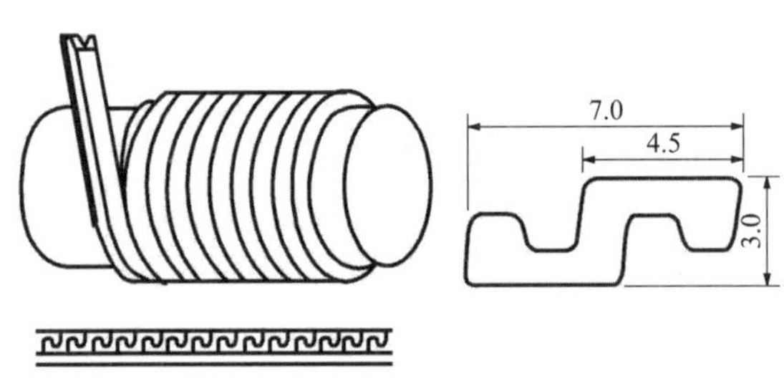

图 11-4-2 S 形截面缠丝（尺寸单位：mm）

日本研究开发了另一种新方法——干空气导入法。将除湿机产生的干燥空气用管道输送，通过入口索夹输入主缆，经出口索夹排出主缆。出入口索夹的距离为 140m，干燥空气以 2.0m^3/min 的速度连续输入。自 1997 年 11 月（施工期）日本明石海峡大桥运用该系统以来，连续监测相对湿度，最初主缆内有水，但 6 个月后主缆内相对湿度维持在 40%以下，满足防腐要求。这种方法在后来建成的来岛三座桥中得到了推广应用。润扬大桥应用了 S 形缠丝加除湿的主缆防腐方案。

4. 其他防腐

日本修建悬索桥由于施工期较长，镀锌钢丝在施工期间外涂一道底漆，如铬酸盐、丙烯树脂或环氧树脂来保护钢丝。而美国和欧洲国家不做这层底漆，而是在涂腻子前，彻底清洗钢丝表面，然后手工涂抹防锈腻子，使它嵌入钢丝缝隙中，再用缠丝机将退火镀锌 ϕ4mm 钢丝缠绕，最后涂漆。这种防护方式从一百多年前的美国布鲁克林大桥首次使用以来，基本上没有改变过。美国金门大桥建成 60 年时，去掉缠绕钢丝检查，主缆钢丝锈蚀并不严重，只是过去所用的含铅红丹腻子有毒，污染环境，现采用橡胶条代替。日本本-四联络桥开发采用的腻子内含铅酸钙、高分子有机铅、碳酸钙和亚麻油；经检查，钢丝锈蚀情况反比使用红丹腻子更严重，这是因为随着腻子的衰变，形成并滤出羟基酸，破坏了腻子防护的积极作用，通过阴极反应，铅沉积于表面，铅锌之间发生置换反应，从而加速形成抗腐蚀性能较差的 ZnO。

主缆从开始架设到防护完成，一般都在一年以上，在此期间雨水进入主缆并停留其中。即使主缆防护做完，主缆线形变化及温度变化引起伸缩而导致粗糙表面的油漆发生不可避免的裂缝，水仍然可能通过索夹上两端密封的受损部位或油漆的裂缝进入主缆，这些水分造成主缆内部湿度很高，引起钢丝的腐蚀。

这些水分在主缆内部分布是不均匀的，从模型试验和实桥观察中发现，主缆上部在夜间因温度下降产生冷凝水而变得潮湿，但随着白天升温，逐渐干燥，主缆下部通常是浸在水中。

主缆的侧面基本上处于潮湿状态，这是因为温度上升得不够高，未能促使水分蒸发，主缆中心温度变化不大、湿度高。镀锌钢丝的锈蚀模拟试验表明：上部钢丝较干燥，锌层出现了锈蚀，但起到了阻止钢丝锈蚀的作用，两侧钢丝始终处在潮湿状态，生成的锈蚀锌层无法有效保护钢丝。下部不存在氧气，锈蚀不严重，而在中部湿度大，和外部交换少，锈蚀程度很轻。

5. 主缆除湿方案调研

无论是主缆的传统防护，还是除湿，开启了主动改变腐蚀环境的桥梁防腐新领域，截至目前，悬索桥主缆防腐主要有两种形式，即主动防腐和被动防腐。被动防腐的主缆防护由较柔的缠丝紧紧包裹在主缆外，中间垫层是密封膏（或者称为腻子），外层再用油漆覆盖。我国早期建造的悬索桥主缆也采用传统被动防腐。

美国是较早建造悬索桥的西方发达国家，通过研究美国悬索桥主缆锈蚀典型特征发现，传统被动防腐主缆防护系统并不能完全阻止水分的入侵，水会通过外包裹层间断部位进入主缆，或当周围气压改变时以水蒸气的形式进入主缆。含有水分的空气进入索股间的空隙部位，并在温度下降时凝结成液态水，因此也无法阻止主缆腐蚀的发生。1988 年日本在建设明石海峡大桥过程中，通过对传统主缆防腐的研究，提出主动防腐的概念。随后，欧美在新建及改造悬索桥主缆防腐时，采纳主动防腐理念。国内在 20 世纪末期进入现代悬索桥大规模建设阶段，主缆防腐体系在短短 20 年内，历经了国外近百年的发展变化，从传统缠丝体系到合成护套体系，再到主动防腐体系（国外名为主缆除湿体系），主缆防护体系得到了迅速发展；除了江阴大桥、虎门大桥等第一代悬索桥采用被动防腐体系外，绝大多数悬索桥采用主动防腐体系。

二、吊索系统防腐

钢丝绳吊索通常与骑跨式索夹一起采用，钢丝绳需要绕过索夹，无法外包 PE 防护层，需要在运营期间应定期涂刷油漆，以达到防腐的目的。

平行钢丝吊索采用两道防腐措施，首先每根钢丝外表面进行热熔镀锌，镀锌层 ≥ 300g/m^2，然后整根吊索外包裹 PE 防护层。吊索在早期制造时，锌铜合金先在模具内浇铸，再放入吊索锚杯内，在合金与锚杯壁之间形成间隙，雨水会从上端锚头处渗入吊索，积存在吊索内，对钢丝造成腐蚀。针对这种现象，润扬大桥及阳逻大桥的吊索采用了密封优化设计，在所有接口处均设置密封橡胶圈及密封压环，见图 11-4-3。

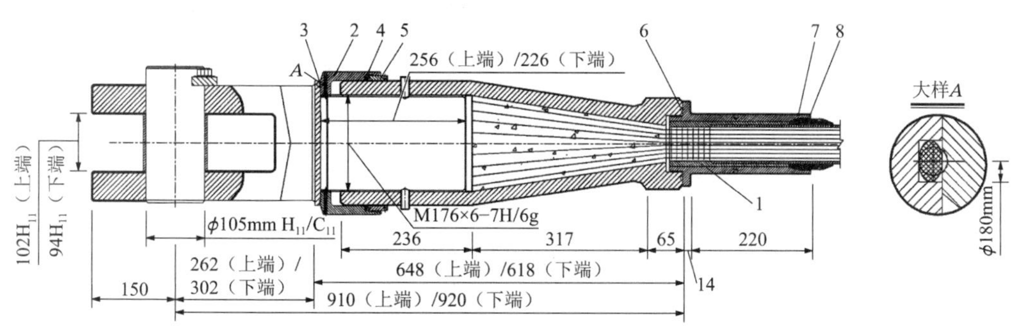

图 11-4-3　平行钢丝吊索密封防腐（尺寸单位：mm）

1-密封填料；2-防水盖；3-O 形密封圈 180mm × 5.3mm；4-O 形密封圈 220mm × 7.0mm；5-吊索处密封压环；6-O 形密封圈 114mm × 5.3mm；7-密封胶圈；8-锚杯处密封压环

第五节　加劲梁防护设计

一、涂装防腐

1. 加劲梁涂装防腐的必要性

腐蚀是金属结构的大敌，金属结构的腐蚀给人类带来的经济损失和社会危害十分惊人。一些主要的工业国家每年由于钢结构腐蚀而造成的经济损失占国民经济生产总值的 2%～4%。美国 1975 年因腐蚀造成的经济损失约为 700 亿美元，约占当年国民生产总值的 4.2%，1982 年高达 1260 亿美元；英国 1969 年腐蚀损失为 13.65 亿英镑，占国民生产总值的 3.5%；日本 1976 年腐蚀损失为 92 亿美元，占国民生产总值的 1.8%；据统计，我国 1995 年腐蚀损失高达 1500 亿元人民币以上，约占国民生产总值的 4%。目前，全世界每年因钢结构腐蚀造成的经济损失已高达数千亿美元以上。而且，钢结构由于腐蚀造成的事故危及结构的安全运行，腐蚀引起的灾难性事故屡见不鲜；特别是焊接钢结构和承受较大应力状况下的钢结构，由于在应力作用下，腐蚀将大大地加速。越来越多的大型桥梁采用了钢加劲梁的结构形式，其腐蚀防护日渐成为人们关注的课题。只有在设计建造时，针对其自身的结构特点和所处的环境条件采用相应的防腐技术，同时合理考虑后期的涂层养护，才能确保钢加劲梁的正常使用和长久寿命。

2. 国内外钢加劲梁防腐涂装发展状况

20 世纪 30—40 年代，限于防腐涂料及涂装技术水平，世界大多数国家对钢铁构件采用一般的防腐涂装，通常为红丹或磷化底漆和油性醇酸面漆，例如美国在 20 世纪 30 年代涂装旧金山金门大桥时采用红丹底漆加云铁醇酸面漆。

20 世纪 40—50 年代，由于环氧树脂的出现，环氧富锌涂料的研究得以广泛开展，发展了比热浸锌更优异的工艺和涂料，并获得商业性应用。

20 世纪 50 年代，不需要加热工序的常温固化型无机富锌涂料开始发展，并获得广泛应用。

20 世纪 60—70 年代，世界上许多国家对大气环境，尤其是海洋大气环境下的工程普遍采用重防腐涂装系统来达到长效防腐效果。美国、日本及我国，对在海洋大气环境下的钢结构，在重防涂装系统上大多采用水性无机硅酸锌涂料（IC531）和无机富锌涂料为底漆加环氧云铁中间漆再加聚氨酯面漆的涂装方案。例如：美国旧金山金门大桥，采用无机富锌底漆加乙烯面漆，已使用了 20 多年；美国在海洋腐蚀环境严重的俄勒冈海岸阿斯托里大桥使用 IC531 涂料，大桥近 30 年完好如初，用在澳大利亚的 Wyalla 输油管道至今已 50 余年；日本的吾妻桥采用无机富锌底漆加环氧云铁中间层加聚氨酯面漆，已经过了 15 年，使用情况良好；日本明石海峡大桥的涂装方案也是无机富锌底漆加环氧云铁中间层加氨基甲酸乙酯树脂和氟化乙烯树脂混合料面漆；我国的渤海湾海上钻井平台、广西北海市的沿海公路钢桥均采用这种涂装方案。

20 世纪 80 年代初，比利时开发成功超富锌涂料——锌加，从 20 世纪 80 年代中期初步在大型钢结构上应用，到 80 年代末在北美、欧洲各国的著名钢结构上获得了广泛的应用，如加拿大 Overlander 大桥、德国杜塞尔多夫国际机场候机楼及日本濑户大桥等。

20 世纪 80 年代，由于世界各国对环境保护和抗腐的要求越来越高，水基无机富锌涂料因其无污染（无挥发有机化合物）以及抗腐蚀性能优于溶剂型无机富锌涂料而获得广泛应用。

氟碳涂料是又一种新型的防腐涂装材料，其钢结构领域的应用最早出现在彩钢板上。在国内桥梁建设领域，也有不少应用的实例，如重庆朝阳桥、大佛寺长江大桥等。

3. 钢加劲梁防腐涂装的主要技术性能与指标

为了保证悬索桥钢加劲梁不受大气侵蚀，延长使用寿命，在选用涂装材料时应使其具有优良的耐候性以及耐水气、耐湿热、耐盐雾、耐酸雨的各项性能，还要具有抗冲击、抗弯曲等物理力学性能；桥面板上涂层还必须具有耐高温性能，以保证高温铺设沥青桥面的涂层不受损害并黏结牢固。

钢加劲梁作为悬索桥桥面的主体结构部分，除满足一般钢结构的耐水、耐碱、耐候、耐久（至少 10 年）等抗腐蚀功能外，还要满足下列技术要求。

（1）车间底漆应具有良好的可焊性。

（2）涂料应具有方便施工的工艺性能。

（3）桥面板的涂料应耐受铺设沥青混凝土路面的高温，其温度为 220℃左右。

（4）箱梁外表面的涂装应具有良好的保色性。

（5）涂装应易于修补，并易于同其他涂装系统匹配，涂装的修补应满足环境保护的要求。

4. 钢加劲梁防腐涂装设计实例

本节以虎门大桥加劲梁防腐涂装设计为例说明钢加劲梁防腐涂装设计。

虎门大桥位于珠江出海口附近，属亚热带海洋性气候，年平均气温 22.2℃，极端最高气温 36.8℃，相对湿度 85%，是沿海的高温高湿地区，属于高腐蚀环境，再加上受周围工业废气及有害粉尘、海潮盐雾的侵蚀等不利因素的影响，因而需对大桥的结构防护涂装体系提出较高的要求，以保证大桥营运安全和使用寿命。

虎门大桥加劲梁的防腐设计包括两方面内容：在结构构造处理上要满足防腐构造要求，符合钢结构设计习惯，避免出现无法涂装的死角和易于积水的构造等，保证排水畅通，积极减少腐蚀现象的发生；采用表面涂装、内部除湿等方法。

1）钢加劲梁外部的防腐涂装

（1）钢加劲梁外部的防腐涂装按 15 年的使用寿命设计。涂装系统见表 11-5-1。

钢箱加劲梁外部涂装系统表　　表 11-5-1

工序	道数	干膜厚度（μm）	颜色	与上道工序间隔时间	工艺要求
一次表面处理	喷砂除锈，质量等级达到 Sa2.5 级				砂粒直径 16～40 目
无机硅酸锌车间底漆	1	20	灰色	＜4h	
二次表面处理	喷砂除锈，质量等级达到 Sa2.5 级			＜9 个月	除去锈及全部车间底漆
高模数水基原浆型无机富锌底漆	1	75	灰色	＜4h	
封闭层				1～3d	
环氧云铁中间漆	2	80	铁红色	8～24h	每道涂装间隔时间 8～24h
聚氨酯面漆	2	80	银灰色	1～10d	每道涂装间隔时间 8～24h
现场补涂	在运输和安装过程中，损伤的漆膜要修补，按涂装工艺要求进行				
合计干膜厚度 235μm（车间底漆厚度不计），全部涂装均在涂装工厂进行					

（2）涂装设计说明：

① 在对钢板进行 Sa2.5 级基材喷砂处理后，用无机硅酸锌车间底漆作为临时性保护底漆，

保护期 9 个月以上，且涂膜的切割、焊接性能优良。

② 无机富锌底漆的主要作用是防腐蚀，可以达到较高的含锌量，以此来保证基体的耐蚀性。

③ 封闭层是涂覆稀释 50%的环氧云铁漆，用来封闭底漆膜的微孔，并加强涂层间的结合力。

④ 环氧云铁中间漆主要发挥阻隔作用，防止水分及腐蚀性介质的渗透，并使底漆与面漆的结合更佳。

⑤ 聚氨酯漆长期暴露在大气条件下，保光保色好，具有优异的抗老化性能。漆膜坚硬光滑，不易黏附尘土，并具有良好的耐盐雾、耐潮湿性能。如能保证涂装质量合理维护，可保 15 年的使用年限。

2）钢加劲梁内部及 U 形加劲肋内壁的防腐涂装

因箱内不易维修，要求长效防腐；面漆应涂浅色油漆以便检查及探伤。涂层还应有良好的可焊性，便于梁段现场拼接施焊。钢箱加劲梁内部及 U 形加劲肋内壁涂装系统见表 11-5-2。

钢箱加劲梁内部及 U 形加劲肋内壁涂装系统表 表 11-5-2

工序	道数	干膜厚度（μm）	颜色	与上道工序间隔时间	工艺要求
一次表面处理	喷砂除锈，质量等级达到 Sa2.5 级				砂粒直径 16～40 目
无机硅酸锌车间底漆	1	20	灰色	< 4h	
二次表面处理	喷砂或动力工具打磨，质量等级达到 Sa2.5 级			< 9 个月	除去锈及全部车间底漆
无机富锌底漆	1	60	灰色	< 4h	
无机富铝面漆	1	20	银白色	1～3d	干燥 4h 后喷固化剂
固化剂	1				
现场补涂	在运输和安装过程中，损伤的漆膜要修补，按涂装工艺要求进行				
合计干膜厚度 80μm（车间底漆厚度不计），全部涂装均在涂装工厂进行					

（1）由于箱梁内设除湿系统，U 形加劲肋内部为密封状态，箱内相对湿度可保持在 40%～50%，腐蚀现象处于极为缓慢的状态，但考虑到除湿系统的设备故障、停机维修、除湿的不均衡性及管理经验等因素，如一旦出现腐蚀条件，将难以补救，故仍建议采用耐蚀性好、厚度薄的涂装系统，除湿和防护并行，以达到双层保护的目的。

（2）无机富锌涂层的耐蚀性加之无机富铝的屏蔽性，使整个涂层完全无机化，提高了箱内的耐老化性，确保 15 年的防护年限，估算实际寿命可达 30 年以上。

（3）无机富铝涂层为银白色，便于箱内构件正常维护与检查。

（4）膜层较薄，涂料用量减少，造价降低。

（5）无机富锌涂层及无机富铝涂层无毒、无味、不燃、安全、便于施工，甚至可进行半封闭性施工。

（6）实验证明，无机富锌加无机富铝涂层对 8～12mm 厚钢板的焊接强度没有影响，并能确保焊缝热影响区涂层的完整性。

3）钢桥面板的防腐涂装

在铺压沥青砂石时，砂石有尖角，沥青温度高达 160℃，要求涂层耐温、耐砂石冲击，并有良好的长效防水、防腐性能。钢桥面板涂装系统见表 11-5-3。

钢桥面板涂装系统表　　表 11-5-3

工序	道数	干膜厚度（μm）	颜色	与上道工序间隔时间	工艺要求
一次表面处理	喷砂除锈，质量等级达到 Sa2.5 级				砂粒直径 16～40 目
无机硅酸锌车间底漆	1	20	灰色	＜4h	
二次表面处理	喷砂或动力工具打磨，质量等级达到 Sa2.5 级			＜9 个月	除去锈及全部车间底漆
高模数水基厚浆型无机富锌底漆	1	100	灰色	＜4h	以上工序在涂装工厂进行
防水胶	2	3000	白、黄双色	＞1d	在现场涂覆，涂覆前清理表面
合计干膜厚度 3100μm（车间底漆厚度不计）					

（1）锌涂层长效防腐，可耐 400℃高温。

（2）选用韧性好（以保护防腐涂层免受沥青铺装中碎石子的冲击、破坏）、防水性好，并与沥青铺装层结合良好的材料。

4）加劲梁防腐涂装底漆调研

加劲梁防腐涂装底漆调查情况见表 11-5-4。

加劲梁防腐涂装底漆调查表　　表 11-5-4

序号	名称	通车时间	防腐体系（底漆）
1	鹦鹉洲长江大桥	2014 年	环氧富锌
2	至喜长江大桥	2016 年	环氧富锌
3	杨泗港长江大桥（钢桁梁）	2019 年	环氧富锌
4	宜都长江大桥	2021 年	环氧富锌
5	北口大桥（钢桁梁）	2022 年	无机富锌
6	虎门大桥	1999 年	无机富锌
7	黄埔大桥	2008 年	环氧富锌
8	南沙大桥	2019 年	环氧富锌
9	江阴大桥	1999 年	无机富锌
10	润扬大桥	2004 年	无机富锌
11	五峰山大桥（钢桁梁）	2020 年	环氧富锌
12	深中大桥	2024 年	环氧富锌
13	南京栖霞山长江大桥	2012 年	无机富锌
14	宁扬长江大桥	2025 年	环氧富锌
15	南京新生圩长江大桥	在建	环氧富锌
16	张靖皋长江大桥	在建	环氧富锌

二、电弧喷铝防腐

近年来，国内钢加劲梁表面也有采用热喷锌（铝）涂装的实例，金属喷涂后进行其他体系的涂装防护，可以起到良好的防护效果。

1. 涂装体系防腐理论依据

电弧喷涂层和外表的富锌涂层均对钢铁提供阴极保护，其中电弧喷涂层厚度更厚，阳极与阴极面积比远大于 1，涂层结合力高，其阴极保护效果更好，保护寿命更长；外层油漆涂层起进一步屏蔽作用。

钢加劲梁外表面直接暴露在大气环境，钢桥面直接承受车辆重载和大气腐蚀，因此推荐采用电弧喷涂长效防腐；钢加劲梁内表面半封闭式环境推荐采用重防腐涂装。

1）设计依据

涂装体系设计依据为英国标准《钢结构件腐蚀保护实用指南》（BS 5493）、国际标准化组织标准《钢结构件防腐保护——金属涂层指南》（ISO 14713）。两份标准均规定：热喷涂是唯一能提供钢铁 20 年以上腐蚀保护的最有效方法。

2）国内外实桥应用实例

日本连岛大桥、关门大桥、二重桥、三大岛桥等，法国的阿尔玛桥、阿涅尔桥等，英国的福斯公路大桥、门奈桥、昆斯费里大桥等，挪威的龙贝克大桥、卡姆桑德大桥等，中国的佛山佛陈大桥、武汉军山大桥、舟山桃夭门大桥、杭州复兴大桥、香港青马大桥等，均采用电弧喷涂技术对外表面进行长效防腐和内壁重防腐涂装，其中香港青马大桥和武汉军山大桥的钢桥面均采用了机械化电弧喷锌的涂装工艺。

3）涂装涂层寿命提供预测

美国焊接学会 19 年工业暴露腐蚀实验结果显示：只有热喷涂层才能提供钢铁 19 年以上的耐腐蚀保护，试验测得电弧喷涂层的腐蚀速率和结合力；通过耐老化、耐湿热、耐盐雾、工业暴露等实验预测封闭涂层和油漆涂层的使用寿命。值得注意的是，不能仅靠盐雾试验或其他某一项试验结果来预测涂装体系耐蚀寿命，而是多项试验结果的综合评价。

4）电弧喷涂层寿命计算

封闭的电弧喷涂层耐腐蚀寿命是电弧喷涂层与封闭涂层二者之和的 1.5～2.3 倍，这是世界公认的最佳协同效应。

钢加劲梁外表面：

$$\begin{aligned}50\text{ 年方案涂层寿命} &= (\text{电弧喷铝层寿命} + \text{封闭层寿命}) \times (1.5\sim2.3)\\ &= [(200-80)\div 3+10]\times 1.5 \geqslant 50\text{ 年}\end{aligned}$$

$$\begin{aligned}30\text{ 年方案涂层寿命} &= (\text{电弧喷铝层寿命} + \text{封闭层寿命}) \times (1.5\sim2.3)\\ &= [(160-80)\div 3+8]\times 1.5 \geqslant 30\text{ 年}\end{aligned}$$

钢桥面涂层寿命 $= 120\mu\text{m} \div 4\mu\text{m/年} = 30$ 年

在干燥的半封闭环境下，重防腐涂层寿命约为 15 年。

5）施工技术要求

（1）钢板预涂车间底漆

在钢加劲梁加工下料之前，对全部钢板双面进行预涂车间底漆，作为工序间的保护，增加钢材的防腐性能。

检查钢板表面是否有油污，并用有机溶剂或金属清洗剂清洗油污部位，待干燥后，采用机械式抛砂除锈，达到清洁度 Sa2.5 级，粗糙度 *Rz* 40～80μm 的表面；采用高压无气喷涂设备喷涂醇溶性无机硅酸锌车间底漆一道，厚度 25μm，漆膜结合力达划格法 2 级以上。

（2）电弧喷涂技术要求

① 表面净化：用有机溶剂或金属清洗剂清洗工件表面油污，得到无油、无水、无污物的洁净表面。

② 喷砂除锈：采用压力式喷砂机和无尘自回收喷砂机分别对钢箱加劲梁及桥面进行喷砂除锈，除去表面全部锈蚀产物和焊渣等溅射物，得到清洁度 Sa3 级，粗糙度 *Rz* 40～80μm 的表面。

检验标准：《涂覆涂料前钢材表面处理　表面清洁度的目视评定　第 1 部分：未涂覆过的钢材表面和全面清除原有涂层后的钢材表面的锈蚀等级和处理等级》（GB/T 8923.1—2011）。

检验方法：目视法，用比较样块方法进行，或用 eleometer123 型粗糙度仪测量。

③ 电弧喷涂：采用机械化和手持式电弧喷涂设备进行电弧喷涂施工。其中钢箱加劲梁外表面电弧喷铝，涂层平均厚度达到设计要求，涂层平均结合力达 10MPa；钢桥面电弧喷锌，平均厚度达到设计要求，涂层平均结合力达 5.9MPa；喷涂层外观均匀、致密，无未熔化大颗粒，无漏喷现象。

焊缝防腐要求同钢箱加劲梁，采用手持式压力喷砂和电弧喷涂设备在桥址现场对全部焊缝进行喷砂除锈和电弧喷铝，涂层质量标准同钢箱加劲梁。

现场施工条件为露点温度+3℃以上，相对湿度 85%以下全天候施工。

检验标准：《热喷涂　金属和其他无机覆盖层　锌、铝及其合金》（GB/T 9793—2012），《热喷涂涂层厚度的无损测量方法》（GB/T 11374—2012），《热喷涂　抗拉结合强度的测定》（GB/T 8642—2002）。

检验方法：厚度采用磁性测厚仪，按 10 点法进行现场测试；结合力采用拉力法测定电弧喷涂层的结合强度，可以用拉力试验机或 eleometer106/108 型拉拔仪进行；外观采用目视法，检查喷涂层外观均匀，无未熔化大颗粒，无漏喷和起泡等缺陷。

④ 封闭处理：采用高压无气喷涂设备进行封闭涂装，其中两道封闭底漆和一道封闭面漆在加工车间进行防腐，最后一道面漆在桥址待全部安装完毕后喷涂施工，以保持整体颜色的一致性。

封闭涂层的主要指标为厚度和附着力。其中第一道封闭底漆无厚度要求，因为封闭涂料全部渗透至电弧喷涂层孔隙内，其他各道封闭均应达到设计要求；封闭涂层附着力采用划格法，应达到至少 2 级。

检验标准：《色漆和清漆　划格试验》（GB/T 9286—2021），《金属和其他无机覆盖层厚度测量方法评述》（GB/T 6463—2005）。

检验方法：漆膜厚度采用磁性测厚仪进行测量；漆膜附着力采用划格法应进行划格评级；漆膜外观采用目视法检查，涂层外观应颜色均匀，无漏涂、无流挂、无起泡等现象。

（3）钢箱加劲梁内表面涂装要求

① 表面净化：用有机溶剂清洗表面油污。

② 表面除锈：采用风动工具打磨除锈，除锈等级达 St3 级。

③ 涂装：采用高压无气喷涂设备进行涂装。

④ 检验：检验标准和检验方法同喷砂除锈和封闭涂装层。

6）施工技术措施

（1）电弧喷涂技术的成熟性

电弧喷涂长效防腐技术自 1990 年研究成功以来，在中国获得大面积推广应用，防腐效果显著，施工技术配套完善，工效很高。截至目前，电弧喷涂技术已先后在桥梁、铁道、煤炭、水利、冶金、电力、海港设备200多项大型、特大型工程获得应用，工程合格率100%，工程优良率95%，目前没有发现有任何一项工程出现锈蚀现象。

电弧喷涂设备已发展至手持式电弧喷涂设备、机械化电弧喷涂设备、大功率二次雾化电弧喷涂设备多种系列，以满足钢加劲梁桥不同部位电弧喷涂长效防腐需要，有效解决工期和生产效率的矛盾，如武汉军山大桥电弧喷涂施工进度：钢加劲梁电弧喷铝（180μm）日平均施工面积600m²，钢桥面电弧喷锌（120μm）日平均施工面积800m²，为工期提供了有力保障。

（2）钢加劲梁电弧喷涂施工经验

武汉军山大桥电弧喷涂防腐施工经验可提供有益的借鉴。

钢箱加劲梁外表面底部采用两套机械化电弧喷涂施工，施工面积达 600m²/d；钢桥面行车道部分采用两套无尘自动喷砂机和两套二次雾化大功率机械化电弧喷涂设备施工，路缘石和中央分隔带采用手持喷砂和手持电弧喷涂设备进行施工，施工面积 800m²/d；钢箱加劲梁内、外表面破损及焊缝处在钢箱加劲梁成型后，在桥址现场采用相同工艺方法进行现场喷砂、电弧喷涂、高压无气喷漆封闭修补，待全部可能引起漆膜破损的施工结束，并经修补完成，再集中整体喷涂一道面漆，以保持颜色的一致均匀性。

2. 使用寿命及维护

电弧喷涂封闭涂层使用寿命一般为10～15年。在封闭涂层基本失效后，及时重新涂刷新的封闭涂层，可以始终保持电弧喷涂层不被腐蚀，使得电弧喷涂层的耐蚀寿命大大延长，实现一次防腐，经久不腐。

电弧喷涂封闭层的维护不需要像重防腐涂装那样进行彻底喷砂除锈，仅需将喷涂层表面浮漆清除干净，即可进行封闭涂装，从而节约大量人力、物力和财力，减少环境污染。

相反，采用重防腐涂料防腐的钢加劲梁在没有达到极限寿命时，就需要重新进行涂装维修，且每次维修必须彻底喷砂除去漆皮和锈蚀产物，例如佛山佛陈大桥在重防腐涂装4年后因锈蚀严重而不得不清除全部旧的油漆涂层，重新进行电弧喷涂防腐施工。上海杨浦大桥重防腐涂装7年后也进行了重新喷砂再喷漆的维修。

3. 电弧喷铝防腐方案示例

某桥处于海洋大气环境，属于腐蚀较严重的环境，其钢加劲梁采用电弧喷涂复合涂层进行长效防腐，可以提供桥梁钢结构30～50年甚至更长的防腐蚀寿命。

钢加劲梁所用全部钢板在加工制作前均进行抛砂除锈达Sa2.5级，预涂一遍厚度25μm醇溶性无机硅酸锌车间底漆，对钢板进行工序间预保护，提高加工制作和涂装质量。

表11-5-5、表11-5-6为钢箱加劲梁外表面防腐蚀寿命分别为50年和30年的两种防腐设计方案。

钢箱加劲梁外表面50年防腐设计方案　　表11-5-5

部位	防护方案		道数	厚度（μm）	涂装场地	备注
钢箱加劲梁外表面（除桥面）	防腐体系	喷砂除锈Sa3级，*Rz* 40～80μm	—	—	工厂	涂层寿命≥50年，桥梁外观颜色可选
		电弧喷铝	1	200	工厂	
		环氧云铁封闭漆	1	基本无厚度	工厂	

续上表

<table>
<tr><th>部位</th><th colspan="2">防护方案</th><th>道数</th><th>厚度（μm）</th><th>涂装场地</th><th>备注</th></tr>
<tr><td rowspan="3">钢箱加劲梁外表面（除桥面）</td><td rowspan="3">防腐体系</td><td>环氧云铁中间漆</td><td>2</td><td>100</td><td>工厂</td><td rowspan="3">涂层寿命≥50 年，桥梁外观颜色可选</td></tr>
<tr><td>聚氨酯面漆</td><td>1</td><td>30</td><td>工厂</td></tr>
<tr><td>聚氨酯面漆</td><td>1</td><td>30</td><td>桥址</td></tr>
</table>

钢箱加劲梁外表面 30 年防腐设计方案 表 11-5-6

<table>
<tr><th>部位</th><th colspan="2">防护方案</th><th>道数</th><th>厚度（μm）</th><th>涂装场地</th><th>备注</th></tr>
<tr><td rowspan="6">钢箱加劲梁外表面（除桥面）</td><td rowspan="6">防腐体系</td><td>喷砂除锈 Sa3 级，Rz 40～80μm</td><td>—</td><td>—</td><td>工厂</td><td rowspan="6">涂层寿命 ≥ 30 年，桥梁外观颜色可选</td></tr>
<tr><td>电弧喷铝</td><td>1</td><td>160</td><td>工厂</td></tr>
<tr><td>环氧云铁封闭漆</td><td>1</td><td>基本无厚度</td><td>工厂</td></tr>
<tr><td>环氧云铁中间漆</td><td>1</td><td>60</td><td>工厂</td></tr>
<tr><td>聚氨酯面漆</td><td>1</td><td>30</td><td>工厂</td></tr>
<tr><td>聚氨酯面漆</td><td>1</td><td>30</td><td>桥址</td></tr>
</table>

钢箱加劲梁内表面及钢桥面等部位的防腐蚀方案见表 11-5-7。

钢箱加劲梁内表面及钢桥面防腐设计方案 表 11-5-7

<table>
<tr><th>部位</th><th colspan="2">防护方案</th><th>道数</th><th>厚度（μm）</th><th>涂装场地</th><th>备注</th></tr>
<tr><td rowspan="2">钢箱加劲梁内表面</td><td rowspan="2">防腐体系</td><td>风动机械打磨除锈 St3 级</td><td>—</td><td>—</td><td>工厂</td><td rowspan="2">内部布置抽湿设备</td></tr>
<tr><td>改性环氧耐磨漆</td><td>2</td><td>125</td><td>工厂</td></tr>
<tr><td rowspan="3">钢桥面</td><td rowspan="3">防腐体系</td><td>喷砂除锈 Sa3 级，Rz 40～80μm</td><td>—</td><td>—</td><td>桥面</td><td rowspan="3">防腐寿命 ≥ 30 年</td></tr>
<tr><td>机械化电弧喷锌</td><td>1</td><td>120</td><td>桥面</td></tr>
<tr><td>防水黏结封闭剂（环氧沥青类）</td><td>1</td><td>40</td><td>桥面</td></tr>
</table>

电弧喷涂体系防腐涂装调研见表 11-5-8。

电弧喷涂体系防腐涂装调研表 表 11-5-8

序号	名称	通车时间	防腐体系（底漆）
1	阳逻大桥	2007 年	电弧喷铝
2	棋盘洲大桥	2019 年	电弧喷铝
3	西堠门大桥	2009 年	电弧喷铝
4	官山大桥	2019 年	电弧喷锌铝合金
5	青马大桥	1997 年	电弧喷锌
6	猎德大桥	2009 年	电弧喷铝
7	深中大桥	2024 年	电弧喷锌铝合金

三、除湿防腐

1. 钢加劲梁除湿系统设计概述

大型钢结构采用涂装防腐，多则15年一大修，少则5年一小修，维护工作量相当大。尤其是悬索桥，跨径大，钢加劲梁的内部结构十分复杂，涂装表面面积大，死角多，箱内空间小，工作条件差，给运营后的维修和养护工作带来困难。因此，采取一系列构造措施，将钢箱加劲梁封闭成为一个密封的空间，安装抽湿机，形成除湿系统来防止加劲梁内部的锈蚀是一种可行的方案。

丹麦的小贝尔特桥是欧洲第一座采用除湿系统的钢桥。该桥箱内表面虽然涂了油漆，但为了检验除湿系统的实际效果，钢加劲梁内设置了大量的仅经过表面Sa3级喷砂处理的小钢板。该桥1970年通车至今，这些箱梁内小钢板未发生锈蚀现象，足以证明除湿系统对加劲梁内部防锈蚀的优良效果。日本多多罗大桥及法国的诺曼底大桥均根据此经验取消了箱梁内部表面的油漆涂装，诺曼底大桥甚至还取消了钢板的车间底漆，只安装了除湿系统。

我国自 1986 年开始在地下工程中采用自动控制的封闭式除湿防潮技术，保持地下工程的湿度在稳定的范围内，使得保存在该环境的资料完好无损，重要的机械设备无锈蚀现象，取得了非常好的防护效果。

根据对钢加劲梁内部进行重防腐涂装和除湿方法进行比较，内部除湿具有以下显著特点：

（1）与周期性油漆涂装相比较，除湿系统可以大大降低桥梁运营期间的养护费用。

（2）采用内部除湿方式防腐可以变被动防腐为主动防腐，提高防腐效果。

（3）由于钢加劲梁的结构特点，适合于运用内部除湿技术，梁体为顺直封闭型，箱内的U形加劲肋可以利用起来，作为干燥空气送风管。

（4）内部除湿系统需要较高等级的自动化控制系统。

2. 虎门大桥钢箱加劲梁除湿系统设计实例

钢加劲梁内部，在两岸边梁端各放置2台除湿机（Munters ML1100），以桥面U形加劲肋作为送风管道。将干燥空气送至跨中，在除湿机的作用下，通过加劲梁内部的气体循环，将加劲梁内部空气的相对湿度保持在40%左右。

1）加劲梁内部构造

加劲梁内部采用除湿防腐的方法会给加劲梁的内部构造处理带来下列问题：

（1）横隔板上的开孔尺寸应能够满足梁内气体循环的要求。

（2）加劲梁必须在下列结构的构造处理中，考虑保证内部气密性：灯柱、泄水孔等构造；端隔板上的密封门及焊接孔；伸缩缝伸入梁端部分；吊索进入箱梁部位。

（3）除湿系统自身的构造需要在箱梁端作一些特殊的构造处理，如再生空气入孔、湿空气排放孔和保证梁内外气压平衡的底板开孔等，如图11-5-1所示。

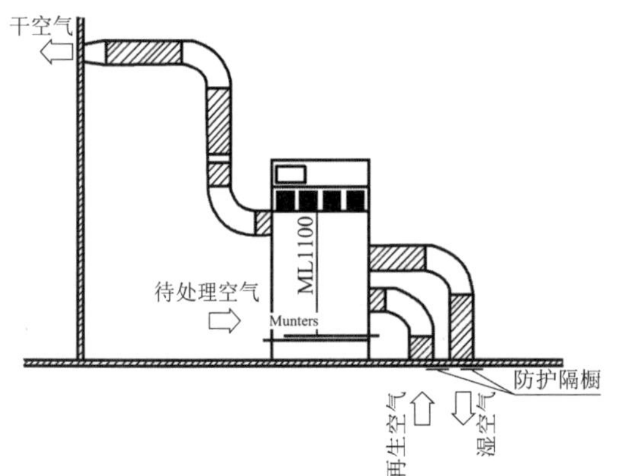

图11-5-1　钢加劲梁内部除湿系统布置

2）工作原理和技术指标

控制钢加劲梁内部空气的相对湿度主要依靠除湿机来完成，除湿机的工作原理如图11-5-2所示。除湿机是利用一种特制的氯化锂转轮进行吸湿的装置。转轮是由吸附力强、耐高温并含有氯化锂吸湿剂的石棉纸相卷而成（石棉纸一层为波纹状，一层为平板状），纸与纸之间形成许多蜂窝状的小通道，以增加湿空气与石棉纸芯的湿热交换面积，提高除湿效果。此外，用无机胶聚合铝作为保护剂，把氯化锂及湿晶体牢牢嵌固在石棉纸上，以免氯化锂被空气带走。

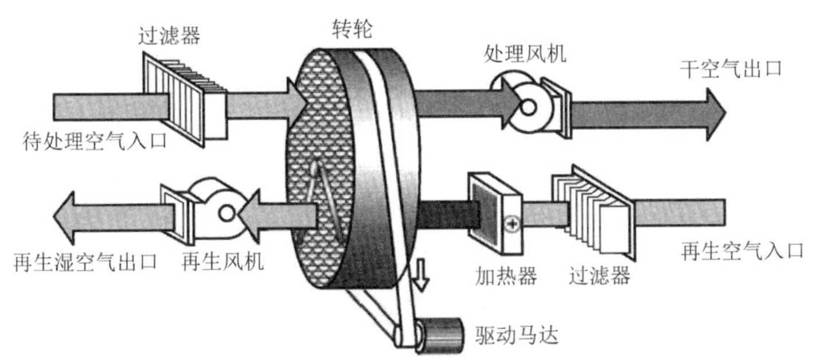

图 11-5-2　除湿机工作原理

在一般情况下，嵌入石棉纸中的氯化锂吸湿剂表面的水蒸气气压 P_L 远远低于同温度空气中的水蒸气气压 P_A，即使在空气中含湿量较低的情况下，吸水性仍然很强；反之，如果 $P_A < P_L$，氯化锂为再生过程，氯化锂转轮除湿机就是借二者水蒸气气压差进行吸湿或再生的。

除湿机在运行过程中转轮以 10r/h 的速度旋转，钢加劲梁内相对湿度较大的待处理的湿空气经空气过滤器通过 3/4 转轮面积的蜂窝状通道时，空气中的水分就被石棉纸芯上的氯化锂晶体所吸收，含浸在石棉纸上，经过转轮的空气就变成了干空气，通过鼓风机将干燥了的空气送入钢加劲梁内；转轮在吸湿的同时，再生空气与前述待处理空气相反方向流过再生加热器，流经转轮 1/4 面积的蜂窝状通道时带走待处理空气。含浸在石棉的水分，在风机的作用下，这部分湿热的空气从另一端排到钢加劲梁之外，钢加劲梁内待处理的湿空气中的水分不断被石棉纸所吸取而变成干空气后再进入箱梁内，而再生空气又不断地将石棉中的水分带走，如此反复，使钢箱加劲梁内空气的相对湿度逐渐降低。

3）除湿系统设计

钢箱加劲梁内部、箱梁两端各布置两台（Munters ML1100）除湿机，并利用两侧贯通全长的 U 形加劲肋作为通风孔道，具体布置如图 11-5-3、图 11-5-4 所示。

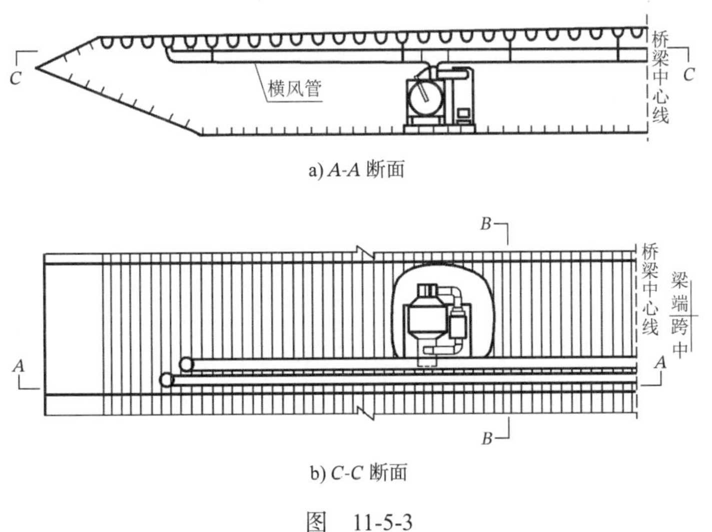

图　11-5-3

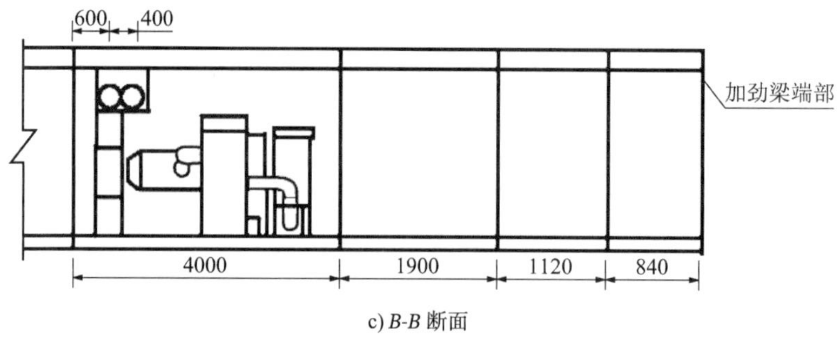

c) *B-B* 断面

图 11-5-3　梁端除湿机布置（尺寸单位：mm）

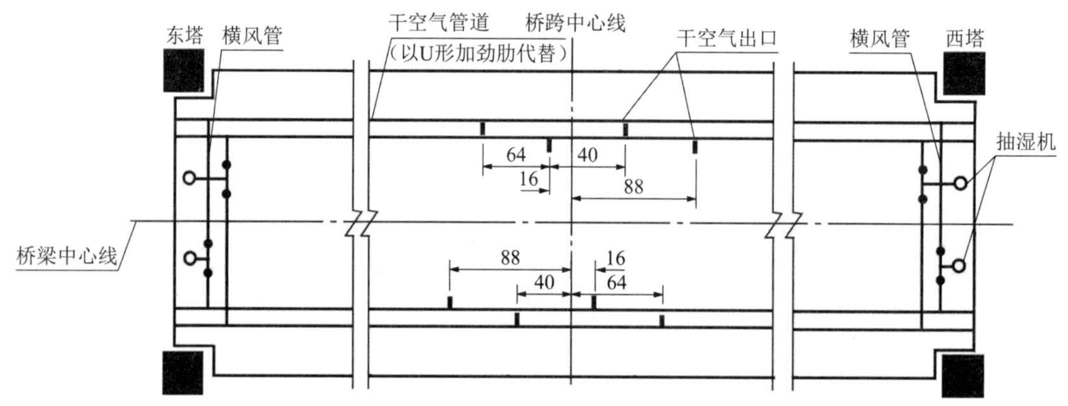

图 11-5-4　加劲梁内部除湿系统布置（尺寸单位：m）

第六节　抗火防护设计

一、抗火防护设计的必要性

目前，随着城市空间格局的加密，交通流量增大，能源交换的需求量也随之增大，装载运输“燃、气、爆、化”的危化品槽车日益增多。这些危化品槽车一旦发生意外火灾，短时间内释放的能量巨大，温度极高，直接破坏桥梁结构，严重威胁交通基础设施安全。

我国钢结构桥梁特别是大跨径桥梁，包括斜拉桥、悬索桥等，近年来发展迅速，不但数量有大幅度增加，跨径也越来越大，在跨江跨海大桥中有大量应用。大跨径桥梁中的主梁、缆索体系等大部分为钢结构，由于钢材具有良好的导热性能和相对较弱的比热容，传热速度快、热量储备能力差，未防火保护的钢结构有一非常致命的弱点——“怕火”。火灾严重威胁钢结构桥梁的安全性能和耐久性能，甚至可造成桥梁的垮塌和人员伤亡，引发重大安全事故，影响民众出行，导致恶劣的社会影响。

为确保钢结构桥梁在全生命周期内能够安全服役，火灾等极端荷载的研究迫在眉睫，其防护技术异常重要。所以交通运输部《关于推进公路钢结构桥梁建设的指导意见》（交公路发〔2016〕115号，以下简称《指导意见》）中再次强调“应完善钢结构桥梁的防火构造措施，提高钢结构桥梁抵抗火灾的能力”，防止出现桥梁垮塌等恶性事故。因此，钢结构桥梁抗火与防灾是当前亟须关注的焦点问题。

21 世纪以来，国内外发生了大量的桥梁火灾（表 11-6-1、图 11-6-1）。尤其油罐车火灾后果更为严重，油罐车发生翻倾、碰撞泄漏后，一旦闪燃，罐内储存的危化品因压力释放会迅速膨胀，体积暴涨，加之油罐车前行的惯性，燃烧面急剧扩张，产生巨大的热量，温度很快会升至 1000℃以上，热辐射极强，所涉及物体的温度会迅速升高。钢材由于具有热敏感特性，同时在巨大的桥梁自重荷载和部分活荷载作用下，钢结构构件可能会发生热屈而导致构件或结构失效，甚至大幅度失稳而导致结构垮塌。车辆火灾一旦在桥梁结构关键部位发生，可能会造成巨大损害。因此对悬索桥开展抗火设计具有重要的理论意义和实用价值。

部分桥梁火灾案例统计表　　表 11-6-1

时间	地点	火灾原因	事故危害
2024-3-31	G60 沪昆高速北盘江大桥	货车自燃	双向交通封闭
2022-9-21	安徽金寨 G42 沪蓉高速公路桥梁	油罐车与货车碰撞燃烧	1 人受伤，交通受阻
2021-7-27	南京栖霞山长江大桥	油罐车与汽车碰撞燃烧	1 名驾驶员死亡，交通受阻
2020-12-09	河北承秦高速斜拉桥高架桥	斜拉桥独塔燃烧	有燃烧物往下坠落，有极大安全隐患
2020-08-19	上海奉浦大桥	厢式货车燃烧	大桥西闸入口关闭，双向阻塞拥堵
2015-12-10	北京北六环高速公路	油罐车起火燃烧后爆炸	北京整个北六环的交通基本瘫痪
2015-05-24	底特律 I-375/I-75 立交桥	油罐车碰撞燃烧	桥梁严重损伤
2014-05-05	赫斯帕里亚 I-15	模板起火	桥梁垮塌
2014-03-18	南昌红谷滩国体中心旁的桥梁	公交车燃烧	大火烧毁公交车 26 辆，该桥交通被暂停
2014-01-03	元江县昆磨高速公路桥梁	油罐车撞击桥梁防护栏	桥梁禁止通行，交付检测部门进行检测
2013-12-13	绵阳高速公路高架桥	油罐车与挂车相撞燃烧	路段双向封闭，车辆滞留十几公里
2013-01-30	安丘市 206 国道公路桥	油罐车与桥梁栏杆相撞	桥梁交通被禁止通行
2012-06-22	汉十高速 K168-K169 段	载有危险化学品货车爆炸	造成随州到襄阳北段双向交通管制
2011-11-15	洛杉矶高速公路梁桥	桥下油罐车爆炸燃烧	桥面混凝土爆裂
2011-07-12	陕西榆林草沟大桥	油罐车与装煤货车追尾	桥梁的主体结构出现了很多裂缝
2010-05-01	包茂高速	油罐车侧翻原油燃烧	路面、栏杆等严重烧毁，交通管制
2008-05-07	路易斯维尔大四桥	照明系统起火	桥梁部分构件损伤
2006-01-16	布鲁克皇后 6 号高速公路	油罐车碰撞燃烧	桥梁需要加固维修
2005-01-25	希拉里翁-安提里翁大桥	照明系统起火	斜拉索断裂
2004-08-26	维赫塔尔大桥	油罐车与汽车碰撞燃烧	桥梁严重损伤
2004-07-01	芒戈河桥	油罐车侧翻原油燃烧	桥梁垮塌
2003-03-26	霍华德大道立交桥	油罐车与汽车碰撞燃烧	南段整体垮塌，北段部分垮塌
1998-05-24	宾夕法尼亚州切斯特溪大桥	油罐车侧翻原油燃烧	钢桥严重屈曲
1997-10-09	纽约市过境立交	油罐车与汽车碰撞燃烧	桥梁垮塌
1995-02-05	爱莫利维尔 I-80 西/I-580 东坡桥	油罐车碰撞燃烧	桥面板、护栏、辅助设施损坏

a) 里奇蒙-圣拉斐尔大桥火灾

b) 旧金山-奥克兰海湾大桥火灾

c) 布伦特-斯宾塞大桥火灾

d) 南京市栖霞山大桥火灾

e) 江阴大桥火灾

f) 沪昆高速北盘江大桥火灾

图 11-6-1　部分火灾实例

二、抗火防护目标的确定

桥梁的抗火防护目标可通过桥梁的设计耐火极限或设计临界温度表征。桥梁的设计耐火极限应考虑桥梁的重要程度、周边环境及经济性要求等因素，其中桥梁周边环境应考虑周边自然环境、是否有化工园区、是否有消防部门、交通疏散的便利性等，可根据桥梁的实际情况综合考虑确定合适的设计耐火极限。

设计临界温度应考虑各构件的重要程度、运营期安全系数、更换成本及难度等因素。对于悬索桥，主缆为主要的承重构件，且不可更换，其耐火极限的确定应预留充足的安全系数，在设计时可控制主缆最外侧钢丝温度不超过300℃，即设计耐火极限可取为300℃，亦可根据工程的实际情况确定适宜的设计耐火极限。吊索为可更换构件，可根据运营阶段的安全性要求确定设计临界温度。索夹是竖向荷载向主缆传递的主要连接节点，火灾作用下，热量会通过索夹向主缆传递，在确定临界温度时应考虑主缆的防护需求。索梁连接节点是竖向荷载由加劲梁向吊索传递的重要节点，损坏后维修更换难度较大，可根据运营期的安全要求结合经济性要求确定其设计临界温度。

三、火灾升温曲线的确定

桥梁火灾和建筑火灾在燃烧物种类、火灾模型与升温空气的温度分布方面都有着显著的差异。桥梁火灾的燃烧物种类为桥上通行的危化品车辆，这些危化品车辆一般装载热值高的工业原油，一旦发生意外火灾，短时间内释放的能量巨大，温度极高，与《建筑钢结构防火技术规范》（GB 51249—2017）中的燃烧物质（家具、寝具、衣服、书籍、机具、用具）的热值存在较大差异。桥梁火灾的火灾模型也与建筑火灾有着显著区别，桥梁火灾场景为开放火灾场景，即为燃料控制型火灾，与建筑火灾中大多数受氧气含量制约的通风控制型火灾有着本质差异。通风控制型火灾在发展中后期就会受到氧气含量的影响，热释放速率会显著下降，且下降过程在整个燃烧过程的占比大，故释热放速率保持峰值的燃烧过程较短，而燃料控制型火灾能够保持最大的热释放速率燃烧，直至燃料耗尽，热释放速率下降过程明显短于通风控制型火灾，并且桥梁火灾的最大热释放速率还会受到桥面风速的影响。桥梁火灾升温空气的温度分布也不同于建筑火灾，因为桥梁火灾处于空气自然流动的开放火灾场景，受桥面风影响，升温空气的温度分布不能像建筑火灾一样表现出极对称的空间特征。火焰羽流区偏向下风方向，风速越高，火焰羽流区向下风方向偏移的程度越大，而升温空气的温度分布受到火焰羽流区控制，桥面风影响，没有呈现出明显的规律性。

目前，火灾下空气升温曲线包括标准升温曲线和设计火灾升温曲线。可采用有限元方法根据真实火灾或设计最大热释放速率计算得到设计火灾升温曲线；亦可近似采用标准升温曲线，根据设计工程的实际需求确定。

当能准确确定桥梁火灾荷载、可燃物类型及其分布和几何特征等参数时，可采用有限元方法精确计算真实火灾的升温曲线。当给定设计最大热释放速率时，可采用有限元方法计算得到火灾升温曲线。对于以烃类物质为主的桥梁火灾也可近似采用 HC（碳氢）标准升温曲线，按式(11-6-1)确定。

$$T = T_0 + 1080(1 - 0.325e^{-0.167t} - 0.675e^{-2.5t}) \tag{11-6-1}$$

式中：T——t 时刻的热烟气平均温度；

T_0——火灾前环境温度，可取 20°C；

t——火灾持续时间。

四、抗火设计计算方法

1. 荷载组合

桥梁结构应按抗火承载力极限状态进行抗火验算，结构抗火承载力极限状态的最不利荷载（作用）效应组合设计值，应考虑火灾时结构上可能同时出现的荷载（作用），按式(11-6-2)组合确定：

$$S_m = S\left(\sum_{i=1}^{m} G_{ik},\ T,\ (\psi_{f1}或\psi_{q1})Q_{1k},\ \sum_{j=2}^{n} \psi_{qj} Q_{jk}\right) \tag{11-6-2}$$

式中：S_m——荷载（作用）效应组合的设计值；

$S(\ )$——作用组合的效应函数；

G_{ik}——第 i 个永久作用的标准值；

T——火灾下结构的温度作用；

ψ_{f1}——汽车荷载（含汽车冲击力、离心力）的频遇值系数，取 $\psi_{f1}=0.7$；当某个可变作用在组合中其效应值超过汽车荷载效应时，则该作用取代汽车荷载，人群荷载 $\psi_f=1.0$，风荷载 $\psi_f=0.75$，温度梯度作用 $\psi_f=0.8$，其他作用 $\psi_f=1.0$；

$\psi_{f1}Q_{1k}$——汽车荷载的频遇值；

ψ_{q1}、ψ_{qj}——第 1 个和第 j 个可变作用的准永久值系数，汽车荷载（含汽车冲击力、离心力）$\psi_q=0.4$，人群荷载 $\psi_q=0.4$，风荷载 $\psi_q=0.75$，温度梯度作用 $\psi_q=0.8$，其他作用 $\psi_q=1.0$；

$\psi_{q1}Q_{1k}$、$\psi_{qj}Q_{jk}$——第 1 个和第 j 个可变作用的准永久值。

进行计算时应选用最不利火灾场景进行验算，应考虑结构的热膨胀效应和结构材料性能受高温作用的影响，必要时还应考虑结构几何非线性的影响。其中结构材料应采用高温下的强度与弹性模量。

2. 验算方法

构件抗火验算可采用耐火极限法、承载力法或临界温度法。

（1）耐火极限法

在设计荷载作用下，火灾下构件的实际耐火极限不应小于其设计耐火极限，并按式(11-6-3)进行验算。

$$t_m \geqslant t_d \tag{11-6-3}$$

式中：t_m——火灾下构件的实际耐火极限；

t_d——构件的设计耐火极限，应根据工程的实际需求确定。

（2）承载力法

在设计耐火极限时间内，火灾下构件的承载力设计值不应小于其最不利荷载（作用）组合效应设计值，并按式(11-6-4)进行验算。

$$S_m \leqslant R_d \tag{11-6-4}$$

式中：S_m——火灾下构件的荷载（作用）效应组合设计值；

R_d——火灾下构件的抗力设计值，应考虑材料高温下力学性能的变化。

（3）临界温度法

在设计耐火极限时间内，火灾下构件的最高温度不应高于临界温度，并按式(11-6-5)进行验算。

$$T_m \leqslant T_d \tag{11-6-5}$$

式中：T_m——在设计耐火极限内构件的最高温度；

T_d——构件的设计临界温度，应根据工程的实际需求确定。

火灾下构件的计算应力、实际耐火极限、实际临界温度可采用有限元法，必要时应配合火灾试验进行验证。

五、抗火防护材料

悬索桥抗火防护材料可采用防火涂料或柔性隔热材料。

1. 防火涂料

目前，在各类钢结构防火保护措施中，采用防火涂料进行阻燃被认为是比较有效的措施之一。防火涂料阻止燃烧扩展的基本思路是：隔离火源；降低环境及可燃物表面温度；降低周围空气中氧气浓度。防火涂料按组成材料的不同，可分为遇高温后能膨胀和不能膨胀两类。非膨胀型的防火涂料由难燃性或不燃性的树脂、难燃剂和防火填料组成，能阻止火焰蔓延。膨胀型防火涂料由难燃树脂、难燃剂及碳剂脱水成碳催化剂、发泡剂等组成。涂膜在火焰或高温作用下会发生膨胀，形成比原涂层厚数倍到数十倍的泡沫碳质层，有效阻挡外部热源对基材的作用，阻燃效果优于非膨胀型涂料。

常用的膨胀型防火涂料主要包括溶剂型、水基性、环氧类等三种。

（1）溶剂型防火涂料

溶剂型防火涂料以其优异的防火性能可在火灾发生时迅速形成耐火层，有效阻止火焰的蔓延，为建筑物和人员提供安全保障。其施工简便快捷，适应性强，无论是喷涂还是刷涂，都能轻松应对各种施工环境和条件。同时，该涂料附着力强，涂层与基材紧密结合，不易脱落，确保长久稳定的防火效果。尽管溶剂型防火涂料在防火方面表现出色，但也存在一些不可忽视的缺点。首先，溶剂挥发过程中可能产生挥发性有机物，对环境造成污染，对人体健康构成潜在威胁。其次，由于涂料中含有易燃的有机溶剂，因此在使用过程中需要格外注意安全，防范火灾和爆炸等安全事故。

（2）水基性防火涂料

水基性防火涂料也被称为水性防火涂料，具有良好的附着力和阻燃性能。相比于传统的溶剂型防火涂料，水基性防火涂料更为环保，施工过程中不会产生挥发性有机物，对环境友好。水基性防火涂料虽然在环保和防火性能上表现出色，但也存在一些明显的缺点，如施工要求严格，对设备和输送管道的腐蚀性较大。

（3）环氧类防火涂料

环氧类防火涂料在防火涂料领域具有显著优势。它具备优秀的防火性能，能够在高温环境下有效隔离火源，防止火灾的扩散和蔓延。该涂料附着力强大，能够牢固地附着在各种基材表面，确保长久的防火保护。环氧类防火涂料还具有良好的耐化学腐蚀性，能够抵抗酸、碱、盐等化学物质的侵蚀。此外，环氧类防火涂料施工方便快捷，可直接应用于多种材质表面，且不会释放有害气体，对环境友好。更重要的是，环氧类防火涂料适用范围广泛，无论是建筑、钢结构还是管道、储罐等，都能为其提供有效的防火保护。环氧类防火涂料的膨胀倍数比其他防火涂料小，所需涂覆厚度要厚一些。

2. 柔性隔热材料

柔性隔热材料主要包括纤维型、泡沫型、反射型和气凝胶类。

（1）纤维型隔热材料

纤维型隔热材料具有密度小、轻柔、强度高和易加工等特点，是经典的低导热材料，具有优良的隔热性能，是隔热材料的最主要类型之一。纤维隔热材料又可划分为高性能有机纤维隔热材料和无机纤维隔热材料。

高性能有机纤维隔热材料通常适用于 450℃以下的环境。与高性能有机纤维相比，无机纤维隔热材料（如玄武岩纤维、陶瓷纤维、玻璃纤维、碳纤维等）具有模量高、强度大、较好的耐高温性等优点。由于无机纤维优异的隔热性能，经常被选择用来制备隔热材料，应用于各种领域。

玄武岩纤维制成的玄武岩纤维防火布熔点 1200～1350℃，使用温度 600～800℃。玄武岩纤维的延性高于碳纤维，伸长率与高延性的 Dyneema（迪尼玛）纤维相当；Dyneema 纤维的断裂伸长率大概为 3.5%。陶瓷纤维具有低密度、高比强、抗氧化和耐高温等优点，工作温度通常在 1600℃以上，采用该类材料制备新型隔热材料日益成为研究的热点。玻璃纤维是重要的纤维材料之一，它能适应各种环境，不会老化，不可燃，具有良好的耐热性和绝缘性。玻璃纤维的熔点为 1200～1350℃，沸点为 1000℃，密度为 1.6～2.9g/cm³，回潮率为 0.1%～0.4%，适用于制备耐高温隔热材料。碳纤维密度为 1.5～2g/cm³，在没有氧气的情况下，碳纤维能够耐受 3000℃，具有很好的耐腐蚀性，主要用于制作增强复合材料，可用于航空航天和国防等产业领域。

（2）泡沫型隔热材料

泡沫型隔热材料主要分为金属泡沫、有机泡沫和无机泡沫等，主要用于航空航天和工业等领域。金属泡沫具有比重小、比表面积较大、减振性好和刚度大等特性，但导热系数较高。有机泡沫如聚氨酯泡沫、酚醛泡沫和聚乙烯泡沫等，密度小、隔热性能好，但高温下容易分解，较多应用于低温和保冷领域。无机非金属泡沫隔热材料主要有泡沫玻璃、泡沫陶瓷、泡沫水泥、泡沫混凝土等，具有较好的耐高温性能。但泡沫隔热材料形态多为固体，不易弯曲，难以缠绕在悬索桥主缆和吊索上。

（3）反射型隔热材料

反射型隔热材料指材料表面具有较高的反辐射性能，能够反射大部分的辐射热流，从而达到较好的隔热效果，利用其高反射性能制备的隔热材料。根据材料的形态分类，反射型隔热材料分为薄膜和涂料。铝箔是一种隔热性能好的薄膜形态反射型隔热材料，铝箔可以将 80%～95%的辐射热都反射回去，本身只吸收很少一部分的辐射能；可以利用这一点将反射型隔热材料与其他隔热材料复合。在隔热结构中添加铝箔可以提高隔热效率，在加热温度为 600℃时效果最好，隔热效率提高了 39.3%；温度继续升高，隔热效率逐渐下降，原因是高温下铝箔性质遭到破坏。

（4）气凝胶类隔热材料

气凝胶是一种分散介质为气体的凝胶材料，固相和孔隙结构均为纳米量级。SiO_2 气凝胶由于其特殊的纳米级孔和骨架颗粒，热导率较低[常温下约为 0.015W/(m · K)]。但是，SiO_2 气凝胶在高温时对波长为 3～8μ 的近红外热辐射具有较强的透过性，随着温度的升高，辐射传热将逐渐成为热传导的主要方式。此外，气凝胶的低密度和高孔隙率导致其强度低、脆性大，难以直接作为隔热材料使用，其力学性能有待提高。可将无机陶瓷纤维与 SiO_2 气凝胶复合，复合材料具有较好的力学性能和隔热性能。无机陶瓷纤维提高了材料对红外辐射的散射和吸收等作用，减少了辐射传热，因而 SiO_2 气凝胶复合材料具有较低的热导率。SiO_2 气凝胶复合材料在 200℃时的热导率[0.017W/(m · K)]和 800℃时的热导率[0.042W/(m · K)]分别为无机纤维隔热材料的 50%和 45%。

3. 悬索桥对抗火防护材料的要求

桥梁所处环境较为复杂，抗火防护材料除需要具备优异的隔热阻燃性能外，还要求具有高耐久性、高韧性和高黏结性，并且便于施工和维护。

六、抗火防护方案设计

抗火防护方案应包括防护范围、防护厚度、防护材料、构造细节等，应综合考虑结构安全性和经济性要求，应具备可施工性和可维护性，并且不影响桥梁防腐等其他性能；抗火防护材料应满足桥梁使用环境要求。

抗火防护工程施工时，不应产生对人体有害的粉尘或气体，构件受火后发生允许变形时，抗火防护不发生结构性破坏与失效，要求施工方便且不影响前续已完工的施工及后续施工。

1. 主缆

大跨径悬索桥的主要承重构件是主缆，它主要承受拉力，一般用抗拉强度高的钢材（钢丝、钢缆等）制作。在火灾高温作用下，主缆的受拉力学性能会直接影响悬索桥的承载能力，可能对桥梁结构的安全性造成较大威胁，且损坏后无法修复，因此需对主缆进行抗火防护。

主缆的抗火防护范围应根据温度场分布和设计临界温度确定，可根据主缆温度场随高度的变化状态分区采取抗火措施。主缆抗火可采用防火涂料或柔性隔热带或多种材料复合抗火结构（图 11-6-2），应做好索夹和气孔与主缆连接处的构造细节设计，并且不影响主缆的密封构造及防腐构造。主缆抗火防护方案可结合试验及数值模拟确定，抗火防护后的主缆应满足桥梁的抗风设计要求。

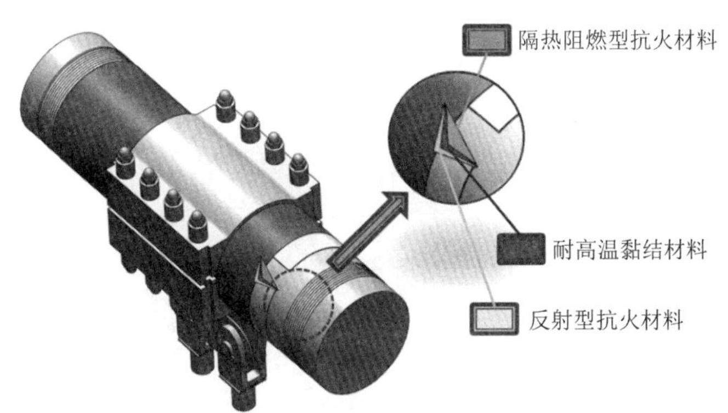

图 11-6-2　主缆复合抗火结构示意图

2. 吊索

吊索是悬索桥传递竖向荷载的主要构件，未经防护的吊索在火灾作用下升温速度很快，10min 左右就可能发生破坏。吊索为可更换构件，在设计时应结合最不利火灾场景对吊索连续断裂风险进行评估，在此基础上，结合经济性要求及实际需求确定是否进行抗火防护。

吊索抗火防护材料可采用防火涂料或柔性外包型防火材料，应根据吊索的温度场分布和设计临界温度确定吊索的防护高度，吊索的抗火防护应不影响吊索的防腐构造和抗风要求，吊索叉耳及销轴的防护应不影响正常运营中的转动功能，吊索的抗火防护方案应结合试验及数值模拟确定。

3. 索夹

索夹在火灾高温作用下极易发生破坏，其耐火极限仅为 30min 左右，其中最容易出现破坏的部位为下索夹耳板和角点处的螺栓，并且索夹损坏后更换难度较大；另外，在火灾高温作用下，热量会通过索夹向主缆传递；主缆为不可更换构件，并且为悬索桥的主要承重构件，在火灾作用下也要满足足够的安全度要求。因此，从上面两个方面考虑，需要对索夹进行抗火防护，既要满足索夹本身的抗火要求，不发生破坏，还要满足所包裹的主缆的抗火防护要求。索夹在确定抗火防护标准时，需针对上述不同部位的抗火需求分区确定适宜的标准。如图 11-6-3 所示，

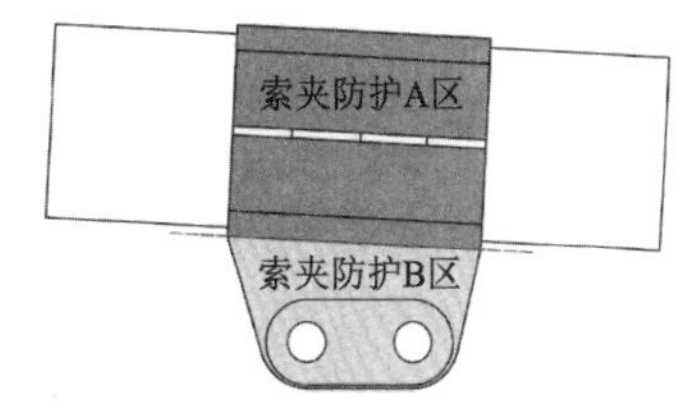

图 11-6-3　索夹防护分区示意图

索夹防护分成两个区域，包裹主缆部分为索夹防护 A 区，下索夹耳板部分为索夹防护 B区。

（1）索夹防护 A 区防护后既要满足主缆抗火防护需求，避免索夹部分成为主缆抗火的薄弱区，又要满足索夹的防护需求。考虑到构件的重要程度，主缆的抗火防护要求相对更高，因此，这部分索夹的防护按照主缆的防护要求确定防护目标。

（2）索夹防护 B 区要满足索夹高温下承载力的要求，可根据索夹在运营过程中的应力控制水平确定设计临界温度，使火灾发生时索夹的承载力依然能够满足正常运营时的承载力需求（索夹不发生损伤），亦可根据工程的实际需求设计更高的防护标准。

索夹的防护范围可根据索夹的温度场分布和设计临界温度确定，可采用防火涂料进行抗火防护，应做好索夹与主缆和吊索连接处的构造细节设计，防护方案应结合试验及数值模拟确定。索夹可采取抗火防腐一体化设计，如图 11-6-4 所示，面漆、底漆及中间漆可根据耐久性要求设计，防火涂料层可根据抗火防护目标设计。

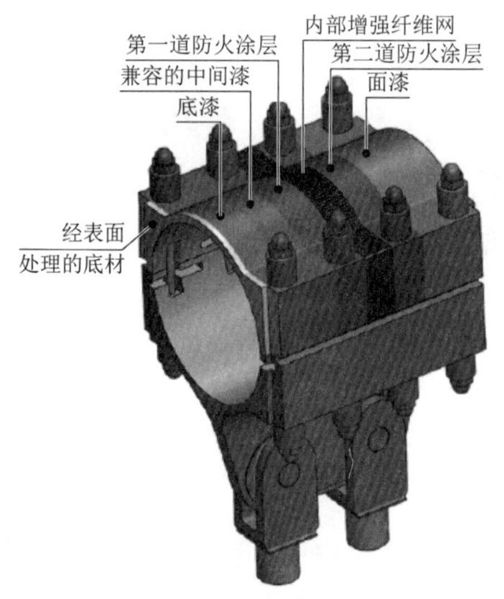

图 11-6-4　索夹抗火防腐一体化抗火防护体系示意图

4. 索梁节点

索梁节点可采用防火涂料进行抗火防护，应做好吊耳与吊索连接处的构造细节设计，抗火防护后的节点应满足正常运营时的使用要求。索梁节点可采取抗火防腐一体化设计，如图 11-6-5 所示。

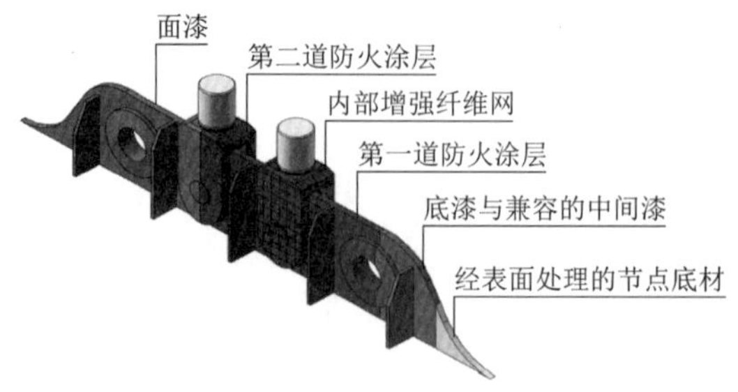

图 11-6-5　索梁节点抗火防腐一体化抗火防护体系示意图

第十二章

景观艺术设计

第一节　目的与原则

一、设计目的

悬索桥是一项工程，同时也是一门艺术。悬索桥是人类建筑的一个重要组成部分，不同的悬索桥结构体系，展现出不同的力学美。悬索桥是桥梁大家族中最古老的桥梁体系之一。随着科技的进步，悬索桥的跨径不断加大，悬索桥的桥梁形态更加多姿多彩。

景观艺术设计的目的是对悬索桥的结构造型进行深入的建筑设计，使各部分造型协调，结合地域文化使之达到结构与形式的统一，让工程与环境和谐，展示悬索结构桥梁的力与美。

二、总体设计原则

1. 确立悬索桥的景观艺术定位

由于现代的悬索桥建设已不仅是一项交通工程项目，悬索桥的建设对所处的地域有着巨大的影响。不同区域、不同环境以及不同的文化背景，对悬索桥的建设有着不同的要求。因此把握好悬索桥建设的整体定位至关重要。明确大桥的定位对景观艺术项目内容的确定和资金投入以及地标价值等起到指导性的作用。

2. 整体协调性原则

悬索桥由塔、缆、梁、锚碇等组成，并与引桥等众多结构形式的元素组合而成，各部件与主桥整体以及引桥之间协调性如何，决定了大桥景观艺术的整体效果。大桥设计是各部分与整体的系统工程，从整体出发，把握相互之间的协调关系，是设计的重要原则。

3. 环境协调性原则

一座悬索桥跨越江河，它的建造不仅局限于悬索桥工程本身，同时使这一区域的环境和空间序列发生了新的变化。工程的建设对环境的影响较大，因此在设计中，应充分考虑大桥所在区域的环境特征，贯彻工程与环境和谐的理念，并且考虑未来区域规划的协调关系。

4. 注重风格与特色

在悬索桥的体系中，也有不同的风格与形式，选择好与工程和环境相吻合的形式，突出悬索桥所在地域的文化，形成特色的造型，是悬索桥创新的重要目标之一。不同悬索桥所处的地理位置，都有着不同的人文历史文化，在大桥的设计中应充分将其融入，使之成为所在区域的地标。

5. 结构与形式的统一

不同于一般建筑，悬索桥有其自身的力学结构体系和规律，而建筑的形式应建立在与结构统一协调的基础上，避免形式与结构相脱节的桥梁景观艺术。

三、索塔景观艺术设计原则

索塔是悬索桥最突出的构件之一，支撑主缆，其高大、直立、挺拔的形象十分突出。在悬索桥的景观艺术中，索塔的造型至关重要，也是悬索桥景观艺术的重点。在满足结构受力的前提下，工程设计人员应对塔的形式进行深入的建筑设计，强调索塔的创意与特色，注重相互之间的比例协调关系，从不同的角度对索塔的造型进行分析，并应强调简洁、气势的特点，表达出大桥的特征和标志性。

四、锚碇景观艺术设计原则

锚碇是悬索桥特有的构件，有体积大和重量大的特点，对其造型也应进行建筑设计。但其形象突出，因此在设计中应充分考虑与全桥的建筑风格相一致，注意与环境相协调，避免粗糙的形态，同时也可对其空间特点进行综合开发。

五、加劲梁景观艺术设计原则

加劲梁是悬索桥桥梁连接两岸的主要载体，表现为扁薄的形态，根据悬索桥自身的特点，应尽量采用简洁、明快的风格。由于悬索桥的跨度不同，加劲梁的结构高度也不同，在加劲梁的设计中，要充分考虑与不同跨径引桥梁高的统一问题，使全桥线形及梁形顺畅，注重全桥的整体协调关系。

六、桥面系景观艺术设计原则

桥面系是悬索桥的细部结构，是人们近距离接触的构件，在造型上应与全桥的建筑风格一致，体现出以人为本的现代人性化设计原则。在满足安全功能的基础上，应精细而实用。

七、夜景艺术设计原则

夜景艺术是城市发展对大桥提出的新形象要求，不同的环境背景对大桥的夜景有着不同的需求。要确定夜景的需要与价值，大桥的夜景照明应运用照明技术来展示并突出大桥的整体建筑特点与美感。同时在夜景艺术的设计中应遵循绿色环保的理念，防止光污染。在交通建筑物上布设夜景照明，应防止灯光对行车的眩光与影响，并强调可维护性和节约用电的设计，在设计中结合工程建设同步实施，秉承经济合理可行原则。

八、色彩景观艺术设计原则

大桥色彩是影响悬索桥景观艺术效果的重要因素之一，是悬索桥景观艺术的重要组成部分，是大桥外观形象及展示悬索桥个性的直接表现。

（1）色彩的选择应与周围环境相协调，创造悬索桥特色的新景观，慎用大红大绿色彩。

（2）色彩应表现地域性、文化性、主题与亲切感，体现悬索桥建筑的风格。

（3）色彩应预示结构的功能，更好地展现悬索桥形态美、工业美与功能美。

（4）利用色彩的诱目性，增强悬索桥的标志和象征作用。

（5）利用色彩的心理效果，防止驾驶员的视觉疲劳。

（6）利用涂装安全色，提醒航道行船者注意，防止交通事故。

（7）防止构件材料裸露锈蚀，提高结构的抗腐蚀性。

（8）合理选择材料，经济可行。

第二节　基本思路与方法

一、基本思路

景观艺术由“景”和“观”两部分组成。“景”包括自然风景与人文景物，“观”是指人们所处位置对自然景色与人文构造物进行观赏的视点场。景观艺术是指在“观”的角度上，以审美的意识，在工程技术的基础上，通过可视的手法，对人们生存所处的自然环境和人文构造物两者进行论证和设计。

而在悬索桥的景观艺术中，主要的设计思路就是通过“观”的视觉平台，对悬索桥结构体系所形成的形态、悬索桥与环境的空间关系、悬索桥各构件的造型以及各部件之间的组合关系，采用三维仿真的虚拟技术进行综合分析，并运用建筑美学的理论与法则进行评价与比选，指导悬索桥结构进一步优化，使之达到结构与形式完美的统一。

二、基本方法

1. 环境调查分析

现代悬索桥设计在结构安全、经济合理的前提下，强调桥梁与环境的和谐统一。每座桥所经过区域的环境都有其自身的特点，因此要开展悬索桥景观设计，先应对所建造区域的环境进行了解，使建造的悬索桥能与周边环境和谐。悬索桥在设计时，工程师应对沿线的地形、地质、气候、植被、水文等一些因素开展深入的调查研究，在了解第一手资料的基础上，对这些环境的特点进行分析，不同环境的特点对景观艺术总体设计起着不同的制约作用。因此，悬索桥的总体景观艺术设计是建立在对其所经区域环境了解的基础上开展工作的。

2. 历史文化背景的调查分析

景观艺术设计是工学与美学的结合。景观艺术设计在了解工程技术设计的前提下结合建筑设计开展，而景观艺术的标准是以建筑美学的原则来判别的。建筑造型的主题和理念是悬索桥风格与形式的灵魂，而所在区域的历史文化是建筑主题与理念的基础与土壤。景观艺术设计应体现悬索桥所经区域的历史文化特点，因此开展对周边环境历史文化背景的调查分析十分必要。

3. 视点分析

视点是景观艺术设计中判别工程景观艺术优劣的依据。每座悬索桥都有其不同特点的视角，因此，从视点的角度出发来分析悬索桥景观艺术的设计重点、项目的组成和造型特点，并充分考虑不同视点大桥景观艺术的不同效果是决定大桥景观艺术的重要条件。大桥景观艺术的开展应建立在观桥视点调查的基础上，认真分析大桥视点的构成，抓住主要的视点，从而确定景观艺术内容的构成。

4. 工程技术设计的了解与工程构造形态的分析

悬索桥的景观艺术设计是工业设计的一个热点分支，而与工业景观设计不同之处就是景观艺术设计应建立在工程技术设计的基础上，将景观艺术理念注入工程设计中。在开展总体景观艺术设计前应认真了解悬索桥的技术设计资料。不能充分掌握和了解工程的技术设计，就不能很好地开展景观艺术设计。因此，设计师应在充分了解工程技术设计的基础上对悬索桥的工程构造形态开展分析。悬索桥是由众多构造组合的系统工程，其不同的构件有着不同的构成形态，因此应该对悬索桥的不同构造形态进行分析。只有充分掌握了工程构造形态这一基础，才能对悬索桥各工程构件进行造型设计，使整体相互协调，使大桥与环境协调。

5. 三维模拟分析

悬索桥设计着重解决的是工程结构的受力与安全问题，对于工程形象方面的考虑十分不足。为了保证理论分析的科学性与严谨性，需通过大型计算机对大桥工程图纸进行三维立体模拟，综合仿真模拟大桥周围的空间光线、地理环境的材质（如水、天、植被、地形等）、左右行车道等，准确再现大桥桥线的走向、方位以及形态与环境的关系，在满足工程技术的前提下，判别工程结构形态的景观艺术性。

6. 造型评价与优化

在工程结构形态进行三维模拟的基础上，通过可视化平台，将悬索桥的整体形象和各部位结构造型，进行景观艺术评价和分析，判别造型的优劣，并运用审美的法则指导景观艺术设计，使工程设计与景观艺术设计更加融合，使结构与形式统一，从而提升悬索桥工程的整体形象。

第三节　主要内容与流程

一、主要内容

悬索桥景观艺术设计包括四个方面的内容：桥型与环境；结构构件与造型（含索塔、主缆、加劲梁、锚碇、桥面系等）；夜景照明；色彩涂装。悬索桥景观艺术设计内容详见表12-3-1。

悬索桥景观艺术设计内容　　表12-3-1

悬索桥景观艺术设计具体内容	总体景观艺术设计	大桥平纵曲线
		桥梁色彩
		桥梁夜景
		桥面系
	主桥	桥型的景观艺术特色
		索塔造型分析
		箱梁造型分析
		锚碇造型设计
	引桥	墩的造型特点
		引桥的造型特点
	两岸桥头服务区	用地规划

二、流程

根据现代悬索桥设计理论的要求，建筑设计也是悬索桥设计的重要组成部分，因此在设计流程和顺序中，景观艺术因素的考虑也是悬索桥设计的重要部分。景观艺术设计流程见图 12-3-1。

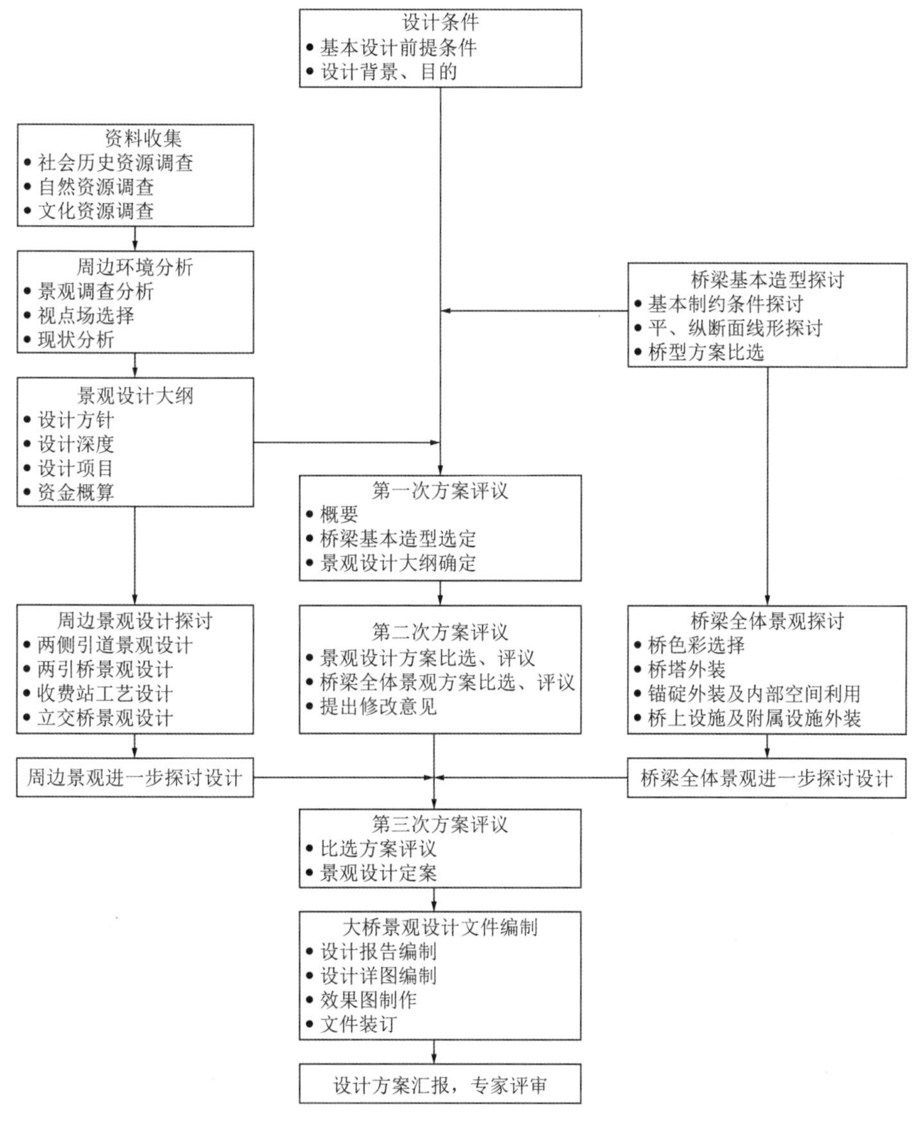

图 12-3-1　景观艺术设计流程图

第四节　建 筑 造 型

一、悬索桥的构造与形态元素

悬索桥的构造分上部结构和下部结构。上部结构的主要构件是索塔、主缆和加劲梁，其次还有吊索、鞍座、索夹等。主缆两端锚固体即锚碇为下部结构，是悬索桥的重要组成部分。

（1）索塔是悬索桥支承主缆的重要构件，索塔的高度主要由垂跨比确定。由于跨径的加大，支承主缆的索塔高大，因此索塔形态十分突出。由于结构需要，悬索桥索塔一般以门形的构造形态为主，见图 12-4-1。

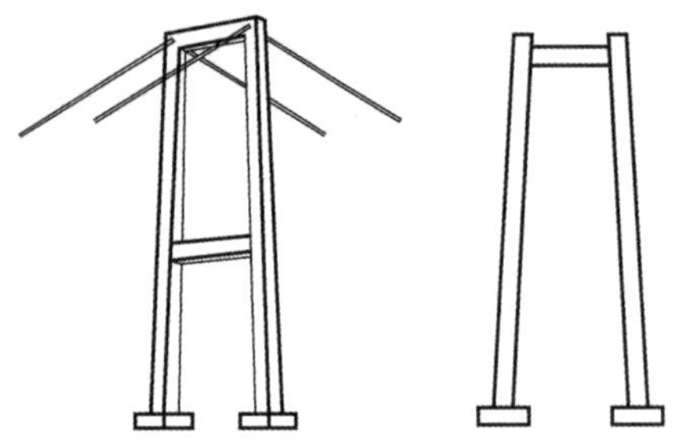

图 12-4-1　形成门形的符号元素

（2）主缆架设在索塔上，两侧延伸进入锚固体，形成了大跨径加劲梁的主要承担体，而主缆采用钢丝束形成圆柱的曲线形，形成了悬索桥独特的曲线美的形态特征，表达出巨大起伏的曲线元素，见图 12-4-2。

（3）加劲梁是悬索桥构成桥面跨越江河，提供车辆行驶的主要构件，加劲梁一般取扁薄的造型元素，吊索与主缆形成的悬索桥桥面也是大桥形态的主要构件，加劲梁形态见图 12-4-3。

（4）锚碇是悬索桥的重要构件，而悬索桥具有适合大跨径的特点，锚碇的体量随着跨径的加大而增大，形成了重力锚巨大的体量，其形态较为突出。大体量构造物的造型对景观艺术的影响较大，可根据地形的不同特征采用不同的锚碇造型，两种典型的锚碇形式见图 12-4-4。

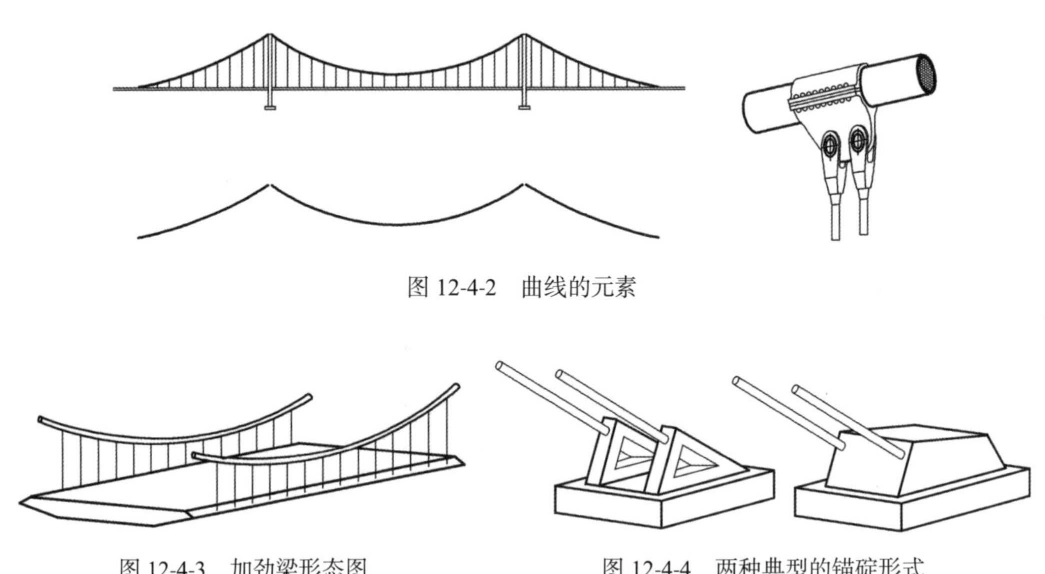

图 12-4-2　曲线的元素

图 12-4-3　加劲梁形态图

图 12-4-4　两种典型的锚碇形式

二、悬索桥总体布设与造型

悬索桥可采用三跨的形式布设，而在造型上受到自身规律的约束。

（1）常用的边中跨径比为 0.25～0.45，见图 12-4-5。

（2）常用的垂跨比为 1/11～1/9，见图 12-4-6。

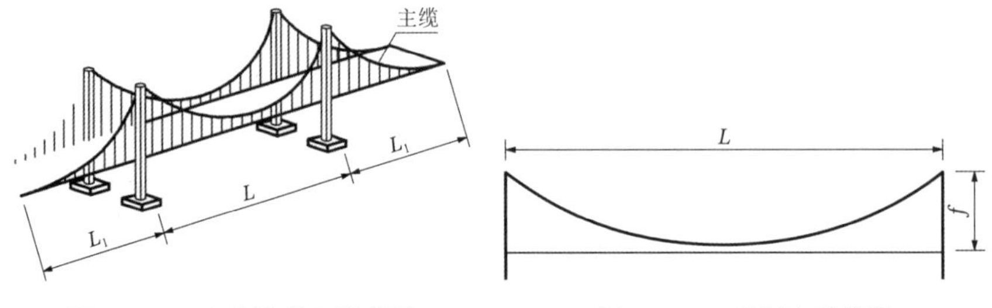

图 12-4-5　边中跨度比示意图

图 12-4-6　垂度比示意图

（3）常用的高跨比为：钢桁加劲梁 $h / L = 1/180 \sim 1/70$；钢箱加劲梁 $h / L = 1/500 \sim 1/300$，如图 12-4-7 所示。

（4）常用的为宽跨比 $W / L \geqslant 1/50 \sim 1/20$，如图 12-4-8 所示。

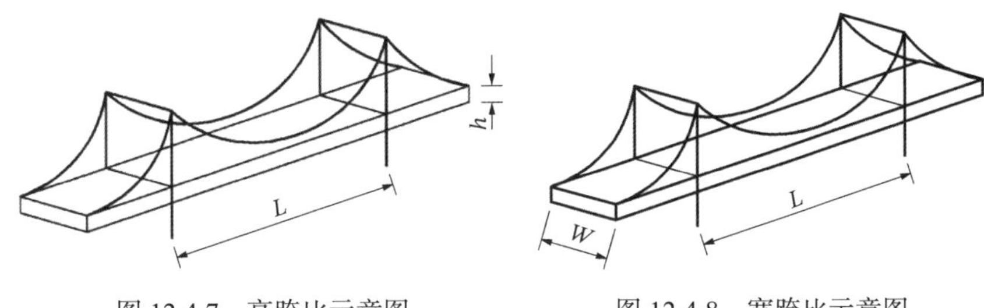

图 12-4-7　高跨比示意图　　图 12-4-8　宽跨比示意图

三、悬索桥主要构件的造型

1. 索塔的造型设计

索塔是悬索桥的主要构件，由于塔的形象高大突出，是大桥体现标志和特色的主要构件，因此在悬索桥设计中，索塔的造型对大桥的景观艺术至关重要。在悬索桥的设计中，造型受到结构体系的制约与限制，一般悬索桥的索塔上塔柱高度大致为（1/11～1/9）L。在同等跨度下，悬索索塔高只是斜拉索塔高的一半。索塔受到结构形式的要求，绝大部分是单层或多层门形塔，见图 12-4-9。

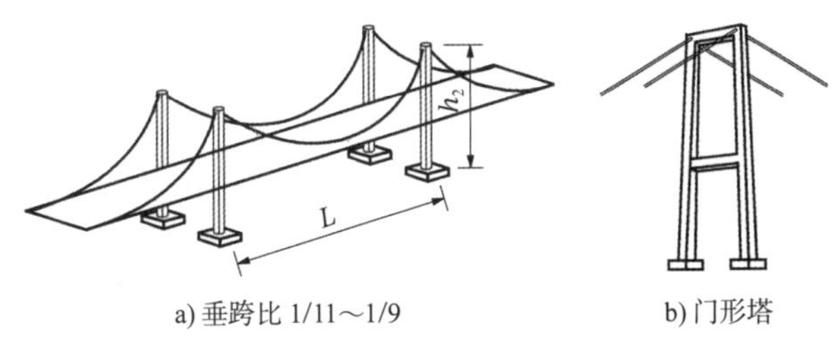

a) 垂跨比 1/11～1/9　　b) 门形塔

图 12-4-9　悬索桥的塔

2. 索塔的工业造型

1）塔冠的造型

索塔高大，位于索塔顶部的塔冠显得十分突出，塔冠是索塔的点睛之处，也是景观艺术设计的重点。塔冠的造型决定了索塔的风格和特点，悬索桥在塔顶部都设有主缆鞍座，为满足防腐除湿的需要，一般都将鞍座设置在封闭的结构中，这给塔冠的建筑造型提供了条件。塔冠设计中应该考虑鞍座检修的空间需求，同时塔冠的造型也应与索塔的比例、风格、建筑元素等相协调。同时还应结合当地的文化和地域特点进行设计，使索塔的整体造型与所处的环境相协调。各种塔冠的形式特点见图 12-4-10。

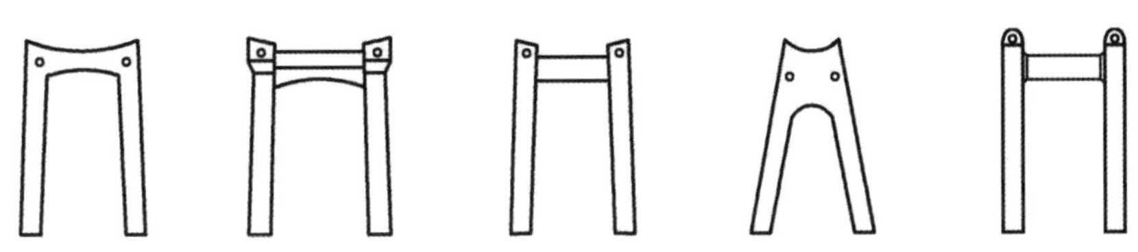

图 12-4-10　各种塔冠形式

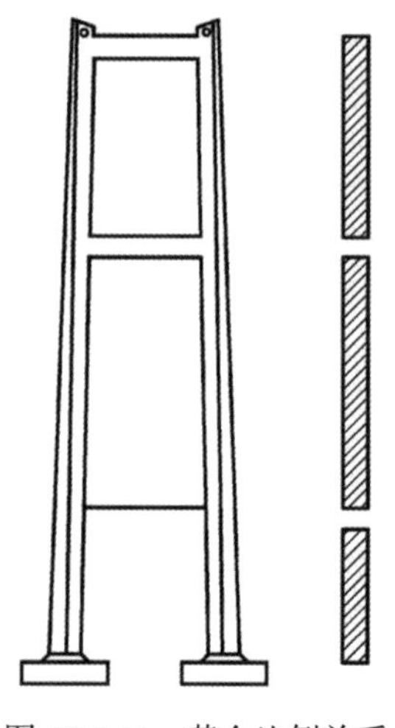
图 12-4-11　黄金比例关系

2）索塔造型建筑比例的优化

索塔造型黄金比例关系见图 12-4-11。

由于索塔的形象十分突出，在确定了索塔基本构造并满足了功能与安全的要求后，设计师应对其进行全面的建筑造型设计，对其整体构成相互之间的比例、尺寸等进行传统美学的完善调整，使索塔的造型与全桥协调，索塔自身比例均衡完美，达到力学美与建筑美的完美结合。

3）索塔的截面造型

索塔是立柱的构造形式，而立柱的截面造型对塔柱的效果起到美化的作用，一般塔柱因支承主缆的重量，其截面比较粗大，在造型上给人以粗笨的感觉，而对塔柱截面进行细致的造型设计，可减轻塔柱粗笨的视觉效果，增强索塔的景观艺术性。塔柱截面的优化设计见表 12-4-1。

塔柱截面的优化设计　　表 12-4-1

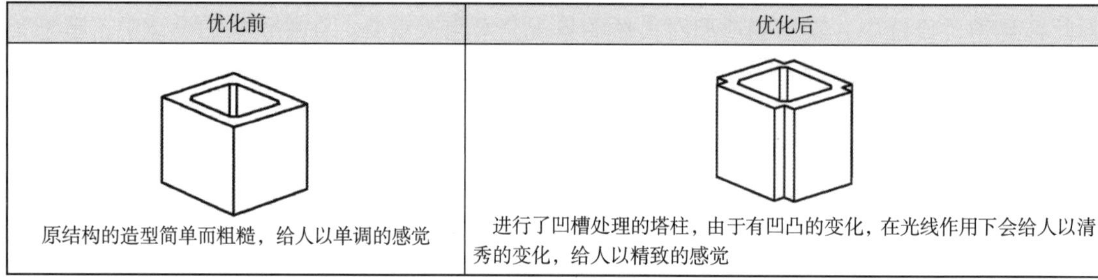

优化前	优化后
原结构的造型简单而粗糙，给人以单调的感觉	进行了凹槽处理的塔柱，由于有凹凸的变化，在光线作用下会给人以清秀的变化，给人以精致的感觉

塔截面的造型变化应与全塔的造型元素风格相一致，以使整体与局部统一。不同的塔柱截面造型组合成的索塔具有不同的特点，见图 12-4-12。

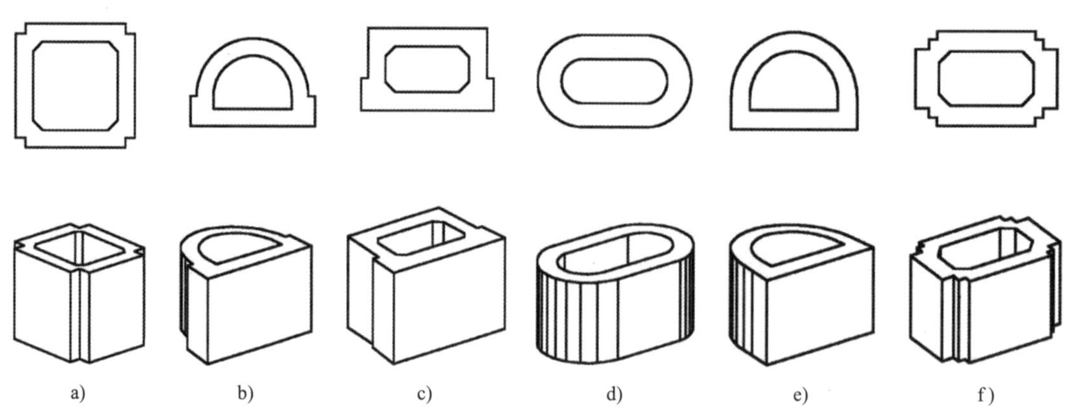

图 12-4-12　不同的塔柱截面造型

3. 加劲梁的造型

加劲梁是构成全桥、连接两岸、提供车辆行驶的主要构件，是悬索桥的重要组成部分，其造型对全桥的景观艺术十分重要。悬索桥的加劲梁一般可分为钢箱梁与钢桁梁两种形式。钢箱梁抗风性能好，给人以轻巧的感觉；而钢桁梁视觉通透，可设置两层桥面以适应较大交通量。两种加劲梁的形式各有优势，也形成了不同的造型特点，见表 12-4-2。

两种加劲梁的景观艺术比较　　表 12-4-2

钢箱梁	钢桁梁
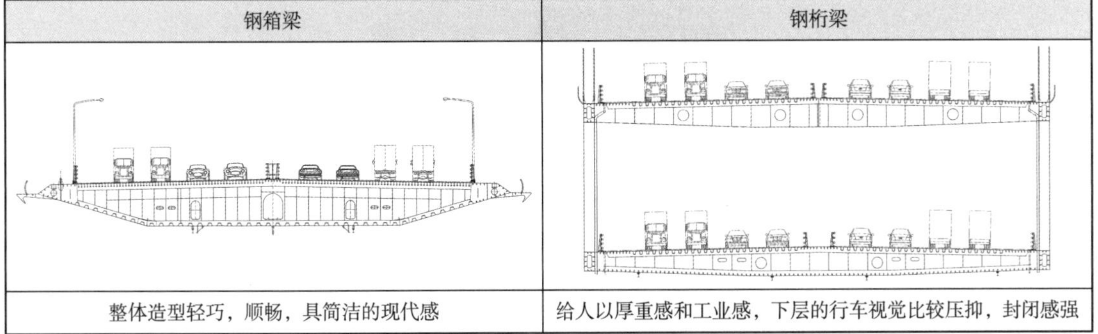	
整体造型轻巧，顺畅，具简洁的现代感	给人以厚重感和工业感，下层的行车视觉比较压抑，封闭感强

钢箱梁常见的几种造型如图 12-4-13 所示。

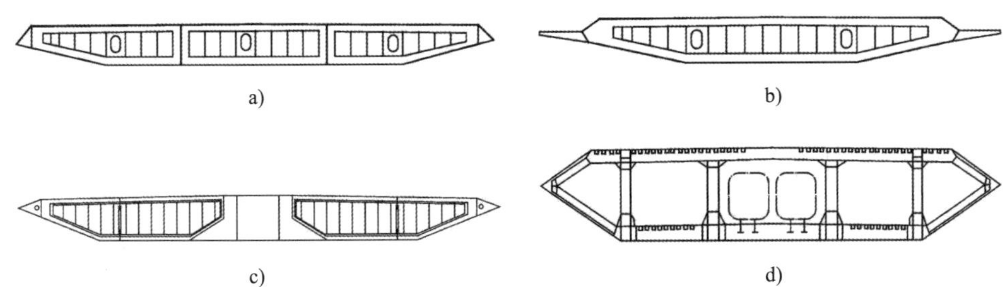

图 12-4-13　钢箱梁造型

钢桁梁常见的几种造型如图 12-4-14 所示。

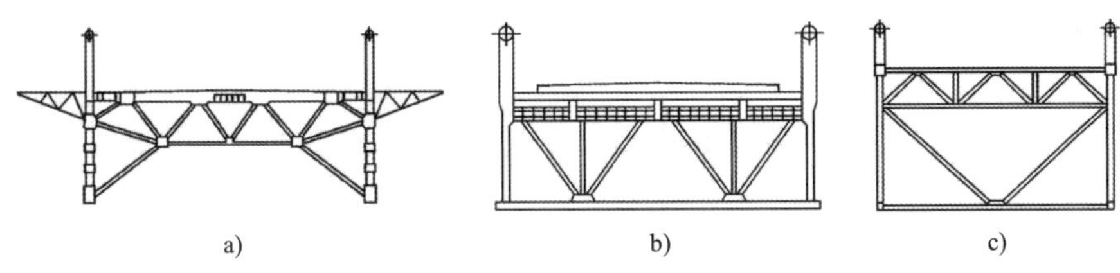

图 12-4-14　钢桁梁造型

4. 锚碇的建筑造型

根据不同的地质条件，悬索桥锚碇一般有重力式锚碇和隧道式锚碇两种。由于两种不同的结构特性，也形成了不同的建筑形态。重力式锚碇体积大而形象突出，隧道式锚碇结合地形，对环境影响相对较小。重力式锚碇的建筑造型设计是悬索桥景观艺术设计的重点。对于过于庞大重实的锚体，要加线条给予美化，突出受力方向。对轻盈的锚体，在结构上要显得稳重，与主桥梁体相配合。

重力式锚碇的外形设计如图 12-4-15 所示。

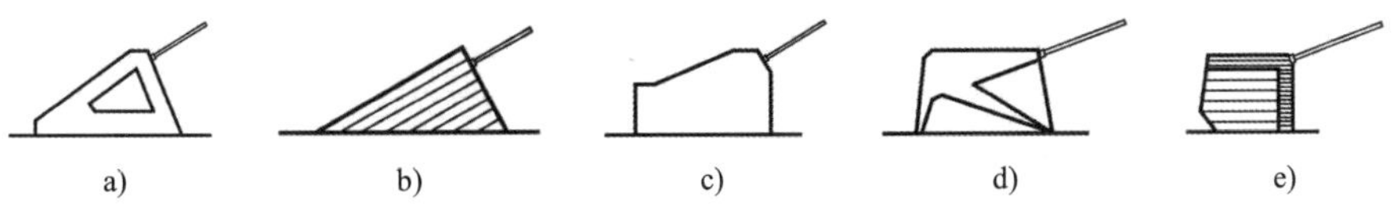

图 12-4-15　重力式锚碇外形设计

第五节　桥　面　系

一、防撞护栏造型方案

防撞护栏在满足功能的基础上，其造型与色彩应与大桥的整体风格一致，并保证桥面视线通透，视野开阔，造型与色彩有良好的视觉形象，并有提示行车的作用。

二、灯杆造型方案

路灯是夜间照明必不可少的设施，为满足夜间行车要求，需要设置桥面照明，普通照明设施一般多采用灯杆式构造，光源稍高，以满足照明范围，其照明灯杆造型应与悬索桥形态、规模及桥位环境等协调，这样才能提高悬索桥的整体美学效果。设计师应结合悬索桥的结构及行车速度，对路灯进行外观设计，使之成为桥面一道别致的风景线。

第六节　桥型与环境

悬索桥是一种古老而优美的桥型，主缆的柔美、索塔的挺拔、锚碇的稳重和加劲梁的纤细构成一幅“力与美”的完美图画。

悬索桥可以充分结合桥址区的环境条件进行布跨，边中跨比可以在比较宽的幅度内变化，因此，可以结合地形、地物及景观艺术需求来进行总体布局设计。

悬索桥本身可以有多种选择，最常见的是单跨吊悬索桥，为使景观艺术效果更好，也常采用三跨吊的悬索桥。对于软土地区或城市桥梁，也可取消笨重的锚碇，采用自锚式悬桥。

当然，悬索桥不仅仅是只有两个索塔，也可根据功能、气象、水文、地质和经济性等条件选择独柱式、双塔或多塔悬索桥，以使其与周围环境更为和谐。

第七节　夜 景 照 明

大桥的夜景是展示悬索桥夜间形象的重要手段，是标志性工程的组成部分。大型悬索桥设置合理的夜景照明不仅能充分表现出大型工程的宏伟壮观，还能增加桥上行车、桥下行船的安全性，减少交通事故。大桥的夜景照明应与交通照明相结合，使其功能不再单一，起到引导车流、指示航道的作用。大桥的夜景照明不仅能美化环境，生动展示城市景观，还能对突出大桥的特征起到重要的作用。

一、夜景照明的设计流程

夜景照明的设计流程如图12-7-1所示。

二、夜景照明的构成

根据工程特点，悬索桥基本元素塔、梁、缆、锚碇等用灯光照射，展示悬索桥建筑特色与夜间的梦幻效果。悬索桥照明主要包括：索塔照明、加劲梁照明、主缆照明、锚碇照明等部分。大桥夜景总体构成如图 12-7-2 所示。

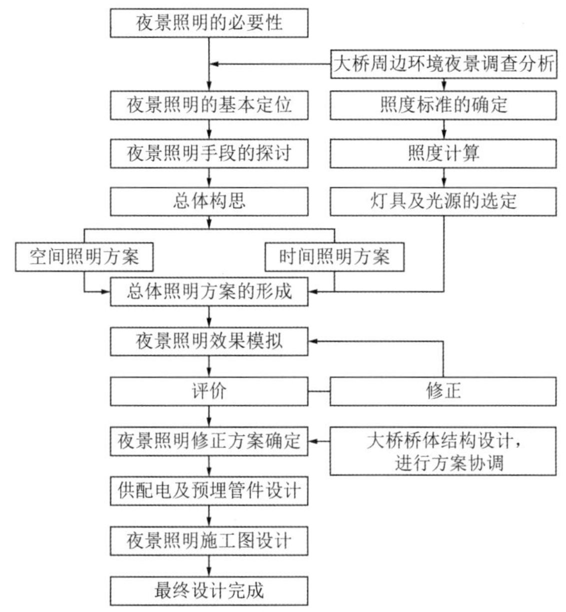

图 12-7-1　夜景照明设计流程图

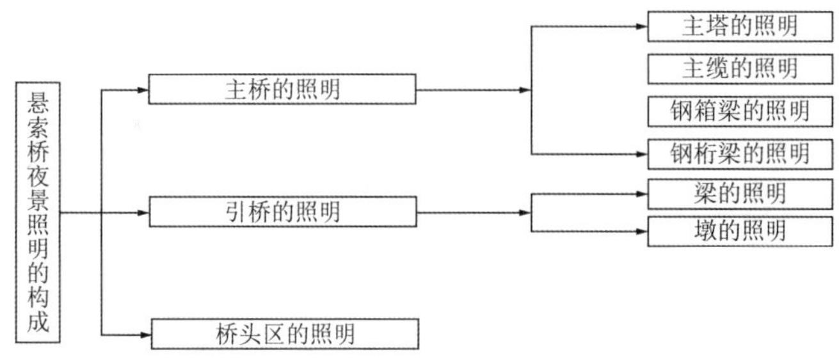

图 12-7-2　夜景照明总体构成

1. 索塔照明

索塔照明是全桥照明的重中之重，索塔照明应具有主体感和层次感，表现索塔高大、雄伟的气势。

1）索塔照明应达到的要求

（1）照度均匀渐变，无明显的光斑，平均照度在 100lx 以上。

（2）所选用的灯具体积小、重量轻，以保证在高空情况下都能简单、方便地安装和维护。

（3）灯具应有良好的防尘防水性能，并具有良好的防腐性和绝缘性能，以保证灯具在潮湿环境中的使用寿命。

（4）投光光束集中、利用率高、减少散射光造成的光污染。

2）塔柱灯具布设的原则

（1）满足景观艺术照明的要求，体现被照物的特点和艺术气息。

（2）满足桥面行车的要求，不得有眩光。

（3）隐蔽性好，不妨碍白天的观景效果。

（4）便于安装、维护，且安全可靠。

从上述原则来讲，索塔外侧面，桥面下的正立面、内侧面的灯具无法满足要求，这就需要一个附属物——灯具检修平台，来满足上述要求。

2. 加劲梁的照明

加劲梁的照明采用泛光灯照亮梁的侧面，突出航道，有利于通航，同时加装点光源轮廓灯，以便和引桥呼应，使之成为一个整体。

（1）整个箱梁应采用相同的照度指标，并保证照明的均匀性，可选用相同功率的灯具均布，以体现箱梁的整体感。

（2）为避免灯光对行船及船上观光者的影响，可选用不对称配光的光源或加装防眩装置，防止产生不舒适眩光。

（3）灯具必须能够较好地安装在大桥横架梁上，尽量不影响大桥在白天的视觉效果和检修车的移动。

（4）灯具必须具有良好的防护指标和绝缘等级，所配置的光源必须能体现出大桥横梁的本体特征。

三、夜景照明的手段

大桥的夜景照明主要采用三种手段来表现：空间手段、时间手段和色彩手段。

（1）空间手段：以照射对象和表现内容为基础，对主航道桥索塔、主缆、箱梁进行重点照明。

（2）时间手段：根据季节、节假日、星期及一天内时间的变化，设置不同回路的照明器组，以创造富于光线变化的夜景效果。

（3）色彩手段：利用光源的色彩特性，创造不同氛围的夜景，刻画不同的空间。

四、节电方案与开灯方案

节电方案与开灯方案的关系见表 12-7-1。

节电方案与开灯方案 表 12-7-1

开灯方案	20:30～22:30	用电量	22:30～凌晨	用电量
平时	主要表现桥的一部分	小	桥名照亮	小
周末及一般假日	重点表现主桥或桥线	中	桥名照亮	中
重大节假日或纪念日	全桥重点表现	大	桥名照亮	大

五、悬索桥夜景设计规范和验收规范

悬索桥夜景设计，在国内是近几年兴起的，是新兴的行业。目前，悬索桥夜景设计规范在国内还是空白，尚无统一的标准。国内大多数企业均采用《建筑照明设计标准》（GB 50034—2013）。

第八节 色 彩 涂 装

一、桥梁色彩设计

色彩是影响悬索桥景观艺术效果的重要因素之一，是悬索桥景观艺术的重要组成部分，

是悬索桥外观形象及展示悬索桥个性的直接表现。悬索桥色彩的选定不但要从视觉效果、地域文化、风俗习惯等多方面考虑，还要使悬索桥结构色彩与环境协调，以充分展示大桥的雄姿。

不同的色彩对悬索桥的鲜明度、文化性及独特性等起着至关重要的作用。涂装与悬索桥美化组合，能突出悬索桥的结构特色，创造标志性的人文景观，并且能配合通航和起到警示功能。色彩方案设计流程见图 12-8-1。

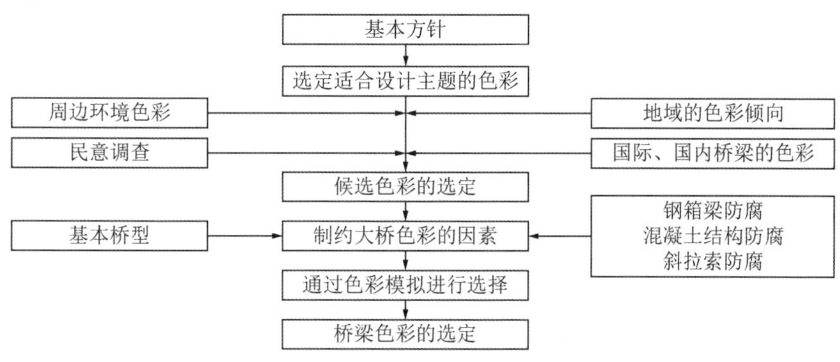

图 12-8-1　色彩方案设计流程图

二、防腐色彩设计的部位选择

悬索桥选定以下四个结构部位进行防腐色彩设计：主缆、索塔、桥面、加劲梁。

三、结合工程的色彩设计

色彩设计不但要考虑悬索桥的形象是否与环境和谐统一，是否具有文化内涵等，同时要考虑悬索桥的建设环境和工程构造对色彩设计的影响和制约。悬索桥的不同构件所采用的防腐体系不同，具有不同的材质机理和色彩表现。主缆防腐一般采用聚乙烯套管，聚乙烯具有较高的反光率，材料着色受到一定限制；而不同的色彩对紫外线有着不同的反射和吸收效应，所以对主缆的色彩选择需考虑对内部钢索的保护效果以及套管的色彩寿命。钢箱梁和混凝土结构构件，一般采用涂装防腐，涂料有着较多的种类和色彩选择，色彩选择对涂料寿命和保护影响较少。由于大桥采用的防腐体系不同，为使大桥色彩和谐统一，应根据色彩的不同特性作相应的调整。

第九节　景观艺术设计示例

一、海沧大桥

1. 景观艺术设计内容

海沧大桥景观艺术设计内容见表 12-9-1，流程图见图 12-9-1。

海沧大桥景观艺术设计内容　　　　表 12-9-1

设计背景	1	概论
	2	景观艺术设计目的

续上表

设计背景	3	周边环境现状
	4	视点分析
	5	设计对象
	6	景观艺术设计基本方针
设计内容	7	悬索桥基本形式
	8	悬索桥索塔造型及外观设计
	9	悬索桥锚碇外装及内部空间利用
	10	悬索桥桥上设施、附属设施外装设计
	11	悬索桥的色彩
	12	悬索桥夜景效果
	13	引桥景观艺术设计

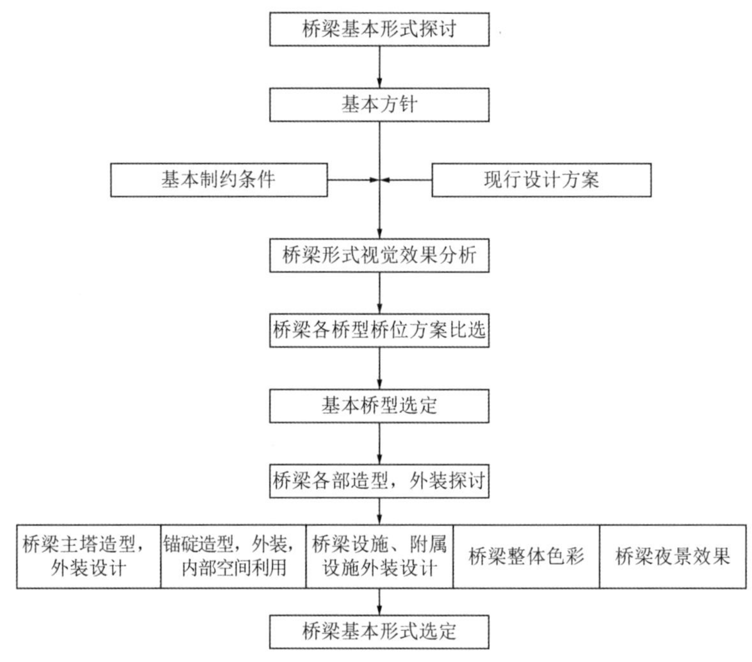

图 12-9-1　海沧大桥景观艺术设计流程图

2. 周边环境分析

海沧大桥是我国第一座三跨钢箱梁悬索桥，横跨厦门西海域，东起东渡口，经牛头山、东渡码头、火烧屿、水头村、太平山，与马青路相连，全长 5926.527m。悬索桥景观艺术主要注重桥梁工程与环境的协调，因此设计人员在设计前对海沧大桥所在区域进行了认真的分析。图 12-9-2 为海沧大桥周边环境。

港湾区域内主要是东航道桥。东航道为厦门港的主要航道，较多大型船舶通行，区域东侧为东渡码头，形成港湾新的桥梁风景。大桥作为一座宏伟壮观的城市桥，不仅具有实用性，而且具有景观艺术性。由于它所处地理位置的特殊性，人们可以从各个不同的观景点观赏大桥。要求在设计中对大桥进行景观艺术设计。

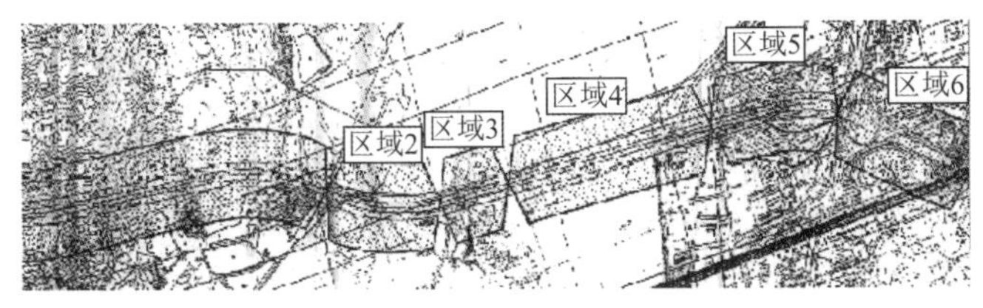

图 12-9-2　海沧大桥周边环境

3. 视点分析

景观艺术的依据来自视点，设计从大桥的视点入手进行分析论证。位于大桥南面海上的视点，可见大桥侧面全景效果，该视点充分体现了吊桥的形态、塔缆的简洁几何构图以及柔性曲线，与刚强的直线完美结合形成了优美的形态。该视点区域内有许多船舶通过，海沧大桥的建成、火烧屿公园的开发、游览船的开通，使该桥成为游览客观光的重要视点之一，并具有很高的景观艺术性，见图 12-9-3。

图 12-9-3　海沧大桥视点分析

海滨区域清晰可见西大桥侧面景观艺术以及悬索桥索塔、锚碇的造型外观，同时，大桥东岸的市区区域内也可观赏到大桥的形态。

该桥具有全方位的观桥视点，因此对该桥必须从全方位的角度开展设计。

4. 分项设计

1）悬索桥基本形式的选择

大桥的整体景观艺术，既要考虑与港口水平面和临海地区高层建筑群形成的垂直线相协调，又要展示出悬索桥特有的形状及伸展性，还要受自然地质、航路限界、航空限高的制约，因此，桥型选择尤显重要。

2）桥型选择

（1）平面线形

工程地质条件：根据地质构造对海沧大桥进行南、北、中三个桥位的比较。其不同桥位的平面线形对大桥与周边形成不同的景观艺术效果，见图 12-9-4。北线桥位既能满足工程地质条件，又能顺畅地衔接城市道路网，从景观艺术上考虑，对西锚碇所处的火烧屿保护开发更为有利。为了设计好大桥景观艺术，对三桥位进行综合比较，选定更符合景观艺术要求的北线桥位。

（2）立面线形

航空限高：桥上空间在厦门高崎国际机场起降带控制下，索塔航空控制高程为 133.53m（黄海高程）。

桥下通航净空：桥位所处的东航道海域是 3 万～5 万 t 海轮进出港的主航道，桥下通航净空要求 55m。因此，悬索桥的矢跨比及立面线形对于大桥景观艺术至关重要，见图 12-9-4。

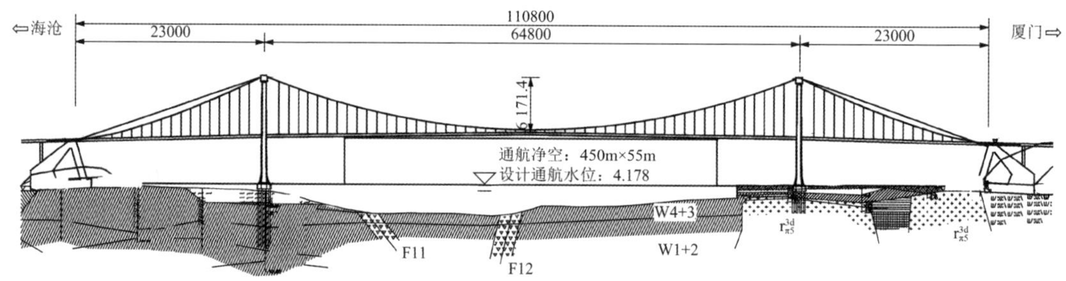

图 12-9-4　立面线形（尺寸单位：cm）

根据所在环境的特征和制约条件，海沧大桥选择悬索桥的桥型是可行的。

3）桥型方案的深化比选

结合环境，悬索桥桥型有以下两种比较方案（图 12-9-5）。

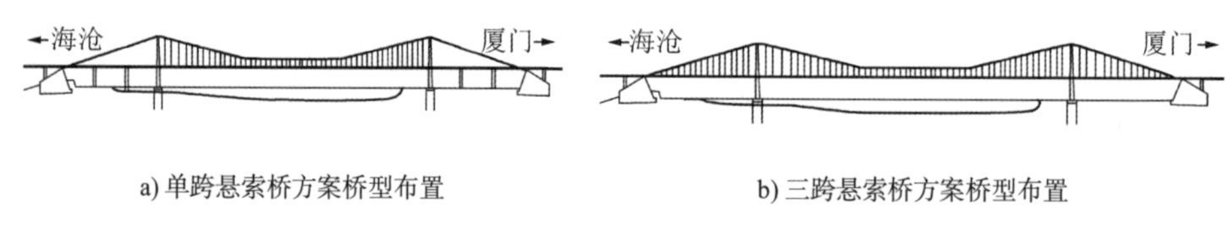

a) 单跨悬索桥方案桥型布置　　b) 三跨悬索桥方案桥型布置

图 12-9-5　比选方案桥型布置

（1）单跨悬索桥

优点：建设规模相对较小，结构相对简单，散索鞍转点高度低，有利于锚碇基底受力，对港区作业影响小，造价相对较低。

缺点：单跨悬索桥是预应力混凝土箱梁桥与悬索桥的结合，边跨引桥墩柱较多，大桥视觉上不够舒展大方。

单跨悬索桥边跨桥墩占用火烧屿和小轮码头用地，高度超过 40m，对火烧屿开发利用和两岸景观都有很大影响。

（2）三跨悬索桥

优点：悬索桥边跨无需桥墩，不占用火烧屿和小轮码头的土地，不但更有利于火烧屿的开发和小轮码头的利用，而且施工期间可减少对港区作业的干扰，且利于锚碇内部空间利用和景观艺术开发。三跨悬索桥桥型对称，雄伟壮观，可为厦门海港城市增添一大人文景观。

缺点：建设规模相对较大，钢箱梁用量增加，造价相对增高。

经过分析比选，虽然三跨的悬索桥造价较高，但与所处地域的环境相吻合。因此海沧大桥选用三跨连续钢箱梁悬索桥方案。

4）索塔造型及外观设计

海沧大桥在设计过程中对索塔设计进行了多方案的比选（表 12-9-2），对塔冠的造型、塔断面的造型、横系梁的造型进行建筑造型的设计。为了保证索塔的效果，设计人员对索塔的外装也进行了设计，最终确定的悬索桥造型如图 12-9-6 所示。

海沧大桥索塔造型方案比选　　　　表 12-9-2

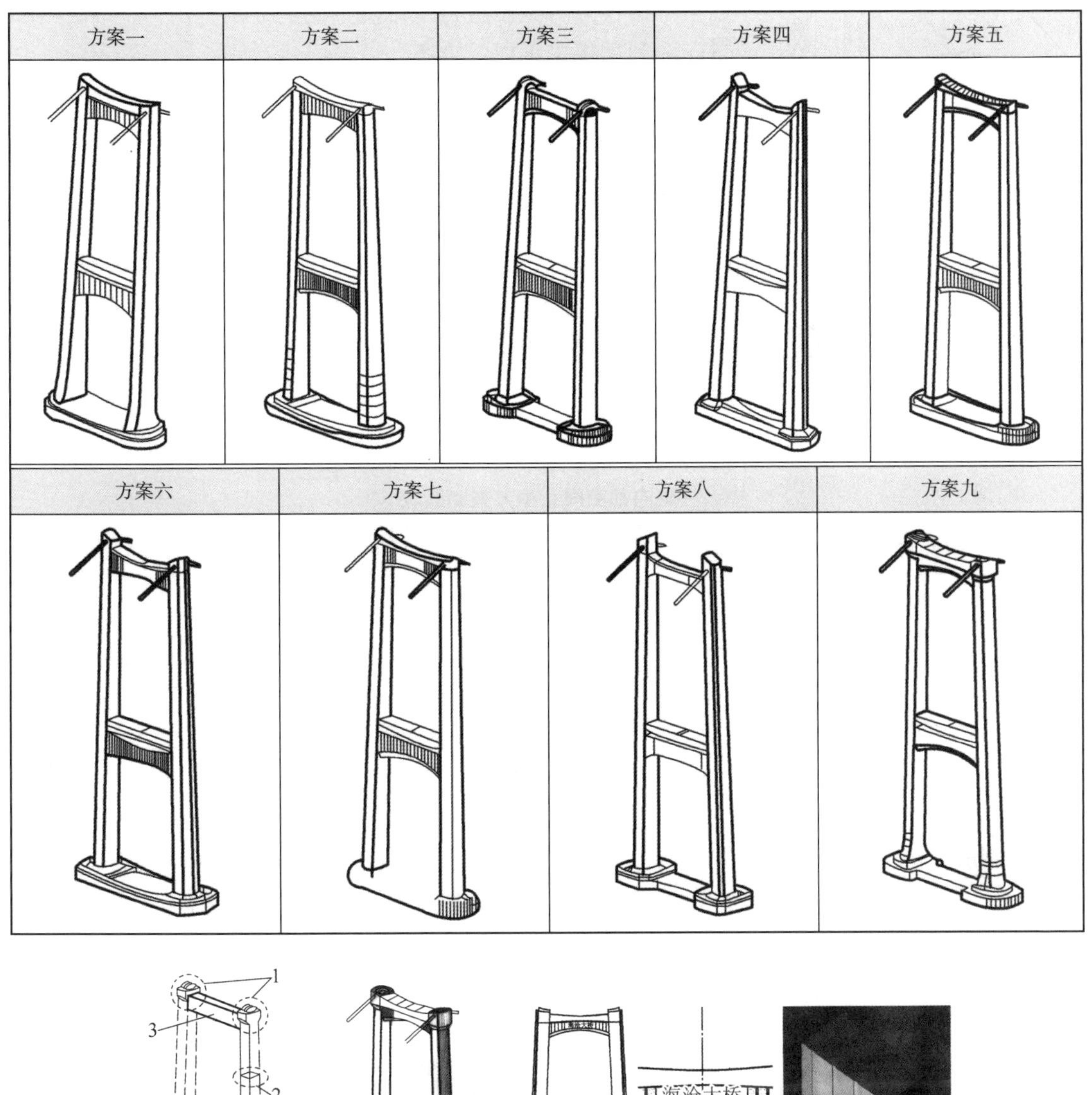

方案一	方案二	方案三	方案四	方案五

方案六	方案七	方案八	方案九

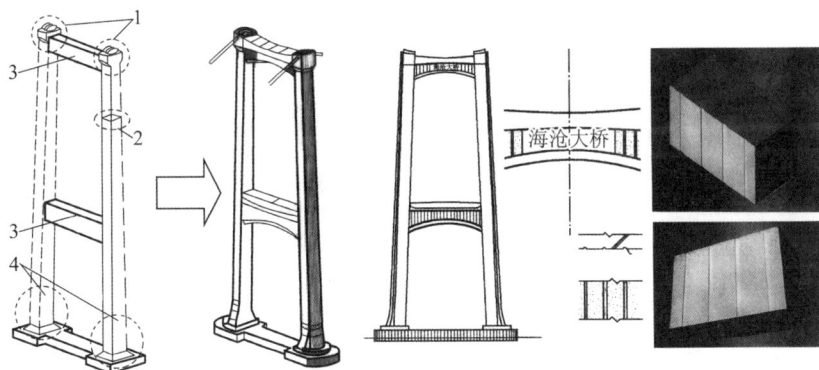

图 12-9-6　最终确定的悬索桥造型

1-塔冠；2-塔柱；3-横梁；4-塔座

5）锚碇外装及内部空间利用

（1）锚碇形态的造型

锚碇形态的造型见图 12-9-7。

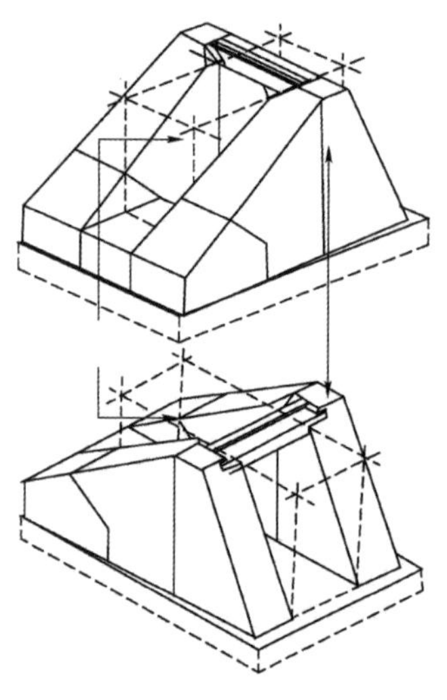

图 12-9-7　锚碇形态的造型

（2）锚碇内部空间的利用

西锚的构造巨大，而构造形态中有很大的空间，因此根据悬索桥的特点对该桥进行了锚碇空间的开发利用。对锚碇内部空间的利用提出了以下方案。

①方案一：锚碇位于火烧屿丘陵地域，最高处是观景眺望的良好位置。可利用锚碇内部空间，设立大桥管理设施博物馆和休息展望台等建筑设施，展望海沧大桥和港湾景色。

②方案二：从整体规划考虑，也可成为下桥车辆停车休息的场所。

锚碇内部空间利用方案比选见表 12-9-3。

由于锚碇的体积较大，西锚处于火烧屿，用地比较紧张，因此在设计中将锚碇的空间加以利用，选择对锚碇全面利用的有益方案，开发出别具特色的锚碇建筑，见图 12-9-8。

锚碇内部空间利用方案比选表　　表 12-9-3

建筑物设置	方案空间利用	比选
4F 兼有展望功能； 3F 展示空间； 2F 商店； 1F 门厅、休息空间		配合大桥的管理设施等需要规划，锚碇内部多功能利用，集展望、展示、管理、休息等于一体的空间利用
利用空间为停车场，设置小规模的休息、展望设施； 2F 休息、展望空间； 1F 门厅、休息空间		设施要求：高度开放性（通透性）

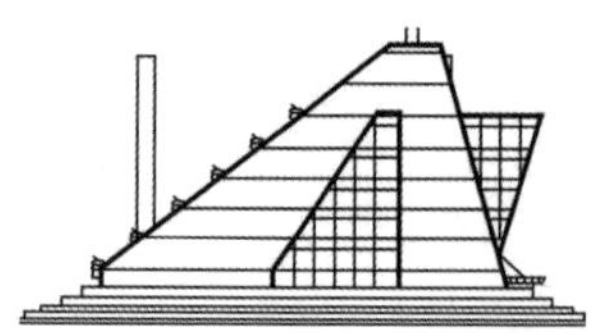

图 12-9-8　锚碇建筑

6）锚碇的表面处理

锚碇的结构功能决定锚碇具有巨大的形体，厚重的壁面给人以笨重、压迫的感觉，所以从景观艺术上考虑，应对锚碇进行造型设计和表面处理。

对锚碇表面进行切割分块，用抽象或具体的表现手法进行表面处理，并适当引用植物装饰。壁面的凹凸处理不会增加锚碇重量。通过壁面的景观艺术设计力争减弱大体积混凝土单调的形态，将工程的构造物提升到建筑的高度，见图 12-9-9。

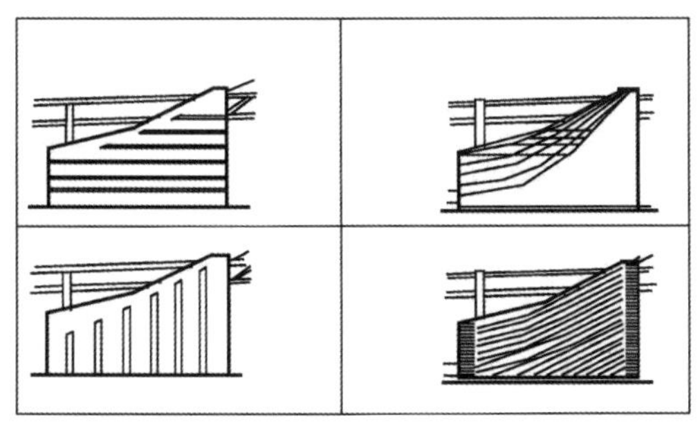
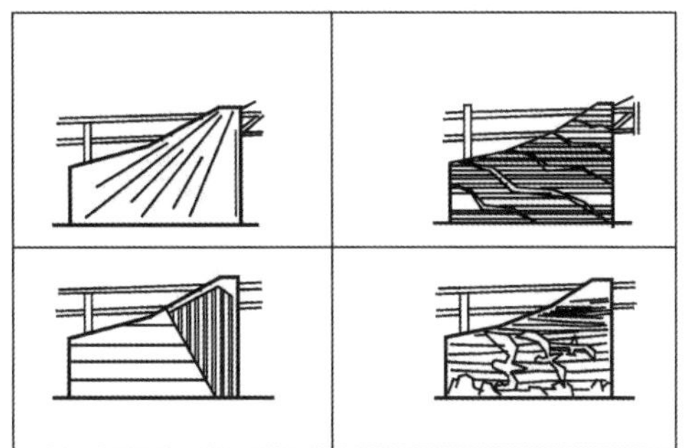

图 12-9-9　锚碇表面分块处理

7）桥上设施及附属设施设计

桥上设施及附属设施包括：照明灯具、护栏、标志、桥铭牌、防撞栏等。

桥上设施及附属设施在功能上要满足交通车行的需要，同时景观艺术上也要考虑美学造型的需要。桥上空间是开放的空间，应与周围的自然景观和城市景观相协调。桥上设施从行车人视角考虑，满足运动中人视线的穿透需求，栏杆与照明灯等桥上设施应避免过于烦琐的装饰，不妨碍行人展望侧面景观。护栏、照明灯从侧面看，对桥的整体景观艺术不应有较大的影响，应与悬索桥的特性相协调。为不破坏缆索的规律性，栏杆与照明灯的设计应遵从简洁大方的原则，灯柱间距在考虑照度的同时，应与缆索、吊索的间距相呼应。中央分隔带防撞栏杆与外侧防撞护栏均起到分隔、防撞等保护作用，是行车安全的保证。在引桥上取消混凝土护栏，全桥采用钢制防撞护栏，大大地提升了全桥的通透感，见图 12-9-10。

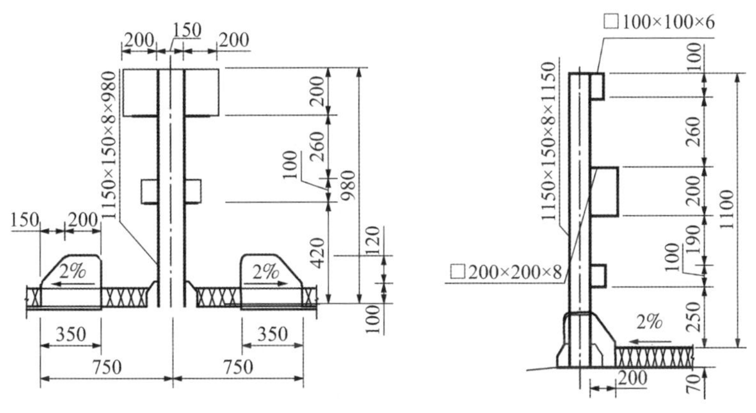

图 12-9-10　钢制防撞护栏（尺寸单位：mm）

8）悬索桥的色彩

悬索桥的色彩是影响桥梁整体景观艺术效果的最直接、最重要的因素之一。设计人员从海沧大桥环境的色彩条件选择出和谐的色彩组合关系，从视觉效果、地域文化、风俗习惯等多方面考虑悬索桥的色彩。同时，随着经济的发展，海沧大桥周围地区的城市面貌将发生很大的变化，因此，悬索桥的色彩不仅要和桥梁形态相协调，更应与厦门这一国际性港口风景城市相协调，成为标志桥梁，其设计流程见图 12-9-11。

设计人员对海沧大桥所在区域的环境进行了色彩分析，提出了多个色彩方案，进行比较和模拟分析，见表 12-9-4。

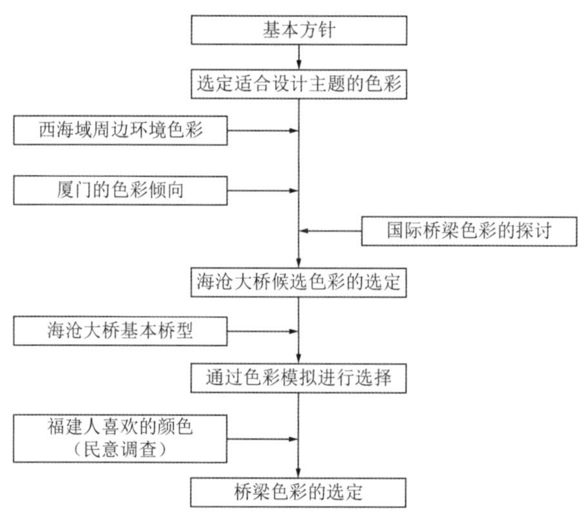

图 12-9-11　色彩设计流程

悬索桥色彩涂装方案比选一览表　　表 12-9-4

模拟图	示意图		颜色
			橙色方案
			红色方案
			银色方案
			蓝色方案
			灰色方案

考虑海沧大桥与海洋及城市环境的协调性，通过比选最终选择银白色方案，使大桥成为该区域的标志性建筑，实景图见图 12-9-12。

图 12-9-12　海沧大桥实景

9）悬索桥夜景设计

（1）夜景照明的目的

海沧大桥作为标志性建筑物和新的人文景观，是城市景观的重要组成部分。在国际化、信息化的现代都市中，人们的工作时间、生活时间都在延长，海沧大桥的夜景照明对于创造夜间新的水边活动空间以及美化城市夜景都有着重大的意义。

（2）照明的表现内容

① 悬索桥的标志性照明：现代化的桥梁作为城市夜景的主体，其夜间景观应强调象征性及现代感。

② 悬索桥的特性表现：夜景照明应表现悬索桥构造上的曲线美与索塔的力度美。

③ 强调亲水性：夜景照明应考虑海面倒影的效果，并与桥区的照明统一设计。

④ 照明的整体性：悬索桥各个部分的照明表现不同的特性与内容，但其照明效果应具整体性。

（3）照明要素的选定

悬索桥夜景照明的主要构件为：锚碇、索塔、加劲梁、缆索等要素。

夜景设计流程见图 12-9-13，夜景设计图见图 12-9-14。

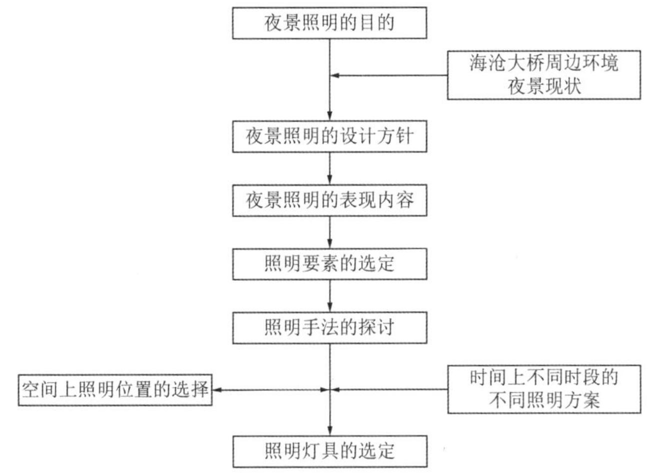

图 12-9-13　夜景设计流程

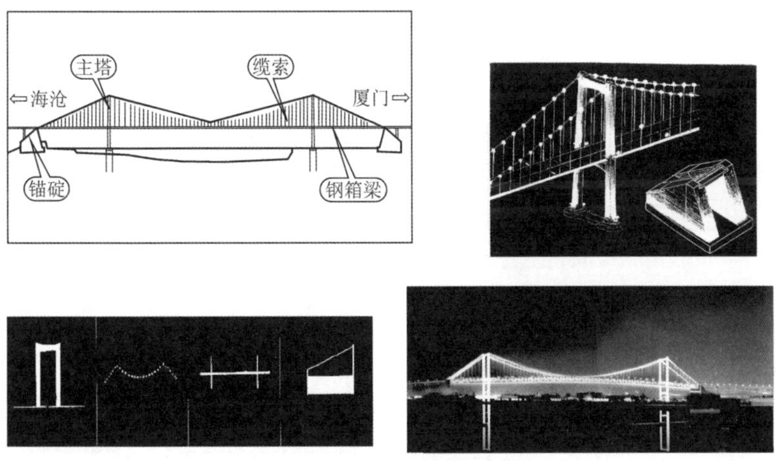

图 12-9-14　夜景设计图

10）引道及周边环境设计

周边环境如图 12-9-15 所示。大桥东侧现状为一座土山，所以东侧引道的景观艺术设计首先应对山头进行整治规划。牛头山位于东渡码头与东渡路之间，占地约 2.5hm^2，是海沧大桥东锚所在地，引桥将跨越牛头山西侧山体，紧贴北侧山体，与东渡立交桥相接。牛头山景观艺术的好坏势必对海沧大桥的整体效果产生巨大的影响，因此应配合施工做好景观艺术设计，并提出整体的生态防护设计。

图 12-9-15　周边环境

西侧山体开挖为堆场，对原有地貌破坏性最大，堆场上做三层阶梯式护坡。北侧山体陡峭，海沧大桥东引桥部分桥墩将落于此处，为满足桥墩基础的要求，考虑填方做双层阶梯式护坡，如图 12-9-16 所示。

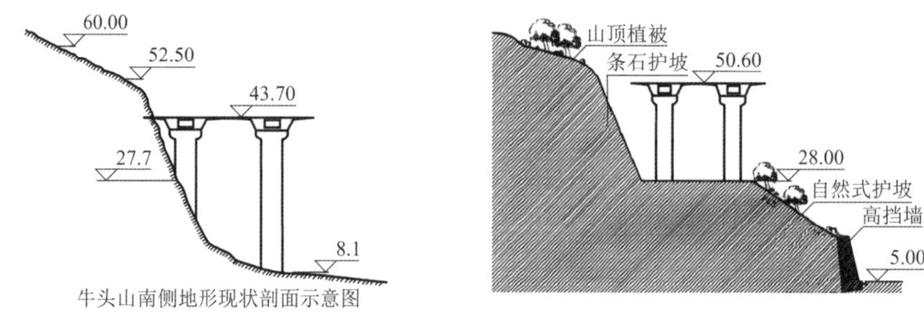

图 12-9-16　双层阶梯式护坡（高程单位：m）

山体整治处理设计依据原有地形与桥墩开挖要求把山体整治为几种立面类型，见图 12-9-17。

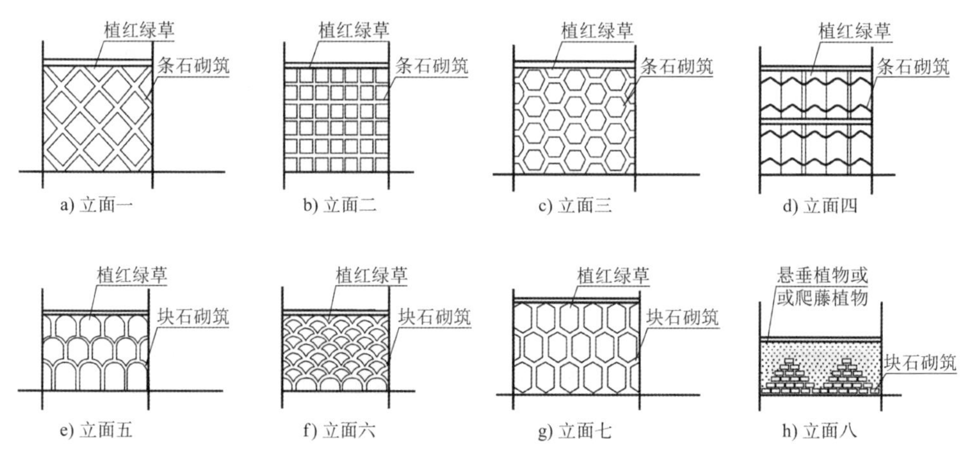

图 12-9-17　山体整治类型

（1）填方做高挡墙，挡墙上填方坡度 1∶1.75～1∶1.5。

（2）原有山体陡峭，整治方案在护坡间植草皮保护山体。

（3）原有山体坡度变化较大，根据地形在部分较陡峭山壁做护坡，或以悬垂植物、爬藤植物覆盖。

11）引桥景观艺术设计

引桥是悬索桥主体的延伸，起衔接周围道路的作用。主桥和引桥的衔接是景观艺术设计的重点。引桥在景观艺术上应与主桥相协调，使整个悬索桥的韵律变化成为一个完整的乐章。

引桥设计应注意结构简单、节奏分明，尽量缓和主、引桥高差所产生的不连续感。具体来说，主要从以下几方面来考虑。

（1）引桥造型

引桥造型考虑两个方面的内容。

① 侧面造型的变化

引桥的侧面形状主要由桥墩与梁的形式的组合形成，桥墩高度与桥跨空间的分割比例所形成的相对应的比例关系，是影响悬索桥侧面视觉效果的重要因素。

② 主梁横断面的造型变化

主梁横断面的造型是人们从桥下或桥侧面观桥的视觉印象的重要决定因素。

引桥的分类示意图如图 12-9-18 所示。

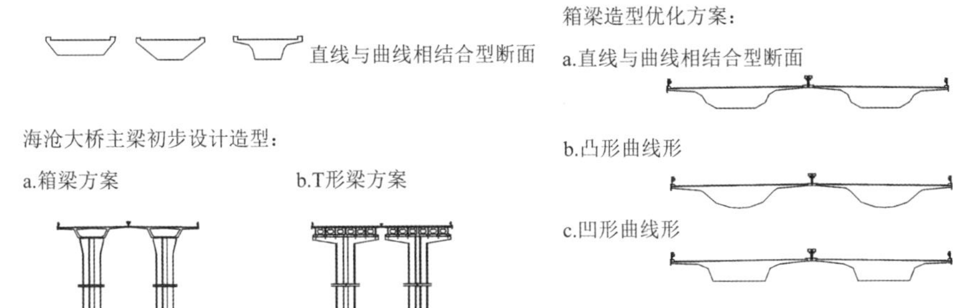

图 12-9-18　引桥的分类示意图

（2）桥墩造型

桥墩作为整个桥梁的最主要的支撑构件，决定了它体积的巨大。桥墩造型的好坏，直接影响到桥梁的景观艺术效果，尤其从侧面看时，对主梁的连续性、韵律感，以及对桥下空间的分割等视觉效果，都有很大的影响。

① 桥墩造型从以下几方面来考虑选择。桥墩变化示意图如图 12-9-19 所示。

② 经过多方案比选，海沧大桥最终确定花瓶式墩柱。

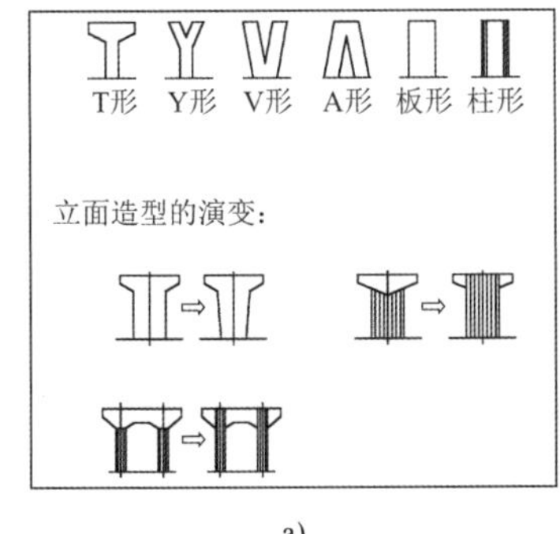

a)

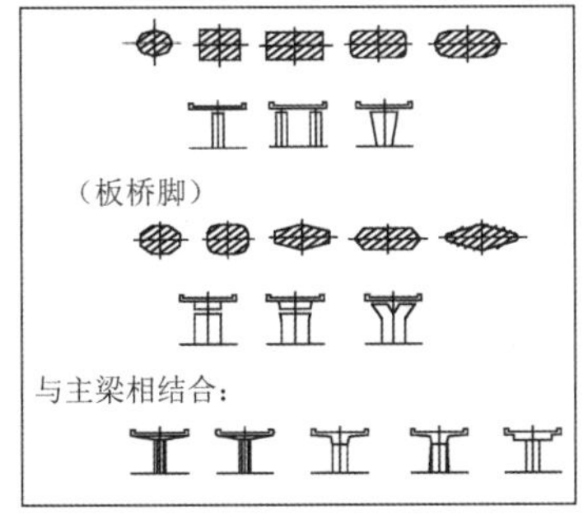

b)

图　12-9-19

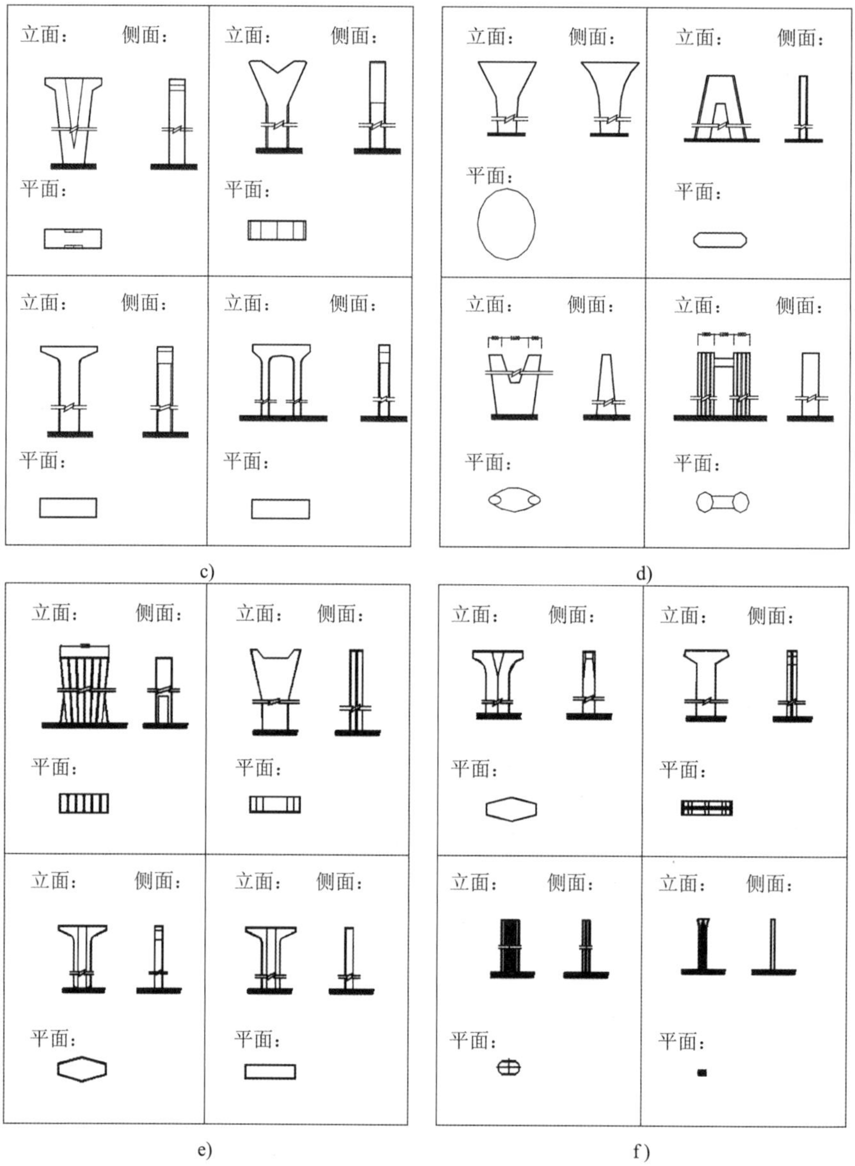

c)　d)

e)　f)

图 12-9-19　桥墩变化示意图

二、张靖皋长江大桥

1. 景观艺术总体设计

张靖皋长江大桥位于锡常泰、（沪）苏通都市圈和沿江经济发展带的结合部位，对于加快项目区域“一江、两岸、三市”（靖江、如皋与张家港）融入长三角城市群经济圈具有重要作用。

如皋市地处长江三角洲北翼，位于南通、泰州、苏州三市交界处，南与张家港市隔江相望，北与海安市、东与如东县连接，东南与通州区毗邻，西与泰兴市、西南与靖江市接壤。

张家港位于长江下游南岸，是苏州市所管辖的县级市。东南与常熟相连，南与苏州、无锡相邻，西与江阴接壤，北滨长江，与如皋、靖江隔江相望。

张靖皋长江大桥包含：主跨2300m南航道桥、主跨1208m北航道桥、标准跨70m引桥、主跨135m跨南岸大堤桥等。

1）景观艺术总体研究目标

（1）打造长三角城市群具有示范性的地标建筑。

（2）打造当代具有突出美学价值的标志性桥梁。

（3）打造长三角文化同源地缘相亲的精神象征。

2）景观艺术总体设计原则

（1）视觉焦点突出：2300m 南航道桥、1208m 北航道桥索塔以简洁优美、雄伟大气为风格，创意主题以长三角一体化的国家大战略为背景（图 12-9-20）。

图 12-9-20　景观艺术设计原则示意图

（2）整体景观艺术协调：引桥、连接桥部分以环境协调、线条流畅为原则，减少了视觉干扰；也是主桥之间连接的视觉过渡，与主桥形成协调的整体景观艺术。

（3）展现地域文化：桥梁风格与造型以溯源区域文化为创意主题，体现地域性和文化性。

（4）视觉高低错落：桥体采用起伏式设计，采用高低结合的方式，呼应行进过程中的开始、高潮与结束；整体呈流线型分布，无论在江上、岸边还是汽车行进过程中均具有良好的视觉感受（图 12-9-21）。

图 12-9-21　桥梁立面视线分析

2. 南航道桥索塔景观艺术设计构思

桥梁以其特有的景观艺术特性极易成为标志性构筑物。张靖皋长江大桥南航道桥跨径达2300m，建设后将是世界最大跨径桥梁，必将对周边环境产生巨大的影响，也将成为一个城市一个地区的地标建筑。景观艺术设计需要将这种影响变为积极因素，使之建成之后，整体环境景观更加协调，其中索塔更是全桥景观艺术的聚焦。

索塔景观艺术造型的定位应彰显“长三角一体化”国家战略的重要意义，凸显长三角城市群“携手聚力，共同发展”的人类命运共同体价值观，并注重江苏与长三角同源文化在桥梁景观艺术设计中的运用。

1）索塔造型方案构思

（1）方案一——携手塔，携手长三角，建设新江苏

索塔高度约350m，拟定采用三道横梁方案。上横梁以携手长三角为主题，在塔顶处设计两块三角形体块相互交错、相互融合的造型，象征长三角城市携手共进高质量发展。索塔顶端三角形交错的横梁造型，烘托出长三角一体化设计主题（图12-9-22）。

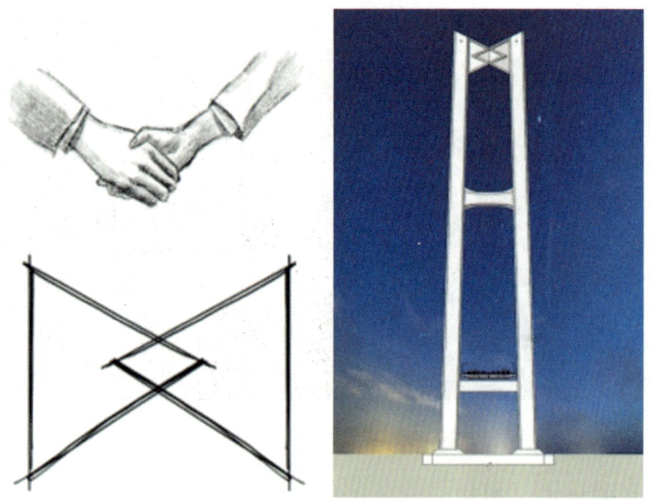

图12-9-22　方案一上横梁方案构思

中横梁以水韵江苏为主题。江苏文化是长三角地区共同的文化资源和精神家园，是长三角一体化发展的文化基础。灵动、诗意的水是江苏文化的灵魂，水韵江苏采用轻灵的水波线条刻画江苏文化的绵长与高雅。中横梁造型简约，使索塔主题更明确，使索塔顶端造型更具标志性（图12-9-23）。

图12-9-23　方案一中横梁方案构思

对下横梁其位于桥面以下，采用常规造型，方便施工。索塔总体造型如图12-9-24所示。

图 12-9-24　方案一南航道桥效果图

（2）方案二——同心塔，同心同德、同心协力

方案二以“同心”为主题，索塔造型由汉字“同”字演变而来，两横梁之间设计环形圆心，象征同一个圆心，寓意长三角同心同德、同心协力建设国家和共谋发展。“同”字塔与“同一个世界，同一个梦想”的时代主题相呼应。索塔造型简洁现代，富有立体感和韵律感，无多余线条修饰，体现结构美和艺术美，简洁造型更能突出索塔的高耸与巍峨（图 12-9-25、图 12-9-26）。

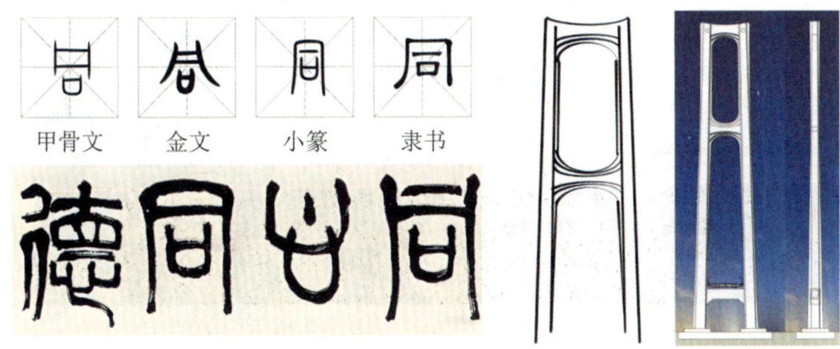

图 12-9-25　方案二横梁方案构思

图 12-9-26　方案二南航道桥效果图

图 12-9-27　辅塔造型

（3）方案比选分析

两个方案均与时代主题紧密结合，凸显“长三角一体化”国家战略的重要意义。其中方案一塔顶造型更为醒目，整体视觉感官效果更为震撼，推荐采用方案一造型。

2）辅塔造型方案构思

由于索塔高度较辅塔高出较多，从行车视角出发，有上横梁方案影响了总体视角感官效果，故采用无上横梁索塔方案，单幅双塔柱构造，呈“雄鹰展翅”造型，以突出索塔造型（图 12-9-27）。

3. 北航道桥索塔景观艺术设计构思

北航道桥为悬索桥，索塔高 215m，含上横梁、下横梁，上横梁在索塔顶部，下横梁在桥面以下，北航道桥没有中横梁，只在上横梁设计造型。为保证全线桥梁造型的整体性，北航道索塔上横梁造型与南航道桥索塔上横梁造型相同，以携手长三角为主题，在塔顶处设计两块三角形体块相互交错、相互融合的造型，体现长三角城市携手共进，高质量发展。为突出索塔顶端三角形交错的横梁造型，烘托长三角一体化设计主题（图 12-9-28）。

图 12-9-28　北航道桥效果图

4. 锚碇景观艺术设计构思

锚碇造型与南航道桥及北航道桥的“长三角”主题相呼应，锚碇造型将多个三角形体块融入其中，强调“三角”主题元素。原锚碇结构不变，在锚碇外侧增加厚度，设计三角形几何造型，与南航道桥、北航道桥风格呼应（图 12-9-29）。

图 12-9-29　锚碇效果图

5. 跨江段桥梁效果

张靖皋长江大桥总体效果考虑南航道桥、北航道桥、引桥和锚碇的整体景观协调。采用相同的设计语言和景观艺术元素打造“整体统一、形式多元”的景观艺术，如图 12-9-30～图 12-9-32 所示。

图 12-9-30　跨江段桥梁总体效果图

图 12-9-31　跨江段桥梁夜景效果图

图 12-9-32　跨江段桥梁人视效果图

第十三章

抗 风 设 计

第一节　目的与原则

一、目的

悬索桥具有跨径大、结构轻、刚度柔和阻尼小的特点，对风的作用十分敏感，风荷载常常是控制大跨径悬索桥设计的支配性荷载。悬索桥抗风设计的基本目的是要保证桥梁结构的安全、可靠，保证结构具有足够的强度、刚度、稳定性及与之相关的舒适性等。悬索桥的抗风设计要做到安全可靠、技术先进、经济合理。

二、原则

悬索桥抗风设计应遵循如下原则：

（1）在桥梁设计使用年限内，在桥位所在区域可能出现的最大风速（一般重现期 100 年）下，结构不应发生毁坏性的自激发散振动。

（2）在设计风荷载和其他作用的组合下，结构应具有规定的强度和刚度，并不应发生静力失稳。

（3）结构非破坏性风致振动的振幅应满足行车安全、结构疲劳和行车舒适度的要求。

（4）结构的抗风性能可通过气动措施、结构措施和机械措施予以保证。

第二节　抗风设计的内容

一、风对悬索桥的作用

风对悬索桥的作用受到风的自然特性、结构动力特性以及风与结构的相互作用三方面的制约。从工程角度出发，自然风可分解成不随时间变化的平均风和随时间变化的脉动风两部分，分别考虑它们对桥梁结构的作用之后再进行叠加。

在平均风作用下，假定结构保持静止不动，忽略气流绕过桥梁时所产生的特征紊流以及旋涡脱落等非定常（随时间变化的）效应，只考虑定常的空气作用力，这种作用称为风的静力作用。

悬索桥作为一个振动体系在近地紊流风场中的动力响应可以分为两大类：一类是在风的

作用下，由于结构振动对空气力的反馈作用，产生一种自激振动机制，如颤振和驰振；另一类是在脉动风作用下的一种有限振幅的随机强迫振动，称为抖振。涡激共振是气流绕过钝体结构时产生旋涡脱落，当旋涡脱落频率与结构的自振频率接近或者相等时，由涡激力所激发的结构共振现象。涡激共振虽带有自激的性质，但也是限幅的，因而具有双重性。风对桥梁作用的分类见表 13-2-1。

风对桥梁作用的分类　　表 13-2-1

<table>
<tr><th>分类</th><th colspan="4">现象</th><th>作用机制</th></tr>
<tr><td rowspan="3">静力作用</td><td colspan="4">静风荷载引起的内力及变形</td><td>平均风的静风压产生的阻力、升力和扭转力矩作用</td></tr>
<tr><td colspan="2" rowspan="2">静力不稳定</td><td colspan="2">扭转发散</td><td>静风扭转力矩作用</td></tr>
<tr><td colspan="2">横向屈曲</td><td>静风阻力作用</td></tr>
<tr><td rowspan="5">动力作用</td><td colspan="2">抖振</td><td colspan="2" rowspan="2">限幅振动</td><td>紊流风作用</td></tr>
<tr><td rowspan="4">自激振动</td><td>涡振</td><td>旋涡脱落引起的涡激力作用</td></tr>
<tr><td>驰振</td><td rowspan="2">单自由度</td><td rowspan="3">发散振动</td><td rowspan="2">自激力的气动负阻尼驱动</td></tr>
<tr><td>扭转颤振</td></tr>
<tr><td>弯扭耦合颤振</td><td>二自由度</td><td>自激力的气动刚度驱动</td></tr>
</table>

二、抗风设计历史沿革与现状

1. 桥梁风毁事件的回顾（1918—1940 年）

1940 年 11 月 7 日，美国华盛顿州建成仅 4 个月的塔科马海峡大桥在 19m/s 的八级大风作用下发生强烈的风致振动，桥面经历了 70min 振幅不断增大的反对称扭转振动，最终桥面折断坠落到峡谷中，见图 13-2-1。在这一事件推动下，桥梁工程领域逐渐形成了一门新兴的边缘分支学科——桥梁风工程学。

图 13-2-1　塔科马海峡大桥的风毁

在塔科马海峡大桥风毁以前的很长时间内，人们都把风对桥梁结构的作用看成是一种风压所形成的静力所用，在设计中仅考虑静风荷载的作用。然而，在为调查事故原因而收集有关桥梁风毁的历史资料中，人们发现，从 1818 年起，至少已有 11 座悬索桥毁于强风，见表 13-2-2。而且从目击者所描述的风毁现象中可以明显感地感觉到，事故的原因大部分是风引起的强烈振动，但是对于这种风致振动的机理在风毁当时还不能作出科学的解释。

遭风毁的桥梁　　表 13-2-2

风毁年份	桥名	桥址	主跨（m）	设计者
1818	Dyburgh Abbey	苏格兰	79	John & William Smith
1821	Union	英格兰	137	Sir Samuel Brown
1834	Nassau	德国	75	Lossen & Wolf
1836	Brighton Chair Pier	英格兰	78	Sir Samuel Brown
1838	Montrose	苏格兰	132	Sir Samuel Brown
1839	Menai Strait	威尔士	177	Thomas Telford
1852	Roche-Beruard	法国	195	Le Blanc
1854	Wheeling	美国	308	Charles Ellet
1864	Lewiston-Queenston	美国	317	Edward Serrell
1889	Nigara-Clifton	美国	384	Samuel Keefer
1940	Tacoma Narrows	美国	853	Leon Moisseiff

2. 桥梁抗风基础理论的建立（1940—1980 年）

（1）桥梁颤振理论的建立

在塔科马海峡大桥风毁事故发生 4 个月后，即组成了由 Farquharson 教授牵头，著名桥梁工程师 Amman 和著名流体力学家 Karman 参加的委员会进行调查和分析，编纂了五卷详细报告，其中包括最早的节段模型试验，它重现了塔科马海峡大桥的扭转发散。这份报告引起了许多学者的兴趣，从而开启了桥梁气动弹性理论研究的新时期。

1948 年，Bleich 最早提出将 Theodorsen 的平板颤振理论用于桥梁颤振分析。他将机翼气动力直接用于悬索桥的加劲梁，运用古典动力学的方法建立结构在自激力作用下的运动方程，然后依据谐和振动条件获得悬索桥的颤振稳定性方程，从而确定颤振临界风速和颤振频率。但由于桥梁断面的非流线型，势流理论不再适用，所以这样的理论解析有一定的局限性。

1971 年，Scanlan 和 Tomko 发表了人们早期对翼型和桥梁加劲梁断面的研究成果，论证了用自由衰减正弦振动模型在线性小位移条件下测量气动导数的适用性，并由风洞试验获得了一系列实际或想象的加劲梁断面在零攻角时的气动导数。同时，他们研究对比了几种典型桥梁断面和机翼气动导数的本质区别，为塔科马海峡大桥的风毁找到了正确的科学解释——一种由气动负阻尼驱动的分离流扭转颤振。Scanlan 在由风洞试验获得加劲梁气动导数的前提下，沿用 Bleich 的方法建立了一种二维颤振分析方法。此外，他注意到弯扭模态的基本振型通常不完全相似，还建立了一种可以考虑弯扭基本模态沿桥跨分布的二模态全桥颤振分析方法。Scanlan 颤振分析法在合理描述桥梁加劲梁断面非定常气动力方面前进了一大步，为桥梁颤振分析理论奠定了坚实的基础。

（2）桥梁抖振理论的建立

1962 年，Davenport 提出了用准定常抖振力表达式辅以 Sears 气动导纳函数的修正来近似地估计桥梁的抖振响应，并用联合验收函数来描述气动力沿跨向的相关性。然而，Davenport的抖振力学模型中，假定整体结构为刚性的，该假设忽略了两个重要因素，即结构与气流之间的流固耦合作用和特征湍流的影响。1977 年，Scanlan 分析了气动自激力在抖振响应中的作用，通过引入包含气动刚度和气动阻尼的自激力方法，对 Davenport 抖振理论进行了重要修正。此后，研究者们将 Davenport 抖振力学模型与 Scanlan 自激力模型结合起来，采用Davenport 抖振理论计算抖振力，采用 Scanlan 理论计算自激力，计算结构响应采用反应谱法，进而建立了现代大跨度桥梁抖振分析的理论基础。

3. 现代桥梁抗风理论的发展（1980—2006 年）

（1）桥梁颤振理论的发展

20 世纪 80 年代后，人们在试验与分析中逐渐发现，桥梁在颤振时并非是单纯弯扭基本模态间的耦合振动，而是存在多模态耦合现象。1985 年，谢霁明和项海帆率先研究了多模态耦合颤振现象，利用片条理论和有限元法建立了桥梁三维颤振分析的状态空间法。随后，桥梁多模态颤振分析方法得到迅速发展：宫田利雄等建立了直接颤振有限元法；Agar 和 Tanaka分别建立了对风速和振动频率两个参数搜索的复模态技术法，陈政清在模态技术法的基础上建立了多模态参与单参数自动搜索法；Namini、Albrecht 和 Bosch 根据机翼颤振分析的 P-K法建立了桥梁颤振分析的 PK-F 法，葛耀君和项海帆考虑自激力的随机影响，在 PK-F 法的基础上建立了桥梁颤振的随机有限元法；Jain、Jones 和 Scanlan 基于 Fourier 变换，建立了通过对折算频率 K 搜索的一种多模态方法；Pfeil 和 Batista、廖海黎等则通过对广义坐标时程进行积分研究桥梁的颤振稳定性；刘高、王秀伟、周述华和强士中从能量平衡的角度研究系统的颤振稳定性，并建立了桥梁多模态耦合颤振分析的能量方法。

在桥梁颤振研究中，通常可以用线性的方法加以处理，并有大量的试验做后盾。所以，长期以来以线弹性理论为基础的多模态颤振分析法一直处于主导地位。由于悬索桥结构本身的柔性，几何非线性效应可能比较显著，而且气动力也将随之表现出强烈的非线性行为（气动力随有效风攻角的非线性变化），因此基于结构物理坐标的非线性颤振分析也一直受到一些学者的关注。但早期学者们主要关注结构的几何非线性影响，如 Iwegbue、Brancaleoni 和 Agar 等。

进入 20 世纪 90 年代，主跨 1991m 的明石海峡大桥开工兴建。明石海峡大桥的全桥风洞气动弹性模型试验显示：桥梁在风载作用下会发生较大的侧向弯曲和扭转变形，见图 13-2-2。人们认识到：应当跟踪变形后的结构状态来研究桥梁的风致振动，非线性风振分析理论成为研究的热点。刘春华和项海帆、曹映泓和项海帆等建立了可以同时考虑结构几何非线性与气动非线性双重影响的时程分析方法。

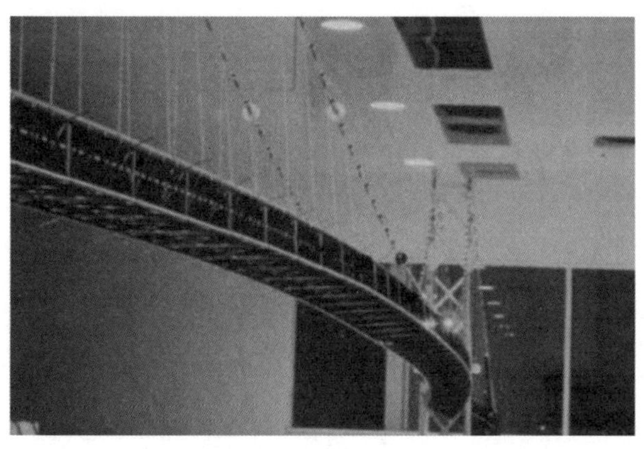

图 13-2-2　明石海峡大桥在风载作用下的变形情况

（2）紊流对悬索桥颤振的影响

由于实际的桥梁结构处于紊流风场中，因此桥梁颤振分析时应考虑紊流对桥梁的影响。Lin 最早用随机稳定理论研究了紊流风场对桥梁颤振稳定性的影响，开展了一系列卓有成效的研究工作。Lin 认为，紊流的干扰会促使结构的竖弯和扭转模态提前耦合，从而紊流有削弱颤振稳定性的倾向。Scanlan 系统地研究了紊流风场中的气动导数，将其和传统在均匀风场中测得的值相比，发现确有明显的差别。然而，紊流风场的水平相关性也相应减弱。总体来看，紊流风场既有不利的一面，也有有利的一面；临界风速仍要高于均匀风场中的值，而且发散的速度比较缓慢。

Irwin 通过全桥气动弹性模型试验对紊流的影响进行了研究，结果表明：紊流中全桥整体失稳的颤振临界风速比在层流中有所提高，且紊流使桥梁颤振的发生由一个突变过程转变为一个渐进变化的过程。胜地弘和北川信对明石海峡大桥进行了全桥气动弹性模型试验研究，试验结果表明：紊流对该桥颤振临界风速的影响不大。由上述试验结果可以初步判断，紊流对桥梁的颤振临界风速不会产生大的影响，在层流条件下评价桥梁的颤振稳定性具有足够的精度。

（3）桥梁抖振理论的发展

随着计算机技术和计算方法的改进，直接采用随机振动理论预测桥梁多模态耦合抖振的分析方法逐渐受到重视。随机振动方法计算结构抖振位移、加速度和内力响应等均在随机振动理论的统一框架下进行，而且能够方便考虑多阶模态振型间的耦合影响。1985 年，林家浩创建了随机振动分析的高效快速算法——虚拟激励法。孙东科、朱乐东、刘高、Xu、项海帆等将虚拟激励法引入桥梁抖振分析中来，建立了大跨桥梁多模态耦合抖振分析的快速算法。

对大跨桥梁抖振响应进行分析与实测的案例研究，是验证抖振分析方法可靠性的一种有效方法。由于台风的走向通常是与桥轴斜交的，且现场实测所需的仪器设备费用相当昂贵，目前这方面的研究工作还很少。朱乐东、徐幼麟、项海帆、刘高等研究了斜风作用下大跨桥梁的抖振分析方法，并利用台风森姆（Sam）期间由风和结构健康监测系统（wind and structural health monitoring system）现场实测的香港青马大桥的风场及结构响应结果对所提方法进行了初步验证。

在桥梁抖振研究中，以线弹性理论为基础的抖振分析法一直处于主导地位。由于悬索桥结构本身的柔性，考虑结构几何非线性效应和气动力非线性影响的抖振分析方法得到迅速发展。

（4）计算流体力学（CFD）技术

20 世纪 90 年代初，从航空领域引入土木工程结构的计算流体力学（CFD）技术已取得了初步的进展。1993 年，丹麦的 Larsen 和 Walther 第一次用计算流体力学方法算出了平板的气动导数，并进而算得二维颤振临界风速，迈出了“数值风洞”的重要一步。随后，二人又以大贝尔特桥为工程背景，解决了流线型桥面颤振的数值模拟。此后，世界各国纷纷效仿，并在算法上改进。目前 CFD 在桥梁风工程中的计算结果与试验吻合较好的应用多限于简单断面，建立复杂钝体断面的空气动力学理论模型还存在较大困难，用于计算分析模型的参数也存在不确定性。因此，现阶段桥梁抗风研究还处于以风洞试验为主，辅以数值模拟的时期。

（5）基于可靠度的抗风设计方法

1991 年，Davenport 教授提出了用概率方法进行结构抗风设计的框架，这和结构设计规范向基于可靠度的概率性设计过渡的进程相适应。迄今为止的桥梁抗风设计是确定性的模式，其中只有在基本风速的确定中包含了一些概率性的因素。随着桥梁的长大化，必须深入研究各种风特性参数和结构气动参数的不确定性以获得统计值，以最终使桥梁的抗风设计过渡到概率方法，改变目前偏保守的估计和模糊的安全评价。

三、抗风设计内容及步骤

由于自然风会引起风致振动，在桥梁抗风设计中首先要求发生危险性颤振和驰振的临界风速与桥梁的设计风速相比具有足够的安全度，以确保结构在各个阶段的抗风稳定性；同时要求把涡激共振和抖振的最大振幅限制在可接受的范围内，以免造成结构疲劳、人感不适以及行车不安全等。

若桥梁的最初设计方案不能满足抗风要求，应通过修改设计或采取气动措施、结构措施或者机械措施来提高结构的抗风稳定性或减小风致振动的振幅。

在桥梁设计的不同阶段，可以根据不同的情况采用不同精度的抗风设计方法和风洞试验手段。对于一般的大桥，初步设计阶段的抗风分析可采用近似的公式对各方案的气动稳定性和风载内力进行估算，待方案确定之后再通过节段模型的风洞试验测定各种参数，进行抗风验算和各类风振分析。对于重要的大桥，宜在初步设计阶段通过节段模型的风洞试验或用数值风洞（CFD）方法进行气动选型，为确定加劲梁断面提供依据。在施工图设计阶段，对选定的加劲梁断面方案进行详细的抗风验算和各类风振分析，并通过必要的全桥气动弹性模型试验对分析结果予以确认。悬索桥抗风设计的基本工作流程如图 13-2-3 所示。

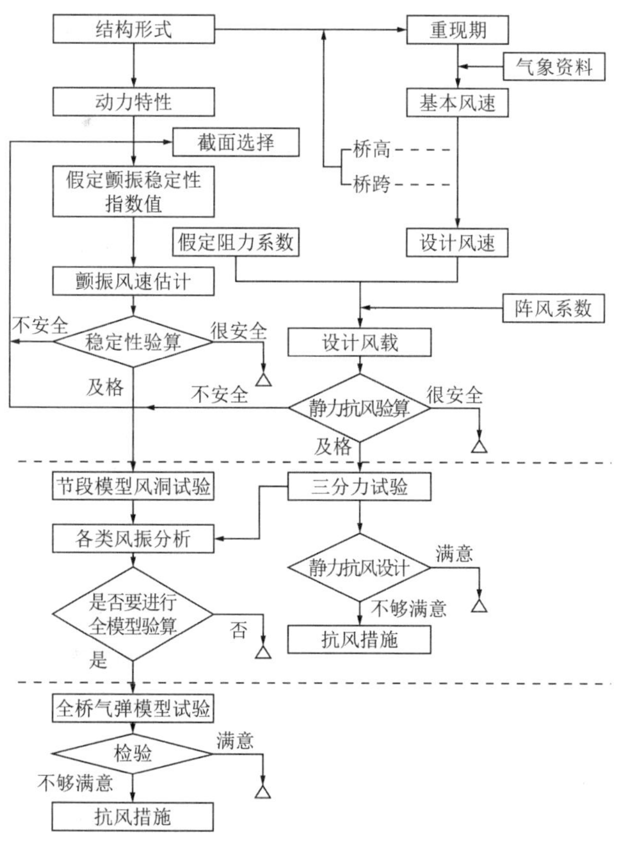

图 13-2-3　抗风设计流程

四、抗风设计的手段与方法

由于大气边界层的紊流风特性以及桥梁断面作为一种不规则钝体的气动特性具有相当的复杂性，目前还无法建立起能够完善地描述风和结构相互作用的解析模式，而只能通过半理论半试验或纯试验的途径寻求近似的答案。

因此，桥梁抗风设计的主要手段有两种：风洞试验方法和数值分析方法。长期以来，风洞试验是进行桥梁结构抗风设计的重要手段。随着人们对抗风机理认识的不断深入以及计算机技术的进步，数值分析方法将得到迅速发展，应用也越来越广泛。

第三节　设计风参数

一、基本风速

基本风速定义为：开阔平坦地貌条件下，地面以上10m 高度处，100 年重现期的 10min 平均年最大风速。本文中，基本风速采用符号 v_{10} 表示。

当桥梁所在地区的气象台站具有足够的连续风速观测数据时，可采用当地气象台站年最大风速的概率分布类型，由 10min 平均年最大风速推算 100 年重现期的数学期望值作为基本风速；当桥梁所在地区缺乏风速观测资料时，基本风速可按《公路桥梁抗风设计规范》(JTG/T 3360-01—2018）附录 A.2 全国基本风速分布值及分布图或附录 A.3 全国主要地区不同重现期的风速值，按较大值选取。当从气象台站统计分析或通过规范获得的基本风速 v_{10} 小于 24.5m/s 时，v_{10} 应取为 24.5m/s。

二、设计基准风速

设计基准风速定义为：在基本风速基础上，考虑局部地表粗糙度影响，桥梁结构或结构构件基准高度处 100 年重现期的 10min 平均年最大风速。本书中，设计基准风速采用符号v_{d}表示。

当桥址处风速沿高度分布满足幂指数规律时，桥梁构件基准高度处的设计基准风速可按式(13-3-1)或式(13-3-2)计算：

$$v_{\mathrm{d}} = K_1 v_{10} \tag{13-3-1}$$

$$v_{\mathrm{d}} = v_{\mathrm{s}10}\left(\frac{Z}{10}\right)^{\alpha} \tag{13-3-2}$$

式中：v_{d}——设计基准风速；

v_{10}——基本风速；

$v_{\mathrm{s}10}$——桥址处的设计风速，即桥址处地面或水面以上 10m 高度处，100 年重现期的 10min 平均年最大风速；

Z——构件基准高度，可按表 13-3-1 取用；

K_1——风速高度变化修正系数，可按式(13-3-3)～式(13-3-6)计算：

$$K_{1\mathrm{A}} = 1.174\left(\frac{Z}{10}\right)^{0.12} \tag{13-3-3}$$

$$K_{1B}=1.0\left(\frac{Z}{10}\right)^{0.16} \tag{13-3-4}$$

$$K_{1C}=0.785\left(\frac{Z}{10}\right)^{0.22} \tag{13-3-5}$$

$$K_{1D}=0.546\left(\frac{Z}{10}\right)^{0.30} \tag{13-3-6}$$

式中：A、B、C、D——地表粗糙度分类；

α——地表粗糙度系数，可按图 13-3-1 和表 13-3-2 取用。

基准高度　　表 13-3-1

构件名称	基准高度
加劲梁	主跨桥面距水面或地表面或海面的平均高度（水面以河流或海面的最低水位作为参考面）
主缆、吊索	构件的平均高度距水面或地面的高度
索塔（墩柱）	水面或地面以上塔（墩、柱）65%高度处

地表分类　　表 13-3-2

地表类别	地表状况	地表粗糙度 α	粗糙高度 z_0（m）
A	海面、海岸、开阔水面、沙漠	0.12	0.01
B	田野、乡村、丛林、平均开阔地及低层建筑物稀少地区	0.16	0.05
C	树木及低层建筑物等密集地区、中高层建筑物稀少地区、平缓的丘陵地	0.22	0.3
D	中高层建筑物密集地区、起伏较大的丘陵地	0.3	1.0

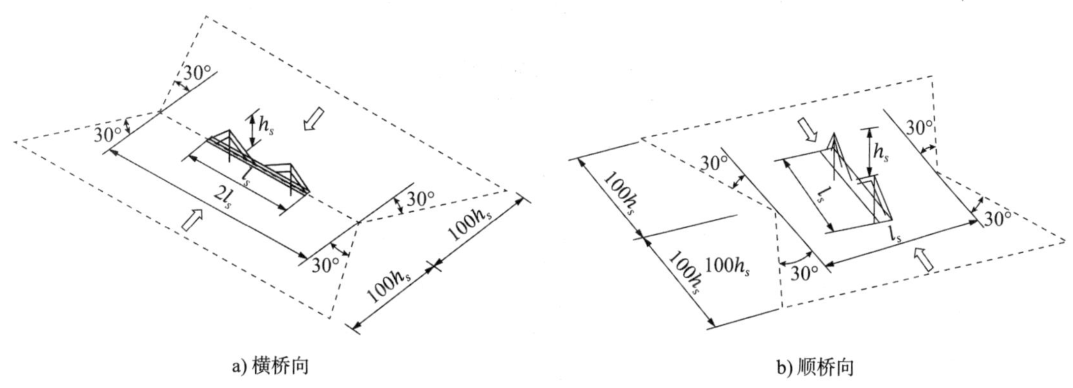

图 13-3-1　确定地表粗糙度系数的影响范围（h_s 和 l_s 为结构构件最大高度与长度）

当桥址处存在两种粗糙度相差较大的地表类别时，地表粗糙度系数可取两者的平均值；当桥址处存在两种相近粗糙度的地表类别时，可按较小者取用；当桥梁上下游侧地表类别不同时，可按较小一侧取值。

三、施工阶段的设计风速

桥梁结构或结构构件基准高度处在施工阶段的设计风速可按式(13-3-7)计算：

$$v_{sd}=\eta v_d \tag{13-3-7}$$

式中：v_{sd}——施工阶段设计风速；

η——施工期抗风风险系数，可按表 13-3-3 取用。

施工期抗风风险系数 表 13-3-3

桥梁施工年限(年)	风险区域		
	R1	R2	R3
≤3	0.88	0.84	0.78
>3	0.92	0.88	0.84

施工期抗风风险系数，一般可由表 13-3-3 选用，也可根据桥梁具体情况和不同的抗风设计目标通过风险评估确定。表 13-3-3 中风险区域可按《公路桥梁抗风设计规范》（JTG/T 3360-01—2018）附录 A.1 全国桥梁抗风风险区划图选取。

四、颤振检验风速

颤振检验风速定义为：验算桥梁避免发生颤振的风速。颤振检验风速可以按式(13-3-8)计算：

$$[v_{cr}] = K\mu_f\mu_\alpha v_d \tag{13-3-8}$$

式中：$[v_{cr}]$——颤振检验风速；

K——颤振稳定性分项系数，当采用规范近似公式估算颤振临界风速时取 1.4，采用风洞试验方法获取颤振临界风速时取 1.15，采用虚拟风洞试验方法时取 1.25；

μ_α——攻角效应分项系数，当风攻角 α 为 +3°、0°、−3°时，取为 1.0；当风攻角 α 为 +5°或 −5°时，可取 0.7;当风攻角 α 为 +7°或 −7°时，可取 0.5；

μ_f——考虑风速的脉动影响及水平相关特性的无量纲修正系数，可按表 13-3-4 取用。

风速脉动修正系数 μ_f 表 13-3-4

主跨跨径（m）	地表类别			
	A	B	C	D
100	1.30	1.36	1.43	1.49
200	1.27	1.33	1.39	1.44
300	1.25	1.30	1.37	1.42
400	1.24	1.29	1.35	1.40
500	1.23	1.28	1.33	1.38
650	1.22	1.27	1.31	1.36
800	1.21	1.26	1.30	1.35
1000	1.20	1.25	1.28	1.33
1200	1.20	1.24	1.27	1.31
1500	1.19	1.22	1.25	1.29
1800	1.18	1.20	1.23	1.27
2000	1.17	1.19	1.22	1.26

五、颤振临界风速

颤振临界风速定义为：桥梁发生颤振的起始风速。本书中，颤振临界风速采用符号 v_{cr} 表示。颤振临界风速应满足下述规定：

$$v_{cr} \geqslant [v_{cr}] \tag{13-3-9}$$

桥梁颤振临界风速可采用近似公式估算或采用节段模型风洞试验进行直接测量。对于特大跨度的重要桥梁，或者按节段模型试验的验算结果已没有富余量的情况，应通过全桥气动弹性模型试验和详细的三维颤振分析进行确认。

第四节　结构动力特性计算分析

结构动力特性是桥梁抗风设计的基础，只有在正确把握结构动力特性的前提下，才能准确地对桥梁进行抗风稳定性验算和风振分析。桥梁的动力特性应采用有限元法计算，在桥梁初步设计阶段也可按近似方法估算悬索桥的基频。

一、基频计算近似方法

1. 反对称竖向弯曲振动基频

单跨简支悬索桥的反对称竖向弯曲振动基频可按式(13-4-1)估算：

$$f_{h,as} = \frac{1}{L}\sqrt{\frac{EI\left(\frac{2\pi}{L}\right)^2 + 2H_g}{m}} \tag{13-4-1}$$

式中：L——悬索桥的主跨跨径；

EI——加劲梁的竖弯刚度；

H_g——恒载作用下单根主缆的水平拉力；

m——加劲梁和主缆的单位长度质量，$m = m_d + 2m_c$；

m_d——加劲梁单位长度质量；

m_c——主缆单位长度质量。

主跨跨径 500m 以上的悬索桥的反对称竖向弯曲基频可按式(13-4-2)估算：

$$f_{h,as} = \frac{1.16}{\sqrt{f}} \tag{13-4-2}$$

式中：f——主缆矢高。

2. 对称竖向弯曲振动基频

中跨简支悬索桥的对称竖向弯曲振动基频可按式(13-4-3)估算：

$$f_{h,s} = \frac{0.1}{L}\sqrt{\frac{E_c A_c}{m}} \tag{13-4-3}$$

式中：E_c——主缆的弹性模量；

A_c——单根主缆的截面面积。

3. 反对称扭转振动基频

中跨简支悬索桥的反对称扭转振动基频可按式(13-4-4)估算：

$$f_{t,as}=\frac{1}{L}\sqrt{\frac{EI_{\omega}\left(\frac{2\pi}{L}\right)^{2}+\left(GI_{d}+\frac{H_{g}B_{c}^{2}}{2}\right)}{m_{d}r^{2}+m_{c}\frac{B_{c}^{2}}{2}}} \tag{13-4-4}$$

式中：EI_{ω}、GI_{d}——分别为加劲梁截面的约束扭转刚度和自由扭转刚度，对闭口箱梁可忽略约束扭转刚度；

r——加劲梁的截面惯性半径；

B_{c}——主缆中心距。

4. 对称扭转振动基频

悬索桥的对称扭转振动基频可按式(13-4-5)估算：

$$f_{t,s}=\frac{1}{2L}\sqrt{\frac{GI_{d}+0.05256E_{c}A_{c}\left(\frac{B_{c}}{2}\right)^{2}}{m_{d}r^{2}+m_{c}\frac{B_{c}^{2}}{2}}} \tag{13-4-5}$$

二、结构动力特性计算有限元方法

采用有限元法进行桥梁动力特性分析时，一般采用空间有限元动力分析程序。塔墩和加劲梁可离散为三维梁单元，主缆和吊索可离散为杆单元，但要计入初始恒载轴力的几何刚度。桥梁动力特性的计算可采用专用程序或 ANSYS、SAP2000、MIDAS、ADINA 等通用程序计算。

加劲梁为闭口箱形梁的悬索桥，可采用单脊梁式模型，见图 13-4-1；加劲梁为分体加劲梁的悬索桥，应根据加劲梁的数目选取多梁式模型进行动力特性计算，见图 13-4-2；加劲梁为钢桁梁时，每根桁架杆件作为一根梁单元或桁架单元处理，见图 13-4-3。采用杆系单元模拟加劲梁时，应根据加劲梁的结构形式选择与之相适应的模型进行刚度和质量分布等效模拟。

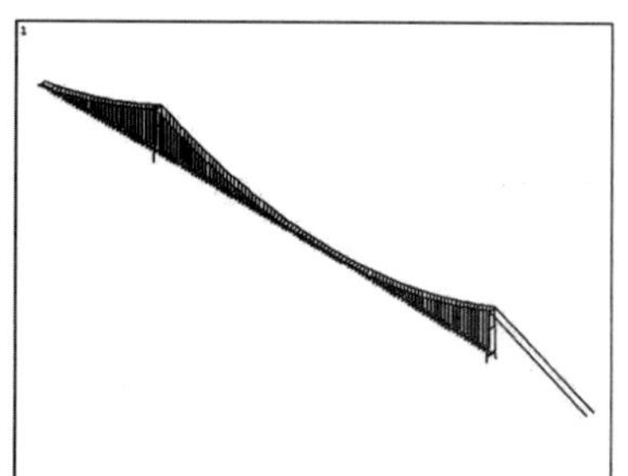

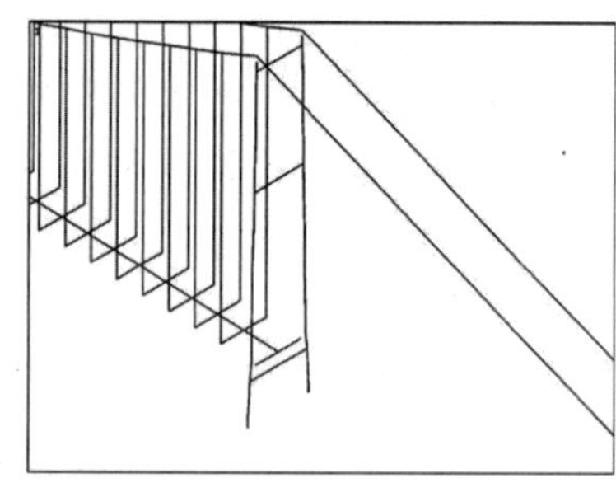

图 13-4-1　单脊梁式模型

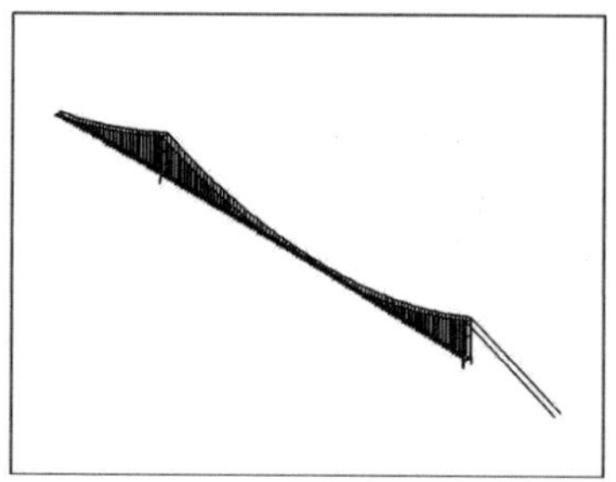

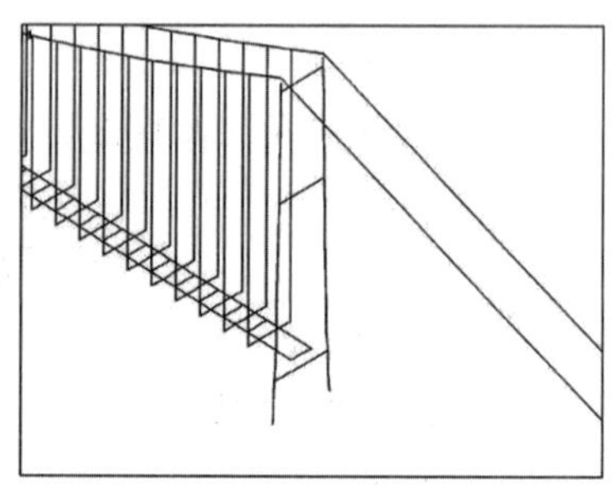

图 13-4-2　双根梁式模型

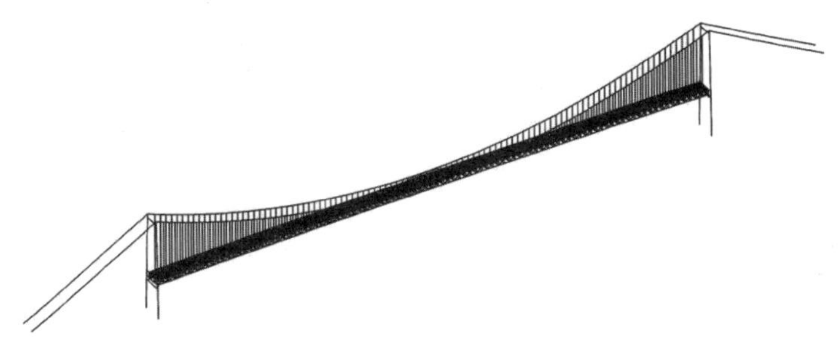

图 13-4-3　钢桁梁悬索桥计算模型

第五节　抗风性能估算

一、颤振临界风速估算

进行桥梁颤振临界风速估算时，可以先由桥梁所处的风环境和结构的刚度确定桥梁的颤振稳定性指标I_f，然后由I_f对桥梁的颤振稳定性进行分级。

1. 颤振稳定性指数I_f

颤振稳定性指数I_f按式（13-5-1）计算：

$$I_f = \frac{K_s}{\sqrt{\mu}} \frac{v_d}{f_t \cdot B} \tag{13-5-1}$$

式中：f_t——可取桥梁的扭转基频；

B——桥面全宽；

v_d——桥梁或构件的设计基准风速；

K_s——与截面形状有关的系数，箱梁取 12，半开口断面取 15，开口、桁架等截面取 22；

μ——桥梁结构与空气的密度比 $\mu = m/(\pi\rho B^2)$；

m——桥梁单位长度质量，对悬索桥包含主缆与吊索的质量。

颤振稳定性检验可按以下分级进行。

I级：当颤振稳定性指数 $I_f \leqslant 2.0$ 时，可采用经验公式计算桥梁的颤振临界风速。

II级：当颤振稳定性指数 $2.0 \leqslant I_f < 4.0$ 时，宜通过节段模型风洞试验或虚拟风洞试验进行检验。

III级：当颤振稳定性指数 $4.0 \leqslant I_f < 10$ 时，应利用节段模型风洞试验或虚拟风洞试验进行加劲梁的气动选型，并通过节段模型风洞试验或全桥气动弹性模型试验进行检验。

IV级：当颤振稳定性指数 $I_f \geqslant 10$ 时，应利用节段模型风洞试验或虚拟风洞试验进行加劲梁的气动选型，并通过节段模型风洞试验和全桥气动弹性型试验以及详细的颤振稳定性分析进行检验，必要时应采用振动控制技术。

2. 颤振临界风速估算

桥梁的颤振临界风速可按式（13-5-2）进行估算：

$$v_{cr} = \eta_s \eta_\alpha v_{co} \tag{13-5-2}$$

式中：v_{co}——与加劲梁相同宽度的理想平板颤振临界风速；

η_s、η_α——分别为断面形状修正系数和攻角效应折减系数，可按表 13-5-1 取用。

形状系数 η_s 和攻角效应系数 η_α 表 13-5-1

截面形式	形状系数 η_s			攻角效应系数 η_α
	主跨材质			
	钢	组合结构	混凝土	
平板	1	1	1	—
钝头形	0.50	0.55	0.60	0.80
带挑臂	0.65	0.70	0.75	0.70
带斜腹板	0.60	0.70	0.90	0.70
带风嘴	0.70	0.70	0.80	0.80
带分流板	0.80	0.80	0.80	0.80
开口板梁	0.35	0.40	0.50	0.85
分离双箱梁	1.0	—	—	0.80
P-K 断面	0.7	—	—	0.70
钢桁梁	0.35	—	—	0.70

3. 计算平板颤振临界风速的经验公式

1）Van der Put 经验公式

根据 Theodersen 平板气动力的精确表达式，Klöppel 和 Thiele 算出无量纲参数的诺谟图（其中偏保守地忽略了结构阻尼比），Van der Put 将诺谟图中的曲线拟合成近似的直线，表达式如下：

$$v_{co} = \left[1 + (\varepsilon - 0.5)\sqrt{\left(\frac{r}{b}\right) \cdot 0.72 \cdot \mu}\right] \cdot \omega_b \cdot b \tag{13-5-3}$$

式中：ε——扭弯频率比，$\varepsilon = f_t/f_b$；

μ——桥面质量与空气的密度比，$\mu = m/(\pi\rho b^2)$；

b——桥面宽度之半，$b = B/2$。

2）Selberg 经验公式

Selberg 和 Bleich 也按照上述方法根据分析与试验提出了各自的近似计算公式，其表达式为：

$$v_{co} = 0.44B\omega_t\left\{\sqrt{\bar{v}}\mu\left[1 - \left(\frac{1}{\varepsilon}\right)^2\right]\right\}^{1/2} \tag{13-5-4}$$

其中：$\bar{v} = 8(r/B)^2$，$\omega_t = 2\pi f_t$。

3）同济大学经验公式

同济大学研究团队将 Klöppel 的诺谟图近似地拟合成通过原点的直线，并对斜率作适当调整，此时可消去影响较小的参数 ε，得到如下的简化公式：

$$v_{co} = 2.5\sqrt{\mu \cdot \frac{r}{b}} \cdot f_t \cdot B \tag{13-5-5}$$

二、抖振响应估算

在脉动风的作用下，桥梁发生抖振而产生抖振惯性力。桥梁的抖振响应可通过风洞试验测得必要的气动参数后通过抖振分析得到，还可以通过全桥气动弹性模型试验，在模拟的风场中直接测定其抖振响应。

理论分析和现场实测表明，桥梁抖振位移响应中最低几阶振型起主要作用；高阶振型的贡献较小，且对于中小跨径的悬索桥气动耦合的影响也不明显。因此，对于侧向水平弯曲振型、竖向弯曲振型或以扭转为主的振型等各种情况，可近似地取其几阶对称振型和几阶反对称振型单独估算其抖振响应，然后进行叠加。以下给出的近似计算公式以 Scanlan 的抖振理论为框架，并根据 Davenport 的理论引入气动导纳函数修正抖振力谱，计入背景响应。

1. 抖振位移响应功率谱密度

（1）侧向抖振位移响应功率谱

根据随机振动理论，在抖振阻力作用下，桥梁加劲梁第 j 阶侧向水平弯曲振型的位移响应功率谱密度可表达为：

$$S_{\mathrm{p},j}(n,x)=(\rho v C_{\mathrm{H}} A)^2\frac{\varphi_{\mathrm{p},j}^2(x)}{M_{\mathrm{p},j}^2}\left|H_{\mathrm{p},j}(n)\right|^2\cdot\left|\gamma(n)\right|^2\cdot\left|J_{\mathrm{p},j}(n)\right|^2\cdot S_{\mathrm{u}}(n) \tag{13-5-6}$$

式中：$S_{\mathrm{p},j}(n,x)$——桥轴向坐标 x 处侧向抖振位移响应功率谱密度；

ρ——空气密度；

v——桥面高度处设计基准风速；

C_{H}——加劲梁的阻力系数；

A——加劲梁单位展长的迎风面积；

$\varphi_{\mathrm{p},j}(x)$——桥梁加劲梁第$j$阶侧向水平弯曲振型函数；

$M_{\mathrm{p},j}$——对应于加劲梁第j阶侧向水平弯曲振型的广义质量；

$$M_{\mathrm{p},j}=\int_0^L m\varphi_{\mathrm{p},j}^2(x)\,\mathrm{d}x$$

m——桥面系及主缆单位长度的质量；

L——桥梁跨长；

$H_{\mathrm{p},j}(n)$——受气动阻尼和气动刚度影响的传递函数；

$$H_{\mathrm{p},j}(n)=1/\left[(2\pi n_{\mathrm{p},j})^2-(2\pi n)^2+\mathrm{i}\cdot 2(1+\beta_{\mathrm{p},j})\xi_{\mathrm{p},j}(2\pi n)(2\pi n_{\mathrm{p},j})\right]\beta_{\mathrm{p},j}$$

$$=-\frac{\rho B^2 P_1^*}{2m\xi_{\mathrm{p},j}}，\ \mathrm{i}=\sqrt{-1}$$

n——频率；

$n_{\mathrm{p},j}$、$\xi_{\mathrm{p},j}$——对应于加劲梁第 j 阶侧弯振型的固有频率和结构阻尼比；

P_1^*——气动导数；

$|\gamma(n)|^2$——气动导纳函数，$|\gamma(n)|^2=1/\left(1+\frac{2B\pi^2 n}{v}\right)$；

$|J_{\mathrm{p},j}(n)|^2$——联合接受函数；

$$\left|J_{\mathrm{p},j}(n)\right|^2=\int_0^L\int_0^L\varphi_{\mathrm{p},j}(x_1)\varphi_{\mathrm{p},j}(x_2)\mathrm{e}^{-\lambda\cdot n|x_1-x_2|/v}\,\mathrm{d}x_1\,\mathrm{d}x_2$$

λ——风场相关系数，在缺乏桥位处风场资料时可偏安全地取$\lambda = 7$；

$S_u(n)$——水平风谱，$S_u(n) = \frac{u_*^2}{n} \cdot \frac{200f}{(1+50f)^{5/3}}$，$f = \frac{nZ}{v}$；

u_*——摩擦风速，$u_* \approx \frac{0.4v}{\ln(z/z_0)}$；

z——桥面基准高度；

z_0——地表粗糙高度，可按表 13-3-2 取值。

（2）竖向抖振位移响应功率谱

根据随机振动理论，在抖振升力作用下，桥梁加劲梁第 j 阶竖向抖振位移响应功率谱密度可表达为：

$$S_{h,j}(n,x) = \left(\frac{1}{2}\rho vB\right)^2 \frac{\varphi_{h,j}^2(x)}{M_{h,j}^2} |H_{h,j}(n)|^2 \cdot |\gamma(n)|^2 \cdot |J_{h,j}(n)|^2 \cdot \left[4C_L^2 S_v(n) + \left(C_L' + \frac{A}{B}C_M\right)^2 S_w(n)\right] \tag{13-5-7}$$

$$M_{h,j} = \int_0^L m\varphi_{h,j}^2(x)\,\mathrm{d}x$$

$$|J_{h,j}(\mathrm{n})|^2 = \int_0^{\mathrm{L}} \int_0^{\mathrm{L}} \varphi_{h,j}(x_1)\varphi_{h,j}(x_2) e_1^{-\lambda \cdot n|x_1 - x_2|/v}\,\mathrm{d}x_1\,\mathrm{d}x_2$$

$$H_{h,j}(n) = \frac{1}{(2\pi n_{h,j})^2 - (2\pi n)^2 + \mathrm{i} \cdot 2(1+\beta_{h,j})\xi_{h,j}(2\pi n)(2\pi n_{h,j})}$$

$$\beta_{h,j} = -\frac{\rho B^2 H_1^*}{(2m\xi_{h,j})}$$

式中：$S_{h,j}(n,x)$——桥轴向坐标 x 处竖向抖振位移响应功率谱密度；

C_L、C_M——加劲梁的升力系数和升力矩系数，$C_L' = \mathrm{d}C_L/\mathrm{d}\alpha$；

$\varphi_{h,j}(x)$——桥梁加劲梁第 j 阶竖向弯曲振型函数；

$n_{h,j}$、$\xi_{h,j}$——对应于加劲梁第 j 阶竖弯振型的固有频率和结构阻尼比；

H_1^*——气动导数；

$S_w(n)$——竖向风谱，$S_w(n) = \frac{u_*^2}{n} \cdot \frac{6f}{(1+4f)^2}$。

（3）扭转抖振位移响应功率谱

根据随机振动理论，在抖振扭转力矩作用下，桥梁加劲梁第 j 阶扭转抖振位移响应功率谱密度可表达为：

$$S_{m,j}(n,x) = \left(\frac{1}{2}\rho vB^2\right)^2 \frac{\varphi_{m,j}^2(x)}{I_{m,j}^2} |H_{m,j}(n)|^2 \cdot |\gamma(n)|^2 \cdot |J_{m,j}(n)|^2 \cdot \left[4\left(C_M + \frac{A \cdot \mathrm{r}}{B^2}C_H\right)^2 S_v(n) + C_M'^2 S_w(n)\right] \tag{13-5-8}$$

$$C_M' = \frac{\mathrm{d}C_M}{\mathrm{d}\alpha}$$

$$I_{m,j} = \int_0^L I_m \varphi_{m,j}^2(x)\,\mathrm{d}x$$

$$H_{\mathrm{m},j}(n)=\frac{1}{(2\pi\beta_{1\mathrm{m}}n_{\mathrm{m},j})^2-(2\pi n)^2+\mathrm{i}\cdot 2\left(\frac{1+\beta_{2\mathrm{m}}}{\beta_{1\mathrm{m}}}\right)\xi_{\mathrm{m},j}(2\pi n)(2\pi\beta_{1\mathrm{m}}n_{\mathrm{m},j})}$$

$$\beta_{1\mathrm{m}}=\sqrt{1-\frac{\rho B^4A_3^*}{I_\mathrm{m}}}$$

$$\beta_{2\mathrm{m}}=\frac{-\rho B^4A_2^*}{2I_\mathrm{m}\xi_{\mathrm{m},j}}$$

$$|J_{\mathrm{m},j}(n)|^2=\int_0^\mathrm{L}\int_0^\mathrm{L}\varphi_{\mathrm{m},j}(x_1)\varphi_{\mathrm{m},j}(x_2)e^{-\lambda\cdot n|x_1-x_2|/v}\,\mathrm{d}x_1\,\mathrm{d}x_2$$

式中：$S_{\mathrm{m},j}(n,x)$——桥轴向坐标 x 处扭转抖振位移响应功率谱密度；

$\varphi_{\mathrm{m},j}(x)$——桥梁加劲梁第 j 阶扭转振型函数；

I_m——加劲梁及主缆单位长度的质量惯矩；

$n_{\mathrm{m},j}$、$\xi_{\mathrm{m},j}$——对应于加劲梁第 j 阶扭转振型的固有频率和结构阻尼比；

A_2^*、A_3^*——气动导数。

2. 抖振位移响应

根据随机振动理论，桥梁抖振位移响应均方根可根据式(13-5-9)～式(13-5-11)计算：

$$\sigma_{\mathrm{p},j}(x)=\sqrt{\int_0^\infty S_{\mathrm{p},j}(n,x)\,\mathrm{d}n} \tag{13-5-9}$$

$$\sigma_{\mathrm{h},j}(x)=\sqrt{\int_0^\infty S_{\mathrm{h},j}(n,x)\,\mathrm{d}n} \tag{13-5-10}$$

$$\sigma_{\mathrm{m},j}(x)=\sqrt{\int_0^\infty S_{\mathrm{m},j}(n,x)\,\mathrm{d}n} \tag{13-5-11}$$

式中：$\sigma_{\mathrm{p},j}(x)$——桥轴向坐标x处第j阶侧弯振型的抖振位移响应均方根；

$\sigma_{\mathrm{h},j}(x)$——桥轴向坐标x处第j阶竖弯振型的抖振位移响应均方根；

$\sigma_{\mathrm{m},j}(x)$——桥轴向坐标x处第j阶扭转振型的抖振位移响应均方根。

3. 抖振惯性力

桥梁抖振惯性力的峰值可根据式(13-5-12)～式(13-5-14)计算：

$$\hat{P}_{\mathrm{p},j}(x)=\mathrm{g}_{\mathrm{p},j}\cdot m(x)\cdot(2\pi n_{\mathrm{p},j})^2\cdot\sigma_{\mathrm{p},j}(x) \tag{13-5-12}$$

$$\hat{P}_{\mathrm{h},j}(x)=\mathrm{g}_{\mathrm{h},j}\cdot m(x)\cdot(2\pi n_{\mathrm{h},j})^2\cdot\sigma_{\mathrm{h},j}(x) \tag{13-5-13}$$

$$\hat{P}_{\mathrm{m},j}(x)=\mathrm{g}_{\mathrm{m},j}\cdot I_\mathrm{m}(x)\cdot(2\pi n_{\mathrm{m},j})^2\cdot\sigma_{\mathrm{m},j}(x) \tag{13-5-14}$$

式中：$\mathrm{g}_{\mathrm{p},j}$、$\mathrm{g}_{\mathrm{h},j}$、$\mathrm{g}_{\mathrm{m},j}$——统计峰值因子，通常介于 3.5～4.0 之间。

4. 抖振内力响应

将抖振惯性力逐个施加到结构上，按静力分析过程计算结构的抖振内力响应，最后采用平方和开根号法（SRSS 法）对结构抖振内力响应进行组合。

三、静风稳定性估算

主跨跨径大于 600m 的公路悬索桥应计算其静风稳定性。悬索桥通常采用二维静风稳定简化分析方法计算结构的静力扭转发散和横向屈曲临界风速。主跨大于 1200m 悬索桥，尚应进行考虑几何非线性及气动力非线性效应的静风稳定性分析，必要时可通过全桥气动弹性模型试验进行检验。

1. 扭转发散临界风速

（1）分析模型

在静风荷载作用下，桥梁断面将受到静风阻力、静风升力和静风扭转力矩的作用，并产生变形以抵抗静力三分力的作用，如图 13-5-1 所示。当来流风速低于临界风速时，随着结构扭转变形的增大，抵抗力矩的增加速率大于静风力矩的增加速率，结构达到平衡位置。当来流风速达到临界值时，随着结构扭转变形的增大，抵抗力矩和静风力矩的增加速率相当，结构处于不稳定平衡状态。当来流风速超过临界风速时，随着变形的增大，抵抗力矩的增加速率小于静风力矩的增加速率，结构将发生静风扭转失稳。

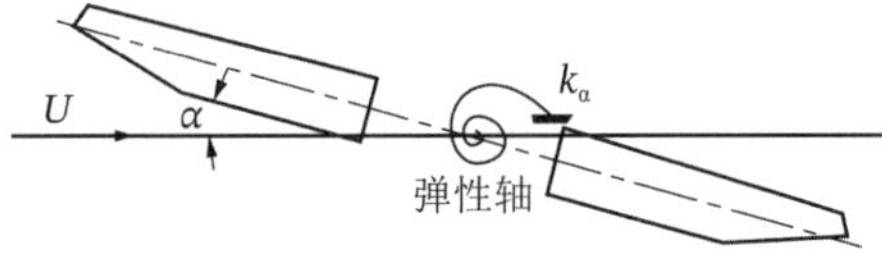

图 13-5-1　扭转发散分析简化模型

为了建立二维静风稳定分析模型，考虑图 13-5-1 所示扭转发散简化分析模型，它可以反抗弹簧的作用而绕某一支点（或弹性中心）转动。假定平均风速为 v，桥面宽度为 B，那么单位长度的气动扭矩为：

$$M_{\rm L}(\alpha)=\frac{1}{2}\rho v^2B^2C_{\rm M}(\alpha) \tag{13-5-15}$$

式中：$C_{\rm M}(\alpha)$——随攻角变化的静风升力矩系数。

当攻角为 0°时，气动扭转力矩为：

$$M_{\rm L}(0)=\frac{1}{2}\rho v^2B^2C_{\rm M}(0) \tag{13-5-16}$$

对于偏离 $\alpha=0$ 位置的微小变化，$M_{\rm L}(\alpha)$ 的一阶近似值为：

$$M_{\rm L}(\alpha)=\frac{1}{2}\rho v^2B^2\left[C_{\rm M}(0)+\left.\frac{{\rm d}C_{\rm M}}{{\rm d}\alpha}\right|_{\alpha=0}\cdot\alpha\right] \tag{13-5-17}$$

令气动扭矩与结构弹性抗力相等，可得下列方程：

$$\frac{1}{2}\rho v^2B^2[C_{\rm M}(0)+C'_{\rm M}(0)\cdot\alpha]=K_\alpha\cdot\alpha \tag{13-5-18}$$

$$C'_{\rm M}(0)=\left.\frac{{\rm d}C_{\rm M}}{{\rm d}\alpha}\right|_{\alpha=0}$$

式中：K_α——弹性抗力常数；

α——扭转角。

定义特征值 $\lambda\equiv\frac{1}{2}\rho v^2B^2$，代入式(13-5-18)可得：

$$[K_\alpha-\lambda C'_{\rm M}(0)]\cdot\alpha=\lambda C_{\rm M}(0) \tag{13-5-19}$$

或

$$\alpha=\frac{\lambda C_{\rm M}(0)}{K_\alpha-\lambda C'_{\rm M}(0)} \tag{13-5-20}$$

当 $\lambda=K_\alpha/C'_{\rm M}(0)$ 时，式(13-5-20)中的 α 值将趋于无穷大（发散），从而可以定义扭转发散临界风速为：

$$v_{\rm td}=\sqrt{\frac{2K_\alpha}{\rho B^2C'_{\rm M}(0)}} \tag{13-5-21}$$

（2）抗扭刚度计算

全桥成桥状态桥梁断面整体抗扭刚度 K_α 可按式(13-5-22)计算：

$$K_\alpha = (2\pi f_\alpha)^2 I_m \tag{13-5-22}$$

式中：f_α——扭转振动频率；

I_m——相应振型等效质量惯矩。

由于 K_α 与 v_{cr} 成正比，因此最小的扭转发散临界风速对应于最小的结构抗扭刚度和最低的扭转振动频率，故应采用一阶扭转振动频率 f_α 及其相应振型的等效质量惯矩 I_m 来计算最小结构抗扭刚度。

2. 横向屈曲临界风速

根据《公路桥梁抗风设计规范》（JTG/T 3360-01—2018），悬索桥成桥状态横向屈曲临界风速可按近似公式计算：

$$v_{lb} = K_{lb} \cdot f_t \cdot B = \sqrt{\frac{\pi^3 \frac{B}{H} \mu \frac{r}{b}}{1.88 C_H \varepsilon \sqrt{4.54 + \frac{C_L'}{C_H} \frac{B_c}{H}}}} \cdot f_t \cdot B \tag{13-5-23}$$

式中：v_{lb}——横向屈曲临界风速；

H——加劲梁高度；

B_c——主缆中心距。

3. 桥梁静力稳定性检验风速

当采用简化分析方法估算桥梁静力稳定性时，检验风速为：

$$[v_{lb}] = [v_{td}] = \gamma v_d \tag{13-5-24}$$

式中：γ——静风稳定分项系数，当采用前述简化分析方法估时，取为 2.0。

当采用仅考虑气动力非线性与几何非线性的计算方法分析静风失稳临界风速时，取为 1.60。当采用全桥气动弹性模型风洞试验获取静风失稳临界风速时，取为 1.40。当采用考虑气动力线性、几何非线性及材料非线性的计算方法分析静风失稳临界风速时，取为 1.30。

第六节　抗风控制措施

桥梁抗风研究的一个重要任务就是针对经过验算不能满足抗风要求的设计方案，提出有效的抗风措施或修改设计，使其满足抗风要求。针对不同的风致振动现象，在振动控制上应该采取不同的对策。例如对于颤振或驰振，应该设法避免，或将其临界风速提高到高于桥梁在设计使用期内桥位处可能出现的最大风速，并具有一定安全储备；对于涡激共振和抖振，应该设法使其振动的幅值尽量减小。

桥梁抗风控制措施可分为结构措施、气动措施和机械措施。结构措施是通过增加结构的总体刚度，改变结构的动力特性，提高桥梁静、动力稳定性的措施。气动措施以改善桥梁结构的绕流特性从而减小激振外力的输入为目的，而机械措施则是通过增加桥梁结构整体或部分构件的阻尼来达到减小振动的目的。但应注意的是，将这两种措施截然分开是不合适的，尤其在振动反应输出反馈影响到空气力输入的，具有强烈自激特性的结构中，这两种措施的互相影响更加密切。

一、结构措施

对大跨悬索桥而言，大部分或绝大部分刚度是由主缆提供的。因此可以考虑通过合理地改变主缆体系、设置辅助拉索系统等增大结构刚度的结构措施，以增大弯扭模态频率间的分离和模态形状间的差异，从而改善大跨悬索桥的颤振稳定性。

单双主缆（Mono-Duo Cable）体系（图13-6-1）大跨悬索桥与常规悬索桥相比，索塔采用A形索塔，主缆在靠近索塔部分（如从索塔至1/3或1/4桥跨处）合并为单根主缆，而在跨中区域仍保持为两根主缆。单双主缆体系悬索桥可以大大提高桥梁的整体刚度，增大弯扭模态频率比和模态形状的差异，因此使得结构颤振临界风速有较大的提高。但值得注意的是，作为一种新型结构体系，单双主缆体系悬索桥的施工架设方法与常规悬索桥差异较大。

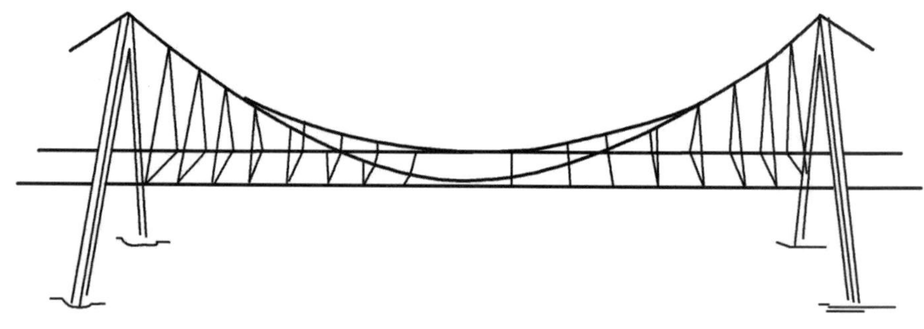

图13-6-1　单双主缆体系悬索桥

在辅助拉索系统方面，美国和日本学者作了大量的理论研究与工程实践。在塔科马海峡大桥风毁后不久，Steinman就研究了索塔与加劲梁之间、索塔与主缆之间、加劲梁与主缆之间设置加劲拉索对桥梁风致振动的影响，并应用这些措施对鹿岛大桥进行了加固。Kumarasena和Scanlan以及Cai和Albrecht等的研究表明，正是Steinman设置的这些加劲拉索保证了鹿岛大桥免受风毁的灾难。Miyazaki等以某超大跨悬索桥（跨径布置1250m + 2500m + 1250m）成桥状态为例，研究了在主缆之间设置水平拉索（horizontal stays）和主缆与加劲梁之间设置交叉拉索（cross stays）等控制措施，如图13-6-2所示。计算结果表明：当水平拉索靠近索塔布置，交叉拉索布置在中跨1/4跨度处时，这些拉索系统可以比较显著地增大桥梁的颤振临界风速。明石海峡大桥（跨径为255m + 750m + 170m）在施工架设阶段的气动稳定性问题较为严重，Honda等的研究表明：若在索塔与主缆之间设置辅助拉索，主缆与加劲梁之间设置交叉拉索以及主缆与加劲梁之间设置临时支撑等控制措施，则该桥在施工架设阶段的气动稳定性可以得到保证。

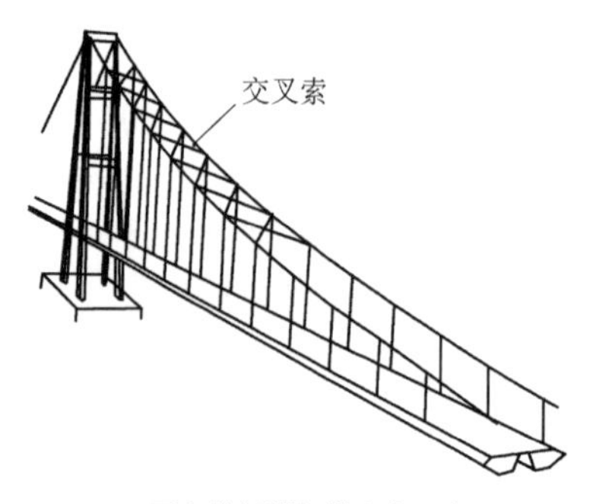

a) 两主缆间附加横向交叉索

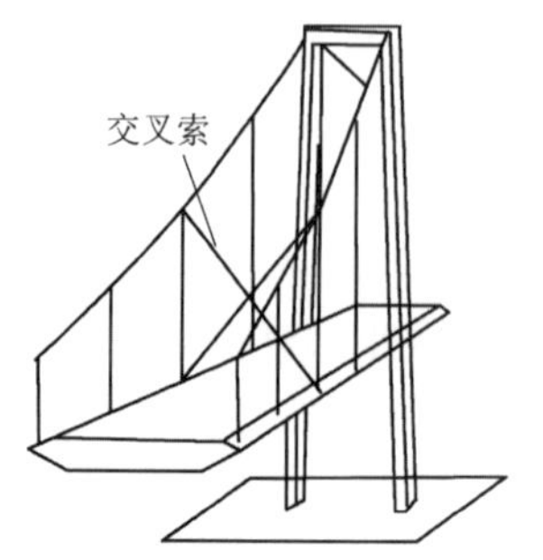

b) 主缆和加劲梁间附加横向交叉索

图13-6-2　带交叉索的悬索桥体系

此外，对于颤振形态由反对称模态控制的悬索桥，可以通过在跨中设置中央扣来提高颤振临界风速。我国润扬大桥、坝陵河大桥、四渡河大桥等均在主跨跨中处设置中央扣索。中央扣索的设置方法主要有：用刚性三角桁架将主缆与加劲梁连接，使主缆、加劲梁在跨中处相对固定，即刚性中央扣；在跨中加设一对或多对斜吊索来建立缆梁纵向约束，即柔性中央扣，如图 13-6-3 所示。

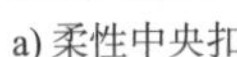
a) 柔性中央扣

b) 刚性中央扣

图 13-6-3　悬索桥中央扣

为了提高超大跨悬索桥的颤振稳定性，Miyata 等研究了在主跨跨中选用抗风稳定性良好的双加劲梁断面，而在其余部位采用单加劲梁断面的设计方案，如图 13-6-4 所示。

图 13-6-4　单双加劲梁断面的悬索桥

Tanaka 和 Gimsing 的研究表明，在悬索桥架设阶段，当采用由主跨跨中开始的架设顺序时，加劲梁沿桥跨非对称架设可以提高桥梁的颤振临界风速。

二、气动措施

悬索桥的加劲梁包括三种典型断面：H 形板梁、钢桁加劲梁和扁平流线型钢箱梁。其中，H 形板梁因其截面较钝，抗扭刚度很小，桥梁抗风稳定性很差，因此自塔科马海峡大桥风毁之后，这类加劲梁断面在现代悬索桥中就很少采用。钢桁加劲梁具有大的刚度和较好的透风率，抗风性能好，因此在美国和日本修建的大跨度悬索桥多采用这种加劲梁断面形式。扁平流线型钢箱梁的绕流状况较钢桁加劲梁有较大的改善，其静风荷载和抖振风荷载与钢桁加劲梁相比均显著减小，而且其抗扭刚度较大，气动稳定性好，因此自 1966 年英国塞文桥修建以来，这种加劲梁断面形式在欧洲和中国修建的大跨度悬索桥中被广为采用。

气动措施的原理是通过改变加劲梁横截面的几何形状或在加劲梁上安装小的附属构件来改变加劲梁的绕流形态，从而有效地改变作用在加劲梁上的气动力。尽管在选择加劲梁的截面形状时，首先是由结构和功能来决定的，但是经验表明，气动稳定性较好的截面往往是较为经济和美观的设计。

目前，钢桁加劲梁与扁平流线型钢箱梁是现代大跨度悬索桥通常选用的两种加劲梁截面形式。钢桁加劲梁具有大的刚度和较好的透风率，若在桥面上再设置格栅和安装稳定装置，则桥梁的颤振稳定性容易得到保证。为了解决颤振稳定性问题，Miyata 等对日本明石海峡大桥的加劲梁进行了气动选型，加劲梁的最终方案如图 13-6-5 所示。

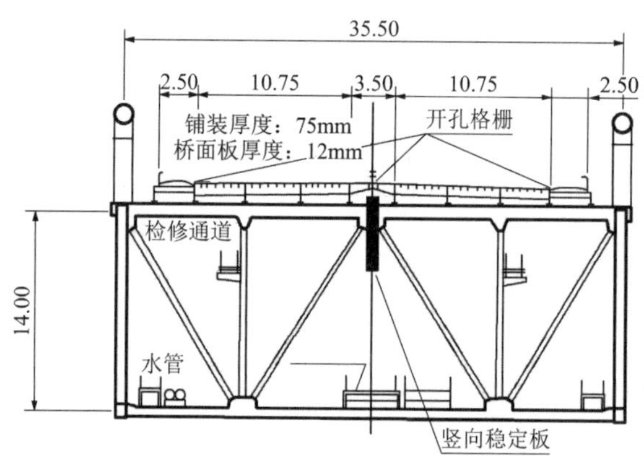

图 13-6-5　明石海峡大桥最终方案的钢桁加劲梁断面（尺寸单位：m）

为了提高坝陵河大桥（主跨 1088m 钢桁梁悬索桥）的颤振稳定性，设计人员通过气动选型确定了在下检修道外侧设置水平气动翼板的新型气动措施，如图 13-6-6 所示。

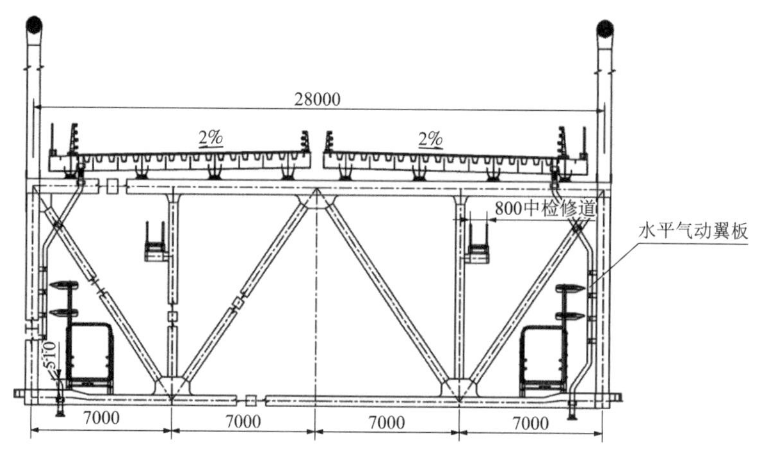

图 13-6-6　坝陵河大桥的钢桁加劲梁断面（尺寸单位：mm）

采用单个扁平箱梁加劲的悬索桥在跨径很大时，因加劲梁显得较为纤细，整个结构的刚度较小，颤振稳定性仍难以保证。对于采用扁平流线型钢箱梁的大跨悬索桥，若采用由主跨跨中开始的架设顺序，由于加劲梁端部缺乏足够的扭转约束，桥梁的颤振稳定性问题将更为严重。为了提高桥梁的气动稳定性，钢箱加劲梁常用的气动控制措施有：设置边缘风嘴、导流板、分流板、抑流板、裙板、中央开槽、中央稳定板、气动翼板等（图 13-6-7），这些措施可以根据需要单独或联合使用。

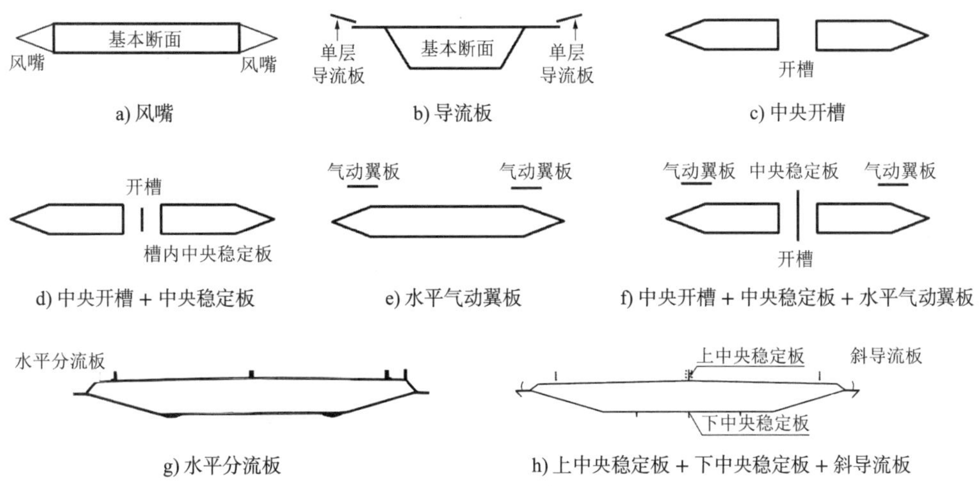

图 13-6-7　钢箱加劲梁气动控制措施示意图

Brown 等在意大利墨西拿海峡大桥（3300m 单跨公路铁路两用桥）的抗风研究中发现，多箱加劲梁具有优越的气动稳定性。从机理上分析，箱梁之间设置的间隙允许气流通过，从而使整个加劲梁顶面与底面间的压力差减小，故导致作用在加劲梁上的自激气动升力和俯仰力矩显著降低。在墨西拿海峡大桥设计方案中采用了多箱加劲梁，并在加劲梁上方安装了水平气动翼板，如图 13-6-8 所示。

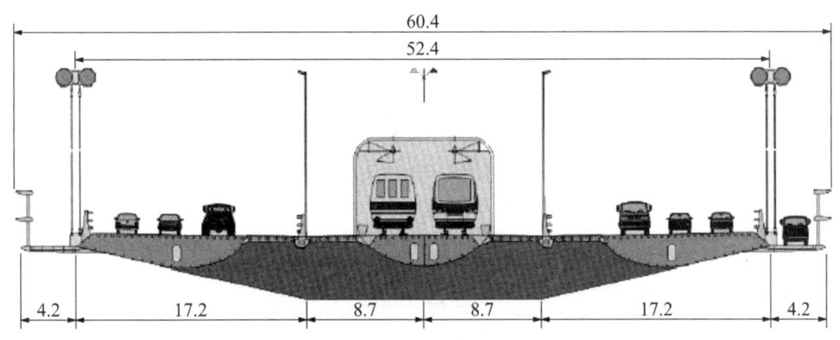

图 13-6-8　墨西拿海峡大桥加劲梁断面（尺寸单位：m）

随着悬索桥跨度的增大，采用以上被动气动控制措施有时仍然不能满足抗风设计要求，或者为了满足上述要求而受经济、美观等条件制约时，可以考虑主动气动控制措施。目前，研究最多的主动气动控制措施为主动控制翼板，其基本思想是通过传感器感受加劲梁的振动，然后把振动信号按所选的控制律进行放大和相位补偿，再通过同幅作动机构来控制翼板使之按照与加劲梁相同的频率作异相位谐振，这样就会产生非常大的气动阻尼，从而使得桥梁的颤振临界风速得到显著提高。桥梁加劲梁主动气动控制翼板的概念如图 13-6-9 所示。

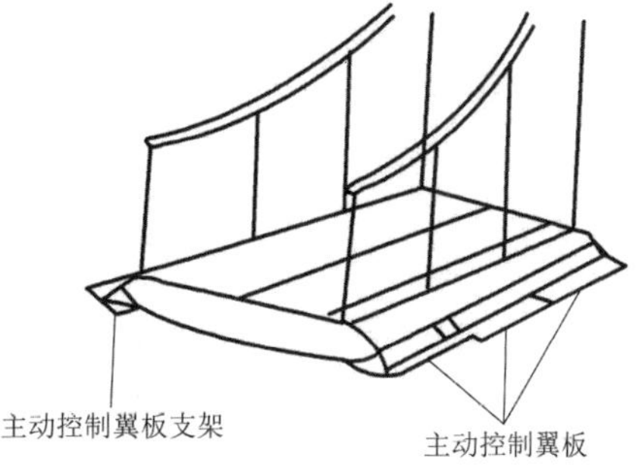

图 13-6-9　主动气动控制翼板的概念

三、机械措施

由于种种条件的制约，在实际应用中，不可能仅仅通过结构措施或气动措施解决风致振动问题，时常需要采用机械措施。机械措施是通过附加质量或增加结构刚度和阻尼等抑制桥梁风致振动，从控制方式上可分为被动控制、主动控制、半主动控制和混合控制等。其中，不需要提供外部能源的被动控制措施，因其构造简单、造价低廉和容易实现等优点在目前土木工程中的应用最为广泛。

1. 临时附加质量

（1）迎风侧偏心质量

在迎风侧配置偏心质量用于提高结构颤振临界风速的措施，在航空领域早有应用。研究表明，在加劲梁迎风侧配置偏心质量时也能提高悬索桥的颤振稳定性。用偏心质量改善桥梁颤振稳定性的物理机理在于减小自激气动力臂，从而减小俯仰力矩，如图13-6-10所示。这一方法适于加劲梁架设阶段，并曾在英国亨伯桥施工过程中被采用。因为大跨悬索桥本身的恒载巨大，因此只有配置足够大的偏心质量才会有效。此外，配置偏心质量后将导致加劲梁处在一个倾斜的平衡位置，因此对于水平风会产生一个负攻角。其次，为了保证偏心质量作用在加劲梁迎风侧，需要连续监控台风的线路并人为作出决定和操作。由于上述不利因素，偏心质量的实际应用具有一定的局限性。

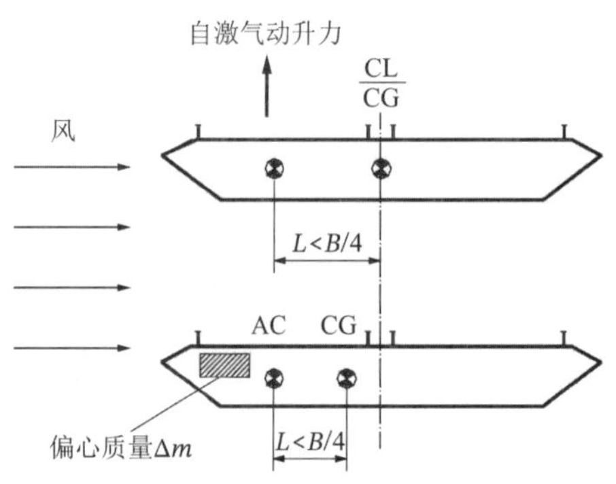

图13-6-10　偏心质量的物理机理

（2）附加质量

中崎俊三等研究了临时附加质量对超大跨悬索桥颤振稳定性的影响，结果表明：沿桥跨合理的布置形式，临时附加质量可以有效地提高桥梁的颤振临界风速。事实上，临时附加质量的作用在于增大主缆的张力，从而增大结构的整体刚度，使得结构的临界风速得到提高。但由于结构质量很大，临时附加质量必须足够大才会有效，再将这些质量沿桥跨分布，实际操作会有一定的困难，而且增加重量会使恒载增大，使结构的固有振动频率降低而容易引起振动，因此采用这一措施时需要兼顾两个方面。

2. 调谐阻尼器

研究表明，调谐质量阻尼器和调谐液体阻尼器可用于控制桥梁的风致振动。

（1）调谐质量阻尼器

调谐质量阻尼器（tuned mass damper，TMD）是最常用的一种被动控制系统，由惯性质量、弹簧和阻尼器组成，一般被安装在结构物振动响应较大的部位（如顶部），并与主体结构相连。当在风荷载作用下产生振动响应时，结构带动TMD系统振动，而TMD系统振动产生的惯性力反馈回来作用于主体结构，从而产生减振效果，见图13-6-11。

（2）调谐液体阻尼器

调谐液体阻尼器（tuned liquid damper，TLD）的构造是一充液的容器，水是其最常用的一种液体。一旦结构产生运动，安装于结构上容器中的自由液面就作相对于结构的晃动，从而吸收主结构的振动能量，并对主结构产生反作用力，达到减振的目的，如图13-6-12所示。

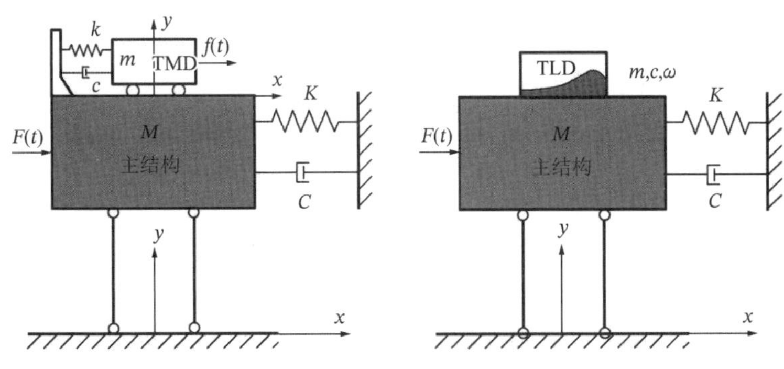

图 13-6-11　TMD 减振原理示意图　　图 13-6-12　TLD 减振原理示意图

（3）工程应用

日本修建的大跨径悬索桥大多选用钢结构索塔，为了减小钢索塔在施工过程中及运营阶段的风致振动，通常运用调谐质量（液体）阻尼器进行振动控制，如在明石海峡大桥裸塔状态为控制索塔涡激共振安装的 TMD，见图 13-6-13。

a) 300m 高索塔自立状态　　b) TMD

图 13-6-13　明石海峡大桥索塔涡激共振控制

第七节　风洞试验

塔科马海峡大桥风毁事故发生以后，人们才认识到空气动力作用对桥梁的重要影响。由于悬索桥颤振与机翼颤振二者在形式上非常相似，所以人们从航空领域关于翼型颤振的研究中寻求解决方法。但由于对悬索桥加劲梁断面的非定常气动力认识不清楚，难以从理论上进行解析，所以早期的研究只能借助航空学中的试验方法。

在 Farquharson 教授领导下，华盛顿大学研究团队在风洞中首先进行了塔科马海峡大桥的全桥气动弹性模型试验。试验显示的风振现象与从原桥观察到的情形相似，从而使人们对用风洞试验方法评价悬索桥的气动性能有了信心。

一、风洞试验的类型与功能

桥梁风洞试验包括节段模型风洞试验、全桥气动弹性模型风洞试验和拉条模型风洞试验三种。

节段模型风洞试验主要用于测定桥梁构件（加劲梁、索塔等）断面的静力三分力系数、气动导数、气动导纳函数以及测定桥梁的颤振稳定性和涡激共振响应等，因其结构简单、使用方便，因此应用十分广泛，但它只能反映桥梁的二维气动性能。

全桥气动弹性模型风洞试验能够比较真实地反映桥梁的三维气动性能，它是检验特大跨悬索桥气动稳定性和风致振动响应的重要手段，但这种风洞试验在模型的制造以及风洞试验设备等方面非常昂贵。

拉条模型风洞试验主要用于研究紊流作用下加劲梁的抖振响应，工程应用较少。

桥梁模型风洞试验宜在大气边界层风洞中进行，桥梁模型应设置在风洞试验段的有效试验区内，桥梁风洞试验的模型宜满足表 13-7-1 的要求。

桥梁风洞试验的模型要求　　表 13-7-1

模型要求	试验种类			
	静力三分力试验	加劲梁节段模型试验	索塔模型试验	全桥气动弹性模型试验
模型类别	刚性模型		刚性或弹性模型	弹性模型
模型缩尺	宜 ≥ 1/80 （建议 ≥ 1/30～1/20）		宜 ≥ 1/200 （建议 ≥ 1/100）	钢桁梁桥宜 ≥ 1/100； 钢箱梁桥宜 ≥ 1/300 （建议 ≥ 1/200）
模型宽度/有效试验区高度	闭口试验段 ≤ 0.4； 开口试验段 ≤ 0.2		≤ 0.2 （模型宽度指塔柱间隔）	—
模型高度/有效试验区高度	—		≤ 0.8	悬索桥、斜拉桥：≤ 0.9 其他桥：≤ 0.5
模型高度/有效试验区宽度	—		—	悬索桥、立拉桥：≤ 0.9 其他桥：≤ 0.8
模型长度/模型宽度	闭口试验段 > 2 开口试验段 > 3		—	—
风洞阻塞度	≤ 5%			

二、节段模型试验

大跨度桥梁结构在初步设计阶段，往往通过节段模型风洞试验来检验桥梁结构的气动性能或进行气动选型。因此，节段模型风洞试验是十分重要的桥梁结构模型试验，也是应用最为广泛的风洞试验。根据测量的内容不同，节段模型风洞试验可以分为测力试验和测振试验。

1. 节段模型测力试验

节段模型测力试验主要用来测定桥梁结构（加劲梁、索塔等）断面在平均静气动力作用下的静力三分力系数，测定桥梁结构（加劲梁、索塔等）断面在平均风作用下的表面压力分布。

节段模型测力试验要求模型与实桥间满足几何外形相似，并需在模型两端设置端板或补偿模型。设置端板时，应考虑作用在端板上及模型支撑装置上的气动力修正。设置补偿模型时，补偿模型与测力模型的间隔不宜大于 1mm，且补偿模型应具有足够的长度，这时可以只考虑作用在测力模型支撑装置上的气动力修正。

试验的攻角范围应不小于 ±10°，攻角变化步长为 1°。试验一般在均匀流场中进行，每一攻角状态下的试验均应选择在大于 10m/s 且相差 1 倍以上的两种不同风速下进行，以检验三分力系数的雷诺数效应。试验结果分别在体轴坐标系和风轴坐标系下以三分力系数曲线表示。结构断面表面压力分布则可以直接绘制在结构断面的周围，从压力的分布角度反映桥梁结构断面的气动性能。

图 13-7-1 为胶州湾大桥大沽河航道桥（主跨 260m 自锚式悬索桥）的加劲梁节段模型和索塔模型测力试验。

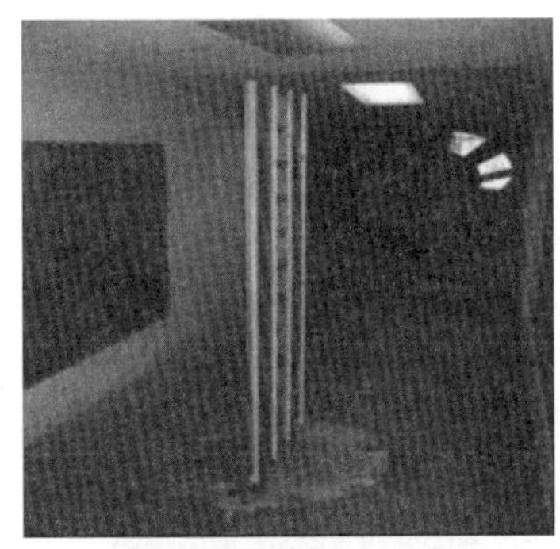

a) 加劲梁节段模型测力试验图

b) 索塔模型测力试验

图 13-7-1　胶州湾大桥大沽河航道桥加劲梁节段模型和索塔模型测力试验

2. 节段模型测振试验

节段模型测振试验主要用来测定桥梁结构的非定常气动力特性（气动导数、气动导纳函数）以及结构在非定常气动力作用下的稳定性和振动响应（颤振和涡激共振）。

节段模型测振试验宜采用弹簧悬挂二元刚体节段模型装置，试验装置应保证加劲梁模型的二元流动特性。节段模型两端可设置二元端板。

模型与实桥间除应满足几何外形相似外，原则上还应满足以下三组无量纲参数的一致性条件，即：弹性参数$\upsilon/(f_h b)$、$\upsilon/(f_t b)$；惯性参数$m_{\mathrm{eq}}/(\rho b^2)$、$I_{\mathrm{meq}}/(\rho b^4)$；阻尼参数$\xi_h$，$\xi_{\mathrm{m}}$。

对于悬索桥，m_{eq}、I_{meq} 应取为计入全桥共同作用的等效质量和等效质量惯矩。试验的攻角范围一般为 ±3°。根据试验的目的不同，可分别在均匀流场和紊流场中进行。

图 13-7-2 为胶州湾大桥大沽河航道桥的加劲梁节段模型测振试验。

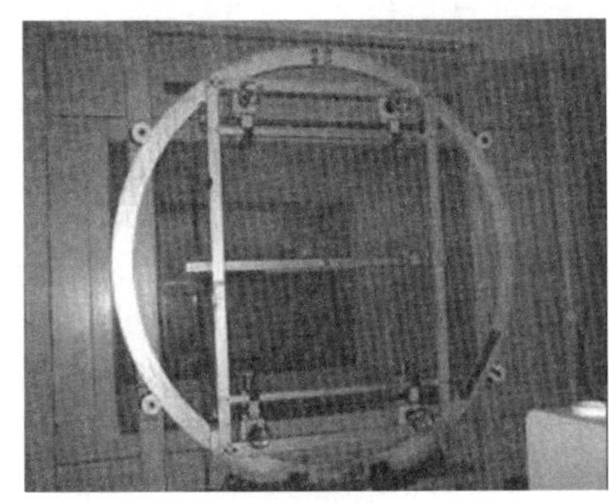

a) 洞外弹簧悬挂系统

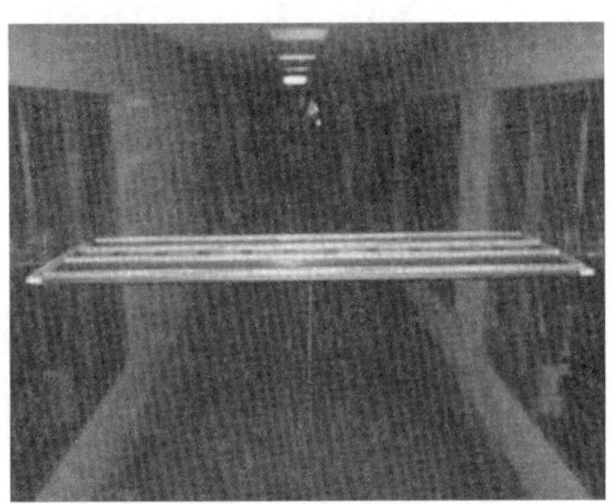

b) 洞内节段模型系统

图 13-7-2　胶州湾大桥大沽河航道桥节段模型测振试验

三、全桥气动弹性模型试验

1954 年，Faquharson 对风毁的塔科马海峡大桥（1940 年）进行了全桥气动弹性模型风洞试验，开创了用全桥气动弹性模型试验检验桥梁抗风性能的先河。随着桥梁风工程的迅速发展，特别是 20 世纪 60 年代，紊流对桥梁结构的影响逐步受到关注（Jensen，1959 年；Davenport，1962 年）。桥梁抖振、气动稳定性和桥梁结构的涡激共振等都要受到紊流的影响。全桥气动弹性模型试验可以更充分地模拟大气边界层的紊流，更真实地模拟桥梁结构在实际大气边界层中的气动稳定性和风致振动响应，对于特别重要的大跨度桥梁，一般都要进行全桥气动弹性模型风洞试验。

全桥气动弹性模型与实桥间应满足几何外形相似以及基于模型几何缩尺和风速比的力学相似关系。桥梁结构或构件具有近流线型及圆形断面时，还应考虑雷诺数的影响。

全桥气动弹性模型风洞试验应分别在均匀流场和模拟自然风特性的紊流场中进行。地形复杂时，应考虑地形影响或进行地形模拟。全桥气动弹性模型在均匀流场中宜进行 −3°、0° 与 +3°三个风攻角工况的测振试验。

图 13-7-3 为张靖皋长江大桥的全桥气动弹性模型试验。

图 13-7-3　张靖皋长江大桥全桥气动弹性模型试验

第八节　抗风性能计算理论与方法

一、颤振计算理论

由于结构本身的柔性和低阻尼的特点，对于大跨悬索桥，其颤振问题十分突出。桥梁颤振从形式上可分为单自由度颤振和类似于机翼的经典颤振。若将桥梁结构与气流作为一个系统，单自由度颤振是扭转方向的气动阻尼随风速增大由正变负，最终导致系统总阻尼为负值而引起的分离流扭转颤振；经典颤振则是气流通过弯扭模态耦合而将能量输入系统，最终导致整个系统的总阻尼为负的弯扭耦合颤振。加劲梁断面钝体性质比较明显的悬索桥，可能会发生单自由度颤振，此时系统的颤振临界风速将会很低，如著名的塔科马海峡大桥风毁就是因为加劲梁的扭转颤振引起的。现代悬索桥通常选用绕流形态较好的流线型扁平箱梁或桁梁，其颤振形态多为弯扭耦合颤振。

根据系统发生颤振的本质可知，从能量的角度建立研究系统颤振稳定性的多模态分析方法无疑是十分必要的。基于上述认识，本章首先研究了对悬索桥进行颤振分析的一种多模态分析方法。该方法首先组集系统在自激力作用下关于模态广义坐标位移和速度作为状态向量的状态空间方程，应用精细时程积分法求解状态向量的时程响应；然后，建立了系统总能量随时间的变化率与系统等效阻尼比之间的关系，基于状态向量的时程响应，可以计算系统在不同风速下的等效阻尼比；最后由系统的等效阻尼比来判断系统的稳定性。

1. 颤振状态空间方程的建立及求解

气流主要通过加劲梁将能量输入系统。在平滑流中，对于小幅振动，作用在悬索桥加劲梁单位展长上的自激力可以通过气动导数加以描述，其矩阵表达式为：

$$F_{ae}=\begin{Bmatrix}\boldsymbol{L}_{ae}\\ \boldsymbol{M}_{ae}\end{Bmatrix}=\rho v^2 B\begin{bmatrix}\dfrac{K^2H_4^*}{B} & K^2H_3^*\\ K^2A_4^* & K^2A_3^*B\end{bmatrix}\begin{Bmatrix}h\\ \alpha\end{Bmatrix}+\rho v^2 B\begin{bmatrix}\dfrac{KH_1^*}{v} & \dfrac{KH_2^*B}{v}\\ \dfrac{KA_1^*B}{v} & \dfrac{KA_2^*B^2}{v}\end{bmatrix}\begin{Bmatrix}\dot{h}\\ \dot{\alpha}\end{Bmatrix}$$

$$=\boldsymbol{F}_{\rm d}\boldsymbol{\phi}+\boldsymbol{F}_{\rm v}\dot{\boldsymbol{\phi}} \tag{13-8-1}$$

式中：$\boldsymbol{L}_{ae}$、$\boldsymbol{M}_{ae}$——分别为自激气动升力和俯仰力矩；

h、α——广义位移，其正方向分别与 $\boldsymbol{L}_{ae}$ 和 $\boldsymbol{M}_{ae}$ 同向；

ρ——空气密度；

B——加劲梁宽；

v——风速；

H_i^*、A_i^*（i =1～4）——加劲梁横断面的气动导数，是折算频率 $K(=B\omega/v)$ 的无量纲函数；

ω——振动圆频率；

$\dot{\boldsymbol{\phi}}$——$\boldsymbol{\phi}$ 关于时间的一阶导数。

对于加劲梁上第 k 个单元，单元位移 $\boldsymbol{\delta}_k$ 与广义位移矢量 $\boldsymbol{\phi}$ 通过形函数 $\boldsymbol{N}(x)$ 描述为：

$$\boldsymbol{\phi}=\boldsymbol{N}(x)\boldsymbol{\delta}_k \tag{13-8-2}$$

根据虚功原理，作用在第 k 个单元上的等效节点自激力为：

$$\overline{\boldsymbol{F}}_{ae}^k=\int_0^{l_k}\left(\boldsymbol{N}^{\rm T}\boldsymbol{F}_{\rm d}\boldsymbol{N}\boldsymbol{\delta}_k+\boldsymbol{N}^{\rm T}\boldsymbol{F}_{\rm v}\boldsymbol{N}\dot{\boldsymbol{\delta}}_k\right){\rm d}x=\boldsymbol{K}_{ae}^k\boldsymbol{\delta}_k+\boldsymbol{C}_{ae}^k\dot{\boldsymbol{\delta}}_k \tag{13-8-3}$$

式中：$\boldsymbol{K}_{ae}^k$、$\boldsymbol{C}_{ae}^k$——分别为第 k 个单元的气动刚度和气动阻尼矩阵。

组集系统的颤振运动方程：

$$\boldsymbol{M}_{\rm s}\ddot{\boldsymbol{v}}+\boldsymbol{C}\dot{\boldsymbol{v}}+\boldsymbol{K}\boldsymbol{v}=\{0\} \tag{13-8-4}$$

式中：$\boldsymbol{C}$——系统的阻尼矩阵，且 $\boldsymbol{C}=\boldsymbol{C}_{\rm s}-\boldsymbol{C}_{ae}$；

$\boldsymbol{K}$——系统的刚度矩阵，且 $\boldsymbol{K}=\boldsymbol{K}_{\rm s}-\boldsymbol{K}_{ae}$；

$\boldsymbol{M}_{\rm s}$、$\boldsymbol{C}_{\rm s}$、$\boldsymbol{K}_{\rm s}$——分别为结构的质量、阻尼和刚度矩阵；

$\boldsymbol{C}_{ae}$、$\boldsymbol{K}_{ae}$——分别为气动阻尼和刚度矩阵；

$\ddot{\boldsymbol{v}}$、$\dot{\boldsymbol{v}}$、$\boldsymbol{v}$——分别为结构节点加速度、速度和位移列向量。

引入模态广义坐标变换：

$$v(x,t)=\boldsymbol{\Phi}(x)\boldsymbol{q}(t) \tag{13-8-5}$$

式中：$\boldsymbol{\Phi}(x)$——模态振型矩阵；

$\boldsymbol{q}(t)$——模态广义坐标列阵。

将式(13-8-5)代入式(13-8-4)，并左乘以 $\boldsymbol{\Phi}^{\mathrm{T}}$，由 $\boldsymbol{M}_{\mathrm{s}}$、$\boldsymbol{K}_{\mathrm{s}}$ 的加权正交性，并假定结构为比例阻尼，得：

$$\boldsymbol{I}\ddot{\boldsymbol{q}}+\boldsymbol{C}^{*}\dot{\boldsymbol{q}}+\boldsymbol{K}^{*}\boldsymbol{q}=\{0\} \tag{13-8-6}$$

式中：$\boldsymbol{I}$——单位矩阵；

$\boldsymbol{C}^{*}$——系统广义阻尼矩阵，且 $\boldsymbol{C}^{*}=\mathrm{diag}[2\zeta_i\omega_i]-\boldsymbol{\Phi}^{\mathrm{T}}\boldsymbol{C}_{\mathrm{ae}}\boldsymbol{\Phi}$；

$\boldsymbol{K}^{*}$——系统广义刚度矩阵，且 $\boldsymbol{K}^{*}=\mathrm{diag}\left[\omega_i^2\right]-\boldsymbol{\Phi}^{\mathrm{T}}\boldsymbol{K}_{\mathrm{ae}}\boldsymbol{\Phi}$；

diag[•]——对角矩阵符号；

ω_i、ζ_i——分别为结构第 i 阶模态的固有圆频率和阻尼比。

因气动阻尼和刚度矩阵 $\boldsymbol{C}_{\mathrm{ae}}$、$\boldsymbol{K}_{\mathrm{ae}}$ 均为非对称矩阵，故式(13-8-6)没有解耦，因此系统的颤振响应将为多模态耦合响应。

结合恒等式 $\dot{\boldsymbol{q}}\equiv\dot{\boldsymbol{q}}$，式(13-8-6)可表达为关于状态向量 $\boldsymbol{X}=\{\boldsymbol{q}\quad\dot{\boldsymbol{q}}\}^{\mathrm{T}}$ 的状态空间方程：

$$\dot{\boldsymbol{X}}=\boldsymbol{H}\boldsymbol{X}=\begin{bmatrix}[0] & [I]\\ -[K]^{*} & -[C]^{*}\end{bmatrix}\boldsymbol{X} \tag{13-8-7}$$

对于状态空间方程式(13-8-7)，应用精细时程积分法计算状态向量 $\boldsymbol{X}(t)$ 的时程响应。因矩阵 $\boldsymbol{H}$ 为风速 v 和频率 ω 两个变量的函数，所以应对它们作双重迭代分析。

2. 颤振稳定性的能量分析法

系统总能量 E 为动能 T 和势能 U 之和，其随时间的变化率为 $\dot{\boldsymbol{E}}$。系统的颤振稳定性可以通过 $\dot{\boldsymbol{E}}$ 进行研究：

（1）$\dot{\boldsymbol{E}}<0$，表示由气流输入系统中的能量小于结构阻尼耗散的能量，系统总体能量变化表现为耗能，系统处于气动稳定状态。

（2）$\dot{\boldsymbol{E}}>0$，表示由气流输入系统中的能量大于结构阻尼耗散的能量，系统总体能量变化表现为吸能，系统处于气动不稳定状态。

（3）$\dot{\boldsymbol{E}}=0$，表示由气流输入系统中的能量与结构阻尼耗散的能量相平衡，系统总体能量变化表现为不吸能也不耗能，此时系统处于颤振临界状态。

$\dot{\boldsymbol{E}}$ 的表达式为：

$$\dot{\boldsymbol{E}}=\dot{\boldsymbol{v}}^{\mathrm{T}}(\boldsymbol{C}_{\mathrm{ae}}^{\mathrm{s}}-\boldsymbol{C}_{\mathrm{s}})\dot{\boldsymbol{v}}+\dot{\boldsymbol{v}}^{\mathrm{T}}\boldsymbol{K}_{\mathrm{ae}}^{\mathrm{a}}\boldsymbol{v} \tag{13-8-8}$$

式中：$\boldsymbol{C}_{\mathrm{ae}}^{\mathrm{s}}$——气动阻尼矩阵 $\boldsymbol{C}_{\mathrm{ae}}$ 的对称部分；

$\boldsymbol{K}_{\mathrm{ae}}^{\mathrm{a}}$——气动刚度矩阵 $\boldsymbol{K}_{\mathrm{ae}}$ 的反对称部分。

应用模态坐标变换式(13-8-5)，将式(13-8-8)变换到模态空间：

$$\dot{\boldsymbol{E}}=\dot{\boldsymbol{q}}^{\mathrm{T}}\boldsymbol{\Phi}^{\mathrm{T}}(\boldsymbol{C}_{\mathrm{ae}}^{\mathrm{s}}-\boldsymbol{C}_{\mathrm{s}})\boldsymbol{\Phi}\dot{\boldsymbol{q}}+\dot{\boldsymbol{q}}^{\mathrm{T}}\boldsymbol{\Phi}^{\mathrm{T}}\boldsymbol{K}_{\mathrm{ae}}^{\mathrm{a}}\boldsymbol{\Phi}\boldsymbol{q} \tag{13-8-9}$$

由式(13-8-9)可以看出，系统能量变化率 $\dot{\boldsymbol{E}}$ 不仅反映了模态间的相互耦合，而且反映了系统能量的瞬变性质。

对于第 i 阶模态，其在一个周期内的能量增量为：

$$\Delta E_i=\int_{t_k}^{t_k+\frac{2\pi}{\omega_i}}(\dot{\boldsymbol{q}}_i^{*})^{\mathrm{T}}\boldsymbol{\Phi}^{\mathrm{T}}(\boldsymbol{C}_{\mathrm{ae}}^{\mathrm{s}}-\boldsymbol{C}_{\mathrm{s}})\boldsymbol{\Phi}\dot{\boldsymbol{q}}+\dot{\boldsymbol{q}}_i^{*\mathrm{T}}\boldsymbol{\Phi}^{\mathrm{T}}\boldsymbol{K}_{\mathrm{ae}}^{\mathrm{a}}\boldsymbol{\Phi}\boldsymbol{q}\,\mathrm{d}t \tag{13-8-10}$$

式中：$\dot{\boldsymbol{q}}_i^{*\mathrm{T}}=\{0\quad\cdots\quad 0\quad \dot{q}_i\quad 0\quad\cdots\quad 0\}$。

在一个周期内，系统的能量增量 ΔE_{sys} 为：

$$\Delta E_{\mathrm{sys}}=\sum_{i=1}^{m}\Delta E_i \tag{13-8-11}$$

式中：m——参与颤振的模态数。

由等效阻尼的定义，系统的等效阻尼比 ζ_{sys} 及第 i 阶模态的等效阻尼比 ζ_{mode} 可分别表达为：

$$\zeta_{\text{sys}} = \frac{-\Delta E_{\text{sys}}}{4\pi T_{\max}} \tag{13-8-12}$$

$$\zeta_i^{\text{mode}} = \frac{-\Delta E_i}{4\pi T_{\max}} \tag{13-8-13}$$

式中：$T_{\max}$——系统的最大动能，且 $T(t) = \frac{1}{2}\dot{\boldsymbol{q}}(t)^{\mathrm{T}}\boldsymbol{\Phi}^{\mathrm{T}}\boldsymbol{M}_{\mathrm{s}}\boldsymbol{\Phi}\dot{\boldsymbol{q}}(t) = \frac{1}{2}\dot{\boldsymbol{q}}(t)^{\mathrm{T}}\dot{\boldsymbol{q}}(t)$。

由式(13-8-9)～式(13-8-12)可知，系统的等效阻尼比 ζ_{sys} 与系统能量变化率 $\dot{\boldsymbol{E}}$ 之间的关系为：$\dot{\boldsymbol{E}} > 0 \Leftrightarrow \dot{\boldsymbol{E}} < 0$；$\dot{\boldsymbol{E}} < 0 \Leftrightarrow \dot{\boldsymbol{E}} > 0$；$\dot{\boldsymbol{E}} = 0 \Leftrightarrow \dot{\boldsymbol{E}} = 0$。因此，可以通过计算系统的等效阻尼比 ζ_{sys} 来判断系统的稳定性。当系统的等效阻尼比 $\dot{\boldsymbol{E}} = 0$ 时，系统处于颤振临界状态，此时对应的风速即为颤振临界风速 v_{cr}，相应的频率为颤振频率 ω_{cr}。在颤振临界状态，状态向量将作稳态谐和振动，其可用正弦函数进行描述。

$$q_i = q_{0i}\sin(\omega_{\text{cr}}t + \varphi_i), \dot{\boldsymbol{q}}_i = q_{0i}\omega_{\text{cr}}\cos(\omega_{\text{cr}}t + \varphi_i) \quad (i = 1, \cdots, m) \tag{13-8-14}$$

式中：q_{0i}——q_i 的幅值，即模态参与系数；

φ_i——q_i 的相位角。

3. 算例

（1）英国塞文桥

英国塞文桥是世界上修建的第一座加劲梁采用扁平流线型钢箱梁的悬索桥（图 13-8-1）。塞文桥桥跨布置为 305m + 988m + 305m，结构对称，结构的几何特性、材料特性以及约束条件见文献[39]（Agar，1988 年）；该桥的计算模型如图 13-8-2 所示。

图 13-8-1　英国塞文桥

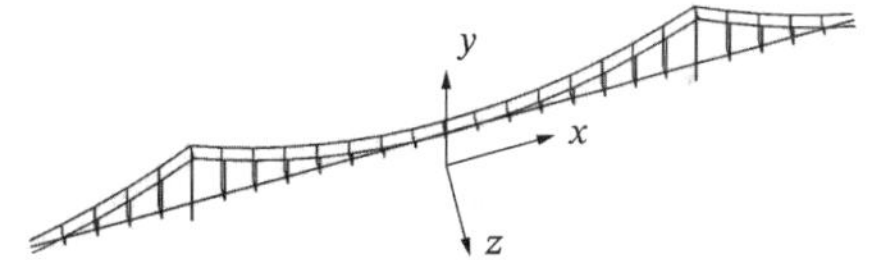

图 13-8-2　塞文桥计算模型

根据图 13-8-2 所示计算模型，采用集中质量矩阵及计入单元几何刚度效应的刚度矩阵，分析结构的动力特性，计算结果列于表 13-8-1。

塞文桥动力特性计算结果　　表 13-8-1

阶次	模态圆频率（rad/s）	模态特征	阶次	模态圆频率（rad/s）	模态特征
1	0.811(0.801)	反对称竖弯（主跨）	10	2.867(3.039)	对称竖弯（边跨）
2	0.869(0.878)	对称竖弯（主跨加边跨）	11	2.867(3.039)	反对称竖弯（边跨）
3	1.233(1.251)	对称竖弯（主跨加边跨）	12	3.21(3.361)	对称竖弯（主跨）
4	1.332(1.372)	反对称竖弯（边跨）	13	3.625(3.580)	反对称扭转（主跨）
5	1.656(1.698)	反对称竖弯（主跨）	14	3.812	反对称竖弯（主跨）
6	1.683(1.718)	对称竖弯（主跨加边跨）	15	4.465	对称竖弯（主跨）
7	2.147(2.221)	对称竖弯（主跨）	16	4.897	反对称竖弯（边跨）
8	2.287(2.272)	对称扭转（主跨加边跨）	17	4.901	对称竖弯（边跨）
9	2.647(2.755)	反对称竖弯（主跨）	18	5.442	对称扭转（主跨加边跨）

注：模态频率括号内的数字为文献[39]的计算结果。

由表13-8-1可知，本章关于塞文桥动力特性的计算结果与文献[39]的计算结果相吻合。结构第一阶对称弯扭模态的振型（加劲梁部分）如图13-8-3所示。

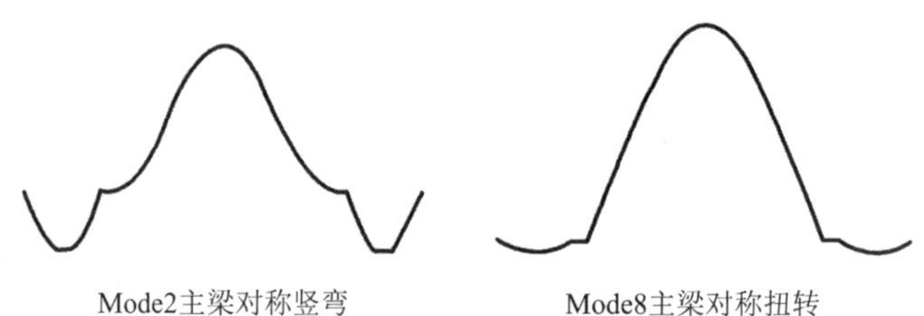

图13-8-3　塞文桥第一阶对称弯扭模态振型图

为了与文献[39]比较，假定结构阻尼为零，加劲梁气动导数采用机翼的Theodorson理论曲线。根据以上结构惯性、阻尼和气动参数，采用不同的模态组合方案，应用颤振稳定性的能量分析法，系统颤振临界风速与颤振频率计算结果见表13-8-2。

塞文桥颤振分析结果　　表13-8-2

参数	对称模态组合			反对称模态组合		结构前18阶模态组合
	(2,8)	(2,6,8)	全部10个对称模态	(1,13)	全部8个反对称模态	
v_{cr}（m/s）	71.92(71.00)0	78.4(76.90)	78.36(76.9)	115.5	115.49	78.36
ω_{cr}（rad/s）	1.521(1.545)	1.472(1.490)	1.481(1.495)	2.363	2.363	1.481

注：括号内的数字为文献[39]采用模态技术法计算所得结果。

由表13-8-2还可以看出，塞文桥的颤振临界风速为78.36m/s。该桥颤振形态为对称弯扭模态振型的耦合，而非反对称弯扭模态振型的耦合，其原因主要有两点：一是因为对称扭弯基频的比值 $f_{t1}^{s}/f_{v1}^{s}(=2.632)$ 比反对称扭弯模态基频的比值 $f_{t1}^{a}/f_{v1}^{a}(=4.470)$ 小得多，二是因为对称扭弯模态振型相似性比较好，如图13-8-3所示。由表13-8-2还发现，按模态组合方案(2,6,8)计算所得系统颤振临界风速、颤振频率与按全部18个模态组合所得结果几乎一致，其原因在于第2、6、8三阶模态为控制模态，因此按这三个模态进行组合计算所得系统的颤振临界风速、颤振频率与按全部18个模态组合所得结果十分接近。下面以采用全部18个模态组合为例，按颤振稳定性的能量分析法计算各阶模态的等效阻尼比，在颤振临界状态的计算结果见表13-8-3。

塞文桥在颤振临界状态各阶模态的等效阻尼比　　表13-8-3

阶次	ζ_i^{mode}	阶次	ζ_i^{mode}	阶次	ζ_i^{mode}
1	0	7	0.008480	13	0.000000
2	2.557844	8	−3.989841	14	0.000000
3	0.065347	9	0.000000	15	0.000002
4	0.000000	10	0.000006	16	0.000000
5	0.000000	11	0.000000	17	0.000008
6	1.332163	12	0.000045	18	0.025946

由表13-8-3可以看出：①反对称模态的等效阻尼比均为零，证明它们对系统颤振稳定性没

有贡献。②频率高于第一阶扭转模态的高阶模态的等效阻尼比均很小，系统的等效阻尼比主要分布在第一阶对称扭转模态及低阶对称竖弯模态。③第一阶对称扭转模态（模态 8）与第二阶对称扭转模态（模态 18）的等效阻尼比正负号相反，这就从能量的角度证实了文献[31]（谢霁明，1985 年）提出的同类扭转振型具有干扰效应的观点。此外，多模态计算所得系统的颤振临界风速高于二模态分析结果，表明对于该桥多模态的参与有使系统趋于稳定的趋势。

按全部 18 阶模态组合，系统整体等效阻尼比随风速的变化如图 13-8-4 所示。由图 13-8-4 可以看出，当风速低于颤振临界风速时，系统的等效阻尼比大于零，结构在外界干扰下将作阻尼振动，系统处于气动稳定状态；当风速大于颤振临界风速时，系统的等效阻尼比小于零，结构在外界干扰下将作发散振动，系统已经失稳；当风速等于颤振临界风速时，系统的等效阻尼等于零，其处于临界状态。

在颤振临界状态，第一阶对称与反对称弯扭模态（塞文桥模态）广义坐标位移的时程曲线见图 13-8-5。

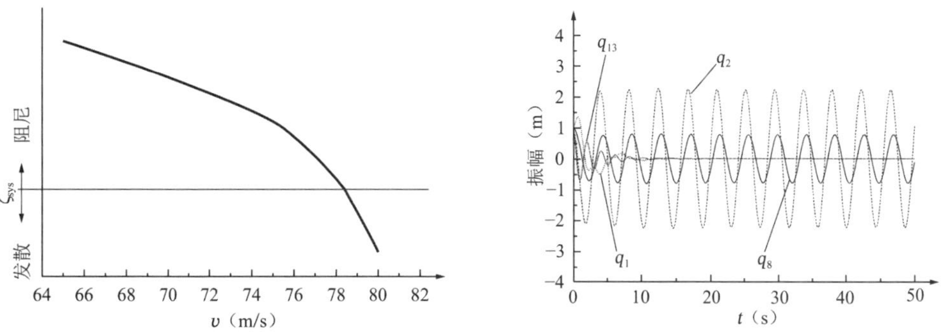

图 13-8-4　系统整体等效阻尼比随风速的变化曲线　图 13-8-5　塞文桥模态广义坐标位移时程响应

由图 13-8-5 可以看出，第一阶反对称弯扭模态广义坐标位移时程曲线随时间的增加很快衰减为一条直线，表明它们对系统的颤振稳定性没有影响，它们与对称模态互不耦合；第一阶对称弯扭模态广义坐标位移按同一频率——颤振频率作稳态谐和振动，二者按一定的幅值比和相位差相互耦合。

（2）虎门大桥

虎门大桥是跨度为 888m 的单跨悬索桥（图 13-8-6），加劲梁采用扁平流线型钢箱梁，梁宽 35.6m，梁高 3.012m，主缆间距 33m，矢跨比 $f/L = 1/10.5$，加劲梁及主缆的基本资料列于表 13-8-4。

图 13-8-6　虎门大桥

虎门大桥主要结构参数　表 13-8-4

参数	E（MPa）	A（m^2）	J（m^4）	I_y（m^4）	I_z（m^4）	m（kg/m）	I_m（$kg \cdot m^2/m$）
加劲梁	2.1×10^5	1.229	5.0955	124.392	1.9786	18.336×10^3	1743.03×10^3
主缆（单根）	2.0×10^5	0.2853	0.0	0.0	0.0	2.3969×10^3	0.0

利用空间杆系有限元法，建立结构的动力计算模型，如图 13-8-7 所示。模型中索塔、加劲梁采用空间梁单元模拟，主缆采用空间杆单元模拟，吊索与加劲梁上伸出的刚性横梁组成带刚臂的杆单元。约束条件为：主缆在锚碇处铰接，加劲梁在索塔处均为铰接，索塔塔柱在塔脚处固接。

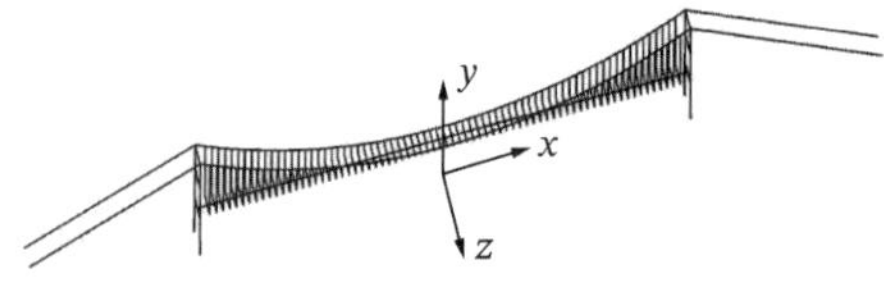

图 13-8-7　虎门大桥计算模型

采用集中质量矩阵（补充加劲梁转动自由度上的转动惯量）、计入几何刚度矩阵影响的刚度矩阵，分析虎门大桥的动力特性。因系统颤振主要与加劲梁竖弯和扭转模态有关，限于篇幅只列出结构竖弯和扭转模态的计算结果，见表 13-8-5。

虎门大桥动力特性计算结果　表 13-8-5

阶次	模态频率（Hz）	模态特征	阶次	模态频率（Hz）	模态特征
2	0.1132(0.1117)	反对称竖弯加纵飘	18	0.3715(0.3682)	对称竖弯
3	0.1628(0.1587)	纵飘加反对称竖弯	19	0.3735	边跨主缆竖弯带有加劲梁对称竖弯
4	0.1724(0.1715)	对称竖弯	21	0.3736(0.3974)	边跨主缆竖弯
5	0.2320(0.2251)	对称竖弯	22	0.4412(0.4260)	带有加劲梁对称扭转反对称扭转
6	0.2779(0.2765)	反对称竖弯	23	0.4722(0.4673)	反对称竖弯
15	0.3643	侧弯为主带有对称扭转	28	0.5897(0.5825)	对称竖弯
16	0.3646(0.3616)	对称扭转	34	0.6668(0.6430)	对称扭转

注：1. 模态频率括号内的数字为文献[33]（牛和恩，1998 年）列出的计算结果。
2. 由于虎门大桥左右边跨主缆不对称，因此不存在严格的对称和反对称振型。

根据以上结构惯性、阻尼和气动参数，采用不同的模态组合方案，应用能量分析法研究系统的颤振稳定性。进行颤振分析时，以成桥状态、风攻角 $\alpha = 0°$的工况为例。结构各阶模态阻尼比 ζ_i 均取为 0.5%。不失一般性，加劲梁采用 Theodorsen 理论平板气动力。系统颤振临界风速与颤振频率计算结果见表 13-8-6。

虎门大桥颤振分析结果　表 13-8-6

参数	对称模态			反对称模态		全部 14 个模态
	(4,16)	(4,5,16)	全部 9 个对称模态	(2,22)	全部 5 个反对称模态	
v_{cr}（m/s）	110.73	95.05	93.41	137.45	126.85	93.30
ω_{cr}（rad/s）	1.543	1.802	1.785	1.570	1.893	1.786

由表 13-8-6 可以看出，系统的颤振稳定性具有如下特点：一是系统的颤振临界风速 v_{cr}

主要由对称模态控制（因虎门大桥左右边跨略不对称，反对称模态对系统的颤振稳定性有一定的贡献，但很小），产生这一结果的原因同塞文桥；二是采用第一阶对称扭转模态及低阶对称竖弯模态组合计算所得系统颤振临界风速、颤振频率与纳入其余高阶模态参与的计算结果基本相等，这是由于系统等效阻尼比主要分布在这些低阶模态的缘故。在颤振临界状态，虎门大桥采用 14 个模态组合，各阶模态等效阻尼比的计算结果见表 13-8-7。

虎门大桥颤振临界状态各阶模态的等效阻尼比　　表 13-8-7

阶次	ζ_i^{mode}	阶次	ζ_i^{mode}	阶次	ζ_i^{mode}	阶次	ζ_i^{mode}
2	0.000001	6	0.000001	19	0.000073	28	0.000002
3	0.000373	15	−0.00634	21	−0.003554	34	0.001136
4	0.039112	16	−0.123445	22	0.000000		
5	0.092105	18	0.000536	23	0.000000		

二、抖振计算理论

抖振是一种重要的风致振动现象，主要是由自然风固有的紊流特性以及气流经钝体结构而产生的特征紊流所致，主要表现为一种随机的强迫振动。对于大跨度悬索桥，当设计风速较高时，抖振位移和内力响应均将非常显著，有可能会引起桥梁构件的强度失效或疲劳破坏、汽车行驶的不稳定性等严重后果，必须在设计中加以充分考虑。

目前，在世界各地工程实践中应用的大多数大跨度桥梁抖振响应分析方法都是从 20 世纪 60 年代初提出的 Davenport 抖振分析理论、70 年代末提出的 Scanlan 抖振分析理论和 Lin 抖振分析理论这三大理论基础上发展起来的，并且正朝越来越精细化的方向发展。对于大跨径悬索桥这种具有密集的自振频率、小阻尼和复杂三维振型的柔性结构而言，抖振分析中需要考虑多模态间的耦合效应。Lin 和 Yang 在 1983 年给出了弯扭两个振型的随机抖振分析方法，并指出这种方法可以推广到多模态抖振分析；1988 年，Scanlan 也给出了多模态抖振分析的一般形式。但是直到 1996 年，Jain、Jones 和 Scanlan 才将上述多模态抖振分析方法应用于斜拉桥。多模态的桥梁抖振分析迟迟得不到工程应用，求解时的计算困难是其主要原因。1999 年，孙东科、徐幼麟和林家浩将随机振动的虚拟激励法引入到桥梁抖振分析中来，建立了桥梁多模态耦合抖振分析的快速算法；2002 年，朱乐东、徐幼麟和项海帆基于虚拟激励法，建立了斜风作用下桥梁抖振分析的快速算法；2006 年，刘高、朱乐东和项海帆基于虚拟激励法，进一步建立了桥梁多模态耦合抖振内力响应分析的快速算法。本节基于有限元法和虚拟激励法，给出桥梁多模态耦合抖振分析方法的一般步骤，并以香港青马大桥为例进行了抖振分析。

1. 抖振运动方程的建立

基于有限元法，桥梁抖振运动方程的矩阵表达式为：

$$\boldsymbol{M}^{\mathrm{s}}\ddot{\boldsymbol{\Delta}}(t)+\boldsymbol{C}^{\mathrm{s}}\dot{\boldsymbol{\Delta}}(t)+\boldsymbol{K}^{\mathrm{s}}\boldsymbol{\Delta}(t)=\boldsymbol{F}^{\mathrm{bu}}(t)+\boldsymbol{F}^{\mathrm{se}}(t) \tag{13-8-15}$$

式中：$\boldsymbol{M}^{\mathrm{s}}$、$\boldsymbol{C}^{\mathrm{s}}$、$\boldsymbol{K}^{\mathrm{s}}$——分别为 $N\times N$ 维结构质量、阻尼和刚度矩阵，N 为结构自由度数目；

$\boldsymbol{F}^{\mathrm{bu}}(t)$、$\boldsymbol{F}^{\mathrm{se}}(t)$——分别为 N 维抖振力和气弹自激力列向量；

$\boldsymbol{\Delta}(t)$、$\dot{\boldsymbol{\Delta}}(t)$、$\ddot{\boldsymbol{\Delta}}(t)$——分别为 N 维位移、速度和加速度列向量。

基于有限元法，由脉动风引起的桥梁抖振力可表达为：

$$\boldsymbol{F}^{\mathrm{bu}}(t)=\boldsymbol{RP}(t) \tag{13-8-16}$$

式中：$\boldsymbol{P}(t)$——在结构整体坐标系下作用在桥梁加劲梁、缆索和索塔上的抖振力列向量，其维数为 m，通常 $m \ll N$；

$\boldsymbol{R}$——$N \times m$ 维由 0 和 1 构成的变换矩阵。

$\boldsymbol{P}(t)$的谱密度矩阵为 $S_{\mathrm{P}}(\omega)$。

基于有限元法，与结构运动有关的气弹自激力可表达为如下形式：

$$\boldsymbol{F}^{\mathrm{se}}(t) = \boldsymbol{K}^{\mathrm{se}}\boldsymbol{\Delta}(t) + \boldsymbol{C}^{\mathrm{se}}\dot{\boldsymbol{\Delta}}(t) \tag{13-8-17}$$

式中：$\boldsymbol{K}^{\mathrm{se}}$、$\boldsymbol{C}^{\mathrm{se}}$——分别为 $N \times N$ 维气弹刚度和阻尼矩阵。

将式(13-8-17)代入式(13-8-15)，经整理得：

$$\boldsymbol{M}^{\mathrm{s}}\ddot{\boldsymbol{\Delta}}(t) + (\boldsymbol{C}^{\mathrm{s}} - \boldsymbol{C}^{\mathrm{se}})\dot{\boldsymbol{\Delta}}(t) + (\boldsymbol{K}^{s} - \boldsymbol{K}^{\mathrm{se}})\boldsymbol{\Delta}(t) = \boldsymbol{F}^{\mathrm{bu}}(t) \tag{13-8-18}$$

在模态空间，桥梁抖振运动方程可表达为：

$$\overline{\boldsymbol{M}}^{\mathrm{s}}\ddot{\boldsymbol{q}}(t) + \overline{\boldsymbol{C}}\dot{\boldsymbol{q}}(t) + \overline{\boldsymbol{K}}\boldsymbol{q}(t) = \overline{\boldsymbol{F}}^{\mathrm{bu}}(t) \tag{13-8-19}$$

其中：$\boldsymbol{M}^{\mathrm{S}} = \boldsymbol{\Phi}^{\mathrm{T}}\boldsymbol{M}^{\mathrm{s}}\boldsymbol{\Phi}$，$\overline{\boldsymbol{C}} = \boldsymbol{\Phi}^{\mathrm{T}}\boldsymbol{C}^{\mathrm{s}}\boldsymbol{\Phi} - \boldsymbol{\Phi}^{\mathrm{T}}\boldsymbol{C}^{\mathrm{se}}\boldsymbol{\Phi}$，$\overline{\boldsymbol{K}} = \boldsymbol{\Phi}^{\mathrm{T}}\boldsymbol{K}^{\mathrm{s}}\boldsymbol{\Phi} - \boldsymbol{\Phi}^{\mathrm{T}}\boldsymbol{K}^{\mathrm{se}}\boldsymbol{\Phi}$，$\overline{\boldsymbol{F}}^{\mathrm{bu}}(t) = \boldsymbol{\Phi}^{\mathrm{T}}\boldsymbol{R}\boldsymbol{P}(t)$。$\boldsymbol{\Phi}$ 为静风下结构的振型矩阵，通常取结构前若干阶振型参与计算，设截止模态阶数为 n（$n \ll N$）。

2. 抖振分析的虚拟激励法

外激励的谱密度矩阵 $\boldsymbol{S}_{\mathrm{P}}(\omega)$ 通常为非负定 Hermite 矩阵，其进行如下分解：

$$\boldsymbol{S}_{\mathrm{P}}(\omega) = \boldsymbol{L}^{*}(\omega)\boldsymbol{D}(\omega)\boldsymbol{L}^{\mathrm{T}}(\omega) = \sum_{k=1}^{m} d_{kk}(\omega)\boldsymbol{L}_{k}^{*}(\omega)\boldsymbol{L}_{k}^{\mathrm{T}}(\omega) \tag{13-8-20}$$

式中：$\boldsymbol{L}$——下三角矩阵；

$\boldsymbol{L}_k$——$\boldsymbol{L}$ 的第 k 个列向量；

$\boldsymbol{D}$——对角矩阵；

d_{kk}——D 的第 k 个对角元素。

基于随机振动的虚拟激励法，构造如下虚拟激励列向量：

$$\boldsymbol{P}_k(\omega, t) = \sqrt{d_{kk}(\omega)}\boldsymbol{L}_k(\omega)\exp(j\omega t), j = \sqrt{-1}(k = 1,2,\cdots,m) \tag{13-8-21}$$

对于每一虚拟激励列向量，与结构动态响应相应的虚拟广义坐标响应为：

$$\boldsymbol{q}_k(\omega, t) = \boldsymbol{H}(j\omega)\boldsymbol{\Phi}^{\mathrm{T}}\boldsymbol{R}\boldsymbol{P}_k(\omega, t) \tag{13-8-22}$$

式中：$\boldsymbol{H}(\omega) = \left[-\omega^2\overline{\boldsymbol{M}}^{\mathrm{s}} + j\omega\overline{\boldsymbol{C}}(K) + \overline{\boldsymbol{K}}(K)\right]^{-1}$ 为频响传递矩阵；$k = 1,2,\cdots,m$。

则虚拟结构位移响应可表达为：

$$\Delta_k(\omega, t) = \boldsymbol{\Phi}\boldsymbol{q}_k(\omega, t) \tag{13-8-23}$$

结构任一单元“e”的虚拟抖振内力响应可表达为：

$$\boldsymbol{f}_{\mathrm{e},k}(\omega, t) = \boldsymbol{k}_{\mathrm{e}}^{\mathrm{s}}\delta_{\mathrm{e},k}(\omega, t) \tag{13-8-24}$$

式中：$\boldsymbol{k}_{\mathrm{e}}^{\mathrm{s}}$——单元 e 的刚度矩阵；

$\delta_{\mathrm{e},k}(\omega, t)$——单元 e 的杆端虚拟位移列向量，从 $\Delta_k(\omega, t)$ 中经过提取变换得到。

结构模态广义坐标、位移、加速度和单元内力抖振响应的功率谱矩阵分别为：

$$\boldsymbol{S}_{\mathrm{q}}(\omega) = \sum_{k=1}^{m}\boldsymbol{q}_k^{*}(\omega, t)\boldsymbol{q}_k^{*}(\omega, t) \tag{13-8-25}$$

$$\boldsymbol{S}_{\Delta}(\omega) = \sum_{k=1}^{m}\boldsymbol{\Delta}_k(\omega, t)\boldsymbol{\Delta}_k^{\mathrm{T}}(\omega, t) \tag{13-8-26}$$

$$\boldsymbol{S}_{\ddot{\Delta}}(\omega)=\sum_{k=1}^{m}\ddot{\boldsymbol{\Delta}}_k(\omega,t)\ddot{\boldsymbol{\Delta}}_k^{\mathrm{T}}(\omega,t) \tag{13-8-27}$$

$$\boldsymbol{S}_{\mathrm{f_e}}(\omega)=\sum_{k=1}^{m}\boldsymbol{f}_{\mathrm{e},k}^{*}(\omega,t)\boldsymbol{f}_{\mathrm{e},k}^{\mathrm{T}}(\omega,t) \tag{13-8-28}$$

结构模态广义坐标、位移、加速度和单元内力抖振响应的均方根响应分别为：

$$\boldsymbol{\sigma}_{\mathrm{q}}=\sqrt{\int_0^{\infty}\hat{\boldsymbol{S}}_{\mathrm{q}}(\omega)\,\mathrm{d}\omega} \tag{13-8-29}$$

$$\boldsymbol{\sigma}_{\Delta}=\sqrt{\int_0^{\infty}\hat{\boldsymbol{S}}_{\Delta}(\omega)\,\mathrm{d}\omega} \tag{13-8-30}$$

$$\boldsymbol{\sigma}_{\ddot{\Delta}}=\sqrt{\int_0^{\infty}\hat{\boldsymbol{S}}_{\ddot{\Delta}}(\omega)\,\mathrm{d}\omega} \tag{13-8-31}$$

$$\boldsymbol{\sigma}_{\mathrm{f_e}}=\sqrt{\int_0^{\infty}\hat{\boldsymbol{S}}_{\mathrm{f_e}}(\omega)\,\mathrm{d}\omega} \tag{13-8-32}$$

式中：$\hat{\boldsymbol{S}}(\omega)$——由 $\boldsymbol{S}(\omega)$ 的对角元素组成的自谱密度列向量。

3. 算例

（1）香港青马大桥概况

香港青马大桥（图 13-8-8）为一座两跨连续加劲梁双层公铁两用悬索桥，主跨 1377m，马湾侧边跨 355.5m，包括马湾侧的两跨引桥和青衣侧的四跨引桥在内，全桥总长 2160m。两个预应力钢筋混凝土索塔，高 206m。加劲梁宽 41m、高 7.643m，上层桥面设双向六车道公路，下层桥面中央设两条铁路，两侧为公路紧急通道。两主缆直径 1.1m，横向间距 36m。

（2）结构动力特性分析

利用空间杆系有限元法，建立香港青马大桥的动力计算模型，如图 13-8-9 所示。模型中索塔采用带刚臂的三维 Timoshenko 梁单元模拟，主缆和吊索采用几何非线性的索单元模拟，加劲梁采用等效截面特性的单加劲梁模拟。桥梁各构件之间以及桥梁与基础之间也进行了适当的模拟。

图 13-8-8　香港青马大桥

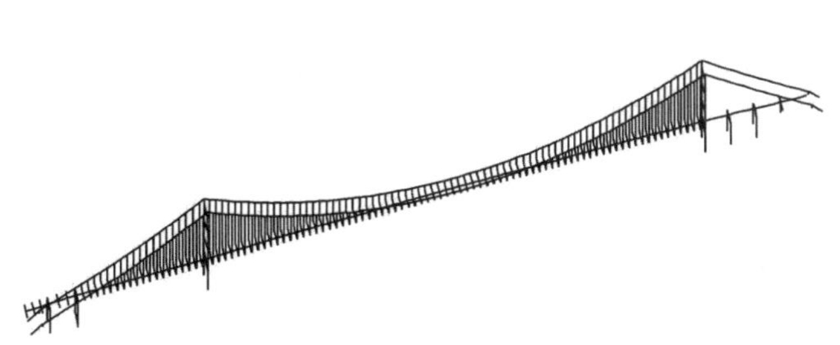

图 13-8-9　香港青马大桥计算模型

采用集中质量矩阵（补充加劲梁转动自由度上的转动惯量），计入几何刚度矩阵影响的刚度矩阵，分析结构的动力特性。图 13-8-10 给出了香港青马大桥侧向、竖向和扭转三个方向的部分振型图。

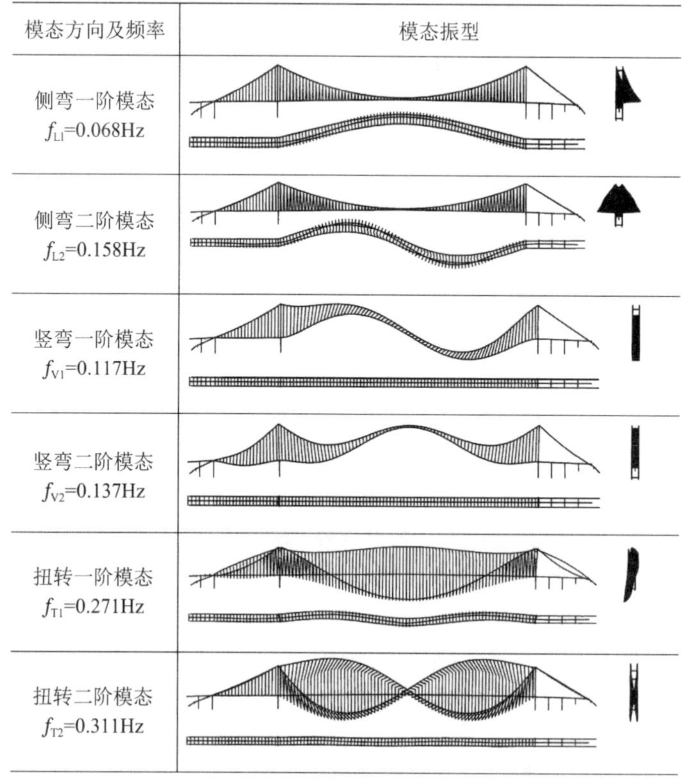

图 13-8-10　香港青马大桥部分模态的振型图

（3）风参数及结构气动参数

气流剪切风速按场地类型取为 $v_* = 1.69\text{m/s}$。平均风速沿高度的变化遵循指数律，即 $v(z) = v_r(z/z_r)^\alpha$，按场地类型取 $\alpha = 0.33$。将桥面高度处的平均风速定为参考平均风速 $v_r = 25.0\text{m/s}$，$z_r = 75.314\text{m}$。水平顺风向脉动风的自谱 $S_u(z,n)$ 选用 Simiu 谱，竖向脉动风的自谱 $S_w(z,n)$ 选用 Lumley 谱，水平和竖向脉动风的互谱 $C_{uw}(z,n)$ 选用 Kaimal 谱。

空间任意两点 P_1 和 P_2 脉动风速互谱的相关性函数为 $\exp[-f(P_1,P_2,n)]$，其中：

$$f(P_1,P_2,n) = \frac{n\sqrt{[C_x(x_{P2}-x_{P1})]^2+[C_z(z_{P2}-z_{P1})]^2}}{(v_{P1}+v_{P2})/2} \tag{13-8-33}$$

式中：x——水平坐标；

C_x、C_z——衰减系数，分别取为 16 和 10。

加劲梁静力系数和颤振导数选用香港青马大桥加劲梁风攻角为 0°时的风洞试验结果，加劲梁气动导纳函数取为 1.0。主缆阻力系数取为 1.0，主缆气动导纳函数取为 1.0。分析中暂不考虑作用在索塔上的气动力。

（4）结构抖振响应

选取结构前 20 阶模态参与抖振分析，加劲梁抖振响应的主要计算结果如下。

① 抖振位移响应见图 13-8-11～图 13-8-13。

② 抖振加速度响应见图 13-8-14～图 13-8-16。

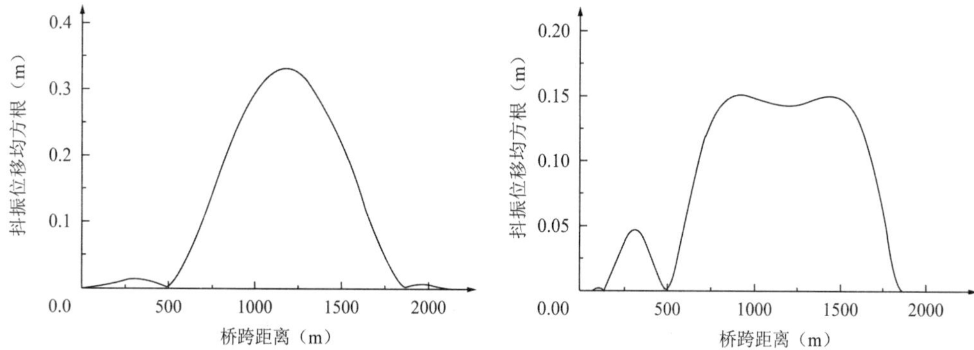

图 13-8-11　加劲梁侧向抖振位移均方根响应　　图 13-8-12　加劲梁竖向抖振位移均方根响应

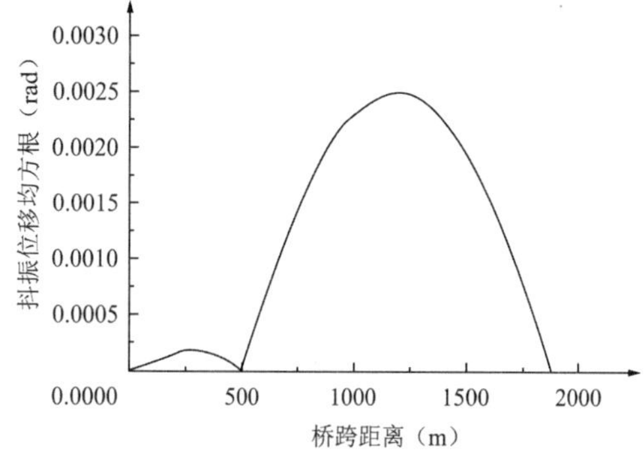

图 13-8-13　加劲梁扭转抖振位移均方根响应

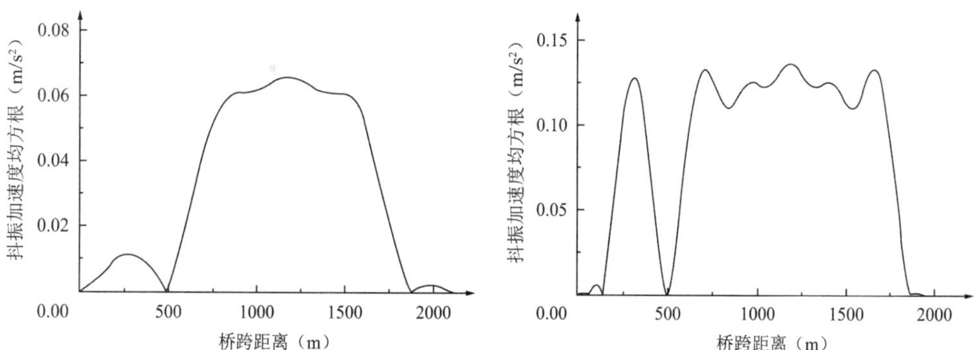

图 13-8-14　加劲梁侧向抖振加速度均方根响应　图 13-8-15　加劲梁竖向抖振加速度均方根响应

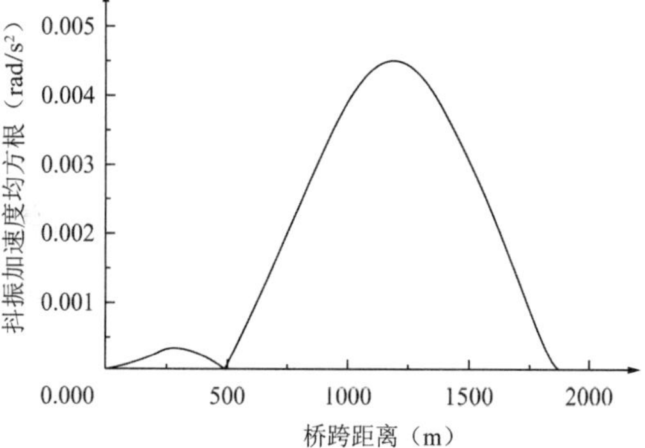

图 13-8-16　加劲梁扭转抖振加速度均方根响应

③ 抖振内力响应见图 13-8-17～图 13-8-20。

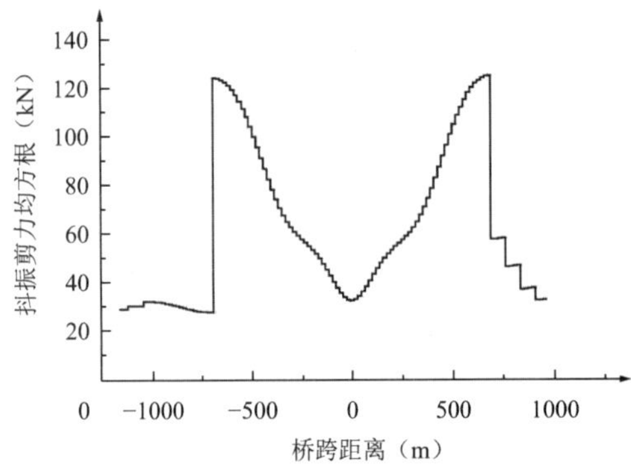

图 13-8-17　加劲梁侧向抖振剪力均方根响应

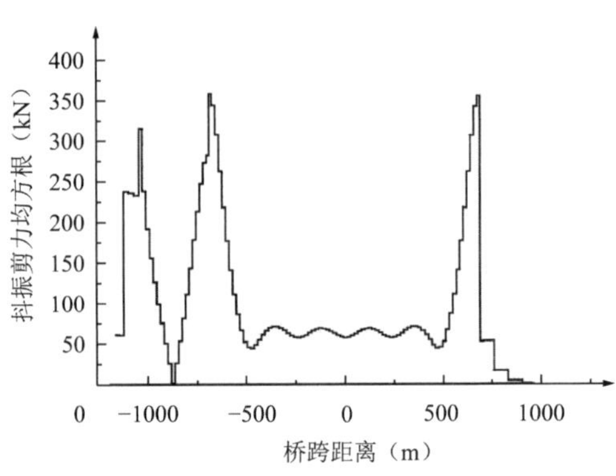

图 13-8-18　加劲梁竖向抖振剪力均方根响应

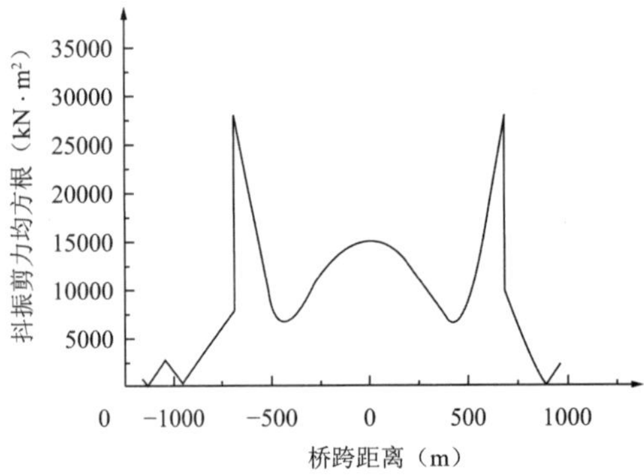

图 13-8-19　加劲梁侧向抖振弯矩均方根响应

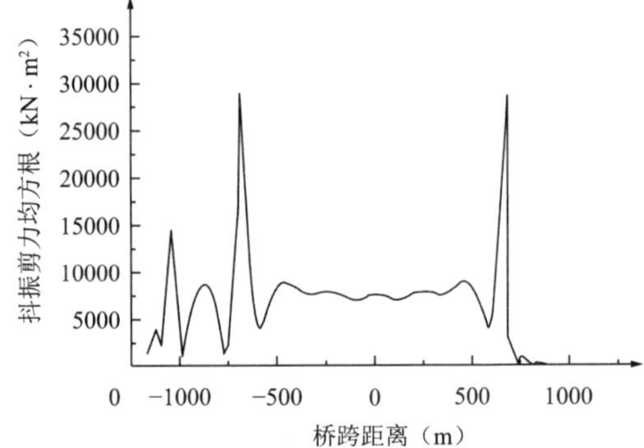

图 13-8-20　加劲梁竖向抖振弯矩均方根响应

三、静风稳定性非线性分析方法

主跨跨径大于 600m 的悬索桥应计算其静风稳定性。桥梁结构的静风稳定性问题包括侧向屈曲或扭转发散，当风速达到桥梁空气静力失稳的临界风速时，加劲梁无法维持原有平衡状态而发生倾覆，对结构造成毁灭性的破坏，因而是必须避免的。桥梁抗风设计要求发生静风失稳的临界风速必须大于空气静力稳定性检验风速。

确定空气静力失稳临界风速的方法有二：全桥气动弹性模型风洞试验和基于静力三分力系数的计算分析。通过全桥气动弹性模型风洞试验直接测量临界风速的方法会造成模型损坏，通常不便于实施。基于静力三分力系数的计算分析，传统方法是基于线性理论，将侧向屈曲和扭转发散分别处理，得到的临界风速值显著高于真值，因而在规范中对于基于线性理论计算得到的结果，在确定检验风速时静风稳定分项系数采用 2.0。更为精确的方法是利用非线性有限元法对结构进行风荷载-位移非线性分析。实践证明，这种方法具有良好的精度。因此规范规定：当采用仅考虑气动力非线性与几何非线性的计算方法分析静风失稳临界风速时，分项系数取为 1.60。当采用全桥气动弹性模型风洞试验获取静风失稳临界风速时，分项系数取为 1.40。当采用考虑气动力线性、几何非线性及材料非线性的计算方法分析静风失稳临界风速时，分项系数取为 1.30。

1. 静风荷载

静风荷载非线性是指在荷载作用下静风荷载大小随桥梁结构的变位而发生非线性变化。

静风荷载对加劲梁作用有三个方向的分力，即阻力、升力和升力矩。随着风速的增加，加劲梁发生扭转，从而使作用其上的三分力系数发生改变，从而导致作用在加劲梁上的静风荷载发生改变。可见，加劲梁受到的静风荷载是加劲梁变位的函数。计算时，考虑这一非线性因素的方法是将加劲梁受到的空气静力定义为加劲梁变位的函数，第 i 个加劲梁单元上的静风荷载可表达为：

$$F_{\mathrm{H},i}=\frac{1}{2}\rho\overline{v}_i^2C_{\mathrm{D}}(\alpha_i)H_iL_i \tag{13-8-34}$$

$$F_{\mathrm{V},i}=\frac{1}{2}\rho\overline{v}_i^2C_{\mathrm{V}}(\alpha_i)B_iL_i \tag{13-8-35}$$

$$F_{\mathrm{M},i}=\frac{1}{2}\rho\overline{v}_i^2C_{\mathrm{M}}(\alpha_i)B_i^2L_i \tag{13-8-36}$$

式中：ρ——空气的密度；

$\overline{v}_i$——第 i 个加劲梁单元上的平均风速；

$C_{\mathrm{D}}(\alpha_i)$、$C_{\mathrm{V}}(\alpha_i)$、$C_M(\alpha_i)$——分别表示在风攻角 α_i 下加劲梁沿结构体轴坐标系下的阻力、升力、升力矩系数；

α_i——第 i 个加劲梁单元上的平均风攻角；

H_i、B_i、L_i——分别为第 i 个加劲梁单元的高度、宽度和长度。

悬索桥的索塔、主缆及吊索等构件通常只考虑静风阻力。

2. 静风稳定性非线性方程

按照空间杆系稳定理论，空气静力稳定性问题可归结为求解如下形式的非线性方程：

$$(\boldsymbol{K}_{\mathrm{D}}+\boldsymbol{K}_{\mathrm{G}})\delta=F \tag{13-8-37}$$

式中：$\boldsymbol{K}_{\mathrm{D}}$——结构的弹性刚度矩阵，反映了结构中每个单元截面刚度 EA 及 EI 的影响；

$\boldsymbol{K}_{\mathrm{G}}$——结构的几何刚度矩阵，不但和结构中每个单元的几何长度及位置有关，而且还和单元本身的轴力有关，因此当结构在发生变形时，结构的几何刚度矩阵 $\boldsymbol{K}_{\mathrm{G}}$ 也随之发生改变；

F——索塔和缆索结构所受的阻力以及加劲梁受到的空气静力三分力的函数。

3. 求解方法

在计算结构的静风响应时，将加劲梁的三分力曲线按分段直线拟合。在计算发散风速时，在初始攻角下，先假定一初始风速 v_0，再通过静风响应计算得到一组相应的主缆索力和加劲梁扭转角，并以此为新的初态增加一级风速重新计算，直到计算不收敛为止。此时，计算出的风速便是结构的静力失稳临界风速，具体实施步骤如下。

（1）假定一初始风速 v_0。

（2）计算在此风速下结构所受的静风荷载。

（3）让程序自动选择求解方法，求解式(13-8-37)，得到结构各个单元的位移，从结构的位移中提取加劲梁单元的扭转角。

（4）判断迭代是否收敛，如果收敛则增加风速，根据加劲梁单元的扭转角，重新计算加劲梁单元所受到的静风荷载，重复步骤（3）。

（5）如果求解不收敛，则恢复到上一级风速状态，缩短步长，重新计算，直到两次静风荷载之差小于程序的默认值为止。

4. 算例

（1）西堠门大桥

西堠门大桥是舟山连岛工程的重要组成部分和控制工程，该桥为两跨连续悬索桥，主跨

1650m，边跨 578m。加劲梁采用分体式钢箱梁，加劲梁中心高 3.51m，总宽 36m，塔高 211m，主缆矢高为 165m，矢跨比为 1/10，吊索间距为 18m。西堠门大桥的全桥总体布置及加劲梁标准横断面见图 13-8-21。

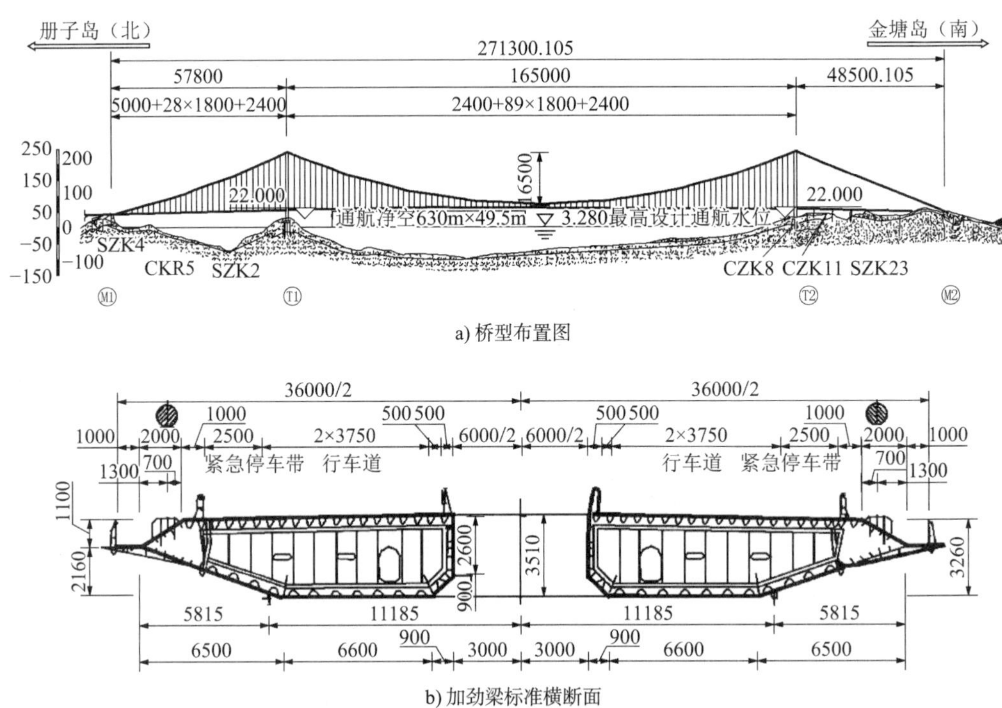

图 13-8-21　全桥总体布置及加劲梁标准横断面（尺寸单位：cm）

（2）结构有限元分析模型

分别对成桥状态和加劲梁架设的 6 个典型施工状态（100%、89.1%、63.2%、37.1%、19.6%、10.9%）进行静风稳定性分析。将加劲梁用空间梁单元简化为单加劲梁计算模型；索塔亦采用空间梁单元进行模拟；对于缆索及吊索，由于它们只有在受拉时才发挥作用，而受压时退出工作，故采用只受拉杆单元来模拟。图 13-8-22 给出了成桥状态结构的有限元离散图，图 13-8-23 给出了加劲梁吊装 63.2%施工状态结构的有限元离散图。

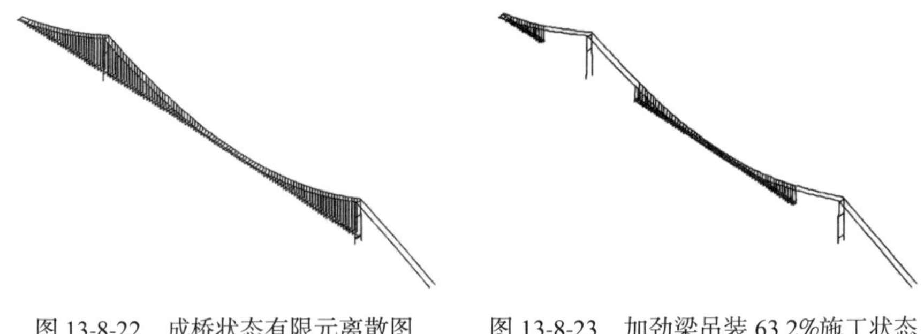

图 13-8-22　成桥状态有限元离散图

图 13-8-23　加劲梁吊装 63.2%施工状态结构的有限元离散图

（3）空气静力三分力系数

图 13-8-24 和图 13-8-25 分别给出体轴坐标系下成桥状态和施工状态加劲梁静力三分力

系数随攻角的变化关系曲线。索塔、主缆及吊索的阻力系数参照规范取值。

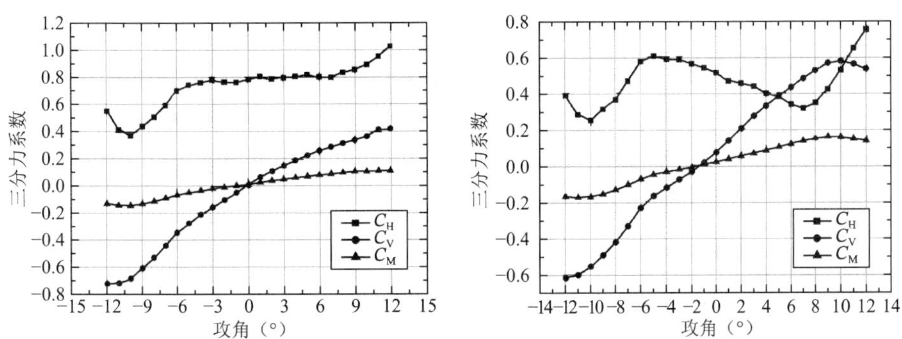

图 13-8-24　成桥状态静力三分力系数曲线　　图 13-8-25　施工状态静力三分力系数曲线

（4）分析结果

采用上述静风稳定性的非线性分析方法，西堠门大桥成桥状态加劲梁跨中位移随风速变化曲线见图 13-8-26～图 13-8-28，施工状态加劲梁跨中扭转角随风速变化曲线见图 13-8-29。

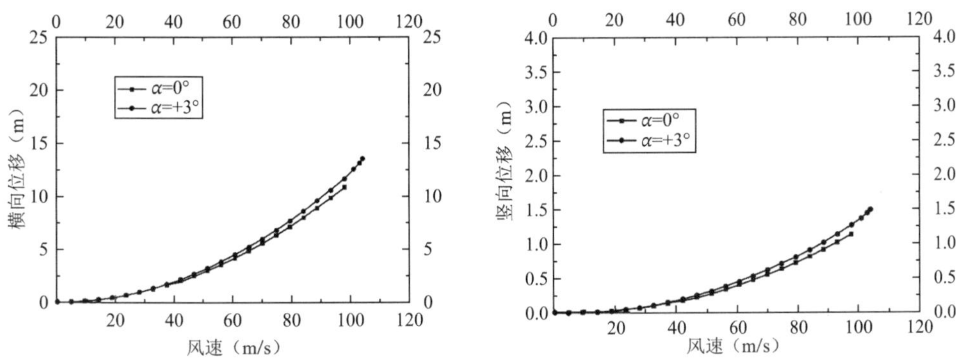

图 13-8-26　成桥状态跨中横向位移随风速变化　图 13-8-27　成桥状态跨中竖向位移随风速变化

西堠门大桥在成桥状态和施工状态加劲梁的设计基准风速分别为 55.14m/s、47.02m/s，相应的非线性静力失稳检验风速分别为 66.17m/s、56.42m/s。由图 13-8-28 和图 13-8-29 可以看出，西堠门大桥在成桥状态和施工状态（不同主梁架设百分比）的非线性静风失稳临界风速均高于相应的检验风速，满足安全要求。

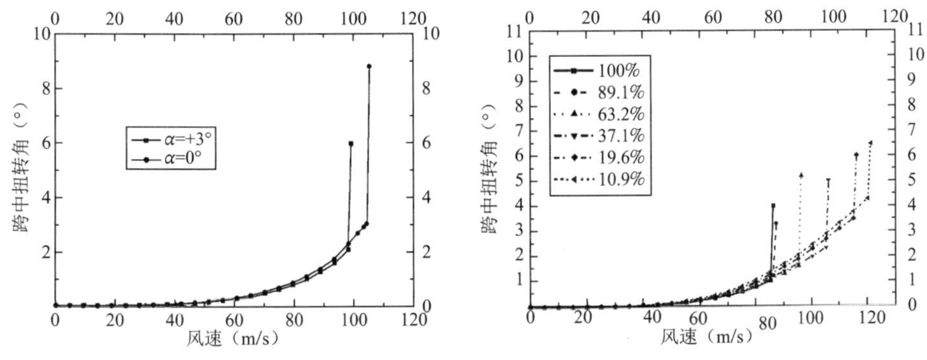

图 13-8-28　成桥状态跨中扭转角随风速变化　图 13-8-29　施工状态跨中扭转角随风速变化

第九节 抗风性能评价

一、施工阶段抗风性能评价

在悬索桥的施工阶段，结构体系处于不断转换、尚未成形的状态，结构刚度小、变形大，风致振动响应，抗风稳定性问题十分突出。

1. 主缆施工猫道的抗风稳定性

悬索桥主缆的施工猫道是主缆系统乃至悬索桥整个上部结构的施工平台，宜进行静风稳定性、驰振稳定性与颤振稳定性的检验，以保证施工过程有足够的抗风稳定性。

悬索桥主缆的施工猫道可采用抗风缆索保证其稳定性，也可通过增设猫道之间的横系梁保证抗风稳定性，条件允许时可通过风洞试验进行检验。

2. 加劲梁的抗风稳定性

在悬索桥加劲梁架设阶段，加劲梁梁端约束较弱，结构阻尼较低，抗风稳定性问题十分突出，可能会出现比成桥状态更为危险的状态。

采用从跨中向索塔拼装的方案，在加劲梁拼装量占全桥拼装量的10%～40%之间时存在稳定性最不利的状态；采用从索塔向跨中拼装的方案，在加劲梁拼装量占全桥拼装量的60%～100%之间时存在稳定性最不利的状态。施工组织设计时，应考虑该因素对工期的影响，主要考虑施工过程中结构刚度和抗风性能的变化，并根据桥位大风季节性变化合理安排工期。

由于施工阶段结构体系的复杂性，应针对加劲梁架设全过程进行静风稳定性、驰振稳定性与颤振稳定性的检验，条件允许时宜通过适当的风洞试验进行检验。

二、使用阶段抗风性能评价

1. 风荷载

作用于桥梁上的风荷载由平均风作用、脉动风的背景作用及结构抖振惯性动力作用叠加而成。风荷载参与永久作用和其他可变作用的效应按《公路桥涵设计通用规范》（JTG D60—2015）的规定执行。

当风荷载参与汽车荷载组合时，设计风速可取为重现期为10年（即10年超越概率为65.1%）的设计风速，但当确定的桥面高度处的风速 v_z 大于25m/s时，取25m/s。

2. 静力稳定性验算

悬索桥横向屈曲临界风速应满足下述规定：

$$v_{lb} \geqslant 2v_d \tag{13-9-1}$$

悬索扭转发散临界风速应满足下述规定：

$$v_{td} \geqslant 2v_d \tag{13-9-2}$$

式(13-9-1)和式(13-9-2)是针对采用线性理论确定静力失稳临界风速时的规定，当采用仅考虑气动力非线性与几何非线性的计算方法分析静风失稳临界风速时，静风稳定分项系数取为1.60。当采用全桥气动弹性模型风洞试验获取静风失稳临界风速时，静风稳定分项系数取为1.40。当采用考虑气动力线性、几何非线性及材料非线性的计算方法分析静风失稳临界风速时，静风稳定分项系数取为1.30。

3. 驰振稳定性验算

宽高比 $B/H < 4$ 的加劲梁、断面驰振力系数 $C_g < 0$ 的钢构件、悬索桥自立状态下的钢制索塔以及受积冰或积雪影响的加劲梁应验算其驰振稳定性。

驰振临界风速可用式(13-9-3)估算：

$$v_{cg} = -\frac{4m\omega_1\xi_s}{\rho H C_g} \tag{13-9-3}$$

式中：ω_1——结构一阶弯曲圆频率，$\omega_1 = 2\pi f_{b1}$；

ξ_s——结构阻尼比；

H——构件断面迎风宽度。

结构断面的驰振力系数 C_g 一般由风洞试验或虚拟风洞试验方法得到。

驰振临界风速 v_{cg} 应满足下述规定：

$$v_{cg} \geqslant 1.2v_d \tag{13-9-4}$$

4. 颤振稳定性验算

在风攻角 $-3° \leqslant \alpha \leqslant +3°$ 范围内，颤振临界风速应满足下述规定：

$$v_{cr} \geqslant [v_{cr}] \tag{13-9-5}$$

5. 涡激共振

混凝土桥梁可不考虑涡激共振的影响。钢桥或钢制索塔宜通过风洞试验作涡激振动测试。当结构基频大于 5Hz 时，可不考虑涡激共振的影响。

涡激共振振幅的允许值可按下述公式计算。

（1）竖向涡激共振

竖向涡激共振的振幅应满足下述规定：

$$h_c < [h_c] = \gamma\frac{0.04}{f_b} \tag{13-9-6}$$

式中：$[h_c]$——竖向涡激共振的允许振幅；

f_b——竖向弯曲振动频率；

γ——涡激共振分项系数。当采用风洞试验获取时取 1.0；采用近似公式计算，或采用虚拟风洞试验获取时取为 0.8。

（2）扭转涡激共振

扭转涡激共振的振幅应满足下述规定：

$$\theta_c < [\theta_c] = \gamma\frac{4.56}{Bf_t} \tag{13-9-7}$$

式中：$[\theta_c]$——扭转涡激共振的允许振幅；

f_t——扭转振动频率；

γ——涡激共振分项系数。当采用风洞试验获取时取 1.0；采用近似公式计算，或采用虚拟风洞试验获取时取为 0.8。

第十节　抗风性能研究示例

一、阳逻大桥

阳逻大桥是京珠、沪蓉国道主干线武汉绕城公路东北段的重要组成部分和控制工程，桥址位于武汉东北郊，上距武汉关约 30km，桥位北岸为武汉市新洲阳逻镇，南岸为武汉洪山区向家尾。该桥主桥为大跨度单跨悬索桥，跨度 1280m，加劲梁采用扁平流线型钢箱梁，梁宽 37.5m，梁高 3.0m。索塔为门式索塔，北塔塔高 163.012m，南塔塔高 170.012m，主缆矢高为 121.90m，吊索间距为 16.0m。阳逻大桥的总体布置见图 13-10-1。

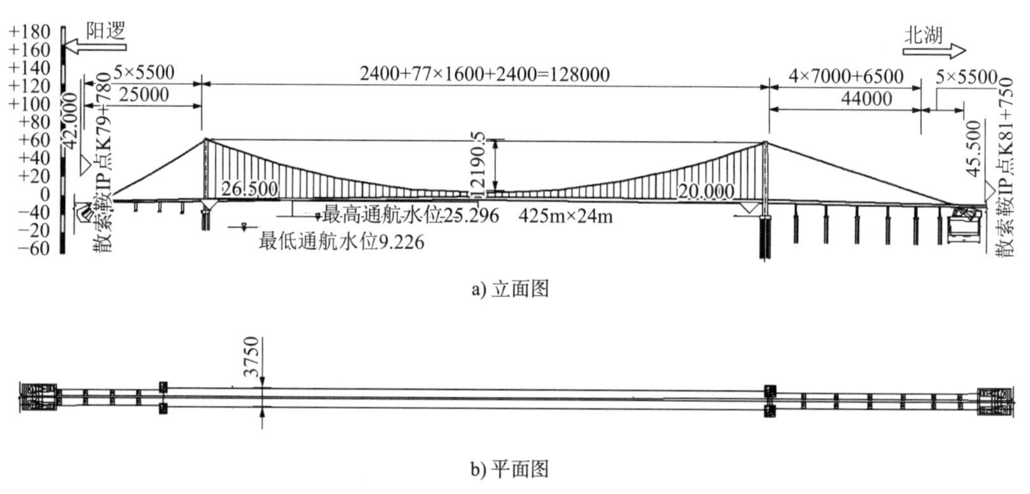

图 13-10-1 阳逻大桥的总体布置图（尺寸单位：cm）

1. 抗风设计风参数

桥位处基本风速为 29.9m/s，桥位处地表粗糙度应为 B 类地表粗糙度类别。该桥主跨桥面最低水位的平均高度约为 50m，由此可推算出该桥在成桥状态下桥面高度处的设计基准风速为：

$$v_{\mathrm{d}} = 38.7\mathrm{m/s} \tag{13-10-1}$$

其他主要抗风设计参数根据《公路桥梁抗风设计规范》（JTG/T D60-01—2004）①计算如下。

施工阶段的设计风速：

$$v_{\mathrm{d}}^{\mathrm{s}} = 0.84 \times 38.7\mathrm{m/s} = 32.5\mathrm{m/s} \tag{13-10-2}$$

成桥状态的颤振检验风速为：

$$[v_{\mathrm{cr}}] = 1.2 \times 1.24 \times 38.7 = 57.6\mathrm{m/s} \tag{13-10-3}$$

施工阶段的颤振检验风速为：

$$[v_{\mathrm{cr}}^{\mathrm{s}}] = 1.2 \times 1.24 \times 32.5 = 48.4\mathrm{m/s} \tag{13-10-4}$$

2. 结构动力特性计算分析

采用三维有限元方法建立桥梁动力特性的计算图式，其中，主缆、吊索用杆单元模拟，加劲梁、索塔、桩基等采用梁单元模拟，计算中考虑了主缆、吊索的轴力引起的几何刚度。阳逻大桥成桥状态和施工状态（加劲梁吊装 37.5%）的结构有限元离散图分别见图 13-10-2 和图 13-10-3。

①规范现行版本为：《公路桥梁抗风设计规范》（JTG/T 3360-01—2018）。

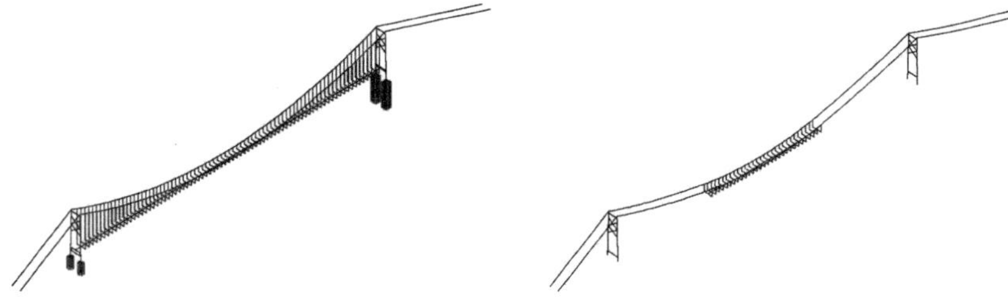

图 13-10-2　成桥状态有限元计算模型　　图 13-10-3　施工状态有限元计算模型

结构成桥状态的动力特性计算结果见表 13-10-1，几种典型施工状态的结构动力特性基本模态的计算结果见表 13-10-2。

成桥状态结构动力特性　　表 13-10-1

阶次	频率（Hz）	振型特点
1	0.0569	L-S-1
2	0.0900	V-A-1
3	0.1343	V-S-1
4	0.1388	纵漂
5	0.1590	L-A-1
6	0.1847	V-S-2
7	0.2039	V-A-2
8	0.2313	中跨缆横摆
9	0.2430	中跨缆横摆
10	0.2464	边跨缆横摆
11	0.2476	边跨缆横摆
12	0.2476	边跨缆横摆
13	0.2477	边跨缆横摆
14	0.2565	中跨缆横摆
15	0.2627	中跨缆横摆
16	0.2639	V-S-3
17	0.2780	T-S-1
18	0.3108	T-A-1

注：L-横向；V-竖向；T-扭转；S-对称；A-反对称。例如，V-S-3 表示第三对称竖弯。

施工阶段结构动力特性的主要结果　　表 13-10-2

施工状态	正对称侧弯	正对称竖弯	反对称竖弯	正对称扭转	反对称扭转
92.5%	0.0895	0.1338	0.0902	0.2076	0.1575
72.5%	0.0941	0.1413	0.1369	0.2160	0.1978
52.5%	0.1122	0.1575	0.1399	0.2195	0.2056
37.5%	0.1377	0.1576	0.1406	0.2202	0.2089
22.5%	0.1462	0.1593	0.1549	0.2202	0.2126

3. 加劲梁节段模型静力三分力试验

加劲梁节段模型采用1∶60的几何缩尺比，模型长 $L=2.1\text{m}$，宽 $B=0.625\text{m}$，高 $H=0.050\text{m}$，长宽比 $L/B=3.36$。模型用环氧树脂板和优质木材制作。对于成桥状态，栏杆的透风率取为69%。试验在西南交通大学工业风洞（XNJD-1）第二试验段中进行。在成桥状态，加劲梁节段模型见图13-10-4，加劲梁静力三分力系数（体轴坐标系下）随风攻角的变化关系曲线见图13-10-5。

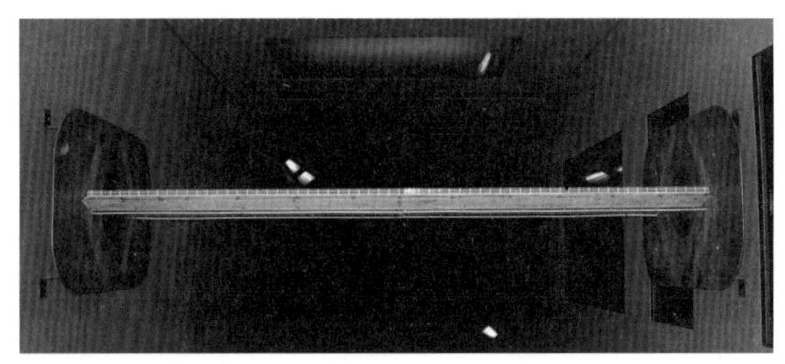

图13-10-4　成桥状态加劲梁节段模型

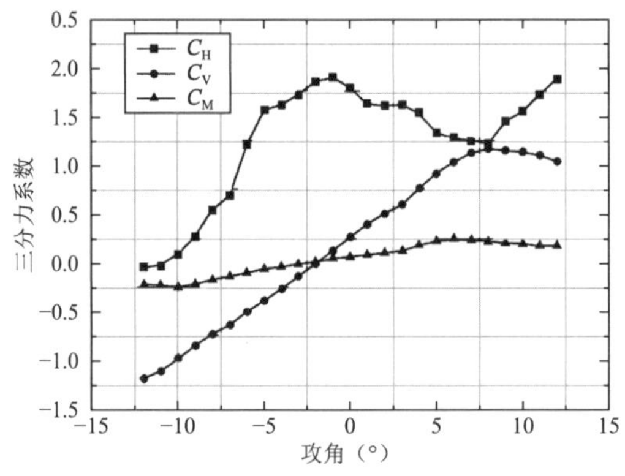

图13-10-5　成桥状态三分力系数曲线

4. 加劲梁节段模型颤振试验

加劲梁节段模型同上述节段模型静力三分力试验。试验同样在XNJD-1工业风洞第二试验段中进行。对于成桥状态模型，对检修轨道4种不同位置及不同风嘴宽度在攻角−3°、0°、+3°范围内进行了试验对比（图13-10-6和表13-10-3），从颤振性能方面确定最优方案，然后对其进行进一步的细化试验。表13-10-4给出了对比试验和细化试验的结果。

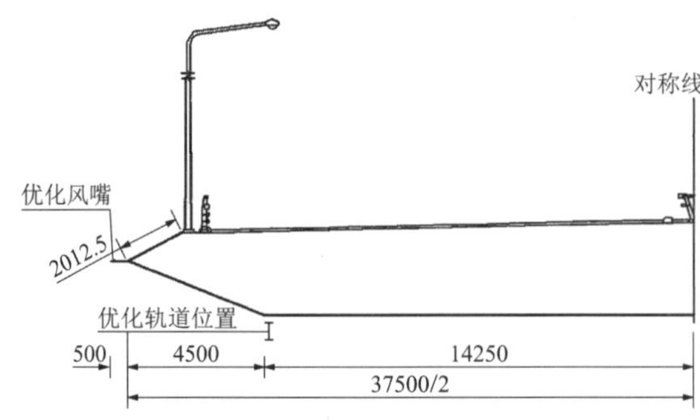

图13-10-6　风嘴及检修轨道位置优化方案示意图（尺寸单位：mm）

阳逻大桥节段模型颤振试验结果　　表 13-10-3

工况	颤振临界风速（m/s）		
	$\alpha = 0°$	$\alpha = +3°$	$\alpha = -3°$
无风嘴，导轨靠边	61.2	51.2	67.8
60cm 风嘴，导轨靠边	61.2	> 72	72
60cm 风嘴，导轨设计位置	61.2	60.1	> 72
50cm 风嘴，导轨靠边	61.2	> 72	72
30cm 风嘴，导轨靠边	60.9	57.4	> 72

注：1. 导轨顶面距箱梁底面有 0.3m 缝隙，导轨靠边意指导轨外边缘与箱梁底板边缘对齐。
2. 风嘴为水平放置的平板。

对水平宽度 50cm 风嘴且导轨靠边工况的细化试验结果　　表 13-10-4

风攻角	−5°	−3°	−1.5°	0°	+1.5°	+3°	+5°
颤振临界风速（m/s）	> 64	72	62.8	61.2	59.3	> 72	64.3

由表 13-10-3 和表 13-10-4 可以看出，50cm 风嘴且导轨靠边的方案最优，成桥状态在风攻角从 −5°到 +5°范围内，测得的颤振临界风速均高于相应的颤振检验风速。

5. 加劲梁节段模型涡激共振试验

针对成桥状态，阳逻大桥分别进行了风攻角为 $\alpha = 0°$、−3°和 +3°三种工况下的加劲梁节段模型涡激共振试验，试验来流为均匀流。图 13-10-7 给出了换算到实桥的扭转振幅（以桥面边缘处竖向振幅表示）均方根与风速之间的关系曲线。图 13-10-7 表明：在 −3°攻角下没有观测到涡激振动；但在 0°和 +3°攻角下，在实桥风速 10～13m/s 范围内观测到了明显的扭转涡激振动现象。

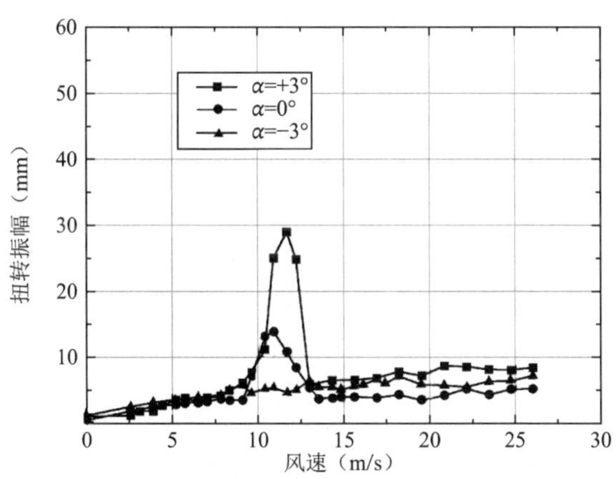

图 13-10-7　扭转振幅（以桥面边缘处竖向振幅表示）与风速的关系曲线

6. 裸塔气动弹性模型风洞试验

设计人员针对阳逻大桥的南索塔进行裸塔气弹模型风洞试验。

（1）索塔设计风速及驰振检验风速

重现期为 10 年的施工阶段桥面高度处设计风速为 32.5m/s，桥址区为 B 类地表粗糙度类别，即 $\alpha = 0.16$。索塔 2/3 高度处 10 年重现期的设计风速为：

$$v_{\mathrm{d}}^{\mathrm{t}} = 32.5 \times \left(\frac{121.9}{50}\right)^{0.16} = 37.5\mathrm{m/s} \tag{13-10-5}$$

裸塔的驰振检验风速为：

$$\left[v_{\mathrm{cg}}^{\mathrm{t}}\right] = 1.2 \times v_{\mathrm{d}}^{\mathrm{t}} = 1.2 \times 37.5 = 45\mathrm{m/s} \tag{13-10-6}$$

（2）裸塔结构动力特性

采用有限元方法对索塔结构进行单元离散，墩柱及横梁均采用空间梁单元进行模拟。索塔在裸塔状态的结构动力特性如表 13-10-5 所示。

索塔在裸塔状态的结构动力特性 表 13-10-5

阶次	频率（Hz）	振型特点
1	0.1868	第一顺桥向弯曲
2	0.7642	第一横桥向弯曲
3	0.7917	第一扭转
4	1.2177	第二顺桥向弯曲
5	2.1020	第二扭转

（3）气动弹性模型试验

气动弹性模型几何缩尺比为 1∶120，试验在 XNJD-1 风洞第一试验段进行，见图 13-10-8。在均匀流场下，裸塔气弹模型风洞试验结果见图 13-10-9。

由图 13-10-9 可以看出：在两种来流风向、五种风向角情况下，索塔在驰振检验风速范围内均未发生驰振；在五种风向角情况下，塔顶横桥向位移响应较小，塔顶顺桥向位移响应在风向角 $\beta = 0°$时较大（均方根振幅为 38mm），在其余四种风向角情况均较小。

图 13-10-8 安装在风洞中的索塔模型

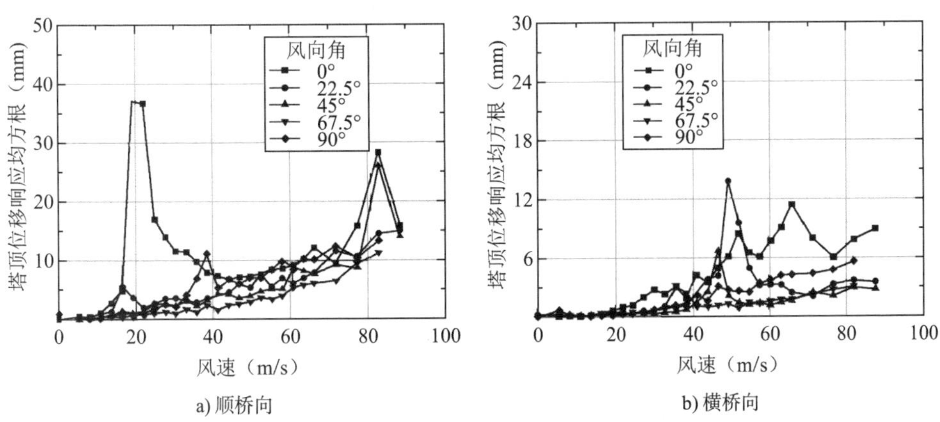

图 13-10-9　塔顶位移响应的均方根

7. 全桥气动弹性模型试验

为了对实桥的抗风性能进行全面检验，针对成桥状态和主要施工状态，采用全桥气动弹性模型进行均匀流和紊流条件下的风洞试验。全桥气动弹性模型采用 1∶120 的几何缩尺比，试验在中国空气动力研究与发展中心低速空气动力研究所 FL-13 风洞进行。在成桥状态，阳逻大桥的气动弹性模型见图 13-10-10。

图 13-10-10　成桥状态全桥气动弹性模型

（1）均匀流场中的气动弹性模型试验

均匀流场中的气动弹性模型试验主要是为了考查加劲梁的颤振性能，共对成桥状态、92.5%施工状态、72.5%施工状态、52.5%施工状态、22.5%施工状态的气动弹性模型进行了试验并测量其颤振临界风速。表 13-10-6 给出了各状态的颤振临界风速。

各状态的颤振临界风速（已换算至实桥）　　表 13-10-6

状态	成桥	92.5%	72.5%	52.5%	37.5%	22.5%
实桥（m/s）	66.6	59.1	51.5	50.4	50.4	52.6

由表 13-10-6 可知，无论是成桥状态还是施工状态，系统的颤振临界风速均大于相应状

态的颤振检验风速，因而阳逻大桥在抗风稳定性方面是安全的。

（2）紊流场中的气动弹性模型试验

试验时桥面高度处的最大试验风速均大于对应于实桥颤振检验风速的风洞风速。图13-10-11显示了各测点处抖振位移全振幅（按随机振动理论，位移均方根RMS值乘峰值因子 $g\approx3.5$ 为单边振幅峰值）与桥面风速之间的关系（均已换算为实桥值）。从图13-10-11可知，紊流状态在颤振检验风速范围内该桥成桥状态不会颤振，只有在风速超过70m/s时，加劲梁才发生颤振。

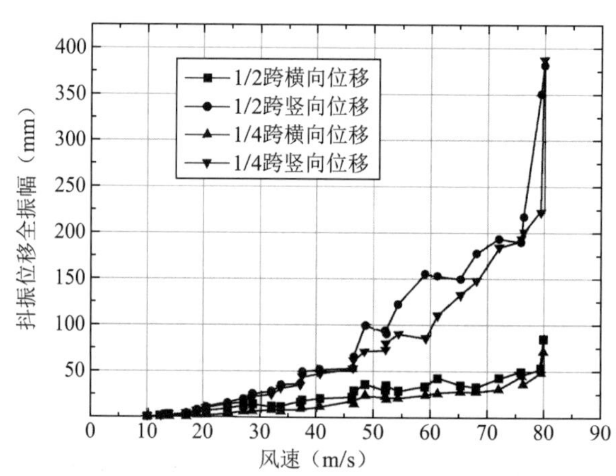

图13-10-11　各测点处的抖振位移全振幅随风速的变化

二、西堠门大桥

1. 抗风设计风参数

根据风参数专题研究，西堠门大桥桥位场地 α 值分布在0.138～0.181之间，并且主要集中在0.15～0.16之间。专题研究建议桥位场地幂指数采用 $\alpha=0.16$，相当于B类地表粗糙度，基本风速为 $\upsilon_{10}=41.12\text{m/s}$。据此，设计基准风速为：

$$\upsilon_{\text{d}}=41.12\times\left(\frac{62.6}{10}\right)^{0.16}=55.14\text{m/s} \tag{13-10-7}$$

其他主要抗风设计参数根据《公路桥梁抗风设计规范》（JTG/T D60-01—2004）规定计算。成桥状态的颤振检验风速为：

$$[\upsilon_{\text{cr}}]=1.2\times1.19\times55.14=78.7\text{m/s} \tag{13-10-8}$$

对于施工阶段，当取重现期为20年时，根据风速观测资料，桥位处10m高度10min平均年最大风速为35.06m/s。于是，施工阶段设计基准风速为：

$$\upsilon_{\text{d}}^{\text{s}}=35.06\times\left(\frac{62.6}{10}\right)^{0.16}=47.02\text{m/s} \tag{13-10-9}$$

施工阶段的颤振检验风速为：

$$[\upsilon_{\text{cr}}^{\text{s}}]=1.2\times1.19\times47.02=67.1\text{m/s} \tag{13-10-10}$$

2. 结构动力特性计算分析

分别对成桥状态和加劲梁架设的6个典型施工状态进行结构动力特性计算，计算结果分别见表13-10-7和表13-10-8。

成桥状态结构动力特性　　表 13-10-7

阶次	频率（Hz）	加劲梁纵向等效质量（kg·m）	加劲梁竖向等效质量（kg·m）	加劲梁横向等效质量（kg·m）	加劲梁扭转等效质量（kg·m）	振型特点
1	0.0486	—	—	23970	—	L-S-1
2	0.0780	40105	47666	—	—	V-A-1＋纵飘
3	0.1084	240710	26265	—	—	V-S-1
4	0.1101	—	—	20333	—	L-A-1
5	0.1113	36104	50917	—	—	V-A-2＋纵飘
6	0.1342	—	26986	—	—	V-S-2
7	0.1777	—	26078	—	—	V-A-3
8	0.1857	—	26369	—	—	V-S-3
9	0.1860	—	—	—	—	C
10	0.1888	—	—	24149	—	L-A-2
11	0.1958	—	—	—	—	C
12	0.2009	—	—	130754	—	C
13	0.2085	—	—	61190	—	C
14	0.2245	—	—	137754	—	C
15	0.2294	—	—	—	—	C
16	0.2296	—	25895	—	—	V-S-4
17	0.2361	—	—	—	3854231	T-S-1
18	0.2460	—	—	—	4297529	T-A-1

注：1. L-横向；V-竖向；T-扭转；S-对称；A-反对称；C-主缆振型。
2. “—”表示数值较大。

施工阶段结构动力特性的主要结果　　表 13-10-8

施工状态	正对称侧弯	正对称竖弯	反对称竖弯	正对称扭转	反对称扭转
100%	0.0499	0.1113	0.0784	0.2506	0.2551
89.4%	0.0391	0.1039	0.0802	0.2383	0.1996
63.2%	0.0395	0.1139	0.0850	0.2274	0.2077
37.1%	0.0400	0.0954	0.0954	0.1969	0.2077
19.6%	0.0412	0.1207	0.0997	0.1532	—
10.9%	—	0.1168	—	0.1381	—

3. 加劲梁节段模型静力三分力试验

加劲梁节段模型按 1：40 的几何缩尺比制作，试验在西南交通大学 XNJD-1 工业风洞第二试验段中进行。在成桥状态，加劲梁节段模型见图 13-10-12，加劲梁静力三分力系数（体轴坐标系下）随风攻角的变化关系曲线见图 13-10-13。

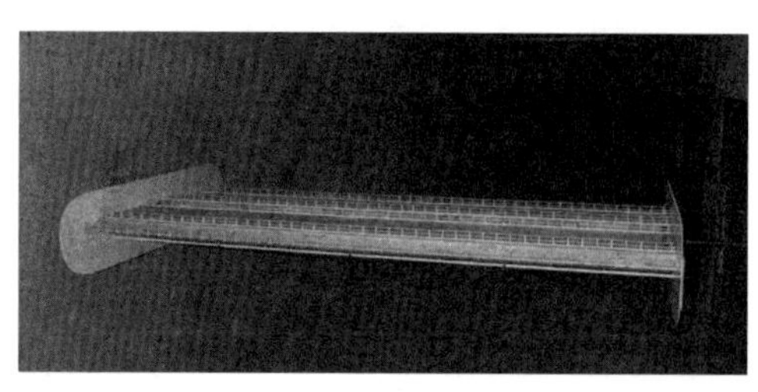

图 13-10-12　成桥状态加劲梁节段模型

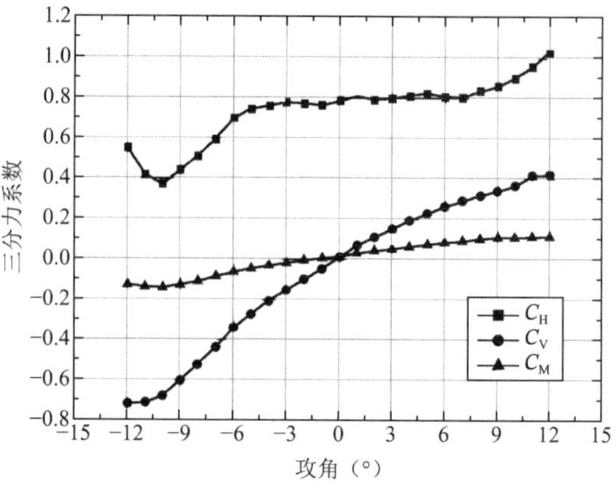

图 13-10-13　成桥状态三分力系数曲线

4. 加劲梁节段模型颤振试验

加劲梁节段模型同上述节段模型静力三分力试验。试验同样在 XNJD-1 工业风洞第二试验段中进行。试验在均匀流条件下，通过直接测量法测定成桥状态加劲梁节段模型在不同攻角下的颤振临界风速，然后通过风速比推算出实桥的颤振临界风速，见表 13-10-9。

节段模型颤振试验结果　　表 13-10-9

攻角（°）	成桥状态	攻角（°）	成桥状态
+3.0	83.9	−1.5	> 84.5
+1.5	> 84.5	−3.0	83.0
0.0	86.0	—	—

由表 13-10-9 可以看出：节段模型试验测得的成桥状态颤振临界风速在 ±3°风攻角范围内均高于颤振检验风速，并具有一定安全储备；成桥状态的颤振最不利风攻角为 +3°，因此全桥气动弹性模型试验中除了 0°风攻角之外，还需考察 +3°风攻角下的颤振稳定性。

5. 大尺度加劲梁节段模型涡振试验

大尺度加劲梁节段模型采用的几何相似比为 1：20，涡振试验在 XNJD-1 风洞第一试验段中进行。针对成桥状态，在均匀流场下对不同风攻角、不同阻尼比和不同导流板设置情况进行了多种工况的风洞试验，其中风攻角 $\alpha = 0°$时涡振试验得到的风速—振幅曲线见图 13-10-14。

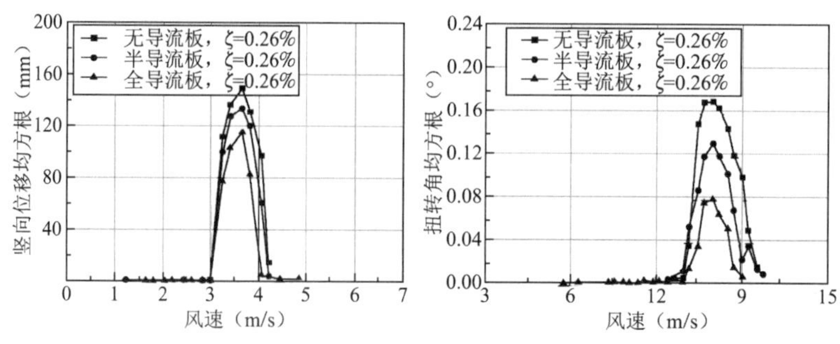

图 13-10-14　成桥状态涡激振动响应（$\alpha = 0°$）

研究表明：无论是否设置导流板，扭转涡振振幅均能满足规范的要求，但设置全导流板能够显著降低扭转振幅，同时也使竖向振幅满足规范要求。

6. 全桥气动弹性模型试验

西堠门大桥全桥气动弹性模型试验在中国空气动力研究与发展中心低速所 FL-13 风洞中进行，几何缩尺比为 1∶124。图 13-10-15 和图 13-10-16 为安装在风洞内的成桥状态和施工状态的气动弹性模型。

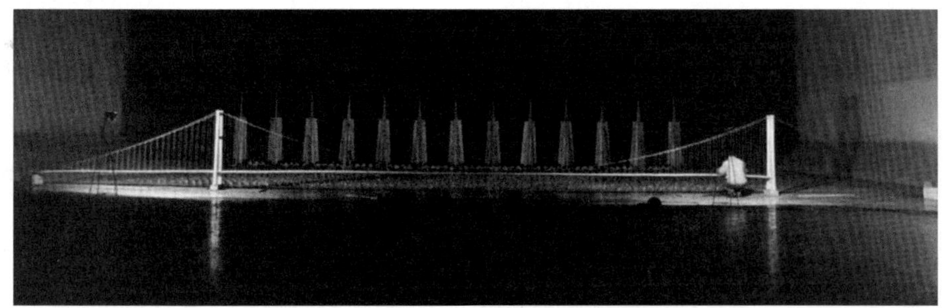

图 13-10-15　成桥状态气动弹性模型

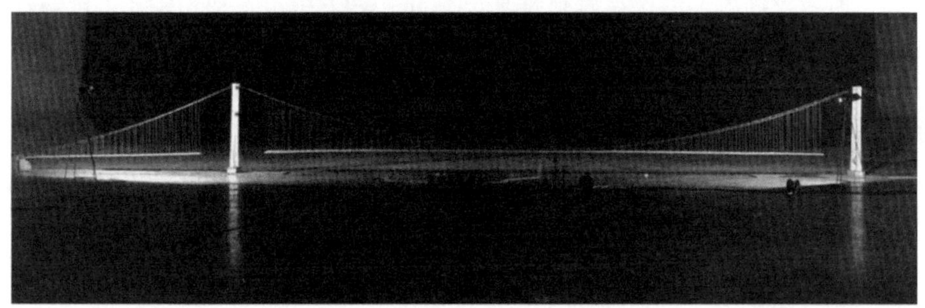

图 13-10-16　施工状态气动弹性模型

（1）均匀流场中的气动弹性模型试验

均匀流场中的气弹模型试验主要目的是考查结构的颤振稳定性和空气静力稳定性，试验针对成桥状态及 6 个典型施工状态进行。表 13-10-10 给出了在均匀流场中的试验结果。成桥状态 +3°攻角当试验风速达到 8.7～9.1m/s（相当于实桥 96.6～103.7m/s）时，模型突然被风吹翻（发生静力失稳）。由于正处于风洞升风过程中，确切风速未能记录下来。

全桥气动弹性模型颤振试验结果　　表 13-10-10

状态	攻角（°）	模型颤振临界风速（m/s）	实桥颤振临界风速（m/s）	失稳特征
成桥状态	0	> 8.7	> 96.6	—
	+3	> 8.7	> 96.6	—
		8.7～9.1	96.6～103.7	静力失稳
100%施工状态（边、中跨合龙）	0	> 6.7	> 74.8	—
89.1%施工状态（边、中跨合龙前第 49 梁段完成）	0	6.8	75.8	第一反对称弯扭耦合颤振
	+3	5.9	65.6	第一反对称弯扭耦合颤振

续上表

状态	攻角（°）	模型颤振临界风速（m/s）	实桥颤振临界风速（m/s）	失稳特征
63.2%施工状态 （边、中跨第 32 梁段完成）	0	7.1	78.9	第一反对称 弯扭耦合颤振
	+3	4.9	54.3	第一反对称 弯扭耦合颤振
37.1%施工状态 （边、中跨第 21 梁段完成）	0	7.1	78.9	第一对称 弯扭耦合颤振
	+3	5.2	58.4	第一对称 弯扭耦合颤振
19.6%施工状态 （中跨第 10 梁段完成）	0	6.0	66.6	第一对称 弯扭耦合颤振
	+3	5.3	59.4	第一对称 弯扭耦合颤振
10.9%施工状态 （中跨第 6 梁段完成）	0	5.3	59.4	第一对称 弯扭耦合颤振

（2）紊流场中的气动弹性模型抖振试验

试验针对成桥运营阶段，风攻角分别为 0°和 +3°，试验时桥面高度处的最大试验风速均大于实桥施工阶段设计风速的换算风洞风速。图 13-10-17 给出了加劲梁在主跨的跨中和 1/4 跨处的竖向位移抖振响应的功率谱（5.4m/s 试验风速），图 13-10-18 给出了加劲梁在主跨的跨中和 1/4 跨处的竖向抖振位移均方根响应随风速的变化曲线。图中的风速参数、位移参数已换算至实桥。

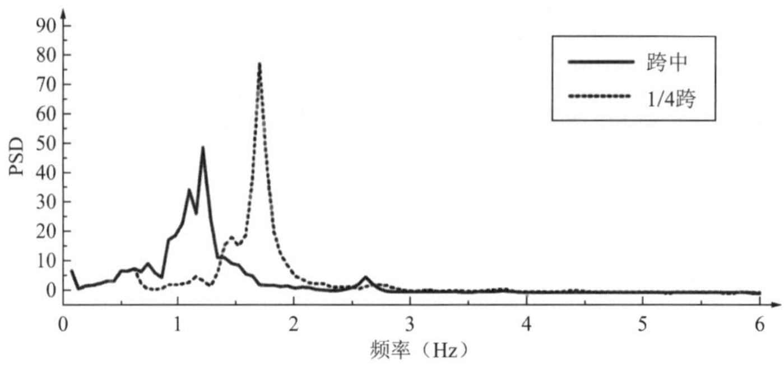

图 13-10-17　竖向位移抖振响应的功率谱曲线

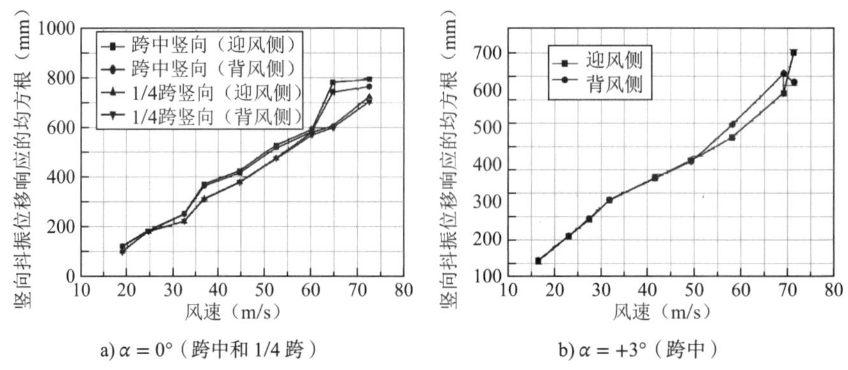

a) α = 0°（跨中和 1/4 跨）　　b) α = +3°（跨中）

图 13-10-18　加劲梁竖向抖振位移响应的均方根

三、坝陵河大桥

坝陵河大桥距离镇宁至胜境关高速公路起点约 21km，距离黄果树风景区约 7km，在关岭县境内，大桥跨越坝陵河峡谷，峡谷两岸地势陡峭，地形变化急剧，起伏很大，峡谷宽约 2000m，深达 600m。

坝陵河大桥为主跨 1088m 的单跨简支钢桁加劲梁悬索桥，主缆分跨为 248m + 1088m + 228m，主缆矢跨比为 1/10.3，主缆横桥向间距为 28.0m，吊索顺桥向间距为 10.8m。钢桁加劲梁由主桁架、主横桁架和上下平联组成。主桁架的桁高为 10m，标准节间长为 10.8m，两片主桁架左右弦杆中心间距与主缆间距相同，为 28.0m。大桥的总体布置见图 13-10-19。

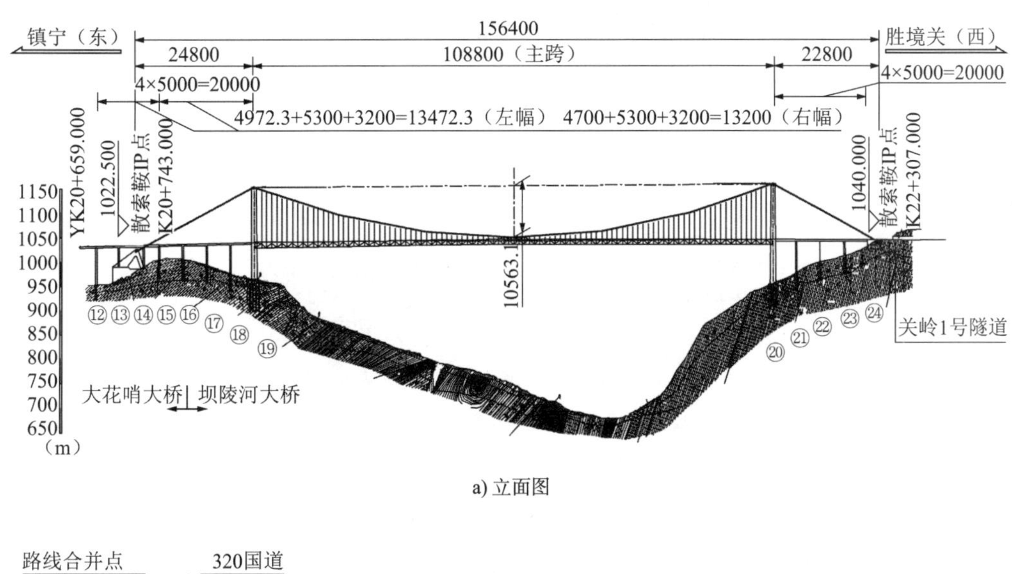

a) 立面图

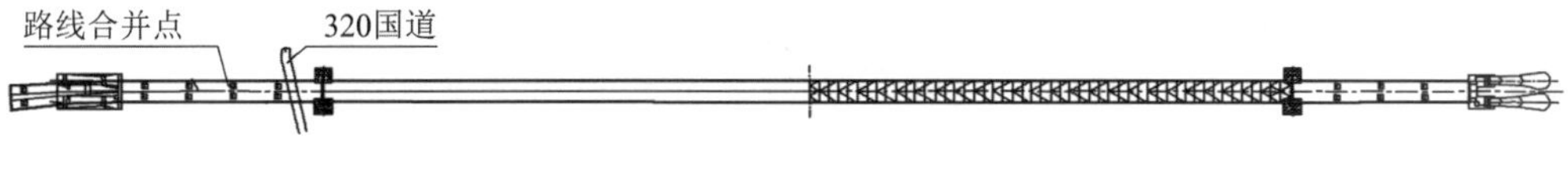

b) 平面图

图 13-10-19　坝陵河大桥的总体布置图（尺寸单位：cm）

1. 桥址区风环境

桥址区风特性分析是进行模型风洞试验和风致响应分析的前提，分别通过 CFD 分析和地形模型试验研究了桥址区的风环境。

（1）CFD 分析

设计人员采用 FLUENT6.0 流体力学商业软件，分析坝陵河大桥桥位处的风场特征。计算区域为南北向边长 9000m，东西向边长 11000m，高度从黄海高程 0m 到 9000m 的长方体（减去山体、河流所占空间），桥位约处于区域的中心。地表三维视图如图 13-10-20 所示，其中，图形中心部位的直线为桥梁轴线。

为了考察不同方向来流对桥位风场的影响，计算中来流取 16 个方向，见图 13-10-21，图中圆圈内的数字代表计算工况。风场计算中入口处来流风速：$\bar{v} = 40\text{m/s}$。

计算结果表明：桥位处最不利风向为工况①，在此工况下，顺风向风速与入口风速的比值为 1.096；桥轴处风攻角基本在 −5°～+5°范围内变化。

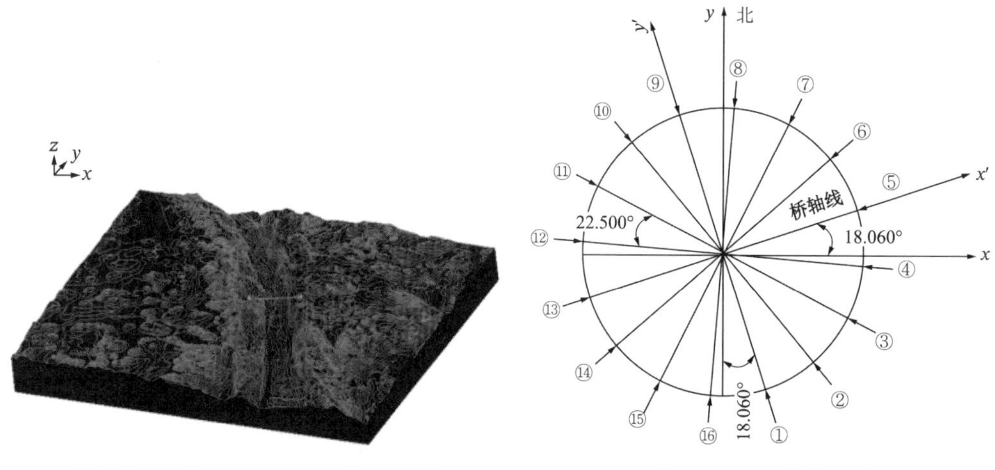

图 13-10-20　计算区域地形三维视图

图 13-10-21　风向示意

（2）地形模型试验

地形模型试验在中国空气动力研究与发展中心低速所的 FL-13 风洞中进行，见图 13-10-22。

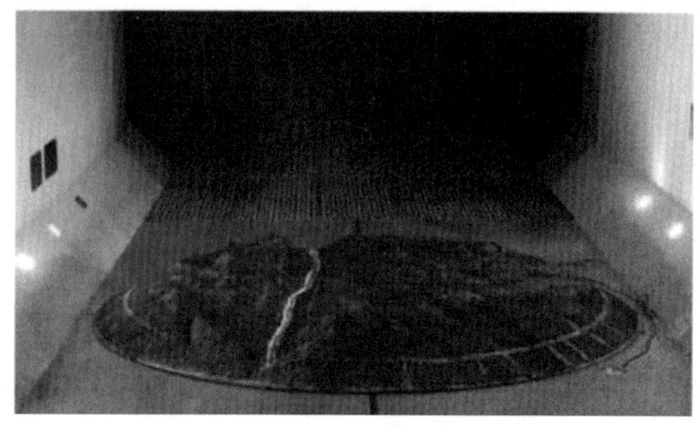

图 13-10-22　安装在风洞中的地形模型

试验中选取 10 个可能对桥梁危害较大的方向，桥轴向及所取的 10 个来流方向如图 13-10-23 所示。沿桥轴线测点布置及风速观测点位置如图 13-10-24 所示。在方向③来流工况下，各测点的紊流度见表 13-10-11。

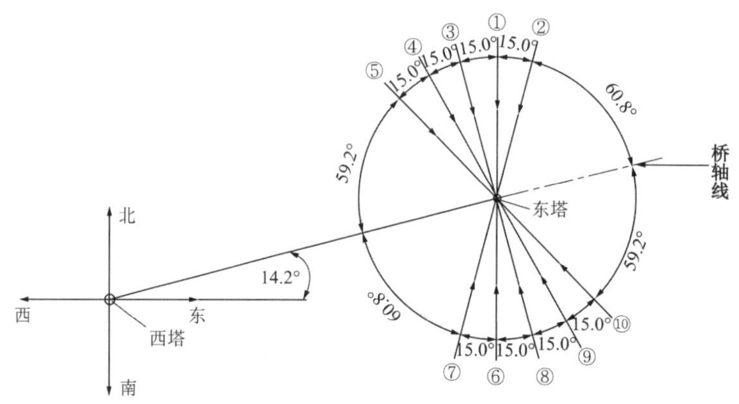

图 13-10-23　桥轴向及所取用的 10 个来流风向

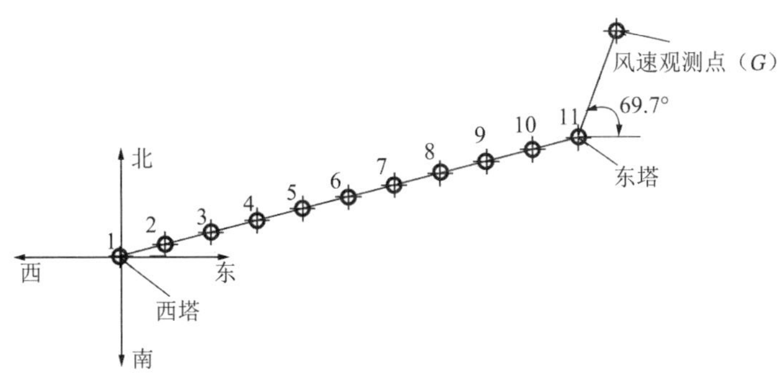

图 13-10-24　沿桥轴线测点布置及风速测点位置

方向③来流各测点紊流度　　表 13-10-11

点位	I_u	I_w	I_v
1	15.223	16.126	17.232
2	12.803	13.533	13.901
3	13.638	14.161	14.981
4	15.55	16.045	17.347
5	17.83	17.308	19.413
6	18.543	16.422	18.302
7	16.98	14.643	18.305
8	18.215	16.998	21.554
9	21.525	25.677	23.072
10	—	—	—
11	—	—	—

注：“—”表示相关测试结果失真。

（3）设计基准风速及颤振检验风速

坝陵河大桥位于峡谷，桥位地形复杂，其设计基准风速无法依据规范来确定，而只能通过现场实测来确定。根据现场实测的初步结果，设计基准风速按 25.9m/s 取值（由于是现场实测结果，此值已包含地形的影响）。据此，坝陵河大桥成桥阶段和施工阶段的设计风速及颤振检验风速根据《公路桥梁抗风设计规范》（JTG/T D60-01—2004）规定计算如下。

成桥状态设计风速为：

$$v_d = 25.9\text{m/s} \tag{13-10-11}$$

施工状态设计风速为：

$$v_d^s = 21.76\text{m/s} \tag{13-10-12}$$

成桥状态颤振检验风速为：

$$v_{cr} = 1.2 \times 1.33 \times 25.9 = 41.3\text{m/s} \tag{13-10-13}$$

施工状态颤振检验风速为：

$$v_{cr}^s = 1.2 \times 1.33 \times 21.76 = 34.7\text{m/s} \tag{13-10-14}$$

2. 结构动力特性分析

坝陵河大桥加劲梁采用钢桁梁（图13-6-6），计算中采用梁单元模拟每一根杆件。主缆及吊索采空间杆单元。索塔各构件均采用空间梁单元。成桥状态的结构有限元模型见图13-4-3。

3. 加劲梁节段模型静力三分力试验

加劲梁节段模型采用1∶47.5的几何缩尺比，试验在XNJD-1第二试验段中进行。在成桥状态，加劲梁节段模型见图13-10-25，成桥状态加劲梁断面静力三分力系数（体轴坐标系下）随风攻角的变化关系曲线见图13-10-26。

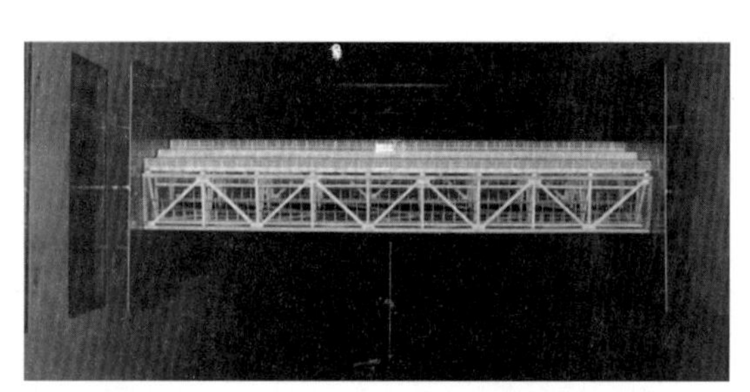

图13-10-25　加劲梁节段模型

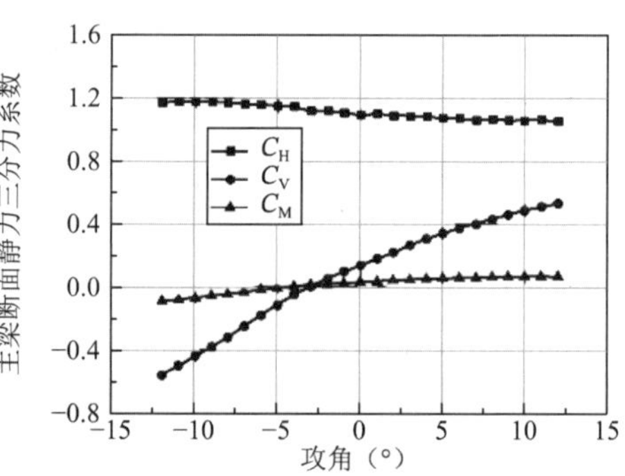

图13-10-26　成桥状态加劲梁断面静力三分力系数曲线

4. 加劲梁节段模型颤振试验

加劲梁节段模型同上述节段模型静力三分力试验。试验在XNJD-1工业风洞第二试验段中进行。试验在均匀流条件下，通过直接测量法测定成桥状态加劲梁节段模型在不同攻角下的颤振临界风速，见表13-10-12。由表13-10-12可知，成桥状态各攻角下的颤振临界风速均大于相应的颤振检验风速。

加劲梁成桥状态颤振临界风速　　表13-10-12

攻角（°）	试验风速（m/s）	风速比	实桥风速（m/s）
−6	＞16.0	4.99	＞79.8
−3	＞16.0	4.99	＞79.8
0	＞16.0	4.99	＞79.8
+3	10.0	4.99	49.9
+6	8.5	4.99	42.4

5. 全桥气动弹性模型试验

为了对实桥的抗风性能进行全面检验，坝陵河大桥针对成桥状态和主要施工状态进行了均匀流和紊流条件下的全桥气动弹性模型风洞试验。

为了更好地模拟桁梁加劲梁的几何外形，模型的几何缩尺比取为$C_L = 1/80$，由相似关系可知风速比$C_v = 1/8.94$，频率比$C_f = 8.94/1$。图13-10-27和图13-10-28分别为安装在风洞内的成桥状态和施工状态的气动弹性模型。

（1）均匀流场中气动弹性模型试验

均匀流场中的气动弹性模型试验主要是为了考查加劲梁的颤振性能。共对成桥状态、

100%施工状态、98%施工状态、82%施工状态、70%施工状态、58%施工状态、46%施工状态、28%施工状态的气动弹性模型进行了试验并测量其颤振临界风速。

试验结果表明：该桥气弹模型在试验风速下未发生颤振，满足安全需求。

（2）紊流场中气动弹性模型试验

试验针对成桥运营阶段，风攻角分别为 0°和 +3°，试验时桥面高度处的最大试验风速均大于实桥施工阶段设计风速的换算风洞风速。图 13-10-29 给出了加劲梁在主跨的跨中和 1/4 跨处的竖向抖振位移均方根响应随风速的变化曲线。风速参数、位移参数已换算至实桥。

图 13-10-27　安装在风洞中的坝陵河大桥成桥状态气动弹性模型

图 13-10-28　46%施工状态气动弹性模型

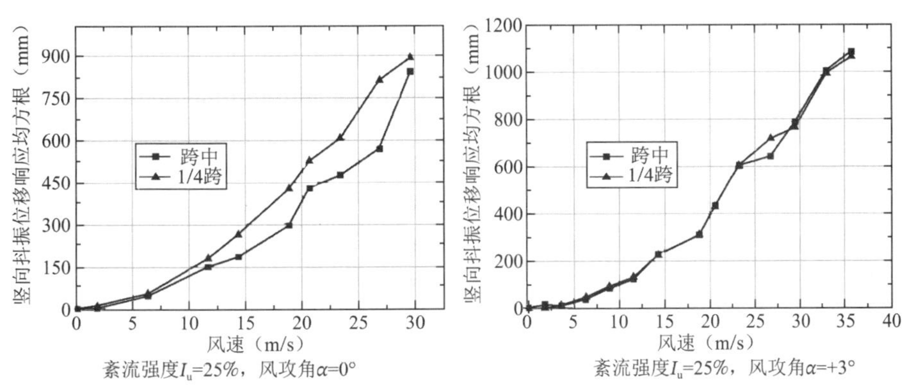

图 13-10-29　成桥状态下加劲梁竖向抖振位移响应的均方根

第十四章

抗 震 设 计

第一节　目的与原则

我国是地震多发国家之一，地震活动区分布如下：①台湾地区及附近海域。②东南沿海地区。③喜马拉雅山脉。④天山山脉地震区。⑤南北地震带。⑥华北地震区等。1966—1976年间，我国发生的八大地震均具有强度大、频度高、震源浅的特点。

地震是随机的地壳剧烈运动，强地震发生时对桥梁的动力作用会引发桥梁安全问题，为减轻桥梁结构的地震破坏、避免人员伤亡、减少经济损失，必须对桥梁进行抗震设计。

目前，针对大跨径悬索桥的抗震设计大多参照以下两级设防的原则执行：在 E1 地震作用下，各类构件无损坏，结构在弹性范围工作，正常的交通在地震后立即得以恢复；在 E2 地震作用下，根据各类构件的重要性、可检性、可修复性以及可换性来确定其性能目标，如悬索桥主缆为主要承重构件，不可更换也很难修复，要求在 E2 地震作用下保持弹性；索塔、基础虽然也是重要构件，但在地震作用下，只要结构总体基本在弹性范围工作，可局部开裂，地震后依靠结构重力可恢复。悬索桥抗震性能目标见表 14-1-1。

悬索桥抗震性能目标　　表 14-1-1

<table>
<tr><th>地震作用</th><th>构件类别</th><th>结构性能要求</th><th>受力状态</th><th>功能要求</th></tr>
<tr><td rowspan="9">E1</td><td>加劲梁</td><td>无损伤</td><td rowspan="6">保持弹性</td><td rowspan="9">车辆正常通行</td></tr>
<tr><td>主缆</td><td>无损伤</td></tr>
<tr><td>吊索</td><td>无损伤</td></tr>
<tr><td>基础</td><td>无损伤</td></tr>
<tr><td>索塔</td><td>无损伤</td></tr>
<tr><td>桥墩</td><td>无损伤</td></tr>
<tr><td>支座</td><td>无损伤</td><td rowspan="3">正常工作</td></tr>
<tr><td>减震耗能装置</td><td>无损伤</td></tr>
<tr><td>锚碇</td><td>无损伤</td></tr>
<tr><td rowspan="2">E2</td><td>加劲梁</td><td>轻微损伤</td><td>总体保持弹性</td><td rowspan="2">经简单修复可继续使用或依靠结构重力自行恢复</td></tr>
<tr><td>主缆</td><td>轻微损伤</td><td>保持弹性</td></tr>
</table>

续上表

<table>
<tr><th>地震作用</th><th>构件类别</th><th>结构性能要求</th><th>受力状态</th><th>功能要求</th></tr>
<tr><td rowspan="6">E2</td><td>吊索</td><td>无损伤</td><td rowspan="3">总体保持弹性</td><td rowspan="6">经简单修复可继续使用或依靠结构重力自行恢复</td></tr>
<tr><td>基础</td><td>轻微损伤</td></tr>
<tr><td>索塔</td><td>轻微损伤</td></tr>
<tr><td>桥墩</td><td>可修复损伤</td><td>可进入塑性</td></tr>
<tr><td>减震耗能装置</td><td>轻微损伤</td><td>正常工作</td></tr>
<tr><td>锚碇</td><td>轻微损伤</td><td>正常工作</td></tr>
</table>

桥梁抗震设计的基础是能力设计法，即细心设计并选定潜在的塑性铰位置，在不希望出现塑性铰及其他非弹性变形机制（诸如剪切）的位置，结构强度应高于相应塑性铰的强度界限。这种设计方法近年来在建筑结构中得到了很好的应用，并被引入桥梁设计规范。

地震有识别结构薄弱点的特点，在这些位置会发生集中破坏。悬索桥是超静定结构，易造成由于单个结构单元或结构单元间连接的破坏，甚至造成桥梁倒塌。

同建筑结构相比，桥梁对于结构-土共同作用的影响更为敏感，对地面震动的动力反应更难以预测。特别是大跨径悬索桥，由于行波效应，在不同的支承处输入的是非同步地震波，使得分析更加困难。

抗震设计中，需研究的对象有三个，即地震动（输入）、结构体系、结构反应（输出）。只有在了解结构的地震反应之后，才可能科学地设计结构，而为了了解结构反应，首先必须了解地震动与结构，两者缺一不可。

第二节　地震动参数的描述

地震动是一个复杂的现象，复杂的原因在于我们对许多重要因素尚难精确估计，如震源、传播介质中千差万别的动力过程及裂隙构造，从而产生许多不确定性的变化。

地震烈度是表示某一区域范围内地面和各种建筑物受到一次地震影响的平均强弱程度的指标。这一指标反映了在一次地震中一定地区内地震动多种因素综合强度的总平均水平，是对地震破坏作用大小的总体评价。目前，除日本外，世界其余国家使用的基本上都是按 12 等级划分的烈度表，所有的烈度表均以宏观现象为指标。

从实际应用情况来看，由于工作需要，现有的实际烈度等震线图都是从 12 级中的V度开始直至X度，并包括可感范围，它相当于Ⅲ度左右。因此可以说，最常使用的烈度是VI-X度，它们大多是根据低层房屋震害评定的，也是地震工程中最关心的烈度范围，因为更小的烈度对工程无影响，更高的烈度既少见且又超过人们可以经济防御的范围。

从工程抗震来讲，地震动的特性可以通过三要素来描述，即地震动振幅、频谱和持时。由于地震波在地层内的传播与地层土特性、地震发生机理、地震能等密切相关，而震源发生机制、土层等因素十分复杂，要准确描述地震动是十分困难的。

地震动的振幅是指地震动加速度、速度、位移三者之一的峰值（最大值）或某种意义的有效值。由于影响地震动振幅的因素很多，如记录仪的失真等，地震动的最大值有时会有较大的误差，同时，单一峰值对结构抗震来讲影响并不显著，因而工程界对地震动振幅有多种定义，详细定义可参见相关文献。

理解了振动力学中的共振效应现象，就很好理解频谱组成对结构反应的重要影响，由于结构本身有自振频率，如果地震动的频谱集中于低频，它将引起长周期结构物的巨大反应；反之，若地震动的卓越频率在高频段，则它对刚性结构物的危害较大。

地震工程中常用反应谱来描述。反应谱是 1940 年前后提出的，它通过理想简化的单质点体系的反应来描述地震动特性。设有一自振频率为 ω、阻尼比为 ζ 的单质点体系，在支承处受到地震加速度时程 $\ddot{\delta}_g(t)$ 的作用，从静止开始，即初始位移和速度为零。由动力学原理可知，单质点的相对位移 $x(t)$、相对速度 $\dot{x}(t)$ 和绝对加速度 $\ddot{y}(t)=\ddot{x}(t)+\ddot{\delta}_g(t)$ 分别为：

$$x(t)=-\frac{1}{\omega_d}\int_0^t \ddot{\delta}_g(\tau)e^{-\omega\zeta(t-\tau)}\sin\omega_d(t-\tau)\,d\tau \tag{14-2-1}$$

式中：$\omega_d=\omega/\sqrt{1-\zeta^2}$。

$$\dot{x}(t)=-\int_0^t \ddot{\delta}_g(\tau)e^{-\omega\zeta(t-\tau)}\cos\omega_d(t-\tau)\,d\tau \tag{14-2-2}$$

$$\ddot{x}(t)=\omega_d\int_0^t \ddot{\delta}_g(\tau)e^{-\omega\zeta(t-\tau)}\sin\omega_d(t-\tau)\,d\tau-\ddot{\delta}_g(t) \tag{14-2-3}$$

$$\ddot{y}(t)=\ddot{x}(t)+\ddot{\delta}_g(t)=\omega_d\int_0^t \ddot{\delta}_g(\tau)e^{-\omega\zeta(t-\tau)}\sin\omega_d(t-\tau)\,d\tau \tag{14-2-4}$$

由此可以计算不同频率 ω、阻尼比 ζ 时相对位移最大响应 $S_d(\zeta,\omega)$、最大速度最大响应 $S_v(\zeta,\omega)$、最大绝对加速度最大响应 $S_a(\zeta,\omega)$。$S_d(\zeta,\omega)$、$S_v(\zeta,\omega)$、$S_a(\zeta,\omega)$ 分别称为相对位移谱、相对速度谱和绝对加速度谱。与傅里叶谱相比，反应谱失去了地震动各频率分量之间的相位差，所以不能再返回到地震动 $\ddot{\delta}_g(t)$。

《公路桥梁抗震设计规范》（JTG/T 2231-01—2020）规定：通过地震系数与场地类型有关的设计谱来反映地面运动的强度（加速度峰值）和频谱特性两大地震动要素，而持续时间这一要素却被忽略了。在确定与规范设计谱相符合的规范化的人工地震波时，应确定人工地震波的合理持续时间。

从抗震安全角度出发，对于悬索桥长周期柔性结构，拟取较长的持续时间，这是因为地震动作为一种支承激振的强迫振动，一般需要几倍于结构的基本周期的激振持续时间才能达到反应的最大值，选用较长的持续时间是比较安全的。

反应谱是从地震动特性过渡到结构动力反应的桥梁，因此，反应谱的形状特征反映了不同类型结构动力最大反应的特点，具体如下：

（1）对于低频系统（$T\to\infty$），最大相对位移反应、相对速度反应和相对加速度反应均分别趋近于地震动的最大位移、最大速度和最大加速度，绝对加速度响应则等于零。这是由于一个低频系统相当于具有很大质量和很柔弹簧的系统，当地面很快移动时，质量跟不上地面移动，因此弹簧的变形近似等于地面最大位移。

$$S_a(T\to\infty)=0,\ S_v(T\to\infty)=v,\ S_d(T\to\infty)=d$$

（2）对于高频系统（$T\to 0$），相对位移、相对速度、相对加速度反应均等于零，绝对最大加速度反应趋于地面最大加速度，这是由于一个高频系统刚度很大，地面运动时系统本身不变形，而随地面一起运动。

$$S_a(T\to 0)=0,\ S_v(T\to 0)=v,\ S_d(T\to\infty)=0$$

（3）抗震规范一般采用相对值反应谱，相对值反应谱由绝对值反应谱除以地面运动最大加速度（或地面运动最大位移、地面运动最大速度）而得，反应谱的高频段主要取决于地震动最大加速度，中频段决定于地震动最大速度，低频段决定于地震动最大位移。因此，绝对值反应谱不仅反映了频谱要素，而且反映了与频谱独立的地面运动振幅特性。但是相对值反应谱则只反映了地震动的频谱特征，因而还要给出加速度指标，才能计算地震力的大小。

（4）不同阻尼时的反应谱 $\beta(T,\xi)$ 可以按式(14-2-5)～式(14-2-7)与正规化加速度反应谱 $\beta(T,\xi=0.05)$ 进行换算。

$$\beta(T,\xi)=\beta(T,\xi=0.05)\cdot\lambda(\xi,T) \tag{14-2-5}$$

$$\lambda(\xi,T)=\sqrt[3]{16.6\xi+0.16}\left(\frac{0.8}{T}\right)^{\alpha} \tag{14-2-6}$$

$$\alpha=\frac{0.05-\xi}{0.156+3.38\xi} \tag{14-2-7}$$

（5）由于地震动是随机的，因而反应谱也是随机的，应指明其发生的概率，或者在给出平均反应谱的同时，给出方差。

（6）影响地震动的因素复杂多变，由不同地震记录给出的地震动反应谱往往表现相当离散，从工程设计的角度来说，人们希望得到具有一定安全程度的地震力规定。抗震设计反应谱就是基于这种需要产生的。一种简单而自然的方法是将不同的地震动记录的反应谱曲线加以统计平均，在此基础上再利用数学上的平滑拟合，基于安全或经济因素的修正，便形成了设计反应谱。

由于反应谱法是基于线性弹性工作的条件，对于强地震作用下的结构反应有其局限性，因而地震工程学中又采用加速度时程曲线来描述地震动，如图 14-2-1 所示。

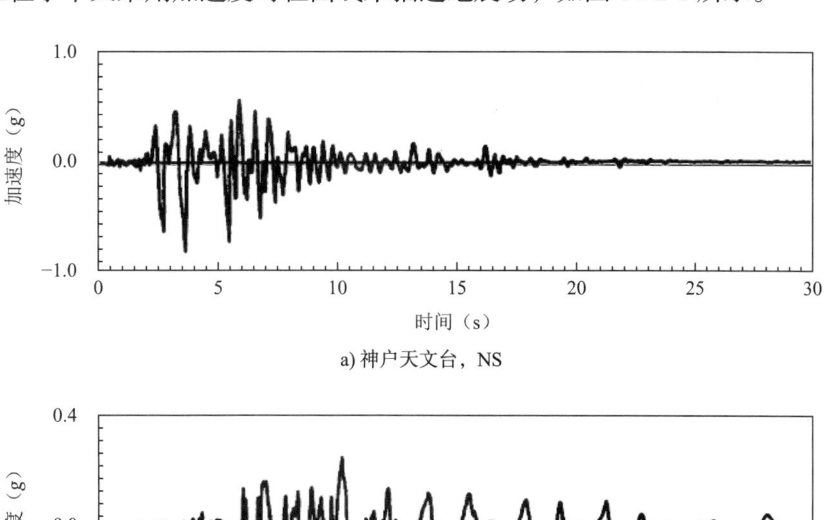

a) 神户天文台，NS

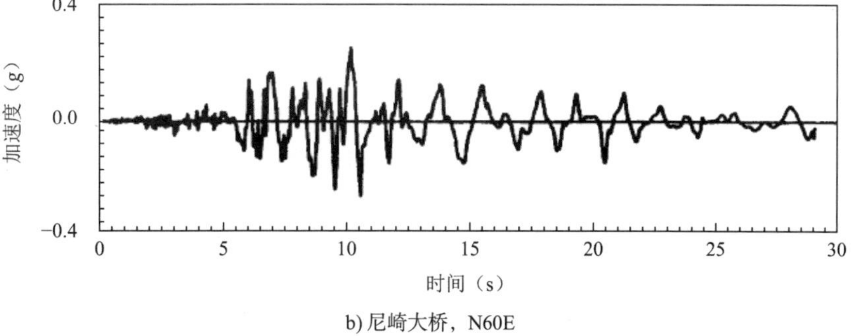

b) 尼崎大桥，N60E

图　14-2-1

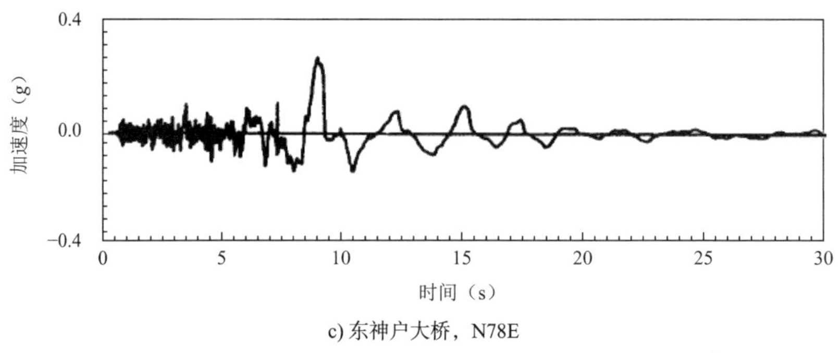

c) 东神户大桥，N78E

图 14-2-1　地震动时程曲线示意图

第三节　抗震设计方法及其沿革

地震时，地面运动对结构产生动态作用，地面运动可以用强震加速度仪测量或用其他方法推算。由于地震动是随机的，结构在随机强地震强迫作用的响应也是随机的，其地震响应计算相当复杂。在桥梁抗震计算中，早期采用简化的静力法，20 世纪 50 年代后基于动力法的反应谱法得到发展，而后发展了对重要结构采用动态时程反应分析法。

静力法也叫地震系数法，它假定结构物与地震动具有相同的振动，因而结构物上的振动加速度与地面运动加速度 $\ddot{\delta}_g(t)$ 相同，因而作用于结构物上的惯性力为：

$$F(t)=M\ddot{\delta}_g(t) \tag{14-3-1}$$

式中：M——结构质量（kg）。

如取地面运动加速度峰值代入式(14-3-1)，则惯性力为最大作用力，从而可以对结构进行静力计算。

地震系数法应用设计地震力等于结构重量与设计地震系数（地面运动最大加速度与重力加速度的比值）乘积的关系进行抗震分析，由于设计地震系数有着很强的经验性，对于刚度较大的笨重结构物，采用该法进行抗震分析比较合理，从动力学角度看，把地震加速度看作是结构地震破坏的单一因素有极大的局限性，因为忽略了结构的动力特性这一重要因素。只有当结构的基本周期比地面运动卓越周期小很多时，结构物在地震作用下才可能是几乎不发生变形而近似认为是刚性的，静力法才成立，所以现行规范中桥梁桥台等的计算仍采用此法。

地震反应动力分析法采用计算机分析结构地震时的动态状况，该法首先选定合适的地震动作为结构的激励，在频域或时域内进行线性或非线性反应分析，该法又有两种途径：①地震反应谱分析法。②时程反应分析法。

地震反应谱分析法系将结构置换成单自由度或多自由度的线性振动体系，根据用其他方法求得的反应谱图，由体系的固有周期和阻尼比求得最大反应值的方法。桥梁结构如果柔度增加，高阶振型亦参加影响，此时应按多自由度体系分析，进行反应谱分析时仍应用单自由度体系的振型叠加。求得各振型的最大反应值 U_{max}，整个体系的最大反应值利用二次平均法（CQC）或平方根法（SRSS）进行计算。

地震反应谱分析法的基本原理如下。

一个单质点振子的力学图式如图 14-3-1 所示，地面运动位移为 $\delta_g(t)$，质点 m 相对于地

面运动的位移为 $y(t)$，则由达朗贝尔原理，其振动微分方程为：

$$m[\ddot{y}(t)+\ddot{\delta}_{\rm g}(t)]+c\dot{y}(t)+ky(t)=0$$

即有：

$$\ddot{y}(t)+2\zeta\omega c\dot{y}(t)+\omega^2 y(t)=-\ddot{\delta}_{\rm g}(t) \tag{14-3-2}$$

式中：$\zeta=\frac{c}{2\sqrt{km}}$，$\omega=\sqrt{\frac{k}{m}}$。

上述微分方程的杜哈梅积分为：

$$y(t)=-\frac{1}{\omega_{\rm d}}\int_0^t \ddot{\delta}_{\rm g}(\tau)\,{\rm e}^{-\omega\zeta(t-\tau)}\sin\omega_{\rm d}(t-\tau)\,{\rm d}\tau \tag{14-3-3}$$

式中：$\omega_{\rm d}=\omega/\sqrt{1-\zeta^2}$。

对式(14-3-3)进行微分，且考虑到桥梁结构阻尼比很小，略去微量有：

$$\dot{y}(t)=-\int_0^t \ddot{\delta}_{\rm g}(\tau){\rm e}^{-\omega\zeta(t-\tau)}\cos\omega_{\rm d}(t-\tau)\,{\rm d}\tau \tag{14-3-4}$$

$$\ddot{y}(t)=\omega_{\rm d}\int_0^t \ddot{\delta}_{\rm g}(\tau){\rm e}^{-\omega\zeta(t-\tau)}\sin\omega_{\rm d}(t-\tau)\,{\rm d}\tau-\ddot{\delta}_{\rm g}(t) \tag{14-3-5}$$

或：

$$\ddot{y}(t)+\ddot{\delta}_{\rm g}(t)=\omega_{\rm d}\int_0^t \ddot{\delta}_{\rm g}(\tau){\rm e}^{-\omega\zeta(t-\tau)}\sin\omega_{\rm d}(t-\tau)\,{\rm d}\tau \tag{14-3-6}$$

由于地震加速度 $\ddot{\delta}_{\rm g}(t)$ 是不规则的函数，一般可采用数值积分法求出反应的时间变化规律，即反应时程曲线。

对于不同的质点系（不同的圆频率 ω_i 或周期 T_i，不同的阻尼比 ζ_i），在选定的地震加速度 $\ddot{\delta}_{\rm g}(t)$ 输入下，可获得一系列的相对位移 $y(t)$、相对速度 $\dot{y}(t)$、绝对加速度 $\ddot{y}(t)+\ddot{\delta}_{\rm g}(t)$ 的反应时程曲线，并从中找出其绝对值的最大值 $|y(t)|_{\max}$、$|\dot{y}(t)|_{\max}$、$|\ddot{y}(t)+\ddot{\delta}_{\rm g}(t)|_{\max}$，如以不同的质点系的周期 T 为横坐标，以不同阻尼比 ζ_i 为参数，就能给出谱曲线，即反应谱曲线。可见，反应谱曲线实际上是不同固有特性的质点在给定地震加速度输入时的最大反应曲线。

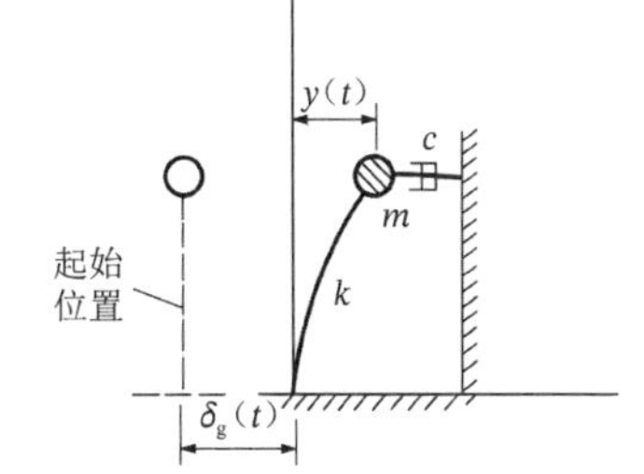

图 14-3-1 单质点振子的力学图式

如定义 $S_{\rm D}=|y(t)|_{\max}$ 为相对位移反应谱（简称位移反应谱），$S_{\rm V}=|\dot{y}(t)|_{\max}$ 为拟速度反应谱（简称速度谱），$S_{\rm A}=|\ddot{y}(t)+\ddot{\delta}_{\rm g}(t)|_{\max}$ 为拟加速度反应谱（简称加速度谱），$S_{\rm V}$ 和 $S_{\rm A}$ 的词义中加上“拟”是因为在式(14-3-4)和式(14-3-5)中都忽略了小阻尼比的影响，是近似值。

由于式(14-3-4)和式(14-3-5)中 $\cos\omega_{\rm d}(t-\tau)$ 与 $\sin\omega_{\rm d}(t-\tau)$ 等效，因而有：

$$S_{\rm D}=\frac{1}{\omega_{\rm d}}S_{\rm V}\approx\frac{1}{\omega}S_{\rm V} \tag{14-3-7}$$

或：

$$S_{\rm A}=\omega_{\rm d}^2 S_{\rm D}\approx\omega^2 S_{\rm D}=\omega S_{\rm V} \tag{14-3-8}$$

为了便于规范化，抗震规范一般将相对位移反应谱 $S_{\rm D}$、拟速度反应谱 $S_{\rm V}$、拟加速度反应谱 $S_{\rm A}$ 分别除以地面运动最大位移、地面运动最大速度、地面运动最大加速度来表征反应谱（相对值反应谱）。同时，对结构的抗震计算来说，最关心的是地震力的最大值，作用在上述质点上的最大地震惯性力 F 为：

$$F = m\left|\ddot{y}(t) + \ddot{\delta}_g(t)\right|_{\max} = mg\frac{\left|\ddot{\delta}_g(t)\right|_{\max}}{g}\frac{\left|\ddot{y}(t) + \ddot{\delta}_g(t)\right|_{\max}}{\left|\ddot{\delta}_g(t)\right|_{\max}} = K_H\beta W \tag{14-3-9}$$

式中：g——重力加速度；

W——体系的重量；

K_H——水平地震系数，$K_H = \frac{\left|\ddot{\delta}_g(t)\right|_{\max}}{g}$，应根据结构抗震设防的烈度水准取用，根据我国《铁路工程抗震设计规范》(GB 50111—2006) 规定：设计烈度VII度以上进行抗震设防，相应于VII度、VIII度、IX度的水平地震系数分别为 0.1、0.2 和 0.4；

β——动力放大系数或加速度反应谱，$\beta = \frac{\left|\ddot{y}(t)+\ddot{\delta}_g(t)\right|_{\max}}{\left|\ddot{\delta}_g(t)\right|_{\max}}$，为体系的最大反应加速度与输入的地震动最大加速度的比值。

图 14-3-2 为 Honsuer 在 1959 年发表的平均地震 $\beta = S_A/a_0$ 反应谱。

由于对特定的某一地震波而言，加速度反应谱总是呈锯齿状，一个反应谱相应于一定的体系阻尼比，所以只有在大量的地震加速度记录输入后绘制的众多反应谱曲线的基础上，经过平均化和光滑化，才能得到平均地震反应谱（图 14-3-3）。另外，由于结构物所处的场地不同，其地震反应也不同，因而不同场地应有不同的反应谱。

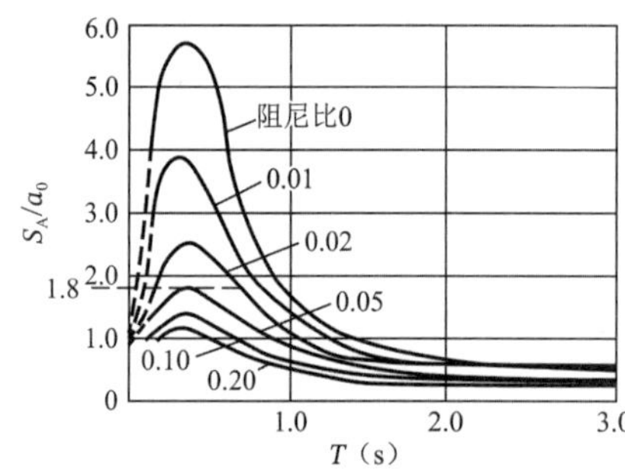

图 14-3-2　平均地震反应谱曲线

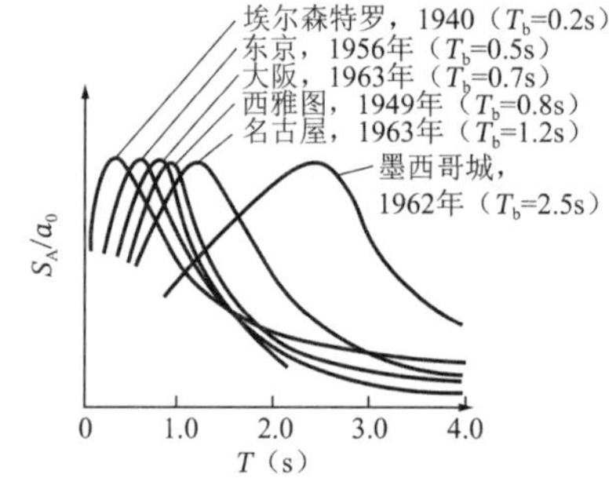

图 14-3-3　不同地震波的平均反应谱

上述讨论的反应谱是以弹性体系为对象的，所以称弹性反应谱。由于结构在强地震作用下，一般均进入弹塑性阶段，因而应考虑塑性影响。

考虑塑性的一种方法是采用弹塑性反应谱，但该方法目前仍处于研究阶段，还很不完善。另一方法是我国规范所采用的弹性谱修正方法，则地震力为：

$$F = C_Z K_H \beta W \tag{14-3-10}$$

一般 $C_Z < 1$。

对于多自由度体系，可利用振型的正交性质，采用振型分解法，将多自由度、多振型体系的振动分解成多个广义单自由度振动体系的叠加。所谓广义即指系统以某一振型振动。

如多自由度体系受地震加速度 $\ddot{\delta}_g(t)$ 作用产生振动的动力方程为：

$$\boldsymbol{M}\ddot{\boldsymbol{x}} + \boldsymbol{C}\dot{\boldsymbol{x}} + \boldsymbol{K}\boldsymbol{x} = -\boldsymbol{M}\boldsymbol{I}\ddot{\delta}_g(t) \tag{14-3-11}$$

式中：$\boldsymbol{M}$、$\boldsymbol{C}$、$\boldsymbol{K}$——分别为体系的质量矩阵、阻尼矩阵和刚度矩阵。

令 $\boldsymbol{x} = \boldsymbol{\phi}\boldsymbol{y}$，其中 $\boldsymbol{\phi}$ 为模态矩阵，$\boldsymbol{y}$ 为广义坐标。

利用振型分解法可得：

$$\ddot{y}_i + 2\zeta_i\omega_i\dot{y}_i + \omega_i^2 y_i = -\frac{1}{M_{Pi}}\phi_i^T\boldsymbol{M}\boldsymbol{I}\ddot{\delta}_g(t)\quad (i = 1, 2, \cdots, n) \tag{14-3-12}$$

$$M_{\mathrm{P}i}=\boldsymbol{\phi}_i^{\mathrm{T}}\boldsymbol{M}\boldsymbol{\phi}_i \tag{14-3-13}$$

式中：ζ_i、ω_i——分别为体系以第 i 阶振型振动的阻尼比和圆频率；

$\boldsymbol{\phi}_i$——第 i 阶振型（模态列阵）。

令：

$$\gamma_i=\frac{1}{M_{\mathrm{P}i}}\boldsymbol{\phi}_i^{\mathrm{T}}\boldsymbol{MI}=\frac{\boldsymbol{\phi}_i^{\mathrm{T}}\boldsymbol{MI}}{\boldsymbol{\phi}_i^{\mathrm{T}}\boldsymbol{M}\boldsymbol{\phi}_i} \tag{14-3-14}$$

γ_i 称为第 i 阶振型参与系数，式(14-3-12)变为：

$$\ddot{y}_i+2\zeta_i\omega_i\dot{y}_i+\omega_i^2y_i=-\gamma_i\ddot{\delta}_{\mathrm{g}}(t)\quad(i=1,2,\cdots,n) \tag{14-3-15}$$

容易证明：$\sum\limits_{i=1}^{n}\gamma_i\boldsymbol{\phi}_i=1$。

从而有，作用在第 j 节点上由第 i 阶振型振动引起的最大地震荷载 F_j 为：

$$F_j=C_{\mathrm{Z}}K_{\mathrm{H}}\beta_i\gamma_i\phi_{ij}W_j\quad(j=1,2,\cdots,n) \tag{14-3-16}$$

式中：ϕ_{ij}——对应第 i 阶模态第 j 节点的振型值；

W_j——第 j 节点的重量。

具体计算时，根据多自由度体系的动力方程，求出其各阶（或取部分低阶）频率 ω_i 和对应的模态列阵 $\boldsymbol{\phi}_i$；根据频率 ω_i 求出对应周期 T_i，并查反应谱曲线求出对应的 β_i；利用模态矩阵 $\boldsymbol{\phi}_i$ 和式(14-3-14)、式(14-3-16)求出对应第 i 阶振型作用在各节点上的地震荷载 F，最后，利用静力方程 $K_{\mathrm{z}}=F$，求得结构内对应第 i 阶振型振动时各项反应的最大值 $R_{i,\max}$，由平方根法进行叠加，得各阶振型振动的总反应的最大值：

$$R_{\max}=\sqrt{\sum_{i=1}^{n}R_{i,\max}^2} \tag{14-3-17}$$

可见，反应谱法概念简单、计算方便，可以用较少的计算量获得最大反应值，但注意到上述推导过程中，反应谱法是建立在以下基本假定基础上：

（1）结构的地震反应是线性的，可以采用叠加原理进行振型组合。

（2）结构物所有支承处的地震动完全相同。

（3）地震动的过程是平稳随机过程。

反应谱法不能描述出地震作用下桥梁的反应过程，而只能给出反应的极值。反应谱法是建立在结构响应可以分解成两正交平面分量的基础上的。反应谱理论无法反映许多实际结构的复杂因素，诸如大跨悬索桥的地震波输入的相位差、结构的非线性效应、地震振动的结构-基础-土的相互作用的影响等问题。对常用的中小跨径桥梁可采用反应谱理论进行计算，对重要的、复杂的大跨径悬索桥的抗震计算建议采用动态时程分析法。

动态时程分析法首先利用有限元法建立桥梁结构计算模型并建立相应的振动方程：

$$\boldsymbol{M}\ddot{\boldsymbol{x}}+\boldsymbol{C}\dot{\boldsymbol{x}}+\boldsymbol{K}\boldsymbol{x}=-\boldsymbol{MI}\ddot{\delta}_{\mathrm{g}}(t) \tag{14-3-18}$$

选取合适的地震动输入（地震动加速度时程），采用数值积分法对振动方程进行求解，计算出每一瞬时的结构位移、速度和加速度响应，从而可以分析出结构在地震作用下弹性或非弹性阶段的内力反应、构件变形形态。

相对反应谱法而言，动态时程分析法可以具体地考虑结构-土-深基础相互作用、地震波相位差以及不同地震波多分量多点输入等因素，以建立结构（包括基础与地基）动力计算模型和相应地震振动方程，同时可考虑结构的几何和物理非线性以及各种减震、隔震装置的非线性性质（如抗震支座、阻尼装置等）。

对于悬索桥，其振动模态存在着纵、横、垂直、扭转等的耦合，这些耦合效应就要求对这些桥梁的动力分析用三维时程反应分析法来进行。美国国家公路与运输协会（AASHTO）和应用技术委员会（ATC）、日本的公路协会都规定对于复杂的新型桥梁应进行动力分析。

悬索桥是纵横尺寸比相当大的结构，因而两个方向的地震响应区别很大；另外，悬索桥是多支点结构，不同支点会产生不同地震激励，在分析时应考虑这些因素的影响。长大跨径悬索桥的长固有周期以及其各阶振型的耦合使地震系数法和反应谱法都无法对其地震响应作出正确估计，因而对于悬索桥结构进行时程分析是必要的。

时程分析法可以考虑各种不同因素，使结构抗震计算分析的结果更加符合实际情况，时程分析法使桥梁抗震计算从单一强度保证转入强度、变形（延性）的双重保证。

第四节　地震对悬索桥的作用特点及抗震设计过程

由于土层性质的影响，地震波在各土层中会起到滤波和放大的作用，因而不同土层的地震动也不同。大跨径悬索桥是个多支点的长线形结构，其各支点之间会产生不同的差动位移，而且桥长越大，差动位移越显著，原因如下：

（1）地震波在不同支承之间传递会产生临时相位差，波的传递距离越大，相位差越大，这就是行波效应。

（2）桥跨径越大，索塔、锚碇地基土层就越不均匀。

（3）在地震区，大跨悬索桥极有可能跨越断层，而断层又会引起与断层表面毫不相关的地震运动，这些发生在基础部分的不相关的运动又会在连续支承的桥梁中产生新的作用力。

大跨径悬索桥各基础可能处于不同场地土上，各支承处的输入地震动也不同，有时如果深基础穿过不同的土层，不同的土层对同一基础的激励也不一样，尤其是桩基础这样的柔性基础，这一效应更明显，因而作地震反应分析时行波效应和多点激励问题不容忽视。

悬索桥为柔性结构，其基本周期较长。20 世纪 60 年代前，悬索桥地震反应分析大多应用反应谱理论或线弹性理论；70 年代后，日本修建本-四联络线，规划了多座跨径 1000m 以上的悬索桥，其中最大跨径的为明石海峡大桥，主跨 1990m。考虑到大桥的抗震设计，日本专门研究制定了悬索桥地震分析指南。1995 年 1 月 17 日阪神地震的震中在淡路岛，位于明石海峡大桥的索塔附近。根据地震记录，明石海峡大桥位于强震烈度 X 度区，N-S 加速度峰值达 0.818g。地震时该桥已架好主缆，正准备架梁。地震后调查了该桥发生的位移情况，如图 14-4-1 所示。

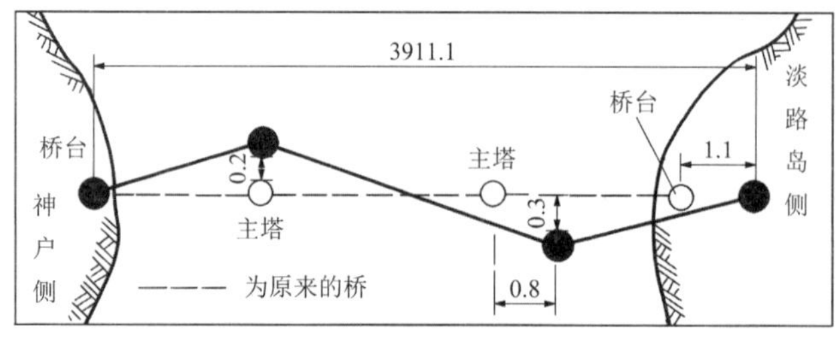

图 14-4-1　明石海峡大桥地震后位移图（尺寸单位：m）

虽然至今未发现地震区悬索桥在强地震时遭到毁坏，但局部性损伤时有发生。近 10 年来，美国西海岸地震频发，1989年洛马·普里埃塔地震，金门大桥位于Ⅶ度烈度区，但为保证20世纪30年代的金门大桥能抵御Ⅶ度以上的地震，最近采取了抗震加固措施，特别在支承部分、主缆鞍座等处增设了耗能装置。

悬索桥由主缆、加劲梁、索塔、吊索等组成，主要承重结构是支撑在索塔上的主缆。一方面，与斜拉桥相比，悬索桥传力途径简单，结构布置的变化较少。另一方面，悬索桥为柔性结构，基本周期较长，在地震作用下的受力一般不会很大，塔柱一般不会屈服进入塑性工作阶段。因此一般说来，悬索桥的抗震设计过程较为简单，一般分两个阶段进行：①方案设计阶段抗震性能初步评估。通过地震反应初步分析，对结构体系的抗震性能进行初步评价。②技术设计阶段抗震能力检算。对桥梁进行细致的地震反应分析，验算结构的内力及变形，确保结构的抗震安全性。其中，悬索桥的地震反应分析是关键，需要考虑各种影响因素，如多点激振、几何非线性、桩-土-结构相互作用等。需要特别指出的是，由于高阶振型的影响比较显著，一般需要采用反应谱和时程两种分析方法进行相互校核。

悬索桥抗震设计流程如图14-4-2所示。

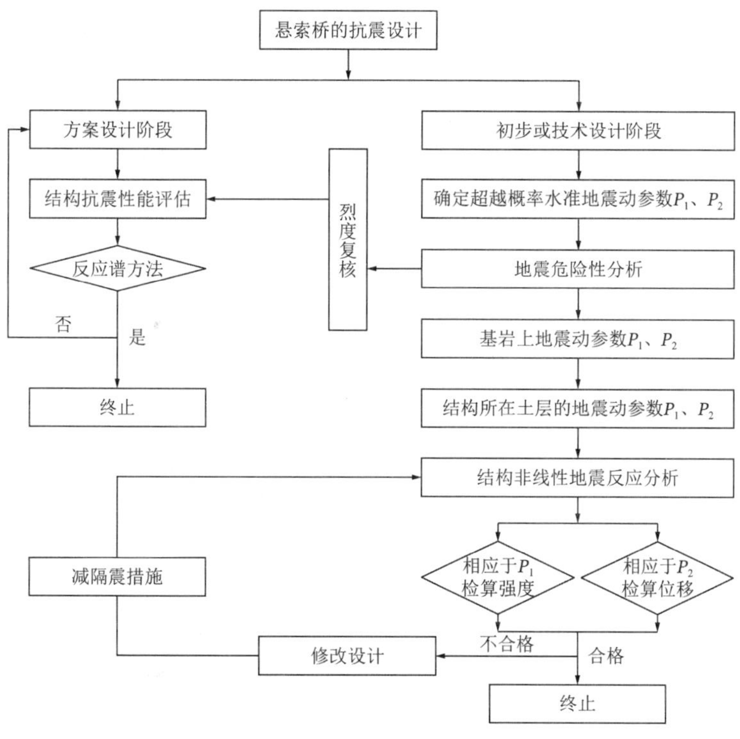

图14-4-2　抗震设计流程图

第五节　抗震设计水准与参数的确定

一、抗震设计水准的确定

桥梁抗震设防标准的确定与抗震设计理论、结构的重要性以及经济条件等相关。实际上，各国规范已在设防标准中普遍认可结构重要性系数（尽管表达方式不一）和抗震设计中二级或三级的多级设防目标。在我国《公路工程抗震规范》(JTG B02—2013)中，虽然保留了双设防烈度为设防标准，但已摒弃了对重要结构提高设防烈度的设防目标。对一般桥梁结构物引入结构重要性系数，对修建特别重要的特大桥，提出了对桥址场地宜进行烈度复核或地震危险性分析，但对大跨径悬索桥的抗震设防标准并未作明确规定。表 14-5-1 为我国部分大桥的抗震设防标准。

我国部分大桥的抗震设防标准　　表 14-5-1

工程名称	抗震设计方法	设防标准		检算内容
		超越概率	重现期（年）	
杨浦大桥	两水平	P_1：50 年 10%	475	强度
		P_2：100 年 10%	950	位移或变形
南浦大桥	两水平	P_1：50 年 10%	475	强度
		P_2：100 年 10%	950	位移或变形
徐浦大桥	两水平	P_1：50 年 10%	475	强度
		P_2：50 年 30%	1642	位移或变形
汕头海湾大桥	两水平	P_1：50 年 10%	475	强度
		P_2：50 年 2%	2475	位移或变形
虎门大桥	两水平	P_1：50 年 10%	475	强度
		P_2：50 年 3%	1642	位移或变形
南澳大桥	两水平	P_1：50 年 10%	475	强度
		P_2：50 年 2%	2475	位移或变形
江阴大桥	两水平	P_1：50 年 10%	475	强度
		P_2：50 年 3%	1642	位移或变形
南京长江大桥	两水平	P_1：50 年 10%	475	强度
		P_2：50 年 3%	1642	位移或变形
润扬大桥	两水平	P_1：50 年 10%	475	强度
		P_2：50 年 2%	2475	位移或变形

建筑抗震规范以“小震不坏、大震不倒”为抗震设防指导思想，在对建筑物抗震设防时考虑基准期为 50 年，从而选择了 50 年超越概率 63%、10%和 3%三个不同的抗震设计目标。其中，50 年超越概率 63%为常遇地震（小震），50 年超越概率 10%为偶遇地震（中震），50 年超越概率 3%为罕遇地震（大震）。设计要求结构在小震时处于弹性工作状态；中震时允许在控制截面开裂进入弹塑性工作状态，要便于修复，以保证震后在短期内恢复交通；在强震时结构可以破坏，但不能倒塌。

中国地震烈度区划图所给出的地震烈度的设防标准相当于 50 年超越概率 10%的偶遇地震，我国《铁路工程抗震设计规范》(GB 50111—2006)和《公路工程抗震规范》(JTG B02—2013)均依该烈度区划图为设计基准烈度，考虑结构的重要性，引入结构重要性系数对其设防标准作出调整。

目前，我国对大跨径悬索桥进行抗震研究时，一般分两级设防，即按考虑 100 年超越概率 10%的偶遇地震（简称P_1概率），考虑 100 年超越概率 3%的罕遇地震即大震（简称P_2概率），并在抗震设防中，利用相应于P_1概率检算结构的强度，相应于P_2概率检算结构物位移（变形能力）。

桥梁设计水准的重现期与概率水平的换算关系如下：

$$T = \frac{1}{1 - Q^{1/N}} \tag{14-5-1}$$

式中：T——重现期；

N——设计寿命；

Q——非超越概率，$Q = 1 - P$，P 为超越概率。

如 50 年超越概率 10%的偶遇地震，其重现期 $T = 475$ 年。

在进行悬索桥抗震设计中，可采用反应谱法在方案设计阶段作抗震性能评估。在初步设计或技术设计阶段，根据设计地震动参数进行结构空间非线性时程分析，并进行其抗震性能的进一步评估。

二、抗震设计参数的确定

桥梁抗震设计参数一般包括桥梁场地区域内地震地质特征、地震动活动性、对大桥场址有影响的潜在震源及地震活动参数、地震动衰减规律、工程场地地震危险性概率分析，以及桥址处不同概率水准下的烈度、加速度（最大峰值和时程）、反应谱等。

桥梁抗震设计参数可由地震研究专门单位，依据我国《工程场地地震安全性评价》（GB 17741—2005）进行确定。地震安全性（危险性）分析的主要内容是，首先对以桥址为中心的 250～300km 区域内的地震构造和地震活动进行调查，了解大地构造情况及该区域中活动断裂带的分布，这些断层带的活动性以及历史上在该区域中地震活动的空间分布及时间分布的特征，在此基础上，进一步对桥址小区范围内做有关方面的详细调查，以判明潜在震源区的位置、规模和地震活动频度以及可能的震源模式，确定各潜在震源的发震率，然后根据地震动衰减规律和地震危险性概率模型计算得出不同概率的基岩地震动参数（主要包括基岩目标反应谱、地震动峰值加速度和地震动持时）。在此基础上，用平稳随机过程的数学模式计算基岩加速度时程曲线，并将它作为基岩地震输入，进行土层的地震反应计算。土层反应主要和土的动剪切模量、阻尼比和动剪切应变有关。这些基本的土动力性能资料可根据波速测定以及从钻孔中取若干土样进行土的动力性能分析的室内试验取得。然后用一维或者二维波动模型计算土层的地震反应，从而取得土层的峰值加速度、土层的设计反应谱及其他有关参数，同时取得土层的人工地震波时程。由于地震发生的随机性，进行土层地震反应分析时要取桥址附近多个钻孔资料的试验结果作为计算依据。

地震危险性分析及土层地震反应可提供结构反应分析计算所需的各项设计地震参数及人工地震波时程。为了保证抗震分析的可靠性，要求提供桥梁各个基础位置上同深度土层的多条人工地震动时程及多组地震动参数。

（1）桥址场地处不同概率水准下的烈度参数、最大加速度参数。

（2）桥址场地处基岩或土层不同概率水准下的标准化设计水平加速度反应谱，对于大跨径悬索桥应取得不同阻尼时的水平加速度反应谱。

对于桥址场地处基岩或土层的不同概率水准下的加速度时程曲线，为了保证结构抗震分析的可靠性，对于每个概率水准都应有一组加速度时程\曲线（不少于 3 条），以便为桥梁抗震时程反应分析之用。

第六节　地震反应谱分析法

地震反应谱分析法（简称反应谱法）是目前结构抗震设计中广泛使用的方法。反应谱法系将结构置换成以某阶振型振动的单自由度或多自由度的线性振动体系，根据用其他方法求得的反应谱图，由体系的固有周期和阻尼比求得最大反应值的方法。如果桥梁结构柔度增加，高阶振型亦参加工作，此时按多自由度体系分析，反应谱分析时仍应用单自由度体系的振动叠加进行。

反应谱法用于抗震设计包括两个基本步骤：第一步是将强震记录统计用于设计的地震动反应谱；第二步是将结构振动方程进行振型分解，将物理坐标用振型广义坐标表示，而广义坐标的最大值由第一步中的设计反应谱求得。最后，反应量的最大值可通过适当的方法将各振型的最大值组合起来得到。

目前，我国桥梁抗震设计规范只适用于 150m 以下的梁桥和拱桥，不适用于大跨径悬索桥的抗震设计，国外的情况也基本如此。尽管大多数工程抗震设计规程都指出对大跨径悬索桥要进行特殊的抗震设计，应采用动态时程分析法，虽然反应谱法有前述不足（如只适用于线性结构体系），但反应谱法在大跨悬索桥抗震设计中还是有应用价值的。其原因主要是：

（1）大跨径悬索桥造价高，而且一般均为交通枢纽，此类桥梁如其主体结构发生破坏或产生塑性变形将导致巨大的经济损失且不易修复，因而要求大跨悬索桥的主体结构在未来地震中基本在弹性或轻微非弹性范围内工作，弹性反应谱法则适用。

（2）动态时程反应分析法仍不完善，尤其是其输入的地震动难以确定。

（3）反应谱法计算简单，概念清楚，易于掌握。

目前对于大跨径悬索桥常同时采用反应谱法和时程反应分析方法进行抗震分析和计算。一般来说，反应谱法应用于考查桥梁在中震时的弹性反应，时程反应分析方法用于考查大震作用下结构的弹塑性反应、抗变形能力和延性。

一个场地记录到的地震动与多种因素有关，主要包括场地条件、震中距、震源深度、震级、震源特性、传播路径等。由于诸多随机因素的影响，使得由不同记录计算得到的反应谱具有很大的随机性。局部场地特性对反应谱的影响已经进行了长时间的研究，成果已写入有关的抗震设计规范。

阻尼比是影响反应谱值的又一个重要参数。当结构阻尼比较小时，其变化显著地改变反应谱值，从而影响结构所受地震力的大小，一般规范设计反应谱均以一个标准阻尼比（通常为 0.05）为基准，当结构主要振型的阻尼比偏离此标准值较多时，需要对设计反应谱进行修正。

我国规范给出的反应谱曲线为经过平均和光滑化处理并反映不同场地土条件的 β-T 关系曲线，体系的阻尼比均取 0.05。我国《铁路工程抗震设计规范》（GB 50111—2006）将场地土分为三类：I类为岩石地基，II类为一般地基，III类为软弱地基。这三类场地土的最大 β 值较接近，均取 2.25。我国《公路桥梁抗震设计规范》（JTG/T 2231-01—2020）根据土层平均剪切波速和场地覆盖土层厚度将场地土分为四类：I类为岩石地基，II类为密实或中密砂石地基，III类为松散、中密砂石地基，IV为黏土地基。其中I类又分为I_0、I_1两个亚类。这四类场地土的最大β值取2.5，如图14-6-1和图14-6-2所示。

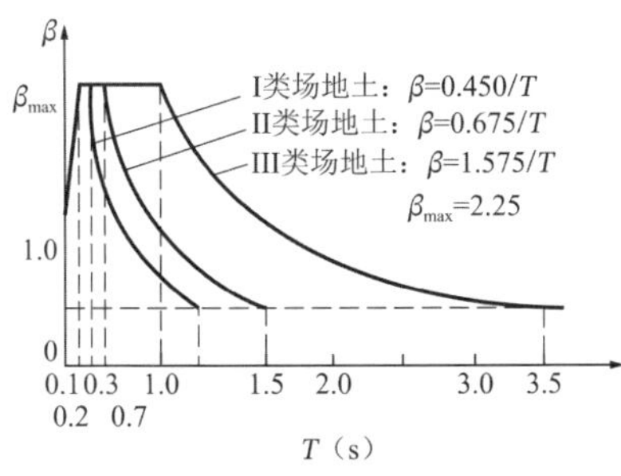

图14-6-1　《铁路工程抗震设计规范》标准反应谱

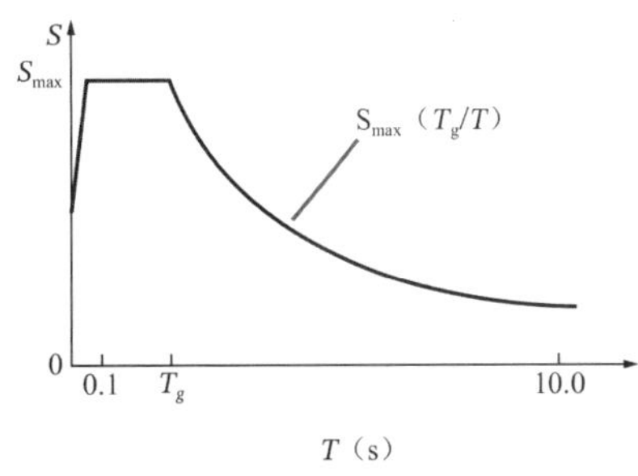

图14-6-2　《公路桥梁抗震设计规范》标准反应谱

反应谱法的特点是可以用较少的计算量获得最大反应值。它的不足之处主要表现在：

（1）在所有支承处只能假定地震动完全相同，不能考虑多点激励，这给复杂地质条件的大跨径悬索桥带来局限性。如索塔设在不同地质条件的地基上或索塔之间的距离较大时，所有支承输入相同的地面运动是不恰当的。

（2）不能进行非线性地震反应分析。到目前为止，反应谱法只限于线弹性范围，还没有真正意义上的弹塑性曲线。结构进入塑性后，承载能力降低仅仅体现在结构综合影响系数C_Z上，而C_Z系数的意义较模糊。

（3）计算结果只能给出最大值，而不能给出反应的全过程。在抗震设计中，最大的内力反应是最受关注的，但相邻截面的最大反应或即使同一截面的各个内力的最大反应发生的时刻也各不相同，在结构强度或应力验算中应取同一时刻的反应值，如最大弯矩相应的轴力和剪力，这一点反应谱无法做到。

（4）长周期结构采用规范设计反应谱或由地震危险性分析给出的场地设计反应谱计算所得的地震反应结果偏大。

虽然反应谱法具有上述不足，反应谱法仍不失为一种简便有效的方法。

（1）低频设计反应谱。我国的《铁路工程抗震设计规范》（GB 50111—2006）中规定$T \leqslant$ 3.5s（图14-6-1），而大跨径悬索桥的低阶频率对应周期往往大于上述值，为了将反应谱法应用于大跨径悬索桥，首先应解决地震动长周期反应谱值的准确估计问题。目前，《公路桥梁抗震设计规范》（JTG/T 2231-01—2020）根据模拟和数字记录反应谱长周期段特征的比较，已将设计反应谱周期范围扩展到10s，如图14-6-2所示。

（2）考虑地震动空间变化的反应谱组合方案。对于大跨径悬索桥，地震动空间变化效应是不可忽略的，虽然基于平稳随机地震场和随机振动理论已经提出了几个考虑地震动空间变化的反应谱组合方案，但这些方案只是形式上的。就设计应用而言，在反应谱法中找到一种计入地震动空间变化之主要结构效应的简单方式是必要的。

（3）考虑地震动空间变化的大跨径悬索桥的地震反应特性。大跨径悬索桥各基础所受的地震动作用是不同的，因而各支承的差动位移会产生附加的结构响应。反应谱法应能反映这项响应。

（4）非弹性反应谱的研究。由于非线性体的地震反应不满足叠加原理，在得到各种非线性形式的非线性反应谱后，如何将它用于工程结构的非线性地震反应的计算仍是一个十分困难的问题。

第七节 时程反应分析法

时程反应分析法是建立在结构动力平衡方程基础之上的，桥梁结构在地震作用下的结构振动方程一般采用有限元法建立。

为了准确计算大跨径悬索桥在地震动作用下的反应，采用三维模型模拟全桥。悬索桥结构有限元离散常用单元为空间梁单元、板单元、杆单元或索单元。

支座可用梁单元来模拟，允许沿某个方向自由运动的单向活动支座和多向活动支座，可用自由度释放的方法来实现。

桥梁结构在地震作用下的振动方程为：

$$\boldsymbol{M}\ddot{\boldsymbol{x}} + \boldsymbol{C}\dot{\boldsymbol{x}} + \boldsymbol{K}\boldsymbol{x} = -\boldsymbol{M}\boldsymbol{I}\ddot{\delta}_{\mathrm{g}}(t) \tag{14-7-1}$$

式中：$\boldsymbol{M}$、$\boldsymbol{C}$、$\boldsymbol{K}$——分别为体系的质量矩阵、阻尼矩阵和刚度矩阵；

$\ddot{\delta}_{\mathrm{g}}(t)$——地震加速度时程。

时程反应分析法的关键是要知道桥址区在相应设计概率水平时会发生多强的地震、地震发生的能量衰减规律、地震发生的持续时间及场地加速度时程等，考虑地震发生的随机性，这些参数常用概率方法估计。这部分研究工作即所谓“桥址区地震危险性分析”或称“地震安全性评估”，通常由国家地震局或省级地震局等专业单位承担。

一、行波效应与多点激励模型

通常桥梁结构的地震反应分析是假定所有桥墩底的地面运动是一致的。实际上，由于地震机制、波的传播特征、地形与地质的不同，入射地震波在空间上是变化的，对于长大悬索桥，在桥长范围内各基础类型和周围土质条件可能有较大的差别，因此各基础地震波的幅值是不同的，甚至波形亦有变化。欧洲规范在规定地震作用时考虑了空间变化的地震运动特征，并指出在下列情况下考虑地震运动的空间变化：①桥长大于200m，并且有地质上的不连续或明显的不同地貌特征。②桥长大于600m。

设 $\boldsymbol{x}$ 为结构的节点相对于动坐标原点（参考点）的位移，$\ddot{\boldsymbol{U}}_{\mathrm{g0}}$ 为动坐标原点的地震动加速度时程。一般情况下可沿地震动传播方向取桥梁后端支点作为动坐标原点。

结构各节点相对于动坐标原点的总位移应等于拟静力相对位移与动力相对位移（相对于动坐标原点）之和，从而有：

$$\boldsymbol{x} = \boldsymbol{x}^{\mathrm{s}} + \boldsymbol{x}^{\mathrm{d}} \tag{14-7-2}$$

式中：$\boldsymbol{x}^{\mathrm{s}}$——拟静力相对位移；

$\boldsymbol{x}^{\mathrm{d}}$——结构的动力相对位移。

式(14-7-2)又可定义为：

$$\begin{Bmatrix} \boldsymbol{x}^{\mathrm{a}} \\ \boldsymbol{x}^{\mathrm{b}} \end{Bmatrix} = \begin{Bmatrix} \boldsymbol{x}^{\mathrm{as}} \\ \boldsymbol{x}^{\mathrm{bs}} \end{Bmatrix} + \begin{Bmatrix} \boldsymbol{x}^{\mathrm{ad}} \\ \boldsymbol{x}^{\mathrm{bd}} \end{Bmatrix} \tag{14-7-3}$$

式中：$\boldsymbol{x}^{\mathrm{ad}}$——结构非支承点自由度的动力相对位移；

$\boldsymbol{x}^{\mathrm{bd}}$——结构支承点自由度的动力相对位移。

对每一时刻应有 $\boldsymbol{x}^{\mathrm{bd}} = \{0\}$，a对应桥梁非支承结点自由度，$b$ 对应桥梁支承结点自由度。

将式(14-7-3)代入式(14-7-1)，则：

$$\begin{bmatrix} \boldsymbol{M}^{\mathrm{aa}} & \boldsymbol{M}^{\mathrm{ab}} \\ \boldsymbol{M}^{\mathrm{ba}} & \boldsymbol{M}^{\mathrm{bb}} \end{bmatrix} \begin{Bmatrix} \ddot{\boldsymbol{x}}^{\mathrm{ad}} \\ \ddot{\boldsymbol{x}}^{\mathrm{bd}} \end{Bmatrix} + \begin{bmatrix} \boldsymbol{C}^{\mathrm{aa}} & \boldsymbol{C}^{\mathrm{ab}} \\ \boldsymbol{C}^{\mathrm{ba}} & \boldsymbol{C}^{\mathrm{bb}} \end{bmatrix} \begin{Bmatrix} \dot{\boldsymbol{x}}^{\mathrm{ad}} \\ \dot{\boldsymbol{x}}^{\mathrm{bd}} \end{Bmatrix} + \begin{bmatrix} \boldsymbol{K}^{\mathrm{aa}} & \boldsymbol{K}^{\mathrm{ab}} \\ \boldsymbol{K}^{\mathrm{ba}} & \boldsymbol{K}^{\mathrm{bb}} \end{bmatrix} \begin{Bmatrix} \boldsymbol{x}^{\mathrm{ad}} \\ \boldsymbol{x}^{\mathrm{bd}} \end{Bmatrix}$$
$$= -\begin{bmatrix} \boldsymbol{M}^{\mathrm{aa}} & \boldsymbol{M}^{\mathrm{ab}} \\ \boldsymbol{M}^{\mathrm{ba}} & \boldsymbol{M}^{\mathrm{bb}} \end{bmatrix} \begin{Bmatrix} \ddot{\boldsymbol{x}}^{\mathrm{as}} \\ \ddot{\boldsymbol{x}}^{\mathrm{bs}} \end{Bmatrix} - \begin{bmatrix} \boldsymbol{C}^{\mathrm{aa}} & \boldsymbol{C}^{\mathrm{ab}} \\ \boldsymbol{C}^{\mathrm{ba}} & \boldsymbol{C}^{\mathrm{bb}} \end{bmatrix} \begin{Bmatrix} \dot{\boldsymbol{x}}^{\mathrm{as}} \\ \dot{\boldsymbol{x}}^{\mathrm{bs}} \end{Bmatrix} -$$
$$\begin{bmatrix} \boldsymbol{M}^{\mathrm{aa}} & \boldsymbol{M}^{\mathrm{ab}} \\ \boldsymbol{M}^{\mathrm{ba}} & \boldsymbol{M}^{\mathrm{bb}} \end{bmatrix} \begin{Bmatrix} \ddot{\boldsymbol{U}}_{\mathrm{g0}} \\ \ddot{\boldsymbol{U}}_{\mathrm{g0}} \end{Bmatrix} + \begin{Bmatrix} 0 \\ \boldsymbol{P}^{\mathrm{b}} \end{Bmatrix} - \begin{bmatrix} \boldsymbol{K}^{\mathrm{aa}} & \boldsymbol{K}^{\mathrm{ab}} \\ \boldsymbol{K}^{\mathrm{ba}} & \boldsymbol{K}^{\mathrm{bb}} \end{bmatrix} \begin{Bmatrix} \boldsymbol{x}^{\mathrm{as}} \\ \boldsymbol{x}^{\mathrm{bs}} \end{Bmatrix} \tag{14-7-4}$$

式(14-7-4)中，等号右边后两项之代数和为零，有：

$$\boldsymbol{K}^{\mathrm{aa}}\boldsymbol{x}^{\mathrm{as}} + \boldsymbol{K}^{\mathrm{ab}}\boldsymbol{x}^{\mathrm{bs}} = \{0\} \tag{14-7-5}$$

代入式(14-7-4)，则：

$$\begin{bmatrix} \boldsymbol{M}^{\mathrm{aa}} & \boldsymbol{M}^{\mathrm{ab}} \\ \boldsymbol{M}^{\mathrm{ba}} & \boldsymbol{M}^{\mathrm{bb}} \end{bmatrix} \begin{Bmatrix} \ddot{\boldsymbol{x}}^{\mathrm{ad}} \\ \ddot{\boldsymbol{x}}^{\mathrm{bd}} \end{Bmatrix} + \begin{bmatrix} \boldsymbol{C}^{\mathrm{aa}} & \boldsymbol{C}^{\mathrm{ab}} \\ \boldsymbol{C}^{\mathrm{ba}} & \boldsymbol{C}^{\mathrm{bb}} \end{bmatrix} \begin{Bmatrix} \dot{\boldsymbol{x}}^{\mathrm{ad}} \\ \dot{\boldsymbol{x}}^{\mathrm{bd}} \end{Bmatrix} + \begin{bmatrix} \boldsymbol{K}^{\mathrm{aa}} & \boldsymbol{K}^{\mathrm{ab}} \\ \boldsymbol{K}^{\mathrm{ba}} & \boldsymbol{K}^{\mathrm{bb}} \end{bmatrix} \begin{Bmatrix} \boldsymbol{x}^{\mathrm{ad}} \\ \boldsymbol{x}^{\mathrm{bd}} \end{Bmatrix}$$
$$= -\begin{bmatrix} \boldsymbol{M}^{\mathrm{aa}} & \boldsymbol{M}^{\mathrm{ab}} \\ \boldsymbol{M}^{\mathrm{ba}} & \boldsymbol{M}^{\mathrm{bb}} \end{bmatrix} \begin{Bmatrix} -\boldsymbol{K}^{\mathrm{aa}-1}\boldsymbol{K}^{\mathrm{ab}}\ddot{\boldsymbol{x}}^{\mathrm{bs}} \\ \ddot{\boldsymbol{x}}^{\mathrm{bs}} \end{Bmatrix} -$$
$$\begin{bmatrix} \boldsymbol{M}^{\mathrm{aa}} & \boldsymbol{M}^{\mathrm{ab}} \\ \boldsymbol{M}^{\mathrm{ba}} & \boldsymbol{M}^{\mathrm{bb}} \end{bmatrix} \begin{Bmatrix} \ddot{\boldsymbol{U}}_{\mathrm{g0}} \\ \ddot{\boldsymbol{U}}_{\mathrm{g0}} \end{Bmatrix} - \begin{bmatrix} \boldsymbol{C}^{\mathrm{aa}} & \boldsymbol{C}^{\mathrm{ab}} \\ \boldsymbol{C}^{\mathrm{ba}} & \boldsymbol{C}^{\mathrm{bb}} \end{bmatrix} \begin{Bmatrix} -\boldsymbol{K}^{\mathrm{aa}-1}\boldsymbol{K}^{\mathrm{ab}}\dot{\boldsymbol{x}}^{\mathrm{bs}} \\ \dot{\boldsymbol{x}}^{\mathrm{bs}} \end{Bmatrix} \tag{14-7-6}$$

在具体计算时，对于小阻尼结构或取阻尼阵与刚度阵成比例时，可略去等号右边第三项阻尼项的影响。同时，b 表示与支承节点自由度有关的项，刚度矩阵中 $\boldsymbol{K}^{\mathrm{bb}} \to \infty$，因而每一时刻 $\boldsymbol{x}^{\mathrm{dd}} \approx 0$ 成立。略去式(14-7-6)中等号右边的阻尼项后有：

$$\begin{bmatrix} \boldsymbol{M}^{\mathrm{aa}} & \boldsymbol{M}^{\mathrm{ab}} \\ \boldsymbol{M}^{\mathrm{ba}} & \boldsymbol{M}^{\mathrm{bb}} \end{bmatrix} \begin{Bmatrix} \ddot{\boldsymbol{x}}^{\mathrm{ad}} \\ \ddot{\boldsymbol{x}}^{\mathrm{bd}} \end{Bmatrix} + \begin{bmatrix} \boldsymbol{C}^{\mathrm{aa}} & \boldsymbol{C}^{\mathrm{ab}} \\ \boldsymbol{C}^{\mathrm{ba}} & \boldsymbol{C}^{\mathrm{bb}} \end{bmatrix} \begin{Bmatrix} \dot{\boldsymbol{x}}^{\mathrm{ad}} \\ \dot{\boldsymbol{x}}^{\mathrm{bd}} \end{Bmatrix} + \begin{bmatrix} \boldsymbol{K}^{\mathrm{aa}} & \boldsymbol{K}^{\mathrm{ab}} \\ \boldsymbol{K}^{\mathrm{ba}} & \boldsymbol{K}^{\mathrm{bb}} \end{bmatrix} \begin{Bmatrix} \boldsymbol{x}^{\mathrm{ad}} \\ \boldsymbol{x}^{\mathrm{bd}} \end{Bmatrix}$$
$$= -\begin{bmatrix} \boldsymbol{M}^{\mathrm{aa}} & \boldsymbol{M}^{\mathrm{ab}} \\ \boldsymbol{M}^{\mathrm{ba}} & \boldsymbol{M}^{\mathrm{bb}} \end{bmatrix} \begin{Bmatrix} -\boldsymbol{K}^{\mathrm{aa}-1}\boldsymbol{K}^{\mathrm{ab}}\ddot{\boldsymbol{x}}^{\mathrm{bs}} \\ \ddot{\boldsymbol{x}}^{\mathrm{bs}} \end{Bmatrix} - \begin{bmatrix} \boldsymbol{M}^{\mathrm{aa}} & \boldsymbol{M}^{\mathrm{ab}} \\ \boldsymbol{M}^{\mathrm{ba}} & \boldsymbol{M}^{\mathrm{bb}} \end{bmatrix} \begin{Bmatrix} \ddot{\boldsymbol{U}}_{\mathrm{g0}} \\ \ddot{\boldsymbol{U}}_{\mathrm{g0}} \end{Bmatrix} \tag{14-7-7}$$

即有：

$$\boldsymbol{M}\ddot{\boldsymbol{x}}^{\mathrm{d}} + \boldsymbol{C}\dot{\boldsymbol{x}}^{\mathrm{d}} + \boldsymbol{K}\boldsymbol{x}^{\mathrm{d}} = -\boldsymbol{M}\left(\ddot{\boldsymbol{x}}_{\mathrm{bg}} + \ddot{\boldsymbol{U}}_{\mathrm{g0}}\right) = -\boldsymbol{M}\boldsymbol{R}\ddot{\boldsymbol{U}}_{\mathrm{g0}} \tag{14-7-8}$$

式中：$\boldsymbol{R}$——考虑行波效应和多点激励的地震动影响矩阵。

$$\ddot{\boldsymbol{x}}_{\mathrm{bg}} = \begin{Bmatrix} -\boldsymbol{K}^{\mathrm{aa}-1}\boldsymbol{K}^{\mathrm{ab}}\ddot{\boldsymbol{x}}^{\mathrm{bs}} \\ \ddot{\boldsymbol{x}}^{\mathrm{bs}} \end{Bmatrix} \tag{14-7-9}$$

式(14-7-9)中，$\ddot{\boldsymbol{x}}^{\mathrm{bs}}$ 为桥梁各支承点的相对动坐标原点的加速度时程。式(14-7-8)即为桥梁结构考虑行波和多点激励的地震反应分析的运动微分方程。如设支承节点个数为 n，考虑空间地震动输入，每个支承有六个自由度（支座承受六维地震动），则所有支承处自由度总数为 $6n$，即为 $\boldsymbol{x}^{\mathrm{bs}}$ 的维数。实际计算中不计转动自由度。

当不考虑行波效应和多点激励时，各支承点处自由度在同一方向上的地震动输入相同，结构各节点自由度的拟静力相对位移为零，即 $\boldsymbol{x}^{\mathrm{s}} = \{0\}$ 或 $\boldsymbol{x}^{\mathrm{bs}} = \{0\}$，此时影响矩阵 $\boldsymbol{R} = \boldsymbol{I}$，即为单位矩阵。运动微分方程演变为：

$$\boldsymbol{M}\ddot{\boldsymbol{x}} + \boldsymbol{C}\dot{\boldsymbol{x}} + \boldsymbol{K}\boldsymbol{x} = -\boldsymbol{M}\boldsymbol{I}\ddot{\boldsymbol{U}}_{\mathrm{g0}} \tag{14-7-10}$$

式(14-7-10)与一般结构地震作用下的运动微分方程相同。

在考虑行波效应和多点激励时，对不同的支承自由度同一时刻的 $\boldsymbol{x}^{\mathrm{bs}}$ 是不同的，因而具体的地震动输入应由支承的输入地震波决定。各支承处的输入地震动由地震危险性分析结果计算确定；同时，如要考虑深基础地震动沿深度的变化，则应计算不同深度土层的地震动反应，并作为基础激励的输入地震动。

当仅考虑单方向水平波的输入时，为方便计算一般假定地震动在支承间传递时无衰减也无频率特征的变化，因此不同支承点的地震动输入可只考虑相位的变化，如图14-7-1所示。支承1和支承2间将以L/C的时差受同样激励$\ddot{\boldsymbol{U}}_{\mathrm{g}}^{\mathrm{b}}(\ddot{\boldsymbol{U}}_{\mathrm{g1}}、\ddot{\boldsymbol{U}}_{\mathrm{g2}})$。

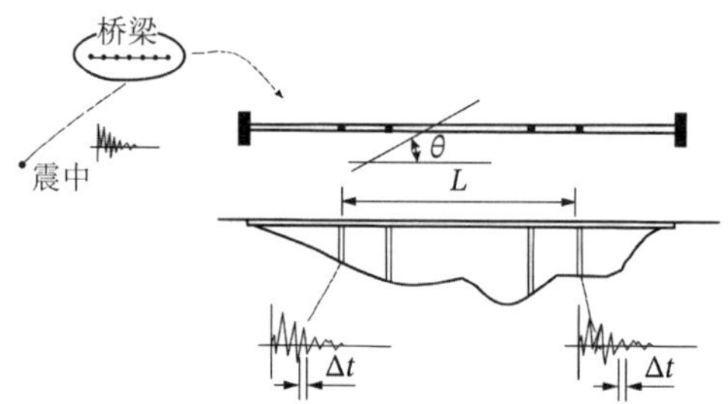

图14-7-1 非一致输入和行波相位差效应示意图

因此，对应支承1和支承2，有：

$$\ddot{\boldsymbol{U}}_{\mathrm{g}}^{\mathrm{b}}=\begin{Bmatrix}\ddot{\boldsymbol{U}}_{\mathrm{g1}}(t)\\ \ddot{\boldsymbol{U}}_{\mathrm{g2}}(t)\end{Bmatrix} \tag{14-7-11}$$

且有：

$$\ddot{\boldsymbol{U}}_{\mathrm{g2}}(t)=\begin{cases}0, & t<L/C\\ \ddot{\boldsymbol{U}}_{\mathrm{g1}}(t-L/C), & t\geqslant L/C\end{cases} \tag{14-7-12}$$

二、土与结构相互作用

当上部结构的刚度大而地基的刚度相对较小时，基础与地基的作用比较突出；只有在地基的刚度比上部结构物大得多时，基础与地基的相互作用才可以忽略不计。当把地基看成是完全刚性时，结构物的振动性能完全决定于上部结构，地基震动也不受上部结构物存在的影响，与自由地面时相同，这时无土-结构相互作用，当地基不是完全刚性时，土-结构相互作用会改变桥梁的振动特性和地基的地震动，或者更准确地说，土-结构共同体系的振动性能会不同于刚性地基时的结构动力性能，共同体系中地基震动也不同于自由地面或自由场的震动。举例而言，由于考虑地基柔性，土-结构共同体系的自振周期会比刚性地基时加长，阻尼作用会由于能量向地基扩散而加大（后一影响常称为辐射阻尼或几何扩散阻尼）；由于桥梁的存在，结构基础下地震动高频分量会比自由场低。因此，当桥梁建在坚硬的地基上时，往往用刚性地基模型对结构进行地震反应分析，这一假设基本上是符合实际的。然而，当桥梁建于软弱土层时，地基的变形会使上部结构产生移动和摆动，从而导致上部结构的实际运动和按刚性地基假定计算的结果之间有较大的差别，这是由地基与结构的动力相互作用引起的。

土-结构相互作用是一个受到长期重视的课题，在机械基础振动中最早受到重视。近十几年来，由于电子计算机的迅速普及，土-结构相互作用分析方法有了很大的发展。分析方法可以分为频域和时域，在结构划分上可以分为全结构、子结构（连续、边界、体积）和混合结构。近几年来，不少作者写出了很好的总结评述。大多数研究者采用频域方法，原因如下：①在频域分析中可以方便地考虑与频率有关的地基阻抗函数，将结构与土壤分为两个子结构，分别研究其反应。②用有限元模型或波传播理论得到的透射边界，都是频率的函数。近来，在时域中的土-结构相互作用也有了发展，时域分析法对非线性反应问题是有效的。表14-7-1列出了这些方法的基本步骤。

土-结构相互作用分析步骤　　表 14-7-1

域	方法	全结构	连续子结构	边界子结构	体积子结构	混合结构
频域	自由场反应问题↑ 地震输入方向		无			
	地基或散射问题	无	无	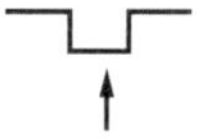	无	
	阻抗问题 加载或干扰点	无	 $S_c(\omega)$ 解析解		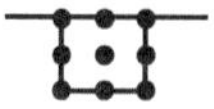	系统辨识
时域	结构反应分析 输入震动	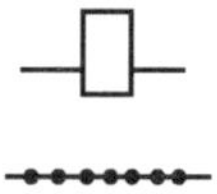	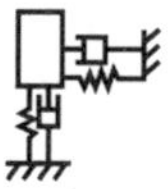			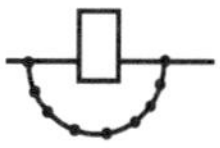
	场地反应问题					
	地基或散射问题	无			无	
	结构反应分析	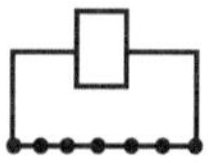		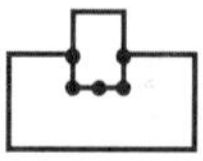	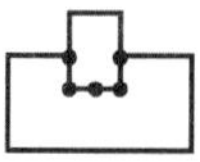	

注：↑表示地震输入方向。

地基与结构的动力相互作用可以分为运动学相互作用和惯性相互作用。地震波在土层中的传播引起自由场运动，使得各土层的运动互不相同。运动学相互作用就是指自由场中的地震波与基础的相互作用，其结果使得结构实际受到的地震输入不同于邻近自由场地表的地面运动。在地震中，上部结构的惯性力通过基础反馈给地基，使地基发生变形，从而使结构的平动输入发生改变，同时还使结构受到转动输入分量的作用。

土-结构相互作用问题的分析有四个基本步骤或基本问题，第一个基本问题是自由场反应问题，它是研究在未建结构物时，当给定的地震动不是基岩地震动时，如何寻求与给定地震动相应的基岩地震动输入，例如在海洋平台抗震设计中，给定的地震动常常是自由场的地震动过程。所谓基岩指的是在分析中假定为地震动输入的边界。第二个基本问题是地基反应或散射问题，研究目的是在基岩地震动输入下，取出结构之后的地基子结构的地震反应，特别是在结构与地基接触点上的地震动，地基子结构与自由场的差别在于子结构中不包括为结构所代替的土壤。因此，对于基础在地表面的结构，第一、第二两个问题就合二为一。在混合结构中，就是结构与周围地基组成的混合结构与剩余的半无限地基的接触点上的地震动。第三个基本问题是阻抗问题，研究的是在接触点处有给定力作用时，地基子结构在接触点处的变形。若结构基础在地表，则地基子结构为半无限体。第四个基本问题是包括上部结构的结构反应分析。

桩基础是悬索桥最常用的基础形式，桩-土-结构动力相互作用使结构的动力特性、阻尼和地震反应发生改变，而忽略这种改变并不总是偏安全的。国内外许多学者对桩-土-结构相互作用问题进行了很多研究，其分析模型和方法主要有：质弹阻模型、Winkler 模型、连续介质力学模型、有限元法和边界元法。其中，质弹阻模型（或称集中质量法）的应用具有一定的优越性。这种将地基等价为质量-弹簧-阻尼系统的时域方法，被工程界广泛应用，具有很大的发展潜力。

质弹阻模型（集中质量法）最初是由美国学者 J.Penzien 等为解决泥泽地上的大桥动力分析问题而提出来的。其基本方法是将桩-地基体系按一定的土层厚度离散成一个理想化的参数系统，用弹簧和阻尼器模拟土介质的动力性质，形成一个地下部分的多质点体系，然后和上部结构质点体系联合建立整体耦联的动力微分方程组进行求解。Matlock 在研究海洋平台桩基础时，利用质弹阻模型提出了能够考虑桩土部分脱离以及土的非线性的计算方法。杨昌众利用质弹阻模型，采用土介质线弹性假定，并用“m”法计算土弹簧刚度，对桩基桥梁地震反应进行了分析研究。Naggar 和 Novak 对质弹阻模型进行了改进，提出了考虑非线性横向相互作用的桩-土模型和考虑非线性轴向相互作用的桩-土模型。该模型把土分成两部分，第一部分为非线性近场单元，第二部分为线弹性远场单元，用来考虑波从桩向外传播的影响。这种模型可以充分考虑土的非线性因素，包括桩-土表面的不连续条件，以及辐射阻尼，但模型太复杂，而且各参数的取用还有待于试验进一步研究，因而难以应用于工程实践。质弹阻模型中等效土质量的取用，有文献认为可以假定桩带动相同体积的土一起振动。

三弹簧法也是应用较为广泛的一种分析桩-土-结构相互作用的简化方法。该方法将桩-土-结构相互作用分成两步来考虑。①运动学相互作用：通过修正自由场地地表地震运动来考虑。②惯性相互作用：将桩-土系统的刚度用三根弹簧来模拟，并和上部结构耦合成为一个整体，输入修正后的地面波进行地震反应分析。许多学者致力于这两方面的研究，并取得了一些成果。研究表明：群桩基础的运动学相互作用和群桩中单根桩的运动学相互作用是相似的。对于高频分量不多的地震运动，散射域较弱，因此支承运动可以近似认为是与自由场地相同的。至于运动学相互作用的定量结果，要取决于桩与土的弹性模量比、桩长与桩径的比值、土的泊松比、阻尼比以及桩和土的密度比，其中前两项又是最重要的。目前，还没有一个统一的实用表达式。关于桩基础的阻抗函数，发表的文献很多，但阻抗函数与频率有关，在时域内进行分析时，必须进行简化。研究结果表明，桩的动力刚度对频率不太敏感。桩基础的动力刚度，可以根据单桩的静力刚度以及动力相互作用系数用叠加法来计算。

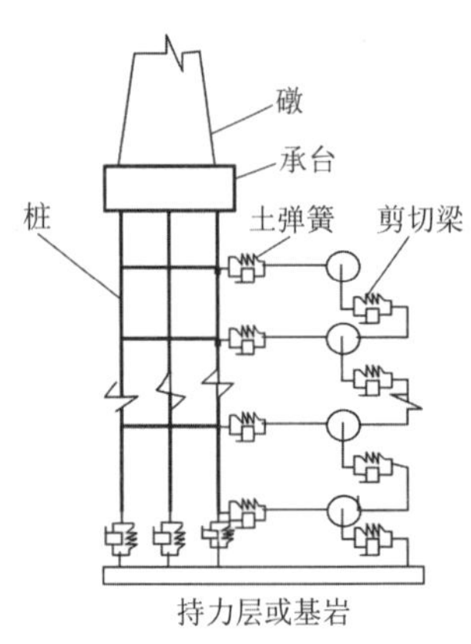

图 14-7-2　桩基础与土相互作用分析模型

地震动由地基通过桥梁基础作用于桥梁，引起桥梁振动，而桥梁振动又反作用于地基，因而，地基与桥梁基础间存在动力相互作用。

目前，我国多数学者进行地震动态时程分析多采用土弹簧来考虑常用的土-结构相互作用。而土弹簧刚度可采用半空间无限体内作用一水平集中力的 MINDLIN 解来求得。桩基础与土相互作用模型拟将桩简化为梁单元，其周围的土反力特性用等效弹簧阻尼来模拟，同时考虑地基在地震时的反应，将土体地震反应分析模型（或称为一维剪切梁模型）与之结合，得到可考虑地震动沿深度变化的桩基础模型，该模型易于计算机实施，也可以分析地震动沿深度多点激励情况等，如图 14-7-2 所示。该处一维剪切梁模型用于模拟半无限体地基的振动，其质量应足够大。

三、地震作用下动力方程的求解

利用动态时程反应分析法求解桥梁结构的地震反应分析，特别是在考虑体系的非线性时，一般可采用逐步积分法。这种方法把反应的时程划分为短的、相等的（也可以不等）时段，对每一时段，按照线性体系来计算其反应，这个线性体系的特性是时段开始时刻限定的特性，时段结束时的特性按照那时体系的变形和应力状态来修正。

常用的数值积分有线性加速度法、Newmark 法、Wilson-θ法。本节介绍 Wilson-θ法。

Wilson-θ法假定结构振动加速度在 $t \sim t+\theta\Delta t$ 范围内线性变化，如图 14-7-3 所示。可以证明，当 $\theta \geqslant 1.37$ 时，Wilson-θ法无条件稳定，一般可取 $\theta = 1.4$。

以 τ 表示时间在 $t \sim t+\theta\Delta t$ 范围的增量，即有 $0 \leqslant \tau \leqslant \theta\Delta t$，根据线性加速度假定，有：

$$^{t+\tau}\ddot{x} = {}^{t}\ddot{x} + \frac{\tau}{\theta\Delta t}\left({}^{t+\theta\Delta t}\ddot{x} - {}^{t}\ddot{x}\right) \tag{14-7-13}$$

积分式(14-7-14)（对 τ），得：

$$^{t+\tau}\dot{x} = {}^{t}\dot{x} + {}^{t}\ddot{x}\tau + \frac{\tau^2}{2\theta\Delta t}\left({}^{t+\theta\Delta t}\ddot{x} - {}^{t}\ddot{x}\right) \tag{14-7-14}$$

以及：

$$^{t+\tau}x = {}^{t}x + {}^{t}\dot{x}\tau + \frac{1}{2}{}^{t}\ddot{x}\tau^2 + \frac{\tau^3}{6\theta\Delta t}\left({}^{t+\theta\Delta t}\ddot{x} - {}^{t}\ddot{x}\right) \tag{14-7-15}$$

令 $\tau = \theta\Delta t$，由式(14-7-14)和式(14-7-15)得：

$$^{t+\theta\Delta t}\dot{x} = {}^{t}\dot{x} + \frac{\theta\Delta t}{2}\left({}^{t+\theta\Delta t}\ddot{x} + {}^{t}\ddot{x}\right) \tag{14-7-16}$$

$$^{t+\theta\Delta t}x = {}^{t}x + {}^{t}\dot{x}\theta\Delta t + \frac{\theta^2\Delta t^2}{6}\left({}^{t+\theta\Delta t}\ddot{x} + 2{}^{t}\ddot{x}\right) \tag{14-7-17}$$

或写成：

$$^{t+\theta\Delta t}\ddot{x} = \frac{6}{\theta^2\Delta t^2}\left({}^{t+\theta\Delta t}x - {}^{t}x\right) - \frac{6}{\theta\Delta t}\left({}^{t}\dot{x}\right) - 2{}^{t}\ddot{x} \tag{14-7-18}$$

以及：

$$^{t+\theta\Delta t}\dot{x} = \frac{3}{\theta\Delta t}\left({}^{t+\theta\Delta t}x - {}^{t}x\right) - \frac{\theta\Delta t}{2}{}^{t}\ddot{x} + 2{}^{t}\dot{x} \tag{14-7-19}$$

由于加速度的线性假定，也同样假定荷载线性变化，有：

$$\boldsymbol{M}^{t+\theta\Delta t}\ddot{x} + \boldsymbol{C}^{t+\theta\Delta t}\dot{x} + \boldsymbol{K}^{t+\theta\Delta t}x = {}^{t+\theta\Delta t}\boldsymbol{R} \tag{14-7-20}$$

式中：${}^{t+\theta\Delta t}\boldsymbol{R} = {}^{t}\boldsymbol{R} + \theta\left({}^{t+\theta\Delta t}\boldsymbol{R} - {}^{t}\boldsymbol{R}\right)$。

将式(14-7-18)和式(14-7-19)代入式(14-7-20)并解方程，可得 ${}^{t+\theta\Delta t}x$，然后代回式(14-7-18)和式(14-7-19)，得 ${}^{t+\theta\Delta t}\ddot{x}$ 和得 ${}^{t+\theta\Delta t}\dot{x}$，再利用式(14-7-13)、式(14-7-14)和式(14-7-15)求得 ${}^{t+\theta\Delta t}x$、${}^{t+\theta\Delta t}\ddot{x}$ 和 ${}^{t+\theta\Delta t}\dot{x}$，如此迭代，可得桥梁在地震作用下的时程反应。

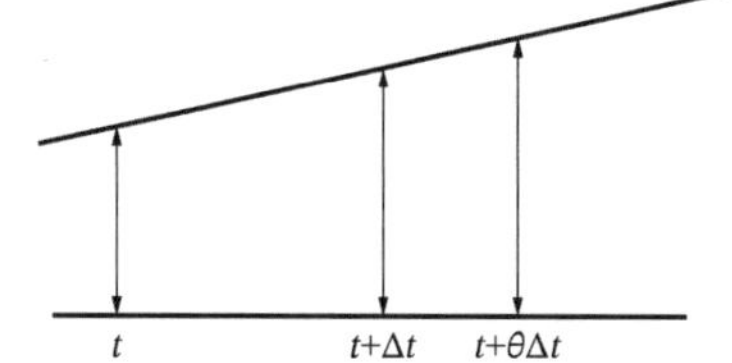

图 14-7-3　Wilson-θ法的线性加速假定

Wilson-θ法迭代基本步骤为：

（1）用有限元法求得桥梁结构的刚度矩阵、质量矩阵和阻尼矩阵。

（2）确定地震动的加速度时程，并求荷载项。

（3）给出初始条件，即 ${}^{0}x$、${}^{0}\dot{x}$、${}^{0}\ddot{x}$。

（4）根据时间步长 Δt 及 θ 值计算各系数。

（5）计算相当刚度：$\widehat{K} = K + a_0M + a_1C$。

（6）计算 $t+\theta\Delta t$ 时刻的有效荷载。

$$^{t+\theta\Delta t}\widehat{R} = {}^{t}R + \theta\left({}^{t+\theta\Delta t}R - {}^{t}R\right) + M\left(a_0{}^{t}x + a_2{}^{t}\dot{x} + 2{}^{t}\ddot{x}\right) + C\left(a_1{}^{t}x + a_3{}^{t}\ddot{x} + 2{}^{t}\dot{x}\right) \tag{14-7-21}$$

（7）解方程。

$$\widehat{K}\,{}^{t+\theta\Delta t}x = {}^{t+\theta\Delta t}\widehat{R} \tag{14-7-22}$$

（8）计算 $t+\Delta t$ 时刻的位移、加速度、速度。

$$^{t+\theta\Delta t}\ddot{x} = a_6\,{}^{t}\ddot{x} + a_4\left({}^{t+\theta\Delta t}x - {}^{t}x\right) + a_5\,{}^{t}\dot{x} \tag{14-7-23}$$

$$^{t+\theta\Delta t}\dot{x} = a_7\left({}^{t+\theta\Delta t}\ddot{x} - {}^{t}\ddot{x}\right) + {}^{t}\dot{x} \tag{14-7-24}$$

$$^{t+\theta\Delta t}x = a_8\left({}^{t+\theta\Delta t}\ddot{x} - 2\,{}^{t}\ddot{x}\right) + {}^{t}x + \Delta t\,{}^{t}\dot{x} \tag{14-7-25}$$

四、阻尼问题

阻尼是结构的一个重要动力特性，也是结构地震反应中最为重要的参数之一，其大小和特性直接影响结构的基本动力反应特征。由于阻尼的存在，物体的自由振动将会逐步衰减，而不会无限延续。

一般而言，结构中的阻尼现象是由各种各样很复杂的能量逸散机理所引起的。悬索桥结构的阻尼主要由两类构成，即结构本身所具有的阻尼及周围介质提供的阻尼。结构本身的阻尼主要取决于结构类型、材料、构筑方式及各种部件之间的连接方式，而周围介质提供的阻尼主要是加劲梁支座或阻尼器提供的约束阻尼、摩擦耗能等。

近百年来，人们提出了多种阻尼理论来解释结构的阻尼现象。在众多的阻尼理论中，目前被广泛采用的是两种线性阻尼理论，即复阻尼理论和黏滞阻尼理论。复阻尼理论认为结构具有复刚度，考虑阻尼时在刚度系数项前乘以复常数即可。黏滞阻尼理论假设阻尼力与运动速度成正比，阻尼的大小通常用阻尼比 ζ 来表示。复阻尼理论在理论上只适用于简谐振动或有限频带内的振动分析，而且引入了复刚度，对于一般的结构动力响应来说计算较为复杂，因此在结构动力响应分析中应用不多。按黏滞阻尼理论进行结构动力分析时，给出的线性运动方程计算简便、概念清楚。因此，在悬索桥抗震分析中，一般都采用黏滞阻尼理论。

在一般桥梁结构的地震反应分析中，阻尼可用阻尼比的形式计入；而对于非线性地震反应分析，或具有非均匀阻尼的悬索桥地震反应分析，则必须采用正确的方法计算阻尼矩阵。目前，均质结构一般都采用瑞利阻尼矩阵，即假定阻尼矩阵为刚度矩阵和质量矩阵的线性组合。为了考虑由结构的非均质性和各部分耗能机理不同而引起的阻尼非均匀性，Clough 提出了非比例阻尼理论，认为总阻尼矩阵可由分块的瑞利阻尼矩阵叠加而成。

要考虑阻尼的影响，无论是采用阻尼比的形式还是阻尼矩阵的形式，都必须先确定桥梁结构的阻尼比。到目前为止，还没有一种被广泛接受的用来估算桥梁结构阻尼比的方法。在桥梁结构的动力响应分析中，只能参考一些实测资料来估算阻尼比。由于目前国内桥梁的实测阻尼资料很少，现有阻尼比实测值的分散性又很大，因此阻尼比的估计一直是桥梁结构地震反应分析的难点。

现行的《公路工程抗震规范》（JTG B02—2013）适用于跨径不超过 150m 的钢筋混凝土和预应力混凝土梁桥、圬工或钢筋混凝土拱桥的抗震设计，结构的阻尼比取 5%。另外，钢结构的阻尼较钢筋混凝土结构低，一般可取 3%。悬索桥与普通桥梁相比，结构更为复杂，而且是非均质结构，各部分的能量耗散机理不同，因而阻尼比的确定也就更加困难。因此，在地震反应分析中，只能参考同类型桥梁结构的实测阻尼比来近似取值。国内两座悬索桥（虎门大桥和江阴大桥）的实测阻尼比在 0.5%～1.5%之间。需要指出的是，在悬索桥的地震反应分析中，特别关心的是以塔为主的振型，但能找到的实测阻尼比的资料只有江阴大桥，第一阶以塔的纵向弯曲为主的振型的阻尼比仅为 0.5%。因此，一般说来，悬索桥的地震反应分析，阻尼比的取值不宜大于 2.0%。现行《公路悬索桥设计规范》（JTG/T D65-05—2015）中规定悬索桥的阻尼比宜取 0.02。

为获得小阻尼比ζ时的土层水平加速度反应谱，可通过引入阻尼修正系数获得，即：

$$\beta(T)_{\zeta} = \eta_{\varepsilon}\beta(T)_{0.05} \tag{14-7-26}$$

式中：$\beta(T)_{\zeta}$——阻尼比为ζ时的土层水平加速度反应谱；

$\beta(T)_{0.05}$——阻尼比为 0.05 时的土层设计标准水平加速度反应谱；

η_{ε}——阻尼修正系数，当周期$T \geqslant 0.1\text{s}$时，$\eta_{\varepsilon} = 1/[1+15(\zeta-0.05)\exp(-0.09T)]^{0.5}$，当$0.02\text{s} \leqslant T \leqslant 0.1\text{s}$时，$\eta_{\varepsilon}$通过线性内插求得。

采用黏滞阻尼理论，要使阻尼矩阵$\boldsymbol{C}$满足正交性，最简单的方法是假设：

$$\boldsymbol{C} = a_0\boldsymbol{M}\text{或}\boldsymbol{C} = a_1\boldsymbol{K} \tag{14-7-27}$$

式中：a_0、a_1——比例常数。

相应的阻尼比为$\zeta_{\text{n}} = \frac{a_0}{2\omega_{\text{n}}}$或$\zeta_{\text{n}} = \frac{a_1\omega_{\text{n}}}{2}$。

可见，当阻尼矩阵正比于质量矩阵时，阻尼比与频率成反比，因此结构的低阶阻尼很大，而高阶阻尼很小；当阻尼矩阵正比于刚度矩阵时，阻尼比与频率成正比，因此结构的低阶阻尼很小，而高阶阻尼很大。在地震反应分析中，多自由度体系的多阶振型参与作用，而且起重要作用的一些频率往往相差较大，因而不恰当的阻尼比将会使各个振型的相对幅值严重失真。

如采用瑞利阻尼假设，结构会大大改善，即：

$$\boldsymbol{C} = a_0\boldsymbol{M} + a_1\boldsymbol{K} \tag{14-7-28}$$

则有$\zeta_{\text{n}} = \frac{a_0}{2\omega_{\text{n}}} + \frac{a_1\omega_{\text{n}}}{2}$，三种假设的阻尼比和频率的关系如图 14-7-4 所示。

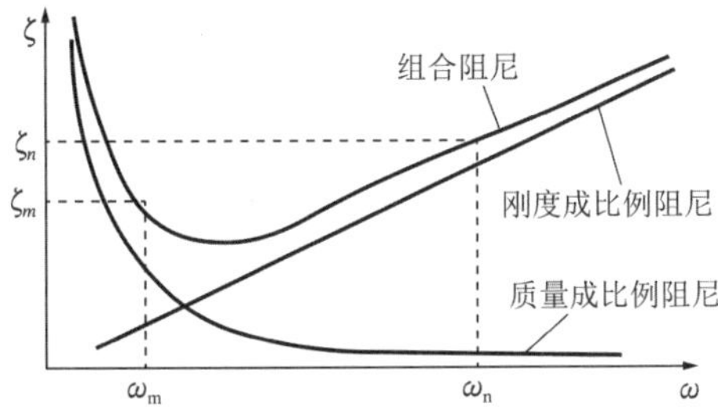

图 14-7-4　瑞利阻尼与频率的关系

当ζ_{n}、ζ_{m}、ω_{n}、ω_{m}已知时，则有：

$$a_0 = \frac{2\omega_{\text{n}}\omega_{\text{m}}}{{\omega_{\text{n}}}^2 - {\omega_{\text{m}}}^2}(\omega_{\text{n}}\zeta_{\text{m}} - \omega_{\text{m}}\zeta_{\text{n}}) \tag{14-7-29}$$

$$a_1 = \frac{2\omega_{\text{n}}\omega_{\text{m}}}{{\omega_{\text{n}}}^2 - {\omega_{\text{m}}}^2}(-\zeta_{\text{m}}/\omega_{\text{n}} + \zeta_{\text{n}}/\omega_{\text{m}}) \tag{14-7-30}$$

为简化计算，一般认为，控制频率的阻尼比相等，即$\zeta_{\text{n}} = \zeta_{\text{m}} = \zeta$，有：

$$a_0 = \frac{2\omega_{\text{n}}\omega_{\text{m}}\zeta}{\omega_{\text{n}} + \omega_{\text{m}}}，\ a_1 = \frac{2\zeta}{\omega_{\text{n}} + \omega_{\text{m}}}$$

从而根据$\boldsymbol{C} = a_0\boldsymbol{M} + a_1\boldsymbol{K}$可得阻尼矩阵$\boldsymbol{C}$。一般$\omega_{\text{n}}$可取基频，$\omega_{\text{m}}$取后几阶结构振动贡献大的频率。

为考虑大型复杂结构的非均质性、结构不同部位的不同阻尼机理，Clough 提出了非比例阻尼理论，认为总阻尼矩阵可由分块的瑞利阻尼矩阵叠加而成。即假设一结构由n种不同类型的材料构成，而对于结构中同一类材料，其阻尼仍满足瑞利阻尼，即：

$$C_i = a_{0i}M_i + a_{1i}K_i(i = 1, \cdots, n)$$

把各个阻尼阵 C_i 叠加成总阻尼阵，此时总阻尼阵不具有正交性，会引起振型耦合，在进行抗震分析时，反应谱法和振型分解法不再适用，只能用时程反应分析的逐步积分法解振动微分方程。

五、地震作用下的非线性问题

超大跨径悬索桥的固有几何和结构特征，使非线性分析不可避免，在地震作用下的非线性特征主要表现为：

（1）由于自重引起的缆索垂度效应，轴力与伸长量呈非线性关系。采用等效弹性模量来模拟，常用的等效弹性模量计算式见式(14-7-31)：

$$E_{eq} = \frac{E}{\dfrac{(WL)^2 EA}{12T^3} + 1} \tag{14-7-31}$$

式中：E_{eq}——等效弹性模量；

E——缆索材料的有效弹性模量；

L——缆索的水平投影长度；

W——缆索单位长度和重量；

A——缆索的横截面面积；

T——索中张力。

（2）大变形引起的塔、梁、柱效应，即梁柱单元的轴向变形和弯曲变形的耦合作用，$P\text{-}\Delta$ 效应，一般引入几何刚度模拟。

（3）大位移引起的几何形状的变化。考虑大位移对刚度影响的最有效的方法是拖动坐标法。分析表明，大跨悬索桥由于地震引起的位移，相对于跨径来说并不大，因而可以忽略大位移引起的几何非线性，在恒载作用的平衡位置下进行地震反应分析，由于此时结构刚度较大，地震反应位移相对结构尺寸来说并不大，因而在地震反应分析时，常忽略大位移或大变形引起的几何刚度，而只考虑悬索桥缆索的垂度效应产生几何刚度。

（4）悬索桥支座、伸缩缝、挡块、阻尼器及连接单元等的非线性。支座是悬索桥最易受地震作用损害的构件之一，支座及其他连接部件的力学性能和构造特点也直接影响到桥梁主体的地震反应性能，悬索桥隔震减振也常在支座处设置减震耗能装置。

（5）地震土层的材料非线性。悬索桥基础处于土层中，土层抗力的非线性、阻尼的非线性对结构的地震性能有较大的影响。因而考虑根据土层性质采用良好的土-结构相互作用模型是悬索桥结构地震反应分析的重要因素。

（6）悬索桥结构材料非线性。如悬索桥结构在地震作用下局部进入弹塑性状态，此时其材料非线性的影响不可忽视。对于钢筋混凝土结构来说，其延性特征尤其重要，构件屈服准则的确定是考虑该项非线性特征的难点和重点。

第八节　地震荷载的组合

由于地震发生在空间和时间上的随机性，因此要确定一种使结构产生最大反应的地震作用方向是困难的，目前在分析中大多采用三个正交方向，即顺桥向、横桥向、竖直向的地震荷载组合，但组合系数在各国规范中有所不同。上述方法是假定地震的主方向与悬索桥纵、横、竖三个主方向重合，是偏于安全的。

一、美国规范

《美国公路桥梁抗震设计准则》（1991 年）中规定，两正交方向的弹性地震力和力矩应合并成两种荷载形式，即杆件上每一主轴方向的地震力和弯矩是由 100%正交轴（纵向或横向）的地震分析所产生的杆件弹性地震力和弯矩的绝对值加上 30%第二正交向（横向或纵向）的地震分析所产生的弹性地震力和弯矩的绝对值来获得。

对于多数桥梁，运动的竖向分量效应不考虑，不需要作详细的竖向分析，但是对于设计水准要求较高的悬索桥，所有支承和连续结构的铰应考虑竖向地震力所产生的上拔力的作用，从而决定是否需要设置抗上拔装置。

二、欧洲规范

1993 年起草的欧洲规范规定，作为在设计中采用的地震作用力，其最不利的组合为：

$$E_x + 0.3E_y + 0.3E_z$$
$$0.3E_x + E_y + 0.3E_z$$
$$03E_x + 0.3E_y + E_z$$

式中：E_x、E_y、E_z——分别代表作用于顺桥向 x、横桥向 y、竖直向 z 的地震力。

对于竖向地震力，规范另有规定：

（1）在桥墩中竖向地震力一般可不考虑，除非当桥墩承受由桥面系产生的永久性的、高的弯曲应力状态。

（2）预应力混凝土桥面应考虑竖直分量的影响。

（3）支座和连接部位应考虑竖直分量和影响。

三、中国规范

我国《公路桥梁抗震设计规范》（JTG/T 2231-01—2020）中规定：一般情况下，公路桥梁可只考虑水平向地震作用，直线桥可分别考虑顺桥向 X 和横桥向 Y 的地震作用。满足下列条件之一时，应同时考虑水平向和竖直向地震作用：①A 类桥梁。②抗震设防烈度为IX度地区的桥梁。③抗震设防烈度为VIII度地区且竖向地震作用引起的地震效应很显著的桥梁，如拱式结构、长悬臂结构、大跨径结构以及其他一些特殊复杂结构。

我国《公路悬索桥设计规范》（JTG/T D65-05—2015）中规定：考虑三个正交方向的地震作用时，可分别单独计算顺桥向x、横桥向y和竖向z的最大效应，计算方向总设计最大地震作用效应E应按式(14-8-1)确定：

$$E = \sqrt{E_x^2 + E_y^2 + E_z^2} \tag{14-8-1}$$

式中：E_x——x 向地震作用在计算方向产生的最大效应；

E_y——y 向地震作用在计算方向产生的最大效应；

E_z——z 向地震作用在计算方向产生的最大效应。

第九节　悬索桥抗震分析的动力模式

悬索桥由索、梁、塔、锚碇等组成，并且以主缆受力为主，跨径越大，主缆的作用越明显。在地震荷载作用下，主缆的强大索力在主缆的大变形和大位移上引起的非线性影响必须考虑。对悬索桥进行抗震分析，无论采用反应谱法，还是采用时程反应分析法，均应先建立其动力计算模型。为了真实地模拟桥梁结构的力学特性，所建立的计算模型必须如实地反映结构构件的几何、材料特性，以及各构件的边界连接条件。在悬索桥的动力性能分析中，结构离散和模拟一般分以下部分进行。

一、桥面系的模拟

悬索桥的桥面系主要起传力作用。从我国现有的几座悬索桥来看，加劲梁无论是混凝土材料还是钢材都采用闭口箱梁。因此，在动力计算模式中，悬索桥的桥面系一般可根据吊索的间距进行离散，采用三维梁单元进行模拟，即采用“鱼刺梁”形式来模拟或采用“单梁式”形式来模拟。如采用“鱼刺梁”形式，则可让主骨梁模拟加劲梁的刚度，包括两个方向上的弯曲刚度和扭转刚度，采用附加质量单元和调整鱼刺节点上的质量来达到质量完全模拟；采用“单梁式”，也可足够精确地模拟加劲梁的刚度和质量，但加劲梁的节点和吊索在加劲梁上的吊点之间要建立主从关系。

在“单梁式”模型中，梁单元的刚度即为加劲梁的刚度，但梁单元的质量应为桥面系的所有质量，除了加劲梁本身的质量外，还应包括横隔板、桥面铺装、栏杆、人行道、灯柱等。桥面系的质量与桥梁结构动力特性和地震反应都有非常紧密的关系，因此应尽可能模拟准确。一种做法是将单位长度桥面系的所有质量除以加劲梁的截面积，从而得到一个换算密度作为梁单元的质量密度。这种方法能准确模拟桥面系的平动质量，但忽略了各部分的质量分布差异，因而转动质量（绕桥梁纵轴）的误差较大，导致的后果是桥梁的扭转频率误差较大。对于桥梁的地震反应，扭转频率的影响不大，采用这种方法是可行的。如果要正确计算桥梁的扭转频率，必须正确模拟桥面系绕桥梁纵轴的转动质量。比较简单的做法是根据桥面系质量的分布特点，将其质量分成三部分：加劲梁本身的质量，以质量密度的形式计入；桥面铺装的质量等均布质量，以线密度的形式计入；栏杆的质量等集中质量，也以线密度的形式计入。如还有不能归为以上几部分的质量，则只能计算出每个节点的集中转动质量（绕桥梁纵轴），另外加到各节点上。如采用 ANSYS 软件计算，可采用质量单元来模拟扭转质量。

二、索塔的模拟

悬索桥的索塔由塔柱、横梁构成，一般都用梁单元来模拟。由于索塔是悬索桥中最为关键的结构之一，也是地震中最易受到破坏的部分，因此索塔的单元划分不宜太粗。因为单元划分的粗细决定了堆聚质量的分布、振型的形状和地震荷载分布，从而会影响索塔的动力特性和内力分布。这是和静力计算模型选取不同的地方。进行非线性时程分析，且塔柱已进入非线性工作状态时，应选用适当的弹塑性单元模拟。

三、缆索系统的模拟

悬索桥的主缆、吊索一般采用三维桁架单元来模拟，也可以用刚度为零或无穷小的梁单元模拟。主缆按吊索的吊点进行离散，但应考虑几何非线性的影响。多座大跨径悬索桥的地震反应分析表明，地震引起的结构位移并不大，因为在恒载作用下悬索桥结构已具有较大的刚度（重力刚度）。一般来说，可以将几何非线性对桥梁结构地震反应的影响作线性化考虑，即在非线性静力分析的基础上，建立几何刚度矩阵，并在恒载作用状态下建立动力平衡方程进行地震反应分析。因此，在建立缆索系统的计算模型时，应计入缆索和吊索在恒载作用下的几何刚度。

此外，对于单跨悬索桥，其边跨主缆一般可采用两节点的直杆单元模拟，但应考虑弹性模量的折减。因为主缆在自重作用下会下垂，其索力和伸长量呈现明显的非线性关系。用两节点的直杆单元来模拟时，其弹性模量就要折减。折减后的弹性模量可以采用 Ernst 的等效弹性模量公式来计算。用两节点直杆单元来模拟可以使单跨悬索桥的动力分析较为方便，而且计算精度也足够了。但如果将边跨主缆离散为许多桁架单元，则可忽略弹性模量的折减。

四、边界条件的模拟

边界连接条件的变化，对悬索桥的动力特性和地震反应均有较大的影响，因此必须正确模拟边界连接条件。悬索桥的边界条件较为简单，可以用主从自由度来达到目的。塔梁结合处可根据其支座和形式，选取主从自由度的方向和个数，进行非线性时程分析时应采用能反应支座性能的非线性单元模拟。悬索桥的主缆通过主索鞍固定在索塔顶上，成桥后不允许发生相对位移，故主缆与索塔顶应建立主从关系。主缆在锚碇处一般可作固定处理。

如两索塔基础为群桩基础，需考虑桩-土-结构相互作用。如前所述，要考虑这种相互作用的影响，空间六弹簧模型是一种简单实用的计算模型，即用六个弹簧模拟群桩基础的刚度，弹簧刚度则按《公路桥涵地基与基础设计规范》(JTG 3363—2019) 群桩基础验算部分有关公式求得，其中动力计算时各土层的 m 值可取静力值的 2～3 倍。

第十节　计算示例一

本节以阳逻大桥为例介绍悬索桥抗震设计方法。

一、概况

阳逻大桥主桥采用双塔单跨悬索桥，主跨跨径为 1280m，两主缆横向间距为 35.0m，主缆矢高为 121.90m，吊索间距为 16.0m，加劲梁采用扁平流线型钢箱梁，如图 14-10-1 所示。

《武汉阳逻大桥地震安全性评价报告》分析表明，桥位处的地震基本烈度为VI度。由于该桥是大跨径桥梁，抗震设防采用二级设防。

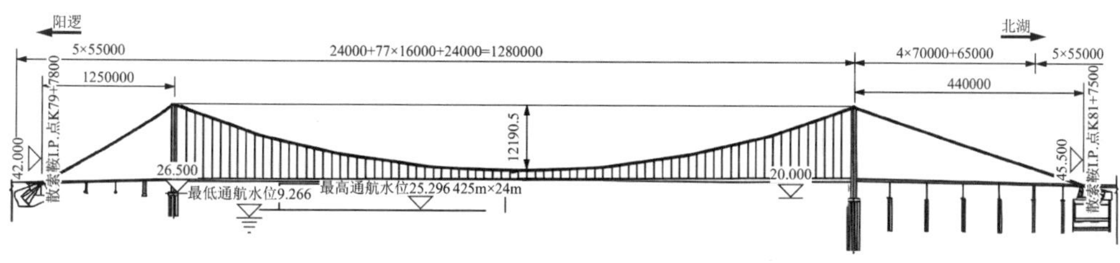

a) 立面图

图　14-10-1

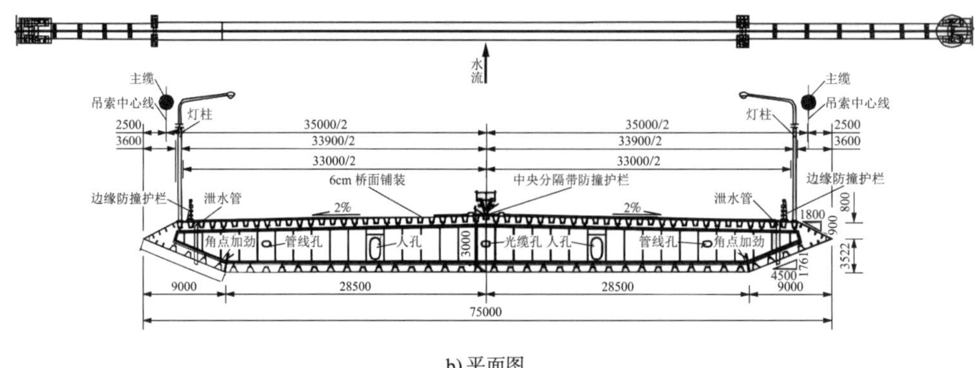

b) 平面图

图 14-10-1　武汉阳逻大桥南立面布置及断面布置（尺寸单位：mm；高程单位：m）

二、桥址场地地震参数

在地震危险性分析报告中，设计人员对该桥桥址处地震地质、地震活动性、地震危险性、场地基岩地震动参数以及工程场地地震安全性进行了研究和评价，现将有关结果摘录如下。

工程研究区域位于华中地震区中部，涉及汉水地震带和河淮地震带，其中的江汉—洞庭地震小区、恫柏—大别地震小区地震活动稍强，最大震级 6.25～6.75。地震活动周期性显著，其一级和次级地震周期分别为 300 余年和 70 余年，目前及未来百年是处在 1400 年以来的第三周期的平静阶段，地震应变释放水平较低，以 $M < 5.0$ 级中等地震活动为主，可能会有 2～3 次 $M > 5.0$ 级地震发生，但超过 6.0 级地震可能性很小。大桥场址所在的江汉—洞庭地震小区东侧可能的最大震级为 5.5 级左右。

阳逻大桥近场处于扬子地台和桐柏—大别中间隆起结合部位。第四纪以来以大面积升降运动为主，升降运动的速率和幅度均不大，属微升微降，从地表地质调查、地球物理、地球化学手段探测，都集中揭示了青山、阳逻、黄州一线新构造运动较为活跃，类型也很齐全。近场区展布的主要断裂有北北东向的武汉—洪湖断裂、麻城—团风断层、北西西向的襄樊—广济断裂以及北西向青山口—黄陂断裂。新构造运动期间这些断裂都表现出一定的活动性，在活动时间上多集中在早更新世—中更新世，极个别地段可能延至晚更新世。但从晚更新世以后到全新世，近场构造运动总的趋势是逐渐减弱，因此近场地区不存在发生强震的构造环境条件。

工程场址外围区域共划分出震级上限 5.5～7.0 级潜在震源区 20 个，其中对本场址影响最大的潜在震源分别是 13 号新洲潜在源、14 号麻城潜在源、16 号霍山潜在源、1 号咸宁潜在源和 15 号鄂州潜在源（亦称黄冈潜在源）。其他潜在源对本场址影响较小。

阳逻大桥场址地震危险性分析结果：大桥场址在平均土质条件下，50 年超越概率 10%水平的烈度为 6.1 度，经综合评定，本大桥场址的基本烈度为Ⅵ度。其他概率水平下的烈度及基岩地震动水平峰值加速度见表 14-10-1。

根据钻孔揭露，桥址区属多层场地土，QZK17 孔及 QZK23 孔波速测试及地面脉动测试结果表明，南塔墩区场地 0～20m 深度范围内地层剪切波速加权平均值为 175m/s，场地评定指数 $\mu = 0.118$，场地动力放大系数 $\beta = 2.25(0.64/T)^{0.91}$，场地类别为Ⅳ类场地，场地卓越周期南北、东西及垂向均为 $T = 0.37\text{s}$；南锚碇区场地 0～20m 深度范围内地层剪切波速加权平均值为 170m/s，场地评定指数 $\mu = 0.154$，场地动力放大系数 $\beta = 2.25 \times (0.62/T)^{0.92}$，场地类别为Ⅳ类场地，场地卓越周期南北、东西及垂向均为 $T = 0.39\text{s}$。由此可知：桥址区场地动力

放大系数 $\beta = 2.25 \times (0.63/T)^{0.92}$，场地类别为IV类场地，场地卓越周期取值为 $T = 0.38\text{s}$。

不同场地概率地震烈度值及基岩地震动水平峰值加速度对应的地震动参数　　表 14-10-1

地震动参数		超越概率 P							
		概率水准-50 年				概率水准-100 年			
		10%	5%	3%	2%	10%	5%	3%	2%
地震烈度（度）	北岸	6.1	6.4	6.5	6.6	6.3	6.5	6.7	6.8
	南岸	6.1	6.3	6.5	6.6	6.3	6.5	6.6	6.7
水平加速度（cm/s²）	北岸	58.4	73.7	86.0	96.4	73.0	90.2	103.8	113.8
	南岸	57.6	72.7	84.8	94.8	72.1	88.8	102.1	112.7

由于在桥址区地表下 20m 范围内存在有饱和亚砂土、砂土，在地震烈度为VII度时，桥址区局部区域 20m 深度范围土层为可液化土，其液化抵抗系数 $C_e = 0.24 \sim 0.93$。

根据以上分析及有关规定，参考国内外相关规范，采用两水准设防二阶段设计的抗震设计方法，用结构是否满足强度和延性判断结构的抗震安全性。对于抗震设防标准的选定，目前还无相应的规范可参考，以往国内在对桥梁进行抗震分析时多取 50 年超越概率水平为 10% 作为设计基本烈度水准；考虑到阳逻大桥的重要性及我国的经济发展水平，抗震设计水准应作相应的提高。阳逻大桥的抗震设防烈度水准取 100 年超越概率水平为 10%（中震，以下称 P_1概率）和 100 年超越概率水平为 2%（大震，下称P_2概率）进行两级设防。在反应谱分析或时程反应分析时，分别采用对应此两种概率水准下的反应谱或时程进行。

图 14-10-2 是 100 年不同超越概率水准基岩加速度反应谱图，图 14-10-3 为中震（100 年超越概率水平 10%）时基岩加速度时程，图 14-10-4 为大震（100 年超越概率水平 2%）时基岩加速度时程。

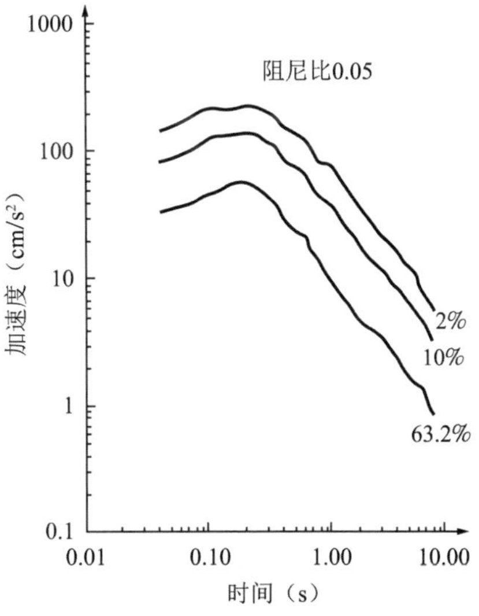

图 14-10-2　100 年不同超越概率水准基岩加速度反应谱图

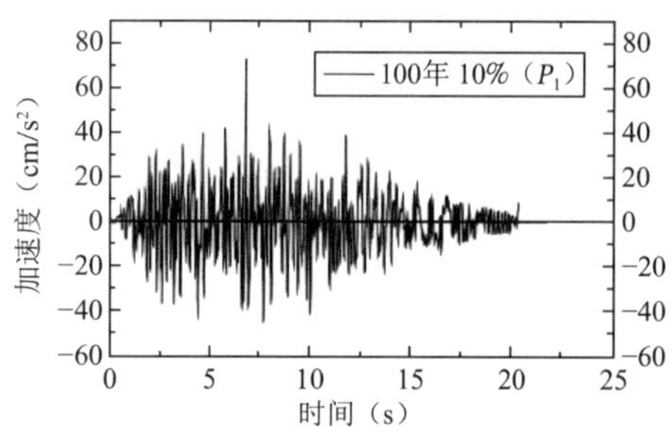

图 14-10-3　中震时基岩加速度时程

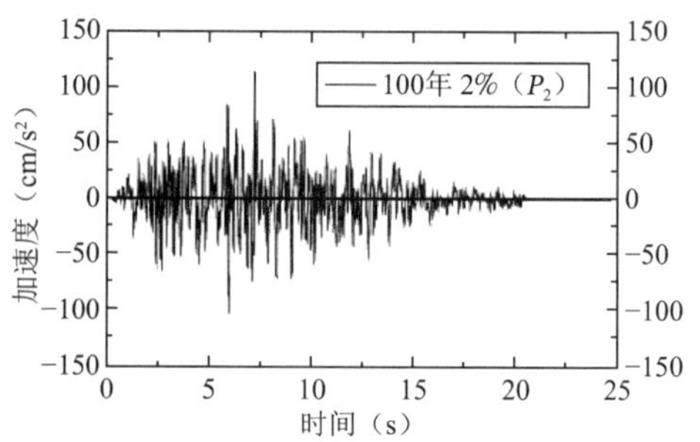

图 14-10-4　大震时基岩加速度时程

三、地表反应谱及时程的确定

拟建的阳逻大桥北岸第四系覆盖层较薄，甚至为裸露的基岩，而南岸的覆盖层较厚，为40～50m，因此必须对长江南岸的场地第四系土层进行地震反应分析。

场地土层动力反应分析采用一维土层剪切动力反应分析的等效线性化方法。计算时假定剪切波从黏弹性半无限基岩空间垂直入射到水平成层的非线性土体介质中，并向上传播。对于这一计算模型，根据波传播理论，利用时频变换技术（傅氏变换法），结合土体非线性特征的复阻尼模拟及等效线性化处理方法，可以计算出场地介质的动力反应值。

利用上述方法计算P_1概率及P_2概率时地表处的加速度时程和加速度反应谱。图 14-10-5 为中震（100 年超越概率水平 10%，即P_1概率）时地表加速度时程，图 14-10-6 为大震（100 年超越概率水平 2%，即P_2概率）时地表加速度时程，图 14-10-7 为不同概率时基岩和地表规准水平的加速度反应谱。

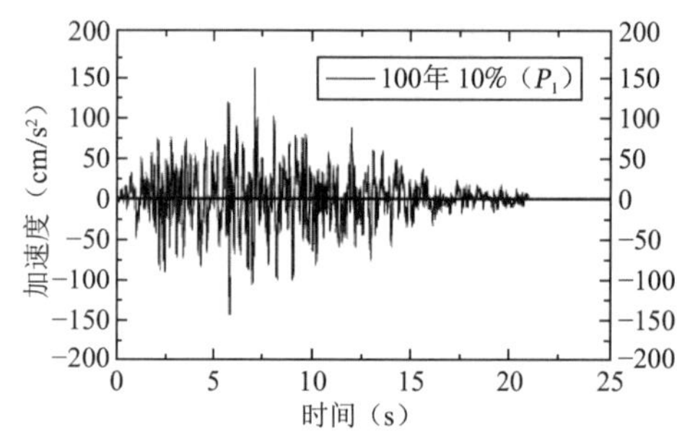

图 14-10-5　中震时地表加速度时程

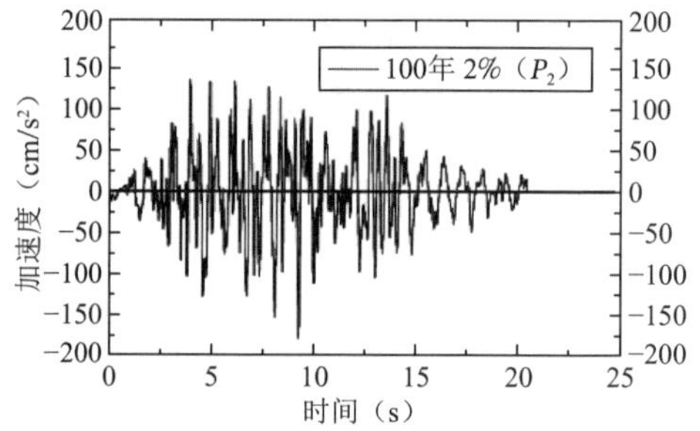

图 14-10-6　大震时地表加速度时程

四、结构动力特性

采用三维有限元方法建立桥梁动力特性的计算图式，如图 14-10-8 所示。其中，主缆、吊索用杆单元模拟，加劲梁、索塔、桩基等采用梁单元进行模拟，分析计算时还考虑了主缆、吊索轴力对几何刚度的影响。

群桩基础的计算模式，采用三维梁单元模拟实际的桩基础，用土弹簧单元模拟桩周土抗力的影响，土弹簧的面积根据土层的性质、厚度求得，土弹簧的设置根据土层深度确定，土层抗力的计算方法与静力计算方法相同，采用 m 法，其动力 m 值等于 2.5 倍静力 m 值。由于桩端嵌入基岩，因而桩端可视为固定。

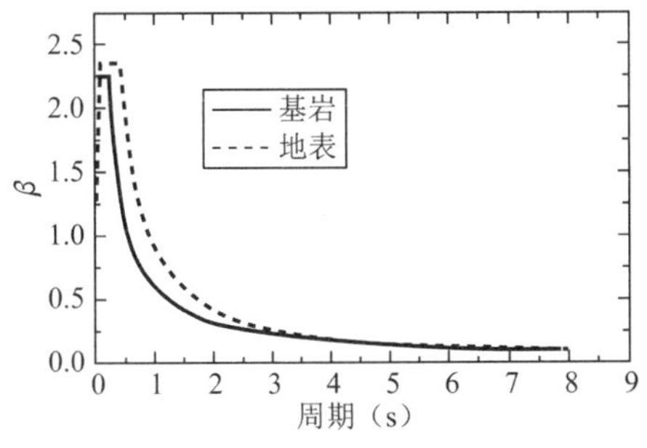

图 14-10-7　基岩和地表规准水平加速度反应谱

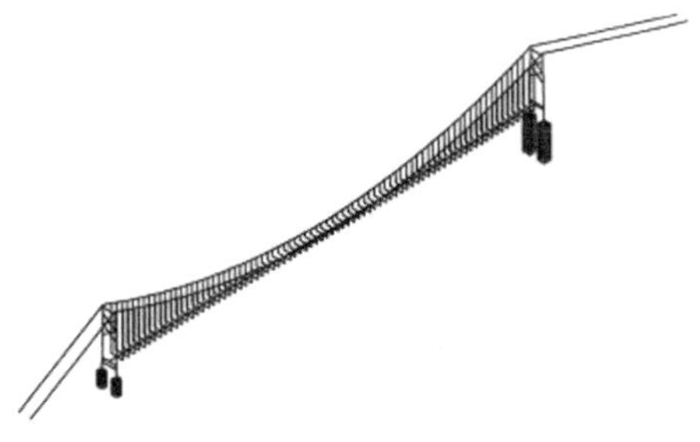

图 14-10-8　结构有限元计算图式

根据设计资料，成桥状态计算中，结构质量及质量惯矩均取用成桥运营状态时的值。结构的边界约束条件为：

（1）两索塔与加劲梁交接处，加劲梁的纵向线位移、加劲梁绕横轴的转角位移及加劲梁绕竖轴的转角位移放松，其余自由度均由索塔约束。

（2）主缆均于锚碇处锚固。

成桥状态的有限元计算模型前 20 阶频率及相应的振型见表 14-10-2。

成桥状态结构动力特性　　表 14-10-2

阶次	频率（Hz）	振型特点	阶次	频率（Hz）	振型特点
1	0.0569	第一横向对称弯曲	11	0.2476	边跨缆横摆
2	0.0900	第一竖向反对称弯曲	12	0.2476	边跨缆横摆
3	0.1343	第一竖向对称弯曲	13	0.2477	边跨缆横摆
4	0.1388	纵飘	14	0.2565	中跨缆横摆
5	0.1590	第一横向反对称弯曲	15	0.2627	中跨缆横摆
6	0.1847	第二竖向对称弯曲	16	0.2639	第三竖向对称弯曲
7	0.2039	第二竖向对称弯曲	17	0.2780	第一对称扭转
8	0.2313	中跨缆横摆	18	0.3108	第一反对称扭转
9	0.2430	中跨缆横摆	19	0.3152	第二横向对称弯曲
10	0.2464	边跨缆横摆	20	0.3210	第三竖向反对称弯曲

五、桥梁结构反应谱分析

本节分别计算了P_1概率和P_2概率两种概率地震动作用下的桥梁地震反应。计算中取前 240 阶振型的计算结果进行叠加，竖向反应谱值取水平向的 0.5 倍。对于两种概率水平均进行了以下两种工况的计算。

工况 1：纵（顺桥）向输入 + 竖向输入。

工况 2：横桥向输入 + 竖向输入。

计算所用的反应谱均为桥位处地表的反应谱。计算过程为：按反应谱理论计算各质点的地震力，并求解桥梁结构的有限元方程，然后用平方根法（SRSS）进行各振型计算结果的组合，求得总响应。

具体地说，就是先根据前面动力特性计算结果，计算作用在第 j 节点上由第 i 阶振型振动引起的最大地震荷载：

$$F_j = C_Z K_H \beta_i \gamma_i \phi_{ij} W_j \quad (j = 1,2,\cdots,n) \tag{14-10-1}$$

式中：ϕ_{ij}——对应第 i 阶模态第 j 节点的振型值；

γ_i——第 i 阶振型参与系数；

K_H——水平地震系数；

β_i——第 i 阶振型对应的反应谱的动力放大系数；

W_j——第 j 节点的重量；

C_Z——综合影响系数；

n——所取用振型阶次。

由前所述，本报告中 $n = 240$。计算时综合影响系数 C_Z 取 1.0。求得结构内对应第 i 阶振型振动时各项反应的最大值 $R_{i,\max}$，由 SRSS 对各阶振型进行叠加，得各阶振型振动的总反应的最大值：

$$R_{\max} = \sqrt{\sum_{i=1}^{n} R_{i,\max}^2} \tag{14-10-2}$$

表 14-10-3 列出了P_1概率反应谱分析所得桥梁典型截面的内力反应。表 14-10-4 给出了不同概率地震动反应谱分析所得上述两工况时典型截面的位移。

P_1概率下桥梁典型截面的内力　　表 14-10-3

截面	内力	工况 1	工况 2
北塔塔底截面（单肢）	轴力 N（kN）	2230	13070
	横向剪力 Q_y（kN）	24	2397
	顺桥向剪力 Q_z（kN）	1322	30
	顺桥向弯矩 M_y（kN · m）	62210	3341
	横向弯矩 M_z（kN · m）	189	39060
	扭矩 M_t（kN · m）	453	305
北塔下横梁上侧墩截面（单肢）	轴力 N（kN）	2247	8992
	横向剪力 Q_y（kN）	5	2406
	顺桥向剪力 Q_z（kN）	1253	23
	顺桥向弯矩 M_y（kN · m）	42630	3011
	横向弯矩 M_z（kN · m）	174	89290
	扭矩 M_t（kN · m）	349	429

续上表

截面	内力	工况 1	工况 2
加劲梁跨中截面	轴力 N（kN）	44	32
	横向剪力 Q_y（kN）	0	157
	竖向剪力 Q_z（kN）	12	7
	竖向弯矩 M_y（kN · m）	2248	2081
	横向弯矩 M_z（kN · m）	0	11190
	扭矩 M_t（kN · m）	0	13
加劲梁 l/4 跨截面	轴力 N（kN）	221	15
	横向剪力 Q_y（kN）	0	267
	竖向剪力 Q_z（kN）	25	22
	竖向弯矩 M_y（kN · m）	2747	1644
	横向弯矩 M_z（kN · m）	0	85310
	扭矩 M_t（kN · m）	0	65
南塔塔底截面（单肢）	轴力 N（kN）	1909	12420
	横向剪力 Q_y（kN）	14	2327
	顺桥向剪力 Q_z（kN）	3097	28
	顺桥向弯矩 M_y（kN · m）	144600	4010
	横向弯矩 M_z（kN · m）	203	41950
	扭矩 M_t（kN · m）	691	217
南塔下横梁上侧墩截面（单肢）	轴力 N（kN）	1936	7694
	横向剪力 Q_y（kN）	5	2273
	顺桥向剪力 Q_z（kN）	2647	25
	顺桥向弯矩 M_y（kN · m）	63840	3350
	横向弯矩 M_z（kN · m）	151	79770
	扭矩 M_t（kN · m）	634	260

续上表

截面	内力	工况1	工况2
北塔底单桩最大内力	轴力 N（kN）	1317	1855
	顺桥向弯矩 M_y（kN·m）	861	—
	横向弯矩 M_z（kN·m）	—	684
南塔底单桩最大内力	轴力 N（kN）	1158	925
	顺桥向弯矩 M_y（kN·m）	620	—
	横向弯矩 M_z（kN·m）	—	227

不同概率下塔顶及跨中桥面位移　　表14-10-4

截面位置	工况	P_1概率			P_2概率		
		顺桥向	横桥向	竖向	顺桥向	横桥向	竖向
北塔顶	工况1	0.013	0.000	0.000	0.021	0.000	0.001
	工况2	0.004	0.016	0.001	0.007	0.025	0.001
南塔顶	工况1	0.026	0.000	0.000	0.041	0.000	0.000
	工况2	0.006	0.017	0.001	0.009	0.027	0.002
加劲梁跨中	工况1	0.098	0.000	0.081	0.154	0.000	0.125
	工况2	0.002	0.607	0.047	0.002	0.947	0.074

六、结构动态时程反应分析

根据前面求得的对应P_1概率和P_2概率两种概率水平地震动的地表加速度时程曲线，对阳逻大桥于地震动作用下的动力微分方程在时域内直接进行积分求解即可进行时程反应分析，计算时考虑主缆、吊索轴力对几何刚度的影响，考虑材料非线性的影响，同时考虑可能出现截面的弹塑性变形对刚度的影响。计算时偏于安全地假定地震主方向与桥轴主方向（桥纵轴向、横桥向、竖向）重合，也即地震动沿桥纵轴向或横桥向或竖向传播，由于地震动沿桥纵轴向和沿横桥向同时作用的可能性很小，因而在计算时地震动沿纵、横向分别输入。

时程分析计算时不考虑行波效应或非一致激励，分析时假定所有桥墩底的地面运动是一致的，因而与前面一致，仍计算下列两种工况。

工况1：纵（顺桥）向输入＋竖向输入。

工况2：横桥向输入＋竖向输入。

计算时竖向地震动取纵（横）向地震动的1/2。表14-10-5列出了P_1概率地震动时程分析所得桥梁典型截面的内力最大反应。表 14-10-6 给出了不同概率地震动时程分析所得上述两工况时典型截面的位移。

图 14-10-9～图 14-10-25 分别给出了部分典型计算结果。其中：图 14-10-9、图 14-10-10 分别为工况 1 南塔顶顺桥向（纵向）、北塔顶顺桥向（纵向）位移时程；图 14-10-11、图 14-10-12 分别为跨中截面在工况 1 时竖向位移时程和工况 2 时横向位移时程；图 14-10-13、图 14-10-14 分别为工况 1 时北、南索塔最大顺桥向位移响应沿塔高变化；图 14-10-15、图 14-10-16 为工况 1 时加劲梁最大竖向位移响应和工况 2 时加劲梁最大横向位移响应沿桥轴变化；图 14-10-17、图 14-10-18 分别为工况 1 时北、南塔底截面顺桥向弯矩反应时程。

P_1概率下桥梁典型截面的内力（时程分析）　　表 14-10-5

截面	内力	工况 1	工况 2
北塔塔底截面（单肢）	轴力 N（kN）	10380	26880
	横向剪力 Q_y（kN）	20	5980
	顺桥向剪力 Q_z（kN）	4297	189
	顺桥向弯矩 M_y（kN · m）	142100	8330
	横向弯矩 M_z（kN · m）	519	106700
北塔下横梁上侧墩截面（单肢）	轴力 N（kN）	8391	20190
	横向剪力 Q_y（kN）	23	5029
	顺桥向剪力 Q_z（kN）	2944	175
	顺桥向弯矩 M_y（kN · m）	95340	5445
	横向弯矩 M_z（kN · m）	206	183200
加劲梁跨中截面	轴力 N（kN）	33	30
	横向剪力 Q_y（kN）	0	11
	竖向剪力 Q_z（kN）	5	0
	竖向弯矩 M_y（kN · m）	2032	1973
	横向弯矩 M_z（kN · m）	0	30760
加劲梁 l/4 跨截面	轴力 N（kN）	194	13
	横向剪力 Q_y（kN）	0	374
	竖向剪力 Q_z（kN）	20	23
	竖向弯矩 M_y（kN · m）	1491	1390
	横向弯矩 M_z（kN · m）	0	22010

续上表

截面	内力	工况 1	工况 2
南塔塔底截面（单肢）	轴力 N（kN）	8242	28980
	横向剪力 Q_y（kN）	10	6338
	顺桥向剪力 Q_z（kN）	3937	197
	顺桥向弯矩 M_y（kN · m）	125600	9047
	横向弯矩 M_z（kN · m）	243	128200
南塔下横梁上侧墩截面（单肢）	轴力 N（kN）	5764	20490
	横向剪力 Q_y（kN）	25	5081
	顺桥向剪力 Q_z（kN）	2171	164
	顺桥向弯矩 M_y（kN · m）	72020	4154
	横向弯矩 M_z（kN · m）	208	178500

不同概率下塔顶及跨中桥面位移（时程分析）　表 14-10-6

截面位置	工况	P_1概率（m）			P_2概率（m）		
		顺桥向	横桥向	竖向	顺桥向	横桥向	竖向
北塔顶	工况 1	0.017	0.000	0.000	0.028	0.000	0.001
	工况 2	0.006	0.038	0.002	0.006	0.038	0.002
南塔顶	工况 1	0.026	0.000	0.000	0.036	0.000	0.001
	工况 2	0.007	0.039	0.002	0.007	0.039	0.003
加劲梁跨中	工况 1	0.069	0.000	0.045	0.067	0.000	0.040
	工况 2	0.001	0.086	0.040	0.001	0.086	0.040

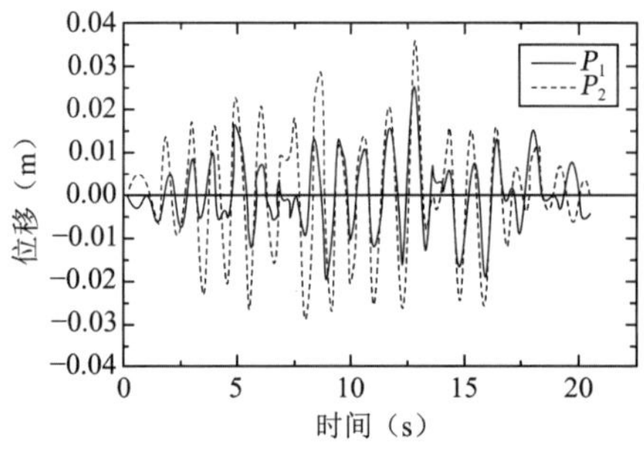

图 14-10-9　工况 1 时南塔顶顺桥向位移时程响应

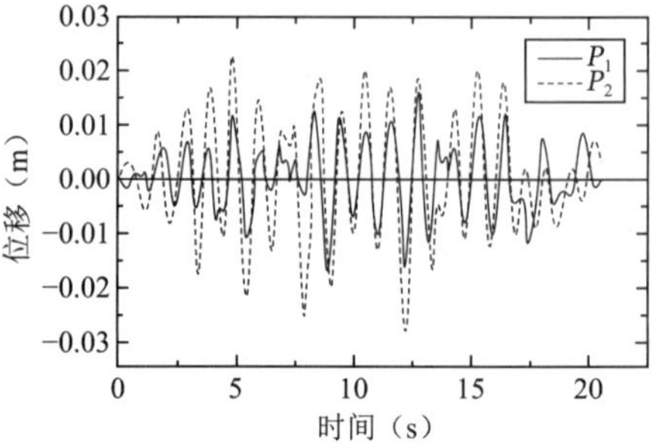

图 14-10-10　工况 1 时北塔顶顺桥向位移时程响应

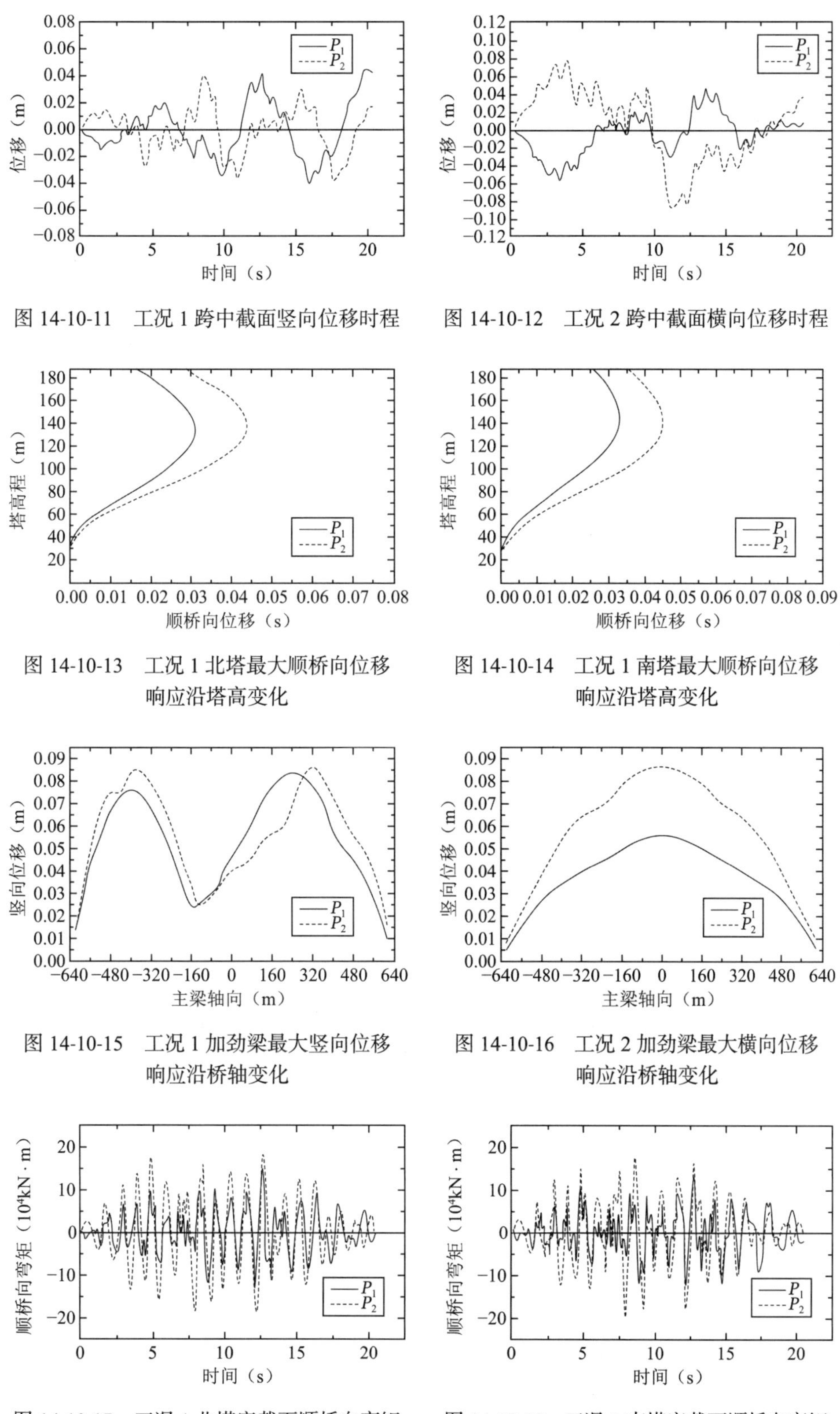

图 14-10-11　工况 1 跨中截面竖向位移时程

图 14-10-12　工况 2 跨中截面横向位移时程

图 14-10-13　工况 1 北塔最大顺桥向位移响应沿塔高变化

图 14-10-14　工况 1 南塔最大顺桥向位移响应沿塔高变化

图 14-10-15　工况 1 加劲梁最大竖向位移响应沿桥轴变化

图 14-10-16　工况 2 加劲梁最大横向位移响应沿桥轴变化

图 14-10-17　工况 1 北塔底截面顺桥向弯矩反应时程

图 14-10-18　工况 1 南塔底截面顺桥向弯矩反应时程

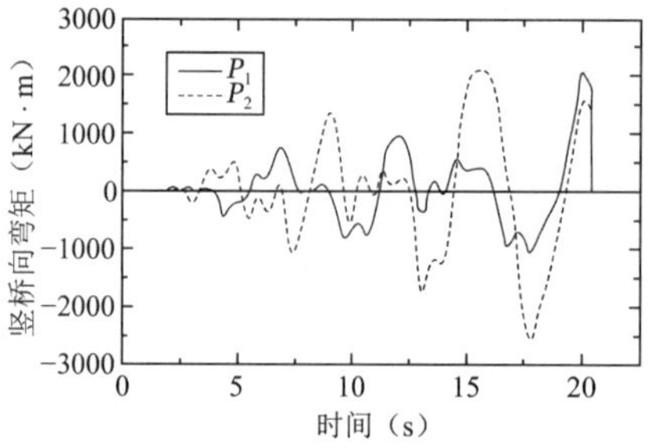

图 14-10-19　工况 1 跨中截面竖向弯矩反应时程

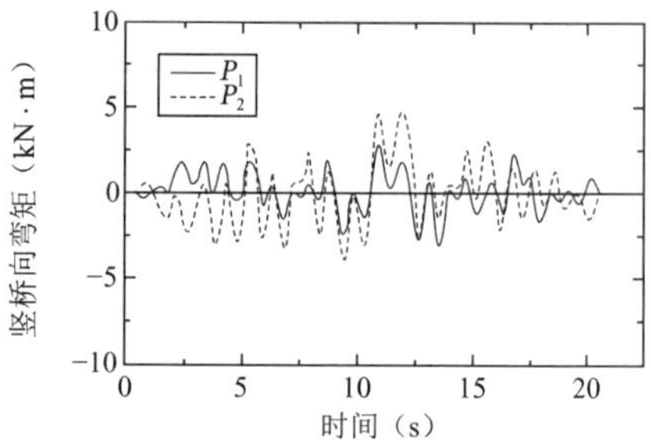

图 14-10-20　工况 2 跨中截面横向弯矩反应时程

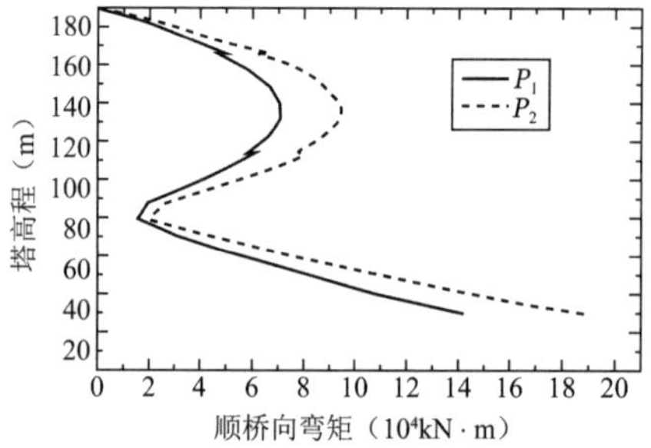

图 14-10-21　工况 1 北塔最大顺桥向弯矩沿塔高变化

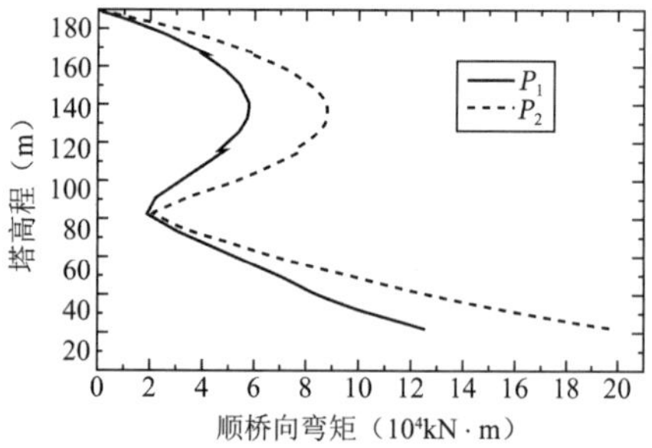

图 14-10-22　工况 1 南塔最大顺桥向弯矩沿塔高变化

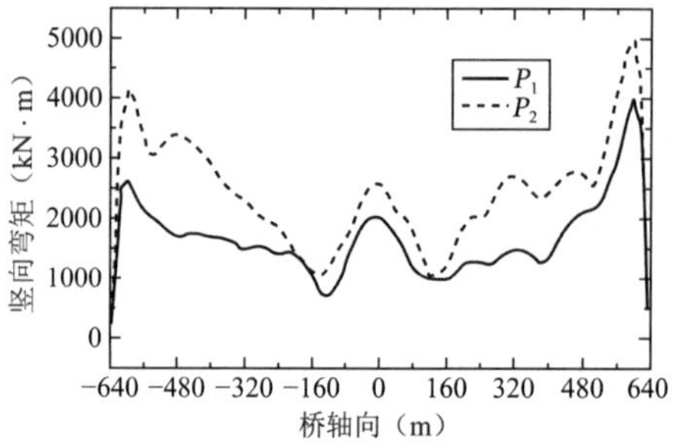

图 14-10-23　工况 1 加劲梁最大竖向弯矩沿加劲梁轴向变化

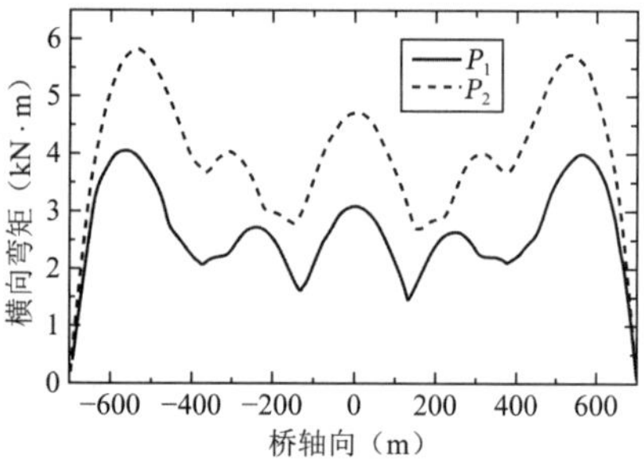

图 14-10-24　工况 2 加劲梁最大横向弯矩沿加劲梁轴向变化

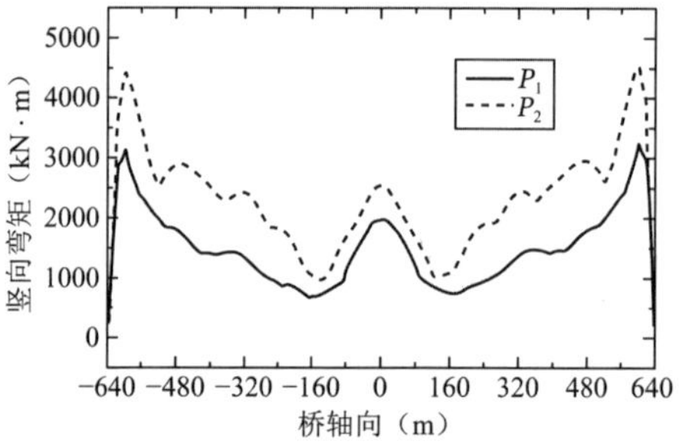

图 14-10-25　工况 2 加劲梁最大竖向弯矩沿加劲梁轴向变化

七、地震参数影响分析

为了更全面地考查阳逻大桥的地震性能及行波效应、桩-土相互作用、阻尼比等对结构地震反应性能的影响，共进行以下几种工况的计算，计算时竖向地震动取纵（横）向地震动的1/2，偏于安全地假定地震主方向与桥轴主方向（顺桥轴向、横桥向、竖向）重合，也即地震动沿顺桥轴向 + 竖向输入或横桥向 + 竖向输入。

工况 1：加速度时程第一组、塔底固结、一致输入。

工况 2：加速度时程第二组、塔底固结、一致输入。

工况 3：加速度时程第三组、塔底固结、一致输入。

工况 4：加速度时程第三组、塔底固结、行波波速 v = 500m/s。

工况 5：加速度时程第三组、塔底固结、行波波速 v = 1000m/s。

工况 6：加速度时程第三组、桩基、一致输入。

工况 7：加速度时程第三组、塔底固结、一致输入。

其中，工况 1～工况 6 加速度时程对应的阻尼比取 0.05，工况 7 阻尼比取 0.02。表 14-10-7 给出了各工况下各典型截面的内力响应。

根据表 14-10-7，比较工况 1～工况 3 可知，工况 3 的内力响应最大，采用不同组数的加速度时程作地震动输入，会产生 10%左右的差别，因此，在生成加速度时程对大跨径桥梁进行地震反应分析时，应多拟合几组加速度时程，并分别进行计算分析，一般不应少于三条。

各工况下典型截面的地震响应　　表 14-10-7

工况号	截面位置					
	主梁跨中		北塔塔底		南塔塔底	
	（纵 + 竖）M_y（kN·m）	（横 + 竖）M_z（kN·m）	（纵 + 竖）M_y（kN·m）	（横 + 竖）M_z（kN·m）	（纵 + 竖）M_y（kN·m）	（横 + 竖）M_z（kN·m）
1	2032	30760	142100	106700	125600	128200
2	2093	29740	143100	106700	127400	128900
3	1824	36730	154200	113000	140400	136000
4	5377	40850	126200	112800	154200	138500
5	5282	21360	176800	113400	113000	137200
6	1831	23040	143300	76780	117500	77640
7	2735	48301	201150	145022	185400	173840

注：表中 M_y 为顺（纵）桥向弯矩，M_z 为横桥向弯矩。

比较工况 3～工况 5 可知，行波效应对截面的地震响应有较大的影响，且不同截面影响程度不同，行波波速的差别对地震响应也有较大的影响。一般来讲，行波效应对横向 + 竖向输入地震动塔底的地震响应影响较小，但对加劲梁截面的影响较大，而当纵向 + 竖向地震动输入时，行波效应对各截面的地震响应的影响则均较大。行波效应会加大截面的地震响应内力，也会减少地震响应内力。

比较工况3和工况6可知，考虑桩-土相互作用后，各截面上的地震内力响应均减少，尤其是塔底的横桥弯矩减少了35%左右。这是因为考虑桩-土相互作用后，桥梁的固有频率降低，结构变柔的结果。

比较工况3和工况7可知，采用小阻尼比后，截面内力响应值增大，输入阻尼比$\zeta = 2\%$时，地震动所得到的塔底截面内力约为输入阻尼比$\zeta = 5\%$时的130%。

第十一节　计算示例二

本节以张靖皋长江大桥北航道桥（简称“北航道桥”）为例，介绍悬索桥抗震设计方法。

一、工程概况

北航道桥缆跨布置为530m + 1208m + 530m。主缆矢跨比为1/9；加劲梁采用整体断面扁平流线型钢箱梁，梁宽50.7m（含风嘴）；索塔采用门形钢索塔，索塔基础采用群桩基础；南北锚碇均为重力式锚碇。有关情况如图14-11-1～图14-11-3所示。

约束体系布置如图14-11-4所示，塔梁之间均设置横向抗风支座共计4个，下横梁与加劲梁之间设置竖向支座南北塔各设置2个。南北塔的下横梁与加劲梁之间各设置4个纵向动力阻尼器作为减震装置，另外各塔设有纵向限位挡块。在50年超越概率10%和100年超越概率4%两设防水准下均分别发挥限位和耗能作用。

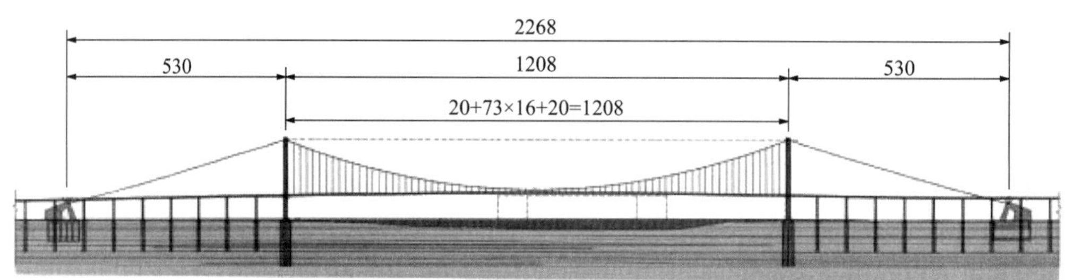

图14-11-1　全桥立面布置图（尺寸单位：m）

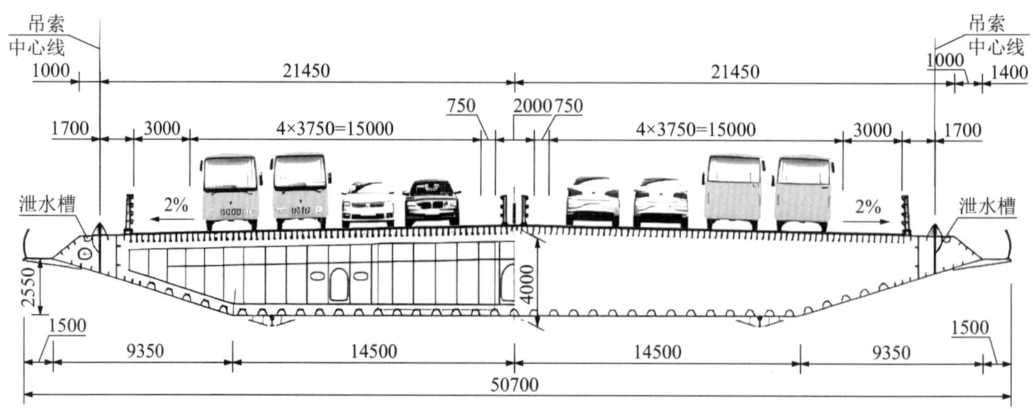

图14-11-2　加劲梁标准断面图（尺寸单位：mm）

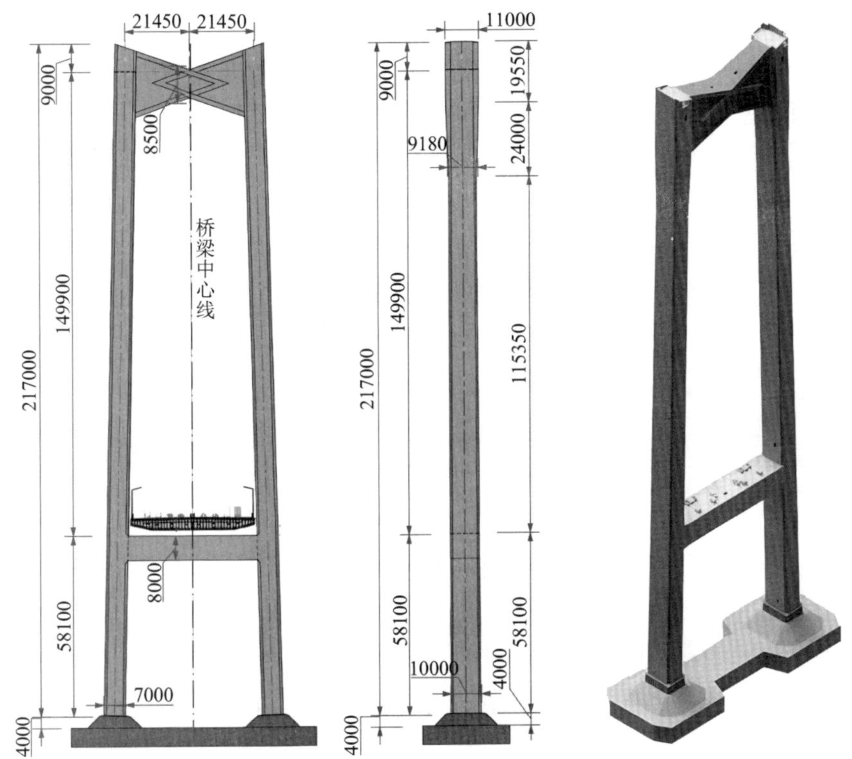

图 14-11-3　索塔基础构造示意图（尺寸单位：mm）

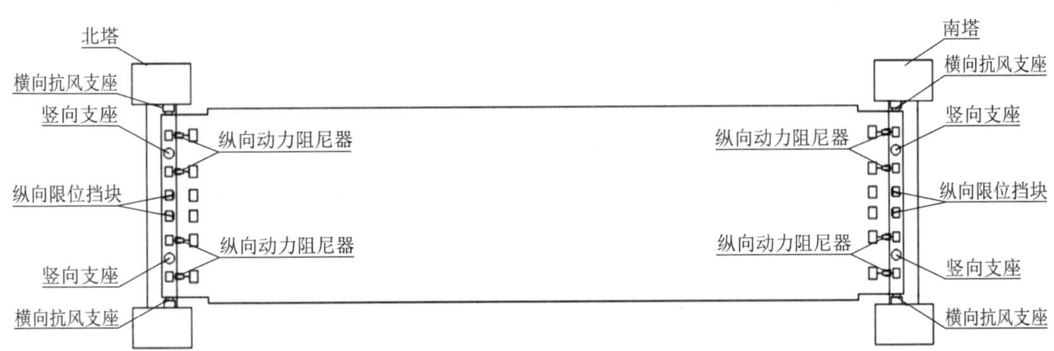

图 14-11-4　约束系统布置形式

二、地震动参数

北航道桥 50 年超越概率 10%地震作用下反应谱特征周期为 0.65s；100 年超越概率 4%地震作用下反应谱特征周期为 0.80s。两水准作用的场地地面设计加速度反应谱（阻尼比 2%）计算公式见式(14-11-1)、式(14-11-2)。竖向地震作用取相应水平地震动的 0.65 倍。

$$\beta(T)=\begin{cases}1+10\times(\beta_{\max}-1)\times T & (0\leqslant T\leqslant 0.1)\\ \beta_{\max} & (0.1\leqslant T\leqslant T_{\mathrm{g}})\\ \beta_{\max}\times\left(T_{\mathrm{g}}/T\right)^{\gamma} & (T_{\mathrm{g}}\leqslant T\leqslant 20)\end{cases} \tag{14-11-1}$$

$$S(T)=\beta(T)\times A_{\max} \tag{14-11-2}$$

式中：T——结构自振周期；

$S(T)$——周期 T 时的水平向绝对加速度反应谱值；

$\beta(T)$——设计地震动加速度放大系数反应谱；

$A_{\max}$——峰值加速度；

T_g——特征周期；

γ——下降指数；

$\beta_{\max}$——动力放大系数最大值。

阻尼比（ξ）2%反应谱的各参数的取值见表14-11-1。

反应谱参数取值　　表14-11-1

项目	Y	$A_{\max}$（g）	$S_{\max}$（g）	ξ	$\beta_{\max}$
50年10%地震作用	1.00	0.096	0.317	0.02	3.30
100年4%地震作用	1.00	0.168	0.555	0.02	3.30

图14-11-5为阻尼比 ξ 为2%时50年超越概率10%和100年超越概率4%两水准地震作用的加速度反应谱。

北航道桥概率水准包含50年10%（重现期475年）及100年4%（重现期2500年）。每场点、每个概率水准20条（其中水平向和竖向各10条）。按规范选取两个概率水准水平和竖向各7条地震波进行组合，北航道桥地震响应结果取7条地震动分析结果的平均值。

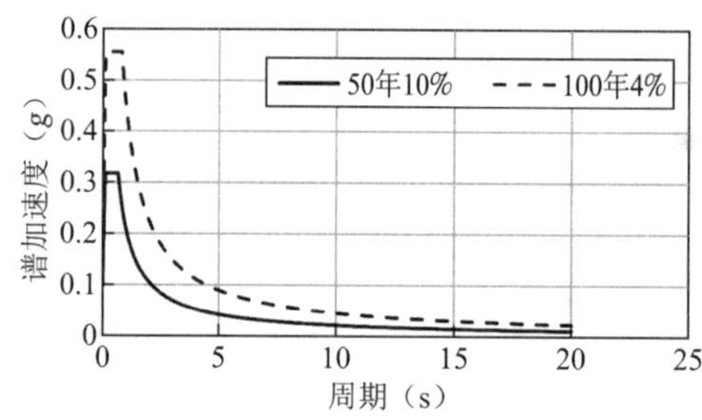

图14-11-5　阻尼比2%下地震动加速度反应谱

三、结构动力模型及动力特性

加劲梁和索塔采用梁单元模拟；主缆和吊索采用杆单元模拟，且单元释放对局部坐标系中垂直于该单元的两轴向的弯矩和扭矩；承台近似按刚体模拟，质量堆聚在承台质心。墩底和承台中心节点采用主从相连；加劲梁的一期恒载通过赋予截面面积和密度施加，二期恒载以线质量形式附加于梁单元，压重以集中质量的形式附加于具体位置，主缆、吊索以及索塔考虑恒载几何刚度（P-Δ 效应）。

根据图14-11-4所示的支座布置图，北航道索塔梁设置竖向支座，并具备横向抗风支座与纵向阻尼器。横桥向，在50年超越概率10%和100年超越概率4%两设防水准下均保持塔、梁共同作用。纵桥向，塔、梁间布置纵向黏滞阻尼器，在50年超越概率10%和100年超越概率4%两设防水准下均分别发挥限位和耗能作用。支座及阻尼的连接关系见表14-11-2。

为了控制索塔梁端纵向位移，在北航道桥的塔梁间设置了纵向液压黏滞阻尼器。因此，桥梁纵向非线性动力分析时需考虑黏滞性阻尼器的非线性特性。黏滞阻尼器利用活塞前后压力差，使油流过阻尼孔产生阻尼力，阻尼力大小与速度有关且同结构的弹性力反相位。对于液压型黏滞阻尼器，其非线性模型见式(14-11-3)：

$$F = CV^{\alpha} \tag{14-11-3}$$

式中：F——阻尼力；

C——阻尼系数，主要与阻尼孔开孔面积有关；

V——阻尼器相对速度；

α——速度指数（范围在 0.1～2.0，土木工程实际中常用值一般在 0.1～1.0 范围内），主要与硅油物理力学性质有关。

支座关系　　表 14-11-2

支座类型	Δ_x	Δ_y	Δ_z	θ_x	θ_y	θ_z
竖向支座	0	0	1	0	0	0
抗风支座	0	1	0	0	0	0
阻尼器	2	0	0	0	0	0

注：1. 0 表示释放，1 表示固定，2 表示阻尼力；x 为纵桥向，y 为横桥向，z 为竖向。

2. Δ_x、Δ_y、Δ_z表示x、y、z方向的平动自由度；θ_x、θ_y、θ_z表示x、y、z方向的转动自由度。

当液压阻尼器的阻尼力与相对速度成比例时，称为线性阻尼器，其恢复力特性如图 14-11-6 中实曲线所示，形状近似椭圆。当阻尼器阻尼力与相对速度不成比例时，称为非线性阻尼器，其恢复力特性如图 14-11-6 中虚曲线所示，形状趋近于矩形。

此外，塔梁相对位移达到最大时，塔梁相对速度最小，因而液压阻尼器阻尼力最小，接近于零；而液压阻尼器阻尼力最大时，塔梁相对位移最小，塔梁相对速度最大。

本工程在塔、梁布置纵向黏滞阻尼器主要目的是减小桥梁在动力荷载作用下的梁端纵向位移，同时要求连接装置不影响桥梁在其他荷载作用下的正常运行。因此对塔、梁处阻尼器装置进行了参数敏感性分析，即对不同结构体系不同阻尼器参数下的动力响应进行了比较分析。

桥梁地震反应分析中，桩基础的常用处理方法是在承台底加六个方向的弹簧来模拟桩基础的作用（图 14-11-7），并由承台底部内力按 m 法反推单桩最不利受力。弹簧刚度根据土层状况和桩的布置形式按静力等效原则确定，由土性资料确定 m 值，这种处理方法在桩承台桩基础中广泛采用。对于墩下桩基础采用六弹簧模型模拟各群桩基础的影响，单个群桩基础的弹簧刚度见表 14-11-3。

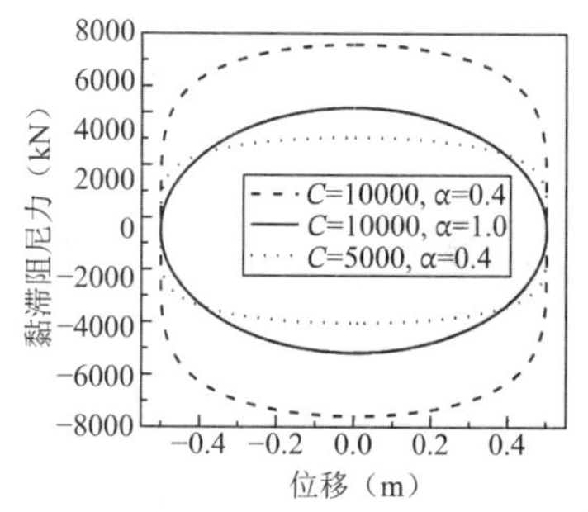

图 14-11-6　黏滞阻尼器理论滞回环

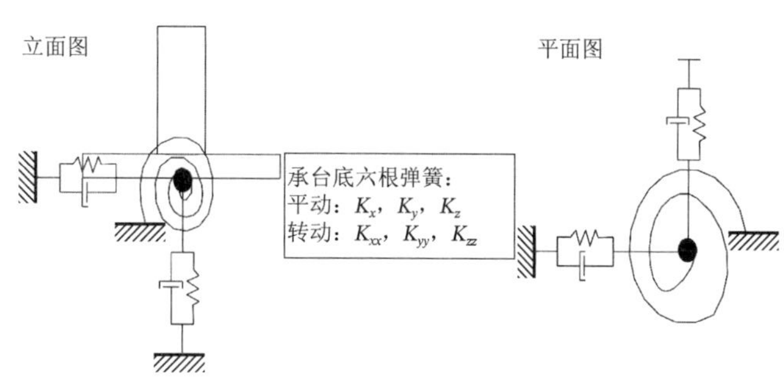

图 14-11-7　桩基础六弹簧模型

桩基础弹簧刚度　　表 14-11-3

项目	U_x（kN/m）	U_y（kN/m）	U_z（kN/m）	θ_x（kN · m/rad）	θ_y（kN · m/rad）	θ_z（kN · m/rad）
北塔	4.41×10^{7}	4.41×10^{7}	1.85×10^{8}	1.55×10^{11}	2.33×10^{10}	4.20×10^{10}
南塔	3.45×10^{7}	3.45×10^{7}	1.59×10^{8}	1.33×10^{11}	2.00×10^{10}	3.29×10^{10}

注：1. x 为纵桥向，y 为横桥向，z 为竖向。
2. U_x、U_y、U_z、θ_x、θ_y 和 θ_z 分别代表沿 x、y 和 z 轴的平动刚度和转动刚度。

北航道桥采用空间有限元程序建立拉杆体系三维结构动力分析有限元模型，如图 14-11-8 所示。总体坐标系以顺桥向为 x 轴，横向为 y 轴，竖向为 z 轴；各单元局部坐标系以单元轴向为 1 轴（从 I 节点指向 J 节点），3 轴保持水平且垂直于 1 轴，2 轴按右手螺旋准则确定。

图 14-11-8　拉杆体系三维结构动力分析有限元模型

分析和认识桥梁结构的动力特性是进行桥梁结构抗震性能分析的基础和重要环节。表 14-11-4 列出了桥梁的主要振型及对应的周期和频率，同时给出主要振型特征。

线性模型动力特性（半漂浮体系）　　表 14-11-4

振型阶数	周期（s）	频率（Hz）	振型特征
1	15.66	0.0638	加劲梁横向一阶对称振动
2	11.79	0.0848	加劲梁纵向一阶振动
3	8.09	0.1236	加劲梁竖向反对称振动
4	7.48	0.1336	加劲梁竖向对称振动
5	5.67	0.1763	加劲梁竖向三阶对称振动
6	5.06	0.1978	加劲梁横向二阶反对称振动
7	4.65	0.2151	加劲梁竖向四阶反对称振动
8	4.21	0.2376	索塔横向对称振动
9	4.18	0.2393	索塔横向反对称振动
10	3.94	0.2537	边缆索横向反对称振动

四、地震作用下分析结果

分别输入 50 年超越概率 10%和 100 年超越概率 4%地震作用的 7 条时程函数，计算结果取 7 条波的平均值。地震波输入方式为“水平 + 竖向”。

在桥梁内力分析之前，首先基于纵向 + 竖向地震作用下的非线性时程反应分析，对阻尼器进行参数分析，得到塔-梁相对位移情况见表 14-11-5（100 年超越概率 4%地震作用的 7 条时程输入后，结构响应取平均）。通过参数分析可知，阻尼器能够有效降低塔梁相对位移。初步确定在阻尼系数为 1000kN · s/m，阻尼指数为 0.3 时，单个阻尼器的阻尼力峰值为 851.75kN 不超过 1000kN，同时塔梁最大相对位移下降为 0.291m，并在以下内力计算均基于此参数进行分析。

阻尼器参数分析　　表 14-11-5

单个阻尼器参数（单侧 4 阻尼）	塔梁相对最大位移（m）	最大阻尼力（kN）
无阻尼	0.989	N/A
C = 600kN · s/m，α = 0.3	0.406	530.22
C = 800kN · s/m，α = 0.3	0.322	707.75
C = 1000kN · s/m，α = 0.3	0.291	851.75
C = 1200kN · s/m，α = 0.3	0.272	1006.92
C = 1600kN · s/m，α = 0.3	0.258	1306.34
C = 1800kN · s/m，α = 0.3	0.247	1453.71
C = 2000kN · s/m，α = 0.3	0.239	1630.15
C = 3000kN · s/m，α = 0.3	0.185	2406.48
C = 4000kN · s/m，α = 0.3	0.151	3116.11

注：C为阻尼系数，α为速度指数。

由相同方向输入时，50 年超越概率 10%和 100 年超越概率 4%地震作用下索塔弯矩包络图形状相似，这里只给出 50 年超越概率 10%地震作用沿纵向 + 竖向和横向 + 竖向输入下的索塔弯矩包络图，以便确定索塔在地震输入下抗震性能验算的控制截面位置。

图 14-11-9～图 14-11-12 分别给出了 50 年超越概率 10%地震作用沿水平 + 竖向方向输入时，索塔的剪力和弯矩包络图，可以看出：纵向地震输入下，索塔的弯矩和剪力最大值均出现在塔底；此外，上横梁下截面、下横梁上下截面处受力也较大。同时对索塔纵向上、下横梁截面进行验算。

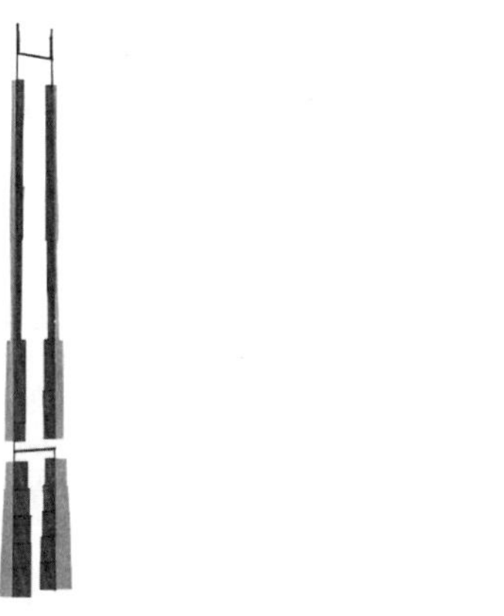

图 14-11-9　纵向 + 竖向输入索塔剪力包络图

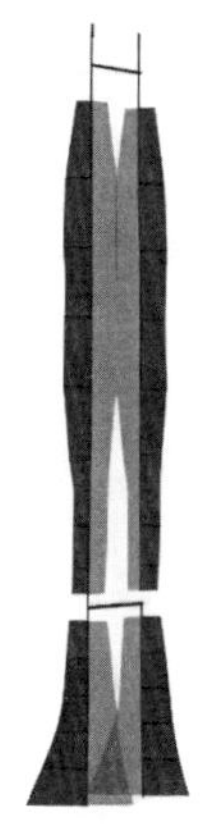

图 14-11-10　纵向 + 竖向输入索塔弯矩包络图

基于包络图，索塔控制截面编号命名如图14-11-13所示。其中，截面1为塔底截面，截面2为下横梁下端塔截面，截面3为下横梁上端塔截面，截面4为上横梁下端塔截面，截面5为下横梁端部截面，截面6为上横梁端部截面。

图14-11-11　横向+竖向输入索塔剪力包络图　图14-11-12　横向+竖向输入索塔弯矩包络图　图14-11-13　索塔控制截面示意图

50年超越概率10%地震作用沿“纵桥向+竖向”方向输入下，主桥关键节点位移见表14-11-6，各索塔控制截面内力最大值见表14-11-7，承台底反力最大值见表14-11-8，桩基最不利内力最大值见表14-11-9。

50年超越概率10%地震作用下主桥关键节点的位移最大值　　表14-11-6

地震输入	位置	位移值（m）
纵桥向+竖向	北塔顶	0.0409
	南塔顶	0.0411
	加劲梁左端	0.1345
	加劲梁中点	0.1309
	加劲梁右端	0.1346

50年超越概率10%地震作用下索塔控制截面内力最大值　　表14-11-7

地震方向	位置	截面	动轴力（kN）	动剪力（kN）	动弯矩（kN·m）
纵桥向+竖向	北塔	1	9897.57	5301.26	233837.27
		2	8933.24	3674.19	84931.62
		3	8404.70	2674.70	72986.77
		4	4870.99	1641.63	91746.81
		5	394.56	1388.64	10747.64
		6	448.50	500.40	7430.01

续上表

地震方向	位置	截面	动轴力（kN）	动剪力（kN）	动弯矩（kN·m）
纵桥向＋竖向	南塔	1	11885.07	5109.64	232347.11
		2	11101.73	3797.41	93323.30
		3	10133.68	2985.16	75555.29
		4	4860.09	1839.10	101585.04
		5	489.23	1493.34	12232.72
		6	557.23	411.58	7594.60

50 年超越概率 10%地震作用下承台底反力最大值　　表 14-11-8

地震方向	位置	动轴力（kN）	动剪力（kN）	动弯矩（kN·m）
纵桥向＋竖向	北塔	46665.42	67905.52	602813.86
	南塔	44052.19	67021.52	609801.29

50 年超越概率 10%地震作用下桩基最不利内力最大值　　表 14-11-9

地震方向	位置	动轴力（kN）	动剪力（kN）	动弯矩（kN·m）
纵桥向＋竖向	北塔	4312.00	1476.00	5790.00
	南塔	4267.00	1457.00	5701.00

100 年超越概率 4%地震作用沿“纵桥向＋竖向”方向输入下，主桥关键节点位移见表 14-11-10，各索塔控制截面内力最大值见表 14-11-11，承台底反力最大值见表 14-11-12，桩基最不利内力最大值见表 14-11-13。

100 年超越概率 4%地震作用下主桥关键节点的位移最大值　　表 14-11-10

地震方向	位置	位移（m）
纵桥向＋竖向	北塔顶	0.0828
	南塔顶	0.1017
	加劲梁左端	0.2752
	加劲梁中点	0.2729
	加劲梁右端	0.2768

100 年超越概率 4%地震作用下索塔控制截面内力最大值　　表 14-11-11

地震方向	位置	截面	动轴力（kN）	动剪力（kN）	动弯矩（kN·m）
纵桥向＋竖向	北塔	1	15643.72	10147.58	576943.78
		2	14433.24	8577.04	173353.11

续上表

地震方向	位置	截面	动轴力（kN）	动剪力（kN）	动弯矩（kN·m）
纵桥向＋竖向	北塔	3	13584.19	7157.36	121154.48
		4	8514.47	4333.06	215712.15
		5	768.96	1997.34	15282.30
		6	771.73	1017.01	14269.71
	南塔	1	15825.01	10765.53	598079.54
		2	14688.22	8670.16	179096.18
		3	14333.74	7446.90	116111.48
		4	8519.72	4552.95	220389.66
		5	807.33	1911.91	14551.07
		6	826.23	961.41	13819.76

100年超越概率4%地震作用下承台底反力最大值 表14-11-12

地震方向	位置	动轴力（kN）	动剪力（kN）	动弯矩（kN·m）
纵桥向＋竖向	北塔	72870.43	108161.20	1427217.44
	南塔	72863.66	107082.50	1467724.16

100年超越概率4%地震作用下桩基最不利内力最大值 表14-11-13

地震方向	位置	动轴力（kN）	动剪力（kN）	动弯矩（kN·m）
纵桥向＋竖向	北塔	8670.00	2351.00	9513.00
	南塔	8798.00	2328.00	9366.00

50年超越概率10%地震作用沿“横桥向＋竖向”方向输入下，主桥关键节点位移最大值见表14-11-14；各索塔控制截面内力最大值见表14-11-15；承台底反力最大值见表14-11-16；桩基最不利内力最大值见表14-11-17。

100年超越概率4%地震作用沿“横桥向＋竖向”方向输入下，主桥关键节点位移最大值见表14-11-18，各索塔控制截面内力最大值见表14-11-19所示，承台底反力最大值见表14-11-20所示，桩基最不利内力最大值见表14-11-21。

50年超越概率10%地震作用下主桥关键节点的位移最大值 表14-11-14

地震方向	位置	位移值（m）
横桥向＋竖向	北塔顶	0.1577
	南塔顶	0.1560
	加劲梁左端	0.0291
	加劲梁中点	1.0265
	加劲梁右端	0.0288

50 年超越概率 10%地震作用下索塔控制截面内力最大值 表 14-11-15

地震方向	位置	截面	动轴力（kN）	动剪力（kN）	动弯矩（kN·m）
横桥向 + 竖向	北塔	1	20141.28	6237.39	208567.66
		2	19452.98	5687.63	87979.45
		3	14243.38	11922.76	80656.95
		4	8913.03	1993.61	109303.05
		5	19839.38	10488.31	19028.53
		6	763.76	6278.99	94534.14
	南塔	1	19662.80	6167.51	208515.35
		2	18973.26	5490.40	89080.94
		3	14255.84	11733.86	81851.54
		4	8888.77	2044.79	108306.85
		5	20132.61	10578.39	20036.35
		6	784.82	6318.21	91622.44

50 年超越概率 10%地震作用下承台底反力最大值 表 14-11-16

地震方向	位置	动轴力（kN）	动剪力（kN）	动弯矩（kN·m）
横桥向 + 竖向	北塔	48694.19	85867.50	1480875.03
	南塔	47727.06	83962.31	1444853.46

50 年超越概率 10%地震作用下单桩最不利内力最大值 表 14-11-17

地震方向	位置	动轴力（kN）	动剪力（kN）	动弯矩（kN·m）
横桥向 + 竖向	北塔	3153.00	1867.00	8485.00
	南塔	3082.00	1825.00	8297.00

100 年超越概率 4%地震作用下主桥关键节点的位移最大值 表 14-11-18

地震方向	位置	位移值（m）
横桥向 + 竖向	北塔顶	0.3933
	南塔顶	0.3974
	加劲梁左端	0.0623
	加劲梁中点	2.2672
	加劲梁右端	0.0617

100 年超越概率 4%地震作用下索塔控制截面内力最大值 表 14-11-19

地震方向	位置	截面	动轴力（kN）	动剪力（kN）	动弯矩（kN·m）
横桥向 + 竖向	北塔	1	55261.62	14734.56	404598.24
		2	53730.58	13167.83	167228.35

续上表

地震方向	位置	截面	动轴力（kN）	动剪力（kN）	动弯矩（kN·m）
横桥向 + 竖向	北塔	3	34058.38	32540.37	179972.51
		4	23796.81	5142.60	250462.19
		5	49776.97	26366.14	42543.38
		6	1914.39	17715.18	218616.29
	南塔	1	54495.25	14515.46	406631.94
		2	53046.83	13028.46	171516.79
		3	34154.32	32113.26	179990.24
		4	24104.32	5240.77	251941.54
		5	48630.89	25846.78	43045.62
		6	1967.35	18308.26	219963.50

100 年超越概率 4%地震作用下承台底反力最大值　　表 14-11-20

地震方向	位置	动轴力（kN）	动剪力（kN）	动弯矩（kN·m）
横桥向 + 竖向	北塔	88101.47	139281.71	4110704.50
	南塔	89103.84	134093.39	4098966.59

100 年超越概率 4%地震作用下桩基最不利内力最大值　　表 14-11-21

地震方向	位置	动轴力（kN）	动剪力（kN）	动弯矩（kN·m）
横桥向 + 竖向	北塔	7263.00	3028.00	14680.00
	南塔	7243.00	2915.00	14120.00

五、抗震验算

根据推荐体系时程分析得到的地震荷载作用下北航道桥响应对比分析可知，地震作用下的结构响应起到控制设计作用。需要对主桥各关键截面抗弯承载力进行抗震验算。

截面的抗弯能力（强度）采用纤维单元进行弯矩-曲率（考虑相应轴力）分析获得，如图 14-11-14 所示。

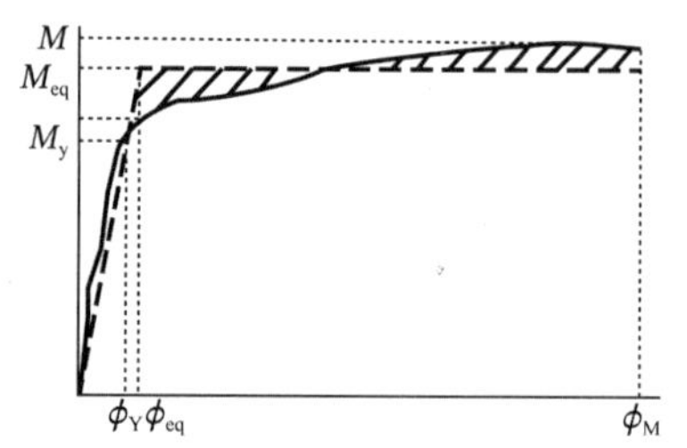

图 14-11-14　等效弯矩的计算图示

截面等效抗弯强度实质上是一个理论上的概念值，是将实际的截面弯矩-曲率曲线按能量等效的原则将其等效为一个弹塑性曲线。中间的等效抗弯强度 M_{eq} 计算规则见图 14-11-14，由阴影部分面积相等求得。对于钢塔，M_y 为截面相应于最不利轴力时最外层钢纤维单元首次屈服时对应的初始屈服弯矩；M_{eq} 为相应于最不利轴力时截面等效抗弯屈服弯矩。对于桩基，M_y 为截面相应于最不利轴力时最外层钢筋首次屈服时对应的初始屈服弯矩。M_{eq} 为相应于最不利轴力时截面等效抗弯屈服弯矩。

此外，由于地震为偶遇荷载，对于 50 年超越概率 10%地震作用下的反应，验算中相应的材料强度均为规范中的设计值；对于 100 年超越概率 4%地震作用下的反应，验算中相应的材料强度均为规范中相应的标准值。同时，不再考虑材料的安全分项系数。

在进行强度验算时，根据在恒载和地震作用下的轴力组合对主桥索塔与桩基的最不利控制截面进行 M-Φ 分析，得出各控制截面的初始屈服弯矩，进行结构的抗震性能验算。在计算初始屈服弯矩时，取恒载和地震最不利组合进行抗震验算。大量研究和北航道桥的试算表明：对钢截面，恒载和地震最不利组合为恒载和地震组合轴力的最大值控制验算；对于钢筋混凝土截面，恒载和地震最不利组合为恒载和地震组合轴力的最小值控制验算。

采用 50 年超越概率 10%和 100 年超越概率 4%作为两水准地震作用，其抗震设防标准和具体相应的性能目标参见表 14-11-22。

抗震性能目标　　表 14-11-22

设防地震概率水平	结构性能要求
50 年超越概率 10%地震作用（475 年重现期）	全桥不发生损坏；索塔、基础、加劲梁、主缆、吊索等均保持在弹性范围内
100 年超越概率 4%地震作用（2500 年重现期）	索塔可发生可修复的损伤，但要求地震后基本不影响车辆的通行；加劲梁、主缆、吊索处于弹性工作；基础基本不发生损伤，处于弹性范围内

根据第五节中对桥梁抗震性能的要求，需要对关键截面进行抗震性能验算。具体验算方法及过程如下：首先，将截面划分为纤维单元，在划分纤维单元时，采用实际材料应力-应变关系。采用截面数值积分法进行弯矩-曲率分析（考虑响应轴力），得到图 14-11-14 所示弯矩-曲率曲线。对于钢塔截面，M_y 为截面相应于最不利轴力时钢纤维单元首次屈服时对应的初始屈服弯矩；M_{eq} 为相应于最不利轴力时截面等效抗弯屈服弯矩；M_u 为截面极限弯矩。对于桩截面，M_y 为截面最外层钢筋首次屈服时对应的初始屈服弯矩；M_{eq} 为截面等效抗弯屈服弯矩；M_u 为截面极限弯矩。M_{eq} 即把实际弯矩-曲率曲线等效为弹塑性双线性恢复模型。

50 年超越概率 10%地震作用下，截面要求其在地震作用下的截面弯矩应小于截面初始屈服弯矩 M_y（考虑轴力）。由于 M_y 为截面最外层钢纤维（钢塔截面）或最外层钢筋（钢筋混凝土截面）首次屈服时对应的初始屈服弯矩，因此当地震反应弯矩小于初始屈服弯矩 M_y 时，整个截面保持在弹性，结构基本无损伤，满足设计地震水平下的性能目标。

100 年超越概率 4%地震作用下，对于钢塔仍然要求其在地震作用下的截面弯矩应小于截面初始屈服弯矩 M_y（考虑轴力），对于桩基则要求其在地震作用下的截面弯矩应小于截面等效抗弯屈服弯矩 M_{eq}（考虑轴力）。M_{eq} 是把实际弯矩-曲率曲线等效为理想弹塑性双线性模型时得到的等效抗弯屈服弯矩。在理想弹塑性双线性模型中，当地震反应小于等效抗弯屈服弯矩 M_{eq}，结构整体反应还在弹性范围。实际上，在地震过程中，对应于等效抗弯屈服弯矩 M_{eq} 时，截面存在部分钢筋屈服。研究表明：截面的裂缝宽度可能会超过容许值，但混凝土保护层还是完好（对应保护层损伤的弯矩为截面极限弯矩 M_u，$M_{eq} < M_u$）。由于地震过程的持续时间比较短，地震后由于结构自重，地震过程开展的裂缝一般可以闭合，不影响使用，满足罕遇作用下局部可发生可修复的损伤，地震发生后，基本不影响车辆通行的性能要求。

钢索塔截面材料强度 E1 地震作用下采用设计值，E2 地震下采用标准值，进行纵、横向的弯矩-曲率分析，计算索塔结构在地震作用下的能力/需求比，其中能力取初始屈服弯矩进行验算。桩基础材料强度 E1 地震作用下采用设计值，E2 地震下采用标准值，根据设计配筋进行设计，进行纵、横向弯矩-曲率分析，计算桩基础结构在地震作用下的能力/需求比。

验算时，对钢塔截面，取"最不利轴力 = 恒载轴力 + 地震动轴力"；对桩基截面，取"最不利轴力 = 恒载轴力 − 地震动轴力"。

根据前述性能目标，在 50 年超越概率 10%地震作用下，截面的抗弯能力取初始屈服弯矩、材料强度取设计强度。

50 年超越概率 10%地震作用下沿"纵桥向 + 竖向"方向输入，索塔各关键截面验算结果见表 14-11-23。

50 年超越概率 10%地震作用下索塔各关键截面抗震验算结果　　表 14-11-23

地震方向	位置	截面	最不利轴力（kN）	动剪力（kN）	动弯矩（kN·m）	抗弯承载力（kN·m）	能力需求比	截面
纵桥向 + 竖向	北塔	1	164801	5301	233837	2300000	9.84	通过
		2	142367	3674	84932	2361000	27.80	通过
		3	127962	2675	72987	1680000	23.02	通过
		4	75836	1642	91747	1572000	17.13	通过
		5	830	1389	10748	1412000	131.38	通过
		6	2636	500	7430	1131000	152.22	通过
	南塔	1	166767	5110	232347	2295000	9.88	通过
		2	144513	3797	93323	2355000	25.23	通过
		3	129717	2985	75555	1675000	22.17	通过
		4	75851	1839	101585	1572000	15.47	通过
		5	974	1493	12233	1411000	115.35	通过
		6	2746	412	7595	1130000	148.78	通过

50 年超越概率 10%地震作用下沿"纵桥向 + 竖向"方向输入，桩截面验算结果见表 14-11-24。

50 年超越概率 10%地震作用下桩截面抗震验算结果　　表 14-11-24

地震方向	位置	最不利轴力（kN）	动剪力（kN）	动弯矩（kN·m）	抗弯承载力（kN·m）	能力需求比	截面
纵桥向 + 竖向	北塔	16190	1476	5790	35120	6.07	通过
	南塔	16235	1457	5701	35110	6.16	通过

在 50 年超越概率 10%地震水平下"横桥向 + 竖向"输入，索塔各关键截面验算结果见表 14-11-25。

50 年超越概率 10%地震作用下索塔关键截面抗震验算结果 表 14-11-25

地震方向	位置	截面	最不利轴力（kN）	动剪力（kN）	动弯矩（kN·m）	抗弯承载力（kN·m）	能力需求比	截面
横桥向＋竖向	北塔	1	175045	6237	208568	1674000	8.03	通过
		2	152887	5688	87979	1718000	19.53	通过
		3	133800	11923	80657	1290000	15.99	通过
		4	79878	1994	109303	1308000	11.97	通过
		5	20274	10488	19029	1165000	61.22	通过
		6	2952	6279	94534	1574000	16.65	通过
	南塔	1	174544	6168	208515	1675000	8.03	通过
		2	152385	5490	89081	1719000	19.30	通过
		3	133839	11734	81852	1290000	15.76	通过
		4	79880	2045	108307	1308000	12.08	通过
		5	20617	10578	20036	1180000	58.89	通过
		6	2973	6318	91622	1574000	17.18	通过

50 年超越概率 10%地震作用下沿“横桥向＋竖向”方向输入，桩截面验算结果见表 14-11-26。

50 年超越概率 10%地震作用下桩截面抗震验算结果 表 14-11-26

地震方向	位置	最不利轴力（kN）	动剪力（kN）	动弯矩（kN·m）	抗弯承载力（kN·m）	能力需求比	截面
横桥向＋竖向	北塔	17349	1867	8485	35010	4.13	通过
	南塔	17420	1825	8297	35000	4.22	通过

根据前述性能目标，在 100 年超越概率 4%地震作用下，索塔截面的抗弯能力仍取初始屈服弯矩、材料取强度标准值，桩截面抗弯能力则取等效屈服弯矩、材料取强度标准值。

100 年超越概率 4%地震作用下沿“纵桥向＋竖向”方向输入，索塔各关键截面验算结果见表 14-11-27。

100 年超越概率 4%地震作用下索塔各关键截面抗震验算结果 表 14-11-27

地震方向	位置	截面	最不利轴力（kN）	动剪力（kN）	动弯矩（kN·m）	抗弯承载力（kN·m）	能力需求比	截面
纵桥向＋竖向	北塔	1	170547	10148	576944	2285000	3.96	通过
		2	147867	8577	173353	2346000	13.53	通过
		3	133141	7157	121154	1667000	13.76	通过
		4	79480	4333	215712	1564000	7.25	通过
		5	1204	1997	15282	1410000	92.26	通过

续上表

地震方向	位置	截面	最不利轴力（kN）	动剪力（kN）	动弯矩（kN·m）	抗弯承载力（kN·m）	能力需求比	截面
纵桥向＋竖向	北塔	6	2960	1017	14270	1155000	80.94	通过
	南塔	1	170707	10766	598080	2284000	3.82	通过
		2	148100	8670	179096	2345000	13.09	通过
		3	133917	7447	116111	1665000	14.34	通过
		4	79511	4553	220390	1564000	7.10	通过
		5	1292	1912	14551	1410000	96.90	通过
		6	3015	961	13820	1154000	83.50	通过

100 年超越概率 4%地震作用下沿“纵桥向＋竖向”方向输入，桩截面验算结果见表 14-11-28。

100 年超越概率 4%地震作用下桩截面抗震验算结果 表 14-11-28

地震方向	位置	最不利轴力（kN）	动剪力（kN）	动弯矩（kN·m）	抗弯承载力（kN·m）	能力需求比	截面
纵桥向＋竖向	北塔	11832	2351	9513	43780	4.60	通过
	南塔	11704	2328	9366	43710	4.67	通过

在 100 年超越概率 4%地震水平下“横桥向＋竖向”输入，索塔各关键截面验算结果见表 14-11-29。

100 年超越概率 4%地震作用下索塔关键截面抗震验算结果 表 14-11-29

地震方向	位置	截面	最不利轴力（kN）	动剪力（kN）	动弯矩（kN·m）	抗弯承载力（kN·m）	能力需比	截面
横桥向＋竖向	北塔	1	210165	14735	404598	1604000	3.96	通过
		2	187164	13168	167228	1650000	9.87	通过
		3	153615	32540	179973	1252000	6.96	通过
		4	94762	5143	250462	1129000	4.51	通过
		5	50212	26366	42543	1096000	25.76	通过
		6	4102	17715	218616	1675000	7.66	通过
	南塔	1	209377	14515	406632	1606000	3.95	通过
		2	186458	13028	171517	1651000	9.63	通过
		3	153737	32113	179990	1251000	6.95	通过
		4	95095	5241	251942	1279000	5.08	通过
		5	49115	25847	43046	1099000	25.53	通过
		6	4156	18308	219964	1675000	7.61	通过

100 年超越概率 4%地震作用下沿“横桥向＋竖向”方向输入，桩截面抗震验算结果见表 14-11-30。

100 年超越概率 4%地震作用下桩截面抗震验算结果　　表 14-11-30

地震方向	位置	最不利轴力（kN）	动剪力（kN）	动弯矩（kN·m）	抗弯承载力（kN·m）	能力需求比	截面
横桥向＋竖向	北塔	13239	3028	14680	44640	3.04	通过
	南塔	13259	2915	14120	44650	3.16	通过

根据以上关于主桥推荐体系下各关键截面的抗震验算结果可知，在 50 年超越概率 10%地震和 100 年超越概率 4%地震作用下，索塔关键截面以及桩截面能满足之前提出的抗震性能目标。

六、结论

根据主桥的空间弹性动力计算模型，本桥在设计时分析对比了两种结构体系动力特性，研究了桥梁结构 50 年超越概率 10%地震作用和 100 年超越概率 4%地震作用下地震反应，得出如下结论：

（1）通过对 100 年超越概率 4%地震作用下阻尼体系中阻尼器参数的大量分析，索塔梁处单个纵向黏滞阻尼器参数见表 14-11-31。

单个塔黏滞阻尼器设计参数　　表 14-11-31

分类	名称	阻尼限位装置
动力阻尼参数	力与速度函数	$F=cv^{\alpha}$
	速度指数α	0.3
	阻尼系数c	1000
	最大阻尼力（kN）	852
静力行程	额定最大行程（mm）	291

注：本表参数仅适用于地震作用，在进行阻尼器设计时，还需考虑使用荷载作用产生的位移。

（2）100 年超越概率 4%地震作用，梁端纵向位移达到 0.989m 左右，但采用合理参数的拉杆加阻尼体系后，塔梁相对最大纵向位移减小到 0.291m 左右，表明阻尼体系可减小塔梁相对位移。

（3）50 年超越概率 10%地震作用，在“纵桥向＋竖向”地震输入和“横桥向＋竖向”地震输入下，主桥索塔验算截面地震弯矩小于其初始屈服弯矩，桩基验算截面地震弯矩小于其初始屈服弯矩，截面保持为弹性工作状态，满足预期性能目标要求。

（4）100 年超越概率 4%地震作用，在“纵桥向＋竖向”地震输入和“横桥向＋竖向”地震输入下，推荐体系的主桥所有索塔验算截面地震弯矩小于其初始屈服弯矩，桩基验算截面地震弯矩小于其等效屈服弯矩，截面保持为弹性工作状态，且仍具有较大强度余量，满足预期性能目标要求。

第十二节　提高悬索桥抗震性能的措施

以往在结构设计时采用由结构本身变形产生的阻尼及其塑性变形的滞回特性来吸收或耗散地震输入能量的抗震设计方法，例如延性设计等。后来采用的是利用某种装置（如阻尼器等）的阻尼或变形来吸收或耗散地震输入能量的隔震与减震设计。

对于桥梁结构来说，目前所采用的提高抗震性能的措施主要是利用某种装置进行吸振和隔震，如在桥梁与地基基础之间或上下部结构之间设置隔震装置，以减弱或改变地基对桥梁的动力作用；在桥梁结构上附加动力吸振器转移振动；在桥梁上附加阻尼器以吸收能量减弱桥梁结构的地震响应等。

提高桥梁抗震性能的措施可分为构造措施和隔震措施。抗震构造措施应保证不影响支座的特性，在温度变化、挠曲移动、混凝土徐变收缩及施工误差等情况下有富余量，仅在强震作用时才起作用。桥梁的隔震措施与抗震构造措施不同，它通过改变桥梁振动的动力特性，即通过增大结构的阻尼、延长振动周期等来达到减振的目的。桥梁隔震的机理见图 14-12-1。

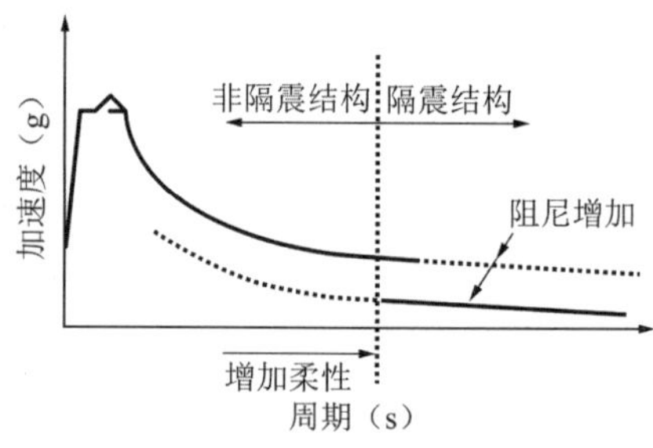

图 14-12-1　柔性装置及阻尼器隔震机理示意图

假定阻尼器（设在滑动铰支座处）的阻尼力-速度之间的关系曲线如图 14-12-2 所示，图中速度 v 为支座单元两端节点的相对速度。

隔震支座采用铅芯橡胶隔震支座，并假定其恢复力模型如图 14-12-3 所示，其中屈服力 $F_y = (0.05\sim0.20)W$，屈服前刚度 $K_u = 10K_d$，W 为支座所承受的压力，K_d 为屈服后刚度。图中位移为支座单元两端节点的相对位移。

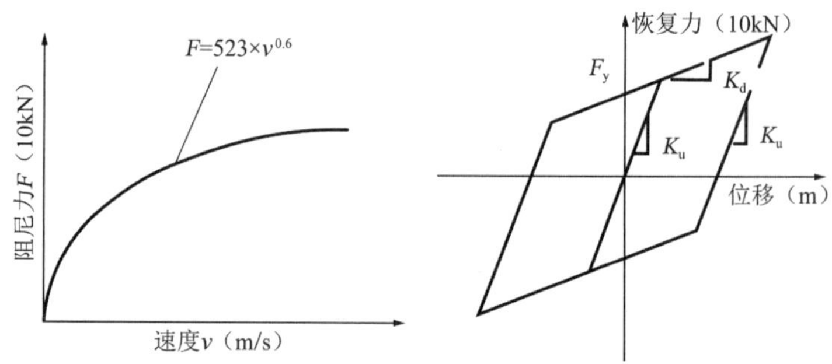

图 14-12-2　阻尼恢复力曲线　　图 14-12-3　隔震支座恢复力模型

可见，桥梁隔震支座和阻尼器能有效地改善桥梁的内力分配，相对传统的非隔震桥梁来说，它减小了梁、墩和基础的地震力，降低了对桥墩的延性要求，因而隔震支座对减少桥梁震害是十分有效的。

但应注意到，对于悬索桥，尤其是大跨径悬索桥来说，由于其结构基频往往较低，如采用隔震支座等，可能会达不到隔震效果，同时对支座的位移要求也会较高。因此，对于大跨径悬索桥，为提高其抗震性能，更好的处理方式是在加劲梁与索塔之间或加劲梁与锚碇之间设置阻尼器装置。

第十五章

监测、控制及养护

第一节　目的与原则

一、施工监控目的与原则

悬索桥是由锚碇、索塔、缆索系统、加劲梁组成的柔性结构。悬索桥施工的基本工序为修建锚碇和索塔、安装鞍座、架设主缆、安装索夹和吊索、架设加劲梁及施工桥面系等。其中，主缆和加劲梁的架设是悬索桥施工的关键环节，因为在主缆和加劲梁的架设过程中，索塔和主缆承受的荷载不断变化，主缆的线形也随之变化。与其他桥型相比，大跨径悬索桥在施工过程中的结构几何形状及内力较难控制与管理，其成桥线形和内力是否符合设计要求，与施工过程的合理安排和严格控制紧密相关。施工监控的主要目的就是通过现场监测已完成工程的结构状态，整理实测参数，通过分析计算，预测后续施工过程的结构形状，提出应采取的措施，并调整设计和状态参数，以指导施工、保证施工过程中结构的安全，确保桥梁最终达到设计成桥状态。

悬索桥施工监控主要是在施工过程中对主缆线形、塔顶主鞍座的位置、加劲梁的架设等进行控制并达到相应目标，具体要求如下：

（1）成桥后加劲梁的线形平顺，结构应力分布合理，达到设计要求。

（2）成桥后主缆丝股张力和吊索力满足设计要求。

（3）成桥后主缆跨中高程满足设计要求。

（4）成桥状态索塔位置满足设计要求。

（5）在架设阶段确保主缆和加劲梁线形、索塔偏位等与理论计算相近，保证施工过程中各结构构件的安全；施工过程中和竣工后结构内力状况满足设计要求，结构的整体变形、线形、位移达到设计文件规定的状态。

（6）控制及监测精度达到施工控制技术要求的规定。

（7）精度控制和误差调整的措施不对施工工期产生实质性的不利影响。

二、运营期间结构健康监测的目的与原则

现代公路桥梁发展已经由“重建轻养”过渡到“建养并重”阶段，并加速向“管养为主”转变。在此过程中，公路桥梁管养压力持续增大，尤其是悬索桥等大跨度缆索承重桥梁，因其结构规模大、构件类型多、受力分析难、养护任务重、技术要求高，传统养护理念与方法已远不能满足此类桥梁的实际管理养护需求。桥梁结构健康监测作为桥梁运营期现代养护管理信息化、数字化、智能化的重要技术方法，是获取桥梁运行数据的关键技术手段，发挥数

据支撑、报警评估、科学决策的重要作用，推动桥梁管养实现从碎片式到系统性、从粗放型到精细化、从被动接受到主动预防、从传统经验到数据支撑的转变和升级。

1. 结构健康监测的主要目的

（1）建立全寿命周期档案。秉持“全寿命周期、预防性、一体化”监管养护理念，结构构件化、精细化拆分，建立全寿命周期全过程信息化、数字化桥梁档案，服务桥梁运营期的科学监管养护工作。

（2）实时监测与预警。实时感知获取桥梁运营环境和作用、桥梁结构响应与变化，对桥梁运营异常状况和结构异常响应及时报警，辅助特殊事件的应急管理和决策。

（3）综合评估与养护决策。综合利用实时监测信息和人工巡检结果，通过统计分析、趋势分析、比对分析和相关性分析等专项专业分析，把握结构的主要性能指标和特性，进而评估、评定、评价桥梁结构使用状况、工作性能和发展趋势、变化规律，为桥梁运营安全及管养决策提供数据支撑和科学依据。

（4）设计验证与理论研究。以数据要素价值转化为核心，利用监测积累的实桥环境作用、结构响应变化等数据，开展深层次、专业性的数据分析和长期性能、基础理论研究，共性寻求规律、个性解决问题，验证、反哺、提升桥梁科学研究、理论方法、设计建造、管理养护的科学技术水平。

2. 结构健康监测的原则

随着运营时间的增长，桥梁结构受环境侵蚀及荷载的长期效应、疲劳效应与突变效应等因素影响，不可避免地出现结构损伤劣化、材料老化、性能退化以及安全水平降低等问题，极端情况下的耦合作用可能导致突发性灾难事故。为此，结构健康监测应通过信息网络集成技术将分布在桥梁现场和监控中心的各类传感器、数据采集与传输、数据处理与管理、数据分析与应用的硬件设备、软件模块及配套设施连接在一起，实现对桥梁设定参数的连续监测、自动记录、数据显示及报警评估。同时，充分利用实时监测感知的数据信息，获取桥梁的运营环境及作用、结构响应和变化参数，为台风、地震、车船撞等特殊事件的应急管理提供支持；基于健康度评估理念，通过应用结构构件、整体状态表征参数，评估桥梁构件和整体的安全性能和耐久水平，提升桥梁精准感知、精确分析、精细管理的能力。

三、养护目的与原则

1. 悬索桥养护目的

（1）保证桥梁始终安全畅通，确保设计通行能力。

（2）有计划地改善悬索桥主缆、吊索、加劲梁、索塔及锚碇的技术状态，确保抗强台风、抗地震、抗洪水和抗海潮的能力。

（3）最大限度地实现和延长桥梁设计寿命。

2. 悬索桥养护的基本原则

（1）预防为主，预防整治相结合；日常保养与综合维修相结合。

（2）检查是养护检修和病害诊治的依据，检查工作要形成制度，由专人认真执行。

（3）维修及病害诊治要有计划、有准备，技术措施要落到实处。

（4）悬索桥管理机构应高效精干、领导得力，管理人员应该具备高素质、高技能，涵盖多工种，即应由一定数量比例的高级、中级、一般技术人员和技术工人组成。他们涉及的专业应包括桥梁、建筑材料、测量、机械、电气、计算机等，且这些人员应具有设计、施工和科研等工作经历。

（5）悬索桥管理机构应具备完善的现代化办公设备、相关的先进仪器设备和一定数量的维修施工机具。

（6）制定并不断完善安全、质量保证及奖惩制度，以保证悬索桥养护与维修工作严格按国家和行业的有关规范、规程、标准执行，实现规范管理。

（7）建立并不断充实和完善桥梁档案系统，为桥梁养护维修和安全评估提供依据。该系统应包括设计、施工、检测及养护维修等子系统。

（8）通过管理养护维修数据库和有效的桥梁评价体系，建立优质高效的机械化、智能化养护方式；同时，不断采用新技术、新工艺，以最经济的方式保证桥梁及其设施经常处于完好状态，从被动型养护转向预防型养护，达到养护的高标准、高质量、高效率。

第二节　施 工 监 控

一、施工监测

1. 主缆拉力测试

悬索桥施工中，控制好主缆的初始状态（空缆状态）十分重要。空缆状态一般可通过拉力和矢高来控制。拉力监控的具体方法是在张拉端安装特制压力传感器，测量主缆的初始拉力，使其满足设计要求，并将压力传感器测量结果与千斤顶张拉结果对比，以校核施工张拉准确程度。压力传感器需要专门设计并进行镀铬处理，以满足强度及耐久性的要求。

2. 主缆线形测量

主缆线形可采用全站仪进行测量。由于主缆在施工过程中变形较大，为了使棱镜始终与观测点保持一致，主缆跨中等特征点需要使用索箍固定棱镜。测量时，先用全站仪后视岸上基准点，通过岸上基准点引测主缆线形。

在主缆架设之前开始进驻现场，预埋基准点和控制点。在主缆及加劲梁架设过程中，在现场完成每一施工步骤的加劲梁高程测量、塔顶偏位测量、主缆控制点坐标测量等工作。

3. 吊索拉力测试

吊索拉力可采用频谱法进行测量。利用紧固在索上的高灵敏度传感器，拾取吊索在环境激励下的振动信号，经过滤波、放大、谱分析，得出索的自振频率，根据吊索的振动特性确定索力大小。对于短索，由于其弯曲刚度较大，为了提高测量精度，可采用力锤激振。

4. 索塔、加劲梁应力测量

（1）应力测量方法

应力测量与施工同时进行，要求测量元件必须具备长期稳定性好、抗损伤性能好、埋设定位精确、方便及对施工干扰小等性能。

加劲梁的应力测量可采用钢弦式应变计或高精度温度自平衡手持应变仪。

索塔的应力测量可采用钢弦式应变计，将其埋入测量断面的混凝土内，配合使用无应力计。检测仪器为配套的钢弦频率巡检仪。通过应变-频率标定曲线，换算出混凝土的实际应变，然后再根据混凝土弹性模量推算混凝土应力。由于影响混凝土内部应力测量的因素很复杂，除荷载作用引起的弹性应力应变外，还包括收缩、徐变、温度等因素。目前国内外混凝土内部应力测量一般通过应变测量换算应力值，即：

$$\sigma_{弹} = E \cdot \varepsilon_{弹} \tag{15-2-1}$$

式中：$\sigma_{弹}$——荷载作用下混凝土的应力；

E——混凝土弹性模量；

$\varepsilon_{弹}$——荷载作用下混凝土的弹性应变。

实际测出的混凝土应变则是包含其他变形影响的总应变 ε，即：

$$\varepsilon = \varepsilon_{弹} + \varepsilon_{无应力} \tag{15-2-2}$$

式中：$\varepsilon_{弹}$——弹性应变；

$\varepsilon_{无应力}$——无应力应变。

为了补偿混凝土内部无应力应变，在布置应力测点的同时埋设工作应变计和无应力计，分别测得混凝土总应变 ε 和无应力应变 $\varepsilon_{无应力}$，按式(15-2-2)即可得到应力应变 $\varepsilon_{弹}$。

（2）应力测量断面及测点布置

对于对称桥梁，加劲梁应力测量断面通常可布置在一侧索塔的支点断面、中跨 1/4 断面及中跨 1/2 断面，断面测点根据需要布置，如图 15-2-1 所示。

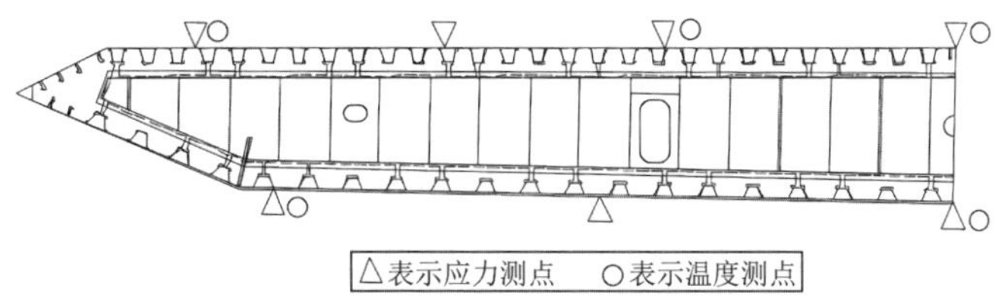

图 15-2-1　加劲梁应力及温度测点布置图

索塔可选取下横梁顶两个塔柱断面或其他设计控制断面为应力测量断面，测点根据需要布置，例如布置在测量断面的 4 个角点上、沿塔轴向布置等。

索塔应力测量应随塔柱混凝土浇筑同步预埋元件，加劲梁的应力测量在梁段连成整体时开始。应力测量需进驻现场，提供各施工步骤控制截面的应力。

5. 加劲梁线形测量

加劲梁线形测量包括加劲梁顶面高程测量和加劲梁中线测量两部分内容。

加劲梁高程测量是将高程控制基准点设在岸上，用精密水准仪或全站仪由基准点引测加劲梁各吊点高程。为防止基准点位移动或破坏，应采取保护措施，并不定期对高程基准点进行复核。

加劲梁中线测量是根据已架设梁段的中线标志，采用小角法直接以经纬仪或全站仪测量其偏角。

6. 塔顶偏位测量

塔顶偏位可采用坐标法进行测量。在岸上设置测量基准点，在塔顶布置棱镜，将全站仪架设在岸上某一点，后视岸上基准控制点，再瞄准布置在索塔上的棱镜，即可测量塔顶的三维坐标。以塔封顶后在气温恒定、无日照影响时自由状态下的测量值作为初始值，各施工状态的测量值与初始值之差即为塔顶偏位。

7. 温度场测量

温度变化会引起主缆、吊索、索塔及加劲梁长度的变化，从而引起主缆线形、加劲梁高程的变化，因此温度场的测量是悬索桥施工控制的主要内容之一，测量内容应包括主缆、吊索、加劲梁及索塔等各部分的构件温度。

（1）主缆和吊索温度场测量

主缆和吊索温度场在测量时，可在工厂分别截取长 1m 的主缆和吊索节段作为测温索，在主缆试验节段四周和中心共设 5 个测点。由于吊索截面较小，吊索温度场测点布置在吊索试验节段四周。测量时，将测温索段放置在桥上，以使其处于与主缆和吊索相同的温度场中。测温元件可选用热敏电阻或用点温计测量。测点布置如图 15-2-2 所示。

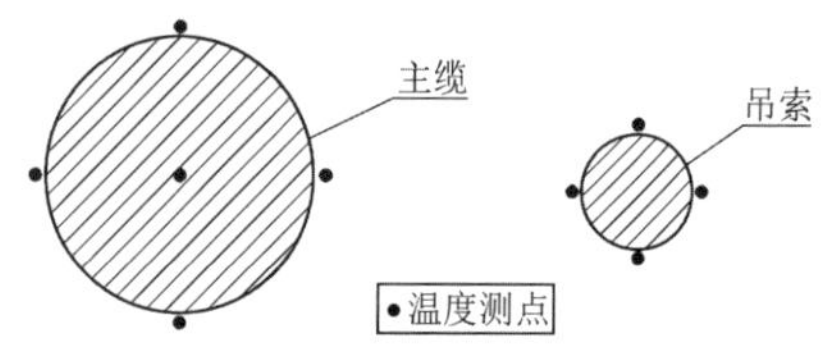

图 15-2-2　主缆、吊索温度测点布置图

（2）索塔温度场测量

索塔温度场的测量选择一侧或两侧索塔的两个或多个塔柱断面测量索塔温度场的变化。索塔温度场测量断面的测点宜在塔柱施工期间提前埋设埋热敏电阻或带测温功能的应变计，用数字式万用表或配套测试仪进行测量，温度的测量范围为 −10～50℃时，精度为 0.1℃。

（3）加劲梁温度场测量

加劲梁温度场在测量时，可选取中跨跨中及索塔处梁体断面为加劲梁温度测量断面，每个断面在上游和下游侧布置测点，测量其内外侧及顶底面的温度状况。测点布置见图 15-2-2，可采用点温计进行测量。

（4）测量工况及时间

① 主缆安装阶段、吊索安装阶段、加劲梁梁段吊装均应测量索塔及主缆的温度状况。测量时间宜选择在晚 22:00 至凌晨 6:00。

② 典型温差日 24h 主缆、塔温度变化情况。

③ 成桥后 24h 主缆、塔、加劲梁温度变化情况，并结合主缆、索塔及加劲梁线形观测。

二、施工控制

1. 施工控制体系和监控组织体系

由于监控工作复杂，既要保证整个结构在施工过程中的安全和施工质量，又要保证施工中的桥梁状态满足设计要求的成桥状态，故施工控制体系和监控组织体系必不可少。通常的施工控制体系见图 15-2-3，施工控制信息传递机制见图 15-2-4。

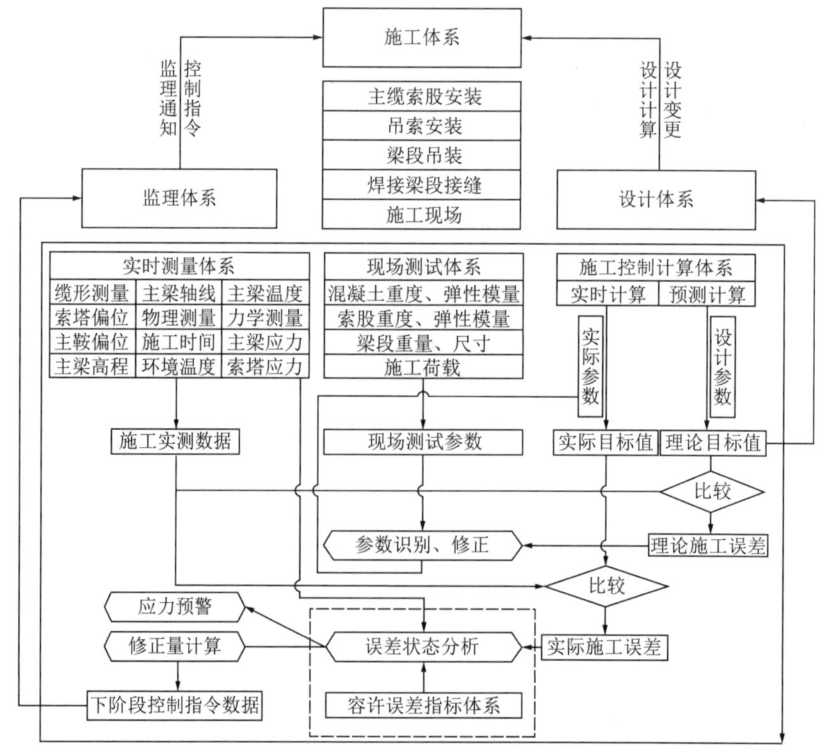

图 15-2-3　施工控制体系图

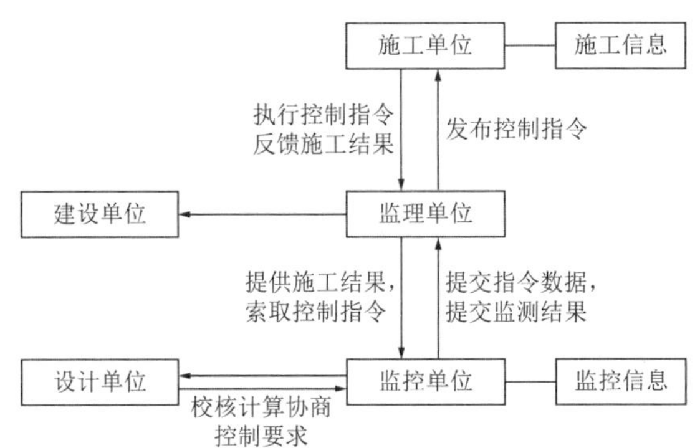

图 15-2-4　施工控制信息传递机制图

2. 施工控制计算

施工控制的内容主要包括控制参数识别、施工控制计算、预测控制参数反馈等。施工控制计算是根据设计成桥状态确定桥梁计算的初始状态，利用已识别的前一阶段实测控制参数，计算后续施工阶段的主缆、吊索、加劲梁、索塔的内力和位移状态，并反馈下一步的桥梁状态，提供下一阶段施工控制参数。

（1）确定计算初始状态

施工监控计算采用迭代法编制非线性有限元程序进行，计算的初始状态一般可以取用设计确定的成桥状态。其方法为根据已有的或事先假定的主缆、吊索、索塔、加劲梁等构件的基本参数及鞍座预偏量，通过模拟施工过程，用几何非线性有限元方法计算得到成桥状态的有关结构几何形状参数，并将此参数与设计成桥状态结构几何形状控制参数进行比较。在不满足精度要求时，修改假定的构件尺寸及预偏量，重复上述过程，直到满足精度要求为止。

（2）建立计算模型

根据桥梁的几何参数、结构参数和初始状态建立非线性有限元计算模型进行施工监控计算。

计算控制参数在施工现场是经常变化的，其变化能较敏感地反映出在施工过程中对桥梁结构行为的影响，这些参数应易于表示、度量和取得。通常情况下，选择材料的弹性模量、构件自重、施工荷载和结构温度等作为监控参数。

采用的施工控制参数包括构件自重、施工荷载、结构温度、主缆高程、索力值（主缆及吊索）、加劲梁吊装顺序、塔顶偏位、节段施工完毕的高程等。

（3）施工前的预测计算

施工前的预测计算是结合现场实测监控参数，计算下一阶段施工的结构内力状态和位移状态，并据此为施工单位提供各项施工控制参数的目标值，即包括参数识别、理论计算和预测控制参数等内容。施工前的预测计算主要概括为以下内容：

① 主缆及吊索的无应力索长计算。

② 主缆及吊索的伸长量计算。

③ 索夹吊点位置的确定。

④ 加劲梁吊装高程的计算。

⑤ 主缆安装时的张拉力及线形计算。

⑥ 各施工阶段鞍座预偏值、顶推值计算。

⑦ 各施工阶段主缆轴力和线形计算（包括温度变化对线形的影响计算）。

⑧ 各施工阶段加劲梁线形计算。

⑨ 各施工阶段索塔内力和塔顶偏位计算（包括温度变化对塔顶位移的影响）。

⑩ 各施工阶段支座反力的计算。

（4）施工后的校核计算

施工后的校核计算是本阶段施工完毕后，将架设计算结果与施工监测结果进行比较，若两者差别满足要求，则继续下阶段的预测计算及施工；若不满足要求，则根据最新的实测监控参数进行结构分析，并对原施工控制参数的目标值进行必要的修正，提供修正计算后的施工控制参数。

（5）成桥内力及线形计算

根据各施工步骤的实测结果，利用非线性有限元程序，考虑二期恒载作用后，计算桥梁的成桥内力和线形。

3. 海沧大桥施工控制实施

本节以海沧大桥的施工控制实施为例对施工控制进行详细介绍。海沧大桥上部结构线形施工控制计算分析中，主缆的力学模型为：在不可忽略自重的柔性索上，作用有通过吊索传递的集中力。这样的力学模型的理论解为：在集中力之间的索是悬链线，由集中力将主缆分为若干段悬链线，集中力作用点满足力的平衡条件，而且主缆的恒载集中，在成桥时应包含缠丝及防护材料；主缆施工时仅是钢丝自重；吊装加劲梁时要考虑猫道的重量。成桥时的吊索集中力包含索夹及吊索本身的自重、一期恒载与二期恒载传给吊索的集中力等。一期恒载与二期恒载传给吊索的集中力大小与施工方法有关，需结合施工过程计算给出。

1）主缆架设阶段的施工控制

悬索桥在施工过程中一旦主缆安装就位，主缆内力、挠度完全取决于结构体系、结构自重、施工荷载和温度变化，不能像斜拉桥那样进行后期索力和高程调整。因此，主缆在自重作用下的初始安装位置（索鞍初始预偏量、主缆初始垂度和线形），成为主缆架设阶段悬索桥施工控制的技术关键。

（1）初始参数的收集与整理分析

在施工过程中，施工条件的非理想化，会使结构不可避免地存在一定的误差。这些误差的合成效应将直接体现在结构施工阶段状态上，从而给主缆初始安装位置的计算带来影响。因此，必须量测当前阶段结构施工后的初始参数，分析对随后施工阶段的影响。

① 架设主缆前应确定的结构参数。

a. 散索鞍、主索鞍的结构尺寸。

b. 索塔抗弯、抗剪刚度及重度等。

c. 基准索股弹性模量、重度及线膨胀系数。

② 架设主缆前的状态参数。

状态参数观测应选择在最佳观测时段内进行，通过对温度的观测，海沧大桥最佳观测时段为凌晨1:00—5:00。观测项目有：

a. 索塔顶高程和纵向水平偏位测定。

b. 索塔塔顶周、日位移监测。

c. 散索鞍顶面高程及初始倾角测定。

d. 散索鞍中心至索塔中心及锚固点之间的距离测量。

e. 基准索股钢锚板水平倾角及顶端坐标的测定。

f. 主鞍座在塔顶的纵向预偏量测定。

g. 两索塔之间的距离。

h. 猫道线形。

（2）鞍座预偏量与基准索股线形的计算与架设预测

鞍座预偏量及基准索股的线形计算以成桥线形为控制目标，根据实际量测的结构初始参数来完成。在进行主缆架设时，首先架设基准索股。基准索股是安装其他索股的参照标准，基准索股安装的质量好坏将直接影响整个主缆架设的施工质量，因此应对基准索股进行优化调整，在施工过程中反复观测调整，直至达到设计计算要求。

① 鞍座预偏量与基准索股线形的计算。

为保证架设索股时索不在鞍座内滑动，索塔无过大的施工应力，上部结构架设完成后鞍座在设计位置且结构线形与设计一致，需精确计算架设时索股线形与鞍座的预偏量，计算的原则是：

a. 两锚碇锚固点间的距离保持不变。

b. 在索股自重作用下，中跨与边跨的缆力水平分量相等，散索鞍散索前后索股索力相等。

c. 锚固点到散索鞍、散索鞍到塔顶主索鞍、塔顶两主索鞍间的无应力长度与成桥时的对应主缆段的无应力长度相等。

在架设索股过程中，离开鞍座的曲线段是悬链线，在鞍座内是与鞍座曲线一致的曲线。根据以上原则和索曲线方程，可计算出鞍座的预偏量和空缆时的索股曲线形状。

在海沧大桥施工控制中，为了基准索股在调整过程中的方便，对以下内容作了计算：

a. 以温度 0.1℃为级差，计算基准索股在不同温度时的各控制点高程，以及基准索股的锚跨张力。

b. 以西塔主索鞍与索股对应标记点为固定点，计算跨中矢高变化量与东塔索鞍处索股移动量（长度）的对照表。

c. 以塔顶索鞍中心点为固定点，计算边跨跨中矢高变化量与散索鞍处索长移动量对照表。

② 索股的调整控制。

基准索股的垂度调整，必须选在夜间温度相对稳定的时段进行，并且反复进行多次调整，直至达到索股的线形要求。最后进行稳定性观测，验证是否达到线形要求，否则还须进行重新调整。

a. 基准索股的调整。在进行索股调整时，首先对基准索股的中跨及西边跨的高程进行观测，得到观测值 H_i。根据 H_i 以及相应观测时温度的控制计算值，计算矢度调整量 Δf_i。然后根据计算的表格查取垂度调整值，进行反复的调整与测量，直到达到精度要求。在进行锚跨调整时，以锚跨张力为控制指标，具体过程是：先测取索股温度，利用温度与锚跨张力大小对应表格查取相应的锚跨张力，再张拉锚杯以达到设计值，最后拧紧拉杆上的螺母。

b. 稳定观测。在基准索股架设调整完成后，连续 3d 进行稳定性观测，每天观测选择在夜间温度相对稳定的时段进行，每隔 1h 测量 1 次，连续进行多次观测。从海沧大桥的观测数据看，索股线形完全达到设计要求，然后进行一般索股的架设。

c. 一般索股的调整。基准索股的调整达到设计要求后，以此为基准来进行一般索股调整，一般索股的调整流程与基准索股一致，但垂度差 Δf_i 采用式(15-2-3)计算。首先测出待调索股与基准索股的相对垂度尺，则垂度差为：

$$\Delta f_i = H_i - \Delta H_i \tag{15-2-3}$$

式中：ΔH_i——在缆断面上索股的设计位置与基准索股的相对高差值。

同时，要在确保被测索股没有碰角的情况下，测定基准索股与被测索股的误差进行温度校正。

随着索股架设的进行，架设好的索股可能会落在基准索股上面，使其承重，从而影响基准索股的垂度。所以在架设过程中要对基准索股的垂度测定数次，以便正确控制其他索股的垂度。

③ 成果分析。

海沧大桥通过对主缆架设过程的严密施工控制，最后主缆线形取得了比较满意的结果，完全满足设计规范要求，具体数据见表 15-2-1。

主缆成形控制　　表 15-2-1

位置	东边跨跨中	中跨跨中	西边跨跨中
对设计值的差值（mm）	−48	−14	−72

2）加劲梁架设阶段的施工控制

在海沧大桥加劲梁架设阶段，需要通过对主缆线形、索塔塔顶变形、主索鞍预偏量、塔身控制截面应力等状态参数实施跟踪监测，以及控制计算分析，对结构进行优化控制，以确保成桥时桥面线形最大限度地接近设计理想状态。这一阶段的主要工作内容是：根据实际主缆线形确定索夹位置及吊索长度；按照塔的允许偏位确定鞍座顶推时间和顶推量，确定加劲梁的吊装顺序。

（1）索夹位置及吊索长度计算

主缆一旦架设完成，其线形即确定下来。由于各种因素的综合影响，主缆实际线形与设计线形必将存在一定误差。为了保证成桥线形达到设计要求，应该通过对索夹设计位置及吊索长度进行修正，以消除主缆架设阶段的施工误差。因此，索夹位置及吊索长度的计算相当重要，为了保证计算的精确，必须量测当前结构的状态参数和结构参数。

① 结构状态参数。

a. 索塔塔顶高程和纵向水平偏移的测定：这些数据的观测，应选择在主缆表面温度相对稳定时进行，这样在观测过程中不至于对观测结果产生较大影响。

b. 散索鞍顶面中心高程测定：在紧缆后解除对散索鞍的约束，将会导致散索鞍的初始倾角变化。因此，有必要对散索鞍顶面中心高程及其倾角进行测定，这一观测应在主缆表面温度相对稳定时进行。

c. 成缆线形的测定：成缆线形的测定宜安排在与塔顶水平位移、纵向位移以及散索鞍顶中心高程测量的同一时间进行。施测时要确保主缆表面温度相对稳定。

d. 主鞍座纵向预偏量的测定：主鞍座纵向预偏量，可采用水平尺结合钢尺丈量的方法在塔顶直接量得。由于设计主鞍座的预偏量是相对于塔柱理论中心而言，而实际塔柱塔顶存在纵向水平偏移，所以在塔顶量得的主鞍座纵向预偏量应扣除塔顶水平位移的影响，最终给出主鞍座中心相对于索塔理论中心的绝对预偏量（给出主鞍座中心里程）。

e. 主缆成形后的直径测定：对主缆成形后的直径测定，选择主缆表面温度相对稳定时，在两边跨及跨中选择多个截面进行测定，最后取平均值并修正到标准温度条件下。

② 结构材料特性。

在结构计算中考虑了索塔的收缩与徐变，主缆及加劲梁材料特性假定符合胡克定律。

③ 计算。

根据现场测定的参数和加劲梁实际重量，以成桥时加劲梁及线形为目标，计算索夹位置及吊索的长度。

（2）主索鞍顶推

为了使成桥时主索鞍处于塔顶中心位置，加劲梁吊装前，在塔顶设置主索鞍位置预偏量。在加劲梁吊装过程中，应对主索鞍位置进行顶推。

主索鞍的顶推是悬索桥施工中的一个重要环节，对索鞍顶推量的控制，实质就是要控制塔身应力不超过容许值，确保索塔塔身在施工中的安全。一般来说，要确定主索鞍的顶推量与顶推次数，应首先确定主索鞍自由滑移量在吊装过程中的位移积累量；然后，再根据塔顶沿纵桥向分别向前与向后容许水平位移量之和来确定主索鞍的一次顶推量；进一步可确定主索鞍的顶推次数与顶推时间。除此之外，还应考虑施工中的具体情况，对主索鞍的顶推量与顶推次数作适当调整。

海沧大桥索塔塔顶最大允许水平变位为 20cm，由于该桥为三跨吊悬索桥，东、西索塔不像单跨悬索桥仅向跨中偏移，还会随加劲梁的吊装过程顺桥向左右偏移，给施工控制带来了很大困难，所以在确定顶推量、安排顶推阶段时，必须仔细计算，以保证施工过程顺利进行。通过对该桥各个架设阶段塔的偏位情况以及施工进度的安排，确定了该桥分两次顶推：第一次顶推放在中跨第一对梁吊装完毕，顶推量为 30cm；第二次顶推放在中跨第四对梁吊装完毕，顶推量为 24.5cm。

（3）吊装顺序

为确保索塔在施工过程中的安全，同时考虑到海沧大桥是三跨连续体系，以及主索鞍的顶推，确定了加劲梁的吊装顺序。实际施工中，由于各种因素的影响，经过监控计算，对吊装顺序作了些必要调整。

（4）施工控制结果

通过对整个施工过程的实时跟踪、监测，保证了施工过程的顺利进行。在顶推时，采用不大的顶推力，就能保证主索鞍顺利顶推到预定位置。在整个加劲梁吊装过程中，索塔的最大偏位为：东塔 19.8cm，西塔 19.2cm，满足索塔最大偏位 20cm 的允许要求，从而保证了索塔塔身最大应力在设计允许范围内。

3）桥面线形的施工控制

桥面线形的施工控制开始尽量在梁段吊装完成后再焊接，这样能保证桥面线形顺畅，但对海沧大桥在锚碇和塔根部各存在 40m 和 30m 左右的无索区，无索区梁段在支架上焊接，落架前、后结构线形有较大变化，这样桥面线形的形成将面临许多问题，这也是三跨连续体系施工控制的难点。因此，必须采取合理的施工控制方案，以保证成桥线形平顺，方便焊接。

（1）索塔无索区（G、D、B、D、G）

海沧大桥索塔无索区有三段加劲梁，型号为 D、B、D。架设过程中，在塔下横梁设固定支架，B 梁段吊装后放置于支架上，再吊装塔两侧 D 梁段，这时调节 D、B、D 梁段，使 G、D、B、D、G 五段梁过渡平顺，且最大限度地满足设计要求。同时还应注意，G 梁段上的吊索在承受 D、B 梁段荷载前后，其弹性伸长量会达到 2.7cm，在调节时应充分考虑。现场对 G、D、B、D、G 五梁段的实际高程进行测量，根据量测结果以及设计预拱度要求，在保证线形平顺、方便焊接的条件下，确定了这五段的调节坡度。

经焊接后检测，两个索塔无索区线形均满足设计要求，从整个过程来看，关键在于确定各梁段的调整坡度。

（2）锚碇无索区

锚碇无索区H、K、I梁段及F、J梁段在吊装时，先将H、K、I梁段落放在无索区钢支架上，F、J梁段则直接连接到吊索上，这五段梁面需进行临时连接。根据边跨梁段的坡度并考虑到无索区梁段的预拱度，调整H、K、I梁段的高程，使其满足桥面平顺连接、焊接容易。调整完成后进行H、K、I、J四段梁的焊接，焊接完成后卸落H、K、I梁段的支架，H梁段支座就位焊接。

（3）普通梁段的连接

在无索区焊接并卸架完成后，整个桥面线形会发生显著变化，此时应进行普通梁段的焊接。焊接时，中跨从跨中向两边进行，当焊接到无索区时，会存在与无索区梁段的焊缝调节问题。当在索塔区与已经焊接的G、D、B、D、G梁段焊缝调节困难时，可利用B梁段的支架调节装置进行适当调节。边跨焊接从无索区开始，在无索区落架过程中，保持I梁段最外侧的支承滞后卸落，这时调整J与F梁段及相邻两个A梁段的桥面线形。当调整存在困难时，可利用I梁段的起顶装置适当调节。

第三节　运营期间结构健康监测系统

一、架构组成

结构健康监测系统通过网络集成技术将分布在桥梁现场和监控中心的各类传感器、数据采集与传输设备、数据处理与管理设备、数据分析与应用等硬件设备，以及软件模块及配套设施连接在一起，具有对桥梁设定参数连续监测、自动记录、数据显示、报警评估的功能，从而辅助桥梁管理和养护决策的电子信息系统。结构健康监测系统从架构上可分为感知层、网络层、平台层和应用层，由自动化监测子系统（传感器模块、数据采集与传输模块）、数据处理与管理子系统、数据分析与报警评估子系统以及用户界面子系统四大部分组成。

（1）自动化监测子系统传感器模块属于感知层，主要包含安装在桥梁现场的风速仪、温湿度仪、动态称重（WIM）、应变计、全球导航卫星系统（GNSS）、索力加速度计、振动加速度计、支座伸缩缝位移计等传感器、采集设备以及配套的附属设施，实时感知获取桥梁环境与作用、结构响应与变化的各监测参数数据。

（2）自动化监测子系统数据采集与传输模块属于网络层，主要指桥梁现场光纤专网及无线网络，包括网络机柜、主干光纤、网络交换机等设备，以及接入系统软件平台的网联链路，主要实现监测数据及视频监控数据的采集与远程传输，体现整个系统的网络传输能力。

（3）数据处理与管理子系统纳入平台层，主要实现监测系统设计开发和部署调试所需的应用开发平台和软硬件运行环境，重在数据处理、控制、存储、查询和归集，是应用层的技术支撑层。

（4）数据分析与报警评估子系统、用户界面子系统归于应用层，作为系统平台的业务应用场景实现系统，主要通过人机交互界面，实现系统平台的各项功能，主要包括GIS智能驾驶舱、桥梁管理、结构监测、专项数据分析、安全报警评估及数据交换接口等功能，以及配套的应急处置专项措施建议等。

结构健康监测系统架构组成如图15-3-1所示。

图 15-3-1　结构健康监测系统架构图

二、监测内容

基于悬索桥运营环境作用、结构材料、构造特点、受力特性、技术状况，依据监测应用目标，确定监测内容，并可根据特定需求灵活调整。监测内容应包括环境、作用、结构响应和结构变化，结构响应主要关注瞬变，注重结构安全性要求，结构变化则侧重缓变，体现结构耐久性需求。监测内容以测点布设为具体承载形式，测点布设的基本原则是测点数据能够反映和把握环境、作用、结构响应和结构变化的特征，获取上述四项监测内容的表征参数或特征值。测点布设应具有针对性、代表性，兼顾经济性与全面性。

依据《公路桥梁结构监测技术规范》（JT/T 1037—2022），悬索桥监测内容选取见表 15-3-1。

悬索桥结构健康监测系统监测内容一览表　　表 15-3-1

监测类别		监测内容	监测选项
环境	温度、湿度	桥址区环境温度、湿度	●
		加劲梁内温度、湿度[a]	●
		主缆内温度、湿度	○
		锚室内温度、湿度[b]	●
		鞍罩内温度、湿度	●
		索塔内温度、湿度	○
	结冰	桥面结冰、主缆结冰	◎
作用	车辆荷载	所有车道车重、轴重、轴数、车速	●
		所有车道车流量	●
		所有车道的车辆空间分布视频图像	◎

续上表

监测类别		监测内容	监测选项
作用	风速、风向	桥面风速、风向	●
		塔顶风速、风向	●
	风压	加劲梁风压	◎
	结构温度	混凝土或钢结构构件温度	●
		桥面铺装层温度	○
	船舶撞击	桥墩加速度	○
		视频图像	○
	地震	桥岸地表场地加速度	◎
		承台顶或桥墩底部加速度（抗震设防烈度为Ⅶ度及以上）	●
		承台顶或桥墩底部加速度（抗震设防烈度为Ⅶ度以下）	○
结构响应	位移	加劲梁竖向位移	●
		加劲梁横向位移	●
		支座位移	●
		梁端纵向位移	●
		塔顶偏位	●
		主缆偏位	○
	转角	塔顶截面倾角	◎
		梁端水平转角	●
		梁端竖向转角	●
	应变	加劲梁关键截面应变	●
		索塔关键截面应变	○
	索力	吊索索力	●
		锚跨索股力	●
	支座反力	支座反力	○
	振动	加劲梁竖向振动加速度	●
		加劲梁横向振动加速度	●
		加劲梁纵向振动加速度	○
		塔顶水平双向振动加速度	●
		吊索振动加速度	●
结构变化	基础冲刷	基础冲刷深度	◎
	位移	锚碇位移	●
	裂缝	混凝土结构裂缝	○
		钢结构裂缝	○

续上表

监测类别		监测内容	监测选项
结构变化	腐蚀	墩身、承台混凝土氯离子侵蚀速率、浓度	◎
		墩身、承台混凝土侵蚀深度	◎
	断丝	吊索、主缆断丝	○
	螺栓状态	索夹螺杆紧固力、高强螺栓紧固力、螺栓滑脱	○
	索夹滑移	索夹滑移	○

注：●为应选监测项；○为宜选监测项；◎为可选监测项。
a 仅适用于封闭箱梁。
b 仅适用于地锚式悬索桥。

三、系统实施

1. 传感器设备选型

结构健康监测系统硬件主要由传感器设备、数据采集与传输设备以及监控中心管理设备等组成。悬索桥结构监测内容丰富，涉及监测设备广泛，尤其是传感器类型多样，是获取结构监测真实信号信息的关键感知元器件。硬件设备的精确性、稳定性、可靠性、耐久性关系到数据采集的精准性、数据传输可靠性和系统运行的稳定性、耐久性。因此，硬件设备选型至关重要。系统硬件设备的选型应满足如下主要原则：

（1）精准性。传感器设备在精度、灵敏度、分辨率等指标参数须满足监测要求。

（2）稳定性。传感器设备在长时间使用过程中，需保持性能指标稳定，尤其在时间漂移和温度漂移方面具有高稳定性。

（3）可靠性。应选用技术成熟、性能先进、抗干扰性强的传感器设备，保证在桥梁运营环境中长时间无故障、安全可靠地运行，发挥既定功能。

（4）耐久性。基于监测环境和条件，传感器设备在长时、高频使用下的耐用能力和使用寿命期限。

（5）经济性。在确保传感器设备性能指标满足监测参数匹配度、适用性的前提下，购置与使用成本的节约程度。

（6）维护性。传感器设备出现故障后易于修复或恢复至正常使用状态的特性；设备生产商或供应商具备强大的技术支持能力和高效快速的维护能力。

2. 数据采集与传输

根据悬索桥的结构规模和监测测点数量与空间分布，可选择集中式或分布式或两者兼顾的综合采集传输模式。

常规主流采集方式选用电压信号采集器或调理器采集索力加速度计、单向加速度计、三向加速度计的电压信号，选用电流信号采集器或调理器采集风速仪、温湿度仪、温度计、红外测温仪、倾斜仪、压力变送器、拉绳/LVDT 位移计的电流信号，其余专属传感器采用自适配的采集设备进行传感器信号采集。各类传感器主流采样频率设置如表 15-3-2 所示。

悬索桥结构健康监测系统传感器主流采样频率设置一览表 表 15-3-2

监测类别	监测内容	采样频率
环境	环境温湿度	10Hz

续上表

监测类别	监测内容	采样频率
作用	风速风向	10Hz
	结构温度	10Hz
	地震动	50Hz
	车辆荷载	触发采集
	航道视频	25FPS
结构响应	空间变位	10Hz
	加劲梁竖向位移	10Hz
	梁端位移	10Hz
	梁端转角	10Hz
	应变	50Hz
	加劲梁振动	50Hz
	索力加速度	50Hz
	锚跨索股力	1Hz
结构变化	锚碇位移	1/3600Hz
	索夹滑移	1Hz
	索夹螺栓状态	1Hz

常规主流传输方式选用以太网信号调理器，具有以太网同步功能的高精度数据采集设备将各种传感器输出的不同类型的模拟、串口或数字信号转换为统一的标准以太网信号进行传输。以太网信号调理器安装在采集站（DAU）内，避免了信号衰减过大、信号干扰过强等不利因素影响。

3. 数据处理与管理

数据处理与管理主要管理系统运营后的所有动静态数据（包括前期大桥的设计资料、施工期资料、实时监测数据、报警评估数据、桥梁基本信息、系统管理信息等），并完成数据的归档、查询和存储。建立桥梁结构健康监测系统的中心数据库及数据存储仓库，向其他子系统提供有效的信息源，一般具有如下功能：

（1）能够实现数据采集、控制、筛选、管理和二次处理等功能。

（2）提供各类数据存储的工具和场所，建立与各种监测数据的数据类型、数据规模相匹配，与其采集、预处理、后处理功能要求相适应的分布式数据存储结构，以及相应的数据交换模式，构建系统数据库。

（3）支持特殊事件数据单独存储及分析与处理。

（4）提供数据安全性及用户管理的工具。

（5）提供数据分布式快速查询的工具。

（6）提供保障数据一致性与同步性的工具。

（7）提供数据备份和恢复的策略与工具。

（8）提供与异构数据库接口的工具。

（9）提供数据分析处理的服务。

（10）具有相应的软硬件安全机制和自诊断功能。

（11）具有对数据及设备异常报警处置功能，如系统网络通信失败时，数据可以暂时存储在采集站计算机内，当网络正常后再续传至数据库服务器。

4. 系统软件平台开发

基于悬索桥结构健康监测系统的功能定位，立足悬索桥的受力特性和构造特点，聚焦满足应用层的功能需求，重点服务于悬索桥管理养护和应急处置，系统软件平台的具体功能模块组成如图 15-3-2 所示，划分成 GIS 智能驾驶舱、桥梁管理、结构监测、专项数据分析、安全报警评估和数据交换接口六大功能以及相应的 33 个模块。

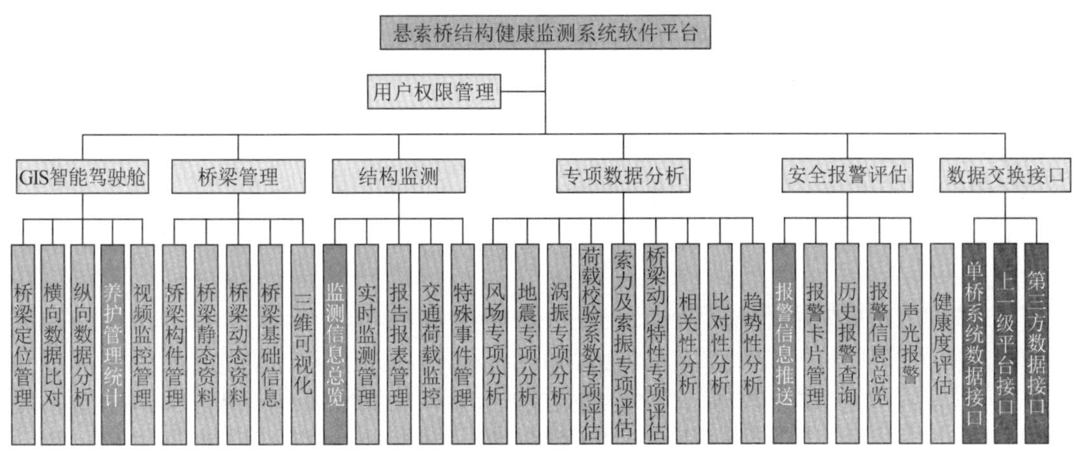

图 15-3-2　悬索桥结构健康监测系统功能模块组成

1）GIS 智能驾驶舱

基于数据看板主流开发技术，以驾驶舱的展现形式，通过各种常见的图表（柱状图、饼状图、折线图、散点图、速度表、音量柱、预警雷达、雷达球）形象地标示出监测项的关键参数指标，直观地获取监测各项数据运行情况，并可以对异常指标进行报警和分析。以高清 GIS 在线地图为基础，结合三维可视化桥梁模型，建立桥梁的监测管理图层。

2）桥梁管理

“桥梁管理”为系统平台的基础信息库，统一管理各桥的基本信息、静动态资料、构件单元及对应二维码、三维地理和桥梁模型展示等，既是系统平台组成和运行的必要环节和支撑，也是各桥数字档案的统一管理系统。

3）结构监测

结构监测为系统平台的核心功能模块，通过感知层的数据采集传输模块、数据处理控制模块、远程数据转发模块等的协同工作，实现各桥实时监测数据或特征值数据的分析展示，根据不同监测项展示数据时程曲线、仿真仪表、数据列表、风玫瑰图、振动频域变换、位移变形、实时索力等内容，自动生成相应报告报表，进行特殊事件管理，服务于应急事件处置。

4）专项数据分析

专项数据分析依据悬索桥所处环境和作用、结构受力特性、构造特点以及技术状况等富有针对性地进行模块设计开发，力求智能、高效、实用。针对公路大跨径悬索桥，尤其加劲梁为扁平钢箱梁的悬索桥，常规专项数据分析有以下 9 个模块：

（1）风场专项分析

基于桥面或塔顶所布设的风速仪数据进行专项分析，获取风场相关参数，为桥面交通通行和相关分析计算提供依据和支撑。风场专项分析主要是获取平均风速、风向、风攻角、湍流度、阵风因子、风功率谱及风玫瑰图等。

（2）地震专项分析

主要功能为分析桥梁结构受地震作用结构的瞬时响应，如加劲梁竖向位移、加劲梁纵向位移、塔顶偏位、支座位移以及加劲梁与吊索振动加速度等，从而分析评估结构受震影响状况及结构快速恢复能力。

（3）涡振专项分析

针对大跨径钢箱梁悬索桥，在桥梁运营服役年限内，存在发生加劲梁涡振概率。该模块主要功能是对加劲梁涡振进行实时报警，自动计算显示涡振时均方根（RMS）值、锁定频率、振幅、持时等重要参数以及对应风场环境参数等信息，支持数据回放反演，并自动出具报告报表，为涡振事件应急响应和处置提供支持。

（4）荷载校验系数专项评估

依据桥面动态荷载监测数据，获取自然车流及重载车辆行驶信息，可通过监测点实测响应数值与影响线加载自动获取的对应量值进行比值计算，通过静力分析评估反馈结构工作状况、性能。

（5）索力及索振专项评估

通过索振加速度计可实时获取索体振动加速度数据，也可通过傅里叶变换获取基频进而结合索力系数求得索力值。吊索在大桥运营过程中，索力会发生变化，此外受风、雨等作用影响可能会发生异常振动，影响其安全性、耐久性，因此有必要加强对索体振动的监测及数据分析，掌握其受力、振动状况，为管养提供依据。

（6）动力特性专项评估

动力特性包括结构的自振频率、振型、阻尼比，该模块通过布设于桥上的各测点加速度计，自动分析计算获取结构动力特性。

（7）相关性分析

根据各监测项的属性和关联度，将两参数或多参数进行相关分析，判断和评估相互影响作用情况。如加劲梁挠度与温度的相关性、梁端纵向位移与温度的相关性、索振与风场参数的相关性等，以便更深层次、更全面地掌握结构的性能及特点。

（8）比对性分析

该模块功能主要从空间维度对某些监测参数进行比对，分析分布和发展规律，如各吊索或锚跨索股索力分布情况、加劲梁裂纹分布发展状况、各挠度测点变化分布、梁端左右幅位移一致性分布情况等。

（9）趋势性分析

该模块功能主要从时间维度对某些特性、参数进行分析，看其发展趋势、变化规律，主要针对结构缓变性质参数，重在反映耐久性（长期性能），如长周期内某根拉索索力变化情况、加劲梁跨中挠度变化情况、裂缝发展趋势等。

5）安全报警评估

系统平台一项重要功能是服务于应急管理，通过结构监测模块，基于所设定的阈值，对结构运营环境、作用及安全状态的重大变化进行报警，提供报警信息、信号（声光报警），推送报警信息提醒管理人员关注结构运营安全状况，并自动进行健康度评估，提供应急措施建议。

6）数据交换接口

为保证系统的扩展性和兼容性，依据现行规范，利用统一的数据标准、接口及报送管理制度等成套体系，完成系统平台的数据资源合理规划和设计，确保数据交互高效、稳定和安全。

四、系统应用

在悬索桥运营服役期内，结构健康监测系统的数据应用重点围绕超限报警类、应急响应类、养护评估类和基础研究类四大类别开展，为悬索桥的养护管理、理论研究和工程提升等方面提供重要的数据支撑和科学依据。

1. 超限报警类

超限报警是结构健康监测系统的最为直接的功能，实时感知的各项关键监测数据指标超限所设置的监测参数阈值，即触发报警机制，提示管理人员采取相应管养措施。

超限报警类应用主要有以下作用：

（1）异常识别。借助实时的监测和数据分析，系统能够迅速捕捉到桥梁结构中出现的异常状态，例如异常振动或位移超限等，为管理养护工作提供准确及时的判据。

（2）事故预防。超限报警系统有助于预防结构性能退化或环境作用不利等因素导致的重大事故，从而支撑桥梁结构运行安全管控。

（3）优化管理。基于详尽的数据分析构建起的报警机制，能够指导管理人员科学地制定日常检查和养护计划，提高管养效率。

2. 应急响应类应用

在应急管理方面，悬索桥的实时监测数据发挥着至关重要的作用。当出现突发事件，如台风、地震、涡振、车撞、船撞、堵车等突发事件时，桥梁的位移、振动和应力等数据能够提供即时的结构响应信息，用于评估桥梁的安全性和适用性，为应急响应决策和处置提供科学依据。

应急响应类应用主要有以下作用：

（1）快速响应。在突发事件发生时，系统能够迅速评估出桥梁健康状况，助力应急响应和处置，有效减少损失，保障悬索桥此类大跨径桥梁的社会经济效益。

（2）精准决策。基于详尽的数据分析，不断改进应急响应预案，更有效利用资源，更精准施策。

（3）经验积累。每次应急响应后的详细数据分析报告，都将为后续同类事件的应对提供宝贵的经验借鉴。

3. 养护评估类应用

养护评估类应用主要包括悬索桥结构的健康度评估、技术状况评定、适应性评定和其他专项养护评估等内容，并综合分析评估结构整体受力性能、主要受力构件性能、附属设施使用性能等，给出评估结论和管养建议。

养护评估类应用主要有以下作用：

（1）科学性养护。基于大量监测数据的养护评估，能够确保养护工作更加科学和精准，有效避免过度或不足的养护工作，实现资源的优化配置，节约养护资金并延长桥梁使用寿命。

（2）预防性养护。基于监测数据的养护评估可以提高对结构整体或构件状态的趋势性规律性认知，有利于把握结构性能退化趋势、规律，为预防性养护提供有效支撑，进而提升结构长寿保障。

4. 基础研究类应用

基础研究类数据分析应用主要聚焦于悬索桥结构的长期耐久性能、机理认知、理论验证等方面。通过对实时连续长期的监测数据分析，揭示出结构的本质属性和内在规律，为设计、施工和养护提供坚实的科学理论支撑。

基础研究类应用主要有以下作用：

（1）推动技术创新。基础研究有助于发现新问题、提出新方法或形成新理论，进而推动悬索桥建管养用等方面工程技术的创新发展。

（2）完善理论体系。通过深入的数据分析和挖掘，不断验证和完善桥梁工程的理论体系。

（3）指导实践应用。基础研究的成果反馈应用于工程实践，提高悬索桥建设养护的技术水平。

第四节　养　　护

一、养护

悬索桥的养护应遵循《公路缆索结构体系桥梁养护技术规范》（JTG/T 5122—2021）以及相关标准的要求。

1. 缆索系统

1）缆索系统检查依据

为检查金属结构或构件的腐蚀程度以决定维护方案，需对腐蚀程度或涂膜劣化程度进行评定分级，参照的国内外已有标准划分如下。

（1）钢构件表面锈蚀程度分级

加工过的钢构件锈蚀程度分级标准参照《涂覆涂料前钢材表面处理　表面清洁度的目视评定　第1部分：未涂覆过的钢材表面和全面清除原有涂层后的钢材表面的锈蚀等级和处理等级》（GB/T 8923.1—2011）分为1～4级，见表15-4-1。

钢构件锈蚀程度分级表　　表15-4-1

等级	腐蚀程度	等级	腐蚀程度
1	构件表面无铁锈、保持光洁	3	表面少量点蚀、少量锈斑
2	有浮锈或轻微锈蚀、失去光泽	4	表面普遍点蚀、锈斑或锈坑

（2）高强度镀锌钢丝腐蚀分级

我国目前尚无悬索桥镀锌钢丝腐蚀等级划分标准，参照美国联邦指导章程（FHWA-IP-86-26）中有关悬索桥镀锌钢丝的规定，将镀锌钢丝腐蚀等级分为四级，见表15-4-2。

镀锌钢丝腐蚀程度分级表　　表15-4-2

等级	腐蚀程度	等级	腐蚀程度
1	不规则锌腐蚀亮斑、失去光泽	3	锌层减薄、偶尔出现铁锈蚀斑点和锈坑
2	较多锌腐蚀、有白的腐蚀物、尚未见铁腐蚀	4	锌腐蚀被大面积铁锈蚀代替或开裂

（3）钢构件涂膜劣化类型及评定分级

钢构件涂膜劣化类型及劣化等级评定分级，可采用《铁路钢梁涂膜劣化评定　劣化评定》（Q/CR 731—2019）进行。

① 钢梁涂膜劣化类型

钢梁涂膜劣化类型包括粉化、起泡、裂纹、脱落和生锈五种。

粉化：涂膜由于表面老化损坏，呈粉状脱落，浅色漆出现白色粉状物，深色漆出现深色粉状物。

起泡：涂膜表面分布直径不同的膨胀隆起，出现“点泡”或“豆泡”。

裂纹：涂膜出现裂痕，能见到下层或底层的网状或条状裂纹。

脱落：涂膜表层和底层间、新旧涂层之间丧失附着力，涂层表面形成小片或鳞片脱落。

生锈：涂膜出现针状锈斑、点状锈或片状锈的现象。

② 钢梁涂膜劣化等级

钢梁涂膜劣化等级分为四级，见表 15-4-3。

钢梁涂膜劣化等级　　表 15-4-3

涂膜劣化类型	劣化类型		
	粉化	起泡、裂纹或脱落	生锈
轻微（一级）	粉化 1 级	0.3%	无
中等（二级）	粉化 2 级	5%	0.3%
轻重（三级）	粉化 3 级	16%	3%
严重（四级）	粉化 4 级	33%	3%

（4）按照《铁路钢梁涂膜劣化评定　劣化评定》（Q/CR 731—2019），根据劣化等级对涂膜进行处理，分为维护涂装和重新涂装两类，一级劣化不做处理，二级、三级劣化进行维护性涂装，四级劣化重新涂装。

2）主缆系统检查

（1）主缆系统防腐涂层检查

① 一般性检查

一般性检查借助目测和高倍望远镜（高处）或放大镜（低处），沿主缆全长检查，重点部位为散索鞍连接段、主缆鞍座进出口段、主缆跨中最低点、索夹两侧。对行车道净空高度范围，检查涂膜是否有机械损伤，其他部位检查自然劣化。必要时可采用触摸、摩擦、轻微敲击等措施。对一般性检查发现的可疑损伤和劣化，可划定区域进行重点检查。

② 涂膜定期全面检查

一般涂膜设计寿命 10～15 年。自大桥投入运营开始，在寿命期内按计划进行的全面检查为定期检查。定期全面检查沿主缆全长逐段连续检查，不应遗漏。

③ 涂层检查评定依据、周期和记录

检查依据：《铁路钢梁涂膜劣化评定　劣化评定》（Q/CR 731—2019）。

检查周期：如设计寿命为 15 年，建成后第 3 年进行第一次检查，第 4 年到第 10 年应 1 次/2 年，第 11 年开始 1 次/年。

如涂膜设计寿命为 10 年，在建成后第 3 年进行第一次检查，第 8 年、第 9 年、第 10 年

1 次/年，中间可 1 次/2 年。

一般性检查可每年安排两次，分别可安排在 1—2 月和 7—8 月。

检查应做好详细记录，除以记录表格形式存档外，同时应将检查状况、评定结果、处理意见输入计算机永久保存。经手人、评定专家及领导批准等均应具体、真实地反映。

（2）主缆系统检查

① 外观检查

以散索鞍为起点沿主缆全长进行涂膜检查，查看有无粉化、开裂、起泡、脱落和锈蚀，有无机械碰损，并根据检查结果分类评定。应特别注意主缆边跨、中跨最低点索夹两侧、主鞍两侧是否有进水现象。

如发现涂膜严重破损或缠丝严重锈蚀或断裂，可能危及主缆钢丝腐蚀，应报请主管部门同意，可在破坏处和边跨主缆最低点打开缠丝，用木楔撑开主缆钢丝进行内部检查，检查主缆截面顶部、两侧和底部钢丝是否锈蚀及锈蚀程度。检查时应采取措施防止雨水及冷凝水进入，在复原时，吹入干燥空气以干燥钢丝。

由散索鞍开始检查锚室内裸露散开丝股，有无钢丝松弛、鼓包和断丝；有无钢丝锈蚀，对腐蚀等级作出评估。

对锚室内锚头、锚板、拉杆和连接器的涂装、锈蚀状况进行检查，必要时作出涂膜劣化及锈蚀等级评定，检查是否有裂纹出现。

检查锚室内除湿机系统是否运转正常、室内湿度是否在 45%～50%范围内、密封门是否密封。

检查散索鞍内的主缆丝股是否有尘污及锈蚀、锌填块是否滑移、锚栓有无松动、鞍座油漆有无脱落和锈斑、散索鞍前墙有无开裂漏水、墙外主缆进口防水罩密封是否完好、防水罩材质有无老化和开裂等。

对主鞍座鞍罩内主缆外观检查，查看锌块有无滑移，主缆丝有无尘污、锈蚀，紧固螺栓及锚栓有无移动，各钢部件有无油漆脱落和锈蚀，密封门橡胶条密封状态是否完好，罩内湿度是否在 45%～50%范围内。

② 主缆内力及线形检查

主缆内力：主缆内力检查包括主缆索股内力及锚固拉杆和预应力束锚固系统。锚固拉杆和预应力束系统，在外观检查中如未发现防松标记错动或相应部位油漆涂层开裂，可认为基本无变化，则主要检查索股内力。

检查方法如下：

a. 千斤顶张拉法。借助施工的张拉千斤顶，将索股锚头轻轻拉起，读取液压读数。采用此办法检查时，千斤顶需事先标定，在拉起锚头前，需安装百分表，测量锚头承压面脱离瞬间的位移数据。

b. 频谱分析法。将传感器安装在散索鞍至锚头间的裸露索股上，通过频谱分析求得索股内力。在施工时由张拉索股开始在锚杆上安装永久弦式传感器，读取传感器读数。

应由初始张拉索股开始读取对比及修正数据，以备永久使用。当锚室内无恒温设备时，测试应在温度稳定时进行。

大桥建成最初 3 年，应于最高气温、最低气温时各测一次；3 年以后可每年在高温（或低温）时测一次。亦可同时采用两种办法，以便互相校核。

主缆线形检查：主缆线形检查和主缆索股内力检查一样，是判断主缆内力变化的依据。

主缆线形的永久性变化预示着锚碇、主缆锚固系统、索塔及主鞍的病害，以及加劲梁恒载的变化。判断主缆线形变化的主要依据是主缆设计线形和竣工线形数据，并且两者均有相对应的大气温度数据，设计线形一般相对于设计标准温度 20℃，竣工线形测试温度一般偏离 20℃，但经温度差的修正，线形数据应是吻合的。这些在桥梁档案库中均应有记载。

悬索桥建成第一年应在年最高温度、年最低温度及年平均温度时对主缆进行线形检测。测量应在桥上无活载且一天内气温稳定时进行。在取得温度影响的修正数据后，在以后每年可进行一次线形检测，仅测试各跨跨中高程。在发现索塔、锚碇有沉降和位移时，应同时进行详细线形检测；加劲梁线形有明显变化时，应进行加劲梁详细线形检测，或建成 10 年后进行详细线形检测。对于 1000m 以上跨度悬索桥应进行地球曲率修正。10 年以后仍可参照上述进行。

3）主缆系统的养护维修

（1）主缆系统的涂膜养护和维修

① 主缆系统涂膜养护维修的主要依据

主缆本身由高强度镀锌碳素钢组成，含碳量 0.75%～0.85%；鞍座和锚固构件多为碳素结构钢、合金结构钢、铸造件或锻造件，含碳量多为 0.35%～0.45%，有的通过机加工和调质处理，这些构件的抗腐蚀能力均较差。为保证这些构件的使用寿命，主缆钢丝在出厂前采用了热镀锌或锌-铝合金，并在安装过程和成桥后，采用了涂层防护。涂装工艺大多采用重防腐系统，涂膜寿命在 10～15 年及以上。一般 5 年以下不需维修，在 5～10 年以内只需局部维修，10～15 年及 15 年以上可采用大范围维修或重涂。

根据涂膜检查的劣化评定结果和锈蚀检查的等级评定结果确定维修方式。局部维修由养护部门自主决定，大面积修补及重涂需由养护部门报请上级主管部门审定批准。

涂膜的维修应遵守下述基本原则：

a. 钢构件锈蚀等级为 1 级，钢丝锈蚀等级为 1 级，涂膜劣化等级为 1 级者，不需要维修，只需要日常养护。

b. 钢构件锈蚀等级为 2～3 级，钢丝锈蚀等级为 2～3 级，涂膜劣化等级为 2～3 级者，应进行不同程度的涂膜局部修补。

c. 钢构件腐蚀等级为 4 级，钢丝腐蚀等级为 4 级，涂膜劣化评定等级为 4 级者，应考虑大面积修补及重涂。

② 主缆系统涂膜的养护及维修

a. 涂膜养护。

在涂膜寿命期前 5 年之内或锈蚀和涂膜劣化评定 1 级时，涂膜只需养护而不需维修。应经常清除构件上的积灰和油污，尤其海洋大气下的积尘含有大量氯离子，具有极强的腐蚀性。

保持主鞍室不漏水，除湿机保持正常运营且湿度为 40%～50%。

保持散索鞍防水罩良好密封，以及散索鞍前墙不开裂、不漏水，无雨水沿主缆流入散索鞍及索股。

锚室无漏水、积水，保持锚室除湿机正常运转，湿度为 40%～45%。

b. 涂膜局部修补。

当主缆系统的防护涂装寿命在 5 年以上、10～12 年以下，经锈蚀评定和涂膜劣化评定等级均在 2～3 级时，涂装的维修只限于局部范围，属于维护性涂装。涂膜局部修补和重涂一样，需采用与本桥成桥时相同的材料和工艺。

对于涂膜局部范围粉化、起泡、开裂和脱落，手工清除损坏区域的疏松涂层至未损坏涂层边缘，并于未损区制成50～80mm坡口。涂底漆、中间层和面漆，最后一道面漆应盖过全部修补区；对于已生锈的表面，用工具清除至良好结合涂层区，钢表面处理至St3级除锈等级，未损区边缘也制成50～80mm的坡口，然后涂底漆、中间层和面漆，最后涂一层面漆，覆盖面积可扩大至修补范围以外。如原底层是热喷涂锌层，可用两道环氧富锌涂层代替。如仍采用热喷锌（有移动现场喷锌设备），可将喷锌面积扩大30cm的范围，清除涂层露出完好锌层，将涂膜边缘覆盖，修补好底部锌层后，再依次涂刷上层面涂层。

涂膜在10～15年以上时，基本接近或达到寿命期，或涂膜劣化达到4级或锈蚀达到4级时，应报请上级，将主缆系统重新进行防护涂装。重涂的工艺、材料和质量要与成桥时相同。

（2）主缆系统的维护

① 主缆缠丝修复

缠丝严重锈蚀或断裂意味着涂装层已经破坏且失去主要防护能力，应及时修复。缠丝更换及修复工艺如下。

a. 除去废弃缠丝前，在维修段两端保留缠丝2～3圈，焊接固定，焊接温度不应影响主缆钢丝。焊接要有足够长度并保证质量，然后剪除待换缠丝。

b. 清洁主缆钢丝表面。

c. 涂底漆，涂腻子。

d. 缠丝，将缠丝的头尾2～3圈焊接固定，缠丝拉力不低于2kN。

e. 缠丝表面清洁处理。

f. 按主缆原涂装工艺复原涂装层。

g. 局部更换缠丝可采用吊篮，当大范围重新缠丝时，需架施工锚道。

② 索股维修

自美国的布鲁克林大桥应用悬索桥主缆紧缆、缠丝、涂装的防护体系以来，主缆防护已有100多年的历史。长期实践表明，主缆钢丝除腐蚀外，尚有断丝、鼓丝、腐坑削弱以及长期腐蚀介质作用材质失去塑韧性等病害。其中，鼓丝实际是断丝的表现，断口通常位于鼓出钢丝不远处。这些变化均会使钢丝失去承载能力。有的桥整束索股断裂。例如，1903年建成的美国威廉斯堡大桥，运营后抽取208根钢丝强度试验表明，因腐蚀脆化，其平均强度已降低约10%。断丝和鼓丝多发生在锚室内散索鞍以后。主缆维修时除单根钢丝拼接外，甚至有整束索股重新拼接，如美国1909年建成的曼哈顿大桥。

如何判断主缆钢丝的失效，是主缆维修的一个重要问题。美国1964年建成的约翰·奥古斯都·罗布林吊桥，在1989年检查时，检察人员曾由主缆中取破断钢丝进行试验，确定其不同条件等级下钢的抗拉强度占原材料抗拉强度的百分比，同时将钢丝腐蚀标准分为0、1、2、3、4、5共六级，并给出这六个级别钢丝强度与原材料强度比。约翰·奥古斯都·罗布林吊桥的腐蚀等级及钢丝剩余强度比分别见表15-4-4。

约翰·奥古斯都·罗布林吊桥腐蚀等级及钢丝剩余强度比 表15-4-4

等级	特征描述	剩余强度比（%）	等级	特征描述	剩余强度比（%）
5	新钢丝	100	2	中等不规则腐蚀	50
4	轻微腐蚀	100	1	严重密布的中等大小腐坑	25
3	小腐坑，轻度至中度腐蚀	75	0	钢丝断裂	0

约翰·奥古斯都·罗布林吊桥检查结果表明钢丝至1级以下（包括1级），强度可忽略。实际上，当钢丝为2级时，强度已削弱一半，这种钢丝很快会发生断裂，因此可将2级钢丝列入“断裂”范围进行拼接。所以，对于断丝、裂纹已扩张至50%直径的钢丝、腐坑已削弱截面至50%的钢丝均应考虑拼接和更换，甚至考虑更严格的处理措施：腐坑削弱25%和带有裂纹的钢丝一律予以更换和拼接。

美国在对桥龄较长的悬索桥主缆检查中发现，在主缆跨度中间和锚室内均存在断丝，但较多集中在锚室内。在跨径中间，断丝较少并较分散时，可以暂不处理；锚室内断丝可采用接丝器拼接断丝。接丝器可以是一个套筒挤压接头，也可以是一个内径带正反螺纹的连接器。其中挤压接头需借助专用液压设备将两断头连在一起。

a. 断丝拼接：先将断丝处丝股绑扎松开，拉出断丝两端头，剪除两端头部分受损段，再剪一段长度大于剪掉段的新钢丝；处理接头部分（磨掉锈蚀锌层，去油污），用套筒挤压接头与一端相接；处理另一端钢丝接头部位，拉紧钢丝至规定拉力，剪除多余钢丝，以套筒挤压连接接头，复位钢丝并扎紧索股两侧。这种带有内壁螺纹的套筒，挤压连接后承载力均能达到90%以上。

b. 索股拼接：整束断裂索股一般均在散索鞍和锚碇前墙之间。美国曼哈顿大桥曾进行这项修复工作。新旧索股间连接采用热铸锚式接头，新旧丝股热铸锚间可采用螺杆以螺纹连接，再将索股张拉至要求索力锚固。

c. 主缆线形变化：经春季及秋季相同气温下无活载时测试复核，确认主缆下挠变大，应首先查找下挠原因。一般这种情况多是主鞍座发生偏移，索塔非中心受压产生向主跨侧附加弯曲。治理办法为：封闭交通，解除主鞍的锁定，中跨减荷（如更换铺装时），边跨加载，使主鞍移向边跨，恢复至要求位置再锁定。这种处理需经设计和施工周密计划后实施。如主缆断丝较多，应经计算后降低荷载等级使用或加固主缆。

d. 主鞍及散索鞍的维修：主鞍和散索鞍锚栓、鞍槽口拉杆及其他固定螺栓和对合螺栓若发生松动，采用扭矩扳手或张拉千斤顶恢复至设计预拉力；已开裂或断裂，则应及时更换；若锚栓断裂，可在座板下斜向凿去部分混凝土，取出旧锚栓，更换新锚栓。由于这些螺栓多为中碳素钢或合金结构钢并经调质处理，不宜焊接修复。最后应进行涂装处理，涂装按原桥涂装方案及工艺进行局部修补。

对于全铸、全焊或铸焊的鞍座局部出现裂纹者，首先应采用探伤方法查清裂缝部位、形状、深度和产生裂缝的原因，经研究可采用钻孔止裂（板上的穿透裂缝）、磨除（浅层椭圆裂缝）、补焊（较深椭圆裂缝，局部加压超过临界温度不致影响受力）；当较严重裂纹在鞍索板根部和散索鞍摇臂下部并不断发展，无法修补和修复时，只能更换鞍座，如美国的曼哈顿大桥散索鞍座曾因此而更换。更换散索鞍时，需在原散索鞍两侧设临时鞍座，然后更换新鞍座。施工应在无活载状态下进行。施工过程中不能损伤主缆钢丝，发现索股断丝应及时修复。恢复原高程后，按要求做好防护涂装。

e. 检修道扶手缆绳内力调整和更换：检修道扶手绳松弛，可采用导链葫芦拉紧，然后拧紧固定螺母；若扶手柱出现弯曲、扭曲，应予更换。

当扶手绳严重锈蚀、断丝较多影响桥修人员扶握时，应予更换。拆除旧扶手绳时，应分段、分批解除扶手绳立柱，再解除下锚头，将其放至桥面检修道上，再解除上锚头，用绳索拉住缓缓放至桥面检修道上。

新扶手绳应按原扶手绳无应力长度制造，并按拆除的逆过程进行安装：先将上锚头就位，再将下锚头就位，然后用导链分批吊起就位并固定于扶手立柱上；先挂绳的 1/2 点，后挂绳的 1/4 和 3/4 点……再依次起吊，直至全部完成。

f. 主缆锚固系统：主缆索股锚头在锚室内一般锚固在型钢拉杆、圆钢拉杆或眼杆横梁上，这些构件多为含碳量较高的碳素钢或合金结构钢，且截面较大。美国在对运营近百年悬索桥的维护中发现，这些构件除有腐蚀较为严重的腐坑外，尚未发现断裂现象。正常的维护是保持锚室干燥和构件涂装完好。若发现焊缝、眼杆处、螺纹根部等位置出现裂纹，首先应探伤确认其性状和原因，再经专家研究处理。型钢可放松索股，按特许程序补焊，然后将索股锚固至设计拉力；眼杆、圆钢拉杆则只能更换，更换程序需经专家研究决定。

2. 索夹及吊索锚固系统

1）索夹及吊索锚固系统

（1）防腐涂层检查

吊索的防腐涂层检查与主缆系统同时进行，检查方法及评定分级标准与主缆相同。检查内容包括：索夹及拉杆等构件的漆膜（同索鞍及螺杆），上、下半索夹接缝及索夹与主缆间填缝是否完好，下端锚筒及密封盖的密封是否完好（承压式锚头），锚头耳板及销轴涂膜检查（销连接锚头），索体 PE 套是否老化、失去弹性或出现环向开裂等。对上述各部位检查做好记录，对涂膜劣化及锈蚀等级作出评定。

（2）索夹螺杆内力检查

检查拉杆内力前，应首先检查索夹是否沿主缆滑移。

据实桥测试，一般悬索桥成桥后，索夹螺栓拉力损失均很大，悬索桥通车 2～3 年后应检查索夹螺栓轴力，索夹螺栓轴力降低大于 20%时，应补张拉，以保证索夹抗滑移安全系数不低于 3。通常采用液压千斤顶进行内力检查和补张拉。检查时首先考虑靠近索塔斜度最大的索夹。

（3）吊索内力检查

吊索内力检查应和主缆线形检查同时进行，当发现索夹有滑移迹象时，除立即检查索夹螺杆内力外，还应检查吊索内力。

吊索内力检查应由具备相应测试资质的单位进行，一般测试方法如下。

① 频谱法：由精确的加速度传感器记录吊索的脉动或微振，采用频谱分析法求得吊索振动频率，按照弦振规律求得吊索内力。一般索的长径比在 80～100 以上时，测试数据比较准确。

② 压力传感器法：对于短索，尤其弯曲刚度较大的短索，频谱测试误差大，可采用振弦式压力传感器。在吊索安装时，将校定过的振弦压力传感器置于锚头承压螺母之下，通过振弦的频率测试得到吊索拉力。

③ 液压索力测试仪：液压索力测试仪广泛用于斜拉桥斜拉索、主缆索股和吊索的内力测试和调整。张拉杆的一端螺纹与锚头尾部配合，另一端则与液压测试仪配合；液压测试仪通过反力架支撑，液压缸充油，锚头的力便会传递给液压测试仪液压缸，由相应油表显示的压力便可知索力。凡是最初安装用千斤顶张拉的吊索，均可使用该方法测试。经精确标定的液压测试仪，其测试精度可达 ±3%。

（4）吊索断丝及连接件裂纹检查

一般悬索桥投入运营数年后，吊索可能出现断丝现象，吊索连接件可能产生裂纹，应进行断丝及裂纹检查。

采用缆索断丝检测仪进行断丝检测，此检测仪可用于斜拉索和吊索索体断丝及锈蚀检测。裂纹检查首先应查看截面突变处、退刀槽、螺纹根部、索夹螺杆连接部位及圆环过渡处、索夹圆弧部分顶点、耳板垂直受力方向的孔边缘等处。当出现裂纹时，此处油漆会因拉伸或挤压而出现变形痕迹或锈迹，油漆漆膜会分成两段，可采用超声仪进一步检测确认。

2）索系统的维修养护

（1）吊索系统防腐涂装的维护

钢丝绳吊索采用原涂装工艺进行维护性修补；平行钢丝或钢绞线吊索一般采用高密度聚乙烯套管。当套管破裂时，可采用热压成型修补。

索夹、耳板、螺栓等构件一般采用与主缆锚板、索鞍相同工艺涂装，总干膜厚一般在250μm以下。

吊索系统涂装维护前，应先敲掉干裂脱落的腻子并重新抹平，再按漆膜检查评定的结果，进行维护涂装或重涂，其程序及工艺参见主缆涂膜维护部分的相应规范规定。

（2）吊索、索夹及高强度拉杆更换

出现下述情况之一时，应更换吊索：丝股严重锈蚀已削弱截面 5%以上；断丝率已超过5%，吊索有明显拔出锚头的迹象；耳板及相连部位有裂纹扩展。

出现下述情况之一时应当更换索夹：索夹已严重锈蚀；夹壁开裂；索夹耳板开裂。

更换吊索和索夹时，在索夹的两侧，解除主缆缠丝，安装临时索夹和临时吊索，使被更换吊索的力由临时吊索和索夹承受。在临时吊索下端可根据实际情况制造并安装临时吊索吊点。

正式施工前，应准确测量线形及高程，了解设计吊索力和竣工吊索力，以便将新吊索或索夹恢复至原吊索的拉力或高程。吊索长度需按原制索长度下料制作。如更换索夹，螺栓需按原设计值张拉到位，并于一个月、半年、一年和三年时检查并补张拉。

最后，按原施工工艺涂抹腻子并进行防护涂装。

高强度拉杆更换：当螺杆螺纹根部开裂、螺纹严重锈蚀或损坏时，应更换螺杆、螺母及垫圈。螺杆的螺纹应有足够长度。当一次更换多只或全部螺杆时，按如下步骤进行：旧螺杆分步均匀交替卸载，避免索夹局部受力过大；安装时也应分步、交替张拉到位，螺杆张拉力按原设计值。

索夹螺杆应保持紧固力不低于其安装设计值的 70%。建成通车第一个 5 年内，每年均匀选取不少于 40%的螺杆，每 2 年半复拧一遍。建成通车 5 年后，可根据对靠近索塔处索夹螺杆紧固力定期检查的结果进行评估，确定各跨每年选取的比例和位置。无评估时，可采取每年均匀选取 25%的螺杆，每 4 年复拧一遍的模式。

3. 锚碇及锚碇室

锚碇本身的破坏及主缆锚固系统的破坏意味着悬索桥主缆处于危险的状态，主缆及加劲梁不能继续承载。保证锚碇的正常完好状态是悬索桥养护维修的重要内容。

自 1883 年美国布鲁克林大桥建成以来，140 余年的使用与维修经验证明，悬索桥锚碇普遍存在的病害是锚碇室进水、空气湿度较高（部分含氯离子的海水或湿气），导致主缆锚固系统及锚室内的主缆系统严重腐蚀。

现代悬索桥均采取严密的防水设计措施，并在锚室内设置除湿设备，以防止主缆腐蚀破坏。养护维修工作应保证这些措施及设备处于良好正常使用状态。

1）锚碇及锚室的检查

（1）经常性检查

① 锚体周围护坡、排水明沟或暗沟是否存在坍陷、缺损、沉降，有无垃圾充塞、杂草丛

生，步行台阶是否完好等。

② 锚室内墙、盖顶是否开裂、渗漏；室内排水沟有无污物堵塞。

③ 通风是否良好，除湿设备是否完好并运转正常，锚室内相对湿度是否在 50%以下。

④ 锚室内各种照明、通信标志是否齐全完好，排风是否通畅。

日常检查做好详细记录，并提出后续工作建议。

（2）定期检查

建桥后 3 年内可 1 年检查一次，此后每 2～3 年检查一次；检查内容主要针对结构性病害，如截面尺寸的改变，界面相对沉降、变形，构件混凝土的开裂等。

① 按锚碇混凝土块体的组成特点，通过建立永久性水准点及位移测点，将全站仪摆放在不受锚体影响的永久测站上，检查锚碇是否存在沉降、滑移或转动，每次记录这些固定点的高程及位移。

② 查看锚室盖板是否开裂漏水，锚室前墙、后墙及侧壁、底板是否开裂渗水；上述各处是否出现风化、保护层剥落、露筋、空洞、钢筋锈蚀等现象。

③ 检查各部混凝土截面突变处是否开裂、漏水，排水沟及回填是否移动、断裂以致不能有效排水。

④ 观察锚墙内的锚杆在墙面处是否有拔出、滑移迹象，是否存在沿锚杆渗水致使锚杆锈蚀的情况。

定期检查应做好详细记录。对病害部位、病害危害程度及病害原因应作出初步分析、评估和确认，并提出处理建议；不能确认的病害应提交专家组会议研究。

（3）特殊检查

在地震及滑坡等强大自然灾害发生之后，应检查锚碇位置有无变动，是否发生结构性损伤，如开裂、破碎等。首先应对永久性高程及几何网点测点位置进行复核，确认无变动，否则应重新引入并建立高程及几何网点，然后检查先前建立的锚碇上特征点参数有无变化；同时应对索塔及基础进行相同检测，若发现异常，立刻进行全桥跨径及线形检测。结合全桥其他部位的灾后检查数据，全面分析全桥状态及能否正常运营，必要时进行荷载试验以判断桥梁状态，并通过专家会议对灾后桥梁作出结论。

2）锚碇及锚室的养护维修

（1）锚室除湿系统的养护维修

除湿系统应由经过培训的专门人员进行操作及养护维修。日常维修的内容包括：系统各部件的检查、清洁、润滑，易损件更换及故障查找及排除等。

主要设备部分包括：配电盘、鼓风机、电动机、过滤器、除湿组件及温度、湿度显示记录系统等。应确保系统正常运转，使锚室内相对湿度小于 50%。

（2）排水沟断裂、边坡破坏、掏空等

修复或重新设计排水系统，将水引离锚碇；以石块、钢丝笼等填实塌陷及冲洞，并灌水泥浆填实，然后在其上修筑排水沟槽系统。

（3）锚室顶盖开裂、四壁开裂渗漏

将裂纹按宽度大小进行灌浆或封闭处理，同时应分析水的来路以断绝水源，顶盖采用碳纤维布加固或顶盖上面加铺柔性防水层。

（4）混凝土腐蚀防护

处于海洋大气及海水飞溅水位变动处，混凝土遭到严重腐蚀，甚至出现松软腐蚀洞穴者要进行防腐处理。首先将松软面层凿除并清除尘渣，用防水混凝土或防水砂浆修平。必要时进行飞溅面防腐涂装。

涂装材料：底层用环氧树脂封闭漆，面层用聚氨酯焦油沥青漆。

4. 索塔的养护维修要点

维护索塔的正常工作状态，对保证桥梁的正常运营非常关键。

（1）经常性保养与维护。保持主鞍室内清洁，无油污及尘垢，无杂物和积水；主鞍座、附件及锚固螺栓、连接螺栓无松动、无断裂、无锈蚀；对油漆局部破损及时修补；检查塔内升降梯、照明、通风设备及其他设备及标志是否完好无缺。

（2）索塔混凝土结构应无裂纹，发现裂纹时应详细记录裂纹部位、走向、宽度及深度，必要时请专家分析裂纹产生原因。对宽度大于等于 0.2mm 的裂纹采用压注环氧胶液处理，小于 0.2mm 的裂纹采取封闭处理。对涉及结构受力的裂纹，应深入分析并检测混凝土强度，进行承载力检算，必要时进行线形测量和荷载试验。

（3）索塔沉降及倾斜检测应每 2～3 年进行一次（与加劲梁线形一起测量）并制成曲线图，与竣工时、高温及低温时测试数据比较，以判断是否在正常范围之内。

（4）观察悬索桥索塔鞍座有无偏离，发现偏离竣工位置应进行线形检测。判断索塔塔身的受力，以决定是否需要鞍座复位处理。

（5）强台风、地震、船舶强烈撞击以后，应进行索塔全面检查。

（6）悬索桥主鞍座及构件，不得随意补焊，可先钻 $\phi6$～$\phi8$mm 的孔止裂，钻孔时必须钻掉裂纹尖端部分。如裂纹不进一步发展，可暂不做其他处理；如发现裂纹进一步扩展，则采取合适加固方案（采用高强度螺栓连接或焊补）。由于鞍座承受巨大集中力，此种修补需十分慎重，必要时需关闭交通甚至进一步卸载。焊补时气温要高于 10℃，先确定刨去的范围和深度，研究补焊程序，再由合格焊工实施。最好采用热量较小的 CO_2 气体保护焊，焊后探伤。补焊最好一次完成，对于较大、较厚的构件，还应考虑预热处理。后续运营中，仍需观察修补处是否有新裂纹产生。

（7）塔身、承台混凝土劣化、保护层脱落等缺陷处理。混凝土的中性化（碳化）会降低耐久性，导致混凝土破坏、钢筋锈蚀。对于桥龄在 10 年左右或以上，尤其是处于海洋大气环境和浪溅区的索塔混凝土，应进行碳化检测和缺陷普查。可在表面涂加黏胶剂进行普通混凝土修补。阻锈剂如氰基甲酸乙酯树脂等与铁锈反应后能阻止铁锈增加。相关施工应由具备资质的单位进行，若要求防腐寿命为 20 年，需进行涂层厚度设计。对于小范围或局部缺陷，可采用碳纤维布包裹的方式进行处理。

二、定期和特殊检查与结构维修

为了保证公路畅通无阻，必须加强对桥梁构造物的检查，以便及时、系统地掌握桥梁的技术状况，及时发现缺损、分析运营环境的变化对构造物可能产生的不利影响以及可能导致桥梁损坏的隐患，从而有针对性地对桥梁进行保养、维修和加固工作。桥梁检查分为经常检查、定期检查和特殊检查。

1. 经常检查

一般桥梁每季度至少进行一次检查，汛期应增加检查频次；特大桥（如悬索桥、斜拉桥）应加强对桥梁各部位主要构件的日常检查，每月完成一轮检查。

经常检查以目测为主，现场填写记录表，登记检查项目的缺损类型，估计缺损范围及养护工作量，并提出相应的小修保养措施，拟定实施计划，组织落实。

经常检查一般应包括下列内容：

（1）桥面铺装是否平整，有无裂缝、坑槽、波浪、碎边，桥头有无跳车。

（2）桥面排水是否顺畅，有无积水，桥面泄水管是否堵塞、破损。

（3）桥面是否清洁，有无杂物堆积。

（4）伸缩缝是否堵塞卡死，连接件有无松动或局部破损，应保证伸缩缝活动自如，功能正常。

（5）人行道、路缘石、栏杆、扶手和引道护栏（柱）有无撞坏、断裂、松动、错位、缺件、剥落、锈蚀等。

（6）翼墙（侧墙、耳墙）是否开裂、风化剥落和出现异常变形。

（7）锥坡、护坡有无局部塌陷，铺砌面是否塌陷、缺损，是否有垃圾堆积、杂草丛生，桥头排水沟和行人台阶是否完好。

（8）交通信号、标志、标线、照明设施是否完好。

（9）其他显而易见，已达到三、四、五类技术状况的损坏或病害。

2. 定期检查

按规定周期及项目对桥梁主体结构和桥梁附属构造物进行定期跟踪的全面检查，是桥梁养护管理系统中采集结构动态数据的工作，为评定桥梁使用功能、制订养护维修计划提供依据。

定期检查的时间应考虑：①新建桥梁交付使用1年后，进行第一次全面检查；悬索桥建成交付使用后3年内，宜每年进行一次全面检查；②在经常检查中发现的重要部（构）件的病害状况为三类、四类或五类的桥梁，应立即安排一次检查。

定期检查要求有实践经验的桥梁养护工程师、桥梁管理养护部门及有资质的桥梁检测单位共同参与。检查方式以目视观察为主，并使用专门仪器和设备，如测量仪器、望远镜、放大镜、照相机、探查工具和现场用器材等。检查的内容包括部分经常检查的内容，但更全面、深入、细致。检查时必须接近或进入各部件仔细检查其功能及材料的缺损情况，并在现场完成下列工作：

（1）现场校核桥梁基本数据。桥梁的基本数据详见《公路桥涵养护规范》（JTG 5120—2021）。对于结构复杂的悬索桥，可以“桥梁卡片”为蓝本，适当增加项目和说明，力求能清楚地反映桥梁技术状况的全貌。

（2）当场填写有关表格，记录各部件（构件）缺损状况并作出技术状况评分。

（3）实地判断缺损原因，估定维修范围及方式。

（4）对难以判断损坏原因和程度的部件，提出特殊检查（专门检验）的要求。

（5）对损坏严重、危及安全运行的危险桥梁，提出暂时限制交通的建议。

（6）根据桥梁的技术状况，应对受检部位、关键数据乃至全桥进行鉴定和作出评价，并确定下次检查时间。

定期检查的项目和内容有：①桥梁的各组成部分，包括桥面系（桥面铺装、伸缩缝、人行道、栏杆、防撞护栏）、上部结构、下部结构、支座、排水设施、桥面照明设施、交通标志、桥头引线及有关的水文地质情况等；②针对桥梁的受力特性与结构组成，对每座桥的关键部位和重要构（部）件进行特别仔细检查。

3. 特殊检查

1）特殊检查分类

特殊检查分为应急检查和专门检查。

（1）应急检查：当桥梁遭受洪水、船舶（或漂流物）撞击，以及地震、风灾、火灾和超重车辆、载有危险品的车辆发生事故后，应立即对桥梁结构作详细检查，查明破损状况，采取应急措施，尽快恢复交通。

（2）专门检查：对于定期检查中难以判明损坏原因及程度的桥梁、要求提高荷载等级的桥梁以及技术状况为四类的桥梁，均要进行专门检查，针对病害进行专门的现场试验、检测、检算与分析等鉴定工作，以确定桥梁的技术状态，便于采取相应的加固、改善措施。

特殊检查应由管理部门的专职桥梁养护工程师或总工程师主持，委托公路桥梁检测中心或具备相应能力的科研单位、工程咨询单位，签订特殊检查合同后实施。

特殊检查的内容：除一般桥梁的特殊检查项目外，应增加对悬吊及其相关构件的检查。特殊检查是对桥梁结构的材料质量及工作性能两个方面所存在的缺损状况进行详细观察、检测、试验、判断与评价的过程。一方面要对桥梁作全面评价，另一方面也应根据本次特殊检查的背景（原因）有重点地进行。例如：船舶碰撞桥墩造成损伤而需特殊检查时，需对被碰撞的桥墩及其基础进行重点检查，具体项目有：

① 收集桥梁的有关资料，包括计算书、设计图、竣工图、材料试验报告、施工记录、养护维修档案、历次桥梁定期检查和特殊检查报告等。

② 对桥梁作全面检查，对各部位病害损伤作全面观察了解，测试结构构件材料组成及性能，勘查水文地质情况。

③ 应按实际断面尺寸及缺损状况、材料的实际强度和弹性模量、地基实际容许承载力和水文条件，进行桥梁结构验算，并遵循现行的有关规范。

④ 开展静力荷载试验，应按设计荷载或控制性车辆荷载，并计入冲击系数的结构效应作为最大试验荷载，同时量测结构控制截面和约束部位的位移、应变和裂缝等结构力学性能参数。将实测数据与计算值或规范规定值进行比较，当各项实测数值均小于或等于规定值时，一般可认为结构承载能力满足使用荷载的要求。

⑤ 进行动力荷载试验，量测结构动力响应，分析计算结构自振频率和受迫振动性能，评定结构动力性能是否满足行车和行人安全、舒适的要求。

以上 5 项工作，前 3 项是必做内容，后 2 项可根据实际情况取舍。

承担特殊检查的单位必须严格按规定的内容及时间完成任务。除必须提交完整的现场检查记录等资料外，还需提交完整的检查报告。检查报告内容主要包括：

① 概述检查的一般情况，包括桥梁的基本情况、检查组织、时间、背景和工作过程等。

② 描述桥梁当前技术状况，包括现场调查、试验检测项目及方法、检测数据与分析结果、桥梁技术状况评价等。

③ 详细阐述检查部位的损坏原因及程度，并提出结构部件和总体维修、加固和改善的建议方案。

2）维修工作

桥梁的养护维修工作按其性质、规模大小、技术难易程度可分为以下 4 类。

（1）小修保养工程：对桥梁各部分，包括设计规定的引桥、引道以及其他各种设施进行预防性保养和修补其轻微损坏部分，使之经常保持完好状态。对特大型桥梁，此工作应每日进行。

（2）中修工程：对桥梁各部分，包括设计规定的引桥、引道以及其他各种设施的一般性自然磨损和局部损坏进行修理加固以恢复原状。此项工作定期按计划进行。

（3）大修工程：对桥梁各部分，包括设计规定的引桥、引道以及其他各种设施的较大损坏进行周期性的综合修理，全面恢复到原设计标准，或在原技术等级范围内进行局部改善和个别增建，逐步提高其通行能力。此项工作应每隔数年（如10～15年）按上级批准的年度计划进行。

（4）改善工程：对桥梁各部分，包括设计规定的引桥、引道以及其各种设施因不适应交通量和载重需要而提高技术等级，或通过改善显著提高其通行能力的较大工程项目。

发生洪水、台风、滑坡、地震等自然灾害，交通事故和人为破坏等引起的桥梁（包括设计规定的引桥、引道）及其他各种设施的损坏，必须及时修复，尽快恢复通车。对不能及时修复的项目，可列为专项工程办理。

三、桥梁使用状况评定及结构维修等级确定

1. 使用状况评定方法及维修等级确定

桥梁技术状况的评定是桥梁养护维修及管理工作的重要组成部分。通过各种检查获得有关数据，对桥梁部件和总体的耐久性、承载力状况和行车状况等进行定性、定量评定，以便采取处治对策。

按照重要部件、次要部件的功能、材料状态、承载能力状况和行车状况等，可将桥梁部件和桥梁总体的技术状况分为下述五类，并分别采取相应的维修对策。

（1）一类：状况完好或良好，正常保养。

（2）二类：状况较好，进行小修。

（3）三类：状况较差，进行中修。

（4）四类：差的状况，进行大修。

（5）五类：危险状态，须彻底全面改善。

桥梁建成投入正常运营时，其构件几何尺寸、建筑限界、通航净空、荷载等级、通过能力，上部结构刚度、预拱度，基础埋置深度、局部冲刷深度、沉降以及裂缝宽度（与混凝土耐久性直接相关）等各个方面均需满足设计和有关规范要求。但随着运营时间的增长或某些突发事件，上述情况会发生变化。前述的各种检查就是为了发现桥梁的各部件有关项的偏离情况（或称部件的缺损情况）。根据检查结果，再按缺损程度及其影响大小和可能导致的结果，依据部件的重要性进行技术评定，得到所有部件的评定结果后，便可以进行全桥的技术评定。

进行技术评定的依据为设计文件、有关的规范和桥梁检查的各种数据、搜集到的各种情况等。对桥梁部件或桥梁总体的评定可采用评分法或通过桥梁评定表直接评定，并由桥梁专业技术人员或专家进行。

2. 桥梁承载力鉴定

1）进行承载力鉴定的时机确定

（1）新建的大跨径桥梁，尤其采用新结构、新材料和新工艺的结构，需通过荷载试验进行承载力鉴定，以判断设计与施工质量是否满足设计文件和规范的要求，并建立档案，以备养护维修使用。

（2）按维修养护计划，运营一定年限后进行承载状况鉴定。

（3）船舶和车辆撞击、地震、台风等突发事件后进行承载状况鉴定。

（4）加固、改造后的桥梁应进行承载力鉴定。

（5）超过设计荷载等级的车辆过桥前，需经过承载力鉴定。

（6）缺乏设计和施工技术数据的旧桥，为判断是否能承受预计的荷载，也需进行承载力鉴定。

2）承载力鉴定方法

（1）桥梁技术状态调查与理论计算

不具备荷载试验条件时，可通过理论计算评估桥梁承载力。对运营中的桥梁，尤其是旧桥或损伤较大的桥梁，应首先对桥梁整体，特别是重要部件、控制部位进行实际检查和调查，借助必要的工具和仪器，取得跨径、材料强度、断面尺寸、断面削弱、裂缝、锈蚀程度等数据，再按有关规范和要求进行计算和分析。

（2）荷载试验

荷载试验是标准设计荷载或标准设计荷载的等效荷载，或事先根据实际情况拟定的荷载施加于实桥结构的指定位置，对实桥结构的应力分布、变形（包括挠度）进行测量，据此对实桥结构承载力作出判断。荷载试验是取得桥梁承载力数据最直接、最可靠的办法。

荷载试验有静力试验和动力试验两种。对同一座桥梁进行试验时，有时两种均做，有时只做一种。

静力试验的内容包括：①结构的竖向挠度、侧向挠度和扭转变形（反映结构的实际刚度）。②控制截面的应力分布，并取得最大值和偏载特性。③支座伸缩、转角、墩顶位移及转角。④是否出现裂缝，初始裂缝荷载，裂缝出现的位置、方向、长度、宽度及卸载后闭合情况。⑤混凝土结构的碳化深度，用无损检测法（如超声法、回弹法）检测混凝土强度。⑥卸载后的残余变形。对于如悬索桥和斜拉桥等特殊结构，还需观测索力、塔的变位和支座反力。

动力试验的内容包括：①测定桥跨结构在车辆荷载下的强迫振动特性，如冲击系数、强迫振动频率、动位移和动应力等。②测定桥跨结构的自振特性，如自振频率、振型和阻尼特性等。③测定动力荷载本身的动力特性，如振源的频率、制动力和牵引力等。多数情况下，动力试验内容只做前两项，对于铁路桥梁，后一项内容要实测汽车在桥上的制动力，以及与旅客舒适度有关的列车过桥时车桥耦合振动的动位移和动应变的时程曲线。

（3）承载力判定

根据技术状况评定、理论计算和荷载试验所得数据，经过分析研究，可得出下述判断和结论：

① 若桥梁技术状况良好，承载力满足设计荷载等级要求，可按设计荷载等级运营使用，只需进行正常保养管理及必要的局部小修。

② 若技术状况较差或不好，承载力不能满足设计荷载等级要求，需降低使用荷载等级、限速通行。所限荷载等级应由理论计算、荷载试验结果和技术状况分析确定。应拟订中修、大修或加固方案，并积极筹备尽快实施。

③ 若桥梁处于危险状态，应立即封桥。通过专家会议确定治理方案，进行加固、更换构件，甚至拆除重建。

④ 还需特别指出的是，承载力检定全过程的全部技术资料均应形成技术档案存档或存入数据库。

四、易损件及可换件的更换

悬索桥的构件种类繁多，表 15-4-5 列出了其中的易损件、可更换件的内容及其更换的原则和方法。

悬索桥的易损件、可更换件的更换原则及方法　　表 15-4-5

名称		类别	更换原则	更换时是否需要限制或中断交通
缆索系统	吊索	可更换件	发现严重锈蚀或钢丝断裂时更换	限制交通
	主缆检修道	可更换件	一般不需要更换，但应定期检查连接件	不需要
锚碇	锚固系统钢绞线	可更换件	定期补充油脂，达到设计寿命后更换	不需要
	锚固系统连接件	可更换件	发现严重锈蚀或损伤时更换	不需要
附属构造	支座	可更换件	发现严重锈蚀或损伤时更换	限制交通
	伸缩缝	可更换件	发现严重损伤或影响使用的变形时更换	限制或中断交通（决定于伸缩缝类型）
	阻尼器	可更换件	发现严重损伤或影响使用的变形时更换	限制交通
	除湿机	可更换件	一般不需要更换，但应定期检查机电元件	不需要
	交通工程等设施	易损件	发现损坏时立即更换	视情况而定

第十六章

关键技术与专题研究工作要点

第一节 目的与原则

在悬索桥设计和施工过程中，会遇到很多关键性技术难题，主要包括桥址工程地质条件、水文地质条件、桥址气象及风力观测、设计风参数、通航净空尺度论证、地震危险性分析及安全评价、环境影响评价、防洪安全评价等内容，应充分结合悬索桥的设计和施工方案，有针对性地开展专题研究，以确保设计和施工顺利开展，最终保证悬索桥顺利、优质地建成。

第二节 关键技术的主要范围

一、关键技术定义

悬索桥设计和建造过程中所面临的各类技术重点和难点统称为关键技术，包括新结构、新构造、新材料、新工法与工艺等。

二、主要范围

1. 新结构

新结构系主要悬索桥在全桥总体布置、结构支承体系、分项工程结构布置和形式等方面的创新。如海沧大桥东航道桥采用三跨吊悬索桥的总体布置，其加劲梁支承体系为三跨连续全飘浮；泰州大桥采用三塔两跨悬索桥总体布置；矮寨大桥采用塔梁分离式结构体系等，由于均属国内首次采用，因此成为新结构。又如张靖皋长江大桥南锚碇基础采用支护转结构复合地下连续墙锚碇基础的结构形式，也属于新结构范畴。

2. 新构造

新构造主要指结构的部件或构件为满足结构受力、耐久性或利于施工、运营期检查、维修和更换等要求而采取的构造处理方面的创新技术。如海沧大桥为满足加劲梁水平变位的需要，有效解决短吊索的变形和疲劳问题，创造性地将短吊索下置到钢箱加劲梁底部，增加了短吊索长度；为适应三跨悬索桥的受力需要，研制采用了联板式同步控制滚轴型散索鞍；张靖皋长江大桥为解决钢箱加劲梁U肋正交异性桥面板的疲劳问题，顶板纵向加劲肋采用开口肋等；南沙大桥为保证主缆索股锚固的使用寿命，研制采用了可换式多束成品索锚固系统等，这些均属于新构造的成功应用。

3. 新材料

随着科学技术的发展，材料技术不断革新，性能更优、品质更好的新型材料应用于悬索桥结构中，以改善悬索桥结构受力，提升大桥耐久性，节省材料工程数量和造价。如张靖皋长江大桥南航道桥，主缆采用251股索股，单索股采用127丝直径5.60mm的钢丝，标准强度为2200MPa，与传统1860MPa主缆钢丝相比，节约钢丝用量20%以上。

4. 新工法与工艺

悬索桥在建造时应采用新设备和新的施工方法、流程和工艺。矮寨大桥采用“轨索运梁法”，改空中悬拼为岸边场地拼装，解决了深大峡谷悬索桥上部结构安装难题；西堠门大桥主缆施工的先导索过海使用了直升机曳拉的新工艺等均为新工法和新工艺。

5. 工业化建造

桥梁工业化建造是采用现代工业化的生产方式和建造技术，通过预制构件的工厂生产、现场装配化施工，实现桥梁快速、高效、优质、环保建设。张靖皋长江大桥采用钢箱-钢管混凝土组合索塔结构，狮子洋大桥索塔采用了钢壳混凝土组合索塔结构，使得索塔施工亦可采用工厂化、装配化的施工工艺。

第三节　关键技术的解决方法

关键技术的解决方法主要包括专题分析研究和专题试验研究。对于一般性的关键技术问题，两者可以分开独立进行，但对于较复杂的关键技术问题，两者往往需要同时进行，互相验证和补充，才能达到解决问题的目的。

一、专题分析研究

对某一专门的技术问题进行分析、判断，通常需采用现代计算机技术，对关键技术中的结构状态通过建模进行数值分析。

针对桥址工程地质条件、水文地质条件、桥址气象及风力观测、设计风参数、通航净空尺度论证、地震危险性分析及安全评价、环境影响评价等建设条件相关内容，需根据具体的技术要求开展资料收集、整理、现场或室内试验，并进行综合计算分析，得出相应研究结论，为悬索桥设计提供科学合理的参数依据。

对新结构形式、新结构体系、新构造、新材料等的研究与应用，首先应进行概念设计，确定初步的方案，然后再进行结构计算分析，以考察结构的强度、刚度、静动力稳定性等结构特征。如对悬索桥的整体静力受力特性和状态、结构抗风性能、结构抗震性能的研究，对悬索桥局部构件如锚固区、短吊索的疲劳性能等进行受力分析等。

对于新工法和新工艺，通常进行全施工过程的仿真分析，以了解施工方案、工艺流程的可行性。

二、专题试验研究

对于数值分析不能解决或不能完全解决的关键技术问题，必须进行专门的试验研究。

除基础资料相关专题需进行专门的现场或室内试验外，对于新结构、新构造、新材料、新工艺等关键技术问题也需进行专项试验研究。

对于大跨径悬索桥，需要进行风洞模型试验，包括加劲梁节段模型试验、施工阶段气动弹性模型试验、成桥阶段气动弹性全桥模型试验、施工猫道模型试验等。

对于锚碇大体积混凝土，需要进行混凝土配合比及温控措施的试验研究，以适应混凝土施工的环境条件，满足混凝土内外温差控制，确保结构耐久性的要求。

对于锚碇新型锚固系统，必须进行锚固预应力系统和锚固连接系统相关的静载、动载试验，以验证结构的安全性能；进行相关的工艺试验，以验证施工工艺的可实施性。

对于钢桥面铺装，应针对具体的设计体系方面，从原材料、配合比、结构受力和温度稳定性、铺装工艺等方面开展试验研究。

第四节　专题研究的主要内容

一、建设条件

1. 大桥主要技术标准

（1）地震动参数

大桥场地的地震基本烈度、100 年超越概率水平为 10%（中震，称 P1 概率）和 100 年超越概率水平为 2%～4%的基岩及各土层水平峰值加速度、在一定阻尼比（0.02）下的动力放大系数、场地加速度时程和位移时程曲线等。

（2）通航水位

桥址所处河段最高通航水位、最低通航水位。

（3）通航净空

桥下通航净空尺度及技术要求。

2. 建设条件

（1）桥位区气象条件专题研究

① 桥址区域月平均气温（月平均最高气温、月平均最低气温）、多年年平均气温、极端最高气温、极端最低气温等。

② 多年年平均降水量、历年年最大降水量、相对湿度和最大冻土深度等。

③ 历年最大风速及最多风向及频率（或风速、风向玫瑰图）。

（2）风速同步观测或设计风速论证专题研究

① 取当地气象观测站历年实测最大 10min 平均风速资料以及桥位区风速观测站的实测同步风速资料。

② 由于悬索桥为对风速极为敏感的柔性结构，设计时需要计算桥位区的风速极值，根据气象记录中的极大风速值，拟合出极大值的概率分布，利用概率分布推算设计概率下的最大风速。拟合极值分布的方法有皮尔逊-III型分布、第I型极值分布、维伯尔（Weibull）分布等。

③ 计算设计风速：根据桥位观测风速值与气象站同步观测风速值相关关系，求得桥位处 10m 高度不同重现期的基本风速。

④ 风速分布梯度及设计基准风速的推算：考虑桥位区地面粗糙度，确定风速梯度指数，以10m 高度处基本风速为基准，推算求得各高度设计基准风速。

⑤ 确定抗风设计及风洞试验所需的其他各种风参数。

（3）水文以及防洪专题研究/动、定床模型试验研究

① 桥址处历年最大流量及相应水位、历年最小流量及相应水位、多年年平均流量及相应水位和桥轴断面平均流速、设计流量及相应水位和桥轴断面平均流速、频率为20年一遇流量及相应水位、防洪标准流量及相应水位、历年平均最高和最低水位差，多年月平均水位过程曲线等。

② 研究建桥前后桥位流速分布以及对两岸岸坡稳定性的影响。

③ 通过试验和计算确定桥墩一般冲刷、局部冲刷以及河段自然演变冲、淤情况。

④ 研究建桥河段河势演变情况等。

（4）桥下通航净空尺度论证专题研究

① 桥址河段通航船舶、船队尺度、航运密度及规划情况，航道图、航迹线位置图，航道整治、规划和船舶上下行限制速度等资料。桥址上下游已建、待建或规划港口、码头及锚地的有关资料。

② 确定桥下通航净空尺度标准，并取得交通运输部或交通厅等主管部门的批复。

（5）船舶撞击力标准专题研究

① 根据船舶碰撞的机理，采用数值分析与近似理论分析相结合的方法。

② 利用三维船舶碰撞分析程序，模拟船舶在不同速度下与桥墩的碰撞，得到相应的碰撞力（需合理确定桥墩刚度系数）。

③ 实际船舶撞击力计算：根据船舶的总布置图、基本结构图、型线图、外板展开图等技术数据确定最大撞击点，分别计算不同船舶在最高通航水位时对其桥墩的撞击力，综合比较后确定船撞力设计值。

（6）地震安全性评价及地震动参数专题研究

① 大桥场地的地震基本烈度。

② 100年超越概率水平为10%和2%～4%时，基岩及各土层水平峰值加速度及在一定阻尼比（0.02）下的动力放大系数、场地加速度时程和位移时程曲线等。

二、新型结构

新型结构的研究是一项复杂且长期的工作，涵盖悬索桥结构专题研究的所有内容，主要工作内容如下。

1. 全桥静力计算

研究结构各部件的受力规律，明确施工过程中的体系转换对结构受力的影响。

2. 施工工艺的研究

主要研究施工工艺对结构受力的影响、对全桥工期的影响以及相应的造价。

3. 细部构造的研究

新型结构中往往会出现许多新的构造，研究新型构造的处理方案是特大型悬索桥结构设计工作的主要内容，新型构造处理的好坏是新型结构能否成功的关键因素之一。

4. 全桥的抗风、抗震研究

对于特大型悬索桥结构，抗风及抗震往往是决定结构是否可行的关键因素，应通过理论计算分析。

三、新型构造

新型构造的研究，一般需要结合模型试验进行。主要研究步骤及内容如下：

（1）首先通过空间计算分析，确定新型构造的受力机理。

（2）根据受力机理确定需要解决的技术难点，并制定相应的模型试验方法。

（3）制作节段模型，进行试验。

（4）分析试验成果，并与理论计算对比，改进、完善构造处理。

以三塔悬索桥中塔索鞍抗滑移为例，主要工作内容包括：

（1）建立一定比尺的试验模型，进行试验。

（2）精确测定索股在鞍槽内的静、动摩擦系数及鞍槽口夹紧螺栓的紧固力对摩擦力的影响。

（3）验证主缆索股在中塔鞍座上交叉锚固的方法及施工的可行性，测定锚固索股与非锚固索股的拉力差等。

四、新型材料

采用新型材料前，应进行细致、完善的试验研究，主要包括以下内容：

（1）新材料的物理力学性能，包括各种强度指标（标准强度、屈服强度、屈强比等）、塑性指标（延伸率等）、疲劳性能等。

（2）新材料与其他材料的结合、连接性能。

（3）新材料的防腐性能。

（4）新材料在后期维护中的技术性能。

五、钢桥面铺装

通过理论分析、室内试验以及与实桥试验相结合的手段，研究钢桥面铺装材料的组成和性能，提出适合悬索桥结构特点与使用条件的铺装结构、施工工艺及质量控制措施。

钢桥面铺装体系应通过专题研究解决以下几个问题：

（1）合理把握钢桥面铺装的使用条件，包括交通量和交通组成、环境条件、悬索桥结构特性与铺装的受力状态，这是桥面铺装研究的基础和关键。由于钢桥本身在荷载、温度变化和风载作用下变形的复杂性和正交异性钢桥面板结构的特殊性，使铺装层受力变得十分复杂。汽车轴载及轴距的合理估计是确定铺装材料性能指标、评估铺装使用寿命的重要依据。设计时，应对超载情况给予足够的重视。

（2）针对钢桥面铺装的使用特性，选择合适的铺装材料与铺装结构，通过系统设计和合理的试验验证，使钢桥面铺装体系在高温稳定性与低温抗裂性、抗疲劳能力、耐久性与抗滑性等方面取得整体平衡，获取最佳结构组合。

（3）铺装层与钢板之间的黏结性能及抗剪性能应满足要求。铺装层能否具有良好的追从性，以适应钢板复杂的变形状态，既取决于铺装材料自身的强度与韧性，还取决于铺装层与钢板之间的黏结作用与抗剪性能。

（4）铺装体系应具有很好的防水、排水与防腐功能。铺装体系除了承受行车荷载的直接作用外，还具有保护钢桥面板的功能。水与潮湿的空气始终是危害钢桥面板的主要因素，因此必须采取相应的技术措施。

（5）针对不同的铺装方案，钢桥面铺装的设计理论、计算方法与计算参数，目前国内外均没有成熟的规范，尚有待结合我国的工程技术人员进行深入研究与逐步总结、完善。

（6）加强铺装工程实施的成套技术研究，保证按设计要求严格施工。一些铺装结构在室内试验中表现出良好的性能，但在工程应用中却因施工条件及施工质量控制等方面的原因，使桥面铺装未达到设计指标和预定的使用性能，从而导致铺装失败。因此，结合室内试验与试验段的分析结果，正确制定施工方案和完善质量控制体系也是保证铺装成功不可或缺的重要环节。

六、结构抗风性能

（1）通过现场踏勘、资料收集，对气象资料进行统计分析，掌握桥址区风况及特征值。

（2）根据拟订的桥型方案，针对各主要施工阶段及成桥状态，分别计算结构动力特性。

（3）对主要施工阶段及成桥状态的颤振稳定性进行评价，给出成桥状态的横向屈曲及扭转发散的临界风速值。

（4）提出主要施工阶段及成桥阶段结构控制断面的抖振位移。

（5）对施工图设计阶段实施的桥型方案进行索塔、加劲梁气弹性模型试验；通过气动选型，对加劲梁断面提出优化意见，测定加劲梁三分力系数，对索塔独立状态抗风进行试验研究。用测定的加劲梁三分力系数对初步设计阶段的抗风计算进行修正。对施工阶段及成桥状态分别进行模型试验，验证各阶段的抗风稳定性，对抗风性能进行综合评价，提出提高结构抗风性能的建议与措施。

七、结构抗震性能

（1）根据初步设计阶段提出的方案，建立结构计算模型，计算结构动力特性。

（2）用反应谱理论或时程分析法，计算分析大桥的地震响应，给出控制截面内力及主要节点位移，对悬索桥各结构构件在地震作用下的安全度进行评价，提出改善结构抗震性能的建议与措施。

八、新工法与工艺

根据悬索桥的实际情况，通过构造设计与试验研究进行验证相结合的手段，确定切实可行的施工工艺，本级以阳逻大桥无黏结预应力锚固系统为例，列出专题研究的主要内容。

1. 锚固系统安装施工工艺

（1）根据经验，拟订新的施工工艺流程图。

（2）确定预应力施工顺序简图。

（3）确定拉杆组件与索股锚头连接施工顺序简图。

（4）明确施工配套主要机具设备。

（5）制定施工质量要求及注意事项。

① 对材料和张拉设备的要求。

② 施工中的质量要求。

（6）制定防腐措施。

① 拉杆组件表面防腐。

② 预应力筋的防腐。

2. 预应力系统更换施工工艺

（1）制订换索工艺流程。

（2）换索施工主要机具设备。

（3）制定施工质量要求及注意事项。

3. 锚固系统监测与维护

由于缺少工程先例，锚固系统在新工法和新工艺的实施过程中一定要加强科学研究，进行必要的试验验证；加强施工监控，随时掌握施工进展情况，制定应急预案，以应对可能出现的不利情况。

第五节　专题研究的实施方法

根据工作性质，专题研究的工作内容主要分为两个部分：理论分析、试验研究（包括试验方法的设计与试验工作的具体实施）。设计单位在进行悬索桥等特大型悬索桥结构设计时，可根据实际情况，采取下列三种实施方法。

一、自主实施

对于只需进行理论分析的专题研究课题，设计单位可以充分发挥自身的技术优势，自主开展专题研究。

二、联合实施

针对理论分析与试验验证相结合的课题，可采用联合实施的方法。一般由设计单位提出创新构思，设计单位与科研单位一起制定试验方案，由科研单位进行模型试验的实施及试验结果分析，设计单位根据试验成果进行方案优化与实施。

三、委托实施

对于设计单位不具备能力或手段实施的专题研究，应采用委托实施的方法，例如气象、水文、通航等建设条件相关课题。在具体实施过程中，设计单位根据悬索桥的具体条件，提出专题研究内容、范围、深度等技术要求，委托具备相应能力的单位实施专题研究。实施单位应根据设计单位提出的技术要求，编制工作大纲，加强实施过程质量控制。专题研究的结论应通过专家评审验收。

第十七章

实 桥 示 例

第一节　单跨双铰悬索桥——江阴大桥

一、概述

1. 工程概况

江阴大桥位于江苏省江阴市西山与靖江市十圩港之间长江江面最窄处（只有 1.4km），是国家 2000 年前建成“两纵两横”公路骨架中同江至三亚国道主干线以及北京至上海国道主干线跨长江的“咽喉”工程。

江阴大桥是我国内地首座千米以上的特大跨径桥梁工程，以 1385m 的主跨一跨过江。通过对桥位、桥跨布置、桥型方案进行比选，最终选定 336.5m + 1385m + 309.34m 的单跨钢箱梁悬索桥方案（图 17-1-1）。

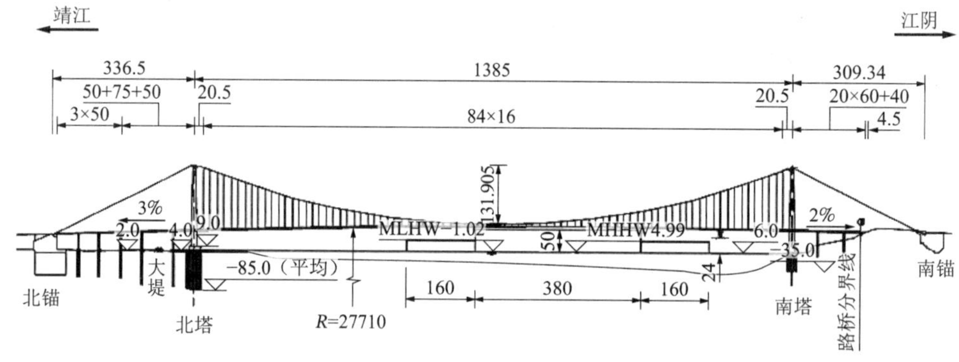

图 17-1-1　江阴大桥总体布置图（尺寸单位：m）

MLHW-平均低高潮位；MHHW-平均高高潮位

2. 技术标准

（1）道路等级：高速公路。

（2）行车速度：100km/h。

（3）桥面纵坡：⩽ 3%。

（4）竖曲线半径：> 10000m。

（5）活载标准：设计荷载，汽-超 20 级；验算荷载，挂-120 级；检修道人群荷载，1.05kN/m^2。

（6）桥面宽度：桥面全宽 36.9m，中央带 2.0m（分隔带 1.5m），行车道 6 × 3.75m，紧急停车带 2 × 2.5m，护栏 2 × 0.4m，检修道 2 × 1.5m。

（7）设计基准期：100 年。

3. 主要设计指标

（1）主缆跨径：中跨 1385m（单跨双铰简支悬索桥），北边跨 336.50m（无吊索），南边跨 309.34m（无吊索）。

（2）矢跨比：1/10.5。

（3）主缆中心距：32.5m。

（4）主缆直径：ϕ866mm/ϕ886mm（中跨/边跨，索夹内，孔隙率 18%）；ϕ876mm/ϕ897mm（中跨/边跨，索夹外，孔隙率 20%）。

（5）吊索直径：ϕ70mm（平行钢丝吊索，$L > 10$m）；ϕ80mm（钢丝绳吊索，$L < 10$m）。

（6）吊索间距：16m（边吊索距塔中心 20.5m）。

（7）索塔高度：183.846m/186.846m（北塔/南塔，承台顶面以上）。

（8）锚碇承受主缆拉力：2 × 320000kN。

（9）加劲梁宽：36.9m。

（10）加劲梁高：3.0m。

二、锚碇

1. 锚碇总体设计

北、南锚碇总体布置分别见图 17-1-2、图 17-1-3。

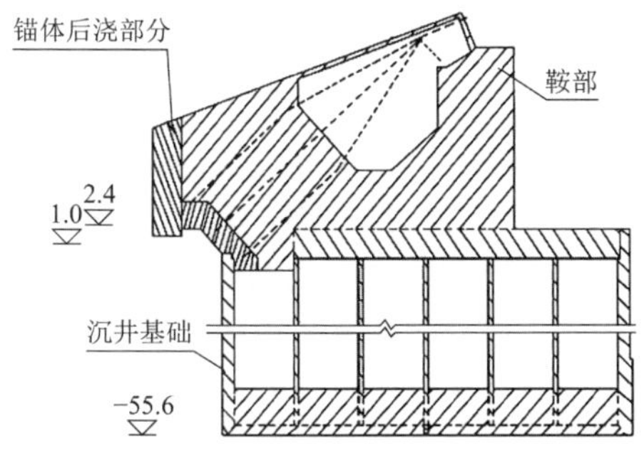

图 17-1-2　北锚碇总体布置（高程单位：m）

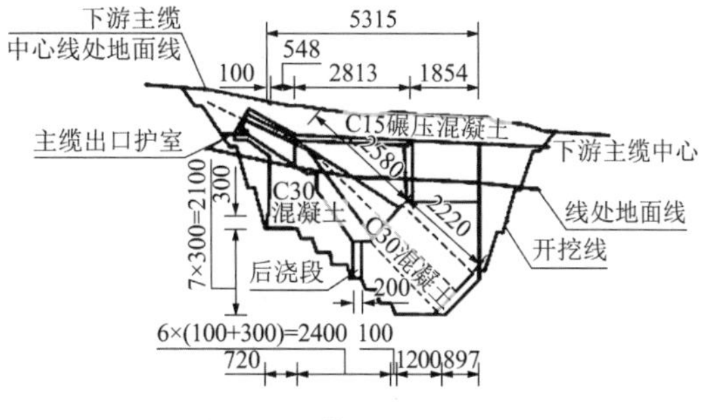

图 17-1-3　南锚碇总体布置（尺寸单位：cm）

2. 锚碇基础设计

1）工程地质条件

（1）北岸的覆盖层

北锚碇和北塔墩区有厚达 80～120m 的第四系覆盖层，沉积了以粗碎屑为主的全新统至上更新统海相、陆相松散层，地质年代较近，固结度低，为饱和含水的松软地层，随深度依次为软塑性的亚黏土与粉砂互层、细砂夹粉砂、亚黏土和含砾中粗砂（厚度大约为 20m、20m、10m、30m，相应的标准贯入度分别为 10m、15m、20m、40m 左右）。北锚碇和北塔墩在−80m 左右见基岩，为三叠系灰岩。

北锚碇锚位坐落于北岸冲积平原区，南距长江大堤约 240m，西距十圩港堤约 214m，地面高程为 2～3m。基岩埋藏较深，为三叠系灰岩，覆盖层以砂性土为主，自上而下土层分布情况大致为：第Ⅰ层全新统亚黏土与亚砂土互层约 7.5m、亚黏土与细砂互层约 12.3m；第Ⅱ层细砂类粉砂约 23m（第Ⅰ承压水层）；第Ⅲ层上更新统亚黏土约 13m、细砂约 3.5m；第Ⅳ层含砾中粗砂约 12.7m、细砂约 7.7m（第Ⅱ承压水层），见图 17-1-4 和图 17-1-5。

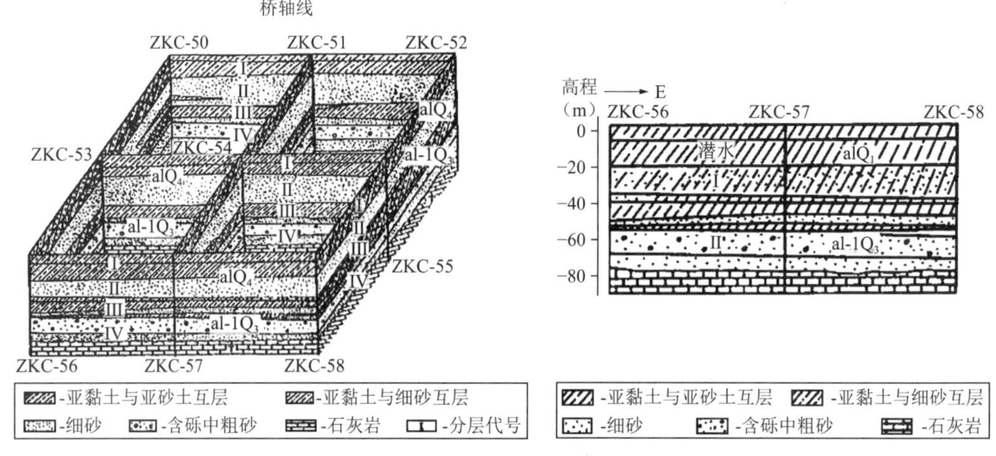

图 17-1-4　北锚碇工程地质立体透视图　　图 17-1-5　北锚碇南侧水文地质剖面图

（2）南岸的基岩

南塔位和南锚碇区地表岩层裸露，为石英砂岩，虽岩质坚硬，但节理发育，表层风化强烈，岩石破碎。按岩性可分为 6 个岩性亚段。岩层呈层状结构，为石英砂层与泥质页岩的软硬相间互层。软层遇水将泥化，层面向江中倾斜。

2）锚碇基础

（1）北锚碇基础

将 5.5 万吨级的主缆水平力传递到稳定的持力层是锚碇设计的主要任务。

设计采用抗滑移、抗倾覆安全系数为 2，水平位移允许值为 10cm，垂直沉降允许值为 20cm 等主要技术标准。

设计过程中进行过多种基础方案的比较：①从基础埋置深度而言，浅埋（10～20m）、中等埋深（20～40m）、深埋（40～60m）和与基岩发生关系等。②从基础结构形式而言，扩大基础、地下连续墙、沉井、桩基等。③从基础形状而言，矩形、圆形、前圆后方、整体或分离式等。④从土体加固而言，不同加固方式（劈裂注浆、旋喷柱、素混凝土桩、砂桩等）和不同加固区域。

同时，本工程针对地下连续墙和沉井基础方案开展了一系列专题研究：锚碇结构周围土层的力学性能非常规试验研究；土体和基础共同作用的三维有限元黏弹性计算分析；模型试验（受力机理和破坏）。从定性角度看，研究结果表明：①主体结构本身的抗剪强度一般都小于土与混凝土板间的摩擦抗剪强度；②基础埋置深些有较高的安全储备，中等埋深通过深层地基加固也能起到深埋的力学效果；③地下连续墙的受力状况略优于沉井结构；④基础前方一定范围的上部土层加固能减少位移变形。

结合我国现有的施工经验、技术设备情况，最终选定了重力式锚碇深埋矩形沉井基础方案。沉井平面尺寸 69m × 51m，井内分 6 × 6 = 36 个隔仓（7m × 10m），下沉高程为 −55.6m，埋深 58m，共分 11 个节段，第 1 节段为钢制沉井，节段高 8m，以上 10 节为钢筋混凝土节段，每节高均为 5m。沉井一般构造见图 17-1-6。

锚体位于基础之上，向后悬出，以使桥梁在运营阶段基底受力均匀。北锚碇混凝土用量约为 15 万m^3。

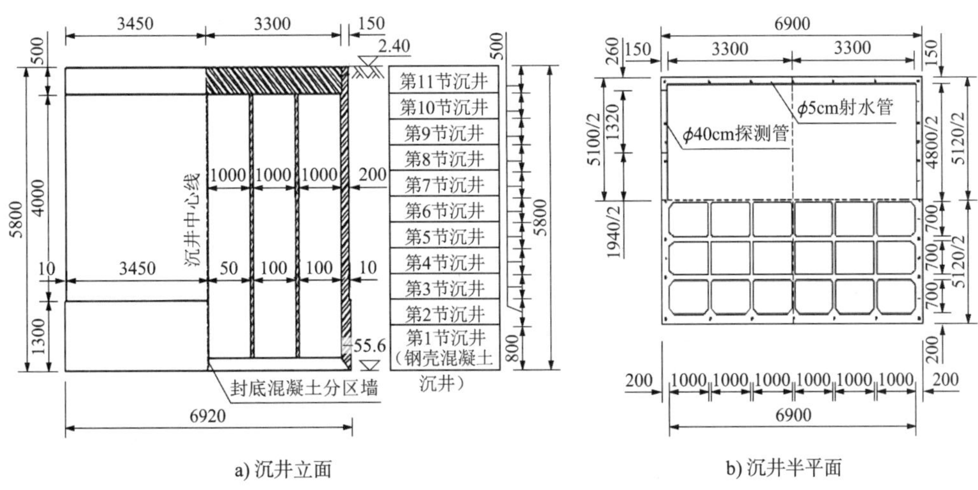

a) 沉井立面　　b) 沉井半平面

图 17-1-6　沉井一般构造（尺寸单位：cm）

（2）南锚碇基础

南锚碇经重力式嵌岩锚和锚筋嵌岩锚方案比选，选定前者。在保证稳定的前提下，本工程曾就减少挖方和锚体混凝土体积进行过优化工作，受散索空间和构造要求影响，最终方案挖方量约 16 万 m³，混凝土体积约 8 万 m³。

3. 锚固系统

锚体内的锚固系统采用前锚式，在设计过程中，对 PC 粗筋锚固架、PC 绞线锚固架和普通型钢锚固架等方案进行了比较，最终采用预应力锚固系统（PC 式锚固体系）（图 17-1-7 和图 17-1-8）。该系统由拉杆、索股锚固连接器和预应力锚固体系组成。其优点是：用钢量少（本桥曾做过对比，预应力锚固系统相较于型钢锚架锚固系统，大约可节省钢材近 2000t）；支架简单，管道架设精度可酌予放宽；可减小锚块的尺寸。

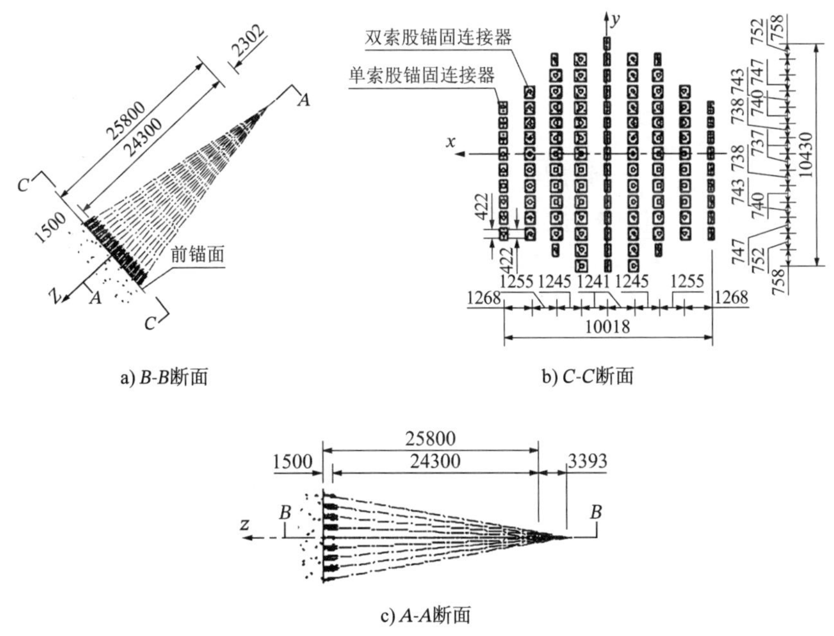

a) B-B断面　　b) C-C断面

c) A-A断面

图 17-1-7　索股锚固布置（尺寸单位：mm）

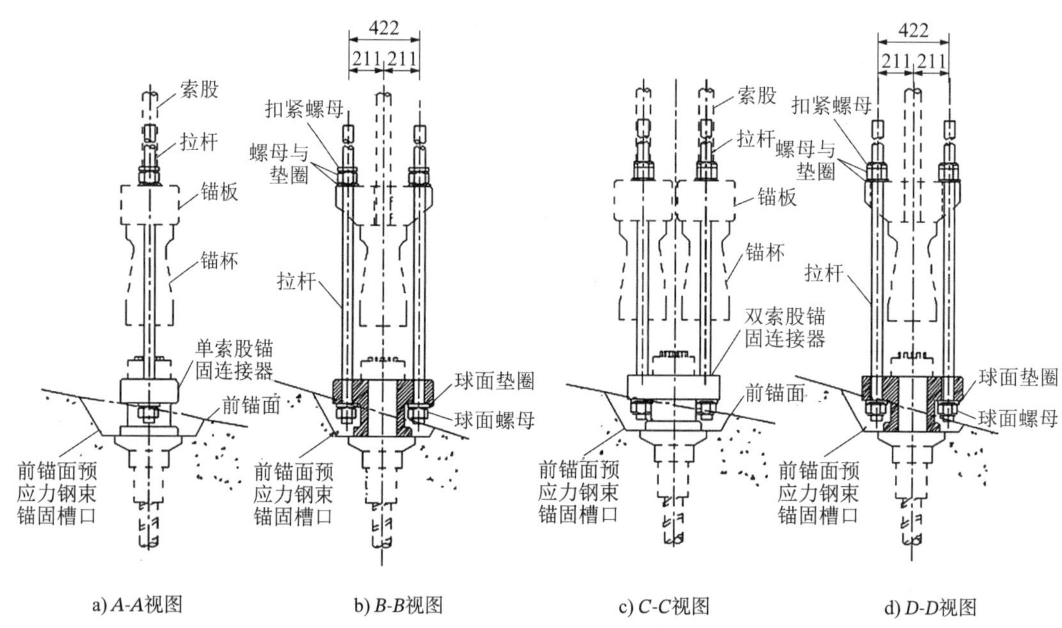

图 17-1-8　单锚头和双锚头锚固构造（尺寸单位：mm）

锚固构造分单锚头锚固和双锚头锚固。单锚头锚固由 2 根 ϕ85mm 的拉杆和单索股锚固连接器构成，双锚头锚固由 4 根 ϕ85mm 的拉杆和双索股锚固连接器构成，拉杆钢种为 40CrNiMoA 锻钢，锚固连接器钢种为 45 号锻钢。

对应于单锚头锚固选用 15-16 预应力钢束，对应于双锚头锚固选用 15-31 预应力钢束，锚具分别采用 VSL6-16EC 型和 VSL6-31EC 型，钢束采用符合美国 ASTM A416-8a 标准 270 级公称直径为 ϕ15.24mm 的低松弛钢绞线，钢丝极限抗拉强度为 1860MPa。

三、索塔

1. 基础

1）北塔基础

北塔基础的设计要点是选择持力层和合理的基础形式。虽然含砾中粗砂层可以作为摩擦桩或沉井基础的持力层，但由于岩面倾斜和老黏土层分布于塔基东南隅，故不均匀沉降成为主要关注点。在进行过打入桩（钢管桩、PHC①桩）、沉井、钻孔桩（摩擦桩、支承于岩面的摩擦桩）等多个方案比较后，最终选定了支承于岩面的 96 根 ϕ2.0m 的钻孔桩群方案（图 17-1-9）。

2）南塔基础

南塔下西山岩体的层状倾斜结构对基础的稳定构成了威胁。经多次地质测绘、钻探，并进行稳定性有限元分析、模型滑移破坏试验研究，在比较了扩大基础形式和抗滑桩方案后，

①PHC 含义为预应力高强混凝土。

本工程选定了后者，采用 24 根 ϕ2.8m 的钻孔桩（桩长 35 余米不等）穿过数层软弱夹层后嵌入稳定岩层，在地面由强劲承台连成整体（图 17-1-10）。

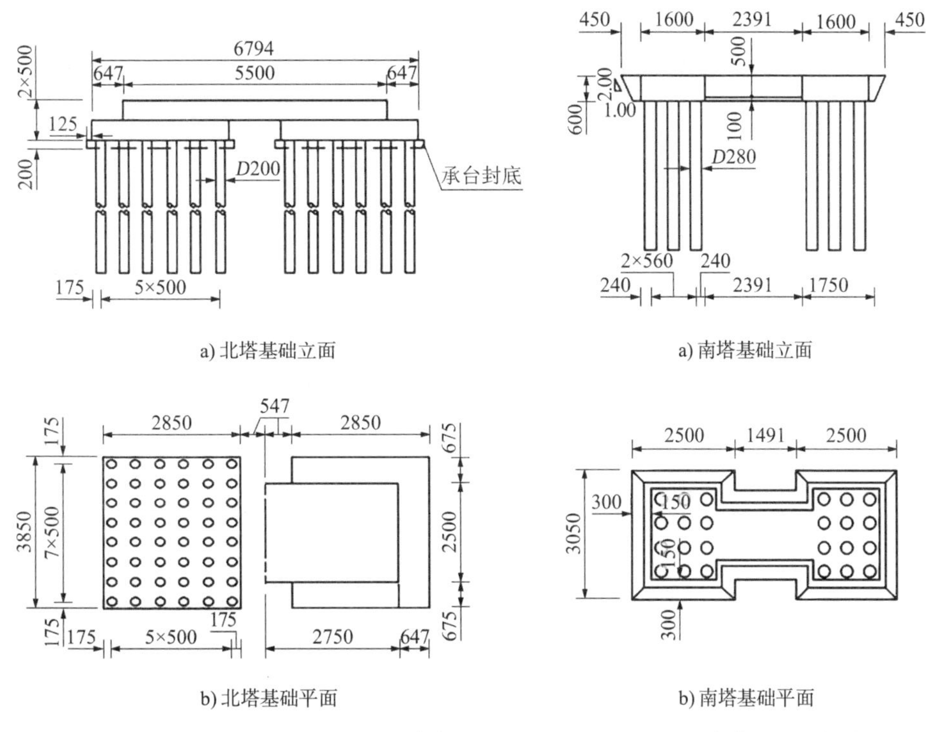

a) 北塔基础立面　　a) 南塔基础立面

b) 北塔基础平面　　b) 南塔基础平面

图 17-1-9　北塔基础一般布置图（尺寸单位：cm）

图 17-1-10　南塔基础一般布置图（尺寸单位：cm）

2. 塔身

190m 高的南北索塔是两根钢筋混凝土空心柱、三道横系梁组成的框架式塔架（图 17-1-11）。塔柱在纵、横桥向分别为变宽度、等宽度，横桥向两柱斜置。截面对圆端形和矩形进行优化，最终采用尖端形。横系梁受横桥向地震荷载作用控制，配置预应力。下横梁支承及连接加劲梁和引桥，设置竖向支座、横向风支座、纵向限位支座、大伸缩量伸缩缝等。

3. 横梁

横梁是塔身稳定和抗风的重要组成部分，下横梁还起支承主桥加劲梁和引桥上部结构的作用，除了整体受力分析外，还应进行局部支承区段的稳定和应力计算。

在横向风力的作用下，横梁的固端弯矩是较大的，必须设置预应力，为便于施工控制，预应力均按上、下、左、右对称布置，并按全预应力混凝土结构设计。横梁高度为方便施工，上、中、下横梁均取 11m，只在宽度上有变化（图 17-1-12）。

因横梁高达 11m，混凝土一次浇筑难度很大，为便于质量控制，上、中、下横梁均采用二次浇筑、二次张拉预应力钢束的工艺流程。第一次浇筑 1/2 梁高，张拉全部 1/4 的钢束量（贴近下缘），待达到一定强度后，再浇筑所余部分，并张拉余下的钢束。每根钢束均一次张拉到设计吨位。在计算时，采用应力叠加法，并在分次浇筑的界面上布设防收缩钢筋和抗剪钢筋。

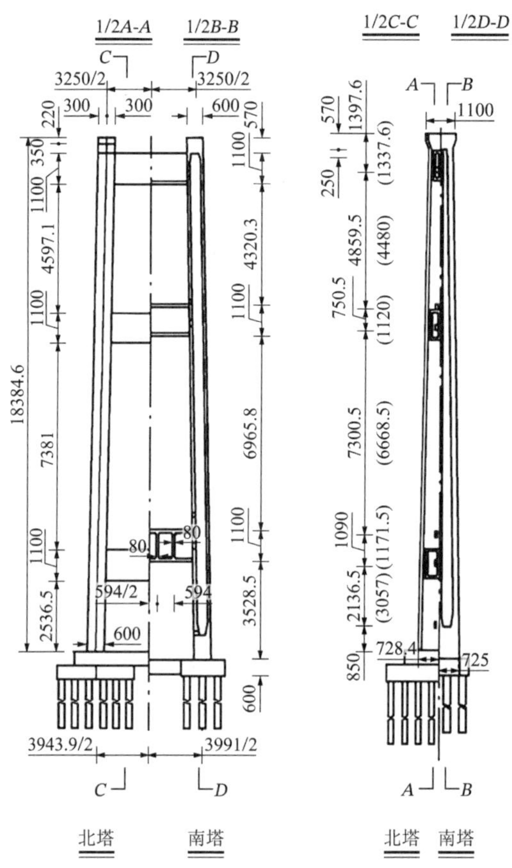

图 17-1-11　塔身一般构造（尺寸单位：cm；高程单位：m）

注：括号内为南塔尺寸。

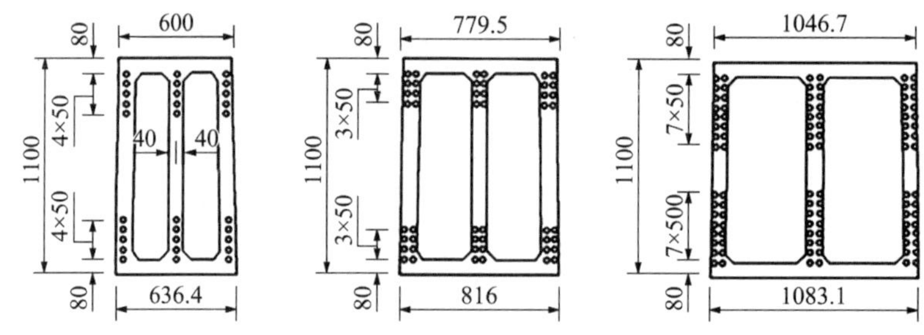

a) 塔上横梁预应力钢束布置
b) 塔中横梁预应力钢束布置
c) 塔下横梁预应力钢束布置

图 17-1-12　横梁预应力钢束布置图（尺寸单位：cm）

四、加劲梁

1. 总体结构构造

悬索桥加劲梁采用扁平流线型钢箱梁，总长为 1379.985m。钢箱加劲梁截面主要尺寸为：桥轴线处箱内净高 3.0m，桥面板作成 2%的双向横坡，吊索中心顺桥向标准间距 16m，横桥向间距 32.5m，梁全宽 32.5m，两侧检修道宽为 2.2m。加劲梁高跨比为 1∶462，高宽比为 1∶10.8。加劲梁桥面采用正交异性板，桥面板厚 12mm，底板与斜腹板的厚度为 10mm。正交异性钢桥面板上铺装 5cm 厚的浇注式沥青混凝土。

2. 梁段划分

原设计全桥加劲梁共划分为 87 个梁段，其中：跨中梁段 1 个，梁段长 18.2m；标准梁段 82 个，梁段长 16.0m；端部梁段 2 个，梁段长 11.263m；合龙段 2 个，南岸合龙段长 13.573m，北岸合龙段长 13.685m。后在实施过程中，同意承包人的意见：①考虑地球曲率的影响，对两塔墩桥面高程处的理论中心距由 1385000mm 修改为 1385010mm；②在吊索钢销处的弧线范围内，将吊索中线的间距设定为固定值 16004mm；③为简化制造工艺，将梁段划分成跨中梁段 1 个（由 1 个标准梁段和 1 个非标准梁段组成）、标准梁段 81 个、端部梁段 2 个（各由 1 个标准梁段和 1 个非标准梁段组成），实际生产标准梁段 84 个、非标准梁段 3 个，仍为 87 个梁段，这样比原设计方便得多，该经验很有现实意义，值得今后借鉴。加劲梁横截面构造尺寸见图 17-1-13。

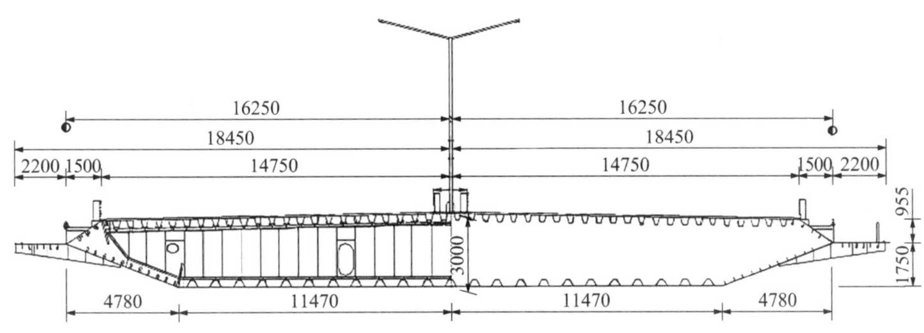

图 17-1-13 加劲梁横截面构造（尺寸单位：mm）

3. 吊装顺序

原设计主要考虑跨缆吊机的承受能力，以跨中梁段 224t 为控制，其吊装顺序为：首先吊装跨中梁段，吊装完成后，用临时风缆使其稳定。然后南北两边同时对称吊装标准梁段。当吊装到合龙段前一个梁段后，开始吊装端部梁段，并往河中心方向继续顺序吊装，最后吊装合龙段。后经承包人结合上述梁段划分的调整，以及考虑进场的实际跨缆吊机的吊装能力，把标准梁段在组拼场上合二为一，最终实际吊装 44 个节段，吊重约 18000t。

4. 桥面板及其加劲肋

桥面板是直接承受车辆荷载的构件，同时也是箱梁总体断面的重要组成部分，根据美国相关规范计算顶板最小厚度，同时为保证盖板刚度顶板厚取为 12mm，采用 U 形加劲肋进行加劲。U 形加劲肋与顶板的焊缝是在极其复杂的交变应力条件下工作，车辆着地宽度约为 300mm，为减小顶板在横桥向的变形，U 形加劲肋设计为上口宽 300mm、下口宽 169.3mm、高 280mm、间距为 600mm。为保证 U 形加劲肋与顶板间的焊缝熔透率不小于 80%，同时焊接时顶板不发生较大的“瘦马”变形，设计中 U 形加劲肋厚度取为 6mm，要求 U 形加劲肋同顶板采用单面坡口焊接，焊接中对于施焊的顺序有一定的要求。制造过程中，应用了全自动 CO_2 气体保护焊的门式焊机，每条 U 形加劲肋的两道纵向焊缝同时施焊，焊缝成形较好，焊接变形也能够满足施工规范要求。U 形加劲肋采用热轧钢带冷辊轧的方式加工成形，U 形加劲肋同横隔板的焊接采用手工贴角焊缝。根据日本的经验，为保证柔性路面的耐久性，其构成的横桥向刚度在重车轮重作用下的变形不得大于 0.40mm。江阴大桥在汽-超 20 级荷载作用下为 0.2mm，在挂-120 荷载作用下为 0.26mm，均小于日本的经验值 0.40mm。

为利于桥面横向排水，桥面设计成 2%的双向横坡，通过桥面板进行调整。桥面板加劲肋的布置还考虑到桥面的附属设施，如灯柱、防撞护栏等的布置。桥面板构造大样见图 17-1-14。

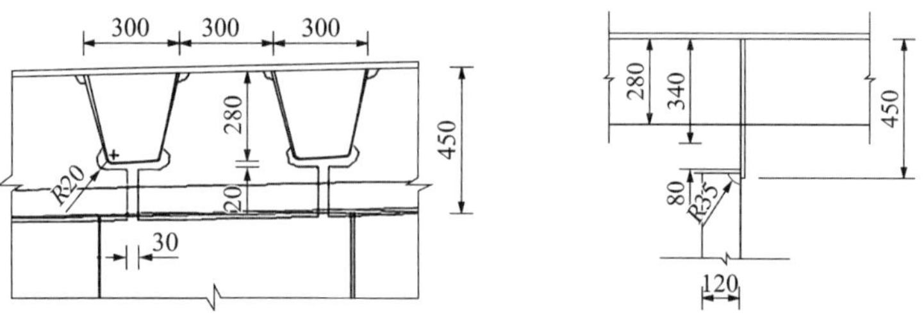

图 17-1-14　桥面板构造细节（尺寸单位：mm）

5. 底板及其加劲肋

加劲梁底板不直接承受车辆荷载，受力较为简单明确，采用厚度为 10mm 的钢板，底板加劲肋以往多采用厚 10mm、高 160mm 的球扁钢加劲肋，江阴大桥最后调整为采用 U 形加劲肋加劲，U 形加劲肋由 6mm 钢板轧制，其上口宽 180mm、下口宽 500mm、高 250mm、间距 990mm，调整后，钢材用量为球扁钢的 97%，刚度增大 1 倍，更突出的优点是焊缝可减少 60%，效益明显。底板的具体构造大样见图 17-1-15。

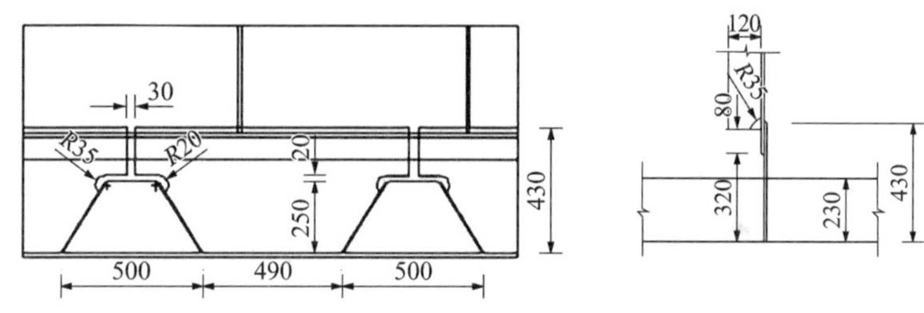

图 17-1-15　底板构造细节（尺寸单位：mm）

6. 斜腹板及其加劲肋

下斜腹板采用 10mm 厚的钢板，为增加板件的稳定性，采用球扁钢加劲肋加劲，间距为 400mm；上斜腹板厚 12mm，采用球扁钢加劲肋加劲，为方便现场焊接及将来箱内的养护，每 16m 梁段在两侧斜腹板上各设有一个可开启的密封门。上斜腹板与下斜腹板相交处，上斜腹板弯起 20cm，与检修道面板相连并搭在下斜腹板之上，下斜腹板与上斜腹板相焊，具体构造见图 17-1-16。

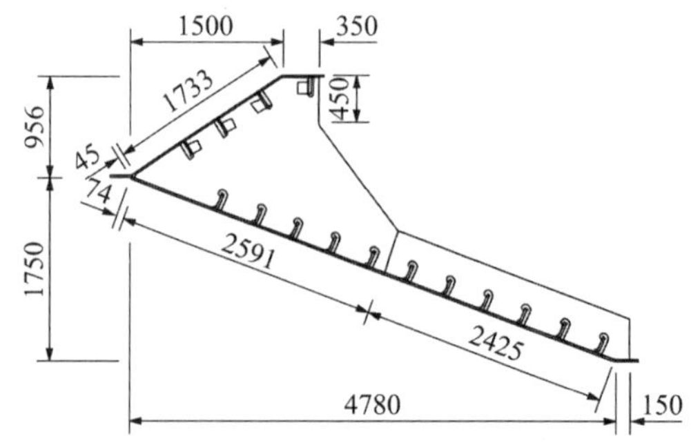

图 17-1-16　斜腹板及其加劲肋构造（尺寸单位：mm）

7. 检修道

检修道主要承受人群及检修设备荷载，承重结构设计为带加劲的工字形钢板梁，顺桥向与横隔板对应设置，焊接于箱梁下斜腹板上，钢板梁上设有厚12mm的钢板，钢板用球扁钢加劲，间距300mm，在检修道外侧顶部设有检查车轨道，此处检修道做了加强处理。

江阴大桥检修道方案的比较，主要放在布置位置的高低上，在初步设计阶段做了三种布置位置的比较，分别在桥面高度处、风嘴尖角高度处、介于两者之间高度处。后经同济大学土木工程国家重点实验室风洞试验与分析结果表明，提高检修道布置高度的两种比较方案在气动性能上并无明显的优点，最终选取了设置在风嘴尖角高度处的方案，具体构造见图17-1-17。

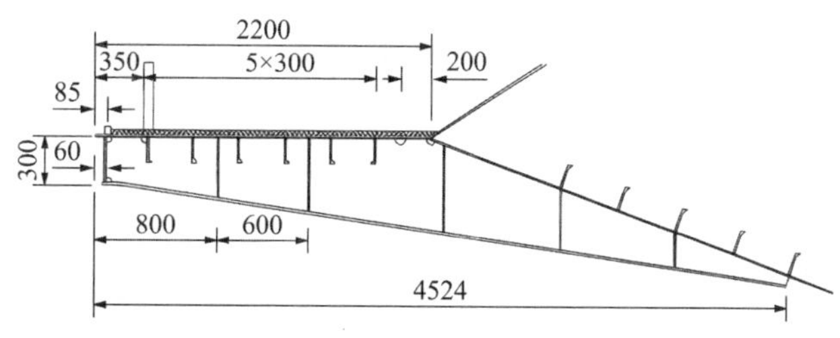

图17-1-17　检修道构造（尺寸单位：mm）

8. 横隔板

横隔板设计作了两种形式的比较：整板式和上、下搭接式。整板式横隔板的优点是整体性好、受力好，缺点是装配精度要求高，因此设计中只有端梁段与支座、伸缩缝相连的隔板采用整板式，具体构造在支座、伸缩缝连接构造中介绍。搭接式隔板虽然受力不如整体板，但易于装配，因此在非特殊部位均采用这种形式，上部由上连接板同顶板和U形加劲肋连接，下部由下连接板同底板和U形加劲肋连接，上、下连接板分别与顶板单元、底板单元一体制造，增加顶板、底板单元在制造、运输过程中的刚度。上、下连接板的设计考虑了顶板单元、底板单元的装配方式。与U形加劲肋相交处连接板开孔使U形加劲肋通过，并与之焊连，中间的大板采用8mm厚的钢板，上设单面水平和竖向加劲肋。加劲肋厚10mm，在有吊点的横隔板处，板厚增至10mm。此大板与上、下连接板采用搭焊连接。

横隔板间距3.2m。在相邻隔板之间，风嘴处设置了两道短隔板，以提高刚度。横隔板上设置了两个人孔和管线孔。横隔板开孔的孔边均进行了加劲。在横隔板横向受力变化较复杂的角隅处进行了局部加劲。搭接式横隔板的构造见图17-1-18。

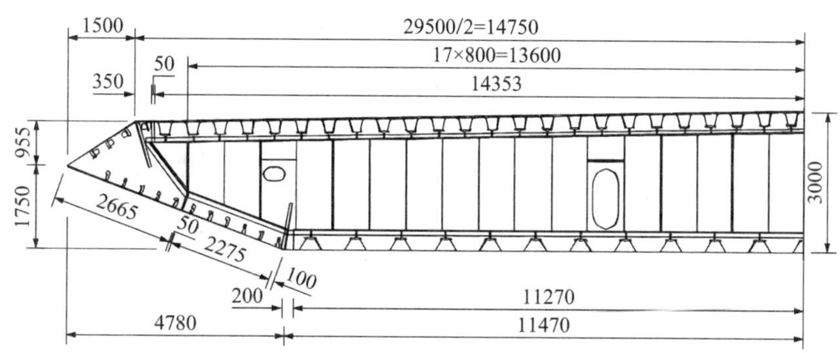

图17-1-18　横隔板构造（尺寸单位：mm）

9. 吊索锚箱

这里指的吊索锚箱，实际是吊索与加劲梁的连接部件。国内外已建的扁平流线型钢箱梁悬索桥，连接部件基本上可归纳为两大类：一类是设置在箱内，如丹麦小贝尔特桥和国内虎门大桥等；另一类是设置在箱外，如土耳其博斯普鲁斯海峡一桥、二桥，英国塞文桥和国内西陵长江大桥等。两者各有利弊：前者多用于骑跨式的吊索，吊索长度的制作精度可放宽，因在工地可用楔片作微调，但在箱内的结构非常复杂，施工操作条件亦较差，更要特别注意的是在钢箱加劲梁出口处的防疲劳和防渗水问题；后者一般用于销接式的吊索，优点是可使锚箱外露在箱外，便于安装、维护及吊索的更换，钢箱加劲梁的宽度亦可减少，此外因锚头不穿入箱内，故提高了钢箱加劲梁的密封性，对除湿防潮有好处，不足之处就是吊索长度的制作精度要求高，因在工地不可能微调，另外对锚箱的焊接质量要求非常严格。江阴大桥经综合研究比较后，考虑便于将来对吊索锚头的检修维护，减少对钢箱加劲梁的局部开孔，使构造简单、受力明确，选取了后者，即用箱外吊索锚箱。钢箱加劲梁上相应的锚箱设计为锚板式，厚 50mm 的锚板位于风嘴尖角处，由与其相垂直的三块承力板相支撑（中间板厚为 35mm，两侧板厚为 20mm），承力板直接插入箱体，中间一块与横隔板构成一体。此三块板与上、下斜腹板球扁钢相交时，为保证此三块板传力连续，球扁钢在此处断开，焊于此三块板上。吊索锚箱详细构造见图 17-1-19。

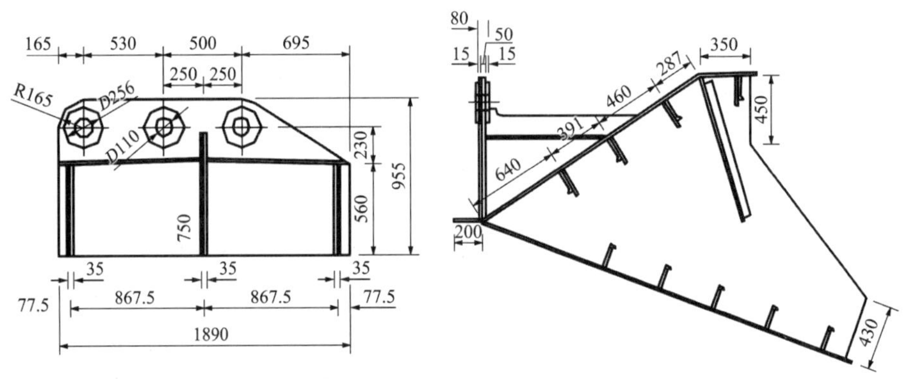

图 17-1-19 吊索锚箱详细构造（尺寸单位：mm）

10. 端部梁段构造

端部梁段构造比较复杂，汇集有竖向支座、纵横向限位支座和伸缩缝等连接部件。根据其特点，对端段横隔板加密设置，且与竖向支座、横向限位支座和伸缩缝相连的部位采用整板式横隔板，同时为了加强端部梁段的整体性，也适当增加了隔板厚度。端部梁段的布置见图 17-1-20。

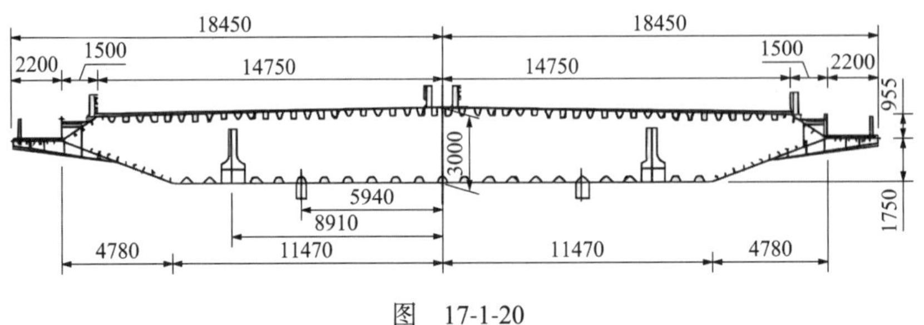

图 17-1-20

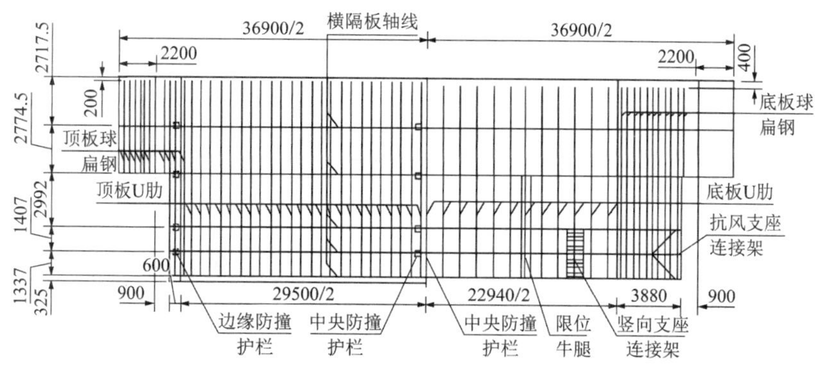

图 17-1-20　端部梁段布置（尺寸单位：mm）

11. 支座及其连接架

江阴大桥为单跨双铰悬索桥，在梁端的支座设置考虑了约束竖向、横向线位移和绕桥轴的转角位移，其余方向均自由，全桥共设四个竖向支座和四个横向限位支座（也称抗风支座）。每塔各设一对竖向支座，设于塔墩的下横梁上，横向限位支座挡块设于塔身的内侧。根据计算，加劲梁在活载偏载和温度影响下，梁端的纵向位移为：$\Delta_{南}=1980\text{mm}$，$\Delta_{北}=1978\text{mm}$。

在考虑横向风力和活载偏载的情况下，加劲梁作用在抗风支座上的横向力为 1800kN。支座设计既要考虑满足受力需要，又应满足梁端的大位移量，需采用特殊设计的钢支座。在实施过程中，容许英国承包人根据合同文件第七部分技术规范第十二章，只需符合原设计的使用性能，可另行设计或采购现成产品，最终江阴大桥的竖向支座和抗风支座均由英国支座供应商提供设计和制造。其运动机构均为：①采用球形铰式支座提供旋转自由度；②采用平面滑动支座提供平移自由度。

在竖向支座和横向限位支座处的箱梁，分别设计了连接架以及附加的构件。竖向支座连接架南、北岸各设两个，间距为 17.82m。连接架在箱内对应位置设有纵腹板，传递支座反力，连接架同支座通过 ϕ56mm 螺栓连接，并在箱梁底板设有 ϕ120mm 的孔与支座顶部的榫头定位连接。在箱梁与支座之间设置了厚 45mm 的支座安装座板。横向限位支座南、北岸也各设两个，分设于箱梁两侧，风支座挡块设于塔身内侧，在箱梁内两隔板间设支撑承受抗风支座反力。为限制梁端过大的纵向位移，保护伸缩缝，在梁端梁底设置纵向限位装置。竖向支座和横向限位支座连接架及纵向限位牛腿的构造分别见图 17-1-21～图 17-1-23。

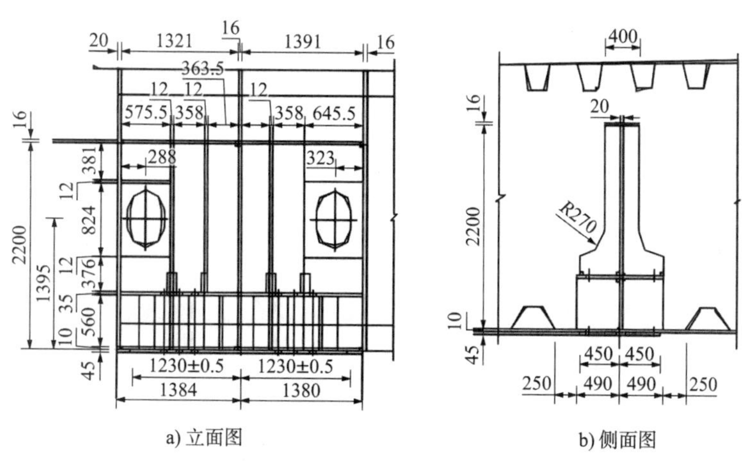

图　17-1-21

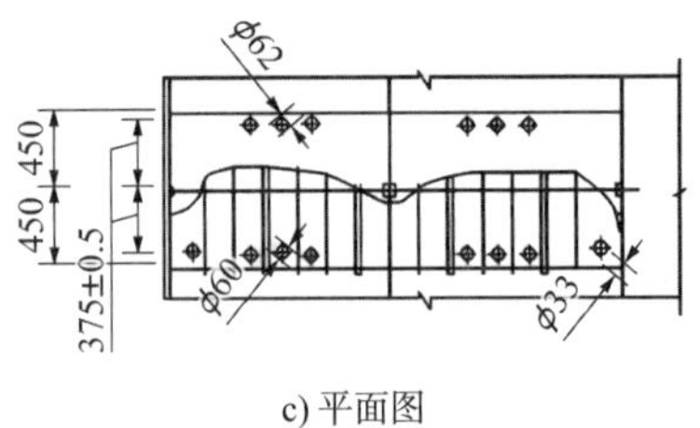

c) 平面图

图 17-1-21　竖向支座连接架构造图（尺寸单位：mm）

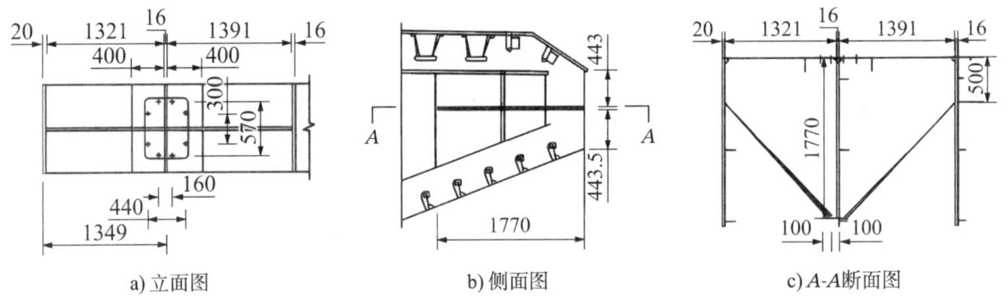

a) 立面图　　b) 侧面图　　c) A-A断面图

图 17-1-22　横向限位支座连接架构造图（尺寸单位：mm）

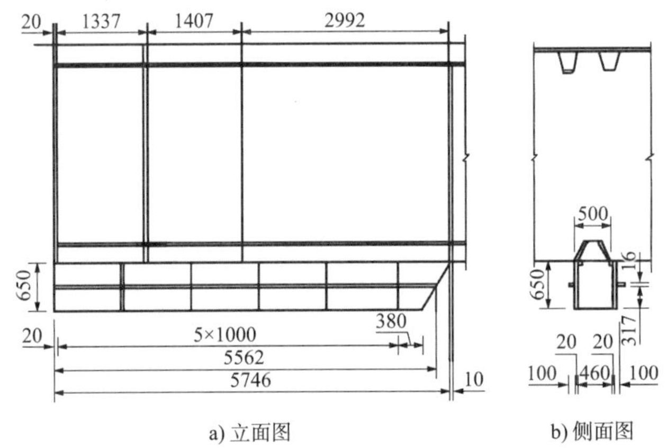

a) 立面图　　b) 侧面图

图 17-1-23　纵向限位牛腿构造图（尺寸单位：mm）

五、缆索系统

1. 主缆

（1）主缆构成

主缆布跨由北锚跨-北边跨-中跨-南边跨-南锚跨五跨组成，跨径分别为 19.022m + 336.500m + 1385.000m + 309.340m + 19.022m = 2068.884m，综合考虑缆力、大桥的整体刚度、抗风、抗震性能和经济合理性等因素后，设计成桥状态下中跨的垂跨比为 1/10.5。

（2）主缆防护

主缆是悬索桥极其重要的构件，属于第一类构件，寿命应大于桥梁的设计基准期，也可以说主缆是悬索桥的生命线，因此主缆防护工作特别重要。主缆防护施工步骤与技术要求如下。

涂抹腻子：首先紧缆捆扎并安装索夹，手工清洗主缆上因施工而残留的杂物，并用溶剂擦净主缆表面的油污及砂尘等有害物质，从主缆高端开始在两索夹之间的主缆表面手工涂抹嵌缝腻子一道，要求嵌填满盈并且表面涂抹均匀。

缠丝：在腻子固化前，用缠丝机向上坡方向密缠直径 4mm 的镀锌低碳钢丝（先边跨后中跨）。首先将钢丝端头焊在索夹上，在索夹外进行缠丝，再用特制工具逐圈将钢丝推入索夹槽中就位（钢丝嵌入索夹槽隙至少 3 圈）至缠丝机到位后，即可进行正常缠丝工作。缠丝拉力为 2kN（实际为 2.3kN），必须确保缠丝紧密。缠丝后用防水材料对索夹进行防水密封处理。

防护涂装：清除缠丝后挤出表面的密封腻子，用溶剂擦洗缠丝表面的油污等杂质，涂刷磷化底漆一道（干膜厚度 35μm）；环氧云铁底漆四道（总干膜厚度 160μm），每道涂装间隔时间 8～24h；聚氨酯面漆两道（总干膜厚度 80μm），每道涂装间隔时间 8～24h；聚氨酯防滑漆一道（干膜厚度 30μm），防滑漆涂在主缆顶面 30cm 宽的表面。

主缆断面见图 17-1-24，主缆索股断面见图 17-1-25，主缆防护构造见图 17-1-26。

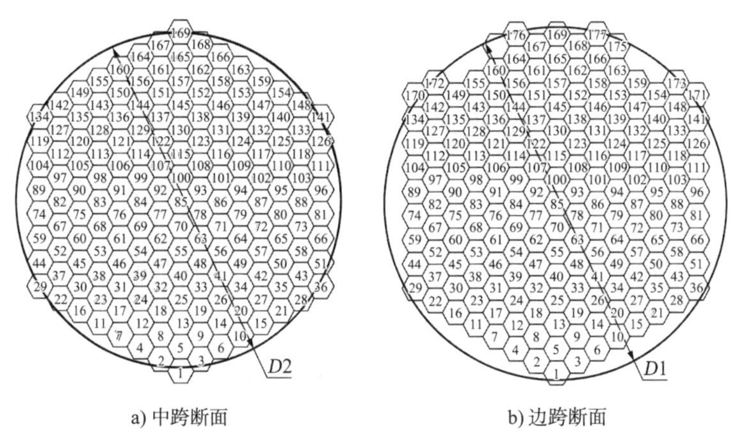

a) 中跨断面　　b) 边跨断面

图 17-1-24　主缆断面

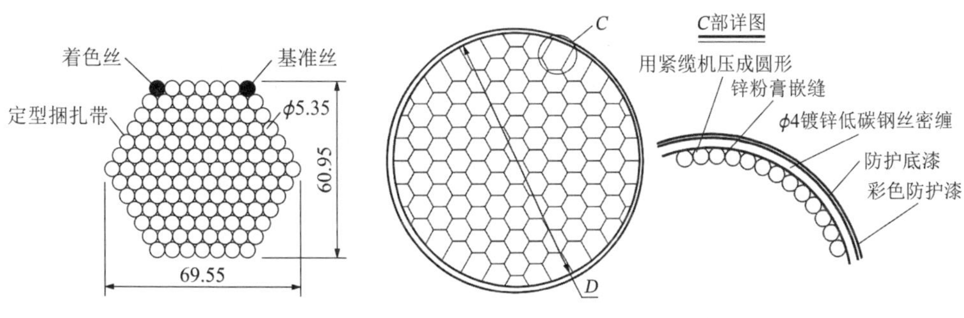

图 17-1-25　主缆索股断面（尺寸单位：mm）

图 17-1-26　主缆防护构造（尺寸单位：mm）

2. 吊索

江阴大桥吊索间距为 16m，边吊索距塔中心线 20.5m，全桥共 85 对吊索，因主桥桥面纵坡不对称而中跨主缆对称，故使吊索长度不对称。

吊索采用了两种形式：对于索长大于 10m 的长吊索采用带 PE 护套的平行钢丝索股，对于小于 10m 的短吊索采用带 PE 护套的粗直径钢丝绳。吊索的上下接头均采用销接方式，以避免吊索发生较大的弯折。

吊索锚头采用热铸锚，在铸钢制成的套筒内浇铸锌铜合金。

3. 索夹

索夹采用上下分开的形式，中跨带吊索的索夹，下半索夹伸出耳板，以便与吊索锚头的叉形耳板相销接（图 17-1-27）。上下两半索夹用高强螺杆相连夹紧，接缝处嵌填橡胶防水条。

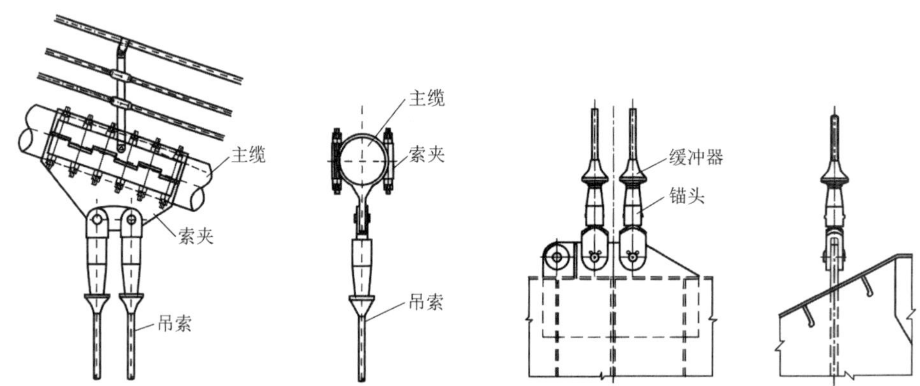

图 17-1-27　吊索与主缆及箱梁的销接式连接

六、鞍座

主、散索鞍是江阴大桥上部结构的主要组成部分，用于支撑主缆，并使其线形平顺地改变方向，因此这两类索鞍都布置在主缆几何线形转折处。主索鞍布置在索塔塔顶，散索鞍布置在边跨和锚跨之间的支撑平台上。主缆通过两类鞍座的承缆槽弧形面达到平顺过渡的目的。

主索鞍由鞍槽、鞍座和底座组成（图 17-1-28）。鞍槽用铸钢铸造，鞍座由钢板焊成。鞍座与鞍槽焊成鞍体。鞍体与底座间设聚四氟乙烯板以适应施工中的相对移动。

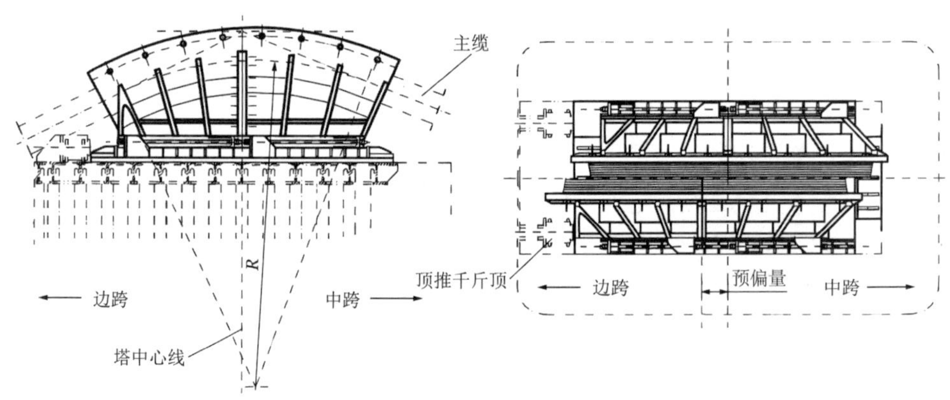

图 17-1-28　主索鞍构造

边缆附加索股，用与索股锚头相同的套筒式热铸锚锚于鞍顶锚固架中。

塔顶设有底座格栅，以安装主索鞍底座。

为减轻吊装运输质量，将鞍体分成两半吊至塔顶后用高强螺栓拼接。

施工中鞍体相对于底座的移动借助设在塔顶的临时千斤顶，按规定移动量分几次有控制地推动。

南北锚碇处设散索鞍（图 17-1-29），兼作索股展开与转向用。散索鞍由鞍槽、鞍座、底座组成，材料同主索鞍，也为铸焊结合的混合结构。鞍座呈扇形，可绕着底座摆动。

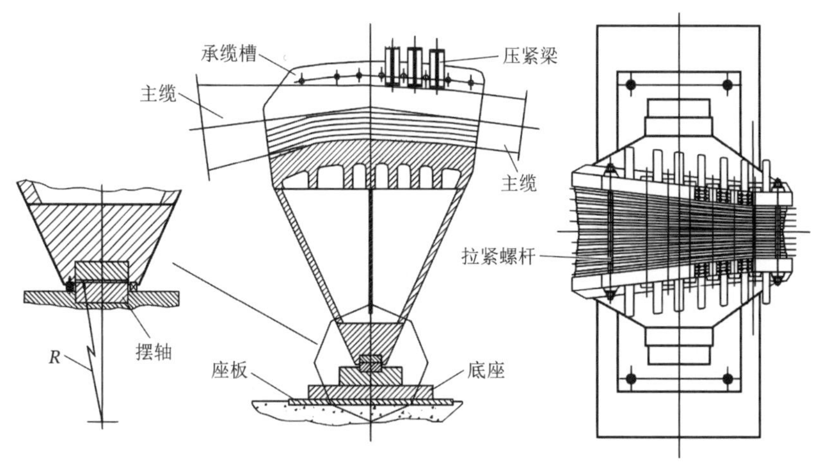

图 17-1-29　散索鞍构造

第二节　双跨双铰悬索桥——西堠门大桥

一、概述

1. 工程概况

西堠门大桥为主跨 1650m 的两跨连续钢箱梁悬索桥，主缆分跨为 578m + 1650m + 485m（图 17-2-1），北边跨及中跨为悬吊结构。主缆矢跨比为 1/10，加劲梁高跨比为 1/471，宽跨比为 1/45.8。加劲梁约束情况为：在北锚和南塔各设一对竖向支座，在北锚、北塔和南塔各设一对横向抗风支座，在北锚和南塔各设一对纵向阻尼装置。主缆横桥向中心间距为 31.4m，吊索顺桥向标准间距 18m。

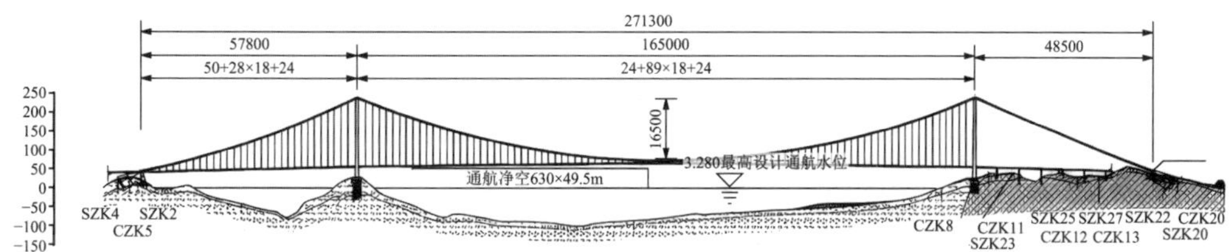

图 17-2-1　全桥总体布置图（尺寸单位：cm；高程单位：m）

2. 技术标准

（1）公路等级：四车道高速公路。

（2）设计行车速度：80km/h。

（3）设计荷载：公路-I级。

（4）桥面宽度：2 × 11.5m。

（5）通航标准：通航净高为设计最高通航水位以上 49.5m，通航净宽为 630m。

（6）设计基准风速υ_{10}：运营阶段设计重现期 100 年，$\upsilon_{10} = 41.12\text{m/s}$；施工阶段设计重现期 20 年，$\upsilon_{10} = 36.19\text{m/s}$。

（7）地震基本烈度：7 度。

3. 设计指标

（1）跨径

中跨 1650.0m，边跨 578.0m（485.0m）。

（2）主缆

矢跨比：中跨 1/10，边跨 1/27.2（1/110.2）。

中心距：31.4m。

根数：2 根。

组成：127 丝直径为 5.25mm 的镀锌高强钢丝组成一根预制平行钢丝索股，175/169/171 股预制平行钢丝索股组成一根主缆。

直径：870/855/860mm（空隙率 19%），860/845/850mm（索夹处空隙率 17%）。

强度：1770MPa。

（3）吊索

形式：竖向平行吊索。

间距：吊索标准间距 18m，端吊索距塔中心 24m。

直径：普通吊索 60mm，特殊吊索 80/88mm。

组成：普通吊索结构形式为 8 × 41SW + IWR，特殊吊索结构形式为 8 × 41SW + IWR/8 × 55SWS + IWR。

连接方式：骑跨式连接。

强度：1860/1960MPa。

（4）加劲梁

形式：扁平流线型分体式钢箱梁。

高度：3.5m（桥轴中心线处）。

宽度：36m（含风嘴）。

材料：Q345C。

标准梁段长：18m。

（5）索塔

形式：门式框架。

高度：桥面以上 175.611m，承台顶以上 211.286m。

横梁数：3。

（6）索塔基础

形式：分离式钻孔灌注桩群桩基础。

钻孔灌注桩直径：2.8m。

钻孔灌注桩根数：24 根。

（7）锚碇

基础形式：重力式浅埋扩大基础。

锚体形式：三角形框架式锚体。

基础平面尺寸：59m × 71.7m（60m × 81.7m）。

锚固系统：预应力钢绞线锚固系统。

二、锚碇

1. 锚碇总体设计

西堠门大桥南、北锚碇结构形式基本相同。锚碇总体布置见图 17-2-2。

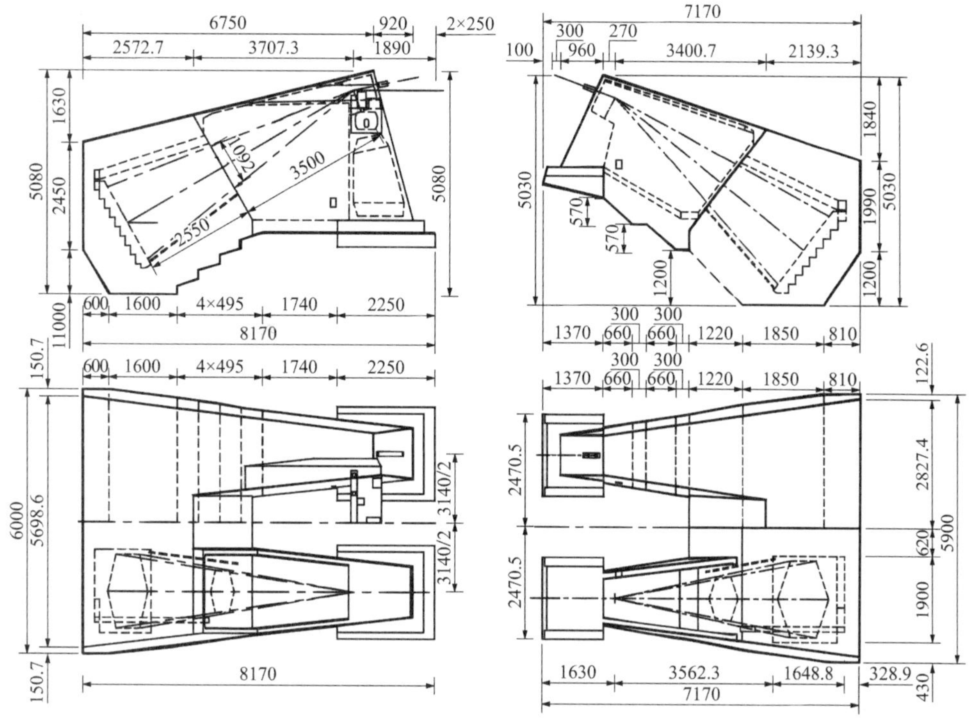

图 17-2-2　南、北锚碇总体布置（尺寸单位：cm）

2. 锚体

（1）锚体从结构受力和功能上可分为锚块、散索鞍支墩及基础、连接部、前锚室四个部分。其中锚块主要承受预应力锚固系统传递的主缆索股拉力，散索鞍支墩主要承受由散索鞍传递的主缆压力，前锚室、散索鞍支墩及基础、连接部与锚块形成一个完整的空间受力结构，前锚室由侧墙、顶板及前墙构成封闭空间，对主缆索股起保护作用。

（2）为提高锚碇的抗滑动、抗倾覆稳定性，减小使用阶段地基最大工作应力，结合地质条件，锚碇在基础底面采用齿坎构造，设置两级台阶，每级台阶高度均为 5.7m。

（3）由于锚碇平面尺寸较大，为避免锚块和散索鞍支墩及基础浇筑施工后出现收缩与温度裂缝，锚块和散索鞍支墩及基础共分四块进行浇筑，散索鞍支墩及基础、连接部与锚块及锚块与锚块之间设施工缝。各块之间设置 2m 宽后浇段，后浇段采用微膨胀混凝土。

（4）锚块、散索鞍支墩及基础均为大体积混凝土结构，为减少大体积混凝土的温度应力，防止温度裂缝的发生，锚块、散索鞍支墩及基础分层浇筑，每层混凝土中设置冷却水管，进行通水冷却。

（5）为降低大体积混凝土水化热，锚块、散索鞍支墩及基础和连接部混凝土采用低水化热水泥，并充分考虑掺入粉煤灰后混凝土的后期活性，采用 60d 龄期的抗压强度作为设计强度。

（6）锚碇各部分的永久外露表面钢筋保护层内均设一层直径为 5mm、间距为 10cm × 10cm 的带肋钢筋焊网，以增强混凝土表面抗裂性能。

3. 锚固系统

（1）锚固系统由索股锚固连接构造和预应力钢束锚固构造组成。索股锚固连接构造由拉杆组件、连接器组成；预应力钢束锚固构造由管道、预应力钢绞线及锚具、防腐油脂、锚头防护帽等组成。拉杆上端与索股锚头相连接，另一端与被预应力钢束锚固于前锚面的连接器相连接（图 17-2-3）。

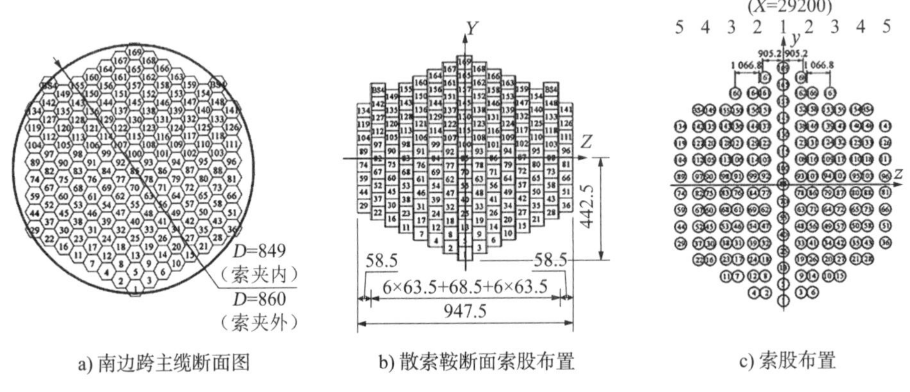

a) 南边跨主缆断面图　　b) 散索鞍断面索股布置　　c) 索股布置

图 17-2-3　锚固系统布置（尺寸单位：mm）

（2）索股锚固连接构造有单索股锚固单元和双索股锚固单元两种类型。单索股锚固单元由 2 根拉杆和单索股连接器构成，双索股锚固单元由 4 根拉杆和双索股连接器构成。每根主缆在南锚碇端各有 35 个单索股锚固单元和 68 个双索股锚固单元（图 17-2-4）。

（3）对应于单索股锚固单元采用 15-17 规格预应力钢束锚固，对应于双索股锚固单元采用 15-32 规格预应力钢束锚固。锚具分别采用特制的 T15-17 型和 T15-32 型锚具，锚具构造尺寸应满足锚下 C30 混凝土的受力要求。

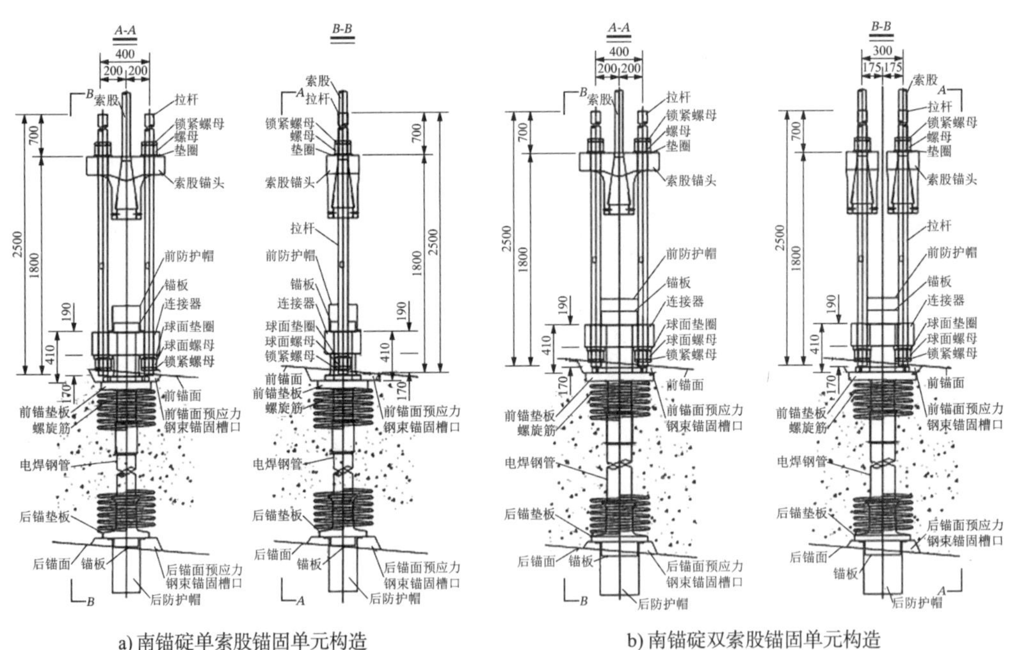

a) 南锚碇单索股锚固单元构造　　b) 南锚碇双索股锚固单元构造

图 17-2-4　锚固单元构造（尺寸单位：mm）

三、索塔

1. 基础

（1）为保证开挖边坡的稳定性，合理选择边坡的坡度并设置必要的平台。基坑开挖边坡最大坡度为 1：0.75，最小坡度为 1：0.30，基坑底面高程为 15.000m。

（2）为保证边坡和山体的稳定，确保施工及运营阶段的安全，南塔基坑边坡除微风化岩层以外，均采用挂网锚喷防护。根据地质报告揭示的地层情况，边坡坡度及钢筋锚杆的设计原则为：

① 微风化岩层，边坡坡度取 1：0.3。

② 弱风化岩层，边坡坡度取 1：0.3 或 1：0.5。1：0.3 的边坡锚杆间距为 3m，1：0.5 的边坡锚杆间距为 2.5m。

③ 强风化岩层及以上含黏性土碎石层，边坡坡度取 1：0.75，锚杆间距为 2m。

④ 各级边坡与地面相交处的坡度均为 1：0.75。如内侧边坡坡度大于 1：0.75，则渐变至 1：0.75。坡度渐变段的锚杆间距为 2m。

（3）在基坑顶部设置截水沟和挡块以防施工期间地表水汇入基坑。边坡设置了排水管，以利于边坡喷射混凝土护面后坡体内水的排出。基坑底部设置了汇水沟及集水井。

（4）根据南塔处的地形、地质及基岩埋深情况，塔基采用大直径（24ϕ2.8m）桩基。桩底均嵌入微风化层，嵌岩深度不小于 3 倍桩径。

（5）根据北塔处的地形地貌、岸坡结构、地质构造、水文和环境等自然条件，塔基必须采取综合性技术措施，以确保老虎山的稳定性。为了确保老虎山南东侧山体边坡的稳定，减小因建桥而产生的工程荷载的不利影响，塔基采用大直径（24ϕ2.8m）钻孔桩。桩底高程均在 −25.000m 以下，嵌入微风化层并落于 F8 断层的下层岩盘。

（6）为使北塔竖向荷载直接传到深层基岩，减少桩侧摩阻对浅层山体稳定的影响，西堠门大桥采取了桩侧摩阻失效处理和在承台底加垫软木等隔离措施。

（7）为加强分离式基础的横向联系，西堠门大桥在承台间设置了箱形横系梁。同时为避免产生温度及收缩裂缝，横系梁设置了 2m 的后浇段（图 17-2-5）。

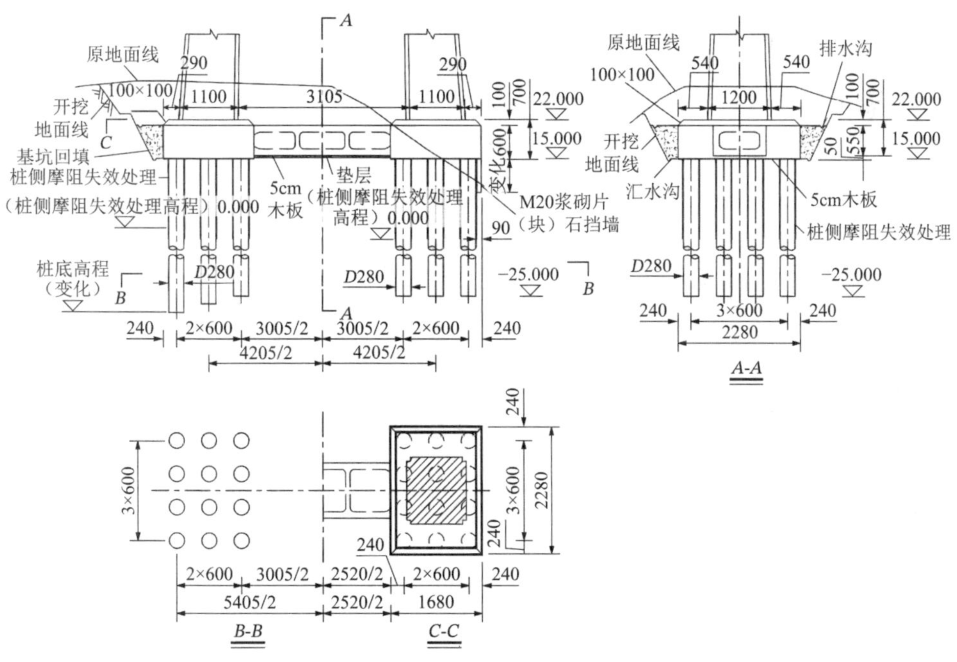

图 17-2-5　北塔基础一般构造（尺寸单位：cm；高程单位：m）

2. 塔身

（1）索塔为塔柱、横梁组成的门式框架结构。塔柱为普通钢筋混凝土结构，横梁为预应力混凝土结构（图 17-2-6）。

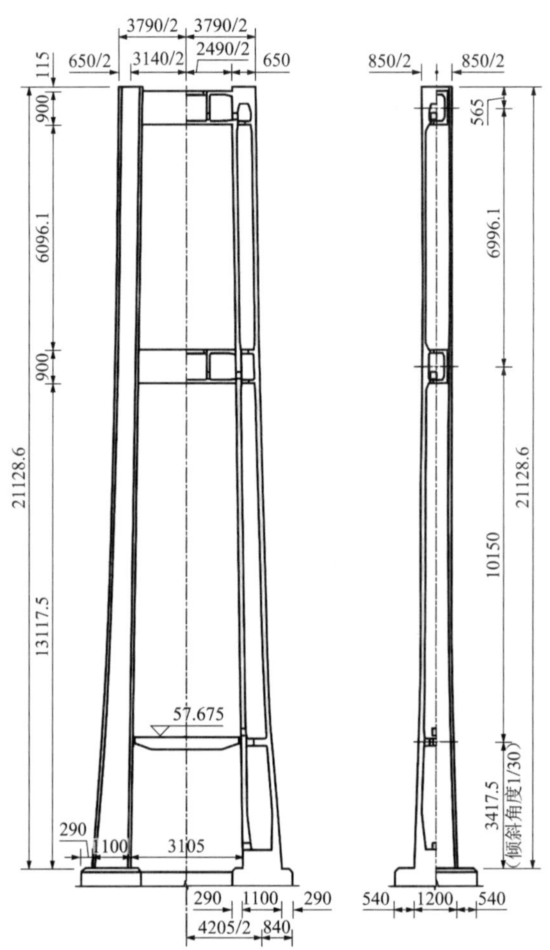

图 17-2-6　北塔塔身一般构造（尺寸单位：cm）

（2）索塔设两个塔柱和三道横梁。塔柱为钢筋混凝土箱形截面，上、中、下横梁为预应力混凝土箱形截面。塔底设计高程为 22.000m，塔顶设计高程为 233.286m，索塔高度为 211.286m，桥面以上高度为 175.611m。

（3）根据主缆间距及加劲梁宽度，索塔两塔柱横桥向内倾，倾斜率为 1/68.711。塔柱截面尺寸布置如下：上塔柱为等截面 8.5m（顺桥向）× 6.5m（横桥向）；中塔柱自中横梁开始线性变化至高程 67.000m，辅助截面尺寸为 9.0m（顺桥向）× 8.0m（横桥向）；而后线性变化至塔底截面，平面尺寸为 12.0m（顺桥向）× 11.0m（横桥向）；其中高程 59.500m（距塔底 37.5m）以上 15m 高度范围内，截面尺寸按圆弧变化。塔柱截面四角作等边 0.7m 的凹缺处理。

塔柱壁厚自上而下分别为顺桥向 1.2m、1.4m、2.3m，横桥向 1.2m、1.3m、1.5m，并在与横梁交接范围局部加厚。

（4）上、中横梁的高度均为 9.0m，宽度为 6.1m，壁厚为 0.9m；下横梁高度均为 9.5m，宽度为 7.5～8.13m，壁厚为 1.0m。

（5）塔柱及横梁除设置人孔外，为降低塔柱及横梁内外温差、改善通风状况，在塔柱外壁及横梁腹板、底板设有通风孔。

（6）上横梁采用 40 束规格为 15-19 的钢束，预应力波纹管直径为 100/107mm；中横梁采用 56 束规格为 15-22 的钢束，预应力波纹管直径为 $D$120/127mm。下横梁采用 68 束规格为 15-22 的钢束，预应力波纹管直径为 $D$120/127mm。预应力波纹管钢带厚度均为 0.3mm。

预应力钢束均采用两端张拉，按设计的钢束编号顺序对称张拉，水平方向先内后外。两端锚固采用深埋锚工艺。

四、加劲梁

1. 总体结构构造

加劲梁是由两个分离的封闭箱通过横向连接构造连成一个整体。加劲梁全桥范围内设置检修道。检修道宽度为 1m，梁宽为 36m（图 17-2-7）。

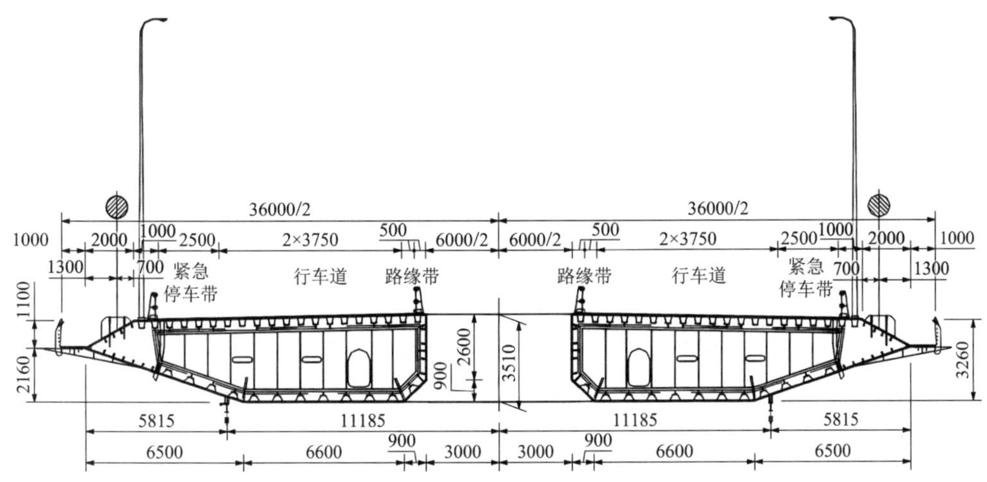

图 17-2-7　箱梁标准横断面（尺寸单位：mm）

2. 加劲梁梁段划分

加劲梁梁段划分须同时考虑吊索的受力情况、规格选用以及加劲梁运输和安装架设时的起吊能力。设计采用 18m 的标准吊索间距，标准梁段长度为 18m（图 17-2-8）。全桥共划分 126 个梁段：北边跨标准梁段 24 个，中跨标准梁段 84 个，北边跨合龙段 1 个，中跨合龙段 2 个，其余特殊梁段 15 个。梁段标准吊装质量约为 250t，最大吊装质量约为 310t。

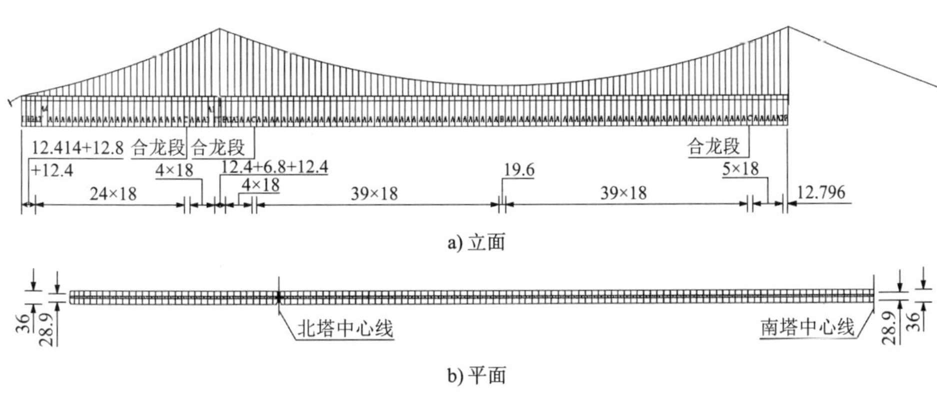

图 17-2-8　加劲梁梁段划分（尺寸单位：m）

五、缆索系统

1. 主缆

主缆采用预制平行钢丝索股（PPWS）。每根主缆中，从北锚碇到南锚碇的通长索股有 169 股，北边跨另设 6 根索股（背索）在北主索鞍上锚固，南边跨设 2 根背索在南主索鞍上锚固。每根索股由 127 根直径为 5.25mm 的高强度镀锌钢丝组成。主缆在架设时竖向排列成尖顶的近似正六边形，紧缆后主缆为圆形。其索夹内直径为 860mm（北边跨）、845mm（中跨）和 850mm（南边跨），索夹外直径为 870mm（北边跨）、855mm（中跨）和 860mm（南边跨）（图 17-2-9）。

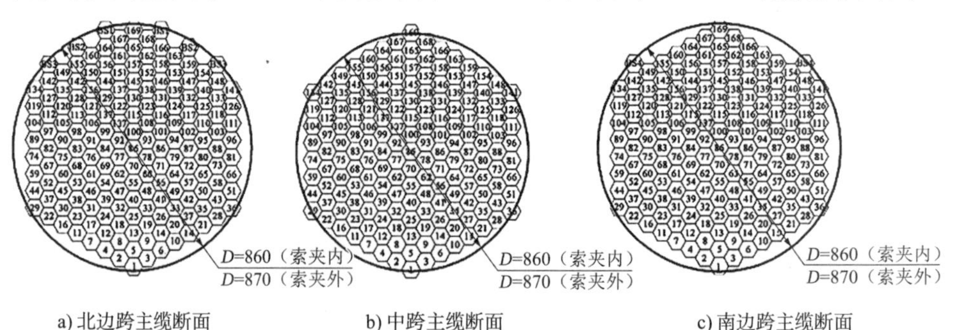

a) 北边跨主缆断面　　b) 中跨主缆断面　　c) 南边跨主缆断面

图 17-2-9　主缆一般构造（尺寸单位：mm）

索股两端设索股锚头，索股锚头采用热铸锚，在锚杯内浇铸锌铜合金，使主缆钢丝与锚杯相连。锚杯内锚固锥体的锥角及锚固长度采用经验公式计算确定，锚固力及可靠性还应通过试验验证。

主缆紧缆完成后，先进行捆扎并安装索夹，待桥面系施工完成后，进行缠丝等防护工作（图 17-2-10）。主缆在主索鞍鞍罩及锚室入口等处采用喇叭形缆套密封防护，主缆上方设置主缆检修道。

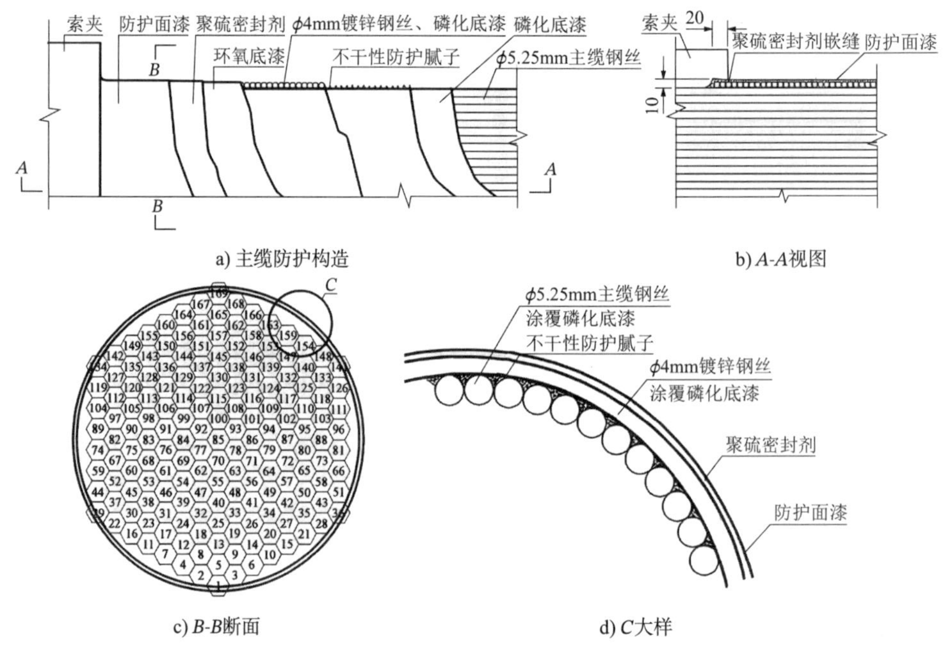

a) 主缆防护构造　　b) *A-A*视图

c) *B-B*断面　　d) *C*大样

图 17-2-10　主缆防护构造（尺寸单位：cm）

2. 吊索

根据吊索受力特点，并综合考虑材料性能、制造加工、安装维护、后期更换等因素，西堠门大桥采用钢丝绳吊索，每侧吊点设 2 根吊索。吊索与索夹为骑跨式连接；与钢箱加劲梁为销接式连接，销铰接头带有自润滑轴承，以减小吊索的弯折（图 17-2-11）。

吊索分为两类：一类是受力较大和变形有特殊要求的北塔处长吊索和北边跨短吊索，定义为特殊吊索；另一类是除特殊吊索外的吊索，定义为一般吊索。一般吊索钢丝绳公称直径为 60mm，公称抗拉强度为 1770MPa，结构形式为 8 × 41SW + IWR；北边跨短吊索公称直径为 80mm，公称抗拉强度为 1860MPa，结构形式为 8 × 41SW + IWR；北塔处长吊索公称直径为 88mm，公称抗拉强度为 1960MPa，结构形式为 8 × 55SWS + IWR。

吊索两端锚头采用叉形热铸锚，锚头由锚杯与叉形耳板构成。锚杯内浇铸锌铜合金，叉形耳板与锚杯通过螺纹连接；每端叉形耳板与锚杯之间的螺纹各设有 ±20mm 的调节量，用以消除制造、架设引起的吊索长度误差。锚杯口设有氯丁橡胶浇制的缓冲器，以改善吊索的弯折疲劳性能。

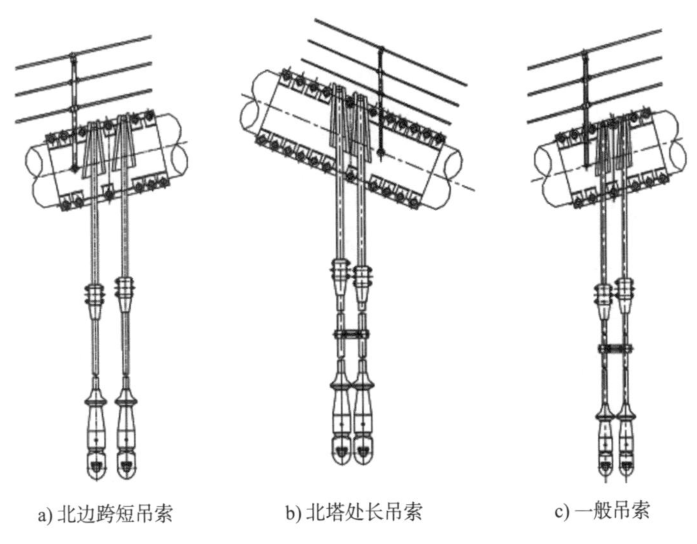

a) 北边跨短吊索　　b) 北塔处长吊索　　c) 一般吊索

图 17-2-11　吊索一般构造

为将吊索平行束紧，主缆中心下 1.8m 处设置吊索夹具，吊索的相应部位设有锥形铸块，以定位支撑吊索夹具并保护吊索钢丝绳。对于悬吊长度大于 20m 的吊索，需在悬吊长度的中央设置减振架，以将一个吊点的两根吊索互相联系，减少吊索的风致振动。

3. 索夹

索夹均采用左右对合的结构形式，左、右两半索夹用螺杆相连并夹紧于主缆上，接缝处嵌填橡胶防水条防水。除安装吊索的索夹外，还有夹紧边跨主缆的索夹和安装缆套的锥形索夹。北塔处长吊索索夹、北边跨短吊索索夹的设计壁厚为 45mm，北边跨有吊索索夹的设计壁厚为 40mm，其他索夹的设计壁厚均为 35mm。由于各跨主缆的缆径、索夹安装倾角不同，所需夹紧力、索夹长度及螺杆数量均不相同，为了制造方便，全桥的索夹分为 15 种类型，其中吊索索夹 10 种、无吊索索夹 5 种。各类索夹上均设有安装主缆检修道立柱的构造。

西堠门大桥连续长度 2228m，为了适应与主缆、钢箱加劲梁相连的吊索在活载、温度及风作用下的顺桥向角变位，北边跨短吊索索夹 SJ4N 承索槽的设计张角为 ±8.0°，北边跨次短吊索索夹 SJ3N 和中跨跨中索夹 SJ4 承索槽的设计张角为 ±4.5°，北边跨吊索索夹 SJ2N 承索

槽的设计张角为 ±4.2°，北边跨吊索索夹 SJ1N 承索槽的设计张角为 ±3.7°，其他有吊索索夹承索槽的设计张角均为 ±3.5°。

主缆缆套是主缆出入索鞍鞍罩或锚室前墙的过渡装置。要求其在对主缆提供防护的同时具有良好的密闭性能，并在索鞍鞍罩或锚室前墙之间允许少量的伸缩活动，使主缆钢丝保持一定长度不受缠丝约束。主缆缆套的构造形式为喇叭形管状钢套，缆套沿纵向分为上下两半，两半之间设螺栓夹紧装置和拼接条板，用螺栓将两半缆套连接安装在锥形索夹和主索鞍（或锚碇前墙）连接件之间，条板连接处及两端接头均设有橡胶层防水构造。

六、鞍座

1. 主索鞍

主索鞍鞍体采用铸焊结合的混合结构，鞍槽用铸钢铸造，底座由钢板焊成。鞍体下设不锈钢板-聚四氟乙烯板滑动副，以适应施工中的相对移动（图 17-2-12）。

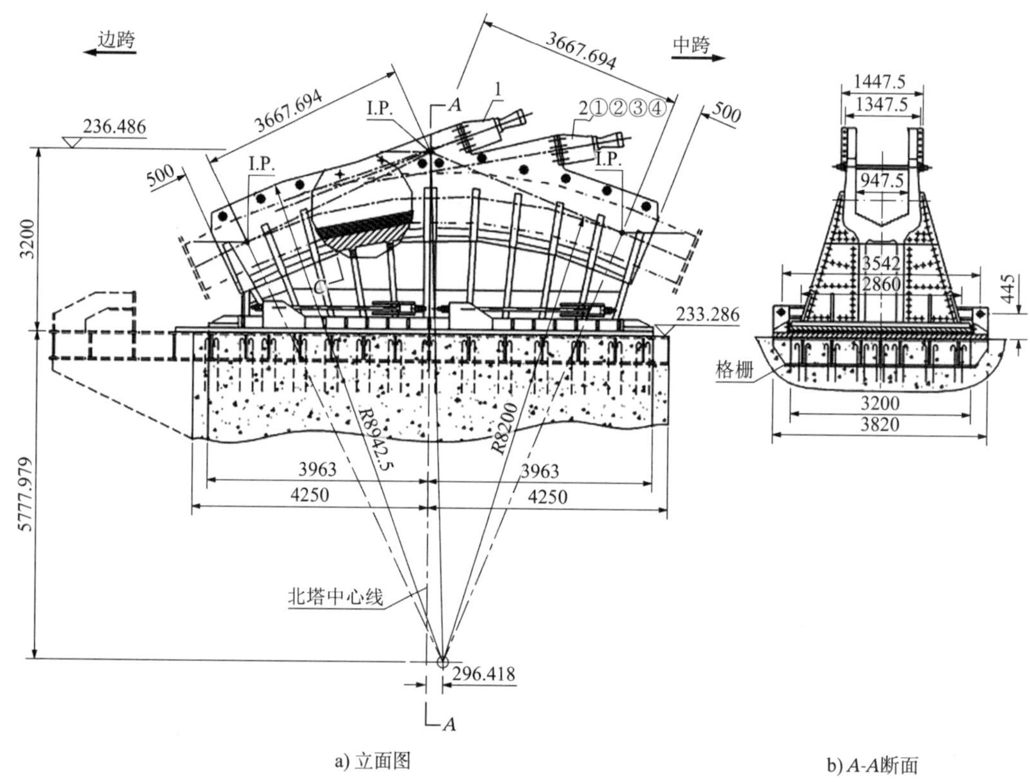

图 17-2-12　主索鞍一般构造（尺寸单位：mm；高程单位：m）

为增加主缆与鞍槽间的摩阻力并方便索股定位，鞍槽内设竖向隔板，在索股全部就位并调股后，在顶部用锌块填平，再将鞍槽侧壁用螺栓夹紧。

边跨附加索股锚固于鞍顶的锚梁上。

塔顶设有格栅底座，以安装主索鞍。格栅悬出塔顶以外，以便安置控制鞍体移动的千斤顶，鞍体就位后将格栅的悬出部分割除。

为减轻吊装运输质量，将鞍体分成两半，吊至塔顶后用高强度螺栓拼接。半鞍体吊装质量不超过 65t。

2. 散索鞍

散索鞍鞍体采用铸焊结合的结构方案。鞍槽用铸钢铸造，鞍体由钢板焊成（图 17-2-13）。

为增加主缆与鞍槽间的摩阻力，并方便索股定位，鞍槽内设竖向隔板，在索股全部就位并调股后，在顶部用锌填块填平，上紧压紧梁，再将鞍槽侧壁用螺栓夹紧。

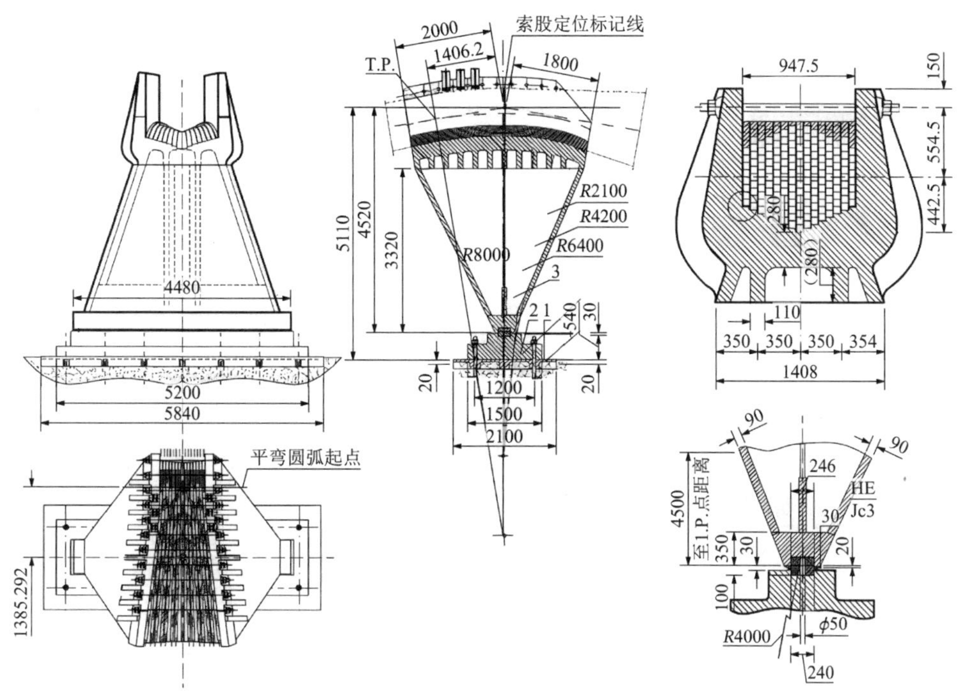

图 17-2-13　散索鞍一般构造（尺寸单位：mm）

第三节　三跨连续钢箱梁悬索桥——海沧大桥

一、概述

1. 工程概况

海沧大桥位于厦门市西海域，西起厦门海沧经济技术开发区，东至厦门市东渡港。

海沧大桥工程包括东航道桥（主桥）、西航道桥、引桥、引道、互通立交等分项工程，工程主线全长 5926.527m，其中桥梁工程长 2626.4m（不含东渡互通立交桥和引道桥），引道工程长 2525.227m。大桥按双向六车道设计，设计宽度 32m，设计行车速度为 80km/h。海沧大桥是国家“九五”重点建设项目，工程总投资 28.7 亿元。

东航道桥是海沧大桥工程最重要的部分，采用结构先进的三跨连续钢箱梁悬索桥，其布跨为 230m + 648m + 230m（图 17-3-1），该桥型结构布置在亚洲第一次、世界第二次采用。

海沧大桥东航道桥设计采用了许多新结构、新构造、新工艺、新材料，如采用三跨连续钢箱梁悬索桥、锚碇采用框架式结构及倒坡浅埋箱形扩大基础、预应力钢绞线锚固系统，以及在国内首次全面引入景观设计等。

海沧大桥的初步设计于 1995 年 7 月开始，1996 年 5 月完成；1996 年 10 月开始施工图设计，1997 年 6 月完成。工程于 1996 年 12 月开工，1999 年 12 月建成通车。

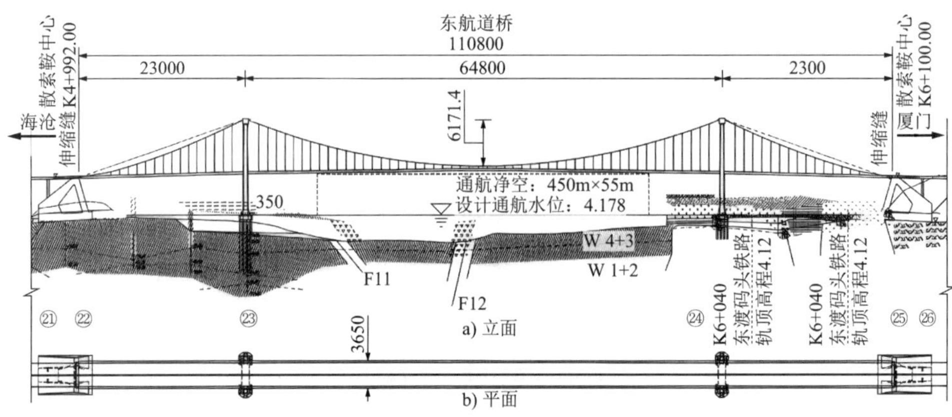

图 17-3-1　全桥总体布置图（尺寸单位：cm；高程单位：m）

2. 技术标准

海沧大桥为兼有城市桥梁功能的公路桥，主要技术标准如下。

（1）路线等级：双向六车道高速公路，考虑城市功能，速度标准适当降低。

（2）计算行车速度：80km/h。

（3）荷载标准见表 17-3-1。

荷载标准一览表　　表 17-3-1

分类		名称	标准	备注
可变荷载	基本可变荷载（活载）	汽车	汽-超 20 级	
		挂车	挂-120 级	
		满布人群	3kN/m^2	
	其他可变荷载	风力	20m 高 1/100 频率的 10min 平均最大风速 47.4m/s	梯度依据专题报告
		温度影响力	体系升温 25℃，体系降温 −28℃	
偶然荷载		地震力	地震基本烈度为 7 度	按实测地震动参数计算
		船舶撞击力	20000kN	西索塔

（4）航空限高：牛粪礁处航空限高的高程为 133.53m。

（5）设计最高通航水位：设计最高通航水位为 4.178m（20 年一遇潮位）。设计最高潮位为 4.65m（含增水）。设计最低潮位为 −2.81m。

（6）通航净空：设计最高通航水位以上 55m，通航净宽不小于 450m。

（7）桥面宽度：32.00m，其中行车道宽 2 × 3 × 3.75m、中央分隔带宽 1.5m、左侧路缘带宽 2 × 0.5m、紧急停车带宽 2 × 3m、外侧护栏宽 2 × 0.5m。

（8）桥面纵坡：不大于 3%。

（9）桥面横坡：2%。

3. 设计指标

（1）跨径

中跨 648.0m，边跨 230.0m。

（2）主缆

矢跨比：中跨 1/10.5，边跨 1/29.01。

中心距：34m。

根数：2 根。

组成：91 丝直径为 5.1mm 的镀锌高强钢丝组成一根预制平行钢丝索股，110 股预制平行钢丝索股组成一根主缆。

直径：570mm（空隙率 20%），563mm（索夹处空隙 18%）。

强度：1600MPa。

（3）吊索

形式：竖向平行吊索。

间距：吊索标准间距 12m，端吊索距塔中心为 18m。

直径：普通吊索 52mm，特殊吊索 87mm。

组成：普通吊索 87 丝直径 5.1mm 镀锌钢丝，特殊吊索 229 丝直径 5.1mm 镀锌钢丝。

连接方式：上下均采用销接方式。

强度：1600MPa。

防护：PE 防护。

（4）加劲梁

形式：扁平流线型钢箱梁。

高度：3.0m（桥轴中心线处），高跨比为 1/216。

宽度：36.6m（含风嘴），宽跨比为 1/17.7。

材料：Q345C。

标准梁段长：12m。

（5）索塔

形式：门式框架。

高度：桥面以上 70.863m，承台顶以上 128.025m。

高跨比：1/5。

横梁数：2。

（6）索塔基础

形式：分离式钻孔灌注桩群桩基础。

钻孔灌注桩直径：2.0m。

钻孔灌注桩根数：28 根。

（7）锚碇

基础形式：重力式浅埋箱形扩大基础。

锚体形式：三角形框架式锚体。

基础平面尺寸：52m × 74m。

锚固系统：预应力钢绞线锚固系统。

二、锚碇

1. 锚碇总体设计

1）结构形式与锚固方式

锚碇设计紧密结合了锚碇处的地形地质条件、结构受力的合理性和结构造型的景观效果等条件，采用重力式浅埋扩大基础、空腹三角形框架锚碇形式，力求做到大型结构物力与美的完美结合。

（1）结构形式

根据锚碇所处位置的地形地质条件和上部结构条件，经过综合比较，海沧大桥采用重力式锚碇。为减小基础施工难度、缩短工期、降低造价，基础采用浅埋扩大基础的结构形式，东、西锚碇基础分别以全、强风化凝灰熔岩和全、强风化砂岩作为持力层，按基底容许承载力不小于 0.5MPa 进行基础设计。为减小使用阶段的基底最大工作应力，增加锚碇的抗滑动、抗倾覆稳定性，锚碇采用箱形基础，基底采用向后倾斜 5.41%的倒坡。

锚体由锚块、基础、前锚室、散索鞍支墩、横梁五部分组成。出于施工和检修的需要，在锚块内设置了后锚室。在锚块和基础之间的纵、横向设置了 2m 宽的混凝土后浇筑带，它是实现锚体“化整为零、集零为整”的关键部位。

（2）锚固方式

锚固方式为前锚式，锚固系统为预应力锚固系统，由两根预应力钢束锚固一根主缆索股。主缆索股在锚碇前锚室内的散索长度为 41m，锚固系统的预应力钢束锚固长度为 18.08m，散索点理论高程为 54.000m，折射角为 45°。

2）总体布置

海沧大桥东、西锚碇结构形式基本相同。锚碇总体构造见图 17-3-2。

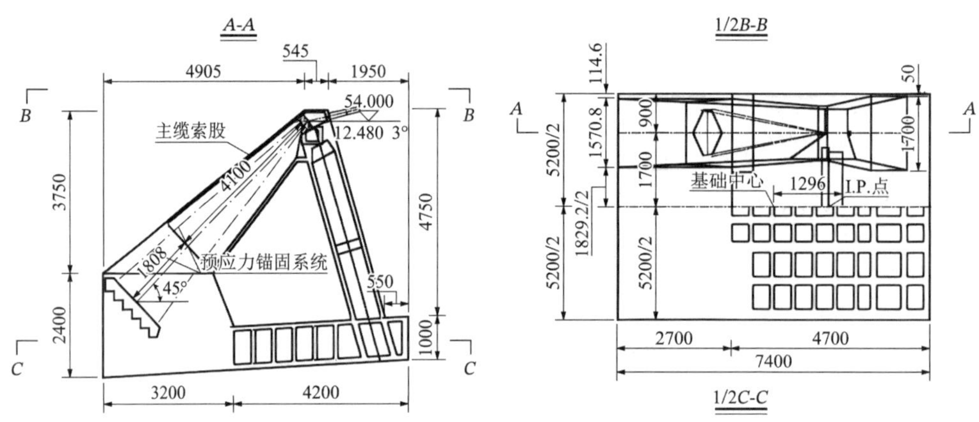

图 17-3-2　锚碇总体构造（尺寸单位：cm；高程单位：m）

3）主要材料

混凝土：除横梁和散索鞍支墩顶部采用 C40 混凝土外，其余部位均采用 C30 混凝土，其中后浇段采用微膨胀混凝土。

预应力材料：锚固系统和横梁的预应力钢绞线标准采用《预应力混凝土用钢绞线》（GB/T 5224—1995）①，公称直径 ϕ15.24mm 的低松弛钢绞线，标准破断强度为 1860MPa；预应力管道采用符合《结构用无缝钢管》（GB/T 8162—1999）②标准的 ϕ90mm × 5 的 20 号无缝钢管。锚具分别采用 15-12 和 15-7。

普通钢筋：直径大于 10mm 的采用II级钢筋，等于或小于 10mm 的采用I级钢筋。

①该规范现行版本为：《预应力混凝土用钢绞线》（GB/T 5224—2023）。

②该规范现行版本为：《结构用无缝钢管》（GB/T 8162—2018）。

钢材：锚固系统定位支架采用 Q235A 钢，锚固系统预应力钢束管道及冷却管采用 20 号无缝钢管。锚固系统拉杆、螺母、垫圈采用 40Cr 钢，连接垫板采用 45 号钢。

主要材料数量：一个锚碇混凝土用量为 $61035m^3$，钢筋 2767t，预应力钢绞线 80t，型钢 369t，其他钢材约 25.7t。

2. 锚碇基础设计

1）基坑开挖、边坡防护和地基处理

（1）基坑开挖及边坡防护

东、西锚碇基坑底面设计高程均为 −1.6m（前缘）～−5.6m（后缘），基坑底面设置 5.41% 的倒坡，东、西锚基坑基底尺寸均为长 79.5m、宽 57m，基底面积均为 $4532m^2$，基底铺设厚度为 40cm 的垫层混凝土。

基坑边坡分永久边坡和临时边坡两种，在保证边坡稳定的前提下，尽可能减少挖、填土石方量，对永久边坡设计采用较缓的 1∶0.75 的坡度，对临时边坡设计采用较陡的 1∶0.3 的坡度。边坡防护采用打锚杆并挂网喷射混凝土，局部节理发育的不稳定边坡采用预应力锚索进行重点加固。预应力锚索构造见图 17-3-3。边坡面积东锚为 $12400m^2$，西锚为 $4530m^2$。为确保基坑干开挖，防止基坑泡水影响地基承载力，设计要求采用轻型井点降水法降低基坑范围内的地下水位，采用旋喷桩防水帷幕减少渗水量，并加强坑内排水等措施。施工实践证明，以上基坑开挖设计既保证了基底的强度、边坡的稳定，又减少了工程量，加快了工程进度。

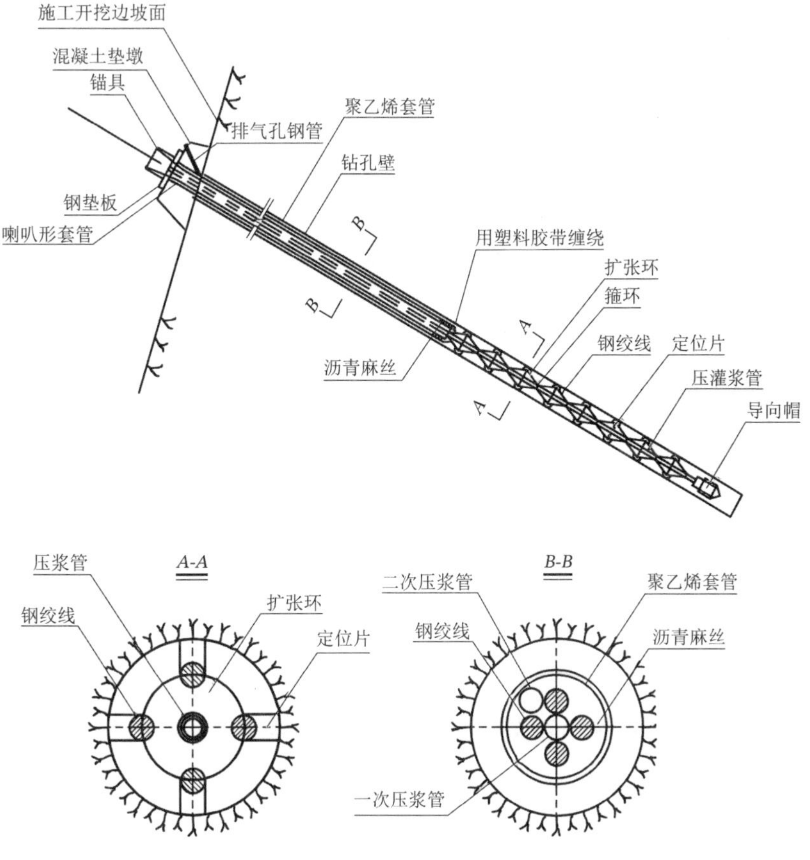

图 17-3-3　预应力锚索构造

（2）地基处理

设计要求基底容许承载力不小于0.5MPa，基底各部最大容许沉降不大于2cm。为确保基底承载力满足设计要求，对基面以下的地基设计预备采用了旋喷桩或压力注浆，对软弱地基进行加固，以保证锚碇的安全度。根据现场试验结果，基底土除局部外，大部分区域均满足设计要求。因此在施工中仅要求对局部承载力较低的基底土进行了换填处理。

2）基础设计

由于东、西锚碇处岩层风化强烈，风化深度大，为减小基础施工难度，缩短工期，降低造价，经综合比较，本工程摒弃了深基础方案，均采用浅埋扩大基础的结构形式，分别以强风化凝灰熔岩和泥质粉砂岩作为结构持力层。锚碇基底平面尺寸为74m×52m，前部为空心箱式基础和散索鞍支墩，后部实心锚块，结构重心后移，并且采用基底向后倾斜5.41%的倒坡，使其在使用阶段基底应力较小且均匀，增加了锚碇的抗滑、抗倾稳定性，解决了锚碇处全、强风化软岩的厚度大、地基容许承载力小难题。箱式基础构造尺寸为高10m，顶、底板分别厚1.0m、1.2m，纵、横腹板厚2.5m、1.0m。

3. 锚体

（1）锚块

锚块是重力式锚碇最根本的承力部件，也是锚固系统传力的首要部位，靠其自身的巨大重力来承担主缆拉力。锚固预应力系统及其定位钢支架内置于锚块内，为了便于锚固系统的施工及检修，在锚块内设置后锚室。按常规方法和有限元法进行计算分析，并按其结果布设受力钢筋。在混凝土内部和表面配置一定数量的防裂钢筋来抵抗混凝土内外应力（主要为温度和混凝土收缩应力），以限制混凝土内外开裂。一个锚碇锚块混凝土共37500m^3，含筋率约14.4kg/m^3。

（2）散索鞍支墩、前锚室、横梁

散索鞍支墩作为散索鞍的支承结构，直接承受由主缆拉力引起的散索鞍传来的巨大压力，并与前锚室组成框架共同承受主缆拉力。散索鞍支墩垂直高度约为45.4m，与水平面的夹角为73.6745°。前、后墙厚1.0m，左、右侧墙底部厚1.5m，顶部厚1.0m，中间设过渡段。支墩箱体内左、右侧墙间设隔墙，厚1.0m。各墙体钢筋伸入箱式基础腹板内锚固。在顺桥向支墩截面等宽为8.0m，横桥向由底部宽17m过渡到顶部宽约11.6m。为抵抗散索鞍传来的巨大压力，支墩顶部设计成厚4.0m的实心段并配置适量的受力钢筋。实心段与周边墙体之间设3.0m的渐变段。

前锚室是防护锚跨内主缆索股及其预应力锚固系统的薄壁箱形结构。前锚室底部截面尺寸由主缆索股的锚固系统在前锚面的布置决定，顶部截面尺寸由散索鞍和支墩顶部构造决定。前锚室顶板厚0.5m，底板厚0.7m，两侧腹板厚0.8m。前锚室各板内受力钢筋分别伸入锚块和散索鞍支墩内锚固。在横向，为保证加劲梁和构造空间，前锚室和散索鞍支墩顶部内侧设置切角。出于施工考虑，前锚室与散索鞍支墩相接处设置了后浇段。另外，前锚室顶板设计有良好的防水构造。

在散索鞍支墩之间设置的横梁是主桥加劲梁和引桥上部结构的支承结构，主要承受自重和上部结构传来的垂直和水平荷载。横梁为预应力混凝土箱形结构，横梁标准断面为4m×5m，顶底板厚0.6m，腹板厚1.0m。横梁上设置有主桥加劲梁的竖向支座牛腿、横向抗风挡块、纵向限位挡块和引桥支索垫石等构造。

4. 锚固系统

锚固系统采用了国内研制生产的 OVM.MD15-7 预应力钢绞线锚固系统，采用双拉杆、双预应力钢绞线结构，具有构造简单、受力明确、节省钢材、施工方便等特点，是一种值得推广的新型锚固系统。

1）锚固形式的选择

锚固系统设计中，分析研究了现有国内外大型悬索桥锚固系统的特点，由于预应力锚固系统与型钢锚固系统相比，具有用钢量省（型钢约 2000t、预应力钢筋约 900t）、构造简单、受力明确、施工方便、安全可靠等优点，同时钢绞线预应力体系与粗钢筋预应力体系相比，具有可供选择的锚具规格多、工艺成熟、张拉吨位大、定尺长度大等优点，因此设计最终选定了预应力钢绞线锚固系统作为本桥的锚固系统。

2）锚固系统的技术要求

（1）锚固系统设计安全系数 $k \geqslant 2.5$，设计疲劳荷载循环次数大于 200 万次，设计寿命大于 100 年。

（2）锚固系统锚下混凝土的应力不大于 C30 混凝土的允许值。

3）锚固系统构造

（1）总体布置

主缆由 2 × 110 根索股组成，由 4 × 110 个锚固单元组成的预应力锚固系统锚固，锚固长度 18.08m。每个锚固单元由两套拉杆组装件（拉杆、六角螺母、球面螺母及垫圈、锁紧螺母）、一块连接垫板、一块辅助垫板和两套预应力钢绞线锚具组装件（钢绞线及与之配套的锚具等）组成。锚固系统前、后锚面索股布置见图 17-3-4、图 17-3-5。锚固系统锚固单元构造见图 17-3-6。

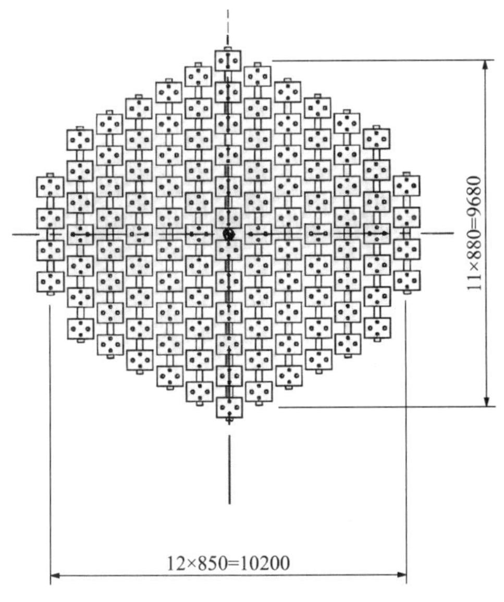

图 17-3-4　前锚面索股布置
（尺寸单位：mm）

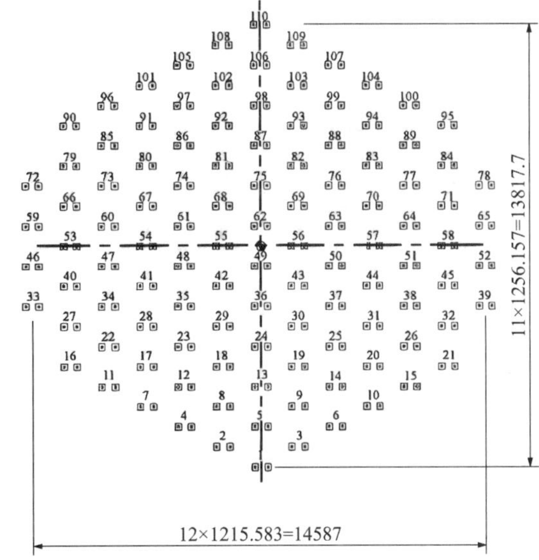

图 17-3-5　后锚面索股布置
（尺寸单位：mm）

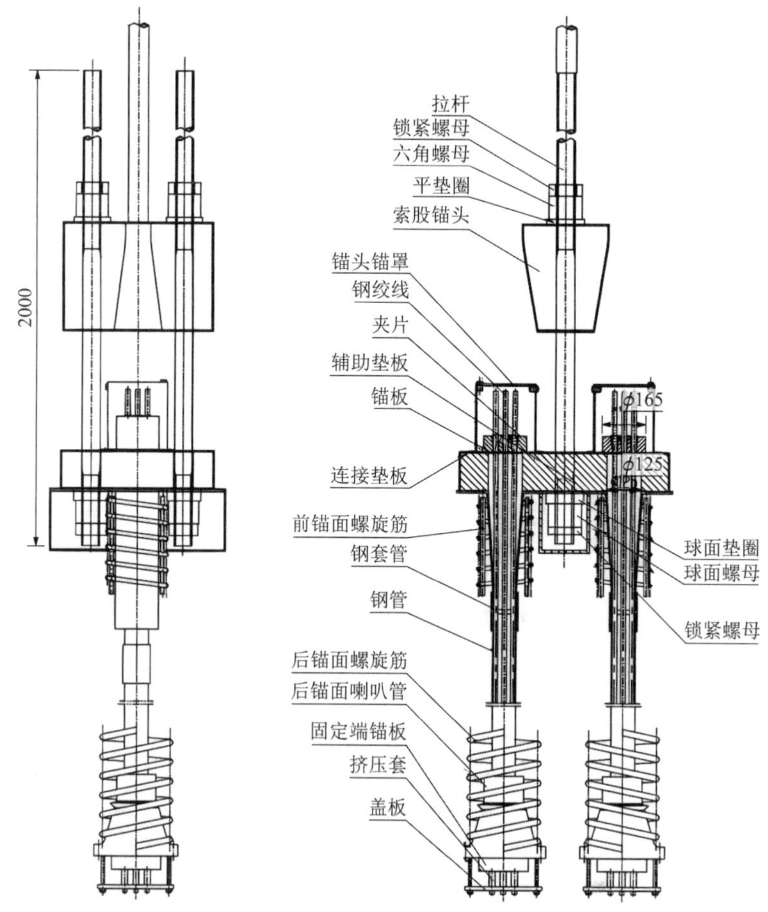

图 17-3-6　锚固单元构造（尺寸单位：mm）

（2）锚固系统各部构造

① 拉杆组装件。

采用材料：40Cr。

破断应力$\sigma_b = 980$MPa。

屈服应力$\sigma_s = 785$MPa。

伸长率$\delta_5 \geqslant 9.0\%$。

直径$d = 64$mm。

拉杆组装件的静载安全系数 $k \geqslant 3.0$，疲劳寿命 $N = 10^7$ 次。

为满足安全和经济性的要求，拉杆、螺母、球面螺母的螺纹均采用军用 MJ 螺纹标准。相对于普通螺纹，其特点是：牙底较浅，牙底过渡圆角大，牙高降低，拉杆、螺母、球面螺母的螺纹疲劳强度提高 20%～40%；连接垫板处的螺母、垫圈采用球面螺母及球面垫圈，可自动调整螺母与垫圈的承力面，保持其有效接触面积，同时能克服因制作、安装误差引起的拉杆角度偏差，使拉杆方向与索股的受力方向一致，以避免由于偏载引起拉杆受弯，减少局部应力集中，有效提高螺纹的使用寿命。

索股锚头处的拉杆设计有加长螺纹，以调节主缆索股的制作、安装误差，最大调节量为±400mm。为防止螺母在动载下的松动，设计时加设了锁紧螺母。经静载、动载试验证明，拉杆组装件强度满足设计要求。

② 连接垫板。

采用材料：45 号优质碳素结构钢（锻造）。

容许拉应力$[\sigma]=210\text{MPa}$。

容许剪应力$[\tau]=125\text{MPa}$。

屈服应力$\sigma_s=360\text{MPa}$。

连接垫板的设计除须满足本身的强度和刚度要求外，还须满足拉杆、锚板构造及锚下混凝土应力的要求。采用平面面积较大的连接垫板，可以减小锚下混凝土的压应力，降低锚体所用混凝土强度等级。连接垫板设计中考虑了压浆孔、定位孔和安装孔，同时还考虑了吊环螺钉孔，以方便施工。

连接垫板既是锚板下的垫板，又起连接拉杆作用，受力比较复杂。设计时除按常规法进行锚板下及球面螺母垫圈下压应力和剪应力及各主要截面的弯曲、剪切应力的验算外，还采用了三维有限单元法进行应力、应变校核计算。

③ 预应力钢绞线锚具组装件。

预应力钢绞线锚具组装件由预应力钢绞线、锚具和预埋钢管组成。前锚面为张拉端，采用两套 OVM.MD15-7 型群锚锚具；后锚面为固定端锚头，采用两套 OVM.MD15-7P 型群锚锚具。

由于锚固系统与主缆均属于悬索桥的一类构件，具有不可更换性，因此对预应力钢绞线锚具组装件的锚具选用了性能优异的 OVM 群锚锚固体系，要求该体系的钢绞线锚具的锚固性能、抗疲劳和低应力下防滑丝性能均优于一般锚具，锚具静载锚固效率系数 $\eta_A \geqslant 95\%$，破断时总应变 $\varepsilon_u \geqslant 2\%$；动载性能分别通过应力上限为 $0.65\sigma_b$、应力幅为 80MPa 及应力上限为 $0.45\sigma_b$、应力幅为 200MPa，循环次数均为 200 万次的疲劳试验。

海沧大桥采用尺寸较大的垫板、喇叭管，以降低锚体混凝土应力，从而使锚体能采用较低强度等级的混凝土，既能降低造价，又方便施工。

4）锚固系统的防腐

除在锚室内设抽湿设备使锚室内相对湿度不大于 40%外，海沧大桥还进行了以下防腐设计：锚固系统前锚面所有外露钢构件（拉杆组件、连接垫板、辅助垫板）的表面应进行清理，去除油污、浮锈，并涂底漆与面漆进行防腐处理。连接垫板与辅助垫板的缝隙用环氧树脂进行密封处理。

预应力体系的防腐设计中考虑了 4 种方案：

（1）环氧树脂全喷涂钢绞线加管道内压注 C40 纯水泥浆和前锚面锚罩内压注环氧砂浆方案。

（2）普通钢绞线采用管道和前锚面锚罩内全部压注环氧砂浆方案。

（3）PE 防护钢绞线加管道和前锚面锚罩内灌防腐油脂方案。

（4）管道内压注 C40 纯水泥浆和前锚面锚罩内灌防腐油脂方案。

考虑锚固系统是悬索桥的关键部件且难以更换性，以及现场的实际施工情况，海沧大桥由原设计采用的方案 4 改用具有双重保护功能、工艺性较好、防护更可靠的防腐方案 1。后建设单位由于费用上的原因虽采用了方案 1，但对钢绞线未实施喷涂。

三、索塔

1. 基础

东、西索塔基础一般构造见图 17-3-7。

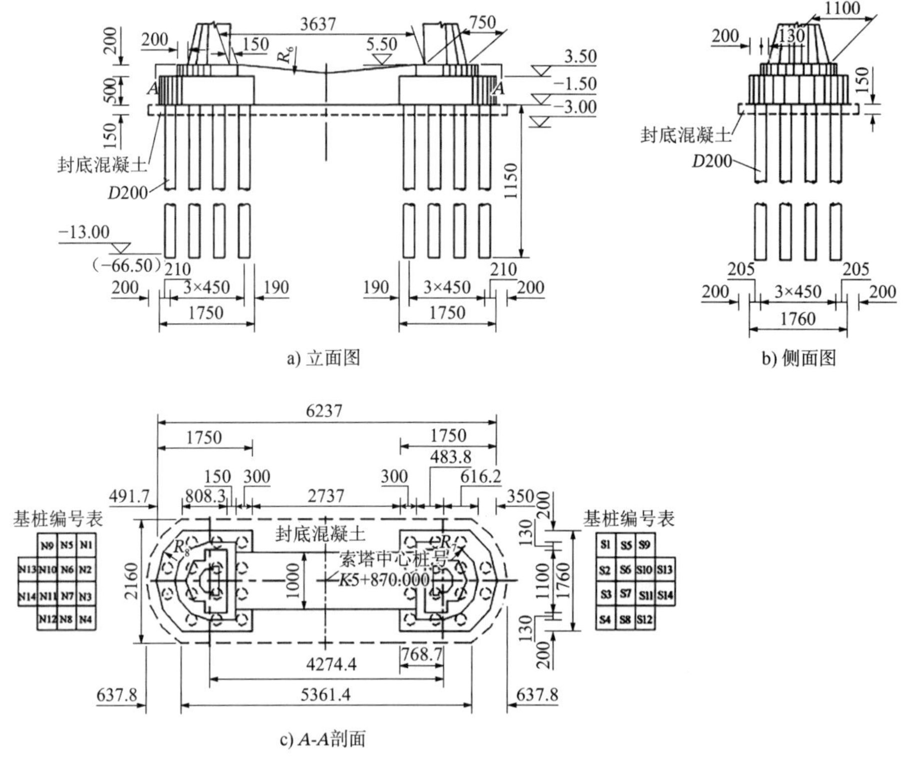

a) 立面图　b) 侧面图　c) A-A剖面

图 17-3-7　索塔基础一般构造（尺寸单位：cm；高程单位：m）

注：1. 桩基、承台的混凝土强度等级为 C30，承台封底混凝土强度等级为 C20。

2. 半径$R_6 = 93.546$m；半径$R_7 = 6.833$m，半径$R_8 = 10.333$m。

3. 括号内数据为西塔相应数据，括号外数据为东塔相应数据。

（1）东塔基础

根据地质情况，东塔采用钻孔桩基础。每个塔柱的承台下布设 14 根直径为 2.0m 的钻孔桩，东塔基础共设 28 根钻孔桩，桩按嵌岩桩设计，桩底平均高程为 −13.0m，桩底进入微风化岩 3～4m。每根基桩设置 28 根 ϕ28mm 的主筋。考虑到钻孔桩为嵌岩桩，桩内主筋直通到桩底。

承台是基础的重要组成部分，承台顶面高程为 3.5m、底面高程为 −1.5m。承台宽 17.5m、长 17.6m、厚 5m。承台采用圆端形，半径为 10.333m。承台顶面设置一层主筋网，底面设置三层主筋。由于承台分两次浇筑，为便于塔柱预埋钢筋在承台内的定位，同时又能抵抗承台水化热的作用，在距承台顶面 2m 处设置了一层钢筋网。承台主筋均为 ϕ28mm。另外，每隔 60cm 设置架立钢筋。承台内沿厚度方向每隔 1.25m 设置一层冷却水管。承台外表面设置 ϕ5mm 的带肋钢筋网。

两个承台由系梁连接，系梁宽 10m、长 36.37m、高 5.5～6.506m，系梁采用单箱双室断面，底板及腹板厚为 0.6m。系梁顶部在横桥向采用半径为 93.546m 的圆弧面，顶板厚度从跨中 0.6m 变化到承台处 1.606m。承台系梁的主筋直径为 20mm。承台系梁与桩基一起承担索塔塔底的水平分力，特别是在风荷载作用下，受力很大。

此外，为使塔柱底部荷载均匀地传递到承台，在塔柱与承台间设置了 2m 厚圆端形塔座，半径为 6.833m。

（2）西塔基础

根据水文、地质情况，西塔采用钻孔桩基础。每个塔柱的承台下布设 14 根直径为 2m 的钻孔桩，西塔基础共设 28 根钻孔桩，桩按摩擦桩设计，桩底置于中风化岩层内，桩底高程为 −66.5m。每根桩采用 32 根 ϕ28mm 的主筋，有 16 根主筋通至桩底，另外 16 根主筋通至约 1/2 桩长处。

承台、塔座的尺寸和配筋与东塔一致。由于西塔为高桩承台，承台系梁的受力比东塔大，承台系梁的主筋直径为25mm，腹板内采用直径为20mm的双支箍筋。

2. 塔身

海沧大桥东航道桥索塔采用框架式门形索塔，塔柱顶端向内倾斜，并且上塔柱和塔底10m以上的下塔柱的斜度相同，塔底10m段的斜率采用曲线变化。塔柱断面采用圆端八边形。断面自下而上有规律地减小。索塔共设两道横梁，横梁为六边箱形预应力混凝土结构，上、下横梁底部设置了圆弧曲线，上横梁顶部设置了装饰罩(后改为装饰墙)。索塔一般构造见图17-3-8。

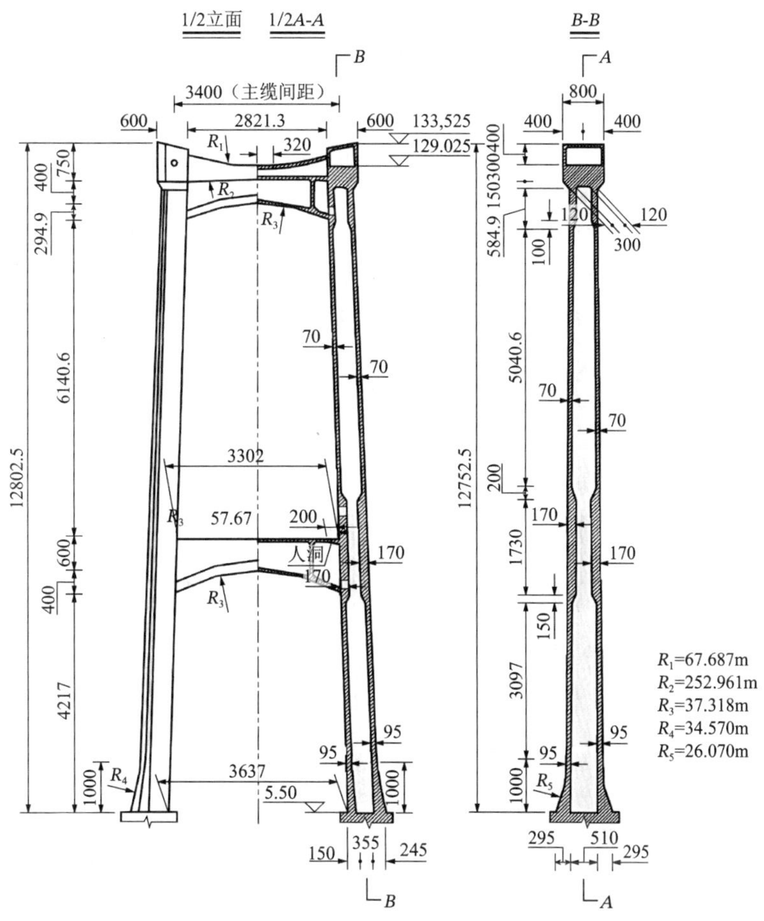

图17-3-8　索塔一般构造（尺寸单位：cm；高程单位：m）

（1）塔柱

根据主缆间距及桥面宽度，索塔两塔柱的向内倾斜度为0.0321。塔柱在高程5.5～124.525m范围内为圆端八边形断面，为便于施工，圆端半径皆为4.833m。高程在124.525～129.025m范围内（塔冠部分）为圆端四边形断面，为便于施工，圆端半径皆为6.083m。在塔柱底部以上10m高度范围内，顺桥向塔柱断面宽度按圆弧规律变化，两侧圆弧半径为26.07m，横桥向塔柱断面宽度亦按圆弧规律变化，半径为34.57m，塔柱内侧为斜率0.0321的直线。若不考虑塔柱底部以上10m高度范围内圆弧加宽，塔柱宽度自下而上断面尺寸从6m（横桥向）×7m（顺桥向）线性变化至5m（横桥向）×5.4m（顺桥向），主索鞍底塔冠断面尺寸为6m（横桥向）×8m（顺桥向）。塔柱底断面尺寸为7.5m（横桥向）×11m（顺桥向）。塔柱底部以上10m高度范围内，壁厚分别从 2.45m、2.95m、1.5m 变化至 0.95m。塔柱 10m 以上至下横梁底壁厚为 0.95m，塔柱在下横梁及人洞处作局部加厚，壁厚为 1.7m。塔柱在桥面至上横梁底壁厚为 0.7m，塔柱在上横梁处作局部加厚，壁厚为 1.2m。塔冠采用实心断面，以承受塔顶巨大的压力。

（2）横梁

索塔上、下横梁底部设置了圆弧曲线，为使上、下横梁模板能周转使用，两横梁圆弧半径皆为 37.318m。下横梁为六边箱形断面，跨中断面尺寸为 6m（高度）× 6m（宽度），根部断面尺寸为 10m（高度）× 6m（宽度），壁厚均为 0.6m。上横梁也为六边箱形断面，跨中断面尺寸为 5m（高度）× 5m（宽度），根部断面尺寸为 7.949m（高度）× 5m（宽度）。

四、加劲梁

1. 总体结构构造

海沧大桥加劲梁采用扁平流线型钢箱梁，总长为 1104m。加劲梁截面主要尺寸为：桥轴线处箱内净高 3.0m，桥面板做成 2%的双向横坡，吊索中心间距 34m，梁全宽 36.6m，加劲梁高跨比为 1∶216，高宽比为 1∶12.2，加劲梁桥面采用正交异性板。桥面板厚 12mm，底板与斜腹板的厚度为 10mm。正交异性钢桥面板上铺装 6.5cm 厚的沥青混凝土。全桥加劲梁共划分为 94 节梁段制造，其中 69 节标准段、1 节跨中段、14 节塔区梁段、4 节短吊索梁段和 6 节锚碇区梁段，见图 17-3-9。标准梁段长 12m，起吊质量约为 157.5t。梁段最大吊装质量约 210t。梁段划分主要依据吊索间距、横隔板布置、吊装能力。标准梁段长 12m。

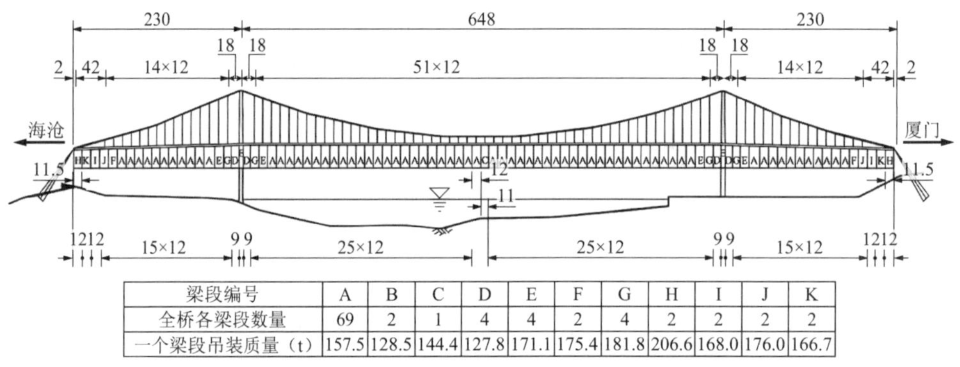

梁段编号	A	B	C	D	E	F	G	H	I	J	K
全桥各梁段数量	69	2	1	4	4	2	4	2	2	2	2
一个梁段吊装质量（t）	157.5	128.5	144.4	127.8	171.1	175.4	181.8	206.6	168.0	176.0	166.7

图 17-3-9　梁段划分及编号（尺寸单位：m）

加劲梁横截面构造尺寸见图 17-3-10。

2. 桥面板及其加劲肋

正交异性板结构将桥面盖板、横梁、纵梁和连接系（或者其一部分）结合成一个整体。正交异性板结构具有以下优点：①自重轻，桥梁恒载相应减小；②充当加劲梁的一部分，整体承受荷载；③极限承载力大，结构安全性能好；④高度低，纵横向尺寸选择性大，适用范围广；⑤板块由工厂加工，减少工地施工周期。海沧大桥采用正交异性板作为加劲梁顶板，发挥其轻型高效的特点，增加加劲梁承载能力，减轻结构自重。桥面板是直接承受车辆荷载的构件，同时也是箱梁总体断面的重要组成部分。根据计算，为保证盖板刚度，板厚取 12mm，并采用 U 形加劲肋。U 形加劲肋与顶板的焊缝是在极其复杂的交变应力条件下工作，为尽量减小焊接工作量，同时考虑车辆着地宽度为 300mm 左右和减小顶板在横桥向的变形的情况下，U 形加劲肋采用热轧钢带冷辊轧的方式加工成型，上口宽 300mm，下口宽 169mm，高 280mm，间距为 600mm。为保证 U 形加劲肋与顶板间的焊缝熔透率不小于 80%及焊接时顶板不发生较大的瘦马变形，U 形加劲肋厚度取 6mm，要求 U 形加劲肋同面板采用单面坡口、按照一定的顺序进行焊接。制造过程中，应用了全自动 CO_2 气体保护焊的门式焊机，每条 U 形加劲肋的两道纵向焊缝同时施焊，焊缝成型较好，焊接变形也能够满足施工规范要求。U 形加劲肋同横隔板的焊接采用手工贴角焊缝。

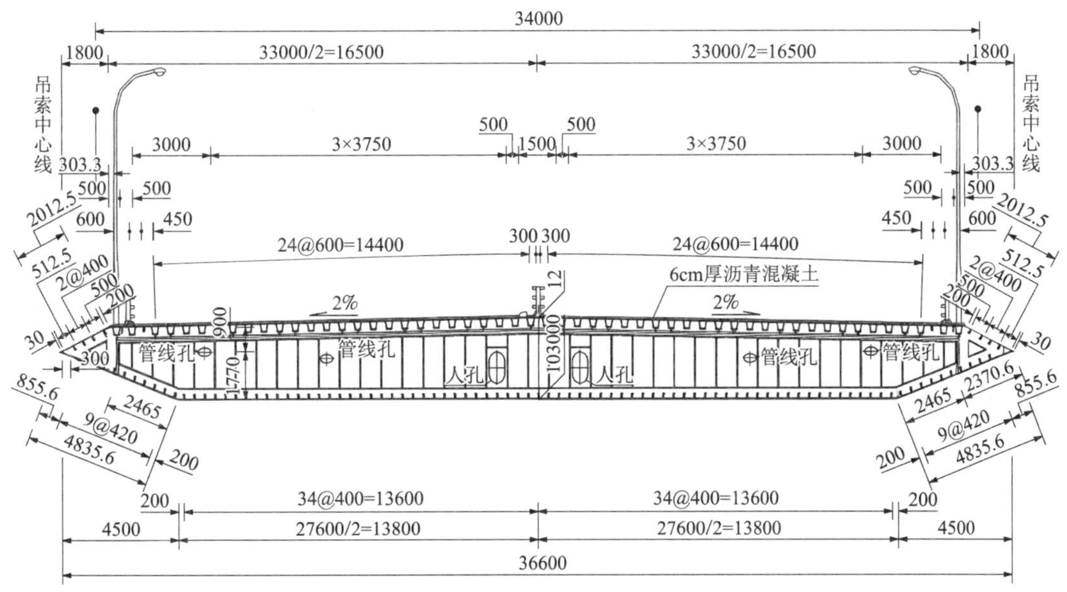

图 17-3-10　加劲梁横截面构造尺寸（尺寸单位：mm）

为利于桥面横向排水，桥面设计成 2%的双向横坡，通过桥面板进行调整。

桥面板加劲肋的布置还考虑到桥面的附属设施，如灯柱、防撞护栏等的要求。桥面板构造见图 17-3-11。

3. 底板及其加劲肋

加劲梁底板不直接承受车辆荷载，受力较为简单明确，刚度要求低，采用厚度为 10mm 的钢板，并用球扁钢加劲，球扁钢间距 400mm。底板的具体构造见图 17-3-12。

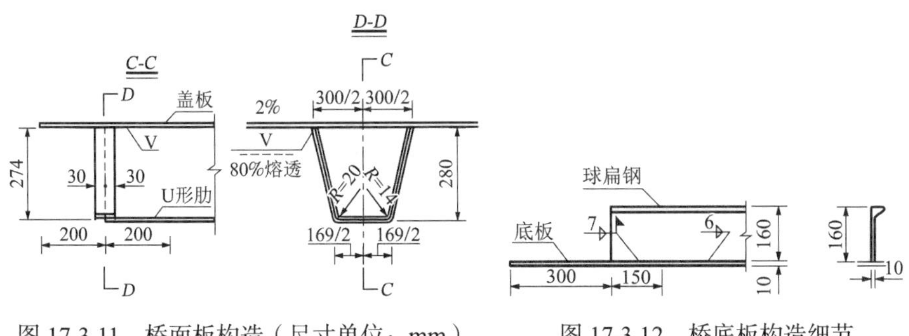

图 17-3-11　桥面板构造（尺寸单位：mm）

图 17-3-12　桥底板构造细节（尺寸单位：mm）

4. 斜腹板及其加劲肋

下斜腹板采用 10mm 厚钢板，为增加其稳定性，采用球扁钢加劲，加劲肋间距为 420mm；上斜腹板厚 12mm，采用球扁钢加劲肋加劲；两斜腹板相交处，上斜腹板伸出下斜腹板 15mm，两板相焊，具体构造见图 17-3-13。

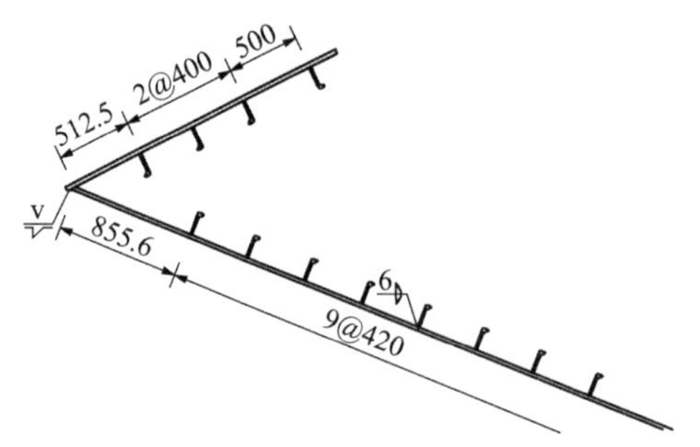

图 17-3-13 斜腹板及其加劲肋构造（尺寸单位：mm）

5. 横隔板

加劲梁横隔板集桥面板横肋、底板横肋、斜腹板横肋和横梁于一体。它的作用主要是减小横截面形状变形，抵抗扭矩作用引起的横向畸变应力，协调分布横向荷载，减轻由个别局部荷载作用引起的约束截面扭转效应，减小桥面正交异性板在竖向荷载作用下的挠度及其纵向弯曲应力。根据德国学者的研究，横隔梁的间距与桥面正交异性板的构造存在图 17-3-14 所示的经验曲线关系，同时考虑梁段划分及吊装，横隔梁设计标准间距为 3.0m。

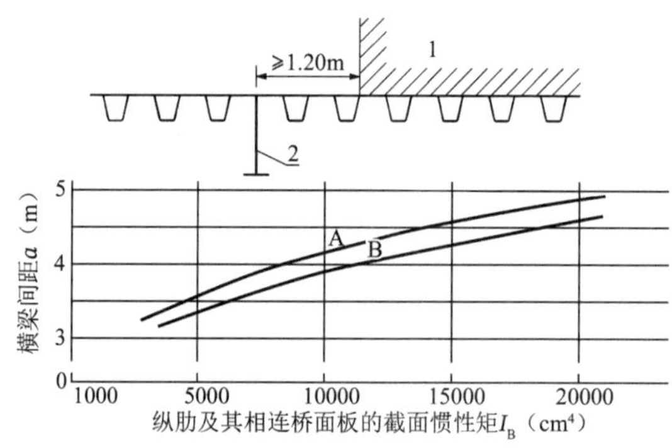

图 17-3-14 横隔梁间距与桥面正交异性板构造间的经验曲线

1-重车道；2-小纵梁或主梁腹板；A-适用于除曲线 B 适用条件之外的所有加劲肋；B-适用于距主梁腹板 1.2m 范围内的重车道处的加劲肋

设计中对选择板式横隔板及桁架式横隔板进行了比较。在一定梁高范围内，两者材料用量相差不大，板式横隔板受力优于桁式，但通风情况不如桁式。桁式横隔板节点构造复杂，杆件零碎，加工烦琐，为方便施工、养护，采用板式横隔板。横隔板有两种形式：整板式及上、下搭接式。整板式隔板的优点是整体性好、受力好，缺点是装配精度要求高，因此设计中只有端梁段与支座、伸缩缝相连的隔板采用整板式，具体构造在支座、伸缩缝连接构造中介绍。搭接式隔板虽然受力不如整体板，但易于装配，因此在非特殊部位均采用这种形式。搭接式隔板由三部分组成：与顶板相连的上连接板，与上、下斜腹板相连的角板及大隔板。上连接板同桥面板和 U 形肋连接，与面板单元一体制造。上连接板的设计考虑了面板单元的装配方式，与 U 形肋相交处连接板开孔使 U 形肋通过，并与之焊连。角板单独制造，与球扁钢加劲肋相交处角板开孔使加劲肋通过，并与之焊连。角板开孔时同时考虑组装工艺要求。大隔板采用 8mm 厚的钢板，上设单面水平和竖向加劲肋，加劲肋厚 10mm。大隔板与上连接板及角板采用搭焊连接，在有吊点的横隔板处，隔板厚增至 10mm。大隔板与上连接板采用搭焊，与角板对接焊。大隔板与底板加劲肋相交处开孔使加劲肋通过，并与之焊连。

横隔板标准间距为 3.0m。在相邻隔板之间，风嘴处设置了两道短隔板，以提高刚度。横隔板上设置了两个人孔和四个管线孔。横隔板开孔的孔边均进行了加劲。在横隔板横向受力变化较复杂的角隅处进行了局部加劲。搭接式横隔板的构造见图 17-3-15。

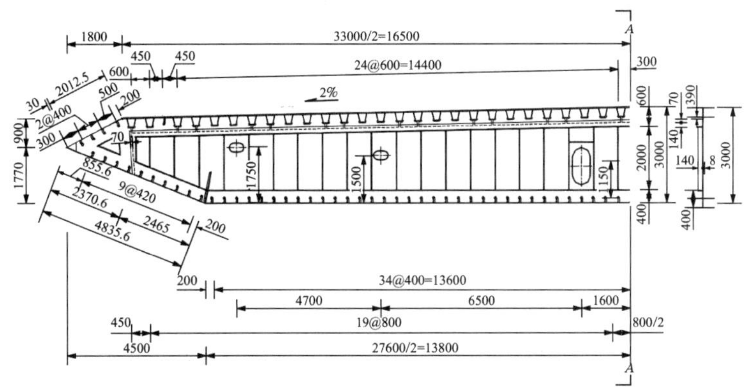

图 17-3-15　横隔板构造（尺寸单位：mm）

6. 吊索锚座

海沧大桥设计中对销接式及套筒承压式锚箱进行了比较，考虑便于将来对吊索锚头的检修维护，减少对加劲梁的局部开孔，使结构构造简单、受力明确，设计选择采用销接式，加劲梁上相应的锚箱设计为锚板式。锚箱分三类：一般吊索锚箱、长吊索锚箱、短吊索锚箱。E、G 和 F 梁段分别为长吊索和短吊索处的梁段，由于此处吊索受力较大，对锚箱作了加强处理。J 梁段也为短吊索梁段，该梁段吊索长度短，受力较大，为了加大吊索长度，适应受力及变位的需要，特将锚箱垫板下置。吊索锚座详细构造见图 17-3-16。

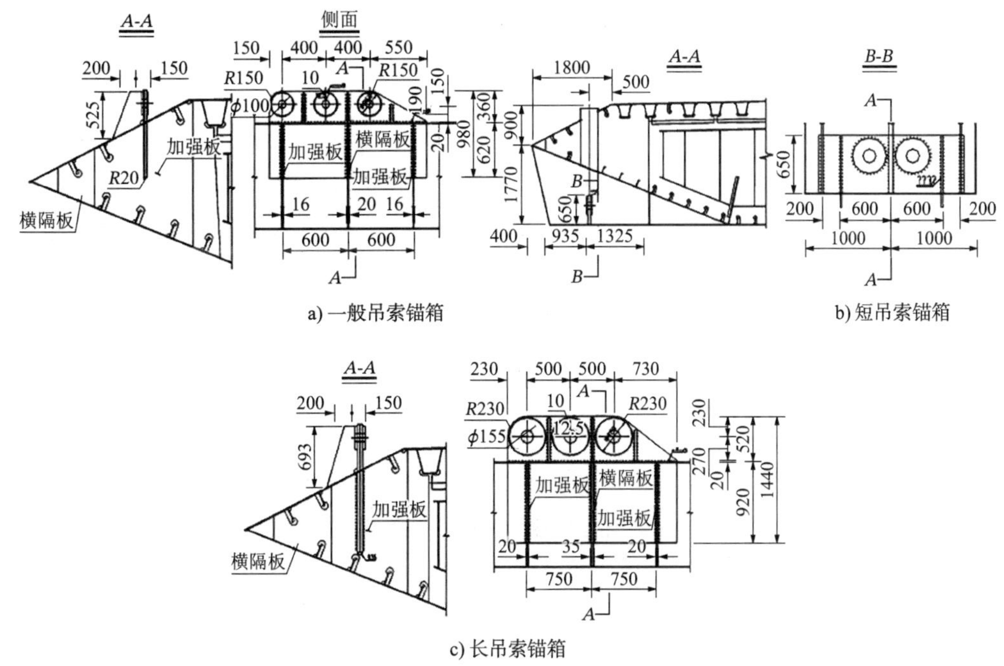

图 17-3-16　吊索锚座详细构造（尺寸单位：mm）

7. 无索区加劲梁构造

索塔区加劲梁为飘浮体系，为适应索塔无索区梁段结构受力需要，将 B、D、G 梁段长度 43m 范围内底板厚加至 14mm，索塔区 B、D、G、E 梁段长度约 72m 范围内设置两道厚 16mm 的纵隔板，锚碇处无索区 F、H、I、J、K 梁段长度约 59m 范围内设置三道厚 16mm 的纵隔板。

8. 变截面处设计

由于锚碇处构造需要，K 梁段处加劲梁截面外形要发生变化，由标准截面过渡为非标准截面，为保证结构传力顺捷、连续，不因截面突变而发生较大的应力集中，设计中考虑：①在突变处设置横隔板，并适当加厚；②非标准截面纵腹板伸入标准截面，在突变处有一段交叉。

9. 锚碇处梁端部构造

梁的端部（H 梁段）构造比较复杂，其中有竖向支座、横向限位支座、纵向限位牛腿、伸缩缝等结构物。根据其特点，在梁段相应位置增加纵腹板，对端段横隔板加密设置，同时也适当增加了隔板厚，加强端梁的整体性，端段梁（H 梁段）的布置见图 17-3-17。

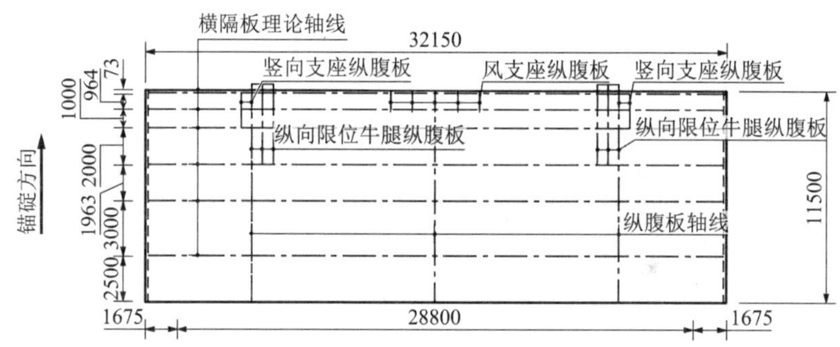

图 17-3-17　端梁段布置（尺寸单位：mm）

10. 支座及其连接架

海沧大桥为三跨连续悬索桥，仅在两个锚碇处梁端设置竖向支座，在两锚及两塔处均设置横向限位支座，全桥共设四个竖向支座和四个横向限位支座（也称风支座）。支座设计既满足受力需要，又能够满足梁端的大位移量。采用特殊设计的钢支座。在东、西锚碇横梁上的 1 对竖向支座，每个支座额定承载力为 4000kN，顺桥向允许位移为 ±510mm，水平面内允许转角为 60/1000rad，竖直面内允许转角为 50/1000rad，在东、西索塔横梁上和东、西锚碇横梁上的 1 对横向抗风支座，每个支座额定承载力为 2500kN，水平面内允许转角为 60/1000rad，竖直面内允许转角为 50/1000rad。

在竖向支座和横向限位支座处的箱梁，分别设计了连接架以及附加的构件。东、西锚碇处各设两个竖向支座连接架，横向中心距为 21.00m。连接架在箱内对应位置设有纵腹板，传递支座反力，连接架同支座通过 ϕ56mm 螺栓连接，并在箱梁底板设有 ϕ120mm 的孔与支座顶部的榫头定位连接。在箱梁与支座之间设置了厚 45mm 的支座安装座板。横向限位支座设于箱梁底面牛腿上，风支座挡块设于下横梁上，在箱梁内对应牛腿位置加强处理。为限制梁端过大的纵向位移，保护伸缩缝，在梁端设置纵向限位装置。竖向支座连接架和横向限位支座连接架及限位牛腿的构造分别见图 17-3-18～图 17-3-20。

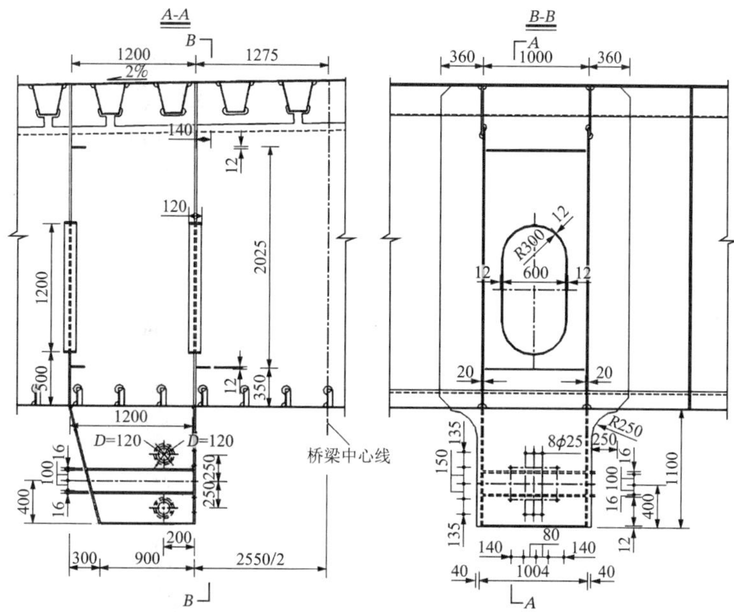

图 17-3-18　竖向支座连接架构造（尺寸单位：mm）

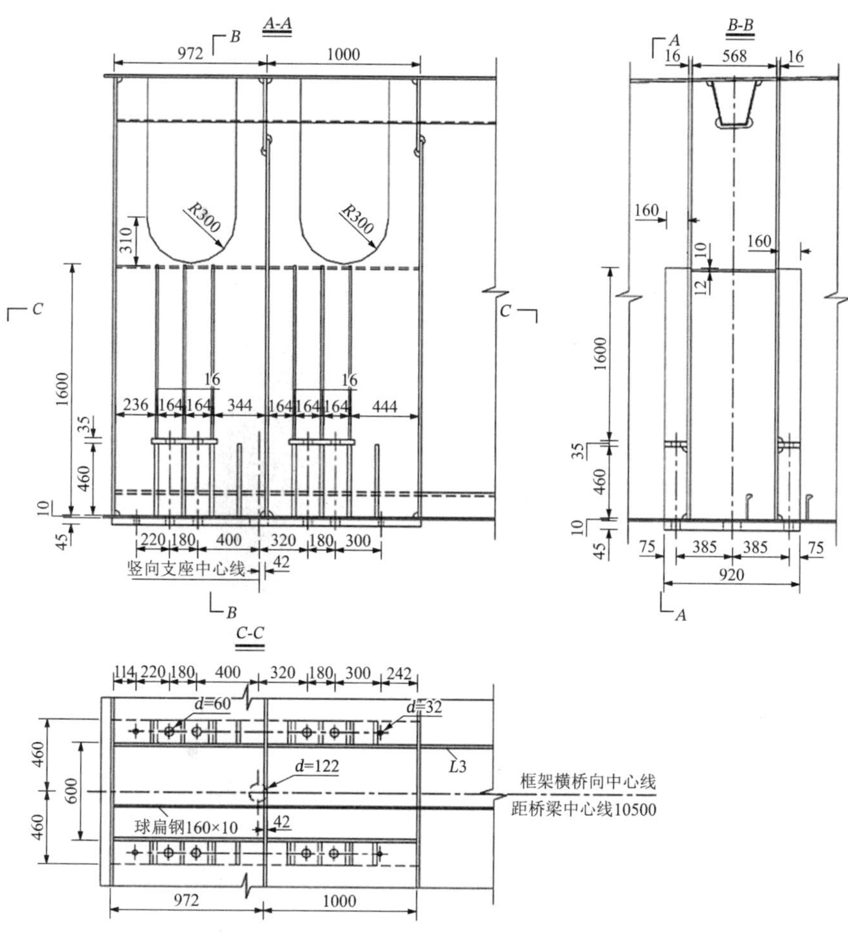

图 17-3-19　横向限位支座连接架构造（尺寸单位：mm）

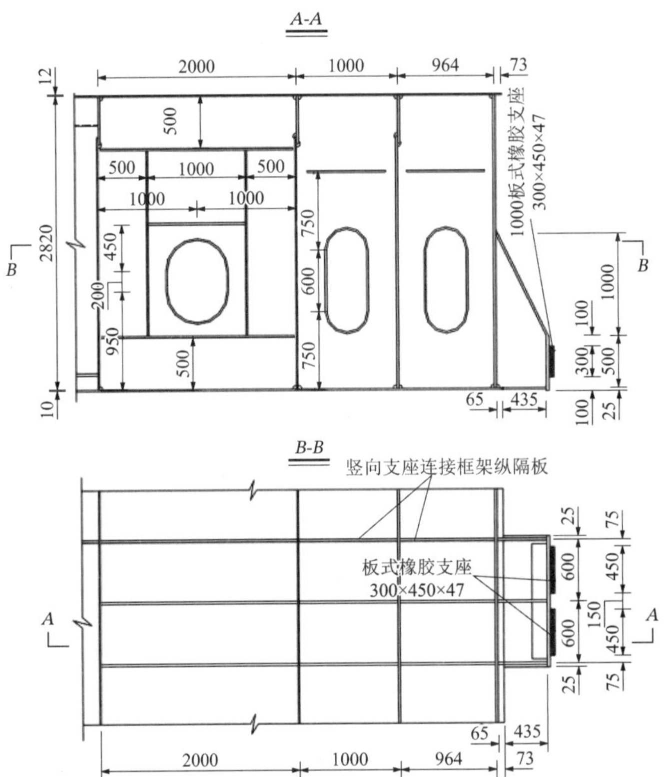

图 17-3-20　纵向限位牛腿构造（尺寸单位：mm）

五、缆索系统

1. 主缆

（1）主缆构成

全桥共设两根主缆，每根主缆由 110 股预制平行钢丝索股组成，每股预制平行钢丝索股由 91 根直径 5.1mm 的镀锌高强钢丝组成。主缆钢丝采用标准强度为 1600MPa 的普通松弛高强钢丝，设计弹性模量为 2.0×10^5MPa。主缆空隙率：索夹内为 18%（主缆理论直径为 563mm），索夹外为 20%（主缆理论直径为 570mm）。主缆对主要荷载的安全系数为 2.5，成桥状态中跨矢跨比为 1/10.5。

索股的两端设置索股锚头，索股锚头为套筒式热铸锚，将平行钢丝在铸钢制成的套筒内散开，再浇铸锌、铜合金，并经试验确认其锚固性能。索股锚头与锚固系统通过螺母连接，并将缆力通过锚固系统传递给锚碇。

（2）主缆索股

主缆索股设计时根据架设工艺、缆长、组成，结合制作、运输、吊装、牵引架设工艺等选用 91 丝直径 5.1mm 的镀锌高强钢丝平行预制索股，索股断面为正六边形，六边形的两个顶点分别设基准丝和着色丝。着色丝用于判断索股架设时是否扭绞，基准丝用于确定该索股其他钢丝的下料长度。索股每隔 1.0m 用 5cm 宽的强力纤维带包扎定型，以保证索股呈六角形。相邻索股的胶带位置应错开，以降低主缆空隙率。

为保证主缆线形及其架设精度，在工厂预制索股时要严格控制索股长度，并记录各钢丝的线径和弹性模量，经统计得出索股的平均线径和弹性模量，供施工控制时调整线形。

（3）索股锚头

索股锚头设计为热铸锚，热铸锚由套筒及盖板组成，索股锚固段的平行钢丝在铸钢制成的套筒内呈放射形散开，然后按要求浇铸锌、铜合金使其成为一体，并经试验确认其锚固性能的可靠性。

在锚头设计时，除进行套筒的环向、轴向应力验算外，还需进行套筒支撑面的抗压强度验算。

（4）主缆防护

主缆是悬索桥极其重要的构件，其寿命应大于大桥的设计基准期，因此主缆防护显得尤为重要。主缆防护工艺流程与技术要求如下。

涂抹腻子：首先紧缆捆扎并安装索夹，手工清洗主缆上因施工而残留的杂物，并用溶剂擦净主缆表面的油污及沙尘等有害物质，从主缆低端开始在两索夹之间的主缆表面手工涂抹不干性嵌缝腻子一道，要求嵌填满盈并且表面涂抹均匀。

缠丝：在腻子固化前，用缠丝机向上坡方向密缠 4mm 直径的镀锌低碳钢丝（先边跨后中跨）。首先将钢丝端头焊在索夹上，在索夹外进行缠丝，再用特制工具逐圈将钢丝推入索夹槽中就位（钢丝嵌入索夹槽隙至少 3 圈）至缠丝机能到位置后，即可进行正常缠丝工作。缠丝拉力为 2.3kN，必须确保缠丝紧密。缠丝后用防水腻子对索夹进行嵌缝。

防护涂装：清除缠丝后挤出表面的密封腻子，用溶剂擦洗缠丝表面的油污等杂质，涂刷磷化底漆一道（干膜厚度 35μm）；环氧云铁底漆四道（总干膜厚度 160μm），每道涂装间隔时间 8～24h；聚氨酯面漆两道（总干膜厚度 80μm），每道涂装间隔时间 8～24h；聚氨酯防滑漆一道（干膜厚度 30μm），防滑漆涂在主缆顶面 30cm 宽的表面。

主缆断面、索股断面、主缆防护构造及 C 部详图见图 17-3-21。

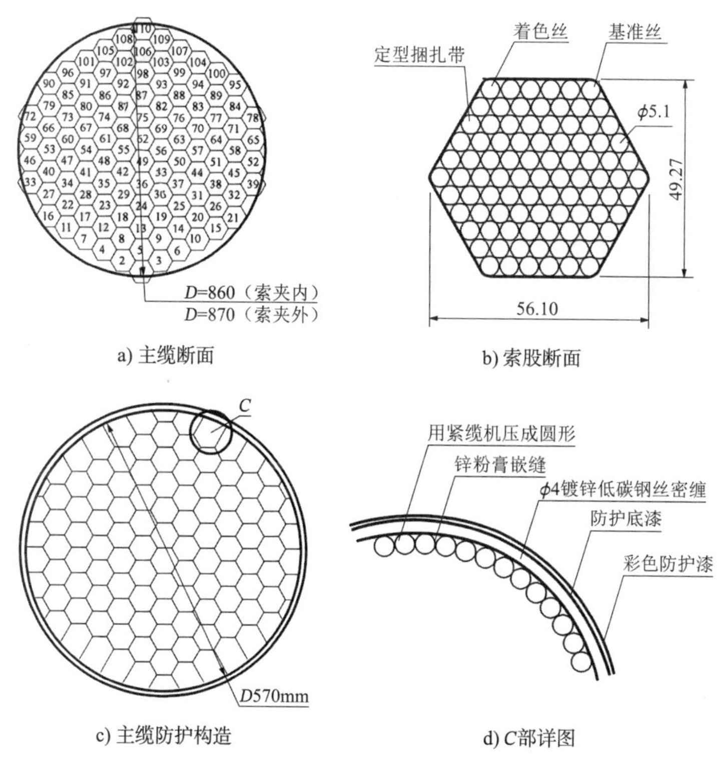

图 17-3-21　主缆断面、索股断面及主缆防护构造图（尺寸单位：mm）

（5）附属结构

① 主缆检修道

主缆检修道是主缆检修人员和主缆检修车在主缆顶面通行的通道。在主缆的两侧安装由钢芯钢丝绳制成的扶手绳和栏杆绳，钢丝绳上端锚固于塔顶鞍罩壁上，下端锚固于锚室前墙上。钢丝绳通过立柱支承于索夹上。主缆检修道的设计考虑了自重荷载、检修人员侧向推力及检修车的竖向荷载等。

在主缆防护之后并拆除猫道前进行主缆检修道的安装。扶手绳和栏杆绳安装后通过螺杆的调节长度从两端拉紧。主缆检修道各构件均须与主缆一道进行统一的防护涂装（要求与主缆一致）。

② 缆套

缆套的主要作用是保护索鞍出入口扩散段主缆钢丝，是塔顶鞍罩或锚室对主缆防护的过渡装置，其作用主要是尽可能减少主缆因弯曲而引起的局部弯曲应力。缆套应具有良好的密封性能，在塔顶鞍罩或锚室前墙之间允许有少量的伸缩活动，并使主缆钢丝保持一定长度不受缠丝的约束。缆套采用喇叭形管状钢套，为了便于检修和更换，缆套沿纵向分为两半，两半之间设拼接条板并用螺栓连接，条板及两端接头均用橡胶层防水。

缆套应在主缆防护工作全部结束，塔顶鞍罩及锚室前墙施工完成后进行安装。缆套安装前应在主缆钢丝表面进行防护涂装。

缆套安装时，应在塔顶鞍罩或锚室前墙及端索夹接口处安装密封条，然后将拼接条板装上密封垫片先与下半只缆套用螺栓连接并就位，再安装上半只缆套并上紧连接螺栓，最后与主缆缠丝一道进行统一的防护涂装（要求与主缆一致）。

2. 吊索

（1）吊索构成

索塔处长吊索受力较大，但因索塔处特殊吊索长度较长，由纵向变形引起的吊索次应力较小。特殊吊索中的边跨短吊索，由于边跨加劲梁存在 42m 无索区段，使其恒载、活载索力也较大。因活载影响区域较小，总体控制设计内力比索塔处长吊索要小，但由于长度较短，又处于梁端，故由纵向变形引起的吊索次应力较大。为了满足边跨短吊索的变形要求，一方面尽量抬高散索鞍中心的高程，另一方面尽可能降低吊索下锚点的位置（边跨短吊索下锚点设于加劲梁体内），同时应严格控制边跨短吊索的制作和安装误差，尽量减小次应力。

海沧大桥普通吊索间距为 12m，索塔侧吊索距塔中心线 18m。每个索夹下有两根吊索，全桥共有普通吊索 280 根、特殊吊索 48 根。

（2）吊索索股

吊索统一采用 PWS 平行钢丝索股，外套 PE 防护层。普通吊索含 85 根，每根直径 5.1mm 的镀锌钢丝，吊索外径 64mm；特殊吊索含 229 根，每根直径 5.1mm 的镀锌钢丝，吊索外径 99mm。每个索夹下有两根吊索，顺桥向间距普通吊索为 400mm，特殊吊索为 500mm。

（3）吊索锚头及匹配件

普通吊索上、下锚头均采用叉形热铸锚，特殊吊索上、下锚头均采用叉形冷铸锚。锚头主要由后连套、锚杯和叉形耳板构成，热铸锚杯内浇铸锌、铜合金，冷铸锚杯内浇铸环氧铁砂。叉形耳板与锚杯通过螺纹连接，设计考虑留有 ±20mm 的长度以调节加工制作和施工引起的误差。

特殊吊索锚头的锚杯长度为 675mm，锚口处内径 143mm、外径 210mm，螺纹直径 290mm、壁厚 25mm，锚杯内壁倾角 8.219°，叉形耳板螺纹直径 290mm、耳板厚 70mm，两耳板间距上端为 162mm、下端为 132mm，耳板孔直径 145mm；普通吊索锚头的锚杯长度为 425mm，锚口处内径 90mm、外径 140mm，螺纹直径 160mm、壁厚 25mm，锚杯内壁倾角 7.970°，叉形耳板螺纹直径 160mm，耳板厚 45mm，两耳板间距上端为 102mm、距下端为 74mm，耳板孔直径 90mm。

（4）吊索防护

每根吊索外套 PE 防护层。为减小吊索在锚杯口处的弯折疲劳，吊索锚杯口处设置氯丁橡胶浇制的缓冲器。

（5）减振架

对于长度超过 20m 的吊索设置减振架，将一个吊点的两根吊索互相连接起来，以减少吊索的风致振动。

3. 索夹

（1）索夹构成

索夹采用销接带耳板的形式，上、下分半，两半索夹用螺杆夹紧，接缝处嵌以橡胶防水条防水。在螺杆上端设橡胶防水帽，以防止雨水从螺杆上端进入索夹。为便于索夹的加工制作，索夹耳板吊孔设计为与主缆中心线平行，并对称布置。

本桥索夹共分八种，类型 A～F 为吊索索夹，A～C 为普通吊索索夹，D～F 为特殊吊索索夹，类型 G、H 为紧固索夹。吊索索夹内径为 563mm；索夹 D、E 壁厚 37mm，其余吊索索夹壁厚 35mm；普通吊索索夹 A～C 耳板厚 70mm，吊索孔直径 100mm，吊索孔沿吊索垂线方向间距 400mm；特殊吊索索夹 D～F 耳板厚 100mm，吊索孔直径 155mm，吊索孔沿吊索垂线方向间距 500mm；紧固索夹 G 位于主缆散索区段，为适应主缆形状，采用变直径设计，紧固端直径 563mm，散索端直径 590mm，壁厚 35mm，紧固索夹 H 在索夹 G 外侧，采用等直径设计，两端直径均为 563mm，壁厚 35mm。

（2）索夹铸件

索夹采用 ZG270-500 铸钢铸造，应符合《一般工程用铸造碳钢件》（GB 11352—1989）①，其成品应按《铸钢件超声探伤及质量评级标准》（GB/T 7233—1987）②的要求检验合格。

（3）索夹紧固件

索夹螺杆采用缩腰型设计，中间直径 42mm，两端螺纹直径 45mm，长度为 795mm。螺杆在吊索索夹上的顺桥向间距除类型 B 为 300mm 外，其余均为 200mm，横向间距均为 607mm；在紧固索夹上的顺桥向间距为 250mm，横向间距类型 G 为 624.6～651.6mm，类型 H 为 607mm。

为适应施工过程中主缆直径的变化，索夹螺杆应张拉三次，即安装索夹时进行第一次张拉，钢箱加劲梁吊装完毕后进行第二次张拉，全桥竣工后进行第三次张拉，所以螺杆应具有足够的长度，以适应三次张拉的要求。为了避免由于活载作用使螺栓直接承受疲劳应力，螺栓设计时留有一定的预紧力储备。

索夹螺杆、螺母及垫圈材料分别为 40CrNiMoA、15MnVB 和 40Cr。

（4）索夹防护

索夹采用涂刷底漆和面漆进行防腐处理。对无橡胶垫块的索夹内侧对接缝，使用注释试剂；对有橡胶垫块的索夹外侧对接缝使用密封剂填充至无凹槽；索夹两侧与主缆接触处使用密封剂封填，并在索夹与主缆的连接处形成一个三角斜坡。在螺杆上端设橡胶防水帽，以防止雨水从螺杆上端进入索夹。

六、鞍座

1. 主索鞍

主索鞍鞍体为大型铸钢件，其主要结构是支撑主缆的承缆鞍槽及支撑鞍槽的一条厚

①该规范现行版本为：《一般工程用铸造碳钢件》（GB/T 11352—2009）。

②该规范现行版本为：《铸钢件　超声检测　第 1 部分：一般用途铸钢件》（GB/T 7233.1—2023）。

150mm 的纵肋、九条厚 80mm 放射状布置的横肋和底板；缆力通过这些结构传递到上、下承板直至塔顶。主索鞍的构造见图 17-3-22。

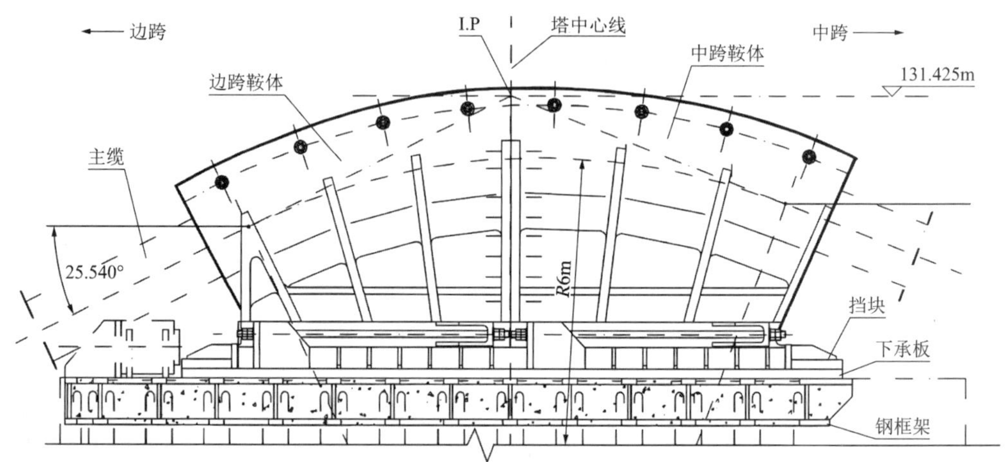

图 17-3-22 主索鞍构造

鞍槽立面的主缆圆弧半径受到塔顶平面尺寸及主索鞍重量的制约；圆弧半径大，主缆过鞍的平顺性好，次应力小，但鞍体尺寸和重量会加大。海沧大桥的主索鞍主缆中心圆弧半径确定为 6000mm，鞍槽底面圆弧半径为 5700mm，主缆顶部索股过鞍圆弧半径为 6300mm，主缆的引入长度为 380mm，主缆在主索鞍上的包角为 46.698°。

12 块纵向隔板将鞍槽中索股相隔为 13 列，隔板厚 4.5mm，形状与鞍槽圆弧相吻合；每块隔板分为上、中、下三层，层与层之间互相嵌接，隔板下层焊接固定于鞍槽底部，其余部分均在索股架设时在现场分层嵌接。

由于施工期间主索鞍向边跨侧偏置 519.3mm，并在架设加劲梁的过程中分阶段顶推至塔中心就位，因此主索鞍设置了顶推导向装置及调节顶推量的顶推限位装置。鞍体下的上承板与下承板之间设置有由聚四氟乙烯填料板和不锈钢组成的顶推滑动副，摩擦因数很小（不大于 0.04），承压力极高，是理想的减摩材料；安装时在滑动副之间涂 295 硅脂，摩擦因数可进一步降低。

主索鞍前后设有挡块，鞍座顶推就位后将挡块固定。

为改善鞍槽侧壁的受力状况，鞍槽顶部设 8 根 M48 的拉杆，索股架设完成后各槽路用锌填块填平，然后上紧拉杆，上紧力为 200kN。

由于鞍体重量较大，需有相应起重设备才能吊至 130m 高的塔顶，因此将主索鞍鞍体设计为两块，每块重约 30t，将两块鞍体分别吊至塔顶后，再做拼装和连接。

2. 散索鞍

海沧大桥为三跨连续的桥型，主缆在散索鞍处有较大的压力和转角，施工过程中散索鞍也有较大的变位，因此，海沧大桥散索鞍的支承结构未沿用国内大型悬索桥多采用的单轴摆动的支承方式，而是采用了承载能力大、允许变位量大、结构相对较复杂的多个削边滚轴的支承方式，以满足桥结构特点的要求。海沧大桥散索鞍的结构见图 17-3-23。

鞍槽的竖向和水平圆弧半径受到鞍体尺寸及散索鞍重量的限制；圆弧半径大，索股过鞍的平顺性好、次应力小，但鞍体尺寸和重量会加大。综合考虑各因素，海沧大桥散索鞍的入端主缆底部圆弧半径确定为 6000mm；随着索股从鞍中逐步散出，主缆中心圆弧半径逐步减小为 4800mm、3200mm、1600mm；各段圆弧的包角分别为 16.327°、8.164°和 8.000°。主缆的引入长度为 402mm。

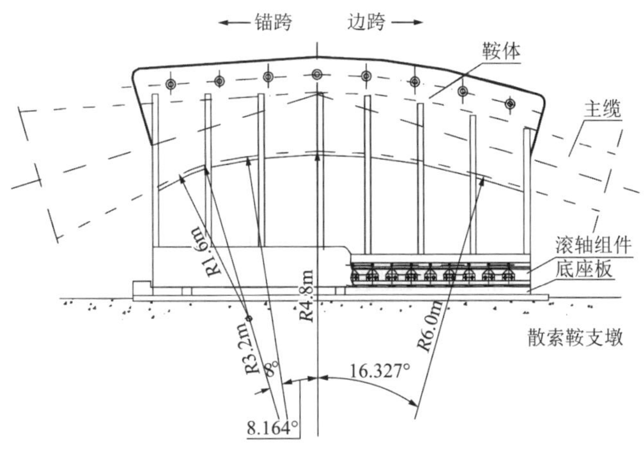

图 17-3-23　散索鞍构造

平弯圆弧半径适当加大对索股的形状稳定有利，经分析计算，选取最小平弯圆弧半径为12000mm，平弯和竖弯的起始点相同。

散索鞍鞍体主要结构是由支承主缆的承缆鞍槽及支撑鞍槽的一条厚 150mm 的纵肋、八条厚 80mm 竖向布置的横肋和 80mm 厚的底板组成；缆力通过这些结构传递到滚轴组件、底座板直至支墩面上。由于鞍体要求强度高且本身形状复杂，故采用整体铸造制坯，材料为 ZG270-500。为改善鞍槽侧壁的受力状况，尤其是索股的散出端，鞍槽侧壁受到较大水平张力，故在鞍槽顶部设 8 根 M48 的拉杆，索股架设完成后，各槽路用锌填块填平，然后上紧拉杆，上紧力为 200kN。

12 块纵向弯曲的隔板将鞍槽中索股相隔为 13 列。为使鞍槽中的索股散开时形状稳定及散开后符合其正确的空间角度，隔板厚度始终随槽路宽度的变化而改变；入端隔板厚度为 4.5mm，散出端隔板厚度均加厚，最厚达 70mm。每块隔板分为上、中、下三层，层与层之间互相嵌接，隔板下层焊接固定于鞍槽底部，其余部分均在索股架设时于现场分层嵌接。由于散索鞍的隔板种类、数量较多，加工时须分层、分类逐件编号，以免安装时的错位和混淆。

散索鞍的另一重要部件是滚轴组件。由于施工加载过程中散索鞍会有较大的变位，即使在大桥建成后的运营期间，缆力、温度的变化也会使散索鞍的位置经常处于微量的变化状态，因此在散索鞍下设置了滚动部件，结构见图 17-3-24。

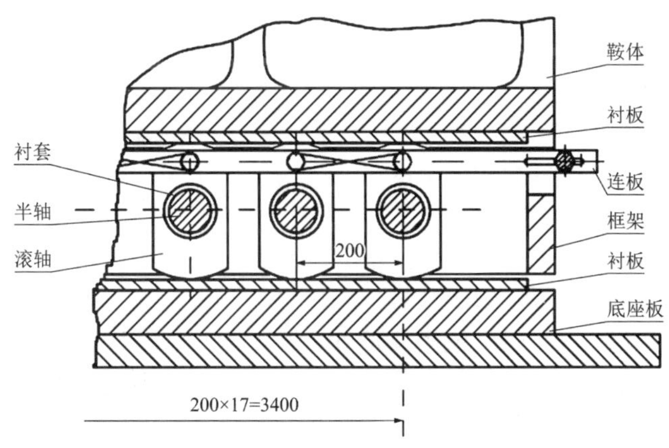

图 17-3-24　滚轴组件构造（尺寸单位：mm）

滚轴组件是由固定在鞍体底面及底座板顶面的不锈钢补板、导向平键、多根直径 250mm

的削边滚轴及其支承框架组成；滚轴间距为 200mm，两端有支撑半轴和框架，使其成为能前后滚动的稳定构件；滚轴两端面连有长条连板，将 18 根滚轴连接起来，使它们同步滚动。

第四节　南 沙 大 桥

一、概述

1. 工程概况

南沙大桥是广东省高速公路网规划中连接珠江两岸的重要过江通道。项目西起广州市番禺区东涌镇，接南二环高速向东跨越大沙水道，在海鸥岛南部经过后跨越坭洲水道，穿过虎门港区后终点于东莞沙田镇接广深沿江高速，全长 12.891km。全线设置两座跨江大桥：坭洲水道桥采用主跨 658m + 1688m 双跨连续悬索桥，大沙水道桥采用主跨 1200m 单跨吊悬索桥。本节主要介绍坭洲水道桥的主要构造设计（图 17-4-1）。

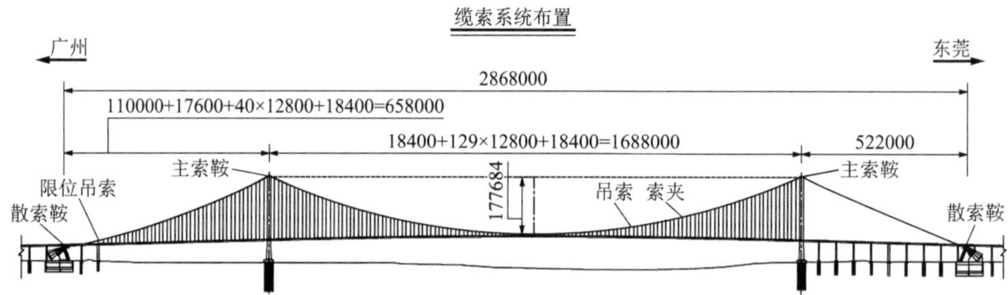

图 17-4-1　南沙大桥坭洲水道桥桥型布置图（尺寸单位：mm）

2. 技术标准

（1）道路等级：双向八车道高速公路。

（2）设计速度：100km/h。

（3）设计基准期：100 年。

（4）设计荷载：公路-I级。

（5）行车道宽度：2 × 4 × 3.75m。

（6）桥梁宽度：40.5m。

（7）桥面纵坡：< 2.5%。

（8）桥面横坡：2%。

（9）通航净空：单孔双向 1154m × 60m。

（10）航道等级：内河I级航道。

（11）通航水位：最高通航水位 +3.694m，最低通航水位 −0.700m（国家 85 高程，下同）。

（12）桥址处设计风速：34.4m/s。

（13）抗震设防标准：主桥 E1 概率 100 年 10%，E2 概率 100 年 4%；引桥 E1 概率 100 年 63%，E2 概率 100 年 5%。50 年超期概率 10%的基岩地震动峰值加速度为 0.08g。

（14）设计洪水频率：1/300。

3. 设计指标

（1）跨径

中跨 1688m，边跨 658m（522m）。

（2）主缆

矢跨比：中跨 1/9.5。

中心距：42.1m。

根数：2 根。

组成：127 丝直径为 5.0mm 的锌铝合金镀层高强钢丝组成一根预制平行钢丝索股，252 股（广州侧边跨）/258 股（中跨及东莞侧边跨）预制平行钢丝索股组成一根主缆。

直径：索夹外 1012mm（广州侧边跨）/1000mm（中跨及东莞侧边跨），索夹外空隙率 20%；索夹内 999mm（广州侧边跨）/988mm（中跨及东莞侧边跨），索夹内空隙 20%。

强度：1960MPa。

（3）吊索

形式：竖向平行吊索。

间距：吊索标准间距 12.8m，端吊索距塔中心为 18.4m。

直径：普通吊索 58mm，加强吊索 85mm，限位吊索 140mm。

组成：普通吊索 109 丝直径 5.0mm 锌铝合金镀层高强度钢丝，加强吊索 241 丝直径 5.0mm 锌铝合金镀层高强度钢丝，限位吊索 337 丝直径 5.0mm 锌铝合金镀层高强度钢丝。

连接方式：上下均采用销接方式。

强度：1960MPa。

防护：双层 PE 护套。

（4）加劲梁

形式：扁平流线型钢箱梁。

高度：4.0m（桥轴中心线处），高跨比为 1/422。

宽度：49.7m（含检修道、导流板及风嘴），宽跨比为 1/34.0。

材料：Q345D。

标准梁段长：12.8m。

（5）索塔

形式：门式框架。

高度：桥面以上 196.475m，承台顶以上 260m。

横梁数：3。

（6）索塔基础

形式：分离式钻孔灌注桩群桩基础。

钻孔灌注桩直径：2.8m。

钻孔灌注桩根数：32 根（单个塔柱）。

（7）锚碇

基础形式：圆形地下连续墙基础。

锚体形式：三角形框架式锚体。

基础平面尺寸：ϕ90m，壁厚 1.5m。

锚固系统：预应力钢绞线锚固系统。

二、锚碇

1. 锚碇总体设计

锚固方式为前锚式，锚固系统为预应力锚固系统，由两根预应力钢束锚固一根主缆索股。主缆索股在锚碇前锚室内的散索长度为 30m，锚固系统的预应力钢束锚固长度为 22m，西锚碇散索点理论高程为 41.500m，折射角为 31°；东锚碇散索点理论高程为 45.000m，折射角为 40°。坭洲水道桥东、西锚碇结构形式基本相同。西锚碇总体构造见图 17-4-2。

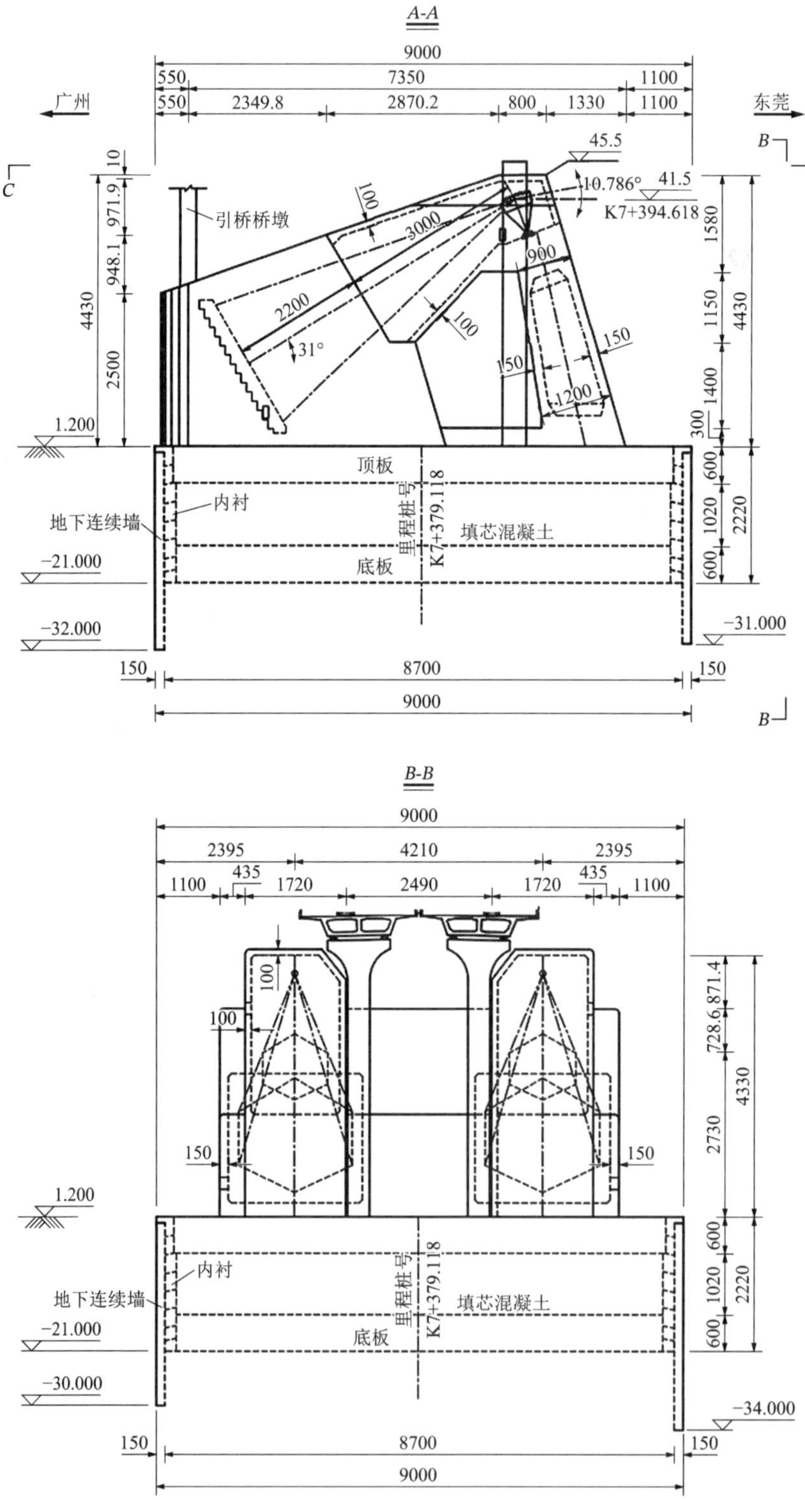

图　17-4-2

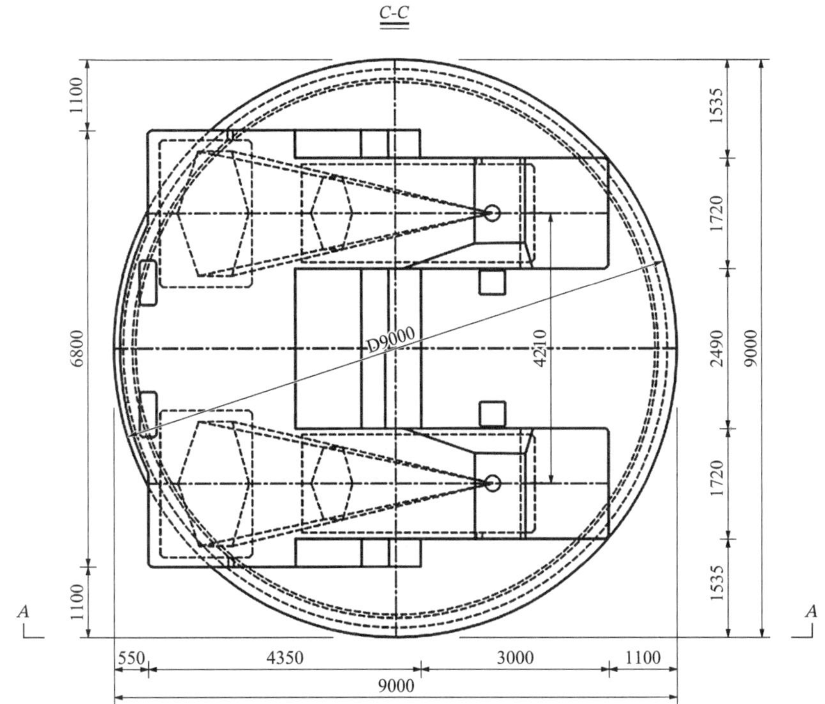

图 17-4-2　坭洲水道桥西锚碇总体构造（尺寸单位：cm；高程单位：m）

2. 锚碇基础设计

（1）地质条件

坭洲水道桥东锚碇区域覆盖层主要由第四系全新统海陆交互相粉质黏土、淤泥质土、砂土和第四系更新统粉质黏土、砂土、砾砂组成，厚度 27.10～28.70m，基底由白垩系白鹤洞组（K_{1b}）泥质粉砂岩、中砂岩组成，基岩存在风化不均匀、风化夹层现象；稳定连续中～微风化岩埋深 27.10～34.60m，岩面起伏大。中风化泥质粉砂岩饱和单轴抗压强度在 11.6MPa；微风化泥质粉岩饱和单轴抗压强度在 18.29～35.86MPa，平均 24.28MPa，标准值为 20.4MPa。中风化中砂岩饱和单轴抗压强度在 5.33～13.27MPa，平均 8.64MPa，标准值为 7.3MPa。坭洲水道桥东锚碇区属极软～较软岩（图 17-4-3）。

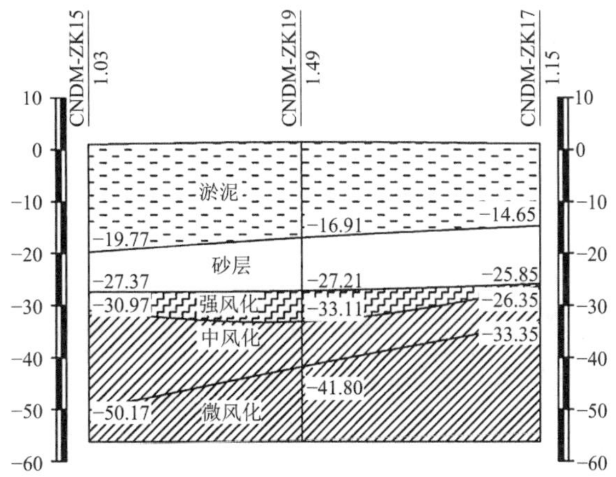

图 17-4-3　东锚碇顺桥向地质剖面（高程单位：m）

坭洲水道桥西锚碇区覆盖层主要由第四系全新统海陆交互相淤泥质土和第四系更新统砂土组成，厚度约 17.50～23.00m，基底由白垩系白鹤洞组（K_{1b}）泥岩、泥质粉砂岩组成，基岩存在风化不均匀、风化夹层现象；稳定连续中～微风化岩埋深为 23.80～26.20m。中风化泥岩饱和单轴抗压强度在 5.06～9.49MPa，平均 7.48MPa，标准值为 6.7MPa，微风化泥岩饱和单轴抗压强度在 10.38～19.79MPa，平均 13.17MPa，标准值为 11.7MPa。中风化泥质粉砂岩饱和单轴抗压强度在 3.51～9.15MPa，平均 6.29MPa，标准值为 4.4MPa。微风化泥质粉砂岩饱和单轴抗压强度在 10.23～19.28MPa，平均 14.31MPa，标准值为 13.0MPa。坭洲水道桥西锚碇区属极软岩～较软岩（图 17-4-4）。

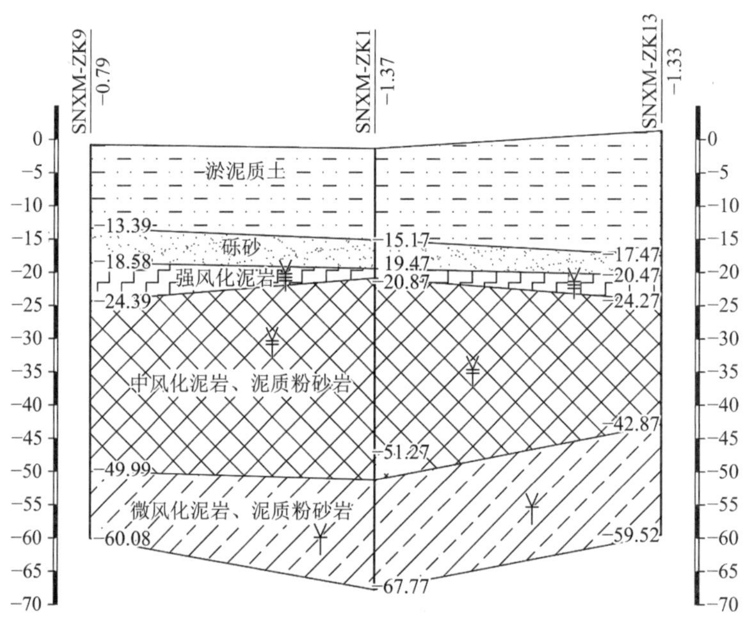

图 17-4-4　西锚碇顺桥向地质剖面（高程单位：m）

（2）锚碇基础设计

根据地质情况及锚体设计需要，地下连续墙采用外径为 90m、壁厚为 1.5m 的圆形结构。地下连续墙施工完成后，采用逆作法分层开挖土体，分层施工内衬。各层施工工期由土体开挖控制，内衬及土体分层高度控制在 3m 以内。采用岛式开挖法进行土体开挖，一层沿圆周分十四个区域进行对称开挖并浇筑内衬混凝土。内衬从上向下：0～6m 深度内厚 1.5m，超过 6m 深度厚 2m。顶板、底板厚 6m，中间为填芯混凝土。为提高基础抗滑稳定性，基础内部均填充混凝土。锚体尾部悬出地下连续墙部分地基需进行处理，并在表面浇 30cm 厚混凝土垫层。

① 地下连续墙槽段连接形式

地下连续墙具有墙体深、厚度大、需嵌岩等技术特点，为确保地下连续墙的施工质量和施工进度，采用铣接法连接方式。

② 地下连续墙槽段长度划分

地下连续墙施工槽段分Ⅰ期、Ⅱ期两种槽段各 30 个槽段，共 60 个槽段。Ⅰ期槽段采用三铣成槽，边槽轴线处长 2.8m，中间槽轴线处长 1.37m，槽段轴线处总长 6.97m，边槽与中间槽交角为 177.3°；II期槽段长 2.8m，II期与I期之间交角为 176.7°。II期与I期槽段在地下连续墙轴线处搭接长度为 0.25m（图 17-4-5）。

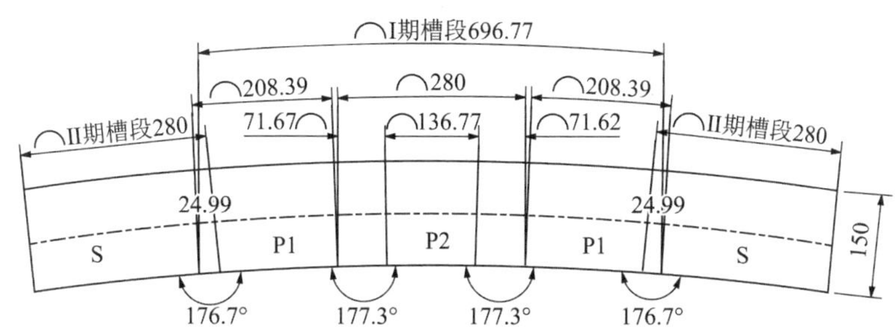

图 17-4-5　I期、II期槽段接头大样（高程单位：m）

③ 地下连续墙嵌岩深度

鉴于锚碇区域岩石饱和单轴极限抗压强度较低、基岩破碎、裂隙发育的现状，为避免地下连续墙底脚发生渗流以及踢脚破坏、保证基坑的稳定性，确定地下连续墙嵌入中风化泥岩或泥质粉砂岩深度不小于 6m。

④ 导墙

为保护槽口及保证槽段位置的准确性、支撑施工设备及焊接钢筋笼的接长、调节孔内液面、明确施工位置、防止槽壁顶部的坍塌等，必须设置导墙。导墙及平台顶面高程根据地面高程确定为 2.5m，高出地面 1.0m。导墙由两个 L 形钢筋混凝土墙组成，墙间距离 1.6m，墙高 1.8m，墙宽 1.8m，墙厚 0.5m。在地下连续墙两侧，采用水泥粉喷桩加固淤泥质土，加固深度 15m。粉喷桩直径 50cm、间距 40cm。导墙的纵向分段与地下连续墙的分段接头错开布置。锚块尾部设置的挑梁高 1m，与帽梁同时施工。

⑤ 帽梁

为保证地下连续墙开挖阶段受力及刚度的需要，地下连续墙顶面设置刚度较大的帽梁。帽梁为钢筋混凝土圆形结构，帽梁悬出地下连续墙内侧 1.5m，外侧与地下连续墙齐平，帽梁总宽度 3.0m。

⑥ 内衬

为了满足地下连续墙开挖阶段的受力要求，在圆形地下连续墙内侧设置圆形的钢筋混凝土内衬，内衬作为地下连续墙的弹性支撑设置在地下连续墙内侧。综合考虑地下连续墙结构受力、缩短施工周期和开挖段土体蠕变对地下连续墙的影响，内衬施工层高不超过 3m。各层内衬底面设置成 1∶5 的斜坡，混凝土浇筑面应高出内衬顶面 30cm 以保证混凝土的密实，下层内衬与上层内衬结合面采用自密实混凝土以避免各层内衬间混凝土浇筑出现空隙。为保证内衬与地下连续墙间的连接质量及共同受力，克服内衬自身重量，地下连续墙在施工时预埋直螺纹钢筋连接器，内衬钢筋通过连接器与地下连续墙钢筋相连。各层内衬部分竖向钢筋采用钢筋连接器连接。

内衬分十四个长度单元进行施工，其中在一个长度单元内设置长 2.8m 的微膨胀混凝土后浇段。

⑦ 垫层、底板、填芯及顶板

基底开挖至设计高程并清基后，立刻喷射一层水泥砂浆封闭，然后设置 C20 混凝土垫层，垫层最小厚度 30cm。

底板厚 6m，通过钢筋与内衬及垫层混凝土连成整体。为保证浇筑质量，填芯混凝土分层浇筑。顶板厚 6m，通过钢筋与帽梁及内衬混凝土连成整体。

⑧ 降水

锚碇基坑内侧共设置四个抽水管井，降水井孔径 600mm，采用内径 325mm 的钢管，在不考虑墙底灌浆情况下，开挖至最深处时，基坑涌水量为 1083m³/d。

3. 锚固系统

锚固系统采用无黏结可更换式预应力锚固系统，锚固方式为前锚式。

索股锚固连接构造有单索股锚固连接构造和双索股锚固连接构造两种类型。单索股锚固连接构造由 2 根拉杆、单索股连接平板和连接筒构成，双索股锚固连接构由 4 根拉杆、双索股连接平板和连接筒构成。每根主缆在坭洲水道桥东锚碇端各有 44 个单索股锚固单元和 104 个双索股锚固单元。每根主缆在坭洲水道桥西锚碇端各有 38 个单索股锚固单元和 110 个双索股锚固单元。

对应于单索股锚固单元采用 15-19 规格预应力钢束锚固，对应于双索股锚固单元采用 15-37 规格预应力钢束锚固。

拉杆方向均与其对应的索股方向一致，前锚面与后锚面均为与索股中心线垂直的平面，预应力钢束沿索股发散方向布置。对应于单索股锚固的预应力与索股方向一致，对应于双索股锚固的预应力取两根索股方向的平均值。拉杆方向误差用球面螺母和球面垫圈予以调整。

预应力钢绞线采用环氧和灌注防腐材料双重防腐。

索股锚固连接构造的设计安全系数大于 2.0，预应力钢束锚固构造的设计安全系数大于 2.0，拉杆设计考虑了 10%的偏载系数（图 17-4-6、图 17-4-7）。

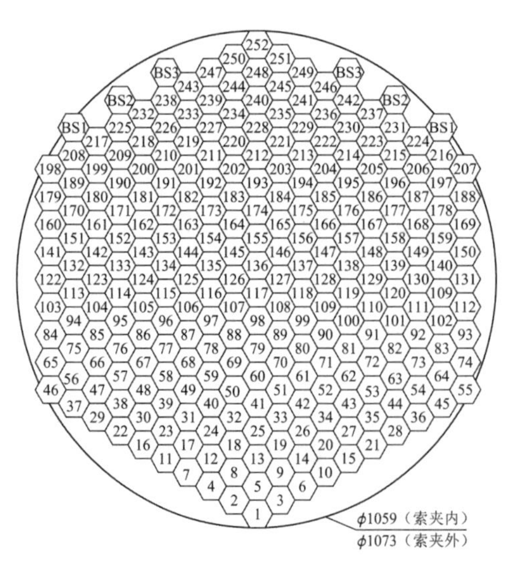

a) 广州侧边跨主缆断面图

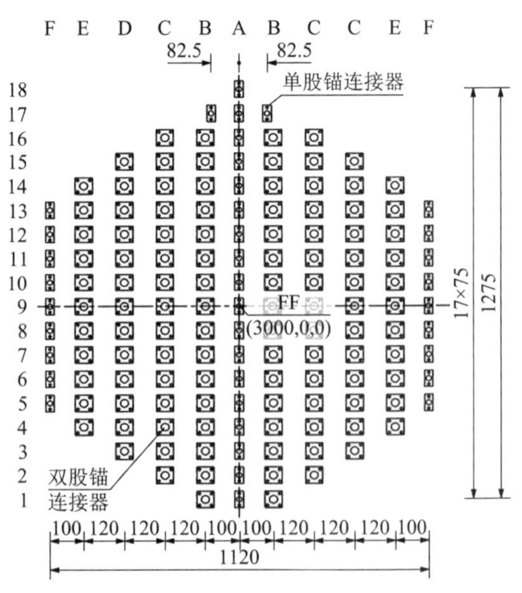

b) 前锚面索股布置

图　17-4-6

c) 索股锚固布置

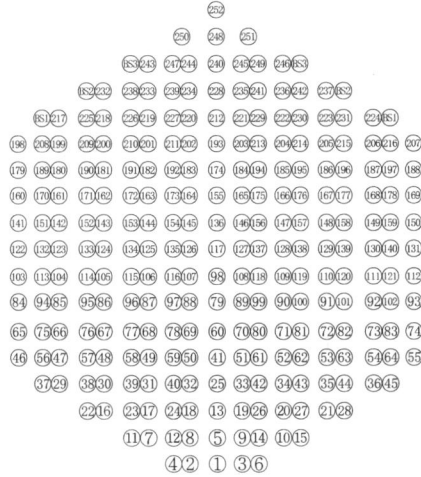

图 17-4-6　广州侧锚固系统布置（尺寸单位：mm）

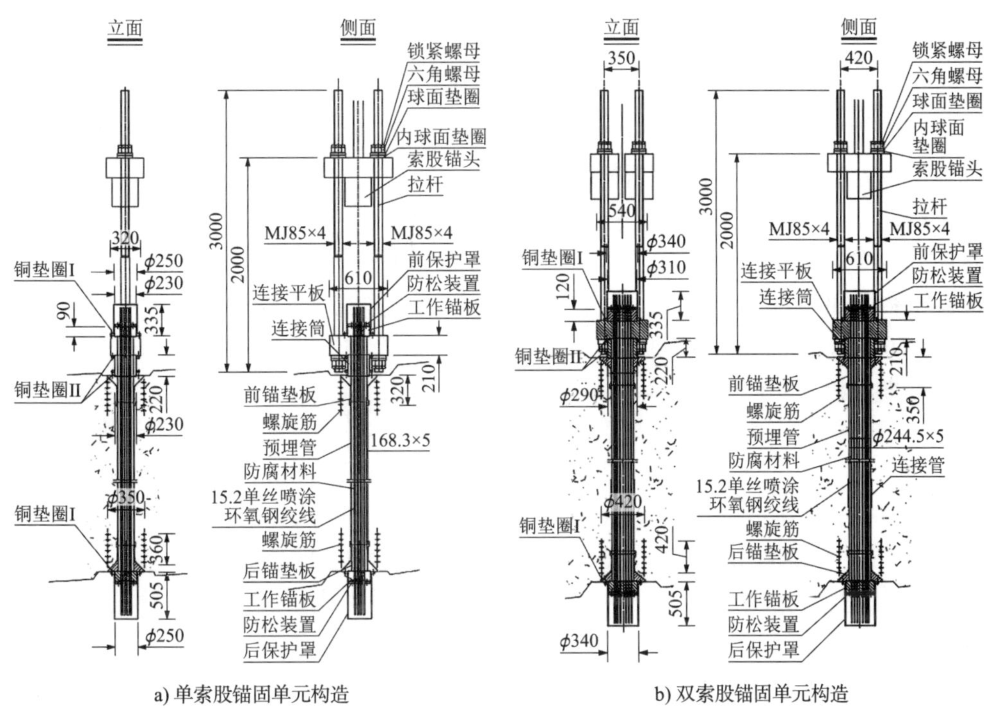

a) 单索股锚固单元构造　　b) 双索股锚固单元构造

图 17-4-7　锚固单元构造（尺寸单位：mm）

三、索塔

1. 基础

根据索塔塔位的地形、地质、水文和环境等自然因素以及岩层情况，坭洲水道桥设计采用群桩基础，单桩直径为 ϕ2.8m。东塔每个塔柱下横桥向及顺桥向均布设 6 排，共 32 根。

承台布设为圆端哑铃型，平面总尺寸为 90.43m（横桥向）× 34.8m（顺桥向），承台厚 7m，承台系梁宽 14m，与承台等厚，承台顶高程 4.000m。

塔座为一个棱形台，东塔塔座底面为 21.0m（横桥向）× 27.0m（顺桥向），顶面为 13.0m（横桥向）× 19.0m（顺桥向），厚度为 4m，塔座顶高程为 8.000m，基础平面总体图如图 17-4-8 所示。

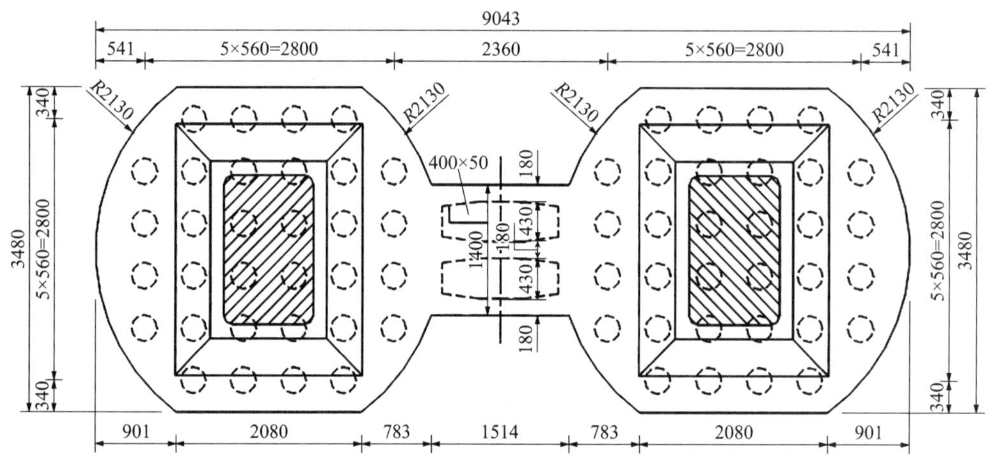

图 17-4-8　基础平面布置图（尺寸单位：cm）

2. 塔身

索塔是由塔柱、横梁组成的门式刚架结构。塔柱为普通钢筋混凝土结构，横梁为预应力混凝土结构。主要承受由索鞍传下的垂直荷载及由活载、风载、温度差、流水压力、船舶撞击、地震荷载等所产生的顺桥向和横桥向荷载。

（1）塔柱

东塔有两个塔柱、三道横梁。下塔柱横桥向外侧面斜率为 1/26.687，内侧面竖直，顺桥向侧面斜率为 1/30.571；上、中塔柱内外侧面横桥向斜率均为 1/53.250，竖桥向为竖直。门式塔塔高 260.0m，塔柱采用有两个对称轴的空心薄壁断面，塔柱在横梁、塔底等受力较大的区段设置加厚段，下横梁顶板设置纵向隔板，主索鞍下 7.5m 高度范围为实心段，塔柱底设置 3m 高实心段。为提升索塔景观效果及抗风性能，塔柱及横梁均采用带圆倒角箱形断面，塔柱四角设半径 1.5m 的圆弧形倒角，横梁四角设半径 0.5m 的圆弧形倒角。塔柱截面尺寸为：塔顶至下横梁范围均为 8m（横桥向）× 12.5m（顺桥向），下横梁至塔底为 8m（横桥向）× 12.5m（顺桥向）至 10m（横桥向）× 16m（顺桥向）。根据受力计算，壁厚分别采用 120cm（上塔柱）、160cm（中塔柱上端）、220cm（中塔柱下端及下塔柱），塔柱构造如图 17-4-9 所示。

塔柱在全高范围内截面外圈在竖向配置双层 40mm 的钢筋，内圈竖向配置一层 32mm 的钢筋，水平配置 20mm 的箍筋；在塔顶实心段分别设置 25mm、20mm 水平钢筋网，在塔底实心段分别设置 25mm 水平钢筋网。

（2）横梁

索塔共设上、中、下三道横梁，为提高索塔整体美观，塔柱横梁采用圆弧型设计，上、中横梁中间高 9m，端部高 12m，中间由顶底面两段圆弧过渡，上横梁宽 6.5m，中横梁宽 7.5m，上横梁腹板及顶板、底板厚 1.0m，中横梁腹板及顶板、底板厚 1.2m；下横梁中间高 13m，端部高 15m，中间由底面圆弧过渡，下横梁顶面为直线，下横梁宽 8.0m，下横梁腹板及顶、底板厚 1.5m，下横梁顶板内侧在引桥及主桥支撑位置设置未上下贯通的横向隔板。上、中、下横梁均为预应力混凝土结构，上横梁共设置 56 束 15-22 钢绞线，中横梁共设置 76 束 15-22 钢绞线，下横梁共设置 106/112 束 15-22 钢绞线。

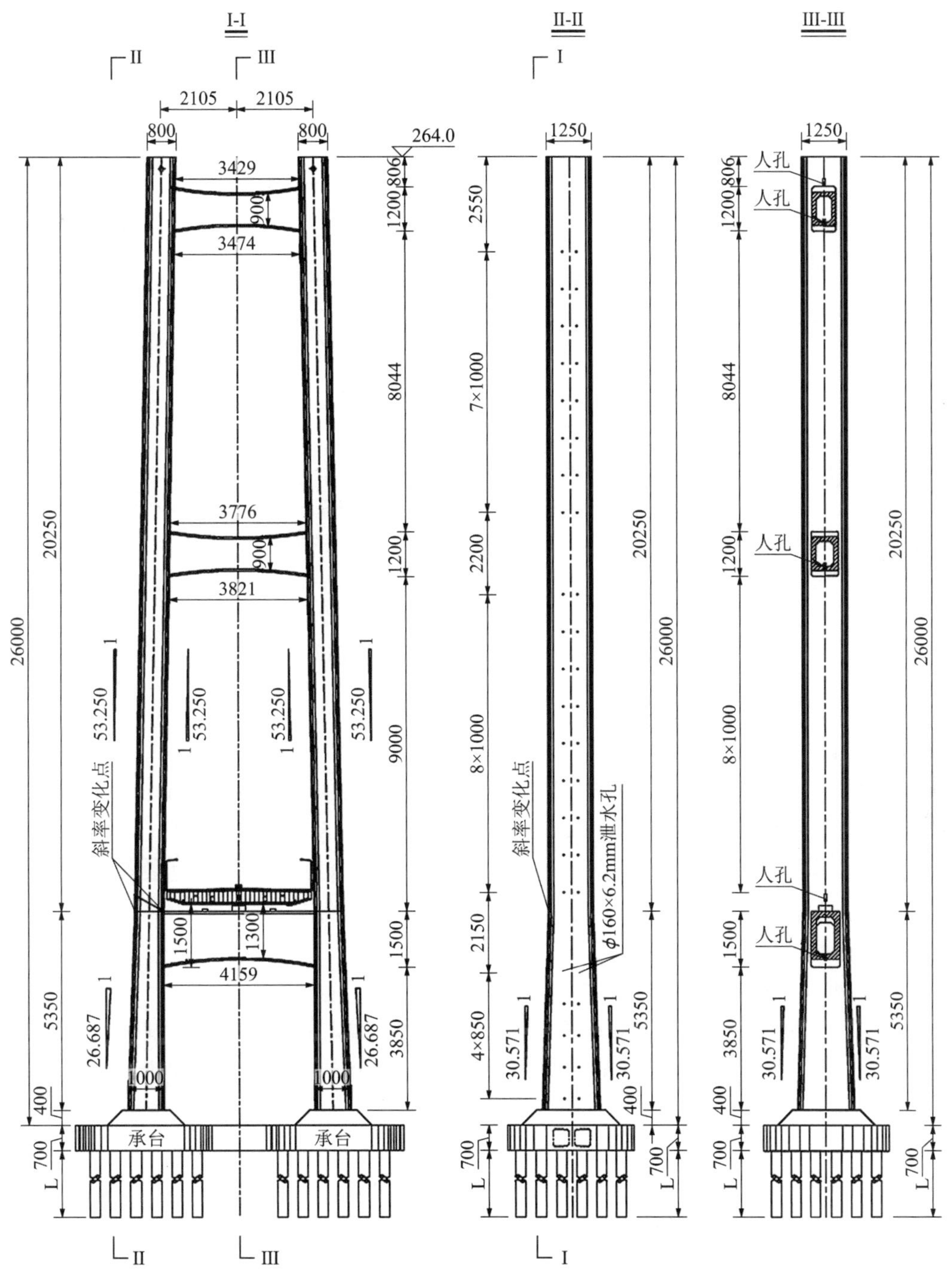

图 17-4-9　索塔一般构造（尺寸单位：cm；高程单位：m）

四、加劲梁

1. 总体结构构造

钢箱加劲梁全宽 44.7m（不含检修道、导流板），吊索锚固在风嘴上，主缆横向间距 42.1m，顶板宽 40.6m，风嘴宽 2.1m，平底板宽 31.3m，斜底板宽 6.7m，风嘴外侧设置宽 1.5m 检修道和 1m 导流板，检修道及导流板主要作用是优化钢箱加劲梁气动外形，不参与钢箱加劲梁受力，仅承受自身重量及行人荷载，检修道和导流板在顺桥向梁段间设 20mm 分隔缝以适应变形，该部分与钢箱加劲梁同时加工、架设。平底板两边设置检查车轨道及轨道导风板（图 17-4-10）。

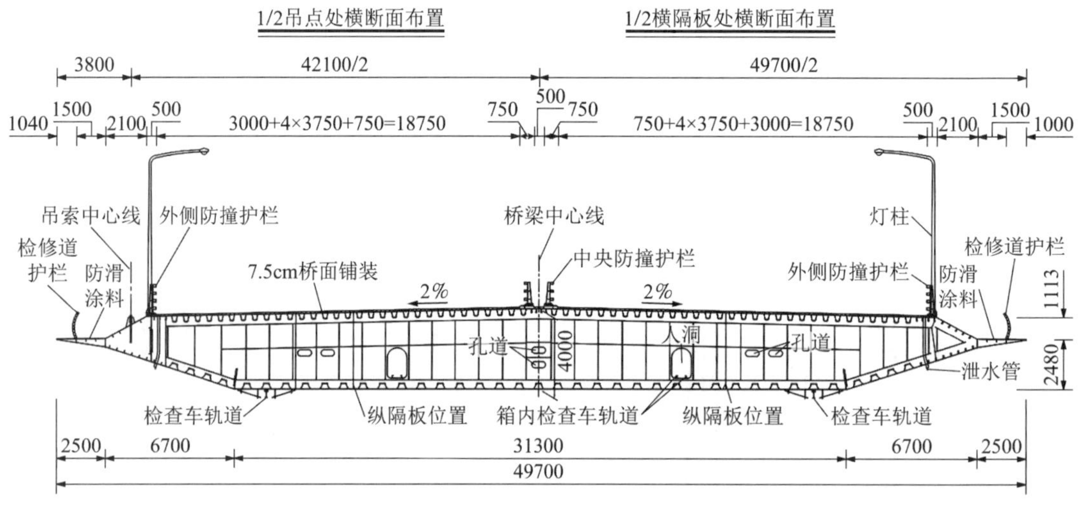

图 17-4-10　加劲梁横断面构造（尺寸单位：mm）

2. 梁段划分

钢箱加劲梁梁高 4m。加劲梁共 11 种类型（A～J），176 个梁段，其中 A 梁段 1 段、B 梁段（标准梁段）161 段、C 梁段 4 段、D 梁段 1 段、D′梁段 1 段、E 梁段 1 段、F 梁段 2 段、G 梁段 1 段、H 梁段 1 段、I 梁段 1 段，J 梁段 2 段。其中 A 梁段为西边跨端部梁段，I 梁段为西边跨过渡墩附近特殊吊索梁段，C、D、D′、E、F、J 梁段为西塔附近梁段，G 梁段为东塔附近特殊吊索梁段，H 梁段为东塔端部梁段，B 为中跨标准段。梁段标准吊装质量为 267.3t，最大吊装质量为 374.2t。

3. 桥面板及其加劲肋

顶板在外侧重车道厚 18mm，内侧快车道厚 16mm，U 肋板厚 8mm。顶板 U 肋上口宽 300mm，下口宽 170mm，高 280mm，U 肋中心距 600mm。塔根部梁段顶板加厚至 20mm，以抵抗负弯矩。

4. 底板及其加劲肋

底板厚 10mm，斜底板厚 10mm，底板 U 肋板厚 6mm。底板 U 肋上口宽 240mm、下口宽 500mm、高 260mm，U 肋中心距 1000mm。塔根部梁段底板加厚至 12mm、16mm，以抵抗负弯矩。

5. 横隔板

标准梁段（B 梁段）长 12.8m，设置四道实腹式横隔板，间距 3.2m；标准横隔板由上、下两块板竖向组焊而成，上板为顶板横向加劲板，厚 10（14）mm；下板为实腹式横隔板上设竖向、水平向加劲，与上板通过水平加劲熔透焊接，与底板和斜底板焊接。横隔板设置两个高 1.5m 的人洞及 4 处管线孔道，其中一侧人洞处设置检查车轨道。

6. 纵隔板

塔旁负弯矩区（C～F 梁段）设置 16mm 厚实腹式纵隔板，支座附近加厚至 20mm、24mm。

7. 吊索锚座

吊索锚座采用销接式。

8. 约束体系

加劲梁的约束系统在过渡墩和东塔处均设置竖向拉压支座和横向抗风支座，在西塔处设置横向抗风支座，在两个索塔处设置带纵向限位功能的阻尼装置。

五、缆索系统

1. 主缆

（1）主缆构成

主缆采用预制平行钢丝索股（PPWS）。每根主缆中，从西锚碇到东锚碇的通长索股有 252 股，西边跨另设 6 根索股（背索）在西主索鞍上锚固。每根索股由 127 根直径为 5.0mm 的锌铝合金镀层高强度钢丝组成（图 17-4-11）。主缆在架设时竖向排列成尖顶的近似正六边形，紧缆后主缆为圆形。其索夹内直径为 999mm（西边跨）和 988mm（中跨及东边跨），索夹外直径为 1012mm（西边跨）和 1000mm（中跨及东边跨)。主缆断面见图 17-4-11。

索股两端设索股锚头，索股锚头采用热铸锚，在锚杯内浇铸锌铜合金，使主缆钢丝与锚杯相连。

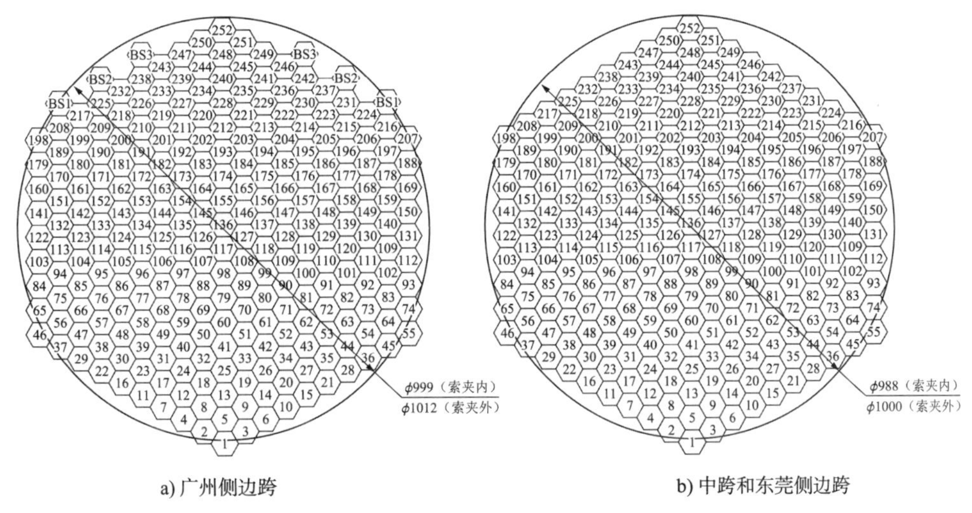

a) 广州侧边跨　　b) 中跨和东莞侧边跨

图 17-4-11　主缆断面（尺寸单位：mm）

（2）主缆防护

主缆紧缆完成后，先进行捆扎并安装索夹，待桥面系施工完成后进行主缆缠丝段、主缆非缠丝段、主缆散索段、索夹嵌缝处的防护涂装。

① 主缆缠丝段的防护涂装

坭洲水道桥主缆采用“S 形钢丝 + 干燥空气除湿”防护方案。主缆钢丝外面直接缠绕 S 形钢丝，S 形钢丝内部送干燥空气，空气相对湿度不超过 40%RH。为保证 S 形钢丝缠绕的密封性，以及 S 形钢丝本身的防护要求，在 S 形钢丝外面增加“聚硫密封剂 + 涂层”的密封体系，提高主缆防护体系的密封性。

主缆缠丝缠丝拉力为2.5kN，缠丝时必须确保S形钢丝互相咬合；在完成缠丝的S形钢丝表面，刷涂磷化底漆一道，干膜厚度10μm；然后刷涂环氧云铁底漆，干膜厚度80μm；刮涂聚硫密封剂，平均厚度2000μm，并用密封剂对索夹端口进行嵌缝；刷涂柔性聚氨酯面漆1道，干膜厚度40μm；柔性氟碳面漆1道，干膜厚度40μm；并在主缆顶面30cm宽范围内复涂氟碳面漆防滑涂层。

② 主缆非缠丝段（缆套内主缆）的防护涂装

主缆非缠丝段（缆套内主缆）的防护涂装，按下列顺序进行：拆除主缆上的捆扎钢带和外层的纤维捆扎带，清洗主缆表面；在主缆表面刷涂磷化底漆一道，干膜厚度10μm；然后刷涂环氧云铁底漆，干膜厚度80μm；刮涂密封剂，平均厚度5000μm，并用密封剂对索夹端口进行嵌缝；用高强玻璃布进行缠绕，共缠两层，在缠绕后的表面均匀刮涂2～3道密封剂，并整形光滑；刷涂柔性聚氨酯面漆 1 道，干膜厚度 40μm；柔性氟碳面漆 1 道，干膜厚度40μm。

③ 主缆散索段的防护涂装

主缆散索段的防护涂装按下列顺序进行：在主缆索股表面刷涂磷化底漆1道，干膜厚度10μm；然后刷涂环氧厚浆漆，干膜厚度100μm；刷涂柔性聚氨酯面漆1道，干膜厚度40μm；柔性氟碳面漆1道，干膜厚度40μm。

④ 索夹接缝处的防护涂装

索夹接缝处的防护涂装按下列顺序进行：手工涂覆不干性嵌缝防护腻子，要求腻子填满对接沟缝并且表面涂抹均匀；刮涂密封剂，要求填满结构缝隙；刷涂柔性聚氨酯面漆1道，干膜厚度40μm；柔性氟碳面漆1道，干膜厚度40μm。

主缆在主索鞍鞍室及锚室入口等处采用喇叭形缆套密封防护，主缆上方设置主缆检修道。

2. 吊索

（1）吊索构成

坭洲水道桥采用平行钢丝吊索，吊索与索夹、钢箱加劲梁为销接式连接（图17-4-12）。

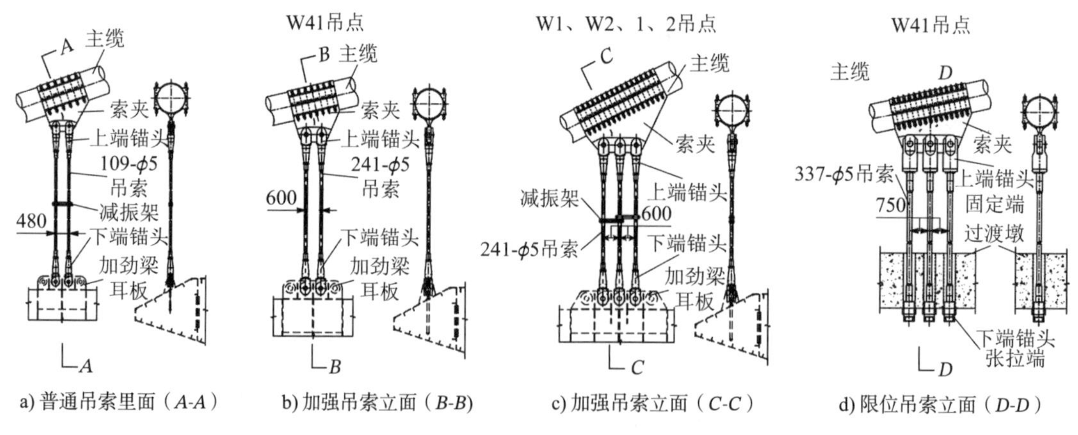

a) 普通吊索里面（A-A）　b) 加强吊索立面（B-B）　c) 加强吊索立面（C-C）　d) 限位吊索立面（D-D）

图17-4-12　吊索与主缆及箱梁的销接式连接（尺寸单位：mm）

吊索分为三类，第一类是西边跨靠近锚碇处的吊索，其下端锚固于过渡墩上，上端与索夹相连接，定义为限位吊索；第二类是受力较大和变形有特殊要求的塔侧长吊索和邻近限位装置吊索，定义为加强吊索；第三类是除限位吊索和加强吊索外的吊索，定义为普通吊索。塔侧长吊索（1、2、W1、W2吊点）和限位吊索（W42吊点）受力较大，每侧吊点设3根吊索，其余吊索每侧吊点设 2 根吊索。

吊索采用预制平行钢丝索股（PWS），外包双层 PE（黑色内层彩色外层）进行防护。普通吊索采用直径为 5.0mm 的锌铝合金镀层高强度钢丝，钢丝标准强度 ≥ 1770MPa，每根吊索含 109 根钢丝，PE 护层厚 7mm；加强吊索采用直径为 5.0mm 的锌铝合金镀层高强度钢丝，钢丝标准强度 ≥ 1770MPa，每根吊索含 241 根钢丝，PE 护层厚 10mm；限位吊索采用直径为 7.0mm 的锌铝合金镀层高强度钢丝，钢丝标准强度 ≥ 1670MPa，每根吊索含 337 根钢丝，PE 护层厚 12mm。

（2）吊索锚头及匹配件

普通吊索和加强吊索两端锚头采用叉形热铸锚，锚头由锚杯与叉形耳板构成，锚杯内浇铸锌铜合金，叉形耳板与锚杯通过螺纹连接（上、下两端螺纹旋向相反）。叉形耳板与锚杯之间的螺纹设有 ±20mm 的调节量，在吊索安装时用以调整吊索长度。

限位吊索上端采用 PESM7-337 固定端锚具内装叉形耳板与限位吊索索夹连接，下端采用 PESM7-337 张拉端锚具与过渡墩承压连接。安装时通过调整张拉端锚圈位置来调整限位吊索长度。

在吊索锚口处设置一段热轧无缝钢管，与锚头相连，钢管与吊索之间填充密封材料，以改善吊索的弯折疲劳影响。

（3）减振架

将一个吊点的吊索通过减振架互相联系并安装阻尼器，可有效减少吊索的风致振动。吊索长度大于 20m 时设置减振架，每增加 60m 增设一道减振架，减振架的位置应处于吊索长度的均分点。长度大于 80m 的吊索安装阻尼器。

为了适应主缆的横向位移，在中跨 SJ6 索夹范围内的短吊索锚头处设有适应横向转动的关节轴承。

3. 索夹

索夹采用上下对合的结构形式，上、下两半索夹用螺杆相连并夹紧于主缆上。在接缝处上半索夹的内侧设有凹槽，下半索夹的内侧设有凸出的嵌齿，上下半索夹的外侧嵌填橡胶防水条防水。

除吊索索夹外，还有夹紧边跨主缆的索夹和安装缆套的锥形索夹。西塔侧长吊索索夹（SJ1、SJ1W）、限位装置吊索及其邻近吊索索夹（SJ7W、SJ6W）的设计壁厚为 45mm，其他索夹的设计壁厚均为 35mm。

为了适应主缆的横向位移，中跨跨中 320m 区段索夹的销孔能适应吊索关节轴承的安装，并在索夹底部设有排水孔，需要排水时可拆下螺塞进行排水。

六、鞍座

1. 主索鞍

（1）鞍体

主索鞍鞍体采用铸焊结合的混合结构（图 17-4-13）；鞍槽用铸钢铸造，底座由钢板焊成。鞍体下设不锈钢板—聚四氟乙烯板滑动副以适应施工中的相对移动。

为增加主缆与鞍槽间的摩阻力并方便索股定位，鞍槽内设竖向隔板，在索股全部就位并调股后，在顶部用锌块填平并进行封水处理，再将鞍槽侧壁用拉杆夹紧。

边跨附加索股锚固于鞍顶的锚梁上。

为减轻吊装运输重量，将鞍体分成两半，吊至塔顶后用高强度螺栓拼接。半鞍体吊重不超过 130t。

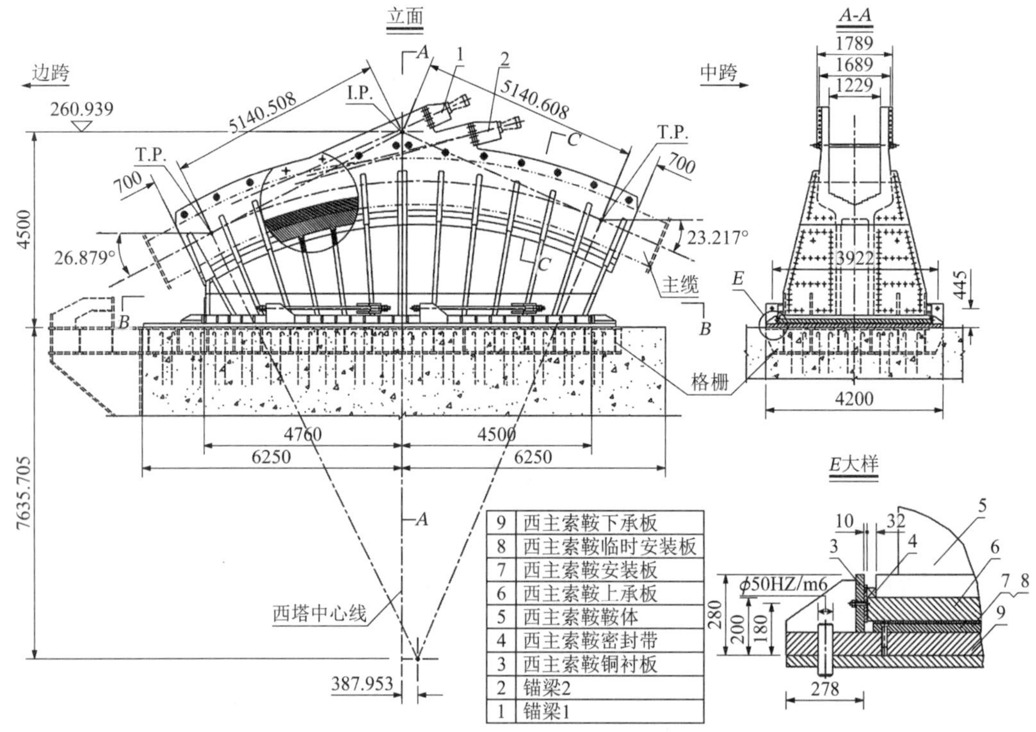

图 17-4-13　主索鞍构造（尺寸单位：mm）

（2）格栅系统

塔顶设有格栅底座，以安装主索鞍。格栅悬出塔顶以外，以便安置控制鞍体移动的千斤顶，鞍体就位后将格栅的悬出部分割除。

格栅主要作用是：①保证塔顶主索鞍的安装面平整，与主索鞍的下承压板接触良好；②使主缆的垂直压力线通过格栅均匀地传递至塔顶混凝土中；③与顶推千斤顶的反力架相连作为其传力构件；④提高格栅内混凝土的承压能力。

构造形式：格栅要求表面平整，与塔顶构成一体并具有足够的竖向抗弯刚度，故采用纵横向以竖直钢板焊成的格构，上、下设格状顶板、底板，形成纵横两向均为I字形断面的网格，网格内设锚固钢筋并填浇混凝土（图 17-4-14）。

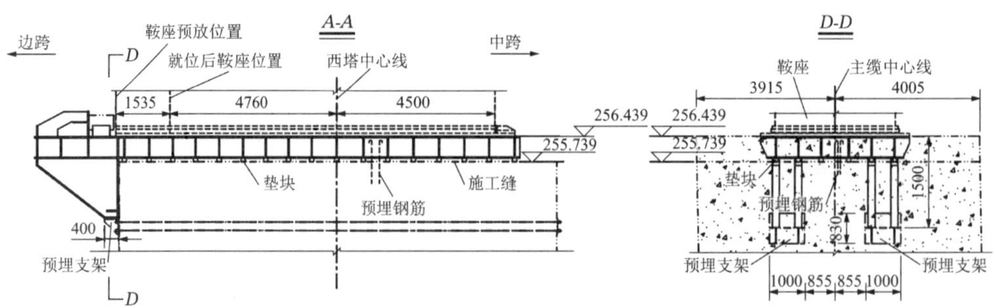

图 17-4-14　格栅及反力架布置（尺寸单位：mm；高程单位：m）

2. 散索鞍

散索鞍鞍体采用铸焊结合的结构方案。鞍槽用铸钢铸造，鞍体由钢板焊成。为增加主缆与鞍槽间的摩阻力并方便索股定位，鞍槽内设竖向隔板，在索股全部就位并调股后，在顶部用锌填块填平并进行防水处理，上紧压紧梁，再将鞍槽侧壁用拉杆夹紧（图 17-4-15）。

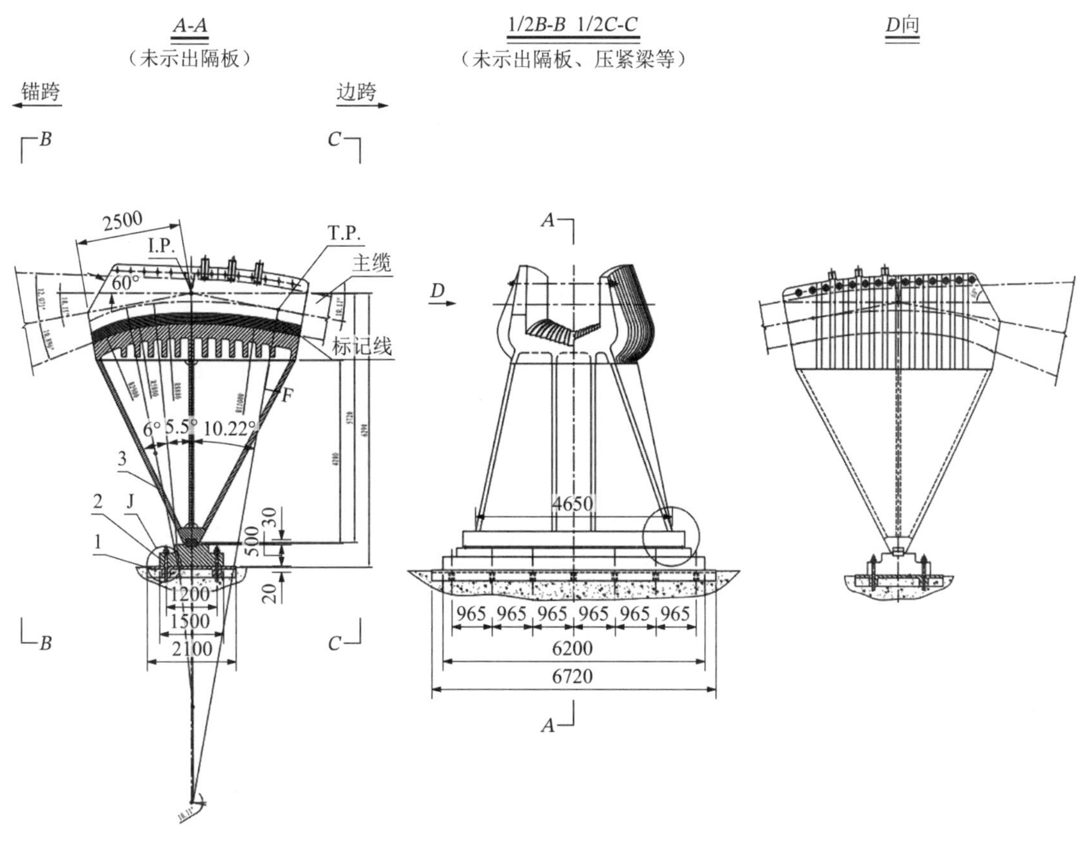

图 17-4-15　散索鞍构造（尺寸单位：mm）

第五节　杨泗港长江大桥

一、概述

1. 工程概况

杨泗港长江大桥是湖北省武汉市境内连接汉阳区与武昌区的过江通道，位于武汉长江大桥上游 8km 的武桥水道河段、鹦鹉洲长江大桥和白沙洲大桥之间，西接汉阳国博立交，东连武昌八坦立交，全长 4134.377m，跨江主桥采用主跨 1700m 的单跨双层钢桁梁悬索桥。鉴于两岸接线条件较好，同时考虑过江通道资源稀缺，大桥选择采用双层布置方式，上层布置双向六车道，两侧设置观光人行道；下层布置双向四车道，两侧设置非机动车专用道和人行道，是目前武汉市交通功能最齐全的跨江桥梁（图 17-5-1，图 17-5-2）。

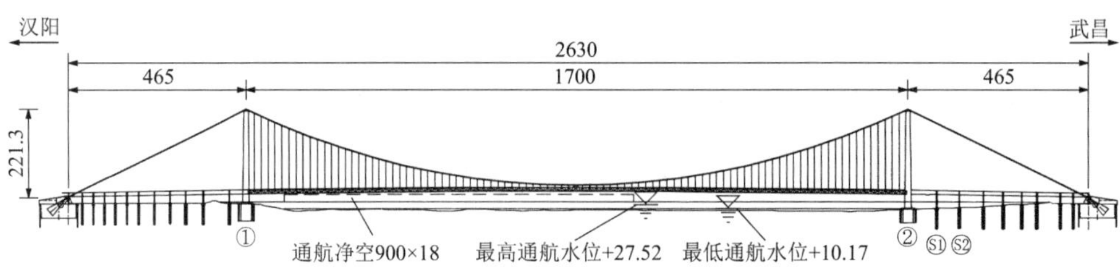

图 17-5-1　杨泗港长江大桥桥型布置（尺寸单位：m；高程单位：m）

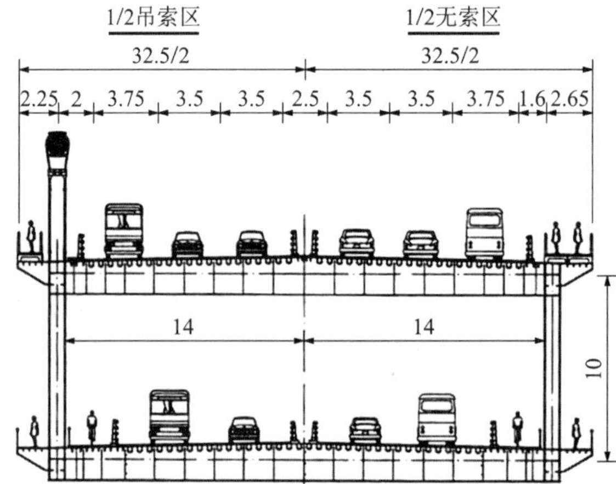

图 17-5-2　主桥横断面布置（尺寸单位：m）

2. 技术标准

（1）道路等级：上层双向六车道城市快速路，下层双向六车道城市主干道。

（2）设计速度：上层 80 km/h，下层 60 km/h。

（3）设计基准期：100 年。

（4）设计荷载：公路-I级。

（5）行车道宽度：2 ×(3.5 + 3.5 + 3.75)m。

（6）桥梁宽度：32.5m。

（7）桥面纵坡：1.5%。

（8）桥面横坡：2%。

（9）通航净空：大桥单孔双向通航孔净宽 ≥ 830m，净高 ≥ 18m。

（10）航道等级：内河I级航道。

（11）通航水位：20 年一遇最高通航水位 +27.52m，最低通航水位 +10.17m（黄海高程，下同）。

（12）桥址处设计风速：25.6m/s。

（13）地震设防烈度为VIII度，多遇地震、设计地震、罕遇地震的水平地震动峰值加速度分别为 0.025g、0.071g、0.13g。

（14）设计洪水位：27.84m（百年一遇）

（15）设计洪水频率：1/300。

3. 设计指标

（1）主缆跨径

中跨 1700m，边跨 465m。

（2）主缆

矢跨比：1/9。

中心距：中跨处主缆中心横向间距 28m，理论散索点横向间距为 44m。

根数：2 根。

组成：每根索股由 91 丝直径为 6.2mm 的锌铝合金镀层高强钢丝组成，每根主缆有索股 271 股。

直径：1088mm（索夹外空隙率 20%），1075mm（索夹处空隙 18%）。

强度：1960MPa。

（3）吊索

形式：镀锌钢丝绳。

间距：吊索标准间距 18m，端吊索距塔中心为 22m。

直径：84mm。

连接方式：与主缆索夹为骑跨式连接，与加劲梁为销接式连接。

强度：1960MPa。

防护：钢丝绳涂装为丙烯酸聚氨酯面漆。

（4）加劲梁

形式：双层钢桁梁，华伦式桁架结构。

桁高：10m，高跨比为 1/170。

主桁中心距：28m，宽跨比为 1/60.7。

材料：Q345qD。

标准节间长：9m。

（5）索塔

形式：门形框架。

高度：汉阳侧塔高 231.9m、武昌侧塔高 243.9m。

横梁数：2。

材料：C60 混凝土。

（6）索塔基础

形式：圆端形沉井基础。

平面尺寸：77.2m × 40.0m。

（7）锚碇

基础形式：圆形地下连续墙基础。

基础平面尺寸：ϕ98m，壁厚 1.5m。

锚固系统：型钢锚固系统。

二、锚碇

1. 锚碇基础设计

1）地质条件

武昌侧锚碇位于长江大堤南岸附近，该处覆盖层土体上部为杂填土，松散或中密状粉、细砂，软塑状粉质黏土及流塑状粉质黏土，厚度约 36m，工程性能差；中部为密实状砾砂、圆砾土，厚度 5～10m，工程性能较好；下部为硬塑～坚硬状黏土夹密实状圆砾土，厚度 15～20m，工程性能较好；覆盖层以下为硬塑～坚硬状黏土，埋深 56～65m，工程性能较好。

武昌侧锚碇处自然条件较差，临近长江，透水层较厚；锚碇开挖深度深、面积大，锚碇基坑属于超大型深基坑，施工安全风险高；锚碇底板和填芯混凝土方量超大，属于大体积混凝土施工，同时穿插着主缆锚固系统安装，施工组织难度大。

2）基础设计

武昌侧锚碇基础采用圆形地下连续墙加内衬支护形式的重力式锚碇。锚碇基础由地下连续墙、帽梁、内衬、底板及填芯混凝土组成。基坑开挖深度 39m、直径 98m、面积 7539m^2，总开挖量约 29.4 万 m^3。锚碇基础底面与基底摩擦系数 $\mu=0.35$。结构安全度指标：整体抗滑移稳定安全系数 $K_a>2.0$；整体抗倾覆稳定安全系数 $K_c>2.0$。地下连续墙为外径 98m 的环形结构，总长 303.2m、深 66m、厚 1.5m。在地下连续墙顶部设置帽梁，地下连续墙顶部伸入帽梁 0.1m，帽梁为钢筋混凝土圆形结构，总宽 5m、高 3m。

地下连续墙沿周长划分为 68 个槽段，I期、II期槽段各 34 个，交错布置，I期槽段长 6.616m、II期槽段长 2.8m，如图 17-5-3 所示。

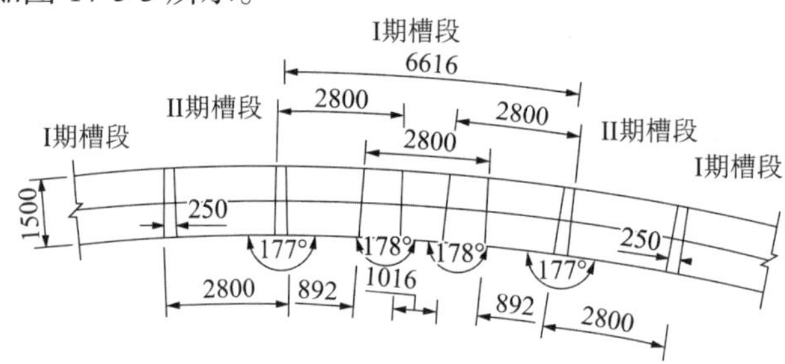

图 17-5-3　地下连续墙槽段布置及接头大样（尺寸单位：mm）

在地下连续墙内侧设置内衬，采用逆作法施工，层高 3m，内衬厚度沿竖向分段变厚，厚度分为 2.0m、2.5m、3.0m 三种，其中内衬由上至下 0～9m 深度内厚 2m，9～18m 深度内厚 2.5m，超过 18m 深度厚 3m。锚碇底板为钢筋混凝土结构，厚 7m，采用 C30 微膨胀混凝土。填芯厚 32m，采用 C30 混凝土浇筑。填芯混凝土与内衬、底板设置连接钢筋。主缆锚固系统采用型钢锚固系统，由后锚梁和锚杆组成。后锚梁埋于锚碇混凝土内，锚杆一端连接在后锚梁上，另一端伸出锚体前锚面，与主缆索股相连接。武昌侧锚碇结构布置如图 17-5-4 所示。

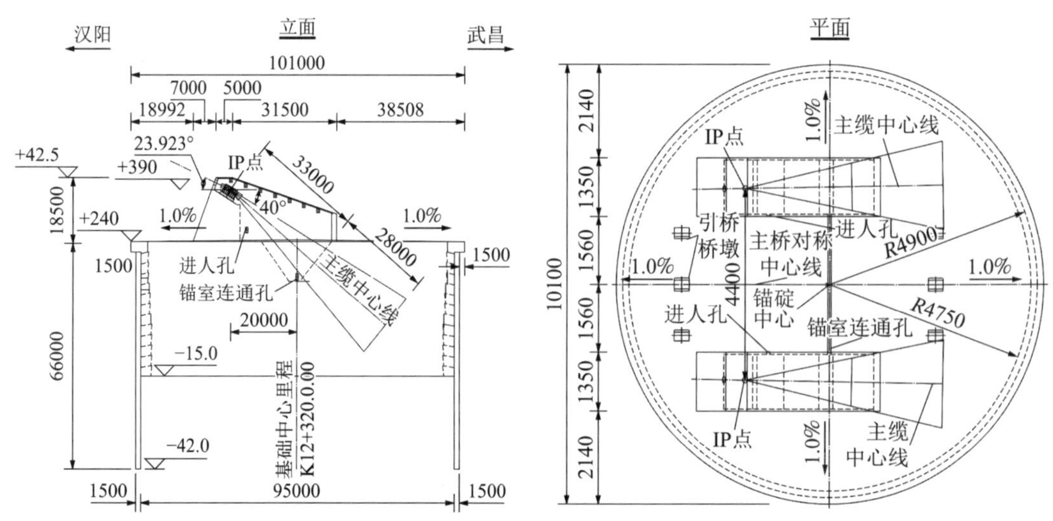

图 17-5-4　武昌侧锚碇布置（尺寸单位：mm；高程单位：m）

2. 锚固系统

杨泗港长江大桥重力式锚碇采用型钢锚固系统（图 17-5-5），型钢锚固系统由后锚梁和锚杆组成。后锚梁埋于锚碇混凝土（底板及填芯混凝土）内，锚杆一端连接在后锚梁上，另一端伸出锚碇混凝土面，与主缆索股相连接。索股拉力通过锚杆传递到后锚梁，再通过后锚梁承压面传递到锚碇混凝土。

图 17-5-5　型钢锚固系统

锚体前后锚面为两平行的平面，与水平面的夹角为 40°、间距为 28m，理论散索点 IP 点到前锚面的距离均为 33m。后锚梁中心线与后锚面在同一个平面上。锚杆中心在前锚面的横向间距为 1.1m、竖向间距为 0.65m。

后锚梁与锚杆均采用型钢结构，两者之间通过 M24 精制螺栓连接。后锚梁采用“][”截面，由 2 片分离的“[”形梁通过缀板、加劲肋等连接而成，共分为 6 个类型，长 16.86～22.65m、重 14.1～26.6t。为便于锚杆与后锚梁的连接，依据主缆散索角度及锚固位置，在锚梁相应位置设置锚杆连接接头，连接接头采用与锚杆截面一致的 H 形截面。连接接头直接插入到后锚梁的两片“[”形梁之间，将 H 形截面的两块翼板分别与后锚梁两片“[”形梁的腹板焊接，锚杆内力通过该焊缝传递给后锚梁。

锚杆按连接索股数分为单束锚杆和双束锚杆，单个锚室中单束锚杆 47 根，双束锚杆 112 根，共布置锚杆 159 根。锚杆长度均为 29.53m，双束锚杆采用焊接 H 形截面，重 12.6t；单束锚杆下端 26.42m 范围内采用焊接 H 形截面，上端 3.11m 范围内采用栓焊组合的格构式构造，重 6.8t。锚杆采用“油漆涂装 + 超低模量高伸长率硫化型防腐密封胶”隔离防护方案，避免因锚杆与锚体混凝土之间的黏结而导致锚杆周围混凝土受拉开裂。为方便锚杆与后锚梁的连接，在后锚梁对应位置设置连接接头（采用与锚杆截面一致的 H 形截面）。

三、索塔

1. 基础

1）1 号塔基础（汉阳侧）

杨泗港长江大桥 1 号索塔基础采用圆端形沉井，沉井底高程为 −15.0m，顶高程为

+23.0m，总高 38m，其中底节为钢沉井，井高 8m，混凝土沉井部分高 30m；标准段井身平面尺寸为 77.2m × 40.0m（长 × 宽），圆端半径为 12.9m，沉井平面布置为 18 个 11.2m × 11.2m 井孔，为减少侧壁摩阻力，便于下沉，第一节沉井尺寸较标准节段每侧增加 0.2m，平面尺寸为 77.6m × 40.4m（长 × 宽）；沉井壁厚 2.0m，隔墙厚 1.2m；为保证封底混凝抗剪受力需要，底节外壁板及隔墙断面设计成下窄上宽的楔形，并在第二节沉井及沉井封底混凝土高度范围内设剪力键。沉井结构立面布置图见图 17-5-6。

沉井位于大堤外侧江滩上，沉井中心距离大堤 65m，距离江边边坡顶面边线 14m。在沉井靠近大堤侧 10m 处布置深度 40.5m、桩径 1.5m 钻孔灌注防护桩，防护桩间距 1.8m。沉井结构平面布置图见图 17-5-7。

沉井施工区域自然地面高程为 +25.8m，自上而下地层分布依次为素填土、粉质黏土、粉砂、中砂、圆砾土、硬塑黏土等。土层地质分层厚度见表 17-5-1。

地质分层表 表 17-5-1

岩土名称	地层厚度（m）	土层底高程（m）	容许承载力（kPa）
①素填土	8.61	+17.19	
②粉质黏土	6.1	+11.09	120
③粉砂	5.7	+5.39	90
④中砂	12.9	−7.51	300
⑤圆砾土	2	−9.51	450
⑥硬塑黏土	26.7	−36.21	550

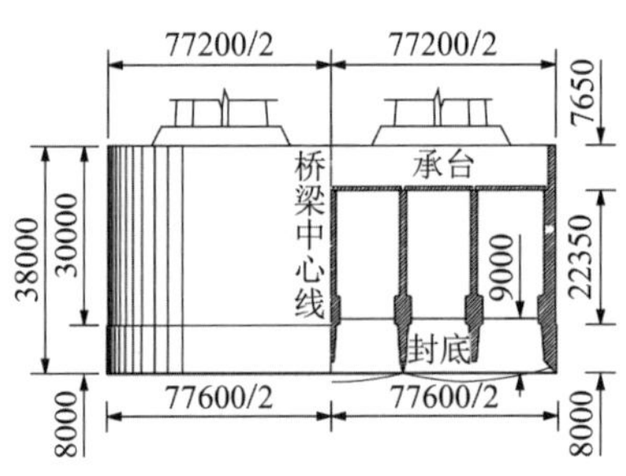

图 17-5-6 沉井结构立面布置图（尺寸单位：mm）

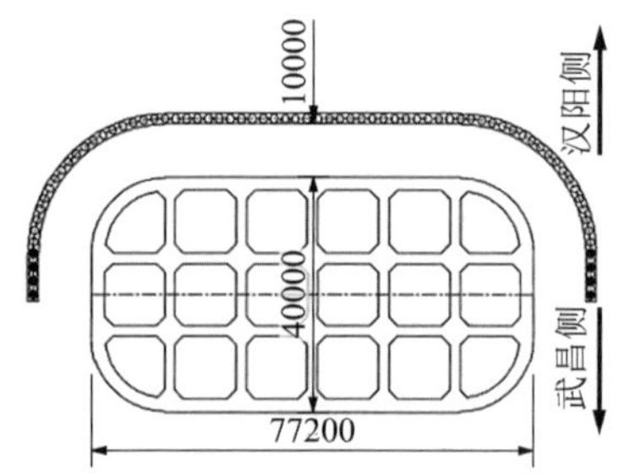

图 17-5-7 沉井结构平面布置图（尺寸单位：mm）

2）2 号塔基础（武汉侧）

杨泗港长江大桥 2 号索塔基础采用带圆角的矩形结构沉井，标准段井身平面尺寸为 77.2m × 40.0m，圆角半径为 12.9m，平面布置 18 个 10.6m × 10.6m 的井孔，井壁 2.3m，隔墙 1.8m。下部采用钢构沉井的形式，钢沉井平面尺寸：77.2m（长）× 40m（宽）× 28m（高），底部刃角部位较标准段每侧增加 0.2m，平面尺寸 77.6m × 40.4m，底口刃角高 2.0m，如图 17-5-8 所示。

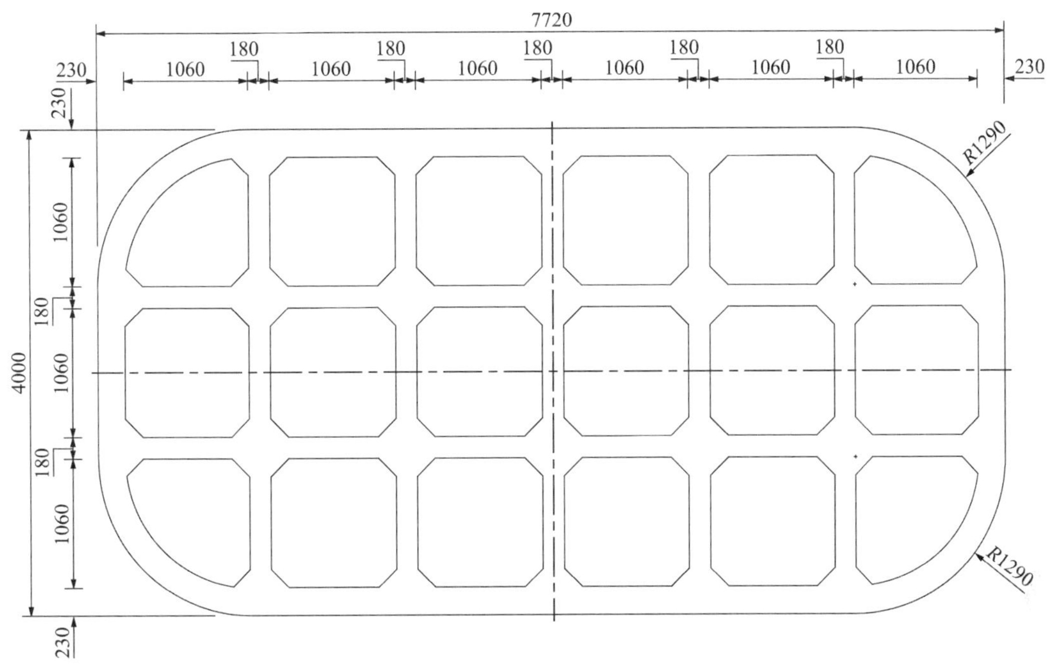

图 17-5-8　沉井平面图（尺寸单位：cm）

2. 塔身

索塔塔身采用钢筋混凝土结构，横梁采用预应力混凝土结构。塔身采用 C60 混凝土，塔座采用 C50 混凝土。汉阳侧塔高 231.9m、武昌侧塔高 243.9m。两塔柱的横向净距，塔顶为 21.0m，塔底为 38.0m，设上、中 2 道横梁。下塔柱内侧设支墩（支撑端部钢桁加劲梁和引桥箱梁），支墩内设上、下桥人行通道。

索塔采用门式钢筋混凝土索塔，中横梁采用预应力混凝土结构，塔身采用 C60 混凝土。索塔承台以上塔柱（含塔座）高 243.9m，塔柱截面采用带倒角的空心矩形截面。汉阳侧索塔塔柱顺桥向尺寸 10.4～17.239m，横桥向尺寸 7.0～10.56m。武昌侧索塔塔柱顺桥向尺寸 10.4～18m，横桥向尺寸 7.0～11.6m。索塔结构布置如图 17-5-9 所示。

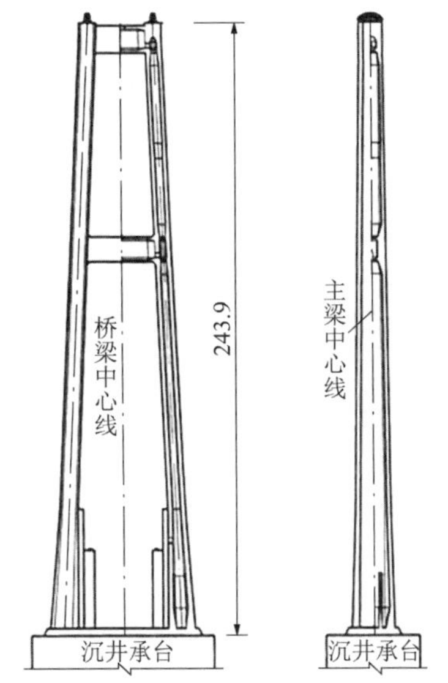

图 17-5-9　索塔结构布置（尺寸单位：m）

四、加劲梁

1. 总体结构构造

钢桁加劲梁梁高 10m，桥面总宽为下层 32.5m、上层 34.3m，标准节间长 9m，2 片主桁中心间距 28m。主桁上、下层桥面均采用正交异性整体钢桥面板，桥面板参与主桁共同受力，横桥向关于桥梁中心线对称设置 2%的横坡。钢桁加劲梁在 2 个索塔支墩顶均布置有竖向支座、侧向抗风支座、纵向液压阻尼器和纵向限位支座。钢桁加劲梁横断面布置如图 17-5-10 所示。

主桁上、下弦杆及斜腹杆均采用箱形截面，竖腹杆采用 H 形截面。主桁节点为全焊接整体节点，腹杆与节点板均采用焊接。上、下弦杆中心理论内高1.7m、内宽0.8m，箱形腹杆内宽0.8m、内高0.5m；H形腹杆宽0.8m、高0.5m。上、下弦杆横桥向内侧在距离弦杆中心分别为0.95m和1.1m处与车行道钢桥面板连接，横桥向外侧在距离弦杆中心0.75m处与人行道钢桥面板连接。上下弦杆顶板为适应桥面2%横坡，采用倾斜布置。在节段连接处，上下弦杆内侧竖板均设有人孔，方便现场焊接施工。

钢桥面板由面板（上层厚16mm、下层厚14mm）、边缘加厚的U形加劲肋和倒T形横肋组成。钢桥面板的纵向加劲肋和上、下弦杆件竖板的纵向加劲肋采用高强度螺栓连接，其余所有板件、桁架节点板均采用焊接。主桁及桥面系构件均采用Q345qD钢材。

全桥钢桁加劲梁共分为JJL1～JJLA四种类型，共49个梁段，各类梁段均为工厂预制、全焊制造节段，其中最大节段JJL1长36m，重约1010t。各节段之间的工地连接除钢桥面板的纵向加劲肋采用高强度螺栓连接外，其余所有板件均采用焊接连接。各类型钢桁加劲梁节段质量见表17-5-2，JJL1梁段立面布置如图17-5-11所示。

各类型钢桁加劲梁节段质量　　表17-5-2

节段编号	数量（件）	长度（m）	单件质量（t）
JJL1	44	36	1010
JJL2	2	16.7	565
JJL3	1	26.5	705
JJL4	2	26.5	750

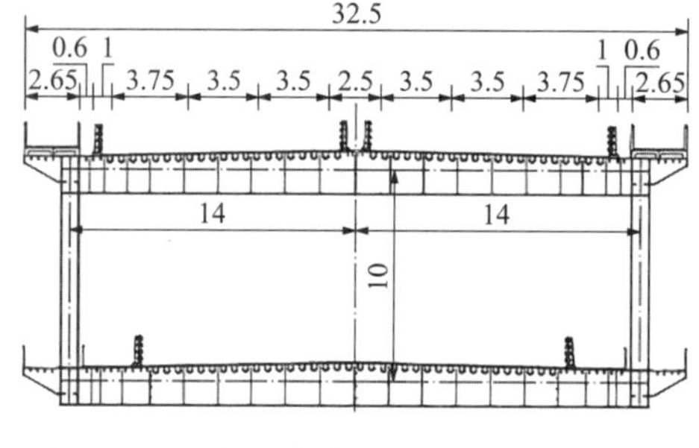

图17-5-10　加劲肋横断面（尺寸单位：m）

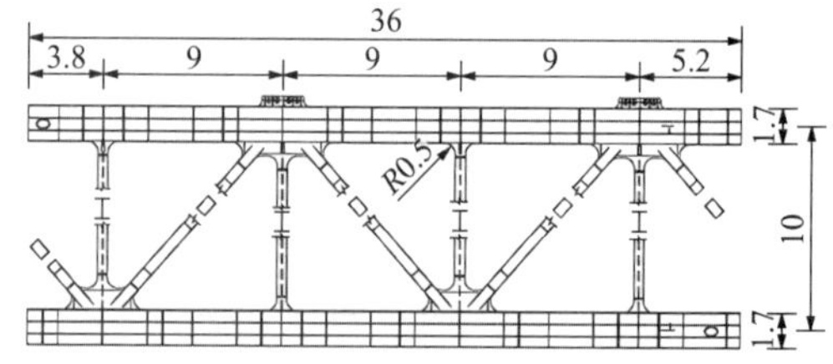

图17-5-11　标准梁段立面布置（尺寸单位：m）

2. 主桁设计

上弦杆顶板的板厚为24mm，箱外（车行道侧）在距离弦杆中心线0.8m处设置一道板肋用于加劲上水平板伸出肢；上弦杆底板厚24mm。上弦杆腹板板厚18mm，腹板沿高度方向设两道道板肋加劲。上弦杆顶板及腹板的加劲肋宽200mm、厚20mm。

下弦杆顶板的板厚为24mm，箱外（车行道侧）在距离弦杆中心线0.86m处设置一道板肋用于加劲上水平板伸出肢；下弦杆底板厚24mm。下弦杆腹板板厚18mm，腹板沿高度方向设两道道板肋加劲。下弦杆顶板及腹板的加劲肋宽200mm、厚20mm。

箱形腹杆内宽800mm，内高500mm，竖板厚18mm，水平板厚24mm。H形腹杆宽800mm、高500mm，翼板厚20mm，腹板厚28mm（图17-5-12）。

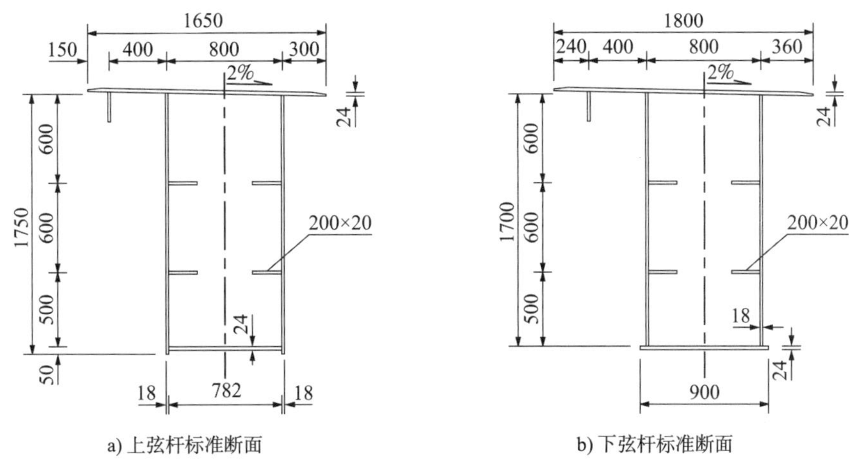

a) 上弦杆标准断面

b) 下弦杆标准断面

图 17-5-12 主桁杆件标准截面（尺寸单位：mm）

3. 上、下层车行道桥面设计

上、下层车行道桥面设计均采用正交异性整体钢桥面结构，由桥面板、边缘加厚的 U 形加劲肋和倒 T 形横梁（肋）组成。钢桥面板总宽 25.8m，横桥向关于桥梁中心线对称设置 2% 的横坡。上、下层桥面板板厚分别为 16mm 和 14mm，均设置宽 280mm、高 280mm、板厚 8mm 并边缘加厚的 U 形纵向加劲肋和宽 200mm、板厚 20mm 的板肋加劲。U 形加劲肋横向间距 560mm，全桥连续，遇横梁、横肋的腹板时开孔穿越。考虑国内外正交异性钢桥面板病害问题，桥面板 U 形加劲肋均采用经改良的加厚边缘加劲肋；U 形加劲肋边缘加厚采用热轧成形，加热温度不低于 850℃。顺桥向除端部两节间每隔 2.5m 设一道倒 T 形横梁外，其余节间每隔 2.25m 设一道倒 T 形横梁。节点横梁布置在主桁节点处，横梁腹板厚 14mm，中心高 1980mm，设竖向肋加劲，加劲肋宽 120mm、厚 12mm，底板厚 28mm、宽 500mm。节间横梁布置在节点横梁之间，横梁腹板厚 14mm，中心高 1980mm，设竖向肋加劲，加劲肋宽 120mm、厚 12mm；底板厚 22mm、宽 500mm。横梁腹板上缘与桥面板焊连，下缘与底板焊连；横梁的下翼板与主桁弦杆的下翼板顶面齐平，桥面板横梁底板和腹板均与弦杆焊连（图 17-5-13）。

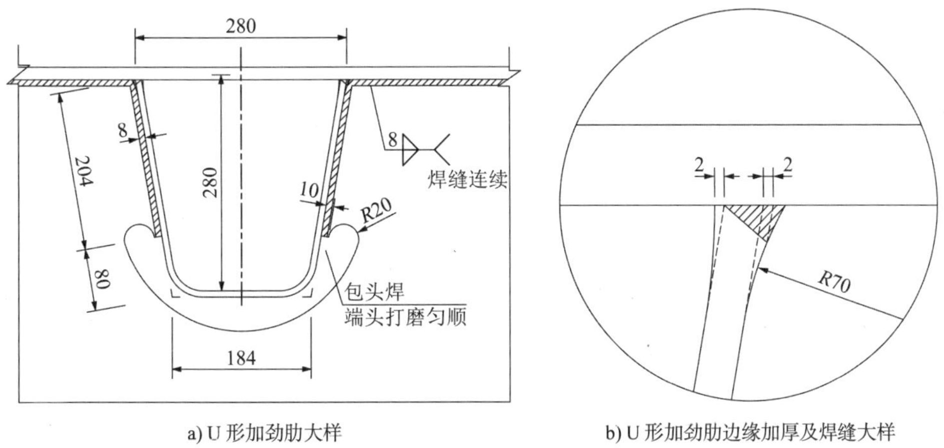

a) U 形加劲肋大样

b) U 形加劲肋边缘加厚及焊缝大样

图 17-5-13 顶板 U 形加劲肋大样（尺寸单位：mm）

在加劲梁端部一个节间范围（10m）的下层桥面设压重段，压重荷载为 280kN/m。压重的方法是用钢板封闭下层桥面底板，并加设纵向侧板使其成为开口的钢箱。压重区段横梁的腹板作了相应加强。钢箱的底板和侧板通过纵向和横向加劲肋进行加固。

压重通过在钢箱内灌注高重度混凝土实现。从钢箱侧板顶边与钢桥面板之间的空隙灌注高重度混凝土，高重度混凝土的重度应控制在 31kN/m³，灌注高度为 800mm。

4. 上层人行道设计

上层人行道布置在主桁上弦杆外侧，采用正交异性整体钢桥面板。上层人行道顶板设置与上弦杆顶板反向的 2%横坡，顶板宽 1.55m、厚 12mm。在顶板下方布置 4 条高 150mm、厚 12mm 的纵向加劲肋，加劲肋横向间距 350mm。顶板与上弦杆顶板通过纵桥向的熔透对接焊缝连接形成整体，焊缝中心为顶板横坡的变坡点。沿纵桥向在与横梁对应的位置设挑臂梁，挑臂梁根部高 1200mm，采用倒 T 形截面，与下弦杆焊接；腹板厚 14mm，上端与顶板焊接，下端与下翼板焊接；下翼板宽 200mm、厚 12mm（图 17-5-14）。

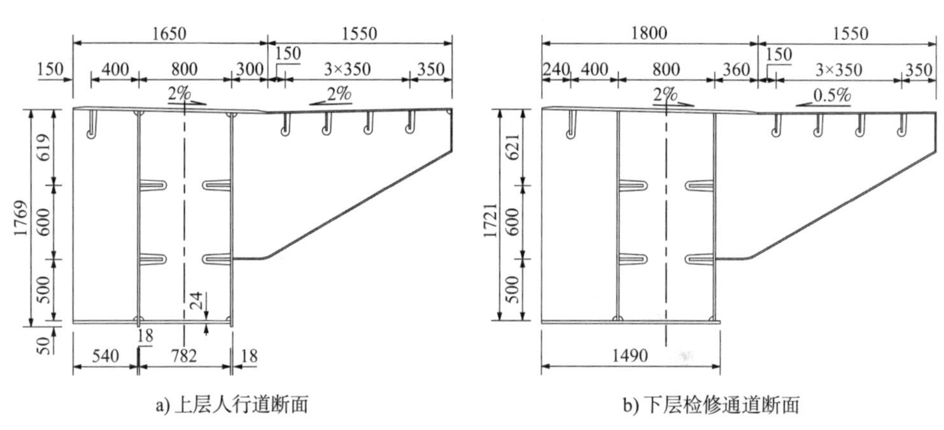

图 17-5-14　上层人行道及下层检修道构造（尺寸单位：mm）

5. 下层检修通道设计

下层检修通道布置在主桁下弦杆外侧，采用正交异性整体钢桥面板（图 17-5-14）。下层检修通道顶板设置与下弦杆顶板反向的 0.5%横坡，顶板宽 1.55m、厚 12mm。在顶板下方布置 4 条高 150mm、厚 12mm 的纵向加劲肋，加劲肋横向间距 350mm。顶板与下弦杆顶板通过纵桥向的熔透对接焊缝连接形成整体，焊缝中心为顶板横坡的变坡点。沿纵桥向在与横梁对应的位置设挑臂梁，挑臂梁根部高 1200mm，采用倒 T 形截面，与下弦杆焊接；腹板厚 14mm，上端与顶板焊接，下端与下翼板焊接；下翼板宽 200mm、厚 12mm。

6. 吊索锚固结构设计

吊索锚固在上弦杆件的节点板上，节点板伸出上弦杆件顶板部分形成吊索锚固耳板，耳板间设置三道横隔板。

五、缆索系统

1. 主缆

（1）主缆构成

杨泗港长江大桥主跨跨径为 1700m，具有跨径大、恒载集度大的特点，为减小主缆直径，杨泗港长江大桥采用了抗拉强度 1960MPa 的高强钢丝。同时，考虑钢丝直径对主缆耐久性的有利因素，鉴于当时国内钢丝研发和生产能力，杨泗港长江大桥主缆采用直径为6.2mm、公称抗拉强度为1960MPa的镀锌铝合金高强钢丝组成。杨泗港长江大桥共2根主缆，每根主缆有索股271股，每根索股91根钢丝，单根索股无应力长度约2836m，重约61.2t，主缆外直径为1088mm，见图17-5-15。主缆采用预制平行钢丝索股（PPWS）法形成。

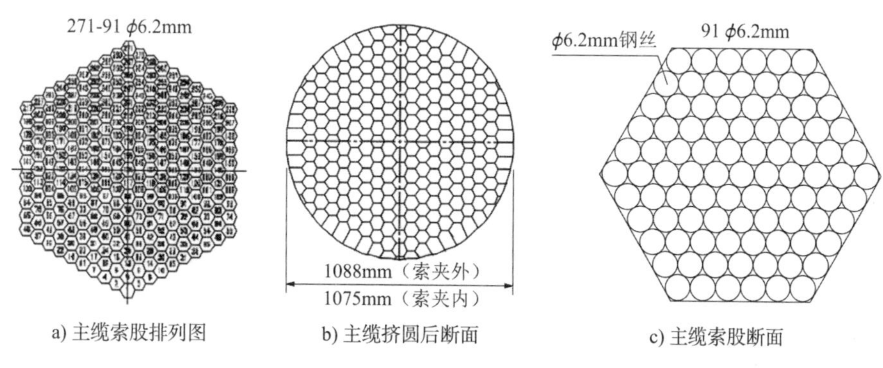

图17-5-15 主缆结构图

主缆索股用定型捆扎带绑扎而成，使其断面呈六边形，两端采用热铸锚头。热铸锚头由锚杯、盖板及分丝板组成，锚杯内浇铸锌铜合金。

（2）主缆防护

主缆表面涂装防腐采用如下方案：不干性密封膏 + 圆形钢丝缠丝 + 聚硫橡胶包覆层 + 881系统重防腐涂装材料，索夹等结构缝隙采用聚硫橡胶密封剂做防水密封。同时还采用向主缆内压注干燥空气的主缆除湿系统。

主缆除了采用涂装防腐，也可以采用弹性包裹材料防腐，即缠包带防腐。缠包带防腐是一种环保、寿命长的弹性包裹材料，可防止悬索桥钢缆被腐蚀，并显著降低今后的维护成本。缠包带厚度仅为2.3mm左右，在防腐缠包带安装前，无需腻子或涂装进行全面封包。弹性缠包带的卓越抗UV、抗臭氧性能已经被证实并投入安装使用。配合主缆除湿系统，缠包带可以创造一个弹性的、密封防水的理想钢缆使用环境。目前缠包带防腐主要用于国外较大跨径的悬索桥的更新改造。杨泗港长江大桥主缆防腐也可考虑采用缠包带防腐体系。

2. 吊索

吊点标准间距为18m，索塔中心线至近吊点间距为22m，每一吊点均设置2根吊索，全桥共372根。每根吊索采用ϕ84mm镀锌钢丝绳，公称抗拉强度为1960MPa，结构形式为8×55SW + IWR。吊索钢丝绳涂装为丙烯酸聚氨酯面漆120μm。

吊索与索夹为骑跨式连接，与钢加劲梁为销接式连接。

吊索下端锚头采用叉形热铸锚。锚头由锚杯与叉形耳板组成，锚杯内浇铸锌铜合金，叉形耳板与锚杯通过螺纹连接，转动锚杯可调节吊索长度，设计考虑每个锚头叉形耳板与锚杯之间的螺纹有±20mm调节量，用以调节制造引及架设引起的吊索长度误差。锚杯口设置由氯丁橡胶浇制的缓冲器，以改善吊索的弯折疲劳性能。

成桥状态吊索长度H（同一吊点远离主跨跨中侧吊索下端叉形耳板销轴中心间距离主缆中心的距离）小于20m的吊索在下端销轴处设置轴承，能使短吊索横向转动角度3.2°，适应在横向风力作用下主缆与加劲梁产生的横向位移差而产生的转角，以改善短吊索的疲劳性能。

成桥状态吊索索长 H 大于 20m 的吊索，设置减振架，当 20m ≤ H < 65m 时，设置 1 道减振架；当 65m ≤ H < 130m 时，设置 2 道减振架，H ≥ 130m 时，设置 3 道减振架。减振架将一个吊点的吊索互相联系，以减小吊索的风致振动。

3. 索夹

索夹分为有吊索索夹和无吊索索夹，全桥索夹共分 8 种类型 SJ1～SJ8。

其中，SJ1～SJ5 为有吊索索夹，与吊索对应，索夹采用骑跨式，每个索夹设两道承缆槽。为了适应索夹倾角变化及吊索在运营荷载作用下顺桥向角位移，承缆槽的设计张角采用 ±3.5°。

索夹 SJ6 位于边跨无吊索区，起夹紧主缆及支撑主缆检修道的作用。

索夹 SJ7、SJ8 位于主索鞍两侧及主缆进入锚室的出口处，连接封闭该处主缆的缆套。

索夹采用左右两半的结构形式，用高强螺杆连接紧固，为保证在预紧高强螺杆作用下索夹能紧抱主缆，在两半索夹间留有适当的缝隙，接缝处嵌填橡胶防水条防水。索夹壁厚均为 45cm。索夹螺杆作成缩腰形，以避免在螺纹处断裂。索夹采用 M52 螺杆进行张拉夹紧，螺杆设计张拉力为 1070kN。

六、鞍座

1. 主索鞍

（1）主索鞍系统

主索鞍鞍体采用铸焊结合结构；鞍头用铸钢铸造，鞍身由钢板焊成。鞍体下设不锈钢板-聚四氟乙烯板滑动副，以适应施工中的相对移动。为增加主缆与鞍槽间的摩阻力，并方便索股定位，鞍槽内设竖向隔板，在索股全部就位并调股后，在顶部用锌质填块填平，再将鞍槽侧壁用螺栓夹紧。塔顶设有格栅，以安装主索鞍。格栅悬出塔顶以外，以便安置控制鞍体移动的千斤顶，鞍体就位后将格栅的悬出部分割除。为减轻吊装运输质量，将鞍体分成两半，吊至塔顶后用高强度螺栓拼接。半鞍体吊装质量不超过 120t。

（2）塔顶格栅及顶推架

格栅主要作用是：①保证塔顶平面平整，与主索鞍的下承板接触良好；②使主索鞍的垂直反力均匀分布于塔顶平面；③与顶推千斤顶的反力架相连作为其传力构件；④提高格栅内混凝土的承压能力。

构造形式：格栅要求表面平整，与塔顶构成一体并具有足够的竖向弯曲刚度，故采用纵横向以竖直钢板焊成的格构，上、下设格状顶、底板，形成纵横两向均为I字形断面的网格，网格内设锚固钢筋并填浇混凝土。

2. 散索鞍

散索鞍为底座式结构。散索鞍由上部的鞍体和下部的特制大吨位柱面钢支座组成，鞍体用铸钢铸造，特制大吨位柱面钢支座的上支座板、柱面衬板、下支座板均用铸钢铸造，上支座板与柱面衬板间的球面滑板、球面衬板与下支座板间的平面滑板均为改性超高分子量聚乙烯，下支座板与底座板通过地脚螺栓固定于锚室混凝土前墙。

理论散索点到散索鞍底混凝土面的距离为 2.695m。鞍槽底最低处竖弯半径从边跨向锚跨分三次变化，半径分别为 10.0m、7.5m 和 5.5m；鞍槽侧壁的平弯半径为 13.0m。

为增加主缆与鞍槽间的摩阻力，并方便索股定位，鞍槽内设竖向隔板，在索股全部就位并调股后，在顶部用锌块填平，上紧压板及楔形块等压紧设施，再将鞍槽侧壁用螺杆夹紧。

第六节　泰州大桥

一、概述

1. 工程概况

泰州大桥工程位于江苏省境内长江中段，上距润扬大桥66km，下距江阴大桥57km，北接泰州市，南联镇江市和常州市。泰州大桥主桥为三塔两跨悬索桥，桥跨布置为390m + 1080m + 1080m + 390m，见图17-6-1。泰州大桥2012年建成，为世界首座跨径超过1000m的三塔两跨连续钢箱梁悬索桥。

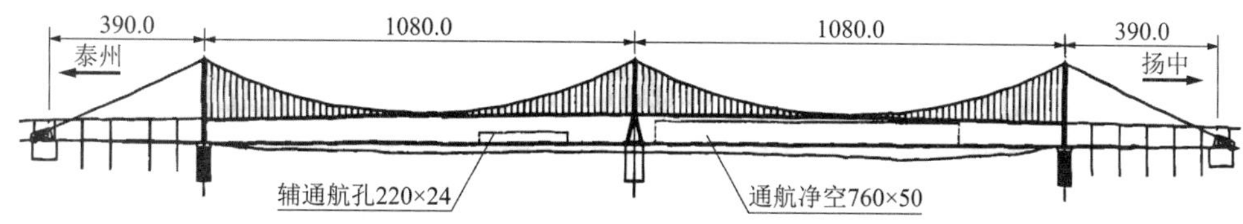

图17-6-1　泰州大桥桥跨布置（尺寸单位：m）

2. 技术标准

（1）道路等级：双向六车道高速公路。

（2）设计速度：100km/h。

（3）设计基准期：100年。

（4）设计荷载：公路-I级。

（5）行车道宽度：2 × 3 × 3.75m。

（6）桥梁宽度：33m。

（7）桥面纵坡：< 2.5%。

（8）桥面横坡：2%。

（9）通航净空：主通航孔760m × 50m，副通航孔220m × 24m。

（10）航道等级：内河I级航道。

（11）通航水位：最高通航水位 +5.92m，最低通航水位 –0.11m。

（12）防撞标准：按50000吨级船舶考虑。

（13）桥址处设计风速：33.1m/s。

（14）地震设防烈度为VII度，主桥100年10%地表水平地震加速度0.159g，100年4%地表水平地震加速度0.207g。

（15）设计洪水频率：1/300。

3. 设计指标

（1）跨径

中跨2 × 1080m，边跨390m。

（2）主缆

矢跨比：1/9。

中心距：34.8m。

根数：2根。

组成：91丝直径为5.2mm的镀锌高强钢丝组成一根预制平行钢丝索股，169股预制平行钢丝索股组成一根主缆。

直径：821mm（空隙率20%），712mm（索夹处空隙18%）。

强度：1670MPa。

（3）吊索

形式：竖向平行吊索。

间距：吊索标准间距16m，端吊索距塔中心为20m。

直径：普通吊索58mm，加强吊索85mm，限位吊索140mm。

组成：普通吊索121丝直径5.0mm镀锌高强钢丝，加强吊索187丝直径5.0mm镀锌高强钢丝。

连接方式：上下均采用销接方式。

强度：1670MPa。

防护：双层PE防护。

（4）加劲梁

形式：扁平流线型钢箱梁。

高度：3.5m（中心线处内轮廓），高跨比为1/309。

宽度：39.1m（含风嘴），宽跨比为1/27.6。

材料：除吊索锚箱的耳板和加劲法兰采用Q370qD钢外，其余主体结构采用Q345D钢。

标准梁段长：16m。

（5）索塔

造型：横向门形框架，中塔纵向呈人字形。

结构形式：中塔为钢塔，边塔为混凝土塔

高度：边塔塔高171.7m，中塔塔高191.5m。

横梁数：2。

（6）索塔基础

形式：中塔基础为沉井基础，边塔基础为钻孔灌注桩群桩基础。

中塔沉井基础平面尺寸：倒圆角矩形，平面尺寸为58.0m×44.0m，倒圆半径为8.0m。

边塔钻孔灌注桩直径：2.8m。

边塔钻孔灌注桩根数：46根（单个塔柱）。

（7）锚碇

基础形式：沉井基础。

锚体形式：实体式锚体。

基础平面尺寸：52m×67.9m，高41m（南锚碇）/57m（北锚碇）。

锚固系统：预应力钢绞线锚固系统。

二、总体设计

1. 矢跨比

主缆矢跨比是悬索桥总体设计的重要参数，对结构刚度、工程数量、主缆各控制点高程具有决定性影响，通常结合结构刚度、恒载、造价平衡考虑。主缆矢跨比对两塔悬索桥上述项目的影响比较直观，取值在 1/11～1/9 之间。设计中选取了 1/13～1/7 范围内的矢跨比进行静力与动力 2 个方面的比较，分析表明：随主缆矢跨比的减小，主缆与中主索鞍间抗滑移安全系数有所增加，但增加相当有限，加劲梁的活载挠度增加较多，对中塔截面的应力影响甚微；动力方面，随主缆矢跨比加大，三塔悬索桥颤振临界风速微幅提高。设计中结合静力与动力两方面，以减小工程数量为基本考量，主缆矢跨比选用 1/9。

2. 约束体系

竖向连接方面，泰州大桥设计时比较了不设竖向约束、设 0 号吊索连接、支座连接 3 种方式。研究表明：设刚性竖向支座，加劲梁活载弯矩大，加劲梁第一体系应力偏高；设 0 号吊索，对加劲梁的受力改善有限，且 0 号吊索的活载应力幅值大；不设约束，可以较多地改善加劲梁的受力状况，最终选用加劲梁在中塔处不设竖向刚性约束但设竖向限位挡块的支承方式。通过上下游竖向限位挡块的联合作用，使加劲梁的扭转振动得到一定程度的约束，对于减小风荷载作用下扭转振动的振幅有所帮助。

纵向连接方面，泰州大桥设计时比较了加劲梁与中塔间纵向不约束、弹性索约束、刚性约束 3 种情况。研究表明：纵向设约束，可以显著提高主缆与中主索鞍间抗滑移安全系数，减小加劲梁竖向挠度，改善中塔受力，减小加劲梁纵向活载位移。与纵向刚性约束相比，弹性索约束对结构的有利效应相当，并且在构造上相对简单，最终选用在加劲梁与中塔间设置纵向弹性约束。

泰州大桥设计时，对主跨跨中是否设中央扣及设多对中央扣进行了研究比较，结果表明中跨跨中中央扣的设置有相当大的难度，与两塔悬索桥完全不同。如只设置一对中央扣，中央扣扣索的倾角无法选取，倾角小、扣索受力很大，到了无法实施的地步；倾角大、对总体的改善微乎其微。设 3 对中央扣对结构总体行为有一定的改善，但存在疲劳破坏、扣索拉力大、需设置 3 对等特点，经比选后推荐不设置中央扣的方案。

综上所述，泰州大桥结构体系如下：中索塔下横梁上设水平弹性索与加劲梁的两侧相连接，以控制其在车辆荷载及纵向风力作用下所形成的纵桥向位移；在 2 座边索塔的下横梁上加设有纵向液压阻尼装置，以部分分担由地震等偶然荷载引发的纵向水平力使中索塔承受的水平荷载得到一定的缓解。中塔处为减小加劲梁的负弯矩而不设竖向支座，同时设竖向限位构造限制风载作用下加劲梁的横向过度扭转；边塔下横梁上设竖向拉压支座约束竖向位移，并通过其共同作用约束加劲梁的扭转。三个索塔处均安装横向抗风支座，限制加劲梁的横向位移。加劲梁和引桥相接处设伸缩缝构造。

3. 加劲梁刚度指标确定

泰州大桥是三塔悬索桥，主缆越过边塔顶后经过一个主跨，再从中塔顶通过，主缆对中塔约束作用远小于常规的两塔悬索桥主缆对边塔的约束。计算结果表明，最大挠度发生在靠近跨中位置的距中塔 420m 处，最大向下挠度为 4.17m，挠跨比为 1/259 > 1/300。但经过分析后可知，规范制定挠跨比的限值，实质上是为了规定竖向荷载作用下的最大纵坡、竖向转角，保障行车的平顺程度。规范提出不宜超过的限值是参照国内外已建悬索桥的统计资料制定的，针对的是两塔悬索桥，并指出了对特大跨径悬索桥，该限值可适当放大。从规范所作的调整和参考的已建成桥梁挠跨比值，可以认为中跨的挠跨比是定性的规定，各桥挠跨比相差很大。根据泰州大桥中塔较柔的特殊情况，在保证行车平顺的条件下，设计人员采用最大允许挠跨比为 1/250。同时为充分保障使用要求，专门规定加劲梁由汽车荷载引起的最大梁端竖向转角不大于 0.02rad，通过同时规定挠跨比和梁端转角保障泰州大桥三塔两跨悬索桥必要的竖向刚度和行车条件。

三、锚碇

1. 北锚碇

（1）地质条件

地区地质层面主要以粉砂层为主，但存在二层亚黏土、亚黏土混粉砂层，层位稳定，分部连续，分上段和下段，中部夹粉砂层。

区域主要含水层分为浅层潜水含水层和下部承压含水层两类。浅层潜水含水层上部直接与长江水接触，接受长江水补给；岩性主要为粉砂细砂，局部夹亚黏土薄层，主要径流为层间径流，排泄方式为上部向下部含水层排泄及上游向下游排泄。下部承压含水层，总厚度大，埋深深；土性为砂性土及碎石类土，渗透系数有变化，一般为 6×10^{-4}cm/s；主要补给方式为上层含水层补给及上游含水层补给。

（2）基础设计

北锚碇沉井采用矩形沉井基础，沉井长和宽分别为 67.9m 和 52m（第 1 节沉井长和宽分别为 68.3m 和 52.4m），平面共分 20 个井孔。北锚碇沉井高 57m，分 11 节，第 1 节钢壳混凝土沉井高 8m，第 2～11 节均为钢筋混凝土沉井，除第 10 节为 4m 外，其余均为 5.0m。封底混凝土为 10m，沉井顶面高程为 +2.0m，基底高程为 −55.0m。沉井为普通钢筋混凝土结构，采用大沉井小分格的布置，共分为 20 个井孔，如图 17-6-2 所示。

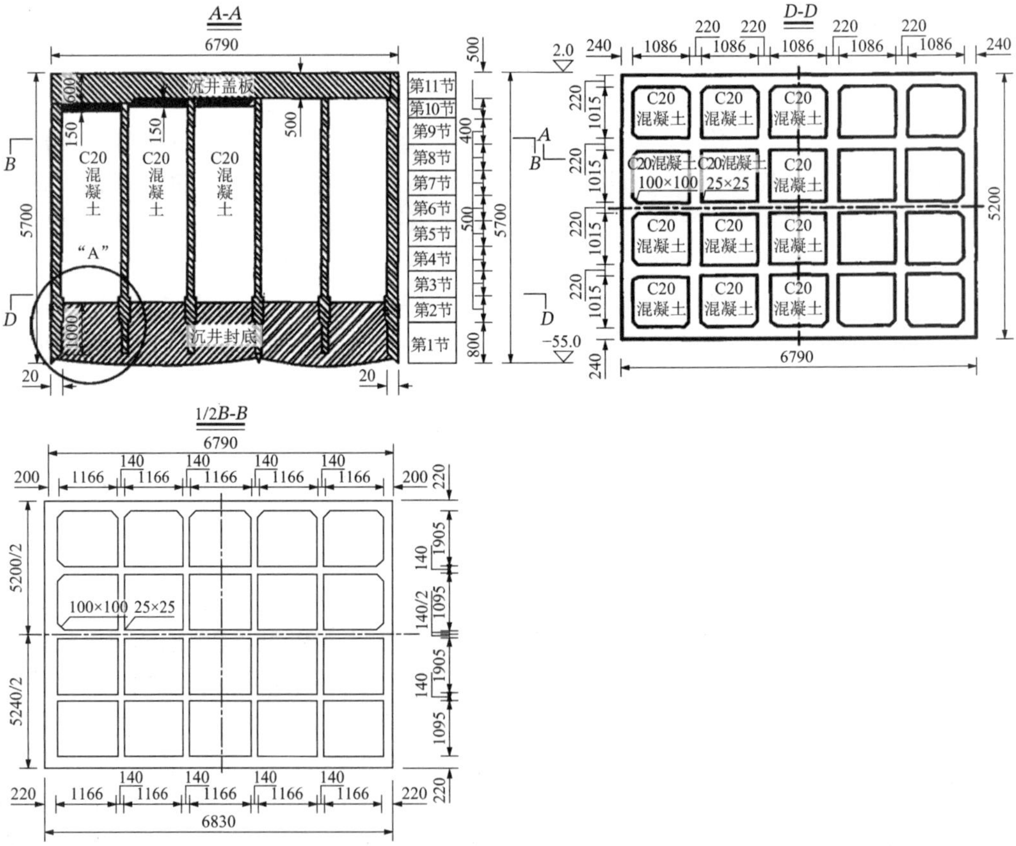

图 17-6-2　北锚碇沉井一般构造（尺寸单位：cm；高程单位：m）

2. 南锚碇

（1）地质条件

南锚碇沉井所在区地处长江下游场中侧，场址区原为农田，属长江下游三角洲冲积地貌，地势平坦，地面高程为 +2.5m，地下水位为 +1.2m。场址区地质自上而下主要为淤泥质亚黏土、亚砂土、粉砂、粉细砂。

（2）基础设计

南锚碇沉井长和宽分别为 67.9m 和 52.0m，平面被三纵四横 7 道隔墙分为 20 个井孔，井壁厚 2.4m，隔墙厚 1.4m。南锚碇沉井高 41m，竖向分 8 节，第 1 节钢壳混凝土沉井高 8m，第 7 节高 3m，其余各节高度均为 5m。封底混凝土为 8m，沉井顶面高程为+2.0m，基底高程为-39.0m。沉井下沉入土深度为 41m。沉井结构见图 17-6-3。

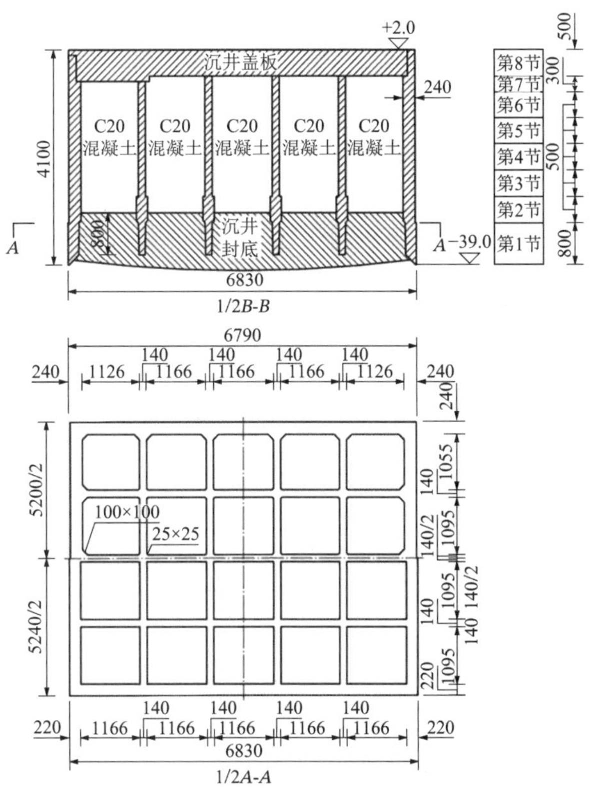

图 17-6-3 南锚碇沉井一般构造（尺寸单位：cm）

四、索塔

1. 基础

1）中塔基础

（1）基础方案选择

中塔基础置于江中心，可选择的方案有大直径群桩基础或沉井基础。对于大直径钻孔桩高桩承台的方案，桩底要深入江底 100m 以下，这种规模巨大的水上群桩基础，国内已有类似规模的工程经验，技术上不存在问题。中塔基础设计由地震力控制，基础尺度庞大，对于河床的变化及冲刷等条件的改变，适应性较差。对于超长超大规模的水中群桩基础，群桩效应明显，由于平面尺寸大，桩基范围内冲刷坑高差较大，实际深度的分布很难确定，对桩基的准确计算有一定难度。经过综合比选，中塔基础采用沉井基础。

（2）沉井外轮廓形状确定

沉井的外轮廓形状受多种因素影响。圆形沉井对水流适应性好，沉井着床时无须考虑平面扭转偏差，但是考虑泰州大桥塔柱底的构造布置中塔纵向采用人字形结构，2 条斜腿在塔底的叉开量为 36.0m，横向塔柱间距为 42.7m，采用圆形沉井体量大，局部冲刷深，工程量大，不经济。倒圆角矩形沉井结构布置紧凑，受力合理，工程量小。通过对结构可靠度、受力合理性、经济性及地基承载力等综合比较，该桥中塔基础最终选用倒圆角矩形沉井。

（3）钢沉井高度确定

超大型深水沉井从浮运及接高考虑，一般下节设计为钢沉井，钢沉井高度需从实际施工时的潮位、下沉时的施工冲刷、接高需要的安全干舷高度以及入土稳定深度等方面综合考虑确定。泰州大桥中塔沉井设计考虑钢沉井落床时间为 1 月，通过对以上因素综合考虑，确定钢沉井实际施工高度为 38m。

（4）封底混凝土计算

由于超大型深水沉井自身高度较高，自重较重，在下沉到设计高程时，仅由沉井外壁土体摩阻力和刃脚支承力无法平衡沉井重量，在沉井清基施工时，很难形成大锅底，加上混凝土供应量无法满足全断面水下封底的要求，故泰州大桥中塔深水沉井基础利用中隔墙将沉井分成多个井孔，采用逐孔清基封底的方法施工，在计算时可将单个井孔封底混凝土简化为四周简支板计算其强度。

（5）沉井结构尺寸确定

倒圆角矩形沉井井身平面尺寸为 58.0m × 44.0m，倒圆半径为 8.0m，为方便吸泥取土下沉，沉井平面布置 12 个 12.8m × 12.8m 大井孔。由于沉井下沉深度较深，周边井孔设置成圆端形，形成连拱以抵抗水土压力，为便于下沉在连拱间设有直径 0.8m 的射水孔。

沉井总高 76m（下段钢沉井高 38m，上段混凝土沉井高 38m），沉井立面初步分为 12 节，除底节钢沉井高 8m，第 8 节、第 9 节混凝土沉井高 7m 外，其余每节高 6m。考虑到水上浮运及接高下沉需要，下部 6 节（总高 38m）为钢沉井，上部 6 节为钢筋混凝土沉井。刃脚高 1.45m，刃脚踏面宽 0.25m，封底混凝土 11m。沉井外圈壁厚 1.6m，内隔墙壁厚 1.2m。考虑船撞作用第 10 节、第 11 节两节外侧壁厚增加 1m。泰州大桥中塔沉井结构见图 17-6-4。

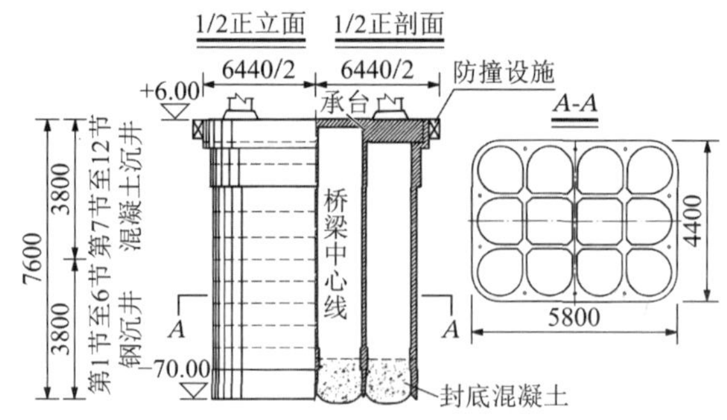

图 17-6-4 中塔沉井结构（尺寸单位：cm；高程单位：m）

（6）沉井施工

泰州大桥设计时考虑采用浮运沉井基础，下段为预制的矩形钢壳结构，高度为 38m，首节钢沉井在岸上预制，然后水中接高至 38m，再整体浮运拖拉至墩位，在钢壳体内分仓浇筑混凝土，使其着床并下沉入河床，继而逐段浇筑混凝土接高下沉，达到设计高程后进行水下混凝土封底和填充，完成基础施工。中塔的深水基础在继承国内已有的工程经验基础上，采用了矩形沉井基础形式，在长江上采用如此规模的钢壳浮运混凝土接高的沉井形式还是首次。

2）边塔基础

边塔承台采用哑铃形，平面尺寸为 78.06m × 32.8m，厚 6m。边塔基础布置 46 根 ϕ2.8m 钻孔灌注桩，墩顶 5m 设 ϕ3.1m 钢护筒，北塔桩长 103m，南边塔桩长 98m，按摩擦桩设计（图 17-6-5）。

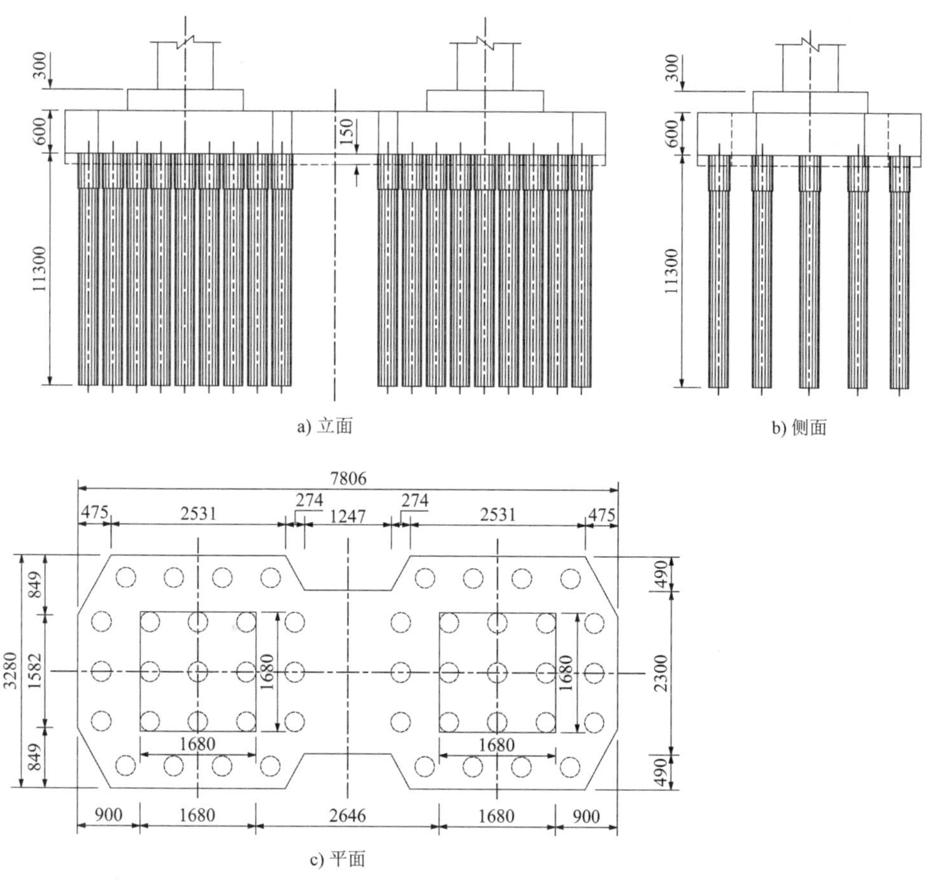

图 17-6-5　边塔基础结构（尺寸单位：cm）

2. 中塔柱

1）总体设计

（1）索塔结构形式

对于悬索桥而言，在任何工况下，均要求保证主缆在主索鞍内不发生相对滑移，否则会造成整个体系的破坏。对于三塔悬索桥结构来说，中塔两侧均是主缆的柔性约束，在活载非对称作用下，要考虑两种情况：若中塔刚度较小，中塔塔顶两侧主缆的不平衡水平力较小，主缆的抗滑移安全系数易于实现，但加载跨主缆的垂度大，加劲梁的挠度较大，行车安全不易保证；若中塔刚度大，加劲梁的挠跨比易于满足要求，但中塔顶两侧主缆的不平衡水平力大，可能因鞍槽与主缆束股间的摩擦力不足而造成滑移。因此，中塔在顺桥向的刚度应既有适当的可挠曲性，又有足够的抗弯刚度。

中塔结构形式的选取是泰州大桥设计的关键所在。泰州大桥在设计中综合考虑以下因素选择中塔的结构形式、总体刚度及材料：①桥跨竖向刚度合适，最不利工况作用下由活载引起的桥面纵坡控制在合理范围；②主缆与鞍座间抗滑移问题得到较好的解决，基于主缆镀锌钢丝与鞍座鞍槽间可以信赖的摩擦力保障抗滑移稳定；③中塔本身的强度安全有充分保障，中塔在大桥服务期内不因疲劳而损坏；④中塔的稳定性满足要求，包括纵向与横向稳定；⑤中塔及中塔基础工程规模较小（基础规模与中塔底部尺寸、塔底反力相关）。

要同时满足上述要求，中塔的结构形式必然与两塔悬索桥不同。泰州大桥设计时比较了纵向形式分别为 A 形、I 形、人字形的结构形式，对这 3 种塔形分别按混凝土结构和钢结构进行分析比较，最终选定采用纵向为人字形的钢结构中塔。人字形索塔在分叉点以上是单柱结构、分叉点以下是双柱，可通过调节分叉点高度、塔柱张开量、截面尺寸实现中塔纵向刚度的调节，拓宽了中塔刚度调节的范围，以利于兼顾中塔纵向刚度和抗滑移安全度。受塔顶水平力作用，中塔纵向弯矩由上向下逐渐增加，分叉点以上通过截面尺寸变化实现各截面应力基本均匀，分叉点以下通过两塔柱轴向力与张开距离形成平衡力矩，通过调整塔柱张开量使塔柱底不出现轴向拉力，便于锚固。另外，钢结构本身适应变形的能力强，为适应中塔塔顶适量位移从材料上提供了保障（图 17-6-6）。

图 17-6-6　泰州大桥中塔

（2）索塔高度

索塔高度由桥下净空、主跨跨度、主缆矢跨比决定，对于三塔悬索桥而言，中塔与边塔高度可以相同或有所差别。泰州大桥中塔在水面中间，边塔在岸滩上，基于景观考虑，如果中塔较边塔高出一定的百分比（如 20%左右），可以突出中塔“一柱擎天”的景观效果，全桥重点更加突出。但计算分析表明，在 3 个索塔等高的基础上，增加中塔的高度，加劲梁的竖向挠度会增加，主缆与中主索鞍间抗滑移安全系数增加，相应中塔的材料用量有所增加。经过比较，考虑到由于桥面竖曲线影响，中塔处桥面较边塔处桥面高出 13.5m，中塔塔顶较边塔高 20m，以使中塔桥面以上高度不低于边塔。

2）塔柱

（1）结构设计

中塔纵向呈人字形结构，塔柱高 191.5m，自上向下分三段：上部直线段、交点附近的曲线过渡段和下部斜腿段。塔柱在两条斜腿中心交点以上部分高 122.0m，以下部分高 69.5m；纵向宽度自塔顶的 6.6m 直线变化到曲线过渡段顶的 10.6m；曲线过渡段半径为 100m，塔柱纵桥向由 10.6m 变到 15.54m；斜腿段倾斜度为 1∶4，纵向尺寸为等高 6.0m。索塔横向为门式框架结构，塔柱横桥向尺寸从塔顶至塔底均为 5.0m。塔柱共设置两道横梁。

（2）塔柱节段划分

塔柱共划分为 13 个节段，见图 17-6-7。除底端节段较短外，其余节段长度为 10.775～20.000m。索塔采用大节段制造、安装，可以有效地减少拼接板和高强度螺栓的数量，减少需要机加工的节段端口数，缩短现场工期。最大节段重约 958.6t。

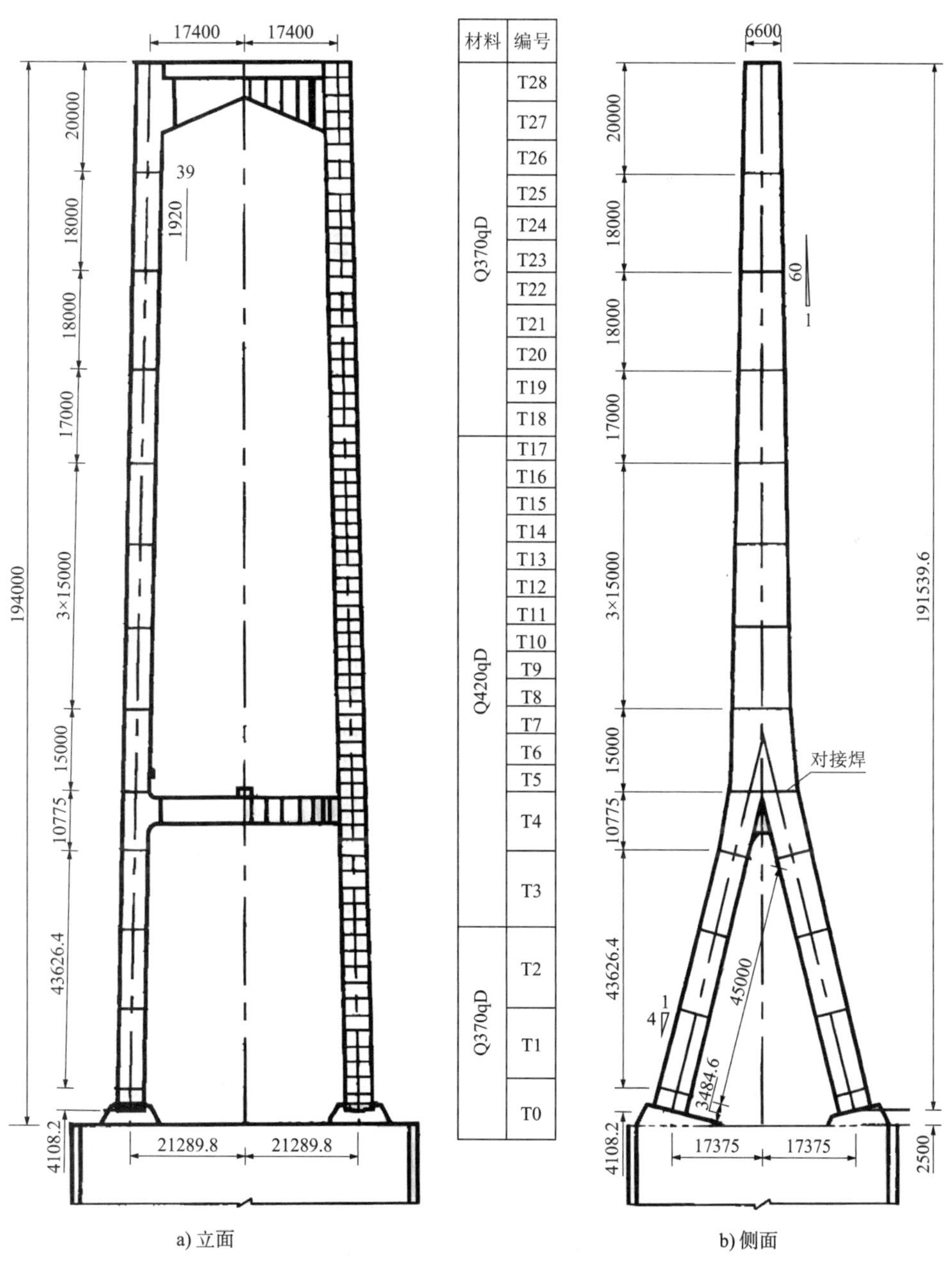

图 17-6-7　塔柱节段的划分（尺寸单位：mm）

（3）塔柱截面

中塔的纵向刚度确定后，结合中塔上端为独柱、下端叉开呈人字形的特点，设计选择了适宜的塔柱截面。考虑到国内焊接结构钢可用的钢板厚度，为了充分发挥材料对塔柱截面惯性矩的效率，泰州大桥最终采用了箱形截面，将钢板尽量布置在截面周边，尤其是在顺桥向距截面中心较远处布置了两块钢板。中塔柱典型截面如图17-6-8所示：塔柱断面为单箱多室布置，其中上塔柱标准截面为单箱三室，分叉点以上一段区域内，在截面中心设置了横向腹板，以保持塔柱分叉前后截面的连续；分叉以后，该横向腹板一分为二；到下塔柱，则构成由上塔柱壁板、腹板连续向下延伸而形成的箱形截面。为了减小塔柱截面的风阻系数，改善涡振性能，把塔柱外侧角点切去0.6m × 0.6m的四个矩形面积，将截面进行钝化。

钢塔柱主体结构按塔柱受力分别采用 Q370qD 和 Q420qD 钢。塔柱壁板厚度为 50～60mm，加劲肋板厚40mm；腹板厚度为44～60mm，加劲肋板厚48mm；横隔板间距为3m与2.5m两种，板厚一般为16mm，特殊受力部位为24mm或32mm。

上横梁外形为横置的K形，连于塔柱靠顶部的直线段内。下横梁连于塔柱曲线过渡段内，高5m，顶板、底板厚均为32mm，采用20mm × 250mm板式加劲肋，腹板厚为32mm。上、下横梁内每隔3m设一道横隔板。

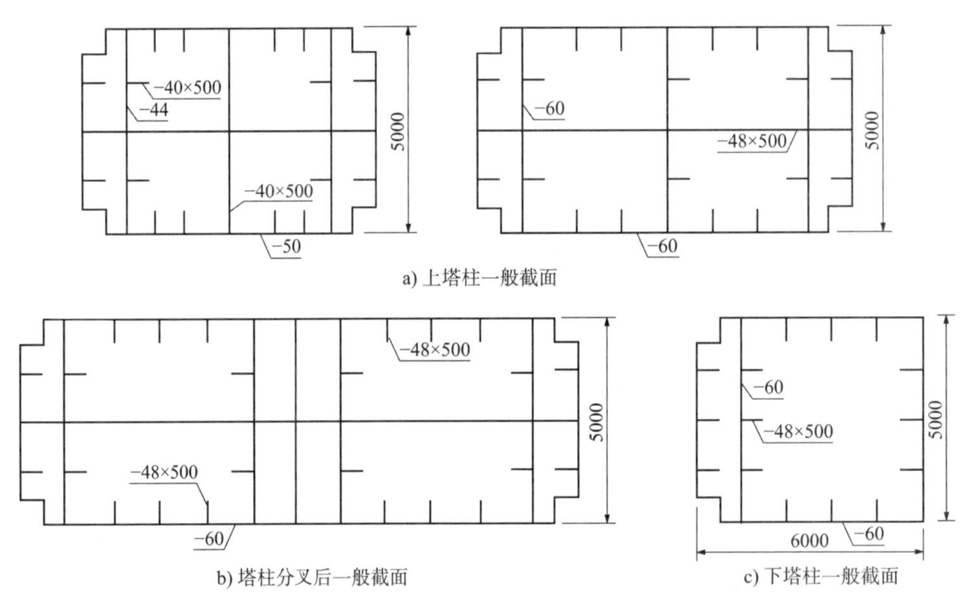

图17-6-8 塔柱截面（尺寸单位：mm）

（4）连接方式

塔柱节段的连接传力形式，采用高强度螺栓传力与端面金属间接触传力相结合的方法。选择塔柱截面各钢板通过焊接形成整体箱形截面，以保证塔柱节段端口全断面机加工的精度，为现场节段间通过顶紧实现连接承压受力创造条件。

3）塔柱与承台的连接

（1）连接方式

由于中塔下塔柱纵向叉开，下塔柱的轴力在承台顶面的水平分力将引起塔底与承台间的剪力，塔柱与基础承台的连接可采用“铰接”或“固结”方式。计算表明，塔柱根部铰接或固结对加劲梁挠度、主缆与中主索鞍间抗滑移稳定等总体技术指标的影响甚微，但对下塔柱受力有一定影响。

若塔柱与承台铰接连接，连接部位塔柱截面没有弯矩，连接的受力简单，承台受力也明确。为实现铰接连接，最直接的办法是在塔柱根部设置大型钢支座，但支座选型和支座更换困难；也考虑过在塔柱设置厚钢板作为上座，基础顶面设置钢结构下座，其间设摩擦副，类似于板式支座的形式，但这种连接在塔柱底出现转角后受力性能不好，没有采用。

若下塔柱与承台采用固结连接，比较符合塔柱根部的受力特点，传力方式明确，维护工作简便易行。因此，泰州大桥采用了固结锚固作为钢塔与混凝土承台连接的方案。

塔柱根部与基础承台之间的连接方式包括螺栓锚固法、塔柱埋入法及两种方法的结合。螺栓锚固法和塔柱埋入法的传力机理不同：螺栓锚固法通过承压板与承台顶面传递压力，由螺栓承担截面弯矩引起的拉力；塔柱埋入法通过剪力连接件以混凝土受剪的形式传力。两种锚固方法均在大型工程中采用过，也有各自的适用范围。

索塔柱根部具有大偏心受压的受力特征，塔柱锚固要将截面约 50MPa 的最大拉应力传递到混凝土承台。如果采用埋入式连接，容易造成混凝土内部受拉，这与其他采用埋入法锚固的工程有根本的不同。另外，由于承台平面尺寸大、厚度方向尺寸小，采用埋入法对承台受力也不利。螺栓锚固则不同，通过螺栓施加预拉力，将塔柱截面的拉应力传递到承台底面，改善了承台的受力条件。对于弯矩的传递，考虑在塔柱底部混凝土内预埋锚固螺栓，并给螺栓施加预拉力。预应力的大小根据工作状态下塔柱底截面不出现拉力（即底板不出现缝隙）来控制。

（2）塔底锚固方式

如果塔底采用固结锚固方式，对于三塔两跨悬索桥，当一个主跨满载、另一个主跨空载时，在人字形中塔的下塔柱中，加载侧塔柱的轴力增大，而非加载侧塔柱的轴力减小，但仍有一定的轴向压力。在轴力与截面弯矩共同作用下，非加载侧塔柱的截面可能出现拉应力，即所谓的大偏心受压。

针对塔柱根部大偏心受压、截面轴向力和弯矩都比较大的特征，塔柱与承台的锚固连接采用承压板和锚固螺栓结合的方式。在塔底的塔座顶面，设置厚度为 150mm 的承压钢板，该钢板与塔柱根部相焊接，以使塔底截面的压应力通过钢板均匀地传递到混凝土支承面；在塔柱截面四周设置大直径的高强螺杆，通过对螺杆施加预拉力使塔底截面与支承面之间紧密接触。同时，在塔底截面布置 34 根直径为 130mm 的 40CrNiMoA 螺栓，并施加预拉力。正常工作状态下，单个螺栓预拉力为 3000kN，考虑预拉力张拉的损失，施工张拉力为 3500kN。

五、加劲梁

1. 总体结构构造

加劲梁为扁平流线型钢箱梁，两侧边室为风嘴兼检修道，加劲梁顶面宽度为 36.7m（含检修道）。加劲梁中心线处梁高 3.5m，加劲梁全宽 39.1m（图 17-6-9，表 17-6-1）。

加劲梁主要参数表 表 17-6-1

项目		尺寸
顶板	顶板宽（m）	36.7
	顶板厚（mm）	14、16
	U 肋	U300-170 × 280 × 6、U303.2-173.2 × 280 × 8，间距 600mm

续上表

项目		尺寸
底板	底板宽（m）	21.25
	底板厚（mm）	10、12、14、20
	下斜板厚（mm）	8、10、12、14、16
	U 肋	U400-180 × 250 × 6、U404.4-182.6 × 250 × 8，间距 850mm
直腹板	直腹板横向间距（m）	33.2
	直腹板厚（mm）	14、16、20、30
横隔板	横隔板间距（m）	3.2
	横隔板板厚（mm）	10、12、14、16、20
风嘴	风嘴宽（m）	2.95
	风嘴上斜板厚（mm）	8
	风嘴隔板板厚（mm）	10、12、14、16

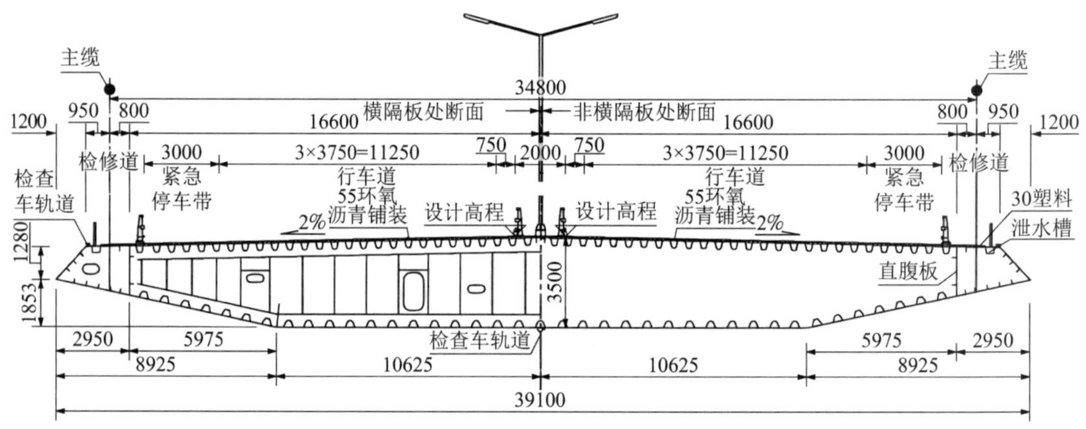

图 17-6-9　加劲肋标准横断面（尺寸单位：cm）

2. 梁段划分

全桥梁段种类共分 6 类，划分为 136 个制造梁段，其中标准梁段 128 个、特殊梁段 8 个。特殊梁段主要分布在中塔区（6 个）及边塔区（1 个）。梁段之间的连接采用全断面焊接方式，标准梁段长度与吊索间距相同，均为 16m。梁段主体结构采用 Q345D 钢，吊索锚箱的耳板和加劲法兰采用 Q370D 钢，标准梁段重 249.94t，最大梁段重 308.82t，全桥梁段总重约 3.4 万 t。

结合桥位自然状况、梁段运输条件、吊装能力、架设工期等因素，全桥共划分为 69 个吊装节段。除中塔位置 T2、T3 吊装节段为单个制造梁段外，其余每个吊装节段均由两个制造梁段焊接而成。最大吊装节段 N1（S1）重 527.6t（不含附属构造重）。

3. 顶板

为提高桥面板刚度，改善桥面铺装的使用性能，外侧重车道 6m 范围内顶板采用 16mm，并采用 8mm 厚 U 形加劲肋；其余范围内顶板采用 14mm，采用 6mm 厚 U 形加劲肋加劲。加劲梁制造时保证顶板上缘平齐。

顶板、U 形加劲肋和横隔板的相交处承受往复作用的车轮荷载，应力非常复杂，为提高此处的抗疲劳性能，将横隔板局部先加工成 10 × 10mm 的倒角，待各板件就位后，将横隔板与顶板和 U 形肋的焊接采取连续焊过倒角的方式，最后将此处填实（图 17-6-10）。

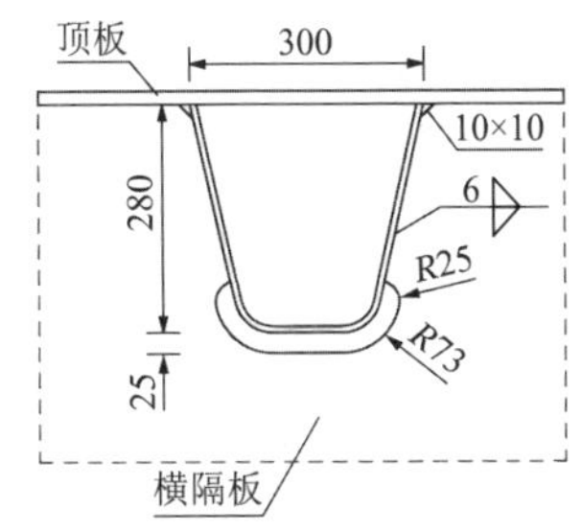

图 17-6-10　顶板 U 肋大样（尺寸单位：mm）

4. 底板

一般梁段底板厚 10mm，中塔区特殊梁段根据受力采用厚 12mm、14mm、20mm 底板。底板同样采用闭口 U 形肋加劲，U 肋高 250mm、上口宽 180mm、下口宽 400mm，U 肋间距 850mm，一般梁段 U 肋壁厚 6mm，中塔区少数特殊梁段壁厚 8mm（图 17-6-11）。

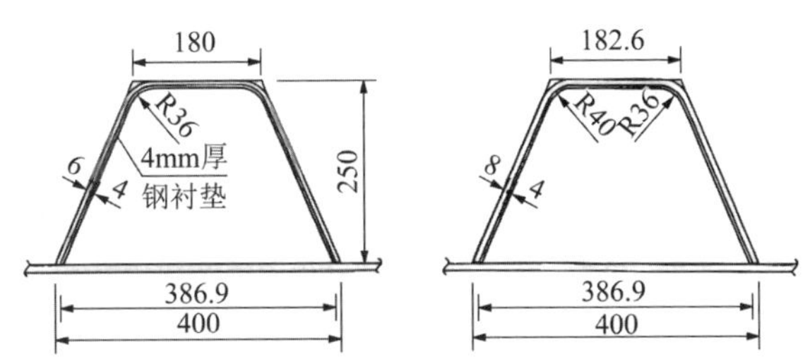

图 17-6-11　底板 U 肋大样（尺寸单位：mm）

5. 纵向直腹板构造

加劲梁设置了纵向通长直腹板构造，主要是为了保证在设置纵向泄水槽情况下钢箱加劲梁结构的整体性；可以使弹性索的纵向力和吊索倾斜的纵向水平分力传递更直接：同时可以使加劲梁受力截面在中塔处连续通过，简化构造，降低中塔塔柱的倾斜度。标准梁段直腹板厚 14mm，中塔区梁段根据受力采用厚 16mm、20mm、30mm 直腹板。

中塔处加劲梁结构连续，并设置了纵向弹性索，该区间加劲梁整体内力和局部内力均较大。为降低该区间梁内应力，B、C、C′、D、E 梁段的直腹板、底板、下斜底板予以加厚；C、C′、D、E 梁段紧靠直腹板的局部范围顶板采用 16mm，并用 8mm 厚 U 形加劲肋：C、C′、D、E 梁段下斜底板、底板采用 8mm 厚 U 形加劲肋，底板 U 肋间距 850mm。

6. 纵向集水槽构造

加劲梁首次设置纵向集水槽，收集桥面初期雨水，避免污水直接排入长江。集水槽设在桥面检修道外侧，为 370mm × 250mm 的 U 形槽，供桥面泄水、排污，U 形槽内衬 2mm 不锈钢板。为方便集水和检修清污，U 形槽顶面板纵向 2/3 长度间隔开孔。

7. 横隔板

横隔板标准间距 3.2m。为了提高横隔板的整体受力性能、更有利于保障桥面板刚度，横隔板采用整体式。整体式横隔板由上、下两块组成，上、下板直接对接。上板与顶板单元一起组装，梁段组装时，上、下板块间采用熔透对接的方式连接。

8. 吊索锚固

加劲梁的吊索锚固构造采用耳板形式，吊索与耳板销接（图 17-6-12）。耳板位于直腹板外侧，可以缩小两侧直腹板横向间距，降低钢梁主体结构的用钢量，同时有利于降低中塔塔柱的倾斜度。耳板上设两个永久吊孔、两个备用孔。耳板与相垂直的三块承力板相焊，承力板与直腹板焊接成箱体，中间一块承力板与横隔板位置相对应。

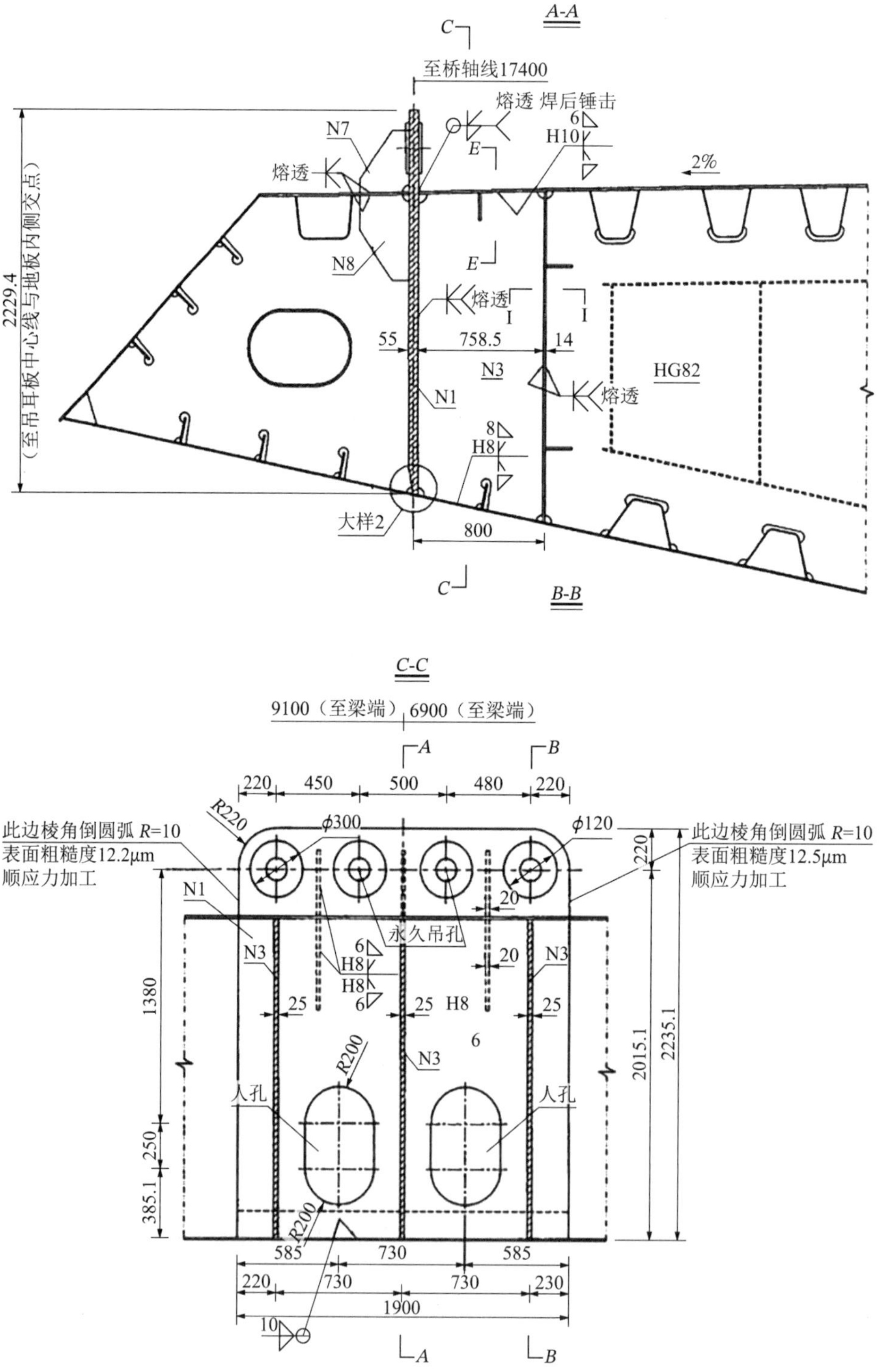

图 17-6-12　吊索锚固构造（尺寸单位：mm）

9. 约束加劲构造

弹性索锚箱设在中塔梁段的直腹板外侧风嘴内（图 17-6-13），两个弹性索锚箱成一对，上、下平行布置，全桥共 8 个。弹性索锚箱构造与斜拉桥钢锚箱类似，由 40mm 厚的承力板和支撑板焊接成矩形箱体，矩形箱体与直腹板焊接。为抵抗锚箱偏心弯矩产生面外拉力，在锚箱前部位置设置了加强横隔板。单个锚箱最大受力为 5000kN。

单根弹性索长 13.32m，当悬索桥两个主跨不对称加载时，一侧弹性索受力，另一侧卸载。单根弹性索的梁端与塔端之间的相对位移较大，相对竖向位移最大 0.25m/−0.38m，相对纵向位移最大 ±0.06m。弹性索需要有较好的抗疲劳性能，为此，弹性索采用 PES7-265 型平行钢丝拉索，抗拉强度为 1670MPa，安全系数 3.0，设置 1500kN 张拉力。锚头构造适应角变位的能力要大并能防锚头脱落，因此，锚头设置球形垫、止退环构造。

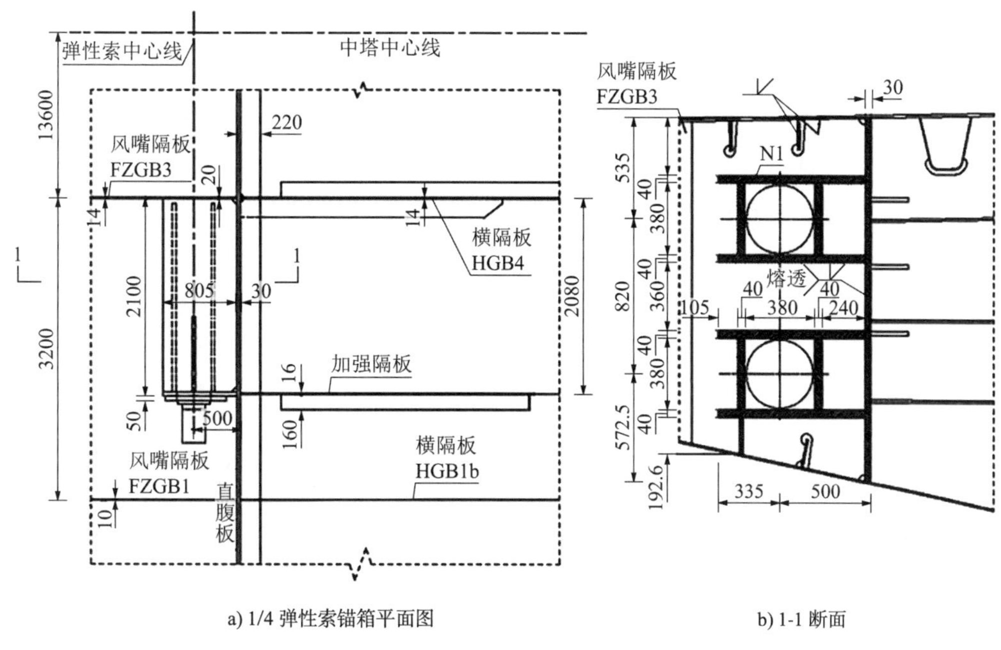

a) 1/4 弹性索锚箱平面图 b) 1-1 断面

图 17-6-13 弹性索锚箱构造（尺寸单位：mm）

中塔下横梁顶面设抗风支座限制加劲梁横向位移，相应地在加劲梁梁底设抗风牛腿和梁内加强构造来抵抗较大的横向风荷载。

加劲梁端部设横向抗风支座和竖向支座，其中抗风支座设置在箱梁两侧直腹板处，紧靠索塔内壁。支座处加劲梁结构均作加强以抵抗支座反力。

六、缆索系统

1. 主缆

主缆采用预制平行钢丝索股，每股由 91 根直径为 5.2mm 镀锌高强钢丝组成，钢丝标准抗拉强度不小于 1670MPa，单根索股无应力长约 3100.0m，重 47t。泰州大桥共两根主缆，每根主缆由 169 根索股组成。两主缆中心距离 34.8m。

索股用定型捆扎带绑扎而成，使其断面呈正六边形，两端设热铸锚头。热铸锚头由锚杯、盖板及分丝板组成，锚杯内浇铸锌铜合金。

索股锚板是与锚杯合一的整体铸钢件结构，索股锚板通过锚固连接器与锚碇锚体连接。

主缆采用 S 形钢丝进行缠绕防护。

2. 吊索

吊索采用销接式，吊索上端通过叉形耳板与索夹连接，下端通过叉形耳板与钢箱加劲梁上的端板连接（图 17-6-14）。吊索采用预制平行钢丝束，钢丝束外挤包 8.0mm 厚双护层 PE 进行防护，PE 内层为黑色、外层为彩色。钢丝采用 ϕ5.0mm 镀锌高钢丝，钢丝标准抗拉强度不小于 1670MPa。吊点标准间距为 16m，索塔中心线至近吊点间距为 20m。

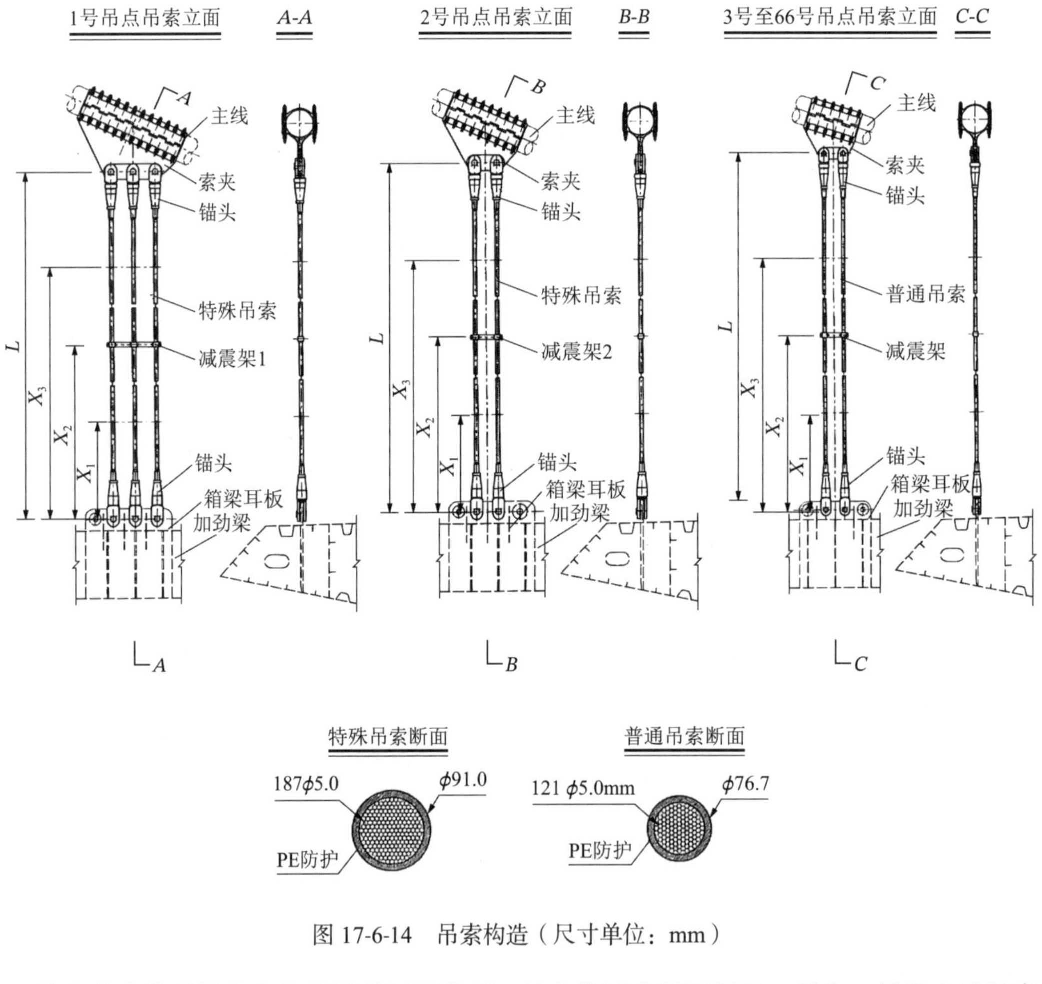

图 17-6-14　吊索构造（尺寸单位：mm）

吊索分为普通吊索和特殊吊索两种类型，其中靠近中塔两侧的 1 号和 2 号吊点的吊索为特殊吊索，其余吊索为普通吊索。每根普通吊索由 121 根钢丝组成，每个吊点均设置 2 根（横桥向左右两侧各 2 根）普通吊索。每根特殊吊索由 187 根钢丝组成。由于钢箱加劲梁在中塔处是连续通过的，并且钢箱加劲梁在中塔下横梁处不设竖向支承，因此中塔两侧的 1 号吊索的最大拉力较其他吊索大，1 号吊点设置 3 根（横桥向左右两侧各 3 根）特殊吊索，考虑到将来更换 1 号吊索时，2 号吊索能满足相应的受力要求，2 号吊点设置 2 根（横桥向左右两侧各 2 根）特殊吊索。

吊索上下端锚头均采用叉形热铸锚。锚头由锚杯与叉形耳板组成，锚杯内浇铸锌铜合金，叉形耳板与锚杯通过螺纹连接，上下两端螺纹方向相反，转动上下两端锚杯可调节吊索长度，设计考虑上、下端叉形耳板与锚杯之间的螺纹共有 ±20mm 调节量，用以调节制造引起的吊索长度误差。

在吊索锚口处设置一段套筒，与锚头相连，套筒与吊索钢丝之间填充密封材料，起缓冲作用，以改善吊索的弯折疲劳影响。

对于成桥状态吊索索长 L（上、下端叉形耳板销轴中心间的距离）大于 20m 的吊索，设置减振架，当 $20.0\text{m} \leqslant L < 60.0\text{m}$，设置 1 道；当 $60.0\text{m} \leqslant L < 90.0\text{m}$，设置 2 道；当 $L \geqslant 290.0\text{m}$，设置 3 道。减振架将一个吊点的 2 根（1 号吊点为 3 根）吊索互相联系，以减小吊索的风致振动。

3. 索夹

索夹分为有吊索索夹和无吊索索夹（图 17-6-15），全桥索夹共分 10 种类型 SJ1～SJ10。SJI～SJ8 为有吊索索夹，与吊索对应，中跨吊索索夹采用销接式。为使两个销孔保持水平并尽量避免吊索偏心受力，销孔对称于通过索夹中心的铅垂线布置。索夹 SJ9 位于背缆无吊索区，起夹紧背缆及支撑主缆检修道的作用，SJ10 位于主索鞍两侧及主缆进入锚室的出口处，起封闭该处主缆的作用。

除封闭索夹 SJ10 分左右两半安装外，其他索夹采用上、下两半的结构形式，用高强螺杆连接紧固。为保证在预紧高强螺杆作用下索夹能紧抱主缆，在两半索夹间留有适当的缝隙，接缝处嵌填橡胶防水条防水。索夹 SJ1、SJ2 的壁厚为 45mm，索夹 SJ3～SJ10 的壁厚均为 35mm。索夹螺杆作成缩腰形，以避免在螺纹处断裂。考虑到 1 号和 2 号索夹受力较大，为了减小索夹的设计长度，以使索夹能适应主缆的形状，1 号和 2 号索夹采用较粗的 M52 螺杆进行张拉夹紧，其他索夹均采用 M42 螺杆张拉夹紧。

索夹体是铸钢件，索夹材料为 ZG20Mn，螺杆材料为高强度合金钢 40CrNiMoA。

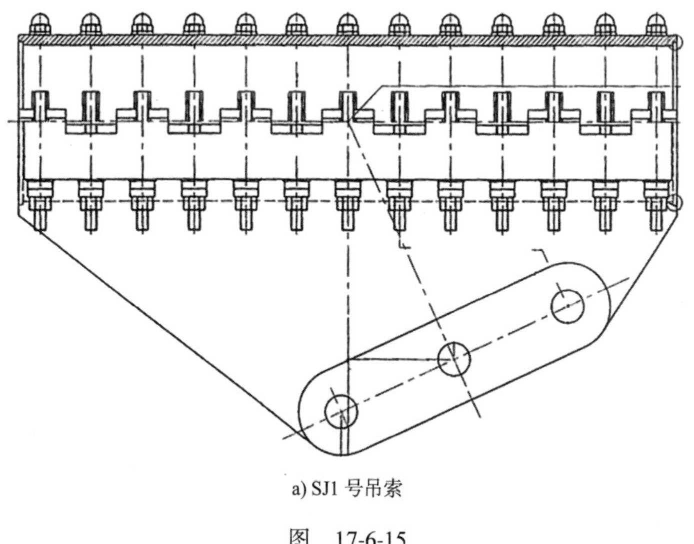

a) SJ1 号吊索

图　17-6-15

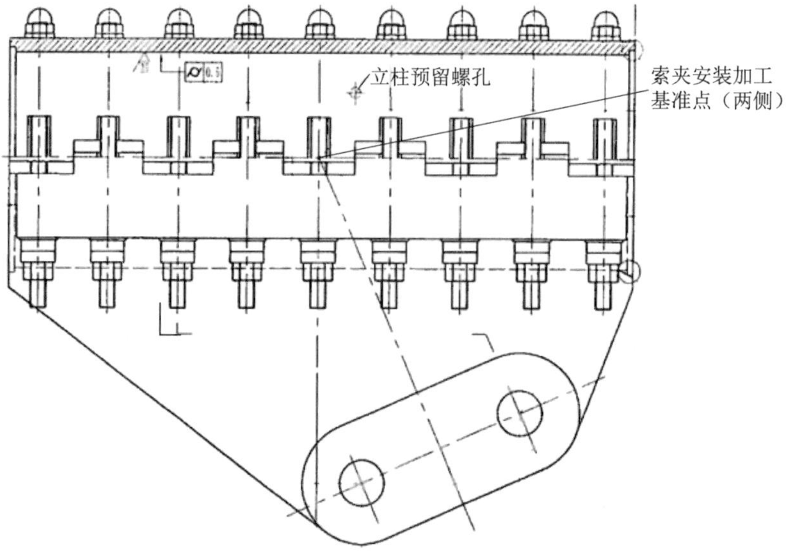

b) SJ2 号吊索

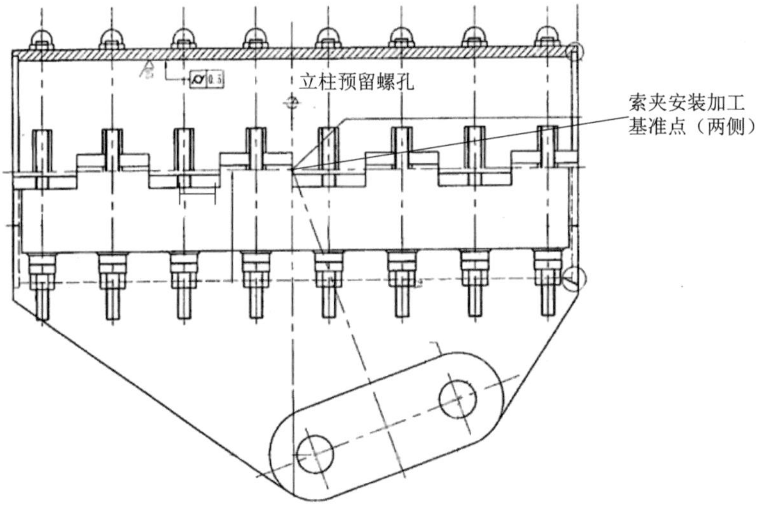

c) SJ3 号吊索

图 17-6-15　索夹构造（尺寸单位：mm）

七、鞍座

1. 主索鞍

（1）中主索鞍

中主索鞍采用铸焊结合型外壳传力结构，鞍头部分铸造，纵向壁板、底板及横向肋板均采用焊接。中塔顶主索鞍预偏量 $\delta=0$mm，鞍座不需设滑动副（图 17-6-16）。

为增加主缆与鞍槽间的摩阻力，鞍槽内设竖向 2 道隔墙，每道厚 60mm。在鞍槽侧壁与隔墙、隔墙与隔墙之间设置 4 道隔板，每道厚 5mm，在索股全部就位后，顶部用锌块填平，上紧压板及楔形块等压紧设施，再将鞍槽侧壁用螺栓夹紧。

为减轻吊装、运输重量，鞍体分两半制造，吊至塔顶后用高强度螺栓拼接。鞍体单件吊重不超过 50t。

主缆与中主索鞍鞍槽间摩擦系数μ取 0.20，抗滑移安全系数 $K \geqslant 2$。

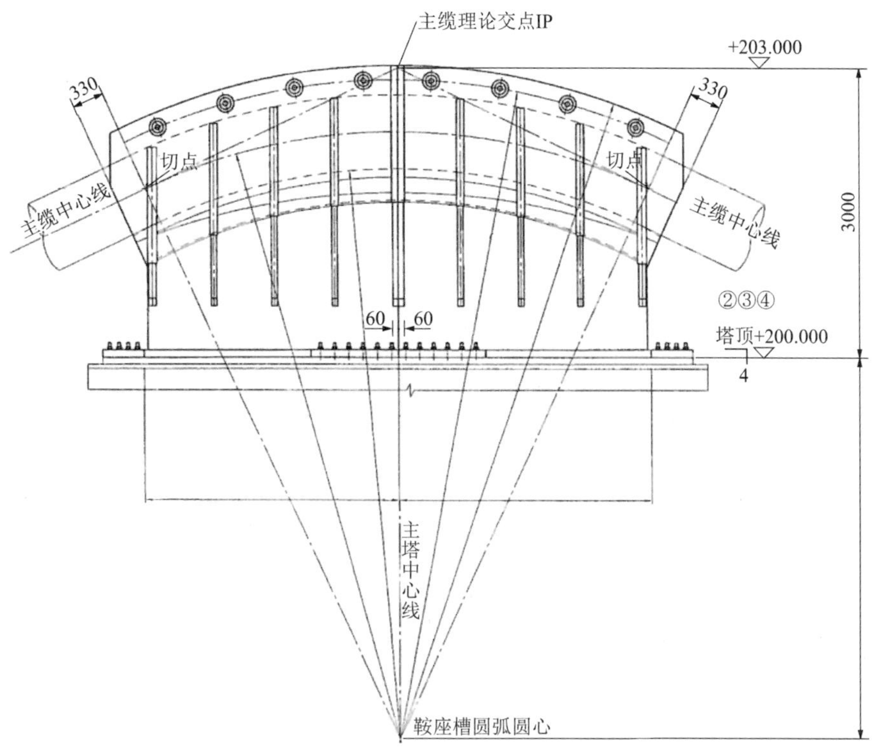

a) 中塔主鞍座立面

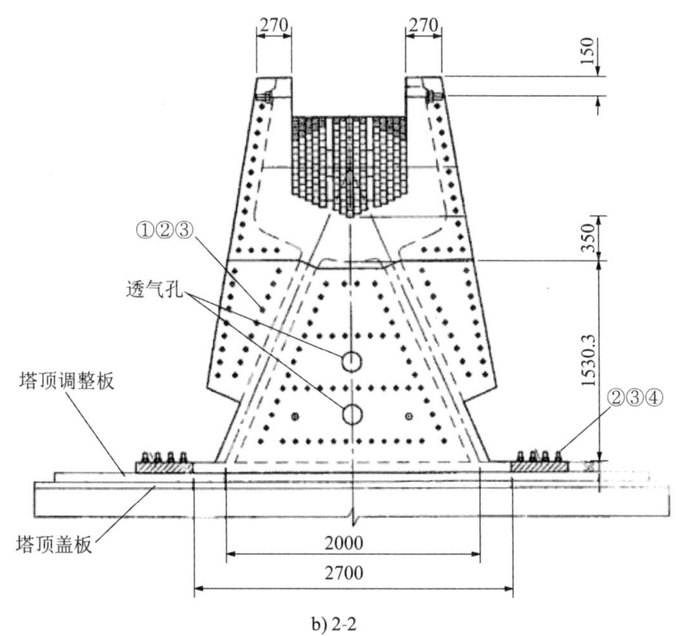

b) 2-2

图 17-6-16　中主索鞍构造（尺寸单位：mm；高程单位：m）

①-M30 × 200 螺栓；②-M30 螺母；③-垫圈；④-M30 × 260 螺栓

（2）边主索鞍

边主索鞍采用全铸型结构，鞍体下设不锈钢板-聚四氟乙烯板滑动副，以适应施工中的相对位移（图17-6-17）。

为增加主缆与鞍槽间的摩阻力，鞍槽内设竖向隔板。在索股全部就位后，顶部用锌块填平，再将鞍槽侧壁用螺杆夹紧。

边塔为混凝土结构，塔顶设有格栅，以安装主索鞍。顶推架与格栅连接为一个整体，以便安装控制边塔顶主索鞍移动的千斤顶。

为减轻吊装、运输重量，鞍体分两半制造，吊至塔顶后用高强螺栓拼接。鞍体单件吊重约45t。

施工中鞍体相对于塔顶的移动，借助安放在格栅边跨侧的千斤顶分几次有控制地进行顶推。达到规定位移量后，安装挡块，将鞍体定位。考虑到边塔顶鞍屋预偏量达2.36m，在索塔施工时，在索塔靠主跨侧中间处留一缺口混凝土后浇，以便让主缆能顺利通过，待鞍座顶推一定位移及主缆离开塔顶边缘后再浇筑。

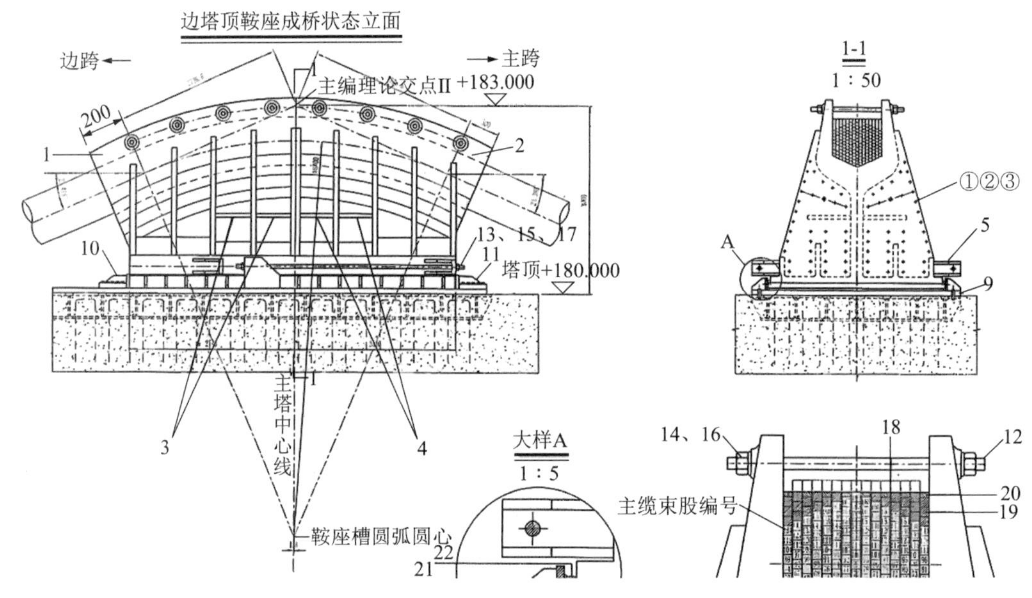

图17-6-17　边主索鞍构造（尺寸单位：mm；高程单位：m）

1、2-鞍体；3-水平肋板（575mm×60mm×700mm）；4-水平肋板（560mm×60mm×700mm）；5-拉杆承压板；6-上承板；7、8-安装板；9-下承板；10、11-挡板；12、13-拉杆；14、15-螺母；16、17-垫圈；18-隔板；19、20-锌质填块；21-衬板；22-密封条

2. 散索鞍

散索鞍为摆轴式结构，采用铸焊结合的形式，鞍槽用铸钢铸造，鞍体出钢板焊成（图17-6-18）。

理论散索点到散索鞍底混凝土面的距离为5.2m。鞍槽底最低处竖弯半径从边跨向锚跨分三次变化，半径分别为8.0m、6.0m和4.0m；鞍槽侧壁的平弯半径为10.5m。

为增加主缆与鞍槽间的摩阻力，并方便索股定位，鞍槽内设竖向隔板，在索股全部就位并调股后，在顶部用锌块填平，上紧压板及楔形块等压紧设施，再将鞍槽侧壁用螺杆夹紧。

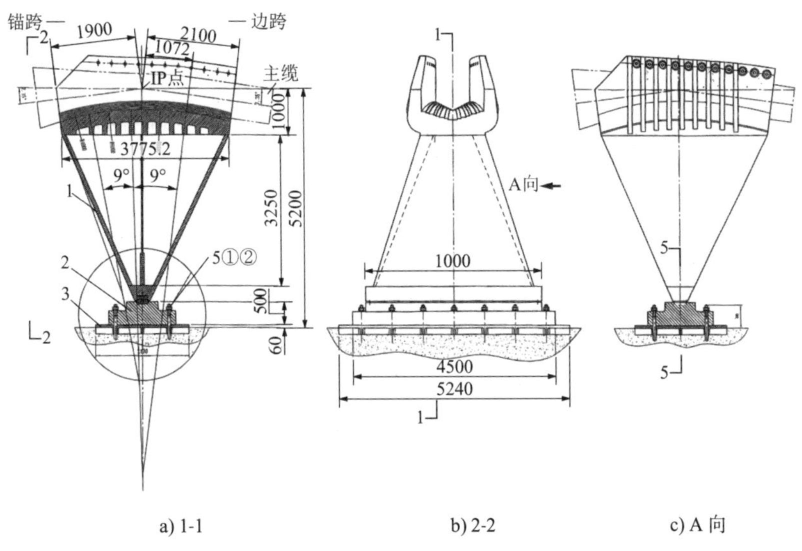

图 17-6-18　散索鞍构造（尺寸单位：mm）

1-鞍体；2-底座；3-底板；①-地脚螺栓；②-螺母

第七节　深 中 大 桥

一、概述

1. 工程概况

深圳至中山跨江通道（简称“深中通道”）地处珠江口粤港澳大湾区核心。项目东接机荷高速，终点与规划的中开、东部外环高速对接。深中通道是世界上首例集超宽超长海底沉管隧道、超大跨海中桥梁、深水人工岛、水下互通“四位”一体的集群工程。深中通道主体工程全长约 24km，深中大桥为跨越伶仃航道和龙穴南水道的主通航孔桥，其建设标准、工程规模、建设难度、工程复杂程度均为现今世界类似工程之最。

深中大桥为主跨 1666m 三跨吊钢箱梁悬索桥（图 17-7-1），缆跨布置为 500m + 1666m + 500m，矢跨比为 1∶9.65，全漂浮体系。

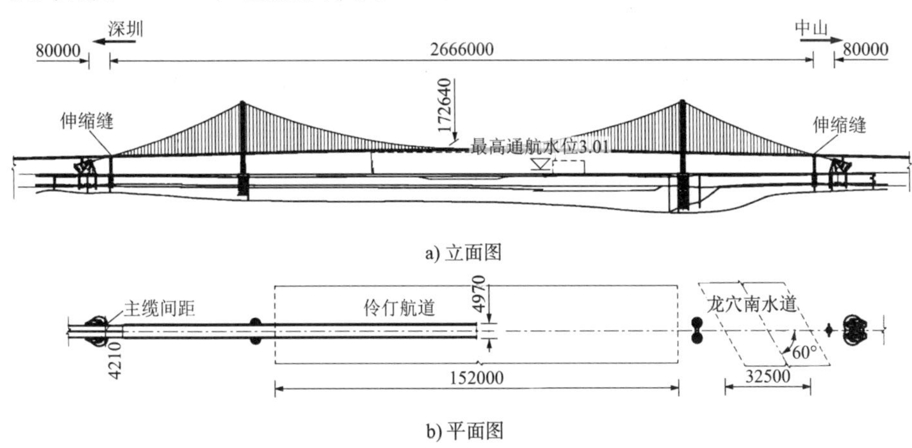

图 17-7-1　深中大桥桥型布置图（尺寸单位：mm）

2. 技术标准

（1）道路等级：双向八车道高速公路。

（2）设计速度：100km/h。

（3）设计基准期：100 年。

（4）汽车荷载等级：公路-I级。

（5）桥梁宽度：40.5m。

（6）横坡：桥梁段路拱横坡为 2.0%。

（7）通航净空：通航净宽为 1520m，主航道通航净高为 76.5m（对应净高 76.5m 的范围不应小于 698m）。

（8）通航水位：最高通航水位 3.01m，最低通航水位 −1.04m。

（9）设防烈度：VII度，地震动峰值加速度 0.10g，场区地震动反映谱特征周期为 0.35s。E1 水准 100 年超越概率 10%，E2 水准 100 年超越概率 4%。

（10）桥址处设计风速：43m/s。

3. 设计指标

（1）跨径

（500 + 1666 + 500）m。

（2）主缆

矢跨比：1/9.65。

中心距：42.1m。

根数：2 根。

组成：127 丝直径为 6mm 的锌铝多元合金镀层钢丝组成一根预制平行钢丝索股，199 股预制平行钢丝索股组成一根主缆通长索股。

直径：索夹内直径为 1053mm，索夹内空隙率 18%；索夹外直径为 1066mm，索夹外空隙率 20%。

强度：2060MPa。

（3）吊索

形式：普通吊索、加强吊索采用钢丝绳吊索；限位拉索采用平行钢丝拉索。

间距：标准间距 12.8m，边吊索距塔中心 13.8m。

组成：普通吊索、加强吊索结构形式为 8 × 55SWS + IWR 的镀锌钢芯钢丝绳，每根限位拉索由 499 根直径 ϕ7.0mm 的锌铝合金镀层高强度钢丝组成。

直径：普通吊索 ϕ68mm，加强吊索 ϕ88mm。

强度：普通吊索抗拉强度为 1770MPa，加强吊索抗拉强度为 1870MPa，限位拉索抗拉强度 1670MPa。

（4）加劲梁

形式：扁平流线型钢箱梁。

高度：4m。

宽度：49.7m（含风嘴和检修道）。

材料：Q345qD。

标准梁段长：12.8m。

（5）索塔

形式：门形结构。

高度：270m。

横梁数：3。

（6）索塔基础

形式：分离式钻孔灌注桩群桩基础。

钻孔灌注桩直径：3m。

钻孔灌注桩根数：单个索塔 2×28 根。

（7）锚碇

基础形式：8 字形地下连续墙基础

基础平面尺寸：直径 130m。

锚固系统：多股成品索锚固体系。

二、锚碇

深中大桥采用离岸超大型重力式锚碇方案（图 17-7-2）。锚碇区域水深 3～5m，地层为深厚软弱淤泥及粉砂层。通过研究，设计人员首次提出在海中采用锁扣钢管桩围堰填砂筑岛形成陆域，在陆域采用 8 字形地下连续墙锚碇基础方案。与抛石筑岛方案相比，该方案具有施工效率高、环境影响小及工后易于清除的优点，解决了离岸深水海中锚碇设计施工的关键技术难题。锁扣钢管桩围堰筑岛平面示意见图 17-7-3。筑岛直径 150m，采用材质为 Q345C 的 130 根 D2500mm 的钢管桩和 130 根 U 形钢板桩作为临时围挡结构，钢管桩壁厚 22mm，钢板桩壁厚 10mm。钢管桩桩端持力层为中粗砂。坑外防护采用抛石护堤，抛石高度 8m。

锚碇基础采用 8 字形地下连续墙基础，直径 2×65m，地下连续墙厚 1.5m，地下连续墙嵌入中风化 5m，内衬厚度 1.5m/2.5m/3m，基础顶高程 +3.0m，基础底高程：−39.0m（东锚碇）、−38.0m（西锚碇），散索鞍间距 42.1m，IP 点高程 48.6m。

锚体采用实腹式构造，分为锚块、散索鞍支墩、前锚室、后锚室等部分。散索鞍支墩、锚块及前锚室采用 C40 混凝土，后浇段采用 C40 微膨胀混凝土。

锚固系统采用多股成品索锚固系统，多股成品索由环氧钢绞线和多层 PE 防护组成，锚头为挤压式，该方案具有性能可靠、可更换、全寿命成本小的优点。双股锚采用 5×15-7 挤压式成品索，单股锚采用 6×15-3 挤压式成品索。

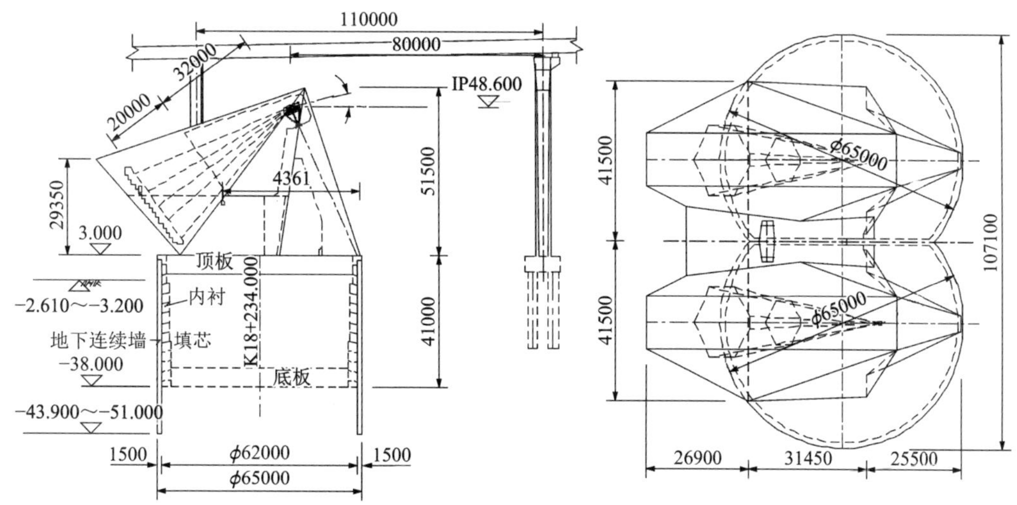

图 17-7-2　锚碇及基础示意图（尺寸单位：mm；高程单位：m）

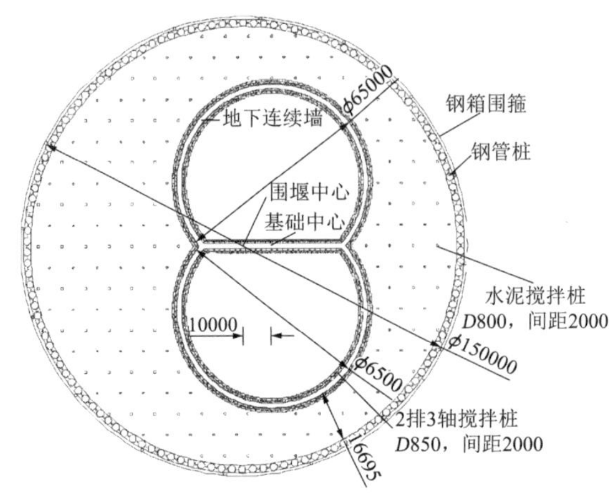

图 17-7-3　锁扣钢管桩围堰筑岛平面示意图（尺寸单位：mm）

三、索塔

1. 基础

索塔基础采用群桩基础，单桩直径为 ϕ3m。索塔基础为 56 根直径 3m 的钻孔灌注桩，按照嵌岩桩设计。西塔桩长 108～136m，东塔桩长 50～87m。承台高 8m，承台平面为两个直径 36m 的圆形。承台采用 C45 混凝土，桩基础采用 C35 水下混凝土。

2. 塔身

索塔采用门式造型。塔柱底面高程 +0m，塔顶高程 +270m，总高度 270m。索塔构造图见图 17-7-4。

索塔共设上、中、下三道横梁，采用领结形设计。除索塔中横梁和上横梁为预应力混凝土构件外，其他塔柱均为普通钢筋混凝土结构，索塔下横梁按普通钢筋混凝土构件设计，设置预应力作为防裂储备，索塔均采用 C55 混凝土。

塔柱均采用八边形截面。下塔柱高程范围为 +0m 至 +79m，截面尺寸由 13m × 16m（横桥向 × 顺桥向）过渡到 8.4m × 12m，上塔柱高程范围为 +79m 至 +262.5m，截面尺寸由 8.4m × 12m 过渡到 7.5m × 12m。塔柱壁厚自下而上为 3.5m、2.2m、2m、1.6m，与横梁交接范围局部加厚。

塔冠为主索鞍鞍罩和塔顶横向平台，采用不锈钢结构。

索塔构造如图 17-7-4 所示。

四、加劲梁

加劲梁采用扁平流线型钢箱梁。钢材采用 Q345qD。梁宽 49.7m，梁高 4m；吊点横向间距 42.1m，吊点顺桥向间距 12.8m；吊索锚固在风嘴上，顶板宽 40.5m，风嘴宽 2.1m，平底板宽 31.3m，斜底板宽 6.7m，风嘴外侧设置宽 2.5m 导流板。标准梁段长 12.8m，设置实腹式横隔板，间距 3.2m；顶板 U 形加劲肋上口宽 300mm，下口宽 180mm，高 300mm，U 形加劲肋中心距 600mm；底板 U 形加劲肋上口宽 240mm，下口宽 500mm，高 260mm，U 形加劲肋中心距 1000mm。顶板在外侧重车道厚 18mm，内侧快车道厚 16mm，顶板 U 形加劲肋板厚 8mm，底板厚 14mm，斜底板厚 14mm，底板 U 形加劲肋板厚 6mm。标准横隔板分为两个部分，上部与顶板系统相连部分厚 14mm，下部厚 10mm。加劲梁中央分隔带中间设置 1.2m 高稳定板。加劲梁标准横断面见图 17-7-5。

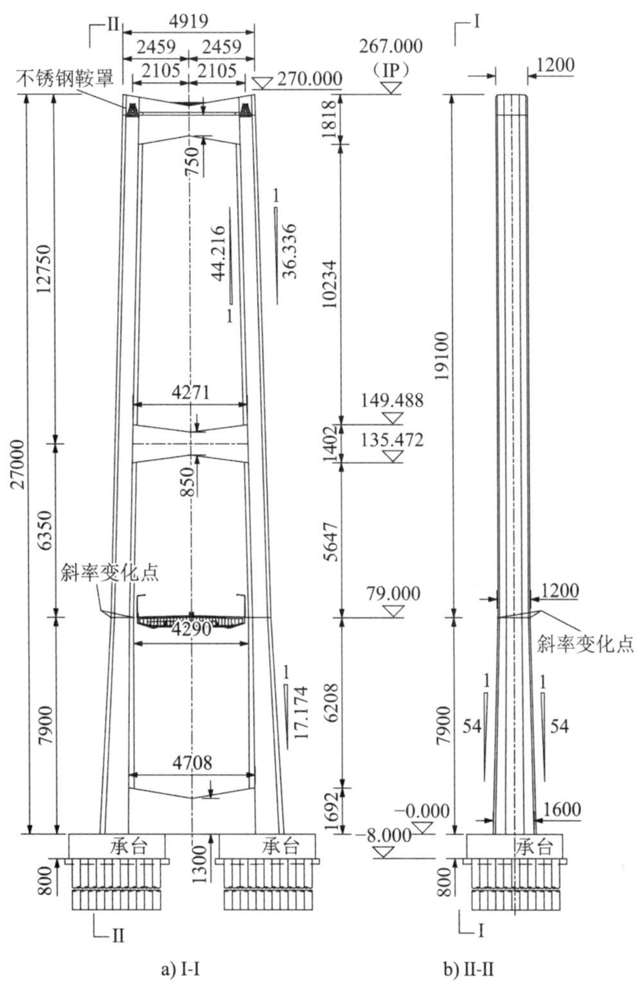

图 17-7-4　索塔构造（尺寸单位：mm；高程单位：m）

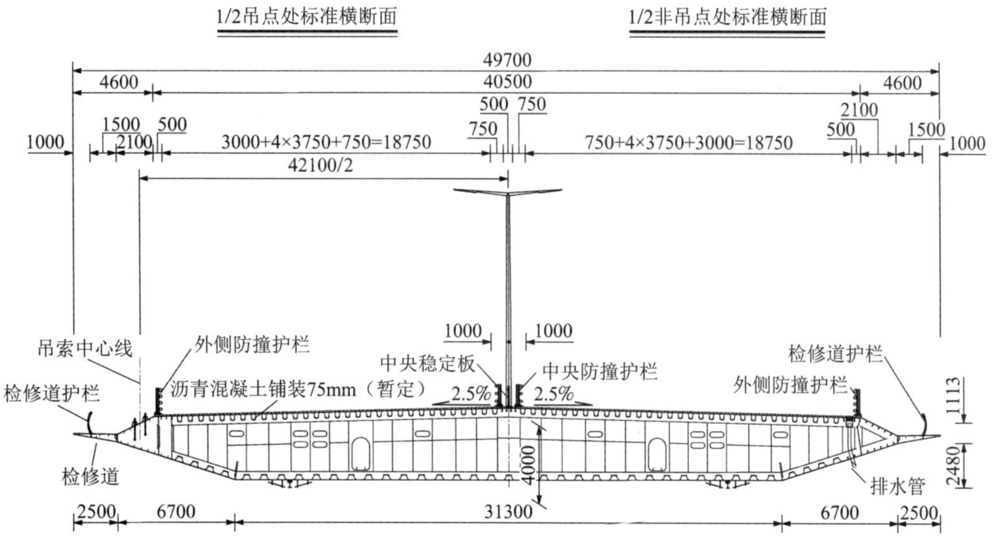

图 17-7-5　加劲梁标准横断面（尺寸单位：mm）

五、缆索系统

1. 主缆

上、下游共有两根主缆，采用预制平行钢丝索股（PPWS），每根主缆通长索股 199 股。每根索股由 127 根直径为 6mm 的锌-10%铝-稀土多元合金镀层高强度钢丝组成，公称抗拉强度为 2060MPa。在镀锌层中添加少量铝、稀土、镁等合金元素，可提高镀层耐蚀性、改善镀层与基体的结合强度。索夹内主缆直径为 1053mm，索夹外主缆直径为 1066mm。索股两端设索股锚头，索股锚头采用热铸锚，在锚杯内浇铸合金，使主缆钢丝与锚杯相连（图 17-7-6）。

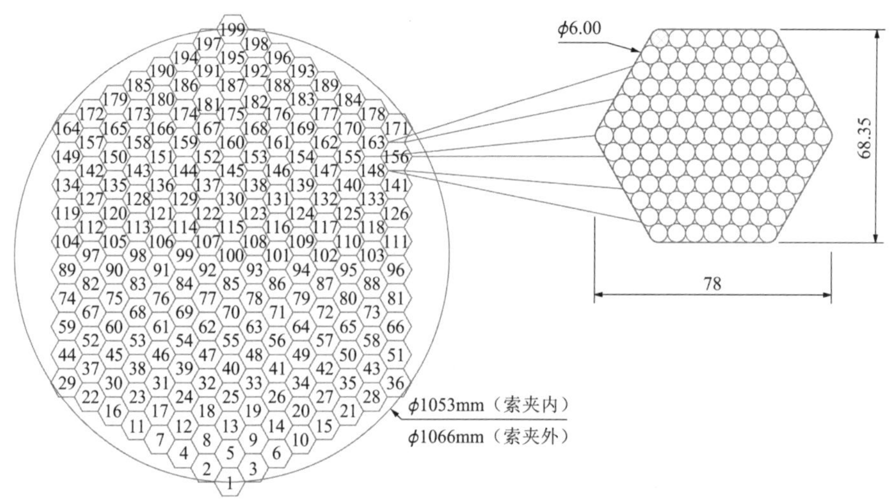

图 17-7-6　主缆断面（尺寸单位：mm）

2. 吊索

深中大桥吊索分为普通吊索、加强吊索和限位拉索三类（图 17-7-7）。限位拉索为边跨靠近锚碇处的拉索，其下端锚固于过渡墩上，上端与索夹相连接；加强吊索为受力较大和变形有特殊要求的塔侧长吊索和邻近限位装置吊索；其余均为普通吊索。

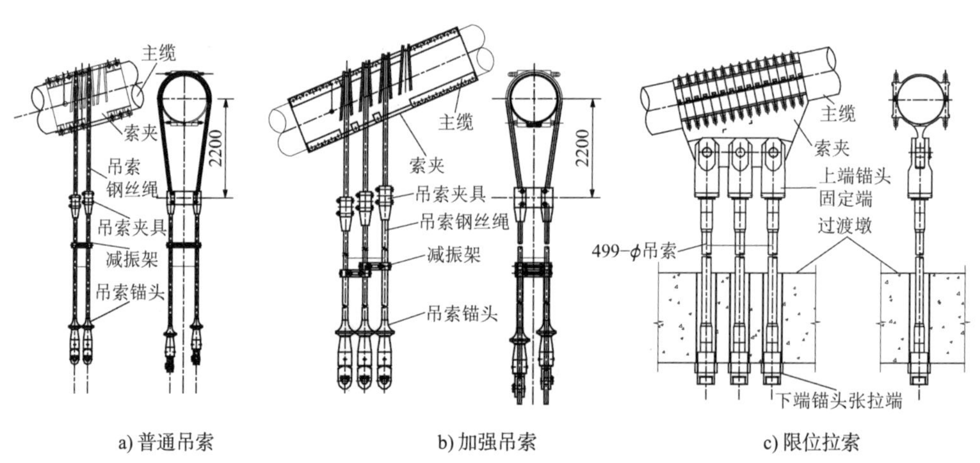

a) 普通吊索　　b) 加强吊索　　c) 限位拉索

图 17-7-7　吊索构造（尺寸单位：mm）

根据吊索受力特点，并综合考虑材料性能、制造加工、安装维护、后期更换等因素，结合钢丝绳以及平行钢丝两者优点，深中大桥常规吊索采用钢丝绳吊索，限位拉索采用平行钢丝拉索。钢丝绳吊索采用结构形式为 8×55SWS+IWR 的镀锌钢丝绳。其中，过渡墩旁加强吊索以及塔旁吊索直径为 88mm（公称），抗拉强度为 1870MPa；普通吊索直径为 68mm，公称抗拉强度为 1770MPa。平行钢丝拉索（即限位拉索）采用成品平行钢丝拉索，外包热挤双层高密度聚乙烯（HDPE）护套（黑色内层，外层宜为彩色）进行防护。材料为直径 ϕ7.0mm 的锌铝合金镀层高强度钢丝，钢丝标准强度 ≥1670MPa，每根拉索含 499 根钢丝，HDPE 护层厚 12mm。

平行钢丝拉索每侧吊点设 3 根拉索。钢丝绳吊索除受力较大的塔侧长吊索和限位装置旁吊索每侧吊点设 3 根吊索外，其余每侧吊点设 2 根吊索。

普通吊索和加强吊索两端锚头采用叉形热铸锚，锚头由锚杯与叉形耳板构成，锚杯内浇铸锌铜合金，叉形耳板与锚杯通过螺纹连接（上、下两端螺纹旋向相反）。

钢丝绳吊索锚杯口处设有氯丁橡胶浇制的缓冲器，以改善吊索的弯折疲劳性能。为将钢丝绳吊索平行束紧，主缆中心下 2.2m 处设置吊索夹具，吊索的相应部位设有锥形铸块，以定位支撑吊索夹具并保护吊索钢丝绳。对于悬吊长度大于 20m 的吊索，需在悬吊长度的中央设置减振架，以将一个吊点的多根吊索互相联系，减少吊索的风致振动。为了适应主缆的横向位移，在中跨附近的短吊索锚头处设有适应横向转动的关节轴承。

3. 索夹

除了限位索索夹采用销接式索夹外，其余索夹均为骑跨式连接。骑跨式索夹均采用左、右对合的结构形式，左、右两半索夹用螺杆相连并夹紧于主缆上，接缝处嵌填橡胶防水条防水。销接式索夹采用上、下对合结构，上、下两半索夹用螺杆相连并夹紧于主缆上，接缝处嵌填橡胶防水条防水。索夹直缝密封为空心弹簧橡胶密封条，密封条需能适应 15～35mm 的宽度变化量，使用寿命 100 年。索夹端部环缝处采用带坡口齿状止口设计，便于缠包带施工和固定，并在缝隙处涂密封胶（图 17-7-8）。

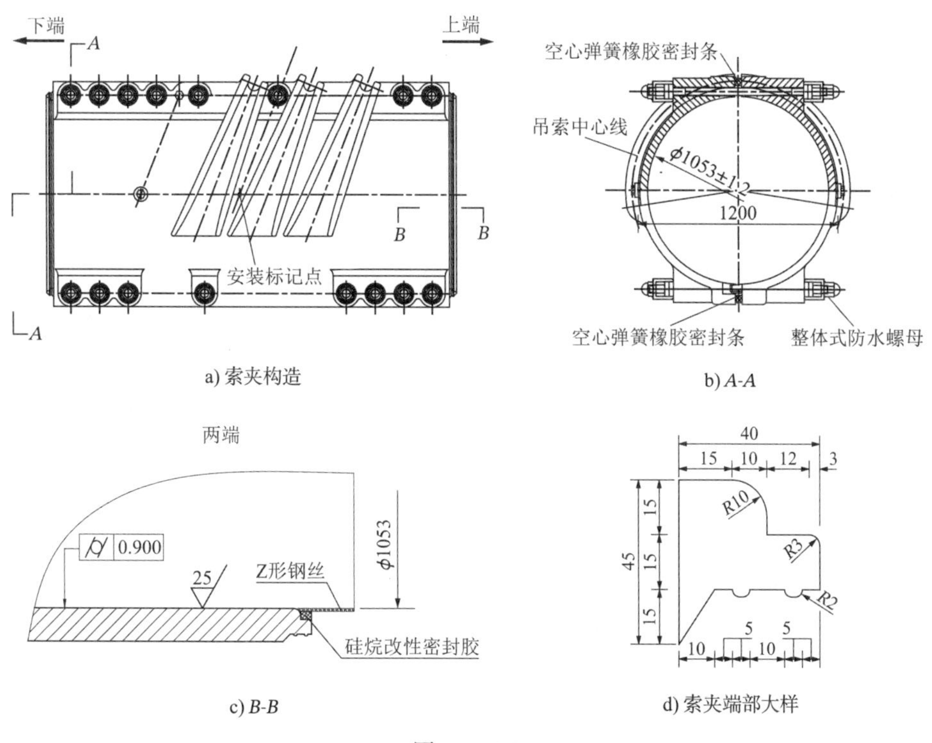

图　17-7-8

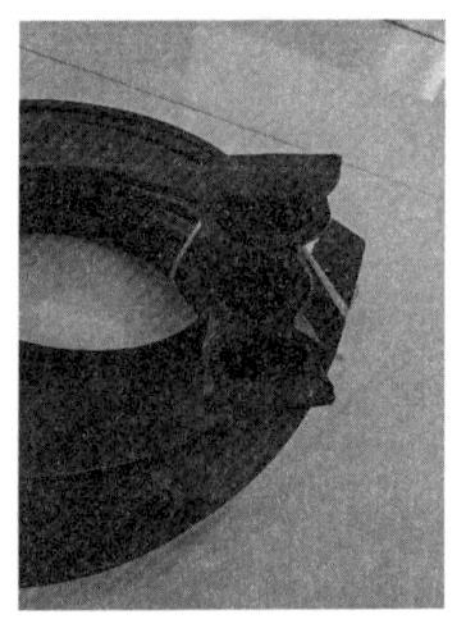

e) 索夹橡胶弹簧式密封条

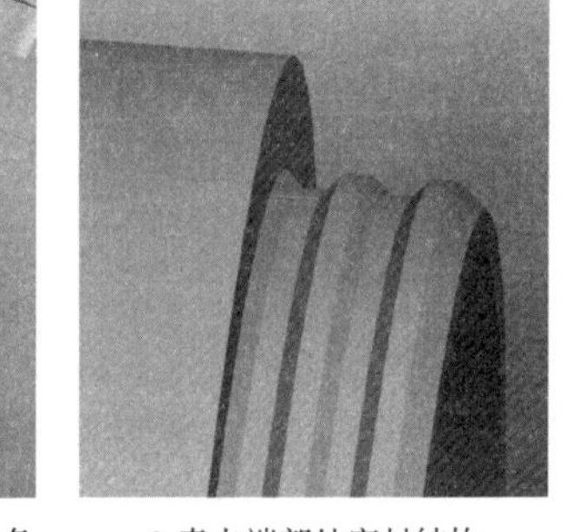

f) 索夹端部处密封结构

图 17-7-8　索夹构造及细节大样（尺寸单位：mm）

六、鞍座

1. 主索鞍

主索鞍为常规设计，鞍槽只有竖弯，没有平弯。鞍体采用铸焊结合的结构形式，鞍槽用铸钢铸造，底座由钢板焊成。为进一步减轻重量，主索鞍采用强度 ZG300-500H 材质。主索鞍总成单件重 309298kg，全桥共 4 件重 1237192kg。单个主索鞍分两半吊装，吊重为中跨侧 115t、边跨侧 114t。

2. 散索鞍

散索鞍采用摆轴式结构设计。鞍体采用铸焊结合结构，鞍槽用铸钢铸造，鞍体由钢板焊成。散索鞍铸造部分采用跟主索鞍一样的 ZG340-550 材质。散索鞍总成单件重 223839kg，全桥共 4 件重 895356kg。散索鞍的吊重约为 161t。

七、耐久性设计

深中大桥处于海洋环境，为确保结构在设计使用寿命年限内的安全并满足正常的使用功能，耐久性设计措施主要包括：

（1）混凝土结构：采用海工高性能混凝土，提高最外层钢筋净保护层厚度；浪溅区及水位变动区采用外层环氧涂层钢筋 + 结构表面涂硅烷浸渍防腐，大气区涂硅烷浸渍防腐，索塔采用防腐涂装体系；对桩基施工采用的钢护筒予以保留，并对钢护筒外表面采用环氧粉末涂层防腐。

（2）钢结构：钢箱加劲梁外壁处在海洋大气区，采用金属热喷涂体系防腐，设计使用年限 30 年；钢箱加劲梁内表面采用内部除湿 + 重防腐涂料涂装。

（3）主缆：采用“Z 形钢丝 + 缠包带 + 干燥空气除湿”防护方案。鞍罩及鞍室安装除湿设备。

第八节　张靖皋长江大桥

一、概述

1. 工程概况

张靖皋长江大桥连接张家港与如皋市，是江苏省内重要过江通道之一，在张家港、如皋、靖江境内跨越长江，上游距江阴大桥约 28km，下游距沪苏通大桥约 16km。张靖皋长江大桥跨江部分总长 7859m，其中南航道桥跨越主江福姜沙水道，为双跨吊钢箱梁悬索桥，桥跨布置为 2300m + 717m，缆跨布置为 660m + 2300m + 1220m，建成后将成为世界最大跨度悬索桥，本节主要介绍南航道桥的设计。张靖皋长江大桥南航道桥桥型布置如图 17-8-1 所示。

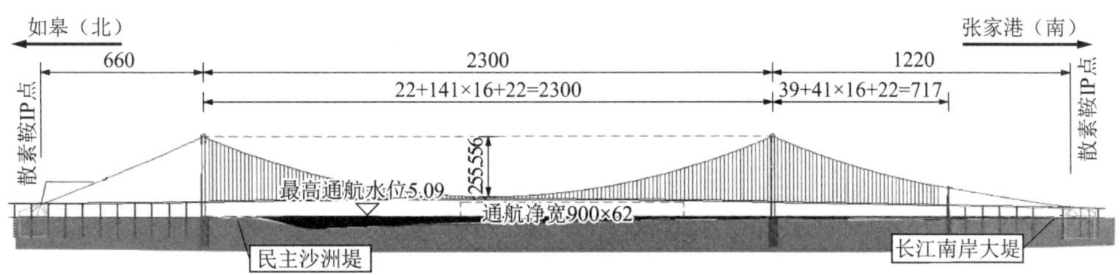

图 17-8-1　张靖皋长江大桥南航道桥桥型布置（尺寸单位：m；高程单位：m）

2. 技术标准

（1）道路等级：双向八车道高速公路。

（2）设计速度：100km/h。

（3）设计基准期：100 年。

（4）设计荷载：公路-I级。

（5）行车道宽度：2 × 4 × 3.75m。

（6）桥梁宽度：40.5m。

（7）桥面纵坡：< 2.5%。

（8）桥面横坡：2%。

（9）通航净空：单孔双向 900m × 62m。

（10）航道等级：内河I级航道。

（11）通航水位：最高通航水位 +5.09m，最低通航水位−1.12m（国家 85 高程，下同）。

（12）桥址处设计风速：31.1m/s。

（13）地震：VI区，基本峰值加速度 0.05g。

（14）设计洪水频率：1/300。

3. 设计指标

（1）跨径

中跨 2300m，南边跨 717m。

（2）主缆

矢跨比：中跨 1/9。

中心距：42.9m。

根数：2 根。

组成：127 丝直径为 5.6mm 的高强度镀锌铝合金钢丝及 1 根主缆输气管道组成，全桥通长索股有 251 股。

直径：1120mm（索夹外，空隙率 20%），1106mm（索夹处，空隙 18%）。

强度：2200MPa。

（3）吊索

形式：竖向平行吊索。

间距：吊索标准间距 16m，端吊索距塔中心为 22m。

直径：普通吊索 68mm，加强吊索 100mm。

组成：普通吊索 121 丝直径 5.6mm 镀锌铝合高强度钢丝，特殊吊索 241 丝直径 5.9mm 镀锌铝合高强度钢丝。

连接方式：上下均采用销接方式。

强度：1770MPa。

防护：外包双层PE（黑色内层彩色外层）。

（4）加劲梁

形式：扁平流线型钢箱梁。

高度：4.5m（桥轴中心线处），高跨比为1/511。

宽度：51.7m（含检修道、导流板及风嘴），宽跨比为1/44.5。

材料：Q355D。

标准梁段长：16m。

（5）索塔

造型：门式框架。

结构形式：钢箱-钢管约束混凝土组合索塔。

材料：钢材采用Q420D、Q355D，钢管内填充C60自密实无收缩混凝土，塔顶实心混凝土段顶部1m采用高强韧高抗裂混凝土（抗压强度≥100MPa，弯曲初裂强度≥10MPa，总收缩应变≤300×10^{-6}），索鞍内填充混凝土采用高强韧低收缩混凝土（抗压强度≥80MPa，弯曲初裂强度≥8MPa，总收缩应变≤100×10^{-6}）。

高度：塔高350m，其中上塔柱143.5m、中塔152.4m、下塔柱54.1m。

横梁数：3。

（6）辅塔

造型：H形框架。

结构形式：钢壳-混凝土组合索塔。

材料：钢材采用Q420D、Q355D和Q235B型材，钢壳内填充C55自密实无收缩混凝土。

高度：塔高130m，其中上塔柱44.25m、中塔39.95m、下塔柱（含塔座）45.8m。

横梁数：1。

（7）索塔基础

形式：整体式钻孔灌注桩群桩基础。

承台平面：八边形，105.2m×43.6m（横向×顺向）。

承台厚度：8.5m。

钻孔灌注桩直径：2.8m。

钻孔灌注桩根数：97根。

（8）锚碇

基础形式：用支护转结构复合地下连续墙结构。

锚体形式：三角框架型混凝土结构。

基础平面尺寸：北锚碇118.05m×75.05m，壁厚1.55m；南锚碇110m×75m，壁厚1.5m。

锚固系统：单股式预应力锚固体系。

二、总体设计

1. 矢跨比

主缆矢跨比是悬索桥总体设计的重要参数，对结构刚度、工程数量、主缆各控制点高程具有决定性影响，通常结合结构刚度、恒载、造价平衡考虑，设计中结合静力与动力两方面，以减小工程数量为基本考量，主缆矢跨比选用 1/9。

2. 约束体系

南航道桥采用主缆缆力自平衡体系，加劲梁采用弹性支撑半漂浮体系，长边跨采用辅塔＋副索鞍的刚性支撑体系。

根据结构体系、抗震、阻尼系统等专题研究结论，结合不同约束装置功能，约束体系总体布置如下：北塔处设竖向拉压支座、横向抗风支座、纵向抗震阻尼器、纵向微动阻尼器、纵向限位挡块；南塔处设竖向弹性支座、竖向阻尼器、横向抗风支座、纵向抗震阻尼器、纵向限位挡块；辅塔处设置竖向拉压支座、横向抗风支座、纵向微动阻尼器；主索鞍处设置纵向抗震阻尼器、纵向微动阻尼器（图 17-8-2）。

图 17-8-2　加劲梁约束体系布置

3. 加劲梁刚度指标确定

张靖皋长江大桥是国内首座主跨超 2000m 的悬索桥，由于超出了现行设计规范的范围，为此开展专题研究了加劲梁合理刚度指标取值。以刚度需求指标限值为控制因素，得到刚度设计指标参数与刚度需求指标之间的联系，确定了合理的刚度设计指标限值。对于张靖皋长江大桥 2300 米级大跨度钢箱梁悬索桥，其竖向刚度指标以竖向梁端转角和竖向挠跨比为控制指标，限值为 0.025rad、1/250，横向刚度指标以横向挠跨比为控制指标，限值为 1/150。

三、锚碇

1. 锚碇基础设计

1）工程地质条件

（1）南锚碇

南锚碇位于农田和菜地，地面高程 2.0m 左右，地形平坦，周围沟渠分布较多，地表水体较发育。浅部地层为全新世冲积淤泥质粉质黏土、粉土、粉砂及粉质黏土，其下为晚更新世粉砂、中砂。潜水含水层主要岩性为粉砂，水位埋深 0.32～1.50m，下部承压水主要岩性为粉砂、中砂、粗砂，水位埋深 1.61～1.71m。锚碇区潜水、承压水含水层均与长江水存在水力联系，其静止水位随长江潮汐水位变化而变化，且存在滞后性，滞后时间 0.5～1.5h，水位变化幅度小于长江水位变化幅度，约为长江水位变化幅度的四分之一。

（2）北锚碇

北锚碇位于民主沙，周边为农田和林地，地面高程 2.60～5.00m，地形平坦，周围沟渠分布较多，地表水体较发育。浅部主要岩性为粉质黏土局部夹粉砂层等，上部为粉砂地层，中部为粉质黏土局部夹粉砂，局部地段为粉砂，下部为粉砂、中粗砂（含砾）、粗砂（含砾）等，属典型的河谷冲积形成的具多元结构的含水层。潜水含水层主要为粉砂，含水层厚约 30m。

承压含水层组岩性主要为粉砂、中砂、粗砂等。

2）基础设计

（1）锚碇基础方案选型

南锚锚址周边区域地势比较平坦，锚碇位于大堤南侧，锚址处覆盖层较厚，地表以下 67m 范围内各地层物理力学指标较差，中间夹杂着厚约 40m 的粉质黏土层，为不透水层；67m 往下有密实的粉砂、中砂，地层物理力学指标相对较好，但均为承压水分布层；勘察孔钻孔深度（140m）范围内无岩石层。

北锚位于民主沙（马洲岛）中部，地势平坦，岛内既有道路又有农田。锚址处覆盖层较厚，地表以下 48m 范围内各地层物理力学指标较差，中间夹杂着厚约 20m 的粉质黏土层，为不透水层；48m 往下有密实的中砂、粗砂，地层物理力学指标相对较好，但均为承压水分布层；勘察孔钻孔深度（140m）范围内无岩石层。北锚与南锚地质条件类似。

在深厚冲积地层软弱地基下，锚碇基础常用的基础形式包括沉井基础、地下连续墙基础。

沉井基础先在地面制作好后再排水下沉，整体性好，承载能力高。但沉井基础施工工期较长，对粉砂、细砂类土在井内抽水时易发生流砂、翻砂等现象，造成沉井倾斜失稳；遇深厚黏土层、孤石等，下沉会有较大的难度，不可预测的施工风险较高。

常规地下连续墙锚碇基础常用于嵌岩或具有良好隔水层的地质条件下，地下连续墙作为基坑开挖围护结构，基坑内降水干开挖到基础底面，然后浇筑底板、隔墙、顶板，具有对周边环境影响小、施工简便、工期短等优点。张靖皋长江大桥南锚处岩层埋藏深，−27～−67m 范围内为软塑或可塑状粉质黏土层，虽为不透水层，但地基承载力低，不宜作为持力层，而 −67m 以下虽然地基承载力有所提高，但均为承压水层。如采用传统地下连续墙基础，需对粉质黏土层进行大范围的地基加固，提高承载能力。

为克服沉井基础及传统地下连续墙中的技术难点，张靖皋长江大桥项目提出了支护转结构复合地下连续墙基础方案。

（2）锚碇基础设计

南北锚碇采用支护转结构复合地下连续墙基础。

南锚碇地下连续墙长 110.05m、宽 75.05m，厚 1.55m，顶板高程 +1.0m，外围双层地下连续墙深 83m，墙底为密实粉砂，如图 17-8-3 所示。

北锚碇地下连续墙长 118.05m，宽 75.05m，厚 1.55m，顶板高程 +1.0m，外围双层地下连续墙深 68m，墙底为中砂层，如图 17-8-4 所示。

双层墙内外侧净间距 4.25m，双层墙间采用地下连续墙分隔长边方向形成 10 个矩形隔仓，短边方向形成 6 个矩形隔仓。双层墙间水下开挖土体至 −49m（南锚碇）/−35m（北锚碇）后，水下 10m 厚混凝土封底，边抽水边安装钢支撑，凿除地下连续墙松散混凝土，清理表面，之后浇筑双层墙间夹层混凝土，与双层地下连续墙形成 7.35m 厚墙体，作为基坑开挖时围护结构。

外围地下连续墙与内部地下连续墙形成格构式框架结构，同时内部地下连续墙将基坑划分为 15 个矩形隔仓，隔仓内先坑内排水干开挖至-9m，破除内部地下连续墙二期槽段上部 8m 素混凝土段和外侧双层墙二期槽段上部 3m 素混凝土段，搭设施工平台；之后水下吸泥取土开挖，所有隔仓分层带水开挖，每层开挖深度 3m，开挖至基坑底面高程 −49m 后，浇筑 10m 厚水下封底混凝土，之后按相邻隔仓 2m 水头差均匀抽水，直至抽干隔仓内部水，接着干浇 4m 厚底板，大隔仓内部干作业施工 0.5m 厚内衬以及三道顺桥向 2m 厚隔墙，后趾隔仓用 C20 填充，其他隔仓采用清水填充。

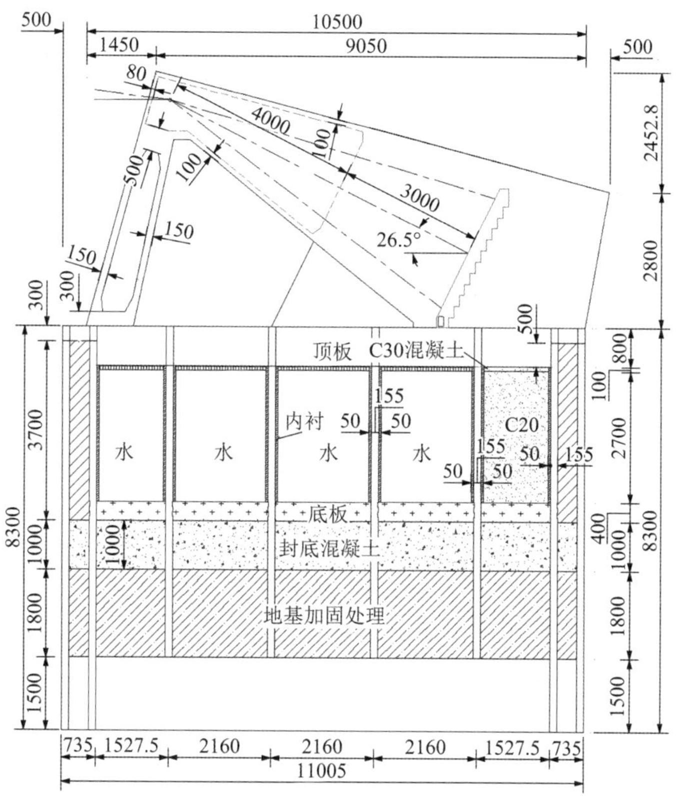

a) 南锚碇基础立面图

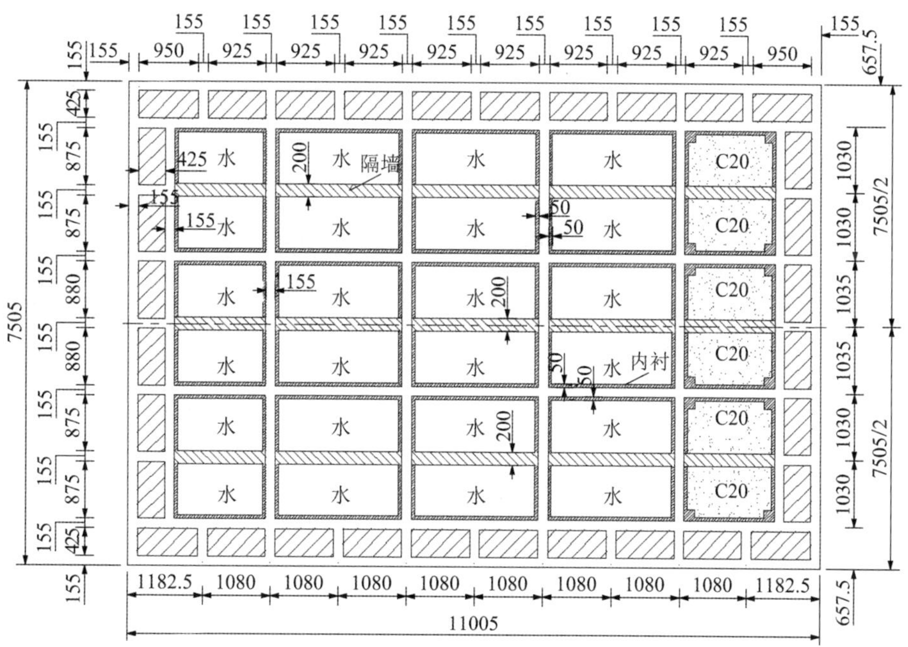

b) 南锚碇基础平面图

图 17-8-3 南锚碇基础总体布置（尺寸单位：cm）

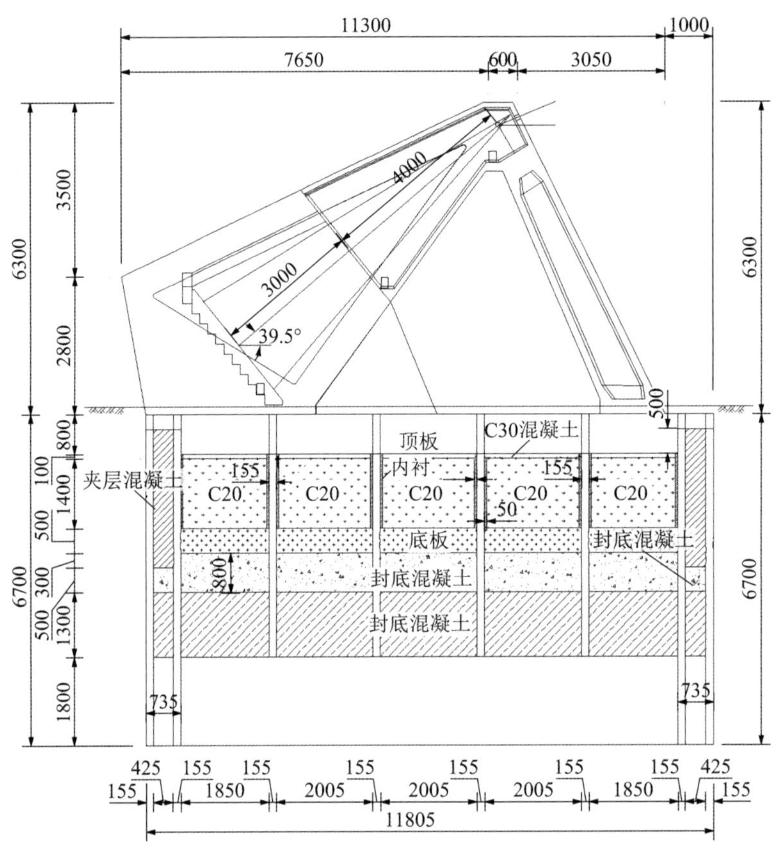

a) 北锚碇基础立面图

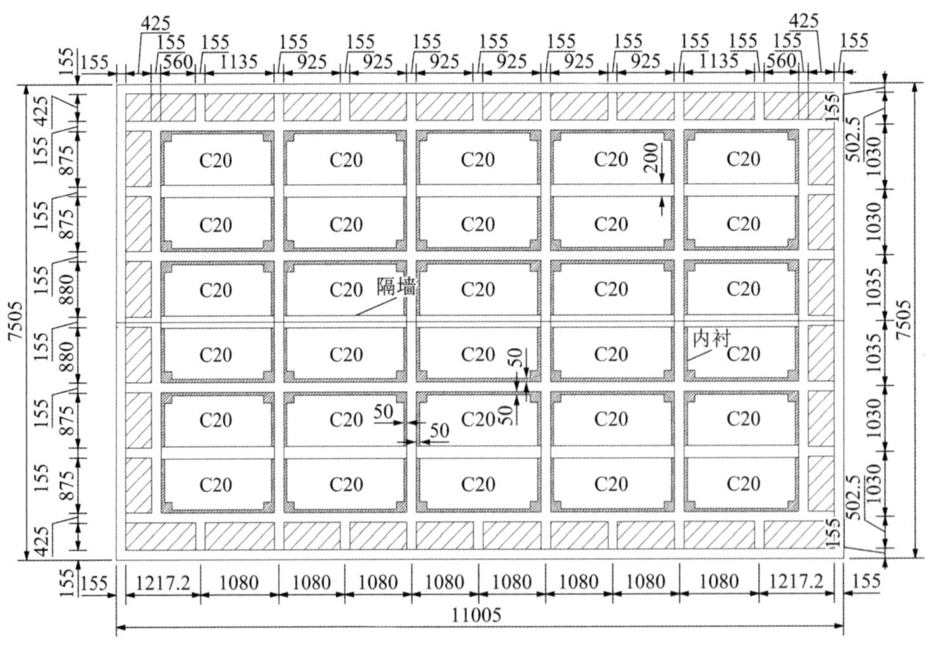

b) 北锚碇基础平面图

图 17-8-4　北锚碇基础总体布置（尺寸单位：cm）

（3）关键技术设计

① 地下连续墙槽段刚性接头设计

地下连续墙施工槽段分一期、二期槽段，槽段通过刚性接头方式连接，一、二期槽段在接头处，采用多道钢筋网片排插连接方式。南锚碇基础设置一期槽段 94 个、二期槽段 104 个，共 198 个槽段（图 17-8-5）。北锚碇基础设置一期槽段 102 个、二期槽段 112 个，共 214 个槽段。

一期槽段分为一字形、L 形、T 形、十字形四种类型（图 17-8-6）。地下连续墙厚 1.55m，放置封闭钢箱结构，钢箱向两侧外伸 4 道横向钢筋网片。二期槽段分为一字形、T 形两大类，地下连续墙厚 1.55m，二期槽段钢筋笼在刚性接头连接处设置 2 道横向钢筋，插入一期槽段的 4 道横向钢筋之内，形成非接触搭接，以满足受力需求（图 17-8-7）。

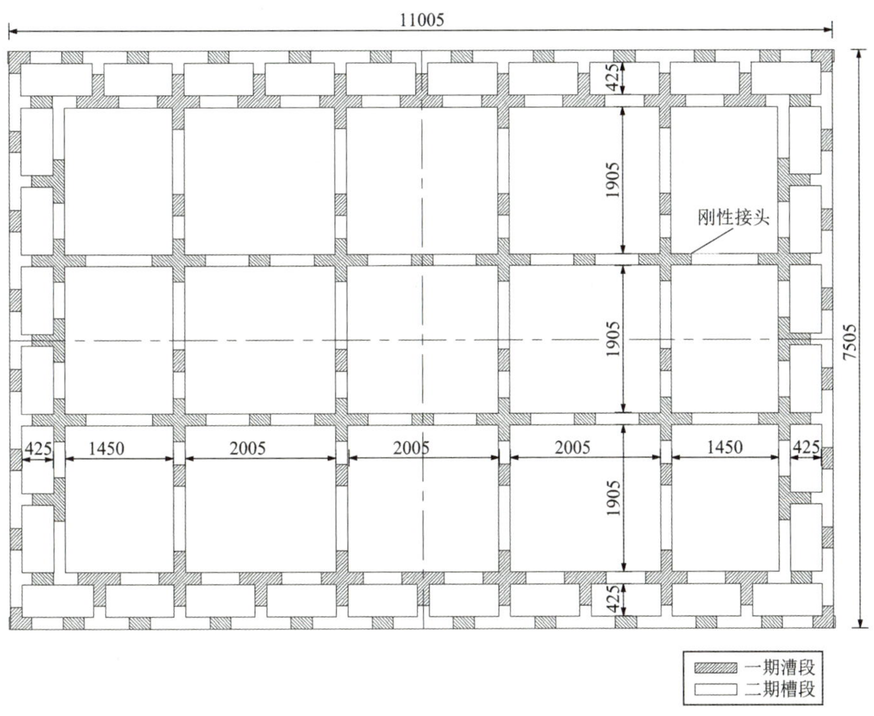

图 17-8-5 南锚碇地下连续墙槽段划分平面布置图（尺寸单位：mm）

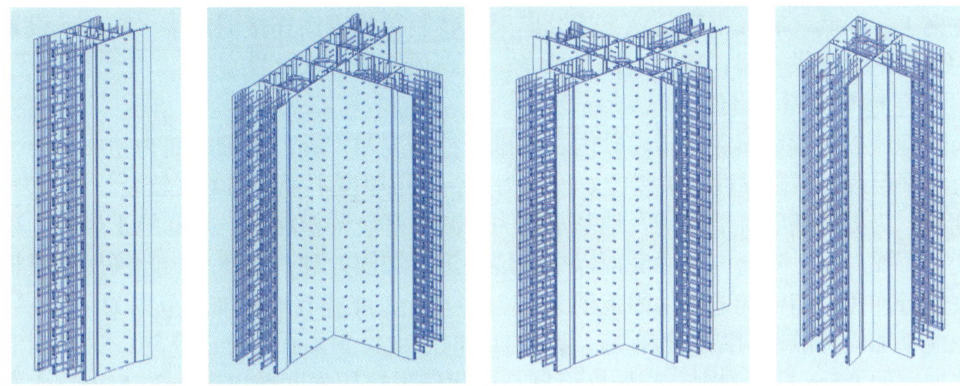

图 17-8-6 典型一字形、T 形、十字形、L 形钢箱三维示意

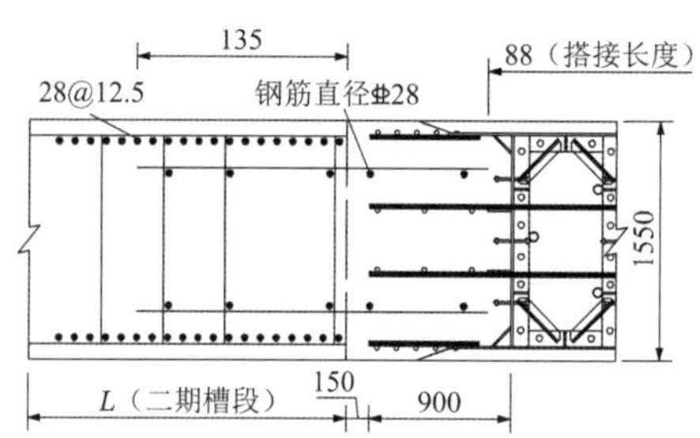

图 17-8-7　典型刚性接头示意（尺寸单位：cm）

② 小隔仓设计

外围双层墙之间每隔一定间距设支撑墙，将双层墙划分为小隔仓，接头位于两道支撑墙中间，剪力、弯矩相对较小。

为减小开挖施工对地下连续墙结构的影响，外围双层墙间的小隔仓土体采用水下开挖，水下封底。由于南锚碇基坑开挖深度大于北锚碇，南锚碇小隔仓混凝土封底厚 10m，而北锚碇为 5m。

外围两层地下连续墙之间的 4.25m 夹层采用钢筋混凝土结构，夹层钢筋通过特制接头钢筋连接器与地下连续墙连成整体，与双层地下连续墙形成 7.35m 厚复合墙体，为提高抗剪性能，在底板与地下连续墙交界面设置 8cm 深榫槽。夹层钢筋混凝土采用干作业施工，要求先对两侧墙体进行清理和凿毛作业，夹层钢筋与地下连续墙预埋接头连接，再分层浇筑混凝土，形成整体结构。

③ 大隔仓设计

双层地下连续墙形成 7.35m 厚复合墙体后，基坑内大隔仓大部分土体采用水下开挖，南、北锚碇大隔仓混凝土封底厚分别为 10m 和 8m，大隔仓水下封底后，抽水，南、北锚碇在水下封底上再分别浇筑 4m 和 5m 厚的钢筋混凝土底板，底板通过钢筋与地下连续墙、隔墙钢筋连成整体，为提高抗剪性能在底板与地下连续墙交界面设置 8cm 深榫槽。

为保持前后趾基底应力分布的均匀性，南锚碇在基础后趾 6 个隔仓中分层浇筑填芯混凝土，而北锚碇所有大隔仓均分层浇筑填芯混凝土，层间设置竖向插筋，并通过预埋钢筋与顶板、底板连成整体。

为了加强地下连续墙整体受力性能，在大隔仓地下连续墙内侧设置 0.5m 厚内衬，拐角处设置 1.2m × 1.2m 加强块。为保证内衬与地下连续墙间的连接质量及共同受力，在地下连续墙施工时预埋特制接头连接器，内衬钢筋通过连接器与地下连续墙钢筋相连。

为了提升地下连续墙抵抗水平力的能力，在大隔仓内设置三道 2.0m 厚的隔墙，隔墙采用干作业施工，隔墙、底板钢筋与地下连续墙采用特制接头钢筋连接器连接。同时，设置隔墙可以为顶板施工提供支撑，减少底模梁长度，提高顶板施工安全性。

④ 深层地基加固方案设计

南锚碇地下连续墙墙底位于粉砂内，基础开挖深度 51.2m，基础底面为粉质黏土，该层土具有水平层理，多以黏性土夹粉土、粉砂为主，夹层厚度不一，均匀性较差，承载力较低，压缩性高。为提高基础抗滑性能及地基承载力，减小基坑开挖深度，降低施工风险，减少结构蠕变，需要对每个隔仓内封底底面以下的地基进行加固处理，设计采用超高压旋喷桩工艺对基底进行加固。南锚碇地基加固范围为−67～−49m，北锚碇地基加固范围为−48～−35m。为降低地基加固离散性对结构的影响，要求加固时较设计顶高程多加固 0.5m，并在封底前将上述多加固的 0.5m 进行剃刷。高压旋喷桩 90d 无侧限抗压强度平均值 ≥ 3.3MPa，水泥质量有效掺入比 ≥ 35%，地基加固层地基整体摩擦因数不低于 0.37。

⑤ 墙侧分布式压浆、墙底压浆设计

在一期槽钢箱外侧、二期槽钢筋笼外侧布置直径 57mm，壁厚 3.5mm 压浆管对锚碇基础地基加固区域（南锚碇为−49～−67m，北锚碇为−35～−48m）地下连续墙体与地基加固薄弱界面及一期钢箱外侧 10cm 间隙进行墙侧分布式压浆，提高墙体接触面抗渗性能，增加隔仓开挖抗突涌安全系数。在一期槽钢箱内侧及二期槽钢筋笼内侧布置压浆管对外圈双层地下连续墙墙底进行墙底压浆，弥补施工缺陷，提高基础承载能力。通过对地下连续墙基础墙侧压浆、墙底压浆，可以进一步提升基础整体受力性能。

2. 锚体

南、北锚碇均采用三角框架造型重力式锚，锚体置于地下连续墙顶板顶面，南锚碇锚体长 110m、高 52.5m、宽 87.45m，北锚碇锚体长 113m、高 63m、宽 86.25m。从功能、受力、施工等方面锚体可分为锚块、散索鞍支墩及前、后锚室等部分，在前锚室外侧墙及锚块上布设深 30cm 三角形装饰槽。

散索鞍支墩主要承受由散索鞍传递的主缆压力，采用单箱双室空心墩。南锚碇支墩墩高 41.4m，顺桥向宽 7.4～10.65m，横桥向宽 14.42～18.9m；北锚碇支墩墩高 54.92m，墩顶顺桥向宽 8.02～13.5m，横桥向宽 14.32～19.86m；墩身壁厚及中隔板厚均为 1.5m。

锚块主要承受预应力锚固系统传递的主缆索股拉力。南锚碇锚块顺桥向长 70.99m，横桥向宽 70.42～87.45m，高 40.97m；北锚碇顺桥向长 61m，横桥向宽 74.35～86.25m，高 45.38m；横桥向在中间设置一道 2m 宽后浇段。

前锚室、散索鞍支墩与锚块形成一个完整的空间受力结构。前锚室由底板、侧墙、顶板及前墙构成封闭空间，对主缆索股起保护作用，其中底板厚 1.0m，与支墩连接处厚 1.8m，外侧墙厚 1.5m，内侧墙厚 1.2m，前墙厚 1m，顶板厚 1m 由 90cm 预制 T 梁 + 10cm 现浇层组成。

锚块及散索鞍支墩等大体积混凝土结构采用 60d 龄期抗压强度作为设计强度。

3. 锚固系统

锚固系统由索股锚固连接构造和预应力钢绞线锚固构造组成。

索股锚固连接构造为单索股锚固单元。单索股锚固单元由 2 根拉杆和单索股连接器构成。每根主缆在南北锚碇各有 247 个单索股锚固单元。单索股锚固单元采用 15-25 规格锚固预应力钢绞线。为了监测锚固系统在后期运营阶段钢绞线索力值，南航道桥设计时在其中 4 根索股锚固单元中抽换一束钢绞线为玄武岩纤维复合材料智能筋。锚具采用 15-27 规格，预留 2 个孔道分别作为通干空气及管道内检测通道（图 17-8-8）。

在两端锚头设置预留通风孔，在桥梁运营阶段可通过此孔道安装监测元件，测试管道的空气湿度，当湿度大于 50%时，可采取通入干空气方式进行管道内除湿，以提高锚固预应力钢绞线的耐久性。

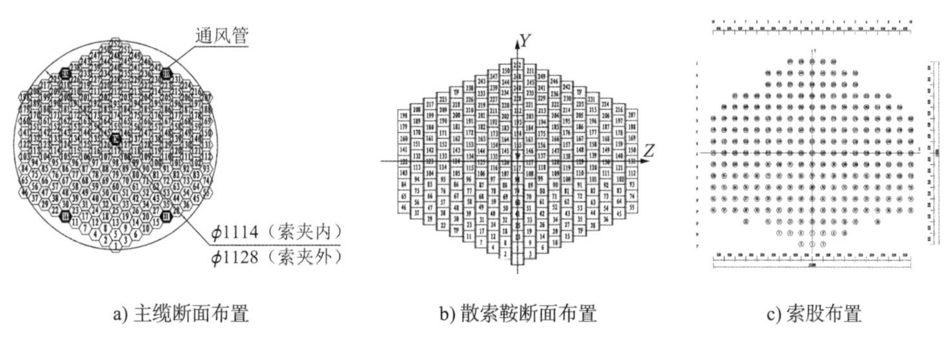

a) 主缆断面布置　　b) 散索鞍断面布置　　c) 索股布置

图 17-8-8　锚固系统布置（尺寸单位：mm）

四、索塔

1. 基础

（1）工程地质

南塔及辅塔位于主江航道（福姜沙水道）南侧的浅水区，常水位水深 2.5～3.5m。基岩（中风化灰岩）埋深 130m 以下，其中 0～60m 为粉砂、粉质黏土；60～70m 为中砂，70～90m 为粉砂、粗砂、粉质黏土，90～115m 为中砂、粗砂，115～130m 为黏土。

北塔位于靖江民主沙（马洲岛）民堤内侧的陆域，地面高程 +3m，高程 −140m 仍未见基岩，其中 0～70m 为粉砂、粉土、粉质黏土；70～120m 为粗砂、中砂；120～140m 粉质黏土、黏土。

（2）基础设计

① 索塔基础

承台为八边形，平面总体尺寸为 105.2m × 43.6m（横向 × 顺向），并设置相应倒角，厚 8.5m。承台平面布置如图 17-8-9 所示。南塔承台外围设有锁扣钢管（桩）围堰形成的裙墙，兼做临时施工围水设施以及永久冲刷防护和船撞消能作用。锁扣钢管（桩）围堰顶高程 +7.000m，钢管底高程 −38.800m，钢管内填筑满 C25 水下混凝土。

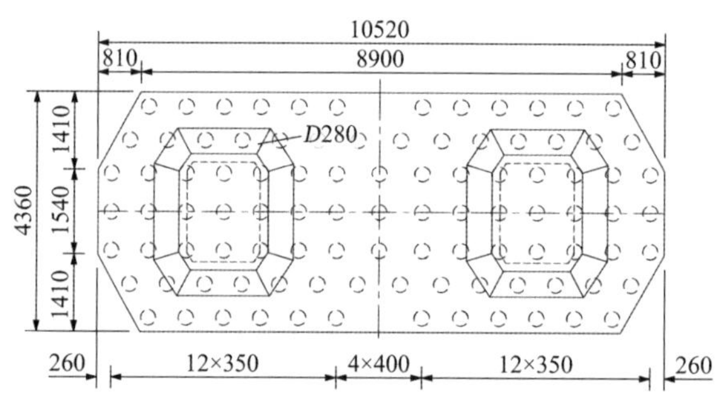

图 17-8-9 桩基承台布置（尺寸单位：cm）

承台下设 97 根 ϕ2.8m 钻孔灌注桩，摩擦桩设计；其中承台中部 7 根桩，桩长为 101.5m，其余 90 根桩桩长为 106.5m。南塔桩基设有永久钢护筒，永久钢护筒顶口高于承台底面 200mm，底高程−39m，壁厚 22mm，内径 3.2m。南、北塔桩基础均通过桩底及桩侧后压浆提高桩基承载力、降低运营阶段沉降变形。

② 辅塔基础

辅塔承台平面整体呈哑铃形。平面总体尺寸 91.2m × 20.4m（横向 × 顺向），左右各设两个八边形承台，单体平面尺寸 28.2m × 20.4m（横向 × 顺向），通过 34.8m × 8m（长 × 宽）的系梁连接，承台及系梁厚度均为 6m。承台外围设有锁扣钢管（桩）围堰形成的裙墙，兼做临时施工围水设施以及永久冲刷防护和船撞消能作用。锁扣钢管（桩）围堰顶高程 +7.000m，钢管底高程 −25.000m，钢管内填筑满 C25 水下混凝土。

承台下设 41 根 D2.2m 钻孔灌注桩，采用行列式 + 梅花式混合布置。系梁下方 3 根桩，桩长为 63m；其余 38 根桩桩长为 99.5m。桩顶埋入承台 20cm，并设有永久钢护筒。永久钢护筒顶口高于承台底面 20cm，底高程 −24.5m，壁厚 20mm，内径 2.5m。桩基础通过桩底及桩侧后压浆提高桩基承载力、降低运营阶段沉降变形。

2. 南航道桥索塔

（1）总体设计

钢箱-钢管约束混凝土组合索塔高 350m，塔顶主缆横向间距为 42.9m，索塔塔底截面中心间距为 58m。索塔设 3 道钢横梁，分上塔柱、中塔柱、下塔柱，高度分别为 143.5m、152.4m、54.1m。塔柱外轮廓采用矩形带凹槽结构形式，改善塔柱空气动力性能；距塔顶 66.573m 处索塔外轮廓截面尺寸为 15m × 12m（纵向 × 横向），考虑主索鞍构造截面尺寸向塔顶曲线过渡至 18.6m × 12m（纵向 × 横向），塔底截面尺寸为 16.5m × 12m（纵向 × 横向），截面四角设 1.4m × 1.4m 矩形切角。钢箱内设 4 根直径 3.6m 钢管约束混凝土柱，通过纵、横向腹板和横隔板与壁板连接形成整体。索塔构造如图 17-8-10 所示。

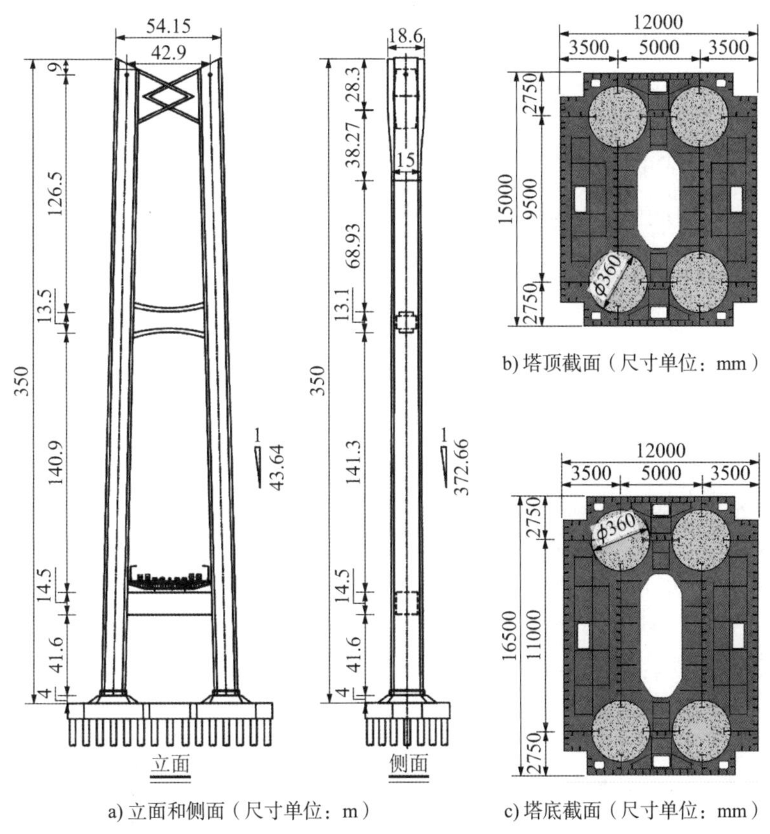

a) 立面和侧面（尺寸单位：m）

b) 塔顶截面（尺寸单位：mm）

c) 塔底截面（尺寸单位：mm）

图 17-8-10　南航道桥索塔构造

（2）塔柱结构

塔柱外轮廓采用矩形带凹槽结构形式，塔柱壁板与腹板采用 30mm、24mm、20mm 三种板厚，设板式加劲肋。横隔板标准间距为 2.7m，厚 14mm，横梁节点等特殊受力部位根据需要调整。

钢管内径 3.6m，板厚 36mm 和 30mm。钢管内设 T 形加劲、对拉板及剪力钉，增强钢管与混凝土协调受力，如图 17-8-11 所示。钢管的 T 形加劲腹板尺寸为 360mm × 30mm，T 形翼缘尺寸为 300mm × 30mm。钢管内布设中 22mm × 200mm 剪力钉，剪力钉环向间距约

250mm，竖向间距分加密区与标准间距区，横梁附近塔柱及下塔柱为加密段，竖向间距 15cm，其余区段为标准间距段，竖向间距 45cm。

塔柱划分 30 个节段（含鞍罩），除塔底节段外，节段长度为 8.1～13.5m 不等，标准节长度为 10.8m 和 13.5m。中间节段质量 374～540t，底节段质量约 719t。

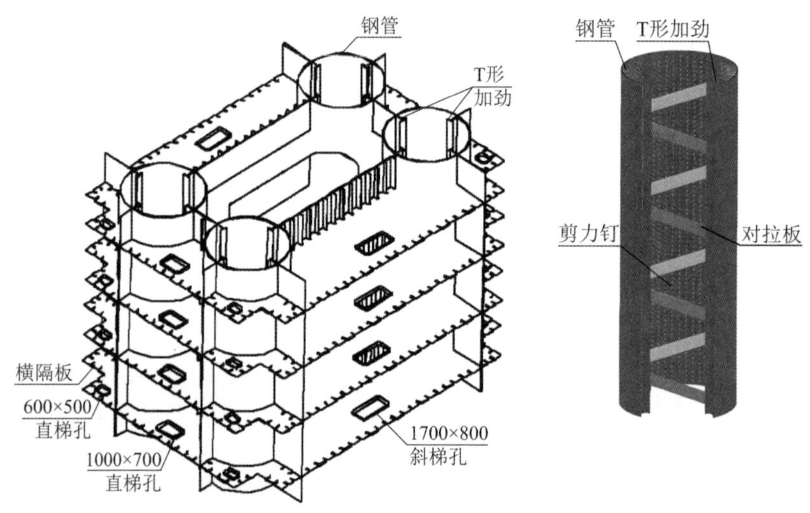

图 17-8-11 钢箱-钢管约束混凝土内部构造（尺寸单位：mm）

根据结构特点、加工特点，厂内采用横向分块制造；根据桥位建设条件、设备能力，塔柱采用整节段/横向分块吊装的方案。塔柱节段采用壁板熔透焊接，加劲栓接；钢管节段及 T 形加劲熔透焊接，横梁采用壁板焊接、加劲嵌补段焊接。

（3）横梁

南航道桥索塔设上、中、下三道横梁，均采用钢结构，上横梁采用三角造型，分为主体结构、塔冠、装饰结构三部分。横梁根部总高约 29.5m，桥梁中心处高约 13.4m。上横梁主体结构采用单箱双室构造（上、下分室）。中横梁为曲线造型，根部总高约 19.2m，桥梁中心线处高约 13.1m，宽 9.853m，采用三箱室结构（上、中、下分室）。下横梁为单箱三室结构（水平分室），横梁高 14.5m、宽 16.198m，横梁上设有竖向支座垫石、纵向限位挡块以及阻尼器垫石（图 17-8-12）。

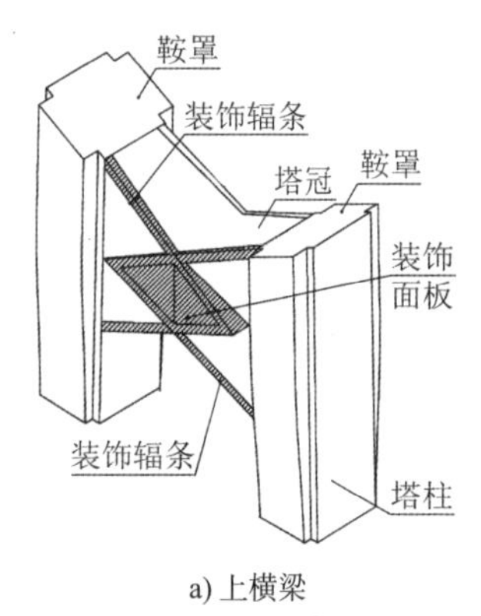

a) 上横梁

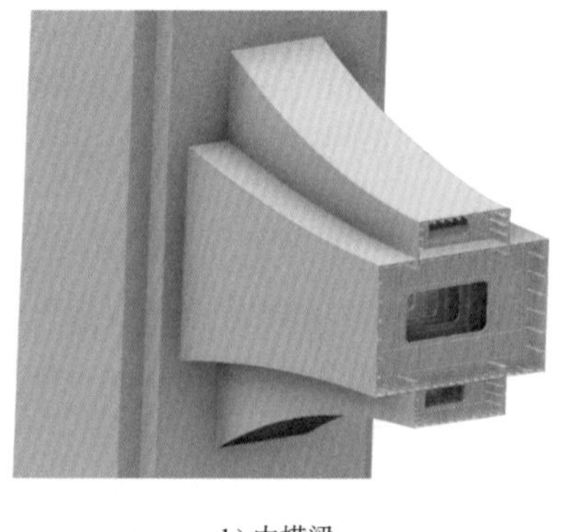

b) 中横梁

c) 下横梁

图 17-8-12 横梁三维示意图

（4）钢管混凝土

钢管混凝土总高度 324.4m。钢管混凝土内周圈布置单层D28mm 钢筋，横梁、塔底节点处双排布置；塔底节段内另设D40mm 钢筋，并与塔座内预埋钢筋连接。

（5）关键构造

① 塔底锚固

塔底锚固采用承压板和锚固螺杆相结合的方式，分钢箱锚固与钢管锚固两部分。塔底设置 120mm 厚承压钢板及 50mm 厚压浆层，保证塔底与承台密贴。钢箱及钢管截面周圈设置直径 130mm 高强螺杆，其中钢箱截面布置 86 根高强螺杆，锚固螺杆施工张拉控制力为 4000kN；单根钢管周围布置 20 根高强螺杆，钢管锚固螺杆张拉控制力为 3500kN，如图 17-8-13 所示。

② 横梁处塔柱

横梁处受框架效应影响，有较大的横向弯矩，钢管与管内混凝土有较大的黏结力需求，因此该部位塔柱钢管内设有 PBL 环板，其中与横梁翼缘相对应处设三道加强 PBL 环板，尺寸为 430mm × 20mm 环板，间距 0.5m，布设两圈 PBL 剪力钢筋；其余位置环板采用 200mm × 20mm，间距 1m，布设一圈 PBL 剪力钢筋，钢板开孔 70mm，钢筋采用D28mm。

横梁传力需较为顺畅地传递给塔柱，管内增设横向开孔实腹板来传递横梁腹板内力，将钢管内剪力钉在该部位做加密处理，竖向间距 15cm，如图 17-8-14 所示。

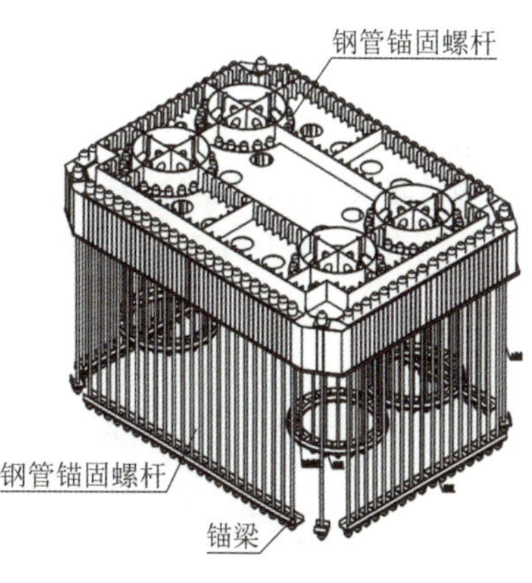

图 17-8-13　塔底锚固构造

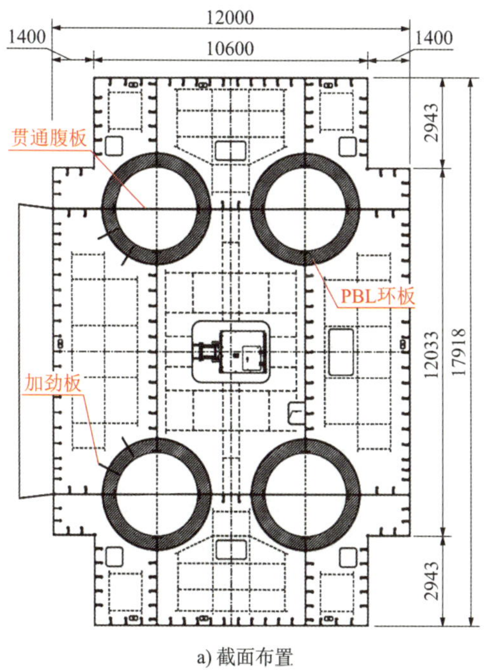

a) 截面布置

b) 三维示意

图　17-8-14

c) 钢管加劲构造大样

图 17-8-14　横梁与塔柱部位连接构造（尺寸单位：mm）

③ 塔顶实心混凝土段

塔顶承受索鞍传递的巨大轴向力，应将轴力均匀传递给 4 根钢管混凝土。该部位采用类似于墩身 + 承台 + 桩基传力模型，塔顶由 6.9m 厚混凝土 C60 实心段 +2.0m 高格构支撑组成，顶部 1m 采用 UHPC，如图 17-8-15 所示。

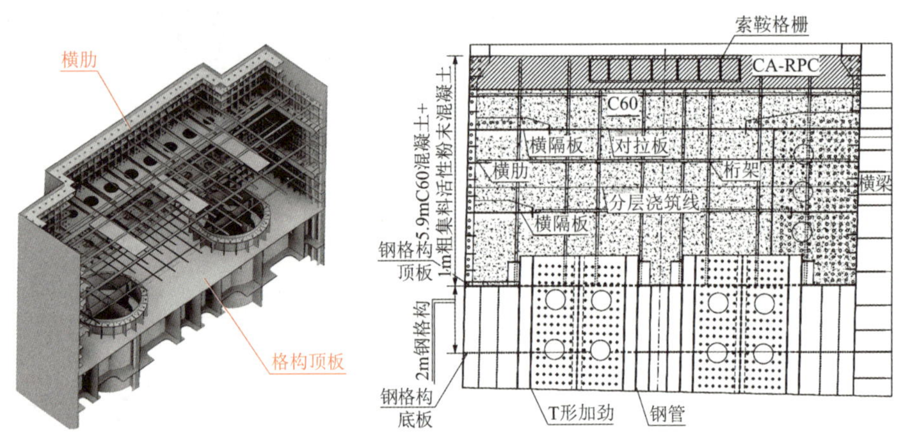

图 17-8-15　塔顶构造

3. 辅塔

（1）总体设计

辅塔采用钢壳-混凝土组合辅塔，设置一道下横梁，塔柱横向呈三角形结构。辅塔高 130m，下塔柱高 45.8m（含塔座），中塔柱高 39.95m，上塔柱高 44.25m。

辅塔共有 38 个节段，其中 T3～T16 包含内外塔肢。常规节段高度 4.5m、5m、5.5m、5.75m，塔底节段高 5.1m（埋入塔座 2.1m，塔座以上高 3m），鞍罩节段高 7.75m。吊重在 140t 以内。节段间内外壁板连接采用对接焊，竖肋连接采用高栓连接。竖向钢筋采用锥套锁紧接头。

塔底为内外肢合并段，塔座顶面位置对应横向宽度 15.5m、纵向宽 7m。辅塔外肢为矩形带直方倒角实心断面，横向宽度 3m，纵向宽度 7m，倒角尺寸 0.5m × 0.5m。辅塔内肢为矩形带直方倒角箱形断面，对应塔座顶面横向宽度 6m，至内外肢合并段宽 4m，纵向等宽 7m，壁厚 1.2～1m；内肢在横梁区段塔柱为设置人孔的实心断面；上塔柱双肢合并为单箱单室，横向宽由 8.942m 逐步过渡至 6m，纵向宽 7m，壁厚 1m。索塔构造见图 17-8-16。

下横梁为钢结构，高 7m，宽 7m，设置主引桥支座垫石及挡块。

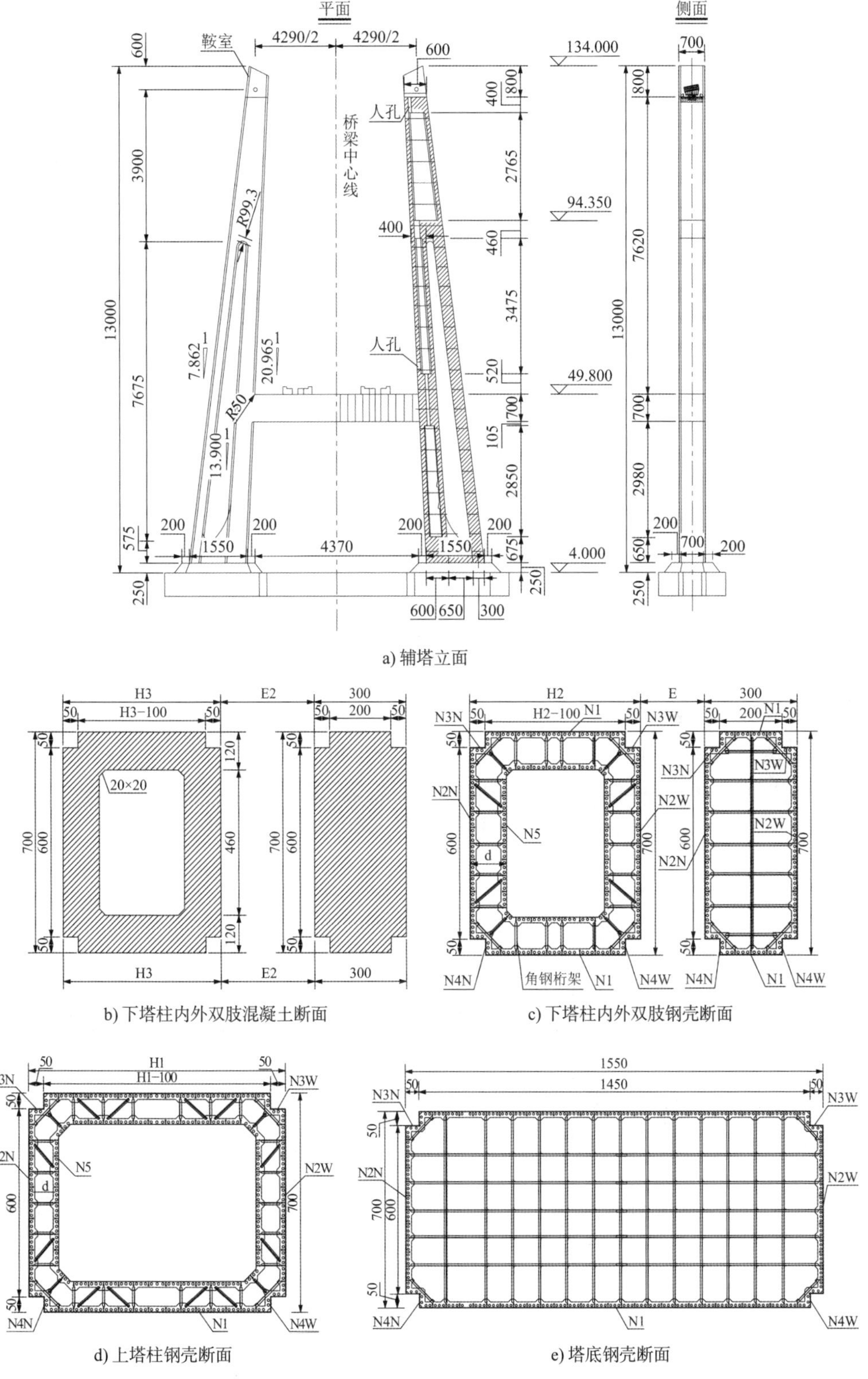

a) 辅塔立面

b) 下塔柱内外双肢混凝土断面

c) 下塔柱内外双肢钢壳断面

d) 上塔柱钢壳断面

e) 塔底钢壳断面

图 17-8-16　辅塔一般构造（尺寸单位：mm；高程单位：m）

（2）钢结构构造

辅塔节段的钢结构由内外钢壁板、竖向加劲肋、水平加劲肋、水平角钢、竖向角钢、焊钉组成。外侧钢壁板标准厚度为 14mm 和 16mm，其中在下横梁上下方、下塔柱和双肢合并段附近区段的壁板采用 30mm、24mm、20mm，内侧钢壁板标准厚度为 8mm；竖向加劲肋尺寸为 130mm × 10mm，标准间距为 500mm，水平加劲肋尺寸为 200mm × 10mm，标准间距为 500mm，加劲肋局部加宽以适应角钢连接；水平角钢、竖向角钢规格为 75mm × 8mm，把内外钢结构连接成整体，并控制混凝土浇筑时的结构变形；焊钉规格 ϕ22mm × 200mm，截面角点设置 ϕ22mm × 120mm 焊钉。

（3）钢筋与钢筋混凝土榫

竖向加劲肋上设置 ϕ60mm 的钢筋孔，水平加劲肋上设置 ϕ80mm 的钢筋孔。钢筋采用 HRB400 级钢筋，外壁竖向钢筋直径 40mm、36mm 和 32mm，内壁竖向钢筋直径 25mm，水平穿孔钢筋直径 20mm，实心段水平拉筋直径 25mm。竖向钢筋依次穿过水平加劲肋的钢筋孔，水平箍筋依次穿过竖向加劲肋的钢筋孔，以形成钢筋混凝土榫，实现钢结构与混凝土的协同工作。

横梁与塔柱结合段在辅塔内设置钢横隔板与横梁顶底板对应，在钢横隔板设置 PBL 孔，近横梁侧设置 5 排开孔，其中两层节段竖向通长钢筋，3 层穿孔短钢筋，最内层为内壳竖向钢筋层。

（4）横梁

横梁为钢结构，高 7m，宽 7m。顶底板厚 32mm，腹板厚 30mm。顶底板纵向加劲肋 300mm × 30mm，腹板加劲肋 240mm × 24mm，一般位置横隔板厚 20mm，支座位置横隔板厚 24mm，横隔板面上加劲厚 14mm。

在横梁顶板角隅范围设置 6 根（单侧）直径 130mm 锚固螺杆，采用钢锚箱锚固，对螺栓施加预拉力以减小横梁顶板与塔柱截面接触拉应力。单个锚杆预拉力在正常工作状态时 3000kN，考虑预拉力张拉的损失，施工张拉力为 3500kN。

在与横梁结合段附近、高程 19～61.5m 范围塔段内肢设置 8 束 15-19 高强度低松弛体内预应力钢绞线，采用两端张拉，张拉控制应力 $0.75f_{pk}$/1395MPa，永存预应力不小于 $0.65f_{pk}$。横梁根部顶部预应力布置如图 17-8-17 所示。

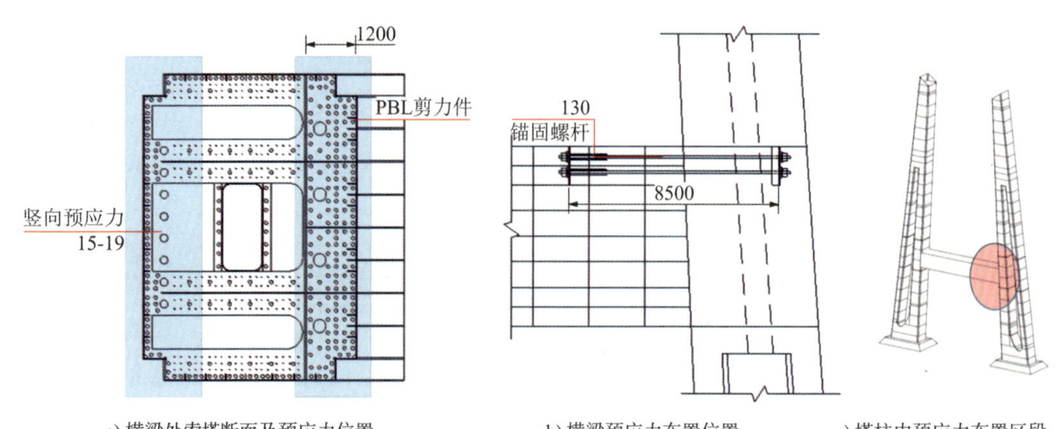

a) 横梁处索塔断面及预应力位置　　b) 横梁预应力布置位置　　c) 塔柱内预应力布置区段

图 17-8-17　横梁根部顶部预应力布置（尺寸单位：mm）

五、加劲梁

1. 总体结构构造

随着桥梁跨径的增加，悬索桥加劲梁的刚度迅速下降，抗风稳定性与颤振、涡振性能等显著下降，发生风致灾害的危害较大。为保障大桥在风载作用下的稳定运行，开展了多项结构抗风性能试验研究，优化了悬索桥加劲梁的气动外形。加劲梁采用增加气动措施的扁平流线型钢箱梁。

加劲梁梁高 4.5m，全宽 51.7m（含检修道、导流板）。顶板宽 42.9m（腹板间距），平底板宽 25.5m，斜底板宽 8.7m，风嘴宽 2.3m，风嘴外侧设置宽 2.1m 检修道和导流板。加劲梁平底板外侧设置两道梁外检查车轨道及轨道导风板，中间设置一道下中央稳定板。加劲梁标准横断面如图 17-8-18 所示。

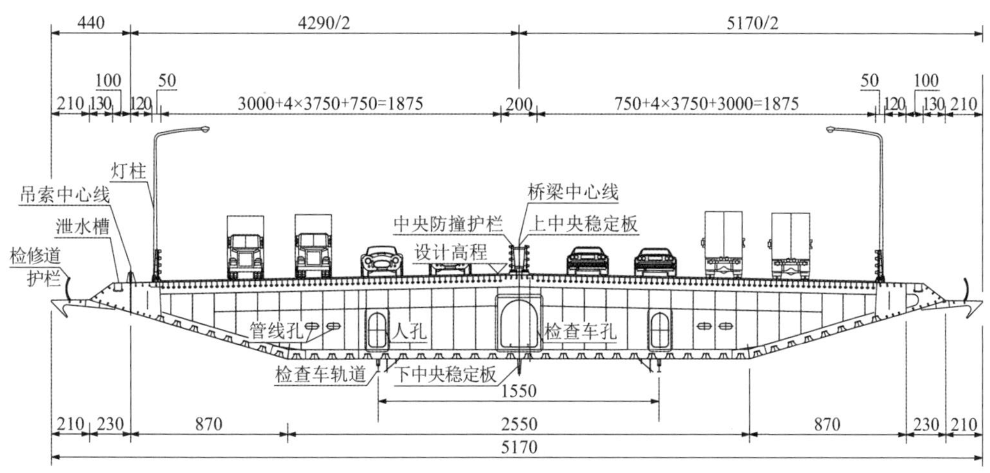

图 17-8-18　加劲梁标准横断面（尺寸单位：cm）

2. 梁段划分

加劲梁共划分为 190 个梁段，梁段长 11.25～16m 不等，其中标准梁段 176 个，梁段长 16m，重 365t，全桥最大梁段重为 520.6t。

3. 桥面板及其加劲肋

由于长期承受高频的车辆荷载，悬索桥加劲梁桥面板易产生疲劳损伤，桥梁的长期服役性能降低。为提高钢箱加劲梁结构的抗疲劳性能，经过一系列加劲梁疲劳性能试验研究，确定了钢箱加劲梁顶板采用开口 L 肋加劲 + 横隔板开苹果孔方案，如图 17-8-19 所示。钢箱加劲梁顶板采用隔板连续的开口 L 肋，并在横隔板间增设矮横隔的方式使顶板的受力和变形更为均匀、协调，同时 L 肋与顶板采用双面贴角焊，质量更容易保证，也更便于检查和维修。足尺模型试验表明，新型开口 L 肋加劲 + 横隔板开苹果孔正交异性钢桥面板具有较好的抗疲劳性能。

快车道及紧急停车带范围内顶板厚度采用 16mm，重车道范围内顶板厚度采用 18mm，顶板 L 肋腹板厚 9mm，肋高 300mm，肋头宽 65mm，肋头为变厚方式，肋间距 300mm，一次扎制成型。靠近中央护栏处、靠近腹板处分别设置 6 道、4 道 168mm × 14mm 的 I 形扁钢加劲。

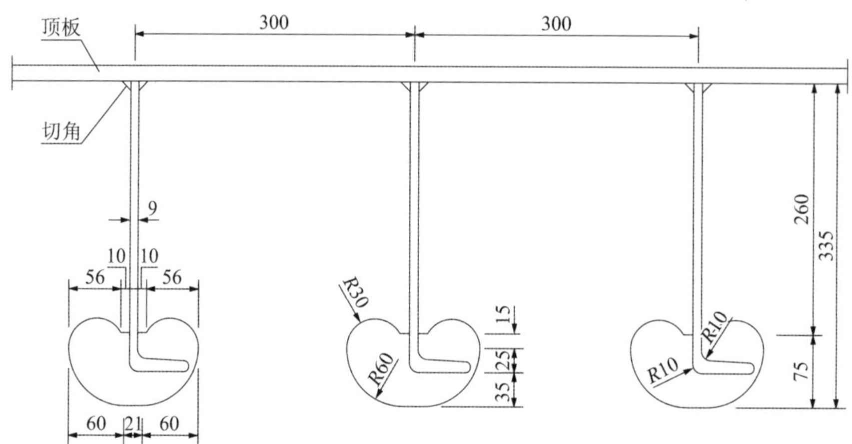

图 17-8-19 钢箱加劲梁顶板加劲构造（尺寸单位：mm）

4. 底板及其加劲肋

标准段平、斜底板板厚度均采用 10mm，底板 U 肋上口宽 240mm、下口宽 500mm、高 260mm，U 肋中心距 980mm，U 肋板厚 6mm。每侧靠近边腹板处设置 3 道 120mm × 10mm 的 I 形扁钢加劲。

靠近索塔处平、斜底板加厚至 14mm/20mm/24mm 以抵抗负弯矩，相应的底板 U 肋加厚至 8mm。

5. 腹板及其加劲肋

加劲梁两侧设置两道通长腹板，吊索通过销轴连接于腹板吊耳之上。标准段无索区腹板厚度 16mm，吊索连接区域腹板局部加厚至 40mm（对应 5.6-121 吊索）；靠近索塔处两个吊索梁段无索区腹板加厚至 20mm，吊索连接区域腹板加厚至 60mm（对应 5.6-241 吊索）。

每个梁段的腹板均设置一道人孔，以便于维养人员进入风嘴内检修维护。

6. 横隔板及横肋

标准横隔板间距 3.2m，由上、下、边三块板组焊而成。上板为顶板横向加劲板，厚 12mm；下板为实腹式横隔板，下板与上板通过一道水平加劲焊接，下板与底板和斜底板焊接，板厚为 10mm（非吊点处）、12mm/14mm（吊点处），下板设两道水平向加劲、间距 1200mm 的竖向加劲肋；边板板厚为 14mm（非吊点处）、16mm（吊点处）。

横肋位于两道横隔板中间布置，标准横肋间距 3.2m，为倒 T 形断面，横肋腹板尺寸为 800mm × 10mm，翼缘尺寸为 150mm × 10mm。

六、缆索系统

1. 主缆

为解决跨径超过 2000m 后主缆自重占比大幅提高及荷载的增加问题，本工程在控制主缆截面大小的前提下需尽量提高主缆的钢丝强度，研发了钢丝公称抗拉强度 2200MPa 主缆锌铝合金镀层高强钢丝，主缆断面见图 17-8-20。

主缆采用预制平行钢丝索股法架设（PPWS）。每根主缆中，从如皋侧锚碇到张家港侧锚碇的通长索股有 251 股。每根索股由 127 根直径为 5.6mm 的 2200MPa 镀锌铝合金镀层高强度钢丝及 1 根主缆输气管道组成。主缆在架设时竖向排列成尖顶的近似正六边形，紧缆后主缆为圆形。紧缆后索夹内孔隙率为 18%，索夹外为 20%；索夹内直径为 1106mm，索夹外直径为 1120mm。

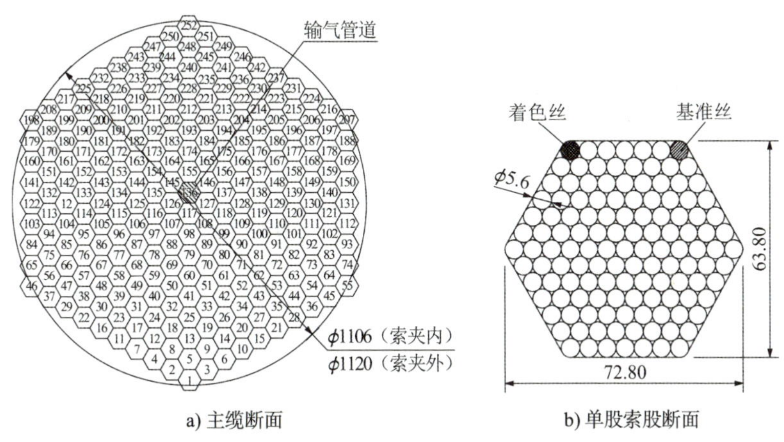

图 17-8-20　主缆断面（尺寸单位：mm）

索股两端设热铸锚锚头，在锚杯内浇铸锌铜合金，使主缆钢丝与锚杯相连。主缆防护采用钢丝表面镀锌铝合金 + S 形钢丝缠绕 + 氯磺化聚乙烯橡胶带 + 主缆分布式除湿的配套体系。主缆输气管道由镀锌铝合金螺旋钢丝 + 不锈钢螺纹钢管复合而成。

2. 吊索

吊索采用预制平行钢丝索股吊索，每侧吊点设 2 根吊索。普通吊索采用 φ5.6mm-121 丝镀锌铝高强钢丝；塔侧 2 个吊点为特殊吊索，采用直径为 φ5.9mm-241 丝镀锌铝高强钢丝，钢丝标准强度 ≥ 1770MPa，外包双层 PE（黑色内层、彩色外层）进行防护。吊索与索夹、钢箱加劲梁为销接式连接。

吊索两端锚头采用叉形热铸锚；下锚头采用瓦片式防水设计；在索塔尾流区长吊索、非索塔尾流区大于 160m 的长吊索区域设置减振架 + 梁端阻尼器；36～160m 之间的吊索设置减振架以抑制风致振动（图 17-8-21）。

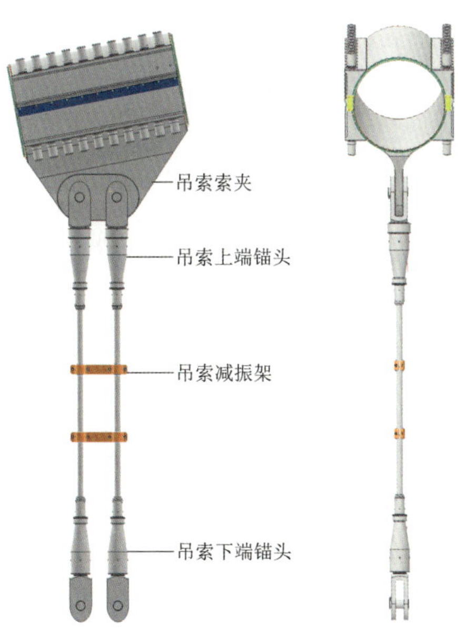

图 17-8-21　吊索及索夹

3. 索夹

与吊索相适应，索夹采用上下对合、下带耳板的形式，上下两半索夹间用螺杆加紧。索夹体是铸钢件，索夹材料为ZG20Mn，螺杆材料为高强度合金钢40CrNiMoA。为保证在预紧螺栓作用下索夹能紧箍主缆，在两半索夹间留有适当的空隙，上下半索夹的外侧嵌填橡胶弹簧密封带防水。

七、鞍座

1. 自平衡装配式主索鞍

悬索桥主索鞍是位于悬索桥索塔顶端直接承受主缆强大压力的主要部件，作用是将主缆的强大压力均匀传递到索塔上，主索鞍鞍座与塔顶间通常采用格栅的方式传递压力，纵向采用鞍座与索塔设置约束的方式来传递剪力。张靖皋长江大桥为主跨2300m的悬索桥，为释放鞍座与索塔顶剪力，降低基础规模，创新性地提出了主缆缆力自平衡体系，实现主缆缆力自平衡体系的关键构造即是采用多排滚轴的主索鞍。

（1）活动副的选择

滑动摩擦系数是摩擦副系统的综合特性，受到滑动过程中各种因素的影响，例如：材料副配对性质、静止接触时间、法向载荷的大小和加载速度、摩擦副的刚度和弹性、滑动速度、温度状况、摩擦表面接触几何特性和表面层物理性质，以及环境介质的化学作用等。这就使得摩擦系数随着工况条件的变化很大，因而预先确定摩擦系数准确的数据和全面估计各种因素的影响是十分困难的。在良好润滑情况下，滑动摩擦副摩擦系数最低为3%，与自平衡索鞍的要求1‰差距很大，滑动摩擦副自平衡索鞍方案是不成立的。

滚动摩擦与滑动摩擦的机理不同。滚动摩擦因数是描述滚动阻碍作用的常用参数。有量纲滚动摩擦因数k定义为滚动摩擦力矩FR与法向荷载W之比，即：$k = \mathrm{FR}/W = e$。k为有量纲滚动摩擦因数，它具有长度量纲，且与材料硬度及湿度等因素有关，其值通常由实验测定。铸铁间、软钢间或钢之间k在0.05cm左右。在摩擦学的Dupuit定律中，滚动阻力系数$f_r = k/\sqrt{D}$，D为滚动体直径（$D = 2R$）。由以上可知，滚动阻力系数远小于滑动摩擦系数。自平衡索鞍活动副采用多排滚轴的形式是合适的。

（2）铸造、铸焊与全焊接形式的选择

张靖皋长江大桥南航道桥主索鞍结构不仅体量增大，而且各核心受力构件的尺寸也因匹配巨大的主缆力而随之增大。铸件虽然有优良的机械、物理性能，但因液态成型组织疏松、晶粒粗大，内部易产生缩孔、缩松、气孔等缺陷，厚大铸件的成型质量及力学性能也会面临现实挑战。从降低工程量、方便施工、保证索鞍结构性能等角度出发，提出全焊接式索鞍的方案是非常必要的。

鞍槽宽度1.3785m，纵肋间距600mm。索鞍底部为设置多排滚轴，底部纵向尺寸也大于常规索鞍。索鞍鞍体较大的格构、空腔尺寸为焊接提供了方便。相比通常规模悬索桥的索鞍，本项目更适宜采用全焊接式索鞍。

（3）装配式鞍体设计思路

尺寸较大的索鞍在加工制造以及运输吊装方面存在困难，本工程采取“化整为零、集零为整”进行设计、加工、运输及吊装是合理的思路。对索鞍的纵向提出合理的构造分块思路；对影响滚轴-承板系统平整性的上下承板进行整体制作，对鞍槽内阶梯状台阶构造提出装配化分块思路，在满足索鞍功能性的前提下实现索鞍的装配化设计、制造、运输及安装。

2. 鞍体设计

自平衡装配式索鞍主要由鞍体、上下承板、滚轴系统、横向挡块、横向限位构造、纵向挡块、纵向阻尼器、纵向导向构造、临时顶推限位构造、拉杆、隔板、锌填块、格栅及反力架组成（图 17-8-22）。

鞍体采用全焊接装配式的形式，钢材采用 Q420R。索鞍鞍体采用双纵肋 + 20 片横肋的形式，采用底板填充 UHPC 混凝土的结构改善多排滚轴受力不均匀的问题，UHPC 层净厚度 700mm。鞍槽侧壁、底板均采用 150mm 厚度钢板；纵肋采用 150mm 厚度钢板；横肋采用 120mm 厚度钢板，纵肋间距 750mm，横肋标准间距 820mm。鞍槽内的台阶垫块采用厚钢板加工，并用定位销装配至鞍槽底板。鞍体纵向划分为三块，用高强螺栓 + 定位销的方式装配为一体。

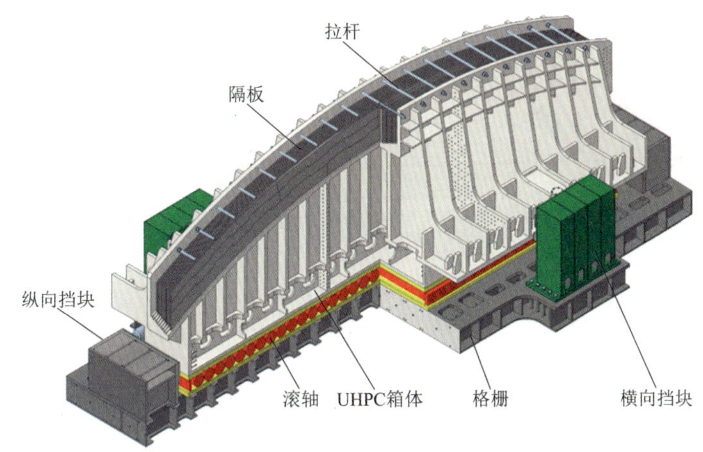

图 17-8-22　主索鞍总成

鞍体底部纵向长度 15.2m，鞍槽区域纵向长度 16.8m，纵向挡块外缘间距 18.6m（索塔纵向全宽）；索鞍总成高度 7.1m（IP 点至格栅顶面）；鞍槽净宽 1387.5mm，索鞍滚轴长度 3500mm，横肋宽度超出滚轴范围 1.3m，作为索鞍顶升及人员维护换轴的操作空间。

根据总体设计需要，索鞍横向两侧共设置 2 套纵向减震耗能黏滞阻尼器 + 2 套纵向限力阻尼器，在纵向挡块接触面固定橡胶板，减缓大风、地震工况下的冲击。横向设置四组横向挡块，在挡块与鞍体之间设置横向限位构造，以引导索鞍的移动方向，并起到横向限位的功能。索鞍移动量通过纵向挡块与鞍体间的间隙实现（图 17-8-23）。

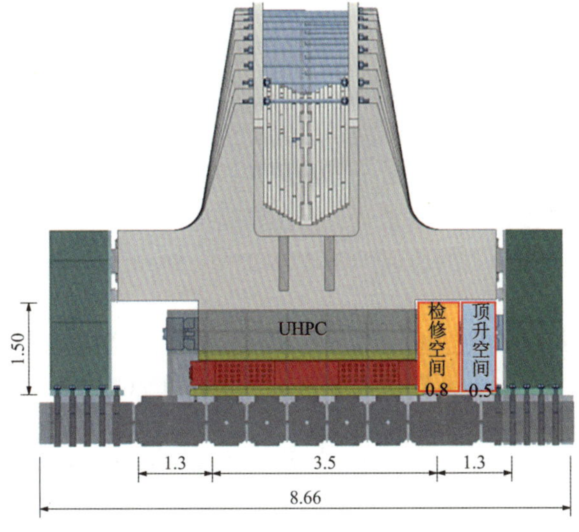

图 17-8-23　主索鞍横向空间设计（尺寸单位：m）

3. 滚轴系统设计

索鞍滚轴系统主要由滚轴、上下承板及滚轴框架及辅助零部件组成（图 17-8-24）。考虑到表面硬度直接影响到接触应力、滚动摩擦系数，滚轴及上下承板均采用合金钢 9Cr3Mo 制作，滚轴表面硬度为 HRC60，上下承板表面硬度为 HRC62。单套主索鞍包括 36 根滚轴，滚轴直径为 400mm，长度为 3.5m，排列间距为 410mm，两端与定位框架连接，使其成为能前后滚动的稳定结构，保证 36 根滚轴滚动的同步性。在主索鞍预偏范围设置 4 根临时滚轴，随主索鞍顶推，逐根移除。

图 17-8-24 滚轴及框架（尺寸单位：mm）

滚轴及承板属于高硬度、高精度零部件，属于自平衡索鞍最为核心的构件。从冶炼、锻钢、热处理、机械加工到装配都提出了严格的要求。滚轴表面硬度 HRC ≥ 60，有效淬硬层深度 15mm。上下承板与滚轴接触面硬度 HRC ≥ 62，有效淬硬层深度 15mm。为减小制作难度，承板划分为多块制作。各板块之间分界线为斜线，滚轴滚动时仅与分界线产生点接触，避免了滚动风险。各板块用沉头螺栓装配于基础板之上，整体运输、吊装，将施工过程对高精度零部件的不利影响降至最低。

4. 散索鞍

如皋侧、张家港侧锚碇锚室内均设置摆轴式散索鞍。散索鞍鞍体采用全焊接的形式，索鞍鞍头由两侧壁板 + 底板组成；索鞍鞍体由 3 条纵肋 + 3 条主横肋组成，主横肋之间设置 3 条短横肋。

索股发散前的鞍槽宽度为 1387.5mm；鞍槽侧壁、底板厚度均为 150mm，中纵肋、中横肋厚度均为 150mm，边纵肋厚度为 150mm，边横肋厚度为 150mm，短横肋厚度为 100mm。

鞍槽内阶梯台阶垫块由厚钢板加工完毕后装配至鞍槽，采用圆柱销的方式将垫块与鞍槽底板固定。鞍槽内设竖向隔板，在索股全部就位并调股后，在顶部用锌块填平，再将鞍槽侧壁用拉杆夹紧。鞍槽顶部设置 3 道压紧梁，以压紧鞍槽内的主缆。散索鞍下部设置摆轴、底座和底板，以完成主缆竖向分力的传递（图 17-8-25）。

5. 副索鞍

副索鞍具有支承主缆并实现适应主缆位移和转角的功能。副索鞍设计为上下对合的结构，上下两半鞍体用螺杆夹紧。副索鞍鞍体为铸钢件，材料为 ZG20Mn，螺杆材料为高强度合金钢 40CrNiMoA。上下半鞍体的外侧嵌填橡胶弹簧密封带防水。

副索鞍下设单向活动柱面支座，支座端部设置挡块，整体安装于辅塔塔顶。此类支座属于常规大吨位支座，在达到使用年限后，临时顶升副索鞍，能够方便更换支座的滑板等易损零部件。副索鞍设计顶升力为 18000kN，副索鞍横肋端部区域为顶升点，共设置 $2 \times 8 = 16$

个顶升点，需要顶升作业时，拆下支座侧压板，安放 16 个千斤顶，同步顶升副索鞍更换滑板（图 17-8-26）。

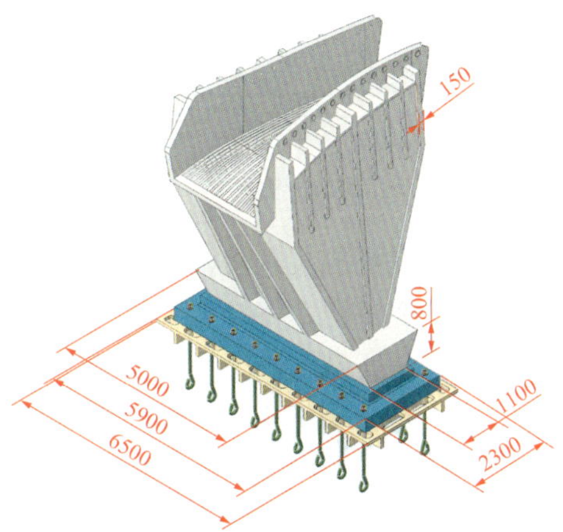

图 17-8-25　摆轴式散索鞍（尺寸单位：mm）

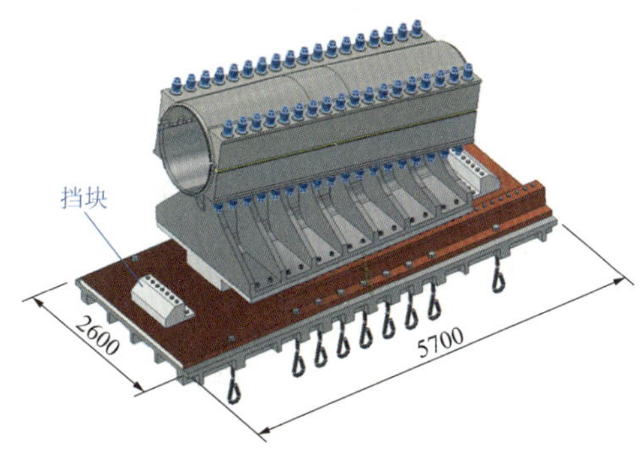

图 17-8-26　副索鞍（尺寸单位：mm）

第九节　土耳其 1915 恰纳卡莱大桥

一、概述

1. 工程概况

土耳其海峡是连接黑海与地中海的唯一通道，包括东北端的博斯普鲁斯海峡、中部的马尔马拉海和西南端的恰纳卡莱海峡。土耳其政府已经在博斯普鲁斯海峡建造了三座悬索桥：1973 年建成主跨 1074m 的博斯普鲁斯海峡一桥、1988 年建成主跨 1090m 的博斯普鲁斯海峡二桥、2016 年建成主跨 1408m 的博斯普鲁斯海峡三桥。为改善西部的交通网络，土耳其政府启动了环马尔马拉海的高速公路，提出修建 1915 恰纳卡莱大桥。1915 恰纳卡莱大桥位于伊斯坦布尔西南 200km 处，横跨恰纳卡莱海峡，连接拉普塞基区和基利波鲁区。

大桥全长 4608m，主桥长 3563m，采用 770m + 2023m + 770m 三跨钢箱梁悬索桥；欧洲侧加里波利侧引桥长 365m，亚洲侧拉普塞基侧引桥长 680m，采用主跨 50m 预应力混凝土连续梁（图 17-9-1）。

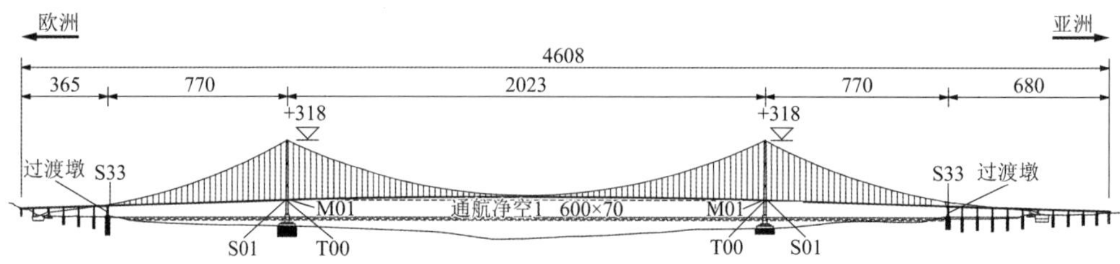

图 17-9-1　1915 恰纳卡莱大桥的总体布置（尺寸单位：m；高程单位：m）

桥位海岸附近存在软弱土，因此需要加大悬索桥边跨跨径，使得锚碇处于地质条件更好的第三纪中新世岩石上。为了降低锚碇高度，将拉力直接传递至基础，减少倾覆力矩，1915 恰纳卡莱大桥锚碇位于引桥桥面之下，在悬索桥 770m 边跨的后方（亚洲侧边跨之后 350m，欧洲侧边跨之后 250m）。同时设置边墩约束主缆，以提高边缆刚度。边墩放置在船舶撞击风险较低且岩土条件更有利的位置，其中欧洲侧边墩远离水下斜坡，亚洲侧边墩位于水深较浅的浅水区。因此主缆布置为 350m + 770m + 2023m + 770m + 250m。大桥于 2022 年 3 月 18 日建成通车。

2. 技术标准

（1）道路等级：双向六车道高速公路。

（2）设计速度：120km/h。

（3）设计基准期：100 年。

（4）设计荷载：按 EN1991-2 执行，并按照跨度超过 1000m 进行荷载调整。承载长度 ≤ 200m，均布荷载为 81.8kN/m（EN 1991-2）；承载长度 > 200m，均布荷载为 58.8kN/m（EN 1991-2 SE-NA）。

（5）行车道宽度：2 × 3 × 3.65m。

（6）桥梁宽度：45.06m。

（7）桥面纵坡：< 3%。

（8）桥面横坡：2.5%。

（9）通航净空：单孔双向 1600m × 70m。

（10）桥址处设计风速：19.2m/s。

（11）地震：地震设计按三阶段目标评估。

① 地震功能评估（Functional Evalution Earthquake，FEE）——145 年重现期，用 145 年一遇的地震荷载作为确保结构保持弹性的设计荷载。

② 地震安全性评估（Safety Evaluation Earthquake，SEE）——975 年重现期，用 975 年一遇的地震荷载作为结构不发生重大破坏的设计荷载。

③ 地震无倒塌（No Collapse Earthquake，NCE）——2475 年重现期，用 2475 年一遇的地震荷载作为允许大桥出现重大破坏而不倒塌的设计荷载）。

3. 设计指标

（1）跨径

跨径：350m + 770m + 2023m + 770m + 250m。

（2）主缆

矢跨比：中跨 1/8.87，矢高 228m。

中心距：38m。

根数：2 根。

组成：127 丝直径 5.75mm 的高强度镀锌钢丝组成，全桥通长索股 144 股，两岸背索为 4 根。

直径：中跨 869mm，边跨 881mm。

强度：1960MPa。

（3）吊索

形式：竖向平行吊索。

间距：吊索标准间距 24m。

组成：139/151 丝ϕ7mm 镀锌高强度钢丝。

连接方式：上下均采用销接方式。

强度：1770MPa。

防护：外包 HDPE 涂层。

（4）加劲梁

形式：分体式钢箱加劲梁。

高度：3.5m（桥轴中心线处），高跨比为 1/578。

宽度：45.06m（含检修道），宽跨比为 1/44.9。

材料：S355、S550。

标准梁段长：48m。

（5）索塔

造型：门式框架。

结构形式：钢结构索塔。

材料：S460M/ML。

高度：塔高 318m。

横梁数：3。

（6）索塔基础

形式：混凝土沉箱和钢管桩复合基础。

沉箱平面：矩形，83.3m × 74m（横向 × 顺向）。

沉箱高度：21m。

钢管桩直径：2.5m。

钢管桩根数：欧洲侧索塔有 192 根桩，亚洲侧索塔有 165 根桩。

（7）锚碇

基础形式：欧洲侧采用扩大基础、亚洲侧采用地下连续墙基础。

锚体形式：重力式锚碇。

基础平面尺寸：欧洲岸尺寸为 74.4m × 50.2m × 16m，亚洲岸尺寸为 80m × 56m × 16m。

锚固系统：预应力锚固体系。

二、锚碇

对于欧洲侧锚碇而言，基岩裸露最大高度约 46m，锚体放置于裸露基岩的边缘。锚块前部设置钻孔桩墙，切断开挖区域的涌水。开挖边坡采用全注浆锚杆网和喷射钢筋混凝土层进行加固。锚块后部的回填体作为配重来平衡主缆力的倾覆力矩。如图 17-9-2 所示，基坑较浅，约 15m，接近地下水位。

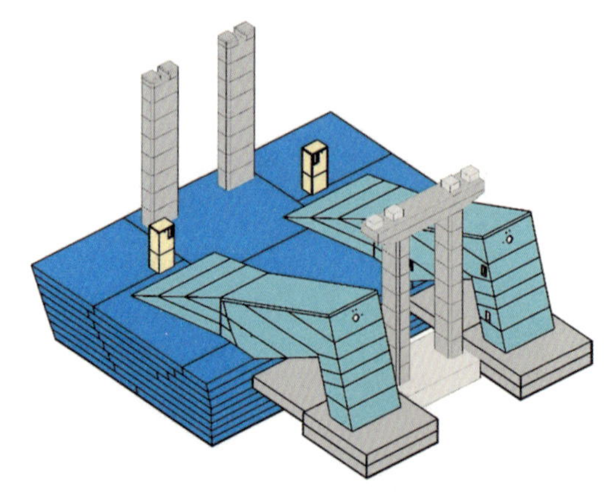

图 17-9-2　欧洲侧锚碇

对于亚洲侧锚碇而言，由于地质条件较差、基础规模较大，为了增强锚碇的承载力和抗滑能力，锚碇下纵向设置了7排长51.5m、高13.5m、厚度1.2m的条壁式地下连续墙基础，显著减少混凝土用量及开挖量（图17-9-3）。

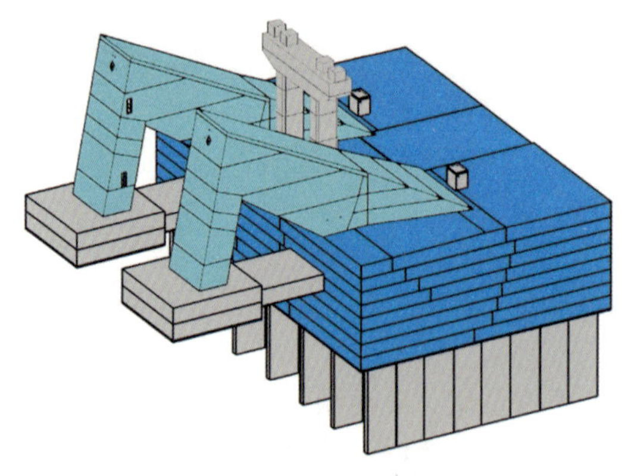

图 17-9-3　亚洲侧锚碇

两侧锚碇均为重力式锚碇。亚洲侧锚碇尺寸为 92m × 80m，欧洲侧锚碇尺寸为 85.2m × 74.4m。锚碇分为下部大体积混凝土锚块和上部散索鞍室。

锚体内配有除湿系统，对主缆钢丝进行防腐保护。锚固系统采用后张预应力锚固系统。预应力管道不灌浆，便于更换预应力束。

三、索塔

1. 基础

索塔基础采用混凝土沉箱井和钢管桩复合基础。

欧洲侧索塔处地质条件为厚约 36m 正常或者较坚硬的全新世黏土，黏土下面是承载能力较好的中新统泥岩，泥岩较厚，中新统泥岩中夹杂有中新统砂岩层；亚洲侧索塔处地质条件为特别坚硬的更新世黏土和沉积砂层，厚度分别为 6m 和 4m，下面是中新统泥岩，泥岩中间夹杂较薄的中新统砂石层。基础施工前，采用直径 2.5m 的开口承插钢管桩对地基进行加固，以提高桥梁的抗震性能。欧洲侧地基加固共使用 192 根钻孔桩，桩长 46m；亚洲侧地基加固共使用 165 根钻孔桩，桩长 21m。桩上为 3m 厚砾石垫层，供沉箱着床。钢管桩特殊的环箍结构和管内设置的剪切键将荷载从砾石层传递到桩上。

索塔基础采用矩形截面沉箱基础（图 17-9-4），底部尺寸为 83.3m × 74m，欧洲侧水深 37m，采用单台阶式（图 17-9-5）；亚洲侧水深 45m，采用两台阶式（图 17-9-6）。沉箱内有 80 个隔仓，下沉到位后灌水压重。伸入沉箱的圆形井筒基础直径 18m，水面以下至沉箱顶的部分为钢混组合空心结构，壁厚 1.2m。井筒水面以上 10m 为实心混凝土塔座，通过系梁连接。

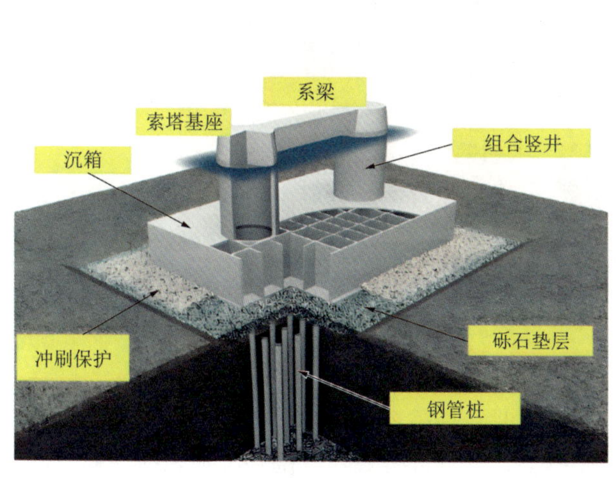

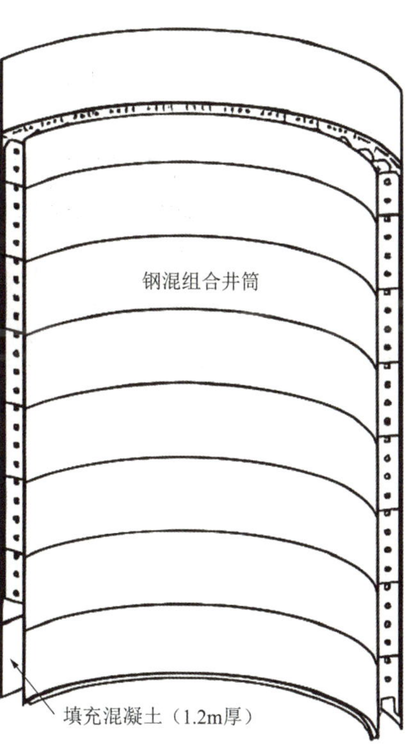

图　17-9-4

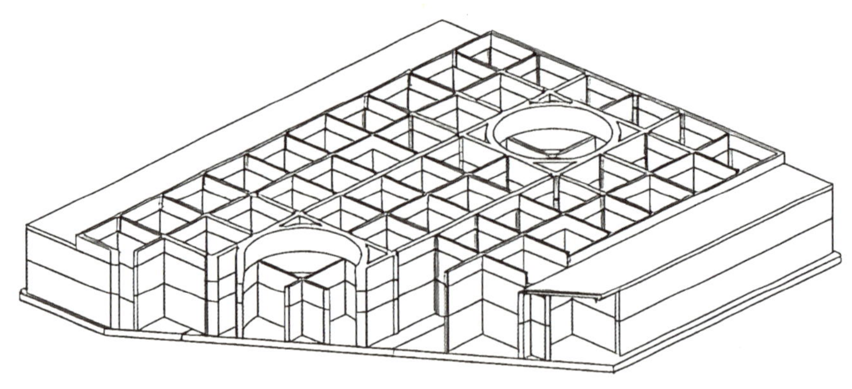

图 17-9-4　索塔复合式沉箱基础三维示意图

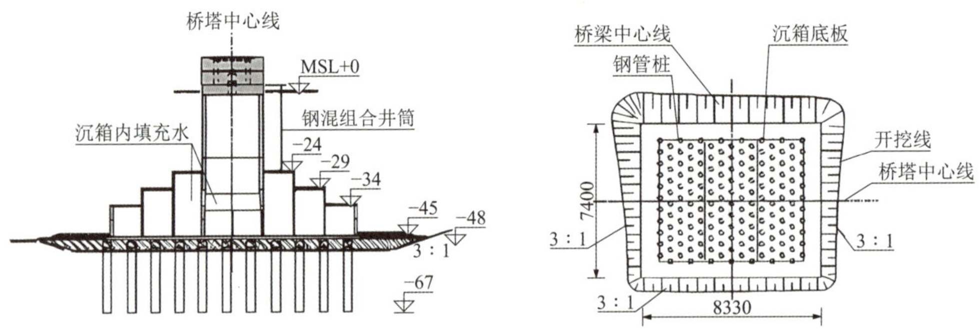

图 17-9-5　亚洲侧索塔沉箱 + 桩基复合基础（尺寸单位：mm；高程单位：m）

注：水深 45m，全新世砂和更新世黏土厚度 14m。

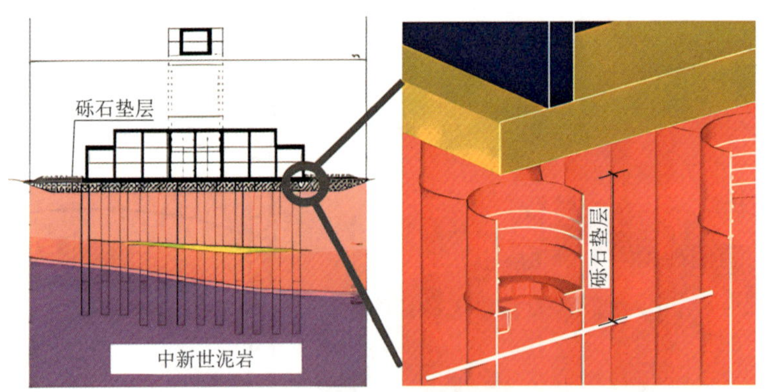

图 17-9-6　欧洲侧索塔基础和砾石垫层的桩基加固

注：水深 37m，全新世软黏土厚度 25m。

该基础方案一方面可抵抗强震作用，在强震时允许沉箱发生滑动，另一方面采用复合地基加固法可节省费用。在船舶撞击或地震作用下，桩基可有效降低基础沉降 80%左右，同时提升地基侧向抗力。

沉箱下部在一个紧邻桥址的干船坞上制造，当干船坞吃水深度 8～9m 时，干船坞被淹没，已经建好的部分被浮运到海中的湿船坞上，然后在深水中继续制造剩余的部分。沉箱上部的圆形井筒与沉箱一同在湿船坞上安装，待下沉就位后再浇筑钢壳间的填充混凝土和索塔基座混凝土。单个沉箱重约 60000t。因此井筒采用钢混组合结构可减轻结构重量，有利于浮运的稳定性，同时也便于在湿船坞上利用浮式起重机安装，实现快速建造。

2. 塔身

索塔水面以上至索鞍顶高 318m，加上塔冠及鞍罩 16m，总塔高为 334m，是目前土耳其第二高索塔。两塔柱横向向内倾斜，塔底中心距为 49.3m，索鞍顶中心距为 38m，同主缆中心距。索塔为钢塔，采用带倒角的矩形截面，从下往上逐渐减小，底部截面尺寸为 11.0m × 10.5m，顶部截面尺寸为 8.0m × 7.5m。为了获得较好的抗风动力性能，设置 1300mm × 1000mm 倒角。截面组成包括壁板和纵横向加劲肋。索塔共设三道横梁（图 17-9-7）。

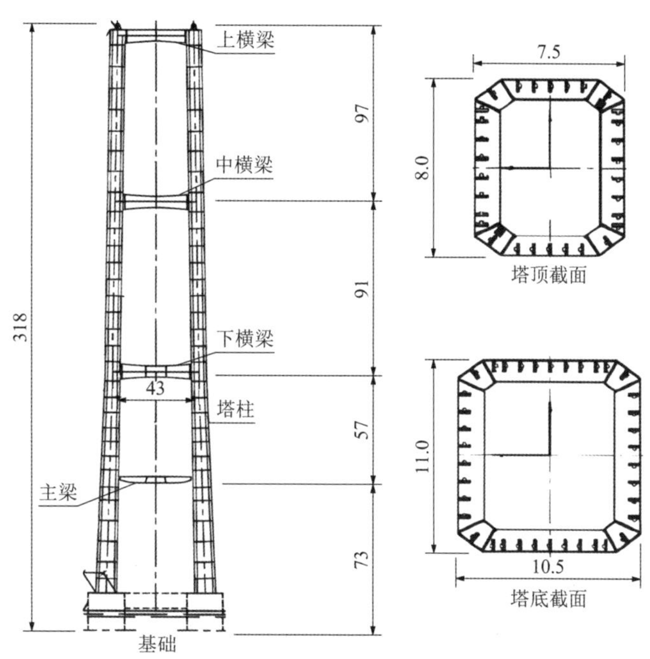

图 17-9-7　索塔一般构造（尺寸单位：m）

塔柱分为 32 个节段，每节高度为 7.04～11.67m，每节重 200～770t，上、中、下横梁分为 3 节安装，底部 6 个塔柱节段最大高度达 11.0m，最重阶段 70t，采用大型浮式起重机整节安装。其他节段采用 160t 塔式起重机吊装。由于起重能力限制，标准节段分为 2 块 L 形安装，较重的横梁处及桥面处节段分为四块安装。

节段连接采用栓焊结合的方式，壁板采用焊接，纵向加劲肋采用高强螺栓连接。施工时先完成加劲肋栓接，即可起吊安装下一节段，不必等待壁板焊接工作完成，可显著提升施工速度。

3. 船舶撞击

恰纳卡莱海峡通过马尔马拉海连接地中海和黑海，是货运的重要纽带。2016 年，约有 44000 艘注册船舶通过该海峡。现有的运输量包括 260000DWT（载重吨）散货船、167000DWT 油轮和 16000TEU（标准箱）集装箱船。

1915 恰纳卡莱大桥通航净空为宽 1600m，高 70m，可满足每年大约 44000 艘船舶安全通行，并可以支撑未来大幅增加的船舶通行量。然而，即使有这么大的通航跨度和适当的交通控制，索塔的沉箱基础仍需要考虑船舶的潜在撞击风险。此外，高出海平面 29.5m 的索塔下部也暴露在船舶撞击范围内。

船舶撞击设计要求基于船舶碰撞风险分析，得出抵抗船舶撞击的最小阻力。图 17-9-8 为一个潜在船只的设计图，用以对比船只尺寸与复合沉箱尺寸。船舶可能以角度为 30°撞击，总撞击力为 370000kN。

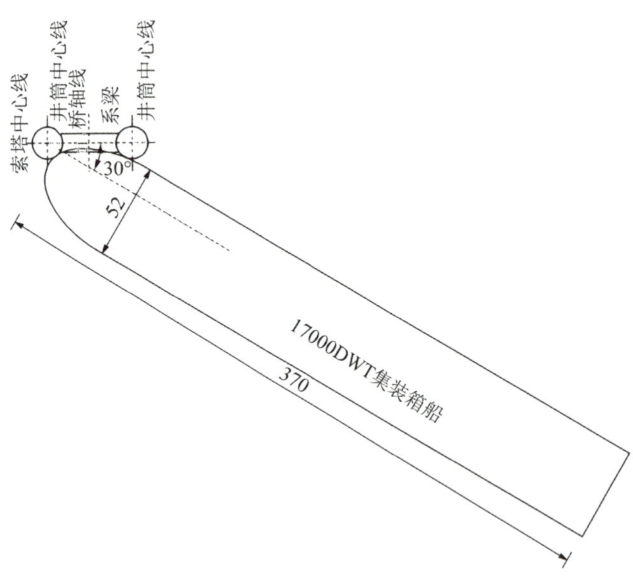

图 17-9-8　潜在的船只设计图（尺寸单位：m）

船撞力主要通过沉箱复合基础向下传递到经过加固的海床。同时，船撞力也影响并控制高程 +29.5m 以下范围的索塔设计。为了提高船撞力作用下索塔壁板的局部抗弯能力，钢塔底部增加水平横隔板并增加壁板厚度。此外，1915 恰纳卡莱大桥还引入了严格的设计标准，以最大限度地减少意外荷载作用下桩基础可能出现的不可预见损伤（图 17-9-9～图 17-9-11）。

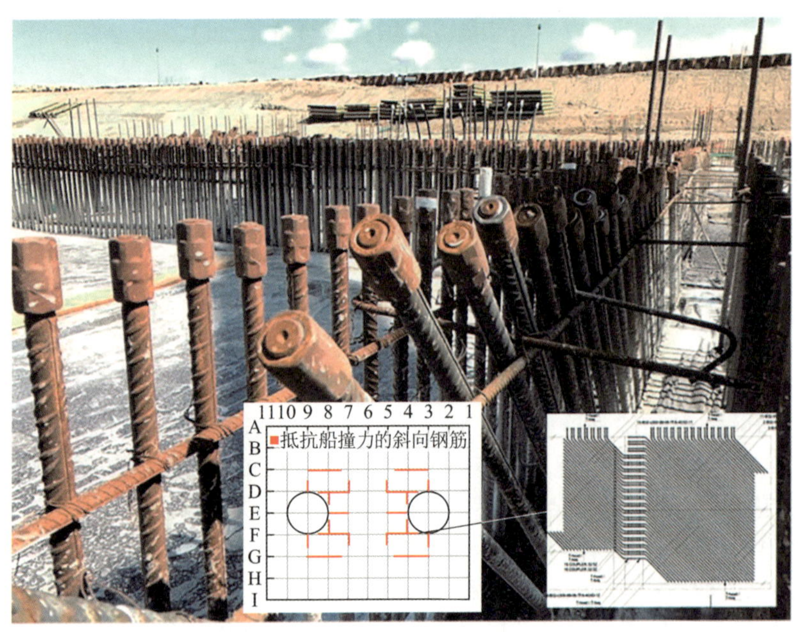

图 17-9-9　沉箱斜向钢筋布置以抵抗船舶撞击

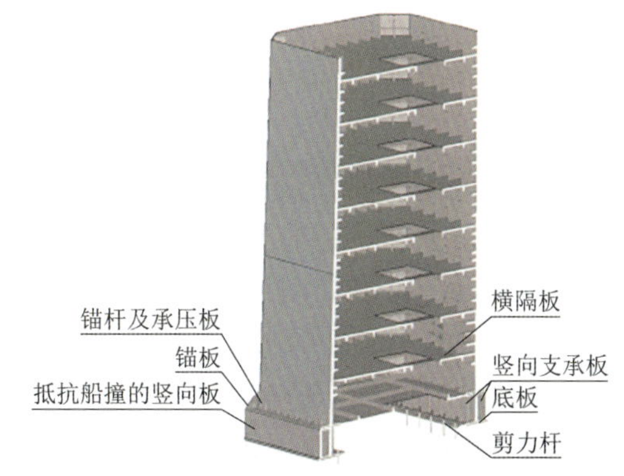

图 17-9-10　针对高程+29.5m 以下的索塔船舶撞击设计

图 17-9-11　大型集装箱货轮通过正在施工的桥梁

四、加劲梁

1. 总体结构构造

加劲梁采用分体式钢箱梁，由两个间隔 9m 的钢箱梁组成，纵向每隔 24m 由 3.5m 高的横梁连接来确保桥梁的空气动力学稳定性。加劲梁高度为 3.5m，总宽度为 45.06m，设双向 6 条车道，两侧设有检修道。标准横隔板间距为 4.2m，在横梁处减小至 3m，以适应横梁腹板的间距（图 17-9-12）。

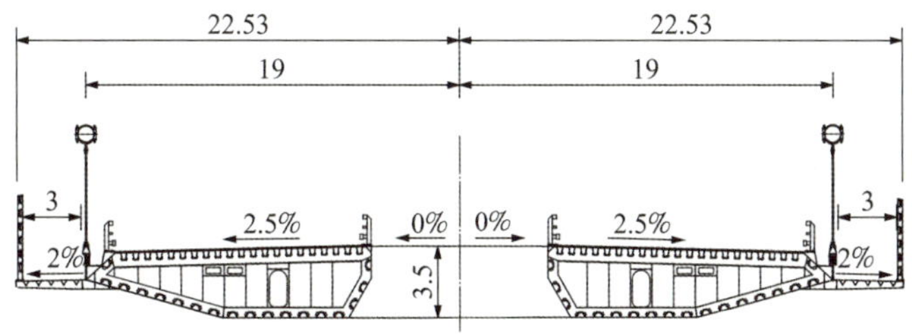

图 17-9-12　加劲梁横断面示意（尺寸单位：m）

桥面板板厚为 15mm，根据疲劳设计需要，重型车道设置 8mm 厚 U 肋，其他车道设置 7mm

厚 U 肋。在跨中，底部和侧面的壁板厚度通常分别为 9mm 和 10mm，并设 6mm 厚 U 肋。为了最大限度地减少加劲梁重量，在受力较大的塔附近和梁端采用 S460 级钢，其余纵梁采用 S355 钢。

2. 梁段划分

钢箱加劲梁划分为 87 个吊装节段，标准节段长 48m，重约 800t；特殊节段长 9.8～24m，重 344～471t。为减少吊装风险和施工周期，标准节段由 2 个 24m 节段在梁场提前焊接完成。欧洲、亚洲两岸 S33～S29 共 10 个钢箱加劲梁节段采用浮式起重机吊装，S01、T00、M01（S 表示边跨，T 表示索塔处，M 表示中跨）节段采用浮式起重机吊装至塔区施工平台上，再焊接成大节段，利用 4 台缆载吊机同步抬吊。中跨跨中 MM00 节段采用单台缆载吊机吊装，其余 70 个节段由 2 台缆载吊机同步抬吊。中跨钢箱加劲梁节段吊装顺序为从中跨跨中分别对称向两岸索塔方向安装，边跨为从两岸过渡墩处向索塔方向安装（图 17-9-13）。

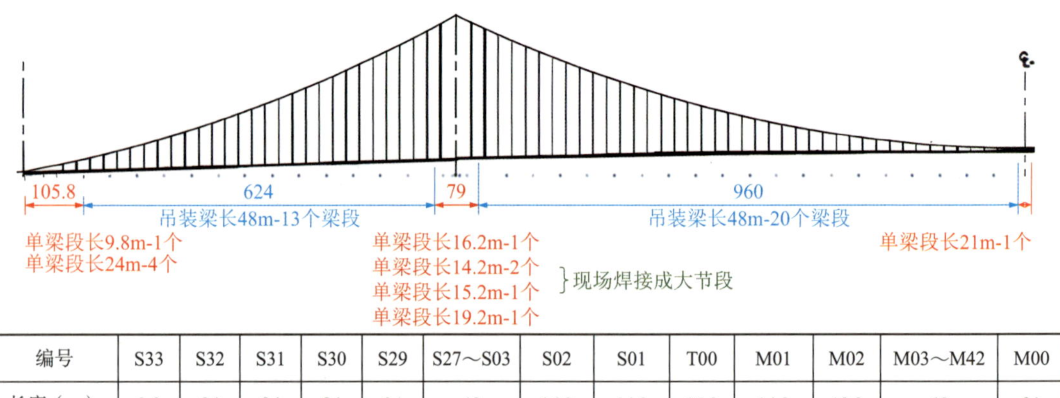

编号	S33	S32	S31	S30	S29	S27～S03	S02	S01	T00	M01	M02	M03～M42	M00
长度（m）	9.8	24	24	24	24	48	16.2	14.2	15.2	14.2	19.2	48	21
质量（t）	417	471	461	461	461	800	346	413	344	446	385	800	367
吊装方式	浮式起重机					缆载吊机		浮式起重机 + 大节段缆载吊机			缆载吊机		

注：S03～S27、M03～M42 为制造梁段编号，梁长 24m，两个节段焊接成 48m 一起吊装。

图 17-9-13　梁段制造节段划分（尺寸单位：m）

3. 吊索锚固

吊索钢绞线与锚固之间通过普通销钉连接，通过在最短的吊索上设置球面和大倾斜支座，确保吊索相对于梁可自由旋转。1915 恰纳卡莱大桥除了靠近塔和梁端位置采用双吊索体系，其余区段均采用单吊索体系。吊索锚固构造如图 17-9-14 所示。

为了尽量减小梁的宽度，同时保证吊索与防撞护栏间的安全距离，吊索锚固设在加劲梁风嘴上。为了更好地分配吊索荷载，在横隔板之间、对应横梁位置的加劲梁风嘴上设置局部格箱。吊索锚固构造由一块竖直厚耳板、两道加劲板以及局部格箱组成。格箱由水平顶板封闭。耳板上设一个永久销孔和两个临时销孔，临时销孔设置在永久孔洞两侧。每个销孔外侧均设置加强环板以控制局部应力。

在中长度吊索（长 100～200m）的锚固销孔处设置球型支座，可适应吊索在纵横向的转角。跨中附近的短吊索设置大倾角的支座，以适应较大的横向转角。塔附近的吊索锚固不设支座。根据吊索长度和与横向支撑的距离，吊索的横向和纵向转角范围分别为 2°～8° 和 2°～16°。

图 17-9-14　单吊索和双吊索锚固构造

五、缆索系统

1. 主缆

大桥主缆采用预制平行钢丝索股，矢高 228m。全桥共有两根主缆，每根主缆含 144 根通长索股和 4 根背索索股。边跨和主跨主缆缆力（ULS）分别为 502MN 和 491MN。每根索股由 127 根直径 5.75mm 高强镀锌钢丝组成，钢丝抗拉强度不小于 1960MPa。线材直径选择的一个重要因素是线材制造的优化，通过这种优化，一个 1.8t 的材料坯料可以形成两条全长的线材。主缆的 ULS 安全系数为 1.8，SLS 安全系数为 2.2。设计中还考虑了二次应力。

单根通长索股长约 4370m，重约 115t，欧洲侧单根背索长约 1097m、重约 30t，亚洲侧单根背索长约 1192m、重约 32t，全桥用钢丝总重约 33040.8t（图 17-9-15）。

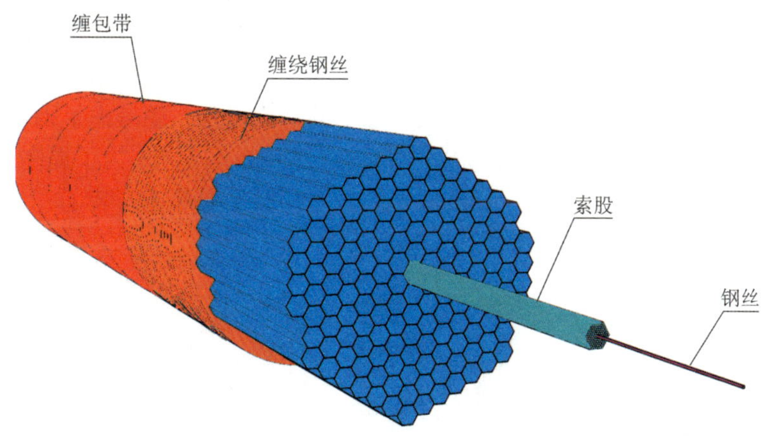

图 17-9-15　缆索系统布置

每根 PPWS 钢绞线端部设有铸钢块锚具，为锌铜合金材质。主缆索股通过两根直径 64mm 的螺纹杆连接到锚板上。为了减少锚固空间，最大限度地降低锚碇造价，每个锚板锚固了 4 根索股，并通过 2 根后张预应力筋固在锚室上。因此，所有 148 根索股仅在 10m × 7m 的空间内完成锚固（图 17-9-16）。

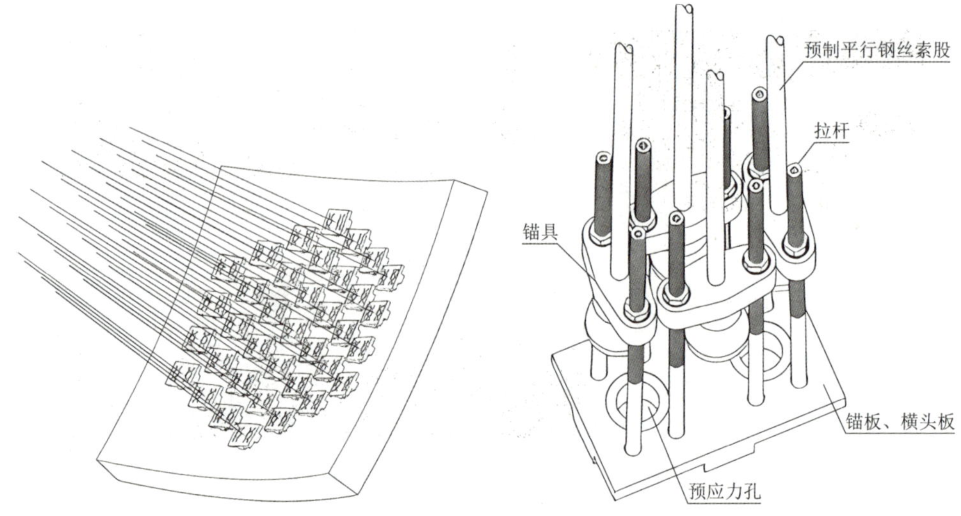

图 17-9-16 锚固布置（左）和十字头板锚固锚索（右）

2. 吊索

1915恰纳卡莱大桥全桥共141对吊索，间距24m。其中每个边跨各24对，中跨83对。为应对局部区域增加的荷载，主缆端部的四对吊索以及索塔两侧的前两对吊索设计为双吊索，其余均为单吊索。吊索为PPWS型，由139/151根ϕ7mm的钢丝组成，屈服强度1770MPa。钢丝实际上并不是完全平行的，而是以3.5°的小捻度制造，有助于索股的盘绕和安装。吊索的长度是固定的，不可调节。

四根主缆限位吊索（tie-down cable）由367根ϕ7mm的钢丝组成。为了避免短吊索因发生明显转角而产生弯曲应力，最短的吊索在加劲梁一侧设置球型支座，并在主缆索夹处设置圆柱形衬套。当在吊索中引入球型支座时，由于钢丝不完全平行，PPWS能够在加载时解扭。此外，下端锚杯设置了防止锚杯旋转的装置。圆柱形衬套则主要用于减少吊索与主缆索夹之间的摩擦和磨损，延长吊索和索夹的使用寿命。同时，圆柱形衬套能够辅助吊索在主缆上的微小转动，使吊索在受力时能够更灵活地适应主缆的变形，从而提高结构的整体稳定性

吊索在设计时，不仅考虑了承载力极限状态下的荷载组合，还考虑了因车辆碰撞或桥面火灾引起的热辐射等偶然工况，以及两根吊索同时断索的极端工况。为了提高吊索的耐久性，索股外包裹着9mm厚的HDPE涂层。此外，吊索上部锚杯顶部还安装了一个玻璃盖，以防止水进入锥体区域，并方便检查，如图17-9-17所示。

图 17-9-17 上锚杯锥形区域的玻璃盖

3. 限位吊索系统设置及张拉

大桥所处的地质条件为欧洲和亚洲海岸线的软弱土质，在加大悬索桥边跨的同时，两个锚碇还放置在大桥两岸引桥跨范围，以便锚碇设置在第三纪中新世岩石上。因主缆边跨太长，在两侧过渡桥墩处设计了连接主缆与桥墩承台的柔性吊索拉杆，以限制活荷载引起的主缆及加劲梁变位（图 17-9-18）。

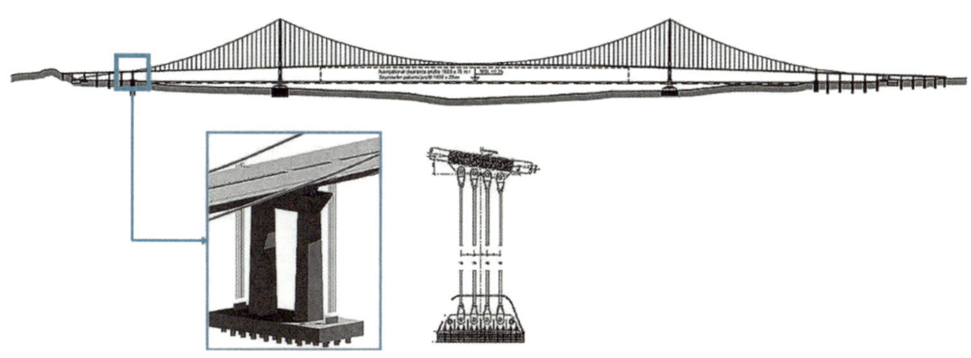

图 17-9-18 限位吊索布置

1915 恰纳卡莱大桥主索鞍与钢索塔顶部采用固结焊接连接设计，主索鞍与塔顶之间不能产生相对滑动。大桥主缆边跨跨径分别为 1020m、1120m，大于边跨钢箱加劲梁 700m 跨径。为平衡钢箱加劲梁吊装期间与成桥状态主缆对塔顶产生的不平衡力，同时实现主桥与引桥顺利衔接，主桥与引桥相接的交界墩位置设置了 4 组主缆下永久限位吊索，单组采用 4 根吊索将主缆与交界墩承台相连，以控制主缆线形，并克服塔顶不平衡力。吊索首先安装到主缆索夹上，然后根据施工阶段要求，分三次进行张拉，并完成与承台锚固系统的连接（图 17-9-19）。

图 17-9-19 主缆吊索系统实景图

4. 索夹

索夹将荷载从吊索传至主缆上。索夹设计的主要挑战之一是确保索夹夹紧防止滑动。夹紧力由夹紧螺栓的数量决定，主缆的角度越陡，需要的夹紧长度越长。本工程设计了六种不同的索夹（C1～C6），最短的索夹（0.8m 和 5 个螺栓对）覆盖主跨中部（±5.43°），最长的索夹（3.2m 和 20 个螺栓对）位于塔处（23.60°～27.56°）。最靠近塔和桥端的索夹为双吊点索夹，其余位置均为单吊点索夹（图 17-9-20）。

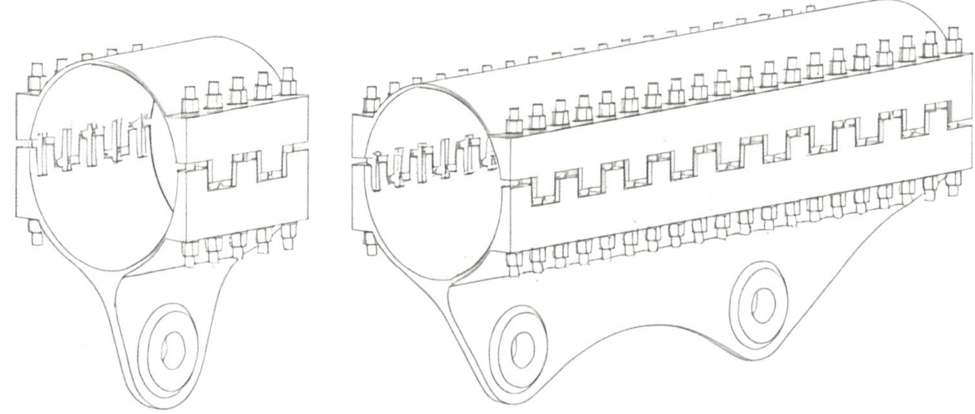

图 17-9-20　索夹的等距视图

限位吊索的索夹需要特殊设计以承受固定主缆产生的巨大荷载。索夹长度为 5.1m，设 34 对螺杆。索夹内表面长度方向设计成圆弧曲面，以适应主缆 2.7°转角，避免主缆在索夹端产生应力集中。材料采用 G24Mn6＋QT2 铸钢，屈服强度 500MPa。

上下索夹间的间隙在剪力键处设有一个嵌缝凹槽，以保证索夹更好的密封性，所有螺栓的两端都配备了螺母，确保干空气不会通过螺栓的螺纹部分泄漏（图 17-9-21）。

a) 干空气通过套筒注入主缆内

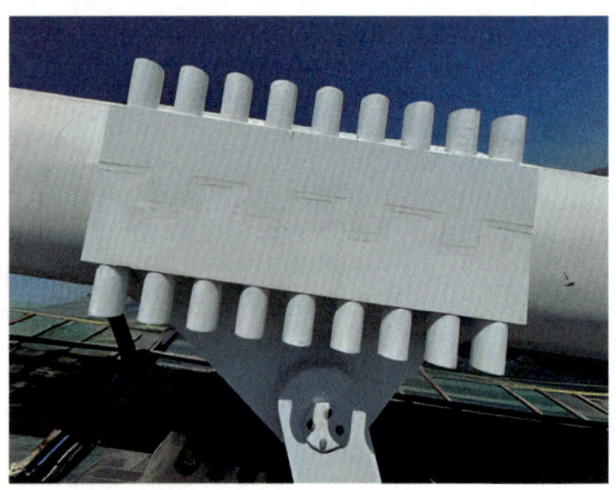

b) 索夹间嵌缝凹槽和螺栓帽细节

图 17-9-21　索夹构造

六、鞍座

1. 主索鞍

主索鞍为铸焊结合的鞍座构造。槽体采用 G24Mn6＋QT3 等高强度铸钢，屈服强度

400MPa，钢材 S460 级，板厚 80mm。

主索鞍的主缆槽在垂直面上半径为 8.0m。选择合理的半径可避免对主缆索股产生较高的径向应力。四根边跨背索索股锚固于鞍槽侧壁上。鞍座焊接于塔顶，以确保足够的刚度传递荷载。鞍体底部设 6 个直径 600mm 的人孔，便于进入鞍体内部（图 17-9-22）。

图 17-9-22　索塔主索鞍

2. 散索鞍

散索鞍采用铸焊结合结构，摆轴式设计。散索鞍竖直半径为 8.5m，横向半径为 18m（图 17-9-23）。

图 17-9-23　加工完成的散索鞍

附录一

基础资料与地质勘察工作要点

一、目的与原则

1. 目的

基础资料是进行大桥可行性研究以及工程设计的前提条件，它包括大桥建设条件方面（如交通量、技术标准、景观要求、地形、控制地物、气象、水文、地质、地震、通航、环境保护等）的基本内容，对大桥建设的规模与投资起着决定性作用，是建设单位、设计单位必须认真研究的约束条件。

在大桥工程建设的任何工作阶段，都会用到基础资料的内容。因此，必须认真地收集基础资料，在充分利用既有资料的同时，聘请有经验的专业队伍进行勘察，从而确保大桥论证、设计与建设具有针对性，输入的参数准确、科学。

2. 原则

基础资料的收集以及现场勘察的工作内容、工作量、工作深度应依据大桥论证、设计、建设的基本程序有所区分。预可行性研究阶段主要是利用既有资料，重要的项目也可以做一些现场的勘察工作；工程可行性研究阶段为了准确控制工程规模，一般布置少量的勘察工作量，对工程控制点开展必要的钻探工作；初步设计阶段是大桥方案设计的关键阶段，应制定全面的初勘方案；施工图设计阶段针对即将实施的工程方案作进一步建设条件方面的确认，应确定详勘方案，确保设计方案与实际相符并顺利实施；必要时，也可以在施工中开展补充勘探工作。

二、基础资料主要内容

1. 项目背景资料

项目背景资料主要包括项目区域的交通规划布置、交通经济、社会经济发展水平，以及项目功能定位，路网衔接等内容，是确定项目建设标准、远期预留车道、互通等一些重大原则问题的基础。

2. 建设条件资料

（1）气象

通过收集有关气象部门掌握的桥位地区的长期观测资料，获取气压、气温、降水、风、相对湿度、日照等一般气象特征，热带气旋、龙卷、雷暴、雾等灾害性天气等原始资料，并结合为大桥工程专门设置的短期或长期观测站，建立相关关系，以获得大桥设计风参数、自然风的紊动特性及气温、大气湿度、降雨量等设计参数。

（2）水文

通过水利、港口、航道及海事等有关部门及相关工程资料，收集历史水位、水流、泥沙、盐度、波浪资料。

根据大桥项目的所在水域特点进行专门的水文勘测，获取现场水位、水流、泥沙、盐度、波浪、河（海）床的冲淤变化等资料。

分析桥位处设计水位、流量、水文过程、波要素等水文参数，为大桥设计提供水文方面的设计参数，并通过动、定床河工模型试验或数学模型分析，得到大桥建设对水环境、河（海）床稳定性的影响和大桥基础的冲刷深度和冲刷形态。

（3）测量

通过项目所在地的测绘部门收集项目拟建位置的地形图资料，并在现场开展必要的不同比例尺陆域、水域地形的测绘工作，获得桥位处准确的地形数据。

在初步设计阶段应建立大桥工程首级控制网，并建立大桥独立的平面与高程基准。

（4）地质

通过项目所在地的地矿部门收集区域地质构造图、区域工程地质图、区域水文地质图、地质普查等基础资料。

根据大桥项目的所在地理位置进行针对性的工程地质勘探工作，获取桥址区的地质构造、地层岩性、地下水埋藏特征、不良地质现象、各岩土层物理力学性质参数、基础设计参数等。

（5）地震

通过国家地震局、省地震局收集项目所在地相关地质构造、历史地震、地震基本烈度等资料。

根据大桥项目的特点，开展针对性的工程场地地震安全性评价工作，系统分析近场区的地震目录、近场区主要断裂构造及活动性、地震危险性分析与地震烈度复核，以及进行土层地震反应分析，提出设计地震动参数。

（6）通航、海事安全、环境保护、军事等

通过港务局、海事局、环保局等相关政府部门收集有关航运、港口、海事安全设施、环境保护敏感区的建设要求、军方意见等。

开展专门的通航论证，确定桥下通航净空尺度要求、代表船型和相应的船舶撞击力，为桥梁布跨和结构设计提供依据。

对大桥区域在施工期间和运营期间的环境影响进行评价，提出并落实相关环境保护措施。

三、基础资料收集方法

1. 外业调查

通过项目建设所在地的有关政府部门收集资料，主要集中在规划、交通、港务、环保、气象、海洋、水利、渔业、地矿、测绘、地震等部门，重要资料应得到主管部门的书面确认文件。

2. 专题会议

基础资料的收集工作有时具有一定的难度，可以上升到政府层面，由项目所在地的当地政府主持召开专题会议，召集相关行业部门，由各行业主管部门提出项目建设意见以及提供相关基础资料。

3. 专题研究

对于专业性很强的基础资料，比如河势、水文、气象、地质、地震、测量、通航、环境影响评价等，应结合项目前期研究在不同的设计阶段开展专题研究工作，由具有一定资质、掌握当地资料丰富的单位来承担。

四、地质勘察主要内容

工程地质勘察是收集基础资料中最为重要且工程费用最高的一项工作，主要工作内容包括以下几项。

1. 工程地质勘察

悬索桥的工程地质勘察工作应查明索塔、锚碇处的地质构造、地层岩性、岩土物理力学性质特征、水文地质条件、岩土设计参数。

针对项目的不同阶段开展相应的勘察工作，预可行性研究阶段主要依靠收集资料，工程可行性研究阶段一般对悬索桥的索塔、锚碇位置各布置一个钻孔，获取地层资料。

初步设计阶段的初勘工作是一项重点内容，应初步掌握桥址区的地质构造分布、断裂构造的活动性、地层组合结构以及索塔、锚碇等主要控制性工点地层构造。

一般在索塔下应布置2～4个钻孔，锚碇处至少应布置4～5个钻孔，初步掌握索塔、锚碇处平面、垂向地层分布情况。为了解桥址区的地质构造格架，水域的地球物理勘探工作是必须的，一般在初步设计阶段均会布置一定的物探工作量。

2. 现场抽水试验

悬索桥的工程地质勘察工作应包含有现场抽水试验，一般宜安排在初步设计阶段。锚碇是悬索桥特有的一种构筑物，一般把悬索桥两侧的锚碇埋置在地下一定深度，无论采取何种基础形式设计锚碇，均需了解地下水的分布特征（基岩山区除外）。布置在两侧锚碇区的现场抽水试验能够详细查明锚碇区的地下水特征，包括单井涌水量、各层岩土的渗透系数等，为锚碇支护结构设计以及施工开挖的降水设计提供依据。

一般在两侧锚碇各布置一组，可以针对不同的地下水分布情况采用不同的抽水试验方案。

3. 旁压试验

桥址区发育有第四纪覆盖层的悬索桥，在锚碇的初步设计阶段应布置旁压试验，以获取锚碇基坑开挖深度范围的各层岩土体的旁压模量，确切掌握基坑土层横向变化趋势，在锚体支护设计中做到设计参数准确无误。

一般在两侧锚碇位置各布置 2～4 孔的旁压试验工作，测试深度应至少超过锚碇底高程3～5m。

4. 现场岩体试验

在基岩山区修建的悬索桥，在锚碇的基底岩面上应开展一系列的现场岩体试验，主要有拟订锚底高程位置附近的岩体与混凝土胶结面的大剪试验、在该高程附近的岩体以及锚底可能出露的风化或新鲜岩体的现场大剪试验、特殊性岩体结构面的大剪或中剪试验。并在此基础上开展摩擦因数试验，试件剪断后，在一定的法向压力下继续承受水平或斜向的推力，测出剪裂面的摩擦因数。

在锚碇基底验算时，交通系统采用纯摩模式计算，水利系统一般采用剪摩模式计算。

一般在一种风化岩石上应至少保证 6～8 组试验数据，并根据事先确定的几组结构面开展试验工作。有时也会在锚碇基底做现场载荷试验。

五、勘察工作基本方法

悬索桥的勘察工作主要采用工程地质勘察的一些基本工作方法，结合不同的设计阶段和具体拟建场区，其方法的应用、深度与拟取得的成果是有很大差别的。在有些项目的前期论证阶段（预可行性研究阶段、工程可行性研究阶段）也会开展工程地质勘察工作，主要的勘察工作在工程设计阶段实施。

1. 初步设计阶段

初步设计阶段一般需要获取桥址区基本的地质构造、地层结构、地层岩土特征、水文地质参数、岩土设计参数等，用于完成悬索桥初步设计工作，使其设计方案具有针对性与准确性。采用的工程地质勘察方法有如下几种。

（1）工程地质调查测绘

初勘阶段应全面进行桥址区工程地质调查与测绘工作，工程地质测绘的地形图比例应与初步设计文件总平面图相一致，应在具体索塔、锚碇处进行重点的地面调查。

（2）工程物理勘察

工程物理勘察主要用于查明水域或地面以下的隐伏构造、地层分布特征以及岩溶等不良地质构造等，主要方法包括浅层地震勘探测线、浅地层剖面测线以及弹性波或声波测井、高密度电法、钻孔电磁波CT（计算机断层扫描）等物探技术。

（3）工程地质原位测试

工程地质原位测试用于进行现场的测试工作，取得钻孔内原位测试数据，主要方法有静力触探试验、原位十字板剪切试验、标准贯入试验、圆锥动力触探试验、旁压试验、抽水或压水试验等。

（4）工程地质钻探

工程地质钻探是初勘阶段勘察的重要方法，主要任务是实际揭示拟建桥址区的地层结构，取得必要的现场测试数据和原状或扰动的岩土样进行室内土工试验测试。初勘阶段应适当布置钻孔数量，以控制悬索桥索塔、锚碇等重要部位的地层发育特征为目标，为初步确定工程方案提供工程地质依据。

（5）室内土工试验

钻探所取得的原状或扰动的岩土样应进行室内土工试验测试，为工程地质勘察报告提供岩土参数，是初勘阶段工程地质勘察重要的任务。

2. 技术设计阶段

一般在复杂的悬索桥工程设计中会增加技术设计阶段，该阶段针对建设条件中存在的地质问题，采用钻探或物探等来解决特殊地段、特殊地质问题以及初勘遗留的、尚未查清的地质问题，主要工作方法为工程地质钻探与工程物理勘探。

本阶段一般不作为常规的勘察程序所必经的一个环节。

3. 施工图设计阶段

施工图设计该阶段主要以工程地质钻探、原位测试和室内土工试验为主，以工程地质调查测绘和工程物理勘察为辅开展工作，在详勘阶段应取得大量、翔实的工程地质地层数据，确保充分认识桥址区的地层条件，保证悬索桥设计方案与岩土设计参数的充分性。

（1）工程地质钻探应按照规范要求严格布置钻孔数量，并按规定进行现场原位测试工作和采取原状样品或扰动土样。

（2）室内土工试验是本阶段的重要方法，应在满足规范要求的前提下进行相关项目的土工试验工作，以取得详勘阶段桥址区岩土体物理力学性质指标，为设计参数提供依据。

（3）工程地质调查与测绘的重点在悬索桥塔锚等重要工点，或初勘中地质灾害重点部位开展大比例尺（1∶500 等）工程地质测绘工作。

（4）工程物理勘察是该阶段的补充方法，用于采用特殊的工程地球物理方法查明特殊的工程地质问题，以及部分施工图设计中应考虑工程施工中的一些隐蔽管线工程，比如海底电缆、管道的分布位置等。

附录二

国内外主要悬索桥

一、国内外主要悬索桥集锦

1. 国外重要悬索桥集锦

附图 2-1　土耳其 1915 恰纳卡莱大桥

附图 2-2　日本明石海峡大桥

附图 2-3　丹麦大贝尔特桥

附图 2-4　土耳其伊兹米特海峡大桥

附图 2-5　英国亨伯桥

附图 2-6　挪威哈当厄尔大桥

附图 2-7　美国维拉扎诺桥

附图 2-8　美国金门大桥

附图 2-9　瑞典高海岸大桥

附图 2-10　美国麦基诺桥

附图 2-11　挪威哈罗格兰德大桥

附图 2-12　罗马尼亚布勒伊拉大桥

附图 2-13　日本南备赞濑沪大桥

附图 2-14　乔治・华盛顿桥

2. 国内重要悬索桥集锦

附图 2-15　张靖皋长江大桥南航道桥

附图 2-16　狮子洋大桥

附图 2-17　杨泗港长江大桥

附图 2-18　南沙大桥坭洲水道桥

附图 2-19　深中大桥

附图 2-20　西堠门大桥

附图 2-21　润扬大桥

附图 2-22　杭瑞洞庭大桥

附图 2-23　南京栖霞山长江大桥

附图 2-24　金安金沙江大桥

附图 2-25　江阴大桥

附图 2-26　香港青马大桥

附图 2-27 赤水河红军大桥

附图 2-28 龙江大桥

附图 2-29 矮寨大桥

附图 2-30　伍家岗长江大桥

附图 2-31　清水河大桥

附图 2-32　五峰山长江大桥

附图 2-33　宜昌长江公路大桥

附图 2-34　西陵长江大桥

附图 2-35　虎门大桥

附图 2-36　海沧大桥

附图 2-37　鹅公岩大桥

附图 2-38　汕头海湾大桥

附图 2-39　丰都长江大桥

二、国内外主要悬索桥一览表

1. 世界十大主要悬索桥一览表

世界已建成或在建的跨径大于 1000m 的悬索桥共有 78 座；目前在建的中国张靖皋长江大桥南航道桥将于 2028 年建成，建成时将成为世界上最大跨径的悬索桥，是世界建桥史上的一座丰碑。世界十大主要悬索桥见附表 2-1。

世界十大主要悬索桥　　附表 2-1

序号	桥名	国家	主跨（m）	建成时间（年）
1	江苏张靖皋长江大桥南航道桥	中国	2300	在建，2028
2	南京锦文路过江通道	中国	2186	在建，2032
3	狮子洋大桥	中国	2180	在建，2028
4	1915 恰纳卡莱大桥	土耳其	2023	2022
5	明石海峡大桥	日本	1991	1998
6	燕矶长江大桥	中国	1860	在建，2026
7	双屿门特大桥	中国	1768	在建，2027
8	南京新生圩长江大桥	中国	1760	在建，2025
9	杨泗港长江大桥	中国	1700	2019
10	南沙大桥坭洲水道桥	中国	1688	2019

2. 国外主要悬索桥一览表（附表 2-2）

国外主要悬索桥一览表　　附表 2-2

序号	桥名	国家	主跨（m）	建成时间（年）
1	1915 恰纳卡莱大桥	土耳其	2023	2022
2	明石海峡大桥	日本	1991	1998

续上表

序号	桥名	国家	主跨（m）	建成时间（年）
3	大贝尔特桥	丹麦	1624	1998
4	伊兹米特海湾大桥	土耳其	1550	2016
5	李舜臣大桥	韩国	1545	2012
6	亨伯桥	英国	1410	1981
7	博斯普鲁斯海峡三桥	土耳其	1408	2016
8	哈当厄尔大桥	挪威	1310	2013
9	维拉扎诺桥	美国	1298	1964
10	金门大桥	美国	1280	1937
11	高海岸大桥	瑞典	1210	1997
12	麦基诺桥	美国	1158	1957
13	查考大桥	智利	1155	2024
14	蔚山大桥	韩国	1150	2015
15	哈罗格兰德大桥	挪威	1145	2018
16	布勒伊拉大桥	罗马尼亚	1120	2023
17	南备赞濑沪大桥	日本	1100	1988
18	博斯普鲁斯海峡二桥	土耳其	1090	1988
19	博斯普鲁斯海峡一桥	土耳其	1074	1973
20	乔治・华盛顿桥	美国	1067	1931
21	来岛三桥	日本	1030	1999
22	来岛二桥	日本	1020	1999
23	萨拉扎桥	葡萄牙	1013	1966
24	福斯公路大桥	英国	1006	1964

3. 国内主要悬索桥一览表（附表2-3）

国内主要悬索桥一览表　　附表2-3

序号	桥名	主跨（m）	建成时间（年）
1	张靖皋长江大桥南航道桥	2300	在建，2028
2	狮子洋大桥	2180	在建，2028
3	燕矶长江大桥	1860	在建，2026
4	双屿门特大桥	1768	在建，2027
5	南京新生圩长江大桥	1760	在建，2025
6	杨泗港长江大桥	1700	2019
7	南沙大桥坭洲水道桥	1688	2019
8	西堠门大桥	1650	2009
9	澜沧江大桥	1575	在建
10	宁扬长江大桥	1560	2024
11	大东金沙江特大桥	1520	在建，2028
12	润扬大桥	1490	2005
13	杭瑞洞庭大桥	1480	2018
14	双柳长江大桥	1430	在建，2027

续上表

序号	桥名	主跨（m）	建成时间（年）
15	花江峡谷大桥	1420	在建，2025
16	南京栖霞山长江大桥	1418	2012
17	澜沧江特大桥	1416	在建，2027
18	金安金沙江大桥	1386	2020
19	江阴大桥	1385	1999
20	香港青马大桥	1377	1997
21	阳逻大桥	1280	2007
22	大河特大桥	1250	在建
23	重庆复兴长江大桥	1208	在建，2025
24	张靖皋长江大桥北航道桥	1208	在建，2028
25	南沙大桥大沙水道桥	1200	2019
26	雅砻江特大桥	1200	在建，2027
27	赤水河红军大桥	1200	2019
28	龙江大桥	1196	2016
29	乌东德金沙江大桥	1180	在建，2028
30	矮寨大桥	1176	2012
31	伍家岗长江大桥	1160	2021
32	清水河大桥	1130	2015
33	兴义长江大桥	1120	在建
34	黄埔大桥	1108	2008
35	大渡河大桥	1100	2018
36	开州湖大桥	1100	2021
37	龙门大桥	1098	2024
38	五峰山长江大桥	1092	2020
39	坝陵河大桥	1088	2009
40	泰州大桥	1080	2012
41	马鞍山长江大桥	1080	2013
42	牂牁江大桥	1080	2025
43	川滇金沙江特大桥	1060	在建，2025
44	驸马长江大桥	1050	2017
45	棋盘洲大桥	1038	2021
46	卡哈洛金沙江大桥	1030	在建，2025
47	新田长江大桥	1020	2022
48	宜都长江公路大桥	1000	2021

参考文献

[1] 李国豪. 桥梁结构稳定与振动[M]. 北京: 中国铁道出版社, 1992.
[2] 胡人礼. 普通桥梁结构振动[M]. 北京: 中国铁道出版社, 1988.
[3] 范立础. 桥梁抗震[M]. 上海: 同济大学出版社, 1996.
[4] 陈仁福. 大跨悬索桥理论[M]. 成都: 西南交通大学出版社, 1994.
[5] 刘延柱. 振动力学[M]. 北京: 高等教育出版社, 1998.
[6] 巴斯. 工程结构分析中的有限元法[M]. 傅子智, 译. 北京: 机械工业出版社, 1991.
[7] 铁道部大桥工程局桥梁科学研究所. 悬索桥[M]. 北京: 科技文献出版社, 1996.
[8] 胡聿贤. 地震工程学[M]. 北京: 地震出版社, 1988.
[9] 郑史雄. 长大跨度桥梁的地震反应分析[D]. 成都: 西南交通大学, 1996.
[10] 李杰, 李国强. 地震工程学导论[M]. 北京: 地震出版社, 1992.
[11] 范立础, 胡世德, 叶爱君. 大跨度桥梁抗震设计[M]. 北京: 人民交通出版社, 2001.
[12] 普瑞斯特雷, 塞勃勒, 卡尔维. 桥梁抗震设计与加固[M]. 袁万城, 胡勃, 崔飞, 等, 译. 北京: 人民交通出版社, 1997.
[13] 哈里斯, 克瑞德. 冲击与振动手册[M]. 北京: 科学出版社, 1990.
[14] 项海帆, 等. 现代桥梁抗风理论与实践[M]. 北京: 人民交通出版社, 2005.
[15] 林家浩, 张亚辉. 随机振动的虚拟激励法[M]. 北京: 科学出版社, 2004.
[16] 李国豪. 桥梁结构稳定与振动[M]. 修订版. 北京: 中国铁道出版社, 2003.
[17] 万明坤, 程庆国, 项海帆, 等. 桥梁漫笔[M]. 北京: 中国铁道出版社, 1997.
[18] 希缪, 斯坎伦, 刘尚培, 等. 风对结构的作用—风工程导论[M]. 谢霁明, 译. 上海: 同济大学出版社, 1992.
[19] 中交公路规划设计院有限公司. 公路桥涵设计通用规范: JTG D60—2015[S]. 北京: 人民交通出版社, 2015.
[20] 同济大学. 公路桥梁抗风设计规范: JTG/T D60-01—2018[S]. 北京: 人民交通出版社股份有限公司, 2019.
[21] 周述华. 大跨度悬索桥空间非线性抖振响应仿真分析[D]. 成都: 西南交通大学, 1993.
[22] 廖海黎. 大跨悬索桥风致振动研究[D]. 成都: 西南交通大学, 1996.
[23] 曹映泓. 大跨度桥梁非线性颤振和抖振时程分析[D]. 上海: 同济大学, 1999.
[24] 孙东科. 长跨桥梁三维风振分析[D]. 大连: 大连理工大学, 1999.
[25] 刘高. 大跨悬索桥颤振分析理论及控制措施研究[D]. 成都: 西南交通大学, 2000.
[26] 项海帆, 葛耀君. 悬索桥跨径的空气动力极限[J]. 土木工程学报, 2005(1): 60-70.
[27] 刘高, 王秀伟, 强士中, 等. 大跨度悬索桥颤振分析的能量方法[J]. 中国公路学报, 2000(3): 22-26.
[28] 葛耀君, 项海帆. 桥梁颤振的随机有限元分析[J]. 土木工程学报, 1999(4): 27-32.
[29] 陈政清. 桥梁颤振临界风速值上下限预测与多模态参与效应[M]//张相庭. 结构风工程研究的新进展及应用. 上海: 同济大学出版社, 1993.
[30] 谢霁明, 项海帆. 桥梁三维颤振分析的状态空间法[J]. 同济大学学报, 1985(3): 1-13.
[31] 中崎俊三, 山口宏树. 暴风时质量附加型超长大吊桥の检讨と试设计[C]//土木学会论文集. 1998.
[32] 牛和恩. 虎门大桥工程　第二分册　悬索桥[M]. 北京: 人民交通出版社, 1998.
[33] 西南交通大学风工程试验研究中心. 坝陵河大桥桥位风环境及节段模型风洞试验研究报告[R]. 2006.
[34] 西南交通大学风工程试验研究中心. 坝陵河大桥全桥气动弹性模型风洞试验研究报告[R]. 2006.

[35] 西南交通大学风工程试验研究中心. 西堠门大桥抗风性能试验研究报告[R]. 2006.

[36] 西南交通大学风工程试验研究中心. 武汉阳逻长江公路大桥风洞模型试验及抗风安全性评估报告[R]. 2004.

[37] 同济大学土木工程防灾国家重点实验室. 青岛海湾大桥工程结构抗风性能专题研究：大沽河航道桥悬索桥结构风洞试验研究报告[R]. 2006.

[38] AGAR T J A. The analysis of aerodynamic flutter of suspension bridges[J]. Computers & Structures, 1988, 30: 593-600.

[39] BLEICH F. Dynamic instability of truss-stiffened suspension bridges under wind action[J]. Transactions of the American Society of Civil Engineers, 1949, 114(1): 1177-1222.

[40] BRANCALEONI F. The construction phase and its aerodynamic issues[M]//Aerodynamics of large bridges. Routledge, 2017: 147-158.

[41] BROWN W C. Long span bridge projects—A personal view[C]//Proc. of the international seminar on Long-Span Bridges and Aerodynamics, Springer. 1999: 3-19.

[42] CHEN X, MATSUMOTO M, KAREEM A. Aerodynamic coupling effects on flutter and buffeting of bridges[J]. Journal of Engineering Mechanics, 2000, 126(1): 17-26.

[43] DAVENPORT A G. Buffetting of a suspension bridge by storm winds[J]. Journal of the Structural Division, 1962, 88(3): 233-270.

[44] ITO M. Control of wind-induced vibrations of structures[J]. Wind effects on buildings and structures, Riera & Davenport (eds), Balkema, Rotterdam, 1998: 297-306.

[45] JAIN A, JONES N P, SCANLAN R H. Coupled flutter and buffeting analysis of long-span bridges[J]. Journal of Structural Engineering, 1996, 122(7): 716-725.

[46] LARSEN A. Prediction of aeroelastic stability of suspension bridges during erection[J]. Journal of wind engineering and industrial aerodynamics, 1997, 72: 265-274.

[47] LIN J H. A fast CQC algorithm of PSD matrices for random seismic responses[J]. Computers & Structures, 1992, 44(3): 683- 687.

[48] LIN Y K, YANG J N. Multimode bridge response to wind excitations[J]. Journal of Engineering Mechanics, 1983, 109(2): 586-603.

[49] LIU G, MENG F, WANG X. Mechanism of flutter control of suspension bridge by winglets[C]//Proceedings of the Fourth International Symposium on Computational Wind Engineering, Yokohama, Japan. 2006.

[50] LIU G, ZHU L, XIANG H. Structural internal force prediction of a suspension bridge due to buffeting[J]. Journal of Wind Engineering, 2006, 31(3): 769-772.

[51] LIU G, XU Y L, ZHU L D. Time domain buffeting analysis of long suspension bridges under skew winds[J]. Wind & structures, 2004, 7(6): 421-447.

[52] XU Y L, SUN D K, KO J M, et al. Buffeting analysis of long span bridges: a new algorithm[J]. Computers & structures, 1998, 68(4): 303-313.

[53] ZHU L D, XU Y L. Buffeting response of long-span cable-supported bridges under skew winds. Part 1: theory[J]. Journal of Sound and Vibration, 2005, 281(3-5): 647-673.

[54] 张成东，肖海珠，徐恭义. 杨泗港长江大桥总体设计[J]. 桥梁建设, 2016, 46(2): 81-86.

[55] 韩大章，华新. 泰州长江大桥的关键技术问题[J]. 公路, 2008, 43(6): 54-58.

[56] 肖德存，赵都桓，陆勤丰. 超大型深水沉井结构分析和设计[J]. 桥梁建设, 2010, 46(5): 47-49.

[57] 沈良成，宋智梅，先正权，等. 泰州长江公路大桥北锚碇沉井施工介绍[C]// 中国公路学会桥梁和结构工程分会2009年全国桥梁学术会议论文集. 北京：人民交通出版社股份有限公司, 2009: 407-410.

[58] 万田保，王忠彬，韩大章，等. 泰州长江公路大桥三塔悬索桥中塔结构形式的选取[J]. 世界桥梁, 2008,

36(1): 1-4.

[59] 邹敏勇，郑修典，王忠彬，等. 泰州长江公路大桥三塔悬索桥中塔方案设计[J]. 世界桥梁, 2008, 36(1): 5-7.

[60] 单宏伟，丁磊，周青. 泰州大桥加劲梁设计[J]. 中国工程科学, 2012, 14(5): 4-9.

[61] 王仁贵. 张靖皋长江大桥南航道桥设计创新[J]. 东南大学学报（自然科学版）, 2023, 53(6): 979-987.

[62] 魏乐永，颜智法，张愉. 张靖皋长江大桥新型组合索塔设计[J]. 公路, 2023, 68(6): 20-27.

[63] 王仁贵，梁振有，魏乐永，等. 张靖皋长江大桥支护转结构复合地连墙锚碇基础设计[C]//中国公路学会桥梁和结构工程分会 2023 年桥梁学术会议论文集. 北京：人民交通出版社股份有限公司, 2023: 36-44.

[64] 郝海龙，刘箐霖，魏乐永. 张靖皋长江大桥南航道桥缆索系统设计[C]//中国公路学会桥梁和结构工程分会 2023 年桥梁学术会议论文集, 北京：人民交通出版社股份有限公司, 2023: 54-59.

[65] 张妮. 土耳其 1915 恰纳卡莱大桥桥塔基础[J]. 世界桥梁, 2021, 49(1): 118.

[66] 杜传鹏，卢伟，任海滨，等. 土耳其 1915 恰纳卡莱大桥无索区钢箱梁安装关键技术[J]. 世界桥梁, 2024, 52(1): 7-12.

[67] BOTEANU V D, SØRENSEN J W, PARK J, et al. The 1915 Çanakkale Bridge: Designing a twin-box girder suitable for a world record span[C]//IABSE Symposium: Long Span Bridges, Istanbul, Turkey, 2023: 69-78.

[68] KARINA J T, SARA L J, CASPER T N B., et al. 1915 Çanakkale Bridge-Design of Towers[C]//IABSE SYMPOSIUM ISTANBUL, 2023: 501-508.

[69] JESPER P, HYUNSOK C, et al. 1915 Canakkale Bridge-Cable Structures[C]//IABSE SYMPOSIUM ISTANBUL, 2023: 392-400.

[70] INGER B K, HAEKIL P, ALI Ö, et al. 1915 Çanakkale Bridge-Detailed Design[C]//IABSE SYMPOSIUM ISTANBUL, 2023: 552-559.

[71] HYUNSOK C, JESPER P, YASUTSUGU Y, et al. Steel Deck Fabrication and Erection of the 1915 Çanakkale Bridge[C]//IABSE SYMPOSIUM ISTANBUL, 2023: 708-715.

[72] 刘明虎. 悬索桥重力式锚碇设计的基本思路[J]. 公路, 1999(7): 16-23.

[73] 刘明虎. 悬索桥隧道式锚碇设计[C]// 中国公路学会桥梁和结构工程分会 2007 年全国桥梁学术会议论文集. 北京：人民交通出版社, 2007.

[74] 刘明虎. 桥梁地下连续墙基础发展与展望[J]. 重庆交通大学学报（自然科学版）, 2021, 40(10): 41-51.

[75] 熊文，王仁贵，汪涛，等. 超 2000m 级悬索桥重力式锚碇抗滑安全度设计方法[J]. 中国公路学报, 2024, 37(4): 166-175.

[76] 王中豪，郭喜峰，杨星宇. 基于人工智能算法的隧道锚承载能力评价[J]. 西南交通大学学报, 2021, 56(3): 534-540.

[77] 杨懋偲，杨星宇，卢波，等. 改进灰色模型的隧道锚极限承载力研究[J]. 地下空间与工程学报, 2018, 14(S1): 103-108.